תלמוד בבלי

— מהדורת נאה —

חולין חלק ה

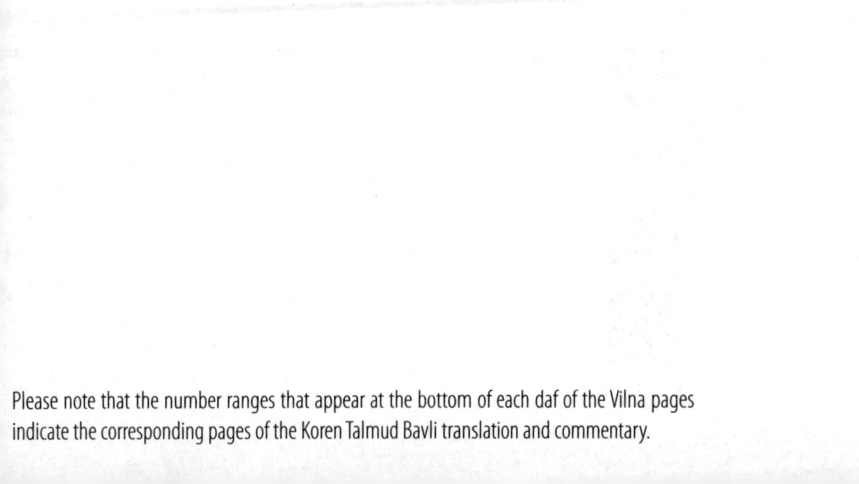

Please note that the number ranges that appear at the bottom of each daf of the Vilna pages indicate the corresponding pages of the Koren Talmud Bavli translation and commentary.

תלמוד בבלי

הוצאת קורן ירושלים

— מהדורת נאה —

מסכת חולין
דף עח. עד דף קג:

COMMENTARY BY

Rabbi Adin Even-Israel Steinsaltz

EDITOR-IN-CHIEF

Rabbi Dr Tzvi Hersh Weinreb

EXECUTIVE EDITOR

Rabbi Joshua Schreier

•

STEINSALTZ CENTER

KOREN PUBLISHERS JERUSALEM

דְּנִיבְחוּשׁ חֵילֵיהּ. אֶלָּא סוֹקְרוֹ בְּסִיקְרָא, אַמַּאי? כִּי הֵיכִי דְּלִיחְזְיוּהּ אִינָשֵׁי וְלִיבְעֵי רַחֲמֵי עִילָּוֵיהּ. *כִּדְתַנְיָא: °"וְטָמֵא טָמֵא יִקְרָא" – צָרִיךְ לְהוֹדִיעַ לָרַבִּים, וְרַבִּים מְבַקְּשִׁים עָלָיו רַחֲמִים. וְכֵן מִי שֶׁאֵירַע בּוֹ דָּבָר – צָרִיךְ לְהוֹדִיעַ לָרַבִּים, וְרַבִּים מְבַקְּשִׁים עָלָיו רַחֲמִים. אָמַר רָבִינָא: כְּמַאן תָּלֵינַן כּוּבְסָא בְּדִיקְלָא, כְּמַאן – כִּי הַאי תַּנָּא. §

הדרן עלך בהמה המקשה

אותו וְאֶת בְּנוֹ נוֹהֵג בֵּין בָּאָרֶץ בֵּין בְּחוּצָה לָאָרֶץ, בִּפְנֵי הַבַּיִת וְשֶׁלֹּא בִּפְנֵי הַבַּיִת, בְּחוּלִּין וּבְמוּקְדָּשִׁין. כֵּיצַד? הַשּׁוֹחֵט אוֹתוֹ וְאֶת בְּנוֹ, *חוּלִּין בַּחוּץ – שְׁנֵיהֶם כְּשֵׁרִים, וְהַשֵּׁנִי סוֹפֵג אֶת הָאַרְבָּעִים. קָדָשִׁים בַּחוּץ – *הָרִאשׁוֹן חַיָּיב כָּרֵת, וּשְׁנֵיהֶם פְּסוּלִים, וּשְׁנֵיהֶם סוֹפְגִים אֶת הָאַרְבָּעִים. חוּלִּין בִּפְנִים – שְׁנֵיהֶם פְּסוּלִין, וְהַשֵּׁנִי סוֹפֵג אֶת הָאַרְבָּעִים. קָדָשִׁים בִּפְנִים – הָרִאשׁוֹן כָּשֵׁר וּפָטוּר, וְהַשֵּׁנִי סוֹפֵג אֶת הָאַרְבָּעִים וּפָסוּל. חוּלִּין וְקָדָשִׁים בַּחוּץ – הָרִאשׁוֹן כָּשֵׁר וּפָטוּר, וְהַשֵּׁנִי סוֹפֵג אֶת הָאַרְבָּעִים וּפָסוּל. קָדָשִׁים וְחוּלִּין בַּחוּץ – הָרִאשׁוֹן חַיָּיב כָּרֵת וּפָסוּל, וְהַשֵּׁנִי כָּשֵׁר, וּשְׁנֵיהֶם סוֹפְגִים אֶת הָאַרְבָּעִים. חוּלִּין וְקָדָשִׁים בִּפְנִים – שְׁנֵיהֶם פְּסוּלִין, וְהַשֵּׁנִי סוֹפֵג אֶת הָאַרְבָּעִים. קָדָשִׁים וְחוּלִּין בִּפְנִים – הָרִאשׁוֹן כָּשֵׁר וּפָטוּר, וְהַשֵּׁנִי סוֹפֵג אֶת הָאַרְבָּעִים וּפָסוּל. חוּלִּין בַּחוּץ וּבִפְנִים – הָרִאשׁוֹן כָּשֵׁר וּפָטוּר, וְהַשֵּׁנִי סוֹפֵג אֶת הָאַרְבָּעִים וּפָסוּל. קָדָשִׁים בַּחוּץ וּבִפְנִים – הָרִאשׁוֹן חַיָּיב כָּרֵת, וּשְׁנֵיהֶם פְּסוּלִים, וּשְׁנֵיהֶם סוֹפְגִים אֶת הָאַרְבָּעִים. חוּלִּין בִּפְנִים וּבַחוּץ – הָרִאשׁוֹן פָּסוּל וּפָטוּר, וְהַשֵּׁנִי סוֹפֵג אֶת הָאַרְבָּעִים וְכָשֵׁר. קָדָשִׁים בִּפְנִים וּבַחוּץ – הָרִאשׁוֹן כָּשֵׁר וּפָטוּר, וְהַשֵּׁנִי סוֹפֵג אֶת הָאַרְבָּעִים וּפָסוּל. §

גמ' ת"ר: מִנַּיִן לְאוֹתוֹ וְאֶת בְּנוֹ שֶׁנּוֹהֵג בְּמוּקְדָּשִׁין? תַּלְמוּד לוֹמַר: °"שׁוֹר אוֹ כֶשֶׂב אוֹ עֵז כִּי יִוָּלֵד", וּכְתִיב בָּתְרֵיהּ: °"וְשׁוֹר אוֹ שֶׂה אוֹתוֹ וְאֶת בְּנוֹ לֹא תִשְׁחֲטוּ בְּיוֹם אֶחָד" – לִימֵּד עַל אוֹתוֹ וְאֶת בְּנוֹ שֶׁנּוֹהֵג בְּמוּקְדָּשִׁין. וְאֵימָא: בְּמוּקְדָּשִׁין אִין, בְּחוּלִּין לָא! שׁוֹר הִפְסִיק הָעִנְיָן. וְאֵימָא: בְּחוּלִּין אִין, בְּמוּקְדָּשִׁין לָא! כְּתִיב: "וְשׁוֹר" – *וָי"ו מוֹסִיף עַל עִנְיָן רִאשׁוֹן. אִי, מָה קָדָשִׁים – כִּלְאַיִם לָא, אַף אוֹתוֹ וְאֶת בְּנוֹ – כִּלְאַיִם לָא! אַלְמָה תַּנְיָא: *אוֹתוֹ וְאֶת בְּנוֹ נוֹהֵג בְּכִלְאַיִם וּבְכוֹי? וְעוֹד, "שֶׂה" כְּתִיב; וְאָמַר רָבָא: זֶה

רש"י

דְּנִיבְחוּשׁ חֵילֵיהּ. שֶׁמֵּרוֹב שׁוּמְנוֹ הוּא מַשִּׁירָן. דְּלִחְזְיוּהּ אִינָשֵׁי. סִימָן הוּא שֶׁמַּשִּׁיר פֵּירוֹתָיו. וְטָמֵא טָמֵא יִקְרָא. צוֹעֵק וְאוֹמֵר טָמֵא הוּא. כּוּבְסָא. אֶשְׁכּוֹל תְּמָרִים וְסִימָן הוּא שֶׁמַּשִּׁיר פֵּירוֹתָיו. כִּי הַאי תַּנָּא. לְבַקֵּשׁ עָלָיו רַבִּים רַחֲמִים.

הדרן עלך בהמה המקשה

אותו וְאֶת בְּנוֹ. מִשּׁוּם דְּבָעֵי לְמֵימַר: "בְּחוּלִּין וּבְמוּקְדָּשִׁים", דְּאִצְטְרִיךְ לְמֵילַף מִקְּרָאֵי כִּדְיָלְפִינַן בַּגְּמָרָא – תָּנָא נַמִי: "בָּאָרֶץ וּבְח"ל", דְּלָא אִיצְטְרִיךְ, דְּהָא חוֹבַת הַגּוּף הִיא, וְחוֹבַת הַגּוּף נוֹהֶגֶת בֵּין בָּאָרֶץ וּבֵין בְּח"ל. בִּפְנֵי הַבַּיִת (א). בִּזְמַן הַבַּיִת. בְּפֶ' בַּתְרָא (לקמן דף קלח:) מְפָרֵשׁ אַמַּאי נַקְטִינְהוּ. שְׁנֵיהֶם כְּשֵׁרִים. מִשּׁוּם דְּבָעֵי לְמִיתְנֵי סֵיפָא "שְׁנֵיהֶם פְּסוּלִין". *וּבַגְּמָרָא מְפָרֵשׁ אַמַּאי נַקְטִינְהוּ. וְהַשֵּׁנִי סוֹפֵג. מִשּׁוּם לָאו דְּאוֹתוֹ וְאֶת בְּנוֹ. וְלָא שְׁנָא שָׁחַט אֶת הָאֵם תְּחִלָּה, וְל"ש שָׁחַט אֶת הַבֵּן תְּחִלָּה, לָא שְׁנָא שֶׁחֲטִינְהוּ חַד גַּבְרָא, וְלָא שְׁנָא תְּרֵי גַּבְרֵי – יָלֵיף בַּגְּמָרָא דְּחַיָּיב. הָרִאשׁוֹן חַיָּיב כָּרֵת. מִשּׁוּם שְׁחוּטֵי חוּץ. אֲבָל הַשֵּׁנִי פָּטוּר מִן הַכָּרֵת, דְּכֵיוָן דְּנִשְׁחֲטָה אִמּוֹ – שׁוּב אֵינוֹ רָאוּי הַבֵּן לִישָּׁחֵט בִּפְנִים, דְּפָסוּל מִשּׁוּם מְחוּסַּר זְמַן. וְאֵינוֹ חַיָּיב מִשּׁוּם שְׁחוּטֵי חוּץ אֶלָּא א"כ רָאוּי לִפְנִים, דִּכְתִיב (ויקרא יז): "וְאֶל פֶּתַח אֹהֶל מוֹעֵד לֹא הֱבִיאוֹ" הָרָאוּי לְפֶתַח אֹהֶל [מוֹעֵד] חַיָּיבִין עָלָיו בַּחוּץ, וְאִי לָא – לָא. וּשְׁנֵיהֶם סוֹפְגִין. הָרִאשׁוֹן מִשּׁוּם לָאו דִּשְׁחוּטֵי חוּץ. דִּכְתִיב (דברים יב) בְּהַעֲלָאָה: "הִשָּׁמֶר לְךָ פֶּן תַּעֲלֶה", וּבִזְבָחִים (דף קז.) יָלְפִינַן בְּהֶיקֵּשׁ שׁוֹחֵט מִמַּעֲלֶה "שָׁם תַּעֲלֶה וְשָׁם תַּעֲשֶׂה", מַה מַּעֲלֶה לֹא עָנַשׁ אֶלָּא א"כ הִזְהִיר – אַף שׁוֹחֵט לֹא עָנַשׁ אֶלָּא א"כ הִזְהִיר. חוּלִּין בִּפְנִים שְׁנֵיהֶם פְּסוּלִין. מִשּׁוּם חוּלִּין שֶׁנִּשְׁחֲטוּ בָּעֲזָרָה, דְּיָלְפִינַן לְהוּ בְּקִדּוּשִׁין בְּפֶרֶק "הָאִישׁ מְקַדֵּשׁ" (דף נז:). וְהַשֵּׁנִי סוֹפֵג. מִשּׁוּם אוֹתוֹ וְאֶת בְּנוֹ. אֲבָל מִשּׁוּם חוּלִּין שֶׁנִּשְׁחֲטוּ בָּעֲזָרָה אַזְהָרָה דִּילָהּ הִיא (דברים יב): "כִּי יִרְחַק וְזָבַחְתָּ" – בְּרָחוּק מָקוֹם אַתָּה זוֹבֵחַ, וְלֹא בְּקֵירוּב מָקוֹם. קָדָשִׁים בִּפְנִים. הַשֵּׁנִי סוֹפֵג מִשּׁוּם אוֹתוֹ וְאֶת בְּנוֹ. וּפָסוּל. מִשּׁוּם מְחוּסַּר זְמַן. חוּלִּין וְקָדָשִׁים בַּחוּץ. דַּוְקָא נָקַט הָרִאשׁוֹן חוּלִּין וְהַשֵּׁנִי קָדָשִׁים. וְכֵן כָּל הַשִּׁנּוּיִים בַּמִּשְׁנָה, דַּוְקָא נָקַט לְהוּ. וְהַשֵּׁנִי סוֹפֵג. מִשּׁוּם אוֹתוֹ וְאֶת בְּנוֹ. קָדָשִׁים בַּחוּץ. בַּתְּחִלָּה, וְאַחַר כָּךְ חוּלִּין בַּחוּץ – פָּסוּל. וְהַשֵּׁנִי כָּשֵׁר. בַּאֲכִילָה. וְאַיְּדֵי דִּתְנָא פָּסוּל – תְּנָא כָּשֵׁר. וּשְׁנֵיהֶם סוֹפְגִין. רִאשׁוֹן מִשּׁוּם שְׁחוּטֵי חוּץ, וְשֵׁנִי – מִשּׁוּם אוֹתוֹ וְאֶת בְּנוֹ. חוּלִּין וְקָדָשִׁים בִּפְנִים שְׁנֵיהֶם פְּסוּלִים. רִאשׁוֹן מִשּׁוּם חוּלִּין שֶׁנִּשְׁחֲטוּ בָּעֲזָרָה, וְשֵׁנִי מִשּׁוּם מְחוּסַּר זְמַן. וְהַשֵּׁנִי סוֹפֵג. מִשּׁוּם אוֹתוֹ וְאֶת בְּנוֹ. חוּלִּין בַּחוּץ וּבִפְנִים. הָרִאשׁוֹן בַּחוּץ וְהַשֵּׁנִי בִּפְנִים. קָדָשִׁים בַּחוּץ וּבִפְנִים הָרִאשׁוֹן בְּכָרֵת. מִשּׁוּם שְׁחוּטֵי חוּץ. וּשְׁנֵיהֶם פְּסוּלִין. רִאשׁוֹן – שֶׁנִּשְׁחַט בַּחוּץ, וְשֵׁנִי – מִשּׁוּם מְחוּסַּר זְמַן. וּשְׁנֵיהֶם סוֹפְגִין. רִאשׁוֹן מִשּׁוּם שְׁחוּטֵי חוּץ, וְשֵׁנִי – מִשּׁוּם אוֹתוֹ וְאֶת בְּנוֹ. קָדָשִׁים בִּפְנִים וּבַחוּץ. הַשֵּׁנִי סוֹפֵג מִשּׁוּם אוֹתוֹ וְאֶת בְּנוֹ. וּמִשּׁוּם שְׁחוּטֵי חוּץ לָא לָקֵי, דִּמְחוּסַּר זְמַן הוּא, וְאֵינוֹ מִתְקַבֵּל בִּפְנִים. **גמ'** יֵרָצֶה לְקָרְבַּן אִשֶּׁה. וְסָמֵיךְ לֵיהּ: אוֹתוֹ וְאֶת בְּנוֹ. שׁוֹר הִפְסִיק הָעִנְיָן. דְּאִי אַקַּמָּאֵי קָאֵי – נִשְׁתּוֹק מִינֵּיהּ, וְנִכְתּוֹב: "וְאוֹתוֹ וְאֶת בְּנוֹ", דְּהָא בְּשׁוֹר וָשֶׂה אַיְירֵי לְעֵיל. בְּמוּקְדָּשִׁין לָא. דְּהָא אַפְסְקֵיהּ. כִּלְאַיִם. רָחֵל שֶׁיָּלְדָה מִן הַתַּיִשׁ, שְׁחָטָהּ וְאֶת בְּנָהּ.

תוספות

אותו ואת בנו נוהג בין בארץ בין בח"ל. איידי דבעי למתני: "בחולין ובמוקדשין, בפני הבית ושלא בפני הבית", שהם לצורך – קתני נמי: "בארץ ובח"ל", ואע"ג דהוי שלא לצורך, דחובת הגוף היא. כיון דאיכא דוכתא דהוי לצורך, כגון בראשית הגז. דהכי אמרינן ב"שילוח הקן" (לקמן קלח:) ד"בארץ ובח"ל" בכולהו שלא לצורך, לבד מראשית הגז. ו"בפני הבית ושלא בפני הבית" בכולהו הוי שלא לצורך, לבד מאותו ואת בנו דאיצטריך. דה"א כיון דבענין קדשים כתיב – לא לנהוג אלא בזמן דאיכא קדשים. **מנין** לאותו ואת בנו שנוהג במוקדשים. וא"ת: ואמאי ס"ד דלא איירי קרא במוקדשין? הא סתמא כתיב! ואין לומר דאיצטריך, שאם צריך לפסח, ואין לו אלא אותו שנשחט בו ביום אביו או בנו, דס"ד דאתי עשה דפסח ודחי לאו ד"אותו ואת בנו", ולהכי איצטריך דלא דחי. דכי האי גוונא אמרינן לקמן ב"שילוח הקן" (דף קמא.) גבי: לדבר מצוה מנין. דהא במחוסר זמן איכא לאו ועשה, ובלאו קרא לא *דחי ליה עשה! ונראה, דמעיקרא קשיא ליה משום דשור הפסיק הענין, דמשמע למעוטי מוקדשין. דליכא למימר: משום דלא תימא במוקדשין דוקא בא להפסיק, דא"כ – ליכתביה בעלמא שלא בענין דקדשים, וממילא הוה מוקמינן לקרא בכל מילי. ולפי המסקנא נ"ל דלשום דרשה נכתב שם. וא"ת: בפ' "הזרוע" (לקמן דף קל.) דדריש מקרא דאין מתנות נוהגים במוקדשים, שהיה בדין שינהגו מק"ו. ופריך בגמרא: קרא ל"ל? אי משום ק"ו, איכא למיפרך כו'. מכל מקום, בלא ק"ו, אי לאו דמיעט קרא במוקדשים (לא) הוי מוקמינן לקרא בכל מילי! וי"ל: משום דקרא דמתנות לענין חולין כתיב. **אי** מה קדשים כלאים כו'. וא"ת, תקשה ליה נמי: מה קדשים שלא בפני הבית לא! דכה"ג אשכחן בפ' "שילוח הקן" (לקמן דף קלח:): ס"ד אמינא, הואיל דלענין קדשים כתיב, לא לנהוג אלא בזמן שיש קדשים! וי"ל: נהי דהוה צריך למיתני, מ"מ לא איצטריך קרא להכי. דאע"ג דשלא בפני הבית אין קדשים קריבין, מ"מ מקדש קדישי.

ועוד שה כתיב ואמר רבא זה בנה אב. בלא רבא הוה מצי למיפרך: והא שור ושה כתיב, דאין אתה יכול להוציא כלאים מביניהם, ואית לן למעוטי כלאים, כדמוכח ב"מרובה" (ב"ק עז:) גבי "כי יגנוב איש שור או שה וטבחו". אלא דעדיפא פריך. וא"ת: ואמאי לא גמרינן "שור" "שור" משבת, ויהא אותו ואת בנו נוהג אף בחיה, כדאשכחן ב"שור שנגח את הפרה" (שם נד:)? וי"ל: כיון דלא מצינו למילף אף בהמה טמאה דומיא דשבת – לא ילפינן כלל. ועוד, דאי משבת ילפינן, א"כ "שה" דכתב רחמנא למה ליה ועוד, דומיא דקדשים דלא שייך בחיה. ומהאי טעמא נמי הוה ממעטינן כלאים אי לאו דכתיב "או". זה

ציונים בגליון

צג א מיי' פ"ג מהל' טומאת צרעת הל"ו סמג עשין קלה:

א ב מיי' פי"ב מהל' שחיטה הל"ב סמג לאוין קמט:

סוטה לב: נדה סו. שבת סז. מ"ק ה.

רש"ל מוחק כל זה עד סוף הדיבור ועיין רש"ש שמקיים גי' הספרים

[עיין תוס' לקמן פ. ד"ה חולין] [עי' תוס' שם ד"ה הראשון]

[עיין היטב תוס' זבחים לג: ד"ה לטעון וכו' דעשה דפסח ... ודחי]

[יבמות ט. וש"נ]

[לקמן פ.: תוספתא פ"ה]

ויקרא יג | ויקרא כב | שם

הגהות הב"ח

(א) רש"י ד"ה בפני הבית וכו' כצ"ל ונ"ב בפני הבית בזמן הבית ושלא בזמן הבית:

רבינו גרשום

דניבחוש חיליה כלומר שתיש כחו של אילן ולא יטעון פירות ביותר: כמאן תלינן כובסא בדיקלא כלומר דקל שמשיר פירותיו תולין בו דברי' הגדילין [בו] תמרים שגדלין התמרים יחד כאגוזין דקין ואותו הדבר שהתמרים גדילין בו שמן כובסא ותולין בו כדי שידעו רבים שמשיר פירותיו ויבקשו עליו רחמים:

סליק פירקא

אותו ואת בנו. חולין בחוץ שניהן כשרין כו' כלומר השני סופג את הארבעים משום דלאו דאותו ואת בנו: קדשים בחוץ הראשון חייב כרת משום שוחט חוץ ושניהן פסולין דשניהן בחוץ הוו. ושניהן סופגין את הארבעים הראשון משום לאו דשחוטי חוץ ולא יזבחו עוד את זבחיהם והשני משום לאו אותו ואת בנו: חולין בפנים שניהם פסולין כלומר דחולין בעזרה פסולין והשני סופג את הארבעים משום אותו ואת בנו. ופסול משום מחוסר זמן חולין וקדשים בחוץ כו' והשני סופג את הארבעים משום לאו דאותו ואת בנו ופסול דמחוסר זמן הוא: קדשים וחולין בחוץ כו' ושניהם סופגין את הארבעים זה משום לאו דשחוטי חוץ וזה משום לאו דאותו ואת בנו: [חולין וקדשים] [קדשים וחולין] בפנים כו' והשני סופג את הארבעים ופסול. כלומר סופג את הארבעים משום אותו ואת בנו ופסול משום חולין בעזרה: חולין בחוץ ובפנים כו' כלומר והשני סופג את הארבעים משום אותו ואת בנו [ופסול] חולין בפנים [פסול] קדשים בחוץ ובפנים כו' ושניהן פסולין כלומר ראשון משום דקדשים בחוץ והשני פסול דמחוסר זמן [הוא] ושניהן סופגין את הארבעים הראשון משום שחוטי חוץ והשני משום לאו דאותו ואת בנו. חולין בפנים ובחוץ הראשון פסול ופטור כו' כלומר ראשון פסול דחולין בפנים הוא והשני סופג את הארבעים משום אותו ואת בנו וכשר. קדשים בפנים ובחוץ כו' והשני סופג את הארבעים משום אותו ואת בנו ופסול משום מחוסר זמן: שור הפסיק הענין. כלומר אי כתב שור או כשב או עז כי יולד כו' אותו ואת בנו לא תשחטו ביום אחד הוה אמרינן במוקדשין ולא בחולין השתא דכתיב שור או שה אותו ואת בנו דמשמע מוסיף

ב א מיי' פי"ב מהל' שחיטה הל"ח סמג לאוין קמג טוש"ע יו"ד סי' טז סעי' ב ובזכרים נוהג מספק:

*זֶה בָּנָה אָב: כָּל מָקוֹם שֶׁנֶּאֱמַר "שֶׂה" – אֵינוֹ אֶלָּא לְהוֹצִיא אֶת הַכִּלְאַיִם! אָמַר קְרָא: "אוֹ" – לְרַבּוֹת אֶת הַכִּלְאַיִם. הַאי "אוֹ" מִיבְּעֵי לֵיהּ לְחַלֵּק; דְּס"ד אָמִינָא: עַד דְּשָׁחֵיט שׁוֹר וּבְנוֹ, שֶׂה וּבְנוֹ – לָא מִיחַיַּיב, קמ"ל! לְחַלֵּק – מִ"בְּנוֹ" נָפְקָא. וְאַכַּתִּי מִיבְּעֵי לֵיהּ לְכִדְתַנְיָא: אִילּוּ נֶאֱמַר "שׁוֹר וָשֶׂה וּבְנוֹ", הָיִיתִי אוֹמֵר: עַד שֶׁיִּשְׁחוֹט שׁוֹר וָשֶׂה וּבְנוֹ – ת"ל: "שׁוֹר אוֹ שֶׂה אוֹתוֹ וְאֶת בְּנוֹ"; מַאי לָאו מֵ"אוֹ" נָפְקָא לֵיהּ? לָא, מֵ"אוֹתוֹ". הָנִיחָא לְרַבָּנַן, דְּמִיַּיתַּר לְהוּ "אוֹתוֹ"; אֶלָּא לַחֲנַנְיָה, דְּלָא מִיַּיתַּר לֵיהּ "אוֹתוֹ", לְחַלֵּק מְנָא לֵיהּ? לְחַלֵּק לָא צְרִיךְ קְרָא, דְּסָבַר לָהּ כְּר' יוֹנָתָן. דְּתַנְיָא: "אִישׁ אֲשֶׁר *יְקַלֵּל אֶת אָבִיו וְאֶת אִמּוֹ", אֵין לִי אֶלָּא אָבִיו וְאִמּוֹ, אָבִיו שֶׁלֹּא אִמּוֹ, וְאִמּוֹ שֶׁלֹּא אָבִיו, מִנַּיִן? ת"ל: "אָבִיו וְאִמּוֹ קִלֵּל" – אָבִיו קִלֵּל, אִמּוֹ קִלֵּל, דִּבְרֵי ר' יֹאשִׁיָּה. ר' יוֹנָתָן אוֹמֵר: מַשְׁמַע שְׁנֵיהֶם כְּאֶחָד, וּמַשְׁמַע אֶחָד בִּפְנֵי עַצְמוֹ, עַד שֶׁיִּפְרוֹט לְךָ הַכָּתוּב "יַחְדָּו". מַאי חֲנַנְיָה וּמַאי רַבָּנַן? *דְּתַנְיָא: "אוֹתוֹ וְאֶת בְּנוֹ" נוֹהֵג בַּנְּקֵבוֹת וְאֵינוֹ נוֹהֵג בַּזְּכָרִים, חֲנַנְיָה אוֹמֵר: נוֹהֵג בֵּין בַּזְּכָרִים וּבֵין בַּנְּקֵבוֹת. מ"ט דְּרַבָּנַן? דְּתַנְיָא: יָכוֹל יְהֵא אוֹתוֹ וְאֶת בְּנוֹ נוֹהֵג בֵּין בַּזְּכָרִים וּבֵין בַּנְּקֵבוֹת? וְדִין הוּא: חַיָּיב כָּאן, וְחַיָּיב בָּאֵם עַל הַבָּנִים; מָה כְּשֶׁחַיָּיב בָּאֵם עַל הַבָּנִים – בַּנְּקֵבוֹת וְלֹא בַּזְּכָרִים, אַף כְּשֶׁחַיָּיב כָּאן – בַּנְּקֵבוֹת וְלֹא בַּזְּכָרִים! לֹא, אִם אָמַרְתָּ בָּאֵם עַל הַבָּנִים – שֶׁכֵּן לֹא עָשָׂה בָּהּ מְזוּמָּן כְּשֶׁאֵינוֹ מְזוּמָּן, תֹּאמַר בְּאוֹתוֹ וְאֶת בְּנוֹ, שֶׁעָשָׂה בּוֹ מְזוּמָּן כְּשֶׁאֵינוֹ מְזוּמָּן? ת"ל: "אוֹתוֹ" – א' וְלֹא ב'. אַחַר שֶׁחִלֵּק הַכָּתוּב, זָכִיתִי לַדִּין: חַיָּיב כָּאן וְחַיָּיב בָּאֵם עַל הַבָּנִים; מָה כְּשֶׁחַיָּיב בָּאֵם עַל הַבָּנִים – בַּנְּקֵבוֹת וְלֹא בַּזְּכָרִים, אַף כְּשֶׁחַיָּיב כָּאן – בַּנְּקֵבוֹת וְלֹא בַּזְּכָרִים. וְאִם נַפְשְׁךָ לוֹמַר, "בְּנוֹ" – מִי שֶׁבְּנוֹ כָּרוּךְ אַחֲרָיו, יָצָא זָכָר שֶׁאֵין בְּנוֹ כָּרוּךְ אַחֲרָיו. מַה "אִם נַפְשְׁךָ לוֹמַר"? וְכִי תֵּימָא: "אוֹתוֹ" – זָכָר מַשְׁמַע, הֲרֵי הוּא אוֹמֵר: "בְּנוֹ" – מִי שֶׁבְּנוֹ כָּרוּךְ אַחֲרָיו, יָצָא זָכָר, שֶׁאֵין בְּנוֹ כָּרוּךְ אַחֲרָיו. וְלַחֲנַנְיָה

*וְעוֹד. קַשְׁיָא לִי עֲלָהּ דְּהָא דְּקָתָנֵי: נוֹהֵג בַּכִּלְאַיִם – הָקָאָמַר רַבָּה כו'. אֵינוֹ אֶלָּא לְהוֹצִיא אֶת הַכִּלְאַיִם. דְּיָלְפִינַן כּוּלְהוּ מִ"שֶּׂה כְשָׂבִים וְשֵׂה עִזִּים", מִדְּלָא כְּתִיב "שֶׂה כְּשָׂבִים וְעִזִּים" – ש"מ דְּלָא מִיקְרֵי שֶׂה עַד שֶׁיְּהוּ אָבִיו וְאִמּוֹ כְּבָשִׂים אוֹ שְׁנֵיהֶם עִזִּים, אֲבָל אֶחָד כֶּשֶׂב וְאֶחָד עֵז – לָא הָוֵי שֶׂה. לְרַבּוֹת אֶת הַכִּלְאַיִם. וְתִפְשׁוֹט מֵהָכָא תַּרְתֵּי קוּשְׁיָיתָא. לְחַלֵּק. לְחַיֵּיב עַל אֶחָד מֵהֶם, שֶׁיִּשְׁחוֹט אוֹ שׁוֹר וּבְנוֹ, אוֹ שֶׂה וּבְנוֹ. דְּקָא מַשְׁמַע. עַד שֶׁיִּשְׁחוֹט שׁוֹר וָשֶׂה וּבְנוֹ. שֶׁל א' מֵהֶם, ת"ל: "שׁוֹר אוֹ" וגו'. מַאי לָאו מֵאוֹ נָפְקָא לֵיהּ. וה"ק: אִילּוּ נֶאֱמַר "שׁוֹר וָשֶׂה" וְלֹא נֶאֱמַר "אוֹ", הָיִיתִי אוֹמֵר כו'? לָא מֵאוֹתוֹ. נָפְקָא לֵיהּ. וה"ק: אִילּוּ נֶאֱמַר "שׁוֹר וָשֶׂה וּבְנוֹ", וְלָא כְּתִיב "אוֹתוֹ" – ה"א: עַד דְּשָׁחֵיט תְּרֵי, וּבְרֵיהּ דְּחַד מִינַּיְיהוּ – ת"ל: "אוֹתוֹ וְאֶת בְּנוֹ" – חַד אָב וְחַד בֵּן. אֲבָל "אוֹ" – לְכִלְאַיִם אָתָא. הָנִיחָא לְרַבָּנַן. לְקַמָּן בָּעֵי מַאי חֲנַנְיָה וּמַאי רַבָּנַן. כְּר' יוֹנָתָן. דְּאָמַר: אע"ג דְּלָא כְּתִיב "אוֹ" – כְּמַאן דִּכְתִיב "אוֹ" דָּמֵי, וְכָל הֵיכָא דִּכְתִיב "פְּלוֹנִי וּפְלוֹנִי" – אוֹ הַאי אוֹ הַאי מַשְׁמַע. דְּתַנְיָא אִישׁ אֲשֶׁר יְקַלֵּל אֶת אָבִיו וְאֶת אִמּוֹ אֵין לִי אֶלָּא. קִלֵּל שְׁנֵיהֶם, אֶחָד מֵהֶם מִנַּיִן? ת"ל בְּסֵיפֵיהּ: "אָבִיו וְאִמּוֹ קִלֵּל". אָבִיו קִלֵּל וְאִמּוֹ קִלֵּל. כְּלוֹמַר, בִּתְחִלַּת הַמִּקְרָא סָמַךְ קְלָלָה לְאָבִיו, וּבְסוֹף הַמִּקְרָא סָמַךְ קְלָלָה לְאִמּוֹ, וּלְמֵימְרָא דְּאוֹ הַאי אוֹ הַאי. ר' יוֹנָתָן אוֹמֵר. "אָבִיו וְאִמּוֹ" מַשְׁמַע נַמִי: אוֹ הַאי אוֹ הַאי. וְסֵיפֵיהּ דִּקְרָא – לִדְרָשָׁה אַחֲרִינָא, לְהָבִיא אֶת הַמְקַלֵּל לְאַחַר מִיתָה שֶׁמְּחַיֵּיב. בִּפְנֵי עַצְמוֹ. כְּלוֹמַר, אוֹ זֶה אוֹ זֶה. בַּנְּקֵבוֹת. הָאֵם וּבְנָהּ. וְאֵינוֹ נוֹהֵג בַּזְּכָרִים. דְּאֵין מַכִּירִין זֶרַע הָאָב, וְאִם שָׁחַט זָכָר מוּתָּר לִשְׁחוֹט בְּנוֹ וּבִתּוֹ. בָּאֵם עַל הַבָּנִים. שִׁלּוּחַ הַקֵּן, שֶׁהוּזְהַר (דברים כב) שֶׁלֹּא לִיקַּח שְׁנֵיהֶם. בַּנְּקֵבוֹת. דִּכְתִיב (שם) "וְהָאֵם רוֹבֶצֶת", וְלֹא הָאָב רוֹבֵץ. לֹא עָשָׂה בָּהּ מְזוּמָּן. (לקמן דף קלט:) דְּתַנְיָא "כִּי יִקָּרֵא" – פְּרָט לִמְזוּמָּן, כְּלוֹמַר, עוֹף שֶׁלּוֹ אֵינוֹ חַיָּיב בְּשִׁילּוּחַ. תֹּאמַר בְּאוֹתוֹ וְאֶת בְּנוֹ כו'. וְהוֹאִיל וְחָמוּר הוּא, יִנְהוֹג בִּשְׁנֵיהֶם. אוֹתוֹ אֶחָד וְלֹא שְׁנַיִם. כְּשֶׁאֶחָד הוּא נוֹהֵג וְלֹא בִּשְׁנַיִם. וּמֵעַתָּה, שֶׁחִלֵּק הַכָּתוּב, וְלֹא לוֹמַר שֶׁיִּנְהוֹג בִּשְׁנֵיהֶם, אֶלָּא אוֹ בַּזְּכָרִים אוֹ בַּנְּקֵבוֹת. זָכִיתִי לַדִּין. מֵעַתָּה אֲנִי רַשַּׁאי לִלְמוֹד מִדִּין הָרִאשׁוֹן בְּאֵי זוֹ יִנְהוֹג. דְּהַשְׁתָּא לֵיכָּא לְמִיפְרַךְ: תֹּאמַר בְּאוֹתוֹ וְאֶת בְּנוֹ שֶׁעָשָׂה בּוֹ מְזוּמָּן כְּשֶׁאֵינוֹ מְזוּמָּן, לְפִיכָךְ יִנְהוֹג בַּזְּכָרִים וְלֹא בַּנְּקֵבוֹת. דְּמַאי חוּמְרָא הִיא זוֹ לוֹמַר כֵּן? מַה לִּי זְכָרִים וּמַה לִּי נְקֵבוֹת! וְאִם נַפְשְׁךָ לוֹמַר. וּלְהָשִׁיב תְּשׁוּבָה עַל דִּין זֶה, יֵשׁ לִי טַעַם אַחֵר: הֲרֵי הוּא אוֹמֵר "בְּנוֹ" – מַשְׁמַע שֶׁנִּרְאֶה לוֹ כְּבֵן. שֶׁכָּרוּךְ. וְדָבוּק תָּמִיד לֵילֵךְ אַחֲרָיו, וְדֶרֶךְ הַוָּלָד לִהְיוֹת כָּרוּךְ אַחַר הָאֵם. מַאי אִם נַפְשְׁךָ לוֹמַר. מֶה הָיָה לוֹ לְהָשִׁיב עַל בִּנְיַן אָב הָרִאשׁוֹן? וְהוֹדָה

זה בנה אב כל מקום שנאמר שה אינו אלא להוציא כלאים. פירש בקונטרס, דילפינן כולהו מ"שה כשבים ושה עזים". וקשה לפירושו: ד"במרובה" (ב"ק עח.) מסיק דבנין אב דרבא איצטריך לפדיון פטר חמור, כדתנן: אין פודין לא בעגל ולא בכלאים. ופריך התם: ולר"א דמתיר בכלאים מפני שהוא שה, למאי אתא? ומשני: לטמא שנולד מן הטהור ועוברו מן הטמא, ודלא כר' יהושע, דאי כר' יהושע – מ"שה כשבים ושה עזים" נפקא. משמע בהדיא דבנין אב דרבא לא הוה מ"שה כשבים ושה עזים"! ונראה, דמ"שה" דפסח עביד בנין אב. תדע, מדמסיק ב"מרובה" דלפטר חמור איצטריך בנין אב דרבא, ובסוף פ"ק דבכורות (דף יב.) יליף לה מ"שה" "שה" של פסח. אבל קשה: דמאי שנא דהכא קרי ליה בנין אב, ובבכורות עביד ליה ג"ש: נאמר כאן "שה", ונאמר להלן "שה"? ועוד, דמאי שנא דנקט רבא כלאים טפי מעגל וחיה טרפה ושחוטה? דכולהו מפיק התם מ"שה", כדקאמר התם: מה להלן פרט לכל השמות הללו! וליכא למימר דטרפה ושחוטה נפקא ממשמעותיה דשה, ולאו דוקא נקט "פרט לכל השמות", דה"נ עגל וחיה נקט התם, אע"ג דודאי נפקי ממשמעותיה ד"שה", אלא ניחא ליה לכלול כולם יחד. דהא פר – אפי' שחוט קרוי "פר", כדאמרי' בפרק "הוציאו לו" (יומא דף מט:). ושה נמי, הוי נמנין עליו אפי' אחר שחיטה אי לאו דכתיב "מהיות משה" – מחיותיה דשה, כדאמר התם. וטרפה נמי חשיבא שה, דמחייב ב"מרובה" (דף עז:) במוכר טרפה בד' וה' אע"ג ד"שה" כתיב התם. והכי נמי תנא: אותו ואת בנו נוהג בטרפה. ואפי' ר"ש לא פליג אלא משום דהויא שחיטה שאינה ראויה! וע"ק: דבאותו ואת בנו ובתשלומי ד' וה', נמעט טרפה מבנין אב! וי"ל, דטרפה ושחוטה נפקי מג"ש ד"שה" "שה" מפסח, כדאמר בבכורות (דף יב.), ועגל וחיה – ממשמעות ד"שה", וכלאים – מבנין אב דרבא. דמגזרה שוה לא מסתבר למעוטי כלאים כמו טרפה ושחוטה, דאית לן למימר: "תפדה" "תפדה" ריבה, כיון דשה גמור הוא, בין דאזלת בתר אב בין דאזלת בתר אם. אבל מבנין אב ממעט שפיר, דהכי כתיב: "שה תמים וגו' ומן העזים תקחו", דמשמע: עד שיהא אביו כבש ואמו כבשה. ומיותר הוא, דלגופיה לא איצטריך, דמשאר קדשים נפקא, דממעטינן כלאים מ"או כשב". אלא ללמד בעלמא אתי, דכל מקום שנאמר "שה" אינו אלא להוציא כלאים. ואע"ג דכתיב נמי בהאי קרא "תמים", דנפיק משאר קדשים – לשום דרשא נכתב. והא דלא ממעטינן באותו ואת בנו ובתשלומי ד' וה' טרפה בגזרה שוה ד"שה" "שה" מפסח – אפשר דאינו מופנה. והשתא ניחא נמי, כי בעי ב"מרובה": לר' אלעזר דמתיר בכלאים, בנין אב דרבא למאי הלכתא? (א) לקדשים. ולא קאמר: לטרפה ושחוטה, דהנהו מגזירה שוה נפקי. וא"ת, וב"מרובה" דקאמר: ובנין אב דרבא למאי הלכתא? אי לקדשים – בהדיא כתיב בהו. משמע דאי לא כתיב בהו כלאים בהדיא – הוה ניחא. והא עיקר בנין אב לא אייתר בפסח אלא משום דמקדשים נפקא! וי"ל: דכן דרך התלמוד שעושה כאילו קים ליה בפסח ממקום אחר. וכענין זה יש בריש קדושין (דף ג.) ובפרק "נערה" (כתובות דף מו:) גבי קדושי הבת לאביה, דקאמר: וכי תימא נילף מבשת ופגם, ואע"ג דבשת ופגם גופיה לא קים לן דהוי דאביה אלא מקדושין בפ' "אלו נערות" (דף מ: ושם ד"ה דאי)*.

או לרבות את הכלאים. אף על גב דמ"או כשב" ממעטינן כלאים – התם מענין דקרא, והכא מענין דקרא, כדאמר ב"מרובה" (ב"ק עז:). וא"ת, והיכי פריך לעיל: ונימא במוקדשין אין בחולין לא? היכי מצי למימר הכי? א"כ אמאי איצטריך "או" לרבות כלאים? דכלאים בקדשים ליכא, כדקאמר: אי מה כלאים בקדשים לא! וי"ל: דאי הוה מוקמינן קרא דאותו ואת בנו דוקא במוקדשים, א"כ לא הוה דרשינן "או" לרבות כלאים, אלא הוה מוקמינן לדרשא אחריתי. **עד** שיפרוט לך הכתוב יחדו. וא"ת: ולר' יאשיה, אמאי כתיב קרא (דברים כב) "יחדו" ב"לא תחרוש"? וי"ל: דאיצטריך, דה"א דאסור אע"פ שאינם קשורים. וכן גבי לבישת כלאים, אי לא כתיב "יחדו" – ה"א דאפי' מלבושים אחד של צמר ואחד של פשתים לא ילבש, אע"פ שאינם תפורים יחד, דמ"יחדו" דרשינן דתוכף תכיפה אחת אינו חבור. ור' יונתן, לא משום דפרט הכתוב "יחדו" בהני דריש, דהא איצטריך כדפי', אלא מסברא דנפשיה קאמר הכי. ולהכי לא קאמר "כדרך שפרט לך הכתוב בכלאים", כדאמרינן בפרק "כל שעה" (פסחים דף כח:): כדרך שפרט לך הכתוב בנבלה. **מה** כשחייב באם על הבנים בנקבות ולא בזכרים. דהָם דקרא משמע ליה דוקא, ולא משום שאורחה להיות רובצת. מדכתיב (דברים כב) "שלח תשלח את האם", דה"ל למכתב "שלח תשלחנה" כיון דכתיב כבר "לא תקח האם", לכך משמע ליה דוקא. **מי** שבנו כרוך אחריו. וא"ת: א"כ, ל"ל דמייתר קרא גבי שלוח הקן? נילף ק"ו מאותו ואת בנו שעשה בו מזומן כשאינו מזומן! ויש לומר: דאי לאו דחזינן בשלוח הקן דהָם דוקא – לא הוי דרשינן באותו ואת בנו שבנו כרוך אחריו.

ולחנניה

שייך לע"א | ב"ק עז: | ויקרא כב | שם כ | שם | בכורות מה:

ב"מ לד: סנהדרין סו. פה: שבועות כז. [מנחות נ: נא.]

תורה אור: אשר יקלל אביו ואמו כל"ל רש"ל

הגהות הב"ח: (א) תוס' ד"ה זה בנה וכו' למאי הלכתא ולא קאמר כל"ל ותיבת לקדשים נמחק:

[וע"ע תוס' יומא מט: ד"ה שאני וכו' בארוכות]

רבינו גרשום

מוסיף על ענין ראשון דאפי' במוקדשין. אי מה קדשים אינו נוהג בכלאים כלומר דאמרינן לענין קדשים שור או כשב פרט לכלאים כל מקום שנאמר שה אינו [אלא] להוציא כלאים ולמה תניא אותו ואת בנו נוהג בכלאים אמר קרא או לרבות הכלאים. לחלק מבנו נפקא כו' כלומר בנו אפי' אחד. סבר לה כר' יונתן כו' כלומר דסבירא ליה דשור ושה בלא או משמע נמי אחד אחד בפני עצמו עד שיפרט לך הכתוב יחדו: דתניא אביו קילל אמו קילל כו' כתיב כי איש איש אשר יקלל את אביו וגו' וכתיב אביו ואמו קילל. כלומר הרי קללה תכף לאב וקללה תכף לאם ואם מקלל אב בלא אם ואם בלא אב חייב ואם לאו בהא טעם לא היה חייב עד שיקללם יחד: ר' יונתן אמר משמע נמי אחד אחד בפ"ע עד שיפרט לך הכתוב יחדו דכתיב (א) (אביו ואמו קלל) יחדו הכא נמי אי הוה כתיב שור ושה אותו ואת בנו משמע נמי אחד אחד בפ"ע ולא צריך או לחלק. נוהג בנקבות ואינו נוהג בזכרים כלומר נוהג באם ואינו נוהג באב. בנקבות ולא בזכרים אב מעל הבנים אינו חייב. שכן לא עשה מזומן כו' דכתיב כי יקרא קן צפור לפניך בדרך ולא במזומן כגון תרנגולת ואווזים: אותו אחד ולא שנים כלומר באחד נוהג ולא בשנים. וכי תימא אותו זכר משמע

(א) נראה דט"ס הוא וצ"ל דכתיב לא תלבש שעטנז צמר ופשתים יחדו.

ג א ב ג ד ה מיי' פ"ט מהל' כלאים הל"ו ועי' שם בכ"מ סמג לאוין רפג טוש"ע יו"ד סי' רצז סעי' ט:

וְלַחֲנַנְיָה, כְּתִיב "אוֹתוֹ" — דְּמַשְׁמַע זָכָר, וּכְתִיב "בְּנוֹ" — מִי שֶׁבְּנוֹ כָּרוּךְ אַחֲרָיו, דְּמַשְׁמַע נְקֵבָה, הִלְכָּךְ נוֹהֵג בֵּין בִּזְכָרִים בֵּין בִּנְקֵבוֹת. אָמַר רַב הוּנָא בַּר חִיָּיא אָמַר שְׁמוּאֵל: הִלְכְתָא כַּחֲנַנְיָה. וְאָזְדָא שְׁמוּאֵל לְטַעְמֵיהּ. *דִּתְנַן, ר' יְהוּדָה אוֹמֵר: אהַנּוֹלָדִים מִן הַסּוּס, אע"פ שֶׁאֲבִיהֶן חֲמוֹר — מוּתָּרִין זֶה בָּזֶה, אֲבָל הַנּוֹלָדִין מִן הַחֲמוֹר עִם הַנּוֹלָדִין מִן הַסּוּס — אֲסוּרִין; וְאָמַר רַב יְהוּדָה אָמַר שְׁמוּאֵל: זוֹ דִּבְרֵי ר' יְהוּדָה, דְּאָמַר: *אֵין חוֹשְׁשִׁין לְזֶרַע הָאָב, אֲבָל חֲכָמִים אוֹמְרִים: כָּל מִינֵי פְּרָדוֹת אַחַת הֵן. *מַאן חֲכָמִים — חֲנַנְיָה הוּא, דְּאָמַר: חוֹשְׁשִׁין לְזֶרַע הָאָב, וְהַאי בַּר סוּסְיָא וַחֲמָרָא, וְהַאי בַּר חֲמָרָא וְסוּסְיָא — כּוּלְּהוּ חֲדָא מִינָא נִינְהוּ. אִיבַּעְיָא לְהוּ: *(מִי פְּשִׁיט) לֵיהּ לְר' יְהוּדָה דְּאֵין חוֹשְׁשִׁין לְזֶרַע הָאָב, אוֹ דִּלְמָא סְפוּקֵי מְסַפְּקָא לֵיהּ? לְמַאי נַפְקָא מִינָּהּ — לְמִישְׁרָא פְּרִי עִם הָאֵם; אִי אָמְרַתְּ: מִיפְשַׁט פְּשִׁיטָא לֵיהּ — פְּרִי עִם הָאֵם שָׁרֵי; *(אֶלָּא אִי) אָמְרַתְּ: סְפוּקֵי מְסַפְּקָא לֵיהּ — פְּרִי עִם הָאֵם אָסוּר. מַאי? ת"ש, ר' יְהוּדָה אוֹמֵר: כָּל הַנּוֹלָדִים מִן הַסּוּס, אע"פ שֶׁאֲבִיהֶן חֲמוֹר — מוּתָּרִין זֶה בָּזֶה; הֵיכִי דָּמֵי? אִילֵימָא דְּאָבוּהּ דְּהַאי חֲמוֹר, וְאָבוּהּ דְּהַאי חֲמוֹר, צְרִיכָא לְמֵימַר? אֶלָּא לָאו, דְּאָבוּהּ דְּהַאי — סוּס, וְאָבוּהּ דְּהַאי — חֲמוֹר; וְקָתָנֵי: מוּתָּרִים זֶה עִם זֶה, אַלְמָא: מִיפְשַׁט פְּשִׁיטָא לֵיהּ! לָא, לְעוֹלָם דְּאָבוּהּ דְּהַאי חֲמוֹר, וְאָבוּהּ דְּהַאי חֲמוֹר. וּדְקָאָמְרַתְּ: צְרִיכָא לְמֵימַר? מַהוּ דְּתֵימָא: אָתֵי צַד דְּסוּס מִשְׁתַּמֵּשׁ בְּצַד חֲמוֹר, וְצַד חֲמוֹר מִשְׁתַּמֵּשׁ בְּצַד סוּס, קמ"ל. ת"ש, *ר' יְהוּדָה אוֹמֵר: בפִּרְדָּה שֶׁתָּבְעָה — אֵין מַרְבִּיעִין עָלֶיהָ לֹא סוּס וְלֹא חֲמוֹר, אֶלָּא מִינָהּ; וְאִי אָמְרַתְּ: מִפְשַׁט פְּשִׁיטָא לֵיהּ — לַרְבַּע עֲלָהּ מִינָא דְּאִמָּהּ! דְּלָא יָדְעִינַן מִינָא דְּאִמָּהּ מַאי נִיהוּ. וְהָא "אֶלָּא מִינָהּ" קָתָנֵי! הָכִי קָאָמַר: אֵין מַרְבִּיעִין עָלֶיהָ לֹא מִין סוּס וְלֹא מִין חֲמוֹר, לְפִי שֶׁאֵין יוֹדְעִין בְּמִינָהּ. וְלִיבְדּוֹק בְּסִימָנִין, דְּאָמַר אַבָּיֵי: געֲבֵי קָלֵיהּ — בַּר חֲמָרָא, צָנֵיף קָלֵיהּ — בַּר סוּסְיָא; וְאָמַר רַב פַּפָּא: גרַבְרְבָן אוּדְנֵיהּ וְזוּטְרָא גְּנוּבְתֵּיהּ — בַּר חֲמָרָא, זוּטְרָן אוּדְנֵיהּ וְרַבָּה גְּנוּבְתֵּיהּ — בַּר סוּסְיָא! הָכָא בְּמַאי עָסְקִינַן — בְּאִלֶּמֶת וְגִידֶּמֶת. מַאי הָוֵי עֲלָהּ? ת"ש, דְּאָמַר רַב הוּנָא בְּרֵיהּ דְּרַב יְהוֹשֻׁעַ: הַכֹּל מוֹדִין בִּפְרִי עִם הָאֵם שֶׁאָסוּר; דשְׁמַע מִינָּהּ — סְפוּקֵי מְסַפְּקָא לֵיהּ, ש"מ. אֲמַר לֵיהּ ר' אַבָּא לְשַׁמָּעֵיהּ: האִי מְעַיֵּילַת לִי כּוּדַנְיָיתָא בְּרִיסְפַּק — עַיֵּין לְהָנָךְ דְּדָמְיָין לַהֲדָדֵי, וְעַיֵּיל לִי. אַלְמָא קָסָבַר: אֵין חוֹשְׁשִׁין לְזֶרַע הָאָב, וְסִימָנִין

כלאים פ"ח משנה ד · [בכורות יז.] · [עירובין פג. וש"נ] · נ"ל מיפשט פשיטא וכ"ג רש"ל · [נ"ל ואין] · [נ"ל האב]

וְאָזְדָא שְׁמוּאֵל לְטַעְמֵיהּ. דְּאִית לֵיהּ חוֹשְׁשִׁין בִּבְהֵמוֹת לְזֶרַע הָאָב. הַנּוֹלָדִים מִן הַסּוּס. נְקֵבָה. אע"פ שֶׁאֲבִיהֶן חֲמוֹר מוּתָּרִין. פֶּרֶד זָכָר בֶּן סוּס נְקֵבָה, עִם פִּרְדָּה נְקֵבָה בַּת סוּס נְקֵבָה. וְלָא אָמְרִינַן: אָתֵי צַד סוּס וּמִשְׁתַּמֵּשׁ בְּצַד חֲמוֹר, שֶׁצַּד סוּס וַחֲמוֹר יֵשׁ בִּשְׁנֵיהֶם. לְהָכִי לָא קָיְישִׁינַן, מִמָּה נַפְשָׁךְ: אִי חוֹשְׁשִׁין לְזֶרַע הָאָב — שְׁנֵיהֶם שָׁוִין, שֶׁבִּשְׁנֵיהֶם יֵשׁ צַד סוּס וַחֲמוֹר, וְאִי אֵין חוֹשְׁשִׁין — הֲרֵי כּוּלָּן מִין סוּס. אֲבָל. פְּרָדִים הַנּוֹלָדִים מִן הַסּוּס נְקֵבָה — אֲסוּרִים עִם פְּרָדִים הַנּוֹלָדִים מִן הַחֲמוֹר נְקֵבָה. דְּשֶׁמָּא אֵין חוֹשְׁשִׁין לְזֶרַע הָאָב, וַהֲוֵי הַאי כּוּלֵּיהּ סוּס וְהַאי כּוּלֵּיהּ חֲמוֹר. זוֹ דִּבְרֵי ר' יְהוּדָה. דְּאָמַר (שֶׁמָּא) אֵין חוֹשְׁשִׁין, לְפִיכָךְ אֲסוּרִים. אֲבָל חֲכָמִים אוֹמְרִים. כּוּלָּן מוּתָּרִים, שֶׁבִּשְׁנֵיהֶם יֵשׁ ב' לְדָדִין. וּמִדְּקָרֵי שְׁמוּאֵל לַחֲנַנְיָה בִּלְשׁוֹן "חֲכָמִים" — ש"מ סְבִירָא לֵיהּ דְּהִלְכְתָא כַּחֲנַנְיָה. מִיפְשַׁט פְּשִׁיטָא לֵיהּ. וּמִשּׁוּם הָכִי אָסַר. אוֹ סְפוּקֵי מְסַפְּקָא לֵיהּ. וּמִשּׁוּ"ה אָסַר. נַפְקָא מִינָּהּ לְמִישְׁרֵי פְּרִי עִם הָאֵם. פֶּרֶד בֶּן סוּס נְקֵבָה, לְהַרְבִּיעַ עַל סוּס נְקֵבָה. פְּרִי עִם הָאֵם אָסוּר. מִשּׁוּם דִּלְמָא חוֹשְׁשִׁין. אֶלָּא לָאו דְּאָבוּהּ דְּהַאי סוּס וְאָבוּהּ דְּהַאי חֲמוֹר. וְהָכִי קָאָמַר ר' יְהוּדָה, דְּמַרְבִּיעִים סוּס גָּמוּר עַל פֶּרֶד בֶּן סוּסְיָא. וּמַאי "שֶׁאֲבִיהֶן חֲמוֹר" — אֶחָד מֵהֶן קָאָמַר. לָא לְעוֹלָם. אֵימָא לָךְ סְפוּקֵי מְסַפְּקָא לֵיהּ. וּמִשּׁוּם הָכִי הַנּוֹלָדִים מִן הַסּוּס וּמִן הַחֲמוֹר מוּתָּרִין זֶה בָּזֶה כִּדְפָרֵישְׁנָא לְעֵיל מִמָּה נַפְשָׁךְ. מַהוּ דְּתֵימָא אָתֵי צַד סוּס וכו'. מַהוּ דְּתֵימָא: לִיתַּסְרוּ הַנּוֹלָדִים מִן הַסּוּס אוֹ מִן הַחֲמוֹר נָמֵי זֶה עִם זֶה, מִשּׁוּם דְּדִלְמָא חָיְישִׁינַן לְזֶרַע *הָאֵם, וְאָתֵי צַד סוּס וכו'. קמ"ל. דְּהָא לָא אָמְרִי, שֶׁאֵין כָּאן צַד סוּס מְיוּחָד וְצַד חֲמוֹר מְיוּחָד. הִילְכָּךְ אֵין מַזְקִירִין כָּאן לְדָדִים, דְּהָא מְבוּלְבָּל זַרְעֵיהּ, וּמִינָא דְּבַתְרֵי נַפְשֵׁיהּ הוּא דְּמִקְרֵי, וְהוּא מִין בִּפְנֵי עַצְמוֹ מֵעֵין סוּס וַחֲמוֹר. אֶלָּא מִינָהּ. פֶּרֶד. וְהָא אֶלָּא מִינָהּ קָתָנֵי. וְאִי לָא יָדְעִינַן אִי בַּת סוּסְיָא וְאִי בַּת חֲמוֹרָה, מַאי פֶּרֶד מַרְבִּיעִין עֲלָהּ? הָאָמַר ר' יְהוּדָה: הַנּוֹלָדִים מִן הַסּוּסְיָא — אֲסוּרִין בַּנּוֹלָדִין מִן הַחֲמוֹרָה! לֹא מִין סוּס. לֹא סוּס גָּמוּר וְלֹא פֶּרֶד בֶּן סוּסְיָא. אֶלָּא מִינָהּ. כְּלוֹמַר, עַד שֶׁיִּוָּדַע לָךְ מֵאֵיזֶה מִין הוּא. בַּר חֲמָרָא. אִמּוֹ הָיְתָה חֲמוֹרָה. צָנֵיף. צָלוּל, וְהוּא לְשׁוֹן צַעֲקַת הַסּוּס. גְּנוּבְתֵּיהּ = זְנָבוֹ. גִּידֶּמֶת. מִזָּנָב וּמֵאָזְנַיִם. בְּרִיסְפַּק. עֲגָלָה שֶׁהָיָה רוֹכֵב בָּהּ. דְּדָמְיָין לַהֲדָדֵי. בְּאָזְנַיִם וּבְזָנָב, מִשּׁוּם מַנְהִיג בְּכִלְאַיִם. קָסָבַר אֵין חוֹשְׁשִׁין. וַהֲוֵי כִּלְאַיִם בְּנֵי הַחֲמוֹרָה וּבְנֵי הַסּוּסְיָא. דְּאִי חוֹשְׁשִׁין — כּוּלָּן שָׁוִין, שֶׁבְּכוּלָּן יֵשׁ ב' לְדָדִים. וְסִימָנִין

ולחנניה כתיב אותו וכתיב בנו. וא"ת: ולשתוק מ"אותו" ומ"בנו", ולכתוב "בן"! וי"ל: דלא מדכתיב "את בנו" ולא כתיב "בן" קדריס, אלא "בן" נמי משמע לכרוך אחריו. **מהו** דתימא אתי צד סוס ומשתמש בצד כו'. קמ"ל. לא דמי לחציו עבד וחציו בן חורין (חגיגה דף ב:) דאסור בחציה שפחה וחציה בת חורין, משום דאתי צד עבדות ומשמש בצד חירות. דהכא כלאים אמר רחמנא – דוקא תרי מיני, וכל פרדות הבאין מסוס וחמור – מין אחד הוא.

עייל לי הנך דדמיין להדדי. משמע דרבי אבא סבר כרבי יהודה, וכן אביי דאמר: עבי קליה בר חמרא, וכן רב פפא דאמר: רברבן אודניה וזוטרא גנובתיה בר חמרא – כולהו סבירא להו כרבי יהודה. ובפרק "ב' דייני גזרות" (כתובות דף קיא:) אמרינן: הלכה כרבי יהודה בפרדות. "ושור או שה" דאותו ואת בנו מתרגמינן: "תורתא או *שיתא" (ויקרא כב) – משמע דאין נוהג בזכרים, והיינו דלא כחנניה. ומיהו, שמואל פסק כחנניה. ועוד, דסתם מתניתין (א) דסוף פרק "אלו מומין" (בכורות מה:): אלו כשרים באדם ופסולים בבהמה, אותו ואת בנו – מוקי לה התם כחנניה. ועוד, דחנניה כרבי יונתן. ובפרק "השואל" (ב"מ דף צה:) אמר דאביי סבר לה כרבי יאשיה ורבא סבר לה כרבי יונתן, וקי"ל כרבא לגבי דאביי. ומיהו, אפילו קיימא לן כרבי יהודה בפרדות, כדפסיק בס"פ בתרא דכתובות (דף קיא:) – אין להתיר אותו ואת בנו בזכרים, דהא מסקינן הכא דרבי יהודה ספוקי מספקא ליה. וא"ת: דמסקינן בשמעתין בסמוך, דבין לרבי אליעזר ובין לרבנן, ספוקי מספקא להו אי חוששין לזרע האב אי לאו. ואמאי מספקא להו? והא אמרינן לקמן בפרק "הזרוע" (דף קלב.) גבי מתנות: לר' אליעזר מבעי ליה אם "שור אם שה" לחלק, ורבנן נפקא להו לחלק "מאת זובחי הזבח". ולר' אליעזר "מאת זובחי הזבח" אתא לכדרבא, דהדין עם הטבח. וא"כ, מדבעי להו קרא לחלק – מכלל דאין חוששין לזרע האב, כדמשמע לעיל! וי"ל: דודאי אי חוששין לזרע האב – לא צריך קרא לחלק. אבל משום דמספקא להו שמא אין חוששין, קבעי קרא לחלק, משום דילמא אין חוששין, ואתא קרא לחלק. ואי חוששין, לרבנן אתא קרא ד"מאת זובחי הזבח" לכדרבא דהדין עם הטבח. ולר' אליעזר אתא "אם שה" לחייב *במתנות כדדרשי רבנן. ומשום דמספקא ליה לרבי אליעזר אי אתא לחלק או לחייב במתנות – פטר ר' אליעזר, דהמוציא מחברו עליו הראיה. וא"ת: הא דקאמר רבי יוחנן התם, דדרשי רבנן "אם שה" לרבות את הכוי דחייב במתנות, היכי דמי? אי בגבי הבא על התיישה כדמסיק בשמעתין דבהכי פליגי, והתם נמי בריש ההוא שמעתא אמרינן הכי – א"כ סברי דחוששין לזרע האב, ואתא קרא לרבויי דחייב בכל המתנות. דאי אין חוששין, א"כ לא צריך רבוי. וא"כ לא צריך קרא לחלק! ונראה לפרש, דלרבי יוחנן כוי דהתם לא מיתוקם אלא בתייש הבא על הצבייה, ובין חוששין לזרע האב ובין אין חוששין – איצטריך קרא לחייב בכל המתנות. וא"ת: דמשמע התם דלא פטר ר' אליעזר אלא ממתנות וכסוי, אבל אהא דאמרו רבנן: חלבו אסור כחלב בהמה – לא פליג, מדלא קאמר נמי מותר. ואמאי? והא אפילו חוששין לזרע האב, הא אית ליה לר"א ד"שה" ולא מקצת שה, וא"כ תייש הבא על הצבייה לישתרי חלבו! וכי תימא, דקסבר ר' יוחנן דלרבי אליעזר נמי אמרינן "שה" ואפילו מקצת שה, א"כ אמאי פטר הכא באותו ואת בנו? וי"ל: דקסבר ר' יוחנן דפליגי הכא באותו ואת בנו למלקות, ובגבי הבא על התיישה. דלרבנן, אפילו למלקות אמרינן "שה" ואפילו מקצת שה, ור"א פטר ממלקות, דמספקא ליה אי אמרינן "שה" ואפילו מקצת שה, אבל מודה דאיכא איסורא. אי נמי, לעולם סבירא ליה ד"שה" ואפילו מקצת שה לא אמרינן, ושאני חלב דרבי קרא, כדדרשינן בריש פרק בתרא דיומא (דף עד.): "כל חלב" – לרבות כוי וחצי שיעור. ומיהו קשה: בתייש הבא על הצבייה, אמאי פטר ר' אליעזר מכסוי? והא דלמא אין חוששין לזרע האב, והוי כולו צבי! וצ"ל, ד"רבי אליעזר פוטר" לא קאי אלא אמתנות. וכן משמע לשון המשנה במסכת בכורים (פ"ב מ"י) דתנן: ר' אליעזר פוטר, שהמוציא מחבירו עליו הראיה. וכן כתב רבינו תם בפרדות כרבי יהודה, ואותו ואת בנו נוהג בזכרים לאיסורא ולא למלקות.

אילימא

[נ"ל שיתא לה ולכרה] · כתובות קיא: [תוס' כלאים פ"א] · [נ"ל [illegible]]

הגהות הב"ח

(א) תוס' ד"ה עייל וכו' דסתם מתניתין דמומין אלו אלו כשרין:

רבינו גרשום

משמע כלומר אב ובנו ולא אם ובנה: הילכך נוהג בין בזכרים כו' כלומר בין באב ובנו בין באם ובנה: אמר שמואל הלכה כחנניה. כלומר כשם שהלכה כמותו לעיל כך בהלכה זו הלכה כחנניה כלומר דחושש לזרע האב: ואזדא שמואל לטעמיה כלומר דשמואל תני לחנניה בלשון חכמים ומדתני בלשון חכמים ש"מ הלכה כחנניה: דתניא ר' יהודה אומר הנולדים מן הסוס כו' כלומר הנולדים מן הסוסי' אע"פ שאביהן חמור כלומר דאין חוששין לזרע האב. והנולדין מן החמור כלומר מהחמורה עם הנולדין מן הסוסיא אסורין. למישרא פרד עם האם כלומר א) והולד כלומר דאין חוששין לאב אלא אי אמרת ספוקי מספקא ליה כו' כלומר ב) אי בר חמור הוא חוששין לזרע האב ואסור: לא מין סוס ולא מין חמור אלא מינה כלומר פרד מרביעין עליה: עבי קליה בר חמרא כלומ' בר חמרתא: כי מעיילת לי כודנייתא בריספקי כלומר דכלאים בחרישה אסור אע"ג דכתיב לא תחרוש בשור ובחמור ילפינן שור שור משבת מה להלן כל בהמה בכלל דכתיב וכל בהמתך אף כאן כל בהמת כלאי' בכלל חריש'.

א) נראה דחסר כאן ונ"ל מפשט פשיטא ליה כלומר וכו'. ב) נראה דנ"ל כלומר אי חוששין לזרע האב ובר חמור הוא ואסור.

ד א מיי' פי"ב מהל' שחיטה הל"ח ופ"ש בכ"מ ובל"מ סמג לאוין קמט טוש"ע יו"ד סי' טז סעי' ז:
ה ב ג מיי' שם ופ"ש בהג"ה טוש"ע שם סעי' ח:

[בכורות ז.]

[לפנינו שם לא מצאתי ועיין תוס' בכורות מח. ד"ה דאמר]

אילימא דשחטה לה ולברה והאמר רב חסדא הכל מודים בהיא צבייה כו'. תימה: ולמא דשחיט ליה לתייש ובנו, ופליגי אם חוששין לזרע האב ונוהג בזכרים אי לא. והא דפליגי בכוי – לאשמועינן ד"בנו" ואפילו כל דהו! **ורבי** אליעזר סבר אין חוששין כו'. ה"מ למימר: לכולי עלמא חוששין, וב"שה" אפילו מקצת שה פליגי, ואפילו בכלאי הבא על התיישה שילדה בת ובת ילדה בן. אלא דניחא לאוקומי פלוגתא בחוששין לזרע האב, דמצינו פלוגתא דתנאי. אבל ב"שה" ואפילו מקצת שה – לא אשכחן פלוגתא דתנאי.

בין לרבנן בין לרבי אליעזר לשחוט וליכסי צבי ואפילו מקצת צבי. הקשה הרב רבי שמואל מוורדון: הא גבי מתנות, כי אמרינן "שה" ואפי' מקצת שה – לא חשיב משום הכי כולו שה להתחייב בכל המתנות. אם כן הכא נמי – לא חשיב כאילו הוא כולו דם צבי, אלא חציו. ובפרק קמא דביצה (דף ח:) אמרינן: לא כוי בלבד אמרו, אלא אפילו שחט בהמה חיה ועוף ונתערבו דמם זה בזה – אסור לכסות ביו"ט! וי"ל, דאמרינן התם: בד"א – בשתי דקירות, אבל בדקירה אחת – חייב לכסות. והכא נמי, כיון שכל משהו שבו חציו דם צבי – חייב לכסות.

ומדלרבנן מספקא להו מכלל דלר' אליעזר פשיטא ליה אלא הא דתניא כו'. משמע: משום דלרבי אליעזר פשיטא ליה, קשה ליה מהך ברייתא דמתנות. ותימה: דלפי' מספקא ליה – נמי יכול להקשות, כל כמה דלא מוקמינן פלוגתייהו ב"שה" ואפילו מקצת שה!

לימא ליה אייתי ראיה. ואע"ג דרב אסי קאמר בפ"ק דב"ק (דף ט.) ובפרק "בית כור" (ב"ב קז.) גבי אחין שחלקו, ובא ב"ח וטרף חלקו של אחד מהם – דנוטל רביע בקרקע ורביע במעות, משום דמספקא ליה אי יורשין הוו אי לקוחות הוו, ונוטל מספיקא מחצה ממה שהיה לו ליטול, ולא מצי אמר ליה: אייתי ראיה דיורשין הוו ושקול – יש מקומות שתקנו חכמים מחמת הספק שיטול מחצה. וב"המוכר את הבית" (שם ע.) מפורש באורך*.

וסימנין דאורייתא. תנו רבנן: *אותו ואת בנו נוהג בכלאים ובכוי. *רבי אליעזר אומר: *כלאים הבא מן העז ומן הרחל – אותו ואת בנו נוהג בו. (א) כוי – אין אותו ואת בנו נוהג בו. אמר רב חסדא: איזהו כוי שנחלקו בו רבי אליעזר וחכמים – זה הבא מן התייש ומן הצבייה. היכי דמי? אילימא בתייש הבא על הצבייה וילדה, וקא שחיט לה ולברה; והאמר רב חסדא: הכל מודים בהיא צבייה ובנה תייש – שפטור, "שה ובנו" אמר רחמנא, ולא צבי ובנו! אלא, בצבי הבא על התיישה וילדה, וקא שחיט לה ולברה; והאמר רב חסדא: הכל מודים בהיא תיישה ובנה צבי – שחייב, "שה" אמר רחמנא, ובנו כל דהו! לעולם בתייש הבא על הצבייה, וילדה בת, ובת ילדה בן, וקא שחיט לה ולברה; רבנן סברי: חוששין לזרע האב, ו"שה" – ואפילו מקצת שה. ורבי אליעזר סבר: אין חוששין לזרע האב, ו"שה" ואפילו מקצת שה – לא אמרינן. וליפלוג בחוששין לזרע האב, בפלוגתא דחנניה ורבנן! אי פליגי בההיא, הוה אמינא: בהא – אפילו רבנן מודו, ד"שה" ואפילו מקצת שה – לא אמרי', קמ"ל. והא דתנן: *כוי – אין שוחטין אותו ביו"ט, ואם שחטו – אין מכסין את דמו; במאי עסקינן? אילימא בתייש הבא על הצבייה וילדה, בין לרבנן בין לר"א – לשחוט וליכסי, "צבי" – ואפילו מקצת צבי! אלא, בצבי הבא על התיישה וילדה, אי לרבנן – לשחוט וליכסי, אי לר"א – לשחוט ולא ליכסי! לעולם בצבי הבא על התיישה, ורבנן ספוקי מספקא להו, אי חוששין לזרע האב אי אין חוששין. ומדלרבנן מספקא להו, לרבי אליעזר פשיטא ליה. והא דתניא: *הזרוע והלחיים והקבה נוהגים בכוי ובכלאים. ר' אליעזר אומר: כלאים הבא מן העז ומן הרחל – חייב במתנות, *מן הכוי – פטור מן המתנות; במאי עסקינן? אילימא בתייש הבא על הצבייה וילדה; בשלמא לרבי אליעזר דפטר – קסבר: "שה" ואפילו מקצת שה – לא אמרינן. אלא לרבנן, נהי דקסברי: "שה" – ואפילו מקצת שה, בשלמא פלגא לא יהיב ליה, אידך פלגא – לימא ליה: אייתי ראיה דחוששין לזרע האב ושקול! אלא, בצבי הבא על התיישה וילדה; בשלמא לרבנן, מאי חייב – בחצי מתנות, אלא לרבי אליעזר – ליחייב בכולהי מתנות! לעולם בצבי הבא על התיישה וילדה, ור"א נמי ספוקי מספקא ליה, אי חוששין לזרע האב או לא. וכיון דלרבנן מספקא להו, ולרבי אליעזר מספקא ליה, במאי פליגי? ב"שה"

וסימנין דאורייתא. מדסמיך אסימנין ושרי איסורא עלייהו, ש"מ: הא דסמכינן אסימנין בחזרת אבדה, כדאמרינן ב"אלו מציאות" (ב"מ דף כז.) – דאורייתא היא. דאי דרבנן, היכי דעבוד רבנן תקנתא בממונא, באיסורא מי מצו מתקני? אלא ש"מ דאורייתא היא. והתם ב"אלו מציאות" מיבעיא לן סימנין דאורייתא או דרבנן.

כוי. מן התייש ומן הצבייה. ואע"פ ד"שור או *כשב" כתיב (ויקרא כב), ולא כתיב צבי ואיל. ה"ג: רבי אליעזר אומר כלאים הבא מן העז ומן הרחל אותו ואת בנו נוהג בו, מן הכוי אין אותו ואת בנו נוהג בו. וכן הוא בתוספתא. ולא גרסינן: "מן התייש ומן הצבייה אין אותו ואת בנו נוהג בו", דא"כ, מאי אתא רב חסדא לאשמועינן? **איזהו כוי שנחלקו בו כו'.** לאפוקי ממאן דאמר*: כוי בריה בפני עצמו הוא. **ובנה תייש.** שילדה מן התייש. **שה אמר רחמנא ובנו כל דהו.** על האם הקפיד שתהא בהמה, אבל על הבן לא הקפיד, ואפילו הוא חיה. **ובת ילדה בן.** האי בן לאו דוקא, דה"ה לבת. **חוששין לזרע האב.** ויש באם הזאת מקצת שה, ו"שה" דאמר רחמנא – אפילו במקצת שה משמע. **ורבי אליעזר סבר אין חוששין.** הלכך, שה ואפילו מקצת שה לא אמרינן, כלומר, ליכא למימר בה. **וליפלגו בחוששין בפלוגתא דחנניה.** וניימא רבי אליעזר: אינו נוהג בזכרים, ונימרו רבנן: נוהג! **ה"א בהא אפילו רבנן מודו.** דאע"ג דחוששין ליכא אלא מקצת שה, ו"שה" אפילו מקצת שה – לא אמרינן. **אין שוחטין אותו ביו"ט.** לפי שאין יכול לכסותו ולדחות יו"ט מספק אם שחטו. **לשחוט וליכסי.** דהא מצד האם הוא צבי, והכל מודים דחוששין לאם. ואי נמי חוששין לאב – מקצת צבי מיהא איכא. והא אמרן דדברי הכל, כי איכא מקצת – מיחייב במצות דשייכי ביה, כיון דאמר רחמנא צבי חייב בכסוי – אפילו מקצת צבי במשמע. **אלא בצבי הבא כו'.** דלית ביה צד צבי אלא מן האב, ומאי אין שוחטין? **אי לרבנן.** דאמרי: חוששין – בר כסוי הוא. **ואי לרבי אליעזר.** בהמה גמורה היא, ואין כאן ספק. **לעולם הא בצבי הבא על התיישה. ורבנן היא.** ואע"ג דמחייבי לעיל משום חוששין לזרע האב – לאו מיפשט פשיטא להו, אלא מספקא להו. הילכך, גבי אותו ואת בנו בתייש הבא על הצבייה – לחומרא, ואמרינן: חוששין, ואיכא מקצת שה. וגבי כסוי נמי לחומרא, בצבי הבא על התיישה נמי לא ישחוט ביו"ט, שמא חוששין, ואכן צבי ואפילו מקצת צבי קים לן, וצריך כסוי, והוא אינו יכול לכסות, שמא אין חוששין, ומחלל יו"ט. ופרכינן: מדלרבנן מספקא להו, מכלל דרבי אליעזר דאמר: אין נוהג – אפילו מספקא קאמר, דפשיטא ליה דאין חוששין. **והא דתניא כו'.** זרוע ולחיים וקבה. "אם שור אם שה" כתיב בהו (דברים יח), ומשמע דאין נוהגין בחיה. **אי נימא בתייש הבא על הצבייה וילדה.** דאי אין חוששין לזרע האב, אפילו מקצת שה ליכא. **בשלמא לרבי אליעזר דפטר קסבר שה ואפילו מקצת שה לא אמרינן.** ביה בהאי, כדאמרן, דפשיטא ליה דאין חוששין לזרע האב, הילכך אפילו מקצתו ליכא. **אלא לרבנן נהי נמי דקסברי שה ואפילו מקצת שה.** אמרינן, היכא דצד שיות מן האם. מיהו, הכא דאין צד שיות אלא מן האב, ואוקימנא דלרבנן מספקא להו אי חוששין אי לא. **בשלמא פלגא לא יהיב ליה** גרסינן. כלומר, בשלמא פלגא דמתנות לא פרכינן עלייהו מידי, דודאי פשיטא ליה דלא יהיב ליה. דאי נמי חוששין, ושה ואפילו מקצת שה – לא מיחייב אלא פלגא דצד שיות. דאיכא למ"ד הכי בפרק "הזרוע" (לקמן דף קלב.) והאי דקתני לרבנן נוהגין – בפלגא מתנות קאמרי, ומשום דילמא חוששין. אלא הא קשיא לן: אידך פלגא גופיה דקא מחייבי רבנן למיתביה לכהן, אמאי? והא כהן מוציא מחבירו הוא, וקי"ל בכל דבר ספק: המוציא מחבירו עליו הראיה. ונימא האי ישראל לכהן: אייתי ראיה דחוששין לזרע האב, ושקול פלגא דצד שיות. וכל כמה דלא אייתית ראיה – אפילו פלגא לית לך, דאפילו מקצת שה ליכא! **אלא בצבי הבא כו'.** דאיכא צד שיות מן האם. **בשלמא לרבנן.** אף על גב דמספקא לן שמא חוששין, ולא הוי כוליה שה, ואיכא למיפרך: אמאי יהיב ליה כוליה? איכא לתרוצי: מאי חייב דקאמרי רבנן – חייב בחצי מתנות, משום צד שיות דאם. ואידך פלגא אמרינן ליה: אייתי ראיה דאין חוששין, והוי כוליה שה ושקול. **ליחייב בכולהו.** דהא פשיטא ליה דאין חוששין, וכוליה שה הוא! הכי גרסינן: **לעולם בצבי הבא כו'. ספוקי מספקא ליה כו'.** ולקמיה מתרץ רב פפא לכולהו מתנייתא, בין דאותו ואת בנו ובין דכסוי ובין דמתנות.

בשה

[לעיל עח. תוספתא פ"ה]
[נ"ל שם]
[לקמן פ.]
ביצה ח. לקמן פג: [בכורים פרק ב משנה ט]
לקמן קלב. [תוספתא פ"ט]
נ"ל בכוי רק"ל. וג"א מן התייש ומן הצבייה [וכל העיקר כגי' רש"ל בכוי פטור מן המתנות וכן כתב הרש"ל עוד לקמן קלב. דכך נ"ל כאן]

הגהות הב"ח

(א) גמ' מן העז ומן הרחל וכו' נוהג בו מן הכוי אין אותו:

רבינו גרשום

וסימנין דאורייתא כלומר הני סימנין דאמרי' דרבנן אודניה וזוטרן גנובתיה: במאי עסקינן אילימא בתייש הבא על הצבייה וילדה כו' כלומר בין לרבנן בין לר' אליעזר לשחוט וליכסייה דהא אמרת הכל מודים דהיא צבייה ובנה תייש דצבי גמור הוא אלא בצבי הבא על התיישה כו' כלומר אי לרבנן דאמרי חוששין לזרע האב לשחוט וליכסייה כו': לר' אליעזר פשיטא ליה דאין חוששין לזרע האב: בשלמא ר' אליעזר דפטר קסבר שה אפי' מקצת שה לא אמרינן דאין חוששין לזרע האב: אלא לרבנן נהי נמי כו'. אלא לרבנן דמספקא להו בשלמא פלגא (א) יהיב ליה אידך פלגא לימא ליה אייתי ראיה דילמא חוששין לזרע האב (דלרבנן) דחוששין לזרע האב ושקול: אלא בצבי הבא על התיישה וילדה כו'. כלומר בשלמא רבנן דמספקא להו מאי חייב בחצי מתנות אלא לר' אליעזר כולהו מתנות נמי מחייב כלומר כיון דאין חוששין לזרע האב: אמר

(א) נראה לפני רבינו היה הגי' בגמרא בשלמא פלגא [illegible] יהיב ליה [illegible] וכן [illegible] אידך פלגא וכו'. וכזה יתיישב קושית התוס' בד"ה לימא.

בְּ"שֶׂה" — וַאֲפִי' מִקְצָת שֶׂה; רַבָּנַן סָבְרִי: "שֶׂה" — וַאֲפִי' מִקְצָת שֶׂה, וְרַבִּי אֱלִיעֶזֶר סָבַר: "שֶׂה" — וְלֹא מִקְצָת שֶׂה. אָמַר רַב פַּפָּא: הִלְכָּךְ, *לְעִנְיַן כִּסּוּי הַדָּם אוּמַתָּנוֹת לֹא מַשְׁכַּחַתְּ אֶלָּא בִּצְבִי הַבָּא עַל הַתְּיָישָׁה, דְּבֵין לְרַבָּנַן וּבֵין לְר' אֱלִיעֶזֶר, מְסַפְּקָא לְהוּ אִי חוֹשְׁשִׁין לְזֶרַע הָאָב אוֹ לָא, וְקָא מִיפַּלְגֵי בְּ"שֶׂה" — וַאֲפִילּוּ מִקְצָת שֶׂה. לְעִנְיַן אוֹתוֹ וְאֶת בְּנוֹ מַשְׁכַּחַתְּ לָהּ בֵּין בְּתַיִשׁ הַבָּא עַל הַצְּבִיָּה, וּבֵין בִּצְבִי הַבָּא עַל הַתְּיָישָׁה; בְּתַיִשׁ הַבָּא עַל הַצְּבִיָּה — בוּלְאִיסּוּרָא, דְּרַבָּנַן סָבְרִי: דִּילְמָא חוֹשְׁשִׁין לְזֶרַע הָאָב, "שֶׂה" — וַאֲפִי' מִקְצָת שֶׂה אָמְרִינַן, וְאָסוּר. וְרַבִּי אֱלִיעֶזֶר סָבַר: נְהִי נַמִּי דְּחוֹשְׁשִׁין לְזֶרַע הָאָב, "שֶׂה" — וַאֲפִילּוּ מִקְצָת שֶׂה לָא אָמְרִינַן. בִּצְבִי הַבָּא עַל הַתְּיָישָׁה — גוּלְמַלְקוֹת, רַבָּנַן סָבְרִי: נְהִי נַמִּי דְּחוֹשְׁשִׁין לְזֶרַע הָאָב, "שֶׂה" — וַאֲפִילּוּ מִקְצָת שֶׂה אָמְרִינַן, וּמַלְקִינַן לֵיהּ. וְרַבִּי אֱלִיעֶזֶר סָבַר: אִיסּוּרָא אִיכָּא, מַלְקוֹת לֵיכָּא; אִיסּוּרָא אִיכָּא — דִּלְמָא אֵין חוֹשְׁשִׁין לְזֶרַע הָאָב, וְהַאי שֶׂה מְעַלְּיָא הוּא; מַלְקוֹת לֵיכָּא — דִּלְמָא חוֹשְׁשִׁין לְזֶרַע הָאָב, וְ"שֶׂה" — וַאֲפִילּוּ מִקְצָת שֶׂה לָא אָמְרִינַן. אָמַר רַב יְהוּדָה: *כּוֹי — בְּרִיָּה בִּפְנֵי עַצְמָהּ הִיא, וְלֹא הִכְרִיעוּ בָּהּ חֲכָמִים אִם מִין בְּהֵמָה הִיא אִם מִין חַיָּה הִיא. רַב נַחְמָן אָמַר: כּוֹי — זֶה אֵיל הַבָּר. כְּתַנָּאֵי: כּוֹי — זֶה אֵיל הַבָּר. וְי"א: דזֶה הַבָּא מִן הַתַּיִשׁ וּמִן הַצְּבִיָּה. *ר' יוֹסֵי אוֹמֵר: כּוֹי — בְּרִיָּה בִּפְנֵי עַצְמָהּ הִיא, וְלֹא הִכְרִיעוּ בָּהּ חֲכָמִים אִם מִין חַיָּה אִם מִין בְּהֵמָה. רַבָּן שִׁמְעוֹן בֶּן גַּמְלִיאֵל אוֹמֵר: מִין בְּהֵמָה הִיא, וְשֶׁל בֵּית *דּוּשָׁאי הָיוּ מְגַדְּלִין מֵהֶן עֲדָרִים עֲדָרִים. אָמַר ר' זֵירָא א"ר סַפְרָא אָמַר רַב הַמְנוּנָא: הֲנֵי עִזֵּי דְּבָאלָא כְּשֵׁרוֹת לְגַבֵּי מִזְבֵּחַ. סָבַר לָהּ כִּי הָא דְּאָמַר ר' יִצְחָק: ו"עֶשֶׂר בְּהֵמוֹת מָנָה הַכָּתוּב וְתוּ לָא. וְהָנֵי, מִדְּלָא קָחָשֵׁיב לְהוּ בַּהֲדֵי חַיּוֹת, ש"מ: דְּעֵז נִינְהוּ. מַתְקִיף לָהּ רַב אַחָא בַּר יַעֲקֹב, וְאֵימָא: ז"אַיָּל וּצְבִי" — פְּרָט, "כָּל בְּהֵמָה" — כְּלָל, פְּרָט וּכְלָל — נַעֲשָׂה כְּלָל מוֹסִיף עַל הַפְּרָט, אִיכָּא טוּבָא! אִם כֵּן, כָּל הָנֵי פְּרָטֵי לָמָּה לִי? מַתְקִיף לָהּ רַב אַחָא בְּרֵיהּ דְּרַב אִיקָא: וְדִלְמָא מִינָא דְּאַקּוֹ נִינְהוּ? אָמַר לֵיהּ רַב אַחָא בְּרֵיהּ דְּרָבָא לְרַב אַשִׁי, וְאָמְרִי לָהּ רַב אַחָא בְּרֵיהּ דְּרַב אַוְיָא לְרַב אַשִׁי: דִּלְמָא מִינָא דִּתְאוֹ, אוֹ מִינָא דְּזֶמֶר נִינְהוּ? אֲמַר לֵיהּ רַב חָנָן לְרַב אַשִׁי: אַמֵּימָר שָׁרֵי תַּרְבַּיְיהוּ. בְּעָא מִינֵּיהּ אַבָּא בְּרֵיהּ דְּרַב מְנַיָּמִין בַּר חִיָּיא מֵרַב הוּנָא בַּר חִיָּיא: הָנֵי עִזֵּי דְּבָאלָא, מַהוּ לְגַבֵּי מִזְבֵּחַ? א"ל: עַד כָּאן לָא פְּלִיגִי רַבִּי יוֹסֵי וְרַבָּנַן אֶלָּא בְּשׁוֹר הַבָּר, דִּתְנַן: *ישׁוֹר הַבָּר מִין בְּהֵמָה הוּא, רַבִּי יוֹסֵי אוֹמֵר: מִין חַיָּה; דְּרַבָּנַן סָבְרִי: מִדְּמִתַרְגְּמִינַן "תּוֹרְבָּלָא" — מִינָא דִּבְהֵמָה הוּא, וְר' יוֹסֵי סָבַר: מִדְּקָא חָשֵׁיב לֵיהּ בַּהֲדֵי חַיּוֹת — מִינָא דְּחַיָּה הוּא; אֲבָל הָנֵי — דִּבְרֵי הַכֹּל מִינָא דְּעֵז נִינְהוּ. מַתְקִיף לָהּ רַב אַחָא בְּרֵיהּ דְּרַב אִיקָא: וְדִלְמָא מִינָא דְּאַקּוֹ נִינְהוּ! אֲמַר לֵיהּ רָבִינָא לְרַב אַשִׁי: וְדִלְמָא מִינָא דִּתְאוֹ, אוֹ מִינָא דְּזֶמֶר נִינְהוּ? א"ל רַב (א) נַחְמָן לְרַב אַשִׁי: אַמֵּימָר שָׁרֵי תַּרְבַּיְיהוּ. § "כֵּיצַד הַשּׁוֹחֵט" וכו'. § אָמַר רַבִּי אוֹשַׁעְיָא: כּוּלָּהּ מַתְנִיתִין דְּלָא כְּר' שִׁמְעוֹן. מִמַּאי? מִדְּקָא תָּנֵי: קֳדָשִׁים בַּחוּץ — הָרִאשׁוֹן חַיָּיב כָּרֵת, וּשְׁנֵיהֶם פְּסוּלִים, וּשְׁנֵיהֶם סוֹפְגִים אֶת הָאַרְבָּעִים. מִכְּדֵי שָׁמְעִינַן לֵיהּ לְרַבִּי שִׁמְעוֹן דְּאָמַר: *שְׁחִיטָה שֶׁאֵינָהּ רְאוּיָה — לָא שְׁמָהּ שְׁחִיטָה,
קַמָּא

רש"י

בְּשֵׂה וַאֲפִי' מִקְצָת שֶׂה. וּכְדִמְפָרֵשׁ רַב פַּפָּא וְאָזֵיל. הִילְכָּךְ לְעִנְיַן כִּסּוּי הַדָּם כו'. כְּלוֹמַר, הוֹאִיל וְאוֹקִימְנָא דִּלְתַרְוַיְיהוּ מְסַפְּקָא לְהוּ, וּבְ"שֶׂה" וַאֲפִילּוּ מִקְצָת שֶׂה פְּלִיגִי. לְעִנְיַן כִּסּוּי הַדָּם. דְּקָתָנֵי: אֵין שׁוֹחֲטִין, דְּמַשְׁמַע: וַדַּאי — חַיָּיב בְּכִסּוּי, סָפֵק פָּטוּר. וּלְעִנְיַן מַתָּנוֹת דִּפְלִיגִי בָּהּ. לָא מַשְׁכַּחַתְּ לָהּ אֶלָּא בִּצְבִי הַבָּא עַל הַתְּיָישָׁה וכו' וְהָא דְּקָתָנֵי: אֵין שׁוֹחֲטִין — רַבָּנַן הִיא. וּמִשּׁוּם שֶׁמָּא חוֹשְׁשִׁין, וְחַיָּיב בְּכִסּוּי, דְּאִית לְהוּ "צְבִי" וַאֲפִי' מִקְצָת צְבִי. וְשֶׁמָּא אֵין חוֹשְׁשִׁין, וּפָטוּר מִן הַכִּסּוּי, דַּאֲפִילּוּ מִקְצָת צְבִי לֵיכָּא. דִּבְתַיִשׁ הַבָּא עַל הַצְּבִיָּה לֵיכָּא לְאוֹקוּמַהּ דְּתִיתּוֹקַם כְּרַבָּנַן, דְּהָא וַדַּאי אִיכָּא מִקְצָת צְבִי, וְלִישְׁחוֹט וְלִיכַסֵּי לְרַבָּנַן. וּלְרַבִּי אֱלִיעֶזֶר וַדַּאי הֲוָה מָצֵי לְאוֹקְמָא בְּתַיִשׁ הַבָּא עַל הַצְּבִיָּה, שֶׁמָּא חוֹשְׁשִׁין, וְלֵיכָּא אֶלָּא מִקְצָת צְבִי, וּמִקְצָת לֵית לֵיהּ. וְשֶׁמָּא אֵין חוֹשְׁשִׁין, וְכוּלֵּיהּ צְבִי הוּא וּבָעֵי כִּסּוּי. אֲבָל נִיחָא לֵיהּ לְאוֹקְמָא כְּדְרַבָּנַן. וּלְעִנְיַן מַתָּנוֹת נַמִּי, בִּצְבִי הַבָּא עַל הַתְּיָישָׁה. וּלְר"א פָּטוּר לְגַמְרֵי, דְּשֶׁמָּא חוֹשְׁשִׁין וְלֵיכָּא אֶלָּא מִקְצָת שֶׂה דְּאֵם, וְ"שֶׂה" וַאֲפִי' מִקְצָת שֶׂה לֵית לֵיהּ. וְכֵיוָן דְּמִסְפְּקָא לָן — הַמּוֹצִיא מֵחֲבֵירוֹ עָלָיו הָרְאָיָה, וְא"ל: אַיְיתֵי רְאָיָה דְּאֵין חוֹשְׁשִׁין וְכוּלֵּיהּ שֶׂה הוּא, וּשְׁקוֹל. וּלְרַבָּנַן חַיָּיב מִיהָא בַּחֲצִי מַתָּנוֹת מִמָּה נַפְשָׁךְ, דְּאִי אֵין חוֹשְׁשִׁין — כּוּלֵּיהּ שֶׂה הוּא, וְאִי חוֹשְׁשִׁין — מִקְצָת שְׂיוּת דְּאֵם מִיהָא אִיכָּא. וְרַבָּנַן אִית לְהוּ "שֶׂה" וַאֲפִילּוּ מִקְצָת שֶׂה, וְשָׁקֵיל פַּלְגָּא דִּשְׂיוּת, וְאִידָּךְ פַּלְגָּא אֵימָא לֵיהּ: אַיְיתֵי רְאָיָה דְּאֵין חוֹשְׁשִׁין, וְכוּלֵּיהּ שֶׂה הוּא, וּשְׁקוֹל. וּבְתַיִשׁ הַבָּא עַל הַצְּבִיָּה לֵיכָּא לְאוֹקוּמֵיהּ, דְּא"כ לְרַבָּנַן נַמִּי לִיפָּטֵר, נְהִי נַמִּי דַּאֲפִי' מִקְצָת שֶׂה אָמְרִינַן, מִי יֵימָא לָן דְּאִיכָּא מִקְצָת שֶׂה? דִּלְמָא אֵין חוֹשְׁשִׁין, וְכוּלֵּיהּ צְבִי הוּא! הַמּוֹצִיא מֵחֲבֵירוֹ עָלָיו הָרְאָיָה. לְעִנְיַן אוֹתוֹ וְאֶת בְּנוֹ מַשְׁכַּחַתְּ לָהּ. לִפְלוּגְתַּיְיהוּ דִּלְעֵיל, בֵּין בְּתַיִשׁ כו'. בְּתַיִשׁ הַבָּא עַל הַצְּבִיָּה וּלְאִיסּוּרָא. בְּעָלְמָא קָאָמְרִי רַבָּנַן דְּנוֹהֵג, וְאָסוּר לְשׁוֹחֲטָהּ לִנְקֵבָה הַבָּאָה מִן הַתַּיִשׁ וְהַצְּבִיָּה עִם בְּנָהּ, מִשּׁוּם שֶׁמָּא חוֹשְׁשִׁין וְאִיכָּא מִקְצָת שֶׂה, וְרַבָּנַן אִית לְהוּ מִקְצָת שֶׂה. אֲבָל מַלְקוֹת לֵיכָּא, דְּשֶׁמָּא אֵין חוֹשְׁשִׁין, וַאֲפִילּוּ מִקְצָת שֶׂה לֵיכָּא, הִילְכָּךְ הָוְיָא לָהּ הַתְרָאַת סָפֵק וְלֹא שְׁמָהּ הַתְרָאָה, וְאֵין מַלְקוֹת בְּלֹא הַתְרָאָה. וּלְר"א מוּתָּר לְכַתְּחִלָּה, דְּא"נ חוֹשְׁשִׁין וְאִיכָּא מִקְצָת שֶׂה — לֵית לֵיהּ מִקְצָת שֶׂה. נְהִי נַמִּי דְּחוֹשְׁשִׁין. אִיכָּא מִקְצָת שֶׂה דְּאֵם. בְּרִיָּה בִּפְנֵי עַצְמָהּ. וְלֹא מִכִּלְאֵי בְּהֵמָה וְחַיָּה הוּא בָּא, דְּס"ל: אֵין חַיָּה מִתְעַבֶּרֶת מִבְּהֵמָה וְלֹא בְּהֵמָה מֵחַיָּה. וְה"נ אָמְרִינַן בְּב"ק (דף עח.). וּמִיהוּ, רַב יְהוּדָה לָאו אַלִּיבָּא דְּר' אֱלִיעֶזֶר וְרַבָּנַן נָקֵט מִילְּתָא, דְּאִינְהוּ וַדַּאי סְבִירָא לְהוּ דְּמִכִּלְאֵי בְּהֵמָה וְחַיָּה הוּא בָּא. וְהָכִי נַמִּי אָמְרִינַן [א] בְּב"ק: חוּץ מֵרַבִּי אֱלִיעֶזֶר וּמַחְלוֹקְתּוֹ, שֶׁהָיוּ אוֹמְרִים: חַיָּה מִתְעַבֶּרֶת מִבְּהֵמָה. אֵיל הַבָּר. אַיִל זָכָר הַגָּדֵל בַּיְּעָרִים. בֵּית דּוּשַׁאי. מִשְׁפָּחָה נִקְרֵאת עַל שֵׁם אָבִיהָ. עִזֵּי דְּבָאלָא. עִזֵּי הַלְּבָנוֹן, בָּאלָא = יַעַר. כְּשֵׁרוֹת לְגַבֵּי מִזְבֵּחַ. דְּלָאו חַיּוֹת נִינְהוּ, אֶלָּא בְּהֵמוֹת. עֶשֶׂר בְּהֵמוֹת מָנָה הַכָּתוּב. לְהֶיתֵּר אֲכִילָה: שׁוֹר, שֵׂה כְשָׂבִים, וְשֵׂה עִזִּים, אַיָּל, וּצְבִי, וְיַחְמוּר, וְאַקּוֹ, וְדִישׁוֹן, וּתְאוֹ, וָזָמֶר (דברים יד), וְאֵין לָנוּ עוֹד בְּהֵמָה וְחַיָּה כְּשֵׁרָה בָּעוֹלָם. וְהָשְׁתָּא, לְהָנֵהוּ עִזֵּי דְּבָאלָא לֵיכָּא לְסַפּוּקֵי שֶׁמָּא מִין חַיָּה הוּא שֶׁלֹּא הוּזְכְּרָה כָּאן, דְּהָא תּוּ לֵיכָּא. וּמִדְּלָא מְנִינְהוּ לְהָנָךְ בַּהֲדֵי חַיּוֹת — ש"מ: בִּכְלַל עֵז הֵן, וְעֵז בְּהֵמָה הוּא. מַתְקִיף לָהּ רַב אַחָא. נְהִי נַמִּי דְּאֵין עוֹד מִין חַיָּה שֶׁלֹּא הוּזְכְּרָה כָּאן, אַכַּתִּי מְנָא לָךְ דְּמִינָא דְּעֵז הוּא? דִּלְמָא מִינָא דְּאַקּוֹ נִינְהוּ, וְלָא יָדְעִינַן מַאי נִיהוּ, אוֹ תְּאוֹ אוֹ זֶמֶר, הָנָךְ דְּלָא בְּקִיאִינַן בְּהוּ, וְדִלְמָא הָנֵי נִינְהוּ! שָׁרֵי תַּרְבַּיְיהוּ. לַאֲכִילָה, דְּס"ל: חַיּוֹת נִינְהוּ. תְּאוֹ מְתַרְגְּמִינַן תּוֹרְבָּאלָא. שׁוֹר הַלְּבָנוֹן. אֲבָל הָנֵי. דְּלָא מְנִינְהוּ בַּהֲדֵי חַיּוֹת, דִּבְרֵי הַכֹּל מִין עֵז נִינְהוּ. ר"ש. שָׁמְעִינַן לֵיהּ בְּמַתְנִיתִין (לקמן דף פא:) שְׁחִיטָה שֶׁאֵינָהּ רְאוּיָה לֹא שְׁמָהּ שְׁחִיטָה, וְלָא מְחַיֵּיב עָלֶיהָ מִשּׁוּם אוֹתוֹ וְאֶת בְּנוֹ, דְּקָתָנֵי: ר' שִׁמְעוֹן פּוֹטֵר בְּשׁוֹחֵט שׁוֹר הַנִּסְקָל.
קַמָּא

תוספות

כוי בריה בפני עצמה היא. אמתניתין דכסוי הדם (לקמן פג:) קאי, דתנן: ונוהג בכוי מפני שהוא ספק, ואין שוחטין אותו בי"ט, ואם שחטו כו'. ולא אכוי שנחלקו בו ר' אליעזר ורבנן קאי, כדפירש בקונטרס. **ולא** הכריעו בו חכמים אם מין בהמה או מין חיה. וא"ת: ולבדוק בסימנין דקרנים! וי"ל: דאפשר דלא היו יכולין לברר בקרניו שפיר אם חדודות וכרוכות יפה. **זה** איל הבר. וסבר רב נחמן ות"ק דברייתא שהוא ודאי חיה, ושוחטים אותו בי"ט ומכסין דמו, ופליגי אמתניתין (לקמן דף פג:). אבל אין לומר דלדידהו בהמה הוה, דאם כן ת"ק היינו רשב"ג.

ודלמא מינא דתאו הוא. וקסבר רב אחא דתאו מין חיה הוא, כרבי יוסי דאמר בסמוך: שור הבר מין חיה. דאי כרבנן דאמרי מין בהמה הוא, א"כ כי הוי נמי מין תאו – הוי כשר לגבי מזבח.

מדחשיב ליה בהדי חיות ש"מ דחיה הוא. משמע דאי לאו דחשיב ליה בהדי חיות – הוי בהמה לכ"ע, משום דנקרא שור. וקשה קצת, דאיל הבר הוי חיה, כדפי' לעיל, אף על גב דנקרא איל.

***חולין** בחוץ שניהם כשרים. ס"ד דמיפסל שני משום "לא תאכל כל תועבה", כדאמר בפרק "כל הבשר" (לקמן דף קטו.).

***הראשון** חייב כרת ושניהם סופגין את הארבעים. דלא כר' *יצחק אתיא, דאמר בפרק "אלו הן הלוקין" (מכות דף כג.): חייבי כריתות שלקו נפטרו מידי כריתתם. ועוד הוה מצי למתני: חולין וקדשים בחוץ ובפנים, וכן קדשים וחולין וחולין וקדשים בפנים ובחוץ, וכן קדשים וחולין. ואי בכל הני דתני יש חדוש, איכא למימר דלא תנא להני משום דליכא בהו שום חדוש. ואי ליכא חדוש בכל הני דתני, צ"ל: תני ושייר.
קדשים

עין משפט נר מצוה

ו א מיי' פ"ט מהל' בכורים הל"ה ועיין בכ"מ סמג עשין קמב טוש"ע יו"ד סי' סא סעי' יח:
ז ב ג מיי' פי"ב מהל' שחיטה הל' ח סמג לאוין קמט טוש"ע יו"ד סי' טז סעי' ח:
ח ד מיי' פ"א מהל' מאכלות אסורות הלכה יג:
ט ה ו מיי' שם הל"ח:

[שייך במשנה דלעיל עט.]
[שייך במשנה דלעיל עט.]
[ע' מהרש"א]

שיטה מקובצת
א] בשה ואפילו מקצת שה. נ"ב עי' תוס' לקמן דף פח ע"א:

גליון הש"ס
גמ' הני עיזי דבאלא. עי' סוכה דל"ג ע"א תוד"ה משום:

[לקמן פא. פה: כתובות לד. ב"ק עא. קדושין נז.]

הגהות מהר"י לנדא
[א] רש"י ד"ה כוי בפ"ע כו' וה"נ אמרינן בב"ק עח ע"א ובבכורות ז ע"א כצ"ל:

מסורת הש"ס
[לקמן קלב.]
[יומא עד: וש"נ]
[תוספתא בכורות פ"ב]
[גי' הערוך רשאי]
סנהדרין כה: כלאים פ"ח מ"ו

תורה אור
דברים יד

הגהות הב"ח
(א) גמ' א"ל רב חנן לרב אשי אמימר:

רבינו גרשום
אמר רב פפא הילכך לענין כסוי הדם. כוי אין שוחטין אותו ביום טוב ואם שחטו אין מכסין את דמו דמספקא להו ואזלינן לחומרא ולענין מתנות קא מיפלגי בשה אפי' מקצת שה: בתיש הבא על הצביה לאיסורא. כלומר כיון דאמו צביה איסורא איכא מלקות ליכא: (אלא איסורא היכא) בצבי הבא על התיישה ולמלקות כלומר כיון [דאמו] תיישה מלקות נמי איכא לרבנן: ושל בית רישאי מקום: עיזי דבלא אותו יער ששמו בלא: עשר בהמות מנה הכתוב שור שה כשבים ושה עזים איל וצבי וגו' עשרה הן בין בהמות וחיות: ואיכא טובא. כלומר ואיכא טובא חיות: א"כ כל הני פרטי למה לי. כל הני פרטי איל וצבי ויחמור וגו' למה לי אלא מדמנה הני פרטי ש"מ דליכא חיות טהורות עוד: אמימר שרא תרבייהו כלומר דסבירא ליה דמין חיה הוא מדקא חשיב ליה בהדי חיות. כלומר דכתיב ותאו וזמר ומתרגמינן תורבלא: שני סופג את הארבעים כו'

קַמָּא מִיקְטַל קַטְלֵיהּ, שֵׁנִי – מִתְקַבֵּל בִּפְנִים הוּא, כָּרֵת נַמִּי לִיחַיֵּיב! חוּלִּין בִּפְנִים – שְׁנֵיהֶם פְּסוּלִין, וְהַשֵּׁנִי סוֹפֵג אֶת הָאַרְבָּעִים; מִכְּדֵי שְׁמַעִינַן לֵיהּ לְרַבִּי שִׁמְעוֹן דְּאָמַר: שְׁחִיטָה שֶׁאֵינָהּ רְאוּיָה לֹא שְׁמָהּ שְׁחִיטָה, קַמָּא – מִיקְטַל קַטְלֵיהּ, שֵׁנִי אַמַּאי סוֹפֵג אֶת הָאַרְבָּעִים? קָדָשִׁים בִּפְנִים – הָרִאשׁוֹן כָּשֵׁר וּפָטוּר, וְהַשֵּׁנִי סוֹפֵג אֶת הָאַרְבָּעִ' וּפָסוּל; מִכְּדֵי שְׁמַעִינַן לֵיהּ לְרַבִּי שִׁמְעוֹן דְּאָמַר: שְׁחִיטָה שֶׁאֵינָהּ רְאוּיָה לֹא שְׁמָהּ שְׁחִיטָה – שְׁחִיטַת קָדָשִׁים נַמִּי שְׁחִיטָה שֶׁאֵינָהּ רְאוּיָה הִיא, (א) דְּכַמָּה דְּלָא זָרֵיק דָּם – לָא מִישְׁתְּרֵי בָּשָׂר, שֵׁנִי אַמַּאי סוֹפֵג אֶת הָאַרְבָּעִים וּפָסוּל? אֶלָּא, שְׁמַע מִינַּהּ דְּלָא כְּרַבִּי שִׁמְעוֹן. פְּשִׁיטָא דְּהָכִי אִיתָא! שְׁחִיטַת קָדָשִׁים אִיצְטְרִיכָא לֵיהּ; סָלְקָא דַּעְתָּךְ אָמֵינָא: שְׁחִיטַת קָדָשִׁים – שְׁחִיטָה רְאוּיָה הִיא, דְּהָא אִי נְחַר וְזָרֵיק דָּם – לָא מִישְׁתְּרֵי בָּשָׂר, וְכִי שָׁחַט – מִישְׁתְּרֵי בָּשָׂר, וּשְׁחִיטָה רְאוּיָה הִיא, קמ"ל. וְלִילְקֵי נַמִּי מִשּׁוּם לָאו דִּמְחוּסַּר זְמַן, דְּתַנְיָא: מִנַּיִן לְכָל הַפְּסוּלִין שֶׁבְּשׁוֹר וְשֶׁבְּשֶׂה שֶׁהוּא בְּ"לֹא יֵרָצֶה"? ת"ל: °"וְשׁוֹר וָשֶׂה שָׂרוּעַ וְקָלוּט" וגו' – לִימֵּד עַל הַפְּסוּלִין שֶׁבְּשׁוֹר וְשֶׁבְּשֶׂה שֶׁהוּא בְּ"לֹא יֵרָצֶה"! [ויקרא כב] כִּי קָא חָשֵׁיב – לָאוֵי דְּאוֹתוֹ וְאֶת בְּנוֹ, לָאוֵי נוֹכְרָאֵי – לָא קָא חָשֵׁיב. וְלָא? וְהָא קָדָשִׁים בַּחוּץ, דְּלָאוֵי נוֹכְרָאֵי נִינְהוּ, וְקָא חָשֵׁיב! דְּקָתָנֵי: קָדָשִׁים בַּחוּץ, הָרִאשׁוֹן – חַיָּיב כָּרֵת, וּשְׁנֵיהֶם סוֹפְגִין אֶת הָאַרְבָּעִים; בִּשְׁלָמָא שֵׁנִי – מִשּׁוּם לָאו דְּאוֹתוֹ וְאֶת בְּנוֹ, אֶלָּא רִאשׁוֹן אַמַּאי סוֹפֵג – לָאו מִשּׁוּם לָאו דְּשְׁחוּטֵי חוּץ? כָּל הֵיכָא דְּלֵיכָּא לָאו דְּאוֹתוֹ וְאֶת בְּנוֹ – חָשֵׁיב לָאוֵי נוֹכְרָאֵי, וְכָל הֵיכָא דְּאִיכָּא לָאו דְּאוֹתוֹ וְאֶת בְּנוֹ – לָא חָשֵׁיב לָאוֵי נוֹכְרָאֵי. *רַבִּי זֵירָא אָמַר: הַנַּח לִמְחוּסַּר זְמַן, דְּהַכָּתוּב נִתְּקוֹ [זבחים קיז:]

רש"י

קַמָּא מִיקְטַל קַטְלֵיהּ. דִּשְׁחִיטַת קָדָשִׁים בַּחוּץ שְׁחִיטָה שֶׁאֵינָהּ רְאוּיָה הִיא. וּכִי דִּלְעִנְיַן שְׁחוּטֵי חוּץ לְהִתְחַיֵּיב כָּרֵת הָוְיָא שְׁחִיטָה, דִּגְזֵרַת הַכָּתוּב הִיא, אֲבָל לְכָל מִילֵּי לָאו שְׁחִיטָה הִיא, כִּדְאָמְרִינַן בְּפֶ' "כִּסּוּי הַדָּם" (לקמן דף פה.) דְּגָמַר מִ"טְבוֹחַ טֶבַח וְהָכֵן". וְכֵיוָן דְּלָאו שְׁחִיטָה הִיא – תורה אור מוּתָּר לִשְׁחוֹט אֶת בְּנָהּ, וְלָא מְחוּסַּר זְמַן הוּא, דְּאוֹתוֹ וְאֶת בְּנוֹ שְׁחִיטָה כְּתִיבָה, וְשֵׁנִי נַמִּי נִיחַיֵּיב כָּרֵת! חוּלִּין בִּפְנִים כו' קַמָּא מִיקְטִיל קַטְלֵיהּ. לָאו דַּוְקָא, דה"ה לִנְחִירָה. וּפָסוּל. מִשּׁוּם מְחוּסַּר זְמַן. שְׁחִיטַת קָדָשִׁים (ב) שְׁחִיטָה שֶׁאֵינָהּ רְאוּיָה הִיא דְּכָל כַּמָּה דְּלָא זָרֵיק דָּם כו'. כְּלוֹמַר, לָא מִיבַּעְיָא לְעִנְיַן מַלְקוֹת דְּלָא בָּעֵי לְמִילְקֵי מִשּׁוּם שְׁחִיטַת שֵׁנִי, דְּאִי אִית לֵיהּ אוֹתוֹ וְאֶת בְּנוֹ נוֹהֵג בְּקָדָשִׁים – הָוְיָא לֵיהּ שְׁחִיטַת שֵׁנִי שֶׁאֵינָהּ רְאוּיָה, דְּהָא מְחוּסַּר זְמַן הוּא וּפָסוּל. אֶלָּא אֲפִילּוּ אוֹתוֹ וְאֶת בְּנוֹ נַמִּי לְר"ש לָא נְהִיגָא בְּקָדָשִׁים, דְּהָא שְׁחִיטַת רִאשׁוֹן אֵינָהּ רְאוּיָה, דְּאֵינָהּ מוּתֶּרֶת בְּלֹא זְרִיקָה, *וְשֵׁנִי אַמַּאי פָּסוּל לְהַקְרָבָה? [נ"ל שני] וְאַמַּאי סוֹפֵג נַמִּי דְּקָאָמַר? וְלִילְקֵי נַמִּי. הַאי שֵׁנִי דְּקָדָשִׁים בִּפְנִים. מִשּׁוּם לָאו דְּשׁוֹחֵט מְחוּסַּר זְמַן לַגָּבוֹהַּ. דְּאַף עַל גַּב דְּלָא אַקְרְבֵיהּ מִיחַיֵּיב אַשְּׁחִיטָה מִיָּד, דְּגַבֵּי כָּל פְּסוּלִים יָלְפִינַן בִּתְמוּרָה (דף ו:) עוֹבֵר מִשּׁוּם חֲמִשָּׁה שֵׁמוֹת, מִשּׁוּם בַּל תַּקְדִּישׁוּ, וּמִשּׁוּם בַּל תִּשְׁחָטוּ, וּמִשּׁוּם בַּל תִּזְרְקוּ וּמִשּׁוּם בַּל תַּקְטִירוּ כּוּלּוֹ, וּמִשּׁוּם בַּל תַּקְטִירוּ מִקְצָתוֹ. נִתְּקוֹ

תוספות

קדשים שחיטה שאינה ראויה היא. וא"ת: והא בפרק "כסוי הדם" (לקמן דף פה.) מפרש טעמא דר"ש דיליף מ"טבוח טבח והכן". ופריך: ולילף משחוטי חוץ! ומשני: דנין חולין מחולין, ואין דנין חולין מקדשים. א"כ, הכא דבקדשים – נילף קדשים מקדשים! וי"ל: כיון דעיקר אותו ואת בנו בחולין כתיבא, דשור הפסיק הענין, על כרחך שחיטה דכתיב ביה – בשחיטה הראויה איירי, משום דילפינן חולין מחולין.

שחיטה שאינה ראויה היא דכל כמה כו'. פי' הקונטרס: לא מיבעיא לענין מלקות דלא בעי למילקי משום שחיטת שני, אם אותו ואת בנו נוהג בקדשים, דהשתא הוי מחוסר זמן ופסול. אלא אפילו אי אין אותו ואת בנו נוהג בקדשים, משום דשחיטת ראשון אינה ראויה, דאינה מותרת בלא זריקה – שני אמאי פסול? דהשתא לא הוי מחוסר זמן! ומאי סופג נמי דקאמר? ומטעם זה מחק ספרים לקמן *שהיה כתוב בהן: אין מלקות דאותו ואת בנו נוהג בקדשים, משום התראת ספק. [דף פח.] דלמה לי טעם דהתראת ספק? תיפוק ליה משום דלא הוה ראויה, משום שהוא מחוסר זמן. ואין נראה, דכיון דאסר הכתוב אותו ואת בנו בקדשים מוי"ו מוסיף על ענין ראשון (לעיל דף עח.), הרי גזירת הכתוב דלילקי אע"ג דלאו שחיטה ראויה היא, דהוי מחוסר זמן, כיון דליכא פסול אחרינא. כמו שחוטי חוץ, דחייב אפילו לרבי שמעון, אף על גב דלשאר מילי חשיבא שחיטה שאינה ראויה! ועוד, דבהדיא תנן בפרק בתרא דזבחים (דף קיב:): אותו ואת בנו קדשים ומחוסר זמן, רבי שמעון אומר: הרי הן בלא תעשה, משום דחשיבא שחיטה, *ועובר בלאו דלא תשחטו! [עי' רש"א מה שהגיה בג"ע על תוספות ועי' ת"ח] לכך נראה, דלא מוכח הכא אלא מן הראשון, דשחיטת קדשים אינה ראויה היא, והרי כאילו מיקטל קטליה לקמא, והשני כשר גמור הוא. ולא מצי למיפרך לרבי אושעיא, ואפילו לרב המנונא דבסמוך, מפרק בתרא דזבחים דמשמע דלר"ש אותו ואת בנו נוהג בקדשים. דאיכא לאוקומי כשהראשון הוא חולין ושני קדשים, דהוי שחיטת ראשון שחיטה ראויה.

(ג) **דכמה** דלא זריק דם לא מישתרי בשר. ואפילו שחט שני אחר שנזרק דם הראשון – חשיב שחיטה ראשונה אינה ראויה, כיון דבשעת שחיטה אכתי לא היתה ראויה. ואע"ג דלרבי שמעון כל העומד ליזרק כזרוק דמי – היינו דווקא לאחר שנתקבל בכוס, כדאמר בפ"ק דפסחים (דף יג:). ועוד, כיון דעל ידי שחיטה גרידא לא משתרי בשר, אלא משום דכזרוק דמי – לא חשיבא שחיטה ראויה. ואם תאמר: דב"מרובה" (ב"ק עו.) משמע דשחיטת קדשים הויא שחיטה ראויה אפילו נשפך הדם. דפריך אמתניתין דמחייב רבי שמעון ארבעה וחמשה בקדשים שחייב באחריותן – שחיטה שאינה ראויה היא! ומוקי רב דימי בשוחט תמימים לשם בעלים בפנים, דהא חזרה קרן לבעלים כשנשפך הדם. ופריך: וכי שחיטה מתרת? זריקה מתרת! ומשני: כל העומד ליזרק כזרוק דמי, ולכך הויא שחיטה ראויה. ורבי אושעיא גופיה אית ליה בפרק "המנחות והנסכים" (מנחות קב.) דלרבי שמעון כל העומד ליזרק כזרוק דמי, גבי נותר! וי"ל: דדוקא להחשיב נותר אוכל שאתה יכול להאכילו לאחרים – אית ליה לרבי אושעיא דכזרוק דמי, אבל לשוייה שחיטה ראויה משום דכזרוק דמי – לית ליה. וההיא ד"מרובה" הוא משני רבי אושעיא כר"ל, בשוחט בעלי מומין בחוץ, ומשום דכל העומד לפדות כפדוי דמי. ואע"ג דלית ליה כל העומד ליזרק כזרוק דמי – היינו משום דזריקה תלויה בשחיטה, ושחיטה צריכה לזריקה. אבל פדייה אינה תלוייה בשחיטה, דאף קודם שחיטה יכול לפדותה. ובמסקנא דהכא הויא נמי שחיטת קדשים (ד) שחיטה ראויה משום דכזרוק דמי. כמו ב"מרובה" (ב"ק עו:) דמסיק דאותו ואת בנו נוהג בקדשים, אלא דליכא מלקות משום דהתראת ספק היא, (ה) שמא לא יזרוק הדם, ואז הוי שחיטה שאינה ראויה. ואע"ג דב"מרובה" אמרינן דשחיטה ראויה היא אפילו נשפך הדם, דכל העומד ליזרק כזרוק דמי, הכא דמחוסר זמן הוא ואינו ראוי לזרוק, דאסור לזרוק – לא הוי כזרוק. והכי אמרינן ב"המביא אשם תלוי" (כריתות כד:): איסור דאמר רבי שמעון כזרוק דמי – במידי דעומד לזרוק. ובפרק "המנחות והנסכים" (מנחות דף קב:): בשלמא פרה – מגוה לפדותה, פירוש: בשמא נאה הימנה, ולכך כפדוי דמי. אלא מנחות (ו) – מגוה לפדותם? ואם תאמר: אמאי לא פריך לרבי אושעיא כדפריך לקמן לרב המנונא? וי"ל: דרבי אושעיא לא אמר אלא דמתניתין דקדשים בפנים לא אתיא כרבי שמעון, והתלמוד הוא דקאמר: שני אמאי סופג ופסול? אבל לרבי אושעיא אפשר דלא דייק אלא מסופג את הארבעים לחוד, אמאי סופג? והא התראת ספק היא! כמו שיאמר במסקנא. לכך לא פריך אלא לרב המנונא, דאמר בהדיא דאין אותו ואת בנו נוהג בקדשים משום דשחיטת קדשים הוי שחיטה שאינה ראויה. ור"ת לא גרים הכא "ופסול", אלא: "אמאי סופג", ותו לא. ומכח התראת ספק מדקדק, כמו שהוא לפי המסקנא. ואם תאמר: ולימא דסופג ארבעים לאו משום לאו ד"לא תשחטו אותו ואת בנו", אלא משום לאו דמחוסר זמן ד"לא תעשון", דאמר בפרק בתרא דזבחים (דף קיד:) דלקי לרבי שמעון! וי"ל: דלא חשיב בכל מתניתין דקתני: והשני סופג הארבעים, אלא לאו דאותו ואת בנו.

ולילקי נמי משום מחוסר זמן. תימה: היכי לילקי? הא הוי לאו שבכללות שאין לוקין עליו. כי ההיא ד"לא יאכל כי קדש הם", דדרשינן מיניה: כל שבקדש פסול – בא הכתוב ליתן לא תעשה על אכילתו, וקרי ליה בפרק "כל שעה" (פסחים דף כד.) לאו שבכללות!

הנח למחוסר זמן שהכתוב נתקו לעשה. פירש בקונטרס: דלא דמי לעשה דשלות, דהוי מעיקרא. אבל האי עשה – על כרחך אחר הלאו הוא, דהלאו הוי תוך שבעה, והעשה אחר כך. משמע שרוצה לפרש כמו שאר "ניתק לעשה" שבתלמוד. ותימה: דלא דמי לנותר וגזלה, דהתם אחר שעבר הלאו – בא העשה לתקן מה שעבר, אבל כי ההיא דהכא לא מלינו! ומיהו, מלינו לעשה כה"ג בפרק "אמר להם הממונה" (יומא לו:), דא"ר ירמיה: בלאו דנבלה קמיפלגי אי הוה ניתק לעשה, במאי דאמר קרא: "לגר אשר בשעריך תתננה ואכלה". אבל אינה ראיה, חדא – דאביי פליג עליה, ואמר דלכולי עלמא לאו מעליא הוא. ואפילו לרבי ירמיה, דאיכא מאן דקרי ליה ניתק לעשה – היינו התם דנכתב לעשה מיד אחר הלאו, אבל עשה ד"מיום השמיני" אינו נכתב מיד אחר הלאו דלא ירצה! ונראה לפרש: הנח למחוסר זמן דהכתוב נתקו מלאוי ד"לא ירצה", ולא הוי בכלל שאר פסולים דהוו בלאו ד"לא ירצה". אלא נתקו לעשה, ולית ביה אלא עשה ד"מיום השמיני"

רבינו גרשום

כו' כלומר אמאי סופג את הארבעים ותו לא כרת נמי ליחייב דאינו חשוב אותו ואת בנו דקמא מקטל קטליה ולא חשוב שוחט ושני אם היה שוחטו בפנים היה מקובל וקדשים גמורים שחט בחוץ וכרת נמי ליחייב ותו חולין בפנים שניהם פסולין והשני סופג את הארבעים והא ראשון לא חשוב שחיטה תדע דכמה דלא מיזדריק דם לא מישתרי בשר כלומר כיון דבשביל שחיטה לא מישתרי בשר שחיטה שאינה ראויה היא: א) קמ"ל כלומר ושחיטה ראויה היא אפי' לר' שמעון קמ"ל דאינה שחיטה ראויה: ולילקי נמי משום לאו דמחוסר זמן כו' כלומר קדשים בפנים דאמרי' השני סופג את הארבעים ופסול כלומר דסופג את הארבעים משום לאו דאותו ואת בנו ולילקי נמי משום לאו דמחוסר זמן הוא.

א) נראה דצ"ל ושחיטה ראויה היא כלומר אפי' לר"ש קמ"ל דאינה שחיטה ראויה.

הגהות הב"ח

(א) גמ' שאינה ראויה היא דכל כמה דלא: (ב) רש"י ד"ה שחיטת קדשים נמי שחיטה: (ג) תום' ד"ה דכל כמה דלא וכו' והא חזרה קרן: (ד) בא"ד שחיטת קדשים שחיטה ראויה נ"ב פי' שחיטת הראשונ': (ה) בא"ד שמא לא יזרוק הדם נ"ב פי' שמא לא יזרוק דם של שניה: (ו) בא"ד אלא מנחות אין מגוה:

י א מיי' פ"ג מהל' איסורי מזבח הל' ה:

נִתְּקוֹ לַעֲשֵׂה, מַאי טַעְמָא? דְּאָמַר קְרָא: °"מִיּוֹם הַשְּׁמִינִי וָהָלְאָה יֵרָצֶה", מִיּוֹם הַשְּׁמִינִי – אִין, מֵעִיקָּרָא – לָא, *לָאו הַבָּא מִכְּלַל עֲשֵׂה – עֲשֵׂה. וְהָא מִיבְּעֵיָא לֵיהּ לִכְדְרַבִּי אַפְּטוֹרִיקִי! *דְּרַבִּי אַפְּטוֹרִיקִי רָמֵי, כְּתִיב: °"וְהָיָה שִׁבְעַת יָמִים תַּחַת אִמּוֹ" – הָא לַיְלָה חָזֵי, וּכְתִיב: "מִיּוֹם הַשְּׁמִינִי וָהָלְאָה יֵרָצֶה", מִיּוֹם הַשְּׁמִינִי וָהָלְאָה – אִין, לַיְלָה – לָא; הָא כֵּיצַד? לַיְלָה – לִקְדוּשָּׁה, יוֹם – לְהַרְצָאָה! כְּתִיב קְרָא אַחֲרִינָא: *°"כֵּן תַּעֲשֶׂה לְשׁוֹרְךָ לְצֹאנֶךָ". אָמַר רַב הַמְנוּנָא: אוֹמֵר הָיָה רַבִּי שִׁמְעוֹן, אֵין אוֹתוֹ וְאֶת בְּנוֹ נוֹהֵג בְּקָדָשִׁים, מַאי טַעְמָא? כֵּיוָן דְּאָמַר רַבִּי שִׁמְעוֹן: *שְׁחִיטָה שֶׁאֵינָהּ רְאוּיָה לָא שְׁמָהּ שְׁחִיטָה – שְׁחִיטַת קָדָשִׁים נָמֵי שְׁחִיטָה שֶׁאֵינָהּ רְאוּיָה הִיא. מַתְקִיף לַהּ רָבָא: אוֹתוֹ וְאֶת בְּנוֹ קָדָשִׁים בַּחוּץ – ר' שִׁמְעוֹן אוֹמֵר: שֵׁנִי בְּלֹא תַעֲשֶׂה; *שֶׁהָיָה רַבִּי שִׁמְעוֹן אוֹמֵר: כֹּל הָרָאוּי לָבֹא לְאַחַר זְמַן – הֲרֵי הוּא בְּלֹא תַעֲשֶׂה, וְאֵין בּוֹ כָּרֵת. וַחֲכָמִים אוֹמְרִים: כֹּל שֶׁאֵין בּוֹ כָּרֵת – אֵינוֹ בְּלֹא תַעֲשֶׂה. וְקַשְׁיָא לָן: קָדָשִׁים בַּחוּץ, שֵׁנִי בְּלֹא תַעֲשֶׂה? (א) קַמָּא – מִיקְטַל קָטֵל, שֵׁנִי – מְקַבֵּל בִּפְנִים הוּא, כָּרֵת נָמֵי לִיחַיַּיב! וְאָמַר רָבָא, וְאָמְרִי לָהּ כְּדֵי: חַסּוּרֵי מִיחַסְּרָא, וְהָכִי קָתָנֵי: קָדָשִׁים שְׁנֵיהֶם בַּחוּץ, לְרַבָּנַן – רִאשׁוֹן עָנוּשׁ כָּרֵת, שֵׁנִי פָּסוּל, וּפָטוּר (ב) מִלָּאו דִּשְׁחוּטֵי חוּץ; לְרַבִּי שִׁמְעוֹן – שְׁנֵיהֶם עֲנוּשִׁים כָּרֵת. אֶחָד בַּחוּץ וְאֶחָד בִּפְנִים, לְרַבָּנַן – רִאשׁוֹן עָנוּשׁ כָּרֵת, שֵׁנִי פָּסוּל וּפָטוּר; לְרַבִּי שִׁמְעוֹן – שֵׁנִי כָּשֵׁר. אֶחָד בִּפְנִים וְאֶחָד בַּחוּץ, לְרַבָּנַן – רִאשׁוֹן כָּשֵׁר וּפָטוּר, שֵׁנִי פָּסוּל וּפָטוּר; לְרַבִּי שִׁמְעוֹן – שֵׁנִי בְּלֹא תַעֲשֶׂה. וְאִי סָלְקָא דַעְתָּךְ: אֵין אוֹתוֹ וְאֶת בְּנוֹ נוֹהֵג בְּקָדָשִׁים, שֵׁנִי אַמַּאי בְּלֹא תַעֲשֶׂה וְתוּ לָא? כָּרֵת נָמֵי לִיחַיַּיב! אֶלָּא אָמַר רָבָא, הָכִי קָא אָמַר רַב הַמְנוּנָא: אֵין מַלְקוּת אוֹתוֹ וְאֶת בְּנוֹ נוֹהֵג בְּקָדָשִׁים; (ג) כֵּיוָן דְּכַמָּה דְּלָא זָרֵיק דָּם לָא מִישְׁתְּרֵי בָּשָׂר, מֵעִידָּנָא דְּקָא שָׁחֵיט הֲוַאי הַתְרָאַת סָפֵק, *וְהַתְרָאַת סָפֵק לָא שְׁמָהּ הַתְרָאָה. וְאָזְדָא רָבָא לְטַעְמֵיהּ, דְּאָמַר רָבָא: הִיא חוּלִּין וּבְנָהּ שְׁלָמִים, שָׁחַט חוּלִּין וְאַחַר כָּךְ שָׁחַט שְׁלָמִים – פָּטוּר. שְׁלָמִים וְאַחַר כָּךְ חוּלִּין – חַיָּיב. וְאָמַר רָבָא: הִיא חוּלִּין וּבְנָהּ עוֹלָה, לָא מִיבַּעְיָא שָׁחַט חוּלִּין וְאַחַר כָּךְ שָׁחַט עוֹלָה – דְּפָטוּר, אֶלָּא

ויקרא כב | שם | שמות כב

(תמורה דף ז: ע"ש) [פסחים מז. וש"נ] [זבחים יב.] [נ"ל כן תעשה לשורך לצאנך שבעת ימים יהיה עם אמו ביום השמיני תתנו לי וכן איתא בילקוט רמז תרמ"ג] [שם קיז.] [לעיל פ. וש"נ] זבחים קיד: מעילה יב. [ונזכר שוב בתמורה יט:] [לקמן פב. וש"נ]

נִתְּקוֹ לַעֲשֵׂה. דְּמַשְׁמַע: בְּתוֹךְ זְמַנּוֹ בְּלֹא יֵרָצֶה, כִּדְמַפְרְשִׁינַן (תמורה דף ז: ע"ש) מ"וְלַנֶּדֶר לֹא יֵרָצֶה", אֶלָּא הֲוָיוֹ לְאַחַר זְמַנּוֹ וְיֵרָצֶה. דְּעַל כָּרְחָךְ עֲשֵׂה זֶה לָאו מֵעִיקָּרָא מַשְׁמַע, כִּי הֵיכִי דִּשְׁלוּחַ הַקֵּן דְּאָמְרִינַן (לקמן דף קמא.): מֵעִיקָּרָא מַשְׁמַע – שֶׁלֹּא תִּקַּח וְלֹא תְּקַנֵּחַ, וְלָא הֲוֵי לָאו הַנִּיתָּק לַעֲשֵׂה, וְלוֹקִין עָלָיו. אֲבָל כָּאן הַלָּאו קוֹדֵם לָעֲשֵׂה, שֶׁהַלָּאו בְּתוֹךְ זְמַנּוֹ וְהָעֲשֵׂה לְאַחַר זְמַנּוֹ. מִבְּעֵי לֵיהּ לִכְדַר' אַפְּטוֹרִיקִי. וְלָאו לַעֲשֵׂה אָתָא. הָא כֵּיצַד לַיְלָה. שְׁמִינִי, כְּשֶׁעָבַר שְׁבִיעִי. לִקְדוּשָּׁה. מוּתָּר לְהַקְדִּישׁוֹ מִשֶּׁחֲשֵׁכָה, וְאֵינוֹ עוֹבֵר מִשּׁוּם בַּל תַּקְדִּישׁ פְּסוּלִים. שֵׁנִי בְּלֹא תַעֲשֶׂה. דִּשְׁחוּטֵי חוּץ. וְאַע"פ שֶׁאֵינוֹ בְּכָרֵת, דְּלָאו מִתְקַבֵּל בִּפְנִים הוּא, מ"מ בְּלֹא תַעֲשֶׂה הוּא, הוֹאִיל וְרָאוּי לְאַחַר זְמַן. וְלָאו דִּידֵיהּ מְפָרֵשׁ בְּפֶרֶק בַּתְרָא דִּזְבָחִים (דף קיז.) מ"לֹא תַעֲשׂוּן כְּכֹל אֲשֶׁר אֲנַחְנוּ עוֹשִׂים" וגו'. קַמָּא מִקְטַל קָטֵיל. לְר' שִׁמְעוֹן, דְּהָא שְׁחִיטָה שֶׁאֵינָהּ רְאוּיָה הִיא. וְאָמַר רָבָא גָּרְסִינַן. לְרַבָּנָן. דְּאָמְרֵי: שְׁחִיטָה שֶׁאֵינָהּ רְאוּיָה שְׁמָהּ שְׁחִיטָה. שֵׁנִי פָּסוּל וּפָטוּר. מִכָּרֵת, דְּלָאו מִתְקַבֵּל בִּפְנִים הוּא. לְרַבִּי שִׁמְעוֹן שְׁנֵיהֶם עֲנוּשִׁין כָּרֵת. קַמָּא מִקְטַל קַטְלֵיהּ, וְשֵׁנִי מִתְקַבֵּל בִּפְנִים הוּא. וּלְעִנְיַן שְׁחוּטֵי חוּץ, אַף עַל גַּב דְּאֵינָהּ רְאוּיָה – מִיחַיַּיב, דַּאֲפִילּוּ אַסְּךָ שְׁחִיטָה חַיָּיבֵי רַחֲמָנָא. אֶחָד בַּחוּץ. תְּחִלָּה, וְאַחַר כָּךְ אֶחָד בִּפְנִים. שֵׁנִי פָּסוּל וּפָטוּר. מִכָּרֵת. וּבְלָאו דְּאוֹתוֹ וְאֶת בְּנוֹ לָא מַיְירֵי הָכָא, דִּבְגֵי שְׁחוּטֵי חוּץ קָאֵי. וְהָא פָּטוּר לָא אִיצְטְרִיךְ, אֶלָּא אַיְּידֵי דְּתָנֵי: רִאשׁוֹן חַיָּיב – תָּנָא: שֵׁנִי פָּטוּר. לְר' שִׁמְעוֹן שֵׁנִי כָּשֵׁר. דְּקַמָּא מִיקְטַל קַטְלֵיהּ, וְשֵׁנִי לָאו מְחוּסָּר זְמַן הוּא. כָּל הָנֵךְ פְּטוּרֵי דְּהָכָא מִשְּׁחוּטֵי חוּץ קָאָמַר, וְלָא מַיְירֵי בְּלָאו דְּאוֹתוֹ וְאֶת בְּנוֹ כְּלָל. שֵׁנִי פָּסוּל וּפָטוּר. דְּלָאו מִתְקַבֵּל בִּפְנִים הוּא. שֵׁנִי בְּלֹא תַעֲשֶׂה. וְלָא בְּכָרֵת, דְּלָאו מִתְקַבֵּל בִּפְנִים הוּא, דְּהָא קַמָּא שְׁחִיטָה רְאוּיָה הֲוַאי. הַתְרָאַת סָפֵק. דִּלְמָא לָא אָתֵי לִידֵי זְרִיקָה, וְהָוְיָא לֵיהּ שְׁחִיטָה שֶׁאֵינָהּ רְאוּיָה. הִלְכָּךְ לְר' שִׁמְעוֹן, אִיסּוּרָא אִיכָּא, מַלְקוּת לֵיכָּא. וּמ"מ, לָאו מִתְקַבֵּל בִּפְנִים הוּא, שֶׁהָרִאשׁוֹן שֶׁנִּשְׁחַט וְנִזְרַק הַדָּם כְּבָר קוֹדֶם שְׁחִיטָתוֹ שֶׁל שֵׁנִי – שְׁחִיטָה רְאוּיָה הֲוָה. כָּךְ שָׁמַעְתִּי. וְקַשְׁיָא לִי: מַאי הַתְרָאַת סָפֵק דְּקָאָמַר? הָא וַדַּאי שְׁחִיטַת שֵׁנִי אֵינָהּ רְאוּיָה, דְּכֵיוָן דְּאִיסּוּר אוֹתוֹ וְאֶת בְּנוֹ נוֹהֵג בְּקָדָשִׁים – הָוֵה לֵיהּ שֵׁנִי מְחוּסַּר זְמַן, וְאֵין שְׁחִיטָתוֹ רְאוּיָה, וְאֵין כָּאן הַתְרָאָה כְּלָל! וְנִרְאֶה בְּעֵינַי דְּלָא גָּרְסִינַן לֵיהּ לְהַאי "מ"ט", אֶלָּא: אֵין מַלְקוּת אוֹתוֹ וְאֶת בְּנוֹ נוֹהֵג בְּקָדָשִׁים, וְתוּ לָא מִידֵּי. וְטַעְמָא – מִשּׁוּם דְּאֵין שְׁחִיטַת הַשֵּׁנִי רְאוּיָה, מִכֵּיוָן שֶׁנִּשְׁחַט רִאשׁוֹן וְנִזְרַק דָּמוֹ – הָוְיָא לָהּ שְׁחִיטַת הָרִאשׁוֹן רְאוּיָה. דְּלֵית לָן הָא דִּלְעֵיל דְּר' הוֹשַׁעְיָא. וּדְשֵׁנִי אֵינָהּ רְאוּיָה, דְּהָוְיָא לֵיהּ מְחוּסַּר זְמַן וְאֵין דָּמוֹ נִזְרָק. וּפֵי' מְשׁוּבָּשׁ הוּא מֵאָדָם חָרִיף וּמְפוּלְפָּל. וְאָזְדָא רָבָא לְטַעְמֵיהּ. דְּאָמַר: שְׁחִיטַת אוֹתוֹ וְאֶת בְּנוֹ הַתְרָאַת סָפֵק הוּא. וְאַחַר כָּךְ שָׁחַט שְׁלָמִים. בּוֹ בַּיּוֹם. פָּטוּר. דְּהַתְרָאַת סָפֵק הוּא. וְאַלִּיבָּא דְּר' שִׁמְעוֹן סְתַם מִילְּתֵיהּ. שְׁלָמִים. בִּפְנִים, וְאַחַר כָּךְ חוּלִּין בַּחוּץ. חַיָּיב. דְּהַתְרָאַת וַדַּאי הִיא, שֶׁכְּבָר נִזְרַק דָּמוֹ שֶׁל רִאשׁוֹן, וְהַשֵּׁנִי אֵינוֹ מְחוּסַּר זְרִיקָה. אֶלָּא

השמיני ירצה". ולית לן למימר דלאתא קרא ד"ירצה" – שיש בו גם עשה עם הלאו, דכל היכא דליכא למידרש – לא מוקמינן ליה בלאוי יתירי, ולית לן לאוקומי הלאו בשאר פסולין. והוי האי "ניתק לעשה" כי ההוא דפרק "אלו דברים" (דף מז.) דאמרינן: מצורע שנכנס לפנים ממחיצתו – פטור, שנאמר "בדד ישב" – הכתוב נתקו לעשה, פי': נתקו משאר טמאים דהוו ב"לא יטמאו מחניהם", להעמידו בעשה ד"בדד ישב". וכן החולץ ליבמתו, דהוי ב"לא יבנה", ובא להוציאו מכלל לאשת אח. וכן הבערה ללאו יצאת לר' יוסי. והשתא ניחא סוגיא דפ' "פרת חטאת" (זבחים ד' קיד:) דקאמר רבי שמעון: אותו ואת בנו ומחוסר זמן בלא תעשה. ומפרש בגמרא* טעמא מקרא ד"לא תעשון ככל וגו' איש כל הישר בעיניו", אמר (ד) להן משה: כשתבאו לא"י והקריבו חובות – לא תקריבו מכל הישר דרך יסורות. ונגלגל בגבי שילה מחוסר זמן הוא, ואמר רחמנא: לא תעשון. ופריך: אי הכי, מילקי נמי לילקי! אלמא לא"ר זירא: הכתוב נתקו לעשה? פי': כיון דאמרינן דאיכא בהדיא לאו במחוסר זמן, א"כ לילקי עליה! דליכא למימר ד"נתקו לעשה" התם כי הכא, דלאו לגלות עשה ד"לא ירצה" לא קאי אמחוסר זמן אלא אשאר פסולין. דכיון דכתב ביה לאו בפני עצמו – לא שייך למימר הכי. אבל לפי' הקונטרס, כי היכי ד"לא ירצה" הוי ניתק לעשה ה"נ "לא תעשון", ואם כן מאי פריך? והר"ר שמואל מוורדון היה אומר דהכי פירושו: כיון דאית ביה נמי לאו ד"לא תעשון" – לילקי, דלא אתי חד עשה ומנתק הני תרי לאוי. כדאמר במסכת תמורה (דף ו:) דלא אתי עשה ד"והיה הוא ותמורתו יהיה קדש", ועקר תרי לאוי ד"לא יחליפנו ולא ימיר אותו". וא"א לומר כן, דהיינו דוקא היכא דשני לאוין סמוכין זה לזה. א] תדע, דאמר בפרק "אלו הן הלוקין" (מכות דף יד:) דלא אתי עשה שקדמו עשה לוקין עליו, ומייתי מ"וישלחו מן המחנה וגו' ולא יטמאו את מחניהם", ותנא: אלו הן הלוקין – טמא הבא למקדש. ומה ראיה היא? דלמא התם משום דאיכא תרי לאוי, "לא יטמאו" וגו', ואיכא נמי לאו ד"ואל המקדש לא תבא"! ועוד, דאמרינן בההוא פירקא דלא לקי אלאו ד"לא תגזול", משום דניתק לעשה ד"והשיב את הגזלה אשר גזל", דאיכא נמי לאו ד"לא תעשוק". דאמר רבא בפ' "המקבל" (ב"מ קיא.): היינו עשק היינו גזל, ולמה כתביה בשני שמות – לעבור עליו בשני לאוין. אלא ודאי, דוקא היכא דשני לאוין סמוכין, ב] קאמר דלא עקר להו חד עשה. ועוד נראה, הא דלא עקר תרי לאוי – היינו כי ההוא דתמורה, דלא הוי ניתוק גמור, דאין שם מעשה לתקן הלאו, ד"והיה קדש" לאו עשייה הוא, דמאליו קדוש. דאם היה אומר הכתוב "ואם ימיר יקריב" אז הוי ניתוק. ובלאו הכי קשה שם הסוגיא, וצ"ל שם דכולהו דמייתי התם לא הוי ניתוק גמור. ואין להאריך כאן. **יום** להרצאה. וא"ת: מ"ביום צותו" נפקא (מגילה דף כ:) – ביום ולא בלילה! וי"ל: דמההוא קרא לא הוה פסלינן לילה שאחר שבעה, אלא כמו שאר לילות, ואם עלה – לא ירד. להכי צריך קרא דהכא, דהוי מחוסר זמן ואם עלה ירד. ותימה: דר"ש הוא דאית ליה (ה) ב"המזבח מקדש" (זבחים פד.). ואי רבי אפטוריקי כר"ש, מאי פריך מיניה? דסוגיא דהכא, דפריך: ולילקי נמי משום מחוסר זמן – לא פריך אלא לרבנן, דלר' שמעון הכי נמי דלקי, כדאמר בפ' בתרא דזבחים (דף קיד:)! ושמא ר' זירא דהכא סבר ליה כרב נחמן בר יצחק, דאמר התם דלר' שמעון נמי לא לקי. ועוד י"ל: דנפקא מיניה הא דפסול משום מחוסר זמן – דפסול אף בבמה, אבל פסול לילה ליכא בבמה, לשמואל בשילהי זבחים (דף קכ.)*. *) **עולה** לאו בת אכילה היא. תימה: א"כ, היכי משכחת לר"ש טומאה בעולה ובאימורים? דהוי אוכל שאי אתה יכול להאכילו לאחרים, כיון דאכילת מזבח לא שמה אכילה! וכ"ת, דחיבת הקדש משויא ליה אוכל, אם כן למה ליה לר"ש גבי פרה טעמא דהואיל והיתה לה שעת הכושר? תיפוק ליה דחיבת הקדש משויא ליה אוכלא. דע"כ מהניא ביה חיבת הקודש, כדאמר ב"המנחות והנסכים" (מנחות קב:)! אלא ודאי לא מהני ביה חיבת הקדש אלא לענין דאף על גב דכשרוף דמי – משויא ליה אוכל, אבל לא מהני לעשות אוכל האסור כמותר! ויש לומר: לענין טומאה מודה דאכילת מזבח שמה אכילה, אבל לענין שחיטה ראויה, לא הויא שחיטה ראויה אלא הראויה לאדם, דומיא (בראשית מג) ד"טבוח טבח והכן".

*) שייך לע"ב

כיון

הגהות הב"ח

(א) גמ' שני בלא תעשה והא קמא מיקטל קטיל שני מתקבל בפנים הוא: (ב) שם קדשים שניהם בחוץ וכו' שני פסול ופטור לר' שמעון כו': (ג) שם אמר רב המנונא וכו' בקדשים משום כיון וכו': (ד) תוס' ד"ה (בעמוד הקודם) וכו' אמר להן משה: (ה) ד"ה יום וכו' דאית ליה הכי בהמזבח מקדש:

גליון הש"ס

תוס' ד"ה (בעמוד הקודם) הגה כו' היכא דשני לאוין סמוכין. הוא תמוה דהא לא תעשוק ולא תגזול סמוכים הם. וכן הקשה בספר לויה חן על התורה פ' קדושים ובשער המלך הלכות חמץ ומצה:

הגהות מהר"ב רנשבורג

א] תד"ה (בעמוד הקודם) הגה וכו' דשני לאוין סמוכין זה לזה אבל העשה כצ"ל וכן הוא בלשון התוס' בזבחים קי"ד ע"ב: ב] בא"ד דשני לאוין סמוכין לעשה קאמר כצ"ל:

[עי' שם רש"י ד"ה ה"ג ועיין תוס' זבחים יב. ד"ה יום וכו']

רבינו גרשום

הא כיצד לילה לקדושה כו'. כלומ' דיכול להקדישו בליל שמיני: כתיב קרא אחרינא וביום השמיני תתנו לי. כלומר הכתוב נתקו לעשה לפי' אינו לוקה על אותו לאו: שחיטה קדשים נמי שחיטה שאינה ראויה היא. כלומר כדאמרי' לעיל דכמה דלא מיזדריק דם לא מישתרי בשר: ר' שמעון אומר שני בלא תעשה. כלומר ולא יזבחו עוד את זבחיהם אבל אין בו כרת דמחוסר זמן הוא דאותו ואת בנו הוא: הכי גרסי' שני מתקבל בפנים הוא וכרת נמי ליחייב: ואמר רבא ואמרי לה כדי כלומר לרבנן ראשון ענוש כרת ופסול שני פסול ופטור כלומר פסול דאותו ואת בנו הוא דרבנן סברי שחיטה שאינה ראויה שמה שחיטה ולא אמרינן דקמא מיקטל קטליה ואין חשוב אותו ואת בנו: לר' שמעון שני (הן) [נמי] ענוש כרת דהוא סב' שחיטה שאינה ראויה לאו שמה שחיטה ואינו חשוב אותו ואת בנו דאמרינן קמא מיקטל קטליה ושני מתקבל בפנים הוא. אחד בחוץ ואחד בפנים כו' כלומר קדשים (אחד בחוץ ואחד בפנים) [שניהם בחוץ] לרבנן דאמרי שחיטה שאינה ראויה שמה שחיטה שני פסול משום אותו ואת בנו ופטור מכרת דלא הוה מתקבל בפנים דמחוסר זמן הוא: לר' שמעון שני ענוש כרת. כלומר דסבירא ליה שחיטה שאינה ראויה לאו שמה שחיטה וקמא מיקטל קטליה ושני אינו חשוב אותו ואת בנו לפיכך ענוש כרת משום שוחט חוץ: אחד בחוץ ואחד בפנים לרבנן ראשון ענוש כרת כו'. כלומר ענוש כרת משום שוחט חוץ ופסול דלא שחטו בעזרה: שני פסול ופטור. כלומר פסול משום אותו ואת בנו ופטור ששחטו בפנים לר' שמעון שני כשר וכו' כלומר שני כשר דאמרי' קמא מיקטל קטליה ואין חשוב אותו ואת בנו. אחד בפנים ואחד בחוץ כו' שני פסול משום אותו ואת בנו ופטור מתקבל בפנים ואין חשוב קדשים גמורים: לר' שמעון שני בלא תעשה ואינו חייב כרת: אין מלקות אותו ואת בנו נוהג בקדשים אבל אותו ואת בנו נוהג לפיכך אינו חייב [מלקות] (או אינו חייב) אלא [עובר] בלא תעשה: ... שחיט הוי התראת ספק. כלומר כששוחט (היורק) [היוזהר] שלא תזרק הדם שלא תתחייב באותו ואת בנו לפי שספק הוא כששוחט אם ישפך הדם והתראת ספק לאו שמה התראה: ואזדא רבא לטעמיה. כלומר רבא דאמר לאו שמה התראה אזדא לטעמיה דאמר רבא [היא] חולין ואח"כ שלמים פטור שחיטת קדשים לאו שמה שחיטה עד שיזרוק הדם ובעידנא דקא שחיט הוי התראת ספק שאין אנו יודעין אם ישפך הדם אם לאו של[מים] ... חולין חייב

יא א מיי' פ"ב מהל' שחיטה הל"ה סמג לאוין קמט:
יב ב מיי' שם סמג שם טוש"ע יו"ד סי' טז סעיף ט:
יג ג מיי' שם הל"ז:
יד ד ה מיי' פ"ג מהל' גניבה הל"א סמג עשין ע [טוש"ע חו"מ סי' תכ סעיף ג]:

תורה אור

אֶלָּא, אֲפִילּוּ שָׁחַט עוֹלָה וְאַחַר כָּךְ שָׁחַט חוּלִּין – פָּטוּר, שְׁחִיטָה קַמַּיְיתָא לָאו שְׁחִיטָה בַּת אֲכִילָה הִיא. וְרַבִּי יַעֲקֹב אָמַר רַבִּי יוֹחָנָן: אֲכִילַת מִזְבֵּחַ שְׁמָהּ אֲכִילָה; מַאי טַעְמָא? דְּאָמַר קְרָא: °"וְאִם הֵאָכֹל יֵאָכֵל מִבְּשַׂר זֶבַח שְׁלָמָיו" (ויקרא ז) – *בִּשְׁתֵּי אֲכִילוֹת הַכָּתוּב מְדַבֵּר, אֶחָד אֲכִילַת אָדָם וְאֶחָד אֲכִילַת מִזְבֵּחַ.§ **מתני'** הַשּׁוֹחֵט וְנִמְצָא טְרֵפָה, הַשּׁוֹחֵט לַעֲבוֹדָה זָרָה, *וְהַשּׁוֹחֵט פָּרַת חַטָּאת, וְשׁוֹר הַנִּסְקָל, וְעֶגְלָה עֲרוּפָה – רַבִּי שִׁמְעוֹן פּוֹטֵר, וַחֲכָמִים אמְחַיְּיבִין. בהַשּׁוֹחֵט וְנִתְנַבְּלָה בְּיָדוֹ, וְהַנּוֹחֵר, וְהַמְעַקֵּר – פָּטוּר מִשּׁוּם אוֹתוֹ וְאֶת בְּנוֹ.§ **גמ'** אָמַר רַבִּי שִׁמְעוֹן בֶּן לָקִישׁ: גלֹא שָׁנוּ אֶלָּא שֶׁשָּׁחַט רִאשׁוֹן לַעֲבוֹדָה זָרָה וְשֵׁנִי לְשֻׁלְחָנוֹ, אֲבָל רִאשׁוֹן לְשֻׁלְחָנוֹ וְשֵׁנִי לַעֲבוֹדָה זָרָה – פָּטוּר, דְּקָם לֵיהּ בִּדְרַבָּה מִינֵּיהּ. אָמַר לֵיהּ רַבִּי יוֹחָנָן: *זוֹ – אֲפִילּוּ תִּינוֹקוֹת שֶׁל בֵּית רַבָּן יוֹדְעִין אוֹתָהּ! אֶלָּא, פְּעָמִים שֶׁאֲפִילּוּ שָׁחַט רִאשׁוֹן לְשֻׁלְחָנוֹ וְשֵׁנִי לַעֲבוֹדָה זָרָה – חַיָּיב, כְּגוֹן דְּאַתְרוּ בֵּיהּ מִשּׁוּם אוֹתוֹ וְאֶת בְּנוֹ, וְלֹא אַתְרוּ בּוֹ מִשּׁוּם עֲבוֹדָה זָרָה. וְר"ש בֶּן לָקִישׁ אָמַר: כֵּיוָן דְּכִי אַתְרוּ בֵּיהּ פָּטוּר – כִּי לָא אַתְרוּ בֵּיהּ נַמִי פָּטוּר. וְאָזְדוּ לְטַעְמַיְיהוּ, *דְּכִי אֲתָא רַב דִּימִי אָמַר: חַיָּיבֵי מִיתוֹת שׁוֹגְגִין, דוְחַיָּיבֵי מַלְקוֹת שׁוֹגְגִין, וְדָבָר אַחֵר – רַבִּי יוֹחָנָן אוֹמֵר חַיָּיב, וְרֵישׁ לָקִישׁ אוֹמֵר פָּטוּר; רַבִּי יוֹחָנָן אוֹמֵר חַיָּיב – הדְּהָא לָא אַתְרוּ בּוֹ, וְרֵישׁ לָקִישׁ אוֹמֵר פָּטוּר, דְּכֵיוָן דְּכִי אַתְרוּ בֵּיהּ פָּטוּר – כִּי לָא אַתְרוּ בֵּיהּ נַמִי פָּטוּר. וּצְרִיכָא, דְּאִי אַשְׁמוֹעִינַן בְּהָא – בְּהָא קָאָמַר רַבִּי שִׁמְעוֹן בֶּן לָקִישׁ, אֲבָל בְּהָא – אֵימָא מוֹדֵי לֵיהּ לְרַבִּי יוֹחָנָן; וְאִי אִיתְּמַר בְּהָא – בְּהָא קָאָמַר רַבִּי יוֹחָנָן, אֲבָל בְּהָא – אֵימָא מוֹדֵי לְרַבִּי שִׁמְעוֹן בֶּן לָקִישׁ, צְרִיכָא. א] וּפָרַת חַטָּאת שְׁחִיטָה שֶׁאֵינָהּ רְאוּיָה הִיא? *וְהַתַּנְיָא, רַבִּי שִׁמְעוֹן אוֹמֵר: פָּרָה מְטַמְּאָה טוּמְאַת אוֹכָלִין הוֹאִיל וְהָיְתָה לָהּ שְׁעַת הַכּוֹשֶׁר; וְאָמַר

אֶלָּא אֲפִילּוּ שָׁחַט עוֹלָה. וְנִזְרַק דָּמָהּ, וְאַחַר כָּךְ שָׁחַט חוּלִּין – פָּטוּר לְרַבִּי שִׁמְעוֹן. בִּשְׁתֵּי אֲכִילוֹת הַכָּתוּב מְדַבֵּר. לְעִנְיַן פִּגּוּל, שֶׁאִם שָׁחַט ע"מ לֶאֱכוֹל חוּץ לִזְמַנּוֹ אוֹ עַל מְנָת לְהַקְטִיר חוּץ לִזְמַנּוֹ – פִּגּוּל. **מתני'** הַשּׁוֹחֵט פָּרַת חַטָּאת. פָּרָה אֲדוּמָּה, דְּלָאו לַאֲכִילָה הִיא. וְשׁוֹר הַנִּסְקָל. לְאַחַר שֶׁנִּגְמַר דִּינוֹ, דְּקַיְימָא לָן דְּאָסוּר בַּהֲנָאָה אֲפִילּוּ שְׁחָטוֹ, בְּקִדּוּשִׁין (דף נו:) וּבִפְסָחִים (דף כב:). וְעֶגְלָה עֲרוּפָה. דִּסְבִירָא לֵיהּ דְּנֶאֱסֶרֶת מֵחַיִּים, וַאֲפִילּוּ שְׁחָטָהּ אֲסוּרָה. רַבִּי שִׁמְעוֹן פּוֹטֵר. דִּשְׁחִיטָה שֶׁאֵינָהּ רְאוּיָה הִיא. וְנִתְנַבְּלָה בְּיָדוֹ. שֶׁלֹּא מִדַּעַת. וְהַנּוֹחֵר וְהַמְעַקֵּר. סִימָנִין מִדַּעַת – פָּטוּר, וַאֲפִילּוּ לְרַבָּנַן, דְּהָא לֵיכָּא שְׁחִיטָה כְּלָל. וְלָא דָּמְיָא לִשְׁחִיטָה דִּלְעֵיל כְּלָל, דְּהָתָם שְׁחִיטָה מַעַלְיְיתָא אִיכָּא, וְדָבָר אַחֵר גּוֹרֵם לָהּ לִיפָּסֵל. **גמ'** לֹא שָׁנוּ. דְּשׁוֹחֵט לַעֲבוֹדָה זָרָה חַיָּיב מִשּׁוּם אוֹתוֹ וְאֶת בְּנוֹ לְרַבָּנַן. אֶלָּא שֶׁשָּׁחַט רִאשׁוֹן לַעֲבוֹדָה זָרָה. וְחָזַר וְשָׁחַט אֶת הַשֵּׁנִי לְשֻׁלְחָנוֹ לֶאֱכוֹל, דְּדָיְינִינַן לֵיהּ בְּרֵישָׁא אַהַתְרָאָה דְּשֵׁנִי דְּאוֹתוֹ וְאֶת בְּנוֹ, וּמַלְקִינַן לֵיהּ, וַהֲדַר דָּיְינִינַן אַהַתְרָאָה דִּשְׁחִיטָה קַמַּיְיתָא לַעֲבוֹדָה זָרָה, וְקָטְלִינַן לֵיהּ. אִי נַמִי, בִּשְׁנֵי בְּנֵי אָדָם. אֲבָל שֵׁנִי לַעֲבוֹדָה זָרָה, דְּהָךְ שְׁחִיטָה בַּתְרַיְיתָא דְּמִיחַיַּיב עֲלָהּ מִשּׁוּם אוֹתוֹ וְאֶת בְּנוֹ אָתֵי נַמִי דִּין קְטָלָא עִילָּוֵיהּ. פָּטוּר. מִמַּלְקוֹת, כִּדְקַיְימָא לָן בִּכְתוּבּוֹת בְּ"אֵלּוּ נְעָרוֹת" (דף לה.) מִקְּרָאֵי, דְּתַרְתֵּי לָא עָבְדִינַן בֵּיהּ. זוֹ אֲפִילּוּ תִּינוֹקוֹת שֶׁל בֵּית רַבָּן יוֹדְעִין. דְּתַרְתֵּי לָא עָבְדִינַן בֵּיהּ. אֶלָּא. אִם הָיָה לְךָ לְהַשְׁמִיעֵנוּ דְּבַר טַעַם עַל מִשְׁנָתֵינוּ, כָּךְ הָיָה לְךָ לוֹמַר. פְּעָמִים. שֶׁמַּלְקוֹת שֶׁל מִשְׁנָתֵינוּ – אֲפִילּוּ בָּרִאשׁוֹן לְשֻׁלְחָנוֹ וְשֵׁנִי לַעֲבוֹדָה זָרָה, וְלָא אַתְרוּ בּוֹ מִשּׁוּם עֲבוֹדָה זָרָה, וְלָא מִיקְטַל. וּלְרֵישׁ לָקִישׁ, כֵּיוָן דְּאִילּוּ אַתְרוּ בֵּיהּ הָוֵי מִיקְטִיל וּפָטוּר מִמַּלְקוֹת, כִּי לָא אַתְרוּ בֵּיהּ נַמִי, אַע"ג דְּלָא מִיקְטִיל, הוֹאִיל וּבְהַךְ אִיסּוּרָא אִיכָּא לַד מִיתָה – לָא לָקֵי. וּבִכְתוּבּוֹת (שם) יָלֵיף טַעְמָא מִקְּרָאֵי בְּ"אֵלּוּ נְעָרוֹת". חַיָּיבֵי מִיתוֹת שׁוֹגְגִין אוֹ חַיָּיבֵי מַלְקִיּוֹת שׁוֹגְגִין וְדָבָר אַחֵר. אַתַּרְוַיְיהוּ ג] קָאֵי. חַיָּיבֵי מִיתוֹת שׁוֹגְגִין וְדָבָר אַחֵר – עָבַר עֲבֵירָה בְּלֹא הַתְרָאָה, דְּהַיְינוּ שׁוֹגֵג, וְיֵשׁ בָּהּ דִּין מִיתָה אִם הָיוּ מַתְרִים בּוֹ, וְיֵשׁ בָּהּ עוֹד חִיּוּב דָּבָר אַחֵר, כְּגוֹן מַלְקוֹת, שֶׁהִתְרוּ בּוֹ לְמַלְקוֹת כִּי הָא דַּאֲמַרַן, אוֹ יֵשׁ בָּהּ חִיּוּב מָמוֹן. רַבִּי יוֹחָנָן אוֹמֵר חַיָּיב. בְּאוֹתוֹ דָּבָר אַחֵר שֶׁעִם הַמִּיתָה, הוֹאִיל וְאֵינוֹ נֶהֱרָג. וְכֵן חַיָּיבֵי מַלְקִיּוֹת שׁוֹגְגִין וְדָבָר אַחֵר – שֶׁעָבַר עֲבֵירָה שֶׁיֵּשׁ בָּהּ מַלְקוֹת וּמָמוֹן, כְּגוֹן אָכַל מַעֲשֵׂר שֵׁנִי שֶׁל חֲבֵירוֹ בִּגְבוּלִין, אוֹ נְבֵלָה וּטְרֵפָה שֶׁל חֲבֵירוֹ, וְלֹא הִתְרוּ בּוֹ לְמַלְקוֹת. בְּהָא קָאָמַר רֵישׁ לָקִישׁ. דְּפָטוּר מִמַּלְקוֹת, הוֹאִיל וְיֵשׁ בִּשְׁחִיטָה זוֹ לַד מִיתָה – פָּקַע לֵיהּ תּוֹרַת מַלְקוֹת מִינֵּיהּ, דְּתַרְתֵּי בְּגוּפָא לָא רָמוּ עֲלֵיהּ, הִילְכָּךְ, אֲפִילּוּ לָא אַתְרוּ בֵּיהּ לְמִיתָה – לֵיכָּא מַלְקוֹת. אֲבָל חַיָּיבֵי מִיתוֹת שׁוֹגְגִין וְדָבָר אַחֵר, כְּגוֹן מָמוֹן, דַּחֲדָא בְּגוּפָא וַחֲדָא בְּמָמוֹנָא – אֵימָא תַּרְוַיְיהוּ רָמוּ עֲלֵיהּ. וּמִיהוּ, הֵיכָא דְּמִיקְטִיל – לָא מְשַׁלֵּם, מִשּׁוּם דְּקָם לֵיהּ בִּדְרַבָּה מִינֵּיהּ, אֲבָל הֵיכָא דְּלָא מִיקְטִיל – מְשַׁלֵּם. אֲבָל בְּהַךְ דִּלְעֵיל אֵימָא מוֹדֵי לֵיהּ לְרֵישׁ לָקִישׁ. דְּלָא רַמְיָא תּוֹרַת מַלְקוֹת בַּעֲבֵירָה ג] שֶׁל מִיתָה כְּלָל. פָּרָה מְטַמְּאָה טוּמְאַת אוֹכָלִין. דְּאַע"ג דְּאָמַר רַבִּי שִׁמְעוֹן בְּפֶרֶק קַמָּא דִּבְכוֹרוֹת (דף ט:) דְּאִיסּוּרֵי הֲנָאָה, כְּגוֹן שׁוֹר הַנִּסְקָל וּפֶטֶר חֲמוֹר, אֵין מְטַמְּאִין טוּמְאַת אוֹכָלִין, וְנָפְקָא לֵיהּ מִ"כָּל הָאוֹכֶל אֲשֶׁר יֵאָכֵל" – אוֹכֶל שֶׁאַתָּה יָכוֹל לְהַאֲכִילוֹ לַאֲחֵרִים קָרוּי אוֹכֶל, מוֹדֶה הוּא דְּפָרָה אֲדוּמָּה מְקַבֶּלֶת טוּמְאַת אוֹכָלִין לְטַמֵּא אֲחֵרִים. הוֹאִיל וְהָיְתָה לָהּ שְׁעַת הַכּוֹשֶׁר. לְהַאֲכִילָהּ אַף לְעַצְמוֹ מִשֶּׁנִּשְׁחֲטָה. וּמַהוּ שְׁעַת הַכּוֹשֶׁר שֶׁלָּהּ? וְאָמַר

כיון ד] דאילו אתרו ביה פטור כו'. תימה: מנלן הא? בשלמא חייבי מיתות שוגגין וממון – נפקא לן (כתובות דף לה.) מדתני דבי חזקיה, דלא חילקת בין שוגג בין מזיד לפוטרו ממון. אלא מלקות מנליה? וכ"ת דיליף מממון, כי היכי דלא חילקת בממון – הכי נמי במלקות. אם כן, מאי קאמר בסמוך: אי אשמועינן בהא – בהא קאמר ר"ל דפטור, פי' בקונטרס: גבי מלקות, אבל גבי ממון אימא דחייב? והא במלקות לא ידעינן דפטור אלא מממון! ועוד קשה לפי' הקונטרס, דקאמר: ואי איתמר בהא – בהא קאמר רבי יוחנן, משמע דלריש לקיש לא מצי למיעבד צריכותא. הא איכא למעבד צריכותא איפכא, דהוה אמינא: דוקא מממון פטור, משום דחד בגופיה וחד בממוניה לא עבדינן, אבל במלקות אימא דמודה דחייב, דמיתה אריכתא היא. כדקעביד לה ב"אלו נערות" (כתובות דף לז:) לרבי מאיר, דאית ליה תרי קראי, למיתה וממון ומיתה ומלקות, אלא משום דגבי מזיד איכא קראי דלא עבדינן תרתי, לא בגופיה ולא בממוניה, צריך לעשות בהם צריכותא אחרינא! ונראה לפרש: אי איתמר בההיא ד"אלו נערות" דפטר ריש לקיש בחייבי מיתות שוגגין ודבר אחר, ה"א: דווקא התם פטר מדתנא דבי חזקיה, אבל במלקות אימא לא. ואי איתמר בהא – בהא קאמר רבי יוחנן, אבל בהא דממון אימא מודה לריש לקיש מדתנא דבי חזקיה. **פרה** מטמאה כו'. מה שהקשה בקונטרס: למה לי קבלת טומאה? והלא היא עצמה מטמאה אדם ובגדים – אין נראה קושיא זו, דהא אין מטמאה אלא מתעסקים בה בלבד, כדתנן במסכת פרה (פ"ח מ"ג): השורף את הפרה ופרים, והמשלח את השעיר – מטמא בגדים, והן עצמן פרה ופרים ושעיר אין מטמאין בגדים. והרי זה אומר: מטמאיך לא טמאוני, ואת טימאתני. ומיהו יש לומר, דדעת הקונטרס היא, כיון דמטמא אדם ובגדים, דהיינו מתעסקין בה, אם כן כיון דסופו לטמא טומאה חמורה – מטמאה טומאת אוכלין. ומיהו י"ל, דאע"פ שסופו לטמא טומאה חמורה – לא היה מטמא טומאת אוכלין ומשקין. דמה שסופו לטמא טומאה חמורה לא מהניא אלא לענין דלא צריך הכשר מים ושרץ, אבל לא מהניא להחשיבו אוכל – להכי צריך טעמא דשהיה לה שעת הכושר, כיון דחשיבא אוכל – מטמא אוכלין ומשקין בלא הכשר מים. ושרץ – משום דסופו לטמא טומאה חמורה. וגרסינן "מטמא" ולא "מיטמא", דלענין טומאה (א) חמורה עצמה אין נפקותא. ה] וב"מרובה" (ב"ק דף עו.*) מפורש באורך. וכן יש בתוספתא [פרה פ"ו] בהדיא דפרה ופרים מטמא אוכלין ומשקין. ומפי' הקונטרס נמי משמע דגרסינן "מטמא". ואע"ג דהקשה: למה לי קבלת טומאה – לא משום דגרסינן דמיטמא, אלא שר"ל: אי מחמת עצמה מטמאה, למה לי שעת הכושר?. **הואיל** והיתה לה שעת הכושר. תימה: דמשמע דהשתא לאו בת פדייה היא. והא אית ליה לרבי שמעון בשבועות (דף יא:) דפרה קדשי בדק הבית היא, ואית ליה לרבי שמעון נמי דקדשי בדק הבית לא הוו בכלל העמדה והערכה! ונראה לפרש, דמיירי לאחר הזאה, דאין סברא שתהא בת פדייה אחר שהוזה כבר דמה. ואפילו הכי מטמאה טומאת אוכלין, הואיל והיתה לה שעת הכושר קודם הזאה. וא"ת: והא כל העומד להזות כמוזה דמי! וי"ל: דקודם קבלה לאו כמוזה דמי, כדפרישית לעיל וא"ת: ואמאי לא אמרינן דכל הקדשים יקבלו טומאה מחיים, כיון דמלוה לשוחטן, ונימא דכל העומד לישחט כשחוט דמי? וי"ל: דאפילו נשחט לא אמר כזרוק דמי עד שיתקבל בכוס, כ"ש כשעדיין לא נשחט. ומיהו, שעיר המשתלח קשה לר"י, שיטמא מחיים טומאת אוכלין למאן *דשרי אברים בהנאה לרבי שמעון, דכיון דעומד לדחות לצוק – כדחוי דמי! וי"ל: מידי דהוה אבן פקועה ודגים, שהן מותרין בלא שחיטה, ואפילו הכי חיותה מטהרתה, לרבנן דפליגי ארבי יוסי הגלילי בפרק "בהמה המקשה" (לעיל דף עה.) והתם

[זבחים יג. כח: מנחות יז.]
[כריתות כה.]
[כריתות ה. וש"נ]
כתובות לד:
ב"ק עז. שבועות יא: מנחות קא: [תוספתא דפרה פ"ו]
ד"ה פרה
[יומא סז:]

שיטה מקובצת

א) ופרת חטאת שחיטה שאינה ראויה היא. נ"ב נ"א פרת חטאת שחיטה ראויה היא דתניא: ב) או חייבי מלקות שוגגין ודבר אחר אתרוייהו קאמר חייבי מיתות: ג) דלא רמיא תורת מלקות בעבירה שיש בה מיתה כלל: ד) כיון דכי אתרו ביה פטור כו' תימה: ה) ובמרובה מפורש וכיון החשיבא:

א) נראה דכוונתו להגיה הקיבוס ובמרובה מפורש בהאורך נ"ל קודם היכות כיון לחשיבות ואולי אותה ע"ש נפל כאן בהגה"ה וצ"ע.

הגהות הב"ח

(א) תד"ה פרה וכו' לענין טומאה עלמה כצ"ל ותיבת חמורה נמחק:

רבינו גרשום

חייב כלומר ששחט וזרק כהלכתו ואח"כ שחט חולין אותו ואת בנו חייב: מ"ט דקם ליה בדרבה מיניה כלומר שהוא חייב משום ע"ז ומשום הכי פטור מאותו ואת בנו: חייבי מיתות שוגגין ודבר אחר כגון הגונב כיס בשבת והיה מגרר ויוצא מרשות היחיד לרשות הרבים דפטור ושגג לענין שבת: חייבי מלקות שוגגין ודבר אחר גזל חמץ ועבר עליו הפסח ושוגג א) לענין לאו דלא יראה. וצריכא דאי איתמר בהא. כלומר דאי איתמר בהא בשוחט לע"ז דמיתה ומלקות הוה אמינא בהא קאמר כיון דאתרו כלומר דמשמע שעתיד להתרות ביה פטור כי לא אתרו ביה נמי פטור דמלקות דבר חמור הוא וגזרינן כי לא אתרו ביה אטו כי אתרו ביה דאי אמרינן כי אתרו ביה נמי דיהא חייב מלקות לפי' גזרינן כי לא אתרו ביה [דלא] יהא מלקות אטו כי אתרו ביה: צריכא דפטור וגזרינן: ב) דאי איתמר מר' יוחנן דהוא א' דחייב לפרוע ממון משום דקל הוא אבל הכא אימא מודי: השוחט פרת חטאת. כלומר לא שחטה לשום פרת חטאת אלא שחטה לשום חולין דהוא שחיטה שאינה ראויה: פרה

א) דברי רבינו אלו מגולל הכנה למאי ענין זה לחייבי מלקות שוגגין דהא בגזילה היא קודם הפסח וכבר נתחייב בהשבה ושוב בהפסח לב"ק ע' משמע דלהדיא דחייב בשלם או ליתא וצע"ג: ב) נ"ל ואי אתמר בהא גבי ממון הו"א בהא קאמר ר"י דחייב לפרוע ממון וכו'.

*וְאָמַר ר"ש בֶּן לָקִישׁ, אוֹמֵר הָיָה ר"ש: פָּרָה נִפְדֵּית עַל גַּבֵּי מַעֲרַכְתָּהּ! אָמַר רַב שֶׁמֶן בַּר אַבָּא אָמַר רַבִּי יוֹחָנָן: פָּרַת חַטָּאת אֵינָהּ מִשְׁנָה. א) וְעֶגְלָה עֲרוּפָה לָאו שְׁחִיטָה רְאוּיָה הִיא? *וְהָתְנַן: אנִמְצָא הַהוֹרֵג עַד שֶׁלֹּא תֵּעָרֵף הָעֶגְלָה – תֵּצֵא וְתִרְעֶה בָּעֵדֶר! אָמַר ר"ש בֶּן לָקִישׁ מִשּׁוּם רַבִּי יַנַּאי: עֶגְלָה עֲרוּפָה אֵינָהּ מִשְׁנָה. וּמִי אָמַר רַבִּי יַנַּאי הָכִי? *וְהָאָמַר רַבִּי יַנַּאי: גְּבוּל שֶׁמָּעְתִּי בָּהּ וְשָׁכַחְתִּי; וְנָסְבִין חַבְרַיָּא לוֹמַר: בּיְרִידָתָהּ לְנַחַל אֵיתָן אוֹסַרְתָּהּ; וְאִם אִיתָא, לִישָׁנֵי: כָּאן – קוֹדֶם יְרִידָה, כָּאן – לְאַחַר יְרִידָה! א"ר פִּנְחָס בְּרֵיהּ דְּרַב אַמִּי, אֲנַן מִשְּׁמֵיהּ דְּרשב"ל מַתְנִינַן לָהּ: עֶגְלָה עֲרוּפָה אֵינָהּ מִשְׁנָה. א"ר אַשִׁי: כִּי הֲוֵינַן בֵּי רַב פַּפִּי קַשְׁיָא לַן: מִי אָמַר רשב"ל הָכִי? וְהָא *אִיתְּמַר: צִפּוֹרֵי מְצוֹרָע מֵאֵימָתַי נֶאֱסָרִין? רַבִּי יוֹחָנָן אָמַר: גמִשְּׁעַת שְׁחִיטָה, וְרשב"ל אָמַר: מִשְּׁעַת לְקִיחָה; וְאָמְרִינַן: מ"ט דְּרַבִּי שִׁמְעוֹן בֶּן לָקִישׁ – גָּמַר "קִיחָה" "קִיחָה" מֵעֶגְלָה עֲרוּפָה! אֶלָּא, אָמַר רַבִּי חִיָּיא בַּר אַבָּא אָמַר רַבִּי יוֹחָנָן: עֶגְלָה עֲרוּפָה אֵינָהּ מִשְׁנָה.§ **מתני'** דשְׁנַיִם שֶׁלָּקְחוּ פָּרָה וּבְנָהּ, אֵיזֶה שֶׁלָּקַח רִאשׁוֹן – יִשְׁחוֹט רִאשׁוֹן, וְאִם קָדַם הַשֵּׁנִי – זָכָה.§ **גמ'** אָמַר רַב יוֹסֵף: לְעִנְיַן דִּינָא תְּנַן. תָּנָא: *אִם קָדַם הַשֵּׁנִי – הֲרֵי זֶה זָרִיז וְנִשְׂכָּר; זָרִיז – דְּלָא עָבַד אִיסּוּרָא, וְנִשְׂכָּר – דְּקָאָכֵיל בִּשְׂרָא.§ **מתני'** ההַשּׁוֹחֵט פָּרָה וְאַחַר כָּךְ שְׁנֵי בָנֶיהָ – וסוֹפֵג שְׁמוֹנִים. שָׁחַט שְׁנֵי בָנֶיהָ וְאַחַר כָּךְ שְׁחָטָהּ – סוֹפֵג אֶת הָאַרְבָּעִים. *זשְׁחָטָהּ וְאֶת בִּתָּהּ, וְאֶת בַּת בִּתָּהּ – סוֹפֵג שְׁמוֹנִים. שְׁחָטָהּ וְאֶת בַּת בִּתָּהּ, וְאַחַר כָּךְ שָׁחַט בִּתָּהּ – סוֹפֵג אֶת הָאַרְבָּעִים. סוּמְכוֹס אוֹמֵר מִשּׁוּם רַבִּי מֵאִיר: סוֹפֵג שְׁמוֹנִים.§ **גמ'** אַמַּאי? °"אוֹתוֹ וְאֶת בְּנוֹ" אָמַר רַחֲמָנָא, וְלֹא בְּנוֹ וְאוֹתוֹ! לָא ס"ד, דְּתַנְיָא: "אוֹתוֹ וְאֶת בְּנוֹ" – אֵין לִי אֶלָּא אוֹתוֹ וְאֶת בְּנוֹ, בְּנוֹ, וְאוֹתוֹ וְאֶת אִמּוֹ מִנַּיִן? כְּשֶׁהוּא אוֹמֵר "לֹא תִשְׁחֲטוּ" – הֲרֵי כָּאן שְׁנַיִם, הָא כֵּיצַד? אֶחָד הַשּׁוֹחֵט אֶת הַפָּרָה, וְאֶחָד הַשּׁוֹחֵט אֶת אִמָּהּ, וְאֶחָד הַשּׁוֹחֵט אֶת בְּנָהּ – שְׁנַיִם הָאַחֲרוֹנִים חַיָּיבִין. הַאי

(ויקרא כב)

וְאָמַר רֵישׁ לָקִישׁ אוֹמֵר הָיָה רַבִּי שִׁמְעוֹן פָּרָה נִפְדֵּית. אִם מָצָא נָאָה הֵימֶנָּה, אֲפִילּוּ עַל גַּב מַעֲרַכְתָּהּ – אֲפִילּוּ שְׁחָטָהּ כְּהִלְכָתָהּ עַל מַעֲרֶכֶת שֶׁל עֵצִים שֶׁהִיא נִשְׂרֶפֶת עָלֶיהָ, כִּדְאָמְרִי' בְּמַס' פָּרָה (פ"ג מ"ט). וְקָסָבַר ר"ש: כָּל הָעוֹמֵד לִפְדּוֹת כִּפְדוּי דָּמֵי, וְקָרֵינָא בֵּיהּ שֶׁאַתָּה יָכוֹל לְהַאֲכִילוֹ. וְאִי קַשְׁיָא: לָמָּה לִי קַבָּלַת טוּמְאָה? הָא גּוּפָהּ מְטַמְּאָה אָדָם וּבְגָדִים! מְפָרְקִינַן בְּכָ"ג בִּכְרִיתוֹת בְּפֶרֶק "דָּם שְׁחִיטָה" (דף כא.): כְּגוֹן בָּשָׂר שֶׁחֲפָאוֹ בְּבָצֵק וּפְחוּת מִכְּבֵיצָה בָּצֵק, אִי מְשַׁוֵּית לֵיהּ אוֹכֶל – מִצְטָרֵף בַּהֲדֵי בָּצֵק, וּמְקַבֵּל הַאי בָּצֵק טוּמְאָה אִם יִגַּע בְּטוּמְאָה, וּמְטַמֵּא שְׁאָר אוֹכָלִין. וְאִי לָאו אוֹכֶל הוּא – לָא מְקַבֵּל הַאי בָּצֵק טוּמְאָה, דְּלֵית בֵּיהּ שִׁיעוּרָא, וְכִי נָגְעוּ בֵּיהּ אוֹכָלִין אַחֲרִינֵי – טְהוֹרִים הֵן, שֶׁאֵינָם נוֹגְעִין *בַּנְּבֵלָה אֶלָּא בַּבָּצֵק. **אֵינָהּ מִשְׁנָה.** לֹא נִשְׁנֵית בְּמִשְׁנָתֵינוּ. **וְתִרְעֶה בָּעֵדֶר.** כִּשְׁאָר חוּלִּין. אַלְמָא אֵינָהּ נֶאֱסֶרֶת מֵחַיִּים, וְכִי שְׁחָטָהּ מוּתֶּרֶת! הָכִי גָּרְסִינַן: אָמַר רֵישׁ לָקִישׁ א"ר יַנַּאי עֶגְלָה עֲרוּפָה אֵינָהּ מִשְׁנָה. **וְהָא"ר יַנַּאי.** בְּקִדּוּשִׁין (א) וּבִכְרִיתוֹת בְּפֶרֶק בַּתְרָא (דף כה.). **גְּבוּל.** מֵאֵימָתַי נֶאֱסֶרֶת. **חַבְרַיָּא.** בְּנֵי הַיְשִׁיבָה. **צִפּוֹרֵי מְצוֹרָע.** קי"ל בְּקִדּוּשִׁין בְּ"הָאִישׁ מְקַדֵּשׁ" (דף נז:) דַּאֲסוּרִין בַּהֲנָאָה. **מִשְּׁעַת שְׁחִיטָה.** וְנֶאֱסֶרֶת שְׁחוּטָה. אֲבָל הַמְשׁוּלַּחַת מוּתֶּרֶת, דִּכְתִיב (ויקרא יד): "וְשִׁלַּח אֶת הַצִּפֹּר הַחַיָּה" וגו', וְלֹא אָמְרָה תּוֹרָה שַׁלַּח לְתַקָּלָה. **מִשְּׁעַת קִיחָה.** וּשְׁתֵּיהֶן נֶאֱסָרוֹת עַד שֶׁיְּשַׁלַּח. **גָּמַר קִיחָה קִיחָה כו'.** מָה עֶגְלָה עֲרוּפָה שֶׁנֶּאֱמַר בָּהּ קִיחָה (דברים כא): "וְלָקְחוּ זִקְנֵי הָעִיר הַהִיא עֶגְלַת בָּקָר" – אֲסוּרָה מֵחַיִּים, אַף "וְלָקַח לַמִּטַּהֵר שְׁתֵּי צִפֳּרִים חַיּוֹת" (ויקרא יד) – אֲסוּרוֹת מֵחַיִּים. וּמִיהוּ, עֶגְלָה עֲרוּפָה יֵשׁ לָהּ גְּבוּל לֵיאָסֵר בִּירִידָתָהּ לְנַחַל אֵיתָן, אֲבָל אֵלּוּ אֵין כָּאן מַעֲשֶׂה מִלְּקִיחָה וְעַד שְׁחִיטָה, וְכֵיוָן דְּנֶאֱסָרוֹת מֵחַיִּים – עַל כָּרְחֵיךְ מִשְּׁעַת לְקִיחָה. אֶלָּא, הָא פִּירוּקָא דְּמִתָּרֵץ: אֵינָהּ מִשְׁנָה – לָאו רֵישׁ לָקִישׁ אֲמָרָהּ, אֶלָּא ר' יוֹחָנָן אֲמָרָהּ, דְּלר"ש בֶּן לָקִישׁ מִיתַּסְרָא מֵחַיִּים. וְהָא דִּתְנַן: תֵּצֵא וְתִרְעֶה בָּעֵדֶר, מְתָרְצִינַן לָהּ בִּכְרִיתוֹת וּמוֹקְמִינַן לָהּ כְּתַנָּאֵי. **לְעִנְיַן דִּינָא תְּנַן.** הָא דְּקָתָנֵי מַתְנִי': מִי שֶׁלָּקַח רִאשׁוֹן יִשְׁחוֹט רִאשׁוֹן – לָאו לְעִנְיַן אִיסּוּר וְהֶיתֵּר, שֶׁאִם רָצָה הַשֵּׁנִי לִשְׁחוֹט רִאשׁוֹן, וְהָרִאשׁוֹן יַמְתִּין עַד מָחָר – מוּתָּר. אֲבָל דִּין הוּא, אִם בָּאוּ לב"ד, שֶׁבָּא הָאֶחָד לִשְׁחוֹט, וַחֲבֵירוֹ אוֹמֵר: אֲנִי צָרִיךְ יוֹתֵר מִמְּךָ – אָנוּ אוֹמְרִים לָהֶם: הַלּוֹקֵחַ רִאשׁוֹן יִשְׁחוֹט, שֶׁעַל מְנָת כֵּן לָקַח. שֶׁאִילּוּ לֹא מְכָרָהּ בַּעַל הַבַּיִת לַשֵּׁנִי, וְעִכֵּב לְעַצְמוֹ – הָיָה הַלּוֹקֵחַ שׁוֹחֵט. וְכֵן שָׁנִינוּ בַּתּוֹסֶפְתָּא פ"ה: הַלּוֹקֵחַ מִבַּעַה"ב הוּא קוֹדֵם לְבַעַה"ב, שֶׁעַל מְנָת כֵּן לָקַח. **דְּלָא עָבַד אִיסּוּרָא.** שֶׁמַּקְדִּים בְּעַצְמוֹ, שֶׁלֹּא יָבֹא לִידֵי אִיסּוּר. **נִשְׂכָּר.** יֵשׁ לוֹ רֶוַח, שֶׁאוֹכֵל הַיּוֹם בָּשָׂר. **מתני' וְאח"כ שְׁנֵי בָנֶיהָ.** דְּאֵין כָּאן שְׁחִיטַת אִיסּוּר אֶלָּא אַחַת. וּבַגְּמָרָא יָלֵיף דִּבְנוֹ וְאוֹתוֹ נַמִּי חַיָּיב. **שְׁחָטָהּ וְאֶת בִּתָּהּ וְאַחַר כָּךְ אֶת בַּת בִּתָּהּ.** יֵשׁ כָּאן אוֹתוֹ וְאֶת בְּנוֹ. **שְׁחָטָהּ וְאֶת בַּת בִּתָּהּ.** אֵין כָּאן עֲדַיִין אִיסּוּר. וְאח"כ שָׁחַט אֶת בִּתָּהּ, וְיֵשׁ בִּשְׁחִיטָה זוֹ שְׁנֵי אִיסּוּרִין: אוֹתוֹ וְאֶת בְּנוֹ – מִשּׁוּם אִמָּהּ, וּבְנוֹ וְאוֹתוֹ – מִשּׁוּם בִּתָּהּ שֶׁל זוֹ שֶׁכְּבָר נִשְׁחֲטָה. **סוֹפֵג אַרְבָּעִים.** דְּחַד לָאו הוּא, וַחֲדָא הַתְרָאָה, וְחַד מַעֲשֶׂה. **שְׁמוֹנִים.** וְטַעְמָא דְּסוּמָכוֹס מְפָרֵשׁ בַּגְּמָ'. **גמ' לֹא תִשְׁחֲטוּ.** לְשׁוֹן רַבִּים מַשְׁמַע. **הֲרֵי כָּאן שְׁנַיִם.** הִזְהִיר אֶת שְׁנֵיהֶם, בֵּין אִם שׁוֹחֵט הָאֵם וּבֵין אִם שׁוֹחֵט הַבַּת. וְלָא מַשְׁכַּחַתְּ לָהּ שְׁנַיִם עוֹבְרִין אֶלָּא בְּשָׁלֹשׁ בְּהֵמוֹת, וְהָא *כֵּילַד? בַּת וְאֵם וּבַת, דְּאִי אֵם וּשְׁנֵי בָּנֶיהָ לָמָּה לִי קְרָא? פְּשִׁיטָא, מַה לִּי חַד וּמַה לִּי תְּרֵי, דְּכִי הֵיכִי דְּמִחַיֵּיב אַהַאי – מִחַיֵּיב אַהַאי. וְאִי בְּפָרָה וּבִתָּהּ וּבַת בִּתָּהּ – פְּשִׁיטָא, תַּרְוַיְיהוּ אוֹתוֹ וְאֶת בְּנוֹ נִינְהוּ. אֶלָּא עַל כָּרְחָךְ, כְּאֶחָד שׁוֹחֵט פָּרָה וְהַשֵּׁנִי אֶת אִמָּהּ וְהַשְּׁלִישִׁי אֶת בִּתָּהּ קָאָמַר, לְאַשְׁמוּעִינַן דְּאַבְּנוֹ וְאוֹתוֹ נַמִּי מִחַיֵּיב.
אֲבָל

והתנן נמצא ההורג. וא"ת: והיאך מדקדק מכאן דלא מיתסרא מחיים? דילמא היינו טעמא – דאדעתא שימצא ההורג לא אקדשוה. כי ההיא דתנן בפ' בתרא דכריתות (דף כג:): המביא אשם תלוי ונודע לו שלא חטא, אם עד שלא נשחט כו' וירעה עד שיסתאב. אשם ודאי אינו כן, אלא (ב) עד שלא נשחט – יצא וירעה בעדר כו'. עגלה ערופה אינה כן. ומפרש בגמ': טעמא דאשם תלוי – משום דלבו נוקפו וגמר ומקדישו מספק, אבל אשם ודאי, כי אקדשיה אדעתא דחטא אקדיש, ואגלאי מילתא למפרע דהקדש טעות הוה. ודילמא היינו טעמא נמי דעגלה ערופה, ולא משום דלא מיתסר מחיים, ולעולם אם נשחטה אסורה! וי"ל: דסברא דגמרי ומקדשי, דלא מסקי אדעתייהו שימצא ההורג. וא"ת: ואמאי לא משני ד"עד שלא תערף" היינו עד שלא נראה לעריפה, קודם ירידתה לנחל איתן, כדמשני בפ' בתרא דכריתות (דף כה.)? וי"ל: דסמיך אמאי דדייק התם (ג"ז שם) מסיפא, דלא מיתסר מחיים. דקתני סיפא: משנערפה – תקבר, שמתחלה לא באה אלא על הספק, כפרה ספקה והלכה לה.

עגלה ערופה אינה משנה. וא"ת: ולמה דחק לומר אינה משנה? לימא: תנאי היא, כדאמרינן בפ' בתרא דכריתות (דף כה.) דתנאי פליגי בהכי! וי"ל: דכך היתה קבלה בידם. הקשה ה"ר משה מבונדי"ש: אמאי לא קאמר דשוחט דמתני' היינו עורף, ופטור לר"ש משום דלא חזיא לאכילה. ולרבנן חייב משום דעריפה זו היא שחיטה, כדאמרי' בריש פ' "שני שעירי" (יומא דף סד.) גבי שעיר המשתלח: דחייתו לצוק היינו שחיטתו, וחייב משום אותו ואת בנו. ובפ' "חטאת העוף" (זבחים דף ע:) אמרינן °דעריפה מטהרת מידי נבלה! ותירץ ר"ת: דא"כ, לא הוה ליה למיתני "השוחט", אלא: "העורף". ודוחק הוא, דדלמא תנא שוחט משום אחריני, פרת חטאת ושור הנסקל. כדאמרינן בפ"ב (לעיל דף כט.) דסיפא בקדשים, ואיידי דסליק מבהמה – תנא: שחיטתו כשרה, ולא קתני: מליקתו.

אמר רבי ינאי גבול שמעתי בה. רבי ינאי לטעמיה, דאית ליה בפ"ב דקדושין (דף נז.) דכפרה כתיב בה כקדשים, ולהכי מיתסרא מחיים, כמו שאר קדשים דמיתסרי מחיים. א] "וערפו שם", דדרשינן (כריתות דף ו.) מיניה: שם תהא קבורתה – איצטריך לאחר עריפה, דלא נימא דשריא משום שנעשית מצותה. **לישני** כאן קודם ירידה כאן לאחר ירידה. תימה: הא על כרחך מתני' דכריתות (דף כג.) מוכחא דלא מיתסר מחיים, כדדייק התם *(בפ"ב) מסיפא דקתני: דכפרה ספקה והלכה לה! **גמר** קיחה קיחה. מסקנא לא קיימא הכי בפרק ב' דקדושין (דף נז.), אלא מסיק דר"ל כתנא דבי רבי ישמעאל, דיליף הכי: נאמר מכשיר ומכפר בפנים, פי': מכשיר בפנים – אשם מצורע, מכפר – שאר קרבנות. ונאמר מכשיר ומכפר בחוץ, פירוש: מכשיר – צפורי מצורע, מכפר – עגלה ערופה ושעיר המשתלח. ובפרק בתרא דכריתות (דף כה.) מוקי לה נמי רב המנונא דאמר: עגלה ערופה מיתסר מחיים, כתנא דבי ר' ישמעאל. ותימה: היאך משמע ממילתיה דר' ישמעאל דמיתסר מחיים? וי"ל: דדייק משום דלא איצטריך למילף מכשיר ממכפר אלא ליאסר מחיים, דלאחר שחיטה ידעינן מ"וזה אשר [לא] תאכלו" – לרבות השחוטה כו'.

סומכוס אומר משום ר"מ סופג שמונים. ארישא נמי פליג, כדפי' בקונטרס. וכה"ג אמר בפ' קמא דיבמות (דף ט:): חלוק היה ר"ש אף בראשונה, וסיפא נקט – משום רבותא דרבנן, דאע"ג דאיכא שתי שמות, דאותו ואת בנו, ובנו ואותו – לא לקי אלא ארבעים, כיון דנפקי תרוייהו מחד קרא ד"לא תשחטו".
הזורע

[שבועות יא: ב"ק עז. מנחות קא:]

סוטה מז. (כתובות לו) כריתות כה. ע"ש

זבחים ע: כריתות כה. קדושין נז.

עיין תוס' בב"ק שכתבו על רש"י לא דק לכתב נבלה ועיין רש"א [ועי' מ"ש על זה תוס' פסחים לג: ד"ה לאימת ותוס' שבת נא. ד"ה אין]

קדושין נז.

[תוספתא פ"ה]

כריתות טו.

[וג"ל בדף כה.]

בס"י כילד בת ואם ובת בתה ועיין רש"א

רבינו גרשום

פרה נפדית על גבי מערכתה. כלומר אם אירע בה פיסול או במלאכה או בשום דבר: תצא. כלומר עם שאר בהמות של חולין: קשיא דר"ש בן לקיש אדר"ש בן לקיש. כלומר הכא אמר ריש לקיש עגלה ערופה אינה משנה והכא אמר משעת קיחה ואסורה מאותה שעה השחוטה. א) שחיטה שאינה ראויה היא: אמר רב יוסף לענין דינא תנן. כלומר דין הוא שישחוט ראשון: [שחט] שני בניה ואח"כ שחטה סופג את הארבעים. כלומר שאותן שני לאוין כולל בשחיטה אחת: ולא בנו ואותו. כלומר והיכא דשחט שני בניה ואח"כ שחטה אמאי סופג את הארבעי': שנים אחרונים חייבין. כלומר אחד משום בנו ואותו ואחד משום אותו ואת בנו:

א) נראה דחסר כאן איזה תיבות וצ"ל כפיר אמר מתני' דלאו שחיטה שאינה וכו'.

טו א מיי' פ"י מהלכות רוצח הלכה ח:
טז ב מיי' שם הלכה ו:
יז ג מיי' פי"א מהל' טומאת צרעת הל' ז:
יח ד מיי' פי"ב מהל' שחיטה הל' יג סמג לאוין קמט טוש"ע י"ד סי' טז סעיף ו:
יט ה ו מיי' שם הל' יב:
כ ז מיי' שם סמג שם טוש"ע שם סעיף ח:

שיטה מקובצת

א] ועגלה ערופה לאו שחיטה ראויה היא. נ"ב נ"א בס"י עגלה ערופה שחיטה ראויה היא דתנן וכו':

הגהות הב"ח

(א) רש"י ד"ה והא"ר ינאי בקידושין. נ"ב פ"ב דף נז: (ב) תוס' ד"ה והתנן וכו' אינו כן אלא אם עד:

גליון הש"ס

מתני' סופג שמונים. עי' כריתות דף ט' ע"ב תוס' ד"ה והיא. קדושין דף עז ע"ב תוס' ד"ה הרי: **תוס'** ד"ה עגלה וכו' דעריפה מטהרת מידי נבלה. עיין מנחות דף קא ע"ב תוס' ד"ה ועגלה:

הגהות מהר"ב רנשבורג

א] תוס' ד"ה אמר וכו' כמו שאר קדשים דמיתסרי מחיים והא דכתיב וערפו שם שם כו' כצ"ל:

כא א מיי' פ"י מהל' נזירות הל' י סמג לאוין רג:

כב ב מיי' פ"י מהל' כלאים הל' ב סמג לאוין רפ טוש"ע י"ד סי' רצז סעיף א:

תורה אור

האי מיבעי ליה לגופיה! א"כ, ליכתוב: "לא תשחוט", מאי "לא תשחטו"? ואכתי מיבעי ליה, דאי כתב רחמנא "לא [א] תשחוט" ה"א: חד – אין, תרי – לא; כתב רחמנא: "לא תשחטו" – ואפילו תרי! אם כן, לכתוב: "לא [א] ישחטו", מאי "לא תשחטו"? שמע מינה תרתי.§ "שחטה ואת בת בתה" [וכו'].§ א"ל אביי לרב יוסף: מאי טעמא דסומכוס? קא סבר סומכוס: *אכל שני זיתי חלב בהעלם אחד – חייב שתי חטאות. ובדין הוא דלישמעינן בעלמא, והאי דקא משמע לן בהא – להודיעך כחן דרבנן, דאע"ג דגופין מוחלקין – פטרי רבנן? או דלמא, קסבר סומכוס: אכל שני זיתי חלב בהעלם אחד – אינו חייב אלא אחת, והכא היינו טעמא: הואיל וגופין מוחלקין? א"ל: אין, קסבר אכל שני זיתי חלב בהעלם אחד – חייב שתי חטאות. ממאי? *מדתנן: הזורע כלאים כלאים – לוקה. מאי לוקה? אילימא לוקה אחת – פשיטא! ועוד, מאי "כלאים כלאים"? אלא פשיטא: ב' מלקיות. במאי עסקינן? אילימא בזה אחר זה ובשתי התראות – תנינא: *נזיר שהיה שותה יין כל היום – אינו חייב אלא אחת. אמרו לו: אל תשתה! אל תשתה! והוא שותה – חייב על כל אחת ואחת! אלא פשיטא: בבת אחת ובהתראה אחת. מני? אילימא רבנן דפליגי עליה דסומכוס; השתא, ומה התם דגופין מוחלקין – פטרי רבנן, הכא – לכ"ש? אלא לאו סומכוס היא! לא, לעולם רבנן, [ב] ומילתא אגב אורחיה קמ"ל – דאיכא תרי גווני כלאים, ולאפוקי מדרבי יאשיה. *דאמר רבי יאשיה: [ב] עד שיזרע חטה ושעורה וחרצן במפולת יד, קמ"ל דכי זרע חטה וחרצן, [ג] ושעורה וחרצן – נמי מחייב. ת"ש: *אכל מזה כזית ומזה כזית – סופג שמונים, רבי יהודה אומר: אינו סופג אלא מ'. היכי דמי? אילימא בזה אחר זה ובשתי התראות – מ"ט דרבי יהודה? התראת ספק היא, ושמעינן ליה לרבי יהודה דאמר: *התראת ספק לא שמה התראה! דתניא: *הכה את זה וחזר והכה את זה, קלל את זה וחזר וקלל את זה, או שהכה שניהם בבת אחת, או שקלל שניהם בבת אחת – חייב. ר' יהודה אומר: בבת אחת – חייב, בזה אחר זה – פטור! אלא פשיטא – בבת אחת ובהתראה אחת. ומאן תנא קמא? אילימא רבנן דפליגי עליה דסומכוס; השתא, ומה התם דגופין מוחלקין – פטרי רבנן, הכא – לא כל שכן? אלא לאו סומכוס היא! לא, לעולם – בזה אחר זה, ורבנן; והאי תנא סבר לה כאידך תנא דרבי יהודה, דאמר: התראת ספק שמה התראה. *דתניא:
שמות יב "°לא תותירו ממנו עד בקר והנותר ממנו עד בקר באש תשרופו" –
בא

אבל תרי לא. שחט אחד האם ואחד הבת – אפילו אחרון פטור, קא משמע לן. **לא ישחטו.** דמשמע: לא על ידי אחד ולא ע"י שנים, לא יהיו נשחטין. **מאי לא תשחטו.** דמשמע דתרוייהו עבדי איסורא. **בהעלם אחד.** שלא נודע לו בינתים ששחטה, ובשוגג חייב שתי חטאות, וה"ה נמי דמחייב בהתראה אחת ובלאו אחד שני מלקיות. **דלישמעינן בעלמא.** היכא דאין גופין מוחלקים, כגון בשני זיתי חלב. **דאע"ג דגופין מוחלקים.** שעל ידי שתי פרות באין לו שני מלקיות הללו. ופליג סומכוס בסיפא, וה"ה ברישא, דקתני: שחט שני בניה ואח"כ שחטה – סופג מ', לסומכוס סופג פ'. וכך מצאתי בתוספתא (פ"ה): שחט ה' בניה ואחר כך שחטה – סומכוס אומר משום רבי מאיר: חייב משום חמשה לאוין. **הזורע כלאים כלאים.** משמע שזרע וחזר וזרע. ועוד מאי כלאים כלאים. חדא זריעה נמי מחייב חדא! **בבת אחת.** בידו אחת חטה וחרצן, ובידו אחת שעורה וחרצן. **אלא לאו סומכוס.** ושמע מינה: אכל שני זיתי חלב בהעלם אחד – חייב. **לעולם רבנן.** ובב' התראות. ודקשיא לך: פשיטא! הא קמ"ל, דאיכא תרי גווני כלאים, דבין חטה וחרצן, ובין שעורה וחרצן – הוו כלאים, ולאפוקי מדרבי יאשיה דבעי שלשתן כאחד. **אכל מזה כזית ומזה כזית.** מגיד הנשה של שתי ירכות של בהמה אחת. **ארבעים.** ר' יהודה לטעמיה, דאמר בפ' "גיד הנשה": אינו נוהג אלא באחת. **מאי טעמא דרבי יהודה.** דקאמר: אינו סופג אלא ארבעים? לא הוה ליה למילקי כלל, כל חדא וחדא התראת ספק הוא! דהא מספקא ליה לר' יהודה באיזו מהן נוהג, בשל ימין או בשל שמאל. דקתני התם: והדעת מכרעת שהוא של ימין. ומיבעיא להו: פשיטא ליה של ימין, ומאי "דעת" – דעת תורה, או ספוקי מספקא ליה, ומאי "דעת" – דעת נוטה? ומדלא פשטינהו מהא דמיפשט פשיטא ליה – ש"מ לאו בשתי התראות קאמר, דהא שמעינן ליה דאמר התראת ספק לא שמה התראה. **הכה זה וחזר והכה זה.** מי שלא שהתה אחר מיתת בעלה שלשה חדשים, ונישאת וילדה, ספק בן תשעה לראשון וספק בן שבעה לאחרון, וכשגדל הכה את האחד, וחזר והכה את חבירו. **חייב.** דקסבר: התראת ספק שמה התראה. **בבת אחת.** הרים שתי ידיו, והכה זה באחת וזה באחת. **חייב.** דהתראת ודאי היא. **בבת אחת.** דהויא התראת ודאי, וקאמר ת"ק: סופג שמונים. **אלא לאו סומכוס היא.** דלא משכחת תנא דאית ליה הא סברא אלא הוא. **באש תשרפו.** עשה הוא, ולאו שניתק לעשה – אין לוקין עליו, והמותיר בפסח פטור.
בא

הזורע כלאים כלאים לוקה. תימה: דמשמע הכא דבחד כלאים לא לקי אלא חדא. ואמאי לא לקי נמי משום "לא תסיג גבול רעך" (דברים יט)? דלענין איסור כלאים דריש לה בשבת בפ' "ר' עקיבא" (דף פה.)! וי"ל: דכיון דאתא נמי לאזהרה דמסיג גבול – אין לוקין עליו משום כלאים, כמו שאין לוקין על הסגת גבול, דניתן להשבון. ועוד, דהוי לאו שבכללות.

תנינא נזיר שהיה שותה כו'. אע"ג דהך דהזורע כלאים ברייתא היא, ובכמה ברייתות שונה מה שבמשנה, מ"מ היה לו לשנות באותו ענין ששונה במשנה. וכה"ג אשכחן בפרק "עשרה יוחסין" (קדושין דף עו.) גבי אבא שאול היה קורא לשתוקי "בדוקי". דפריך: תנינא, מה טיבו של עובר זה כו'? ופי' שם בקונטרס דהכי פריך: תנינא – כלומר, התם הוה ליה למיתני.

אלא פשיטא בבת אחת ובהתראה אחת. פי': או בהתראה אחת, ואפי' בזה אחר זה. דאפילו בהא פטרי רבנן, כמו נזיר שהיה שותה כל היום, דאינו חייב אלא אחת.

ולאפוקי מדרבי יאשיה דאמר אינו חייב עד שיזרע חטה ושעורה וחרצן במפולת יד. נראה דאינו חייב משום כלאי הכרם קאמר. °אבל מודה דמשום כלאי זרעים מיחייב בתרי מינין, בחטה ושעורה לחודיה. וכן משמע, דכי קאמר: קמ"ל דכי זרע חטה וחרצן ושעורה וחרצן נמי חייב, ולא נקט "חטה ושעורה" – משמע דמודי בה ר' יאשיה. ועוד נראה לפרש, דקרי תרי גווני כלאים – כלאי זרעים וכלאי הכרם – חטה ושעורה, וחטה וחרצן. ובחד גוונא מודי רבי יאשיה, ובחד פליג. אבל חטה וחרצן, ושעורה וחרצן – כולה חד גוונא הוא. ויש ספרים שכתוב בהם בהדיא: "או שעורה וחרצן". ואפילו לספרים דכתיב בהם: "ושעורה", יש לפרש כמו: "או שעורה". ולהכי לא מצי לאוקומי כלאים [ג] בבת אחת, כמו חטה ושעורה וחרצן, דלקי תרתי, לאפוקי מדרבי יאשיה, דהא לרבי יאשיה נמי לקי תרתי. וכן משמע בירושלמי במס' כלאים בפ"ט, דקאמר: על דעתיה דר' יאשיה כתיב: "שדך לא תזרע כלאים", ולאיזה דבר נאמר: "לא תזרע כרמך"? פי': כיון דבלא חרצן מיחייב משום "שדך". דאי לא מחייב ר' יאשיה בכלאי זרעים בלא כרם, מאי קא בעי? ומשני: משום "שדך" לוקה, ומשום "כרמך" לוקה. וטעמא דר' יאשיה דבכלאי הכרם לא מחייב אלא בג' מינים, ובכלאי זרעים מחייב בב', מפרש ר"י: משום דזריעת כלאים משמע שני מיני זרעים, וחרצן לאו מין זרע הוא. אבל אין לפרש, דמשמע ליה: "לא תזרע" בהדי "כרמך" – כלאים, אבל "שדך" – בלא שום זרע קרוי שדה. דהא לא שייך לפרש כן גבי "בהמתך". ומיהו, ר' יהודה במס' כלאים (פ"א מ"ט) לא מחייב בכלאי זרעים עד שיזרע חטה ושעורה וכוסמת, או שני חטים ושעורה, או שני שעורים וחטה, דבעי כלאי זרעים בהדי "שדך". והא דאמר בריש פרק בתרא דבכורות (דף נג:): יצהר ותירוש אין מעשרין מזה על זה, דאמר קרא: "כל חלב יצהר וכל חלב תירוש ודגן" – אמרה תורה: תן חלב לזה וחלב לזה. אין לי אלא תירוש ויצהר, תירוש ודגן, דגן ודגן מנין? אמרת ק"ו: ומה תירוש ויצהר שאין כלאים זה בזה – אין מעשרין כו'. ולרבי יאשיה מייתי לה הכי: ומה תירוש ויצהר שאין כלאים זה בזה (אפי' ע"י דבר אחר) אין מעשרין מזה על זה, תירוש ודגן, דגן ודגן, שהם כלאים ע"י דבר אחר כו' – לא נקט "דבר אחר" אלא משום תירוש ודגן. **מאי טעמא דרבי יהודה התראת ספק היא.** וא"ת: והא מסיקנא בפ' "גיד הנשה" (לקמן דף צא.) דמפשט פשיטא ליה לרבי יהודה דשל ימין! וי"ל: דהכא בעי למימר דתפשוט מהכא דלא מספקא ליה. ומסיק דלעולם לא תפשוט, וסבר לה כאידך כו'.
וכלדברי

שיטה מקובצת

א] דאי כתב רחמנא לא תשחט: ב] קמ"ל דכי זרע חטה וחרצן או שעורה וחרצן נמי מחייב: ג] ולהכי לא מצי לאוקומי כלאים כלאים בבת אחת:

גליון הש"ס

תוס' ד"ה ולאפוקי וכו' אבל מודה. עי' לעיל דף ס' ע"ב תוס' ד"ה הרכיב:

הגהות מהר"ב רנשבורג

א] גמ' אם כן לכתוב לא ישחטו כצ"ל: ב] שם ומלתא אגב אורחיה קמ"ל. נ"ב עיין תורת חיים:

[שבת נג:] [נ"ל מדתניא עי' תוס' ד"ה תנינא] קדושין עז: מכות כא. נזיר מב. קדושין לט. בכורות נד. ברכות כב. לקמן קלו: לקמן לא. ודף צו. [לקמן לא. מכות טז. יבמות קא. תוספתא דיבמות פי"ב ע"ש] [לעיל פח.] סנהדרין סג. פסחים פד. תמורה ד: מכות ד: טז. שבועות ג: לקמן לא. [ודף קמא:]

רבינו גרשום

חד אין תרי לא. כלומר אי (מאחד) בן אדם [אחד שחט] לאותו ואת בנו (והוא שחטן) יהא חייב אבל אי אחד [שחט] אותו [ואדם אחר שחט] את בנו לא יהא חייב. כתב רחמנא לא תשחטו דאפי' תרי: ש"מ תרתי. דאפילו בנו ואותו: אע"ג דגופין מוחלקין פטרי. כלומר כיון דכלל שני איסורין בשחיטה אחת אע"ג דאיכא אותו ואת בנו ובנו ואותו אינו סופג אלא ארבעים: אלא לאו סומכוס היא. כלומר וחייב על כל אחת ואחת אע"ג דבבת אחת ובהתראה אחת: לא לעולם רבנן היא.
כלומר ומאי לוקה לוקה אחת כיון דבחדא התראה ובבת אחת היא אינו לוקה אלא אחת והא קמ"ל דאיכא תרי גווני כלאים ואי לאו דבבת אחת היא הוה מיחייב תרתי: והיכי דמי תרי גווני כלאים. דבידו אחת שעורה וחטה וחרצן והפילן בבת אחת וזרען: בהא לימא ר' יהודה סופג ארבעים. כלומר אפי' ארבעים לר' יהודה אינו סופג דהוי התראת ספק דמתרין אותו מספק דלא תיכול דספק הוא אם של ימין היא דר' יהודה אינו מחייב אלא על של ימין: הכה את זה. כלומר ספק בן תשעה לראשון או בן שבעה לאחרון: בזה אחר זה פטור. כלומר דהתראת ספק הוא שאין אנו יודעין אי זהו אביו או זה או זה: אלא לאו סומכוס היא. כלומר מה דאמרי' סופג שמונים זהו סומכוס דלענין אותו ואת בנו נמי מחייב שמונים אע"ג דבבת אחת: לעולם בזה אחר זה ובשתי התראות כו'. לעולם בזה אחר זה ובשתי התראות ורבנן ומש"ה אמרי' סופג שמונים (ואם פרכת והא ר' יהודה אמר סופג ארבעים והתראת ספק לאו שמה התראה) ואי פרכינן לר' יהודה אמאי סופג ארבעים והא התראת ספק הוא. סבר לה כאידך דר' יהודה. דתניא לא תותירו ממנו עד בקר והנותר וגו'
בא

בָּא הַכָּתוּב לִיתֵּן עֲשֵׂה אַחַר לֹא תַעֲשֶׂה, לוֹמַר שֶׁאֵין לוֹקִין עָלָיו, דִּבְרֵי ר' יְהוּדָה. רַבִּי יַעֲקֹב אוֹמֵר: לֹא מִן הַשֵּׁם הוּא זֶה, אֶלָּא מִשּׁוּם דה"ל לָאו שֶׁאֵין בּוֹ מַעֲשֶׂה, וְכָל לָאו שֶׁאֵין בּוֹ מַעֲשֶׂה — אֵין לוֹקִין עָלָיו. ת"ש:* אָכַל שְׁנֵי גִידִין מִשְּׁתֵּי יְרֵכוֹת מִשְּׁתֵּי בְהֵמוֹת — סוֹפֵג שְׁמוֹנִים, רַבִּי יְהוּדָה אוֹמֵר: אֵינוֹ סוֹפֵג אֶלָּא מ'. הֵיכִי דָּמֵי? אִילֵימָא בְּזֶה אַחַר זֶה וּבִשְׁתֵּי הַתְרָאוֹת — מ"ט דְּרַבִּי יְהוּדָה, דְּאָמַר: אַרְבָּעִים וְתוּ לָא? אֶלָּא פְּשִׁיטָא — בְּבַת אַחַת וּבַחֲדָא הַתְרָאָה. מַאן ת"ק? אִילֵימָא רַבָּנַן דִּפְלִיגִי עֲלֵיהּ דְּסוּמָכוֹס; וּמָה הָתָם דְּגוּפִין מוּחְלָקִין — פָּטְרִי רַבָּנַן, הָכָא לֹא כָּל שֶׁכֵּן? אֶלָּא לָאו סוּמָכוֹס הִיא! לְעוֹלָם בְּזֶה אַחַר זֶה. וּדְקָאָמְרַתְּ: מ"ט דְּרַבִּי יְהוּדָה — כְּגוֹן דְּלֵית בֵּיהּ כַּזַּיִת, *דְּתַנְיָא: אָכְלוֹ וְאֵין בּוֹ כַּזַּיִת — חַיָּב, ר' יְהוּדָה אוֹמֵר: עַד שֶׁיְּהֵא בוֹ כַּזַּיִת.§ **מתני'** *בְּאַרְבָּעָה פְּרָקִים בַּשָּׁנָה הַמּוֹכֵר בְּהֵמָה לַחֲבֵירוֹ צָרִיךְ לְהוֹדִיעוֹ: "אִמָּהּ מָכַרְתִּי לִשְׁחוֹט", "בִּתָּהּ מָכַרְתִּי לִשְׁחוֹט", וְאֵלּוּ הֵן: עֶרֶב יוֹם טוֹב הָאַחֲרוֹן שֶׁל חַג, וְעֶרֶב יוֹם טוֹב הָרִאשׁוֹן שֶׁל פֶּסַח, וְעֶרֶב עֲצֶרֶת, וְעֶרֶב רֹאשׁ הַשָּׁנָה; וְכְדִבְרֵי רַבִּי יוֹסֵי הַגְּלִילִי — אַף עֶרֶב יוֹם הַכִּפּוּרִים בַּגָּלִיל. אָמַר רַבִּי יְהוּדָה: אֵימָתַי? בִּזְמַן שֶׁאֵין לוֹ רֶיוַח, אֲבָל יֵשׁ לוֹ רֶיוַח — אֵין צָרִיךְ לְהוֹדִיעוֹ. וּמוֹדֶה רַבִּי יְהוּדָה, בְּמוֹכֵר אֶת הָאֵם לֶחָתָן וְאֶת הַבַּת לַכַּלָּה — שֶׁצָּרִיךְ לְהוֹדִיעוֹ, בְּיָדוּעַ שֶׁשְּׁנֵיהֶם שׁוֹחֲטִין בְּיוֹם אֶחָד. *בְּאַרְבָּעָה פְּרָקִים אֵלּוּ מַשְׁחִיטִין אֶת הַטַּבָּח בְּעַל כָּרְחוֹ; אֲפִילּוּ שׁוֹר שָׁוֶה אֶלֶף דִּינָרִים, וְאֵין לוֹ לַלּוֹקֵחַ אֶלָּא דִּינָר — כּוֹפִין אוֹתוֹ לִשְׁחוֹט; לְפִיכָךְ, אִם מֵת — מֵת לַלּוֹקֵחַ. אֲבָל בִּשְׁאָר יְמוֹת הַשָּׁנָה אֵינוֹ כֵּן; לְפִיכָךְ, אִם מֵת — מֵת לַמּוֹכֵר.§ **גמ'** תָּנָא: אִם לֹא הוֹדִיעוֹ — הוֹלֵךְ וְשׁוֹחֵט וְאֵינוֹ נִמְנָע.§ "אָמַר רַבִּי יְהוּדָה אֵימָתַי" [וכו'].§ לָמָּה לִי לְמִיתְנֵי: אֶת הָאֵם לֶחָתָן וְאֶת הַבַּת לַכַּלָּה? מִלְּתָא אַגַּב אוֹרְחֵיהּ קמ"ל: דְּאוֹרַח אַרְעָא לְמִטְרַח בֵּי חַתְנָא טְפֵי מִבֵּי כַלְּתָא.§ "בְּאַרְבָּעָה פְּרָקִים אֵלּוּ" [וכו'].§ *וְהָא לֹא מָשַׁךְ! אָמַר רַב הוּנָא אָמַר רַב: כְּשֶׁמָּשַׁךְ. אִי הָכִי, אֵימָא סֵיפָא: אֲבָל בִּשְׁאָר יְמוֹת הַשָּׁנָה אֵינוֹ כֵּן, לְפִיכָךְ, אִם מֵת — מֵת לַמּוֹכֵר; וְהָא מָשַׁךְ! אָמַר ר' שְׁמוּאֵל בַּר רַב יִצְחָק: לְעוֹלָם שֶׁלֹּא מָשַׁךְ, וּכְגוֹן שֶׁזִּיכָּה לוֹ עַל יְדֵי אַחֵר; בְּאַרְבָּעָה פְּרָקִים אֵלּוּ, דִּזְכוּת הוּא לוֹ — *זָכִין לְאָדָם שֶׁלֹּא בְּפָנָיו; בִּשְׁאָר יְמוֹת הַשָּׁנָה, דְּחוֹב הוּא לוֹ — אֵין חָבִין לְאָדָם שֶׁלֹּא בְּפָנָיו. *רַבִּי אֶלְעָזָר אוֹמֵר, אָמַר רַבִּי יוֹחָנָן: בְּאַרְבָּעָה פְּרָקִים אֵלּוּ הֶעֱמִידוּ חֲכָמִים דִּבְרֵיהֶם עַל דִּין תּוֹרָה. *דְּאָמַר רַבִּי יוֹחָנָן: דְּבַר תּוֹרָה — מָעוֹת קוֹנוֹת, וּמַה טַּעַם אָמְרוּ מְשִׁיכָה קוֹנָה — גְּזֵירָה שֶׁמָּא יֹאמַר לוֹ: "נִשְׂרְפוּ חִטֶּיךָ בַּעֲלִיָּה".§ **מתני'** "יוֹם אֶחָד" הָאָמוּר בְּאוֹתוֹ וְאֶת בְּנוֹ — הַיּוֹם הוֹלֵךְ אַחַר הַלַּיְלָה. אֶת זוֹ דָּרַשׁ רַבִּי שִׁמְעוֹן בֶּן זוֹמָא, נֶאֱמַר בְּמַעֲשֵׂה בְרֵאשִׁית: "יוֹם אֶחָד", וְנֶאֱמַר בְּאוֹתוֹ וְאֶת בְּנוֹ: "יוֹם אֶחָד", מָה "יוֹם אֶחָד" הָאָמוּר בְּמַעֲשֵׂה בְרֵאשִׁית — הַיּוֹם הוֹלֵךְ אַחַר הַלַּיְלָה, אַף "יוֹם אֶחָד" הָאָמוּר בְּאוֹתוֹ וְאֶת בְּנוֹ — הַיּוֹם הוֹלֵךְ אַחַר הַלַּיְלָה.§ **גמ'** ת"ר, אֶת זוֹ דָּרַשׁ ר"ש בֶּן זוֹמָא: לְפִי שֶׁכָּל הָעִנְיָן כּוּלּוֹ אֵינוֹ מְדַבֵּר אֶלָּא בְּקָדָשִׁים, *וּבְקָדָשִׁים לַיְלָה הוֹלֵךְ אַחַר הַיּוֹם, יָכוֹל אַף זֶה כֵּן? נֶאֱמַר כָּאן: "יוֹם אֶחָד", וְנֶאֱמַר בְּמַעֲשֵׂה בְרֵאשִׁית: "יוֹם אֶחָד", מַה "יוֹם אֶחָד" הָאָמוּר בְּמַעֲשֵׂה בְרֵאשִׁית — הַיּוֹם הוֹלֵךְ אַחַר הַלַּיְלָה, אַף "יוֹם" [אֶחָד] הָאָמוּר בְּאוֹתוֹ וְאֶת בְּנוֹ — הַיּוֹם הוֹלֵךְ אַחַר הַלַּיְלָה.

רַבִּי

(ויקרא כב; בראשית א)

רש"י

בא הכתוב ליתן עשה. טעמא דבא הכתוב, הא לאו הכי — לקי, אע"ג דהתראת ספק היא, דכל אימת דאתרו ביה, מצי אמר: אכתי לילה הוא. לא מן השם הוא זה. לא מטעם זה הוא פטור. שאין בו מעשה. ישב לו ולא אכל, ומאליו נעשה נותר. משתי ירכות. של שתי בהמות. ומדנקט שתי בהמות, שמע מינה בימינות קאמר, ות"ק דהכא כרבי יהודה ס"ל, דאין נוהג אלא באחת. ומהא פשטינן בפרק "גיד הנשה" (לקמן דף צו.) דפשיטא ליה לר' יהודה דבימין. דלית ביה כזית. בקמא או בבתרא, אלא בחד מינייהו. ות"ק מחייב, דקסבר בריה הוא, ובריה [אין] צריכה שיעור. כדתנן במסכת מכות (דף יג.) אמר להם רבי שמעון: אי אתם מודים לי באוכל נמלה כל שהוא [שהוא] חייב? אמרו לו: מפני שהיא כברייתה. ואית דמפרשי: דלית ביה כזית בחד מינייהו אלא בתרוייהו. ואין נראה בעיני שיהו שתי התראות מלקיות, דאי אכיל ליה לבתרא בתוך כדי אכילת פרס — היינו בבת אחת, ואי לאחר כדי אכילת פרס — תו לא מצטרפי. עד שיהא בו כזית. דקסבר: לאו בריה חשיב, אלא כחתיכה מן הבהמה. מתני' בארבעה פרקים בשנה. דרך ישראל לעשות סעודות, והלוקח בהמה אינו לוקח אלא לשוחטה מיד. לפיכך, המוכר בהמה לחבירו, ומכר תחלה אמה או בתה בו ביום — צריך שיאמר לשני: דע לך שהיום מכרתי אמה לשחוט, או בתה מכרתי לשחוט, שמא כבר נשחטה. ביום טוב האחרון של חג. היו מרבין בשמחה, מפני שרגל לעצמו הוא וחביב עליהן. שאין לו ריוח. הפסק בינתים שמכר האם היום. אבל יש לו ריוח. שמכר את הראשונה אתמול והשניה היום. אין צריך להודיעו. שאני אומר: אתמול שחט הראשון. ומודה רבי יהודה כו'. אע"פ שלקחה זה היום וזה למחר. משחיטין הטבח בעל כרחו. כדמפרש ואזיל, שאם קבל דינר מלוקח ליתן לו בדינר בשר. אפילו שור שוה אלף זוז. שוחטו על כרחו, אף על פי שאין לוקחין לבשר. ובגמרא מפרש טעמא. ואין ללוקח בו אלא דינר. שנתן דינר לטבח. מת ללוקח. ומפסיד הדינר. אינו כן. דבעינן משיכה, וכל זמן שלא משך חוזר בו הטבח. גמ' למה לי למיתני את האם לחתן. ליתני: במוכר זו לחתן וזו לכלה, ומאי פסקיה דנקט לחתן אם ולכלה בת? למטרח בי חתנא. ולעשות סעודה טפי מכלתא. שזיכה לו ע"י אחר. המוכר הזה מסר את השור לאדם אחר שלא בפני הלוקח, ואמר לו: זכי בשור זה לפלוני להיות לו בדינר בשר. דזכות הוא לו. מסירה זו זכות היא לו, דהא לא סגי ליה בלא בשר. חוב הוא לו. להוציא הוצאות הפסד הוא לו. אין חבין לו. דאין אדם נעשה שליח לחבירו שלא מדעתו להפסידו, אבל להרויחו — אנן סהדי דניחא ליה, לפיכך זכין ואין חבין. על דין תורה. שקונין לו מעותיו בלא משיכה. דבר תורה מעות קונות. מכיון שנתן מעות למוכר — אין אחד מהם יכול לחזור. דגמרינן מהקדש, דכתיב: "ונתן הכסף וקם לו". ומה טעם אמרו משיכה קונה כו'. דאי מוקמת להו לפירי באחריות הלוקח משנתן מעות, אי מתרמי דליקה בבית המוכר שהפירות שם — לא טרח לאצולינהו. אבל כשהם מושך ממטי להו לביתיה. מתני' היום הולך אחר הלילה. שחט האם משחשכה — לא ישחוט הבת כל הלילה וכל היום המחרת. אבל שחט האם ביום — שוחט הבת בלילה, דאין הלילה הולך אחר יום. את זו דרש. משום דבעניינא דקדשים כתיב אותו ואת בנו, איצטריך למדרשה, כדתניא בגמרא. מעשה בראשית. "ויהי ערב ויהי בקר", ברישא ערב והדר בקר. גמ' לפי שכל הענין. הפרשה הזאת סמוכה לקדשים, דכתיב: "ירצה לקרבן אשה", וסמיך ליה "אותו ואת בנו". בקדשים לילה הולך אחר היום. דכתיב (ויקרא ז): "ביום קרבנו יאכל לא יניח ממנו עד בקר", אלמא לילה שלאחריו קרי יום קרבנו עד הבקר.

רבי

תוספות

וכדברי רבי יוסי הגלילי אף ערב יום הכפורים בגליל. תימה, דבריש כתובות (דף ה.) פריך: יום הכפורים שחל להיות בשני בשבת ידחה, גזירה שמא ישחוט בן עוף! ואמאי לא פריך משאר ימים טובים, דהוי לכ"ע? ואומר ר"ת: דבשאר ערב י"ט שוחטין בהמות כדאמר הכא, אבל ערב יוה"כ לא היו אוכלין אלא בשר עוף ודגים, כדאמר בב"ר גבי ההוא דזבן נונא. והא דלא חשיב הכא ערב יו"ט ראשון של חג, אומר ר"ת: משום דכולי עלמא טרידי בסוכה ולולב, ואין להן פנאי להרבות בשחיטה כל כך*.

ומודה רבי יהודה. תימה: למאן מודה? ד"אימתי" דרבי יהודה לפרש הוא, כדאמרינן בסנהדרין בפרק "זה בורר" (דף כה.*)!

הדרן עלך אותו ואת בנו

רבינו גרשום

בא הכתוב ליתן עשה אחר לא תעשה. כלומר דעשה זו והנותר [ממנו וגו' באש תשרפו] ולא תעשה זו לא תותירו ועכשיו א) זה ספק לא ידעינן אם יותיר אם לאו ואעפ"כ חייב מלקות ומשום הנותר שבה אחריו אינו חייב ודברי ר' יעקב יביא כאן משום גרדה: אלא לאו סומכוס היא. כלומר וש"מ אכל ב' זיתי חלב בהעלם אחד חייב על כל אחת ואחת: ערב יו"ט אחרון של חג כו'. כלומר דהשתא סתמא דמלתא ודאי מאי דהוה ליה אכל בימים שעברו ואינו קונה אותה אלא לשחוט לפיכך צריך להודיעו: אימתי בזמן שאין לו ריוח. כלומר בערב יו"ט קנאה דודאי באותו יום ישחטנה לפיכך צריך להודיעו: אבל יש לו ריוח בינתים. כגון שקנאה שנים או שלשה ימים קודם לחג א"צ להודיעו מאן נימא לן דבאותו יום ישחוט שמא למחר או ליום אחר ישחוט: ואין ללוקח אלא דינר. כלומר שלא נתן לו ללוקח אלא דינר כופין אותו לשחוט וישלם לו את השאר ושל לוקח חשוב: מלתא אגב אורחיה קמ"ל דאורחא דמלתא למיטרח כו'. כלומר דחזינן המוטב לחתן והגרוע לכלה: ב) היום הולך אחר הלילה. כלומר לילה ויום שאם שחט אותו ביום מותר לשחוט בנו בלילה אבל אם שחט בלילה אסור לשחוט בנו ביום שלאחר הלילה: הכא במאי עסקינן כגון שזיכה לו ע"י אחר. כלומר שנתן לו לוקח דינר והלך לדרכו וזיכה לו מוכר ללוקח על יד אחר שלא בפניו שאמר לו טול שור ברשותך שתהא מזכה לו לפלוני: בארבעה פרקים אלו דזכות הוא לו. כלומר שחייב לקנות בשר בשביל שמחת יו"ט וזכין לאדם שלא בפניו: בשאר ימות השנה דחובה הוא. כלומר דלקונה הוא חוב ולא זכות אין זכין לו לאדם אלא בפניו: דבר תורה מעות קונות. כלומר דכתיב או קנה מיד עמיתך דבר הנקנה מיד ליד דהיינו מעות ומפני מה אמרו משיכה קונה דאינו קונה שום אדם עד שימשך: גזירה שמא יאמר המוכר נשרפו חטיך בעלייה. ויהיו לו החטין קנוין בעל כרחו: עכשיו אמרו חכמים שאינן חשובין של לוקח עד שימשוך כדי שישמרם המוכר אותם יפה יפה עד שיבואו ברשותו: ובקדשים לילה הולך אחר היום. תודה שנאכלת ליום ולילה עד חצות וכגון זבחי שלמי צבור: יום המיוחד טעון כרוז כגון הני ארבעה פרקים: **סליק פירקא**

א) אולי צ"ל ועכשיו דלאו דמה שיש ספק ולא ידעינן אם יותיר אם לאו מ"מ היה חייב מלקות אעפ"כ משום עשה דבלאו תשרופו שבא אחריו אינו חייב. ב) דבור זה שייך אחר ד"ה גזירה.

בפני

עין משפט נר מצוה

כג א מיי' פ"א מהלכות קרבן פסח הל' יא ופי"ח מהלכות פסולי המוקדשין הלכה טו:

כד ב ג מיי' פי"ח מהל' מאכלות אסורות הלכה ג:

כה ד ה ו מיי' פי"ב מהל' שחיטה הל' יד טו עז ועי' בהשגות ובכ"מ וכל"מ סמג לאוין קמט טוש"ע י"ד סי' טז סעיף ו:

[וע"ע תוס' ע"ז ה: ד"ה ערב]

[ועי' תוי"ט למיישבו]

כו ז ח מיי' פ"ט מהל' מכירה הל' ז סמג עשין פב טוש"ע ח"מ סי' קנט סעיף ג:

ע"ז ה:

כז ט מיי' פי"ב מהל' שחיטה הל' יז סמג לאוין קמט טוש"ע י"ד סי' טז סעיף ז:

[ב"מ מו. מז. עירובין פא: קדושין כו. כח. בכורות יג:]

מסורת הש"ס

[לקמן לג. תוספתא פ"ז ותוספתא דמכות פ"ג]

[תוספתא פ"ז ותוספתא מכות פ"ג] לקמן נו.

עירובין פא.

בכורות כח.

[עירובין פא: ע"ש]

[קדושין כג. וש"נ]

[בעירובין איתא רב אילא אמר ר' יוחנן וגי' רש"ל ר' אילא אמר רב יהודה בארבעה כו']

[תמורה יד.]

א א מיי' פ"יד מהלכות שחיטה הלכה ב סמג עשין סד:
ב ב מיי' שם הלכה א סמג שם טוש"ע יו"ד סי' כח סעיף א:
ג ג מיי' שם הלכה ד טוש"ע שם סעיף ג:
ד ד מיי' שם ופ"ג מהל' יו"ט הל' א סמג שם טוש"ע או"ח סי' תצח סעיף יח:
ה ה מיי' פ"יד מהלכות שחיטה הל' יד ועיין בכ"מ סמג שם טוש"ע יו"ד סי' כח סעיף יג:
ו ו טוש"ע שם סעיף יז:

רַבִּי אוֹמֵר: "יוֹם אֶחָד" – יוֹם הַמְּיוּחָד טָעוּן כָּרוֹז; מִכָּאן אָמְרוּ: בְּאַרְבָּעָה פְּרָקִים בַּשָּׁנָה הַמּוֹכֵר בְּהֵמָה לַחֲבֵירוֹ צָרִיךְ לְהוֹדִיעוֹ.§

הדרן עלך אותו ואת בנו

כִּסּוּי הַדָּם נוֹהֵג בָּאָרֶץ וּבְחוּצָה לָאָרֶץ, בִּפְנֵי הַבַּיִת וְשֶׁלֹּא בִּפְנֵי הַבַּיִת, [א]בְּחוּלִּין אֲבָל לֹא בְּמוּקְדָּשִׁין. [ב]וְנוֹהֵג בְּחַיָּה וּבְעוֹף, בִּמְזוּמָּן וּבְשֶׁאֵינוֹ מְזוּמָּן. [ג]וְנוֹהֵג בְּכוֹי מִפְּנֵי שֶׁהוּא סָפֵק. *[ד]וְאֵין שׁוֹחֲטִין אוֹתוֹ בְּיו"ט, וְאִם שְׁחָטוֹ – אֵין מְכַסִּין אֶת דָּמוֹ.§ **גמ'** מוּקְדָּשִׁין מ"ט לָא? אִילֵימָא מִשּׁוּם דְּרַבִּי זֵירָא, *דְּא"ר זֵירָא: [ה]הַשּׁוֹחֵט צָרִיךְ שֶׁיִּתֵּן עָפָר לְמַטָּה וְעָפָר לְמַעְלָה, שֶׁנֶּאֱמַר: °"וְשָׁפַךְ אֶת דָּמוֹ וְכִסָּהוּ בֶּעָפָר", "עָפָר" לֹא נֶאֱמַר, אֶלָּא: "בֶּעָפָר" – מְלַמֵּד שֶׁהַשּׁוֹחֵט צָרִיךְ שֶׁיִּתֵּן עָפָר לְמַטָּה וְעָפָר לְמַעְלָה. וְהָכָא לָא אֶפְשָׁר, הֵיכִי לִיעֲבִיד? לֵיתִיב וְלִיבַטְלֵיהּ – *קָמוֹסִיף אַבְנָןְ, וּכְתִיב: °"הַכֹּל בִּכְתָב מִיַּד ה' עָלַי הִשְׂכִּיל", לָא לִיבַטְלֵיהּ – קָא הָוֵי חֲצִיצָה; נְהִי דִּלְמַטָּה – לָא אֶפְשָׁר, לְמַעְלָה – אֶפְשָׁר, לִיעֲבִיד כִּסּוּי! מִי לָא תַּנְיָא, רַבִּי יוֹנָתָן בֶּן יוֹסֵף אוֹמֵר: יִשְׁחַט חַיָּה וְאח"כ שָׁחַט בְּהֵמָה – פָּטוּר מִלְּכַסּוֹת, בְּהֵמָה וְאח"כ חַיָּה – חַיָּיב לְכַסּוֹת? *כִּדְרַבִּי זֵירָא, דְּא"ר זֵירָא: כָּל הָרָאוּי לְבִילָּה – אֵין בִּילָּה מְעַכֶּבֶת בּוֹ, וְכָל שֶׁאֵינוֹ רָאוּי לְבִילָּה – בִּילָּה מְעַכֶּבֶת בּוֹ. וְלִיגָרְרֵיהּ וְלִיכַסֵּיהּ! מִי לָא תְּנַן: *דַּם הַנִּיתָּז וְשֶׁעַל הַסַּכִּין – חַיָּיב לְכַסּוֹת, אַלְמָא דְּגָרֵיר וּמְכַסֵּי לֵיהּ; הָכָא נַמִי – נִגְרוֹר וְנִכַסֵּי לֵיהּ! אִי בְּקָדְשֵׁי מִזְבֵּחַ – הָכִי נַמִי, הָכָא בְּמַאי עָסְקִינַן – בְּקָדְשֵׁי בֶּדֶק הַבַּיִת.

וְלִיפְרְקִינְהוּ

ויקרא יז | דה"א כח

רַבִּי אוֹמֵר יוֹם אֶחָד יוֹם הַמְּיוּחָד טָעוּן כָּרוֹז. יָמִים מְיוּחָדִים יֵשׁ בַּשָּׁנָה, דְּהַיְינוּ אַרְבָּעָה פְּרָקִים א], שֶׁאַתָּה מוּזְהָר לְהַכְרִיז אִמָּהּ מָכַרְתִּי לִשְׁחוֹט. קָרֵי בֵּיהּ: "לֹא תַשְׁחִיטוּ" – לֹא תִּגְרוֹם לוֹ לִשְׁחֹט בַּיָּמִים הַלָּלוּ הִיא וּבְנָהּ. אִי נַמִי, מִדִּכְתִיב: "יוֹם אֶחָד", דְּמַשְׁמַע יוֹם מְיוּחָד, לְמַאי יַחֲדִינְהוּ אִי לָאו לְהַטְעִין כָּרוֹז:

תורה אור

הדרן עלך אותו ואת בנו

כִּסּוּי הַדָּם. מִשּׁוּם דְּבָעֵי לְמִתְנֵי: "בְּחוּלִּין אֲבָל לֹא בְּמוּקְדָּשִׁין" נָקַט לְכוּלְּהוּ. **בְּמוּקְדָּשִׁין.** חַטַּאת הָעוֹף וְעוֹלַת הָעוֹף. **בִּמְזוּמָּן וּבְשֶׁאֵינוֹ מְזוּמָּן.** מִשּׁוּם דְּגַבֵּי שִׁלּוּחַ הַקֵּן אִצְטְרִיךְ לְמִיתְנֵי לְקַמָּן (דף קלח.): ב] שֶׁאֵינוֹ מְזוּמָּן, אֲבָל לֹא בִּמְזוּמָּן. **מְזוּמָּן** – עוֹף הַגָּדֵל בַּבַּיִת. **וְנוֹהֵג בְּכוֹי.** גָּרֵס. **וְאֵין שׁוֹחֲטִין אוֹתוֹ בְּיוֹם טוֹב.** מִשּׁוּם דִּלְמָא בָּעֵי כִּסּוּי, וּמִסְפֵּקָא לָא מְחַלְּלִינַן יו"ט אִם שְׁחָטוֹ. **גמ' עָפָר לְמַטָּה.** עָפָר תִּיחוּחַ, וְלֹא עַל קַרְקַע קָשָׁה. **וְכִסָּהוּ עָפָר.** מַשְׁמַע דְּלָא בָּעֵי עָפָר אֶלָּא בְּכִסּוּי. **"בֶּעָפָר"** מַשְׁמַע – כּוּלּוֹ עָטוּף בְּעָפָר תִּיחוּחַ. **וְהָכָא לָא אֶפְשָׁר.** לָתֵת עָפָר לְמַטָּה עַל הַמִּזְבֵּחַ. **וְלִיבַטְלֵיהּ.** לְהַנִּיחוֹ שָׁם לְעוֹלָם. **קָמוֹסִיף אַבְנָןְ.** לְהַגְבִּיהוֹ, וַהֲרֵי כָּל אוֹרֶךְ וְרוֹחַב וְרוּם הַבִּנְיָן נִמְסַר לְדָוִד עַל פִּי נְבִיאִים. **דִּכְתִיב.** בְּדִבְרֵי הַיָּמִים דְּקָאָמַר לֵיהּ דָּוִד לִשְׁלֹמֹה: "הַכֹּל בִּכְתָב מִיַּד ה' עָלַי הִשְׂכִּיל כֹּל מַלְאֲכוֹת הַתַּבְנִית", עָלַי הִשְׂכִּיל – אוֹתִי לִימֵּד. **קָא הָוֵי חֲצִיצָה.** בֵּין דָּם לַמִּזְבֵּחַ, וְנִמְצָא שֶׁלֹּא נִמְצָה דָּמוֹ בְּקִיר הַמִּזְבֵּחַ. וּפָרְכִינַן: **נְהִי דִּלְמַטָּה,** קוֹדֶם מְלִיקָה, אִי אֶפְשָׁר לָתֵת עָפָר מִשּׁוּם חֲצִיצָה כִּדְאָמַרְתְּ, אֲבָל לְמַעְלָה, לְאַחַר שֶׁמָּלַק – יְכַסֶּנּוּ, דְּלָאו חֲצִיצָה, מַאי אִיכָּא לְמֵימַר? **פָּטוּר מִלְּכַסּוֹת.** שֶׁהֲרֵי דַּם בְּהֵמָה לְמַעְלָה, וּמַה יְכַסֶּה? **חַיָּיב לְכַסּוֹת.** וְאַע"ג דְּלֵיכָּא עָפָר לְמַטָּה, בֵּינוֹ לְדַם הַבְּהֵמָה. וְהָכָא נַמִי, אַע"ג שֶׁאֵין לְמַטָּה – יִתֵּן לְמַעְלָה! **כָּל הָרָאוּי לְבִילָּה אֵין בִּילָּה מְעַכֶּבֶת בּוֹ.** בְּמַסֶּ' מְנָחוֹת (דף קג:) אָמְרִינַן: אֵין מְבִיאִין בִּכְלִי אֶחָד מִנְחָה שֶׁל שִׁשִּׁים וְאֶחָד עֶשְׂרוֹנִים. וּמְפָרְשִׁינַן טַעְמָא, מִפְּנֵי שֶׁאָמְרָה תּוֹרָה: הָבֵא מִנְחָה שֶׁיְּכוֹלָה לִיבָּלֵל, וְשִׁשִּׁים נִבְלָלִין בִּכְלִי אֶחָד, אֲבָל שִׁשִּׁים וְאֶחָד – קִים לְהוּ לְרַבָּנַן דְּאֵין יְכוֹלִין לִיבָּלֵל. וְהָוֵינַן בָּהּ: וְכִי אֵין נִבְלָלִין מַאי הָוֵי? וְהָתְנַן: לֹא בָּלַל – כָּשֵׁר! וַאֲמַר רַבִּי זֵירָא: רָאוּי לְבִילָּה מֵיהָא בָּעֵינַן, וּמִי שֶׁהוּא רָאוּי לְבִילָּה – אֵין בִּילָּה מְעַכֶּבֶת, וַאֲפִילּוּ לֹא בָּלַל כָּשֵׁר, אֲבָל כְּשֶׁאֵינוֹ רָאוּי לְבִילָּה – בִּילָּה מְעַכֶּבֶת בּוֹ. וְהָכָא נַמִי, רָאוּי הָיָה לִיתֵּן עָפָר לְמַטָּה, בֵּין דַּם הַבְּהֵמָה לְדַם הַחַיָּה, קוֹדֶם שֶׁשָּׁחַט הַחַיָּה. הִילְכָּךְ, אַף עַל פִּי שֶׁלֹּא נָתַן – אֵין הַכִּסּוּי בָּטֵל. אֲבָל מוּקְדָּשִׁין, שֶׁאֵין רָאוּי לִיתֵּן עָפָר לְמַטָּה – מִצְוַת עָפָר לְמַטָּה מְעַכֶּבֶת בּוֹ. **וְלִיגָרְרֵיהּ.** מֵעַל הַמִּזְבֵּחַ לְאַחַר הַזָּאָה, וְיִתְּנֶנּוּ לְמַטָּה, וִיכַסֶּנּוּ! **דַּם הַנִּיתָּז.** לְמֵרָחוֹק, חוּץ לַגּוּמָא שֶׁשּׁוֹחֵט בָּהּ, וְדַם שֶׁעַל הַסַּכִּין – חַיָּיב לְכַסּוֹת. וְע"כ דַּם הַסַּכִּין לֹא יְכַסֶּנּוּ אֶלָּא א"כ גּוֹרְרוֹ תְּחִלָּה מֵעַל הַסַּכִּין וּמְכַסֵּי לֵיהּ! **בְּקָדְשֵׁי מִזְבֵּחַ.** כְּגוֹן חַטַּאת הָעוֹף. **הָכִי נַמִי.** דְּחַיָּיב לְכַסּוֹת, הוֹאִיל וּשְׁחִיטָה רְאוּיָה הֵן, שֶׁנֶּאֱכָלוֹת לַכֹּהֲנִים. וּמַתְנִיתִין בְּעוֹפוֹת שֶׁהִקְדִּישָׁן לְבֶדֶק הַבַּיִת וּשְׁחָטָם, דַּאֲסוּרִים בַּהֲנָאָה, וּמִשּׁוּם דִּשְׁחִיטָה שֶׁאֵינָהּ רְאוּיָה – (א) פָּטַר לְהוּ מִכִּיסּוּי.

וְלִיפְרְקִינְהוּ

כסוי הדם. ונוהג בחיה ובעוף. למעוטי בהמה קא אתי, דלא תימא שיהא בכלל חיה. **במזומן** ובשאינו מזומן. פי' בקונטרס: דמשום שלוח הקן איצטריך למיתני, דתנן לקמן דאינו נוהג אלא בשאינו מזומן. וקשה לפירושו: דאם כן, בכל הני פירקין הוה ליה למיתני, כ"אותו ואת בנו" (לעיל דף עח.) וב"גיד הנשה" (לקמן דף פט.) וב"כל הבשר" (לקמן דף קג.)! ונראה לפרש: דאיצטריך למיתנייה הכא משום דכתיב (ויקרא יז): (כי) "[אשר] יצוד", דלא תימא: דוקא באינו מזומן. **במוקדשין** מ"ט לא. בקדשי מזבח נמי קא בעי, כדמוכח הסוגיא. ואף על גב דהנותר והמעקר פטור מלכסות (לקמן דף פה.) – היינו משום דאסור באכילה. אבל הכא משתרי באכילה במליקתו, וגבי כסוי הדם לא כתיבא שחיטה, אלא שפיכה. **צריך** שיתן עפר למטה ועפר למעלה. עפר שלמעלה מצוה שיתן הוא, דהא כסהו ונתגלה – פטור מלכסות, וכסהו הרוח ונתגלה – חייב לכסות (לקמן דף פז.). אבל עפר שלמטה ג] אין צריך שיתן הוא, אם יש עפר – הרי כאילו נתן הוא העפר. והא דאמרינן לעיל בפ"ב (דף לא.) דמזומני לכולה בקתא – היינו במקום שהיה הקרקע קשה היה חופר, משום דבעינן שיהיה עפר תיחוח. ומיהו, לעיל פירש בקונטרס: שהיה מזומנו כפה לכך. **קא** מוסיף אבנין. והא דאמרינן בפ' "קדשי קדשים" (זבחים דף סא:) שכשעלו בני גולה הוסיפו על המזבח ד' אמות מן הדרום – התם קרא אשכחו ודרשו: מה בית ששים ד] א] – אף מזבח ששים. ור"ת מפרש: קא מוסיף אבנין – ולא הוה מרובע, והתם* יליף דריבוע מזבח מעכב. ואין נראה, דאכתי כשבא לכסות – ידביק עפר גם סביב המזבח עד שיהא מרובע! ועוד, דקרא ד"רבוע יהיה" הוה ליה לאתויי, ולא קרא ד"הכל בכתב" וגו'! **שחט** חיה ואחר כך בהמה פטור מלכסות. תימה: לגרריה ולכסייה! וכן בהמה ואח"כ חיה – לגרריה ולכסייה, כדם הניתז ושעל הסכין! **דאמר** רבי זירא כל הראוי לבילה כו'. מלתא דר' זירא בפ' "המנחות והנסכים" (מנחות דף קג:) גבי הא דתנן: "הרי עלי ס"א עשרונים" כו' כדפירש בקונטרס. ותימה: מאי פריך, והא תנן: אם לא בלל כשר? דנהי דכשר, מ"מ מצוה לבלול, לכך יביא בשני כלים דוקא. דהא כי אמר: "הרי עלי להביא בכלי אחד" תנן התם לעיל דלא יביא בשני כלים, אבל סתם – יביא כמו שירצה! וי"ל: דהא סיפא דס"א קאי אהך דקתני רישא: מתנדב אדם מנחה של ששים עשרון ומביא בכלי אחד, ואם אמר: "הרי עלי ס"א" כו' כלומר, מנחה של ס"א. דהשתא, כיון דקאמר "מנחה" – לקרבן גדול קא מיכוין, והוי כאילו אמר: "בכלי אחד". לכך פריך: כיון דאם לא בלל כשר, לריך להביא בכלי אחד! **אין** בילה מעכבת בו. תימה: והלא שנה הכתוב בלילה בכמה מקומות. ובשנים עשר נשיאים תנא ביה י"ב זימנין, ואמר ב"הקומץ רבה" (מנחות דף יט.): בכל מקום שהחזיר הכתוב בתורה מנחה – אינה אלא לעכב! ושמא יש שום דרש דדרשינן מיניה דבילה לא מעכבא. או שמא כולהו צריכי. ואע"ג דבילה לא מעכבא, מ"מ סברא הוא, דכל הפחות דראוי בעינן, כיון שהזכיר הכתוב בילה. וכן לענין כסוי דהכא. וכן בקריאת חליצה בפרק "מצות חליצה" (יבמות דף קד.), ובקריאת ביכורים בפרק "השפינה" (ב"ב דף פא:). ובפרק "נערה" בנדרים (דף עג.) דחרש לא מצי מיפר, אפילו לא הוי "ושמע אישה" דוקא, מ"מ ראוי לשמוע בעינן. דסברא הוא, בכל כי הני ה] שיש שום דרשה בהן דלא הוי דוקא ולא מעכבא, מ"מ ראוי בעינן. וכן בפ"ק דקדושין (דף כה.) גבי בית הסתרים, דבעי ראוי לביאת מים משום דהזכיר ביאת מים דכתיב: "כל בשרו". אף על פי שמיעט בית הסתרים, כדדרשינן: מה בשרו מאבראי, מ"מ, כיון דאיכא "כל" דמרבה אפילו טמון, לכל הפחות י"ל לענין הכי מרבה, דבעינן ראוי לביאת מים. והא דאמרינן *דטמאין משלחין קרבנותיהן אע"ג דאינו סומך, ולא אמרינן דניבעי ראוי לסמיכה – שמא יש שום יתור דלא בעינן אפילו ראוי. אי נמי, הא חזי בימי טהרה. ומה שיש מקומות שחשו על הסמיכה ויש מקומות שלא חשו – מפורש ב"כל הגט" (גיטין דף כח: ד"ה והא). מיהו ב"נגמר הדין" (סנהדרין דף מה:) גבי נקטעה יד העדים פטור, ואיכא דמחייב התם [דלא] בעי קרא כדכתביה, צריך ליתן טעם למה (בעי)*.

וליפרקינהו

שיטה מקובצת

א] דהיינו ד' פרקים שהמוכר מוזהר להכריז: ב] לקמן בשאינו מזומן: ג] אין צריך שיתן הוא אם יש עפר כיון שנותן הדם על העפר הרי הוא כאילו נתן העפר. תוס' שאנ"ץ ותוס' הרא"ש ז"ל: ד] אף מזבח ששים והכא הה"ק אם הוסיפו כבר על המזבח עד ס' אמה אי יצטרך לבטל והוי מוסיף אבנין. הרא"ש ז"ל: ה] דהבראה הוא בכל כי הני כיון שיש:

הגהות הב"ח

(א) רש"י ד"ה הכי נמי וכו' שאינה ראויה הן פטור:

הגהות מהר"ב רנשבורג

א] תוס' ד"ה קא וכו' אף מזבח ששים. נ"ב אבל האי דהכא לא חשוב קרא כיון דלא כתיב בהדיא בקרא שינהוג כסוי הדם במוקדשין עכ"ל התוס' בזבחים דף ל"ג ע"א ד"ה וליעבד:

ביצה ח. לעיל עט: [בכורים פ"ב מ"ט]

ביצה ז: ע"ש לעיל לא. ע"ש

[עיין תוס' זבחים לג. ד"ה וליעבד]

ב"ב פא: קדושין כה. יבמות קד: נדה כו: מנחות יח: קג: מכות יח: נדרים עג.

לקמן פז.

[דף סב.]

[פסחים סב.]

[ועי' תוס' יבמות קד: ד"ה לאתויי ומנחות יח: ד"ה ואימר כגון דאין סברא לומר שיעכב וכו' ע"ש]

רבינו גרשום

בפני הבית. בזמן שבית המקדש קיים: **במזומן ובשאינו מזומן.** כלומר בייתות ומדבריות: **והכא לא אפשר היכי ליעביד ליבטליה.** כלומר לא אפשר ליתן עפר למטה על המזבח לא ליבטליה קא הוי חציצה בין הדם למזבח (היכא דיהיב) א) מתנות בהמה ואחר כך חיה חייב לכסות. כלומר אלמא אע"ג דחוצץ דם בהמה בין עפר לדם חיה אפ"ה בעי כסוי דלמעלה הכא נמי אע"ג דלמטה לא אפשר למיתן עפר למעלה ליבעי כסוי: **התם** בדר' זירא דא"ר זירא כל הראוי לבילה כו'. כלומר בי"ט הראשון של חג היו שם ששים עשרונים בין פרים ואילים וכבשים (ושעיר מוספין דשבת) אם אירע בשבת אבל נסכי עולה תמיד לחודה היתה נבללת בין כל הני דאמרי' היו ס' בכלי אחד והיה מחזיק הכלי ס' עשרון ג) והם ראויים לבילה אע"ג נבללים בס' ברביעית שהיו בתוך הכלי כיון דראוין לבילה אין בילה מעכבת בהן אבל אם נתנו (בו עשרון) יתר מס' עשרונות [בכלי אחד] כיון דאין ראוין לבילה בילה מעכבת בהן הכא נמי אע"ג דלמטה אין כסוי בהמה דם חיה כיון דאי אין דם בהמה היה ראוי ליתן עפר למטה אע"ג דדם בהמה חוצץ לא חיישינן אבל לענין מזבח דאין ראוי ליתן עפר למטה מעכב ולא יכסה: **ולגרדיה ולכסיה.** כלומר לגרדיה מעל המזבח וליכסיה חוץ למזבח: **אי בקדשי מזבח הכי נמי.** כלומר כגון מליקת העוף: **הכא במאי עסקינן בקדשי בדק הבית.** דשחיטה שאינה ראויה ג) דאינה אלא בקדושת שמוכרין אותן ומחללין לצורך בדק הבית:

וליפרקינהו

א) נ"ל שחט בהמה ואח"כ חיה חייב לכסות כלומר וכו'. ב) נ"ל והם ראוים לבילה והכלי אין בילה מעכבת בהן וכו'. ג) נ"ל דשחיטה שאינה ראויה היא דהא הוא קודשה למכור ומחללין לצורך בדק הבית.

וְלִיפְרְקִינְהוּ וְלִיכַסִּינְהוּ! *אבָּעֵינַן הַעֲמָדָה וְהַעֲרָכָה. וּכְמַאן? אִי כְּר"מ דְּאָמַר: הַכֹּל הָיוּ בִּכְלַל הַעֲמָדָה וְהַעֲרָכָה – הָאָמַר: שְׁחִיטָה שֶׁאֵינָהּ רְאוּיָה – שְׁמָהּ שְׁחִיטָה! אִי כְּר' שִׁמְעוֹן דְּאָמַר: שְׁחִיטָה שֶׁאֵינָהּ רְאוּיָה לֹא שְׁמָהּ שְׁחִיטָה – הָאָמַר: לֹא הָיוּ בִּכְלַל הַעֲמָדָה וְהַעֲרָכָה! אָמַר רַב יוֹסֵף: *רַבִּי הִיא, וְנָסֵיב לָהּ אַלִּיבָּא דְּתַנָּאֵי; בִּשְׁחִיטָה שֶׁאֵינָהּ רְאוּיָה – סָבַר לָהּ כְּר' שִׁמְעוֹן, בְּהַעֲמָדָה וְהַעֲרָכָה – סָבַר לָהּ כְּר"מ. וְאִיבָּעֵית אֵימָא: כּוּלָּהּ ר"ש הִיא, וְשָׁאנֵי הָכָא, דְּאָמַר קְרָא: "וְשָׁפַךְ וְכִסָּה" – מִי שֶׁאֵינוֹ מְחוּסָּר אֶלָּא שְׁפִיכָה וְכִסּוּי, יָצָא זֶה שֶׁמְּחוּסָּר שְׁפִיכָה פְּדִיָּיה וְכִסּוּי. וְהַשְׁתָּא דְּאָתֵית לְהָכִי, אֲפִילּוּ תֵּימָא בְּקָדְשֵׁי מִזְבֵּחַ, "וְשָׁפַךְ וְכִסָּה" – מִי שֶׁאֵינוֹ מְחוּסָּר אֶלָּא שְׁפִיכָה וְכִסּוּי, יָצָא זֶה שֶׁמְּחוּסָּר שְׁפִיכָה גְּרִירָה וְכִסּוּי. מָר בַּר רַב אַשִׁי אָמַר, אָמַר קְרָא: "חַיָּה אוֹ עוֹף", מַה חַיָּה אֵינָהּ קֹדֶשׁ – אַף עוֹף אֵינוֹ קֹדֶשׁ. אִי מַה חַיָּה – שֶׁאֵין בְּמִינוֹ קֹדֶשׁ, אַף עוֹף – שֶׁאֵין בְּמִינוֹ קֹדֶשׁ; אוֹצִיא תּוֹרִין וּבְנֵי יוֹנָה שֶׁיֵּשׁ בְּמִינָן קֹדֶשׁ! לֹא, כְּחַיָּה; מַה חַיָּה – לֹא חִלַּקְתָּ בָּהּ, אַף עוֹף – לֹא תַחֲלוֹק בּוֹ. אָמַר לֵיהּ רַב יַעֲקֹב מִינָּאָה לְרָבִינָא: קי"ל *חַיָּה בִּכְלַל בְּהֵמָה לְסִימָנִין, אֵימָא נָמֵי: בְּהֵמָה בִּכְלַל חַיָּה לְכִסּוּי! אָמַר לֵיהּ, עָלֶיךָ אָמַר קְרָא: "עַל הָאָרֶץ תִּשְׁפְּכֶנּוּ כַּמָּיִם", מַה מַּיִם לָא בָּעֵי כִּסּוּי – אַף הַאי נָמֵי לָא בָּעֵי כִּסּוּי. אֶלָּא מֵעַתָּה יַטְבִּילוּ בּוֹ! אָמַר קְרָא: "אַךְ מַעְיָן וּבוֹר מִקְוֵה מַיִם יִהְיֶה טָהוֹר" – גהָנֵי אִין, מִידֵּי אַחֲרִינָא לָא. וְאֵימָא: ה"מ – לְמַעוּטֵי שְׁאָר מַשְׁקִין דְּלָא אִיקְּרוּ מַיִם, אֲבָל דָּם דְּאִיקְּרֵי מַיִם – ה"נ! תְּרֵי מִיעוּטֵי כְּתִיבֵי: "מַעְיַן מַיִם" "וּבוֹר מַיִם". אֵימָא: אִידֵי וְאִידֵי לְמַעוּטֵי שְׁאָר מַשְׁקִין, חַד – לְמַעוּטֵי זוֹחֲלִין, וְחַד – לְמַעוּטֵי מְכוּנָּסִין! תְּלָתָא מִיעוּטֵי כְּתִיבֵי: "מַעְיַן מַיִם" "וּבוֹר מַיִם" "מִקְוֵה מַיִם". ת"ר: "אֲשֶׁר יָצוּד" – אֵין לִי אֶלָּא אֲשֶׁר יָצוּד, א) נִצּוֹדִין וְעוֹמְדִין מֵאֵלֵיהֶן מִנַּיִן, כְּגוֹן אַוָּזִין וְתַרְנְגוֹלִים? ת"ל: "צַיִד" מ"מ. א"כ, מַה ת"ל: "אֲשֶׁר יָצוּד"? לִמְּדָה תּוֹרָה דֶּרֶךְ אֶרֶץ, שֶׁלֹּא יֹאכַל אָדָם בָּשָׂר אֶלָּא בַּהֲזָמָנָה הַזֹּאת. ת"ר: *"כִּי יַרְחִיב ה' אֱלֹהֶיךָ אֶת גְּבוּלְךָ" – הלִמְּדָה תּוֹרָה דֶּרֶךְ אֶרֶץ, שֶׁלֹּא יֹאכַל אָדָם בָּשָׂר אֶלָּא לְתֵאָבוֹן. יָכוֹל יִקַּח אָדָם מִן הַשּׁוּק וְיֹאכַל? ת"ל: "וְזָבַחְתָּ מִבְּקָרְךָ וּמִצֹּאנְךָ". יָכוֹל יִזְבַּח כָּל בְּקָרוֹ וְיֹאכַל, כָּל צֹאנוֹ וְיֹאכַל? ת"ל: "מִבְּקָרְךָ" – וְלֹא כָּל בְּקָרְךָ, "מִצֹּאנְךָ" – וְלֹא כָּל צֹאנְךָ. *מִכָּאן אָמַר רַבִּי אֶלְעָזָר בֶּן עֲזַרְיָה: מִי שֶׁיֵּשׁ לוֹ מָנֶה – יִקַּח לְפָסּוֹ לִיטְרָא יָרָק, עֲשָׂרָה מָנֶה – יִקַּח לְפָסּוֹ לִיטְרָא דָּגִים, חֲמִשִּׁים מָנֶה – יִקַּח לְפָסּוֹ לִיטְרָא בָּשָׂר, מֵאָה מָנֶה ב] – יִשְׁפְּתוּ לוֹ קְדֵרָה בְּכָל יוֹם. וְאִינָךְ אֵימַת? מֵעֶרֶב שַׁבָּת לְעֶרֶב שַׁבָּת. אָמַר רַב: צְרִיכִין אָנוּ לָחוּשׁ לְדִבְרֵי זָקֵן. א"ר יוֹחָנָן: אַבָּא מִמִּשְׁפַּחַת בְּרִיאִים הֲוָה, אֲבָל כְּגוֹן אָנוּ, מִי שֶׁיֵּשׁ לוֹ פְּרוּטָה בְּתוֹךְ כִּיסוֹ – יְרִיצֶנָּה לְחֶנְוָנִי. א"ר נַחְמָן: כְּגוֹן אָנוּ – לוֹוִין וְאוֹכְלִין. "כְּבָשִׂים לִלְבוּשֶׁךָ" – מִגֵּז כְּבָשִׂים יְהֵא מַלְבּוּשֶׁךָ, "וּמְחִיר שָׂדֶה עַתּוּדִים" – לְעוֹלָם יִמְכּוֹר אָדָם שָׂדֶה וְיִקַּח עַתּוּדִים, וְאַל יִמְכּוֹר אָדָם עַתּוּדִים וְיִקַּח שָׂדֶה. "וְדֵי חֲלֵב עִזִּים" – דַּיּוֹ לָאָדָם שֶׁיִּתְפַּרְנֵס מֵחֲלֵב גְּדָיִים וּטְלָאִים שֶׁבְּתוֹךְ בֵּיתוֹ. "לְלַחְמְךָ לְלֶחֶם בֵּיתֶךָ" – לַחְמְךָ קוֹדֵם לְלֶחֶם בֵּיתֶךָ. "וְחַיִּים לְנַעֲרוֹתֶיךָ" – אָמַר מָר זוּטְרָא בְּרֵיהּ דְּרַב נַחְמָן: תֵּן חַיִּים לְנַעֲרוֹתֶיךָ. מִיכָּן לִמְּדָה תּוֹרָה דֶּרֶךְ אֶרֶץ, שֶׁלֹּא יְלַמֵּד אָדָם אֶת בְּנוֹ בָּשָׂר וָיַיִן. אָמַר רַבִּי יוֹחָנָן: הָרוֹצֶה

רש"י

וְלִיפְרְקִינְהוּ. וְיִהְיוּ מוּתָּרִים בַּאֲכִילָה, וְהָדַר לִיכַסְּיֵיהּ לַדָּם. בָּעֵינַן הַעֲמָדָה וְהַעֲרָכָה. אֵין פּוֹדִין אֶת הַקֳּדָשִׁים לְאַחַר מִיתָה, מִפְּנֵי שֶׁכָּתוּב בָּהֶן (ויקרא כז): "וְהֶעֱמִיד אֶת הַבְּהֵמָה לִפְנֵי הַכֹּהֵן (וְהֶחֱרִים) [וְהֶעֱרִיךְ] אוֹתָהּ הַכֹּהֵן", וּלְאַחַר מִיתָה אֵינָהּ יְכוֹלָה לַעֲמוֹד. וּכְמַאן. מוֹקְמַתְּ לְמַתְנִיתִין, דְּפָלְגַתְּ לָהּ בְּהָנֵי תְּרֵי טַעֲמֵי: ג] שְׁחִיטָה שֶׁאֵינָהּ רְאוּיָה לָאו שְׁחִיטָה הִיא, וּבָעֵינַן הַעֲמָדָה וְהַעֲרָכָה? אִי כְּר"מ דְּאָמַר. בְּפ"ב דִּתְמוּרָה (דף לג: ע"ש). הַכֹּל הָיוּ בִּכְלַל הַעֲמָדָה וְהַעֲרָכָה. אֶחָד קָדְשֵׁי מִזְבֵּחַ שֶׁנָּפַל בָּהֶם מוּם, וְאֶחָד קָדְשֵׁי בֶּדֶק הַבַּיִת. הָאָמַר. בְּמַתְנִי' (לקמן דף פה.): הַשּׁוֹחֵט וְנִמְצֵאת טְרֵיפָה חַיָּיב לְכַסּוֹת. אַלְמָא, שְׁחִיטָה שֶׁאֵינָהּ רְאוּיָה שְׁמָהּ שְׁחִיטָה! ר"ש. סְבִירָא לֵיהּ הָתָם: קָדְשֵׁי מִזְבֵּחַ (א) בִּכְלַל הַעֲמָדָה וְהַעֲרָכָה, קָדְשֵׁי בֶּדֶק הַבַּיִת לֹא הָיוּ. רַבִּי הִיא. מַתְנִיתִין רַבִּי סְתָמָהּ לְפִי דַּעְתּוֹ, וְנָסֵיב מִילְּתֵיהּ כִּי הָנֵי תְּרֵי תַּנָּאֵי, בַּחֲדָא כְּמַר שֶׁרָאָה דְּבָרָיו שֶׁל זֶה בָּזוֹ, וְשֶׁל זֶה בָּזוֹ. וְהַשְׁתָּא דְּאָתֵית לְהָכִי. דְּדָרְשִׁינַן כָּה"ג. אֲפִילּוּ תֵּימָא בְּקָדְשֵׁי מִזְבֵּחַ. וּדְקָאָמְרַתְּ: לִיגְרְרֵיהּ וְלִיכַסְּיֵיהּ – אָמַר קְרָא כו'. מַה חַיָּה. סְתָמָא אֵינָהּ קֹדֶשׁ, שֶׁאֵינָהּ רְאוּיָה לְהַקְרִיב. אוֹצִיא תּוֹרִים וּבְנֵי יוֹנָה. מִדִּין כִּסּוּי, וַאֲפִילּוּ הֵן שֶׁל חוּלִּין. הוֹאִיל וְיֵשׁ בְּמִינָן קֹדֶשׁ. "אֶלָּא" לָא גָּרְסִי'. לֹא חִלַּקְתָּ בָּהּ. דְּכוּלָּן חַיָּיבוֹת בְּכִסּוּי, דְּהָא אֵין בָּהּ קְדוּשָּׁה. אַף עוֹפוֹת לֹא תַחֲלוֹק בָּהֶם. לוֹמַר: מִין זֶה חַיָּיב וּמִין זֶה פָּטוּר. וּמִיהוּ, חוּלִּין בָּעֵינַן כְּחַיָּה. לְסִימָנִין. שֶׁאֵין סִימָנֵי חַיָּה מְפוֹרֶשֶׁת, אֶלָּא בִּבְהֵמָה כְּתִיב (דברים יד): "כָּל בְּהֵמָה מַפְרֶסֶת פַּרְסָה" וגו'. אֵימָא נָמֵי בְּהֵמָה בִּכְלַל חַיָּה לְכִסּוּי. דְּהָא יָלְפִינַן בִּ"בְהֵמָה הַמַּקְשָׁה" (לעיל דף ע:) דְּאַף בְּהֵמָה בִּכְלַל חַיָּה. אֶלָּא מֵעַתָּה יַטְבִּילוּ בּוֹ. כֵּיוָן דְּמַיִם אִקְרֵי. אַךְ מַעְיָן וּבוֹר. בְּפָרָשַׁת שְׁרָצִים כְּתִיב, דְּמַשְׁמַע: אַךְ מַעְיָן וּבוֹר יְטַהֵר אֶת מִי שֶׁנִּטְמָא בִּשְׁרָצִים. אֲבָל דָּם דְּאִקְרֵי מַיִם ה"נ. דְּמַטְבִּילִין! זוֹחֲלִין. שְׁאָר מַשְׁקִין שֶׁנְּתָנָן בִּמְקוֹם מִדְרוֹן וְהִזְחִילָן לַמִּקְוֶה. דְּאִילּוּ גַּבֵּי מַיִם קי"ל בִּתְמוּרָה בְּפ"ק (דף יב.) הַשְּׁאִיבָה מְטַהֶרֶת בְּרִבּוּיָהּ וְהַמְשָׁכָה, אִם רַבּוּ מֵי גְשָׁמִים עַד כ"א סְאִין – מַמְשִׁיךְ לְתוֹכָן שְׁאוּבִין בִּזְחִילָה י"ט סְאִין. תְּלָת מִיעוּטֵי. דְּ"מַיִם" אַכּוּלְּהוּ קָאֵי. מַעְיַן מַיִם. וְלֹא שְׁאָר מַשְׁקִין, וַאֲפִילּוּ זוֹחֲלִים. בּוֹר מַיִם. וְלֹא שְׁאָר מַשְׁקִין, וַאֲפִילּוּ מְכוּנָּסִין. מִקְוֵה מַיִם. וְלֹא דָּם. אֶלָּא בַּהֲזָמָנָה הַזֹּאת. כְּאִילּוּ הוּא צָד, שֶׁאֵינָהּ מְזוּמֶּנֶת לוֹ. כְּלוֹמַר, לֹא יֹאכַל בָּשָׂר תָּדִיר, שֶׁלֹּא יֵעָנִי. מִבְּקָרְךָ. אִם יֵשׁ לוֹ בְּעֶדְרוֹ – יִקַּח, וְאִם לָאו – לֹא יִקְנֶה בַּשּׁוּק. כָּל בְּקָרוֹ. אִם אֵין לוֹ אֶלָּא שׁוֹר אֶחָד, יִזְבָּחֶנּוּ. לְפָסּוֹ. לִקְדֵרָתוֹ, לְשׁוֹן אִילְפָס. מִשְׁקַל לִיטְרָא יָרָק. אֲבָל בָּשָׂר לֹא יֹאכַל. דָּגִים. הָיוּ בְּזוֹל בִּמְקוֹמָם יוֹתֵר מִן הַבָּשָׂר. יִשְׁפְּתוּ. כְּשֶׁנּוֹתְנִין קְדֵרָה עַל הַכִּירָה קָרֵי שְׁפִיתָה. וְאִינָךְ אֵימַת. אֵלּוּ הָאֲחֵרִים שֶׁאָמְרוּ, לִיטְרָא דָּגִים וְלִיטְרָא בָּשָׂר, אֵימַת יֹאכְלוּהָ אִם לֹא בְּכָל יוֹם? לָחוּשׁ. וּלְהִסְתַּפֵּק בִּמְזוֹנוֹת קַלִּים. אַבָּא מִמִּשְׁפַּחַת בְּרִיאִים. רַבִּי יוֹחָנָן קָרֵי לְרַב "אַבָּא". כְּגוֹן אָנוּ. שֶׁאֵין אָנוּ בְּרִיאִים. מִי שֶׁאֵין לוֹ אֶלָּא פְּרוּטָה יְרִיצֶנָּה לְחֶנְוָנִי. וְלֹא יְסַגֵּף עַצְמוֹ בְּעִינּוּי, וְיִצְטָרֵךְ לַבְּרִיּוֹת יוֹתֵר. אָמַר רַב נַחְמָן כְּגוֹן אָנוּ. רַב נַחְמָן אַחַר דּוֹרוֹ שֶׁל ר' יוֹחָנָן הָיָה, וְתָמִיד הָעוֹלָם הָיָה ד] מִשְׁתַּנֶּה וְהוֹלֵךְ, וְלֹא הָיָה בָּרִיא כְּאוֹתָן שֶׁבִּימֵי רַבִּי יוֹחָנָן. וּלְפִיכָךְ הוּא אוֹמֵר: כְּגוֹן אָנוּ ה], דַּאֲפִילּוּ אֵין לָנוּ הַפְּרוּטָה, עָלֵינוּ לִלְווֹת וְלֶאֱכוֹל. כְּבָשִׂים לִלְבוּשֶׁךָ. מִקְרָא הוּא בְּסֵפֶר מִשְׁלֵי. קְנֵה לְךָ צֹאן, וִיהֵא לְךָ הַגִּיזִין לִלְבּוּשׁ. וְיִקַּח עַתּוּדִים. צֹאן, שֶׁיֵּשׁ לוֹ מֵהֶם חָלָב לְפַרְנָסָה, וְגִיזִין לִלְבּוּשׁ. דַּיּוֹ לָאָדָם. הָכִי מַשְׁמַע: דֵּי חֲלֵב עִזִּים – דַּי לְךָ בַּחֲלָבִים, וְלֹא תִּשְׁחָטֵם וְתֹאכְלֵם. תֵּן חַיִּים לְנַעֲרוֹתֶיךָ. לִבְנֵי בֵּיתְךָ לַמֵּד דַּרְכֵי חַיִּים, לְהִסְתַּפֵּק בִּמְזוֹנוֹת קַלִּים. כָּסָא

תוספות

וליפרקינהו וליכסינהו. תימה: מנלן שלריך לפדותו ולחייבו בכסוי? ועוד, דמתניתין "ואין נוהג במוקדשין" קתני, ואי פריק להו – אין זה מוקדשין! וי"ל, דהכי פריך: כיון שסופו לפדותו משום הפסד קדשים, לכשיפדה הוה למפרע שחיטה ראויה, א"כ ליכסינהו ואפילו קודם פדייה! ועוד, דאית ליה לר"ש:* כל העומד לפדות – כפדוי דמי, ואפילו לא יפדס לבסוף הויא שחיטה ראויה ו] *משום (ב) שחיטת קדשים, דהויא שחיטה ראויה לר"ש אפילו נשפך, משום דכל העומד לזרוק – כזרוק דמי, כדאמרינן ב"מרובה" (ב"ק דף עו:).

בעינן העמדה והערכה. וא"ת: והא כל זמן שמפרכסין – בני העמדה והערכה נינהו, כדאמר לעיל בפרק ב' (דף ל.): וכ"ת בעינן העמדה והערכה, הא תנן: שחט בה שנים או רוב שנים ומפרכסת – הרי היא כחיה לכל דבריה! ודוחק לומר דהכא איירי בעוף דאין בו חיות כל כך, דהכשרו בסימן אחד. דאין סברא לחלק! ומפרש ה"ר שמעיה, דשחט בה שנים או רוב שנים – היינו כדאמרינן ב"העור והרוטב" (לקמן דף קכא.) דישראל בטמאה וגוי בטהורה, כדפירש ר"ח לעיל בפ"ב (דף ל.). והתם דוקא מפרכסת היא כחיה, דע"י שחיטה אינה ניתרת באכילה, והויא כחיה עד שתמות. וכן הא דקאמר התם בפ"ב: מדמי פסח מי אידחו? ותשובה מפרכסת כחיה – כשלא גמר שחיטה איירי, דבשחיטה פורתא לא משתריא באכילה. אבל הכא, דבשחיטה זו משתרי באכילה – לאו בני העמדה והערכה נינהו.

יצא זה שמחוסר שפיכה גרירה וכיסוי. ולא דמי לדם הניתז (לקמן דף פז:), דהתם אם לא היה ניתז – לא היה לריך גרירה. אבל כאן – אי אפשר בלא גרירה.

מה חיה שאינה קדש. וא"ת: והא אפילו קדשים טעונים כסוי, דתנן בפרקין (לקמן דף פה.): קדשים בחוץ – רבי מאיר מחייב! ויש לומר: דאינה קדש בפנים קאמר.

עשרה מנה יקח ליטרא דגים נ' מנין יקח ליטרא בשר. במקומם היו דגים בזול יותר מן הבשר, כדפירש בקונטרס. אבל במדרש אומר: ז] אורחים, יום ראשון – אווזין ותרנגולים, יום ב' – דגים, יום שלישי – בשר, [רביעי] – קטנית.

רבינו גרשום

וליפרקינהו וליכסיה. כלומר וליפרקינהו לחולין ולכסייה: בעינן העמדה והערכה. כלומר והעמיד והעריך [כתיב] והא לא אפשר דבר נשחט: אי כר"מ דאמר הכל היו בכלל העמדה והערכה כו'. כלומר בקרא לא חזינן והעמיד והעריך אלא א) בבהמה טמאה ועכשיו אי ר"מ היא דאמר הכל היו בכלל העמדה והערכה והוא אינו יכול להעמיד ולהעריך הא אמר דשחיטה שאינה ראויה שמה שחיטה ואע"ג דלא פרקיה ליבעי כסוי אי כר"ש דאמר שחיטה שאינה ראויה לאו שמה שחיטה ולא בעי כסוי ולפיכך אינו נוהג בקדשים לדבריו לפרוקינהו וליכסייה דלדבריו לא בעי העמדה והערכה: אמר רב יוסף רבי היא ונסיב לה אליבא דתנאי. כלומר מה דאמרי' דאינו נוהג במוקדשין מוקמינן לה בקדשי בדק הבית ורבי היא ונסיב לה אליבא דתנאי בהעמדה והערכה סבר לה כר"מ דבעי העמדה והערכה ואי אמרת אי סבר לה כר"מ הא סבר ר"מ שחיטה שאינה ראויה שמה שחיטה ואע"ג דלא פרקיה ליבעי כסוי סבר לה כר"ש דאמר שחיטה שאינה ראויה לאו שמה שחיטה: ואי בעי תימא כולה כר"ש ואי פרכינן אי כר"ש הא מצי למפרקיה ליפרקיה וליכסיה: שאני הכא דאמר קרא ושפך וכסה כו'. אפי' בקדשי מזבח אין נוהג (למה אין נוהג) מטעם זה מי שאינו מחוסר אלא שפיכה: אוציא תורים ובני יונה שיש במינן קדש. כלומר דאפי' חולין אינן חייבין בכסוי כיון שיש במינן קודש: כחיה מה חיה לא חלקתה בה כו'. כלומר דכל חיות חייבות בכסוי אף כל עופות חייבות בכסוי והוו דחולין: קי"ל חיה בכלל בהמה לסימנין. כלומר בבהמה כתיבי כל מפרסת פרסה ושוסעת שסע שתי פרסות מעלת גרה בבהמה: אלא מעתה יטבילו בו כו'. כלומר השתא דאיתקש למים יטבילו בו: אימא חד למעוטי זוחלין כו'. כלומר דשאר משקין אבל דם לא תלתא מעוטי כתיבי חד למעוטי זוחלין דשאר משקין וחד למעוטי מכונסין וחד למעוטי דם: אלא בהזמנה הזאת. שיטרח קודם שיאכל: מי שיש לו מנה יקח לפסו כו'. לפסו לשון אילפסו: ומהו מנה ליטרא וחצי אונקיא. מאה זוזי ווזי זה משקל זהוב: (והנך מאימת) צריכין אנו לחוש לדברי זקן. כלומר לדברי ר' אלעזר בן עזריה: ממשפחת בריאים הוא. כלומר אבא זהו רב: מגז כבשים יהא מלבושך: כלומר ממה שתגוזו מכבשיך: ימכור אדם שדה ויקח עתודים. כלומר דהוינן [דנקראו] עשתרות שמעשרות את בעליהן: לחמך קודם ללחם ביתך. כלומר שלך קודם משל כל אדם: א"ר

א) עי' בתמורה ל"ג דלר"ס הך קרא דואם כל בהמה טמאה וגו' דכתיב ביה והעמיד והעריך לאו דוקא בהמה טמאה ממש אלא ר"ל דאינה ראויה לקרבן רק דפליגי ר"ש ורבנן אי מיירי בקדושת בה"ב או דמיירי בקדשי מזבח שהוממו ולכן דברי רבינו נ"ע.

עין משפט נר מצוה

ז א מיי' פ"ה מהלכות ערכין הלכה יב:
ח ב מיי' פי"ד מהל' שחיטה הלכה ב:
ט ג מיי' פ"ו מהלכות מקוואות הל' ב סמג עשין רמח טוש"ע י"ד סי' רא סעיף ח:
י ד מיי' פי"ד מהלכות שחיטה הלכה ב סמג לאוין סד טוש"ע י"ד סי' כח סעיף ח:
יא ה ו מיי' פ"ה מהל' דעות הלכה י:

מסורת הש"ס

[לקמן קלה. שבועות יא: בכורות לב: תמורה לג:]
[לקמן קז. ר"ה ז: מגילה ט: שבועות ז.]
[לעיל עג. עח. נדרים פא. נזיר לה: ב"ק יז: נד: זבחים קטו:]
[תוספתא דערכין פ"ד]
[תוספתא שם]
[תוספתא שם ע"ש]
[מנחות קח:]
ל"ל כמו
[ויתכן להיות ללפסו וכן עוד שני פעמים דבסמוך צריך להיות ללפסו וכן איתא בשאלתות וכן איתא בערוך ערך לפס]

שיטה מקובצת

א] נצודין ועומדין כגון אווזים ותרנגולים מנין ת"ל: ב] ישפות קדרה בכל יום ואינך אימת: ג] בהני תרי טעמי דשחיטה שאינה ראויה: ד] ותמיד העולם היה מתנונה והולך: ה] כגון אנו אפי' אם אין לנו הפרוטה היא מצוה עלינו: ו] ואפ' לא יפדם לבסוף הויא שחיטה ראויה כמו שחיטת קדשים: ז] אבל במדרש אומר אורח יום ראשון מאכלי אווזים ותרנגולים יום שני וכו'

הגהות הב"ח

(א) רש"י ד"ה ר"ש וכו' מזבח היו בכלל: (ב) תוס' ד"ה וליפרקינהו וכו' משום דשחיטת קדשים הויא שחיטה:

גליון הש"ס

גמ' מי שאינו מחוסר. כעין זה לקמן דף קלה ע"ג.

עין משפט נר מצוה

יב א מיי' פ"ה מהל' דעות הלכה י:
יג ב מיי' פי"ד מהלכות שחיטה הל' ד סמג עשין סד טוש"ע י"ד סי' כח סעיף טז:

גמרא

הָרוֹצֶה שֶׁיִּתְעַשֵּׁר – יַעֲסוֹק בִּבְהֵמָה דַּקָּה. אָמַר רַב חִסְדָּא: מַאי דִּכְתִיב "וְעַשְׁתְּרוֹת צֹאנֶךָ" (דברים ז) – שֶׁמְּעַשְּׁרוֹת אֶת בַּעֲלֵיהֶן. וְאָמַר רַבִּי יוֹחָנָן: כַּסָּא דְּחָרָשִׁין וְלָא כַּסָּא דְּפוֹשְׁרִין. וְהָנֵי מִילֵּי – בִּכְלֵי מַתָּכוֹת, אֲבָל בִּכְלֵי חֶרֶשׂ – לֵית לָן בָּהּ; וּבִכְלֵי מַתָּכוֹת נַמִי לָא אֲמָרַן, אֶלָּא דְּלָא שְׁדֵי בְּהוּ צִיבְיָא, אֲבָל שְׁדֵי בְּהוּ צִיבְיָא – לֵית לָן בָּהּ; וְכִי לָא שְׁדֵי בְּהוּ צִיבְיָא נַמִי לָא אֲמָרַן, אֶלָּא דְּלָא צַיֵּין, אֲבָל צַיֵּין – לֵית לָן בָּהּ. וְאָמַר ר' יוֹחָנָן: מִי שֶׁהִנִּיחַ לוֹ אָבִיו מָעוֹת וְרוֹצֶה לְאַבְּדָן – יִלְבַּשׁ כְּלֵי פִשְׁתָּן, וְיִשְׁתַּמֵּשׁ בִּכְלֵי זְכוּכִית, וְיִשְׂכּוֹר פּוֹעֲלִים וְאַל יֵשֵׁב עִמָּהֶן. יִלְבּוֹשׁ כְּלֵי פִשְׁתָּן – בְּכִיתָּנָא רוֹמִיתָא, וְיִשְׁתַּמֵּשׁ בִּכְלֵי זְכוּכִית – בְּזוּגִיתָא חִיוַּרְתָּא, וְיִשְׂכּוֹר פּוֹעֲלִים וְאַל יֵשֵׁב עִמָּהֶן – בְּתוֹרֵי, דְּנָפֵישׁ פְּסֵידַיְיהוּ. דָּרֵשׁ רַב עַוִּירָא, זִימְנִין אָמַר לָהּ מִשְּׁמֵיהּ דְּרַבִּי אַמִי, וְזִימְנִין אָמַר לָהּ מִשְּׁמֵיהּ דְּרַבִּי אַסִי: מַאי דִּכְתִיב "טוֹב אִישׁ חוֹנֵן וּמַלְוֶה יְכַלְכֵּל דְּבָרָיו בְּמִשְׁפָּט" (תהלים קיב) – לְעוֹלָם יֹאכַל אָדָם וְיִשְׁתֶּה פָּחוֹת מִמַּה שֶּׁיֵּשׁ לוֹ, וְיִלְבַּשׁ וְיִתְכַּסֶּה בְּמַה שֶּׁיֵּשׁ לוֹ, וִיכַבֵּד אִשְׁתּוֹ וּבָנָיו יוֹתֵר מִמַּה שֶּׁיֵּשׁ לוֹ; שֶׁהֵן תְּלוּיִין בּוֹ, וְהוּא תָּלוּי בְּמִי שֶׁאָמַר וְהָיָה הָעוֹלָם. דָּרֵשׁ רַב עֵינָא אַפִּתְחָא דְּבֵי רֵישׁ גָּלוּתָא: הַשּׁוֹחֵט לְחוֹלֶה בְּשַׁבָּת – חַיָּיב לְכַסּוֹת. אֲמַר לְהוּ רַבָּה: אֶשְׁתּוֹמָא קָאָמַר, לִישַׁמְּטוּהּ לַאֲמוֹרֵיהּ מִינֵּיהּ. דְּתַנְיָא, ר' יוֹסֵי אוֹמֵר: כּוֹי – אֵין שׁוֹחֲטִין אוֹתוֹ בְּיוֹ"ט, וְאִם שְׁחָטוֹ – אֵין מְכַסִּין אֶת דָּמוֹ; מִקַּל וָחוֹמֶר: וּמַה מִּילָה שֶׁוַּדָּאָהּ דּוֹחָה שַׁבָּת – אֵין סְפֵיקָהּ דּוֹחֶה יוֹ"ט, כִּסּוּי שֶׁאֵין וַדָּאוֹ דּוֹחֶה שַׁבָּת – אֵין דִּין שֶׁאֵין סְפֵקוֹ דּוֹחֶה יוֹ"ט? אָמַר לוֹ: תְּקִיעַת שׁוֹפָר בִּגְבוּלִים תּוֹכִיחַ, שֶׁאֵין וַדָּאָהּ דּוֹחָה שַׁבָּת, וּסְפֵיקָהּ דּוֹחָה יוֹ"ט! הֵשִׁיב רַבִּי אֶלְעָזָר הַקַּפָּר בְּרִיבִּי תְּשׁוּבָה: מַה לְּמִילָה – שֶׁכֵּן אֵינָהּ נוֹהֶגֶת בְּלֵילֵי יָמִים טוֹבִים, תֹּאמַר בְּכִסּוּי שֶׁנּוֹהֵג בְּלֵילֵי יָמִים טוֹבִים? אָמַר רַבִּי אַבָּא: זֶה אֶחָד מִן הַדְּבָרִים שֶׁאָמַר רַבִּי חִיָּיא: אֵין לִי עֲלֵיהֶם תְּשׁוּבָה, וְהֵשִׁיב רַבִּי אֶלְעָזָר הַקַּפָּר בְּרִיבִּי תְּשׁוּבָה. קָתָנֵי מִיהַת: כִּסּוּי שֶׁאֵין וַדָּאוֹ דּוֹחֶה שַׁבָּת; מַאי וַדָּאוֹ דְּכִסּוּי דְּלָא דָּחֵי שַׁבָּת, לָאו הַשּׁוֹחֵט לְחוֹלֶה בְּשַׁבָּת? וְדִלְמָא דְּעָבַר וְשָׁחַט! דּוּמְיָא דְּמִילָה, מַה מִּילָה – בִּרְשׁוּת, אַף כִּסּוּי נַמִי – בִּרְשׁוּת. אָמְרוּ לוֹ: תְּקִיעַת שׁוֹפָר בִּגְבוּלִין תּוֹכִיחַ, שֶׁאֵין וַדָּאָהּ דּוֹחָה שַׁבָּת וּסְפֵיקָהּ דּוֹחֶה יוֹם טוֹב. מַאי סְפֵיקָהּ? אִילֵּימָא סָפֵק חוֹל סָפֵק יוֹם טוֹב; הַשְׁתָּא וַדַּאי יוֹם טוֹב דָּחְיָא, סָפֵק יוֹ"ט סָפֵק חוֹל מִיבַּעְיָא? אֶלָּא

רש"י

כַּסָּא דְּחָרָשִׁין וְלָא כַּסָּא דְּפוֹשְׁרִין. טוֹב לִשְׁתּוֹת כּוֹס שֶׁל מַכְשֵׁפוֹת וְלֹא לִשְׁתּוֹת כּוֹס שֶׁל מַיִם פּוֹשְׁרִין, שֶׁרָעִים הֵם לַגּוּף. צִיבְיָא. שָׁרְשֵׁי עֲשָׂבִים וְתַבְלִין. צַיֵּין. הִרְתִּיחַ. מִי שֶׁהִנִּיחַ לוֹ אָבִיו מָעוֹת. כְּלוֹמַר, מִי שֶׁלֹּא טָרַח בַּמָּמוֹן, וְקַל בְּעֵינָיו לְאַבְּדוֹ – זֶהוּ אִיבּוּדוֹ. יִלְבַּשׁ כְּלֵי פִשְׁתָּן. שֶׁהֵן יְקָרִים. וּלְפִי דַּרְכֵּנוּ לָמַדְנוּ, שֶׁהָעוֹשֶׂה אֵלֶּה מְאַבֵּד מָמוֹן, וְיִזָּהֵר אָדָם מֵהֶם. כִּיתָּנָא רוֹמִיתָא. יָקָר הָיָה. בְּתוֹרֵי. יִשְׂכּוֹר פּוֹעֲלִים וְיִמְסוֹר לָהֶן שְׁוָורִים שֶׁלּוֹ לַחֲרוֹשׁ, וְהֵם יַכְחִישׁוּ הַשְּׁוָורִים *וִיסַקְּבוּס בַּיְּעָרוֹת וּבַכְּרָמִים. וְהַמְּלָאכָה לֹא תַּעֲלֶה לִכְלוּם, שֶׁאֵינָן חוֹשְׁשִׁין לְכָךְ. טוֹב אִישׁ חוֹנֵן. דַּלִּים וּמַלְוֶה אוֹתָם, וְטוֹב הַמְכַלְכֵּל דְּבָרָיו בְּמִשְׁפָּט – לְפִי הַיְּכוֹלֶת הוּא עוֹמֵד עַל צְרָכָיו, וְלֹא בְּכָל תַּאֲוַת לִבּוֹ. פָּחוֹת מִמַּה שֶּׁיֵּשׁ לוֹ. פָּחוֹת מִכְּדֵי הַיְּכוֹלֶת]. וְיִלְבַּשׁ וְיִתְכַּסֶּה לְפִי הַיְּכוֹלֶת, שֶׁלֹּא יִתְבַּיֵּישׁ. וִיכַבֵּד אִשְׁתּוֹ יוֹתֵר מִלְּפִי הַיְּכוֹלֶת. לְחוֹלֶה. שֶׁיֵּשׁ בּוֹ סַכָּנָה. חַיָּיב לְכַסּוֹת. דְּכֵיוָן דְּנִיתְּנָה שַׁבָּת לִידָּחוֹת אֵצֶל שְׁחִיטָה זוֹ – נִדְחֵית לְכָל מִצְוָתָהּ שֶׁל שְׁחִיטָה זוֹ. אֶשְׁתּוֹמָא קָאָמַר. דְּבַר תֵּימָה הוּא אוֹמֵר, לָשׁוֹן (לעיל דף כח.) "אֶשְׁתּוֹמַם כְּשָׁעָה חֲדָא", *אֶשְׁטוּרדִּישׁוּ"ן. לִישַׁמְּטוּהּ לַאֲמוֹרֵיהּ. יַחְתְּכוּ אֶת לְשׁוֹנוֹ שֶׁאָמַר בָּהּ. לֹ"א גָּרְסִינַן: "אִי דִּשְׁמָא קָאָמַר". אִם בִּשְׁמוֹ הוּא אוֹמֵר – לִישַׁמְּטוּ לַאֲמוֹרֵיהּ, יַשְׁמִטוּ אֶת הָאֲמוֹרָא מִלְּפָנָיו לְבַיְּישׁוֹ. שֶׁוַּדָּאָהּ דּוֹחֶה שַׁבָּת. דְּאָתְיָא בְּקַל וָחוֹמֶר: מַה צָּרַעַת שֶׁדּוֹחָה עֲבוֹדָה, וַעֲבוֹדָה דּוֹחָה שַׁבָּת – מִילָה דּוֹחָה אוֹתָהּ. כּוּלָּהּ בְּמַסֶּכֶת שַׁבָּת (דף קלג:). אֵין סְפֵיקָהּ דּוֹחֶה יו"ט. כְּגוֹן נוֹלַד בֵּין הַשְּׁמָשׁוֹת, דְּקי"ל בְּפֶ' "רַבִּי אֱלִיעֶזֶר" (שבת דף קלז.) דְּיִמּוֹל לְתִשְׁעָה, וְחָל סָפֵק שְׁמִינִי סָפֵק תְּשִׁיעִי שֶׁלּוֹ בְּיו"ט – אֵינוֹ נִימּוֹל עַד עֲשִׂירִי. דִּתְנַן: נוֹלַד בֵּין הַשְּׁמָשׁוֹת – נִמּוֹל לְתִשְׁעָה, כְּלוֹמַר לְסָפֵק תְּשִׁיעִי. בֵּין הַשְּׁמָשׁוֹת שֶׁל עֶרֶב שַׁבָּת – נִמּוֹל לַעֲשָׂרָה. חָל יו"ט לִהְיוֹת אַחַר אוֹתָהּ שַׁבָּת, שֶׁהוּא עֲשִׂירִי – נִמּוֹל לְאַחַד עָשָׂר. מִשּׁוּם דְּמִילָה שֶׁלֹּא בִּזְמַנָּהּ לָא דָּחְיָא, דְּנָפְקָא לָן מֵ"הוּא לְבַדּוֹ", הוּא – וְלֹא מַכְשִׁירָיו, לְבַדּוֹ – וְלֹא מִילָה שֶׁלֹּא בִּזְמַנָּהּ. *(בְּסַנְהֶדְרִין). כִּסּוּי שֶׁאֵין וַדָּאוֹ דּוֹחֶה שַׁבָּת. לְקַמֵּיהּ מְפָרֵשׁ. בִּגְבוּלִין. דְּקַיְימָא לָן בְּרֹאשׁ הַשָּׁנָה (דף כט:). בְּשַׁבָּת בַּמִּקְדָּשׁ הָיוּ תּוֹקְעִין, אֲבָל לֹא בַּמְּדִינָה. וּסְפֵיקָהּ דּוֹחֶה י"ט. דְּתַנְיָא: טוּמְטוּם וְאַנְדְּרוֹגִינוֹס חַיָּיבִים, אַף עַל פִּי שֶׁהוּא סָפֵק אִשָּׁה וְאֵינָהּ חַיֶּיבֶת. בְּרִיבִּי. אָדָם גָּדוֹל. תְּשׁוּבָה. עַל קַל וָחוֹמֶר דְּרַבִּי יוֹסֵי. מִילָה אֵינָהּ בַּלַּיְלָה אֶלָּא בַּיּוֹם, דְּ"יוֹם" כְּתִיב בָּהּ (ויקרא יב). זֶה אֶחָד מִן הַדְּבָרִים. שֶׁהָיָה רַבִּי חִיָּיא אוֹמֵר שֶׁלֹּא הָיָה לוֹ שׁוּם תְּשׁוּבָה עֲלֵיהֶם, וְהָא דְּרַבִּי יוֹסֵי חֲדָא מִינַּיְיהוּ. וְהָא דְּאַהַדְרוּ רַבָּנַן: תְּקִיעַת שׁוֹפָר בַּגְּבוּלִים תּוֹכִיחַ – לָא חֲשִׁיב לָהּ פִּירְכָא, כִּדְמְפָרֵשׁ לְקַמֵּיהּ. וְדִלְמָא דְּעָבַר וְשָׁחַט. לַבָּרִיא, דְּלָא נִיתְּנָה שַׁבָּת לִידָּחוֹת קָאָמַר דְּלָא יְכַסֶּה. אֲבָל לְחוֹלֶה, דְּנִיתְּנָה שַׁבָּת לִידָּחוֹת – שָׁרֵי. דּוּמְיָא דְמִילָה. עַל כָּרְחָךְ בְּחוֹלֶה קָאָמַר, דּוּמְיָא דְּמִילָה דְּבִרְשׁוּת, וּתְיוּבְתָּא הִיא לְרַב עֵינָא. סָפֵק י"ט וְסָפֵק חוֹל. כְּגוֹן שְׁנֵי יָמִים טוֹבִים שֶׁל רֹאשׁ הַשָּׁנָה, שֶׁהָאֶחָד סָפֵק. אֶלָּא

מה

תוספות

הרוצה שיתעשר יעסוק בבהמה דקה. וא"ת, דאמרינן בפרק "מקום שנהגו" (פסחים דף נ:): העוסק בבהמה דקה אינו רואה סימן ברכה! ואומר ר"ת: דהתם בישוב, ומשום עין הרע. אבל הכא איירי בחורשין, דלא שלטא בהו עינא.

בזוגיתא חיורתא. וא"ת: משמע דזכוכית לבנה היתה בימי ר' יוחנן, וכן בריש "אין עומדין" (ברכות דף לא.): הבוא דתבר זכוכית לבנה בחתונת בנו. ובפ' "עגלה ערופה" (סוטה דף מח:) תנא: משחרב בהמ"ק בטלה שירא פרנדא וזכוכית לבנה! וי"ל: דלא לגמרי בטלה, אלא דאינה מצויה כמו בזמן בית המקדש. וכן צריך לומר גבי שירא פרנדא, דאמר בפרק "במה מדליקין" (שבת דף כ:) דרבין ואביי הוו יתבי קמיה דרב נחמיה ריש גלותא, חזייה דהוה לביש מטכסא, אמר ליה רבין לאביי: היינו כלך דתנן. אמר ליה: אנן שירא פרנדא קרינא ליה. ומיהו, ר"ת מפרש דאכלך דמתניתין קאי, דקרי ליה שירא פרנדא*.

בתורי. ר"ח גריס: "בתוורי". פירוש: בַּקָּרִים, שאינם מעמיקים המחרישה כראוי, ומפסיד כל מה שזורע*.

כסוי שאין ודאו דוחה שבת. להנך תרי טעמי דמפרש בפרק קמא דביצה (דף ח:) דכוי אין מכסין דמו ביום טוב: משום דאפר כירה דעתו לודאי ואין דעתו לספק, אי נמי משום התרת חלבו – אי אפשר ליישב ק"ו זה. דמה שאין ודאי דוחה שבת – לא הוי משום מוקצה, דאפי' הכינו מבעוד יום אין מכסין. ולא שייך נמי שם התרת חלב, כיון שהיא ודאי חיה. *אבל (א) טעמא דמפרש התם, דבדקר נעוץ בודאי התירו ביו"ט, ואע"ג דאיכא איסורא מדרבנן בחופר גומא וא"צ אלא לעפרה, אבל בספק לא התירו – אתי ק"ו דהכא שפיר. דכיון דלא התירו בודאי שידחה שבת – כ"ש דאין ספק דוחה יו"ט. ומיהו, סוגיא דביצה מוכח דאפילו ספק נמי שרי בדאיכא דקר נעוץ. וי"ל בדוחק ק"ו הכי: כיסוי שאין ודאו דוחה שבת, אפילו הזמינו לכך, מ"מ אסרו משום טורח – אינו דין שאין ספקו דוחה יו"ט משום איסור גומא דרבנן, או משום מוקצה, דאין דעתו לספק? אבל באפר שהכינו אין לאסור ספק ביו"ט מק"ו דשבת, דאין לדמות טורח יו"ט לדשבת. וללישנא דמשום התרת חלבו, ואסר אע"ג דהכינו, אע"ג דליכא ק"ו, מ"מ יש לחוש שיטעו הרואים ויעשו ק"ו משבת: כיון דאין ודאו דוחה שבת אפילו בהכינו – כ"ש שספק אין דוחה יו"ט, ומדמכסים אותו – ודאי חיה היא, ויתירו חלבו.

תקיעת שופר בגבולין תוכיח שאין ודאה דוחה שבת כו'. וא"ת: והא טעמא *דשופר בשבת משום שמא יעבירנו ארבע אמות ברה"ר, והא לא שייך בי"ט! וי"ל: דשייך נמי בי"ט, דאם אשה היא זה הטומטום – אסור להוציא לצרכה, דהא לא מיחייבא. ואין להתיר מטעם הואיל והותרה הוצאה לצורך – הותרה נמי שלא לצורך. דהיינו דוקא היכא דהוי צורך היום קצת, אבל הכא ליכא צורך היום כלל. אי נמי, ה"ק: שאין ודאה דוחה שבת ב] – משום גזירה דרבנן שמא יעבירנו. וספיקה דוחה יום טוב – אף על גב דאיכא נמי איסורא דרבנן בתקיעה, שהיא חכמה ואינה מלאכה, ונדחה איסור זה מספק. [וע"ע תוספות ר"ה כט: ד"ה רדיית].

[ועיין תוס' שבת כ: ד"ה אלא ותוס' ב"מ כט: ד"ה זכוכית]
[עיין תוס' ב"מ ל. וע"ע תוס' שם עג.]
עיין רש"א
[ר"ה כט:]

מסורת הש"ס

ב"מ כט:
[סקב פי' בערוך לשון חבורה]
[שם]
[ב"מ ל. עג.]
[דניאל ד]
[תוספתא פ"ז ותוספתא ביצה פ"א]
[נ"ל אמרו]
[נ"ל בשבת כד:]

הגהות הב"ח

(א) תוס' ד"ה כסוי וכו' אבל להך טעמא דמפרש:

הגהות מהר"ב רנשבורג

א] רש"י ד"ה פחות וכו' מכדי היכולת. כאן הס"ד ואח"כ מה"ד וילבש וכו' שלא יתבייש. כאן הס"ד ואח"כ מה"ד ויכבד: ב] תוס' ד"ה תקיעת וכו' משום גזירה דרבנן שמא יעבירנו. כ"ב עי' שו"ת שאגת אריה סי' ק"ז דף נ"ב ע"ד וקף נ"ג ע"א בדפוס פפד"מ ועי' במג"א סי' תקפ"ח ס"ק ד' ודו"ק:

רבינו גרשום

א"ר יוחנן כסא דחרשין כו'. בשביל הלכות דר' יוחנן מביא הלכה זאת: לא אמרן אלא דלא שדי בהו ציביא. כלומר בכלי מתכות נמי לא אמרן (אלא) דלא לישתי פושרין אלא דלא שדי בהו תבלין: אבל שדי בהו תבלין. לית לן בה: ולא אמרן אלא דלא ציין. כלומר דלא רתח: ורוצה לאבדן. כלומר אינו רוצה לאבדן ביד אלא רוצה לאבדן כלאחר יד ומעט מעט רוצה לאבדן: בכיתנא רומא. רע הוא (וכן בכ"י רומא רע הוא ומשבר מהר): בתורי דנפיש פסידייהו. כלומר ששוכר את השוורים לחרוש ולזרוע שדהו ואינו יושב עמו (וחורשו) [ואינו חורש] וזורע לו חרישה וזריעה יפה דזו היא פסידא דלא הדר: טוב איש חונן ומלוה. כלומר שמלוה את בניו כשהן קטנים שהן תלויין בו: אי דשמא קאמר לישמטה. כלומר אי משמא דנפשיה קאמר דלא אמר משמיה דרביה לישמטוה לאמוריה לשון אמורא הוא שדורש בפניו לישמטו מיניה: ואית דאמר אישתמא קאמר. כלומר שינוי קאמר ליחתכו לשונו אמוריה זהו לשונו שאמר הדבר: אין ספיקה דוחה יו"ט. כלומר אם נולד בין השמשות שמנה ימים קודם יו"ט דלא ידעינן אי יו"ט שמיני ואי ערב יו"ט שמיני: כיסוי. שאין ודאי דוחה שבת כו'. כדבעינן לפרושי קמן: דלמא דעבר ושחט. כלומר מה דאמרי' שאין ודאי דוחה את השבת לאו מוקמינן בשוחט לחולה אלא דעבר ושחט לבריא: אף כסוי ברשות. כלומר והיכי דמי דשחט לחולה: ור'

אלא ספק איש ספק אשה. ורבי יוסי לטעמיה, דאמר: אשה ודאית נמי תקעה. *דתניא: אבני ישראל סומכין ולא בנות ישראל סומכות; רבי יוסי ורבי שמעון אומרים: נשים סומכות רשות. אמר רבינא: ולמאי דקאמרי רבנן, נמי אית ליה פירכא: מה לתקיעת שופר – שכן ודאה דוחה שבת במקדש, תאמר בכיסוי – דליתיה כלל! השיב ר"א הקפר ברבי: מה למילה, שכן אינה נוהגת בלילי ימים טובים. בלילי ימים טובים הוא דלא נהגא, בשאר לילי נהגא? אלא, מה למילה – שכן אינה נוהגת בלילות כבימים, תאמר בכסוי – שנוהג בלילות כבימים! א"ר אבא: זה אחד מן הדברים שאמר רבי חייא אין [לי] עליהן תשובה, והשיב רבי אלעזר [הקפר] ברבי תשובה.§ מתני' בהשוחט ונמצאת טריפה, והשוחט לעבודה זרה, והשוחט חולין בפנים, וקדשים בחוץ, חיה ועוף הנסקלים – רבי מאיר מחייב, וחכמים גפוטרים. *דהשוחט ונתנבלה בידו, הנוחר והמעקר – פטור מלכסות.§ גמ' אמר רבי חייא בר אבא א"ר יוחנן: ראה רבי דבריו של ר"מ באותו ואת בנו – ושנאו בלשון חכמים, *הודרבי שמעון בכסוי הדם – ושנאו בלשון חכמים. מאי טעמא דרבי מאיר באותו ואת בנו? אמר ר' יהושע בן לוי: גמר שחיטה משחוטי חוץ, מה התם – *שחיטה שאינה ראויה שמה שחיטה, ואף הכא נמי – שחיטה שאינה ראויה שמה שחיטה. ורבי שמעון, מאי טעמא? א"ר מני בר פטיש: גמר °מ"טבוח טבח והכן", מה להלן – שחיטה ראויה, אף כאן – שחיטה ראויה. ור"מ נמי, ליגמר מ"טבוח"! דנין שחיטה משחיטה, ואין דנין שחיטה מטביחה. *מה נפקא מינה? הא תנא דבי רבי ישמעאל: °"ושב הכהן" "ובא הכהן" – זו היא שיבה, זו היא ביאה! הני מילי – היכא דליכא דדמי ליה, א] אבל איכא דדמי ליה – מדדמי ליה ילפינן. ורבי שמעון נמי, ליגמר משחוטי חוץ! דנין חולין מחולין, ואין דנין חולין מקדשים. ור' מאיר: אטו אותו ואת בנו בקדשים מי לא נהיג? היינו דקאמר רבי חייא: ראה רבי דבריו של רבי מאיר באותו ואת בנו, ושנאו בלשון חכמים. מאי טעמא דר' מאיר בכסוי הדם? אמר ר' שמעון בן לקיש: °גמר שפיכה משפיכה, מה להלן – שחיטה שאינה ראויה שמה שחיטה, אף כאן – שחיטה שאינה ראויה שמה שחיטה. ורבי שמעון: °"אשר יאכל" כתיב. ורבי מאיר: ההוא *למעוטי עוף טמא הוא דאתא. ורבי שמעון: עוף טמא מאי טעמא – דלאו בר אכילה הוא, טרפה נמי – לאו בר אכילה הוא. והיינו דאמר רבי חייא: ראה רבי דבריו של רבי שמעון בכסוי הדם, ושנאו בלשון חכמים. אמר רבי אבא:
לא

אלא ספק איש. ודוחה יום טוב גמור. ור' יוסי. דלא חשיבא ליה הא פירכא משום דאזיל לטעמיה, דאמר: אפילו אשה ודאית תקעה, ואע"ג דלא מיחייבא. אבל בכסוי, דאילו ידעינן דבהמה היא ביו"ט אסור לכסות, כוי – מספק לא מחללין עליה יו"ט. סומכות רשות. ואע"ג דלא מיחייבא, ולא אמרינן: עבודה עובדת בקדשים. והכא נמי, לא אמרינן: מחללת יום טוב היא. ולמאי דקאמרי רבנן נמי. דאשה אסורה לתקוע, וטומטום דספק הוא דוחה, אית ליה פירכא לתשובה שלהם! מה לתקיעת שופר שכן ודאה דוחה שבת במקדש. לפיכך ספיקה דוחה יום טוב בגבולין. תאמר בכסוי. שאין ודאו דוחה שבת כלל. הא בשאר לילי נהגא. בתמיה. מתני' חיה ועוף הנסקלין. כגון שנרבעו ונגמר דינן ושחטן. וחכמים פוטרין. דשחיטה שאינה ראויה לא שמה שחיטה. ואע"ג דבכסוי שפיכה כתיבא, אפילו הכי – "אשר יאכל" כתיב. וטעמיה דרבי מאיר מפרש בגמרא. גמ' ראה רבי דבריו של רבי מאיר באותו ואת בנו. דשחיטה שאינה ראויה שמה שחיטה לחייבו. ושנאה בלשון חכמים. כדתנן בה (לעיל דף פא:): רבי שמעון פוטר וחכמים מחייבין. ובכסוי תנן: ר' מאיר מחייב וחכמים פוטרין. ולקמיה מפרש ואזיל מאי שנא דראה אלו כאן ואלו כאן. מה להלן שחיטה ראויה. כדכתיב (בראשית מג): "כי אתי יאכלו". ושב הכהן ובא הכהן. בנגעי בתים כתיב. וילפינן מינה גזירה שוה בתורת כהנים: נאמר "ושב הכהן", ונאמר "ובא הכהן", מה שיבה חולץ וקוצה וטח ונותן לו שבוע – אף ביאה כו'. וכבר פירשתיה יפה בעירובין* (ב"כיצד מעברין") (דף נא.). בשחוטי חוץ. כתיב (ויקרא יז): "דם שפך".
לא

מה למילה שכן אינה נוהגת בלילות כבימים. ואם תאמר: כיון שאין הפירכא מעין ק"ו, שתלוי בדחייה – נשים הפירכא בתוך הק"ו. כמו ב"כילד הרגל" (ב"ק דף כד:) דבעי למילף שיהא קרן ברשות הניזק משלם נזק שלם משן ורגל, ולא פרכינן: מה לשן ורגל שכן היזקו מצוי, משום שאין הפירכא מעין ק"ו, דהוי מתשלומין! וי"ל: דהתם סברא בעלמא היא, אבל חומרא וקולא דכתיבא, כמו שאינה נוהגת בלילות כבימים דהכא – פרכינן אע"ג דלא הוי מעין ק"ו. וכן בפרק קמא דזבחים (דף י.) דיליף שוחט ע"מ לזרוק שלא לשמו פסול מק"ו דשוחט על מנת לזרוק חוץ לזמנו. ופריך: מה לחוץ לזמנו שכן בכרת!

נשים סומכות רשות. היינו באקפויי ידא, כדאמר ב"אין דורשין" (חגיגה דף טז:), אבל בכל כחה – מודה רבי יוסי לאסור. ומייתי הכא, כי היכי דשרי רבי יוסי לסמוך לנשים באקפויי ידא, אע"ג דנראה כעבודה בקדשים – ה"נ תקיעה, דליכא אלא איסורא דרבנן – שרי רבי יוסי בנשים.

דנין שחיטה משחיטה ואין דנין שחיטה מטביחה. הקשה הר"ר נתן: דגבי תשלומי ד' וה' (ב"ק דף עא) מחייבי רבנן בשחיטה שאינה ראויה, כגון שחט בשבת או לעבודה זרה, בטובח ע"י אחר, ובשוחט ונמצאת טרפה. והתם הוה ליה למילף טביחה מטביחה, ד"וטבחו" כתיב! וי"ל: דהתם דנין טביחה בעבירה משחיטה דעבירה, ואין דנין טביחה דעבירה מטביחה דהיתר. והכא איצטריך למימר דנין שחיטה משחיטה, אפי' אם נמצאת הראשונה טרפה דהוי שחיטת היתר. אבל אם נמצאת השניה טרפה, שהיא שחיטת עבירה – לא היה צריך לטעמא דשחיטה משחיטה. א"נ י"ל: דנין דבר הנאמר בסיני מדבר הנאמר בסיני, ולא מ"טבוח טבח והכן" שלא נאמר בסיני, ואע"ג דהוי טביחה מטביחה. והכא נמי מצי לשנויי הכי, אלא דבלאו הכי משני שפיר. *וא"ת, דבריש פ"ב דיבמות (דף יז:) אמרינן: דנין "אחים" מ"אחים" ואין דנין "אחים" מ"אחיך", אע"ג ד"אחים" דבני יעקב לא נאמר בסיני! וי"ל: דכיון דילפינן הכא דשמה שחיטה, תו אית לן למימר בכל דוכתי דשמה שחיטה. וליכא למימר לאדרבה, נילף טביחה מטביחה התם דלא שמה שחיטה, וכן נאמר בכל דוכתי. דהא כיון דאיכא למימר הכי ואיכא למימר הכי – אית לן למימר: דנין דבר הנאמר בסיני מדבר הנאמר בסיני. אבל אי לאו דילפינן הכא שחיטה משחיטה – הוה ילפינן בארבעה וחמשה (ב"ק דף עא.) טביחה מטביחה אע"ג דלא נאמר בסיני, כדאיתא נמי ביבמות. וא"ת: ור"מ, למה ליה למילף משחוטי חוץ? נילף מגופיה, דאותו ואת בנו נוהג בקדשים אע"ג דלאו שחיטה ראויה היא, דהא הוי מחוסר זמן! וי"ל: דניחא ליה למילף משחוטי חוץ. משום דמגופיה – איכא למידחי, דלא אסר רחמנא אותו ואת בנו בקדשים אלא כשראשון קדשים ושני חולין, דשחיטה ראויה היא. ואין דנין חולין מקדשים. ומ"מ בקדשים נמי פטר בשחיטה שאינה ראויה, *משום דעיקר קרא דאותו ואת בנו בחולין כתיב. ותימה: דבפרק "תמיד נשחט" (פסחים דף סג.) תנן, רבי שמעון אומר: השוחט פסח בי"ד על החמץ, לשמו – חייב, שלא לשמו – פטור. ומפרש בקונטרס: משום דהוי פסול, ור"ש לטעמיה, דאמר: שחיטה שאינה ראויה לא שמה שחיטה. והשתא, התם הוה ליה למילף משחוטי חוץ דשמה שחיטה, דהויא קדשים מקדשים! ורבי שמעון אשר יאכל כתיב. אבל אם לא "אשר יאכל", מטביחה לא גמר, משום דלא דמי שפיכה לטביחה, כמו שחיטה לטביחה. ב] הקשה הר"ר אליעזר ממי"ץ: אימא דהאי "אשר יאכל" אתא למעוטי אוכל שאין אתה יכול להאכילו לאחרים, כדדריש רבי שמעון מ"כל האוכל אשר יאכל" בפרק "המנחות והנסכים" (מנחות דף קא:) ובפרק "העור והרוטב" (לקמן דף קכט.), ומרבינן אפילו עוף טמא, כיון דמותר בהנאה! וי"ל: דהתם כתיב "מכל האוכל", דמרבה כל אוכל, אפילו אסור בהנאה, ואתא "אשר יאכל" למימר שיהא מותר בהנאה. אבל הכא לא כתיב "כל אשר יאכל", משמע: המותר לישראל לאכול.
אימא

יד א מיי' פ"ג מהלכות מעשה קרבנות הל' ח סמג עשין קפג:
טו ב ג ד מיי' פ"ד מהל' שחיטה הל' י סמג עשין סד טוש"ע י"ד סי' כח סעיף יז:
טז ה מיי' פי"ב שם הלכה ה:
יז ו מיי' פ"ו שם הל' י:

חגיגה טז: עירובין צו: ר"ה לג. [קדושין לו.]
לעיל יז. כז:
[לקמן פו.]
[ב"ק קו:]
[נ"ל כמי שכוליתותן]
בראשית מג
בכורות לב. עירובין נא. מכות יג: יבמות ה: נדה כב: יומא ב: נזיר ה. הוריות ח: מנחות ז. מה.
ויקרא יד
ויקרא יז
[ועי' תוס' כתובות לד. ד"ה ור"ש ותוס' ב"ק עה: ד"ה איסורא]
[ועיין תוס' לעיל פ: ד"ה קדשים]

שיטה מקובצת
א] אבל איכא דדמי ליה מדדמי ליה. נ"ב עי' תוס' מנחות דף ד' ע"א: ב] הקשה הה"ר אליעזר ממיץ. נ"ב עי' תוס' בכורות דף ט' ע"ב:

גליון הש"ס
גמ' גמר שפיכה שפיכה. עיין לעיל דף כח ע"ב תוס' ד"ה בשפיכה: שם למעוטי עוף טמא. עי' תוס' רי"ד קדושין דף נו ע"ב ד"ה המקדש בערלה:

רבינו גרשום
ור' יוסי לטעמיה דאמר ודאי אשה נמי תקעה כו'. כלומר ר' יוסי דמייתי מק"ו ממילה שאין מכבין דם כוי ביו"ט הוא אזיל לטעמיה דלא מצי למימר תקיעת שופר בגבולין יוכיח שאין ודאה דוחה שבת וספיקא דוחה יו"ט ה"נ נימא לענין כוי שיהא ספיקו דוחה יו"ט. דהכא לענין ספק איש ספק אשה דין הוא שיהא ספק דוחה יו"ט דודאי אשה נמי תקעה: שכן דוחה שבת במקדש. גרסי': ראה רבי דבריו של ר"מ באותו ואת בנו ושנאו בלשון חכמים. כלומר השוחט ונמצאת טרפה השוחט פרת חטאת כו'. ר"ש פוטר וחכמים מחייבין א) דזהו ר"מ דבריו של ר"ש בכסוי הדם ר"מ מחייב וחכמים פוטרין: מה התם שחיטה שאינה ראויה שמה שחיטה. כלומר שחוטי חוץ שחיטה שאינה ראויה היא וקרי ליה שחיטה: גמר מטבוח טבח והכן מה להלן שחיטה ראויה דאמרן בחולין צ"א מאי טבח פרע להן בית השחיטה: ור"ש אשר יאכל כתיב. כלומר היכא מיחייב בכסוי בשחיטה שראויה לאכילה דכתיב אשר יאכל: הכי

א) נ"ל ולאה דבריו של ר"ש בכיסוי הדם ותני במתני' ר"מ וכו'.

לא לכל אמר ר' מאיר שחיטה שאינה ראויה שמה שחיטה, מודה ר"מ שאין מתירתה באכילה; ולא לכל אמר ר"ש *שחיטה שאינה ראויה לא שמה שחיטה, מודה רבי שמעון שמטהרתה מידי נבלה. אמר מר: לא לכל א"ר מאיר שחיטה שאינה ראויה שמה שחיטה, מודה רבי מאיר שאין מתירתה באכילה. פשיטא! טרפה בשחיטה מי משתריא? לא צריכא, לשוחט את הטרפה ומצא בה בן ט' חי; סד"א: הואיל דאמר רבי מאיר שחיטה שאינה ראויה שמה שחיטה – תהני ליה שחיטת אמו, ולא ליבעי שחיטה, קמשמע לן. ותסברא? והאמר ר"מ: בן פקועה טעון שחיטה! לא צריכא, דרבי סבר לה כר' מאיר, וסבר לה כרבנן; סבר לה כרבי מאיר – דאמר: שחיטה שאינה ראויה שמה שחיטה, וסבר לה כרבנן – דאמרי: שחיטת אמו מטהרתו; כיון דאמור רבנן: שחיטת אמו מטהרתו – תהני ליה שחיטת אמו, ולא ליבעי שחיטה, קמ"ל. "ולא לכל אמר רבי שמעון: שחיטה שאינה ראויה לא שמה שחיטה, מודה ר"ש שמטהרתה מידי נבלה". פשיטא! *דאמר רב יהודה אמר רב, ואמרי לה במתניתא תנא: °"וכי ימות מן הבהמה" (ויקרא יא) – מקצת בהמה מטמאה, ומקצת בהמה אינה מטמאה, ואי זו – זו טרפה ששחטה! לא צריכא, לשוחט את הטרפה, והיא חולין בעזרה. דתניא: *השוחט את הטרפה, וכן השוחט ונמצאת טריפה, זה וזה חולין בעזרה – ר"ש *מתיר בהנאה, וחכמים אוסרין; סד"א: הואיל וא"ר שמעון מותר בהנאה – אלמא לאו שחיטה היא כלל, אימא: מידי נבלה נמי לא מטהרה, קמ"ל. אמר ליה רב פפא לאביי: וסבר ר"ש חולין בעזרה דאורייתא היא? א"ל: אין. *והתנן, ר' שמעון אומר: חולין שנשחטו בעזרה ישרפו באש, וכן חיה שנשחטה בעזרה; אי אמרת בשלמא דאורייתא – היינו דגזרינן חיה אטו בהמה. אלא אי אמרת דרבנן, בהמה מאי טעמא – דילמא אתי למיכל קדשים בחוץ; *היא גופה גזרה, ואנן ניקום ונגזור גזירה לגזירה? רבי חייא נפל ליה יאניבא בביתניה, *אתא לקמיה דרבי, אמר ליה: שקול עופא ושחוט על בוביתא דמיא, דמורח דמא ושביק ליי. היכי עביד הכי? והתניא: *השוחט וצריך לדם – חייב לכסות, כיצד יעשה? או נוחרו או עוקרו! כי אתא רב דימי אמר: "צא טרוף" אמר ליה. כי אתא רבין אמר: "צא נחור" אמר ליה. למאן דאמר: "צא טרוף", מאי טעמא לא אמר: "צא נחור"? וכי תימא, קסבר: *אין שחיטה לעוף מן התורה, ונחירתו זו היא שחיטתו; *והתניא, רבי אומר: °"כאשר צויתיך" (דברים יב) – מלמד שנצטוה משה על הושט ועל הקנה, ועל רוב אחד בעוף ועל רוב שנים בבהמה! לא

רש"י

לא לכל אמר רבי מאיר. לא לכל הדברים אמר רבי מאיר שמה שחיטה, כדמפרש, דמודה ר"מ שאינה מתירתה באכילה. ולקמן פריך: פשיטא! בן ט' חי. דלאו ירך אמו הוא כולי האי, ולענין שחיטה מיתשברי בשחיטת האם. הא נמי נתפרש בשחיטת הטרפה. סד"א. קמ"ל. דאינה מתירתה, ובעי למשחטיה. ושחיטת עצמו מתירתו, כדקי"ל (לעיל דף עד.) דארבעה סימנין אכשר ביה רחמנא בבן תשעה חי. והא אמר ר"מ. בפרק "בהמה המקשה" (לעיל דף עד.): בן פקועה, אפילו היא כשרה, טעון שחיטה! לא צריכא. לא קא דר' אתא, אלא משום דרבי סבר לה כר' מאיר באותו ואת בנו כדאמר לעיל. וסבר לה כרבנן. בבן פקועה, דלא שמעינן ליה דפליג. מהו דתימא: כיון דבן ט' הוא, ושחיטת עצמו מתירתו אפילו לרבי שמעון, כדקי"ל בפרק "בהמה המקשה" (שם): ארבעה סימנין אכשר ביה רחמנא, הילכך לאו ירך אמו הוא לאיתסורי משום טרפות דידה. ואימא: לרבי דסבר ליה כרבי מאיר, תהני ליה שחיטת אמו, ולא ליבעי למשחטיה דהא שחוטה היא, קמ"ל. את הטרפה. כגון נקבו רגליה, טרפות הכבד. ונמצאת טרפה. כבני מעיין. מתיר בהנאה. דשחיטה שאינה ראויה לאו שמה שחיטה, ולא קרינא ביה חולין שנשחטו בעזרה. דזביחה כתיב ביה (דברים יב) "כי ירחק [וזבחת]" – בריחוק מקום אתה זובח כו' (קדושין דף נז:). וסבר ר' שמעון חולין שנשחטו בעזרה דאורייתא. מ"וזבחת" כדפרשינן, דקבעי שחיטה ראויה. דאי א] רבנן, וטעמא דאסירי משום דמאן דחזי דנשחטו בפנים סבר קדשים נינהו, ואתי דמקלקלי להו בחוץ, ואתי למישרי אכילת קדשים בחוץ – מה לי ראויה ומה לי אינה ראויה? הא אתי לאיחלופי בקדשים פסולים! אין והתנן. בגניותא. וכן חיה. אע"ג דכולי עלמא ידעי דלאו קדשים נינהו. היינו דגזרינן חיה אטו בהמה. אטו שיפא נקט הא לישנא, דהא ודאי מהיכא דאיתרבי בהמה ב] בקדשים איתרבי חיה. וה"ק: אפילו לא כתיב, בדין הוא דגזור. יאניבא. תולעת האוכלת פשתן, טיי"ש בלע"ז. על בוביתא דמיא. על המשרה שמשפשתן שם. דמורח דמא. ירים התולעת ויברח, שאוכלת הוא לדם עוף. ושביק ליי. והיכי עביד הכי. דלא מכסי ליה. וצריך לדם. כגון זה. חייב לכסות. ולא יעשה מתוך רגליו. כיצד הוא עושה. והא פטור מן הכסוי. נוחרו. חונקו. עוקרו. עוקר סימנים. צא טרוף. עשהו תחילה טריפה ואח"כ שחוט, דתיהוי שחיטה שאינה ראויה. צא טרוף א"ל. רבי לר"ח. זו היא שחיטתו. ולריך כסוי. כאשר צויתיך. מכלל שנצטוה בעל פה הלכות שחיטה, שהרי בתורה לא מצינו שפירש.

תוספות

אימא תהני ליה שחיטת אמו. דוקא לו בן ח' – פשיטא דהוי ירך אמו, דאמר ב"אלו טרפות" (לעיל דף נח.) דולד היינו לפי שהוא חי ואין חיותו תלוי באמו. וא"ת: והיכי ס"ד דמשום דרבי סבר לה כר"מ באותו ואת בנו, דתיהני ליה שחיטת אמו? הא בכסוי הדם סבר לה כרבי שמעון! וי"ל: דבכל מילי סבר לה כר"מ, דאשכחנא ב"מרובה" (ב"ק דף ע.) דסתם לן כר' מאיר בתשלומי ארבעה וחמשה.

פשיטא דאמר רב יהודה וכי ימות מן הבהמה כו'. והא דלא מייתי מתניתין ד"בהמה המקשה" (לעיל דף עב:): לא, אם טיהרה שחיטת טרפה אותה כו' – משום דהוה מצי למיפרך: בן ח' חי יוכיח.

סלקא דעתך אמינא הואיל וא"ר שמעון מותר בהנאה. לא מצי למינקט: שוחט טרפה, והיא אותו ואת בנו. וסד"א, דכיון דפטור הוא – לאו שחיטה היא כלל, ולא מיטהרה מידי נבלה. דאיכא למימר דלענין שוחט הוא דלא הויא שחיטה, אבל לענין גופה הויא שחיטה. לכך מייתי ראיה, דאף לענין גופה, שתחשב חולין בעזרה לאסור בהנאה – לא הויא שחיטה.

אין והתנן רבי שמעון אומר כו'. משנה היא בפ' בתרא דתמורה (דף לג:). וממתני' דהכא דפטרינן חולין בעזרה מכסוי לא מייתי, משום דלא נזכר בה ר"ש, אלא: "וחכמים פוטרים", ורבי קתני לה. אבל ממתני' ד"מרובה" (ב"ק דף ע.) דפטר רבי שמעון חולין בעזרה מארבעה וחמשה הוה מצי למידק, דאי לא הויא דאורייתא – הוה חייב, כדמוכח התם בגמרא (דף עב:). שמא הכא בעי לאוכומי דאסור בהנאה, וה"ק: מכלל דסבר רבי שמעון דחולין בעזרה אסורים בהנאה דאורייתא. לכך לא מייתי ההיא ד"מרובה" (שם דף ע.) דמהתם לא הוה מצי למידק איסור הנאה, אלא איסור אכילה. וא"ת: ומאי קשה ליה, דקא מתמה: וסבר רבי שמעון חולין שנשחטו בעזרה דאורייתא? וי"ל: משום דאיכא ברייתא ב"האיש מקדש" (קדושין דף נח.) דקאמר רבי שמעון דהמקדש בחולין שנשחטו בעזרה – מקודשת, ומכח ההיא דמייתי מוקי התם בטרפה. ואין נראה, דא"כ הוה ליה לאתויי הכא ההיא ברייתא ולאוקמי בטרפה, כדמוקי התם. ונראה לר"ת: דקס"ל הך מתניתין גופה דמייתי, דקתני: וכן חיה – משמע דחיה הוי דרבנן, מדקתני "וכן", וא"כ בהמה נמי דרבנן. וקתני "וכן" משום דגזרינן חיה אטו בהמה, דאי מדאורייתא – חיה נמי דאורייתא, ומאי "וכן"? ומשני: אין, והתנן. כלומר, ומטונך, דמההיא גופה יש לדקדק שהיא דאורייתא, דאי דרבנן – הוי חיה גזירה לגזירה.

היינו דגזרינן חיה אטו בהמה. ב"האיש מקדש" (שם דף נח.) מייתי נמי מהך מתניתין דסבר ר"ש דחולין בעזרה דאורייתא, ואין מאריך שם כמו כאן. ופירש ג] בקונט' דדייק מדהויא בשריפה, דאי דרבנן – לא היה טעון שריפה. ואי אפשר לומר כן, דבהדיא מדקדק כאן מכח חיה. וא"ת: דהכא משמע דאפילו הויא דאורייתא – הויא חיה דרבנן. והתם מייתי קרא לאסור בהמה חיה ועוף! ג] וי"ל: דרבי שמעון פליג אההיא ברייתא. ועי"ל: דלא פליגי. ונפרש כאן כפירוש הקונטרס דהתם, ואשריפה קאי הכא. דאי אמרת בשלמא דאורייתא, בין בהמה ובין חיה ועוף – היינו דגזרינן הכא בחיה שריפה אטו בהמה, אע"ג דבהמה גופה לא הויא בשריפה, אלא גזירה אטו קדשים שיצאו לחוץ שהם בשריפה. ובחיה ליכא למטעי אטו קדשים, ולא חשיבא גזירה לגזירה, כיון דלאסירא מיהא דאורייתא, והויא כולה חדא גזירה. אבל אי דרבנן, אמאי חיה בשריפה?

רבינו גרשום

הכי גרס' וסבר ר"ש חולין שנשחטו בעזרה דאורייתא כו'. כלומר דחולין הכא השוחט טרפה חולין בעזרה ר"ש מתיר בהנאה. (כלומר) משום דטרפה הוה דלא חשובה שחיטה. אבל אי שחט חולין כשרה בעזרה ס"ל דאסורה בהנאה: בהמה טעמא מאי דלמא אתי למיכל קדשים בחוץ. כלומר דאי שרינן חולין בעזרה הוה קא שרו נמי קדשים בחוץ: היא גופא גזירה. כלומר בהמת חולין בעזרה גזירה ואנן ליקום לגזור גזירה לגזירה. כלומר חיה אטו בהמה: יניבא טִיְנָא בלע"ז. כלומר הפשתן היה במשרה בתוך המים ולשם הות ביה ייניבא: על בוביתא דמיא. כלומר על המשרה: צא טרוף א"ל. כלומר עשה בה אחד מי"ח טרפות קודם שתשחטהו ואח"כ שחטהו דהו"ל שחיטה שאינה ראויה ואי אתה צריך לכסות: וכי תימא קא סבר אין שחיטה לעוף מן התורה ונחירתו זו היא שחיטתו. כלומר אם היה נוחר היה צריך לכסות א) לא מיבעיא צא נחור: דיש שחיטה לעוף מן התורה. כלומר דלא אמרי' נחירתו זו היא שחיטתו ואם אתה נוחר אי אתה חייב לכסות אבל צא טרוף כו': קמ"ל דר' חייא בר אבא. כלומר דראה רבי דבריו של ר"ש בכסוי הדם דבעינן שחיטה ראויה: וכי תימא קסבר שחיטה שאינה ראויה שמה שחיטה. כלומר ואי טורף אעפ"כ צריך לכסות דשחיטה שאינה ראויה שמה שחיטה: והא

א) נראה דצ"ל לא מבעיא לא נחור דלאו שחיטה היא כלל. כלומר דלא אמרי' וכו' אי אתה חייב לכסות דיש שחיטה לעוף מה"ת אבל לא טרוף וכו'.

עין משפט נר מצוה

יח א מיי' פ"ב מהל' שחיטה הל' ב סמג עשין סג:

יט ב (מיי' פי"ד שם) סמג עשין סד טוש"ע י"ד סי' כח סעיף יח:

שיטה מקובצת

א] מהיכא דאיתרבי בהמה בקדשין (דף נז) אתרבי חיה: ב] ופי' שם בקונטרס דדייק מדהויא:

גליון הש"ס

גמ' אתא לקמיה דרבי. עיין ירושלמי פרק ה' דמעשר שני:

הגהות מהר"ב רנשבורג

א] רש"י ד"ה וסבר ר"ש חולין וכו' שחיטה ראויה דאי רבנן. מלת רבנן נמחק. ונ"ב מדרבנן: ב] ד"ה היינו דגזרינן וכו' דאיתרבי בהמה בקדשים. מלת בקדשים נמחק. ונ"ב עי' בקידושין דף נ"ז ע"ב ועי' ריטב"א: ג] תוס' ד"ה היינו וכו' וי"ל דר"ש פליג אההיא בריית'. נ"ב עי' זבחים ס"ח ע"א תוס' ד"ה אומר לאמר וכו':

מסורת הש"ס

[לעיל פ. וש"נ]

לעיל עד. לקמן קכח: זבחים סט:

[קדושין נח.]

תמורה לג: קדושין נח.

[שבת יח: ביצה ג. יבמות כא: וש"נ]

לעיל כז: [תוספתא פ"ו ע"ש]

[לעיל ז: וש"נ]

לעיל כח: יומא עה:

לֹא מִיבְּעָיָא קָאָמַר. רַב דִּימִי מוֹדֶה הוּא בִּנְחִירָה דְּלָא בָּעֵי כִּסּוּי. אֶלָּא הָכִי קָאָמַר רַב דִּימִי, דִּבְ"צֵא טְרוֹף" סַגְיָא, וְכָל שֶׁכֵּן בְּ"צֵא נְחוֹר". אִימָא זוֹ הִיא שְׁחִיטָתוֹ. קָא מַשְׁמַע לָן: "צֵא נְחוֹר". וְרַבִּי לְטַעְמֵיהּ, דְּאָמַר: יֵשׁ שְׁחִיטָה לָעוֹף, מִ"כַּאֲשֶׁר צִוִּיתִךָ". וּמִי נָפַל יָאנִיבָא בְּבִיתְנֵיהּ. דְּרַבִּי חִיָּיא. בְּנֵי הַגּוֹלָה. לָאו אַנְשֵׁי כְּנֶסֶת הַגְּדוֹלָה קָאָמַר, אֶלָּא בְּסוֹף דּוֹרוֹת אַחֲרוֹנִים קָאָמַר, שֶׁהִתְחִילוּ לִלְקוֹת בְּנֵי אֶרֶץ יִשְׂרָאֵל בְּיַיִן וּפִשְׁתִּים מִפְּנֵי שֶׁנִּתְקַלְקְלוּ דּוֹרוֹת, וּמִשֶּׁעָלוּ מִבְּנֵי בָּבֶל לְכָאן שֶׁהָיוּ חֲסִידִים, פָּסְקוּ כָּאן הַזְּוָעוֹת. וְנָתְנוּ חֲכָמִים עֵינֵיהֶם בְּרַבִּי חִיָּיא וּבָנָיו. שֶׁבִּזְכוּתָם בָּאתָה טוֹבָה זֹאת. רַבִּי חִיָּיא וּבָנָיו מִבָּבֶל עָלוּ, כִּדְאָמְרִי' בִּשְׁלֹהֵי פ"ק דְּסוּכָּה (דף כ.). זִיקִין וּזְוָעוֹת וּרְעָמִים וְרוּחוֹת. מְפֹרָשׁ בְּבִרְכוֹת בְּ"הָרוֹאֶה" (דף נט.) דְּכוּלָּן לְקַלָּלָה. זְוָעוֹת. הָאָרֶץ מִזְדַּעְזַעַת. רוּחוֹת. זַעֲפָא, אשטורביי"ל. כִּדְרַב יְהוּדָה. דְּאָמַר: זְכוּתָא דְּצַדִּיקֵי לְאַחֲרִינֵי מְהַנֵּי וְלָאו לְדִידְהוּ בְּהַאי עָלְמָא. חֲנִינָא בְּנִי. הוּא רַבִּי חֲנִינָא בֶּן דּוֹסָא, וּבְיָמָיו הָיָה קוֹל זֶה יוֹצֵא. דַּי [לוֹ] בְּקַב חָרוּבִין. מִתְפַּרְנֵס בְּצַעַר וּבְדָלְמוּס. מתני' וַאֲחֵרִים רוֹאִין אוֹתָן. דַּאֲמַרַן בְּרֵישׁ מְכִילְתִּין (דף ג.) דִּשְׁחִיטָתָן כְּשֵׁרָה – אוֹתָן אֲחֵרִים חַיָּיבִין לְכַסּוֹת, כִּדְתְנַן לְקַמָּן (דף פז.): שָׁחַט וְלֹא כִּסָּה, וְרָאָהוּ אַחֵר – חַיָּיב לְכַסּוֹת. פָּטוּר מִלְּכַסּוֹת. וְטַעְמָא מְפָרֵשׁ בַּגְּמָ', דְּר"מ חָשֵׁיב לֵיהּ כִּנְבֵלָה גְּמוּרָה. וַחֲכָמִים אוֹסְרִין. שֶׁמָּא יָפֶה שָׁחֲטוּ, וְהָוְיָא לָהּ שְׁחִיטָה מְעַלְּיָיתָא. שֶׁאֵינוֹ סוֹפֵג. *דְּהַתְרָאַת סָפֵק הִיא. גמ' מַאי שְׁנָא רֵישָׁא דְּלָא פְּלִיגִי. וְלִיחַיְּיבוּ לְכַסּוֹת מִסָּפֵק! סֵיפָא אָמְרִי בִּשְׂרָא הוּא דְּלָא מִבָּעְיָא לֵיהּ. הָרוֹאֶה שֶׁאֵין שׁוֹחֲטִין בְּנוֹ אַחֲרָיו, אֵין מֵבִין שֶׁמִּשּׁוּם אוֹתוֹ וְאֶת בְּנוֹ הוּא, אֶלָּא אוֹמֵר: אֵינוֹ צָרִיךְ לַבָּשָׂר. רֵישָׁא נָמֵי. לִיחַיְּיבוּהוּ לָרוֹאֶה לְכַסּוֹת מִסָּפֵק, וְאַף"ה לָא אָתֵי לְמֵיכַל מִינֵּיהּ, דְּאָמְרִי: כִּסּוּי זֶה אֵינוֹ אֶלָּא כְּדֵי לְנַקֵּר חֲצֵרוֹ! הָכִי גָּרְסִי': שָׁחַט בְּאַשְׁפָּה מַאי אִיכָּא לְמֵימַר ב]. שָׁחַט בָּאַשְׁפָּה, הַכֹּל יוֹדְעִים שֶׁהַכִּסּוּי לָאו לְנַקֵּר הוּא ג]. אִם בָּא לִימָּלֵךְ. לְבֵית דִּין, הָרוֹאֶה שֶׁשְּׁחָטוֹ וְהַדָּם מְגוּלֶּה, וְאָמַר: כְּלוּם אֲנִי חַיָּיב לְכַסּוֹת? וְאָנוּ אוֹמְרִים לוֹ: כַּסֵּה – אוֹמֵר בְּלִבּוֹ שֶׁהִיא שְׁחִיטָה, וְאָתֵי לְמֵיכַל. סֵיפָא נָמֵי בָּא לִימָּלֵךְ. מָה אֲנִי לִשְׁחוֹט אַחֲרֵיהֶם אֶת בְּנוֹ? וְאָנוּ אוֹמְרִים לוֹ: אָסוּר – הוּא סָבוּר שֶׁהִיא שְׁחִיטָה. אֶלָּא רַבָּנַן. לָאו לְהָכִי חָיְישִׁי, וּבְרֵישָׁא נָמֵי פְּלִיגֵי. לְחוּמְרָא. בְּמִלְּתָא דִּסְפֵיקָא אָזְלִינַן לְחוּמְרָא. מְחַיֵּיב. מַלְקוֹת, דִּסְבִירָא לֵיהּ: וַדַּאי נְבֵלָה הִיא, וְהָאוֹכְלָהּ לוֹקֶה. מַאי אִירְיָא רוֹב אֲפִילּוּ מִיעוּט. מַעֲשֵׂיהֶם מְקוּלְקָלִין וְרוּבָּן מְתוּקָּנִין, הֲוָה פְּשִׁיטָא לָן דִּנְבֵלָה הִיא לְר"מ, דְּהָא שָׁמְעִינַן לֵיהּ דְּחָיֵישׁ לְמִיעוּטָא. וּסְמוֹךְ מִיעוּטָא לַחֲזָקָה, שֶׁבְּהֵמָה זוֹ בְּחֶזְקַת אִיסּוּר אֵבֶר מִן הַחַי הָיְתָה עוֹמֶדֶת, וְלֹא נוֹדַע לְךָ שֶׁנִּשְׁחֲטָה. וְאִיתְרַע לֵיהּ רוּבָּא. תִּקּוּן מַעֲשֵׂיהֶם. דִּתְנַן. כִּי הַאי גַּוְונָא ד]. שֶׁדַּרְכּוֹ שֶׁל תִּינוֹק לְטַפֵּחַ. יָדָיו בָּאַשְׁפּוֹת שֶׁשְּׁרָצִים מְצוּיִים שָׁם, וְטִימֵּא אֶת הָעִיסָּה, שֶׁאָנוּ רוֹאִין שֶׁנָּגַע בָּהּ. וְאִיתְרַע

[לעיל פה.]
[לעיל ד. וש"נ]
תענית כד: ברכות יז:
[נ"ל דעבירת]

לֹא מִיבְּעָיָא קָאָמַר, לֹא מִיבְּעָיָא "צֵא נְחוֹר" – דְּלָאו שְׁחִיטָה הִיא כְּלָל, אֲבָל "צֵא טְרוֹף" – אֵימָא: שְׁחִיטָה שֶׁאֵינָהּ רְאוּיָה שְׁמָהּ שְׁחִיטָה, וְלִיבְעֵי כִּסּוּי, קמ"ל כְּדְר' חִיָּיא בַּר אַבָּא. וּלְמ"ד: "צֵא נְחוֹר", מ"ט לָא אָמַר: "צֵא טְרוֹף"? וְכִי תֵּימָא, קָסָבַר: שְׁחִיטָה שֶׁאֵינָהּ רְאוּיָה שְׁמָהּ שְׁחִיטָה; וְהָא *א"ר חִיָּיא בַּר אַבָּא א"ר יוֹחָנָן: רָאָה רַבִּי דְּבָרָיו שֶׁל רַבִּי שִׁמְעוֹן בְּכִסּוּי הַדָּם, וּשְׁנָאוֹ בִּלְשׁוֹן חֲכָמִים! לֹא מִיבְּעָיָא קָאָמַר, לֹא מִיבְּעָיָא "צֵא טְרוֹף", דִּשְׁחִיטָה שֶׁאֵינָהּ רְאוּיָה לֹא שְׁמָהּ שְׁחִיטָה, אֲבָל "צֵא נְחוֹר" – אֵימָא: *אֵין שְׁחִיטָה לָעוֹף מִן הַתּוֹרָה, וּנְחִירָתוֹ זוֹ הִיא שְׁחִיטָתוֹ, וְלִיבְעֵי כִּסּוּי, קמ"ל: "כַּאֲשֶׁר צִוִּיתִיךָ". וּמִי נָפַל לֵיהּ יָאנִיבָא בְּבִיתְנֵיהּ? וְהָאָמַר רָבִין בַּר אַבָּא, וְאָמְרִי לָהּ אָמַר רַבִּי אָבִין בַּר שְׁבָא: מִשֶּׁעָלוּ בְּנֵי הַגּוֹלָה פָּסְקוּ הַזִּיקִין וְהַזְּוָעוֹת וְהָרוּחוֹת וְהָרְעָמִים, וְלֹא הֶחְמִיץ יֵינָם וְלֹא לָקָה פִּשְׁתָּנָם, וְנָתְנוּ חֲכָמִים עֵינֵיהֶם בְּרַבִּי חִיָּיא וּבָנָיו! כִּי מְהַנְיָא זְכוּתַיְיהוּ – אַעָלְמָא, אַדִּידְהוּ – לָא. כִּדְרַב יְהוּדָה אָמַר רַב, *דְּאָמַר רַב יְהוּדָה אָמַר רַב: בְּכָל יוֹם וָיוֹם בַּת קוֹל יוֹצֵאת וְאוֹמֶרֶת: כָּל הָעוֹלָם כּוּלּוֹ – נִיזּוֹן בִּשְׁבִיל חֲנִינָא בְּנִי, וַחֲנִינָא בְּנִי – דַּי לוֹ בְּקַב חָרוּבִין מֵעֶרֶב שַׁבָּת לְעֶרֶב שַׁבָּת. §

מתני' *חֵרֵשׁ שׁוֹטֶה וְקָטָן שֶׁשָּׁחֲטוּ וַאֲחֵרִים רוֹאִין אוֹתָם – חַיָּיב לְכַסּוֹת; בֵּינָן לְבֵין עַצְמָן – פָּטוּר מִלְּכַסּוֹת. וְכֵן לְעִנְיַן אוֹתוֹ וְאֶת בְּנוֹ, שֶׁשָּׁחֲטוּ וַאֲחֵרִים רוֹאִין אוֹתָן – אָסוּר לִשְׁחוֹט אַחֲרֵיהֶם; בֵּינָן לְבֵין עַצְמָן א) – רַבִּי מֵאִיר °מַתִּיר לִשְׁחוֹט אַחֲרֵיהֶן, וַחֲכָמִים אוֹסְרִים. וּמוֹדִים שֶׁאִם שָׁחַט – שֶׁאֵינוֹ סוֹפֵג אֶת הָאַרְבָּעִים. §

גמ' וְרַבָּנַן, מַאי שְׁנָא רֵישָׁא דְּלָא פְּלִיגִי, וּמַאי שְׁנָא סֵיפָא דִּפְלִיגִי? רֵישָׁא, אִי אָמְרִינַן חַיָּיבִין לְכַסּוֹת – אָמְרִי: שְׁחִיטָה מְעַלְּיָיתָא הִיא, וְאָתֵי לְמֵיכַל מִשְּׁחִיטָתָן. סֵיפָא נָמֵי, כֵּיוָן דְּקָאָמְרִי רַבָּנַן: אָסוּר לִשְׁחוֹט אַחֲרֵיהֶם – אָמְרִי: שְׁחִיטָה מְעַלְּיָיתָא הִיא, וְאָתֵי לְמֵיכַל מִשְּׁחִיטָתָן! סֵיפָא אָמְרִי: בִּשְׂרָא דְּלָא קָא מִיבְּעָיָא לֵיהּ. רֵישָׁא נָמֵי, אָמְרִי: לְנַקֵּר חֲצֵירוֹ הוּא צָרִיךְ! שָׁחַט בָּאַשְׁפָּה, מַאי אִיכָּא לְמֵימַר? בָּא לִימָּלֵךְ, מַאי אִיכָּא לְמֵימַר? וְלִיטַעְמִיךְ, סֵיפָא נָמֵי, בָּא לִימָּלֵךְ מַאי אִיכָּא לְמֵימַר? אֶלָּא: רַבָּנַן אַכּוּלָּהּ מִילְּתָא פְּלִיגִי, וְנָטְרֵי לֵיהּ לְר' מֵאִיר עַד דְּמָסֵיק לָהּ לְמִילְּתָא, וַהֲדַר פְּלִיגִי עִילָּוֵיהּ. בִּשְׁלָמָא רַבָּנַן – לְחוּמְרָא; אֶלָּא רַבִּי מֵאִיר, מַאי טַעְמָא? אָמַר רַבִּי יַעֲקֹב אָמַר רַבִּי יוֹחָנָן: מְחַיֵּיב הָיָה רַבִּי מֵאִיר עַל שְׁחִיטָתָן מִשּׁוּם נְבֵלָה. מַאי טַעְמָא? אָמַר רַבִּי אַמִּי: הוֹאִיל וְרוֹב מַעֲשֵׂיהֶן מְקוּלְקָלִים. אֲמַר לֵיהּ רַב פַּפָּא לְרַב הוּנָא בְּרֵיהּ דְּרַב יְהוֹשֻׁעַ, וְאָמְרִי לָהּ רַב הוּנָא בְּרֵיהּ דְּרַב יְהוֹשֻׁעַ לְרַב פַּפָּא: מַאי אִירְיָא רוֹב? אֲפִילּוּ מִיעוּט נָמֵי! דְּהָא רַבִּי מֵאִיר *חָיֵישׁ לְמִיעוּטָא; סְמוֹךְ מִיעוּטָא לַחֲזָקָה, וְאִתְרַע לֵיהּ רוּבָּא! *דִּתְנַן: תִּינוֹק שֶׁנִּמְצָא בְּצַד הָעִיסָּה וּבָצֵק בְּיָדוֹ – רַבִּי מֵאִיר מְטַהֵר, וַחֲכָמִים ג'מְטַמְּאִין, מִפְּנֵי שֶׁדַּרְכּוֹ שֶׁל תִּינוֹק לְטַפֵּחַ; וְאָמְרִינַן: מַאי טַעְמָא דְּרַבִּי מֵאִיר – קָסָבַר: רוֹב תִּינוֹקוֹת מְטַפְּחִין, וּמִיעוּט אֵין מְטַפְּחִין, וְעִיסָּה זוֹ בְּחֶזְקַת טָהֳרָה עוֹמֶדֶת, סְמוֹךְ

סיפא נמי כיון דאמרי רבנן אסור לשחוט אחריהם אמרי שחיטה מעלייתא היא. תימה: דמשום גזירה דלמא אתי למיכל נבלה, יש לי להתיר לאו דאותו ואת בנו מספק? מה לי לאו דאותו ואת בנו ומה לי לאו דנבלה? ולא דמי לרישא דפטרינן לכסות מספק, דשב ואל תעשה בעלמא הוא, ודלמא אתי למיכל! ויש לומר: דאי לאו דרוב מעשיהם מקולקלים – לא היו פוטרים מלכסות משום גזירה דלמא אתי למיכל. אלא שלא נחמיר להטעין כסוי אמרי' דפטור, משום דדלמא אתי למיכל. וכיון דרוב מעשיהם מקולקלין – יש לנו להתיר נמי לשחוט אחריהם, דלמא אתי למיכל.

מאי טעמא דר' מאיר הואיל ורוב מעשיהן מקולקלין. הקשה הר"ר שמואל מוורדין: ורבנן, מאי טעמייהו? אם רוב מעשיהם מתוקנין, א"כ יהא מותר לאכול משחיטתם! ועוד, השוחט אחריהם אמאי אינו סופג ארבעים? ואי פלגא ופלגא, אם סמוך פלגא דמקולקלין לחזקה דעומד בחזקת איסור, ואיתרע ליה מחלה דמתוקנים – אם כן יהא מותר לשחוט אחריהם, וגם יתחייבו על שחיטתן משום נבלה! וי"ל: דמספקא להו לרבנן אי רוב מעשיהם מקולקלין אי רוב מעשיהם מתוקנין, והשתא לא מהניא חזקה מידי. ולרבי מאיר, פשיטא ליה דרוב מעשיהם מקולקלין. ואם תאמר: ואף על גב דרוב מעשיהם מקולקלין, מ"מ, רבי מאיר כיון דחייש למיעוטא – אמאי לקי משום נבלה, ואמאי מותר לשחוט אחריהם? וי"ל: דסמוך חזקה לרוב מקולקלין, והוה ליה מיעוטא דמתוקנין מיעוטא דמיעוטא, ולמיעוטא דמיעוטא לא חייש רבי מאיר.

רוב תינוקות מטפחים. פי' בקונטרס: מטפחים באשפות. אבל בעיסה ודאי נגע, שהרי העיסה בידו. ור"ת מפרש דרוב תינוקות מטפחים בעיסה, דטיפוח שייך באוכלים ומשקין, כדאמרינן בע"ז בפרק "רבי ישמעאל" (דף ס:): או שהיה מטפח ע"פ חבית. וכן איתא בירושלמי בהדיא: מפני שדרכו של תינוקות לטפח בעיסה. אבל תינוק – ודאי טמא, דסתם תינוקות ודאי טמאים, דאמרי' בתוספתא (דטהרות פ"ג) שסתם תינוקות טמאים מפני שנשים נדות מגפפות ומנשקות אותם. ור"מ דמטהר – משום דאית לן למתלי באדם טהור שבא לשם, ונטל מן העיסה ונתן לו כדי שלא יטמא העיסה. וכי האי גוונא אמר במס' טהרות בפ"ג (מ"ז) לעיל מהך תינוק דהכא: תינוק שנמצא בצד בית הקברות ושושנים בידו, אע"פ שאין השושנים אלא ממקום הטומאה – טהור, שאני אומר: אדם טהור נתן לו. אע"פ שסתם תינוק טמא – היינו ממגע נדה, והתם – טהור מטומאת מת קאמר. אי נמי, מיירי בתינוק שהוא טהור בודאי שהניחתו אמו מלוכלך, כדתניא (בתוספתא שם): תינוק שהניחתו אמו, ובאה ומצאתו כמו שהוא – טהור! בד"א – שהניחתו מלוכלך, אבל הניחתו נקי – טמא, מפני שנשים נדות מגפפות ומנשקות אותו. ואף על פי שלא נמצא בצק בידו – מטמאים חכמים, דתניא בתוספתא (שם): תינוק שנמצא עומד בצד קופה של בצק, או בצד חבית של משקין – רבי מאיר מטהר, וחכמים מטמאין, שדרך התינוק לטפח. אמר רבי יוסי: אם יכול לפשוט ידו וליקח – טמא, ואם לאו – טהור. ולא נקט הכא בצק בידו אלא לרבותא דר"מ, דאפילו הכי תולין באדם טהור.

סמוך

[לעיל ו. וש"נ]
[נדה יח: קדושין פ. טהרות פ"ג מ"ח]

כ א מיי' פי"ד מהלכות שחיטה הל' י טוש"ע י"ד סי' כח סעיף יז:
כא ב מיי' פי"ב שם הל' ד סמג לאוין קמב טוש"ע י"ד סי' טז סעיף ט:
כב ג מיי' פט"ז מהל' שאר אבות הטומאה הלכה ג:

שיטה מקובצת

א] ר"מ מתיר לשחוט אחריהם. נ"ב עי' תוס' בבורות דף (כ' ע"א) [י"ח ע"ב]: ב] ה"ג שחט באשפה מאי איכא למימר בא לימלך מאי איכא למימר שחט באשפה הכל: ג] או בא לימלך לב"ד: ד] דתנן כי ה"ג בטהרות פ"ג הס"ד:

רבינו גרשום

והא [אמר] ר' חייא א"ר יוחנן כו'. הזיקן כוכבא דשביט כדמפרש בברכות (דף נח.): זועות. מירתת ארעא: רעמים. זו ברד שקורין טונדיר"א: בינן לבין עצמן פטורים מלכסות. כלומר אם שחטו דאמרי' דקלקלו בשחיטתן ואינה ראויה השחיטה: מאי שנא רישא דלא פליגי כו'. כלומר מ"ש לענין כסוי דם דלא פליגי רבנן [דאם שחטו] בינן לבין עצמן פטורין מלכסות דלא חשובה שחיטה ולענין אותו ואת בנו אוסרין לשחוט אחריהן דחשובה שחיטה: רישא נמי אמרי לנקר חצירו הוא צריך. כלומר אע"פ שבני אדם מכסין דם שחיטה ששחטו בינן לבין עצמן לא אתי למיכל אחריהן דאמרי בני אדם מה שהוא מכסה אינו עושה מטעם ששחיטתו שחיטה אלא לנקר חצירו הוא צריך אינו רוצה שיהא דם בחצירו: סיפא נמי בא להימלך מאי איכא למימר. כלומר סיפא דקא פליגי רבנן ואמרי דאסור לשחוט אחריהן דאמרי אינשי בשרא הוא דלא צריך ולא אתי למיכל משחיטתן: בא להימלך לבני אדם. שישאל לבני אדם אשחוט בנו אחריהם: מאי איכא למימר. אם לא ישחוט בשביל אותו ואת בנו אתי למיכל משחיטתן דאמרו בני אדם כיון דאינו שוחט אחריו ודאי שחיטתו שחיטה ואתי למיכל משחיטתן: והדר פליגי עילויה. כלומר כשם דפליגי רבנן אאותו ואת בנו דאמרי אסור לשחוט אחריהם כך פליגי אכסוי הדם דאמרי חייבין לכסות בני אדם הרואין את הדם: מאי איריא רוב אפי' מיעוט נמי. כלומר מאי איריא דרוב מעשיהם מקולקלים אפי' מיעוט מעשיהם מקולקלים ורוב מעשיהן כשרים: סמוך מיעוטא דמקולקלין לחזקה. דבהמה בחייה בחזקת איסור עומדת ואיתרע לה רובא דכשרין ואינה חשובה שחיטה לדברי הכל ויהא מותר לשחוט אחריהם ואם אמרו ספק טומאה לטהר. כלומר אם אזיל ר"מ אחר מיעוט לענין אותו ואת בנו שיאמר אם רוב מעשיהן מתוקנים ומיעוט מעשיהם מקולקלים שאין חשובה שחיטה ומותר לשחוט אחריהן:

שהוא

סָמוּךְ מִיעוּטָא לַחֲזָקָה, וְאִיתְרַע לֵיהּ רוּבָּא! א] אִם אָמְרוּ סָפֵק טוּמְאָה לְטַהֵר, יֹאמְרוּ סָפֵק אִיסּוּר לְהַתִּיר? הוֹרָה רַבִּי כְּר"מ, וְהוֹרָה רַבִּי כַּחֲכָמִים. *הֵי מִינַּיְיהוּ דַּאֲחַרַיְתָא? תָּא שְׁמַע: דְּרַבִּי אַבָּא בְּרֵיהּ דְּרַבִּי חִיָּיא בַּר אַבָּא וְרַבִּי זֵירָא הֲווּ קָיְימִי בְּשׁוּקָא דְּקֵיסָרִי אַפִּתְחָא דְּבֵי מִדְרְשָׁא. נְפַק רַבִּי אַמִּי אַשְׁכְּחִינְהוּ, אָמַר לְהוּ: לָאו אֲמֵינָא לְכוּ, בְּעִידָּן בֵּי מִדְרְשָׁא לָא תִּקְימוּ אַבָּרַאי, דִּילְמָא אִיכָּא אֱינָשׁ דְּמִיצְטְרִיכָא לֵיהּ שְׁמַעְתָּא, וְאָתֵי לְאִיטְרוּדֵי? רַבִּי זֵירָא עָל, רַבִּי אַבָּא לָא עָל. יָתְבִי וְקָא מִיבַּעְיָא לְהוּ: הֵי מִינַּיְיהוּ אַחֲרַיְתָא? אָמַר לְהוּ רַבִּי זֵירָא: לָא שְׁבַקְתּוּן לִי דְּאֶשְׁיְילֵיהּ לְסָבָא, דִּילְמָא שְׁמִיעַ לֵיהּ מֵאֲבוּהּ, וַאֲבוּהּ מִינֵּיהּ דְּרַבִּי יוֹחָנָן! *דְּרַבִּי חִיָּיא בַּר אַבָּא כָּל תְּלָתִין יוֹמִין קָא מְהַדַּר תַּלְמוּדֵיהּ קַמֵּיהּ דְּר' יוֹחָנָן. מַאי הֲוֵי עֲלַהּ? תָּא שְׁמַע, דִּשְׁלַח רַבִּי אֶלְעָזָר לַגּוֹלָה: הוֹרָה רַבִּי כְּר' מֵאִיר; וְהָא כְּרַבָּנַן נַמִּי אוֹרִי? אֶלָּא לָאו ש"מ: הָא דַּאֲחַרַיְתָא, ש"מ.

מַתְנִי' אשָׁחַט מֵאָה חַיּוֹת בְּמָקוֹם אֶחָד – כִּסּוּי אֶחָד לְכוּלָּן, מֵאָה עוֹפוֹת בְּמָקוֹם אֶחָד – כִּסּוּי אֶחָד לְכוּלָּן. חַיָּה וָעוֹף בְּמָקוֹם אֶחָד – כִּסּוּי אֶחָד לְכוּלָּן. רַבִּי יְהוּדָה אוֹמֵר: שָׁחַט חַיָּה – יְכַסֶּנָּה, וְאח"כ יִשְׁחוֹט אֶת הָעוֹף.

גְּמָ' ת"ר: "חַיָּה" – כָּל מַשְׁמַע חַיָּה, בֵּין מְרוּבָּה וּבֵין מוּעֶטֶת; "עוֹף" – כָּל מַשְׁמַע עוֹף, בֵּין מְרוּבֶּה וּבֵין מוּעָט; מִכָּאן אָמְרוּ: שָׁחַט מֵאָה חַיּוֹת בְּמָקוֹם אֶחָד – כִּסּוּי אֶחָד לְכוּלָּן, מֵאָה עוֹפוֹת בְּמָקוֹם אֶחָד – כִּסּוּי אֶחָד לְכוּלָּן, חַיָּה וָעוֹף בְּמָקוֹם אֶחָד – כִּסּוּי אֶחָד לְכוּלָּן. רַבִּי יְהוּדָה אוֹמֵר: שָׁחַט חַיָּה – יְכַסֶּנָּה, וְאַחַר כָּךְ יִשְׁחוֹט אֶת הָעוֹף, שֶׁנֶּאֱמַר: °"חַיָּה אוֹ עוֹף". אָמְרוּ לוֹ: הֲרֵי הוּא אוֹמֵר °"כִּי נֶפֶשׁ כָּל בָּשָׂר דָּמוֹ בְנַפְשׁוֹ הוּא"! מַאי קָא מְהַדְּרִי לֵיהּ? הָכִי קָאָמְרִי לֵיהּ רַבָּנַן: הַאי "אוֹ" – מִיבְּעֵי לֵיהּ לְחַלֵּק. וְר' יְהוּדָה, לְחַלֵּק – מִ"דָּמוֹ" נָפְקָא. וְרַבָּנַן, "דָּמוֹ" – טוּבָא מַשְׁמַע, דִּכְתִיב: "כִּי נֶפֶשׁ כָּל בָּשָׂר דָּמוֹ בְנַפְשׁוֹ הוּא". א"ר חֲנִינָא: מוֹדֶה הָיָה רַבִּי יְהוּדָה לְעִנְיַן בְּרָכָה, שֶׁאֵינוֹ מְבָרֵךְ אֶלָּא בְּרָכָה אַחַת. א"ל רָבִינָא לְרַב אַחָא בְּרֵיהּ דְּרָבָא, וְאָמְרִי לַהּ רַב אַחָא בְּרֵיהּ דְּרָבָא לְרַב אַשִׁי: מַאי שְׁנָא מִתַּלְמִידֵי דְּרַב? *דְּרַב בְּרוֹנָא וְרַב חֲנַנְאֵל תַּלְמִידֵי דְּרַב הֲווּ יָתְבִי בִּסְעוּדָתָא, קָאֵי עֲלַיְיהוּ רַב יֵיבָא סָבָא. אֲמַרוּ לֵיהּ: הַב לִיבְרִיךְ! הֲדוּר אֲמַרוּ לֵיהּ: הַב לִישְׁתֵּי! אֲמַר לְהוּ רַב יֵיבָא סָבָא, הָכִי אֲמַר רַב: בכֵּיוָן דַּאֲמַר "הַב לִיבְרִיךְ" – אִיתְּסַר לֵיהּ לְמִשְׁתֵּי חַמְרָא; הָכָא נַמִּי, כֵּיוָן דְּאִיטַּפַּל לֵיהּ לְכִסּוּי – אִיחַיֵּיב לֵיהּ לִבְרָכָה! הָכִי

תורה אור: ויקרא יז; שם

רש"י: וְאִיתְרַע לֵיהּ רוּבָּא. אַלְמָא אָמְרִינַן הָכִי, וה"נ, לָמָּה לִי רוֹב? וּמְשַׁנֵּי: אִם אָמְרוּ סָפֵק טוּמְאָה לְטַהֵר. ע"י חֲזָקָה וּמִיעוּט. יֹאמְרוּ סָפֵק אִיסּוּר לְהַתִּיר. הִילְכָּךְ, אִי לָאו דְּרוֹב מַעֲשִׂיּוֹת מְקוּלְקָלִין, דְּאִיכָּא רוּבָּא וַחֲזָקָה – לֹא הָיָה מַתִּיר לִשְׁחוֹט אַחֲרֶיהָ, דר"מ חָיֵישׁ לְמִיעוּטָא, וְשֶׁמָּא יָפֶה שָׁחַט. הֵי מִינַּיְיהוּ דַּאֲחַרַיְתָא. אֵיזוֹ מִן הַהוֹרָאוֹת אַחֲרוֹנָה, דְּסָמְכִינַן עֲלֶיהָ, דְּנֵימָא חָזַר בֵּיהּ מִקַּמַּיְיתָא? וְאָתֵי לְאִיטְרוּדֵי. שֶׁמָּא לֹא תְּהֵא בָּרוּר הַשְּׁמוּעָה לְאוֹתָם שֶׁבִּפְנִים לְהָשִׁיב לַשּׁוֹאֵל, וְאִם הֱיִיתֶם שָׁם הֱיִיתֶם אוֹמְרִים אוֹתָהּ. לָא שְׁבַקְתּוּן דְּאֶשְׁיְילֵיהּ. לֹא הָיִיתִי יוֹדֵעַ שֶׁהָיְתָה שְׁאֵלָה זוֹ בִּפְנִים בְּעוֹדִי אֵצֶל רַבִּי אַבָּא, וְהָיִיתִי שׁוֹאֲלוֹ. ת"ש. דִּשְׁלַח רַבִּי אֶלְעָזָר: הֱווּ יוֹדְעִים שֶׁהוֹרָה רַבִּי כְּרַבִּי מֵאִיר. וְהָאַחֶרֶת לֹא חָשׁ לְהוֹדִיעָם. מַתְנִי' שָׁחַט מֵאָה חַיּוֹת כו'. מְפָרֵשׁ טַעֲמַיְיהוּ בַּבָּרַיְיתָא בַּגְּמָרָא. גְּמָ' כָּל מַשְׁמַע חַיָּה. הַכֹּל מַשְׁמָע. בֵּין מְרוּבָּה. חַיּוֹת הַרְבֵּה. בֵּין מוּעֶטֶת. אַחַת. חַיָּה אוֹ עוֹף. הִפְסִיק זֶה מִזֶּה, לְהַטְעִין כִּסּוּי לְכָל אֶחָד וְאֶחָד. מִיבְּעֵי לֵיהּ לְחַלֵּק. דְּאִי לָאו "אוֹ", הֲוָה אָמֵינָא: אֵין צָרִיךְ כִּסּוּי אֶלָּא א"כ שָׁחַט שְׁנֵיהֶן. לְעִנְיַן בְּרָכָה. עַל הַשְּׁחִיטָה, אֵין צָרִיךְ לְבָרֵךְ לְאַחַר כִּסּוּי. קָאֵים עֲלַיְיהוּ. מְשַׁמֵּשׁ בִּסְעוּדָה הָיָה. הַב לִיבְרִיךְ. מְזוֹג כּוֹס לְבִרְכַּת הַמָּזוֹן. וְחָזְרוּ וְנִמְלְכוּ וְאָמְרוּ: מְזוֹג לִשְׁתּוֹת. כֵּיוָן דַּאֲמַר הַב לִיבְרִיךְ. גַּלִּי אַדַּעְתֵּיהּ דִּגְמָרָה סְעוּדָתָא, וְאָסוּר לִשְׁתּוֹת עַד שֶׁיְּבָרֵךְ לְפָנָיו, שֶׁאֵין מִצְטָרֶפֶת לִסְעוּדָה רִאשׁוֹנָה. כֵּיוָן דְּאִיטַּפַּל לְכִסּוּי. הַפְסָקָה הִיא מִלִּשְׁחוֹט, וְכִי הָדַר שָׁחֵיט – אִיחַיֵּיב לֵיהּ בִּבְרָכָה. מִישְׁתָּא

תוספות: **סמוך** מיעוטא לחזקה ואיתרע ליה רובא. וביבמות בפ' בתרא (דף קיט.) משמע דהוה ליה פלגא ופלגא. וטעם דספק טומאה לטהר, ואע"פ שבטומאה נמי איכא איסור אם היא תרומה, מפרש רבינו חיים: משום דתינוק הוי דבר שאין בו דעת לישאל – גמרינן מסוטה לטהר אפילו ברה"י, ואע"ג דליכא חזקה, כגון הכא, דכי סמכינן מיעוטא לחזקה – הוי פלגא ופלגא. וא"ת: אמאי קא"ר יוחנן בפרק "עשרה יוחסין" (קדושין דף פ.) דלרבנן עשו תינוק כמו שיש בו דעת לישאל? והא לרבנן בלאו הכי אתי שפיר דמטמו, דלא חיישי למיעוטא, ורובא וחזקה – רובא עדיף! וי"ל: דרוב תינוקות מטפחין לא הוי רוב גמור, ומשום דנראה כאילו הוא רוב עשאוהו כמו שיש בו דעת לישאל. ולהכי קא"ר יוחנן דאין שורפין עליו תרומה וקדשים. ואי הוי רוב גמור, אמאי אין שורפין? כמו בההוא דפרק "כל היד" (נדה דף יח.) דא"ר יוחנן: בשלשה דברים הלכו חכמים אחר הרוב ועשאום כודאי לשרוף עליו כו'. והתם נמי קאמר: אי למעוטי הך דתינוק, הא א"ר יוחנן חדא זימנא דאין שורפין עליו תרומה וקדשים! והיינו טעמא, דהתם הוי רוב גמור. וא"ת, למה ליה למימר: לר"מ סמוך מיעוטא לחזקה? בלא חזקה נמי הוא מטהר, דכיון דחייש למיעוטא – אם כן הוי ספק, ויש לטהר, כיון דהוי דבר שאין בו דעת לישאל! וליכא למימר: אף על גב דהוי ספק, מ"מ לא גמרינן מסוטה לטהר אלא בפלגא ופלגא. דנהי דמסוטה לא נילף, נילף מדרב גידל דדריש (סוטה דף כט.): "אשר יגע בכל טמא" – ודאי טמא, הא ספק יאכל. ומוקי לה באין בו דעת לישאל! וי"ל: דבלא חזקה נמי טהור. ולא נקט סמוך מיעוטא לחזקה, אלא לומר דחזקה לא הויא בהדי רובא, דאי הויא בהדי רובא – הוי מיעוטא דמיעוטא. ולמאי *דפריך לעיל בפ"ק (דף יא.) לר"מ דלא חייש למיעוטא אלא מדרבנן להחמיר – אתי שפיר, דבלא חזקה לא הוה חייש למיעוטא לטהר, אבל עם החזקה – חייש למיעוטא מן התורה, לכך מטהר.

(*יאמרו ספק איסור להתיר). וא"ת: בפ' "אין מעמידין" (ע"ז דף לד:) אסר ר"מ גבינות בית אונייקי, ומפרש טעמא בגמ': מפני שרוב עגלים שבאותה עיר נשחטין לעבודה זרה. ופריך: מאי איריא רוב? אפילו מיעוט נמי, דהא ר"מ חייש למיעוטא! ומאי קושיא? אם אין רוב נשחטים, א"כ מיעוטא דנשחטים – מיעוטא דמיעוטא, דאיכא לגבינה חזקת היתר, דמסייע לרוב! *ומיהו, איכא למיפרך: מאי איריא רוב? אפילו פלגא ופלגא נמי. **לחלק** מדמו נפקא. ואע"ג דבפרק "אותו ואת בנו" (לעיל דף עט.) מספקא ליה לרבי יהודה אי חוששין לזרע האב או לא, הכא דאיצטריך לחלק – היינו °משום דשמא אין חוששין. **אסור** לכו למישתי. פירש בקונטרס, וכן רבינו חננאל: אם לא תברכו "בורא פרי הגפן". אבל על ידי "ברכת בורא פרי הגפן" שרי למישתי קודם ברכת המזון. והשתא מייתי שפיר, דכי היכי ד"הב לן ונבריך" הוי גמר וצריך לברך אם רוצה לשתות – הכי נמי כסוי הוי גמר, וצריך לברך על השחיטה. וכן ב"ערבי פסחים" (דף קג.) מייתי ראיה מהך עובדא למאן דמברך אכסא קמא ואכסא דברכתא. וכן בפרק "כל הבשר" (לקמן דף קז:) אמרינן דשמש מברך על כל פרוסה ופרוסה – אין נראה דצריך לברך בכל פעם בהמ"ז, אלא ברכת "המוציא" ודאי צריך לברך. והא דאמר להו רב ייבא: אסור לכו למישתי, אע"פ שלא היה יודע אם רוצים לברך "בורא פרי הגפן" תחלה, מכל מקום היה מורה להם שלא יטעו וישתו בלא ברכה. והא דאמר ב"ערבי פסחים" דבשלא הניחו זקן או חולה, כשהן יוצאין טעונין ברכה למפרע, וכשהן חוזרין טעונין ברכה לכתחלה – התם עלה טובה קמ"ל, דשמא ישהו הרבה עד שיהו רעבים, ושוב לא יוכלו לברך ברכת המזון על אותה סעודה, כדאמר בברכות (דף נג:). וכן משמע דלא הויא אלא עלה טובה, דאם צריכין לברך ברכת המזון כשילאו, א"כ כשיחזרו – פשיטא דטעונין ברכה לכתחלה. וא"ת, דאמרינן בפרק "כיצד מברכין" (שם דף מב.): רבה ורבי זירא אכלו, סליקו תכא מקמייהו, אייתו לקמייהו כו' רבה אכל, ורבי זירא לא אכל. והשתא, אמאי לא אכל? כיון דלא בעי ברכת המזון, אלא ברכה שבתחלה! וי"ל: דבאותו מאכל היה מעורב בו לחם, והיה קשה לו ליטול את ידיו ולברך ברכת "המוציא". והא דתניא בתוספתא דברכות (פ"ד): בעל הבית שהיה אוכל, קראו חבירו לדבר עמו – אין צריך לברך למפרע, הפליג – צריך לברך למפרע, וכשהוא חוזר מברך לכתחלה – לא לאחר שהפליג קאמר דצריך לברך למפרע, כדמשמע לישנא. אלא הפליג היינו שקראו להפליג ולילך עמו רחוק, ואינו יודע מתי יחזור. לכך צריך לברך למפרע קודם שילא, שמא ישהה עד שיהא רעב. וכן משמע בפרק שלישי (יומא דף ל.) דקאמר: דיבר עם חבירו והפליג – צריך נטילת ידים. משמע: אבל בהמ"ז לא צריך, אלא נטילה ו"המוציא", ומיירי כשילא לא ידע שיפליג. ואין הלכה כאותה ברייתא, אלא כרב חסדא, דתניא כוותיה ב"ערבי פסחים" (דף קב.) דבדברים הטעונים ברכה לאחריהן במקומן אין צריך לברך אפילו ברכה לכתחלה, דלקבעיה קמא הדר. והך ברייתא אתיא כרבי יהודה, דמצריך שיניחו שם זקן או חולה.

משתא

עין משפט נר מצוה

כג א מיי' פ"ד מהל' שחיטה הל' ה טוש"ע י"ד סי' כח סעיף ט [וכרב אלפס עוד בפ' ערבי פסחים קנז.]:

כד ב מיי' פ"ד מהל' ברכות הל' ח ועיין בהשגות ובכ"מ סמג עשין כז טוש"ע א"ח סי' קעט סעיף א:

שיטה מקובצת

א] אם אמרו ספק טומאה לטהר. נ"ב ע' תוס' בכורות דף (כ) [יט] ע"א [ד"ה ר"י]:

גליון הש"ס

תוס' ד"ה לחלק וכו' משום דשמא אין חוששין. עי' בכ"ק דף נד ע"ב ודף סו ע"ב:

מסורת הש"ס

[יבמות סב: מנחות נב.]

[ברכות לח: ע"ש כריתות כז. ע"ש]

פסחים קג.

[נ"ל דפריקות לעיל בפ' קמא יב. ד"ה פסח]

רש"א מ"ז והר"א הוא ועי' רש"א ומהרש"א

נ"ל ומיהו לפי מאי דמסיק הכא הכא דאמרו ספק טומאה לטהר אם אמרו ספק איסור להתיר א"ש כל"ל ונמחק מ"ש בפנים ומיהו איכא כו'. מהר"מ ועי' רש"א

רבינו גרשום

שהוא ספק איסור להתיר: הורה רבי כר"מ כו'. לענין אותו ואת בנו כר"מ דמתיר לשחוט אחריהם: הי מינייהו דאחריתא. כלומר איזו הוראה הורה באחרונה: לא שבקתון לי דאשיילינה לסבא. כלומר לר' אבא בריה דר' חייא בר אבא: בין מרובה בין מועטת. כלומר בין [שחט] חיות הרבה בין שחט חיות מעט: או מיבעי לחלק. כלומר חיה או עוף דאמינא עד דשחט חיה ועוף לא הוה חייב לכסות (בכיסוי) אתא או לחלק: לענין ברכה שאינו מברך אלא ברכה אחת. כלומר אע"ג דא"ר יהודה לענין כיסוי צריך חלוק לענין לברך על השחיטה אינו צריך לחיה ועוף אלא ברכה אחת: ה"ג כיון דאיטפל לה לכיסוי כו'. כלומר דהיכא [אמר] דאע"ג דלענין כסוי צריך חלוק לר' יהודה מ"מ אינו צריך לברך על השחיטה אלא ברכה אחת שאם שחט חיה ואח"כ עוף מיפטר בברכה אחת אמאי כיון דאיטפל ליה לכיסוי דחיה דמי כמי שכיסהו ומפסיק הכיסוי בין ברכה דחיה לברכה דעוף וצריך לברך נמי על העוף קודם שישחוט כדחזינן ברב ייבא סבא: הכי

הכי השתא? התם – משתא וברוכי בהדי הדדי לא אפשר, הכא – אפשר דשחיט בחדא, ומכסי בחדא. **מתני'** *שחט ולא כסה, וראהו אחר – חייב לכסות. כסהו ונתגלה – פטור מלכסות. כסהו הרוח – חייב לכסות. **גמ'** ת"ר: "ושפך וכסה" – מי ששפך יכסה. שחט ולא כסה, וראהו אחר, מנין שחייב לכסות? שנאמר: "ואומר לבני ישראל" – אזהרה לכל בני ישראל. תניא אידך: "ושפך וכסה" – *במה ששפך – בו יכסה, שלא יכסנו ברגל, שלא יהיו מצות בזויות עליו. תניא אידך: "ושפך וכסה" – מי ששפך הוא יכסנו. מעשה באחד ששחט, וקדם חבירו וכסה, וחייבו רבן גמליאל ליתן לו י' זהובים. איבעיא להו: שכר מצוה, או שכר ברכה? למאי נפקא מינה – לברכת המזון; אי אמרת שכר מצוה – אחת היא, ואי אמרת שכר ברכה – הויין ארבעים, מאי? תא שמע, דא"ל ההוא מינא לרבי: *מי שיצר הרים – לא ברא רוח, ומי שברא רוח – לא יצר הרים, דכתיב: "כי הנה יוצר הרים ובורא רוח"! אמר ליה: שוטה, שפיל לסיפיה דקרא – "ה' צבאות שמו". אמר ליה: נקוט לי זימנא תלתא יומי, ומהדרנא לך תיובתא. יתיב רבי תלת תעניתא. כי הוה קא בעי *מיברך, אמרו ליה: מינא קאי אבבא. אמר: "ויתנו בברותי רוש" וגו'. א"ל: רבי, מבשר טובות אני לך, לא מצא תשובה אויבך, ונפל מן הגג ומת. אמר לו: רצונך שתסעוד אצלי? אמר לו: הן. לאחר שאכלו ושתו, א"ל: כוס של ברכה אתה שותה, או ארבעים זהובים אתה נוטל? אמר לו: כוס של ברכה אני שותה. יצתה בת קול ואמרה: כוס של ברכה ישוה ארבעים זהובים. אמר רבי יצחק: עדיין ישנה לאותה משפחה בין גדולי רומי, וקוראין אותה משפחת בר לויאנוס. "כסהו ונתגלה". אמר ליה רב אחא בריה דרבא לרב אשי: מאי שנא מהשבת אבדה, *דאמר מר: "והשב" – אפילו מאה פעמים? אמר ליה: התם לא כתיב מיעוטא, הכא כתיב מיעוטא – "וכסהו". "כסהו הרוח". *אמר רבה בר בר חנה אמר רבי יוחנן: לא שנו אלא שחזר ונתגלה, אבל לא חזר ונתגלה – פטור מלכסות. וכי חזר ונתגלה מאי הוי? הא אידחי ליה! אמר רב פפא, זאת אומרת: אין דיחוי אצל מצות. ומאי שנא מהא דתניא: השוחט ונבלע דם בקרקע – חייב לכסות? התם כשרשומו ניכר. **מתני'** *דם שנתערב במים, אם יש בו מראית דם – חייב לכסות. נתערב ביין – רואין אותו כאילו הוא מים. נתערב בדם הבהמה או

משתא וברוכי בהדי הדדי לא אפשר. הלכך, כי אמר "הב לן ונברך" – נתנו דעתם לפסוק מלשתות. אבל זה, אע"פ שיודע שיכסה דם ראשון – לא הסיח דעתו מן השחיטה, וכל שעתא וזמן שחיטה היא לו, אפילו בשעת כיסוי אפשר דשחיט בחדא ידיה ומכסי בחדא ידיה. **גמ' ואומר** לבני ישראל. בפרשת כסוי הוא. במה ששפך. בידו. שלא יכסנו ברגל. גרסינן. ליתן לו. מפני שהפסידו שכר. ולקמן בעי: שכר מצות מעשה או שכר הברכה. ברכת המזון. ד' ברכות הן, והיכא ארבעים זהובים. ואי בתר מצוה אזלת *כו' חדא מצוה היא. ה' צבאות שמו. אלמא חדא הוא דבריינהו. נקוט לי זימנא. תן לי זמן. כי הוה בעי. רבי מיברך, כששהה רבי רוצה לסעוד. אמרו ליה. בני ביתיה: ההוא מינא שקבעת לו זמן קאי אבבא. אמר. רבי על עצמו מקרא הזה. ויתנו בברותי רוש. בסעודתי נותנין מרה. לבסוף אישתכח דלאו איהו הוא, אלא מין אחר הבא לבשרו על הראשון שעלה לגג ומת. ארבעים זהובים. שכר ארבע ברכות. שנה אחריתי* אמן. לאותה משפחה. של מבשר. דאמר מר. ב"אלו מציאות": "השב" – אפילו מאה פעמים משמע, ו"תשיבם" מפקינן לדרשה אחריתי. הכא נמי, "וכסה" טובא משמע! הכא כתיב מיעוטא. אי הוה כתיב "וכסה" הוה משמע שיהא נכסה כל שעה, ואפי' מאה זימנין. אבל "וכסהו" מיעוטא הוא, כסוי זה ותו לא. פטור מלכסות. דהא מכוסה ועומד הוא. הא אידחי ליה. מכסוי, דהא כיסהו ונתגלה פטור מלכסות! אין דיחוי. אין אמרינן דחוי אצל מצות, וכי אמרינן דחוי – בפסול קרבן הוא דאמרינן. חייב לכסות. אף על גב דלא חזר ונתגלה. **מתני'** נתערב ביין. שהוא אדום, ואין מראה הדם ניכר בו. רואין אותו. היין, כאילו הוא מים, ואם היה מראית דם ניכר במים כשיעור הזה – חייב לכסות. נתערב בדם הבהמה. דלאו בר כסוי הוא, ורובו דם בהמה. או

משתא וברוכי בהדי הדדי לא אפשר. מכאן היה אומר הר"ר יוסף טוב, שאם עמד מאכילתו והתפלל, כשחוזר וגא לאכול – לריך לברך ברכת המזון וליטול ידיו ולברך "המוציא", משום דמיכל ולצלויי בהדי הדדי לא אפשר. ואין נראה, דלא דמי כלל, משום דהכא "הב ונבריך" הוי גמר דבר, והוי הפסק. וכן כסוי, אי לאו דאפשר בהדי הדדי. אבל תפלה לא הוי גמר לסעודה, דלאו אם בירך בסעודה על הרעמים או אפילו "בפה"ג", יצטרך ליטול ידיו ולברך "המוציא", משום דמיכל וברוכי בהדי הדדי לא אפשר? והבדלה אמרינן ב"ערבי פסחים" (דף קב.) דאם הניחו מקלת חבירים ועקרו רגליהן רגליהן לבהכ"נ, כשהם חוזרין – אין טעונין ברכה לא למפרע ולא לכתחלה, אף על פי שהתפללו בנתיים. **ומכסי** בחדא ידא. יש להסתפק, אם שח בין שחיטה לשחיטה אם לריך לחזור ולברך. כמו *גבי תפילין, דאם שח בין תפילין לתפילין, דמברך שתים לרש"י – "להניח" על של יד, ו"על מלות" על של ראש, ולדברי ר"ת מברך על של ראש שתים. או שמא אין לריך לחזור ולברך, כמו באמלע סעודה, שיכול לדבר וא"ל לחזור ולברך "המוליא". ומיהו, אם אומר מענין שחיטה, כמו "תביא עוף לשחוט" או "הסכין" – פשיטא דאין לריך לחזור ולברך, כמו (ברכות דף מ.) "טול ברוך" "גביל לתורי". ואם לריך לחזור ולברך כמו בתפילין, אז אסור לדבר בין שחיטה לשחיטה, כמו בתפילין כדאמר ב"הקומץ רבה" (מנחות דף לו.) דעבירה היא בידו וחוזר עליה מעורכי המלחמה. ואין ראיה מתפילין, דהתם היא מלוה אחת ואין לו להפסיק, אבל בשחיטה, אי בעי שחיט אי בעי שביק ליה. ומ"מ, נראה דאיסורא הוא להביא עלמו לידי לחזור ולברך, כדמוכח בפרק "אלו נאמרין" (סוטה דף מא.)* דתנן: נוטל ס"ת וקורא בו "אחרי מות" ו"אך בעשור", ובעשור שבחומש הפקודים קורא על פה. ופריך בגמרא: ונייתי ס"ת וניקרי ביה!* ומשני ר"ל: משום ברכה שאינה לריכה. ונראה, היכא דלריך לחזור ולברך, כגון שהסיח דעתו מלשחוט – שלריך לכסות קודם מה שכבר שחט. דהא אשכחן ר' יהודה שמלריך לכסות בין חיה לעוף, אף על פי שא"ל לחזור ולברך. **וחייבו** ר"ג ליתן עשרה זהובים. ולא היה יכול לפטור עלמו במה שהיה נותן לו עוף אחר לשחוט, דזאת מלוה אחרת היא, ומלוה ראשונה הלכה לה, והוי מעוות לא יוכל לתקן. ומיהו, לא דיינינן השתא ליחייב עשרה זהובים, דבמלתא דלית בה חסרון כיס לא עבדינן שליחותייהו, כדאמר ב"החובל" (ב"ק דף פד:). ואחד שעמד במקום חבירו לקרוא בתורה – פטור בלאו האי טעמא, ואפילו תפס מפקינן מיניה, משום דכולם חייבים בקריאת התורה. וכן פירש ריב"א. ואפילו עמד במקום כהן, דהא דדרשינן (נדרים דף סב.): "וקדשתו" – לכל דבר שבקדושה, ב] לפתוח ראשון ולברך ראשון, אסמכתא היא*. **או** ארבעים זהובים אתה נוטל. שהיה לא שייכא לשכר ברכה. אלא היה רוצה לסלקו מברכת המזון, לפי שהיה מין. וא"ת: או נ' זהובים ה"ל למימר, דהא איכא ברכת "בפה"ג" שלאחר בהמ"ז! וי"ל: דסבר כמ"ד ב"ערבי פסחים" (דף קג: ושם ד"ה לאו) דאין לריך לברך אכסא דברכתא, אלא אכסא קמא ותו לא. **רואין** אותו כאילו הוא מים. בפ' "התערובות" (זבחים דף עח.) אמר דלאו רואין לדם קדשים קאמר, אלא רואין ליין ולדם בהמה והיה קאמר, דרואין כאילו הוא מים, כדפירש בקונטרס. והקשה הר"ר שמואל מוורדו"ן: דבפ' "הקומץ רבה" (מנחות דף כב.) מפרש טעמא דרבנן ור' יהודה, מדכתיב: "ולקח מדם הפר ומדם השעיר", גלוי וידוע שדם הפר מרובה מדם השעיר, מכאן לעולין שאין מבטלין זה את זה. ור' יהודה אומר: מכאן למין במינו שאינו בטל. והשתא, היכי מוכח? דאפילו מבטלין עולין זה את זה, ומין במינו בטל – הכא לא בטיל, שאפילו היה דם הפר ג] היה ניכר אדמומית דם השעיר! וי"ל: דאם דם הפר היה מים – לא יהיה בדם השעיר מראית דם גמור, אלא יהיה דיהה מראהו ובטל. כדאמרי' בפ' "התערובות" (זבחים דף עח:): דלי שיש בתוכו יין לבן וחלב, ר' יהודה אומר: רואין ליין וחלב כאילו יין אדום, ואם דיהה מראיהן ד] (כשר. אבל) דם לתוך מים – ראשון ראשון בטל. וה"נ אמרינן בפ"ה דע"ז (דף עג.): כי אתא רב דימי, א"ר יוחנן: המערה יין נסך מחבית לבור, אפילו כל היום כולו – ראשון ראשון בטל. ובפרק בתרא דנדה (דף עא:) גבי דם תבוסה, היכא דפסק, שאין הולך בלא הפסק, אמרינן: ראשון ראשון בטל. וקשיא, דאמר בפרק "הלוקח בהמה" (בכורות דף כב.): הלוקח ציר מעם הארץ – משיקו במים, וטהור ממה נפשך, אי רובא מיא נינהו – סלקא, ואי רובא ציר נינהו – ציר לאו בר קבולי טומאה הוא, ואי משום מיעוטא דמים דבציר – בטלי ברובא. וקאמר רב דימי בשם ריש

רבינו גרשום

הכי השתא התם משתא וברוכי בהדי הדדי לא אפשר. כלומר וכיון דאמר הבו ליבריך מפסיק הברכה בין ברכת היין שבירך תחלה ליין ששותה עתה ובעי לברך בתחלה על היין אבל הכא לא מפסיק הכיסוי של חיה לברכת שחיטת העוף קודם שישחוט דיכול לכסות דם חיה בחדא ידא ולשחוט עוף בחדא ידא ולא חשוב כסוי דם חיה הפסק לפיכך א"צ אלא ברכה אחת לחיה ועוף: במה ששפך יכסה. כלומר ביד: ארבע הויין. כלומר בברכת המזון איכא ד' ברכות. הארץ בונה ירושלים והטוב והמטיב: למיברא. כלומר להאריה: מ"ש מהא דתניא השוחט ונבלע דם בקרקע חייב לכסות. כלומר הכא נמי כיסהו הרוח אע"ג דלא חזר ונתגלה יהא חייב מלכסות ניכר. כלומר מה דאמרי' נבלע דם בקרקע חייב לכסות בשרישומו ניכר אבל אין רישומו ניכר פטור מלכסות: נתערב ביין רואין אותו כאילו הוא מים. כלומר אם יש בו מראית דם חייב לכסות: נתערב בדם בהמה רואין

מסורת הש"ס: ע"ז מז. [סוכה לג.] | [כותים] | [תוספתא פ"ו] שבת כב. | [ב"ק לח.] | [עיין כלאים תמורות] | ב"מ דף לא. | [סנהדרין לט. ע"ש] | בע"י איתא מיברא וכן בפירש"י שם | [מנחות לו.] | [ברכות מ.] | [סוטה מא.] | [וכן ביומא סח.] | [וכן ביומא ע.] | ב"מ לא. [ב"ק נז:] | סוכה לג. [ע"ז מז.] | מנחות כב. זבחים עז: | [וע"ע תוס' ב"ק לו: ד"ה וחייבו ועי' מג"א סי' רכ"ט ס"ק ד' הניח דבר זה בצ"ע]

תורה אור: ויקרא יז | שם | עמוס ד | תהלים סט | דברים כב

עין משפט נר מצוה:
כה א מיי' פ"ד מהל' שחיטה הל' טו סמג עשין סד טוש"ע י"ד סי' כח סעיף ח:
כו ב מיי' שם הל' ז טוש"ע שם סעיף יא:
כז ג מיי' שם הל' טו טוש"ע שם סעיף ח:
כח ד מיי' שם הל' יז טוש"ע שם סעיף ו:
כט ה מיי' פ"ו מהל' חובל הל' יג סמג עשין סד טוש"ע ח"מ סי' שפב טור י"ד סי' כח:
ל ו מיי' פ"ו מהלכות אבידה הלכה יד סמג עשין עד טוש"ע ח"מ סי' רסז סעיף ב:
לא ז מיי' פי"ד מהלכות שחיטה הל' ז סמג עשין סד טוש"ע י"ד סי' כח סעיף יב:
לב ח ט מיי' שם הל' ט טוש"ע שם סעיף י:
לג י מיי' פי"ד שם הל' ו סמג עשין סד טוש"ע י"ד סי' כח סעיף יג:
לד כ מיי' שם טוש"ע שם סעיף יג ומיי' פ"ב המוקדשין הלכה יב:

גליון הש"ס

גמ' דא"ל ההוא מינא לרבי. עי' ברכות יומא דף ...

הגהות מהר"ב רנשבורג

א] גמ' דאמר מר הכא. נ"ב עי' קרבן אהרן פ' אחרי דף קכ"א ע"א: ב] תוס' ד"ה וחייבו וכו' לפתוח ראשון ולברך. נ"ב עי' מג"א סי' רכ"ט ס"ק ד: ג] ד"ה רואין וכו' שאפילו היה דם הפר מים היה ניכר וכו' כצ"ל: ד] באו"ד ואם דיהה מראיהן וכו' כאן הס"ד ואח"כ מה"ד אבל וכו' ועיין לקמן ע"ב בגמ':

לה א ב מיי' פי"ד מהל' שחיטה הל' ח ועי' בהשגות ובכ"מ ובל"מ טוש"ע י"ד סי' כח סעיף טו:
לו ג מיי' פ"ב מהלכות פסולי המוקדשין הלכה כב:
לז ד מיי' פ"י מהלכות טומאת מת הל' יג:
לח ה מיי' פ"י מהלכות שאר אבות הטומאה הלכה ז:

או בדם החיה — רואין אותו כאילו *הן מים. *רבי יהודה אומר: אין דם מבטל דם. *אדם הניתז ושעל הסכין — חייב לכסות. אמר רבי יהודה: באימתי? בזמן שאין שם דם אלא הוא, אבל יש שם דם שלא הוא — פטור מלכסות.§ גמ' *תנן התם: דם שנתערב במים, אם יש בו מראית דם — כשר. נתערב ביין — רואין אותו כאילו הוא מים. נתערב בדם בהמה או בדם החיה — רואין אותו כאילו הוא מים. רבי יהודה אומר: אין דם מבטל דם. *א"ר חייא בר אבא אמר ר' יוחנן: גלא שנו אלא שנפלו מים לתוך דם, אבל נפל דם לתוך מים — ראשון ראשון בטל. אמר רב פפא: ולענין כסוי אינו כן, אין דחוי אצל מצות. אמר רב יהודה אמר שמואל: כל מראה אדמומית — מכפרין, ומכשירין, וחייבין בכסוי. מאי קמשמע לן? מכפרין — תנינא, חייבין בכסוי — תנינא! מכשירין איצטריכא ליה. מכשירין נמי, אי דם — אכשורי מכשר, אי מיא — אכשורי מכשרי! לא צריכא, *שנתמדו במי גשמים. מי גשמים נמי, כיון דשקיל ורמי — אחשבינהו! לא צריכא, שנתמדו מאליהן. ר' אסי מנהרביל אומר: בצללתא דדמא. רבי ירמיה מדפתי אמר: ענוש כרת, והוא דאיכא כזית. במתניתא תנא: מטמאים באהל, והוא דאיכא רביעית. *תנן התם: *דכל משקה המת — טהורין, חוץ מדמו; וכל מראה אדמומית שבו — מטמאין באהל. ומשקה המת טהורין? ורמינהו: *המשקה טבול יום, *(משקין היוצאין ממנו) — כמשקין שנוגע בהן, ואלו

רש"י

או בדם החיה. בדם שחיטה של חיה. רואין אותו. שאינו טעון כסוי. כאילו הוא מים. ואם היה הדם הזה של שחיטת החיה והעוף ניכר בו — חייב לכסות. אין דם מבטל דם. ואפילו אין מראית דם ניכרת במים כמות דם בהמה זה — אין דם החיה בטל, דקסבר: מין במינו לא בטיל. גמ' תנן התם. חוץ לגוומא. דם הניתז. בשחיטת קדשים. כשר. לזריקה. נתערב בדם הבהמה. של חולין. או בדם החיה. מעט, דסתמא חולין. רואין אותו. לדם הפסול. כאילו הוא מים. ואם היה דם הכשר ניכר בו — כשר. לא שנו אלא שנפלו מים לתוך דם. לפיכך, כל טיפה וטיפה כשנופלה — בטלה. הלכך, עד שלא תהא בו מראית א] דם — כשרה. אינו כן. שאפילו נפל דם לתוך מים — חייב לכסות. שאע"פ שבטל ונדחה ראשון ראשון, אפ"ה, כשהלך ורבה עד שנתפסכה מראית המים לדם — חזר דם הבטל וניעור, וחשוב דם. ולא אמרינן: הואיל ונדחה ידחה, שאין תורת דיחוי אצל מצות. כל מראה אדמומית. כל זמן שיש בדם מראה אדמומית — הוי דם, לכפרה, ולזריקה, ולהכשיר את הזרעים. ולקמיה פריך: אי מיא הוא, נמי אכשורי מכשרי! שנתמדו. שעירבו עם מי גשמים, שאינם מכשירים אלא היכא דאחשבינהו לירד על הפירות. והכא, משום דם דהוי משקה, אע"ג דלא אחשבה לירד על הפירות — מכשיר, דתנן (מכשירין פ"א מ"א): כל משקה שתחלתו לרצון, שנחשב למאומה, אע"פ שאין סופו לרצון — מכשיר. ופרכינן: מי גשמים נמי כיון דשקיל. ורמי. לתוך הדם, אחשבינהו לכך! בצללתא דדמא. כשהוא קרוש יש סביביו צלול כמים, ואם יש בו מראית דם — מכשיר, ואי לא — לא. ענוש כרת. האוכלו. והוא דאיכא כזית. דם גמור. ומטמא באהל. כל זמן שיש בו מראית דם, אם של מת הוא. והוא דאיכא ג] רביעית. מן הדם גמור. והוא שיעור לטומאת אהל, דכתיב (במדבר ו): "על נפש מת", ובשיעור רביעית הנשמה תלויה. משקה המת. כגון דמעת עינו וחלב אשה. כל מראה אדמומית שבו מטמא. כלומר, צללתא דדמא, כל זמן שמראהו אדום — טמא. משקה טבול יום. אותן משקין היוצאים ממנו — הרי הן כמשקין שהוא נוגע בהן. ואלו

תוספות

ריש לקיש: לא שנו אלא לטבל פתו, אבל לקדרה — חוזר וניעור. אלמא, דאפילו טהרה מעוררת טומאה, כ"ש דטומאה מעוררת טומאה! ואפילו לאביי דקאמר: וכי טומאה שבטלה חוזרת וניעורת — היינו מחמת טהרה, אבל בטומאה א] דמעוררת טומאה ליכא מאן דפליג. וכל שכן לאיסור מעורר איסור, כדאמר לעיל (דף פז:): אם אמרו ספק טומאה לטהר כו'. וב"הערל" (יבמות דף פב:) נמי אמרי': נתן סאה ונטל סאה — עד רובו, אלמא, עפי מרובו לא אמרינן דראשון ראשון בטל, אע"ג דהוי דהספקתי. וי"ל: דבכ"מ אמרינן דחוזר וניעור, אפילו דהספקת. ובדם תבוסה, דמפליג בין פסק ללא פסק — משום דבדם תבוסה דרבנן הקילו. והכא בקדשים דוקא אמרינן: ראשון ראשון בטל, דכיון שנדחה בקדשים — שוב אינו חוזר *ונראה. והא דפרק בתרא דע"ז (דף עג.) מפרש ר"י דראשון ראשון בטל — ואין נאסר בכל שהוא, עד שיהא בו נותן טעם כמו בשאר איסורין. וקאי אמתניתין דקאמר: ואלו אסורין ואוסרין בכל שהוא, יין נסך כו', מפרש רב דימי דהיינו דוקא כי נפל היתרא לגו איסורא, כדקאמר בתר הכי, אבל איסורא לגו היתרא — אינו אסור בכל שהוא, דראשון ראשון בטל כל זמן שיש ששים בהיתר. ופריך, תנן: ואלו אסורין ואוסרין בכל שהוא יין נסך כו', מאי לאו איסורא לגו היתרא? לא, היתרא לגו איסורא. ת"ש: יין במים בנ"ט, מאי לאו חמרא דאיסורא לגו מיא דהיתרא? ומהך גופה לא פריך, דמודה רבי יוחנן דבנתינת טעם חוזר וניעור. תדע, דהא טעם כעיקר במין שאינו מינו — מן התורה, כדאמר ב"התערובות" (זבחים דף עח.) וב"אלו עוברין" (פסחים דף מד:) ובפ' "שלשה מינין" (נזיר דף לז.). אלא ה"פ: מדסיפא איסורא לתוך היתרא — ה"נ רישא דיין ביין בכל שהוא! ומשני: לא, בנפל חמרא דהיתרא לגו מיא דאיסורא. ופריך: מדרישא במיא דאיסורא — סיפא נמי במיא דאיסורא, וקתני: מים ביין בנ"ט, פירוש: וכי היכי דהך סיפא באיסורא לגו היתרא — ה"ה רישא דיין ביין בכל שהוא! ומשני: דכולה בהיתרא לגו איסורא איירי. ובנ"ט דקאמר — דמשמע דכי ליכא בנותן טעם דשרי — *היינו כגון שנפל הרבה מן ההיתר בבת אחת לתוך האיסור, שנתבטל האיסור בבת אחת. וא"ת: אמאי נקט מחבית לבור משום דראשון ראשון בטל? בלאו הכי שרי, כיון דלבסוף נשאר ששים של היתר! וי"ל: דדוקא נקט מחבית לבור, דלא נפיש עמודיה כולי האי, אע"ג דנפיש טפי מגרגור. אבל היכא דנפיש עמודיה טובא — לא בטיל, אפילו יש ששים בהיתר. **שנתמדו** מאליהן. הוא הדין דהוי מצי למימר: שתמדן במי פירות, דלא מכשרי. **והוא** דאיכא כזית. אצללתא דדמא קאי, כדפירש בקונטרס. וקמ"ל, דאע"פ שכולו דם לא מחייב כרת עד דאיכא כזית דם גמור, ולא מטמא באהל עד דאיכא רביעית דם גמור. דאי בדם שעם מי גשמים — פשיטא דצריך כזית ורביעית. **תנן** התם. תימה: אי משנה היא, הא דקאמר לעיל: (*במתניתין) תנא ומטמא באהל, וקאמר עלה: והוא דאיכא רביעית — הו"ל לאתויי מתניתין דהכא! °ונראה דברייתא היא. וה"נ אשכחן ב"החולץ" (יבמות דף לו:) דקאמר: תנן, רשב"ג אומר: כל ששהה ל' יום כו', ואינה משנה בשום מקום. ובפרק "רבי אליעזר דמילה" (שבת דף קלה:) גרסינן בכל הספרים: "תניא". **כל** משקה המת טהורין. דלא גזרו עליהן כמו שגזרו על של הזב, כדמפרש במסקנא — משום דזב לא בדילי מיניה. וא"ת: והלא כשיוצאין מן המת — נוגעין בו, ומקבלים טומאה ממנו במגע. דמדאורייתא דמעת עינו ודם מגפתו וחלב האשה חשיבי משקין כדיליף בפ' "דם הנדה" (נדה דף נה:) מקראי. ועוד קשה: דקאמר התם דמטמא טומאת משקים ברביעית, והלא משקין מטמאין בכל שהוא! כדמוכח בפ"ק דפסחים (דף יד.) גבי: מימיהם של כהנים לא נמנעו לשרוף את הבשר שנטמא בולד הטומאה עם בשר שנטמא באב הטומאה אע"פ שמוסיפין על טומאתו כו'. דמוקי לה דאיכא משקה בהדי בשר, דקא מטמא בשר מחמת משקין. ומסתמא אין באותם משקים רביעית. ואמרינן נמי בההוא פירקא (שם דף יז:): ומים נמי לא אמרן אלא רביעית, דחזי להטביל בהן מחטין וצנורות, אבל בציר מרביעית — טמאים. ובברכות בפרק "אלו דברים" (דף נג:): שמא יטמאו משקין שאחורי הכוס מחמת ידים, ויחזרו ויטמאו את הכוס! וי"ל: דהכא מיירי כשיצאו ממנו דרך שפופרת. ובעודן בגופו לא מקבלי טומאה, דאין תורת משקין עליהם עד שיצאו לחוץ. וכי נפקי דרך שפופרת — טהורות מה"ת, כיון שלא נגעו בו, אלא מדרבנן גזרו ביצאו מן הזב היכא דאיכא רביעית, אע"ג דלא נגעו בו. אי נמי, הנהו קראי דנדה — אסמכתא בעלמא נינהו, ומן התורה אין עליהן תורת משקין, ולכך לא גזרו אלא ברביעית. וא"ת, דאמרינן בפרק "אמרו לו" (כריתות דף יג.): האשה שנטף חלב מדדיה לתוך התנור — טמא. ופריך: במאי מתכשר? א"ר יוחנן: בטיפה המלוכלכת על פי הדד. והשתא, כיון דצריך הכשר — אלמא חשיבא אוכל, לפי שמיוחד לאכילת תינוק. אם כן, תנור אמאי טמא? הא אין אוכל מטמא כלים! אלא על כרחך, מטמא מחמת הטיפה המלוכלכת ע"פ הדד, שמתערבת עם שאר חלב שנוטף בתנור, ששם משקה עליה, ומשקין מטמאין כלי גזירה משום משקה דזב וזבה, כדאמר בפרק קמא דשבת (דף יד:). אלמא, מטמאה הטיפה לתנור אע"ג דלית בה רביעית! וכן ב"אין דורשין" (חגיגה דף כ.) באשה שבאתה לפני ר' ישמעאל, ואמרה לו: מפה זו ארגתי בטהרה. ומתוך הדברים שבדקה אמרה לו: נימא נפסקה וקשרתיה בפה. הרי אע"פ שלא היה ברוק שבפיה רביעית — נטמא מידים שהיו מסואבות, וטימא את המפה! וי"ל: דתרומה וקדשים מטמו בפחות מרביעית, ודוקא לחולין הוא דבעי רביעית*.

משקה טבול יום משקין היוצאין ממנו כמשקין שנוגע בהן. אומר ר"ת: דהני משקין שנגע בהן דקאמר — לא מיתוקמא אלא במשקין דתרומה, דאילו חולין לא מיטמא. ואפילו במעשר נמי שרי, כדאמרינן (יבמות דף עד:): טבל ועלה — אוכל במעשר. ובמשקין דקדש נמי לא קאמר, דתנן בפ"י דנדה (דף עא:): בראשונה היו אומרים היושבת על דם טוהר מערה מים לפסח, פירוש: אבל לא נוגעת, דחולין שנעשו על טהרת הקדש כקדש דמו, כדמפרש בגמ'. חזרו לומר: הרי היא כמגע טמא מת לקדשים, פירוש: דוקא לקדשים, ולא לחולין, דלאו כקדש דמו. אלמא, טבול יום הוה ראשון לקדשים כאילו נגע לטמא מת, דיושבת על דם טוהר היא טבולת יום ארוך. וא"כ משקים קודש שנגע בטבול

שיטה מקובצת

א] הלכך עד שלא תהא בו מראית מים כשר: ב] והוא דאיכא (כזית) [רביעית] מדם גמור:

גליון הש"ס

תוס' ד"ה תנן וכו' ונראה דברייתא היא. עי' בהר שבע פ"ח דהוריות סי' ל"ז:

הגהות מהר"ב רנשבורג

א] בא"ד (שתלמא לטנים ועשיוו ממלא אכל וכו' דכור תהן) דמעוררת טומאה ליכא מאן דפליג. כ"ב עי' ב"ק ק' ע"ב בתוס' ד"ה אומר לו וכו' כתבו כג"כ הכי וצ"ע:

מסורת הש"ס

[נ"ל הוא מים] [לעיל פג:] זבחים עט: מנחות כב. [זבחים עח.] [ב"ב נו.] תוספתא פ"ד דאהלות [ותוספתא פ"ג דמכשירין] נדה עא: [טבול יום פ"ב משנה א] *[במשנה ליתא הני ג' תיבות וכן משמע קצת מפרש"י ד"ה משקה וכו']

[פסחים סה. מנחות כב. נדה עא: זבחים לה. לו. עח. עט.] נ"ל וניעור [נ"ל הר"ש פ"ט מ"ו דמכשירין כתוב בכל הספרים תנן התם ואינו משנה בשום מקום אלא ברייתא היא ע"ש ועי' תוס' דהכא ד"ה תנן כו'] נ"ל במתניתא [וע"ע תוס' פסחים יד. ד"ה דאיכא]

רבינו גרשום

רואין אותו כאילו הוא מים. כלומר משערין אותו הדם של בהמה אם יש בו שיעור שאם היה מים היה מבטל דם העוף ולא היה בו מראה אדמומית פטור מלכסות ואי (במיעוט) דם הבהמה [מועט] שאם היה מים לא היה מבטל דם העוף והיה בו מראה אדמומית חייב לכסות: ר' יהודה אומר אין דם מבטל דם. כלומר דם העוף אינו מבטל דם הבהמה א) ופטור מלכסות: תנן התם דם שנתערב במים כו'. לענין זבח אם נתערב במים ויש בו מראה דם כשר לכפרה: לא שנו אלא שנפל מים לתוך הדם כו'. לא שנו דאמרי' אם יש בו מראית דם כשר אלא שנפל מים לתוך הדם אבל דם לתוך מים דמים היו עיקר ראשון ראשון בטל הדם: לא צריכא שתמדן במי גשמים. כלומר דבעינן לדעת מהו דתימא כיון דתימדו מאליהן והוא לא תימדן לא אחשבינהו ולא ליכשרו קמ"ל דמכשרי': רב (יוסף) [אסי] מנהרביל בי צללתא דדמא. כלומר מה דשנינו כל מראה אדמומית שבו מכפרין ומכשירין בי צללתא דדמא: (דם התמצית) מטמאין באהל והוא דאיכא רביעית. כלומר הך צללתא דדמא אם של מת הוא מטמאין באהל: משקין היוצאין ממנו כמשקין הנוגע בהו. כלומר משקין היוצאין מטבול יום שטבל ולא היה בו עדיין הערב שמש כמשקין שטבול יום נוגע בהן: ואלו

א) פי' רבינו בזה תמוה לכאורה דאדרבה כיון דאין דם מבטל דם לעולם חייב לכסות וכמו שפי' רש"י ואולי דט"ס יש בכאן וצ"ע.

וְאֵלּוּ וָאֵלּוּ אֵין מְטַמְּאִין. דְּלָא גְּזוּר בְּהוּ רַבָּנַן טוּמְאָה. וְאֵלּוּ וָאֵלּוּ תְּחִלָּה. שֶׁאֲפִילּוּ שֵׁנִי מְטַמֵּא מַשְׁקִין לִהְיוֹת תְּחִלָּה, כִּדְתְנַן (לעיל דף לג.): כָּל הַפּוֹסֵל אֶת הַתְּרוּמָה, דְּהַיְינוּ שֵׁנִי – מְטַמֵּא מַשְׁקִין וְעוֹשֶׂה אוֹתָן תְּחִלָּה, חוּץ מִן הַטְּבוּל יוֹם. תְּחִלָּה. רִאשׁוֹן לְטַמֵּא שֵׁנִי, וְהַשֵּׁנִי שְׁלִישִׁי. חוּץ מִמַּשְׁקֶה שֶׁהוּא אַב הַטּוּמְאָה. כְּגוֹן שְׁלֹשָׁה מַעְיָינוֹת הַזָּב הַמְּנוּיִין בְּמַס' נִדָּה בְּפֶרֶק "דַּם הַנִּדָּה" (דף נה:), שֶׁהֵן אַב הַטּוּמְאָה לְטַמֵּא אָדָם וְכֵלִים: זוֹבוֹ וְרוּקוֹ וּמֵימֵי רַגְלָיו, וְשִׁכְבַת זַרְעוֹ שֶׁל כָּל אָדָם. דְּיָלְפִינַן מֵרוֹק, דִּכְתִיב (ויקרא טו): "וְכִי יָרוֹק הַזָּב", מָה רוֹק שֶׁהוּא מִתְעַגֵּל וּמִתְכַּנֵּס יַחַד וְאַחַר כָּךְ יוֹצֵא – אַף כֹּל שֶׁהוּא מִתְעַגֵּל וְיוֹצֵא. וּמַשְׁקִין אֲחֵרִים יוֹצְאִין מִמֶּנּוּ שֶׁאֵינָם אַב הַטּוּמְאָה, לְפִי שֶׁאֵינָם מִתְעַגְּלִים וְיוֹצְאִין כָּרוֹק, וְאֵלּוּ הֵן: דִּמְעַת עֵינוֹ, דַּם מַגֵּפָתוֹ, וַחֲלֵב הָאִשָּׁה. שֶׁרֶץ. כְּגוֹן מֵימֵי רַגְלָיו שֶׁל שֶׁרֶץ הַמְּגֻלָּלִים בְּשַׁלְפּוּחִית שֶׁלּוֹ. הָכִי גָּרְסִינַן: מַאי לָאו קַלִּין שֶׁרֶץ וְזָב וַחֲמוּרִין מֵת. מֵת חָמוּר הוּא, שֶׁהוּא אֲבִי אֲבוֹת הַטּוּמְאָה. לָא קַלִּין שֶׁרֶץ וַחֲמוּרִין זָב. אֲבָל מַשְׁקֶה הַמֵּת טְהוֹרִים, חוּץ מִדָּמוֹ שֶׁהוּא מְטַמֵּא מִן הַתּוֹרָה, דִּכְתִיב (במדבר ו): "עַל נֶפֶשׁ מֵת". מַאי שְׁנָא זָב דִּגְזוּר רַבָּנַן. מֵיהָא טוּמְאָה מִתְּחִלָּה בְּמַשְׁקִין שֶׁאֵינָן אַב הַטּוּמְאָה *מַעְיָינוֹת, וּמַאי שְׁנָא מֵת דְּלָא גְּזוּר? זָב. לְפִי שֶׁהוּא חַי לֹא בְּדִילֵי אִינָשֵׁי מִינֵּיהּ. וְעוֹד, שֶׁאֵינוֹ נִיכָּר לַכֹּל. אָמַר רַבִּי יְהוּדָה כו'. לְקַמֵּיהּ מְפָרֵשׁ טַעֲמֵיהּ. אֲגַפַּיִם. כּוֹתְלֵי בֵּית הַשְּׁחִיטָה. וּלְשׁוֹן אֲגַפַּיִם כְּמוֹ: אֲגַפֵּי [א] הַמַּיִם, גְּדוֹתֶיהָ. אֲבָל כִּסָּה דַּם הַנֶּפֶשׁ כו'. וּשְׁלֹשׁ מַחֲלוֹקוֹת הֵן. רַבָּנַן סָבְרִי: כּוּלֵּיהּ בָּעֵי כִּסּוּי. וּלְרַבִּי יְהוּדָה אֲפִילּוּ דַּם הַנֶּפֶשׁ לֹא בָּעֵי כִּסּוּי אֶלָּא מִקְצָתוֹ, דְּקָתָנֵי: דְּדַם הַנִּיתָּז פָּטוּר מִלְּכַסּוֹת וַאֲפִילּוּ הוּא דַּם הַנֶּפֶשׁ, וּבִלְבַד שֶׁיְּהֵא שָׁם דָּם אַחֵר. וּלְרַבָּן שִׁמְעוֹן בֶּן גַּמְלִיאֵל, דַּם הַנֶּפֶשׁ כּוּלֵּיהּ בָּעֵי כִּסּוּי. רַבָּנַן סָבְרֵי דָּמוֹ כָּל דָּמוֹ. מַשְׁמַע. **מתני'** חַרְסִית. שְׁחִיקַת חֲרָסִים. מְגוּפָה. שֶׁעַל פִּי חָבִית. **גמ'** אִיכָּא בֵּינַיְיהוּ דְּצָרִיךְ וְלָא צָרִיךְ. וְלִלִּישָּׁנָא קַמָּא דְּאָמַר: אֵין צָרִיךְ קָרֵי חוֹל הַדַּק וּמוּתָּר – הַאי נָמֵי בִּכְלַל אֵין צָרִיךְ הוּא, וְתוֹרַת [ב] חוֹל הַדַּק עָלָיו וּמוּתָּר. וְלִלִּישָּׁנָא בַּתְרָא דְּקָרֵי חוֹל הַגַּס וְאָסוּר כָּל שֶׁצָּרִיךְ לְכוֹתְשׁוֹ – הַאי נָמֵי בִּכְלַל צָרִיךְ לְכוֹתְשׁוֹ הוּא, וְחוֹל הַגַּס שְׁמוֹ, וְאָסוּר. דְּמִיפָּרֵיךְ אִיפְּרוֹכֵי. כַּיָּד. נְעוֹרֶת. אריסט"א שֶׁמְּנַעֲרִין מִן הַפִּשְׁתָּן.
נְסוֹרֶת

[נ"ל כמו מעינות]

וְאֵלּוּ וָאֵלּוּ אֵין מְטַמְּאִין. וּשְׁאָר כָּל הַטְּמֵאִין, בֵּין קַלִּין בֵּין חֲמוּרִין – מַשְׁקִין הַיּוֹצְאִין מֵהֶן כְּמַשְׁקֶה הַנּוֹגֵעַ בָּהֶן. וְאֵלּוּ וָאֵלּוּ תְּחִלָּה, חוּץ מִן הַמַּשְׁקֶה שֶׁהוּא אַב הַטּוּמְאָה. מַאי קַלִּין וּמַאי חֲמוּרִין? מַאי לָאו, קַלִּין – שֶׁרֶץ וְזָב, וַחֲמוּרִין – מֵת? אֶלָּא, קַלִּין – שֶׁרֶץ, וַחֲמוּרִין – זָב. מַאי שְׁנָא זָב דִּגְזַרוּ בֵּיהּ רַבָּנַן, וּמַאי שְׁנָא מֵת דְּלָא גְּזַרוּ בֵּיהּ רַבָּנַן? זָב, דְּלָא בְּדִילִי אִינָשֵׁי מִינֵּיהּ – גְּזַרוּ בֵּיהּ רַבָּנַן. מֵת, דִּבְדִילִי אִינָשֵׁי מִינֵּיהּ – לָא גְּזַרוּ בֵּיהּ רַבָּנַן.§ "דַּם הַנִּיתָּז וְשֶׁעַל הַסַּכִּין" [וכו']§ תָּנוּ רַבָּנַן: "וְכִסָּהוּ" – מְלַמֵּד שֶׁדַּם הַנִּיתָּז וְשֶׁעַל הַסַּכִּין חַיָּיב לְכַסּוֹת. אָמַר רַבִּי יְהוּדָה: אֵימָתַי? בִּזְמַן שֶׁאֵין שָׁם דָּם אֶלָּא הוּא, אֲבָל יֵשׁ שָׁם דָּם שֶׁלֹּא הוּא – פָּטוּר מִלְּכַסּוֹת. תַּנְיָא אִידָךְ: "וְכִסָּהוּ" – מְלַמֵּד שֶׁכָּל דָּמוֹ חַיָּיב לְכַסּוֹת. מִכָּאן אָמְרוּ: דַּם הַנִּיתָּז וְשֶׁעַל אֲגַפַּיִם – חַיָּיב לְכַסּוֹת. אָמַר רַבָּן שִׁמְעוֹן בֶּן גַּמְלִיאֵל: בַּמֶּה דְּבָרִים אֲמוּרִים – שֶׁלֹּא כִּסָּה דַּם הַנֶּפֶשׁ, אֲבָל כִּסָּה דַּם הַנֶּפֶשׁ – פָּטוּר מִלְּכַסּוֹת. בְּמַאי קָא מִיפַּלְגִי? רַבָּנַן סָבְרִי: "דָּמוֹ" – כָּל דָּמוֹ, ר' יְהוּדָה סָבַר: "דָּמוֹ" – וַאֲפִילּוּ מִקְצָת דָּמוֹ, וְרשב"ג סָבַר: "דָּמוֹ" – הַמְיוּחָד.§ **מתני'** בַּמֶּה מְכַסִּין וּבַמֶּה אֵין מְכַסִּין? מְכַסִּין בְּזֶבֶל הַדַּק, וּבְחוֹל הַדַּק, בְּסִיד, וּבְחַרְסִית, וּבִלְבֵנָה וּבִמְגוּפָה שֶׁכְּתָשָׁן. אֲבָל אֵין מְכַסִּין לֹא בְּזֶבֶל הַגַּס, וְלֹא בְּחוֹל הַגַּס, וְלֹא בִּלְבֵנָה וּבִמְגוּפָה שֶׁלֹּא כְּתָשָׁן, וְלֹא יִכְפֶּה עָלָיו אֶת הַכְּלִי. כְּלָל אָמַר רשב"ג: דָּבָר שֶׁמְּגַדֵּל בּוֹ צְמָחִים – מְכַסִּין בּוֹ, וְשֶׁאֵינוֹ מְגַדֵּל צְמָחִים – אֵין מְכַסִּין בּוֹ.§ **גמ'** הֵיכִי דָּמֵי חוֹל הַדַּק? אָמַר רַבָּה בַּר בַּר חָנָה אָמַר רַבִּי יוֹחָנָן: כָּל שֶׁאֵין הַיּוֹצֵר צָרִיךְ לְכָתְשׁוֹ. וְאִיכָּא דְּמַתְנֵי לָהּ אַסֵּיפָא: אֲבָל אֵין מְכַסִּין לֹא בְּזֶבֶל הַגַּס וְלֹא בְּחוֹל הַגַּס. הֵיכִי דָּמֵי חוֹל הַגַּס? אָמַר רַבָּה בַּר בַּר חָנָה אָמַר ר' יוֹחָנָן: כָּל שֶׁהַיּוֹצֵר צָרִיךְ לְכָתְשׁוֹ. מַאי בֵּינַיְיהוּ? אִיכָּא בֵּינַיְיהוּ דְּצָרִיךְ וְלָא צָרִיךְ, דְּמִיפָּרֵיךְ אִיפְּרוֹכֵי.§ תָּנוּ רַבָּנַן: "וְכִסָּהוּ" – יָכוֹל יְכַסֶּנּוּ בַּאֲבָנִים, אוֹ יִכְפֶּה עָלָיו אֶת הַכְּלִי? תַּלְמוּד לוֹמַר: "בֶּעָפָר". וְאֵין לִי אֶלָּא עָפָר, מִנַּיִן לְרַבּוֹת זֶבֶל הַדַּק, וְחוֹל הַדַּק, וּשְׁחִיקַת אֲבָנִים, וּשְׁחִיקַת חַרְסִית, וּנְעוֹרֶת פִּשְׁתָּן דַּקָּה,
וּנְסוֹרֶת

בטבול יום הוי שני, ומטמא את הקדשים לעשות רביעי. והכא קתני: אלו ואלו אין מטמאין. והך משקה טבול יום – על כרחך כ"חוזו לומר" דהתם אתא, מדקתני בסיפא התם: ואם נפל מרוקה או מדם טהרה שלה על ככר של תרומה – טהור. וקאמר עלה בגמרא, כדתנן: משקה טבול יום כו' ואלו ואלו אין מטמאין. ולא מצי נמי למימר דמיירי הכא במשקין דחולין שנעשו על טהרת הקדש. דתורת חולין גמורין יש להם כ"חוזו לומר", דאפילו נוגעת במים לא פסלי, והכא קתני: אין מטמאין קדשים, אבל מיפסל פסלי. אלא במשקין תרומה איירי. והא דקתני: ואלו ואלו אין מטמאין – היינו אין מטמאים קדש, אבל תרומה – מיפסל נמי לא פסלי, כדתנן התם: נפל מרוקה או מדם טהרה שלה על ככר של תרומה – טהור. וא"ת: דהכא משמע דטבול יום מטמא משקה דקדשים לעשות רביעי בקדש. ואם כן, היכי בעי למימר בפ"ק דפסחים (דף יז.), גבי הא דהוסיף רבי עקיבא ולאמר: מימיהם של כהנים לא נמנעו מלהדליק את השמן שנפסל בטבול יום, להדליק נר שנטמא בטמא מת. ומוקי לה התלמוד בנר כלי מתכות, דהוה כחלל חרב ואבי אבות הטומאה, והיינו דמוסיף רבי עקיבא. ופריך: ונוקמה בכלי חרס, ומאי הוסיף? דאילו התם היינו הא דרבי חנינא דלאמר: לא נמנעו לשרוף הבשר – טמא וטמא, והכא שמן שנפסל בטבול יום – פסול וטמא. אמאי קרי פסול לשמן שנפסל בטבול יום? הא אמר הכא דפוסל קדש! וי"ל: דהתם מיירי מדאורייתא, והכא מדרבנן. ועוד י"ל, דהכי קאמר התם: שזה טמא למינו לקדש, וזה פוסל בתרומה שהוא מינו. ועוד נראה, דהכא ומתניתין דנדה – כהאי שאול דאמר*: טבול יום תחלה לקדש. ורבי עקיבא דפסחים – כרבנן דמעילה (דף ח:) דטבול יום אפילו קדש לא מטמא אלא פוסל. דתנן: חטאת העוף מועלין בה משהוקדשה, נמלקה הוכשרה ליפסל בטבול יום. ודייק: ליפסל – אין, לטמויי – לא, מני? רבנן היא כו'. והדתנן בפרק *(כסה דף כט) דרבי עקיבא כדרבנן. הוסיף רבי עקיבא הסולת והקטורת והלבונה והגחלים שאם נגע טבול יום במקצתן פסל את כולן, משמע: דדוקא פסל, אבל מטמא לא. **רבנן** סברי דמו כל דמו. ואע"ג דאמרינן בפרק "זה בורר" (סנהדרין דף כה.) ד"אימתי" דרבי יהודה לפרש – היינו דוקא במשנה, אבל בברייתא לא. דבכל הספרים גרסינן בסוף "חלון" (עירובין פא:): "כל מקום שאמר רבי יהודה במשנתינו אימתי" וכו'. ואומר ר"ת: דהכא הלכה כרבי יהודה, דמתניתין כוותיה אתיא. דאע"ג דבברייתא על כרחך בא לחלוק, במתניתין אתא לפרש. ומיהו, לרמי בר חמא (ורב חסדא) משמע ב"זה בורר" (סנהדרין דף כה.) דאף במשנה הוי "אימתי" לחלוק היכא דמוכח. והכא מוכח, כיון דבברייתא בהדיא פליגי רבנן. ולרבי ירמיה בפ"ק דגיטין (דף ז: ושם ד"ה אומר) הוי לחלוק אע"ג דלא מוכח, גבי ספינה, דמשני: הא רבי יהודה והא רבנן, והיא משנה במסכת חלה (פ"ב מ"ג). וי"ס דגרסי בברייתא קמייתא: "וכסהו" – מלמד שדם הניתז ושעל אגפיים חייב לכסות. אמר רבי יהודה כו'. תניא אידך: "וכסהו" – מלמד שכל דמו חייב לכסות, מכאן אמרו כו' רשב"ג אומר כו'. ולפי גירסא זו יכול להיות דברייתא באה לפרש. והא דקאמר: ורבנן סברי – אדרבנן דרשב"ג קאי. **ורבי** יהודה סבר דמו ואפילו מקצת דמו. תימה: דבפ"ק דבכורות (דף ג.) סברתם הפוכה, בן דרבנן סברי "בכור" – אפילו מקצת בכור, כתיב "כל" – עד דאיכא כוליה. ורבי יהודה סבר: "בכור" – כוליה בכור, כתיב "כל" – דאפילו כל דהו! ואומר ר"ת: דהכא הוי כמו התם, דמשום ד"דם" כוליה דם משמע, קא"ר יהודה: "דמו" – מקצת דמו, דוי"ו ד"דמו" אתא לאפוקי ממשמעותיה ד"דם" כדאמרינן התם, כתב "כל" – דאפילו כל דהו. וקשה לפירושו, דהא לעיל קאמר רבי יהודה: "דמו" לחלק! ועוד, לפי מה שפוסק ר"ת הכא כרבי יהודה, קשה הלכתא אהלכתא, דאמרינן בבכורות (שם:): לית דחש להא דרבי יהודה, דאמר: שותפות גוי חייב בבכורה! (א) לכן נראה, שאין לדמות הדרשות, אלא מה שהתלמוד מדמה. כי ההיא ד"בתולה" – מקצת בתולים, דמדמה בפרק "אלמנה ניזונית" (כתובות נז:) לפלוגתא דמקצת כסף ככל כסף, דהוו ענין אחד, דכשנתמעטו בתוליה ונשארו מקצתן – כאילו נשארו כולן, וכן כסף אשה בכתובתה, כשנשאר מקצתה – יש לה מזונות כאילו נשאר כולה. אבל "שה" (ב) מקצת שה, דפליגי רבי אליעזר ורבנן* ופלוגתא דרבי יהודה בן בתירא ורבנן ב"כל נפש"* ו"חמש" ולא חצי חמש* ו"חמשה בקר" ולא חמשה חצאי בקר – *אין לדמותם יחד. ועוד יש לתרץ, דלא תקשה דרבי יהודה אדרבי יהודה דבכורות. דהתם דווקא משמע ליה "בכור" – כוליה בכור, דקרא מסתמא משתעי בסתם בהמות, דכולה דישראל בבהמת ישראל. א"נ, משום דכתיב: "כל בכור בישראל" – משמע כוליה דישראל, כדאמר בפרק "מצות חליצה" (יבמות דף קב.): "בישראל" – עד שיהא אביו ואמו מישראל*.

חרסית. פי' בקונטרס ב"מרובה" (ב"ק דף סט.): לבנה כתושה. וא"א לומר כן, דהכא חשיב תרוייהו! וכאן פי' בקונטרס: חרסית – שחיקת חרסין. וגם על זה קשה, דברייתא בגמרא חשיב תרווייהו. **כל** דבר המגדל צמחים כו'. לאו לפלוגי אתא, אלא לעשות כלל לדבר. ואם תאמר: והא חרסית אין מגדל צמחים, כדמשמע ב"מרובה" (שם.), דאמר: סימנא כי חרסית, דליכא הנאה מינה! ואומר ר"ת: דלעולם מגדל. וליכא הנאה מינה דקאמר – היינו שאינו מוליאה כדי נפילה. ואין ראיה מן המדרש, *דקאמר: אם חרסית היא פירותיה רזין. דהא קאמר נמי: ואם צונמא היא פירותיה שמנים, וצונמא לאו בר זרעים היא, כדקאמרינן ב"אלו עוברין" (פסחים דף מז:). אלא כעין חרסית, וכעין צונמא קאמר.
שחיקת

לט א מיי' פי"ו מהלכות שאר אבות הטומאה הלכה ד:
מ ב ג ד ה מיי' פי"ד מהלכות שחיטה הלכה יא יב סמג עשין סד טוש"ע י"ד סימן כח סעיף כג:

שיטה מקובצת

[א] כמו אגפי אמת המים גדותיה: בן תימה דבפ"ק דבכורות סברתם הפוכה. נ"ב ע' תוס' מנחות דף יא ע"ב:

הגהות הב"ח

(א) תוס' ד"ה ורבי יהודה וכו' לכן נראה. נ"ב עיין בפרק שור שנגח דף מ' ופ' חזקת הבתים דף נ"ו והנחנקין דף פ"ו: (ב) בא"ד אבל שה ואפי' מקצת שה פליגי ביה רבי אליעזר:

[כסוטה כט: וכמעילה ח. ובנדה עא.]

[נ"ל אור ל"ד דף יט.]

גליון הש"ס

רש"י ד"ה איכא בינייהו וכו' חול הדק. עיין שו"ת ח"ס סימן כח:

[לעיל עט:]

[סנהדרין עח:]

[בכורות מח.]

[ב"ק עח:]

[וע"ע תוס' מנחות יא: ד"ה ר"י סבר כל ואפילו חד קורט ותוס' בכורות ג. ד"ה ר' יהודה]

[סדר [illegible] פ' עז]

רבינו גרשום

ואלו ואלו אין מטמאין דטבול יום פוסל ואינו מטמא בין תרומה ובין קדש ושאר כל הטמאין בין קלין כו' כלומר בין שרץ ובין מת משקין היוצאין ממנו כמשקין הנוגע בהן ואלו ואלו תחלה כיצד שרץ שנגע במשקין משקים תחלה שהוא אב הטומאה ומשקים תחלה לטומאה ומשקי' הנוגע במת אע"פ שהמת אבי אבות הטומאה המשקים אינו אלא תחלה חוץ מן המשקין שהוא אב הטומאה כלומר שכבת זרעו: ושעל אגפים. אגפי שחיטה. ובלבינה ובמגופה שכתשן כלומר לבינה שעושין מן עפר מגופה של כלי חרס: איכא בינייהו צריך ולא צריך לרישא יפה לכסות כיון דמיפרכא מעצמה לסיפא דא' כל שהיוצר צריך לכתשו אין מכסין בו והאי כל כמה דלא מיפרכא צריך לכתשו קרינן ביה ואין מכסין. ושחיקת חרש כלומר כלי חרש וחרסית עפר לבן ומעורה באבנים דקין ומורכן רע מסובין:

מא א ב ג מיי' פי"ד מהלכות שחיטה הלכה יב סמג עשין סד טוש"ע י"ד סימן כח סעיף כג:

שחיקת כלי מתכות. וא"ת: והא מגדל צמחים הוא, דתנן בפרק "כל הצלמים" (ע"ז דף מג:) רבי יוסי אומר: שוחק וזורה לרוח. אמרו לו: אף היא נעשית זבל! ובשל מתכות איירי, דמייתי עלה קרא דעגל! וי"ל: דבפ"ע אין מגדל צמחים, אלא שמועיל לזבל. ור"ת תירץ: דע"י שרפה מגדל צמחים. דהתם ע"י שרפה איירי, דכל עבודה זרה תחלתה בשרפה, דומיא דעגל.

כלל הצריך לפרט. פי' בקונטרס: לפי שיש לפרש הכלל בשני דרכים, כמו בכלי או בדבר המתערב, ובא הפרט ומפרשו. וכן בסוף פרק שני דבכורות (דף יט.) תניא: מכלל שהוא צריך לפרט ומפרט שהוא צריך לכלל כיצד? "קדש לי כל בכור", יכול אפילו נקבה? ת"ל "זכר". אי זכר, יכול אפילו יצאה נקבה לפניו, דהויה ליה בכור לזכרים? ת"ל: "פטר רחם". אי פטר רחם, יכול אפילו אחר יוצא דופן? ת"ל: "בכור". והשתא, "זכר" לאו פירוש הכלל הוא, דכלל ופרט גמור הוא, ד"בכור" – כלל, "זכר" – פרט, ואין בכלל אלא מה שבפרט. אלא פרט ד"פטר רחם" הוא מפרש את הכלל. שיש לפרש כלל לכמה לדדין: בכור לכל הולדות, או בכור לרחמים אע"פ שאינו בכור לולדות, כגון שילא דרך רחם אחר יוצא דופן. או בכור לזכרים אע"פ שיצאה נקבה לפניו דרך הרחם. בא הפרט דלא הוי בכור שיצאה נקבה לפניו, אלא שיהא בכור לרחמים. ולאביי דאית ליה התם: בכור לדבר אחד לא הוי בכור עד שיהא בכור לכל הולדות, מכ"מ צריך לפרט הוא, דאי לאו פרט הוה אמינא דאפילו יוצא דופן חשיב בכור, כיון דהוי בכור לולדות, אע"ג דלא הוי בכור לרחמים. ועוד נראה לפרש: דלאביי, "בכור" ו"פטר רחם" – תרווייהו כלל, ותרווייהו פרט, דתרווייהו צריכי להדדי, ובכל אחד אתה מוצא כלל הצריך לפרט ופרט הצריך לכלל, שכל אחד סותם דבר אחד ומפרש דבר אחד. ד"בכור" משמע אפילו יוצא דופן, ו"פטר רחם" ממעט ליה. ו"פטר רחם" משמע ליה אפילו יוצא אחר יוצא דופן, ו"בכור" ממעט ליה. ורבינו תם מפרש: דהכא והתם חשוב כלל ופרט גמור כמו בעלמא, ד"בכור" משמע בין הכי ובין הכי, ואתא פרטא למעוטי. "וכסהו" נמי משמע: בין כסוי כלי בין כסוי עפר, במה שירצה. ופרטא משמע: עפר דוקא. ומה שחושבו צריך לפרט – לאו אכפיית כלי דהך ברייתא קאי, אלא אהא דדרשינן לעיל (דף פג:) מ"בעפר" – צריך שיתן עפר למעלה ולמטה. דמ"וכסהו" לא משמע למטה אלא למעלה, ומשום הכי חשיב ליה צריך לפרט. ובבכורות, לאו לפרש כלל הצריך לפרט אתא, אלא לפרושי פרט הצריך לכלל, כדקתני סיפא: אי פטר רחם, יכול אפילו יוצא אחר יוצא דופן? ת"ל "בכור". אע"ג דקתני: מכלל שהוא צריך לפרט ומפרט שהוא צריך לכלל, כיצד? דמשמע דאתא לפרושי תרווייהו, עיקרא דמלתא לא נקטיה אלא משום פרט הצריך לכלל. **אלא** בדבר שזורעין בו ומצמיח. למעוטי עפר מדבר קאתי, דלא שמעינן ממתני' דלמחין גדלין בו מאליהן אלא דמה שזורעין בו אינו מצמיח. א"נ, אי ממתניתין ה"א דמכסין בו, כיון דהוי ממין המגדל צמחים. וא"ת: ומאי פריך רבי יוסי לרבנן בפרק "כל הצלמים" (ע"ז דף מג:) מ"ואת חטאתכם אשר עשיתם" וגו'? שאני התם דבמדבר הוו, דמה שזורעין בו אינו מצמיח! וי"ל: דשמא אז כשבאו שם ישראל היה מצמיח. **שוחק** דינר זהב ומכסה. ולעיל דאמר: אין מכסין בשחיקת כלי מתכות – היינו בכל שאר מתכות חוץ מזהב דאיקרי עפר, מדכתיב: "ועפרות זהב לו". ואע"ג דלא מגדל צמחין, כיון דאיקרי עפר – מכסין בו. דאי הוה מגדל צמחין – לא צריך לטעמא דאיקרי עפר. וכן אפר טלית וחטאת. וא"ת: וכיון דעפר דקרא איירי אפילו בעפר דלא מגדל צמחין, אם כן יש לרבות מ"וכסהו" אפילו הנך דלא מגדלי צמחין, דאין למעטן מפרט דעפר! וי"ל: דעפר דקרא לא איירי אלא בסתם עפר דמגדל צמחין, ומרבויא ד"וכסהו" מרבינן כל מידי דמגדל צמחין, או מידי דאיקרי עפר אע"ג דלא מגדל צמחין. ועפרות זהב ואפר טלית, אע"פ שנקראו עפר – לא הוה מרבינן להו אי לאו רבויא ד"וכסהו". והשתא א"ש הא דאיבעיא לן בסוטה בפרק "היה מביא" (דף טז.): אין שם עפר, מהו שיתן אפר, לב"ה דחשיבי ליה עפר לגבי כסוי? ת"ש, דאמר רבי יוחנן משום רבי ישמעאל, בג' מקומות הלכה *עוקרת את המקרא: בכסוי, התורה אמרה בעפר והלכה בכל דבר – רבי ישמעאל פליג אברייתא דהכא דמפיק בכל דבר מ"וכסהו", ואיהו אית ליה דהוי מהלכה. וקאמר: ואם איתא, לחשוב נמי האי. ואי ממשמעות עפר נפיק, היכי קאמר: ליחשוב נמי האי בין הנהו דהלכה בכל דבר? אלא ודאי מ"וכסהו" נפיק לברייתא דהכא, ולרבי ישמעאל מהלכה. **מצינו** אפר שקרוי עפר. וא"ת: דהכא פליגי ב"ש. ובפ"ק דביצה (דף ז. ושם) תנן: ומודים שאם שחט – שיחפור בדקר ויכסה, שאפר כירה מוכן הוא. ואומר ר"ת: דאפר כירה שבא מן העצים מגדל צמחין. ולא דמי לאפר אוכלין וטלית דלא מגדל צמחין. ורבינו שמואל מפרש, דפריך התם בגמרא:* אפר כירה מאן דכר שמיה? וקאמר: *חסורי מחסרא והכי קתני: ואפר כירה מוכן הוא. ומילתא באפיה נפשיה היא, ולא אתיא כב"ש.* **ונקרת** פיסולין. פירש בקונטרס: עפר שמנקרים מן הרחיים. ואין זה שחיקת אבנים, דהא בברייתא לעיל חשיב לה שחיקת אבנים, והאי "הוסיפו" קאי אברייתא דלעיל ולא אמתניתין, מדלא חשיב הכא כל הנהו דחשיב בברייתא דלעיל.

יצא

[נ"ל עפר וכ"א בהרי"ף והרא"ש והכי איתא שם הי' מהלך במדבר ואין לו עפר לכסות שורף טליתו ומכסה היה מהלך בספינה ואין לו עפר לכסות שוחק דינרי זהב ומכסה]

[בילקוט רמז פ"ג איתא עפר סוטה ואפר פרה וגירס' זו עולה יפה למבין מדעתו]

[שם אי' שוקבת]

(דף ח. ושם)

[ועיין היטב תוספות ביצה ח. ד"ה ה"ק]

ונסורת של חרשין דקה, וסיד, וחרסית, לבנה ומגופה שכתשן? ת"ל: "וכסהו"; יכול שאני מרבה אף זבל הגס, וחול הגס, ושחיקת כלי מתכות, ולבנה ומגופה שלא כתשן, וקמח וסובין ומורסן? ת"ל: "בעפר". ומה ראית לרבות את אלו ולהוציא את אלו? אחר שריבה הכתוב ומיעט, מרבה אני את אלו שהן מין עפר, ומוציא אני את אלו שאין מין עפר. אימא: "וכסהו" – כלל, "עפר" – פרט, כלל ופרט – אין בכלל אלא מה שבפרט, עפר – אין, מידי אחרינא – לא! אמר רב מרי: משום דהוה *כלל הצריך לפרט, וכל כלל הצריך לפרט – אין דנין אותו בכלל ופרט. דרש רב נחמן בר רב חסדא: אין מכסים אלא בדבר שזורעין בו ומצמיח. אמר רבא: *האי בורכא. א"ל רב נחמן בר יצחק לרבא: מאי בורכתיה? אנא אמריתה ניהליה, ומהא מתניתא אמריתה ניהליה: היה מהלך במדבר ואין לו *אפר לכסות – שוחק דינר זהב ומכסה; היה מהלך בספינה ואין לו עפר לכסות – שורף טליתו ומכסה. בשלמא שורף טליתו ומכסה – אשכחן אפר דאיקרי עפר, אלא דינר זהב מנלן? אמר ר' זירא: °"ועפרות זהב לו" (איוב כח). תנו רבנן: אין מכסין אלא בעפר, דברי בית שמאי, ובית הלל אומרים: *מצינו אפר שקרוי "עפר", שנאמר: °"ולקחו לטמא מעפר שריפת" [וגו'] (במדבר יט). ובית שמאי, עפר שריפה איקרי, עפר סתמא לא איקרי. תנא: הוסיפו עליהן ג השחור והכחול, ונקרת פיסולין, ויש אומרים: אף הזרניך. *אמר רבא: בשכר שאמר אברהם אבינו °"ואנכי עפר ואפר" (בראשית יח) – זכו בניו לשתי מצות, *אפר פרה ועפר סוטה. וליחשוב נמי עפר כסוי הדם! התם – הכשר מצוה איכא, הנאה ליכא. ואמר *רבא: בשכר שאמר אברהם אבינו

אם

תורה אור

נסורת. שמגררין נגרים במגירה פגומה וקוצצים בה עצים, והיא משרת נסורת דקה כעפר. ת"ל וכסהו. בפני עצמו נדרש. מדלא כתיב "ושפך דמו ובעפר יכסנו", דהוי משמע: עפר ולא דבר אחר, דלא כתיב כסוי אלא לבתר עפר. אבל השתא מדריש "וכסהו" באפי נפשיה. ושחיקת כלי מתכות. דלאו איקרי עפר. סובין. שהנפה קולטת. מורסן. קליפה העולה כשכותשים במכתשת. לאחר שריבה הכתוב ומיעט. שכתב לך שני מקראות, אחד לרבות ואחד למעט, אמרת – מעתה יש לך לומר: כל הנך דלעיל מין עפר ניניהו, מה עפר מיוחד שמגדל צמחין – אף כל שמגדל צמחים. וכל הנך קים להו לרבנן שמגדלין צמחין. מידי אחרינא לא. ואע"ג דמגדל צמחין. כלל הצריך לפרט. דלא סגי ליה לכלל בלאו פרטא. דאי הוה כתיב "וכסהו", הוי משמע: יכסה עליו את הכלי, כדקתני רישא, ואיצטריך עפר להורות שאין כסוי זה אלא בדבר המתערב ונבלע בו, כגון עפר וכיוצא בו. וכי דיינינן ליה בכלל ופרט היכא דכללא לא משתמע אלא בחד ענינא ומרבי מילי טובא, והדר אתי פרט למעוטי כל מילי דכללא. אבל הכא דמשתמע כללא בתרי ענייני – ב' כסויין שאין דומים זה לזה, כגון כסוי דבר שלם כגון כלי, וכסוי דבר דק כגון עפר – תו לא אתי פרטא אלא לפרושי כסוי קמא דלאו בדבר שלם הוא, ולאו למעוטי לגמרי. כלל הצריך לפרט. ללמוד כלל מן הפרט, כדאמרי' (מו"ק דף כח.): "רבים צריכין לו", "תלמיד וצריך לו רבו" (ב"מ דף לג.) ודוגמתו שנינו בבכורות (דף יט.): מכלל הצריך לפרט, כיצד? "קדש לי כל בכור", יכול אפילו נקבה במשמע? ת"ל: "זכר". אי זכר, יכול אפילו יצאה נקבה לפניו הוה ליה בכור לזכרים? תלמוד לומר: "פטר רחם", הרי פרט שהכלל צריך ללמוד הימנו. אלא בדבר שזורעין בו ומצמיח. למעוטי ארץ מליחה. האי בורכא. אינו עיקר, לשון בור. במדבר. ארץ ציה שאינה מצמחת. דינר זהב. לקמיה יליף: "ועפרות זהב לו". שחיקה אין אבנים לא. לא גרסינן.

אשכחן אפר דאיקרי עפר. מ"עפר שריפת החטאת". השחור. פחמין כתושין. נקרת פיסולין. עפר שמנקרין מן הרחיים. הזרניך. אורפימנ"ט. הנאה ליכא. במצוה זו, דבלאו כסוי נמי הוה מתכשרי בשר. אבל באפר פרה איכא הנאה, שמטהרו מטומאתו, דאי לאו אפר אין לו טהרה עולמית. עפר סוטה מטיל שלום בין איש לאשתו, "ונקתה ונזרעה זרע".

אם

[בכורות יט.]

[שבועות יב: כתובות סג: ועיין פרש"י דהכא וז"ל הערוך ערך בכך ה' האי בורכה פי' כלומר דבר בורות הוא ובור הוא מי שאומר דבר זה]

[סוטה יז.]

סוטה יז.

גם זה שם

רבינו גרשום

משום דהוה כלל הצריך לפרט כו' כלומר דאי לא כתב וכסהו בעפר מאי הוה למיכתב אי כתב ושפך את דמו בעפר לא ידעינן מאי קאמר: השחור פחמין כבוין ונקרת פסולין כלומר מי שחוצב אבנים מנשר עפר אבנים דקה. הזרניך זהב:

[מלת חסורי מחסרא ליתא שם בביצה]

אם °מחוט ועד שרוך נעל" — זכו בניו לשתי מצות, לחוט של תכלת, ורצועה של תפילין. בשלמא רצועה של תפילין — כתיב: °"וראו כל עמי הארץ כי שם ה' נקרא עליך", *ותניא, ר' אליעזר הגדול אומר: אלו תפילין שבראש. אלא, חוט של תכלת מאי היא? דתניא, *רבי מאיר אומר: מה נשתנה תכלת מכל הצבעונין? מפני שתכלת דומה לים, וים דומה לרקיע, ורקיע דומה לאבן ספיר, ואבן ספיר דומה לכסא הכבוד, דכתיב: °"ויראו את אלהי ישראל ותחת רגליו" וגו', וכתיב: °"כמראה אבן ספיר דמות כסא". א"ר אבא: קשה גזל הנאכל, שאפילו צדיקים גמורים אינן יכולין להחזירו, שנאמר: °"בלעדי רק אשר אכלו הנערים". אמר רבי יוחנן משום רבי אלעזר בר' שמעון: כל מקום שאתה מוצא דבריו של רבי אליעזר בנו של רבי יוסי הגלילי בהגדה — עשה אזניך *כאפרכסת; °"לא מרבכם מכל העמים חשק ה' בכם" וגו', אמר להם הקדוש ברוך הוא לישראל: חושקני בכם, שאפילו בשעה שאני משפיע לכם גדולה — אתם ממעטין עצמכם לפני; נתתי °גדולה לאברהם — אמר לפני: °"ואנכי עפר ואפר", למשה ואהרן — *אמר: °"ונחנו מה", לדוד — אמר: °"ואנכי תולעת ולא איש". אבל אומות העולם אינן כן, נתתי גדולה לנמרוד — אמר: °"הבה נבנה לנו עיר", לפרעה — אמר: °"מי ה'", לסנחריב — אמר: °"מי בכל אלהי הארצות" וגו', לנבוכדנצר — אמר: °"אעלה על במתי עב", לחירם מלך צור — אמר: °"מושב אלהים ישבתי בלב ימים". אמר רבא, ואיתימא ר' יוחנן: גדול שנאמר במשה ואהרן יותר ממה שנאמר באברהם, דאילו באברהם כתיב: "ואנכי עפר ואפר", ואילו במשה ואהרן כתיב: "ונחנו מה". ואמר רבא, ואיתימא ר' יוחנן: אין העולם מתקיים אלא בשביל משה ואהרן, כתיב הכא: "ונחנו מה", וכתיב התם: °"תולה ארץ על בלימה". אמר רבי *אילעא: אין העולם מתקיים אלא בשביל מי שבולם את עצמו בשעת מריבה, שנאמר: "תולה ארץ על בלימה". רבי אבהו אמר: מי שמשים עצמו כמי שאינו, שנאמר: °"ומתחת זרועות עולם". אמר רבי יצחק: מאי דכתיב °"האמנם אלם צדק תדברון מישרים תשפטו בני אדם"? מה אומנותו של אדם בעולם הזה — ישים עצמו כאלם; יכול אף לדברי תורה? תלמוד לומר: "צדק תדברון"; יכול יגים דעתו? ת"ל: "מישרים תשפטו בני אדם". אמר רבי זעירא ואיתימא רבה בר ירמיה: מכסין בעפר עיר הנדחת. ואמאי? איסורי הנאה הוא! אמר זעירי: לא נצרכה אלא לעפר עפרה, דכתיב: °"ואת כל שללה תקבוץ אל תוך רחובה ושרפת" — מי שאינו מחוסר אלא קביצה ושריפה, יצא זה שמחוסר תלישה קביצה ושריפה. ורבא אמר: מצות לאו ליהנות ניתנו. יתיב רבינא וקאמר להא שמעתא. איתיביה רב רחומי לרבינא: *[א]שופר של עבודה זרה לא יתקע בו; מאי לאו, אם תקע לא יצא? לא, אם תקע יצא. *[ב]לולב של עבודה זרה לא יטול; מאי לאו, אם נטל לא יצא? לא, אם נטל יצא. והתניא: תקע — לא יצא, נטל — לא יצא! אמר רב אשי: הכי השתא? התם — שיעורא

(מקורות הפסוקים בגליון: בראשית יד; דברים כח; שמות כד; יחזקאל א; בראשית יד; דברים ז; בראשית יח; שמות טז; תהלים כב; בראשית יא; שמות ה; מלכים ב יח; ישעיהו יד; יחזקאל כח; איוב כו; דברים לג; תהלים נח; דברים יג)

רש"י

אם מחוט ועד שרוך. שלא רצה ליהנות מן הגזל. שרוך. רצועה. חוט של תכלת. לציצית. רצועה של תפילין. לקשור. בשלמא רצועה של תפילין. איכא הנאה, דכתיב "ויראו ממך". אלו תפילין שבראש. אות הן לכל כי שם ה' נקרא עליך. מאי היא. מאי הנאה איכא? מה נשתנה תכלת. שהזקיקתה תורה לציצית. שהתכלת דומה לים. שהחלזון מן הים הוא עולה אחת לשבעים שנה, *ומראית דמו דומה לים. וים אנו רואין שדומה לרקיע. ורקיע לספיר, וספיר לכסא הכבוד — דכתיב: "ותחת רגליו כמעשה לבנת הספיר", והוא "כעצם השמים", אלמא שמים דומין לספיר. וספיר הוא כסא הכבוד, דכתיב: "כמראה אבן ספיר דמות כסא". וכשהקב"ה מסתכל בכסא הכבוד שלו נזכר במצוה זו שהיא כנגד כל המצות. הנאכל. הגוזל ואוכל, קשה הוא לעשות תשובה. כאפרכסת. טרמויי"א. לא מרבכם. לפי שאין אתם מרבין עצמכם אלא ממעטין, לפיכך חשק בכם. כי אתם המעט — ממעיטין עצמכם בענוה. נמרוד. מלך בדור הפלגה היה, ולכך נקרא שמו *נמרוד — שהמריד כל העולם במלכותו על הקב"ה. מושב אלהים ישבתי. שבנה לו שבעה רקיעים של נחשת, ועלה וישב עליהם. תולה ארץ. על זכות אותן שנחשבו לבלימה. שבולם עצמו. סוגר את פיו, ודומה לו בבכורות (דף מ:): "פיו בלום" ו"רגליו מבולמות". ומתחת. מי שנדרס תחת הכל — הוא זרועות עולם. האמנם אלם. אומנות יפה היא האילום, אבל צדק, דהיינו דברי תורה — אותו תדברון. מישרים. כמישור ארץ חלקה שנוחה לידרס. בעפר עיר הנדחת. קס"ד: אפר שריפתה. והא איסורי הנאה נינהו. דכתיב: "לא ידבק" וגו', ובעיר הנדחת כתיב. עפר עפרה. קרקעה. ורבא אמר. אפילו בעפר [א] עפרה נמי מותר, שכסוי הדם מצוה ולא הנאה. שהמצות שנתנו לישראל לא ליהנות נתנו להם, לא לשם הנאה נתנו להם, אלא גזירת מלך היא עליהם. לא אם תקע יצא. דלאו הנאה היא. ולכתחלה מיהא לא יתקע, משום דמאיס. שיעורא

תוספות

יצא זה שמחוסר תלישה כו'. מכאן נראה לפסול גט שנכתב על הקלף ואח"כ חתכו. דהתם נמי דריש: "וכתב ונתן" — מי שמחוסר כתיבה ונתינה, יצא כו'. דטפי נראה חבור גט המחובר לקלף גדול, מחבור עפר לעיר הנדחת, דחשיב הכא מחוסר תלישה. וגם בפ"ב דגיטין (דף כא:) כתוב באורך כל הצורך.

והתניא תקע לא יצא נטל לא יצא. ה"ל לאתויי מתני' ד"לולב הגזול" (סוכה דף כט:): של אשרה ושל עיר הנדחת פסול. אלא ניחא ליה להביא הך ברייתא, דקתני בה שופר ולולב. וא"ת: דבפרק "ראוהו ב"ד" (ר"ה דף כח.) אמר *רבה: שופר של עבודה זרה לא יתקע בו, ואם תקע בו יצא. וכן בפ' "מצות חליצה" (יבמות דף קג:) אמר רבא: החולצת בסנדל של עבודה זרה חליצתה כשרה, ולא אמרינן דמכתת שעוריה! וי"ל: דהכא בעבודה זרה של ישראל דאין לה ביטול, אבל דגוי דיש לה ביטול — לא מכתת שיעוריה. וכי האי גוונא משני פרק "לולב הגזול" (סוכה דף לא:) אהא דאמר רבא: לולב של עבודה זרה אם נטל יצא. ופריך ממתניתין דלולב של אשרה פסול, ומשני: באשרה דמשה. וא"ת: עבודה זרה דגוי מכי אגבהה הויא דישראל, כדאמר בפרק "כל הצלמים" (ע"ז דף מב.) גזירה דלמא מגביה לה והדר מבטל לה! וי"ל: כגון שהגביה השופר והסנדל על מנת שלא לקנותו. דהא תנן במנעל שאין שלו — חליצתה כשרה. ולולב איירי בי"ט שני. ובסוכה הוה מצי לשנויי דמתניתין בי"ט ראשון, ולא הוה צריך לאוקמה באשרה דמשה. אלא משום דקתני אשרה דומיא דעיר הנדחת, דלאפי' בי"ט השני. ור"ת מפרש: דכולהו בעבודה זרה דגוי, וכאן קודם ביטול, והתם לאחר ביטול. ולאחר ביטול נמי לכתחלה לא יטול ולא יתקע ולא יחלוץ, דמאיס לענין מצוה, לפי שהיה עליה שם עבודה זרה. אפי' את"ל דשרי לכסות בעפר עבודה זרה לכתחלה כמו בשל עיר הנדחת — לא דמי כיסוי לחליצה, דלענין כסוי לא חיישינן ממאי דמאיס. והא דמשני בסוכה: באשרה דמשה, ולא משני בדגוי וקודם ביטול — משום דמכי נקצץ הלולב מן הדקל נתבטל. ובפרק "מצות חליצה" (יבמות קג:) דמפליג בין סנדל של עבודה זרה לסנדל של תקרובת עבודה זרה דאין לו ביטול, ולא מפליג (א) בנעל עבודה זרה גופיה בין אחר ביטול לקודם ביטול! ויש לומר: מילתא אגב אורחיה קא משמע לן, דתקרובת עבודה זרה אינה בטלה עולמית. והסוגיא ד"ראוהו ב"ד" קשה טפי, דמפליג התם רבה בין שופר של עבודה זרה לשל עיר הנדחת, דבשל עבודה זרה גופיה היה יכול לחלק לפירוש רבינו תם בין אחר ביטול לקודם ביטול! ומיהו, על כרחך צריך לאוקמה לאחר ביטול, כדברי ר"ת, לספרים דגרסי "רב יהודה". דאי קודם ביטול, הא רב יהודה אית ליה התם דבשופר של שלמים לא יצא, משום דמצות ליהנות ניתנו. אך נראה ד"רבה" גרסינן, ולא "רב יהודה", דהא מפרש התם טעמא דבשופר של עיר הנדחת לא יצא — משום דכתותי מכתת שיעוריה, ולרב יהודה הוה ליה למימר: משום דמצות ליהנות ניתנו.

הדרן עלך כסוי הדם

עין משפט נר מצוה

מב א מיי' פ"א מהלכות שופר הלכה ג ועיין בהשגות ובכ"מ סמג עשין מב טוש"ע א"ח סי' תקפו סעיף ג:

מג ב מיי' פ"ח מהלכות לולב הלכה א ועיין בהשגות ובכ"מ סמג עשין מד טוש"ע א"ח סימן תרמט סעי' ג:

[ובגמרא שלפנינו איתא רב יהודה וגירס' ר"ח שם שכתבו תוס' איתא רבה]

[בחגיגה ג. פרק י' שעל הרחיים]

[נ"ל אמרו]

[בילקוט איתא רבי אלעזר]

שיטה מקובצת

א] ורבא אמר אפי' בעפר שריפתה נמי מותר:

הגהות הב"ח

(א) תוס' ד"ה והתניא וכו' ולא מפליג בסנדל עבודת כוכבים גופיה:

גליון הש"ס

גמ' מחוט. עיין רש"י בחומש פ' (תולדות ט') [לך לך יד] כג ובגלה"ש שם:

מסורת הש"ס

[מנחות מג.]

[ברכות ו. [נז.] מנחות לה: סוטה יז. [מגילה טז:]

סוטה שם מנחות מג:

[עירובין נג.]

ר"ה כח.

סוכה דף לא: ע"ש היטב

רבינו גרשום

כאפרכסת זו היא קופה מנוקבת שעל גבי הרחיים שמקבלת כל החטים שמביאין לטחון. וכתיב תולה ארץ על בלימה כלומר דבר שהוא כאן. שבולם עצמו כלומר שושתק. ת"ל מישרים תשפטו בני אדם כלומר לענין תורה שהוא מישרים תשפטו צריכה שלא תגיסו דעתכם עליה. אלא לעפר עפרה כו' קרקע שנשרפה עיר הנדחת עליה יצא זה שמחוסר תלישה כלומר שאינו חשוב עיר הנדחת: רבא אמר מצות לא ליהנות ניתנו. כלומר לא תימא דמכסין אלא מעפרה ממש מכסין אלא מעפרה ממש דמכסין דמצוה אין חשוב הנאה. יתיב רבינא וקאמר לה להא שמעתא: דרבא. לולב ושופר שיעורא בעינן כלומר לולב בעינן ד' טפחים ושופר כדי שאוחזו ויראה טפח לכאן וטפח לכאן

שיעורא, בעינן, ועבודה זרה כתותי מכתת שיעורא, הכא – כל מה דמכתת מעלי לכסוי.§

הדרן עלך כסוי הדם

גיד הנשה נוהג בארץ ובחוצה לארץ, בפני הבית ושלא בפני הבית, בחולין א ובמוקדשין. ב ונוהג בבהמה ובחיה, בירך של ימין ובירך של שמאל, ואינו נוהג בעוף – מפני שאין לו כף. *ג ונוהג בשליל. ר' יהודה אומר: אינו נוהג בשליל ד וחלבו מותר. ואין הטבחין נאמנין על גיד הנשה, דברי רבי מאיר. וחכמים אומרים: *ה נאמנין עליו, ועל החלב.§ **גמ'** מוקדשין, *ו פשיטא! משום דאקדשיה פקע ליה איסור גיד מיניה? וכי תימא: א) יש בגידין בנותן טעם, ואתי איסור מוקדשין וחייל אאיסור גיד, האי "מוקדשין נוהג בגיד" מיבעי ליה! אלא קסבר: *אין בגידין בנותן טעם, ובמוקדשין, איסור גיד – איכא, איסור מוקדשין – ליכא. וסבר תנא דידן אין בגידין בנותן טעם? *והתנן: ירך שנתבשל בה גיד הנשה, אם יש בה בנותן טעם – הרי זו אסורה! אלא, הכא *בולדות קדשים עסקינן, וקסבר: נוהג בשליל, וקסבר: *ולדות קדשים במעי אמן הן קדושים, דאיסור גיד ואיסור מוקדשין בהדי הדדי קאתי. ומי מצית מוקמת לה בשליל, והא מדקתני סיפא "נוהג בשליל", מכלל דרישא לאו בשליל עסקינן! הכי קאמר: דבר זה מחלוקת דרבי יהודה ורבנן. ומי מצית אמרת דתרוייהו בהדי הדדי קאתו? *והתנן, על אלו טומאות הנזיר מגלח: ז על המת ועל כזית מן המת. וקשיא לן: על כזית מן המת מגלח, על כולו לא כל שכן? ואמר רבי יוחנן: לא נצרכה ז אלא לנפל שלא נקשרו אבריו בגידין, אלמא

שיעורא בעינן. בשופר, כדי שיאחזנו בידו ויראה לכאן ולכאן, כדאמרינן בראש השנה (דף כז:). לולב מפרש במסכת סוכה (דף לב:): שיעור הדס וערבה – שלשה טפחים, ולולב ארבעה. ועבודה זרה, כיון דלשריפה קיימא – כל העומד לישרף כשרוף דמי, הלכך [ב] שיעורא הוא לכתותי מכתת. אבל הכא, כמה דשריף ומיכתת מעלי לכסוי, ומשום הנאה ליכא, דמצות לאו ליהנות ניתנו.

הדרן עלך כסוי הדם

גיד הנשה. ובמוקדשין. לקמן (דף ו:) פליגי בה, איכא למאן דאמר: אפילו בעולה, ואיכא למ"ד: בקדשים הנאכלין. שאין לו כף. בגמרא מפרש: אית ליה, ולא עגיל. כף. פולי"א, הנסרכת סביבות עצם הקולית העליונה סביב סביב בעיגול. אבל עוף אינו כן, שהבשר שעל הקולית ברוחב הוא, ואינו דומה לכף [ג]. כף. שעל גב הירך. ונוהג בשליל. בן תשעה חי הנמצא בבהמה. וחלבו. של שליל מותר. ואין הטבחים נאמנים. לומר "נטלנוהו", מפני שטורח הוא להם לחטט אחריו. **גמ'** איסור גיד. [ד] נוהג בבהמה משעה שנוצר. יש בגידין בנותן טעם. כבשר. ואשמעינן האי תנא דהאוכל גיד הנשה של מוקדשין לוקה שתים: אחת, משום גיד – שאפילו עץ הוא, התורה חייבה עליו. ואחת, משום מוקדשין – שיש בו טעם, והנאה מן המוקדשין. ואשמעינן מינה תרתי: חדא, דיש בגידין בנותן טעם. וחדא, דאיסור חל על איסור. ולאפוקי ממאן דאמר בהאי פירקא (לקמן צט:): אין בגידין בנותן טעם. א"כ – הכי איבעי ליה למתני: "מוקדשין נוהגות בגיד"! אלא. אשמעינן האי תנא דאין בגידין בנותן טעם, והכי קאמר: איסור גיד הנשה לבדו נוהג במוקדשין, אבל איסור מוקדשין אין בו. אם יש בו בנותן טעם. שיערו חכמים בששים כל נותן טעם סתם. בולדות קדשים. בהמת שלמים שילדה. ואשמעינן תנא דמתניתין: דלא תימא איסור מוקדשין קדים, וגיד אינו נוהג בשליל, וכי מטי לידה – לא אתי גיד חייל עליה, דאין איסור חל על איסור. אלא תרוייהו חיילי, דקסבר: ולדות קדשים, משעת יצירתן במעי אמן הן קדושים, וגיד הנשה נוהג בשליל. ואשתכח דבילירת העובר חלו שניהם. מכלל דרישא לאו בשליל עסקינן. דאי מרישא שמעינן דנוהג בשליל, סיפא למה ליה למתנייה? ה"ק כו'. כלומר, רישא ודאי אשמעינן דנוהג בשליל. דאי אין נוהג בשליל – קדים ליה איסור מוקדשין, ותו לא אתי איסור גיד וחייל עליה. והדר תנא פלוגתא – לאשמעינן דדבר זה שהשמיענו תחלה נוהג בשליל, לאו דברי הכל היא, אלא מחלוקת רבי יהודה ורבנן. הנזיר מגלח. שאם נטמא לאחר שמנה מקצת נזירותו – סותר כל מה שמנה, ומגלח, וחוזר ומתחיל ומונה, כדכתיב (במדבר ו): "והימים הראשונים יפלו". על המת כו'. אבל לא על שאר טומאות, כגון נבלה ושרץ, ד"מת" כתיב בפרשה (שם): "וכי ימות מת עליו". לנפל. שכולו קיים, ועדיין לא נתקשרו איבריו בגידין שהרי כל איבריו נולרים, ועדיין אין עליו כזית בשר.
אלמא

גיד הנשה. מוקדשין פשיטא. כולהו נמי פשיטא, אלא דצריך שיהא אחד לצורך, ואגביה תני כולהו. **ואתי** איסור מוקדשין וחייל על איסור גיד. ואע"ג דתנן (לקמן דף ק:): ואינו נוהג בטומאה, דאין איסור גיד חייל על איסור טומאה – איסור מוקדשין דחמיר, דאית בהו כרת אם אכלו בטומאה, כדפרש"י לקמן (דף ל.), חייל טפי אאיסור גיד. **אלא** קסבר אין בגידים בנותן טעם. ולא היה יכול להקשות: והתנן (לקמן דף ק:) "אינו נוהג בטמאה", דמשמע: אין גיד הנשה נוהג בטמאה, דאין איסור גיד חל על איסור טומאה, אלמא דיש בגידין בנ"ט! דהוה מצי למימר: דטעמא, כדאמר רבי שמעון בגמרא (שם דף קא.): מי שגידו אסור ובשרו מותר. ומה שמקשה רבי יהודה: והלא אף לבני יעקב נאסר – שפיר פריך. דכיון דלבני יעקב נאסר אף בטמאה, לא מסתבר למימר דאחרי כן כשנאסרו בטמאה, פקע ממנו איסור גיד הנשה. א"נ: אפילו היה יכול לדקדק משם דיש בגידין בנותן טעם, ניחא ליה למיפרך מירך שנתבשל בה גיד הנשה, ששנויה קודם. **איסור** גיד איכא איסור מוקדשין ליכא. והכי פירושו: איסור גיד הנשה לבדו נוהג במוקדשין, ולא איסור אחר. וא"ת: ולימא, דקסבר יש בגידין בנותן טעם, ואפילו הכי לא אתי איסור מוקדשין וחייל אאיסור גיד – דלית ליה איסור חל על איסור, אף באיסור חמור ואיסור כולל. וכי תימא: משום דמתניתין כר"מ, דאמר דנוהג בשליל, ובסוף פירקין (דף קא.) מחייב רבי מאיר שתים באוכל גיד הנשה של נבלה, אלמא אית ליה איסור חל על איסור – דהשתא נמי דקאמר: אין בגידין בנותן טעם, לא אתיא כרבי מאיר, דהא רבי מאיר סבר: יש בגידין בנותן טעם, מדמחייב באוכל גיד משום נבלה! וי"ל: דאין נראה לו שתחלוק הך סתמא דמתניתין אסתמא דכריתות פרק "אמרו לו" (דף יג:) ד"יש אוכל אכילה אחת, וחייב עליה ד' חטאות ואשם אחד", דסברה דאיסור חל על איסור באיסור כולל. אי נמי: לא בעי לשנויי הכי, משום דאכתי תקשה ליה: דא"כ, "אין מוקדשין נוהג בגיד" מבעי ליה! והשתא דקאמר דקסבר אין בגידין בנותן טעם, הוה מצי למפרך: "אין מוקדשין נוהג בגיד" מבעי ליה! אלא דעדיפא מיניה פריך. **אם** יש בה בנותן טעם אסורה. תימה: דילמא אסורה משום שמנו של גיד, אבל בגידין אין בהן בנותן טעם! ולפירוש הר' (א) מאיר *אתי שפיר, דפירש: דאין להחמיר ולאסור בשומן שבגיד, כיון שהגיד עצמו אינו אוסר. ור"ת מפרש: דלשמנו של גיד, לא הוה קרי "גיד" סתמא. וקשה לפירושו: דלקמן (דף לא.) גבי ההיא ד"גידין ישרפו לששה עשר" מוקי לה רב אשי בשומן של גיד! **בולדות** קדשים עסקינן. דבהדי הדדי קאתו. וא"ת: והיכי אתו בהדי הדדי, הא איסור גיד אינו חל עד שיהא בן ט' חדשים, כדאמר לקמן בפרקין (דף לג:*): א"ר אושעיא מחלוקת בבן ט' חי, והלך רבי מאיר לשיטתו כו'! וי"ל: דהא דשרי ר"מ בגיד בשליל בן ח' – היינו לאחר שנשחטה האם, דניתר בשחיטת האם. אבל כל זמן שלא נשחטה האם – איכא איסור גיד בשליל. ומיהו קשה: דבפרק "בהמה המקשה" (לעיל דף עה.) איפליגו רבי יוחנן וריש לקיש בתולש חלב מבן ט' חי, אבל מבן ח' חי – משמע דלכולי עלמא אין בו איסור חלב, וה"נ אין (ב) איסור גיד, כי היכי דליכא איסור חלב. וא"כ, איסור מוקדשין קדים! ויש לומר: דדוקא איסור חלב אין בו, משום דכתיב (ויקרא ז): "כל חלב שור וכשב", ובן ח' לא מיקרי "שור וכשב", אבל איסור גיד יש בו. אי נמי: ניחא ליה למיפרך ממתניתין דנזיר דמשמע בהדיא דלאו בהדי הדדי אתו. וא"ת: ואמאי לא פריך ממתניתין ד"אינו נוהג בטמאה" – אלמא דאיסור טומאה קדים! וי"ל: דהמ"ל דטעמא משום דבשרו אסור, כדקאמר רבי שמעון כדפי' לעיל. **והא** מדקתני סיפא דנוהג בשליל מכלל דרישא כו'. תימה: מאי פריך? הא סיפא – בשליל שנשחטה אמו, ורישא – בשלא נשחטה! ועוד: דמאי קא משני "דבר זה מחלוקת רבי יהודה ורבנן"? והלא אף רבי יהודה מודה דלאסור כי לא נשחטה האם. דדוקא בנשחטה פליגי, דהא רבי יוחנן אית ליה בפרק "בהמה המקשה" (גם זה שם) דתלש חלב מבן ט' חי דלחלבו כחלב בהמה, אע"פ שאם נשחטה האם – הכל מותר, אפילו חלבו וגידו, מ"כל בבהמה תאכלו"! **ואמר** רבי יוחנן לא נצרכה **אלא** לנפל כו'. תימה: דבנזיר פרק "כהן גדול" (דף נ.) גרסינן בכל הספרים "כדא"ר יוחנן כו'", משמע דרבי יוחנן לא אמר אההיא דנזיר! ונראה דהכא נמי גרסינן "כדא"ר יוחנן", ודר' יוחנן אפשר דאיתמר אמתניתין דאהלות (פ"ב, מ"א) דתנן: אלו מטמאים באהל המת כו'. ורבינו שמואל מיישב גירסת הספרים: דהתם גרסינן "כדאמר", והכא גרסינן "ואמר". דהתם על פירכא ד"על כזית מגלח, על כולו לא כל שכן!" אמר רב *יוסף: לא נצרכה אלא למת שאין עליו אפילו כזית בשר. והדר פריך: ואכתי, על אבר ממנו מגלח – על כולו לא כל שכן! ומשני: "כדאמר ר' יוחנן: לא נצרכה" – פירוש: כדאמר רבי יוחנן על פירכא קמייתא ד"על כזית כו' דכיון שלא נתקשרו איבריו עדיין, מסתמא אין עליו כזית, הכא נמי כו'. והכא דלא מייתי אלא פירכא קמייתא, קאמר "וא"ר יוחנן", משום דאפירכא קמייתא איתמר מילתיה דרבי יוחנן.
אלמא

א א מיי' פ"ח מהלכות מאכלות אסורות הלכ' א ופ"ו מהלכות מעשה קרבנות הלכה ד סמג לאוין קלט:
ב ב מיי' פ"ח מהלכות מאכלות אסורות הלכה א סמג שם טוש"ע י"ד סי' סה סעיף ה:
ג ג מיי' שם הלכה א טוש"ע שם סעיף ז וע"ש:
ד ד מיי' פ"ז מהלכות מאכלות אסורות הלכ' ג ועיין בהשגות ובכ"מ סמג לאוין קלז טוש"ע י"ד סי' סד סעיף כ:
ה ה מיי' שם הלכה כה ופ"ח שם הלכה ז טוש"ע שם סי' סה סעיף יד:
ו ו ז מיי' פ"ו מהלכות נזירות הלכה ב:

[ועיין תוס' לקמן לג: ד"ה נאמנים עליו]

שיטה מקובצת

א] וכי תימא קסבר תנא דידן יש בגידין בנותן טעם וכו' כך מצאתי בספרי היד: ב] הילכך שיעוריה לאו שיעורא דכתותי מיכתת כצ"ל: ג] ואינו דומה לכף כל בשר גבוה ועגול קרי כף. הס"ד ומה"ד ונוהג בשליל וכו': ד] איסור גיד הנשה נוהג בבהמה:

הגהות הב"ח

(א) תוס' ד"ה אם וכו' ולפי' הרב ר"מ כר' אתי שפיר: (ב) ד"ה בולדות וכו' וה"נ אין בו איסור:

(לעיל סט. עד:) (לקמן ק:)
[לקמן קלח:]
[לקמן צט:]
[לקמן צ:]
[לקמן קלח:]
[תמורה כה.]
(לקמן צט:)
לקמן ק: נזיר מט:
[לקמן לג: ד"ה שאני]
[וכן לעיל עד:]
[לפנינו בנזיר אותה רבי יוסי וכן מוכרח להעתיין שם]

רבינו גרשום

הבא אדרבה כל מה דמיכתת שיעורא כו' כלומר ואע"ג דלענין שופר ולולב לא יצא לענין כסוי עפר עיד הנדחת כל מה שמכתתת שיעוריה עלוייה מעלי לכסוי:

סליק פירקא

אמרי הבא בשליל עסקי. כלומר מה דאמרינן גיד הנשה נוהג במוקדשין בשליל דבהמת קדשים דבהדי הדדי קאתו. אלא לנפל שלא נתקשרו איבריו בגידין. כלומר דאינו מת גמור אלמא חזינן דבשר קדים לגיד לענין אדם וכן לענין שליל אלמא איסור מוקדשין קדים. וזו תירוץ אע"ג דאיסור וכו' לעולם בשליל מוקמת ליה ואתי איסור גיד וכו' ותרוייהו בהדי הדדי קאתו. והא מתניתין דלא כרבי יהודה דאמר אינו נוהג בבהמה ובחיה וכו' וק"ל דרבי יהודה סבר דאינו נוהג אלא בירך של ימין האי תנא סבר לה כוותי' בחדא כו' (כלומר סבר לה כוותיה בחדא):

מאן תורה אור

אלמא: איסור מוקדשין קדים! אע"ג דאיסור מוקדשין קדים, אתי איסור גיד חייל עלייהו, *שכן איסורו נוהג בבני נח. מאן שמעת ליה האי סברא – ר' יהודה, והא מתניתין דלא כרבי יהודה, דקתני: נוהג בבהמה ובחיה, בירך של ימין ובירך של שמאל! האי תנא סבר לה כוותיה בחדא, ופליג עליה בחדא. אימר דשמעת ליה לרבי יהודה בטמאה – דאיסור לאו, קדשים דאיסור כרת, מי שמעת ליה? אלא, הכא במבכרת עסקינן – דברחם קדוש. ואי בעית אימא: *ולדות קדשים – בהווייתן הן קדושים. אמר רבי חייא בר יוסף: לא שנו אלא קדשים הנאכלין, אבל קדשים שאינן נאכלין – אין איסור גיד נוהג בהן. ורבי יוחנן אמר: אאחד קדשים הנאכלין ואחד קדשים שאין נאכלין – איסור גיד נוהג בהן. אמר רב פפא: ולא פליגי, כאן – להלקותו, כאן – להעלותו. איכא דאמרי, אמר רב פפא: ולא פליגי, כאן – לחלצו, וכאן – להעלותו. רב נחמן בר יצחק אמר: להעלותו פליגי, *דתניא: °"והקטיר הכהן את הכל המזבחה" – בלרבות העצמות והגידין והקרנים והטלפים, יכול אפילו פרשו? ת"ל: °"ועשית עולותיך הבשר והדם", אי בשר ודם, יכול יחלוץ גידים ועצמות, ויעלה בשר לגבי מזבח? ת"ל: °"והקטיר הכהן את הכל המזבחה", הא כיצד: מחוברין – יעלו, פרשו, אפילו בראשו של מזבח – ירדו. *ומאן תנא דשמעת ליה דאמר פרשו ירדו? רבי היא, דתניא: "והקטיר הכהן את הכל" – לרבות העצמות והגידים והקרנים והטלפים, ואפילו פרשו, והא מה אני מקיים "ועשית עולותיך הבשר והדם" – בפוקעין, הא כיצד: געיכולי בשר אתה מחזיר, ואי אתה מחזיר עיכולי גידים ועצמות. רבי אומר: כתוב אחד אומר "והקטיר הכהן את הכל" – ריבה, וכתוב אחד אומר "ועשית עולותיך הבשר והדם" – מיעט. הא כיצד: מחוברין – יעלו, פרשו, אפילו בראשו של מזבח – ירדו. ורבנן – מחוברין לא איצטריך קרא לרבויי, מידי דהוה אראשה של עולה, כי איצטריך קרא – לפרשו. ורבי – מחוברין דהיתירא לא

ויקרא א / דברים יב / ויקרא א

אלמא איסור מוקדשין קדים. דמשעה שנולד הוא קדוש, ועדיין לא נוצר הגיד, דהא חזינן דיצירת עובר קודמת ליצירת גיד. ומשנינן: אע"ג דאיסור מוקדשים קדים אתי איסור גיד וחייל. הואיל ואיסור חמור הוא, שנוהג בבני נח, כדקתני מתניתין (לקמן דף ק:): והלא לבני נח נאסר גיד הנשה. ופרכינן: **מאן שמעת ליה הא סברא.** דנוהג בבני נח רבי יהודה, בשילהי מתני' (שם). **והאי תנא דרישא** דמתניתין דלא כרבי יהודה. דקתני "בירך של ימין ושל שמאל", ואילו רבי יהודה שמעינן ליה לקמן דאמר: אינו נוהג אלא באחד. **סבר לה כוותיה בחדא.** דנוהג בבני נח. **ופליג עליה בחדא.** דנוהג בשתי ירכות. **אימור דשמעת ליה לר' יהודה.** דאמר דמשום חומריה דגיד דנוהג בבני נח, חייל נמי אאיסור אחרינא. **בטמאה.** שמעת ליה, דאתי איסור גיד וחייל אאיסור טמאה. דאע"ג דאיסור טמאה ממעי אמה, ואיסור גיד אינו עד שיולד, דהא רבי יהודה "אין נוהג בשליל" קאמר במתניתין – אפילו הכי חייל גיד בטמאה, משום דאיסור טמאה לאו בעלמא הוא, ואיסור גיד חמור, שכן נוהג בבני נח. **קדשים דאיסור כרת.** שעל ידי קדשים בא לידי כרת, כגון אכלו בטומאה או פגול ונותר. **מי שמעת ליה.** דחייל גיד עלייהו? **אלא הכא במבכרת עסקינן.** דלא קדוש ולד אלא ברחם ביציאתו. ואשמועינן תנא דידן דאע"ג דאין גיד נוהג בשאר מוקדשים, דהא איסור מוקדשים קדים, כדאמרת דיצירת עובר קודמת, ותו לא אתי איסור גיד וחייל – אפילו הכי יש מוקדשים שהגיד נוהג בהן, כגון בכור. מהו דתימא: אי נוהג בשליל – איסור גיד קודם, ותו לא פקע. ואי אין נוהג בשליל – תרוייהו בהדי הדדי אתו. **ואיבעית אימא** בולדות קדשים. ואשמועינן תנא דידן: דלא קדשי במעי אמן, אלא בהווייתן – בילידתן. הילכך, איסור גיד נוהג בכולהו, משום דאיסור קדשים, דנוהג בשליל, ותו לא פקע. דלא תימא: במעי אמן קדושים, ואיסור מוקדשין קדים, כדאמרן בגולל שלא נתקשרו אבריו בגידין, ותו לא אתי איסור גיד וחייל. לכך נקט "בהווייתן" – משום לישנא דקרא דיליפינן מיניה קדושת ולדות קדשים, בפ"ב דבכורות (דף יד:): "רק קדשיך" – אלו תמורות, "אשר יהיו לך" – אלו הולדות. **הנאכלים.** חטאת ואשם ושלמים. **שאין נאכלין.** עולה. **להלקותו.** לקי אם אכלו. **להעלותו.** למזבח, אין איסור גיד נוהג, כדאמרינן לקמן דלא כתיב "ולא כל המזבח". **לישנא אחרינא כאן לחלצו כאן להעלותו.** מאן דאמר אין נוהג בעולה – לחלצו קאמר, שאינו מצווה לחלצו מן הירך, ומאן דאמר נוהג – להעלותו קאמר, דאסור להעלותו בפני עצמו, אם פירש מן הירך. **רב נחמן בר יצחק אמר להעלותו פליגי.** דמ"ד נוהג – קסבר: מצוה לחלצו. ולישנא קמא להעלותו פליגי, מ"ד נוהג – קסבר להעלותו נמי אסור עם הירך, כדפליגי רבי ורבנן לקמן. דלרבי שרי, כדמוקי לקמן פליגא דרבי, כי איצטריך קרא למשרי גיד הנשה, במחובר. ולרבנן אסור, דבעינן "מן המותר לישראל". **הכל.** רבויא הוא. **אפילו פרשו.** מן הבשר הנך גידין המחוברין קאמר, דומיא דעצמות. **ומאן שמעת ליה כו'.** כלומר, והך מתניתין לאו דברי הכל היא, אלא רבי היא, ופליגי רבנן עליה, ולכתחלה כו'. ומפלוגתייהו שמעינן דלרבי – גיד הנשה מותר, ולרבנן – אסור, דלמפרע ואזיל. **ומה אני מקיים הבשר והדם.** ולא גידין. **בפוקעין.** מעל המזבח, אשקל"ט. **מידי דהוי אראשה של עולה.** דלריך שמקריבנו שלם, כדכתיב (ויקרא א) "ואת הראש", והרי עצמות הרבה יש.

ממשקה

אלמא איסור מוקדשין קדים. אומר ר"ת: משום דמתחלה הכל הוא בשר, והבשר עצמו מתקשה אחרי כן ומתלבן ונעשה גיד.א] ובקונטרס פי' לקמן: דמתחלה כשהגיד נוצר, אינו על הכף, ולא חייל עד שיבא ויתקשה על הכף. ואע"ג דהשתא ס"ל דאין איסור גיד חל על איסור מוקדשים, על איסור אבר מן החי דלא חמיר כמוקדשים – חייל. ועוד: דאי אפשר לאיסור גיד להיות בענין אחר. ועוד: דאין איסור אבר מן החי עד שיולד, דאמר בסוף פרקין (לקמן דף קב.): כגון שנטרפה עם יציאת רובה, דאיסור טרפה ואיסור אבר מן החי חייל בהדי הדדי.

והא מתניתין דלא כרבי יהודה דקתני נוהג בשל ימין כו'. ה"מ למימר: מדקתני "נוהג בשליל" ופליג ר' יהודה, אלא רישא דמלתא נקט.

קדשים דאיסור כרת מי שמעת ליה. משמע: דאפילו בשלמים ולאחר זריקה, דשרי אף לזרים, בעי למימר דלא חייל כלל איסור גיד ושרי באכילה. אע"ג דלאחר זריקה פקע איסור קדשים, מדלא אשכחן דחייל אלא במבכרת. ותימה: כיון דהשתא ליכא איסור קדשים, אע"ג דיכול לבא לידי איסור כרת, כגון אם אוכלו בטומאת הגוף, אמאי לא יחול איסור גיד. דאין כאן איסור חל על איסור, כדאמר בפרק "ארבעה אחין" (יבמות דף לב:) דאחות אשה מתלא תלי וקאי כו'. וי"ל: כיון דמחיים לא חייל איסור גיד, דאיכא איסור מוקדשין דיכול לבא לידי כרת על ידי פיגול ונותר וטמא, תו לא חייל איסור גיד לאחר שחיטה וזריקה. דבעינן שיחול מחיים איסור גיד, דומיא דיעקב שנשה לו גידו מחיים. וא"ת: ונימא, מגו דאיתוסף איסור גיד לבני נח, איתוסף נמי לישראל! וי"ל: דהא דנאסר לבני נח, היינו דוקא לבני יעקב, דקודם מתן תורה איקרו בני נח. ואפילו נאסר מתחלה לכל אומות העולם, הא אמר בפ' "ארבע מיתות" (סנהדרין דף נט.): כל מצוה שנאמרה לבני נח ונשנית בסיני – לישראל נאמרה ולא לבני נח. וא"כ לאחר מתן תורה שרו לכולהו, לבר מישראל. וא"ת: ונימא, מיגו דאיתוסף איסור גיד לגבוה לאסור להעלותו, איתוסף נמי להדיוט איסור אכילה! וי"ל: דאיכא למאן דאמר בסמוך "מחוברין, יעלו". **הכא** במבכרת עסקינן דברחם קדוש. ובהדי הדדי קאתו, וקמ"ל דלא מבטל איסור גיד מלחול עמו. וא"ת: והא איסור גיד הקל קדשים החמור לרבי יוחנן קדים, דאמר (לעיל דף עה.): חלב מבן תשעה חי, לחלבו כחלב בהמה. והדר אתא איסור מוקדשין דחמיר, וחייל עליה. וא"כ, לרבי יוחנן "מוקדשין נוהגין בגיד" מנא ליה? ונראה: דלר' יוחנן לא חייל איסור גיד ואיסור חלב, עד שיצא לחוץ ממעי אמו לאויר העולם. וכן משמע, דבסוף פירקין (לקמן דף קב.) קאמר רבי יוחנן גופיה: כשנטרפה עם יציאת רובה, דאיסור אבר ואיסור חלב ואיסור טרפה בהדי הדדי קאתו. אלמא, דליכא איסור חל במעי אמו.

פרשו ירדו רבי היא דתניא כו'. תימה: אמאי מייתי הך ברייתא קמייתא? ונראה: דאי לאו ברייתא קמייתא, הוה"א דרבנן סברי שיש לרבות כל מה שנוכל לרבות, ואפילו פרשו לאיסורא. ולית לן למעוטי אלא פוקעים גרידא, שהוא סוף העולה. ורבי סבר דרבויא ומיעוטא אית לן לאוקומי בתחלת העולה, ולא נמעט כמו כן אלא דבר אחד, דהיינו פרשו לאיסורא. אבל מחוברים לאיסורא, ופרשו דהיתירא – יעלו. ולהכי מייתי ברייתא קמייתא, דגידים דהיתירא נמי כשפרשו ירדו, דומיא דעצמות דהיתירא, ועל כרחך רבי היא. אלמא, לא מרבי רבי כל מה שיכול להרבות, דהא אוקי נמי מיעוט בפרשו דהיתירא. והכי נמי לרבנן לא מרבי כל מה שיכולין להרבות, אלא ממעטין דאיסורא אפילו במחוברין.

של

[לקמן ק: קכ.]

[זבחים לח. קיד. מנחות פב. כריתות כג: תמורה יא. כה. נדה מד.]

זבחים פה:

[ג"ז שם פו. וע"ש]

ז א מיי' פ"ח מהלכות מאכלות אסורות הל' ח:
ח ב מיי' פ"ג מהלכות פסולי המוקדשין הל' טו וש"ד מהלכות מעשה קרבנות הלכה כ סמג עשין קפ:
ט ג מיי' פ"ו מהלכות מעשה הקרבנות הל' ג:

הגהות מהר"ב רנשבורג

א] תוס' ד"ה אלמא וכו' ובקונטרס פי' לקמן. נ"ב עיין ראש יוסף לקמן דף ל"ז ע"ב בד"ה ודע דהתוס' לעיל דף ל' וכו' כתב שם דלא ידע איה מקום פרש"י הזה יעש"ה דף ק"ב עמוד ד':

רבינו גרשום

דאע"ג דאיסור מוקדשין קדים אתי איסור גיד וחייל שכן איסורו נוהג בבני נח: ופליג עליה בחדא דהוא סבר אינו נוהג אלא בירך של ימין ותנא דידן סבר בין בימין בין בשמאל: אימור דשמעת ליה לר' יהודה בטמאה כו'. כלומר דהוא אמר במתני' איסור גיד נוהג בטמאה דאיסור גיד חל על איסור טומאה דאיסור לאו. כלומר טומאה איסור לאו הוא ואיסור קל הוא לפי' איסור גיד חל עליו. בקדשים דאיסור כרת מי שמעת ליה דאיסור גיד חל על איסור קדשים דחמור: אלא הבמ"ע במבכרת. כלומר דאינו קדוש אלא בצאתו מן הרחם דבצאתו מן הרחם יש עליו גיד ובהדדי קאתיין: ואיבעית אימא לעולם בולדות קדשים. כלומר ואי פרכת והא לא אתי איסור גיד וחייל אאיסור קדשים קסבר ולדות קדשים בהווייתן [הן] קדושים ולא במעי אמן אלא בשעת הווייתו לעולם שהוא בשעת לידתו דגיד וקדושה בהדי הדדי קאתו: לא שנו אלא קדשים הנאכלין דגיד הנשה נוהג בהן אבל קדשים שאין נאכלין כגון עולה אין גיד הנשה נוהג בהן: כאן להלקות כו'. כלומר מה דאמרי' אין גיד הנשה נוהג בהן להלקותו מי שאוכלו דכיון שאין ראוי לאכילה אין חייב מלקות אבל איסורא עבד אבל להעלותו ע"ג המזבח להקטירו גיד הנשה נוהג בהן דאין מקטירין אותו: רב נחמן בר יצחק אמר להעלותו פליגי. כלומר אפי' להעלותו פליגי דמאן דאמר אין גיד הנשה נוהג בהן מעלין אותו להקטיר: יכול אפי' פירשו. כלומר יכול אפי' ניטלו מן הבשר: ת"ל ועשית עולותיך הבשר והדם. כלומר הבשר אין אבל גידים ועצמות לא: הא מה אני מקיים ועשית עולותיך וגו' בפוקעין. כלומר לאברים ופדרים שנתעכלו מע"ג המזבח דאותן אתה מחזיר אבל עיכולי גידים ועצמות אי אתה מחזיר: כי

לָא אִיצְטְרִיךְ קְרָא לְרַבּוּיֵי, כִּי אִיצְטְרִיךְ קְרָא — לְגִיד הַנָּשֶׁה בִּמְחוּבָּר. וְרַבָּנַן — "מִמַּשְׁקֵה יִשְׂרָאֵל" (יחזקאל מה) — *מִן הַמּוּתָּר לְיִשְׂרָאֵל. וְרַבִּי — מִידֵי דַּהֲוָה אַחֵלֶב וָדָם. וְרַבָּנַן — *מִצְוָתָן בְּכָךְ! שָׁאנֵי. אָמַר רַב הוּנָא: אגִּיד הַנָּשֶׁה שֶׁל עוֹלָה חוֹלְצוֹ לַתַּפּוּחַ. אָמַר רַב חִסְדָּא: מָרֵי דִּיכִי! מִי כְּתִיב "עַל כֵּן לֹא יֹאכַל הַמִּזְבֵּחַ"? "עַל כֵּן לֹא יֹאכְלוּ בְנֵי יִשְׂרָאֵל" (בראשית לב) כְּתִיב. וְרַב הוּנָא — "מִמַּשְׁקֵה יִשְׂרָאֵל" — מִן הַמּוּתָּר לְיִשְׂרָאֵל. מֵיתִיבִי: גִּיד הַנָּשֶׁה שֶׁל שְׁלָמִים — מְכַבְּדוֹ לָאַמָּה, וְשֶׁל עוֹלָה — מַעֲלֵהוּ. מַאי לָאו, מַעֲלֵהוּ וּמַקְטִירוֹ? לָא, מַעֲלֵהוּ וְחוֹלְצוֹ. וּמֵאַחַר שֶׁחוֹלְצוֹ, לָמָּה מַעֲלֵהוּ? מִשּׁוּם שֶׁנֶּאֱמַר: "הַקְרִיבֵהוּ נָא לְפֶחָתֶךָ" (מלאכי א). תַּנְיָא כְּוָותֵיהּ דְּרַב הוּנָא: גִּיד הַנָּשֶׁה שֶׁל שְׁלָמִים — מְכַבְּדוֹ לָאַמָּה, וְשֶׁל עוֹלָה — חוֹלְצוֹ לַתַּפּוּחַ. תְּנַן הָתָם: *תַּפּוּחַ הָיָה בְּאֶמְצַע הַמִּזְבֵּחַ, פְּעָמִים הָיָה עָלָיו כִּשְׁלֹשׁ מֵאוֹת כּוֹר. אָמַר רָבָא: גּוּזְמָא. *הִשְׁקוּ אֶת הַתָּמִיד בְּכוֹס שֶׁל זָהָב, אָמַר רָבָא: גּוּזְמָא. אָמַר רַבִּי אַמִּי: דִּבְּרָה תּוֹרָה לְשׁוֹן *הֲוַאי, דִּבְּרוּ נְבִיאִים לְשׁוֹן הֲוַאי, דִּבְּרוּ חֲכָמִים לְשׁוֹן הֲוַאי. דִּבְּרוּ חֲכָמִים לְשׁוֹן הֲוַאי — הָא דַּאֲמַרַן, דִּבְּרָה תּוֹרָה לְשׁוֹן הֲוַאי — "עָרִים גְּדוֹלוֹת וּבְצוּרוֹת בַּשָּׁמָיִם" (דברים א), דִּבְּרוּ נְבִיאִים לְשׁוֹן הֲוַאי — "וַתִּבָּקַע הָאָרֶץ לְקוֹלָם" (מלכים א א). *אָמַר ר' יִצְחָק בַּר נַחְמָנִי אָמַר שְׁמוּאֵל: בִּשְׁלֹשָׁה מְקוֹמוֹת דִּבְּרוּ חֲכָמִים לְשׁוֹן הֲוַאי, אֵלּוּ הֵן: תַּפּוּחַ, גֶּפֶן, וּפָרוֹכֶת. תַּפּוּחַ — הָא דַּאֲמַרַן, גֶּפֶן — דִּתְנַן: *גֶּפֶן שֶׁל זָהָב הָיְתָה עוֹמֶדֶת עַל פִּתְחוֹ שֶׁל הֵיכָל, וּמוּדְלָה עַל גַּבֵּי כְּלוֹנָסוֹת, וְכָל מִי שֶׁהָיָה מִתְנַדֵּב גַּרְגִּיר אוֹ אֶשְׁכּוֹל מֵבִיא וְתוֹלֶה בָּהּ. אָמַר רַבִּי אֶלְעָזָר בְּרַבִּי צָדוֹק: מַעֲשֶׂה הָיָה וְנִמְנוּ עָלֶיהָ שְׁלֹשׁ מֵאוֹת כֹּהֲנִים לְפַנּוֹתָהּ. פָּרוֹכֶת — דִּתְנַן: *רַבָּן שִׁמְעוֹן בֶּן גַּמְלִיאֵל אוֹמֵר מִשּׁוּם רַבִּי שִׁמְעוֹן הַסְּגָן, בפָּרוֹכֶת — עוֹבְיָהּ טֶפַח, וְעַל שִׁבְעִים וּשְׁנַיִם נִירִים נֶאֱרֶגֶת, וְעַל כָּל נִימָה וְנִימָה עֶשְׂרִים וְאַרְבָּעָה חוּטִין. אָרְכָּהּ אַרְבָּעִים בְּאַמָּה וְרָחְבָּהּ עֶשְׂרִים בְּאַמָּה, וּמִשְּׁמוֹנִים וּשְׁתֵּי רִבּוֹא נַעֲשֵׂית, וּשְׁתַּיִם עוֹשִׂים בְּשָׁנָה, וּשְׁלֹשׁ מֵאוֹת כֹּהֲנִים מַטְבִּילִין אוֹתָהּ.§ "בִּירֵךְ שֶׁל יָמִין וּבִירֵךְ שֶׁל שְׂמֹאל".§ מַתְנִיתִין *לָא כְּרַבִּי יְהוּדָה, *דְּתַנְיָא רַבִּי יְהוּדָה אוֹמֵר: אֵינוֹ נוֹהֵג אֶלָּא בְּאַחַת, וְהַדַּעַת מַכְרַעַת — אֶת שֶׁל יָמִין. אִיבַּעְיָא לְהוּ: מִיפְשַׁט פְּשִׁיטָא לֵיהּ לְרַבִּי יְהוּדָה, וּמַאי "דַּעַת" — דַּעַת תּוֹרָה, אוֹ דִּלְמָא סְפוּקֵי מְסַפְּקָא לֵיהּ, וּמַאי "דַּעַת"? — דַּעַת נוֹטָה? ת"ש: *גהָעֲצָמוֹת וְהַגִּידִים וְהַנּוֹתָר — יִשָּׂרְפוּ לְשִׁשָּׁה עָשָׂר, וְהָוֵינַן בָּהּ: הָנֵי גִּידֵי מַאי עֲבִידְתַּיְיהוּ? אִי גִּידֵי בָשָׂר — לֵיכְלִינְהוּ! וְאִי דְּאִיתּוּר — הַיְינוּ נוֹתָר! אֶלָּא גִּידֵי צַוָּאר, אִי לָאו בָּשָׂר נִינְהוּ — לִישְׁדִינְהוּ! וְאָמַר רַב חִסְדָּא: לָא נִצְרְכָא אֶלָּא לְגִיד הַנָּשֶׁה, וְאַלִּיבָּא דְּרַבִּי יְהוּדָה דְּאָמַר אֵינוֹ נוֹהֵג אֶלָּא בְּאַחַת. אִי אָמְרַתְּ בִּשְׁלָמָא סְפוּקֵי מְסַפְּקָא לֵיהּ — שַׁפִּיר, אֶלָּא אִי אָמְרַתְּ מִיפְשַׁט פְּשִׁיטָא לֵיהּ, דְּהֶיתֵּירָא — לֵיכְלֵיהּ, דְּאִיסּוּרָא — לִשְׁדְיֵיהּ! אָמַר רַב אִיקָא בַּר חֲנִינָא: לְעוֹלָם אֵימָא לָךְ מִיפְשַׁט פְּשִׁיטָא לֵיהּ, וְהָכָא בְּמַאי עַסְקִינַן — כְּשֶׁהוּכְּרוּ וּלְבַסּוֹף נִתְעָרְבוּ.

רב

רש"י

מִמַּשְׁקֵה יִשְׂרָאֵל. מִקְרָא הוּא בְּסֵפֶר יְחֶזְקֵאל "שֶׂה אֶחָד מִן הַצֹּאן מִן הַמָּאתַיִם מִמַּשְׁקֵה יִשְׂרָאֵל", וּלְעִנְיַן קָרְבָּנוֹת וְנִסְכֵּיהֶם כְּתִיב. וּמְפָרְשִׁינַן לֵיהּ בִּפְסָחִים בְּפֶרֶק "אֵלּוּ עוֹבְרִין":* מִן הַמּוּתָּר לְיִשְׂרָאֵל. אֲבָל גִּיד הַנָּשֶׁה — לָא, וְכִי רַבִּי קְרָא — פָּרְשׁוּ דְּהֶיתֵּירָא רַבֵּי, וְלָא מְחוּבָּרִין דְּאִיסּוּרָא. מִידֵי דַּהֲוָה אַחֵלֶב וָדָם. דַּאֲסוּרִין לֶאֱכוֹל וּקְרֵבִים לַגָּבוֹהַּ, וְכִי כְּתִיב "מִן הַמּוּתָּר לְיִשְׂרָאֵל" — לְמַעוּטֵי טְרֵפָה, אֲבָל מִין *הַבָּשָׂר קָרֵב כּוּלּוֹ. מִצְוָתָן בְּכָךְ. חֵלֶב וָדָם הוּא עִיקַּר הַקָּרְבָּן. חוֹלְצוֹ (*מִן הַתַּפּוּחַ). חוֹלְצוֹ מִן הַיָּרֵךְ וּמַשְׁלִיכוֹ לַתַּפּוּחַ, לִכְּוֹר הָאֵפֶר שֶׁבְּאֶמְצַע הַמִּזְבֵּחַ. שֶׁהָיוּ גּוֹרְפִין הָאֵפֶר תָּמִיד צוֹבְרִין שָׁם, וּכְשֶׁהוּא רָבֶה מוֹצִיאִין אוֹתוֹ לַחוּץ, וְהוּא נִקְרָא "תַּפּוּחַ", כִּדְלְקַמָּן בְּשְׁמַעְתִּין. מָרֵי דִּיכִי. בַּעַל שְׁמוּעָה זוֹ הֲבֵן דְּבָרֶיךָ, וְכִי נֶאֱמַר "לֹא יֹאכַל הַמִּזְבֵּחַ"? שְׁלָמִים. שֶׁהַיָּרֵךְ נֶאֱכָל, חוֹלֵץ הַגִּיד וּמְכַבְּדוֹ לָאַמָּה שֶׁבָּעֲזָרָה, וְאֵינוֹ מְצֻוֶּה לְשׂוֹרְפוֹ מִשּׁוּם נוֹתָר. דְּכִי כְּתִיב שְׂרֵפָה בְּנוֹתָר — בְּדָבָר הָרָאוּיָה לַאֲכִילָה כְּתִיב, כִּדְכְתִיב (ויקרא יט): "יֵאָכֵל וְהַנּוֹתָר יִשָּׂרֵף". וְקָשֶׁה לִי: יָרֵךְ שֶׁל שְׁלָמִים, לָמָּה נֶחְתָּךְ בָּעֲזָרָה, וַהֲלֹא נֶאֱכָל בְּכָל הָעִיר? וְנִרְאֶה בְּעֵינַי: דְּ"חַטָּאת וְאָשָׁם" גָּרְסִינַן, שֶׁהֵן נֶאֱכָלִין בָּעֲזָרָה. אִי נַמִּי: מִשּׁוּם חָזֶה וְשׁוֹק שֶׁל כֹּהֲנִים וְהַגִּיד בְּתוֹכוֹ, וְרוֹב אֲכִילָתָן וְדִירָתָן בָּעֲזָרָה, וְלִשְׁכּוֹתֵיהֶם שֶׁשָּׁם הָיוּ יְשֵׁנִים, נָקַט נַמִּי "שְׁלָמִים". מַעֲלֵהוּ. עִם הַיָּרֵךְ כְּמוֹת שֶׁהִיא שְׁלֵמָה, וְאַחַר כָּךְ חוֹלְצוֹ בְּרֹאשׁ הַמִּזְבֵּחַ. שֶׁגְּנַאי הוּא לְהָבִיא יָרֵךְ מְפוֹרַעַת לַמִּזְבֵּחַ, מִשּׁוּם "הַקְרִיבֵהוּ נָא לְפֶחָתֶךָ". כִּשְׁלֹשׁ מֵאוֹת כּוֹר. דֶּשֶׁן שֶׁל כּוֹר גָּדוֹל שֶׁמְּסַלְּקִין לוֹ מִן הַמְּדָדִין קָרֵי "תַּפּוּחַ". וְכֵן גַּבֵּי יַיִן בְּמַסֶּכֶת ע"ז (דף נה:): "דּוֹרְכִין עִם הַגּוֹי בַּגַּת, וְאַף עַל גַּב שֶׁנּוֹטֵל בְּיָדוֹ וְנוֹתֵן לַתַּפּוּחַ". גּוּזְמָא. מִילְּתָא בְּעָלְמָא, וְלָאו דַּוְוקָא, דְּמֵעוֹלָם לֹא הִגִּיעַ לִשְׁלֹשׁ מֵאוֹת כּוֹר. הִשְׁקוּ אֶת הַתָּמִיד. כְּשֶׁבָּאִין לְשׁוֹחֲטוֹ מַשְׁקִין אוֹתוֹ, וְהוּא נוֹחַ לְהַפְשִׁיט. גּוּזְמָא. דְּלָאו כּוֹס שֶׁל זָהָב דַּוְוקָא. לְשׁוֹן הֲוַאי. לְשׁוֹן הֶדְיוֹט שֶׁאֵינוֹ מְדַקְדֵּק בִּדְבָרָיו, וּמוֹצִיא בְּפִיו דָּבָר שֶׁאֵינוֹ, וְלֹא שֶׁיִּתְכַּוֵּין לְשַׁקֵּר, אֶלָּא לָא דָּק. בַּשָּׁמַיִם. אַלְמָא לָא דָּק. וְכֵן "וַתִּבָּקַע הָאָרֶץ" דַּאֲדוֹנִיָּה, דְּנִרְאֶה מִקּוֹל הֶהָמוֹן כְּאִילּוּ הִיא נִבְקַעַת. אשטורנ"ר בְּלַעַ"ז. בִּשְׁלֹשָׁה מְקוֹמוֹת כו'. אֲבָל כּוֹס שֶׁל זָהָב דְּתָמִיד, דַּוְוקָא הוּא, דְּאֵין עֲנִיּוּת בִּמְקוֹם עֲשִׁירוּת. גֶּפֶן. כְּמִין גֶּפֶן הָיָה עָשׂוּי, שֶׁקּוֹרִין טרייל"א, שֶׁמּוּדְלָה עַל הַכְּלוֹנָסוֹת. שְׁלֹשׁ מֵאוֹת כֹּהֲנִים. גּוּזְמָא. נִירִין. ליצ"ש. כ"ד חוּטִין. מִקְרָאֵי יָלְפִינַן בְּמַסֶּכֶת יוֹמָא, בְּפֶרֶק "בָּא לוֹ כֹּהֵן גָּדוֹל" (דף עא:) שֶׁחוּטוֹ כָּפוּל עֶשְׂרִים וְאַרְבָּעָה. אָרְכָּהּ מ' וְרָחְבָּהּ עֶשְׂרִים. אָרְכָּהּ לְגוֹבְהוֹ שֶׁל פֶּתַח אוּלָם, וְרָחְבָּהּ לְרָחְבּוֹ. שֶׁפֶּתַח הָאוּלָם גּוֹבְהוֹ מ' וְרָחְבּוֹ כ', וּפָרוֹכֶת פְּרוּסָה נֶגְדּוֹ לִצְנִיעוּת בְּעָלְמָא. כָּךְ שָׁמַעְתִּי. וְל"נ שֶׁאַף פָּרוֹכֶת הַדְּבִיר כָּךְ מִדָּתוֹ, רָחְבּוֹ לְרָחְבּוֹ שֶׁל הֵיכָל שֶׁהוּא כ' אַמָּה, וְגָבְהוֹ לְגָבְהוֹ מִן הָעֲלִיָּיה וְעַד הָרִצְפָּה. וּמִשְּׁמוֹנִים וּשְׁתַּיִם רִיבּוֹא. חוּטִין. לִישָּׁנָא אַחֲרִינָא: "רִיבּוֹת" — נְעָרוֹת הָעוֹסְקוֹת בָּהּ. וּשְׁלֹשׁ מֵאוֹת כֹּהֲנִים מַטְבִּילִין אוֹתָהּ. כְּשֶׁהִיא נִטְמֵאת. וְהַיְינוּ לְשׁוֹן הֲוַאי, דְּלָא בָּעֵי כּוּלֵּי הַאי. וְהַדַּעַת מַכְרַעַת. לְקַמֵּיהּ בָּעֵי לָהּ. מִפְשַׁט פְּשִׁיטָא לֵיהּ. שֶׁל יָמִין. דַּעַת תּוֹרָה. כִּדְלְקַמֵּיהּ. דַּעַת נוֹטָה. לְשׁוֹן סָפֵק, אֲבָל נִרְאֶה בְּמִקְצָת. שושפינשי"ר. דִּקְתָנֵי הַנֶּאֱבָק עִם חֲבֵירוֹ, כְּשֶׁהוּא נוֹתֵן יְמִינוֹ לִשְׂמֹאל חֲבֵירוֹ וְחוֹבְקוֹ, יָדוֹ מַגַּעַת מֵאֲחוֹרָיו עַד יְרֵךְ יְמִינוֹ. הָעֲצָמוֹת וְהַגִּידִין. שֶׁל פֶּסַח אוֹ בָּשָׂר הַנּוֹתָר מִמֶּנּוּ. יִשָּׂרְפוּ לְשִׁשָּׁה עָשָׂר. וְלֹא בַּחֲמִשָּׁה עָשָׂר, דְּקַיְימָא לָן (שבת דף כד:): אֵין שׂוֹרְפִין קָדָשִׁים בְּיוֹם טוֹב. וְהָנָךְ עֲצָמוֹת כְּשֶׁיֵּשׁ בָּהֶן מוֹחַ קָאָמַר, וּמִפְּנֵי שֶׁמַּמָּשׁוֹ אֶת הַנּוֹתָר, דְּמוֹחַ הָוֵי כְּבָשָׂר, וּלְפִיכָךְ טְעוּנִין שְׂרֵיפָה כְּנוֹתָר עַצְמוֹ. אֲבָל דְּלָאו בַּר אֲכִילָה — אֵין טָעוּן שְׂרֵיפָה, דִּכְתִיב: "לֹא תוֹתִירוּ" וגו' — כָּל דְּקָרֵינַן בֵּיהּ "לֹא תוֹתִירוּ", קָרֵינַן בֵּיהּ "תִּשְׂרֹפוּ", וְאִידָךְ — לָא. גִּידֵי בָשָׂר. כָּל גִּידִין הָרַכִּין הַנִּפְשָׁטִים בַּבָּשָׂר. וְלֵיכְלִינְהוּ. בְּלֵילֵי פֶּסַח, וְלָמָּה מוֹתִירָן? וְאִי בְּדְאִיקְרֵי וְאִיתּוּר. הָא תָּנָא לֵיהּ "נוֹתָר"? אֶלָּא גִּידֵי צַוָּאר. דִּקְשִׁין כַּעֲצָמוֹת, וְדַרְכָּן לְשַׁיְּירָן עַל כָּרְחוֹ, וְאוֹרְחָא דְּתַנָּא לְמִתְנִינְהוּ בַּהֲדֵי נַפְשַׁיְיהוּ כַּעֲצָמוֹת. לִשְׁדִינְהוּ. לְאַשְׁפָּה, כֵּיוָן דְּלָאו בָּשָׂר נִינְהוּ! וְאָמַר רַב חִסְדָּא גָּרְסִינַן. וְאַלִּיבָּא דר' יְהוּדָה. דִּמְסַפְּקָא לֵיהּ הֵי אָסוּר וְהֵי שָׁרֵי. וְהִלְכָּךְ עַל כָּרְחֵיהּ מְשַׁיֵּיר לְהוּ. וְתַרְוַיְיהוּ בָּעֵי שְׂרֵיפָה, לְכָל חַד וְחַד מְסַפְּקִינַן לֵיהּ בְּהֶיתֵּירָא וְהָוֵי נוֹתָר, שַׁפִּיר מִשּׁוּם הָכִי בָּעֵי לְשַׁיּוֹרִינְהוּ וּלְמִשְׂרְפִינְהוּ. שֶׁהוּכְּרוּ (א). לָאו דַּוְוקָא. נִתְעָרְבוּ. שֶׁאֵין יוֹדְעִין אֵיזֶה נִיטַּל מִן הַיָּמִין וְאֵיזֶה מִן הַשְּׂמֹאל.

רב

תוספות

של שלמים מכבדו לאמה. פירש בקונטרס: דגרסינן "חטאת ואשם", משום דשלמים נאכלים בכל העיר, ומה טיבו בעזרה?! ונראה: משום דשוק וחזה ניתן לכהנים, ששם גיד הנשה, שהשוק הוא ברגל ולא ביד, כדתנן לקמן ב"הזרוע" (דף קלד:), ושם היו רגילין לאכול מתנותיהם בעזרה. א"נ: בשלמים של כהנים, שכל קדשיהם היו רגילין לאכול בעזרה. בשלשה מקומות דברו חכמים לשון הואי. אבל הסיה דתמיד (דף ל.) קסבר דאין זה הואי, כדמפרש במסכת תמיד:* משום שאין עניות במקום עשירות.

שלש מאות כהנים מטבילין אותה. וא"ת: דאמר סוף פ"ק דחגיגה (דף יז:): מפני מה אמרו וילון טמאה? מפני שהשמש מתחמם כנגדו. והאי פרוכת ליכא למיחש שיתחממו כנגדו, דאסור ליהנות ממנו, ואמאי מטבילין אותה? וליכא למימר: דכיון שנארגה היו מטבילין אותה, כדאמר בפ' "חומר בקדש" (חגיגה דף כג.), דכלים הנגמרים בטהרה צריכין טבילה לקדש — דהתם לא מיירי אלא בכלים המקבלין טומאה, דמשום חומר הקדש החמירו להטבילן כאילו נטמאו, אבל פרוכת דלא מקבל טומאה — לא. ועוד: דבמסכת שקלים בפרק "כל הרוקין" (דף יג:) משמע בהדיא דפרוכת מקבל טומאה, דתנן: פרוכת שנטמאת באב הטומאה — מטבילין אותה בחוץ, נטמאת בולד הטומאה — מטבילין אותה בפנים! וי"ל: דמקבל טומאה לפי שהוא אהל, כדאמר בפרק קמא דסוכה (דף ז:): "וסכות על הארון" — דכייף ליה מיכף עילויה דארון. ומיהו יש ספרים דגרסי בפרק קמא דחגיגה (דף יז:) "מפני מה וילון אסור", וכן גרסינן בהלכות גדולות, פירוש: מפני מה אסור לעשות וילון מכלאים.

רב

עין משפט נר מצוה

י א מיי' פ"ו מהלכות מעשה הקרבנות הל' ז:

יא ב מיי' פ"ז מהלכות כלי המקדש הל' טז:

יב ג מיי' פי"ט מהלכות פסולי המוקדשין הל' ה:

[דף כט.]

הגהות הב"ח

(א) רש"י ד"ה שהוכרו לאו דוקא. נ"ב דהלא הוכרו מתחלתו הוכרו כן פרש"י בפסחים דף פג:

[נ"ל דלא]

מסורת הש"ס

[דף מח.]

נ"א הכשר

[פסחים מח. מנחות ה. ו. תמורה כט.] [מנחות ה: ו.]

תמיד כח:

שם כט. ל.

[נ"ל הבאי בכל העמוד כך איתא בתמיד וכ"ה בערוך ערך גוזמא וכ"א ברש"י דברים א פכ"ח ופירושו של מלת הבאי עי' תי"ט נדרים פ"ג מ"ב]

[תמיד כט. ע"ש]

ג"ז שם מדות לו. [פ"ג מ"ח]

תמיד כט: שקלים פ"ח מ"ה

[תוספתא פ"ז] פסחים פג:

גם זה שם

רבינו גרשום

כי איצטריך קרא לגיד הנשה במחובר. שמותר להקטיר: ורבנן ההוא לא מצית אמרת כו' ממשקה ישראל כו'. ממשקה ישראל כתב ביחזקאל מן הצאן מן המאתים ממשקה ישראל ואמרו חכמים מן הצאן ולא מן הפלגם בן שנה וחצי זהו פלגם לשון פלג לא כבש ולא איל אלא בינתים מן המאתים ממותר [שתי מאות] שנשתיירו בבור מיכן לערלה שבטלה במאתים ממשקה ישראל הביאו נסכים ממשקה ישראל ממותר לישראל ה"נ אין ראוי להקטיר אלא ממותר לישראל: ורבי מידי דהוה אחלב ודם. כלומר שאין מותר לישראל ואעפ"כ מקטיר: חולצו לתפוח. דשן שהיה נאסף ע"ג המזבח והיה עליו עגול כתפוח: מכבדו לאמה. כלומר נחל קטן שהיה לשם והולך לנחל קדרון: מעלהו ע"ג המזבח. משום שנאמר הקריבהו נא לפחתך. כלומר שלא יעלה הירך חסר ע"ג המזבח: השקו את התמיד כו'. כלומר קודם שחיטתו שיהא נוח להפשיט: דברו נביאים לשון הואי ויעלו כל העם אחריו והעם וגו'. בשילהי דקרא ותבקע האדמה תחתיהם: כלונסות. טירי"ש: וכל מי שמתנדב עלה. כלומר עלה של זהב: גרגר. גרגיר. של זהב: נימה עליה כו'. גוזמא: ומשמונים ושתים ריבות. כלומר פ"ה בתולות ארגוה ושלש מאות כהנים מטבילין אותה גוזמא: אי אמרת בשלמא ספוקי מספקא ליה. כלומר מש"ה לא אכיל ולא שדי ליה: הכא במאי עסקינן כשהוכרו ולבסוף נתערבו לא שדי ליה שהוכרו גידי דהיתר ומשום הכי לא שדי להו דראוין לאכילה ולא אכיל להו שנתערבו עם גידי דאיסורא:

לא

רב אשי אמר. מהכא לא תפשוט, וטעמא לאו משום ספיקא דגיד הוא, אלא מיפשט פשיטא ליה, והכא בשומן הגיד קאמר, דמותר מדאורייתא. וישראל קדושים. העושין סייג לתורה, נהגו בו איסור. והלכך על כרחיך משייר ליה משום מנהגא, ושרפה בעי, הואיל ומדאורייתא בר אכילה הוא. פנימי הסמוך לעצם. הוא גיד ארוך, ונתון לארכו של שופי כשפורעין את הירך, ופושט בכל הירך. ראשו אחד מחובר בעצם האליה, ומשם נפשט לאורך השופי עד מקום חיבור הקולית ועצם הירך, ושם הוא סמוך לעצם. אסור. מן התורה. וחייבין עליו. מלקות, כדיליף לקמן מ"הירך". ועוד: שהוא על הכף, שהכף הוא בשר עגול הסובב את הקולית (א) דבוקה בה. ועל שם שהוא בצד פנימי של ירך, צד שכלפי ירך חברתה כשהבהמה מחוברת, קרי לה "פנימי". וחיצון. גיד קצר הנתון לרוחב השופי בסופו מובלע בכף הסובבת את הקולית, והוא נתון בצד חיצון של ירך. אסור. מדרבנן. ואין חייבים עליו. דלאו היינו "על הכף" אלא בתוך הכף. ובההוא חיצון עסקינן, ומשייר ליה על כרחיה. ושרפה בעי, דהא מדאורייתא חזי. מזה כזית ומזה כזית. משל ימין ומשל שמאל. ומדנקט "אכל מזה כזית ומזה כזית", ולא נקט "אכל ב' זיתים משניהם", ש"מ: שתי אכילות ושתי התראות הוו. אי אמרת בשלמא פשיטא ליה. משום הכי לקי אימנית. הכה את זה. ספק בן ט' לזה וספק בן ז' לזה. בבת אחת. בהכאה אחת. חייב. דהתראה ודאי היא. בא הכתוב כו'. כבר פרשתי ב"אותו ואת בנו" דכל מותיר, התראת ספק היא. דכי מתרינן ביה "אל תותיר" – מספקא לן אם (ב) עובר על התראה ואם לאו, דשמא קודם עלות השחר יאכלנו. משתי בהמות. מדנקט "משתי בהמות", כי היכי דניהוי תרוייהו ימניות נקט. דאי ימין ושמאל – מה לי שתי בהמות ומה לי אחת?! ולר' יהודה איצטריך. דאע"ג דתרוייהו דאיסורא, קא פטר ליה בחד מלקות. וטעמא כדמפרש לקמיה: (ג) שאין בין שניהם אלא כזית. ואי מספקא ליה – אמאי לקי אפילו חדא, דילמא תרוייהו דהיתירא, הואיל ושתיהן ימניות! אכלו. גיד שלם – חייב כאוכל נמלה כל שהוא, שהוא חייב משום דבריה הוא, וחשיב איסור. טעמא מאי. פשיטא ליה לרבי יהודה דשל ימין? ההוא. הא דכתיב "הירך" – לאשמועינן אתא, דבההוא גיד קאי. דפשיט איסוריה בכוליה ירך. הוא וקנוקנותיו ושרשיו נפשטין בכל הירך. והיינו גיד הפנימי הגדול, הנגלה בתחלת פריעת הירך. שחובק את חבירו. מלפניו. וידו. הימנית מגעת לכף ירך ימנית של חבירו מאחוריו. כגוי נדמה לו. כסבור היה יעקב שהוא גוי, וטפלו לימינו, כדי שיהא מזומן לאוחזו אם יקום עליו, והירך הסמוכה לו נגע. טופלו לימינו. מחברו לימין. כת"ח נדמה לו. והלך לו יעקב כבוד כאילו הוא רבו, וטפלו לימינו כדי שיהא יעקב לשמאל המלאך. ה"ז בור. אין בו חכמת דרך ארץ. ורבנן. דפליגי אדרבי יהודה ואסרי בתרוייהו, קסברי: מאחוריה אתא ונשייה בתרוייהו – הכהו בשתיהם, עד שנשו ממקומם ועלו. האי בהאבקו מאי דרשת ביה. למה לי למכתביה כלל, אי לאו למימרא דכדרך הנאבקים נגע בו. נשה ממקומו. קפץ. נשתה גבורתם. קפלה גבורתם. היו לנשים. חלשים כנשים. דבר השלח ביעקב נפל בישראל. בכל ישראל. ופרע להן בית השחיטה. שלא יאמרו: בשר הנחירה אני אוכל. לפי שבני יעקב שומרי מצות היו. דאף על פי שלא נתנה תורה, מקובלין היו מאבותיהם. כמאן דאמר. במתניתין (לקמן דף ק:): גיד הנשה נאסר להם בעודם בני נח. שנשתייר על פכים קטנים. דכל כליו החשובים ומקנהו, כבר העבירן את נחל יבק, כדכתיב לעיל מיניה "ויעבר את כל אשר לו". והוא נשאר על פכין קטנים, שלא הספיק להעביר ושכחה לו. מדקאמר עד עלות השחר. שמע מינה: לא ניתנה רשות למזיק להזיק ביום, לפיכך לא הוצרך שמירה. מכאן לתלמיד חכם כו'. שהרי יעקב נשאר יחידי, והוזק.
הגה

רב אשי אמר: לא נצרכא אלא לשמנו. *דתניא: שמנו מותר, וישראל קדושים נהגו בו איסור. רבינא אמר: לא נצרכא אלא לכדרב יהודה אמר שמואל, *דאמר רב יהודה אמר שמואל: שני גידין הן. פנימי, סמוך לעצם – אסור וחייבין עליו. חיצון, סמוך לבשר – אסור ואין חייבין עליו. ת"ש: *אכל מזה כזית ומזה כזית – סופג שמונים. רבי יהודה אומר: אינו סופג אלא ארבעים. אי אמרת בשלמא מיפשט פשיטא ליה – שפיר, אלא אי אמרת ספוקי מספקא ליה – הויא לה התראת ספק, ושמעינן ליה לרבי יהודה דאמר: התראת ספק *לא שמה התראה! *דתניא: הכה את זה וחזר והכה את זה, קלל את זה וחזר וקלל את זה, הכה שניהם בבת אחת, או שקלל שניהם בבת אחת – חייב. רבי יהודה אומר: בבת אחת – חייב, בזה אחר זה – פטור! האי תנא סבר לה כאידך תנא דרבי יהודה, דאמר: התראת ספק שמה התראה. *דתניא: "לא תותירו ממנו עד בקר" וגו' – בא הכתוב ליתן עשה אחר לא תעשה, לומר שאין לוקין עליו, דברי ר' יהודה. רבי יעקב אומר: לא מן השם הוא זה, אלא משום דהוה לאו שאין בו מעשה, וכל לאו שאין בו מעשה אין לוקין עליו. ת"ש: *אכל ב' גידין מב' ירכות מב' בהמות – סופג פ'. רבי יהודה אומר: אינו סופג אלא ארבעים. מדקאמר "מב' ירכות מב' בהמות" – פשיטא דתרוייהו לאיסורא, ולרבי יהודה איצטריך, ש"מ: מיפשט פשיטא ליה, ש"מ. ואי פשיטא ליה, אמאי סופג מ', ותו לא? לילקי פ'! הכא במאי עסקינן כגון דלית בו כזית, *דתניא: אכלו ואין בו כזית – חייב. רבי יהודה אומר: עד שיהא בו כזית. וטעמא מאי? *אמר רבא, אמר קרא: "הירך" – המיומנת שבירך, ורבנן – *ההוא דפשיט איסוריה בכוליה ירך, לאפוקי חיצון דלא. וריב"ל אמר, אמר קרא: "בהאבקו עמו" – כאדם שחובק את חבירו, וידו מגעת לכף ימינו של חבירו. רבי שמואל בר נחמני אמר: כגוי נדמה לו, *דאמר מר: ישראל שנטפל לו גוי בדרך – טופלו לימינו. רב שמואל בר אחא קמיה דרב פפא משמיה דרבא בר עולא אמר: כת"ח נדמה לו, דאמר מר: *המהלך לימין רבו – הרי זה בור. ורבנן – מאחוריה אתא, ונשייה בתרוייהו. ורבנן, האי "בהאבקו עמו" מאי דרשי ביה? מבעי ליה לכאידך דר' יהושע בן לוי, דאמר ר' יהושע בן לוי: מלמד שהעלו אבק מרגלותם עד כסא הכבוד. כתיב הכא "בהאבקו עמו", וכתיב התם "ואבק רגליו". ואמר רבי יהושע בן לוי: למה נקרא שמו "גיד הנשה"? – שנשה ממקומו ועלה, וכן הוא אומר: "נשתה גבורתם היו לנשים". אמר ר' יוסי ברבי חנינא, מאי דכתיב: "דבר *שלח ביעקב ונפל בישראל"? "דבר שלח ביעקב" – זה גיד הנשה, "ונפל בישראל" – שפשט איסורו בכל ישראל. ואמר רבי יוסי ברבי חנינא, מאי דכתיב: "וטבוח טבח *והכן" – פרע להן בית השחיטה, "והכן" – טול גיד הנשה בפניהם. כמ"ד: גיד הנשה נאסר לבני נח. "ויותר יעקב לבדו" – אמר רבי אלעזר: שנשתייר על פכין קטנים, *מכאן לצדיקים שחביב עליהם ממונם יותר מגופם, וכל כך למה? *לפי שאין פושטין ידיהן בגזל. "ויאבק איש עמו עד עלות השחר" אמר רבי יצחק: מכאן לת"ח *שלא יצא יחידי בלילה. רבי אבא בר כהנא אמר מהכא: הנה

רב אשי אמר לא נצרכא אלא לשמנו של גיד. לא קאי אדרב חסדא דמוקי לה כר' יהודה. ולפי מה שאמר לקמן דלר' יהודה שמנו של גיד אפילו מדרבנן שרי, לא אתיא אלא כרבי מאיר. והא דלא קאמר רב אשי אליבא דר"מ – משום דבברייתא דמייתי לא הוזכר בה ר"מ. וכן רבינא דמוקי לה בגיד החיצון, דהוי מדרבנן, לכאורה לא אתי כרבי יהודה. דלקמן מפיק לה מ"הירך" דפשיט ליה בכוליה ירך, לאפוקי חיצון דלא. ורבי יהודה דריש "הירך" – המיומנת שבירך. אם לא נאמר דתרתי שמעת מינה, דבלאו הכי דריש ליה לקמן (דף צו:) לדרשה אחריתי, ונימא דכולהו מפיק מינה. אלא אי אמרת ספוקי מספקא ליה כו'. ולא בעי לאוקומי שאכל שניהם בבת אחת, דהשתא לא הויא התראת ספק, כי היכי דלא נפשוט בעיא ד"אכל שני זיתי חלב בהעלם אחד" דס"פ "אותו ואת בנו" (לעיל דף פב:).

כמאן דאמר גיד הנשה נאסר לבני נח. וא"ת: דילמא לא נאסר, ואפילו הכי היו מקיימין, כמו שחיטה דקאמר ליה "פרע להם בית השחיטה"? וי"ל: מדקאמר "והכן" – משמע, דבלאו הכי לא משתרי. אי נמי: "פרע להו בית השחיטה" היינו נחירה, שנלטוו על הנחירה.

מכאן לתלמיד חכם שלא יצא יחידי בלילה. אומר ר"ת: דדוקא נקט "תלמיד חכם" – משום דמזיקין מתקנאים בהם, כדאמרינן: *ג' צריכין שימור, חתן וכו' ת"ח. והא דאמרן בריש פסחים (דף ב.): לעולם יכנס אדם בכי טוב כו', דמשמע כל אדם, מדלא נקט "תלמיד חכם" – התם מיירי ברחוק מן העיר, מפני המכשולות והליסטים.
מהכה

הגהות הב"ח

(א) רש"י ד"ה וחייבים עליו וכו' הקולית ודבוק בה: (ב) ד"ה בא הכתוב וכו' מספקא לן אם יהיה עובר: (ג) ד"ה ולרבי יהודה וכו' שאין בין שניהם אלא כזית. נ"ב כ"ל באחד יש כזית ובשני אין בו כזית אבל אם אין בכל אחד כזית אין מצטרפין אפי' למלקות אחד כן פי' רש"י לעיל דף פב:

רבינו גרשום

לא צריכא אלא לשמנו. כלומר מה דאמרי' הגידין ישרפו לששה עשר לאו שדי ליה דמותר לא אכיל ליה דישראל קדושים נהגו בו איסור: רבינא אמר לא נצרכא [אלא] כדרב יהודה אמר שמואל (לא) [כו'] שני גידים הן כו'. כלומר מה דאמרי' ישרפו לששה עשר זהו חיצון דאסור ואין חייבין עליו. לא שדי ליה דאין חייבין עליו ולא אכיל דאסור הלכך ישרפו לששה עשר: האי תנא סבר לה כאידך דר' יהודה כו'. כלומר ולעולם מספקא ליה דתניא לא תותירו ממנו עד בקר כו' כדפרשינן לעיל בפ' אותו ואת בנו: פשיטא דתרוייהו לאיסורא כו'. כלומר שתי ירכות של ימין משתי בהמות ולר' יהודה איצטריך דאמר אין גיד הנשה נוהג אלא בשל ימין: המיומנת שבירך. כלומר שהוא ימין: כאדם שחובק את חבירו כו'. כלומר ידו של שמאל מגעת לכף ירך ימין: טופלו לימינו. כלומר (א) והוא כשבא לקראתו טופלו לימינו והוא ירך ימינו כנגד יד ימינו ונשקו בו: כתלמיד חכם נדמה לו. והלך יעקב לשמאל רבו והיה ימין ירכו של יעקב בצד שמאלו ונשקו המלאך ביד שמאל [...] יעקב: שנשה ממקומו. כלומר הגיד נשה ממקומו. כלומר כר' יהודה דמתני': כמאן דאמר גיד הנשה נאסר לבני נח. כלומר [...] עד עלות השחר מכאן לתלמיד חכם. כלומר בלילה שלט בו [...] ביום לא שלט בו:
הגה

(א) נראה דצ"ל וכן יעקב כשבא לקראתו המלאך טפלו לימינו והיה ירך ימינו וכו'.

עין משפט נר מצוה

יג א ב מיי' פ"ח מהל' מאכלות אסורות הל' א סמג לאוין קלט טוש"ע י"ד סי' סה סעיף ח:
יד ג מיי' פי"ב מהל' רוצח ושמירת נפש הל' ז סמג עשין עט טוש"ע י"ד סי' קטז סעיף ג:
טו ד מיי' פ"ו מהלכות ת"ת הל' ה טוש"ע י"ד סי' רמב סעיף יז:
טז ה מיי' פ"ה מהל' דעות הל' ט:

מסורת הש"ס

פסחים פג: לקמן צב: · [פסחים שם לקמן צג:] · (תוספתא פ"ז) לעיל פב: לקמן צו. · [לעיל פח.] · לעיל פב: [וש"נ] · ג"ז שם · (תוספתא פ"ז ותוספתא דמכות פ"ג) לעיל פב. · (תוספתא פ"ז ותוספתא דמכות פ"ג) לקמן צו. · [לקמן צו:] · ע"ז כה: [תוספתא דע"ז פ"ג] · [יומא לז.] · נ"ל שלח אדני ביעקב · [סוטה יב.] · [סנהדרין נט:] · [ברכות מג: פסחים קיב:] · [ברכות נד: ע"ש] · הוריות יב: קדושין כח: [לקמן קלז.] · [בכת"י ליתא אבל בילקוט גרס מאי דכתיב וטבוח טבח והכן פרע להן וכו' והכן כו']

הִנֵּה הוּא זוֹרֶה אֶת גֹּרֶן הַשְּׂעוֹרִים". רַבִּי אַבָּהוּ אָמַר מֵהָכָא: "וַיַּשְׁכֵּם אַבְרָהָם בַּבֹּקֶר וַיַּחֲבֹשׁ אֶת" וגו'. וְרַבָּנַן אָמְרִי מֵהָכָא: "לֶךְ נָא רְאֵה אֶת שְׁלוֹם אַחֶיךָ וְאֶת שְׁלוֹם" וגו'. רַב אָמַר מֵהָכָא: "וַיִּזְרַח לוֹ הַשֶּׁמֶשׁ". אָמַר ר' עֲקִיבָא: שָׁאַלְתִּי אֶת רַבָּן גַּמְלִיאֵל וְאֶת רַבִּי יְהוֹשֻׁעַ בְּאִיטְלִיז שֶׁל אֵימָאוּם, שֶׁהָלְכוּ לִיקַּח בְּהֵמָה לְמִשְׁתֵּה בְּנוֹ שֶׁל רַבָּן גַּמְלִיאֵל, כְּתִיב "וַיִּזְרַח לוֹ הַשֶּׁמֶשׁ", וְכִי שֶׁמֶשׁ לוֹ לְבַד זָרְחָה? וַהֲלֹא לְכׇל הָעוֹלָם זָרְחָה! אָמַר ר' יִצְחָק: שֶׁמֶשׁ הַבָּאָה בַּעֲבוּרוֹ, זָרְחָה בַּעֲבוּרוֹ, דִּכְתִיב: "וַיֵּצֵא יַעֲקֹב מִבְּאֵר שָׁבַע וַיֵּלֶךְ חָרָנָה", וּכְתִיב "וַיִּפְגַּע בַּמָּקוֹם", *כִּי מָטָא לְחָרָן אָמַר: אֶפְשָׁר עָבַרְתִּי עַל מָקוֹם שֶׁהִתְפַּלְּלוּ אֲבוֹתַי, וַאֲנִי לֹא הִתְפַּלַּלְתִּי? כַּד יָהֵיב דַּעְתֵּיהּ לְמִיהְדַּר — קָפְצָה לֵיהּ אַרְעָא, מִיָּד — "וַיִּפְגַּע בַּמָּקוֹם". כַּד צַלֵּי בָּעֵי לְמִיהְדַּר, אָמַר הקב"ה: צַדִּיק זֶה בָּא לְבֵית מְלוֹנִי, וְיִפָּטֵר בְּלֹא לִינָה? מִיָּד בָּא הַשֶּׁמֶשׁ. כְּתִיב: "וַיִּקַּח מֵאַבְנֵי הַמָּקוֹם", וּכְתִיב: "וַיִּקַּח אֶת הָאֶבֶן"! אָמַר רַבִּי יִצְחָק: מְלַמֵּד שֶׁנִּתְקַבְּצוּ כׇּל אוֹתָן אֲבָנִים לְמָקוֹם אֶחָד, וְכׇל אַחַת וְאַחַת אוֹמֶרֶת "עָלַי יַנִּיחַ צַדִּיק זֶה רֹאשׁוֹ". תָּנָא: וְכוּלָּן נִבְלְעוּ בְּאֶחָד. "וַיַּחֲלֹם וְהִנֵּה סֻלָּם מֻצָּב אַרְצָה", תָּנָא: כַּמָּה רׇחְבּוֹ שֶׁל סוּלָּם — שְׁמוֹנַת אֲלָפִים פַּרְסָאוֹת, דִּכְתִיב: "וְהִנֵּה מַלְאֲכֵי אֱלֹהִים עוֹלִים וְיוֹרְדִים בּוֹ", "עוֹלִים" — שְׁנַיִם, "וְיוֹרְדִים" — שְׁנַיִם, וְכִי פָּגְעוּ בַּהֲדֵי הֲדָדֵי — הָווּ לְהוּ אַרְבָּעָה, וּכְתִיב בֵּיהּ בְּמַלְאָךְ: "וּגְוִיָּתוֹ כְתַרְשִׁישׁ", וּגְמִירִי דְּתַרְשִׁישׁ תְּרֵי אַלְפֵי פַּרְסֵי הָוֵי. תָּנָא: עוֹלִין וּמִסְתַּכְּלִין בִּדְיוֹקְנוֹ שֶׁל מַעְלָה, וְיוֹרְדִין וּמִסְתַּכְּלִין בִּדְיוֹקְנוֹ שֶׁל מַטָּה. בָּעוּ לְסַכּוֹנֵיהּ, מִיָּד — "וְהִנֵּה ה' נִצָּב עָלָיו". אָמַר רַבִּי שִׁמְעוֹן בֶּן לָקִישׁ: אִלְמָלֵא מִקְרָא כָּתוּב, אִי אֶפְשָׁר לְאוֹמְרוֹ — כְּאָדָם שֶׁמֵּנִיף עַל בְּנוֹ. "הָאָרֶץ אֲשֶׁר אַתָּה שֹׁכֵב עָלֶיהָ" וגו' — מַאי רְבוּתֵיהּ? אָמַר רַבִּי יִצְחָק: מְלַמֵּד שֶׁקִּיפְּלָהּ הקב"ה לְכׇל אֶרֶץ יִשְׂרָאֵל וְהִנִּיחָהּ תַּחַת יַעֲקֹב אָבִינוּ, שֶׁתְּהֵא נוֹחָה לִיכְּבֵשׁ לְבָנָיו. "וַיֹּאמֶר שַׁלְּחֵנִי כִּי עָלָה הַשָּׁחַר", אָמַר לוֹ: גַּנָּב אַתָּה, אוֹ קוּבְיוּסְטוּס אַתָּה, שֶׁמִּתְיָירֵא מִן הַשַּׁחַר? אָמַר לוֹ: מַלְאָךְ אֲנִי, וּמִיּוֹם שֶׁנִּבְרֵאתִי לֹא הִגִּיעַ זְמַנִּי לוֹמַר שִׁירָה עַד עַכְשָׁיו. מְסַיַּיע לֵיהּ לְרַב חֲנַנְאֵל אָמַר רַב, דְּאָמַר רַב חֲנַנְאֵל אָמַר רַב: שָׁלֹשׁ כִּתּוֹת שֶׁל מַלְאֲכֵי הַשָּׁרֵת אוֹמְרוֹת שִׁירָה בְּכׇל יוֹם, אַחַת אוֹמֶרֶת "קָדוֹשׁ", וְאַחַת אוֹמֶרֶת "קָדוֹשׁ", וְאַחַת אוֹמֶרֶת "קָדוֹשׁ ה' צְבָאוֹת". מֵיתִיבִי: חֲבִיבִין יִשְׂרָאֵל לִפְנֵי הקב"ה יוֹתֵר מִמַּלְאֲכֵי הַשָּׁרֵת — שֶׁיִּשְׂרָאֵל אוֹמְרִים שִׁירָה בְּכׇל שָׁעָה, וּמַלְאֲכֵי הַשָּׁרֵת אֵין אוֹמְרִים שִׁירָה אֶלָּא פַּעַם אַחַת בַּיּוֹם, וְאָמְרִי לַהּ: פַּעַם אַחַת בַּשַּׁבָּת, וְאָמְרִי לַהּ: פַּעַם אַחַת בַּחֹדֶשׁ, וְאָמְרִי לַהּ: פַּעַם אַחַת בַּשָּׁנָה, וְאָמְרִי לַהּ: פַּעַם אַחַת בַּשָּׁבוּעַ, וְאָמְרִי לַהּ: פַּעַם אַחַת בַּיּוֹבֵל, וְאָמְרִי לַהּ: פַּעַם אַחַת בָּעוֹלָם. וְיִשְׂרָאֵל מַזְכִּירִין אֶת הַשֵּׁם אַחַר שְׁתֵּי תֵיבוֹת, שֶׁנֶּאֱמַר: "שְׁמַע יִשְׂרָאֵל ה'" וגו', וּמַלְאֲכֵי הַשָּׁרֵת אֵין מַזְכִּירִין אֶת הַשֵּׁם אֶלָּא לְאַחַר ג' תֵּיבוֹת, כִּדְכְתִיב: "קָדוֹשׁ קָדוֹשׁ קָדוֹשׁ ה' צְבָאוֹת". וְאֵין מה"ש אוֹמְרִים שִׁירָה לְמַעְלָה, עַד שֶׁיֹּאמְרוּ יִשְׂרָאֵל לְמַטָּה, שֶׁנֶּאֱמַר: "בְּרׇן יַחַד כּוֹכְבֵי בֹקֶר", וַהֲדַר "וַיָּרִיעוּ כׇּל בְּנֵי אֱלֹהִים"! אֶלָּא: אַחַת אוֹמֶרֶת "קָדוֹשׁ", וְאַחַת אוֹמֶרֶת "קָדוֹשׁ קָדוֹשׁ", וְאַחַת אוֹמֶרֶת "קָדוֹשׁ קָדוֹשׁ קָדוֹשׁ ה' צְבָאוֹת". וְהָאִיכָּא "בָּרוּךְ"!
בָּרוּךְ

תורה אור: רות ג; בראשית כב; שם לז; שם לב; שם כח; שם; שם; שם; דניאל י; בראשית כח; שם; שם לב; דברים ו; ישעיה ו; איוב לח

רש"י

הִנֵּה הוּא זוֹרֶה. וּוי"ו בְּלַעַ"ז, דִּכְתִיב "וַיְהִי בְשָׁכְבוֹ" וגו'. אָמְרָה לָהּ: דְּעִי שֶׁאַחַר שֶׁיִּגְמוֹר לִזְרוֹת, לֹא יֵצֵא לְבֵיתוֹ לִשְׁכּוֹב, שֶׁגְּנַאי הוּא לְתַלְמִידֵי חֲכָמִים לָצֵאת בַּלַּיְלָה, וְיִשְׁכַּב בַּגּוֹרֶן. וַיַּשְׁכֵּם בַּבֹּקֶר. וְלֹא קוֹדֶם הַיּוֹם, וְאע"ג דְּלָאו יָחִיד הֲוָה, וְכ"ש יְחִידִי. לֵךְ נָא רְאֵה. בְּעֵת שֶׁאָדָם יָכוֹל לִרְאוֹת. אִיטְלִיז. שׁוּק שֶׁמּוֹכְרִין בּוֹ בָּשָׂר. אֵימָאוּם. שֵׁם מָקוֹם. שֶׁמֶשׁ הַבָּאָה בַּעֲבוּרוֹ. שֶׁשָּׁקְעָה בַּעֲבוּרוֹ קוֹדֶם זְמַנָּהּ, וּמְפָרֵשׁ וְאָזֵיל לָמָּה שָׁקְעָה. כְּתִיב וַיֵּלֶךְ חָרָנָה. דְּמַשְׁמַע דְּמָטָא לְחָרָן, וַהֲדַר כְּתִיב "וַיִּפְגַּע בַּמָּקוֹם" דְּהַיְינוּ בֵּית אֵל, דְּלַבַּתְּרֵי לָא מָטָא לְחָרָן. שֶׁהִתְפַּלְּלוּ בּוֹ אֲבוֹתַי. הַאי "בֵּית אֵל" לֹא הַסָּמוּךְ לְעַי הוּא, אֶלָּא יְרוּשָׁלַיִם, וְעַל שֵׁם "יִהְיֶה בֵּית אֱלֹהִים" קְרָאוֹ "בֵּית אֵל". וְהוּא הַר הַמּוֹרִיָּה שֶׁהִתְפַּלֵּל בּוֹ אַבְרָהָם, וְהוּא שָׂדֶה שֶׁהִתְפַּלֵּל בּוֹ יִצְחָק, דִּכְתִיב (בראשית כד): "לָשׂוּחַ בַּשָּׂדֶה". דְּהָכִי אָמְרִינַן בִּפְסָחִים (דף פח.): "אֶל הַר ה' וְאֶל בֵּית אֱלֹהֵי יַעֲקֹב", מַאי שְׁנָא יַעֲקֹב? אֶלָּא לֹא כְּאַבְרָהָם שֶׁקְּרָאוֹ "הַר", דִּכְתִיב: "בְּהַר ה'" וְלֹא כְּיִצְחָק שֶׁקְּרָאוֹ "שָׂדֶה", דִּכְתִיב: "לָשׂוּחַ בַּשָּׂדֶה", אֶלָּא כְּיַעֲקֹב שֶׁקְּרָאוֹ "בַּיִת". קָפְצָה. לָשׁוֹן (דברים טו) "לֹא תִקְפֹּץ אֶת יָדְךָ", נִתְקַפְּלָה וְנִתְקַצְּרָה לוֹ. וַיִּפְגַּע בַּמָּקוֹם. כְּאָדָם הַפּוֹגֵעַ בַּחֲבֵירוֹ שֶׁבָּא כְּנֶגְדּוֹ, וְדָרְשִׁינַן לֵיהּ נָמֵי לְשׁוֹן תְּפִלָּה, כִּדְכְתִיב (רות א) "אַל תִּפְגְּעִי בִי". מִיָּד בָּא הַשֶּׁמֶשׁ. כִּדְכְתִיב: "וַיָּלֶן שָׁם כִּי בָא הַשֶּׁמֶשׁ" לָמָּה לֵיהּ לְמִיכְתַּב "כִּי בָא הַשֶּׁמֶשׁ"? אֶלָּא לְלַמְּדֵנוּ שֶׁשָּׁקְעָה קוֹדֶם זְמַנָּהּ. מֵאַבְנֵי. מַשְׁמַע טוּבָא, וּכְתִיב: "וַיִּקַּח אֶת הָאֶבֶן"! נִבְלְעוּ בְּאֶחָד. נַעֲשׂוּ אֶבֶן אַחַת. עוֹלִים. מַשְׁמַע כִּי הֲדָדֵי, וְלֹא זֶה אַחַר זֶה, וְכֵן "יוֹרְדִים". וְכִי פָּגְעוּ בַּהֲדָדֵי הָווּ לְהוּ אַרְבָּעָה. צָרִיךְ רוֹחַב הַסּוּלָּם לְהַחֲזִיק אַרְבַּעְתָּן. גְּוִיָּתוֹ כְתַרְשִׁישׁ. *דִּיחֶזְקֵאל "תַּרְשִׁישׁ" — יָם שֶׁשְּׁמוֹ תַּרְשִׁישׁ, כְּדִמְתַרְגְּמִינַן (יחזקאל א) "תַּרְשִׁישׁ כְּרוּם יַמָּא", וּכְתִיב (יונה א) "אֳנִיָּה בָּאָה תַרְשִׁישׁ". בִּדְיוֹקְנוֹ שֶׁל מַעְלָה. פַּרְצוּף אָדָם שֶׁבְּאַרְבַּע חַיּוֹת בִּדְמוּת יַעֲקֹב. בָּעוּ לְסַכּוֹנֵיהּ. מֵחֲמַת קִנְאָה. נִצָּב עָלָיו. לְשׇׁמְרוֹ. שֶׁמֵּנִיף עַל בְּנוֹ. בִּמְנִיפָה, לְהָפִיגוֹ מִן הַשָּׁרָב. מַאי רְבוּתֵיהּ (א). אַרְבַּע אַמּוֹת מִשְׁכָּבוֹ הִבְטִיחוֹ לָתֵת לְבָנָיו? שֶׁתְּהֵא נוֹחָה לִיכְבֹּשׁ לְבָנָיו. כְּד' אַמּוֹת (ב). קוּבְיוּסְטוּס. גּוֹנֵב נְפָשׁוֹת. שְׁלֹשָׁה כִּתּוֹת. חֲלָקִים מִיּוֹם אֶל יוֹם. אַחַר שְׁתֵּי תֵיבוֹת. "שְׁמַע יִשְׂרָאֵל ה'". וּמַלְאָכִים אֵין מַזְכִּירִים אֶת הַשֵּׁם. בְּשִׁירָתָם עַד לְאַחַר שָׁלֹשׁ תֵּיבוֹת "קָדוֹשׁ קָדוֹשׁ קָדוֹשׁ ה'". כּוֹכְבֵי בֹקֶר. יִשְׂרָאֵל הַמְשׁוּלִים לְכוֹכָבִים. קָתָנֵי מִיהַת אַחַר שָׁלֹשׁ תֵּיבוֹת, וְאַתְּ אָמְרַתְּ "קָדוֹשׁ ה'"? וְהָאִיכָּא בָּרוּךְ. דְּהוּזְכַּר אַחַר ב' תֵּיבוֹת, כִּדְכְתִיב "בָּרוּךְ כְּבוֹד ה'". וּמְשַׁנֵּי: "בָּרוּךְ" הָאוֹפַנִּים הוּא דְּאָמְרִי לֵיהּ, שֶׁהֵם מִכִּסֵּא הַכָּבוֹד עַצְמוֹ. וְכִי אָמְרִינַן אֲנַן — בְּמַלְאָכִים.

תוספות

מהכא וישכם אברהם בבקר. ברוב ספרים כתיב "ויחבוש את חמורו", וקשיא: דהיינו קרא דעקדה, ושם לא היה יחידי, דהיו שני נעריו עמו ויצחק בנו! ועוד: דאפילו היה יחיד, אין לחוש מן המזיקין, דשלוחי מצוה אינן ניזוקין! ועוד: דמקרא דעקדה יליף בריש פסחים (דף ד.) גבי בדיקת חמץ, דלא אמרינן זריזין מקדימין למצוה טפי מצפרא, מדלא השכים אברהם טפי מצפרא. והיכי מוכח הכא, דילמא שאני התם דהוי משום שלא יצא יחידי בלילה, ולכך לא הקדים! לכך נראה דהכא גרסינן "וישכם אברהם בבקר אל המקום" וגו' (בראשית יט), ולא גרסינן "ויחבוש את חמורו". ומייתי קרא מסדום, שהלך להתפלל על הפיכת סדום שהיתה בבקר, והיה לו להקדים להתפלל בלילה. אלא שלא רצה לצאת יחידי בלילה, והלך יחידי להתפלל עליהם, ולא רצה שיהא שום אדם עמו בשעת תפלה. אי נמי: לא היה שום אדם רשאי לראות בהפיכת סדום. ובפסחים מייתי קרא דעקדה, שלא היה יחידי, אלא דלא היה צריך להקדים טפי מצפרא*.

כתיב ויקח את האבן. לפי פשוטו יש לפרש שלקח אבן אחת מאבני המקום. עולין ומסתכלין בדיוקנו של מעלה ויורדים. משמע שאותם שעולים הם שיורדים, ולעיל משמע שאחרים היו, דקאמר "עולין תרי ויורדין תרי, כי פגעי בהדי הדדי הוו ארבעה".

קוביוסטוס. פירש בקונטרס: גונב נפשות. וקשה לפירושו דאמר בבכורות (דף ה.) דאמר קונטריקוס הגמון לר' יוחנן בן זכאי: "משה רבכם גנב היה, או קוביוסטוס היה, או שאינו בקי בחשבונות היה. נתן מחצה ונטל מחצה, ומחצה שלש לא החזיר". ומה שייך שם גונב נפשות? ויש מפרשים: דקאי אשאלה ראשונה דקאמר "כפרטן של לוים אתה מוצא כ"ב אלף וג' מאות, ובכללן אי אתה מוצא אלא כ"ב אלף, אותן ג' מאות להיכן הלכו", ועל זה אמר ליה "קוביוסטוס" — כלומר, גונב לוים. ומה שלא אמר ליה בשאלה ראשונה, משום דהמתין עד שסיים כל שאלותיו. אבל עוד קשה: דאמר בפרק "המוכר פירות" (ב"ב דף צג:) ובפרק קמא דקדושין (דף יא.): קמפון בעבדים ליכא, נמצא גנב או קוביוסטוס — הגיעו. פירוש: דרובא הכי איתנהו. והשתא, וכי רוב עבדים הם גונבי נפשות? לכך נראה כמו שפירש ר"ח: קוביוסטוס — משחק בקוביא. והא דקאמר הכא יעקב למלאך "וכי קוביוסטוס אתה, שאתה מתירא מן השחר" — לפי שדרך משחק בקוביא חייב לכמה בני אדם, ומטמין עצמו מפני נושהו.

מסייע ליה לרב חננאל. פירוש: במה שאומר שהמלאכים אומרים שירה. אי נמי: הא דקאמר "שלא הגיע זמני מיום שנבראתי לומר שירה עד עכשיו", הכי נמי קאמר רב חננאל שאינם רשאין להרבות בשירה, דקאמר: אחד אומר "קדוש" ותו לא, וכן מסתמא לא היו אומרים שירה אלא פעם אחת.
ברוך

[ועי' תוס' יומא כח. ד"ה אמר ותוס' פסחים ד. ד"ה שנאמר ותוס' ב"ק ס: ד"ה לעולם]

[סנהדרין צה:]

ס"א בדניאל

הגהות הב"ח

(א) רש"י ד"ה מאי רבותיה וכו' ארבע: (ב) ד"ה שתהא וכו' כד' אמות של משכבו הס"ד:

גליון הש"ס

גמ' כד צלי בעי למיהדר. עי' ברכות כו ע"ב תוס' ד"ה יעקב:

רבינו גרשום

הנה הוא זורה את גורן השעורים. כלומר בלילה תמצאו אותו בביתו שאין דרכו של בני אדם לילך בלילה: לך נא ראה את שלום אחיך. בשעה שיכול לראות [דהיינו] ביום: באיטליז של אימאום. בשוק של אותו מקום: רבא אמר מהכא. כלומר דחזינן כשבא השמש לן במקום [ההוא] ולא הלך אנה ואנה: וגויתו כתרשיש. כלומר כים על שם באה אניה באה תרשיש: עולין ומסתכלין דיוקנו של מעלה. כלומר דמות יעקב חקוק בכסא הכבוד: בעו לסכוניה. כלומר דמות דיוקנו החקוק בכסא הכבוד כביכול יהא למטה [ולכן] בעו לסכוניה: שמניף במניפה על גופו. כלומר שמחממין אותו באשם ומצננו במניפה: מסייע ליה לרב חננאל כו'. כלומר דחזינן הכא שלש כתות של מלאכי השרת נבראין בכל יום שאומרים שירה להקב"ה לפיכך המלאכים הנבראים מששת ימי בראשית אינן מספקין (ליתן שיר) [לומר שירה] כל ימיהן אלא פעם אחת בעולם: ברן יחד כוכבי בוקר ויריעו כל בני אלהים. כשמרננין שמשולים ככוכבי בקר:

"בָּרוּךְ" – אוֹפַנִּים הוּא דְּאָמְרִי לֵיהּ. וְאִיבָּעֵית אֵימָא: כֵּיוָן דְּאִתְיְהִיב רְשׁוּתָא – אִתְיְהִיב. °"וַיָּשַׂר אֶל מַלְאָךְ וַיֻּכָל בָּכָה וַיִּתְחַנֶּן לוֹ", אֵינִי יוֹדֵעַ מִי נַעֲשָׂה שַׂר לְמִי, כְּשֶׁהוּא אוֹמֵר: °"כִּי שָׂרִיתָ עִם אֱלֹהִים", הֱוֵי אוֹמֵר: יַעֲקֹב נַעֲשָׂה שַׂר לַמַּלְאָךְ. "בָּכָה וַיִּתְחַנֶּן לוֹ", אֵינִי יוֹדֵעַ מִי בָּכָה לְמִי, כְּשֶׁהוּא אוֹמֵר: "וַיֹּאמֶר שַׁלְּחֵנִי", הֱוֵי אוֹמֵר: מַלְאָךְ בָּכָה לְיַעֲקֹב. "כִּי שָׂרִיתָ [עִם אֱלֹהִים וְעִם אֲנָשִׁים]", אָמַר רַבָּה: רֶמֶז רָמַז לוֹ שֶׁעֲתִידִים שְׁנֵי שָׂרִים לָצֵאת מִמֶּנּוּ – רֹאשׁ גּוֹלָה שֶׁבְּבָבֶל, וְנָשִׂיא שֶׁבְּאֶרֶץ יִשְׂרָאֵל, מִכָּאן רָמַז לוֹ גָּלוּת. °"וּבַגֶּפֶן שְׁלֹשָׁה שָׂרִיגִם", אָמַר רַב חִיָּיא בַּר אַבָּא, אָמַר רַב: אֵלּוּ ג' שָׂרֵי גֵאִים הַיּוֹצְאִים מִיִּשְׂרָאֵל בְּכָל דּוֹר וָדוֹר, פְּעָמִים שֶׁשְּׁנַיִם כָּאן וְאֶחָד בְּאֶרֶץ יִשְׂרָאֵל, פְּעָמִים שֶׁשְּׁנַיִם בְּאֶרֶץ יִשְׂרָאֵל וְאֶחָד כָּאן. יְהִיבוּ רַבָּנַן עֵינַיְיהוּ בְּרַבָּנָא עוּקְבָא וְרַבָּנָא נְחֶמְיָה בְּנֵי בְּרַתֵּיהּ דְּרַב. רָבָא אָמַר: אֵלּוּ שְׁלֹשָׁה שָׂרֵי גוֹיִם שֶׁמְּלַמְּדִים זְכוּת עַל יִשְׂרָאֵל בְּכָל דּוֹר וָדוֹר. תַּנְיָא, רַבִּי אֱלִיעֶזֶר אוֹמֵר: "גֶּפֶן" – זֶה הָעוֹלָם, "שְׁלֹשָׁה שָׂרִיגִם" – זֶה אַבְרָהָם יִצְחָק וְיַעֲקֹב, "וְהִיא כְפֹרַחַת עָלְתָה נִצָּהּ" – אֵלּוּ הָאִמָּהוֹת, "הִבְשִׁילוּ אַשְׁכְּלֹתֶיהָ עֲנָבִים" – אֵלּוּ הַשְּׁבָטִים. אָמַר לוֹ רַבִּי יְהוֹשֻׁעַ: וְכִי מַרְאִין לוֹ לְאָדָם מַה שֶּׁהָיָה? וַהֲלֹא אֵין מַרְאִין לוֹ לְאָדָם אֶלָּא מַה שֶּׁעָתִיד לִהְיוֹת! אֶלָּא: "גֶּפֶן" – זוֹ תּוֹרָה, "שְׁלֹשָׁה שָׂרִיגִם" – אֵלּוּ מֹשֶׁה וְאַהֲרֹן וּמִרְיָם, "וְהִיא כְפֹרַחַת עָלְתָה נִצָּהּ" – אֵלּוּ סַנְהֶדְרִין, "הִבְשִׁילוּ אַשְׁכְּלֹתֶיהָ עֲנָבִים" – אֵלּוּ הַצַּדִּיקִים שֶׁבְּכָל דּוֹר וָדוֹר. אָמַר ר"ג: עֲדַיִין צְרִיכִין אָנוּ לַמּוֹדָעִי, דְּמוֹקִים לֵיהּ כּוּלֵּיהּ בְּחַד מָקוֹם. רַבִּי אֶלְעָזָר הַמּוֹדָעִי אוֹמֵר: "גֶּפֶן" – זוֹ יְרוּשָׁלַיִם, "שְׁלֹשָׁה שָׂרִיגִם" – זֶה מִקְדָּשׁ, מֶלֶךְ, וְכֹהֵן גָּדוֹל, "וְהִיא כְפֹרַחַת עָלְתָה נִצָּהּ" – אֵלּוּ פִּרְחֵי כְהוּנָּה, "הִבְשִׁילוּ אַשְׁכְּלֹתֶיהָ עֲנָבִים" – אֵלּוּ נְסָכִים. רַבִּי יְהוֹשֻׁעַ בֶּן לֵוִי מוֹקִים לָהּ בְּמַתָּנוֹת, דְּאָמַר ר' יְהוֹשֻׁעַ בֶּן לֵוִי: "גֶּפֶן" – זוֹ תּוֹרָה, "שְׁלֹשָׁה שָׂרִיגִם" – זֶה בְּאֵר, עַמּוּד עָנָן, וּמָן, "וְהִיא כְפֹרַחַת עָלְתָה נִצָּהּ" – אֵלּוּ הַבִּכּוּרִים, "הִבְשִׁילוּ אַשְׁכְּלֹתֶיהָ עֲנָבִים" – אֵלּוּ נְסָכִים. רַבִּי יִרְמְיָה בַּר אַבָּא אָמַר: "גֶּפֶן" – אֵלּוּ יִשְׂרָאֵל, וְכֵן הוּא אוֹמֵר °"גֶּפֶן מִמִּצְרַיִם תַּסִּיעַ", "שְׁלֹשָׁה שָׂרִיגִם" – אֵלּוּ שְׁלֹשָׁה רְגָלִים שֶׁיִּשְׂרָאֵל עוֹלִין בָּהֶן בְּכָל שָׁנָה וְשָׁנָה, "וְהִיא כְפֹרַחַת (א) עָלְתָה נִצָּהּ" – הִגִּיעַ זְמַנָּן שֶׁל יִשְׂרָאֵל לִפְרוֹת וְלִרְבּוֹת, וְכֵן הוּא אוֹמֵר °"וּבְנֵי יִשְׂרָאֵל פָּרוּ וַיִּשְׁרְצוּ", "עָלְתָה נִצָּהּ" – הִגִּיעַ זְמַנָּן שֶׁל יִשְׂרָאֵל לִיגָּאֵל, וְכֵן הוּא אוֹמֵר °"וְיֵז נִצְחָם עַל בְּגָדַי וְכָל מַלְבּוּשַׁי *אֶגְאָלְתִּי", "הִבְשִׁילוּ אַשְׁכְּלֹתֶיהָ עֲנָבִים" – הִגִּיעַ זְמַנָּהּ שֶׁל מִצְרַיִם לִשְׁתּוֹת כּוֹס הַתַּרְעֵלָה. וְהַיְינוּ דְּאָמַר רָבָא: *שְׁלֹשָׁה כּוֹסוֹת הָאֲמוּרוֹת בְּמִצְרַיִם לָמָּה? אֶחָד שֶׁשָּׁתָה בִּימֵי מֹשֶׁה, וְאֶחָד שֶׁשָּׁתָה בִּימֵי פַּרְעֹה נְכֹה, וְאֶחָד שֶׁעֲתִידָה לִשְׁתּוֹת עִם כָּל הַגּוֹיִם. אָמַר לֵיהּ רַבִּי אַבָּא לְרַבִּי יִרְמְיָה בַּר אַבָּא: כִּי דָּרֵישׁ לְהוּ רַב לְהָנֵי קְרָאֵי בְּאַגַּדְתָּא – כְּוָותָךְ דָּרֵישׁ לְהוּ. אָמַר רַבִּי שִׁמְעוֹן בֶּן לָקִישׁ: אוּמָּה זוֹ כַּגֶּפֶן נִמְשְׁלָה, זְמוֹרוֹת שֶׁבָּהּ – אֵלּוּ בַּעֲלֵי בָתִּים, אֶשְׁכּוֹלוֹת שֶׁבָּהּ – אֵלּוּ תַּלְמִידֵי חֲכָמִים, עָלִין שֶׁבָּהּ – אֵלּוּ עַמֵּי הָאָרֶץ, קְנוֹקְנוֹת שֶׁבָּהּ – אֵלּוּ רֵיקָנִים שֶׁבְּיִשְׂרָאֵל. וְהַיְינוּ דְּשָׁלְחוּ מִתָּם: לִיבְעֵי רַחֲמִים אִתַּכְלָא עַל עַלְיָא, דְּאִילְמָלֵא עַלְיָא לָא מִתְקַיְּימִין אִתַּכְלָא. °"וָאֶכְּרֶהָ לִּי בַּחֲמִשָּׁה עָשָׂר כָּסֶף", א"ר יוֹחָנָן מִשּׁוּם ר' שִׁמְעוֹן בֶּן יְהוֹצָדָק: *אֵין כִּירָה אֶלָּא לְשׁוֹן מְכִירָה, שֶׁנֶּאֱמַר: °"בְּקִבְרִי אֲשֶׁר כָּרִיתִי לִי", "בַּחֲמִשָּׁה עָשָׂר" – זֶה ט"ו בְּנִיסָן שֶׁבּוֹ נִגְאֲלוּ יִשְׂרָאֵל מִמִּצְרַיִם, "כָּסֶף" – אֵלּוּ צַדִּיקִים, וְכֵן הוּא אוֹמֵר °"צְרוֹר הַכֶּסֶף לָקַח בְּיָדוֹ", "חֹמֶר שְׂעוֹרִים וְלֶתֶךְ שְׂעוֹרִים" – אֵלּוּ מ"ה צַדִּיקִים שֶׁהָעוֹלָם מִתְקַיֵּים בָּהֶם, וְאֵינִי יוֹדֵעַ אִם שְׁלֹשִׁים כָּאן וְט"ו בְּאֶרֶץ יִשְׂרָאֵל וְאִם שְׁלֹשִׁים בְּאֶרֶץ יִשְׂרָאֵל וְט"ו כָּאן, כְּשֶׁהוּא אוֹמֵר °"וָאֶקְחָה שְׁלֹשִׁים הַכֶּסֶף וָאַשְׁלִיךְ אֹתוֹ בֵּית ה' אֶל *הַיּוֹצֵר", הֱוֵי אוֹמֵר – שְׁלֹשִׁים בְּאֶרֶץ יִשְׂרָאֵל וְט"ו כָּאן. אָמַר אַבָּיֵי: וְרוּבַּיְיהוּ מִשְׁתַּכְּחִי בְּבֵי כְּנִישְׁתָּא דְּתוּתֵי א] אַפְתָּא. וְהַיְינוּ דִּכְתִיב: °"וָאֹמַר אֲלֵיהֶם אִם טוֹב בְּעֵינֵיכֶם הָבוּ שְׂכָרִי וְאִם לֹא חֲדָלוּ וַיִּשְׁקְלוּ אֶת שְׂכָרִי שְׁלֹשִׁים כָּסֶף". *רַבִּי יְהוּדָה אוֹמֵר: אֵלּוּ שְׁלֹשִׁים צַדִּיקֵי אוּמּוֹת הָעוֹלָם, שֶׁאוּמּוֹת הָעוֹלָם מִתְקַיְּימִים עֲלֵיהֶם, עוּלָּא אָמַר: אֵלּוּ שְׁלֹשִׁים מִצְוֹת שֶׁקִּבְּלוּ עֲלֵיהֶם בְּנֵי נֹחַ, וְאֵין מְקַיְּימִין אֶלָּא שְׁלֹשָׁה: אַחַת
שֶׁאֵין

רש"י

כיון דאתיהיב רשותא. להזכיר, דכבר הזכירוהו ב"קדוש" לאחר שלש תיבות של שבח. אתיהיב. רשותא לאדכוריה להדיא. בתרי עשר. ויוכל. איני יודע על אי זה מהם הוא אומר "ויוכל", שנאבק ונעשה שר: אם יעקב למלאך, והכי קאמר "וישר אל מלאך ויוכל יעקב". או הכי קאמר "וישר אל יעקב מלאך" – כלומר, נשתרר לעומתו המלאך, ויוכל המלאך ונצחו? כשהוא אומר כי שרית. "ותוכל" – הוי: יעקב נצחו למלאך. שרית עם אלהים. נשיא שבארץ ישראל, שממונים הם, ונקראים "אלהים", "עד האלהים יבא דבר שניהם" (שמות כב). "ועם אנשים" – ראש הגולה. ובגפן. ישראל נמשלו לגפן, דכתיב: "גפן ממצרים תסיע" (תהלים פ). שרי גאים. עשירים וקרובים למלכות. אלו ג' שרי גוים. מלאכים. עלתה נצה. אין חשוב כן כל כך כשריגים, שהם ענפים קשים. אלו פרחי כהונה. המשרתים במקדש. במתנות. שנתן הקב"ה לישראל. אלו הבכורים. שהכניסן לארץ טובה ומלאה פירות, ומביאין ממנה בכורים בפריחת גמר בשולם. הגיע זמנן. לצאת מכאן, ולפרות ולרבות. עלתה נצה. עלתה זמן הגאלה, להזות דם נצחן של מצרים. ג' כוסות. בספור החלום "וכוס פרעה" וגו'. בימי פרעה נכה. שהחריבה נבוכד נצר, דכתיב (ירמיהו מו): "לבא נבוכד נצר מלך בבל" וגו'. אומה זו. ישראל. נמשלה בגפן. "גפן ממצרים תסיע". זמורות שבה אלו בעלי בתים. דמה הזמורה הזו מוציאה לולבין ועלים ופרי, והוא עיקר הגפן. כך בעלי בתים: גומלי חסד, ומחזיקים ידי עניים, ומפזרים ממונם למלכות בשביל אחיהם ומתקיימים על ידם. עלין. שבגפן סובלין הרוח, ומגינים על האשכולות שלא יכה שרב ושמש ורוחות. כך עמי הארץ: חורשין וזורעין וקוצרין מה שתלמידי חכמים אוכלים. קנוקנות = וידייל"ש, דלא חזו למידי. ואכרה לי. הקב"ה אומר: קניתי לי ישראל בט"ו בניסן, בשביל הצדיקים. אשר כריתי לי. קניתי, כדאמרי' בפ"ק דסוטה (דף יג.) דיעקב זבנה מעשו. צרור הכסף. ב"חלק" (סנהדרין דף צו:) מפרשינן ליה בצדיקים, דשלחו ליה עמון ומואב לנבוכד נצר כדשמעו לנביאים דאיתנבאו בחורבנא: תא אחרבינהו. שלח להו: מסתפינא מאלההון. שלחו ליה: "כי אין האיש בביתו". שלח להו: בקריבא אתי. שלחו ליה: "הלך בדרך למרחוק". שלח להו: איכא צדיקי דבעי רחמי. שלחו ליה: "צרור הכסף לקח בידו" – צדיקים שבהם המיתם. חומר. שלשים סאין. לתך. ט"ו סאין. כאן. בבבל. ורובייהו. דצדיקי דארץ ישראל. אפתא. יציע. ואומר אליהם. בנבואת זכריה כתיב גבי גוים "ואקח את מקלי את נועם ואגדע אותו להפר את בריתי אשר כרתי את (ב) העמים ואומר אליהם" וגו'. הבו שכרי. החזירו לי את הצדיקים שהייתם מקבלים עליהם שכר "וישקלו" וגו' (ג). ואקח את שלשים הכסף. ונקבעו אותם צדיקים לדורות בישראל. אל בית ה'. בארץ ישראל. שלשים מצות. לא נתפרשו ב], ומהכא הוא דקא יליף.
שאין

תוספות

ברוך אופנים הוא דאמרי ליה. אבל "קדוש" אומרים שרפים, כדכתיב (ישעיה ו): "שרפים עומדים ממעל לו" וגו', וכתיב בתריה "וקרא זה אל זה ואמר קדוש קדוש קדוש" וכו'. ומה שאנו אומרים בתפלת "יוצר": "והאופנים וחיות הקדש" כו', דחיות נמי אומרים "ברוך" – דעדיפי משרפים. וקרא נמי מוכח דחיות ואופנים אומרים "ברוך", דבתר קרא ד"ברוך" כתיב: "וקול כנפי החיות משיקות אשה אל אחותה וקול האופנים לעומתם קול רעש גדול". ובכל דוכתא משמע דהאופנים בתר חיות גרירי, דכתיב (יחזקאל א): "ובלכת החיות ילכו האופנים אצלם ובהנשא החיות מעל הארץ ינשאו האופנים", וכתיב נמי: "כי רוח החיה באופנים". ואם תאמר: דילפינן השתא לפירוש זה דחיות ושרפים אין הכל אחד, ובפרק "אין דורשין" (חגיגה דף יג:) אומר: פסוק אחד אומר "שש כנפים לאחד", ופסוק אחד אומר "ארבע כנפים לאחד"? ומאי קושיא, הא האי קרא ד"שש כנפים" – בשרפים כתיב, והאי – בחיות כתיב! וי"ל: דמסתבר ליה שאין משונים בכנפיהם. וכה"ג פריך בפ' "בא לו" (יומא דף עב:) כתיב "ועשית לך ארון עץ", וכתיב "ועשו ארון עצי שטים", אע"פ שהיה ארון אחר – מסתמא כמו שהיה זה, כך היה זה. וכן ב"המוכר פירות" (ב"ב דף צג.) למ"ד: פנחס איש אל אחיו, והכתיב "ופנחס אל הבית", מכרובים של שלמה לכרובים של משה פריך, דמסתמא לא נשתנו זה מזה.
אילימא

לשון מגואל. רש"ל
[סוטה ט.]
[ר"ה כו. ע"ש סוטה יג.]
י"מ האוצר
[נ"ל רב יהודה]

הגהות הב"ח

(א) גמ' והיא כפורחת הגיע זמנן כצ"ל ותיבות עלתה נצה נמחק: (ב) רש"י ד"ה ואומר וכו' את כל העמים: (ג) ד"ה הבו הד"א עם ד"ה ואקחה שלשים כצ"ל ותיבת את נמחק:

הגהות מהר"ב רנשבורג

א] גמ' בבי כנישתא דתותי אפתא. נ"ב עי' ערוך ערך אפתא: ב] רש"י ד"ה שלשים מצות לא נתפרשו. נ"ב עי' עשרה מאמרות מאמר חקור דין חלק ג' פכ"א דף קג ע"א דמפרש להו לכולהו שלשים ועי' יפה תואר בפ' ויחי דף תקכ"ה עמוד ד' ויפה מראה פ"א דר"ה דף נ"ו ע"א ופ"ב דע"ז דף ק"ל ע"ב:

רבינו גרשום

הדר ויריעו כל בני אלהים: אלו שלשה שרי גוים כו'. כלומר גוים כשרין כגון אדרכן דשמשיה לרב: הבשילו אשכלותיה ענבים אלו הנסכים. וגם הם היו מתנה לגבי מזבח: וכן הוא אומר ויז נצחם על בגדי. נצה דורש נצחם: שלש כוסות האמורין במצרים. וכום פרעה בידי וגו': אומה זו כגפן נמשלה. כלומר ישראל: קנוקנות. סופי ענבים שהם ענבים קשים: שאלמלא עליה. כלומר שחורשין וזורעין שאלמלא כן רעב יבא בעולם: חומר שעורים ולתך שעורים. חומר שלשים סאה לתך ט"ו סאין ואלו הן סך הכל מ"ה סאין ואותם מ"ה סאין אלו מ"ה צדיקים: דתותי אפתא. אפְּרֵיץ בלע"ז: ואומר אליהם אם טוב בעיניכם הבו שכרי
שאין

יז א מיי' פ"ח מהלכות מאכלות אסורות הל' ד סמג לאוין קלט טוש"ע י"ד סי' סה סעיף ה:
יח ב מיי' שם הל' ז טוש"ע שם סעיף ח:
יט ג מיי' שם פט"ו הל' יז ופט"ז הל' ו טוש"ע שם סעיף ט וסי' ק סעיף ב:
כ ד מיי' פ"ז מהלכות מאכלות אסורות הל' ו סמג לאוין קלז טוש"ע י"ד סי' סד סעיף יב:
כא ה ו מיי' שם הל' ז טוש"ע שם סעיף יב:

שֶׁאֵין כּוֹתְבִין כְּתוּבָּה לִזְכָרִים, וְאַחַת – שֶׁאֵין שׁוֹקְלִין בְּשַׂר הַמֵּת בְּמַקּוּלִין, וְאַחַת – שֶׁמְּכַבְּדִין אֶת הַתּוֹרָה.§ וְאֵינוֹ נוֹהֵג בָּעוֹף.§ וְהָא קָא חָזֵינַן דְּאִית לֵיהּ! אִית לֵיהּ וְלָא עָגֵיל. בָּעֵי רַבִּי יִרְמְיָה: אִית לֵיהּ לָעוֹף – וְעָגֵיל, אִית לֵיהּ לַבְּהֵמָה – וְלָא עָגֵיל, מַאי, בָּתַר דִּידֵיהּ אָזְלִינַן, אוֹ בָּתַר מִינֵיהּ אָזְלִינַן? תֵּיקוּ.§ "וְנוֹהֵג בַּשָּׁלִיל".§ אָמַר שְׁמוּאֵל: וְחֶלְבּוֹ מוּתָּר לְדִבְרֵי הַכֹּל. חֶלְבּוֹ דְּמַאי? אִילֵימָא דְשָׁלִיל – וְהָא מִיפְלַג פְּלִיגִי בֵּיהּ! *דְּתַנְיָא: נוֹהֵג בַּשָּׁלִיל, וְחֶלְבּוֹ אָסוּר, דִּבְרֵי רַבִּי מֵאִיר. רַבִּי יְהוּדָה אוֹמֵר: אֵינוֹ נוֹהֵג בַּשָּׁלִיל, וְחֶלְבּוֹ מוּתָּר. וְאָמַר ר' אֶלְעָזָר, אָמַר ר' אוֹשַׁעְיָא: מַחְלוֹקֶת בְּבֶן תִּשְׁעָה חַי, וְהָלַךְ ר"מ לְשִׁיטָתוֹ וְרַבִּי יְהוּדָה לְשִׁיטָתוֹ. וְאֶלָּא חֶלְבּוֹ דְּגִיד – הָא מִיפְלַג פְּלִיגִי בֵּהּ! *דְּתַנְיָא: גִּיד הַנָּשֶׁה – מְחַטֵּט אַחֲרָיו בְּכׇל מָקוֹם שֶׁהוּא, וְחוֹתֵךְ שַׁמְנוֹ מֵעִיקָּרוֹ, דִּבְרֵי ר"מ. רַבִּי יְהוּדָה אוֹמֵר: גּוֹמְמוֹ עִם הַשּׁוּפִי! לְעוֹלָם חֶלְבּוֹ דְּגִיד, וּמוֹדֶה שְׁמוּאֵל דְּלר"מ – מִדְּרַבָּנַן אָסוּר. דְּתַנְיָא: *וְשַׁמְנוֹ מוּתָּר, וְיִשְׂרָאֵל קְדוֹשִׁים נָהֲגוּ בּוֹ אִיסּוּר. מַאי לָאו, ר"מ הִיא דְּאָמַר מוּתָּר מִן הַתּוֹרָה – וְאָסוּר מִדְּרַבָּנַן. מִמַּאי? דִּילְמָא רַבִּי יְהוּדָה הִיא, אֲבָל לְרַבִּי מֵאִיר מִדְּאוֹרַיְיתָא נָמֵי אָסִיר! לָא ס"ד, דְּתַנְיָא: בגִּיד הַנָּשֶׁה – מְחַטֵּט אַחֲרָיו בְּכׇל מָקוֹם שֶׁהוּא, וְשַׁמְנוֹ מוּתָּר. מַאן שָׁמְעַתְּ לֵיהּ דְּאִית לֵיהּ חֲטִיטָה? ר"מ, וְקָאָמַר: שַׁמְנוֹ מוּתָּר. אָמַר רַב יִצְחָק בַּר שְׁמוּאֵל בַּר מָרְתָא, אָמַר רַב: לֹא אָסְרָה תּוֹרָה אֶלָּא קְנוֹקְנוֹת שֶׁבּוֹ. עוּלָּא אָמַר: גִּיד עֵץ הוּא, וְהַתּוֹרָה חִיְּיבָה עָלָיו. אָמַר אַבָּיֵי: כְּוָותֵיהּ דְּעוּלָּא מִסְתַּבְּרָא, דְּאָמַר רַב שֵׁשֶׁת, אָמַר רַב אַסִּי: חוּטִין שֶׁבַּחֵלֶב אֲסוּרִין, וְאֵין חַיָּיבִין עֲלֵיהֶן, אַלְמָא – "חֵלֶב" אָמַר רַחֲמָנָא, וְלָא חוּטִין. הָכָא נָמֵי – "גִּיד" אָמַר רַחֲמָנָא, וְלָא קְנוֹקְנוֹת. גּוּפָא, אָמַר רַב שֵׁשֶׁת, אָמַר רַב אַסִּי: דחוּטִין שֶׁבַּחֵלֶב – אֲסוּרִין, וְאֵין חַיָּיבִין עֲלֵיהֶן. השֶׁבַּכּוּלְיָא – אֲסוּרִין וְאֵין חַיָּיבִין עֲלֵיהֶן. לוֹבֶן כּוּלְיָא – רַבִּי וְרַבִּי חִיָּיא, חַד אָסַר וְחַד שָׁרֵי. *רַבָּה מְמָרְטֵט לֵיהּ, °ר' יוֹחָנָן מְמָרְטֵט לֵיהּ, רַבִּי אַסִּי גָּאֵים לֵיהּ. אָמַר אַבָּיֵי: וכְּוָותֵיהּ דְּרַבִּי אַסִּי מִסְתַּבְּרָא, דְּאָמַר רַבִּי אַבָּא, אָמַר רַב יְהוּדָה, אָמַר שְׁמוּאֵל: חֵלֶב

רש"י

שֶׁאֵין כּוֹתְבִין כְּתוּבָּה לִזְכָרִים. דְּאַע"פ שֶׁחֲשׁוּדִין לְמִשְׁכַּב זָכוּר וּמְיַיחֲדִין לָהֶם זָכָר לְתַשְׁמִישָׁן, אֵין נוֹהֲגִין קַלּוּת רֹאשׁ בְּמִנְוָה זוֹ כׇּל כָּךְ שֶׁיִּכְתְּבוּ לָהֶם כְּתוּבָּה. בְּשַׂר הַמֵּת. שֶׁל אָדָם. בְּמַקּוּלִין. בְּאִיטְלִיז, שֶׁאֵין אוֹכְלִין אוֹתוֹ בְּפַרְהֶסְיָא כׇּל כָּךְ. וַאֲנִי שָׁמַעְתִּי: "בְּשַׂר הַמֵּת" – בְּשַׂר בְּהֵמָה שֶׁמֵּתָה מֵעַצְמָהּ. דְּאִית לֵיהּ. כַּף בָּשָׂר סְבִיבוֹת הַקּוּלִית הָעֶלְיוֹנָה. וְלָא עָגֵיל. הַבָּשָׂר סְבִיבוֹת הָעֶצֶם, וְאֵינוֹ דּוֹמֶה לְכַף. כׇּל בָּשָׂר גָּבוֹהַּ וְעָגוֹל קָרֵי "כַּף", כִּדְאָמְרִינַן בְּנִדָּה (דף מז.): עַד שֶׁתִּתְמַעֵךְ הַכַּף, גַּבֵּי סִימָנֵי בַּגְרוּת. אָמַר שְׁמוּאֵל וְחֶלְבּוֹ מוּתָּר. דְּקָתָנֵי מַתְנִי', דִּבְרֵי הַכֹּל הִיא. נוֹהֵג בַּשָּׁלִיל. וְחֶלְבּוֹ שֶׁל שָׁלִיל אָסוּר. בְּבֶן תִּשְׁעָה חַי. שֶׁחַי וְעָמַד לְפָנֵינוּ מִשֶּׁנִּשְׁחֲטָה וְנִקְרְעָה אִמּוֹ. לְשִׁיטָתוֹ. דְּאָמַר בְּפֶרֶק "בְּהֵמָה הַמַּקְשָׁה" (לעיל דף עד.): טָעוּן שְׁחִיטָה. וְכֵיוָן דְּלָא מִשְׁתְּרֵי בִּשְׁחִיטַת אִמּוֹ – לָאו שָׁלִיל הוּא, דְּלִיקְרֵי בֵּיהּ "כׇּל בַּבְּהֵמָה תֹּאכֵלוּ" (ויקרא יא), [וַאֲפִי' חֶלְבּוֹ וְגִידוֹ]. אֶלָּא חֶלְבּוֹ דְּגִיד שֶׁל כׇּל בְּהֵמָה קָאָמַר מַתְנִי', וּמוֹקֵי לֵיהּ שְׁמוּאֵל כְּדִבְרֵי הַכֹּל. מֵעִיקָּרוֹ. מִכׇּל מָקוֹם שֶׁהוּא נִבְלָע וְנִשְׁרָשׁ בַּבָּשָׂר. גּוֹמְמוֹ עִם הַשּׁוּפִי. הַחֵלֶב הַגָּבוֹהַּ וְנִרְאֶה עַל הַשּׁוּפִי, גּוֹמְמוֹ וּמַשְׁלִיכוֹ מִפְּנֵי מַרְאִית הָעַיִן, שֶׁלֹּא יֵרָאֶה כְּאוֹכֵל גִּיד. אֲבָל עִיקָּרוֹ וְשָׁרְשׁוֹ שֶׁל שׁוּמָּן וְשֶׁל גִּיד – מוּתָּרִין. עִם הַשּׁוּפִי. כְּשָׁוֶה לַשּׁוּפִי יַחְתְּכֶנּוּ. לְעוֹלָם חֶלְבּוֹ דְּגִיד. קָאָמַר שְׁמוּאֵל: דִּבְרֵי הַכֹּל מוּתָּר. וּמוֹדֶה שְׁמוּאֵל. דְּאַע"ג דְּמִן הַתּוֹרָה מוּתָּר, קָאָסַר לֵיהּ ר' מֵאִיר מִדְּרַבָּנַן. מַאי לָאו רַבִּי מֵאִיר הִיא. מִדְּקָתָנֵי "נָהֲגוּ בּוֹ אִיסּוּר". דְּאִילּוּ לְרַבִּי יְהוּדָה – אֲפִי' מִנְהָגָא לֵיכָּא, וְקָאָמַר ר"מ דְּמוּתָּר מִדְּאוֹרַיְיתָא, כִּשְׁמוּאֵל. חֲטִיטָה. לְר' מֵאִיר הוּא דִּשְׁמָעִינַן לֵיהּ לְעֵיל. קְנוֹקְנוֹת. גִּידִין דַּקִּין הַהוֹלְכִין בְּאוֹרֶךְ הַיָּרֵךְ מִתַּחַת הַבָּשָׂר, מִגִּיד הַחִיצוֹן לַגִּיד הַפְּנִימִי. וְהֵן הֵן הָאֲסוּרִין, לְפִי שֶׁהֵן רַכִּין וְנוֹתְנִין טַעַם. אֲבָל גִּיד עַצְמוֹ, שֶׁהוּא בְּרֹאשׁ הַשּׁוּפִי, קָשֶׁה הוּא, וְעֵץ בְּעָלְמָא הוּא. עוּלָּא אָמַר. אַע"פ שֶׁעֵץ הוּא, הַתּוֹרָה חִיְּיבָה עָלָיו. חוּטִים שֶׁבַּחֵלֶב. כְּגוֹן חוּטֵי הַכְּסָלִים, וְגַם בַּחֵלֶב שֶׁעַל הַקֶּרֶב יֵשׁ חוּטִים דַּקִּין. אֲסוּרִין. מִדְּרַבָּנַן. וְאֵין חַיָּיבִין עֲלֵיהֶם. כָּרֵת. לוֹבֶן כּוּלְיָא. שֶׁבְּתוֹךְ הֶחָרִיץ, וּמִתְפַּשֵּׁט וְהוֹלֵךְ בְּתוֹךְ הַכּוּלְיָא. מְמָרְטֵט לֵיהּ. מְשָׁרֵשׁ אַחֲרָיו. גָּאֵים לֵיהּ. הַחִפּוּי, אֲבָל בְּכוּלְיָא אָכַל. חֵלֶב

תוספות

אילימא חלבו דשליל. וא"ת: ומאי שנא דגיד דשליל פליגי, ובחלבו דשליל מודו? וי"ל: משום דלא מקרי חלב, כיון דלאינו בעמוד והקרב, כדאמר בפ' "בהמה המקשה" (לעיל דף עה.): מה חלב ושתי הכליות האמורים בחטאת מוצא מכלל שליל. ואמר רבי אלעזר אמר רבי אושעיא כו'. הוצרך לאתויי דרבי אלעזר – דאי לאו דרבי אלעזר, הוה אמינא: "חלבו" דקתני בברייתא, היינו חלבו דגיד דעלמא, ולא חלבו דשליל. לכך מייתי דר' אלעזר, ד"הלכו לשיטתם" משמע דאכולה מילתא קאמר, בגיד ובחלב. דבתרווייהו דפליגי בהו, הלכו לשיטתם. ועוד: דאי אגיד לחודיה קאי אמתני', הוה ליה לרבי אלעזר למימר מילתיה. אע"ג דלא הוזכר במתניתין רבי מאיר, מכל מקום שמעינן ר"מ מר' יהודה. אלא להכי אמרה אברייתא – דאכל מילתא דפליגי קאי, דבחלב נמי הלכו לשיטתם. גוממו עם השופי. פי' הקונט': חלב הגבוה וגיד הנראה על השופי, גוממו ומשליכו מפני מראית העין, שלא יראה כאוכל גיד. אבל עיקרו ושרשיו של שומן ושל גיד – מותרין. ולפי זה לא פליגי בחלבו, דבין לרבי מאיר ולר' יהודה: כל מקום שהגיד אסור, חלבו נמי אסור. וכל שכן דפריך טפי שפיר לשמואל דאמר: חלבו מותר לדברי הכל. דהכא אפילו רבי יהודה דמיקל, קאסר חלבו. אבל הלשון קשה: דקאמר "אלא חלבו דגיד, והא מיפלג פליגי!" – משמע דלרבי יהודה, אפילו במקום שהגיד אסור, חלבו שרי, כמו שאמר שמואל, אלא דרבי מאיר פליג. ולכך נראה ד"גוממו" – אגיד לחודיה קאי, ולא אחלבו. [ולמאי] דבעי לאוקומי ברייתא ד"נהגו בו איסור" כר' יהודה, מה שלא א"ר יהודה גוממו אלא אגיד – משום דחלבו תלוי במנהגא, "היכא דאתמור, אתמור", כדאמר (נדה דף סו.) גבי חומרא דרבי זירא ד"שבעה נקיים". [אי] נמי נאמר: ד"גוממו" דרבי יהודה נמי קאי אחלב, למאי דבעי למימר דהך ברייתא כרבי יהודה. אבל לר"מ סלקא דעתך דאסור מדאורייתא, מדמחמיר לחטטו ולשרש אחריו, דקאמר "חותך שמנו מעיקרו". ולבסוף מסיק: ברייתא כר"מ, ומ"מ לא אסיר מדאורייתא לר"מ, אלא דישראל קדושים הם. אבל לרבי יהודה שרי לגמרי. והא דתנן: נאמנים עליו ועל החלב – היינו בסתם חלב, ולא בחלבו של גיד. דכיון דלרבי יהודה שרי לגמרי, לא שייך ביה נאמנות. ולקמן (דף צג:) אפרש בע"ה. עולא אמר עץ הוא והתורה כו'. פלוגתא דיש בגידים בנ"ט ופלוגתא דר"מ ורבי יהודה דפליגי בחטיטה, לא הוי כפלוגתא דרב ועולא. אלא קסבר רב דהא דפליגי תנאי דיש בגידין בנותן טעם – בקנוקנות הוא דפליגי, אבל גיד – לכ"ע עץ הוא. ורב ודאי סבר כמאן דאמר דיש בהן בנ"ט. דלמ"ד אין בגידין בנ"ט, מה לי גיד ומה לי קנוקנות? וכן פלוגתא דר"מ ורבי יהודה דפליגי בחטיטה, וההוא תנא* דפליג ארבי יהודה ואית ליה דלא אסרה תורה אלא שעל הכף בלבד – כל זה יעמיד רב בקנוקנות. ועולא סבר: דכל הנך – פלוגתא בגיד עצמו, ולא בקנוקנות. דקנוקנות שרו לכולי עלמא, ד"גיד" אמר רחמנא, ולא קנוקנות. ועולא ודאי סבר כמ"ד אין בגידין בנ"ט, מדקאמר "עץ הוא". כוותיה דעולא מסתברא. בשאלתות דרב אחאי בפרשת וישלח:* דאע"ג דקאמר "מסתברא כעולא", אסרינן קנוקנות מדרבנן. משמע: דלעולא אפילו מדרבנן שרי. אמר אביי כוותיה דרבי אסי מסתברא. משמע דהכי הלכתא: דלובן כוליא שרי, ואין צריך לגמוס אלא מה שחוץ לכוליא. ובקונטרס נמי כתיב דהמיקל לא הפסיד. ובשאלתות נמי בפרשת וישלח* הביאו דברי המתיר, ולא דברי האוסר. וגרס "רבה מחטט ליה", ולא גרסינן רבא – דא"כ היה הלכה כרבא לגבי אביי, ובכל הספרים כתיב "רבה". ומיהו כתב בקונטרס דלובן כוליא הלך אחר המחמיר לשרש אחריו, כיון דלא אתמר הלכתא כאביי. והמחמיר – יחמיר, והמונע – לא הפסיד. ובחלב שהבשר חופה אותו, משמע מתוך פירוש הקונטרס: שפשוט לו שהוא מותר. אף על גב שבלובן כוליא לא פסק בהדיא שיהא מותר – ושמא סובר: דכולהו אית להו דשמואל, דאמר: חלב שהבשר חופה אותו – מותר. וצריך ליתן טעם: דמ"ש זה מזה? דאי דרשינן "שעל הכסלים" אמר רחמנא, ולא "שבתוך הכסלים" – הכא נמי אמר רחמנא "שעל הכליות", ולא "שבתוך הכליות"! ואף על גב דחוטין שבחלב אסורים מדרבנן – יש לגזור בהו טפי בחוטי חלב אטו חלב, מבלובן כוליא. ויש לסתור מכאן דברי ר"א ממיי"ץ שהיה אומר דשומן שעל יותרת הכבד אסור אף לאחר שיטול הקרום מעליו, מדתניא בתורת כהנים: "כי כל אוכל חלב מן הבהמה אשר יקריבו ממנה" וגו' – אין לי אלא חלב תמימים, שהם כשרים ליקרב. חלב בעלי מומין מנין? תלמוד לומר "מן הבהמה". חלב חולין מנין? תלמוד לומר "כי כל אוכל חלב". אם כן למה נאמר "אשר יקריבו ממנה"? לומר

לעיל סט: עד. [תוספתא פ"ז]

גם זה שם

לעיל נח. פסחים פג:

[עי' תוס' ד"ה אמר אביי וכו' וכך גורס הרא"ש אמנם הר"ן גורס רבא ודע שכן גי' הערוך ערך מרט]

לקמן נו:

[סימן כד]

[שם]

גליון הש"ס

גמ' ר' יוחנן ממרטט ליה. ע"ל נז ע"א תוס' ד"ה כוליא:

הגהות מהר"ב רנשבורג

א] רש"י ד"ה לשיטתו וכו' וגידו. כאן הס"ד ואח"כ מה"ד אלא:

רבינו גרשום

שאין כותבין כתובה לזכרים. כלומר כשעושין משכב זכור אין כותבין להן כתובה: ואחד שאין שוקלין בשר המת במקולין. כלומר במשקל כלומר דמוכרין בשר המת בצנעא אבל לא בפרהסיא בשוק: מפני שאין לו כף. כלומר שאין ירך שלו עגול ככף בהמה: והלך ר' מאיר לשיטתו. כלומר ר"מ דסבירא ליה דחלבו אסור הלך לשיטתו דהוא אמר טעון שחיטה בבהמה מעלייתא: ר' יהודה אומר גוממו עם השופי. כלומר אין צריך לחטט אחריו אלא חותכו עם השופי למעלה: לעולם חלבו דגיד. כלומר דמותר ואע"ג דאמר שמואל לדברי הכל דמותר מודי שמואל דלר' מאיר אסור מדרבנן ובאורייתא מותר: מאי לאו ר"מ היא. כלומר מה דאמר' שמנו מותר וישראל קדושים נהגו בו איסור ר"מ היא: לא אסרה תורה אלא קנוקנות שבו. כלומר גידין דקין שמתפרשין מן הגיד אילך ואילך שהן בני אכילה אבל הגיד עצמו שהוא חשוב כעץ לא חייבה התורה: אלמא חלב אמר רחמנא ולא חוטין. כלומר דחלב לחוד וחוטין לחוד ה"נ גיד לחוד וקנוקנות לחוד ומה דכתב רחמנא לא יאכלו בני ישראל וגו' אמר רחמנא דאפי' אוכל הגיד החשוב כעץ חייב וכ"ש קנוקנות: ממרטט ליה. כלומר מחטט אחריו ומוציאו יפה: רב אסי גאים ליה. כלומר חותכו מלמעלה ואין מחטט אחריו. בהמה

אחלב שהבשר חופה אותו – מותר, אלמא – "שעל הכסלים" אמר רחמנא, ולא שבתוך הכסלים. הכא נמי – "שעל הכליות" אמר רחמנא, ולא שבתוך הכליות. גופא, אמר רבי אבא, אמר רב יהודה, אמר שמואל: חלב שהבשר חופה אותו – מותר. איני, והאמר רבי אבא, אמר רב יהודה, אמר שמואל: בהאי תרבא דתותי מתני – אסיר! אמר אביי: בהמה בחייה פרוקי מיפרקא. (א) אמר ר' יוחנן: אנא לאו טבחא אנא, ולאו בר טבחא אנא, ונהירנא דהכי הוו אמרי בי מדרשא: בהמה בחייה פרוקי מיפרקא. אמר רבי אבא, אמר רב יהודה, אמר שמואל: גחלב שעל המסס ובית הכוסות – אסורין וענוש כרת, וזהו "חלב שעל הקרב". *אמר ר' אבא, אמר רב יהודה, אמר שמואל: דהאי תרבא דקליבוסתא – אסור, וענוש כרת, וזהו "חלב שעל הכסלים". ואמר רבי אבא, אמר רב יהודה, אמר שמואל: החוטין שביד אסורין. אמר רב ספרא: *משה! מי אמר רחמנא לא תיכול בישרא?! אמר רבא: משה! מי אמר רחמנא אכול דמא?! חתכיה ומלחיה – אפילו לקדירה נמי שפיר דמי. אמר רב יהודה, אמר שמואל: וריש מעיא באמתא בעי גרירה, וזהו "חלב שעל הדקין". ואמר רב יהודה: זחוטין שבעוקץ – אסורין. חמשה חוטי אית ביה בכפלא, תלתא מימינא ותרתי משמאלא, תלתא מפצלי לתרי תרי, תרי מפצלי לתלתא תלתא. נפקא מינה, דאי שליף להו עד דחמימי – משתלפי, ואי לא – בעי חטוטי בתרייהו. אמר אביי ואיתימא רב יהודה: חמשה חוטי הוו. תלתא משום תרבא, ותרין משום דמא. דטחלי ודכפלי ודכוליתא – משום תרבא, דידא ודלועא – משום דמא. למאי נפקא מינה? הני דמשום דמא – אי מחתיך להו ומלח להו שפיר דמי, הנך – לית להו תקנתא. אמר רב כהנא ואיתימא רב יהודה: חמשה קרמי הוו. תלתא משום תרבא, ותרי משום דמא, דטחלי דכפלי ודכוליתא – משום תרבא, דביעי ודמוקרא – משום דמא. רב יהודה בר אושעיא הוה קא קליף ליה טחלא ללוי בריה דרב הונא בר חייא, הוה קא גאים ליה מעילאי. א"ל: *חות ביה טפי! אתא אבוה אשכחיה, אמר ליה: הכי אמר אבוה דאמך משום דרב, ומנו – רב ירמיה בר אבא: חלא אסרה תורה אלא שעל הדד בלבד. איני, והאמר רב המנונא, תנא: קרום שעל הטחול – אסור, ואין חייבים עליו. היכי דמי? אילימא שעל הדד – אמאי אין חייבין עליו? טאלא דכוליה! אמר ליה: *אי תניא, תניא. גופא, אמר רב המנונא, תנא: קרום שעל הטחול – אסור, ואין חייבין עליו. קרום שעל גבי כוליא – אסור, ואין חייבין עליו. והתניא: חייבין עליו! טחול אטחול לא קשיא, הא – כנגד הדד, הא – שלא כנגד הדד. כוליא אכוליא נמי לא קשיא, יהא – בעילאה, הא – בתתאה. ביעי *חשילתא. רב אמי ורב אסי, חד אסר וחד שרי. מאן דאסר: מדלא

רש"י

חלב שהבשר חופה אותו. חלב שעל הכסלים, שתחת הכליות, ונראה בגובה הכסלים. ואח"כ נבלע תחת הבשר מלוס דק, ומתפשט תחת אותו בשר בכל הכסלים. ומשהבשר חופהו – מותר. וכשכלה למטה אותו בשר, יוצא ממנו קרום עב ולבן, לבד קרום דק וקלוש המתפשט בכל הכסלים – שאסור משום חלב, כדלקמן. ותחת אותו קרום עב יש חלב. ויש שנוהגים איסור באותו חלב, לפי שאותו קרום אינו חשוב חפוי בשר, שדק הוא, אבל בארץ אשכנז נוהגין בו היתר. וגם בעיני נראה דחפוי גמור הוא. וגלוגן כוליה – הלך אחר המתיר, לשרש אחריו, כיון דלא איתוקם הלכתא כרבי אסי. והמחמיר יחמיר, והמוגע לא הפסיד. האי תרבא דתותי מתני. זה עליונו וגובהו של אותו חלב שפירשתי, קודם שיכסהו הבשר. ואותו גובה עצמו מכוסה במתנים, שקורין לונביל"ש, שרגבן מרחיב למטה מצלעות קטנות ומכסהו, וכשהטבח מפרישו – נראה אותו חלב. פרוקי מפרקא. כשהיא הולכת, איבריה נעים, והמתנים פעמים שהן נמשכים כלפי מעלה, והכסלים נמשכין כלפי מטה, ואין החלב נכסה בהן. המסס ובית הכוסות. בסוף הקרב, ולא זה הוא עיקר חלב המכסה את הקרב, שקורין טייל"א, שהוא תותב קרום וקלף. אבל אותו חלב המכסה את הקרב, דבוק לחלב שעל המסס ובית הכוסות. תרבא דקליבוסתא. עלם קטן הוא, ומונח על עלם שקורין הנכ"א, ומחובר לחוליא האליה מלמעלה, ועליו יש חלב תחת ראש המתן, שקורין לונב"ל. חוטין שביד. שאנו נוטלין מן הכתף. משה. *תלמיד חכם. ריש מעיא. כשהדקין יוצאין מן הקבה, צריך לגרר חלב שעליהן אורך אמה. וזהו חלב שעל הדקין. שנחלקו בו רבי ישמעאל ורבי עקיבא בפ' "אלו טרפות" (לעיל דף מט:). שבעוקץ. היינו ה' חוטי דכפלי, פלונקש"א. עוקץ. הנכ"א. בעי לחטוטי בתרייהו. עד שימלא במספר הזה, ולאשן אחד מחובר בשדרה, ורחשי הפצולין נדבקין תחת החזה בראשי הצלעות. ה' חוטי הוו. ה' מקומות, ובהן חוטים של איסור. דטחלא. טחול. דידא. שביד. ודלועא. שבלחי. וחוטים דקין הוא דקחשיב, הלכך לא תנא מזרקי הצואר, שאף הם משום דם. דביעי. ביצים של זכר. דמוקרא. שעל המוח. חות ביה טפי. שלא היה קולפו אלא בגובהו, במקום עוביו, שהוא מחובר שם לכרס ולחלב, ואמר לו "קלוף ורד עד מטה!" על הדד. קרום שעל מקום עוביו. אמאי. והא חלב הקרב הוא! אלא לאו דכוליה. של טחול כוליה. עילאה. חלב ממש שעל הכליות יש עליו קרום דק, והוא חלב גמור. תתאה. קרום. ביעי חשילתא. ביצי זכר המעורים בגופו. חד אסר. משום אבר מן החי, דאע"ג דתלו ביה – כמחותכין דמו. אל

נ"ל ואמר

[שבת קח: וש"נ]

[אבל כמס' ביצה (דף לח.) אמר רב ספרא משה סס פירש"י ביקרא למשה סס מסתכבא]

[לשון גוד אחית]

[שבת קטו: וש"נ]

תוספות

לומר לך: חלב שכמותו כשר ליקרב – אמרתי לך, חלב דפנות שאין ראויה ליקרב – לא אמרתי לך. משמע, שהייתי אוסר חלב הדפנות אי לאו משום דלאו קרב. וא"כ, חלב היותרת שהוא קרב עם היותרת – אסור. ולפי זה היה לן לאסור לובן כוליא, שהוא קרב עם הכוליא, והכא שרינן ליה! ומיהו איכא למימר: שאני לובן כוליא, שממעט ליה קרא "שעל הכליות" – ולא שבתוך הכליות. ומ"מ קשה: דלפ"ז ליאסר שומן האליה שקרב עם האליה, ואף על גב דאמר בפרק "כל הבשר" (לקמן דף קיז.) דחלב האליה מיקרי, חלב סתמא לא מיקרי, א) מ"מ ליאסר מטעם שקרבו! לכך נראה לי: דדוקא חלב דפנות שדומה לשאר חלב, ושמא אף תותב קרום ונקלף הוא – הוה מיתסר אי הוה קרב. אבל חלב יותרת ולובן כוליא ושומן האליה, שאין דומין כלל לחלב – לא מיתסרי, דאין קרבין בתורת חלב אלא אגב יותרת וכוליא ואליה.

משה מי אמר רחמנא לא תאכל בישרא. דס"ד: דאסר להו אפילו חתכו, ומשום חלב. **חתכיה** ומלחיה אפילו לקדרה שפיר דמי. מכלל דעד השתא משמע דלא הוה איירי לקדרה אלא לצלי, ואפילו הכי קאמר דאסור, לפי שלא חתכה. והא דקאמר לקמן גבי בשרא דאסמיק: שפדיה בשפודא – מידב דאיב דמא, וכן ביעי, וכן מיזרקי. ופירש בקונטרס: בלא חתכיה ומלחיה – לא בעי למימר שלא עשה לא חתיכה ולא מליחה, דהא חתיכה בעי אף לצלי, כדמשמע הכא. אלא ר"ל: שלא עשה שתיהם אלא חתיכה לבדה. ובקונטרס נקט לשון הגמ', דקאמר: חתכיה ומלחיה, ולצלי אין צריך חתכיה ומלחיה. ודוחק לחלק: דהתם איירי במיזרקי בפני עצמן כשהוא חוץ לצואר, לכך לא בעי חתיכה לצלי, שדרך מקום חתך שלהם יצא הדם. אבל הכא איירי שהחוטין שלימין בתוך היד, לכך *(לא) בעי חתיכה לצלי. ואם היינו אומרים כן, היה קשה לפירוש ר"ת דפירש שכמו שנהגו העולם לבשל כבד בקדרה אחר צליה, כן מותר לבשלו בקדרה אחר מליחה כששהה שיעור מליחה, משום דמליח הרי הוא כרותח. והיינו, כרותח דצלי מדנתן ה"ג שיעור לשהיית מליחה כשיעור צלייה. והשתא לא יתכן, דאם לא היה צריך כאן חתיכה לצלי, אם כן לא היה ראיה מצלי למליחה. דהא צלי מפלט טפי ממליחה, דלצלי לא בעי חתיכה, ויהא מותר לבשלו בקדרה, ועם המליחה בעיא חתיכה לקדרה.

חמשה חוטי איתא בכפלי. פירש בקונטרס: שמחוברים בראשי צלעות שתחת החזה. וצריך ליזהר אותם הקונים חלק של פנים לחטט אחריהם עד החזה. **בעי** לחטוטי בתרייהו. חטיטה לא הוי אלא מדרבנן. חדא, דהא "חלב" אמר רחמנא, ולא חוטין. ועוד: "שעל הכסלים" – ולא תוך הכסלים, ומ"מ צריך לחטט אחריהם מדרבנן. ולא דמי לבשר החופה את החלב דשרי, דהכא בהמה בחייה פרוקי מיפרקא, ונמשכין החוטין בהליכתה, ומתגלים. אי נמי: כיון דבלאו הכי רובן גלוים, אף מה שבתוך הבשר אסור מדרבנן.

מדלא

עין משפט נר מצוה

כב א מיי' פ"ז מהל' מאכלות אסורות הל' ז [טוש"ע יו"ד סי' סד סעיף ד]:
כג ב מיי' שם הל' ח טוש"ע שם סעיף ז:
כד ג מיי' שם הל' ו טוש"ע שם סעיף ח:
כה ד מיי' שם הל' ז טוש"ע שם סעיף ו:
כו ה מיי' שם הל' יג סמג שם טוש"ע יו"ד סי' סה סעיף א:
כז ו מיי' שם הל' ט סמג שם טוש"ע יו"ד סי' סה סעיף טו:
כח ז מיי' שם הל' יא טוש"ע שם סעיף יג:
כט ח ט מיי' שם הל' יא טוש"ע שם סעיף ו:
ל י מיי' שם הלכה יב טוש"ע שם סעיף יב:

הגהות הב"ח

(א) גמ' מיפרקא דאמר ר' יוחנן אנא:

גליון הש"ס

רש"י ד"ה והנה וכו' באלו טרפות. ועי' ברש"י ד"ה אף כל וכ"ע:

[טעות הדפוס]

הגהות מהר"ב רנשבורג

א] תוס' ד"ה (בדף לב ע"ב) אמר אביי וכו' מ"מ ליאסר מטעם שקרבו. נ"ב עי' בה"ג בהלכות חלב דף קל"ב דמייתב זה ודבריו הם ע"פ הסוגיא דכריתות דף ד' ע"א ותימה על התוס' שלא הביאו דבריו או הסוגיא דכריתות וע"ע דגם לקמן דף קיז ע"א איתא. שוב ראיתי למעדני יו"ט וכבה"ג עמדו בזה ועי' ספר שונה הלכות סוף הלכות חלב דף נ' ע"ד ד"ה עוד הקשו וכו' האריך בזה:

[ועי' בערוך ערך חשל ב' ובפירש"י ברכות לח. ד"ה א"ל רבא וכו' ובפי' הטור והמחבר סוף סי' סב]

רבינו גרשום

בהמה בחייה פרוקי מיפרקא. כלומר כשהיא הולכת נמשכין מתניה אילך ואילך ולא חשיב תרבא תחת הבשר שאין עומדין המתנים במקומן: ונהירנא. כלומר וזכור אנא: דקליבוסתא הניש: חוטין שביד אסורין. כלומר גידין שבזרוע: משה מי קאמר רחמנא לא תיכול בשרא. כלומר בלשון כבוד כלומר אדם חשוב: ריש מעיא באמתא בעי גרידא. ואיזהו ריש מעיא מן המצר ולמטה כשמתחיל בני מעים מן הכרס באורך אמה חשוב ככרס עצמו ובעינן שיגרדנו מן החלב למעלה: חוטין שבעוקץ. כלומר שבאליה אלו החוטין שבכפלי: הנך לית ליה תקנתא דמשום תרבא אינון: דביעי ודמוקרא. כלומר מביצים של בהמה שקרמא למעלה מן הביצים. ודמוקרא חיתא דמתנח ביה מוחא דהוא אסור משום דמא: אלא שעל הדד בלבד חוט גדול של חלב שמעורה בטחול אלא לאו דכוליה אסור [ואינו] חייב עליו: ביעי חשילתא. כלומר ביצים המעוכים כמו מעוך וכתות. בבהמה שחשוב כמי שנטולין מן הבהמה וחשוב כאבר מן החי: ואידך

לא א מיי' פ"ה מהלכות מאכלות אסורות הל' ז סמג לאוין קלו טוש"ע י"ד סי' סב סעיף ד:
לב ב מיי' פ"ז שם הל' יד סמג שם טוש"ע י"ד סי' סה סעיף ד:
לג ג מיי' פ"ו שם הל' יג סמג שם טוש"ע י"ד סי' סז סעיף ד:
לד ד מיי' שם טוש"ע שם וסי' סה סעיף ח:
לה ה מיי' שם טוש"ע שם סי' סה סעיף ד:
לו ו מיי' שם הל' יד סמג שם טוש"ע י"ד סי' סח סעיף ח:
לז ז מיי' שם טוש"ע שם סעיף ב:
לח ח מיי' פ"ז שם הל' כא סמג לאוין קלט טוש"ע י"ד סי' סד סעיף כא:
לט ט מיי' פ"ח שם הל' יד ועי' במ"מ ובכ"מ ובל"מ סמג שם טוש"ע י"ד סי' סה סעיף יא:

מדלא קא בריין – הני אבר מן החי נינהו. מאן דשרי: מדלא קא מסרחן – הני חיותא אית בהו. ואידך, האי דלא קא מסרחן – דלא קא שליט בהו אוירא. ואידך, האי דלא בריין – כחישותא הוא דנקט להו. א"ל רבי יוחנן לרב שמן בר אבא: אהני ביעי חשילתא – שריין, ואת לא תיכול משום °"ואל תטוש תורת אמך". אמר מר בר רב אשי: בהני ביעי דגדיא, עד תלתין יומין – שריין בלא קליפה. מכאן ואילך, אי אזרען – אסורין, ואי לא אזרען – שריין. מנא ידעינן? אי אית בהו שורייקי סומקי – אסירן, לית בהו שורייקי סומקי – שריין. *אומצי ביעי ומזרקי, פליגי בה רב אחא ורבינא. בכל התורה כולה רבינא לקולא ורב אחא לחומרא, °והלכתא כרבינא לקולא, לבר מהני תלת דרב אחא לקולא ורבינא לחומרא, והלכתא כרב אחא לקולא. *גאומצא דאסמיק, חתכה ומלחה – אפילו לקדרה נמי שפיר דמי. תלייה נמי בשפודא – דאיב דמא. אגומרי – פליגי בה רב אחא ורבינא, חד אמר: דמשאב שאיבי ליה, וחד אמר: מצמת צמתי ליה. וכן הביעי, וכן מזרקי. ורישא בכיבשא, אותביה אבית השחיטה – דייב דמא ושרי, אצדדין – מיקפא קפי ואסור. ואותביה אנחיריה, דיין ביה מידי – שרי, ואי לא – אסיר. איכא דאמרי: אנחיריה ואבית השחיטה – דאיב. אצדדין, אי דיין ביה מידי – שרי, ואי לא – אסיר. (א) *אמר רב יהודה, אמר שמואל: שני גידין הן, הפנימי סמוך לעצם – אסור, וחייבין עליו. חיצון סמוך לבשר – אסור, ואין חייבין עליו. והתניא: פנימי סמוך לבשר! אמר רב אחא, אמר רב כהנא: איקלודי מיקליד. והא תניא: חיצון הסמוך לעצם! אמר רב יהודה: היכא דפרעי טבחי. איתמר, טבח שנמצא חלב אחריו. רב יהודה אמר: בכשעורה, רבי יוחנן אמר: בכזית. אמר רב פפא: ולא פליגי, כאן – להלקותו, כאן – לעברו. *אמר מר זוטרא: כשעורה – במקום אחד, כזית – אפילו בב' ובג' מקומות. והלכתא: חלהלקותו – בכזית, לעברו – בכשעורה.§ "אין הטבחין נאמנין" [וכו'].§ א"ר חייא בר אבא, א"ר יוחנן: חזרו לומר נאמנין. אמר רב נחמן: *אכשור דרי? מעיקרא דהוו סברי לה כרבי מאיר – לא הוו מהימני, ולבסוף סברי כרבי יהודה. איכא דמתני לה אסיפא: "וחכמים אומרים: נאמנין עליו ועל החלב", אמר ר' חייא בר אבא, אמר רבי יוחנן: חזרו לומר אין נאמנין. אמר רב נחמן: בזמן הזה – נאמנין. אכשור דרי? מעיקרא סברוה כרבי יהודה, הדר סברוה כרבי מאיר, כמה דהוו דכירי לה לדרבי יהודה – לא מהימני, והשתא דאנשיוה לדרבי יהודה – מהימני.§ "ועל החלב".§ חלב מאן דכר שמיה? הכי קאמר: אין נאמנין עליו ועל החלב, וחכמים אומרים: נאמנין עליו ועל החלב.§

מתני' *טשולח אדם ירך לגוי שגיד הנשה בתוכה, מפני שמקומו ניכר.§

גמ' שלמה – אין, חתוכה – לא. במאי עסקינן? אילימא במקום שאין מכריזין – חתוכה

רש"י

אל תטוש תורת אמך. מנהג מקומך, שאתה מבבל, ושם נוהגין בו איסורא, דהא איפליגו בה רב אמי ורב אסי. הני ביעי דגדיא עד תלתין יומין. משנולד. שריין. בלא קליפת הקרום, דאכתי לא נפיש דמייהו ליבלע באיבריו. גדיא, לאו דווקא. אזרען. יש בהן זרע – אסורין, דבידוע שיש דם. אומצא ביעי ומזרקי. לקמיה מפרש פלוגתייהו. בכל התורה כולה. רב אחא ורבינא, חד אמר הכי וחד אמר הכי, בכולהו: ההוא דמיקל – רבינא, וההוא דלחומרא – רב אחא. דאסמיק. סנקוטרא"ו. חתכה. חתיכות הרבה. תלייה בשפודא. בתוך התנור לצלות, בלא חתכה ומלחה, אלא כדי מליחת צלי דבר מועט. דאיב דמא. הואיל ותלוי – שפיר דמי. שייבי. שואבים את הדם. מצמת צמית. איסטריינ"ט, נומתין הבשר ואינו מוציא את דמו, והוא נבלע בתוכו, ואסור. מיזרקי. חוטי הצואר, ורידין. רישא בכיבשא. הראש, כשרוצין להסיר שערו, נותנין עליו מים ומטמינין אותו ברמץ. כבשא. הטמנה. אותביה אבית השחיטה. שבית השחיטה מלמטה. דייב דמא. דרך החתך, ושפיר דמי. אצדדים. על לחייו. מיקפא קפי. דמא בתוכו, ואסור. קפי. כמו (איוב י) "וכגבינה תקפיאני". אותביה אנחיריה. נקבי החוטם למטה. דיין ביה. בנקב החוטם מידי, שלא יסתם. פנימי. גיד הארוך, והוא בצד פנימי של ירך. חיצון. גיד הקצר שבסוף השופי לרחבו, והוא בצד חיצון של ירך. והתניא פנימי. קרי "מובלע בבשר". איקלודי מיקליד. אותו גיד הארוך, חוזר ונכנס בבשר, והתם קרי ליה "סמוך לבשר". איקלודי. לשון מפתח הנכנס בפותחת. והתניא. דחיצון קרי "סמוך לעצם". דמשמע, גלוי הוא, ואינו מובלע בבשר. אמר רב יהודה היכא דפרעי טבחי. הוי גלויה. במקום חתך הירך, כשנחתכת ונפרשת מן האליה, הוי ראש אותו גיד מחובר לבוקא של קוליא. כך שמעתי. טבח שנמצא אחריו חלב. דרך הטבח לנקר הבשר. להלקותו. בכזית. לעברו. בכשעורה. אכשור דרי. דמדקאמר "חזרו לומר" – מכלל דמעיקרא הוה קי"ל כרבי מאיר, דאמר: אין נאמנים, וחזרו לומר נאמנים, וכי אכשור דרי? בתמיה. כרבי מאיר. דבעי חטיטה, ומריחא להו מילתא – לא מהימני, וצריך לבדוק אחריהם. מעיקרא סברי לה כרבי יהודה. ולבסוף אמרו חכמים דנאמנין, ולבסוף סברי דבעי חטיטה, ואמרו: אין נאמנים. וכמה דהוו דכירי לדר' יהודה. ובגרירי בתריה, אמרו: אין נאמנין, משום דסבירא לן כר' מאיר. ובזמן הזה דאנשיוה לדרבי יהודה, והוחזק המנהג כרבי מאיר, אמרו: נאמנין. הכי קאמר. רבי מאיר. אין נאמנים לא עליו ולא על החלב. מפני שטורח הוא להם. וחכמים אומרים: נאמנין עליו ועל החלב. מתני' שולח אדם ירך לגוי כו'. ואין חוששין שמא יחזור וימכרנה לישראל, ויאכלנה בגידה. דכיון דשלימה היא – מקומו של גיד הנשה היה ניכר אם נחטט הימנה. והלוקח מבין שלא ניטל, ונוטלו. ובגמרא פריך: היכי זבני ישראל בשר מגוי? גמ' ירד. שלמה משמע. חתוכה לא. אלא אם כן ניטל גידה. דכיון דחתוכה היא, סבר הלוקח מן הגוי שניטל גידה, ואוכלה בגידה. במקום שאין מכריזין. שכל הטבחים של אותו מקום ישראלים הם. וכשבאה טרפה לידם, אין מכריזין לומר "נפלה טרפה באיטליז למכור לגוי". ובאותו מקום אין לוקחין בשר מן הגוי, דשמא מכרו לו הטבחים טריפה, ואין אנו יודעים אם באת היום טרפה לידם. חתוכה

תוספות

מדלא קא בריין הני אבר מן החי נינהו. מן התורה לא הוי אבר מן החי, כיון שמחוברים הם מעט – הם ניתרין בשחיטה, כאברים המדולדלים. ואין בהם אלא מצות פרוש בלבד, כדאמר בפרק "בהמה המקשה" (לעיל דף עד.). משום אל תטוש. סבר כרב אשי, דאמר בפ"ק (לעיל דף יח:) דהיכא דלדעתיה לחזור – נותנין עליו חומרי מקום שיצא משם. א"נ: ככ"ע, "ואת לא תיכול" – במקומו קאמר. רישא בכיבשא. יש שנותנים תרנגולת במים אחר שחיטה, וטומנין אותה ברמץ, להסיר הנוצה. אע"ג דרישא בכיבשא לא שרי אלא היכא דאותביה אנחיריה – היינו, משום דיש בראש עצמות הרבה ודברים המעכבים את הדם מלצאת. אבל בתרנגולת – האש מישאב שאיב דמא. ובה"ג כתוב: האי מאן דמטוי רישא – צריך לאתנוחי לבית השחיטה מתתאי, כי היכי דניזוב דמא. ואי אישתלי והפכיה – מוקרא הוא דאסור באכילה, ורישא גופה שרי. משמע דלא אסור אלא משום קרוס של מוח, שיש בו דם. ולכך גם המוח אסור, שמתבשל בדם הקרוס. אבל תרנגולת, דליכא למימר הכי – שריא. ונראה דגם חוטין שבלחי אסורין, אם לא חתכן מתחלה, שגם הם אסורין משום דם, כדאמר לקמן (דף קי.). שני גידים הם. כאן פי' *בקונטרס: דקרי ליה "פנימי" – משום דמובלע הרבה, עד סמוך לעצם. ו"חיצון" – משום דסמוך לבשר, ואינו מובלע כל כך. ובריש פירקין פירש בענין אחר. *נאמנין עליו ועל החלב. בנקפס חלב איירי, דחלבו של גיד שרי ר' יהודה לגמרי, ולא שייך למימר ביה נאמנות, כדפירשתי.* ועוד: דאי בחלב דגיד איירי – הוה ליה לאקשויי ממתני' לשמואל דשרי לדברי הכל, והכא אסר לד"ה. ולשנויי: ד"מותר" דקאמר שמואל – מן התורה קאמר, כדמשני לעיל אבריתא. ועוד: דהול"ל "עליו ועל חלבו", אי אחלבו דגיד קאי. אלא בנקפס חלב איירי. ופליגי: דרבי מאיר סבר דאין נאמנין בגיד הנשה – דצריך חטיטה, ואיכא טירחא. ובחלב נמי, אע"ג דליכא טירחא כולי האי כמו בגיד, החמירו עליה שלא להאמינו. כיון דהחמיר איסוריה, ואיכא ביה נמי טירחא, לכך אין נאמנין. ולרבי יהודה נאמנין בגיד – משום דלא בעי אלא גמימה. ובחלב נמי, אע"ג דאיכא ביה טירחא טפי מבגיד לרבי יהודה, מכל מקום לית ביה טירחא כמו בגיד לרבי מאיר. חזרו לומר נאמנין. אגיד קאי, ולא אחלב. חלב מאן דכר שמיה. לעיל (דף פט:) דקאמר רבי יהודה: אינו נוהג בשליל וחלבו מותר, לא פריך הכי – משום ד"חלבו מותר", מילתא באפי נפשיה היא, כדמפרש שמואל (לעיל צב:). אבל הכא, חדא מילתא היא, ד"נאמנין עליו ועל החלב" קאי אתרוייהו, ומשמע דבתרוייהו קאתי לפלוגי עליה דרבי מאיר.

הגהות הב"ח

(א) גמ' ואי לא אסיר ואמר רב יהודה אמר שמואל:

גליון הש"ס

גמ' והלכתא כרבינא לקולא. ולא מן הכלל הזה סוגיא כח ע"ב ע"ש ע"ב ודף לג ע"ב ודף עט ע"ב:

מסורת הש"ס

תורה אור: משלי א ח
פסחים עד.
[פי' שהוכה הבהמה מחיים ונתקבץ שם הדם והאדים הבשר]
לעיל נח. פסחים פג:
עיין רש"ל
[יבמות לט:]
[שייך לעיל במשנה]
לעיל נב:
אין זה פירש"י שלפנינו ועיין רש"ל
פסחים כב.

רבינו גרשום

ואידך האי דלא קא מסרחן. כלומר האי דאסר סבר האי דלא קא מסרחן כו': ואידך האי דלא קא בריין: משום אל תטוש תורת אמך. כלומר צווי חכמים דהא חזינן דמחלוקת חכמים היא דהד אסר: שריין בלא קליפה. משום דמא: אומצא ביעי ומזרקי כו' אומצא דאסמיק. שמכין את הבהמה בחייה ונצרר הדם באותו מקום: מישב שייבי ליה. כלומר הגחלים שואבים הדם ממנו: וכן ביעי. ביצים של בהמה דאית בהו שורייקי סומקי: וכן מזרקי גידים גדולים שבצואר שהן מלאין דם: רישא בכיבשא. כלומר כשרוצין לגרד שער מראש של בהמה טומנין אותו ברמץ שיהא השער רך לגרד וכשטומנין אותו אותביה אבית השחיטה וכו' ואיכא דאמר כשצולין אותו בתנור שלם אותביה אבית השחיטה וכו': מקוה קוו ואסיר. כלומר הדם קווי במקום אחד ואין יוצא חוץ ואסיר: אי דיין ביה מידי. כלומר שלא יסתם הנקב: היכא דפרעי טבחי. כלומר מקום שמתחילין השופי לחתוך כשמנקרין אותו: אמר רב כהנא אקלודי מיקלד. כלומר קנוקנות הן שמפצלין סמוך לבשר: כאן לעברו. כלומר מן הטבחות עד שימצא כזית: כשעורה במקום אחד. כלומר אפי' כשעורה במקום אחד מלקין אותו כזית אפי' בשלש מקומות: אכשור דרי. מעיקרא סברוה כר"מ דמחמיר דאמר צריך שיטול את כולו ולפיכך אין נאמנין דמחמרין [בהו] ולבסוף סברוה כר' יהודה דאמר דיקיים בו מצות [נטילה] וא"צ לחטט אחריו ולפיכך מקילינן בהו ואמנין: מעיקרא סברוה כר' יהודה. כלומר מעיקרא נאמנין דסבירא לן כר' יהודה דמיקל לפיכך מהימנינן להו ולבסוף סברוה כר"מ דמחמיר כמה הוו דכירי ליה לדר' יהודה דמיקל לא הוו מהימני דמקילי אינשי בגיד הנשה והשתא דאנשיוה לר' יהודה מחמירי אינשי כר"מ ומהימני: מפני שמקומו ניכר כו': (א) מעיקרא סברינן. כלומר דלא חיישינן שמא מזבין ליה לישראל במקומו דגיד הנשה ניכר ולבסוף סברינן דכיון דמקומו ניכר הוא מיהו כגוב דעתו של גוי דגיד עץ בעלמא הוא: אילימא במקום שאין מכריזין כו'. כלומר שאין רגילין באותו מקום להכריז כשיש טרפה לישראל נפל בישרא לבני חילא כדחזינן לקמן אפי' חתוכה נמי דאין ניכר

(א) דברי רבינו בזה מבוללי הבנה דהיכן מצינו חילוק בדין זה בין מעיקרא ובין לבסוף ואולי דגירסא אחרת היה לו לרבינו בכאן.

חֲתוּכָה נַמִּי לִישַׁדֵּר לֵיהּ, דְּהָא לָא אָתוּ לְמִזְבַּן מִינֵּיהּ! אֶלָּא בִּמְקוֹם שֶׁמַּכְרִיזִין — שְׁלֵימָה נַמִּי לָא לִישַׁדֵּר לֵיהּ, דִּמְחַתֵּךְ לֵיהּ וּמְזַבֵּין לֵיהּ! אִי בָּעֵית אֵימָא בִּמְקוֹם שֶׁמַּכְרִיזִין, וְאִי בָּעֵית אֵימָא בִּמְקוֹם שֶׁאֵין מַכְרִיזִין. אִיבָּעֵית אֵימָא בִּמְקוֹם שֶׁמַּכְרִיזִין: חִיתּוּכָא דְּגוֹי מֵידַע יָדִיעַ. וְאִיבָּעֵית אֵימָא בִּמְקוֹם שֶׁאֵין מַכְרִיזִין: גְּזֵירָה שֶׁמָּא יִתְנֶנָּה לוֹ בִּפְנֵי יִשְׂרָאֵל אַחֵר. וְאִי בָּעֵית אֵימָא: מִשּׁוּם דְּקָא גָּנֵיב לֵיהּ לְדַעְתֵּיהּ. דְּאָמַר שְׁמוּאֵל: אָסוּר לִגְנוֹב דַּעַת הַבְּרִיּוֹת, וַאֲפִילּוּ דַּעְתּוֹ שֶׁל גּוֹי. וְהָא דִּשְׁמוּאֵל, לָאו בְּפֵירוּשׁ אִיתְּמַר אֶלָּא מִכְּלָלָא אִיתְּמַר. דִּשְׁמוּאֵל הֲוָה קָא עָבַר בְּמַבְרָא. א"ל לְשַׁמָּעֵיהּ: פַּיְּיסֵיהּ לְמַבּוֹרֵיהּ, פַּיְּיסֵיהּ, וְאִיקְפַּד. מ"ט אִיקְפַּד? אָמַר אַבָּיֵי: תַּרְנְגוֹלֶת טְרֵפָה הֲוַאי, וִיהַבָה נִיהֲלֵיהּ בְּמַר דִּשְׁחוּטָה. רָבָא אָמַר: אַנְפַּקָּא אָמַר לֵיהּ לְאַשְׁקוּיֵי, וְאַשְׁקְיֵיהּ חַמְרָא מְזִיגָא. וְכִי מִכְּלָלָא מַאי? לְמ"ד טְרֵפָה הֲוַאי — א"ל: אַמַּאי תְּשַׁהֵא אִיסּוּרָא? לְמ"ד אַנְפַּקָּא א"ל לְאַשְׁקוּיֵי — אַנְפַּקָּא, חַיָּיא מַשְׁמַע. תַּנְיָא, הָיָה ר' מֵאִיר אוֹמֵר: *אַל יְסָרְהֵב אָדָם לַחֲבֵירוֹ לִסְעוֹד אֶצְלוֹ, וְיוֹדֵעַ בּוֹ שֶׁאֵינוֹ סוֹעֵד. וְלֹא יַרְבֶּה לוֹ בְּתִקְרוֹבֶת, וְיוֹדֵעַ בּוֹ שֶׁאֵינוֹ מְקַבֵּל. וְלֹא יִפְתַּח לוֹ חָבִיּוֹת הַמְּכוּרוֹת לַחֶנְוָנִי, אא"כ הוֹדִיעוֹ. וְלֹא יֹאמַר לוֹ "סוּךְ שֶׁמֶן" מִפַּךְ רֵיקָן, וְאִם בִּשְׁבִיל כְּבוֹדוֹ — מוּתָּר. אִינִי, וְהָא עוּלָּא אִיקְלַע לְבֵי רַב יְהוּדָה, פָּתַח לוֹ חָבִיּוֹת הַמְּכוּרוֹת לַחֶנְוָנִי! אוֹדוֹעֵי אוֹדְעֵיהּ. וְאִיבָּעֵית אֵימָא: שָׁאנֵי עוּלָּא דַּחֲבִיב לֵיהּ לְרַב יְהוּדָה, דִּבְלָאו הָכִי נַמִּי פְּתוּחֵי מְפַתַּח לֵיהּ. ת"ר: לֹא יֵלֵךְ אָדָם לְבֵית הָאָבֵל, וּבְיָדוֹ לָגִין הַמִּתְקַשְׁקֵשׁ. וְלֹא יְמַלְאֶנּוּ מַיִם, מִפְּנֵי שֶׁמַּטְעֵהוּ. וְאִם יֵשׁ שָׁם חֶבֶר עִיר — מוּתָּר. ת"ר: לֹא יִמְכּוֹר אָדָם לַחֲבֵירוֹ סַנְדָּל שֶׁל מֵתָה בִּכְלַל שֶׁל חַיָּה שְׁחוּטָה, מִפְּנֵי ב' דְּבָרִים: א' — מִפְּנֵי שֶׁמַּטְעֵהוּ, וְא' — מִפְּנֵי הַסַּכָּנָה. *וְלֹא יְשַׁגֵּר אָדָם לַחֲבֵירוֹ חָבִית שֶׁל יַיִן, וְשֶׁמֶן צָף עַל פִּיהָ. וּמַעֲשֶׂה בְּאֶחָד שֶׁשִּׁיגֵּר לַחֲבֵירוֹ חָבִית שֶׁל יַיִן, וְשֶׁמֶן צָף עַל פִּיהָ, וְהָלַךְ וְזִימֵּן עָלֶיהָ אוֹרְחִין, וְנִכְנְסוּ. מְצָאָהּ שֶׁהִיא שֶׁל יַיִן — וְחָנַק אֶת עַצְמוֹ. *וְאֵין הָאוֹרְחִין רַשָּׁאִין לִיתֵּן מִמַּה שֶּׁלִּפְנֵיהֶם לִבְנוֹ וּלְבִתּוֹ שֶׁל בעה"ב, אא"כ נָטְלוּ רְשׁוּת מִבעה"ב. וּמַעֲשֶׂה בְּאֶחָד שֶׁזִּימֵּן ג' אוֹרְחִין בִּשְׁנֵי בַצּוֹרֶת, וְלֹא הָיָה לוֹ לְהָנִיחַ לִפְנֵיהֶם אֶלָּא (א) כְּשָׁלֹשׁ בֵּיצִים. בָּא בְּנוֹ שֶׁל בעה"ב, נָטַל אֶחָד מֵהֶן חֶלְקוֹ — וּנְתָנוֹ לוֹ, וְכֵן שֵׁנִי, וְכֵן שְׁלִישִׁי. בָּא אָבִיו שֶׁל תִּינוֹק מְצָאוֹ שֶׁעוֹזֵק א' בְּפִיו וּשְׁתַּיִם בְּיָדוֹ, חֲבָטוֹ בַּקַּרְקַע וָמֵת. כֵּיוָן שֶׁרָאֲתָה אִמּוֹ — עָלְתָה לַגַּג וְנָפְלָה וּמֵתָה, אַף הוּא עָלָה לַגַּג וְנָפַל וָמֵת. א"ר אֱלִיעֶזֶר בֶּן יַעֲקֹב: עַל דָּבָר זֶה נֶהֶרְגוּ ג' נְפָשׁוֹת מִיִּשְׂרָאֵל! *מַאי קמ"ל — דְּכוּלָּהּ ר"א בֶּן יַעֲקֹב הִיא. ת"ר: *הַשּׁוֹלֵחַ יָרֵךְ לַחֲבֵירוֹ. שְׁלֵימָה — אֵינוֹ צָרִיךְ שֶׁיִּטּוֹל הֵימֶנָּה גִּיד הַנָּשֶׁה. חֲתוּכָה — צָרִיךְ לִיטּוֹל הֵימֶנָּה גִּיד הַנָּשֶׁה. וּבְגוֹי, בֵּין חֲתוּכָה וּבֵין שְׁלֵימָה — א"צ לִיטּוֹל הֵימֶנָּה גִּיד הַנָּשֶׁה. וּמִפְּנֵי ב' דְּבָרִים אָמְרוּ, אֵין מוֹכְרִין נְבֵילוֹת וּטְרֵפוֹת לְגוֹי. אֶחָד — מִפְּנֵי שֶׁמַּטְעֵהוּ, וְאֶחָד — שֶׁמָּא יַחֲזוֹר וְיִמְכְּרֶנָּה לְיִשְׂרָאֵל אַחֵר. וְלֹא יֹאמַר אָדָם לְגוֹי: "קַח לִי בְּדִינָר זֶה בָּשָׂר", מִפְּנֵי ב' דְּבָרִים, אֶחָד

רש"י

חֲתוּכָה נַמִּי לִישַׁדֵּר. עִם גִּידָהּ. דְּלֵיכָּא לְמֵיחַשׁ שֶׁמָּא יִמְכְּרֶנָּה לְיִשְׂרָאֵל, דְּהָא לָא זָבְנֵי מִינֵּיהּ, דְּחָיְישִׁינַן לִטְרֵפָה. אֶלָּא בִּמְקוֹם שֶׁמַּכְרִיזִין. שֶׁיִּשְׂרָאֵל מוּתָּר לִיקַּח שָׁם בְּאוֹתוֹ מָקוֹם מִן הַגּוֹי, כֵּיוָן שֶׁלֹּא הִכְרִיזוּ. דִּלְמָא לֵיחוּשׁ לָהּ? הַטַּבָּחִים יִשְׂרְאֵלִים הֵם, וְלִטְרֵפָה לֵיכָּא לְמֵיחַשׁ — דְּהָא לֹא הִכְרִיזוּ הַיּוֹם. שְׁלֵימָה נַמִּי לָא לִישַׁדֵּר לֵיהּ. עַד שֶׁיִּטּוֹל גִּידָהּ. דְּאע"פ שֶׁמְּקוֹמוֹ נִיכָּר, אִיכָּא לְמֵיחַשׁ דִּלְמָא מְחַתֵּךְ לָהּ גּוֹי וּמְזַבֵּין, וְסָבוּר זֶה שֶׁנִּטַּל גִּידָהּ. חִיתּוּכָא דְּגוֹי. בְּיָרֵךְ אֵינוֹ עָשׂוּי כְּשֶׁל יִשְׂרָאֵל, שֶׁהוּא פּוֹרְעָהּ כְּדֶרֶךְ שֶׁהַגִּיד מוּנָח. וְעַל דָּא סָמִיךְ רַבִּי בְּשׁוֹלֵחַ יָרֵךְ לַחֲבֵירוֹ עַל יַד גּוֹי וְלֹא עָשָׂה בָּהּ חוֹתָם, דִּכְשֵׁרָה הִיא אִם הִיא חֲתוּכָה כְּדֶרֶךְ שֶׁיִּשְׂרָאֵל חוֹתְכָהּ אַחַר נְטִילַת הַגִּיד. אֲבָל בְּאֵבֶר אַחֵר, שֶׁחִיתּוּךְ גּוֹי וְחִיתּוּךְ יִשְׂרָאֵל שָׁוִין בּוֹ — אָסוּר, עַד שֶׁיְּהֵא בּוֹ חוֹתָם. וְאִיבָּעֵית אֵימָא בִּמְקוֹם שֶׁאֵין מַכְרִיזִין. וּדְקַשְׁיָא לָךְ: חֲתוּכָה נַמִּי לִישַׁדֵּר, דְּהָא לָא זָבֵין לָהּ יִשְׂרָאֵל? גְּזֵירָה שֶׁמָּא יִתְנֶנָּה לוֹ בִּפְנֵי יִשְׂרָאֵל, וְאוֹתוֹ הָרוֹאֶה שֶׁזֶּה נְתָנָהּ לוֹ, לוֹקֵחַ הֵימֶנּוּ, וְסָבוּר: נִיטַּל גִּידָהּ. וְאִיבָּעֵית אֵימָא. טַעְמָא דְּמַתְנִי' דְּקָאָמַר: חֲתוּכָה לָא לִישַׁדֵּר עִם גִּידָהּ. מִשּׁוּם דְּגוֹנֵב דַּעְתּוֹ. דְּגוֹי, כְּסָבוּר שֶׁיִּשְׂרָאֵל זֶה אוֹהֲבוֹ מְאֹד, שֶׁמִּתְקַנְּהָ וְטָרַח בָּהּ לִיטּוֹל גִּידָהּ עַד שֶׁנִּרְאֵית לְעַצְמוֹ, וְאַח"כ נְתָנָהּ לוֹ. וְהוּא לֹא נְטָלוֹ, וּמִלָּא מַחֲזִיק לוֹ טוֹבָה חִנָּם. פַּיְּיסֵיהּ לְמַבּוֹרֵיהּ. תֵּן שְׂכָרוֹ לְבַעַל הַמַּעְבּוֹרֶת. מַבְרָא. סְפִינָה רְחָבָה שֶׁעוֹבְרִין בָּהּ אֶת הַנָּהָר. בְּמַר דִּשְׁחוּטָה. בְּחִילּוּף שְׁחוּטָה, בְּחֶזְקַת שְׁחוּטָה. וַחֲבֵירוֹ בִּבְכוֹרוֹת (דף ל.): הַהוּא טַבָּחָא דְּמַזְבֵּין תַּרְבָּא דְּאַטְמָא בְּמַר דְּכַנְתָּא. וְלִי נִרְאֶה: דִּלְשׁוֹן תְּמוּרָה הוּא (ב). דְּהַאי דִּטְרֵפָה — לָאו דַּוְקָא, דִּטְרֵפָה בִּשְׁחוּטָה לָא מִיחַלְּפָא. אֶלָּא כְּלוֹמַר, טְרֵפָה שְׁחוּטָה נָתַן לוֹ בְּמַר דִּכְשֵׁרָה שְׁחוּטָה. וְאַשְׁקְיֵיהּ חַמְרָא מְזִיגָא. וְהַגּוֹי סָבוּר שֶׁהַיַּיִן חַי. וְכִי מִכְּלָלָא מַאי. מַה לָּנוּ אִי אִיתְּמַר מִכְּלָל אִי בְּפֵירוּשׁ. הָא מֵהָא כְּלָלָא שַׁפִּיר שָׁמְעִינַן, וְאַמַּאי אַשְׁמְעִינַן גְּמָרָא דְּלָאו בְּפֵירוּשׁ אִתְּמַר, וּמַה יֵּשׁ לָנוּ לְגַמְגֵּם בִּכְלָל זֶה? לְמ"ד טְרֵפָה הֲוַאי. אִיכָּא לְמֵימַר: דְּלָאו מִשּׁוּם גְּנֵיבוּת דַּעַת אִיקְפִּיד, אֶלָּא מִשּׁוּם דְּאַשְׁהְיֵיהּ גַּבֵּיהּ עַד הַשְׁתָּא. אַנְפַּקָּא חַיָּיא מַשְׁמַע. מִשּׁוּם יְקָרָא דִּידֵיהּ אִיקְפִּיד, שֶׁעָבַר עַל דְּבָרָיו. לֹא יְסָרְהֵב. לֹא יַפְצִיר בּוֹ הוֹאִיל וְיוֹדֵעַ שֶׁלֹּא יַעֲשֶׂה, מִשּׁוּם דְּגוֹנֵב דַּעְתּוֹ, לְהַחֲזִיק לוֹ טוֹבָה בְּחִנָּם, כְּסָבוּר: שֶׁמִּן הַלֵּב מְסָרְהֵב לוֹ כֵּן. וְלֹא יִפְתַּח לוֹ כוּ'. כָּל חָבִיּוֹתֵיהֶם מְגוּפוֹת הָיוּ, וּכְשֶׁבָּא אָדָם חָשׁוּב אֶצְלוֹ — פּוֹתֵחַ לוֹ חָבִית, לְהַשְׁקוֹתוֹ יַיִן חָזָק. וְאִם מָכַר חָבִית לַחֶנְוָנִי שְׁלֵמָה, וַעֲדַיִין הִיא אֶצְלוֹ — לֹא יִפְתָּחֶנָּה לְאוֹרֵחַ הַבָּא לוֹ. מִפְּנֵי שֶׁגּוֹנֵב לִבּוֹ לְהַחֲזִיק לוֹ טוֹבָה חִנָּם, כְּסָבוּר זֶה: הֶפְסֵד גָּדוֹל נִפְסָד ע"י שֶׁהֲרֵי תִּשָּׁאֵר חָבִית זוֹ חֲסֵרָה וְתִתְקַלְקֵל יֵינָהּ, וְזֶה יִמְסְרֶנָּה מִיָּד לַחֶנְוָנִי וְיֹאמַר לוֹ: "מְכַרְתִּיהָ לַחֶנְוָנִי, וְאֵינִי נִפְסָד". לֹא יָבִיא לוֹ פַּךְ רֵיקָן וְיֹאמַר לוֹ סוּךְ שֶׁמֶן. מִפְּנֵי שֶׁיּוֹדֵעַ בּוֹ שֶׁאֵינוֹ סָךְ, וְגוֹנֵב דַּעְתּוֹ, כְּסָבוּר: שֶׁיֵּשׁ בּוֹ שֶׁמֶן. וְאִם בִּשְׁבִיל כְּבוֹדוֹ. שֶׁל אוֹרֵחַ, לְהוֹדִיעַ לַבְּרִיּוֹת שֶׁחָבִיב הוּא עָלָיו — מוּתָּר. הַמִּתְקַשְׁקֵשׁ. חָסֵר, לְפִי שֶׁזֶּה סָבוּר שֶׁהוּא מָלֵא. שֶׁמַּטְעֵהוּ. גּוֹנֵב דַּעְתּוֹ. וְאִם יֵשׁ שָׁם חֶבֶר עִיר. חֲבוּרוֹת עִיר. שֶׁיֵּשׁ שָׁם רַבִּים, וְזֶה מִתְכַּוֵּין לְהַחֲשִׁיב אֶת הָאָבֵל בְּעֵינֵיהֶן, שֶׁיֹּאמְרוּ: כַּמָּה חָשׁוּב זֶה, שֶׁזֶּה מְכַבְּדוֹ כ"כ! מוּתָּר. דְּגָדוֹל כְּבוֹד הַבְּרִיּוֹת. סַנְדָּל. שֶׁל עוֹר בְּהֵמָה שֶׁמֵּתָה* (חַיָּה) מֵאֵלֶיהָ, אֵין עוֹרָהּ חָזָק כְּשֶׁל בְּרִיאָה שְׁחוּטָה. חַיָּה שְׁחוּטָה. בְּרִיאָה שְׁחוּטָה. הַסַּכָּנָה. שֶׁמָּא מֵחֲמַת נְשִׁיכַת נָחָשׁ מֵתָה, וְהָאֶרֶס נִבְלָע בָּעוֹר. וְשֶׁמֶן צָף עַל פִּיהָ. כְּסָבוּר: שֶׁהַכֹּל שֶׁמֶן, וּמְזַמֵּן עָלָיו אוֹרְחִים, וּבָטוּחַ שֶׁיֵּשׁ לוֹ שֶׁמֶן הַרְבֵּה לְצָרְכָם. וְחָנַק אֶת עַצְמוֹ. שֶׁלֹּא הָיָה לוֹ מַה לְהַאֲכִילָם, וּבוֹשׁ מֵהֶם. שֶׁעוֹזֵק. סוֹגֵר, כְּמוֹ "וַיְעַזְּקֵהוּ" (ישעיהו ה). שְׁלֵימָה אֵין צָרִיךְ לִיטּוֹל. מִפְּנֵי שֶׁנִּיכָּר שֶׁלֹּא נִיטַּל, וְהָאוֹכְלָהּ נוֹטְלוֹ. וּבְגוֹי בֵּין שְׁלֵימָה כוּ'. לְקַמֵּיהּ מְפָרֵשׁ לָהּ. אֵין מוֹכְרִין טְרֵפָה לְגוֹי. בִּסְתָם, אא"כ הוֹדִיעוּ שֶׁהִיא טְרֵפָה, דְּתוּ לֵיכָּא גְּנֵיבַת דַּעַת. וּבִמְקוֹם שֶׁאֵין מַכְרִיזִין, דְּלֵיכָּא לְמֵיחַשׁ לְשֶׁמָּא יִמְכְּרֶנָּה לְיִשְׂרָאֵל. אוֹ בִּמְקוֹם שֶׁמַּכְרִיזִין, וּבַיּוֹם שֶׁהִכְרִיזוּ. הָכִי מְתוּקְמָא לְקַמָּן.

אֶחָד

תוספות

חיתוכא דגוי מידע ידיע. פירש בקונטרס: דחיתוך דגוי בירך אינו עשוי כשל ישראל, שהוא פורעה כדרך שהגיד מונח. ועל דא סמיך רבי בשולח ירך על יד גוי לחבירו, ולא עשה בו חותם דכשרה היא, אם חתוכה כדרך שישראל חותכה אחר נטילת גיד. עכ"ל. ותימה: דאם כן, לוקמיה אף כשאין מכריזין, וחתוכה לא לישדר ליה — דלמא אתי לזבוני לישראל. דכיון דחיתוך דישראל מידע ידיע, לא יחוש ישראל הבא לקנותה שמא טרפה היא. דאם כן, למה פתחה וחתכה כדרך שעושין כדי ליטול הגיד! וכי תימא: דחייש ישראל שמא אחר כך נודע לו שהיה טרפה — דא"כ, מטעם זה נאסור בשולח ירך לחבירו ע"י גוי, שמא נזדמנה לגוי ירך אחרת שלא נודע לישראל שהיתה טרפה עד אחר שניטל גידה והחליפה בזאת! וי"ל: לכולי האי לא חיישינן, דלא שכיח שיזדמן כך ליד גוי. אבל היכא דישראל שלח לגוי, חייש ישראל במקום שאין מכריזין, אע"פ שניטל גידה — דלמא לכך שלחה לגוי, לפי שנודע לו אחר ניקור דטרפה היא. **טרפה** הואי ויהבה ניהליה במר דשחוטה. וא"ת: לעולם אימא לך דמותר לגנוב דעתו של גוי, ואיקפד — משום דאמר לו לגוי שחוטה היא, ואיכא למיגזר שמא יתננה לו בפני ישראל ויקנה ממנו! וי"ל: דמ"מ איכא למידק מיניה דאסור לגנוב דעתו. דאי שרי — ליכא למיחש שמא יקנה ממנו ישראל, דיחוש דלגנוב דעתו של גוי אומר כן.

רבינו גרשום

ניכר גיד הנשה בירך לישדר ליה דבמקום שאין רגילין להכריז אין קונין בשר על הכל מגוי. אלא במקום שמכריזין כלומר במקום שרגילין להכריז כשיש טרפה לישראל: שלימה נמי לא לישדר דילמא מחתך ליה כו' דבמקום שרגילין להכריז ביום שאין מכריז קונה ישראל בשר מא"י ושמא מחתך לה ואין מקומה ניכר ומוכר אותה לישראל: איבעי' אימא במקום שמכריזין ואי פרכת שלמין לא לישדר דילמא מחתך לה ומזבין לה לישראל חיתוכא דגוי מידע ידיע: ואיבעית אימא מקום שאין מכריז ואי פרכת חתוכה נמי לישדר דלא אתי למיזבן מיניה גזירה שמא יתננה לו בפני ישראל אחר כו': ואיבעית אימא משום דקא גניב ליה לדעתיה כלומר למה אמרי' שולח אדם ירך לגוי שלימה אין חתוכה לא דגיד עץ בעלמא הוא [משו"ה] משדר ליה שלימה א) כגונב ליה לדעתיה דמקומו ניכר אבל אי משדר חתוכה גניב ליה לדעתיה דסבר ישראל עצמו חתכה ונטל ממנו גיד הנשה והכל כשר: תרנגולת טרפה יהב ליה כו' כלומר בשכר המעבר וא"ל לאחר דשחוטה כשרה הוות: אנפקא א"ל לאשקוייה כלומר יין חי א"ל שמואל לשמעיה לאשקוייה ואשקייה יין מזוג. וא"ד אנפקא זהו אספרגוס: דאי מכללא מאי כלומר אמרת והא דשמואל לאו בפירוש איתמר דאסור לגנוב דעת הבריות אלא מכללא דמעברא דאיקפד בשביל שמעיה דנתן לא"י תרנגולת טרפה בכלל שחוטה מהאי קפידא איתמר משמיה דשמואל ג) אפי' איתמר משמיה מההוא קפידא מאי ודאי כן הוא ואינו דאיקפד אי לאביי תרנגולת כו' כלומר אפי' דחזינן דאיקפד לא אמרינן משמיה בפירוש דאסור לגנוב דעת הבריות אי משום דאיקפד לא איקפד לשמעיה בשביל דגנב דעתו של א"י אלא א"ל לא ליבעי ליה כו' אי לרבא אנפקא חייא משמע כלומר שאינו מזוג ומיחזי כגזל גמור: ולא ירבה לו בתקרובת. כלומר לא ישגר לו דורונות: לא יפתח לו חביות כו'. כלומר הוא מכר חביותיו לחנוני וחנוני עומד לפותחן למוכרן מיד ובא אוהבו לביתו ויבקש ממנו מכור לי יין מאותו חבית אל יאמר לו אם לא בשביל אהבתך לא הייתי פותחו וגונב דעתו שהחנוני עתיד למוכרו: ואל יאמר לו סך שמן. כלומר הפך של שמן יהיה בידו ואין בו כלום שהריק השמן ממנו אל יאמר לו רוצה [אתה] לסוך שמן מן הפך הזה ואין בו כלום וגונב דעתו: ואם בשביל כבודו. כלומר ישבו שם בני אדם וחולק לו כבוד בשביל בני אדם: לגין המתקשקש. כלומר שאין בו אלא מעט יין: ואם יש בו חבר עיר. כלומר תלמיד חכם ודאי בשביל כבודו הוא עושה ואין לו יכולת למלאנו יין מותר: סנדל של מתה. כלומר סנדל של עור בהמה שמתה מאיליה בכלל סנדל בהמה שנשחטה שאין סנדל של מתה טוב כשל שחוטה: מפני הסכנה שמא נשכה נחש וישב הארס בבשר (אדם). ושמן צף על פיה כלומר יין ומיעוט שמן על היין: והניח בפניהם כשלש ביצים. כלומר פת כשלש ביצים. שהוא עוזק כו' כלומר שהוא כוסס: חתוכה צריך ליטול הימנה גיד הנשה. כלומר כיון דהירך חתוך סבר בר ישראל חברו שגיד הנשה מנוקר ממנו ולא יטלנו: אחד מפני האנסין. כלומר שמא יעשה לו אונס לטבח ישראל ליתן לו יותר משנותן

א) נראה דצ"ל אי משדר ליה שלימה לא גניב ליה לדעתיה דהא מקומו ניכר אבל וכו'. ב) נראה דצ"ל איתמר משמיה דשמואל דאסור לגנוב דעת הבריות אפי' כו' כן הוא דאל"ה אמאי איקפיד: אי לאביי וכו'.

עין משפט נר מצוה

מ א מיי' פ"ח מהלכות מאכלות אסורות הל' יד ועי' בכ"מ טוש"ע יו"ד סימן סה סעיף יא:

מא ב ג ד מיי' פ"ב מהל' דעות הל' ו ופי"ח מהל' מכירה הל' א ג סמג לאוין קנה טוש"ע ח"מ סימן רכח סעיף ו:

מב ה ו טוש"ע שם סעי' ז:

מג ז מיי' פ"ב מהל' דעות הל' ו טוש"ע שם סעיף ח:

מד ח מיי' פ"ז מהל' ברכות הל' י טוש"ע א"ח סי' קע סעיף יט:

מה ט מיי' פ"ח מהל' מאכלות אסורות הל' יד וע"ש סמג לאוין קלט קמא טור ש"ע י"ד סימן סה סעיף יא:

מסורת הש"ס

[ברכות ט. וש"נ נסמן]

[ברכות יב. וש"נ נסמן]

[מס' ד"א פ"ח תוספתא ב"ב פרק ו]

[תוס' ב"ב שם מס' ד"א פ"ח]

[שם פ"ט]

[דוגמתו לקמן קד: וע"ש ובפרש"י שם ובכריתות כג. ובנדה יט: ע"ש ובשבת קג. הא מני רבי יוסי וכו' כולה ר"י היא]

[ד"ה שם]

הגהות הב"ח

(א) גמ' לפניהם אלא (כשלש) תא"מ ונ"ב ס"א כשלש: (ב) רש"י ד"ה במר וכו' דלשון תמורה הוא הוי טריפה כצ"ל והא' נמחק:

עין משפט
נר מצוה

מו א מיי' פ"ח מהל' מאכלות אסורות הל' יד וע"ש סמג לאוין קלט קמא טוש"ע יו"ד סי' סה סעיף יא:

מז ב (מיי' פ"ד מהל' מכירה) טוש"ע ח"מ סי' רכח סעיף ו:

אֶחָד, מִפְּנֵי הָאֲנָסִין. וְאֶחָד, שֶׁמָּא מוֹכְרִין לוֹ נְבֵלוֹת וּטְרֵפוֹת. אָמַר מָר: וּבְגוֹי, בֵּין שְׁלֵימָה בֵּין חֲתוּכָה אֵינוֹ צָרִיךְ לִיטּוֹל הֵימֶנָּה גִּיד הַנָּשֶׁה. בְּמַאי עָסְקִינַן? אִילֵימָא בְּמָקוֹם שֶׁמַּכְרִיזִין – חֲתוּכָה אַמַּאי אֵינוֹ צָרִיךְ לִיטּוֹל הֵימֶנָּה גִּיד הַנָּשֶׁה? כֵּיוָן דְּלָא אַכְרִיז, אָתֵי לְמִיזְבַּן מִינֵּיהּ! אֶלָּא פְּשִׁיטָא: בְּמָקוֹם שֶׁאֵין מַכְרִיזִין. אֵימָא מְצִיעֲתָא: מִפְּנֵי שְׁנֵי דְבָרִים אָמְרוּ אֵין מוֹכְרִין נְבֵלוֹת וּטְרֵפוֹת לְגוֹי. אֶחָד, מִפְּנֵי שֶׁמַּטְעֵהוּ. וְאֶחָד, שֶׁמָּא יַחֲזוֹר וְיִמְכְּרֶנָּה לְיִשְׂרָאֵל אַחֵר. וְאִי בְּמָקוֹם שֶׁאֵין מַכְרִיזִין – הָא לָא אָתֵי לְמִיזְבַּן מִינֵּיהּ! אֶלָּא פְּשִׁיטָא: בְּמָקוֹם שֶׁמַּכְרִיזִין. אֵימָא סֵיפָא: לֹא יֹאמַר אָדָם לְגוֹי "קַח לִי בְּדִינָר זֶה בָּשָׂר", מִפְּנֵי שְׁנֵי דְבָרִים: אֶחָד, מִפְּנֵי הָאֲנָסִין. וְאֶחָד, שֶׁמָּא מוֹכְרִין לוֹ נְבֵילוֹת וּטְרֵפוֹת. וְאִי בְּמָקוֹם שֶׁמַּכְרִיזִין – אִי אִיתָא דַּהֲוָה טְרֵפָה, אַכְרוֹזֵי הֲווּ מַכְרְזֵי! אֶלָּא פְּשִׁיטָא: בְּמָקוֹם שֶׁאֵין מַכְרִיזִין. רֵישָׁא וְסֵיפָא – בְּמָקוֹם שֶׁאֵין מַכְרִיזִין, מְצִיעֲתָא – בְּמָקוֹם שֶׁמַּכְרִיזִין? אָמַר אַבָּיֵי: אִין, רֵישָׁא וְסֵיפָא – בְּמָקוֹם שֶׁאֵין מַכְרִיזִין, מְצִיעֲתָא – בְּמָקוֹם שֶׁמַּכְרִיזִין. רָבָא אָמַר: כּוּלָּהּ בְּמָקוֹם שֶׁמַּכְרִיזִין, רֵישָׁא וְסֵיפָא – שֶׁהִכְרִיזוּ, מְצִיעֲתָא – שֶׁלֹּא הִכְרִיזוּ. רַב אַשִׁי אָמַר: כּוּלָּהּ בְּמָקוֹם שֶׁאֵין מַכְרִיזִין, וּמְצִיעֲתָא – גְּזֵירָה שֶׁמָּא יִמְכְּרֶנָּה בִּפְנֵי יִשְׂרָאֵל. הֵיכִי מַכְרְזִינַן? אָמַר רַב יִצְחָק בַּר יוֹסֵף: נְפַל בִּישְׂרָא לִבְנֵי חֵילָא. וְלֵימָא: נְפַל טְרֵיפְתָא לִבְנֵי חֵילָא! לָא זָבְנִי. וְהָא קָמַטְעֵי לְהוּ! אִינְהוּ הוּא דְּקָמַטְעוּ נַפְשַׁיְיהוּ. כִּי הָא, דְּמָר זוּטְרָא בְּרֵיהּ דְּרַב נַחְמָן הֲוָה קָאָזֵיל מִסִּיכְרָא לְבֵי מְחוֹזָא, וְרָבָא וְרַב סַפְרָא הֲווּ קָא אָתוּ לְסִיכְרָא, פָּגְעוּ אַהֲדָדֵי. הוּא סְבַר: לְאַפֵּיהּ הוּא דְּקָאָתוּ. אֲמַר לְהוּ: לָמָּה לְהוּ לְרַבָּנַן דְּטָרוּחַ וְאָתוּ כּוּלֵּי הַאי? א"ל רַב סַפְרָא: אֲנַן לָא הֲוָה יָדְעִינַן דְּקָאָתֵי מָר, אִי הֲוָה יָדְעִינַן – טְפֵי הֲוָה טָרְחִינַן. א"ל רָבָא: מ"ט אֲמַרְתְּ לֵיהּ הָכִי, דְּאַחְלִישְׁתֵּיהּ לְדַעְתֵּיהּ? א"ל: וְהָא קָא מַטְעֵינַן לֵיהּ! אִיהוּ הוּא דְּקָא מַטְעֵי נַפְשֵׁיהּ. הַהוּא טַבָּחָא דַּא"ל לְחַבְרֵיהּ:
אִי

אֶחָד מִפְּנֵי הָאֲנָסִים. שֶׁגּוֹי אַנָּס הוּא, וּמְעַכֵּב הַדִּינָר בְּיָדוֹ וְגוֹזֵל אֶת הַטַּבָּח. **כֵּיוָן דְּלָא אַכְרִיז.** הַיּוֹם, וְהַכֹּל יוֹדְעִים שֶׁאֵין הַיּוֹם טְרֵפָה בְּאִיטְלִיז. **אָתֵי לְמִיזְבַּן מִינֵּיהּ.** וְאוֹכְלָהּ בְּגִידָהּ, כִּסְבוּר שֶׁנִּיטַּל. **אֶלָּא פְּשִׁיטָא בְּמָקוֹם שֶׁאֵין מַכְרִיזִין.** דְּלָא זָבְנֵי מִינֵּיהּ, אֵימָא מְצִיעֲתָא כו'. **אֶלָּא בְּמָקוֹם שֶׁמַּכְרִיזִין.** וְהַיּוֹם אֵירַע לָהֶם אוֹנֶס שֶׁלֹּא הִכְרִיזוּ. הִלְכָּךְ, אָתֵי יִשְׂרָאֵל לְמִיזְבַּן מִינֵּיהּ. **אַכְרוֹזֵי הֲווּ מַכְרְזֵי.** וּמִדְּלָא אַכְרוּז – לָאו טְרֵפָה הִיא, וְיֹאכַל, וּמַה בְּכָךְ? **רָבָא אָמַר כּוּלָּהּ בְּמָקוֹם שֶׁמַּכְרִיזִין.** רֵישָׁא דְּקָתָנֵי: וּבְגוֹי אֲפִילּוּ חֲתוּכָה אֵין צָרִיךְ לִיטּוֹל – כְּשֶׁהִכְרִיזוּ הַיּוֹם שֶׁאוֹתוֹ הַיּוֹם לֹא יִקַּח יִשְׂרָאֵל בָּשָׂר מִגּוֹי. וְסֵיפָא נַמִּי דְּאָסוּר לִשְׁלוֹחַ דִּינָר בְּיַד גּוֹי – כְּשֶׁהִכְרִיזוּ הַיּוֹם. דְּהוֹאִיל וְיֵשׁ טְרֵפָה, יִמְכְּרֶנָּה לוֹ. **מְצִיעֲתָא בְּשֶׁלֹּא הִכְרִיזוּ.** שֶׁאֵירַע לָהֶם אוֹנֶס וְלֹא הִכְרִיזוּ עַל טְרֵפָה שֶׁנָּפְלָה לָהֶם. לְפִיכָךְ, אָסוּר לְמוֹכְרָהּ לְגוֹי, שֶׁמָּא יִמְכְּרֶנָּה לְיִשְׂרָאֵל. דְּהוֹאִיל וּמָקוֹם שֶׁמַּכְרִיזִין הוּא, וְהַיּוֹם לֹא הִכְרִיזוּ – אָתֵי לְמִיזְבַּן מִינֵּיהּ. **כּוּלָּהּ בְּמָקוֹם שֶׁאֵין מַכְרִיזִין.** וְלָא זָבֵין יִשְׂרָאֵל מִגּוֹי בָּשָׂר. הִילְכָּךְ, רֵישָׁא א"צ לִיטּוֹל גִּידָהּ, וְסֵיפָא נַמִּי אָסוּר לִשְׁלוֹחַ גּוֹי וְלִיקַּח בָּשָׂר. דְּכֵיוָן דְּאֵין מַכְרִיזִין, יֵשׁ לָחוּשׁ שֶׁמָּא יֵשׁ טְרֵפָה בְּאִיטְלִיז, וְאֵין אָנוּ יוֹדְעִין. **וּמְצִיעֲתָא.** דְּקָתָנֵי: אָסוּר לִמְכּוֹר לְגוֹי, אִם לֹא הוֹדִיעוֹ. **גְּזֵירָה שֶׁמָּא יִמְכְּרֶנָּה לוֹ.** הַטַּבָּח בִּפְנֵי יִשְׂרָאֵל. וְזֶה הָרוֹאֶה לֹא שָׁמַע מִן הַטַּבָּח שֶׁהִיא טְרֵפָה, סָבוּר: שֶׁהִיא כְּשֵׁרָה. וּמִיהוּ בְּרֵישָׁא, גַּבֵּי שׁוֹלֵחַ יָרֵךְ לְגוֹי, לֹא גָּזַר שֶׁמָּא יִתְּנֶנָּה לוֹ בִּפְנֵי יִשְׂרָאֵל וְיִקְחֶנָּה מִיָּדוֹ וְיֹאכְלֶנָּה בְּגִידָהּ – דְּבִשְׁלָמָא גַּבֵּי מְכִירַת טַבָּח בְּאִיטְלִיז, קָמִזְדַּבֵּן לֵיהּ לְגוֹי – הָתָם יִשְׂרָאֵל טוּבָא קַיְימֵי וְחָזוּ, וְחָיְישִׁינַן דִּלְמָא חַד מִינַּיְיהוּ הֲדַר וְזָבֵין לָהּ מִינֵּיהּ. אֲבָל שׁוֹלֵחַ לְגוֹי – בְּבֵיתוֹ הוּא, וּמִי רָאָה? וא"ת: יִרְאֶנָּה אָדָם – לֹא גָּזְרִינַן כּוּלֵּי הַאי שֶׁמָּא יִקְנֶנָּה זֶה, דְּכ"ע לָא זָבְנֵי בִּישְׂרָא. וְהַנָּךְ דְּמַתְנִי' פְּלִיג אַהְנָךְ דִּבְרַיְיתָא, וּגְזַר בָּהּ, כִּדְאוֹקִימְנָא לְעֵיל: גְּזֵירָה שֶׁמָּא יִתְּנֶנָּה לוֹ כו'. **נְפַל בִּישְׂרָא לִבְנֵי חֵילָא.** "בָּא לְיָדֵינוּ בָּשָׂר לַגּוֹיִם". **לָא זָבְנִי.** דִּגְנַאי הוּא לָהֶם, מֵאַחַר שֶׁאֵין אָנוּ רוֹצִים לְאוֹכְלָהּ. **אִינְהוּ הוּא דְּקָא מַטְעוּ אַנַּפְשַׁיְיהוּ.** דְּלָא מְשַׁיְּילֵי אִי טְרֵפָה אִי כְּשֵׁרָה. וְהַאי דְּקָתָנֵי לְעֵיל "מִפְּנֵי שֶׁמַּטְעֵהוּ" – בְּמוֹכֵר לוֹ בְּחֶזְקַת שְׁחוּטָה. וְכֵן הַפּוֹתֵחַ חָבִיּוֹת הַמְּכוּרוֹת לַחֶנְוָנִי, דְּאוֹמֵר לוֹ "בִּשְׁבִילְךָ אֲנִי פּוֹתְחָס" – דְּוַדַּאי גּוֹנֵב דַּעְתּוֹ. **הֲווּ אָתוּ לְסִיכְרָא פָּגְעוּ אַהֲדָדֵי.** וּכְסָבוּר מָר זוּטְרָא שֶׁלִּקְרָאתוֹ יָצְאוּ. **כּוּלֵּי הַאי.** יְצָאתֶם יוֹתֵר מִדַּאי! **לָא הֲוָה יָדְעִינַן.** וְלַעֲשׂוֹת עִסְקֵינוּ וְלֵילֵךְ לְמָקוֹם אַחֵר יָצָאנוּ. **דְּאַחְלִישְׁתֵּיהּ לְדַעְתֵּיהּ.** שֶׁהָיָה סָבוּר תְּחִלָּה שֶׁכִּבַּדְנוּהוּ? **וְהָא קָמַטְעֵינַן לֵיהּ.** אִם לֹא הָיִיתִי מְגַלֵּהוּ, הָיָה מַחֲזִיק לָנוּ טוֹבָה חִנָּם. **אִיהוּ הוּא דְּמַטְעֵי אַנַּפְשֵׁיהּ.** אַחֲרֵי שֶׁאָנוּ לֹא אָמַרְנוּ לוֹ "לִקְרָאתְךָ יָצָאנוּ".
אִי

אמר אביי רישא וסיפא במקום שאין מכריזין. תימה: לאביי ורבא ורב אשי ברישא, היכי משדר ליה חתוכה? הא לעיל אמרי': חתוכה – אסור, גזירה שמא יתננה לו בפני ישראל. אי נמי: משום דגניב ליה דעתיה! וי"ל: דלית להו להך שינויי, אלא שינויא קמא דאוקי במקום שמכריזין, וחיתוך דגוי מידע ידיע. ובהנהו פירש בקונטרס אמילתיה דרב אשי דפליג תנא דמתני' אתנא דברייתא, דיכול לומר רב אשי (א) בשינויא קמא דלעיל, כדפרישית. והא דקתני מציעתא דאין מוכרין נבלות וטרפות לגוי מפני שמטעהו – דוקא במכירה הוא דאסור, לפי שהגוי נתן מעות בתורת שחוטה. אבל בשולח דורון – לא חיישינן. וסיפא דחייש שמא ימכרו לו נבלות וטרפות – לא שימכרו בתורת שחוטה, אלא שמא ימכרו לו ויודיעוהו שהיא טרפה, והגוי לא יגיד לו. ולהא חיישי אמוראי דהכא. והא דקתני: ואחד, שמא יחזור וימכרנה לישראל – לאביי ורבא איירי במקום שמכריזין, ולא הכריזו. אבל במקום שאין מכריזין – לא חיישינן דלמא הדר זבין לה ישראל מיניה, אפילו במכירת טבח באיטליז דאיכא ישראל טובא. ורב אשי חייש – כיון דטובא ישראל קיימי התם, דילמא חד מינייהו הדר זבין לה מיניה, כדפירש בקונטרס. ומיהו להאי שינויא דמשני לעיל: גזירה שמא יתננה לו בפני ישראל, קשה רישא דהך ברייתא, ודוחק לומר דפליג! ומפרש ר"ת: דלעיל במתניתין איירי באומר הישראל לגוי שהיא מנוקרת. והתם הוא דאסור, משום דגונב דעתו. אבל שלימה – הא חזי ליה גוי שלא ניטל הגיד. אע"פ שישראל אמר לו שניטל, יודע גוי שהוא משקר. ולכך חיישינן נמי בחתוכה שמא יתננה לו בפני ישראל ויקנה ישראל מן הגוי, אף במקום שאין מכריזין, ויאכלנה בגידה. ולא חייש דלמא טרפה היא – מאחר שאומר ישראל בשעה שנותנה לגוי שמקנקה, וטרח בה ליטול הגיד, עד שראוי לעצמו. דאפי' יהא מותר לגנוב דעת הגוי, מ"מ לא מסיק אדעתיה שלהטעותו אומר לו כן. והא דדייק מדאיקפד שמואל דאסור לגנוב דעתו – יודע היה שמואל שבלנעא נתן לו, ולא היה לו לחוש שמא ראה ישראל אחר, אלא משום גניבת דעתו. וברייתא דקתני: ובגוי, בין חתוכה ובין שלימה, א"צ ליטול הימנה גיד הנשה – התם כשנתן לו סתם, ולא אמר לו שהיא מנוקרת, דאיהו דאטעי אנפשיה. וגם ליכא למיחש דלמא חזי ליה ישראל וזבין ליה מן הגוי – דבמקום שאין מכריזין איירי. וחייש שמא אחר שניטל הגיד נודע לו שהיא טרפה, ולכך נותנה לגוי. אבל היכא דאמר לגוי שהיא מנוקרת – לא חייש דלמא טרפה היא. דאי טרפה היא, מאי נפקא מיניה דניקור, הרי אינה ראויה לעצמו. ומציעתא דאין מוכרין נבלות וטרפות לגוי – °היינו, כשאומר לו דכשרה היא, ולכך אסור משום דמטעהו, וגם משום שמא יקנה ישראל ממנו, במקום שמכריזין ולא הכריזו. אבל במקום שאין מכריזין – לא חיישינן. דאפילו ראהו שאמר לו הישראל כך, קא חשיב ישראל הרואה דלהשביח מקחו אומר לו כן, דכשרה דמיה יקרים, דראויה לימכר לישראל. אבל כשאומר דניטל גיד הימנה – לא שייך טעם זה, דלא עדיפא בהכי. ורב אשי סבר דאפילו במקום שאין מכריזין – חיישינן. דישראל השומע, לא אסיק אדעתיה דלהשביח מקחו אומר כן. וא"ת: ולפלוג וליתני בדידה בגיד ובמקום שאין מכריזין. דבהכי איירי רישא לאביי דכשאומר לו שהיא מנוקרת אין לשלוח עד שיטול הימנה גיד הנשה, מפני שני דברים: אחד מפני שמטעהו, ואחד שמא יחזור וימכרנה לישראל! וי"ל: דנקט "נבלה וטרפה" לרבותא, דקא ס"ד דלא אסור מפני שמטעהו כשמוכר לו בחזקת שחוטה, לפי שיודע דלהשביח מקחו אומר כן.

אינהו דקא מטעו אנפשייהו כי הא. פי' בקונטרס: והא דקתני לעיל "מפני שמטעהו" – במוכר לו בחזקת שחוטה, וכן הפותח חביות המכורות לחנוני כשאומר לו "בשבילך אני פותחן", דודאי גונב דעתו. ואין נראה, דהא "אלא אם כן הודיעו" קתני – דמשמע: אפילו בסתם אסור, ולא שרי אלא בכה"ג. ועוד: דמאי פריך מרב יהודה דפתח ליה לעולא, דהא ודאי שלא היה מטעהו רב יהודה לומר לו "בשבילך אני פותחן"! לכך נראה דהתם בסתם, ואסור – משום דאין לאורח לאסוקי אדעתיה דמכורות לחנוני. אבל הכא איבעי [להו] לאסוקי אדעתייהו דטרפה היא. ומר זוטרא איבעי ליה לאסוקי אדעתיה שלא לקראתו היו באים, אלא לצורך עצמם.

והא קא מטעינן ליה. וא"ת: והא אין זה טעות, כיון דבלאו הכי היו באים לכבודו, כדקאמר ליה "טפי הוה טרחנא". דכה"ג אמרינן לעיל: שאני עולא דחביב ליה לרב יהודה! וי"ל: דלא דמי כלל. דלעיל, נהי דליכא פסידא כל כך במה שפותחן, כיון שהיו מכורות לחנוני, מ"מ בעבורו פתחן. וכיון דאפילו לא היו מכורות היה פותחן בעבורו, לא הוצרך להודיעו כלל. אבל הכא לא באו כלל בעבורו.
אכן

רבינו גרשום

משנותן לאחרים: אלא פשיטא במקום שאין מכריזין כלומר במקום שאין רגילין להכריז באותו מקום אין קונה על הכל ישראל מא"י בשר לפיכך בא"י בין שלימה ובין חתוכה אין צריך ליטול ממנה גיד הנשה דלא אתי ישראל מיזבן מיניה. אלא פשיטא במקום שמכריזין כלומר במקום שרגילין להכריז ביום שלא הכריזו לא ימכור לו נבלות וטרפות לא"י שמא יחזור וימכרנה לישראל. ומצעתא בשלא הכריזו כלומר במקום שרגילין להכריז ביום שלא הכריזו אין מוכרין נבלות וטרפות לא"י שמא ימכרנה לישראל ורב אשי אמר כולה במקום שאין מכריזין. ואי פרכת (אי) במקום שאין רגילין להכריז אמאי אין מוכרין נבלות וטרפות לא"י והא לא אתי ישראל למיזבן מיניה גזרה שמא ימכרנה לו בפני ישראל: אינהו הוא דקא מטעו כו' כלומר הן יודעין שטרפה והא דלא קא מכרזי נפל טרפתא לבני חילא כי היכי דלא מימאסו: הא קא מטעינן ליה. כלומר דאנן אמרי' ליה דאנן נפקינן לקדמותיה וקא מטעינן ליה: איהו הוא דקא מטעי נפשיה כלומר שהוא יודע דלא נפקינן לקדמותיה ואף על פי כן קאמר אמאי איצטער רבנן:

הגהות הב"ח
(א) תום' ד"ה אמר וכו' דיכול לומר רב אשי כשינויא:

גליון הש"ס
תום' ד"ה אמר וכו' היינו כשאומר לו דכשרה היא. עי' לקמן דף קו ע"א ובמהרש"א שם:

מח א ב מיי' פ"ח מהל' מאכלות אסורות הל' יא יב סמג לאוין קמא טוש"ע י"ד סי' קי סעיף ח:
מט ג מיי' שם הלכה יא סמג שם טוש"ע י"ד סי' קי סעיף ג:
נ ד מיי' פי"ט מהלכות פסולי המוקדשין הל' ז:

אי הוות פייסת מינאי, מי לא ספיי לך משור של פטם, דעבדי אתמול? א"ל: אכלי משופרי שופרי. א"ל: מנלך? א"ל: דזבן פלוני גוי, וספא לי. א"ל: תרי עבדי, וההוא טרפה הוה. אמר רבי: בשביל שוטה זה שעשה שלא כהוגן, אנו נאסור כל המקולין? רבי לטעמיה, דאמר: מקולין וטבחי ישראל, בשר הנמצא ביד גוי — מותר. איכא דאמרי, אמר רבי: מפני שוטה זה דאיכוון לצעוריה לחבריה, אנו נאסור כל המקולין? טעמא, דאיכוון לצעוריה לחבריה, הא לאו הכי — אסור. והתניא רבי אומר: [א]מקולין וטבחי ישראל, בשר הנמצא ביד גוי — מותר! שאני הכא דאיתחזק איסורא. *[ב]אמר רב: בשר, כיון שנתעלם מן העין — אסור. מיתיבי, רבי אומר: מקולין וטבחי ישראל, בשר הנמצא ביד גוי — מותר! נמצא ביד גוי שאני. תא שמע: *[ג]תשע חנויות כולן מוכרות בשר שחוטה, ואחת מוכרת בשר נבלה, ולקח מאחת מהן, ואינו יודע מאיזה מהן לקח — ספקו אסור. ובנמצא — הלך אחר הרוב! הכא נמי: בנמצא ביד גוי. תא שמע: *מצא בה בשר *(אם חי) — הלך אחר רוב טבחים, ואם מבושל — הלך אחר רוב אוכלי בשר. וכי תימא: הכא נמי בנמצא ביד גוי, מבושל — הלך אחר רוב אוכלי בשר? ונחזי, אי דגוי נקיט ליה, אי דישראל נקיט ליה! הכא במאי עסקינן: בעומד ורואהו. תא שמע: *[ד]נמצא בגבולין, אברים — נבלות, חתיכות — מותרות. וכי תימא: הכא נמי — בעומד ורואהו, אברים — נבלות, אמאי? מידי הוא טעמא אלא לרב, הא איתמר עלה, רב אמר: מותרות משום נבלה, ולוי אמר: מותרות באכילה. והא דרב, *לאו בפירוש איתמר אלא מכללא איתמר. דרב הוה יתיב אמברא דאישתטית, חזיא לההוא גברא דהוה קא מחוור

רש"י

אי הוות פייסת מינאי. אם היית שלם עמי. שונאים היו זה לזה. **דעבדי אתמול.** ששחטתי אתמול. **שעשה שלא כהוגן.** שמכר טרפה לגוי למוכרה במקולין, והטעה את חבירו ולקח מן הגוי. **אנו נאסור.** בתמיה, מליקח בשר היום מן הגוי במקולין, הואיל ורוב טבחי ישראל? **מקולין.** מיישל"ת. **מקולין וטבחי ישראל.** כלומר, מקולין העומדין בעיר, וטבחי ישראל מתעסקין בהם. **בשר הנמצא ביד גוי.** שם, שלוקחו מן הטבחים להשתכר בו, דהוא ודאי לא שחטה. **מותר.** דבתר רוב טבחים אזלינן. ולטרפה ליכא למיחש, דאם איתא דאיכא טרפה — לא הוה מזבין ליה כדי למוכרה במקולין. **דאיכוון לצעוריה לחבריה.** ושקר דבר. **אנו נאסור.** היום את המקולין שבעיר, וליקח בשר מן הגוי?! אף היום מותרים, הואיל ולא הכריזו. ומקשינן: **טעמא דלצעוריה.** הא אמת דבריו — נאסרין, והתניא כו'. וכיון דבחזקת היתר הן, משום חד גוי מי מתסרי כולהו? **דאיתחזק איסורא.** דטרפה. וזה לא נזהר בה, שהרי מכרה לגוי, ויש לחוש שמכר הימנה לגויים הרבה. **שנתעלם מן העין.** שהיה שעה אחת שלא ראהו ואפילו היה מונח על שלחנו. **אסור.** שמא נתחלף בנבלה. **נמצא ביד גוי שאני.** שהיתה בחזקת המשתמר, והוא לא שחטה, וטרפה לא מכרו לו למוכרה כאן. אבל בשר המונח — שמא עורבים חלפוהו. **ספקו אסור.** דנפקא לן מקראי בפרק בתרא דיומא (דף פד:) ובפ"ק דכתובות (דף טו.): כל קבוע — כמחצה על מחצה דמי, וזה מן הקבוע לקח. אבל נמצא, דנייד הלך אחר הרוב, דהשתא לאו קבוע הוא. **מצא בה בשר.** משנה היא *בטהרות: עיר שישראל וגויים דרין בה. **הלך אחר רוב טבחים.** אם רובן ישראל — כשר. **ואם מבושל.** אע"פ שהטבחים רובן ישראל — אחר רוב אוכלי בשר שבעיר אזלינן, דמבושל לאו מטבחים נפל. ואפילו רוב טבחים ישראל — אסור, דשמא גוי בשלו. **אי גוי נקיט ליה.** אסור, דבסתמא הוא בשלו. אלא ודאי בנמצא מוטל לארץ קאמר, וקאמר: ברוב טבחי ישראל — מותר. **בעומד ורואהו.** משעה שנפל מיד האדם לשם, ובעודו ביד הבעלים לא נאסר, ואפי' היה גוי, דהא נמצא ביד גוי — מותר. **נמצא בגבולין.** משנה היא במסכת שקלים: בשר הנמצא בעזרה, אברים — עולות, שכן דרך לנתחה לנתחים. נמצא בגבולין, אברים — נבלות. שכן דרך לחתכה לאברים ולהשליכה לאשפה. **חתיכות מותרות.** וברוב טבחי ישראל קאמר. וכיון דנחתכות לחתיכות, ודאי לאכילה קיימי. **מותרות משום נבלה.** דלא מטמאי. ואי אכיל לה — לא לקי, דספק הוא. ומיהו באכילה אסורה. ואילו אברים נינהו — מחזקינן להו כודאי נבלה, ולקי. **והא דרב.** דנתעלם מן העין. **אמברא דאישתטית.** על מקום מעבר של אותו נהר.

תוספות

אנן נאסור את כל המקולין. "מקולין" הם אותם גוים שלוקחין בשר מן הטבח להשתכר בו. וקאמר דאין לנו לאסור מליקח בשר היום משאר מקולין, ולחוש שכמו שמכרה לזה טרפה למוכרה במקולין, אע"פ שלא הכריזו, כן מכר לאחרים המוכרים במקולין. או כמו שמכר זה הטבח טרפה, כמו כן עשו שאר טבחים — זה אין לחוש, ושרו שאר מקולין, הואיל ורוב טבחי ישראל לבד מההוא גוי דזבנה מיניה.

רבי לטעמיה דאמר מקולין וטבחי ישראל בשר הנמצא ביד גוי מותר. ולא חיישינן שמא יביא גוי מנבלה שבביתו למכור במקולין, או אם מכר אחד מן הטבחים טרפה לגוי הבא לקנות ממנו לאכילה ולא כדי למכור במקולין — אין לאסור בשביל כך מקולין דגויים, דבתר רוב בשר אזלינן שקונים מטבחים ישראל כדי למכור במקולין שהיא כשירה.

טעמא דאיכוון לצעוריה הא לאו הכי אסור והתניא כו'. פירוש: דשרינן בשר הנמצא ביד גוי, דאזלינן בתר רובא, ולא חיישינן שמא הביא נבלה מביתו למכור במקולין. הכא נמי ניזיל בתר רובא, ולא ניחוש לשאר מקולין! ומשני: "שאני התם דאיתחזק איסורא" — פירוש: הוחזק שיש איסור במקולין.

אמר רב בשר שנתעלם מן העין אסור. ואפילו בעיר שיש בה רוב טבחי ישראל, דחיישינן שמא עורבין אייתו נבלה מרובא דעלמא וחלפוה. (א) וחומרא בעלמא הוא משום עובדא דהוה, כדלקמן. [ליתא במשנה]

ספקו אסור. דכל קבוע כמחצה על מחצה דמי. והא דקיי"ל*: [לקמן קח:] מדאורייתא חד בתרי בטיל — היינו, היכא שמעורב ואינו ניכר האיסור. אבל הכא ידוע האיסור בדוכתיה, וחנות המוכרת בשר נבלה, ובדבר חשוב — אפי' מעורב לא בטיל. ואמר "כל קבוע" כו', כדאמר בפ' "התערובת" (זבחים עג.) גבי תערובת בעלי חיים, דחשיבי ולא בטלי. דפריך: ונמשוך ונקריב חד מינייהו, ונימא "כל דפריש, מרובא פריש"! ומשני: "נמשוך", בתמיה, "הוה ליה קבוע, וכל קבוע" כו'. ועיקר הטעם אינו משום קבוע, אלא משום דבעלי חיים לא בטלי, כמו דבר שדרכו לימנות.

ובנמצא הלך אחר הרוב. וא"ת: דבמקום שמכריזין והכריזו, משום טרפה אחת אסרינן כל המקולין של גוים, ולא אזלינן בתר דישראל, דהוי רובא, וכשר. וכן במקום שאין מכריזין — לא אזלינן בתר רוב כשרים! ומיהו איכא למימר: דהתם משום דמקולין הוו להו קבוע. אבל קשה: דבשר הנמצא ביד גוי שלא במקולין אסור ביום שהכריזו, ולא אמרינן הלך אחר הרוב, אע"ג דשרינן הכא נמצא ביד גוי. דמסתברא דהא דאמר רבי לעיל: מקולין וטבחי ישראל, בשר הנמצא ביד גוי, מותר — היינו, במקום שמכריזין, ולא הכריזו. אבל הכריזו — אסור, אף על גב דקתני "נמצא", דמשמע שלא במקולין. ועוד: דאסרינן במקום שאין מכריזין לקנות מן הגוי במקולין, אע"פ שרוב טבחי ישראל, דחיישינן דלמא אתרמי לטבחי ישראל טרפה, ולא אזלינן בתר רוב בהמות דכשרות. אע"ג דלקמן שרי כבדי וכולייתא דשדו עורבי במעלי יומא דכפורי, משום דהיתרא שכיח טפי, ולא חיישינן דלמא של טרפות הן, כדפירש בקונטרס התם לקמן: משום דרוב בהמות אינן טרפות. ונראה: דתקנתא בעלמא הוא שעשו חכמים במקום שאין מכריזין שלא לקנות מן הגוים לכתחלה, אע"פ שרוב טבחי ישראל. וכן במקום שמכריזין, והכריזו שלא לקנות משום גוי, כי ההיא דאמר (נדה דף סא.): בגד שאבד בו כלאים — לא ימכרנו לגוי, דלמא אתי לזבוני לישראל, אע"ג דמן הדין לא הוה לן למיחש, דאזלינן בתר רובא.

הכא נמי כשנמצא ביד גוי. וא"ת: דאמר בפ"ק דפסחים (דף ט: ושם ד"ה היינו): תשעה צבורים של מצה, ואחד של חמץ. ואתא עכבר ושקל כו' — היינו תשעה חנויות דספקו אסור. פירש ואתא עכבר ושקל — היינו סיפא. והשתא, כי שקל נמי עכבר מן הצבורים — ליששתרי, כי הכא דשרינן נמצא ביד גוי. דמה לי נמצא בפי עכבר, ומה לי נמצא ביד גוי, דאזלינן בתר הרוב! ויש לומר: דהתם איירי שראינו שלקח מן הצבורים, שנולד הספק במקום הקביעות. ובפ' "התערובת" (זבחים דף עג:) דפריך: ונכבשינהו (ג) ונינײדו, ונימא: כל דפריש מרובא פריש. ומאי קושיא? והלא כיון דחזינן בשעה שפירש, דמתייליד ספקא במקום קביעות, הוי כמחצה על מחצה! יש לומר: דהתם פריך שנעשה בענין זה שלא נראה בשעה שיפרוש. וא"ת: דהתם משני "גזירה שמא יקח מן הקבוע", אמאי לא אסרינן הכא נמי גבי נמצא ביד גוי משום גזירה "שמא יקח מן הקבוע"? וכ"ת: דהתם נמי אם פירשו מעצמם — שרו, אלא דלכתחלה הוא דאסור לעשות כן, גזירה שמא יקח מן הקבוע. דא"כ, אמאי ירעו עד שיסתאבו, כיון דפירשו מעצמם — מותרים! ותו: הא דאמרינן התם:* [דף עד.] כוס של גוי שנפל לאוצר מלא כוסות — כולן אסורים. פירש א' מהם לרבוא, ומרבוא לרבוא — מותרין. למה לי נתערב ברבוא, כיון דפירש הוא מותר, דמרובו פריש! אלא משמע דאסור, גזירה שמא יקח מן הקבוע. ואין סברא לחלק בין קדשים ועבודה זרה לשאר איסורים! וי"ל: דהכא לא שייך כלל למיגזר שמא יקח מן הקבוע, כיון שהאיסור ידוע במקומו, ואין חנות המוכרת נבלה מעורבת, אלא ידועה במקומה. אבל כשהאיסור מעורב, אי שרי ליה — כי פריש, אתי ליקח מן הקבוע. ודוקא התם שהאיסור מעורב בהיתר. ור"ת היה מתיר כשנכנס זאב בעדר, ודרס שנים או שלשה טלאים, כל חד וחד, מטעם "כל דפריש, מרובא פריש". ואין נראה, אלא דוקא כשהאיסור ידוע, כדפירשתי.
אסיק

הגהות הב"ח

(א) תוס' ד"ה אמר רב וכו' מרובה דעלמא וחלפוה ואפילו בכהאי גוונא שלימה וחומרא בעלמא הוא וכו': (ב) ד"ה הכא וכו' היינו סיפא וכו' ונכבשינהו דנינהו:

מסורת הש"ס

כ"מ כז:
פסחים ט: נדה יח. כתובות טו.
מכשירין פ"ב (מ"ט ע"ש)
[נ"ל במכשירין]
שקלים פ"ז מ"ג
[כריתות ט. וש"נ]

רבינו גרשום

אי הוה פייסת מינאי כלומר אי הוה עבדת לי ניח נפשא: מפני שוטה זה שעשה שלא כהוגן. כלומר שמכר בשוק טרפה במקום שמוכרין כשרה אנו נאסור כל המקולין אע"ג דטבחי ישראל בשר שנמצא ביד א"י יהא אסור שמכרו לו טרפה: הא לאו הכי אסור כלומר היכא דאיכא טרפה אחת במקולין בשר שנמצא ביד א"י דאיכא למימר דאותה טרפה מכרו לו והתניא רבי אומר מקולין כו' שאני התם דאיתחזק איסורא כלומר כי איתחזק טרפה במקולין לא אמרי' בשר שנמצא ביד גוי מותר: מיתיבי ר' אומר מקולין וטבחי ישראל כו' כלומר והא הכא דנתעלם מן העין ומותר: נמצא ביד גוי שאני. כלומר דאמרי' ליה מאן יהיב לך הא בישרא. אי ישראל יהב ליה מותר ואי גוי יהיב ליה אסור: ובנמצא הלך אחר הרוב כלומר אע"ג דנתעלם מן העין: ת"ש מצא בה בשר כלומר בעיר מצא הלך אחר הרוב טבחים כלומר כיון דרוב טבחים ישר' מותר ואי מבושל הלך אחר רוב אוכלי בשר כלומר ואם אומות העולם רוב אוכלי בשר הן אסור והא הכא חזינן אם חי הוא הלך אחר רוב הטבחים ואע"פ שנתעלם מן העין. וכי תימא הכא נמי בנמצא ביד גוי דהלך אחר רוב טבחים א"כ למה אזלינן אחר רוב אוכלי בשר ניחזי אי גוי נקיט ליה אי ישראל נקיט ליה כלומר אי גוי נקיט ליה טרפה ואי ישראל נקיט ליה כשרה. בעומד ורואה כלומר לעולם אימא לך בשר כיון שנתעלם מן העין אסור ואי פרכת והא קא חזינן הכא מצא בה בשר הלך אחר רוב טבחים ורוב טבחי ישראל ומותר בעומד ורואהו משעה שניטל הבשר מן מקולין עד שעה שנפל. ת"ש נמצא בגבולין איברין כו'. הכא המשנה בבשר שנמצא בעזרה [איירי] איברין שלמין הרי אלו עולה דודאי כיון דשלימין הן עולה הן שכן מצינו ונתח אותה לנתחיה ולא נתחיה לנתחים: חתיכות. של חטאת הן כלומר דחטאת יכולין לחתוך אבר לכמה חתיכות. נמצא בירושלים איברים שלמים כלומר ששלמים היו נאכלין בכל העיר. נמצאו בגבולין איברין נבלות דודאי אם לא היו נבלות לא היו שלימות אלא ודאי נבלות הן והיטילום לאשפה חתיכות מותרות דודאי כשרות היו ונפלו לאחר מכאן דאם לא היו כשרות לא היו חתוכות מ"מ חזינן הכא מצא בגבולין חתיכות מותרות אע"ג דנתעלם מן העין: מידי הוא טעמא אלא לרב. כלומר בתחלת ההלכה הא איתמר עלה רב אמר מותרת כלומר עלה דרב דמותרת משום נבלה דאינה מטמאה במשא אבל אסורה באכילה כיון דנתעלם מן העין: והא דרב לא בפירוש איתמר. כלומר מה דאמר רב אסור כיון דנתעלם מן העין אסור לאו בפירוש איתמר. אמעברא דאישטיא נהר: מחלל רישא כלומר רוחץ במים ראש של בהמה.
אייתי

נא א ב מיי' פ"ח מהל' מאכלות אסורות הל' יב סמג לאוין קמא טוש"ע יו"ד סימן סג סעיף א:
נב ג מיי' פי"א מהלכות עבודת כוכבים הל' ד ועי' השגות וכ"מ סמג לאוין לא טוש"ע י"ד סי' קעט סעיף ד בהג"ה:
נג ד מיי' פ"ה מהלכות דעות הלכה כ:
נד ה ו מיי' פ"ח מהל' ע"ז הלכה ב טוש"ע שם:
נה ז מיי' פ"ח מהלכות מאכלות אסורות הל' יג סמג לאוין קמא טוש"ע י"ד סי' סג סעי' א:

אסיק תרין אמר רב עבדי נמי הכי אסרינהו ניהליה. ואי לא אסיק אלא חד – לא היה אוסר, שהרי ראה שלא היה שם עורב. והא לא הוה (ב) למיחש שמא שלו נאבד במים, וזהו אחר. אבל השתא דאסיק תרי – אסרינן, אע"פ שרוב טבחי ישראל הוו שם, דחייש שמא עורב הביא מרובא דעלמא. והיינו דקאמר "דאיסורא שכיח טפי" – כלומר, במקומות הרחוקים, שיכולים עורבין להביא משם. ולקמן דשרי רב כהנא כבדי וכולייתא דמייתו עורבין ושדו, משום דהיתרא שכיחא – (ג) התם בכל מקומות שסביב שהיו עורבין יכולים להביא משם, היו רוב טבחי ישראל.

לא עלים רב עיניה מיניה. לא היה יכול לדקדק מכאן דסבר רב דבשר שנתעלם מן העין אסור, דדלמא רוב טבחי גוים היו שם.

כאליעזר עבד אברהם. °ואם תאמר: אליעזר היאך ניחש, למ"ד בפ' "ארבעה מיתות" (סנהדרין דף נו:) כל האמור בפרשת מכשף, בן נח מוזהר עליו? וי"ל: (ד) דההוא תנא סבר שלא נתן לה הצמידים עד שהגידה לו בת מי היא. ואע"ג דכתיב (בראשית כד): "ויקח האיש נזם זהב" וגו', והדר כתיב: "ויאמר בת מי את" – אין מוקדם ומאוחר בתורה. וכן מוכח כשספר, דכתיב: "ואשאל אותה ואומר בת מי את".

וכיונתן בן שאול. וא"ת: היאך ניחש? ויש לומר דלזרז את נערו אמר כן, ובלאו הכי נמי היה עולה.

תריסר גמלי. ור"ח גריס "גוילי". כלומר, תריסר גוילין כתובין שאלות.

בחרוזים הרי זה סימן. משמע דאין דרך לחרוז בשר. וא"ת: דבתוספתא [ב"מ פ"ב] קתני "מצא חרוזין של דגים ושל בשר – הרי אלו שלו"? ויש לומר: דהכא סמכינן בדבר מועט*.

*מחוור רישא. נפל מיניה, אזל אייתי סילתא, שדא — אסיק תרין. אמר רב: עבדי נמי הכי?! אסרינהו ניהליה. אמרי ליה רב כהנא ורב אסי לרב: דאיסורא שכיחי, דהתירא לא שכיחי? אמר להו: דאיסורא שכיחי טפי. *וכי מכללא מאי? פרוותא דגוים הואי. תדע, דקאמר להו: דאיסורא שכיחי טפי. אלא *רב היכי אכל בשרא? בשעתיה, דלא עלים עיניה מיניה. איבעית אימא: אבצוירא וחתומא. ואי נמי: בבסימנא. *כי הא דרבה ב"ר הונא מחתך ליה אתלת קרנתא. רב הוה קאזיל לבי רב חנן חתניה, חזי מברא דקאתי לאפיה, אמר: מברא קאתי לאפי, יומא טבא לגו. אזל קם אבבא, *אודיק בבזעא דדשא, חזי חיותא דתליא. טרף אבבא, נפוק אתו כולי עלמא לאפיה, אתא טבחי נמי, לא עלים רב עיניה מיניה. אמר להו: איכו השתא, ספיתו להו איסורא לבני ברת! לא אכל רב מההוא בישרא. מ"ט? אי משום איעלומי — הא לא איעלים. אלא דנחיש — והאמר רב: גכל נחש שאינו כאליעזר עבד אברהם וכיונתן בן שאול אינו נחש! אלא סעודת הרשות הואי, ורב דלא מתהני מסעודת הרשות. רב בדיק במברא, ושמואל בדיק בספרא, רבי יוחנן הבדיק בינוקא. כולהו שני דרב, הוה כתב ליה רבי יוחנן: "לקדם רבינו שבבבל". כי נח נפשיה, הוה כתב לשמואל: "לקדם חבירינו שבבבל". אמר: לא ידע לי מידי דרביה אנא?! כתב שדר ליה עיבורא דשיתין שני. אמר: השתא, חושבנא בעלמא ידע. כתב ולא שדר ליה *תליסר גמלי ספקי טריפתא. אמר: אית לי רב בבבל, איזיל איחזייה. א"ל לינוקא: פסוק לי פסוקיך! אמר ליה: °"ושמואל מת". אמר: ש"מ, נח נפשיה דשמואל. ולא היא, לא שכיב שמואל, אלא כי היכי דלא ליטרח רבי יוחנן. תניא, רבי שמעון בן אלעזר אומר: ובית תינוק ואשה — אף על פי שאין נחש, יש סימן. אמר ר' אלעזר: והוא דאיתחזק תלתא זימני, דכתיב: °"יוסף איננו ושמעון איננו ואת בנימין תקחו". בעא מיניה רב הונא מרב: בחרוזין מהו? א"ל: אל תהי שוטה! בחרוזין הרי זה סימן. איכא דאמרי, אמר רב הונא אמר רב: בחרוזין הרי זה סימן. רב נחמן מנהרדעא איקלע לגבי רב כהנא לפום נהרא במעלי יומא דכפורי, אתו עורבי שדו כבדי וכוליתא. אמר ליה: שקול ואכול, האידנא דהיתרא שכיח טפי. רב חייא בר אבין איתבד ליה כרכשא *(בי דינא,) אתא לקמיה דרב הונא, אמר ליה: אית לך סימנא בגויה? א"ל: לא. יאית לך טביעות עינא בגויה? אמר ליה: אין. אם כן, זיל שקול. רב חנינא חוזאה איתבד ליה גבא דבשרא, אתא לקמיה דרב נחמן, אמר ליה: אית לך סימנא בגויה? אמר ליה: לא. אית לך טביעות עינא בגויה? אמר ליה: אין. אם כן, זיל שקול. רב נתן בר אביי איתבד ליה קיבורא דתכלתא, אתא לקמיה דרב חסדא, אמר ליה: אית לך סימנא בגויה? אמר ליה: לא. אית לך טביעות עינא בגויה? אמר ליה: אין. אם כן, זיל שקול. אמר רבא: *מרישא הוה אמינא, סימנא עדיף מטביעות עינא, דהא מהדרינן אבידתא בסימנא, ולא

מחוור. מחללו ומדיחו במים. סילתא = סל. עבדי נמי הכי. וכי דרך הוא כן, שהמאבד חפץ אחד מוצא שנים?! כלומר, אחרים הוו נמי התם בתמיה. דהיתירא לא שכיחי. בתמיה. האי נמי דהיתירא הוא. וכי מכללא מאי. לעיל קאי, דאמרי "לאו בפירוש איתמר", מאי בין פירושא לכללא? והא שפיר שמעינן מינה דכיון שנתעלם אסור, מדאסר לראש הגמלא! ומשני: איכא ביניהו דליכא למיסמך אמילתא כולי האי דאיכא למימר ברוב טבחי ישראל מודה דמותר והכא משום דפרוותא דגויים הואי. גמל, פור"ט, ושכיחי דאיסורא טפי. אלא רב היכי אכיל בשרא. הואיל ובהעלמה אסר ליה? ומשני: בשעתיה. מיד כשנשחט. אתלת קרנתא. לכל חתיכה ג' קרנות, ומשום סימן (א) שלא יגנבו ממנה אנשי ביתו. חזא מברא. מעבורת הנהר שהיתה באה מעבר השני לעבר זה. אמר מברא אתי לאפאי יומא טבא לגו. סימן טוב הוא לעוברי דרכים, כשהמעבורת באה לקראתן מאליה, קודם שיזמנוה. יום טוב להם בבית אושפיזם, באותה לילה כשילינו. אודיק בבזעא דדשא. הציץ דרך סדק שבדלת. איכו השתא. כלומר, אם בשמירתכם השתא. ספיתו להו איסורא לבני בנתי. שהעלמתם עיניכם. דנחיש. אמעברא דאתא לאפיה, דאמר יומא טבא לגו. כל נחש שאינו. סומך עליו ממש, כאליעזר עבד אברהם, שאם תשקני – אדבר בה, ואם לאו לא אדבר בה. וכיונתן בן שאול. "אם יאמרו *אלינו עלו ועלינו"*. סעודת הרשות. בת ת"ח לע"ה, ב"אלו עוברין" (פסחים מט.). בדיק במברא. אם מזומנת לו – אזיל, ואם בקושי מוצאה – לא אזיל. בינוקא. דשאיל ליה "פסוק לי פסוקיך". כולהו שני. דהוה רב קיים בבבל, כי הוה כתב ר' יוחנן מארץ ישראל, שאלה או תשובה, היה כותב באגרתו "לקדם רבינו שבבבל". אמר. שמואל. לא ידיע לי מידי דרביה אנא. לא אוכל לחפש דבר, שאהיה אני בקי בו והוא לא שנאו, ואהיה רבו? תריסר גמלי. לאו דווקא. ספקי טריפתא. מיני ספק טרפות. ואני שמעתי: הנך ספקי עופות טמאים ד"אלו טריפות" (לעיל דף סב:). בית תינוק ואשה. בנה בית או נולד לו בן או נשא אשה. אע"פ שאין נחש. שאסור לנחש ולסמוך על הנחש. יש סימן. סימנא בעלמא הוי מיהא. דאי מצלח בסחורה ראשונה אחר שבנה בית או שנולד התינוק או שנשא אשה – סימן הוא שהולך ומצליח. ואי לא – אל ירגיל לצאת יותר מדאי, שיש לחוש שלא יצליח. תלתא זימני. הצליח או לא הצליח. יוסף איננו ושמעון איננו. הרי שתים, אם "את בנימין תקחו" – מיד, "עלי היו כולנה", ואין לך צרה שאינה עוברת עלי. בחרוזין מהו. נתן בשר בחרוזין, ריסט"ס, ונתעלם מן העין. אל תהי שוטה בחרוזים. בשאלה זו, דודאי זה סימן. לשון מורי. לישנא אחרינא: אל תהי שוטה דבחרוזין הרי זה סימן. איכא דאמרי. לאו בעיא הוא אלא שמעתא אתמר: אמר רב הונא כו'. שדו. היו משליכין. האידנא דהיתרא שכיח טפי. דהיום רוב שוחטים ישראלים הם, ולספק טרפה לא חיישינן, דרוב בהמות אינן טרפות. כרכשא. טבחיא. רב הונא ס"ל כרב רביה, דאסר בהעלמה. ולא קי"ל כוותיה בהא, אלא למתניתין סמכינן: נמצא בגבולות, מצא בה בשר. ואע"ג דשכיחי: בעומד ורואהו — שינוי דקיקי ניכרהו. וכי קי"ל "הלכתא כרב באיסורי" — גבי פלוגתא דשמואל הוא דאמרינן, אבל גבי מתניתין — לא. ורב כהנא, הא קא חזינן דא"ל: שקול אכול. קיבורא. דתכלתא. לימוש"ל. תכלתא. צריך להכירה שלא תתחלף בקלא אילן. דהא מהדרינן אבידתא בסימנין, ולא מהדרינן אבידתא בטביעות עינא אלא לצורבא מרבנן, כ"אלו מציאות" (ב"מ דף כג:). לכל אדם בסימנין, ולכי

תורה אור: שמואל א כח; בראשית מב

[גי' הערוך בערך חל יא מחלחל]

[ברכות יב. וש"נ]

[עי' תוס' ב"מ כג: ד"ה מחרוזות ותוספות עוד שם כד: ד"ה אמא]

[שמואל א יד]

ב"מ כג: ביצה כח.

[תי' של ושקוף על פני סדוס ואודיק. ערוך ערך סדק ג']

[וע"ע תוס' ב"מ כג: ד"ה מחרוזות]

[עי' תוס' ברכות כ. ד"ה תליסר ובר"ש שבת קיט. ד"ה תליסר עליתא ותוס' ב"ב קנג: ד"ה עליתא]

[נ"ל בינו דנא וכ"א כרי"ף והרא"ש פי' בין החכוזות]

[נ"ל מריש]

[בכורות מט:]

הגהות הב"ח

(א) רש"י ד"ה אתלת קרנתא וכו' שלא יגנבו נ"ב עי' פרק אלו מציאות דף כג ע"ב ועי' שם בתוס' פירש בענין אחר: (ב) תוס' ד"ה אסיק וכו' ולא הוה ליה למיחש: (ג) בא"ד שכיחא טפי התם: (ד) ד"ה כאליעזר וכו' דההוא תנא סבר נ"ב עי' בתענית דף ד' כתוס':

גליון הש"ס

תוס' ד"ה כאליעזר כו' וא"ת. עי' ברכ"י שמואל א' י"ד ט בהרוכה.

רבינו גרשום

איתי סילתא כלומר חתיכה של עץ השישמו לתוך המים והביא שני ראשים. אמר רב עבדי כי האי גוונא ואי מכללא איכא לאשתרויי כי האי גוונא: ואי מכללא מאי כלומר אפי' לא אמר בפירוש אלא מאותו מעשה דאסר מצינן למיגמר מיניה דבשר כיון שנתעלם מן העין אסור. פרוותא דגוים הוה כלומר מאותו מעשה לא מצינן למיגמר דפרוותא דגוים הוה: ואלא רב היכי אכיל בשר כלומר כיון דקאמר בשר כיון שנתעלם אסור היכי אכיל בשרא. איבעית תימא בצירא וחתימא כלומר שצרור וחתום ומאותו בשר הוא אוכל. יומא טבא לגו כלומר סימן טוב שהספינה באה לקראתנו: הוה בי בזעא סדק כלומר בפתח דהוה יכיל למיחזי בביתא. א"ל קא ספית איסורא לבני ברת אי לאו דחזאי דרך ביזעא ולא איעלמי עיינא מינה מחיוותא: ספית איסורא לבני ברת. דרב חנן בר רבא חתניה הוה והיא הוה ברתיה: אלא משום דנחיש במברא דאמר מעברא דאתי לאפאי יומא טבא לגו ובשביל שניחש לא רצה לאכול מאותו בשר. וכי יהונתן בן שאול כו' שמצינו ביהונתן בן שאול שניחש בפלשתים והיה אם יאמרו לנו עלו אלינו ועלינו ואם יאמרו לנו דמו עד הגיענו אליכם כו': בדיק במברא כדאמרינן דאמר מברא דאתי לאפיה הולך ומצליח ואי לא לא אזיל: שמואל בדיק בספרא אם חוזר בפסוק טוב ואם לאו. בדיק בינוקא כלומר הולך לבית הספר ושואל לתינוק שיאמר לו פסוק שבאותה שעה לומד אם טוב הולך ואם לאו לאו: בית תינוק ואשה כלומר כשמתחיל לבנות ביתו אם ארע לו בתחלה ג"פ אם טוב ואם רע ודאי כשם שאירע לו ג"פ מתחלה כן יארע לו תדיר: בשר בחרוזין מהו. כלומר אמרינן בשר כיון שנתעלם מן העין ועשה בו הלוקח סימן כמו שתולין הקצבין בחרוזין וניכר החרוזין מהו: האידנא דהיתרא שכיחי טפי כלומר שישראל שוחטין בכל מקומות: איתבד ליה כרכשא. כלומר מכיר אתה אותה: גבא דבשרא. כלומר גב של בהמה חתיכה שקנה: קיבורא דתכלתא. לימוש"ל דתכלת דבעינן טויה לשמה דכתיב ועשו להם ציצית בעינן עשייה לשמה.

ולא מהדרינן בטביעות עינא. השתא דשמעתינהו להני שמעתתא, אמינא: טביעות עינא *עדיפא. דאי לא תימא הכי, היאך *סומא מותר באשתו? ובני אדם איך מותרין בנשותיהן בלילה? אלא בטביעות עינא דקלא, הכא נמי בטביעות עינא. אמר רב יצחק בריה דרב משרשיא: תדע, דאילו אתו *בתרי, ואמרי: פלניא, דהאי סימניה והאי סימניה, קטל נפשא – לא קטלינן ליה. ואילו אמרי: אית לן טביעות עינא בגויה – קטלינן ליה. אמר רב אשי: תדע, דאילו א"ל איניש לשלוחיה: קרייה לפלניא, דהאי סימניה והאי סימניה – ספק ידע ליה ספק לא ידע ליה. ואילו אית ליה טביעות עינא בגויה – כי חזי ליה, ידע ליה.§ **מתני'** [א]הנוטל גיד הנשה, צריך שיטול את כולו. ר' יהודה אומר: כדי לקיים בו מצות נטילה. [ב]האוכל מגיד הנשה כזית – סופג ארבעים, אכלו ואין בו כזית – חייב. *[ג]אכל מזה כזית ומזה כזית – סופג שמונים. ר' יהודה אומר: אינו סופג אלא ארבעים.§ **גמ'** בר פיולי הוה קאי קמיה דשמואל וקא מנקר אטמא, הוה קא גאים ליה. א"ל: חות ביה טפי! השתא לא חזיתך, ספיתא לי איסורא! אירתת, נפל סכינא מידיה. א"ל: לא תירתת, דאורי לך – כרבי יהודה אורי לך. אמר רב ששת: מאי דשקל בר פיולי – דאורייתא לרבי יהודה. מכלל דשייר דרבנן לר' יהודה, אלא דאורי ליה – כמאן אורי ליה? אלא אמר רב ששת: מאי דשקל בר פיולי – דאורייתא, (א) ומאי דשייר – דרבנן לר"מ. דאי רבי יהודה – אפילו מדרבנן שרי.§ "האוכל מגיד הנשה" [וכו'].§ אמר שמואל: [ד]לא אסרה תורה אלא שעל הכף בלבד, שנאמר: °"על כף הירך". אמר רב פפא, כתנאי: א) אכלו ואין בו כזית – חייב, רבי יהודה אומר: עד שיהא בו כזית. מ"ט דרבנן ב) – בריה (בפני עצמה) היא. ור'

א) לעיל נח. ב) [לקמן ק. קיט.]

רש"י: להני שמעתתא. דשרי איסור בטביעות עינא. בטביעות עינא דקלא. שנתן דעתו להכירה בקול. ומאבידה לא ילפינן, דהתם משום חימוד הממון חיישינן דלמא משקר, דאמר מר (מכות דף כג:): גזל ועריות נפשו של אדם מתאוה להם ומחמדתן. תדע. דטביעות עינא עדיפא. פלניא דהכי סימניה. "פלוני הרג את הנפש, ואין אנו מכירין בו מעולם אלא סימנין כך וכך היו בגופו ובכליו של הורג". טביעות עינא אית לן בגויה. ומכירין אנו בו. ואילו אית ליה. לשליח. טביעות עינא בגויה. שמכירו. **מתני'** שיטול את כולו. יחטט אחריו. וסתם משנה, ר"מ, דאמר (לעיל דף צב:): חטיטה בעי. אכלו ואין בו כזית. משום דבריה הוא, וחייב בכל שהוא, וכדאמרינן במסכת מכות (דף יג.): אי אתם מודים לי באוכל נמלה כל שהוא שחייב? אמרו לו: מפני שהיא כברייתה. אינו סופג אלא ארבעים. דאינו נוהג אלא באחת. **גמ'** בר פיולי. כך שמו. גאים ליה. כרבי יהודה, לא היה מחטט, אלא גומס מלמעלה. אמר ליה לא תירתת. לא בע"ה ולא ברשע אני חושדך. דאורי לך. לעשות כן, כרבי יהודה אורי לך. ומאי דשייר דרבנן לר"מ. דמדרבנן הוא דבעי רבי מאיר חטיטה. שעל הכף. דאע"פ שהגיד ארוך, אין אסור אלא מה שסובב על הכף. כף. בשר הסובב את הקולית ודבוק לעצם, והגיד הארוך שוכב מקצתו על גבי אותו בשר. אמר רב פפא כתנאי. כדמפרש ואזיל, דרבנן אית להו דשמואל, ורבי יהודה לית ליה דשמואל. *סתם אכילה בכזית. ורבנן

תוספות: ולא מהדרינן בטביעות עינא. תימה: דשאני התם, דחשדינן ליה דילמא משקר שאינה שלו, דהא לצורבא מרבנן מהדרינן בטביעות עינא! וי"ל: דהכא מיירי בטביעות עין כל דהו. והא דמהדרינן לצורבא מרבנן בטביעות עינא – (ג) דהיינו בטביעות עין גמור. דכל הני אמוראי דהכא, לא היה להם טביעות עין גמור. דאי לאו הכי, מה היה להם לישאל? אי הוו ידעי – בודאי לא הוו מסופקים כלל!

פלניא דהאי סימניה והאי סימניה קטל נפשא לא קטלינן ליה. וא"ת: והלא משיאין אשה על פי סימנים, להך לישנא דאמר רבא סימנין דאורייתא, בפ' בתרא דיבמות (דף קכ.). ואם לאחר שנשאת באו עדים שזינתה – קטלינן לה, דסמכינן אסימנין להחזיקה בחזקת אשת איש מן השני. ואפילו נתברר ע"י עדים שבעלה הראשון כבר היה מת בשעת הזנות, ולא אמרינן: שמא בעלה היה חי בשעת קידושיה, ואין קידושיה קדושין! וי"ל: דבכי האי גוונא נמי לא סמכינן אסימנין למיקטלה ולהחזיקה באשת איש מן השני, אלא אמרינן: שמא היה חי בעלה, ולא הוו קידושיה קידושין. וכן אם נשאת על פי עד אחד, וזינתה – לא קטלינן לה, אע"פ שבעלה הראשון נודע שהיה מת כבר בשעת הזנות. דלא לכל דבר מהימנינן ליה. דאין האחין יורדים לנחלה על פיו, וגם לצרתה אסורה. וא"ת: והיאך מחזירין שטר חוב בסימנים, והא אי אתו סהדי ואמרי "פלוני דהאי סימניה והאי סימניה לוה מפלוני" – לא מפקינן! וי"ל: דלא דמי (ג) שטר שאין אדם מוחזק בו, שיאמר "שלי הוא" – מהדרינן שפיר. אבל ממון שביד הבעלים – אין להוציא ע"י סימנין. דה"נ לא הוה מפקינן חפץ מיד בעלים אי אתו סהדי ואמרי "ההוא חפץ, דהאי סימניה והאי סימניה, °דפלניא הוא". *מכלל דשייר דרבנן דלר' יהודה. לכאורה משמע דלרבי יהודה נמי אית ליה דאורייתא ודרבנן, ולר"מ הוי דאורייתא כל כמה שאוסר רבי יהודה. כדאמרן בסמוך: דשקל דאורייתא לר"מ, ולרבי יהודה – דרבנן נמי לא שייר. אבל אין נראה לומר כן, דאם כן, הוו שלשה מחלוקות בדאורייתא. דר' יהודה פליג אההוא תנא דאמר "לא אסרה תורה אלא שעל הכף בלבד", כדאמר בסמוך. ולא מסתברא לומר כן. דבשלמא רבי יהודה ות"ק דידיה פליגי בדרש ד"על כף הירך" כדשמואל, אלא רבי מאיר ורבי יהודה, במאי פליגי? וא"ת: ומנא לן דשקל בר פיולי דאורייתא לר"מ? דילמא סבר ר' מאיר דלא אסרה תורה אלא שעל הכף בלבד, וליכא אלא שני מחלוקות! ויש לומר: כיון דממייר ר' מאיר בחטיטה, לא מסתברא דמיקל בדאורייתא טפי מדרבי יהודה. ותנא קמא דר' יהודה ודאי אין מחמיר בחטיטה, כיון דמיקל בדאורייתא. וא"ת: והא שמואל סבר כר' מאיר, דאמר ליה: חות ביה טפי, וקאמרינן לקמן דשמואל קאמר לההוא שמעתא ד"לא אסרה תורה אלא שעל הכף בלבד"! ויש לומר: דשמואל אליבא דתנא דמתניתין דאמר "אכלו ואין בו כזית, חייב" קאמר "ולא אסרה תורה" כו', וליה לא סבירא ליה. וכה"ג אמר שמואל בפרק "אלמנה ניזונת" (כתובות דף צז.) דמציאת אלמנה לעצמה. והיינו, כאנשי יהודה, כדמוכח התם. ובפרק "נערה שנתפתתה" (שם דף נד.) שמעינן ליה לשמואל שפוסק בהדיא דהלכה כאנשי גליל.* **צריך** שיטול את כולו. לענין חטיטה – סתם כר' מאיר, ולענין דנאמנים – סתם כרבי יהודה לעיל (דף פט:), דקתני, וחכמים אומרים: נאמנים. **מאי** טעמא דרבנן בריה היא. ובסוף פירקין (דף קב.) נמי אמרינן כי האי גוונא: אבל צפור טהורה בחייה, – בכל שהוא, במיתתה – בכזית. אבל צפור טמאה, בין בחייה בין במיתתה – בכל שהוא. דאבר מן החי ועוף טמא חשיבא להו בריה. וא"ת: מאי שנא דאבר מן החי ועוף טמא וגיד ושרץ חשיבי טפי בריה מנבלה טהורה במיתתה בכזית, ולא חשיבא בריה? וכן טבל לא חשבי ליה רבנן בריה במכות (דף יז.)! ויש לומר: דהיינו טעמא דהני, דכי אמר רחמנא "לא תאכל גיד" ו"לא תאכל עוף טמא", וכן אבר מן החי – כאילו פירש: בין גדול ובין קטן, דכולהו מיקרו "גיד" ו"עוף", ובלבד שיהיו שלמים. אבל נבלה – חתיכה נמי משמע "נבלה". וכן טבל, דלא הוה כתיב "לא תאכל חטה של טבל" – לא הוה חשיב בריה. וכן משמע פרק שלישי דשבועות (דף כא:) דקאמר: היכן מצינו באוכל כל שהוא שחייב? ופריך: ולא?! והרי מפרש – פירוש: "שבועה שלא אוכל כל שהוא". ומשני: מפרש נמי כבריה דמי. משמע דטעמא דבריה הוי כאילו פירש הכתוב שלא תאכל בין גדול ובין קטן. וא"ת: דתנן בפרק "אלו הן הלוקין" (מכות יג.): כמה יאכל מן הטבל ויהיה חייב? ר' שמעון אומר: בכל שהוא, וחכמים אומרים: בכזית. אמר להם ר"ש: אי אתם מודים באוכל נמלה כל שהוא, שחייב? אמרו לו: מפני שהיא כברייתה. אמר להם: אף חטה כברייתה. ומסיק בגמרא:* דלר"ש, כל שהוא למכות, אפילו קמח. ולדבריהם דרבנן קאמר "אודו לי מיהת דחטה אחת כברייתה בכל שהוא". ורבנן, ברייה נשמה – חשיבא, דחטה – לא חשיבא. והשתא קשה: הרי גיד ואבר מן החי, דחשיבי בריה. אלמא, לא תליא מילתא בנשמה. ואפילו הוה נשמה בחטה – לא חשיבא בריה, כדפרישית, דלא דמי למפרש. ד"לא תאכל טבל" כתיב, ולא כתיב "לא תאכל חטה של טבל"! ונראה לפרש: דרבנן לדברי ר"ש קא מהדרי ליה: לדידן, אפילו הוה חטה נשמה – לא חשיבי ליה בריה. דלא דמי למפרש, כדפרישית. אלא לדידך, דחשבת ליה בריה. אלמא, לית לך טעמא דמפרש, מ"מ לא דמי לנמלה, דלנמלה איכא נשמה. וקשה: היכן מצינו כזה, שמשיבין טעם לדבריו, והם עצמם אינם סוברין שיהיה הדבר תלוי בנשמה? וי"ל: דכי האי גוונא אשכחן בפרק "התערובת" (זבחים עג.*) דתניא: אברי תמימים שנתערבו באברי בעלת מום – ר' אליעזר אומר: יקרבו, ורואה אני את בשר בעלת מום כאילו הם עלים. וחכ"א: לא יקרבו. וע"כ ר' אליעזר גופיה לית ליה האי טעמא. דהא ברובע ונרבע מודה דלא יקרבו, ולא קאמר "רואה אני אותם כאילו הם עלים". אלא עיקר טעמא, כדמפרש בגמ': "מום בם לא ירצו", הא ע"י תערובות – ירצו. ולדבריהם דרבנן קאמר להו, כדאמר התם. ומיהו שם מיושב יותר, דמתוך הברייתא אומר כן הגמרא. אבל בפרק בתרא דמכות (דף יז.) מי דוחק התלמוד לומר דרבנן משיבין תשובה לר"ש לדבריו, מה שאינן סוברין, כיון דלא מצינו לא במשנה ולא בברייתא. וא"ת: ור"ש, דחשיב חטה בריה, היאך תרומה עולה בק"א, הא אמרינן לקמן (דף ק.) דבריה לא בטלה, גבי גיד? וכי תימא: דהתם היינו טעמא, דכשנולד – נולד האיסור עמו, כמו גיד ושרץ ואבר מן החי ועופות טמאים. אבל תרומה – מותר עד שימרח. אכתי ערלה וכלאי הכרם לא ליבטלו! [וע"ע תוס' זבחים עב. ד"ה "וליבטלו"].

ורבי

עין משפט נר מצוה

נו א מיי' פי"ח מהל' מאכלות אסורות הל"ז סמג לאוין קלט טוש"ע יו"ד סי' סה סעיף ח:

נז ב מיי' שם הל"ב:

נח ג מיי' שם הל"ג:

נט ד מיי' שם הל"ב טוש"ע יו"ד סי' ק סעיף א בהג"ה:

גיטין כג. [וע"ש דרב יוסף מקשה קושיא זו היאך סומא וכו']

רבינו גרשום

בר פיולי גרסינן וקא מנקר אטמא קא מנקר היריך מגיד הנשה חזיה דקא גיים. כלומר שהיה גוממו עם השופי ולא מחטט אחריו: דאורי לך כר' יהודה אורי לך. כלומר דחזינן דמיקל דאמר כדי לקיים בו מצות נטילה: מאי דשקיל בר פיולי דאורייתא כלומ' מה דשקיל בר פיולי אסור מן התורה לר' יהודה מכלל דשייר כו' כלומר מכלל דמאי דשייר אסור מדרבנן לר' יהודה ואלא דאורי ליה דלא היה מחטט אחריו אלא היה גוממו כמאן אורי ליה כיון דמאי דשייר אסור מדרבנן כמאן אורי ליה: לא אסרה תורה אלא שעל הכף בלבד. כלומר שעל השופי בלבד לאפוקי סוף הגיד שחוץ לשופי שמותר מדאורייתא:

[עיין במפרשי הש"ס על דיבור זה]

גליון הש"ס

תד"ה פלניא (בסה"ד) דפלניא הוא. עיין בב"מ ע ע"א תד"ה אתא:

מסורת הש"ס

[עיין תוס' ברכות דף כ ריש ע"א]

[נ"ל בי תרין]

הגהות הב"ח

(א) אלא אמר רב ששת וכו' דאורייתא לר"מ ומאי דשייר: (ב) תום' ד"ה ולא וכו' בטביעות עינא היינו בטביעות עין גמור וכל הני: (ג) ד"ה פלניא וכו' וי"ל דל"ד דשטר:

לעיל פב: נח.

[שייך לע"ב]

בראשית לב

[וע"ע תוס' גיטין לט. ד"ה הא מני]

[שם דף יז.]

(ושם: ד"ה אודי)

עין משפט
נר מצוה

ם א מיי' פט"ו מהל' מאכלות אסורות הל"ו סמג לאוין קלח קלט טוש"ע יו"ד סי' סה סעיף ט:
סא ב מיי' שם פט"ז הל"ו סמג שם טוש"ע יו"ד סי' ק סעי' ב:
סב ג מיי' שם פט"ו הל' לב סמג שם טוש"ע יו"ד סי' קה סעיף ז וסעיף ט:

מסורת הש"ס

ור' יהודה? אכילה כתיבה ביה. ורבנן? ההיא אכילה דכי איכא ביה ארבעה וחמשה זיתים ואכל חד כזית – מיחייב. ורבי יהודה? מ"אשר על כף הירך" נפקא. ורבנן? ההוא מיבעי ליה לכדשמואל, דאמר שמואל: לא אסרה תורה אלא שעל כף הירך. ור' יהודה? "הירך" כתיב – דכולה ירך. ורבנן? *ההוא – דפשיט איסוריה בכוליה ירך, לאפוקי חיצון – דלא, ולעולם שעל הכף. והאי "כף" מיבעי ליה למעוטי עוף, דלית ליה כף! תרי "כף" כתיבי.§

מתני' *אירך שנתבשל בה גיד הנשה, אם יש בה בנותן טעם – הרי זו אסורה. כיצד משערין אותה – כבשר בלפת. בגיד הנשה שנתבשל עם הגידים, בזמן שמכירו – בנותן טעם, ואם לאו – כולן אסורין, והרוטב – בנותן טעם. וכן חתיכה של נבלה, וכן חתיכה של דג טמא שנתבשלה עם החתיכות, בזמן שמכירן – בנותן טעם, ואם לאו – כולן אסורות, והרוטב – בנותן טעם.§

גמ' *אמר שמואל: לא שנו אלא שנתבשל בה, גאבל נצלה בה – קולף ואוכל עד שמגיע לגיד. איני, והאמר רב הונא: גדי שצלאו בחלבו – אסור לאכול אפילו מראש אזנו! שאני

רש"י

ורבנן ההוא. לאשמועינן אתא, דאע"ג דלא אכיל כוליה – מחייב בכזית. דלא תימא: לא מחייב עד דאכיל לכוליה, ולעולם כל היכא דאכל כוליה – לא בעינן כזית. ור' יהודה. ההוא לא איצטריך לאשמועינן, דמ"אשר על כף הירך" נפקא דלא בעינן עד דאכיל ליה לכוליה. דאפילו לא אכל אלא מה שעל הכף – חייב, ובלבד שתהא שם אכילה. דכוליה ירך. ולית ליה דשמואל, אלא כל מקום שיאכל ממנו כזית – חייב. ורבנן ההוא. "הירך" לאשמועינן אתא: דאין אסור אלא פנימי, דפשיט איסוריה בכוליה ירך. מתני' כבשר בלפת. רואין כאילו הירך לפתות, והגיד בשר, ואילו היה נותן טעם (א) בשר כשיעור הגיד בלפתות – הירך אסור. דשיעורין הלכה למשה מסיני, וגמירי דבהכי משערינן. דאף ע"פ שאילו היה כרוב או קפלוט, היה צריך פחות או יותר. שנתבשל עם הגידים. של היתר. בזמן שמכירו. משליכו לחוץ, ואין כאן אלא פליטתו. בנותן טעם. אם יש בנ"ט בכל אלו. כולן אסורין. ולקמן מפרש: דנותן טעם במין במינו, שאין אדם יכול להבחינו, שיעורוהו בששים. ואם לאו כולן אסורין. דבכל אחד יש לומר: זה הוא. ובגמרא פריך: ליבטיל ברובא! בזמן שמכירן. לחתיכות האיסור – משערינן בנותן טעם. ואי אין בהן כדי ליתן טעם בשל היתר, הרי השאר מותרות. ואם אין מכירן – כל החתיכות אסורות, דכל אחת יש לחוש ולומר: שמא זו היא. והרוטב – מותר, אם אין בחתיכות האיסור כדי ליתן טעם בכל החתיכות והקיפה והרוטב. גמ' לא שנו. דכי יש בו בנותן טעם, כל הירך אסורה. אלא שנתבשל. שהרוטב מעלה הטעם בכל הבשר. אבל נצלה. עמו – נאמת בתוכו, ואינו מפעפע ויוצא בבשר. קולף ואוכל. כלומר, חותך עליון ואוכל, עד שמגיע לגיד. בחלבו. שלא נטל חלב הכליות. אפילו מראש אזנו. שאין שם חלב. אלמא, פשיט איסוריה בכוליה. מפעפע

[לעיל לא:] [לעיל פט:] [לקמן לז:]

תוספות

ורבי יהודה אכילה כתיב ביה. וא"ת: והרי נמלה ושאר שרצים, דכתיב בהו אכילה, ומחייב בכל שהוא. כדתנן בפרק בתרא דמכות (דף יג.), ולא פליג ר' יהודה! וי"ל: דאכילה דהתם איצטריך, דאי איכא ד' או חמשה זיתים, דחייב בחד זית. אבל הכא אמרינן דלר' יהודה מ"אשר על הכף" נפקא. והכי אמרינן במעילה פרק "קדשי מזבח" (דף טז:): אכל שרצים – לוקה עליו בכזית, דאכילה כתיב בהו. וא"ת: דאמרינן ב"אלו הן הלוקין" (מכות טז:): ריסק תשעה נמלים ואחד חי, והשלימו לכזית – לוקה שש. חמש, משום בריה דשרץ. ואחת, משום נבלה. ולמה לי שיהא אחד חי, דהויא בריה. בלאו הכי נמי, כיון שיש בהם כזית לוקה ה' משום שרץ, כיון דאכילה כתיב ביה, כדפרישית. ואחד, משום נבלה! וי"ל: דודאי אלאו דשרצים, דכתיב בלשון אכילה, לקי משום כזית שרץ. אלא יש לאו דשרץ, דלא כתיב בהו אכילה, כגון "אל תשקצו" (ויקרא יא), וההיא לא לקי אלא בחי משום בריה. וא"ת: ואכתי ל"ל חי? אפילו מת נמי חשיב בריה, כדאמרינן בס"פ (לקמן קב:): טמאה, בין בחייה בין במיתתה – בכל שהוא! וי"ל: דלא נקט "חי" לאפוקי מת, אלא פירוש "חי": שלם, לאפוקי ריסק. כדאמר *גבי כליס: שבירתן זו היא מיתתן. וא"ת: הא אמרינן בסוף פרקין (שם.): אבר מן החי, צריך שיאכל כזית, דאכילה כתיב ביה. דלמא הא דכתיב ביה אכילה, למימר דמחייב בכזית, אע"ג דאית ביה ד' או ה' זיתים? וי"ל: דלעולם לא מחייב עד שיאכל אבר שלם. דהיינו, בשר גידים ועצמות. מדלא אשכחן בס"פ (לקמן דף קג:) לריש לקיש דפטר חלקו מבפנים, דמחייב אלא בגרומיתא זעירתא. והיינו טעמא ד"לא תאכל הנפש עם הבשר", דדרשינן מיניה (לקמן דף קב:) אבר מן החי דאסור. משמע, עד שיאכל אבר שלם. דפשיט איסוריה בכוליה ירך. לשון "איסוריה" לא אתי שפיר, דלא אסרינן אלא שעל הכף בלבד. ובספר רבינו גרשום כתיב: "דמשיך בכוליה ירך". ויש ליישב לשון "איסוריה" – דהכי קאמר: דפשיט גיד של איסור בכוליה ירך. אם יש בה בנ"ט הרי זו אסורה. לאו בגיד לחודיה משערינן, דבכדי קליפה שסביביו מסייע לגיד לאסור. דמשעה שנמלח נאסר כדי קליפה סמוך לו. ולפירוש רבינו אפרים שמפרש דלא אמרינן "חתיכה עצמה נעשה נבלה" אלא בבשר בחלב, אתי שפיר. משמע קצת דאין הרוטב מסייע *לשאר חתיכות, אם יש בהם לבטל הגיד, אלא הירך לבדו. מדלא קאמר "אם יש בהן וברוטב בנותן טעם" כו'. והאי, לפירוש הקונטרס ניחא, דפירש פרק "כל הבשר" (לקמן דף קח.) גבי "טיפת חלב" כו', דקאמר בגמרא: *לא שנו אלא שניער וכסה, אבל לא ניער וכסה – חתיכה עצמה נעשה נבלה כו'. ופירש בקונטרס: דכי ניער הקדרה – מוליך הוא הטפה בכל הקדרה, ומסייע כל מה שבתוכה לבטל הטפה. וכן כי כסה הקדרה – עולות הרתיחות משוליה לפיה, ומוליכות הטפה בכל הקדרה. משמע שר"ל: שאפילו החתיכה שנפלה הטפה עליה היא מקצתה בתוך הרוטב, אי לא ניער וכסה – אין מסייע הרוטב והחתיכות אחרות לבטלה. ומיירי הכא בשלא ניער וכסה. ולר"י נראה: דכשהחתיכה שנפל האיסור עליה היא מקצתה ברוטב – לא בעינן ניער וכסה. והתם איירי כשהחתיכה כולה חוץ לרוטב – דאז אין מתפשט, אלא בניער וכסה. והוה מצי למימר "לא שנו אלא בחתיכה מקצתה ברוטב", אלא מילתא דפסיקא ליה נקט "כשניער וכסה" – דאז בכל ענין הרוטב מכסה כל החתיכות, ואפילו היתה כולה חתיכה חוץ לרוטב. והכא דקאמר "אם יש בה בנ"ט" – היינו, על ידי שלא היה בה עם הרוטב ששים לבטל טעם הגיד. אבל נצלה קולף ואוכל עד שמגיע כו'. וא"ת: מאי קמ"ל? פשיטא דלא מצי למימר הוא הדין נבלה. דא"כ, למה לי נתבשל – דמשעת מליחה נאסר, דמליח הרי הוא כרותח דצלי, כדאמר בסמוך.* ובלא מליחה אי אפשר לבשל, דאין הבשר יוצא מידי דמו, *עד שימלחנו יפה יפה! וי"ל: דקמ"ל דלא נאמר "נתבשל" דמתניתין היינו נצלה. דאשכחן דקרי לצלייה "בשול", דכתיב (ד"ה ב, לה): "ויבשלו (את) הפסח". וכן הא דתנן (לקמן דף קט:): הלב קורעו ומוציא את דמו. לא קרעו – קורעו לאחר בשולו. ובעי למידק מינה בריש "כילד צולין" (פסחים עד:) דכבולעו כך פולטו. אלמא, "לאחר בשולו" דקתני – היינו לאחר צלייתו. דאי בקדרה – הכל אסור אם אין פי קנה חוץ לקדרה. עד שמגיע לגיד. לאו דווקא עד שמגיע לגיד ממש, דהא צריך שיניח כדי קליפה סמוך לגיד, ואפילו כדי נטילה צריך שיניח. כדאמר בפרק "כילד צולין" (שם דף עה:): נטף מרוטבו על החרס, וחזר אליו – יטול את מקומו, ולא סגי בקליפה. אם לא נחלק, דשמא רוטב מתפשט יותר מגיד. ומיהו לא אשכחן בשום מקום שיהא סגי לצלי בקליפה, דלא מצינו קליפה נזכרת לענין צלי אלא ב"כילד צולין" (שם דף עו.) ב"חם לתוך צונן", דשמואל אמר: קולף, דתתאה גבר, אדמיקר ליה בלע, ואפשר דרותח דצלי בלע טפי. ולקמן בפרק "כל הבשר" (דף קיב.) דאמר *רב: ההוא בר גוזלא דנפל לגו כדא דכמכא דצלי, בעי קליפה – התם אפילו בצונן איירי. ומשום דבר יונה רכיך טובא, ובלע. וגבי "צורר אדם בשר וגבינה במטפחת אחת, ואינו חושש, ובלבד שלא יהיו נוגעות זו בזו", ואמרינן (לקמן דף קז:) בגמרא: וכי נוגעות זו בזו, מאי הוי? צונן וצונן הוא! ומשני: נהי דקליפה לא בעי, הדחה מי לא בעי?! – לאו משום דצלי סגי ליה בקליפה, אלא ה"ק: "נהי דקליפה לא בעי" כמו בחם לתוך צונן, "הדחה מי לא בעי?!". וכן הא דאמר לעיל בפ"ק (דף ח:) דלמ"ד: בית השחיטה רותח, קולף – שאני התם, דשמנונית שעל הסכין דבר מועט הוא, כדאמרינן פרק "כילד צולין" (פסחים דף עה:): סכו בשמן של תרומה, אם חבורת כהנים – יאכלו. ואם של ישראל, אם צלי הוא – יקלוף את החיצון. ומפרש אפילו למאן דאמר תתאה גבר: שאני סיכה, דמשהו עבדי ליה. אפילו מריש אזנו. שרחוק מן החלב. ולאו דווקא משום דראש הגדי למטה בשעה שצולין אותו בשפוד בתנור. דכן דרך, כדמשמע בריש "כילד צולין" (שם עד.) שתוחבו לתוך פיו עד בית נקובתו, ולד העץ של שפוד הופך למטה, כדי שלא יפול, ומידב דאיב החלב על הראש. אלא אפילו היה הראש למעלה – אסור, דמפעפע חלב למעלה. דהא צונן לתוך חם – אסור למאן דאמר תתאה גבר, ולא סגי בקליפה. ומה שנהגו כשמולחים בשר הרבה ומניחין בגיגית, ופעמים חתיכה אחת תליה לתוך הציר ותליה חוץ לציר, וחותכין מה שבתוך הציר ומשליכין לאסור. ומה שחוץ לציר, מותר. ולא אמרינן: שיפעפע הדם למעלה, ויאסור כל החתיכה, כדאמר גבי חלב! י"ל: דאין דרכו של דם לפעפע. אלא אדרבה, אמרינן דדם משרק שריק כשנופל על הבשר, ולא מיבלע דרך הליכתו. כ"ש דלא מפעפע למעלה. ואפילו יש שומן בבשר שבתוך הציר, לא אמרינן דנעשה נבלה מחמת הדם, וחוזר ואוסר מה שחוץ לציר דמפעפע, לפי מה שמפרש הרב רבינו אפרים דלא שייך "חתיכה עצמה נעשית נבלה" אלא בבשר בחלב. ובלאו הכי נמי: כיון דלא אפשר האיסור להתפשט חוץ לציר – שרי. דלא אמרינן "חתיכה עצמה נעשית נבלה" ואוסרת את כל החתיכות, אלא במקום שהאיסור מתפשט בכל החתיכה, דומיא דטפת חלב. תדע:
דבכל

[כ"ק נד.]

גי' רש"א ולא שאר חתיכות

[לא מצאתי אלא קצת המכוון כזה נמצא לקמן קח:]

[לקמן לז:] [לקמן קיג.] [לפנינו לא נזכר רב]

גליון הש"ס

תוד"ה אבל וכו' דאשכחן וכו'. כדאיתא בנדרים מט ע"א: ד"ה עד וכו' דבר יונה רכיך. עיין פסחים עח ע"ב תוד"ה ואם: בא"ד רכיך טובא. כדלעיל דף טו ע"ב ועיין בהרא"ש שם בשם ר"ח דה"ה בכל עוף:

הגהות הב"ח

(א) רש"י ד"ה כבשר וכו' הבשר כשיעור הגיד בלפתות כשיעור הירך הזה אסור:

רבינו גרשום

ורבנן ההוא דאי הוה ארבעה וחמשה זיתים במקום אחד ואכל מיניה כזית חייב אע"ג דלא אכלו כולו אבל אי שלם ולית ביה כזית חייב: ור' יהודה מאשר על כף הירך נפקא. כלומר מה דאמרת דאי הוו ד' וה' זיתים ואכל מיניה כזית חייב ההוא מאשר על כף הירך נפקא כמה דהוי על כף הירך אפי' הולך הגיד חוץ ליירך דאין אוכל אלא אשר על כף הירך שליש או רביע חייב: ההוא לא מצית אמרת. דלא יהא חייב אלא על הגיד שעל הכף בלבד דהירך דכולה ירך משמע אפי' חוץ לשופי: כיצד משערין אותה כבשר בלפת. רואין הירך לפת והגיד בשר אם יש בו בנותן טעם דהוו בששים ומותר אבל בפחות מששים אסור: בזמן שמכירו בנותן טעם. כלומר בזמן שמכירו יסלקנו מן האחרים והרוטב בנותן טעם: קולף ואוכל עד שמגיע לגיד כלומר קולף הבשר למעלה עד שמגיע לגיד וכשמגיע לגיד יזרקנו: איני והאמר רב הונא גדי שצלאו בחלבו כו' כלומר לא צריך למימר שמגופו כולו אין יכול לאכול דאמרי מפעפע החלב הגוף כלו אלא אפילו מראש אזנו דאיכא למימר

דבכל מקום שאנו אוסרין כדי קליפה, אמאי אין אותו כדי קליפה חוזר ואוסר מה שאללו? ובענין זה יאסר הכל! אלא היינו טעמא: לפי שאין טעם האיסור עובר כלל יותר מכדי קליפה. והרב רבי אליעזר ממי"ץ היה מחלק: משום דלא אמרינן "חתיכה עצמה נעשה נבלה" במקצת חתיכה, אלא בכל החתיכה, ואין זה טעם. ועוד: תדע, דאי לא תימא הכי, אין לך בשר מותר לעולם, דהא קיימא לן דכל הבשר הנמלח, כששהה במלחו יום או יומים – יש בו טעם מלח יותר. ואפ"ה, לא אמרינן דמלח שעל הבשר הנאסר מחמת הדם, יחזור ויאסור את הבשר! אלא צ"ל: משום דאע"פ שנבלע בבשר טעם המלח, טעם הדם שבמלח אין נבלע בו כלל.

אשאני חֵלֶב – דִּמְפַעְפֵּעַ. וּבְחֵלֶב אָסוּר? וְהָאָמַר רַבָּה בַּר בַּר חָנָה: עוּבְדָא הֲוָה קַמֵּיהּ דְּר' יוֹחָנָן בִּכְנִישְׁתָּא דְּמָעוֹן, בִּגְדִי שֶׁצְּלָאוֹ בְּחֶלְבּוֹ, וְאָתוּ וְשַׁיְילוּהּ לְרַבִּי יוֹחָנָן, וַאֲמַר: קוֹלֵף וְאוֹכֵל עַד שֶׁמַּגִּיעַ לְחֶלְבּוֹ! בההוּא, כָּחוּשׁ הֲוָה. רַב הוּנָא בַּר יְהוּדָה אֲמַר: גכּוּלְיָא בַּחֲלָבָהּ הֲוָה, וְשַׁרְיָא. רָבִין בַּר רַב אַדָּא אֲמַר: כִּילְכִּית בְּאִילְפָּס הֲוָה, וְאָתוּ שַׁיְילוּהּ לְרַבִּי יוֹחָנָן, וַאֲמַר לְהוּ: לִיטַעֲמֵיהּ קְפֵילָא אַרְמָאָה. אָמַר רָבָא: מֵרֵישׁ הֲוָה קָא קַשְׁיָא לִי הָא *דְּתַנְיָא, דקְדֵרָה שֶׁבִּשֵּׁל בָּהּ בָּשָׂר – לֹא יְבַשֵּׁל בָּהּ חָלָב, וְאִם בִּשֵּׁל – בְּנוֹתֵן טַעַם. התְּרוּמָה – לֹא יְבַשֵּׁל בָּהּ חוּלִּין, וְאִם בִּשֵּׁל – בְּנוֹתֵן טַעַם. *בִּשְׁלָמָא ותְּרוּמָה – טָעֵים לַהּ כֹּהֵן, אֶלָּא, בָּשָׂר בְּחָלָב – מַאן טָעֵים לֵיהּ? הַשְׁתָּא דַּאֲמַר רַבִּי יוֹחָנָן: סָמְכִינַן אַקְּפֵילָא אַרְמָאָה, הָכָא נַמִי – סָמְכִינַן אַקְּפֵילָא אַרְמָאָה. *דְּאָמַר רָבָא: *אֲמוּר רַבָּנַן בְּטַעֲמָא, וַאֲמוּר רַבָּנַן בִּקְפֵילָא, וַאֲמוּר

מְפַעְפֵּעַ. בְּלַעַ"ז טריסנלש"ט, מְבַלְבֵּל וְהוֹלֵךְ וּמִתְפַּשֵּׁט בְּכָל הַבָּשָׂר. כּוּלְיָא בַּחֲלָבָהּ הֲוָה וְשַׁרְיָא. מִשּׁוּם דְּמַפְסִיק קְרָמָא. כִּילְכִּית. שֶׁקֶן דָּגִים קְטַנִּים. בְּאִילְפָּס. שֶׁל בָּשָׂר. לִיטְעֲמֵיהּ קְפֵילָא. נַחְתּוֹם גּוֹי, וְאַשְׁמוּעִינַן דְּמוּתָּר לִסְמוֹךְ עָלָיו לְפִי תּוּמוֹ, וְלֹא יוֹדִיעוּהוּ שֶׁצְּרִיכִין לוֹ לִדְבַר אִיסּוּר וְהֶיתֵּר. טָעֵים לָהּ כֹּהֵן. שֶׁשְּׁנֵיהֶם מוּתָּרִין לוֹ, הַחוּלִּין וְהַתְּרוּמָה. אֲמוּר רַבָּנַן בְּטַעֲמָא. בְּכַמָּה מְקוֹמוֹת שֶׁשָּׁנִינוּ בְּנוֹתֵן טַעַם. וַאֲמוּר רַבָּנַן בִּקְפֵילָא. כִּדְאָמַר רַבִּי יוֹחָנָן. וַאֲמוּר

שאני חלב דמפעפע. לכך אסור אפילו הראש. והא דאמרינן:* נטף מרוטבו על החרס וחזר אליו – יטול את מקומו, ותו לא. היינו, משום דרוטב אינו מפעפע כל כך, דציר בעלמא הוא, ולא שומן. וא"ת: אם כן, במתניתין איכא שומן הגיד דמפעפע, ואפילו נגלה נמי ליתסר כוליה! ונראה לר"ת: דשמנו של גיד אינו מפעפע. והרב (א) ר"מ מפרש: כיון דשומן הגיד לא מיתסר אלא מדרבנן, דגזרו ביה אטו הגיד, כשאין הגיד אוסר – גם בו לא החמירו. ולפירושו, למאי דקיימא לן (לקמן דף צט:) דאין בגידין בנ"ט, אפילו נתבשל – לא אוסר, כמו שאין הגיד אוסר. ורבינא דאסר בסמוך גבי "הנהו אטמהתא" צ"ל: דסבר דיש בגידין בנ"ט, כתנא דמתניתין. **ההוא** כחוש הוה. מפרש ר"ת: כחוש הוה, ולכך שרי, דחלב כחוש אינו מפעפע. ועי"ל: כחוש הוה, ויש בו מעט חלב, ובטל בששים. **כוליא** בחלבא הוה ושריא. לפי שהיה הקרום מפסיק. ונראה שצריך להסיר מן הכוליא כדי קליפה לפי שהקרום עצמו מובלע מן החלב כדאמרינן לעיל (דף צג.) תלתא קרמי הוה. וא"ת: ליתסר כוליא משום דמפעפע בה לובן כוליא, דרבי יוחנן גופיה אסר לעיל (דף צג:) לובן כוליא כדאמרינן דממרט ליה! וי"ל: כיון דלא אסור אלא מדרבנן אינו אוסר את הכוליא. והא דלא פריך אמתניתין (לעיל דף צו:) ד"ירך שנתבשל בה גיד הנשה": מאן טעים ליה? משום דמשערינן ליה כבשר בלפת. אבל קשה דאמתני' דפרק "כל הבשר" (לקמן דף קח.) ד"טפת חלב שנפלה על חתיכת בשר, אם יש בה בנ"ט" וכו' הוה מצי למפרך, וכן אמתני' דפרק בתרא דמסכת ע"ז (דף עג.): יין במים, ומים ביין – בנ"ט! וי"ל: דהתם קל לשער בהם, אבל הכא אין קל לשער מה שבלוע בקדרה אלא על ידי טעימה. אי נמי: דמשמע ליה דהך ברייתא על ידי טעימה איירי, דומיא דתרומה דטעים לה כהן. **סמכינן** אקפילא. אע"ג דגוי הוא, כיון דקפילא הוא – לא משקר, שלא יפסיד אומנתו. **אמר** רבא כו' ואמור רבנן בס'. לקמן בפ' "כל הבשר" (דף*) פסק הקונטרס כרבי יהודה, דמין במינו לא בטיל, מדקם ליה רבי בשיטתיה, דקאמר: נראין דברי רבי יהודה. ורב ושמואל נמי, דאמרי תרוייהו: כל איסורים שבתורה במינו במשהו, ותניא כוותייהו במסכת עבודה זרה בפרק בתרא (דף עג.). ואע"ג דפליגו עלייהו רבי יוחנן ור"ל התם, ותניא נמי כוותייהו – שמעינן נמי לאביי ורבא, דבתראי הוו, דקמו כרב ושמואל. דאיתמר: חלא לגו חמרא כו', במסכת עבודה זרה פרק בתרא (דף סו.). ובמסכת פסחים (דף ל.) נמי פסיק רבא: הלכתא, חמץ בזמנו, בין במינו בין שלא במינו – במשהו, כרב. וטעמא דרב מפרש התם: דרב לטעמיה, דאמר: כל איסורין שבתורה, במינו – במשהו, ושלא במינו – גזר רב אטו במינו בחמץ, משום דלא בדילי אינשי מיניה, ואתו לזלזולי ביה. עד כאן לשון הקונטרס. ור"ת אומר: דכל זה אינו ראיה, דאין הלכה לא כרבי יהודה ולא כרבי ולא כרב ושמואל. דהלכתא כרבי יוחנן לגבי רב, כדאמר בריש ביצה (דף ד:). וגבי שמואל, כדאמר ב"מי שהוציאוהו" (עירובין מז:). ורבי יהושע בן לוי נמי אית ליה לקמן (קח.) בשמעתין דמין במינו נמי בטיל, דיליף מ"זרוע בשלה", דהוי מין במינו. ורבי יהושע בן לוי בר סמכא הוא, והלכה כמותו בכל מקום, ואפילו לגבי ר' יוחנן, כדמשמע בפרק בתרא דמגילה (דף כז.) דאמר רב פפי משמיה דרבא: מבי כנישתא לבי רבנן – שרי, מבי רבנן לבי כנישתא – אסור. ורב פפא משמיה דרבא אמר איפכא. וקאמר התם: כוותיה דרב פפי מסתברא, דאמר רבי יהושע בן לוי: בית הכנסת מותר לעשותו בית המדרש. ואע"ג דרבי יוחנן פליג עליה, כדאיתא התם, מייתי ראיה מר' יהושע בן לוי. ומיהו ר"ת בעצמו היה דוחה: דהא דפליג רבי יוחנן התם, דקאמר: "את בית הגדול" – בית שמגדלין בו תפלה, "אף שמגדלין בו תפלה" קאמר. להכי מייתי מרבי יהושע בן לוי, דלרב פפא דאמר איפכא – לא הוי לא כרבי יהושע בן לוי, ולא כרבי יוחנן. ומ"מ יש ראיה: דבסדר תנאים ואמוראים פוסק הלכה כרבי יהושע בן לוי בכל מקום. והאיך ד"חמרא לגו חלא, וחמרא חדתא בעיניה" אומר ר"ת: דאיכא לאוקומי בטבל ויין נסך, דמודי בהו רבי יוחנן, כדאמרינן במסכת עבודה זרה (דף עג:): תדע, דהא רבא גופיה אית ליה הכא דמין במינו דליכא למיקם אטעמיה, בס'. ורבינו אפרים היה דוחה: דהכא איירי בחמרא חדתא בעיניה. וקרי ליה "מין במינו", לפי שטעמם שוה. ויש להם דין מין בשאינו מינו – דהא רבא אזיל בפרק בתרא דמסכת ע"ז* בתר שמא. ואין נראה לומר כן: דכיון דאזיל בתר שמא – לא היה קורא אותו "מין במינו". וב"הקומץ רבה" (מנחות כג.) נמי קאמר רבא: קסבר רבי יהודה, כל מין ומינו ודבר אחר כו' – מכלל דרבא גופיה לא סבירא ליה הכי. ובפרק "כל שעה" (פסחים דף ל.) דאמר רבא: הלכתא, חמץ בזמנו בין במינו בין שלא במינו במשהו כרב – לא גרס ר"ת "במשהו כרב". וכן משמע בה"ג שלא היה כתוב בספרים (ב) "כרב". שכתב שם: מדלא יהיב רבא שיעורא למילתיה, ש"מ: דאסור במשהו כרב. ועל פי ה"ג מוגה בספרים. אלא גרסינן "אסור" – פי': בנותן טעם, כרבי יוחנן דהתם. ושם מפורש אמאי לא פסיק בהדיא כר' יוחנן. וכן פסק בשאלתות דרב אחאי:* דרבא כרבי יוחנן. ומ"מ לא היה ר"ת פוסק הלכה למעשה לחמץ בפסח, וכשהיו מוצאין חטה בתרנגולת רותחת בפסח – היה מצריך להשהותה עד אחר הפסח. ואור"ת: דאע"ג דתנן באהלות (פי"א מ"ז): בעופות ובדגים – כדי שתפול לאור ותשרף, דברי ר"ש – אפי' ילפינן איסור מטומאה, דחשיב כמעוכל, הא פליג התם ר' יהודה בן בתירא, וקאמר: בעופות ובדגים – מעת לעת, ובשל תורה – הלך אחר המחמיר. ואפי' גרס "במשהו כרב" – דילמא שאני חמץ, דחמיר טפי, דעובר ב"בל יראה", ולא בדילי מיניה. ואע"ג דקא מפרש התם טעמא, דקאמר: רב לטעמיה כו' – רבא פסיק כרב, ולא מטעמיה. וטעמיה דרב: משום דסבר בעלמא דמין במינו – במשהו, וגזרינן בפסח שלא במינו אטו מינו. אבל לרבא, אע"ג דבכל איסורין הוי בנותן טעם, אפי' במינו, מחמיר לאסור בפסח במשהו, אפי' שלא במינו. ועוד: דבספרים ישנים לא גרסינן "רב לטעמיה", אלא ה"ג: "והא רב ושמואל דאמרי תרווייהו: כל איסורין שבתורה שלא במינו, בנותן טעם". ומשני: רב גזר בחמץ שלא במינו אטו מינו. והא דלא חשיב חמץ בפסח בהדי טבל ויין נסך, בברייתא דמסייע לרבי יוחנן – משום דטבל ויין נסך הוי שלא במינו בנותן טעם, וחמץ אפי' שלא במינו במשהו. ואף רבי יהודה גאון פסק דוקא בחמץ קאי רבא כרב, אבל בשאר איסורין – הילכתא כרבי יוחנן ור"ל. ועוד הביא ר"ת ראיה: דבפרק "התערובת" (זבחים עט.) בשמעתא *ד"חרצן" סבר רבי אליעזר בן יעקב דמין במינו בטל, ו"משנת ראב"י קב ונקי". וסתמא דגמרא נמי קאמר הכי בשלהי ביצה (דף לח:), גבי ר' אבא דאמר: מי שנתערב לו קב חיטים כו', דקאמר: שפיר עבדו דאחיכו עליה. דמ"ש חיטים בשעורין דלא, דמין בשאינו מינו בטיל. חיטין בחיטין נמי, נהי דלר' יהודה לא בטיל, לרבנן מיבטל בטיל. משמע: דהכי הלכתא, ולהכי אחיכו עליה. אע"ג דר' יהודה מיירי התם, מכלל דרישא רבנן. מ"מ רבנן התם לא איירי במין במינו. ובה"ג של אספמיא פוסק: דחתיכה בחתיכות – בנ"ט, ומילתא דרבא ד"אמור רבנן בס'" אייתו לפסק הלכה. ובקונטרס גופיה פסק בפרק בתרא דמסכת ע"ז (דף סו.) גבי פלוגתא דאביי ורבא, דהלכתא כר' יוחנן, דסבר: בנותן טעם. ו"יין נסך", דקאמר התם במשהו – אומר ר"ת: דדוקא ביין שנתנסך לפני עבודה זרה, דהא אמתניתין ד"יין ביין ומים במים" קאי, ומים במים אי אפשר להיות אלא בנתנסך. ובתשובת הגאונים [בכתב יד] רבינו יוסף ט"ע מצא ר"ת: יין נסך שנתנסך לפני עבודה זרה – אסור בהנאה, ואינו בטל אפילו באלף. כמו ששנינו:* ואלו אסורין, ואיסורן בכל שהוא וכו'. מכלל דסתם יינם ושאר איסורין, חוץ מטבל ויין נסך, בין במינו בין שלא במינו – בנותן טעם. וקשה מתוספתא, *דקתני: אגרדמין גוי שטעם מן הכוס והחזיר לחבית – אסור. קדח במינקת, ונפלה ממנו טיפה – אסור. מפני שטיפת יין אסורה ואוסרת בכל שהוא. משמע דסתם יינם אוסר בכל שהוא! וי"ל: דאתיא כר' יהודה, דאמר: מין במינו לא בטיל. והיא דקנישקנין, דקדים ופסיק גוי – אסור, בפרק בתרא דמסכת ע"ז (דף עב:), אע"ג דלא מיתסר אלא טיפה הנוגעת בפיו, דקסבר: נצוק אינו חבור, מדשרי בקדים ופסיק ישראל – יש לפרש: דהאי "אסור" דקאמר, היינו דאסור לכתחלה לעשות, דאין מבטלין איסור לכתחלה. אי נמי: למ"ד מין במינו בכל שהוא, קאמר דאסור.

איכא

סג א ב מיי' פט"ו מהל' מאכלות אסורות הל' לב טוש"ע יו"ד סימן קה סעיף ה:
סד ג טוש"ע שם סעיף ח:
סה ד מיי' פ"ט מהל' מאכלות אסורות הל' יא סמג לאוין קלא טוש"ע יו"ד סי' נג:
[פסחים עה:]
סו ה מיי' פט"ו מהל' תרומות הל' ט:
סז ו מיי' פט"ו מהל' מאכלות אסורות הל' כט:

הגהות הב"ח
(א) תוס' ד"ה שאני וכו' והרב ר"י בר ר"מ מפרש: (ב) ד"ה אמר וכו' שלא היה כתוב בספרים במשהו כרב:

[קט. ד"ה ותו לא]

גליון הש"ס
תוד"ה שאני וכו' ולא שומן. מ"מ קשה להמקשן דפריך והא אמר ר"ה ורצה להוכיח דכל צלי מפעפע יקשה ממתני' ז דנטף מרוטבו: **ד"ה** אמר וכו' אומר ר"ת דלדוקא. עיין ע"ז ט ע"ב תוד"ה אבל:

רבינו גרשום
למימר דחלב לאוניו לא מטא אפילו הכי אסור: רב הונא בר יהודה אמר כוליא בחלבא הוה. כלומר הא עובדא בכנישתא דמעון לא גדי שצלאו בחלבו הוה דאי הוה [הכי] ודאי הוה אסור דמפעפע אלא כוליא בחלבא הוה דהכוליא לא בלעא א) דגומרי מישב שייבי: רב אדא בר אהבה אמר כולכית באילפס הוה כלומר דג טמא שבישלו עם דגים טהורים ואתו שאלו וכו': קפילא ארמאי. אופה גוי: מין שאינו מינו דהיתרא כו' כגון חולין ותרומה דליטעמיה כהן: דאיסורא בקפילא כגון בשר בחלב דהוא מין בשאינו מינו. מין במינו דליכא למיקם אטעמא כגון חתיכה של נבלה שנתבשלה עם חתיכות טהורות:

א) לכאורה אינו מובן דא"כ בגדי נמי י"ל למיקב שייבי ועוד למיקב שייבי לא שייך רק בדם אבל לא בשמנונית וצ"ע.

ואמור רבנן: בששים. הלכך: מין בשאינו מינו דהיתרא – בטעמא, דאיסורא – בקפילא. ומין במינו דליכא למיקם אטעמא, אי נמי מין בשאינו מינו דאיסורא (א) דליכא קפילא – בששים. הנהו אטמהתא דאימליחו בי ריש גלותא בגידא נשיא, רבינא – אסר, רב אחא *בר רב (ב) אשי – שרי. אתו שיילוה למר בר רב אשי, אמר להו: אבא שרי. א"ל רב אחא בר רב לרבינא, מאי דעתיך, *דאמר שמואל: מליח הרי הוא כרותח, כבוש – הרי הוא כמבושל, *והאמר שמואל: לא שנו – אלא שנתבשל בה, אבל נצלה בה – קולף ואוכל עד שמגיע לגיד! וכ"ת, מאי "כרותח" דקאמר – כרותח דמבושל, והא מדקאמר "כבוש הרי הוא כמבושל", מכלל דרותח דצלי קאמר! *קשיא. אמר רבי חנינא: כשהן משערין, משערין ברוטב, ובקיפה, ובחתיכות, ובקדרה. איכא דאמרי: בקדרה עצמה, ואיכא דאמרי: בממאי דבלעה קדרה. אמר רבי אבהו אמר רבי יוחנן: כל איסורין שבתורה משערינן כאילו הן בצל וקפלוט. אמר ליה רבי אבא לאביי: ולשערינהו בפלפלין ותבלין, דאפילו באלף לא בטלין! א"ל: שיערו חכמים דאין נותן טעם באיסורין יותר מבצל וקפלוט. אמר רב נחמן: גיד בששים – ואין גיד מן המנין. כחל בששים – וכחל מן המנין. ביצה בששים – ואין ביצה מן המנין. אמר רבי יצחק בריה דרב משרשיא: וכחל עצמו – אסור, ואי נפל לקדרה אחרת – אוסר. אמר רב אשי, כי הוינן בי רב כהנא איבעיא לן: כי משערינן – בדידיה משערינן, או בממאי דנפק מיניה משערינן? פשיטא דבדידיה משערינן, דאי במה דנפק מיניה, מנא ידעינן? אלא מעתה, נפל לקדרה אחרת לא יאסר! כיון דאמר רב יצחק בריה דרב משרשיא: וכחל עצמו – אסור, שויוה רבנן כחתיכה דנבלה.§ ביצה בששים ואין ביצה מן המנין.§ אמר ליה רב אידי בר אבין לאביי: למימרא דיהבה טעמא? והא אמרי אינשי כי מיא דביעי בעלמא! א"ל: הכא במאי עסקינן בביצת

ואמור רבנן בששים. בפרק בתרא דמסכת ע"ז (דף סט.) פסקינן הלכתא בכל איסורין שבתורה (בששים), בין בשר בחלב ובין שאר איסורין בששים. מין בשאינו מינו. שהאדם יכול להבחין טעמו, ושניהם של היתר, שיכול כהן ברית לטעמו, כגון תרומה וחולין. בטעמא. יטעימנו כהן, אם אין תרומה נותנת טעם בחולין – יאכל התבשיל אף לזרים. דאיסורא. כגון בשר בחלב, שאין כהן ברית יכול לטעמו, סמכינן אקפילא. ומין במינו. בין דהיתרא ובין דאיסורא, דליכא להבחין טעמו. אי נמי מין בשאינו מינו דאיסורא וליכא קפילא. גוי דליטעמיה, משערינן בששים. מאי דעתיך. דאסרת ליה? אי משום דשמואל דאמר כו', והא רותח – גיד דהכא שרי, דהאמר שמואל: קולף ואוכל. כבוש. בחומץ ותבלין, וכבש בהן איסור והיתר יחד. שולינ"ר בלע"ז. כשהן משערין. האיסור בששים, ומשערינן אותו שיהא בו אחד מששים ברוטב וקיפה ובחתיכות ובקדרה. קיפה. פונדריל"א, דק דק של בשר ותבלין המתאסף בשולי קדרה. *במאי דבלעה קדרה. אם ראינוהו כשנפל שם קודם שנתמעט, ואנן משערינן אותו לאחר שנתבשל לכמות שנפל שם, ואין בהיתר ששים א] בו – אומדים כמה בלעה קדרה מן ההיתר. לפי שכשנפל שם היה היתר הרבה, ונתמעט בבליעת הקדרה, אבל בקדרה עצמה לא משערינן. וכיון דאיפליגו לישני, ואיסורא דאורייתא היא – אזלינן לחומרא, ולא משערינן בקדרה, ב] ועיקר הדבר – כמות שהוא בא לפנינו משערינן ליה. ולא משערינן במאי דבלעה קדרה מן ההיתר, לפי שאף מן האיסור נבלע, ונתמעט מכמות שהיה, וכדאמרי' לקמן (דף לח.): אטו דהיתרא בלע, דאיסורא לא בלעו! ג] כל איסורין שבתורה. לבד גיד הנשה, דכבשר בלפת הוא. משערינן. אותם כאילו הם איסור בצל או קפלוט, ואילו היה נותן טעם בהיתר זה שנתבשל עמו – אוסרו. והנך איסורי דלא מצי למיטעמינהו קאמר, כגון מין ומינו. ואי נמי: שאינו מינו דאיסורא, וליכא קפילא. ואכתי לא איפסיק הלכתא בששים. פלפלין. נותנים טעם באלף כמוכן. שיערו חכמים. אין באיסורין בנ"ט יותר מבצל וקפלוט.

איכא דאמרי בקדרה עצמה. תימה: אם שיעור עולי הקדרה כחמשים זיתים, ונתן בה מים כשיעור עשרה זיתים, ובשל בתוכן המים כזית חלב – היאך יתבטל אותו כזית חלב במים? הא פשיטא שיש במים טעם חלב! ונראה לפרש: דהכא מיירי כגון דליתיה לאיסורא בעייניה, דנבלע בה בקדרה כזית חלב, והיא היתה ככר בלועה מהיתר, ואח"כ חזר ובשל היתר – דמשערינן בקדרה עצמה לבטל האיסור שנבלע בה. כל איסורין שבתורה משערינן אותן כאילו הן בצל וקפלוט. מלה נקט "כבשר בלפת", כדקתני במתניתין (לעיל דף צו:) גבי גיד הנשה, משמע דאין שיעורן שוה. דגיד לא יהיב טעמא כולי האי, הוא דמשערינן כבשר בלפת. אבל שאר איסורים, דיהבי טעמא טפי – משערינן בבצל וקפלוט. ומדאמר רב נחמן: גיד בששים, משמע דבשר בלפת הוי שיעורא בששים. ולפי זה פליג רבי יוחנן אדרבה לעיל, דאמר: כל איסורין שבתורה בששים, וכרבה קיי"ל, דהוא בתרא, וכן פסקינן בפ' בתרא דמסכת ע"ז (דף סט.) גבי "עכברא בשיכרא". וכחל מן המנין. וא"ת: כיון דכחל עצמו אסור, כדאמרינן בסמוך, א"כ נימא "חתיכה עצמה נעשה נבלה", וליבעי ששים לבד מכחל? וי"ל: דהאי דאסור, לאו משום שיהא טעם חלב בכחל יותר מבשאר בשר, אלא לפי שיש בו גומות, והחלב כנוס לתוכו, ויש באותו חלב טעם בשר. ואי אפשר להפרישו מן הכחל, מאחר שנתבשל, דמו לא מהניא ליה קריעה. וא"ת: ומה טעם הכחל עצמו אסור? והלא כל החלב הכנוס לתוכו בגומות נפלט לחוץ, ונתפשט ונפלט בשוה לכל החתיכות, כדאמר דמשערינן בכוליה. ופריך נמי: אלא מעתה נפל לקדרה אחרת לא יאסור? משמע דפשיטא ליה שיצא כולו, כמו שאפרש בסמוך! וי"ל: לפי שמתחלת בשולו, קודם שיצא החלב לגמרי, נאסר החלב שבכחל, מפני טעם הבשר שבו, ואז לא היה יכול לצאת בקריעה. הילכך אף לאחר שנגמר בישולו, שכבר יצא כולו, תו לא ליישתרי. דאפשר לסוחטו – אסור. ואפילו למ"ד אפשר לסוחטו, מותר – הכא גזרינן שמא יאכלנו קודם שיצא כולו. ואע"ג דגבי "בישרא דאסמיק" (לעיל דף צג:) שרינן כי שפדיה בשפודא לבתר שנצלה לגמרי, ולא גזרינן דלמא אתי למיכל קודם גמר צלייתו – שאני התם שדרך הדם לצאת על ידי מליחה וצלייה. ולכך צולהו, כדי להוציא דמו. גם לבסוף פירש כל הדם לגמרי, ונופל לחוץ. אבל הכא, כשיצא נמי כל החלב, מ"מ נשאר הוא בקדרה, אלא שמתבטל. ואי שריא לבסוף, אתי למיכליה קודם. וכחל עצמו אסור. יש ספרים דגרסי: "אסור, היכא דלא קרעיה ובשליה בהדי בשר". וא"ת: כי בשיל ליה נמי לחודיה – ליתסר, משום טעם בשר הכחל (ג) שבחלב שבגומות! וי"ל: משום לישנא קמא דרב בפ' "כל הבשר" (לקמן דף קט:) דאמר: לא קרעו – אינו עובר עליו, ומותר. לכך צריך להעמיד כשנתבשל עם הבשר*.

ואין גיד מן המנין. דבעינן ששים דהיתר לבד מיניה. אבל כחל, הואיל ומין היתר הוא, אם נתבשל עם הבשר – משערינן ליה בששים לבהדי דידיה. ביצה. של עוף טמא. וכחל עצמו אסור. שהרי הבשר נתן בו טעם, והוא לא נתן טעם בבשר, לפי שמועט היה. בדידיה משערינן. דבעינן שיהא בהיתר ששים כמותו. או במאי דנפיק מיניה. אין ד] צריכין שיהא בהיתר אלא ששים מה שפלט זה. דהאי מאי דלאחי קמן, לאו בקדרה הוא, ומישדא שדינן ליה לבר. אלא מעתה. הואיל ובדידיה משערינן, הא איבטיל כוליה, שהלך כל ה] עצמו בתבשיל. דאי לאו הכי, מאי בעית ששים כמות כולו. וכיון דכוליה בטליה, נפל בקדרה אחרת – אל יאסר. כיון דאמר רב יצחק כו'. מפני שנתמצה נאסר עד שלא נתמצה ו], משנתנה הקדרה בו טעם – מיד נאסר. ומאז שויוה רבנן כחתיכת איסור שהיא לעולם אסורה, כדאמר במתניתין: בזמן שמבשלו כו'. למימרא דיהבה טעמא. כי מבשלה בהדי אחריני.
אפרוח

אלא מעתה נפל לקדרה אחרת לא יאסור. דכיון דבכוליה משערינן, א"כ נפיק כוליה. אבל אי במה דנפיק מיניה משערינן, א"ש דאוסר קדרה אחרת, דלא נפיק כוליה. וא"ת: ודלמא הא דמשערינן בכוליה, משום דמספקא לן אי נפיק כוליה. ולכך נפל לקדרה אחרת – אוסר, משום דלמא לא נפיק כוליה? וי"ל: דזה פשוט לו, ואין ספק בדבר, וידוע היה להם אם יוצא כולו או מקצתו. ועוד: דמספק לא היה אוסר קדרה אחרת, כיון דחלב שחוטה דרבנן. ועוד נראה לפרש ד"אלא מעתה" קאי אהא דאמר "וכחל מן המנין", אלמא לא חשבינן ליה חתיכה דאיסורא, ולא אסיר אלא משום חלב הכנוס בגומות שבתוכו. וא"כ, נפל לקדרה אחרת – לא יאסור, דכל מה שסופו לצאת מן החלב יצא בקדרה ראשונה. נפל לקדרה אחרת אל יאסור. הא לא פריך "הוא גופיה לא ליתסר", כדפי' לעיל. ביצה בס'. וה"ה בשאר איסורין, ובילא איצטריך ליה, משום דאיכא ביצה טמאה דלא אסרה, כדאמרי אינשי דמיא בעלמא הוא.
בנילת

עין משפט נר מצוה

סח א מיי' פט"ו מהל' מאכלות אסורות הל' ל סמג לאוין קלז טוש"ע יו"ד סי' צח סעי' ח:
סט ב מיי' פ"ט שם הלכה יח ועיין בהשגות ובכ"מ סמג לאוין קמא טוש"ע יו"ד סי' צח סעיף ה וסי' קה סעיף ט:
ע ג מיי' פט"ו שם הלכה לד ופט"ו מהלכות תרומות הלכה ט טוש"ע יו"ד סי' קה סעיף ח:
עא ד מיי' שם הל' כל סמג לאוין קלז טוש"ע יו"ד סי' לח סעיף ז:
עב ה מיי' שם טוש"ע שם וסעי' ח:
עג ו מיי' שם הל' כ סמג שם טוש"ע יו"ד סי' ק סעיף ב:
עד ז מיי' שם הל"ט ועיין בהשגות ובכ"מ סמג לאוין קמא טוש"ע יו"ד סי' צ סעיף ה וסי' לח סעיף ח:
עה ח מיי' שם הל"ט סמג שם טוש"ע יו"ד סי' לח סעיף ז וסי' פו סעיף א:
עו ט מיי' פ"ט שם הל"ג סמג שם טוש"ע יו"ד סי' צ סעיף א:
עז י מיי' שם טוש"ע שם וסי' לח סעיף ד:
עח כ מיי' שם טוש"ע שם סי' צ סעיף ה:

מסורת הש"ס

[ברי"ף וברא"ש ליתא מיהו בשאלתות פרשה ושלח ס"ם כ"ה איתא רב אחא בריה דרב וכו' אמר ליה רב אחא בריה דרב לרבינא וכו'] פסחים עו. לקמן קיא. קיב. לעיל לג:
[בשאלתות שם איתא שמע מינה]
עיין בר"ן ובתוספות שם ביאור דברי רש"י בזה
[וע"ע תוס' לקמן קט: ד"ה אינו]

הגהות הב"ח

(א) גמ' דאיסורא וליכא קפילא: (ב) שם בר רב אחא בר רב שרי כצ"ל ותיבת אשי נמחק: (ג) תוס' ד"ה וכחל וכו' הכחל עצמו שבחלב שבגומות:

גליון הש"ס

גמ' והא אמרי אינשי. ע"ל דף סד ע"ב בתוס' ד"ה גיעולי ביצים: תוס' ד"ה וכחל מן המנין וכו' אסור. לא זכיתי להבין הך בשר הכחל לא נאסר רק החלב ונאסר החלב והוא בגומות ואסור לאכול הכחל מלד שהולך ג"כ החלב ואחר גמר בישולו שיצא החלב לחוץ מתחילה יהיה מותר דהא הבשר לא נאסר כלל ומה שייך לא אפשר לסוחטו אסור:

שיטה מקובצת

א] ואין בהיתר ס' אומדין כמה בלעה קדרה: ב] ולא משערינן בקדרה עצמה ועיקר הדבר כמות שהוא בא לפנינו משערינן ליה ולא משערינן ליה בקדרה ולא במאי דבלעה קדרה: ג] כל איסורין שבתורה לבד גיד הנשה דכבשר בלפת הוא) נרשם על דבור זה: ד] או במאי דנפק מיניה אין צריך שיהא בהיתר ששים אלא במה שפלט זה: ה] שהלך כל טעמו בתבשיל דאי לאו הכי: ו] עד שלא נצטמק דמשנתנה הקדרה:

רבינו גרשום

דאמר שמואל מלוח הרי הוא כרותח. כלומר וכבולע הירך שומן הגיד מחמת המלח: וכי תימא מאי כרותח כרותח דמבושל. כלומר ולא כרותח דצלי: כשהן משערין בששים. ואיכא דאמרי בקדירה עצמה. כלומר שהקדירה עצמה עולה למנין ששים: כל איסורין שבתורה רואין אותן כאילו בצל וקפלוט נותנין עד ששים אבל יותר משישים לא יהיב טעם דאין נותן [טעם] באיסורא כגון חתיכה של נבילה וכגון דג [טמא] וגיד הנשה: ביצה בששים. כגון ביצה דאית בה אפרוח שהיא כנבלה שנתבשל עם ביצים טהורים: בדידיה משערינן. כלומר בכחל שנתבשל עם הבשר: אלא מעתה נפל לתוך קדירה אחרת כו' כלומר השתא דאמרת דבדידיה משערינן דבששים הוא עצמו בטל. נפל לתוך קדירה אחרת אל יאסור דהא בטל הוא מתחילה. סבר

תורה אור

אבביצת אפרוח, אבל טמאה — לא. איתיביה: *ביצים טהורות שֶׁשְּׁלָקָן עם ביצים טמאות, אם יש בהן בנותן טעם — כולן אסורות! הכא נמי — בביצת אפרוח. ואמאי קרי לה "טמאה"? כיון דאית בה אפרוח קרי לה "טמאה". והא מדקתני סיפא: *ביצים ששלקן ונמצא אפרוח באחת מהן, אם יש בהן בנותן טעם — כולן אסורות, מכלל דרישא, דלית בה אפרוח עסקינן! פירושי קא מפרש, ביצים טהורות ששלקן עם ביצים טמאות, אם יש בהן בנותן טעם — כולן אסורות, כיצד, כגון ששלקן ונמצא אפרוח באחת מהן. ה"נ מסתברא, דאי ס"ד: רישא דלית בה אפרוח, השתא דלית בה אפרוח — אסורה, דאית בה אפרוח מיבעיא! אי משום הא — לא איריא, תנא סיפא לגלויי רישא, שלא תאמר: רישא — דאית בה אפרוח, אבל לית בה אפרוח — שריא, תנא סיפא דאית בה אפרוח, מכלל דרישא — דלית בה אפרוח, ואפילו הכי אסירא. ההוא כזיתא תרבא דנפל בדיקולא דבשרא, סבר רב *אשי לשעוריה במאי דבלע דיקולא. אמרי ליה רבנן לרב אשי: באטו דהיתרא בלע, דאיסורא לא בלע? ההוא פלגא דזיתא דתרבא דנפל בדיקולא דבשרא, סבר מר בר רב אשי לשעוריה בתלתין פלגי דזיתא. אמר ליה אבוה: לאו אמינא לך גלא תזלזל בשיעורין דרבנן? ועוד, *האמר ר' יוחנן: דחצי שיעור אסור מן התורה. אמר רב שמן בר אבא, אמר רב אידי בר אידי בר גרשם, אמר לוי בר פרטא, אמר רבי נחום, אמר רבי בירייס משום זקן אחד ורבי יעקב שמיה, דבי נשיאה אמרו: ביצה, בס' — אסורה, בס' ואחת — מותרת. אמר רבי זירא לרב שמן בר אבא: ראה שאתה מטיל בה גבול היתר, שהרי שני גדולי הדור לא פירשו את הדבר: רבי יעקב בר אידי ורבי שמואל בר נחמני, תרוייהו משמיה דרבי יהושע בן לוי אמרי: ביצה, בס' — אסורה, בס' ואחת — מותרת. ואיבעיא להו: בס' ואחת, בהדי דידה, או דילמא לבר מינה? ולא פשיט, ומר פשיט לה מפשט! איתמר, אמר רבי חלבו, אמר רב הונא: ההביצה, בס' והיא — אסורה, בס' ואחת והיא — מותרת. ההוא דאתא לקמיה דר"ג בר רבי, א"ל: אבא לא שיער בארבעים ושבע, ואני אשער בארבעים וחמש. ההוא דאתא לקמיה דר"ש בר רבי, א"ל: אבא לא שיער במ"ה, ואני אשער במ"ג. ההוא דאתא לקמיה דר' חייא, א"ל: כלום יש שלשים? טעמא — דליכא שלשים, הא איכא שלשים — משערין! אמר ר' חנינא: גוזמא. אמר ר' חייא בר אבא, אמר ר' יהושע בן לוי משום בר קפרא: כל איסורין שבתורה — בס'. אמר לפניו ר' שמואל בר רב יצחק: רבי, אתה אומר כן? הכי אמר רב אסי, אמר ר' יהושע בן לוי משום בר קפרא: כל איסורין שבתורה — במאה. ושניהם לא למדוה אלא מ"זרוע בשלה", דכתיב: °"ולקח הכהן את הזרוע בשלה" וגו' (במדבר ו), ותניא: "בשלה" אין

רש"י

אפרוח. שהבשר נותן טעם, ולא שנא טמאה ולא שנא טהורה דנבלה היא. אבל טמאה. בלא אפרוח — לא. כיון דאית בה אפרוח קרי לה טמאה. ואפילו של עוף טהור. ביצים טהורות ששלקן כו'. מכלל דרישא. דנקט "טמאה" טמאה ממש קאמר, ולאו אפרוח. דאי בטהורה ואפרוח, תרתי למה לי. כיצד ששלקן ונמצא אפרוח באחת מהם. וזו היא טומאתו, וכולן מן הטהור. השתא דלית בה אפרוח. אשמועינן דיהבה טעמא ואסורה, ואע"ג דמיא בעלמא הוא. יש בה אפרוח. אפילו טהורה. מיבעיא. כ"ש דיהבה טעמא, דהא אפרוח נבלה היא! בדיקולא. קלתה. סבר רב אשי לשעוריה. היתרא, ולאומוקי עלה מה שבלעה קדרה, כדי לבטל את האיסור. והאיסור היה משער כמו שהוא בא לפניו, מלומקת. רבנן. תלמידים. דאיסורא לא בלע. בתמיה. אף האיסור נצמק, וכשנפל היה בו יותר. אלא הכל משערים כמות שהן רואים. בתלתין פלגי דזיתי. משום דלא היה כשיעור, היה מזלזל בבטולו, ולא בעי ששים. לא תזלזל בשיעורי דרבנן. כלומר, אפילו במידי דלא מיתסר מדאורייתא, לא תזלזל בשיעוריה. ועוד: הא — מדאורייתא אסור, דחצי שיעור אסור מן התורה א]. וחצי שיעור מניין? ת"ל: "כל חלב". בפרק בתרא דיומא (דף עד.). ראה שאתה מטיל בה גבול. ראה מה אתה עושה, שלא תטעה ותכשיל הסמוכים עליך. שאתה מטיל בה גבול להתירה בס' ואחת, ואינך מפרש: אי בהדי דידה, אי לבר מינה. והשומעים יעלה על דעתם: בהדי דידה. והרי שני גדולי הדור נשאלה מהם, ולא פירשוה. ומאן נינהו? רבי יעקב בר אידי ורבי שמואל בר נחמני. ואיבעיא להו. פשיט מיפשט. שאינך מטיל שום ספק בדבר, לומר: ואיני יודע אם היא מן המנין של ס' או לא. בס' ואחת והיא. דקוו להו ס"ב. ההוא דאתא כו'. פלגא דזיתא דאיסורא הוה, וכן עובדא דר"ש בר רבי. אבא. הלא בא מעשה כזה לפניו, ולא מצא אלא מ"ז, והתיר — שמע מינה: לאו ס' בעי. אף אני מתיר בזה, שאיני מוצא בו אלא מ"ה. ולי נראה, דהכי קאמר: אבא לא שיער בארבעים ושבע, אני אשער במ"ה?! בתמיה. אבא בא לפניו מעשה, והיה יכול לבטלו במ"ז, ולא שיערו להתיר, ואסר. ואני אתירנו במ"ה?! ולשון זה אין צריך לפרש בחלי זית, אלא ב] אף בשיעור שלם. הא איכא שלשים משערינן. בתמיה. וכולי האי מי ג] מזלזלין? גוזמא. כלומר, למה באת לישאל עליו, והלא אפילו שלשים אין בו בהיתר כמות האיסור? ולאו דווקא קאמר ליה, אלא דבר שאינו יכול לעמוד. כלומר, כלום יש שם אפילו שלשים? ואע"פ שאינו ניתר בכך. בס'. היכא דבדקיה, ולא יהיב טעמא. אי נמי: ליכא למיקם אטעמא, כגון מין ומינו. אבל היכא דבדקיה, ויהיב טעמא — לעולם טעמא לא בטיל, כדאמר בכמה דוכתין. ולקמן (דף צט.) נמי אמרינן: יש בהן בנותן טעם, בין שיש (א) להעלות במאה ואחד, ובין שאין כו' — אסור ד]. וכי לא יהיב טעמא, בעינן ששים לבטוליה, כדלקמן, דקתני: אין בהן בנ"ט, בין שיש להעלות כו' — מותר. דאמרינן: אין בהן להעלות בק"א, אלא ה] במאי? לאו, בששים. אלמא, כי לא יהיב טעמא נמי בעינן ששים למר ומאה למר. ושניהם לא למדוה כו'. ואע"ג דאי אתי למילף מיניה, מצית למילף אפילו היכא דיהיב טעמא. דהא הכא איכא למימר: דאי שלא במינו, הוה יהיב טעמא, אפילו הכי רבנן אחמור, ואמור: טעמא לא בטיל. זרוע. של איל נזיר הוא המורם ממנו, ומניפין אותו, וניתן לכהן ואסור לזרים ו]. והאיל כולו נאכל לבעליו, דהא שלמים הוא. אין

תוספות

בביצת אפרוח. וה"ה (ב) בשאר, בנמלא בה דם, דשדא תיכלא בכולה. ונראה דטמאה שהיא קלופה, אפשר דאסורה. ובירושלמי *גבי גיעולי גוים משמע: דיש חילוק בין קלופות לשאין קלופות, ושמא לענין זה נמי יש חילוק. והא דלא משני הכא "הא בקלופה, הא בשאינה קלופה" — משום דסתם גוים מבשלים אותן בקליפתן. **פירושי** קא מפרש. ז] הכא לא פריך: א"ה, "אסורות" "אסורות" למה לי. וכן בכמה דוכתין, ובכמה דוכתין פריך*. **דנפל** בדיקולא דבשרא. בערוך* חברו בהדי "היא ניימא, ודיקולא שפיל" —* פירוש: קלתא. וכתוב בתשובת הגאונים, דהכי קאמר: דנפל ליורה גדולה, שיש בה שיעור דיקולא.* וקשה: כיון דלאו לדיקולא נפל, מאי קאמר "סבר רב אשי לשעוריה במאי דבלעה דיקולא"? ובקונטרס פירש: "דיקולא" – קלתא. וקלתא הוא כלי שמבשלין בה בשר, כדאמר ב"המוכר את הספינה" (ב"ב עד.): כל שלשים יום מהפך להם גיהנם כבשר בקלחת. ואפשר דקרי ליה "דיקולא" – משום הרתיחות שעולות בתוכו, שנקראים "דיקולי", כדאמר פרק "כל שעה" (פסחים דף לט:): אמר רב יוסף, לא ליחלט איניש תרתי חיטי בהדי הדדי, דילמא אזל חדא (ג) בגלדי דחברתה, ולא סליק ליה דיקולא דמיא מד' רוחתא*. **ואיבעיא** להו בששים ואחד כו'. ומדלא פירש בהדיא "בששים והיא, מותרת" ליכא למיפשט מידי, דשמא רבי יהושע בן לוי עצמו הוא מסופק. ומיהו קשה: דלקמן קאמר רבי יהושע בן לוי: כל איסורין שבתורה בששים. משמע, ח] בששים של היתר, כמו "גיד בששים, ואין גיד מן המנין"! ויש לומר: דהתם משמיה דבר קפרא קאמר לה, אבל הכא מדקאמר "בששים אסור" משמע שפיר דבששים של היתר נמי אסור. להכי אית לן למימר, דלדידיה הוה מספקא ליה. **כל** איסורין שבתורה בששים. פירש בקונטרס: דאף כי לא יהיב טעמא, בעי ששים. ואין נראה. ומה שהביא ראיה מלקמן, אפרש לקמן בעזרת הש"י.

מסורת הש"ס

[תוספתא דתרומות פ"ט] [שם] [נ"א אשי] יומא עג: עד.

רבינו גרשום

סבר רב אשי לשעוריה במאי דבלע נמי דיקולא. כלומר דיקולא היה רותח ונפל כזיתא תרבא לתוך דיקולא רותח וסבר רב אשי לשעוריה ששים במאי דבלע כו'. ההוא (כ) פלגא זיתא כו' כלומר נפל לדיקולא רותח. לשעוריה בתלתין פלגי דזיתי כלומר דאי הוו שם שלשים חצאי זיתא דבשרא היה מתירו שהיה מקיל ביותר. ההוא דאתא לקמיה דרבן גמליאל. כלומר חצי זית חלב שנפל לתוך יורה של בשר רותחת. אבא לא שיער כו' שהוה מקיל בחצי שיעור:

עין משפט נר מצוה

[סוף פרק י' דתרומות]

עט א מיי' פט"ו מהל' מאכלות אסורות הל' יט סמג לאוין קמא טוש"ע יו"ד סי' פו סעיף ה ו:

[עיין תוס' בכורות לא: ד"ה א"כ] [ערך דקל א] [סנהדרין ז.]

[עד כאן בערוך]

פ ב מיי' פ"ט מהל' מאכלות אסורות הל' ט' סמג לאוין קמא טוש"ע יו"ד סי' צ' סעיף א וסי' לט סעיף ד:

פא ג טוש"ע יו"ד סי' לח סעיף ו:

פב ד מיי' פי"ד מהל' מאכלות אסורות הל"ב ופ"ב מהל' שביתת עשור הלכה ג:

פג ה מיי' פט"ו מהל' מאכלות אסורות הל"ט סמג לאוין קלב קמא טוש"ע יו"ד סי' פו סעי' ה וסי' לח סעיף ז:

[וע"ע תוס' לקמן ק. ד"ה כשקדס]

שיטה מקובצת

א] דחצי שיעור אסור מן התורה כדאמרינן חצי שיעור מנין: ב] בחצי זית אלא בשיעור שלם: ג] בתמיה וכולי האי מי מזלזלין: ד] ובין שאין וכו' אסור ואילו כי לא יהיב טעמא: ה] אלא בכמה לאו בששים אלמא: ו] ואסור לזרים והאיל נאכל לבעליו דהא שלמים הוא כצ"ל ועל שאר כל הדבור עד סוף העמוד נרשם עליו: ז] הכא לא פריך. נ"ב ע' תוס' בכורות דף ל"א ע"ב: ח] משמע טפי דבששים של היתר:

הגהות הב"ח

(א) רש"י ד"ה בס' וכו' בין שיש כהן להעלות: (ב) תוס' ד"ה בביצת אפרוח וה"ה בנמלא כל"ל ותיבת בשאר נמחק: (ג) ד"ה דנפל וכו' דילמא אזל חדא ולא יהיב בגלדי דחברתה ולא סליק להו דיקולא:

אין "בשלה" אלא שלימה. ר' שמעון בן יוחאי אומר: אין "בשלה" אלא שנתבשלה עם האיל. דכולי עלמא: בהדי איל מבשל לה, מר סבר: מחתך לה והדר מבשל לה, ומר סבר: מבשל לה והדר מחתך לה. ואי בעית אימא, דכ"ע – מחתך לה והדר מבשל לה. מיהו, מר סבר: בהדי איל מבשל לה, ומר סבר: בקדרה אחרת מבשל לה. ללישנא קמא – אליבא דדברי הכל, ללישנא בתרא – אליבא דרבי שמעון בן יוחאי. מאן דאמר בששים, סבר: בשר ועצמות בהדי בשר ועצמות משערינן, והוה ליה בששים. מאן דאמר במאה, סבר: בשר בהדי בשר משערינן, והוה ליה במאה. ומי ילפינן מינה? והתניא: זהו היתר הבא מכלל איסור, "זהו" למעוטי מאי – לאו למעוטי כל איסורין שבתורה? אמר אביי: לא נצרכא אלא לרבי יהודה, דאמר: *מין במינו – לא בטיל, קמ"ל: דהכא בטיל. וליגמר מיניה! גלי רחמנא °"ולקח מדם הפר ומדם השעיר" – תרווייהו בהדי הדדי נינהו, ולא בטלי. ומאי חזית דגמרי' מהאיך, ליגמר מהאי! *חדוש הוא, ומחדוש לא גמרינן. אי הכי, למאה וס' נמי לא ליגמר! אטו אנן לקולא גמרינן, לחומרא גמרינן, דמדאורייתא – ברובא בטיל. רבא אמר: לא נצרכא אלא לטעם כעיקר, *דבקדשים אסור, קא משמע לן דהכא שרי. וליגמר

ויקרא טז

אין בשלה אלא שלימה. לא נתפרש באיזה לשון. דכ"ע. ת"ק ור"ש. בהדי איל מבשל לה. דאין מקרא יוצא מידי פשוטו, וקרא משמע דעם האיל (א) מבשלו. ת"ק סבר מחתך לה. מן האיל, והדר מבשל לה בהדיה. ואשמועינן: שלימה מבשלה, ואינו מחתכה לחתיכות. ור"ש אתא לאשמועינן דכמות שהיא מחוברת לאיל מבשלה. ללישנא קמא כו'. והשתא קא מסיים למלתיה דאמרן לעיל: "ושניהם לא למדוה". ללישנא קמא, דאוקמינן דבין ת"ק ובין ר"ש בהדי איל מבשל לה – ילפי הנך אמוראי דלעיל מ"זרוע בשלה", אליבא דדברי הכל. וללישנא בתרא ב]. דאוקמינן ת"ק דבקדרה אחרת מבשל לה – ילפי מילתייהו מדר"ש, דחזינן דבשיל היתר בהדי איסור. ובזרוע יש עצם הרבה ובשר מועט (א), שהכתף אינו בכלל "זרוע", דתנן בפרק "הזרוע" (לקמן דף קלד:): איזהו זרוע? מן הפרק של ארכובה, עד *גף של יד, אשפלד"ו. בשר ועצם. דזרוע. בהדי בשר ועצמות. דאיל משערינן וקים להו לרבנן דששים איכא, ושרייה רחמנא. ומ"ד מאה. סבר: עצם לא בעיא לשעוריה, דהא לא פליט טעמא מיניה. וכי משערת בשר דזרוע בהדי בשר דאיל, איכא מאה. זהו היתר. הניתר מכלל איסור, שהרי בלע איל מן הזרוע, והתירו לך הכתוב. לאו למעוטי. שאר איסורים, דלא ילפינן להו מיניה? לא נצרכא. האי "זהו". אלא לרבי יהודה דאמר. במנחות (דף כב.): מין במינו לא בטיל, ובהאי איל – בטיל. להכי אמר "זהו" – דלא ילפינן מיניה דליבטל מין במינו. אבל מין בשאינו מינו – ילפינן מיניה למאה וששים, למר כדאית ליה ולמר כדאית ליה. וליגמר מיניה. לבטולי מין במינו. ולקח מדם הפר ומדם השעיר. ב"אחרי מות" גבי קרנות מזבח הפנימי, וקסבר רבי יהודה: שמערה דם שניהם לכלי אחד, והדבר ידוע שדם הפר מרובה מדם השעיר, וקרי ליה "דם השעיר" – אלמא לא מבטל ליה. חדוש הוא. דלכתחלה (ג) היתר לבטל האיסור. אטו אנן. הא דגמרינן מיניה מאה או ששים, קולא הוא, דקימא: חדוש הוא דהדיש רחמנא ואקיל גביה, ולא גמרינן מיניה? הא חומרא היא. דלא קימא: ליבטול ברובא. וחומרא שפיר גמרינן מיניה, דכ"ש הוא: ומה איל נזיר, דאקיל גביה, לא אקיל אלא במאה או בששים כ"ש לאיסורי אחריני. דמדאורייתא. כלומר, אי לאו מהאי גמרינן, ומשוינן ביטול טעם כשאר בטולי דאורייתא, ברובא הוה לן לבטולי, כדכתיב (שמות כג) "אחרי רבים להטות". לטעם כעיקר. נותן טעם קים לן דאסור בקדשים כעיקר ממשו של איסור, ב] ולהא מילתא קתני "זהו" – למעוטי שאר קדשים. אבל חולין, שפיר גמרינן מיניה למאה ולששים. דהא קים לן ד] מ"אחרי רבים להטות" דבטלי ברובא, וילפינן מהכא להחמיר דלא ליבטיל אלא *במאה. ורבא לית ליה טעם כעיקר בחולין, כדמפרש ואזיל: מדאורייתא – ברובא בטיל, אלא מדרבנן ה]. והכי נמי שמעינן ליה לר' יוחנן במסכת ע"ז (דף סז.): כל שטעמו ולא ממשו – אין לוקין עליו. והא דילפינן ליה בפסחים (דף מד.) מנזיר ו"משרת" ליתן טעם כעיקר – סבירא להו לאמוראי בתראי, דאמסכתא בעלמא הוא, ולאו מילף הוא. דהוו להו נזיר וגיעולי גוים ב' כתובין הבאין כאחד. אי נמי: גיעולי גוים – חדוש הוא, כדלקמן. וליגמר מינה, כדאמרינן התם, ו"משרת" – להיתר מצטרף לאיסור.

(לקמן ק. וש"נ)
פסחים מד:
[עיין תוס' מנחות כב. ד"ה מה חטאת ותוס' זבחים עט. ד"ה איכא]
[נ"ל כמאה וששים]

אין בשלה אלא שלימה. פירש בקונטרס דלא נתפרש באיזה לשון. ונראה לפרש: דמשמע "בשלה" – כמו: בשל לה, למ"ד דגושה ומפיק ה"א. כמו: שיש לה. כלומר, כמו שהיא. דכולי עלמא בהדי איל מבשל לה. דאין מקרא יוצא מידי פשוטו. אבל לאיכא דאמרי דבקדרה אחרת מבשל לה – לתנא קמא, מוציא אותו מידי פשוטו. מר סבר מחתך לה והדר מבשל לה. פירש בקונטרס: דהיינו ת"ק ו"שלימה" דקאמר – היינו, דאין מחתכין לחתיכות. והשתא לא הוי "מר סבר" קמא ללישנא קמא, כ"מ"ס" קמא דאיכא דאמרי, דהוי ר"ש. ונראה לפרש: "מר סבר: מחתך לה והדר מבשל לה" – היינו, ר"ש בן יוחאי. אבל ת"ק סבר דמבשל והדר מחתך. והיינו "שלימה" דקאמר – שתהא מחוברת לאחר בישול. והשתא הוי "מר סבר" קמא ר"ש בן יוחאי, כמו לאידך לישנא. ומיהו ללישנא בתרא צריך לומר: "שלימה" – היינו, שלא יחתכנה חתיכות. ומאן דאמר בששים סבר בשר ועצמות כו'. לאו דרשה גמורה היא למילף מינה לענין מין בשאינו מינו, דטעם כעיקר דאורייתא. דהכא מין במינו הוא, ומדאורייתא בטילה ברובה. אלא בששים ומאה קבלה היתה בידם, ואסמכוה אהאי קרא. ומכל מקום פריך שפיר מהא דתניא: "זהו היתר הבא מכלל איסור" – דמשמע שיש כאן היתר, דבעלמא אסור כיוצא בו. לאו למעוטי כל איסורין שבתורה. וא"ת: ומאי קושיא, דלמא היינו דוקא לענין שאין מבטלין איסור לכתחלה, והכא שרי! וי"ל: דלשון "זהו היתר הבא מכלל איסור" משמע מכלל דבר האסור לאכילה. מאי חזית דגמרינן מהא כו'. ואף על גב דלחומרא מקשינן, כיון דאיכא לאוקומי קרא ד"דם הפר" בעולין, כרבנן ב"הקומץ רבה" (מנחות דף כב.), אית לן למילף מ"זרוע בשלה", אע"ג דלקולא. וכן בסמוך פריך, (ג) דלדרבנן ניגמר מהכא לקולא, דאיכא לאוקומי קרא דחטאת ומשרת להיתר מצטרף לאיסור, ואריכי, כדאמר בפרק "שלשה מינין" (נזיר דף לז:). לחומרא גמרינן דמדאורייתא ברובא בטיל. וא"ת: הא תינח במינו, אבל בשאינו מינו – לא בטיל, דטעם כעיקר דאורייתא! וי"ל: דלאו דרשה גמורה היא, כדפרישית. ולענין מין במינו גמרינן לחומרא, ובשאינו מינו קים להו דבוותר מששים למר ומאה למר פוסק הטעם, ואסמכינהו נמי אהאי קרא. ועוד: דזימנין פוסק בפחות מששים או ממאה, א"כ הא דילפינן לאסור עד ששים ומאה – חומרא בעלמא הוא. רבא אמר לא נצרכא אלא לטעם כעיקר דבקדשים אסור. פירש בקונטרס: ד"זהו" – למעוטי שאר קדשים, אבל חולין – שפיר ילפינן מיניה למאה וששים. דמדאורייתא בטלי ברוב, וילפינן מהכא להחמיר, דלא ליבטיל אלא במאה וששים. משמע דר"ל: ד"טעם כעיקר" דקאמר – לאו ו] לטעם גמור הוא, דהא בטיל במאה וששים, אלא טעם כל דהו קאמר. וגם ל"ל: דכה"ג אסור בקדשים, ואע"ג דלא הוי אלא משהו. וכי פריך: "וליגמר מיניה" – היינו, דליסתרו אף ז] *בשר קדשים בק' וס', כזרוע בשלה. והשתא תימה: כיון דהכא לא איירי בטעם גמור אלא בכל שהוא, מי דחקו לפרש דאית ליה טעם כעיקר בחולין לאו דאורייתא? כיון דהכא לא איירי בטעם גמור אלא בכל שהוא, כדפרישית! ועוד תימה: דעל כרחיך אין כל שהוא אוסר בקדשים, דלא אסר במשהו אלא עולין דוקא לרבנן, ומין במינו לר' יהודה, כדאמרינן בהדיא ב"הקומץ רבה" (מנחות דף כג.). וכן בפ' "התערובת" (זבחים עח.) אמר ר"ל: הפגול והנותר והטמא שבללן זה בזה ואכלן – פטור. וקאמר: שמע מינה, נותן טעם ברוב – לאו דאורייתא. אלמא משמע דאפילו כדי נתינת טעם – לא אסר במינו. וזורע בשלה ותטאת דשמעתין – במינו עסקינן. ועוד אמר ב"הקומץ רבה" (מנחות דף כב:): שתי מנחות *שנקמצו ונתערבו – דבטל ברוב, לרבנן דאמרי: מין במינו בטיל. אלמא אין כל שהוא אוסר בקדשים. וכן בכמה דוכתין. ונראה לפרש: דהכא איירי בטעם גמור, דבקדשים אסור, מקרא ד"משרת". והוא הדין דבחולין אסור, מקרא ד"משרת". אלא נקט קדשים – משום דבזרוע בשלה, דהוי קדשים קאי. והכא שרי, דפעמים שהזרוע ומקצת מן האיל היו מוך לרוטב, ונותן הזורע טעם במה שסמוך. וזימנין נמי שיש משמנונית הזרוע הרבה על אותו מקצת, עד שלא יהא רוב באותו מקצת לבטלו, ובכל ענין שיבשל התיר הכתוב. ורבא לא פליג אר' יוחנן, ד"משרת" אתא לטעם כעיקר, ודרשה גמורה היא ולא אסמכתא. מדאמר"ע נמשע לרבנן, דדריש לה להיתר מצטרף לאיסור לקי. והוא הדין דלרבנן, דמוקי לה לטעם כעיקר, נמי לקי. והא דאמר אביי בפרק "כל הבשר" (לקמן דף קח.): ש"מ, טעמו ולא ממשו בעלמא לאו דאורייתא. דלר' עקיבא, מבשר בחלב מאי טעמא לא גמרינן להו? דחדוש הוא. אי חדוש הוא – אע"ג דליכא נותן טעם נמי! אמר ליה: *לך רבה: דרך בישול אסרה תורה. פירוש: לעולם לרבנן התם סיים דיחוי בעלמא הוא. כלומר, מהכא לא תידוק, ובפרק בתרא דמסכת ע"ז (דף סז.) דאמר רבי יוחנן: טעמו ולא ממשו – אסור, ואין לוקין עליו. *והיינו, במינו, דמדאורייתא ברובא בטל. וטעמו וממשו דקאמר התם שלוקין – כגון שהאיסור בעין, ומכירו. וכי קתני: טעמו ולא ממשו – אסור ואין לוקין עליו – ה"ה אפילו טעמו וממשו, אם אין מכירו. אלא מילתא דפסיקא נקט בכל ענין. אי נמי: נקט "ולא ממשו" – לרבותא, דאפילו דה"א סור. ועוד

(נ"ל קמ)
[נ"ל כבשר קדשים]
[נ"ל שלא נקמצו]
[נ"ל ליה]
[נ"ל היינו]

פד א מיי' פט"ו מהל' מאכלות אסורות הלכה כח:

שיטה מקובצת

א] דעם האיל מתבשלה: ב] וללישנא בתרא דאוקמינא לת"ק דבקדירה אחרת: ג] ולהאי מילתא קתני זהו: ד] דהא קים לן בהו מאחרי רבים: ה] אלא מדרבנן בעינן ששים והכי נמי שמעינן: ו] דרוצה לומר דטעם כעיקר דקאמר לאו טעם גמור הוא אלא טעם כל דהו קאמר דהא בטיל בק' וס' ובכי הא"ג אסור בקדשים ואע"ג וכו': ז] אף בשאר קדשים בק' וס' כזרוע בשלה:

הגהות הב"ח

(א) רש"י ד"ה וללישנא בתרא וכו' ובשר מועט. נ"ב עיין בזה לקמן דף קלד ע"ב בתוס' ד"ה אלו והוא מחזיק עלמות מזורע גם ג"כ מחזיק מהאיל וא"כ אין כו מהם אבל בירושלמי פ' ג' מינים בנזיר מתרץ קושיא זו דתוך עצמות זרוע אין תופסין מ"מ (אין) עצמות איל מצטרפין וא"כ א"א לה מקשרך שבזרוע בשר מועט וק"ל וכן מ"ש ר"פ גשא דף רמב ע"ג: (ב) ד"ה לכתחלה וכו' היתר לבטל: (ג) תוס' ד"ה מאי וכו' פריך לדרבנן ניגמר:

רבינו גרשום

אין בשלה אלא שלימה. כלומר ללישנא קמא שלימה ששלימה נתבשל עם האיל כלומר חתך לה והדר מבשלה עם האיל. ואיבעית תימא רב"ע מחתך חתך לה ומבשל לה. מר סבר בהדי איל זהו רשב"י ומר סבר בקדרה לחוד וזהו ת"ק. ומאי דקאמר אין בשלה אלא שלימה דשלימה נותן לו ומבשלה בקדרה לחוד. ללישנא קמא אליבא דדברי הכל למודה מן הזורע בשלה ר' חייא בר אבא בששים ור' שמואל בר רב יצחק במאה. מאן דאמר בששים קסבר כלומר בשר ועצמות ולא הוי אלא ששים לפי שעצם גדול יש בו בזורע ולא הוה ליה כל האיל אלא בששים וגמרינן מיניה דאיסור נתבשל עם היתר ולא נאסר ההיתר. קסבר בשר לבהדי בשר משער' כו' דבזורע מעט בשר יש בו והוי באיל מאה חלקים בשר כבזורע. מיתיבי זהו היתר הבא מכלל איסור. כלומר הזורע שנתבשל עם האיל זהו היתר הבא מכלל איסור שהזורע מוקדש ואין מותר לישראל שמתנה לכהן הוא והאיל של חולין נתבשל עמו ואעפ"כ מותר לישראל למעוטי מאי לאו למעוטי כל איסורין שבתורה שאם נתבשל עם היתר שאוסר אפי' בששים. אמר אביי לא צריכא לר' יהודה כו'. כלומר הא דתנן זהו היתר הבא מכלל איסור לאו למעט כל איסורין שבתורה אלא לר' יהודה איצטריך למיתנא. וליגמר מיניה ר' יהודה דהכא בטל אע"ג שהוא מין במינו. ולגמר מיניה. כלומר וליגמר מיניה ר' יהודה דמין במינו מין הזורע בשלה דכמה דבטל כך מין בטלין כל איסורין שבתורה אע"ג דמין במינו. הא גלי רחמנא ולקח הכהן מדם הפר ומדם השעיר כלומר שדם השעיר מועט ודם הפר מרובה וכשמערבן לקרנות המזבח מזכיר הכתוב דם השעיר כדם הפר שהוא מין במינו ולא בטל ומיניה גמר ר' יהודה דמין במינו לא בטיל: ליגמר

פה א מיי' פ"ח מהל' מעה"ק הלכ"ו:
פו ב מיי' פט"ו מהל' תרומות הל"ב:

ולינמר מיניה! א] גלי רחמנא גבי חטאת °"כל אשר יגע בבשרה יקדש", *"להיות כמוה", שאם פסולה — תפסל, ואם כשרה — תאכל כחמור שבה. ומאי חזית דגמרינן מהאיך, לינמר מהאי! חדוש הוא, ומחדוש לא גמרינן. אי הכי, למאה ושישים נמי לא לינמר! אטו אנן לקולא קא גמרינן?! לחומרא קא גמרינן, דמדאורייתא — ברובא בטיל. רבינא אמר: *לא נצרכא אלא למקום חתך, דאמר: מקום חתך בעלמא אסור, והכא שרי. יתיב רב דימי וקאמר לה להא שמעתא. אמר ליה אביי: וכל איסורין שבתורה במאה? והתנן:* למה אמרו כל המחמץ ומתבל ומדמע להחמיר — מין ומינו, להקל ולהחמיר — מין ושאינו מינו, וקתני סיפא: *להקל ולהחמיר מין ושאינו מינו, כיצד — גריסין שנתבשלו עם העדשים, אם יש בהם בנותן טעם, בין יש בהן להעלות במאה ואחד, בין אין בהן להעלות במאה ואחד — אסור. אין בהן בנותן טעם, בין שיש בהן להעלות במאה ואחד, בין אין בהן להעלות במאה ואחד — מותר. אין בהן להעלות במאה ואחד אלא במאי — לאו בששים? לא

ולינמר מיניה. למעבד אף שאר קדשים בששים או מאה, כגון נותר או פיגול. להיות כמוה. הנוגע בה ובלע ממנה. שאם פסולה. היא, יפסל הנוגע. ואם כשרה. היא, תאכל [ב] כחמור שבחטאת. שאפי' הן שלמים — אסורין ליאכל אלא לזכרי כהונה ליום ולילה ולפנים מן הקלעים. ג] ומהכא גמרינן לכל איסורי קדשים, דלא בטלי לגמרי. לינמר מהאי. ולינטלו בק'. אלא חדוש הוא. ל"ג "אלא". חדוש הוא. כדפרישית, דלכתחלה מבשלינן ליה, ומייתינן ליה לידי כך בידים. לא נצרכא. "וזהו". אלא למקום חתך. דבעלמא בכל איסור והיתר המחוברים, כגון הוציא העובר את ידו, וכגון אבר המדולדל — כולן אסורין, ד] כדאמרינן ב"בהמה המקשה" (לעיל דף סח.). להא שמעתא. דרב שמואל בר רב יצחק. למה אמרו. המחמץ? לאיזו איסור אמרו לתרומה, שהמחמץ חולין בשאור שלה, או המתבל קדרה חולין בתבלי תרומה, או מדמע ומבשל חולין ותרומה יחד, שאנו הולכים אחריו להחמיר? למין ומינו. אמרו כן, דאזלינן ביה לחומרא, כדקתני לקמיה. ולמה אמרו להקל ולהחמיר. שפעמים להקל ופעמים להחמיר? מין ה] ושאינו מינו. על זה אמרו: פעמים להקל, ופעמים להחמיר. גריסין. ו] של פול דתרומה. שנתבשלו עם עדשים. של חולין, וטעמנום ויש בהם ז] טעם תרומה בחולין, אע"פ שיש בחולין מאה ואחד, ח] שתרומה דינה לבטל בכך, דנפקא לן בספרי מקראי מ"כל חלבו את מקדשו ממנו" שאם נפל חלבו בתוכו, הרי הוא מקדשו. ובתרומת מעשר משתעי קרא, שהיא אחד ממאה. וקאמר: שאם חזרה לתוך התשעים ותשעה — מקדשתן. מכאן אמרו: תרומה במאה עם האיסור — אסורה, במאה ואחד — מותרת. והכא, ביין דנותנת טעם, אע"פ שיש כאן היתר כדי לבטל איסור — אסור, דטעמא לא בטיל. הרי "להחמיר". אין בהן בנותן טעם. אע"פ שאין כאן היתר כדי לבטל — מותר. דכי בעינן אחד *ממאה היכא דאיסורא בעייניה הוא, כגון חטין בחטין, או כל דבר שלא נתבשל. אבל הכא דליתיה בעייניה — לא בעינן אחד ומאה. הרי "להקל". אבל מין ומינו — לעולם להחמיר, כדאמרינן לקמן דלא מישתרי עד דאיכא תרתי לטיבותא: אין נותן טעם, ואחד ומאה. קתני מיהא דכי לא יהיב טעמא — לא בעינן מאה ואחד, ובמאי בטיל? לאו, בששים! אלמא ט], ביטולא היכא דליכא טעמא — בששים הוא! לא

ויקרא ו | פסחים מה. נזיר לז: זבחים צז: | [לעיל סח.] | ערלה פ"ב מ"ו | [שם מ"ז] | [נ"ל ומאה] | [וע"ע תוס' זבחים צח. ד"ה אמור] | [ע"ש רש"י ד"ה כתוב] | [נ"ל דלאו] | [דף לח. ד"ה כס]

ועוד י"ל: דהתם איירי בשלא במינו, והיכא דאיכא כזית בכדי אכילת פרס קרי ליה "טעמו וממשו", והיכא דליכא כזית בכדי אכילת פרס קרי ליה "טעמו ולא ממשו". והרב רבי יוסף מאורליינ"ש היה מפרש: דאע"ג דטעם כעיקר דאורייתא, לא לקי אטעם, אפי' שלא במינו — דרבי יוחנן סבר לה כר"ע, דיליף טעם כעיקר מגיעולי גוים, וליכא אלא עשה ד"תעבירו באש", דמצריך ליבון והגעלה. ור"ת השיב לו: דאית לן למימר דאהדרינהו לאיסוריה, כדאמרי' ב"הלוקח עובר פרתו" (בכורות טו:). דתנן: הגוזז והעובד, פי': בפסולי המוקדשין — סופג את הארבעים, ואע"ג דלא נפקא לן אלא מ"תזבח" ולא גיזה. אלא היינו טעמא: משום דאהדריה לאיסוריה ד"לא תעבוד ולא תגוז". מיהו לא דמי כל כך: דהתם משמע ודאי דאהדריה, והכי קאמר: "תזבח" — זביחה התרתי לך בקדשים שהוממו, ולא גיזה. והא דקאמר בירושלמי דערלה בפ' שני, אמר ר' יוחנן: כל נותני טעם — אין לוקין עליהם, חוץ מנותן טעם דנזיר! י"ל: דבהיתר מצטרף לאיסור איירי, דהכי איתא בהדיא בפ' "ואלו עוברין" (פסחים דף מג:) ובפרק "שלשה מינין" (נזיר לה:), אמר ר' אבהו א"ר יוחנן: כל איסורין שבתורה אין היתר מצטרף לאיסור, חוץ מאיסורי נזיר. וקרי ליה בירושלמי "נותן טעם". וא"ת: אם טעם כעיקר דאורייתא, מאי פריך בפ' "אלו עוברין" ובפ' "שלשה מינין" גבי "שתי קופות, אחת של חולין, ואחת של תרומה, ולפניהם שתי סאין" כו', ופריך מיניה: ואי אמרת כזית בכדי אכילת פרס דאורייתא, אמאי אמרינן "שאני אומר"? והשתא כי נמי אמרינן כזית בכדי אכילת פרס לאו דאורייתא, תקשה ליה: אמאי אמר "שאני אומר", כיון דטעם כעיקר דאורייתא? וי"ל: דהתם איירי במינו. וכן משמע בסוף "הערל" (יבמות פב.) דמוקי לה ר"ל: והוא שרבו חולין על התרומה, ומין שלא במינו לא שייך רבוי. וא"ת: ואי במינו, כיון דרבו — בטלי להו ברובה, אפי' איכא כזית בכדי אכילת פרס! וי"ל: דמ"מ פריך, דאי כזית בכדי אכילת פרס דאורייתא, יש לנו לאסור אף במינו. ולית לן למימר "שאני אומר", כיון דלקי בשאינו מינו. ומיהו קשה: דסוגיא ד"אלו עוברין" (פסחים דף מג:) ודפרק "שלשה מינין" (נזיר דף לה:) אליבא דר' יוחנן, ור' יוחנן מוקי לה ב"הערל" (יבמות דף פב.): אע"ג דלא רבו. וא"כ, כי נמי כזית בכדי אכילת פרס לאו דאורייתא, תקשי ליה: אמאי אמרינן "שאני אומר", דכיון דלא רבו, ספיקא דאורייתא היא! וי"ל: דהוה מצי למימר "וליטעמיך", וכי האי גוונא יש בכמה דוכתי*. גלי רחמנא גבי חטאת כו'. הקשה ר"ת: דהאי קרא דחטאת מייתי הכא לטעם כעיקר, ובפ' "אלו עוברין" (פסחים דף מה.) מוקי להיתר מצטרף לאיסור לר"ע, וטעם כעיקר מפיק ליה מ"משרת", ולר"ע מגיעולי גוים! לכך נראה לר"ת: דגרסינן הכא "לא נצרכא אלא להיתר מצטרף לאיסור", דבכל ענין התיר הכתוב, ואפילו יש חצי זית בעין משמנונית של זרוע על חתיכת האיל שחוך לרוטב. ומיהו א"צ להגיה הספרים, דאיכא למימר דנקט הדרשה הפשוטה. דאי לאו קרא ד"משרת" ודגיעולי גוים דאתו לטעם כעיקר, הוה מוקמי קרא דחטאת לטעם כעיקר, ולא להיתר מצטרף לאיסור, וכי האי גוונא איכא בכמה דוכתין. ועוד י"ל: דסוגיא דהכא אתיא כי סוגיא דנזיר פ' "שלשה מינין" (דף לז:*), דגרסינן התם: ורבנן תיפוק להו דהיתר מצטרף לאיסור מחטאת? ומשני: התם נמי לטעם כעיקר הוא דאתא. ואע"ג ד"משרת" נמי אתי לטעם כעיקר — מצרך צריכי. דאי כתב רחמנא חטאת — הוה אמינא: נזיר לא אתי מיניה, דנזיר מקדשים לא ילפינן. ואי כתב רחמנא נזיר — הוה אמינא: חטאת מנזיר לא ילפינן, דחמיר איסורו, דאפי' חרצן אסיר ליה. תאכל כחמור שבה. רבינו חננאל גריס "תאכל כחמור שבהן", משמע דאיכא חומרא בשלמים דליכא בחטאת. כגון שבשל שלמים דאתמול בקדירה דחטאת דהיום, דרמינן עלייהו חומרא דחטאת — לאסור לזרים לנשים ולעבדים, וחומרא דשלמים — שאין נאכלין אלא עד הלילה, וחטאת של היום זמן אכילתה עד למחר. לא נצרכא אלא למקום חתך. דבעלמא אסור, כגון שהוציא העובר את ידו לחוץ, דנפקא לן בפ' "בהמה המקשה" (לעיל דף סח:) דמקום חתך אסור, מדאצטריך פרסה החזיר, אכול מקום חתך. מכלל דאי לא החזירה — אסור. ונראה: דשאר קדשים, כגון חזה ושוק ואימורין, שרי נמי מקום חתך שלהם. דהא לא אשכחן קרא בזרוע בשלה יותר מבשאר קדשים. ואי ילפי בהו מעובר דאסור מקום חתך, בזרוע בשלה נמי ליתסר! אלא בכולן לא אסר הכתוב מקום חתך, דזרוע בשלה וחזה ושוק ואימורים לוה הכתוב להסיר, ולא מקום חתך. והא דקאמר הכא דבעלמא אסור — היינו, באבר שילא לחוץ, והכא שרי בכל הקדשים. ולכך לא פריך הכא "מאי חזית דגמרת" כו', כדפריך אאיך. אין בהם בנותן טעם אע"פ שאין בהן כדי להעלות מותר. פי' בקונטרס: וכי בעינן מאה ואחד — היינו, היכא דאיסור בעיניה. אבל הכא דליתיה בעיניה — לא בעינן מאה ואחד. אלמא נ"ל לפירושו דהכא מיירי כגון שהסיר הגריסים מתוך העדשים. *דאז אי אפשר להסירם, שאינו מכירן, ואיכא ממשות האיסור — היה צריך מאה ואחד. וקשה לפירושו: אמאי נקט רישא "שאור של חטים שנפל לתוך עיסה של חטין", דהוי מין במינו, אפי' בשלא במינו נמי בעינן מאה ואחד, היכא דאיתיה לאיסור בעיניה! וי"ל: דנקט מין במינו, דאפילו הסיר אחרי כן השאור, בעינן מאה ואחד לבטל. אבל שלא במינו, לא בעינן. ונראה: דא"צ לדחוק כן, דשאינו מינו בטל בששים כשאר איסורין, אפילו איתיה לאיסורא בעיניה, כיון דאינו מכירו. ובמינו הוא דבעינן מאה ואחד, דהא דדרשינן בספרי: "את מקדשו ממנו" — ממנו שנפל לתוכו הרי הוא מקדשו, במינו כתיב. אלא במאי לאו בששים. וא"ת: הא דבטל הכא בששים היינו דטעמיה כהן, ואפי' בפחות היה בטל אי טעמיה כהן ואין נותן טעם, ולא כמו שפירש בקונטרס לעיל.* אבל בסתמא בעינן מאה ואחד לבטלה, דהא רישא נמי דקתני "אם יש בהן בנותן טעם, אסור אפי' יש בהן להעלות במאה ואחד" — על כרחך איירי בטעמיה כהן! וי"ל: דממשנה יתירה דייק. דבסיפא הוה ליה למיתני "אין בהן בנותן טעם, מותר", ותו לא. ושפיר ידעינן דה"בין יש לו להעלות במאה ואחד, ובין אין לו להעלות במאה ואחד" דארישא, קאי. אלא להכי הדר תנא: לאשמועינן דבציר ממאה ואחד יש שיעור לבטל נתינת טעם. לא

רבינו גרשום

ליגמר מהכא. כלומר מן הזרוע בשלה: אלא חדוש הוא כו'. כלומר חדוש הוא שאיסור נתבשל עם היתר מוקדשין שאסור לישראל [נתבשל] עם החולין ואינו אוסרו: דמדאורייתא' בטל ברובא. כלומר כדחזינן בקרא אחרי רבים להטות. אמר רבא לא נצרכא [אלא] לטעם כעיקר כלומר מה דתנא זהו היתר הבא מכלל איסור לאו למעוטי כל איסורין שבתורה אלא לטעם כעיקר כו': ואם כשרה יאכל כחמור שבה שאם מבשל שום קדשים עם חטאת אפי' אותן קדשים שמבשל עם החטאת יהיו נאכלין לשני ימים ולילה אחד כיון שבשלו עם חטאת יהא נאכל ליום ולילה כחטאת דנותן טעם כעיקר חשוב: רבינא אמר לא נצרכא אלא למקום חתך כלומר הא דאמרי' זהו היתר הבא מכלל איסור דאפי' מקום חתך הזרוע מותר דאמר מקום חתך בעלמא אסור כגון שהוציא עובר את ידו ושחט את אמו ואח"כ החזירה אסור אפי' במקום חתך והכא שרי אפי' במקום חתך: א"ל אביי וכל איסורין שבתורה במאה והתנן כל המתבל כלומר מתבל בקדרה של חולין מתבלין של תרומה ומחמץ בשאור של תרומה עיסה של חולין ומדמע תרומה עם חולין: גריסין שנתבשלו עם עדשים כלומר גריסין של תרומה שנתבשלו עם עדשים של חולין בין שיש בהן להעלות באחד ומאה כלומר שיש מאה של חולין לבד מן התרומה בין שאין להעלות באחד ומאה שאין מאה של חולין לבד מן התרומה אבל בכלל התרומה יש מאה אסור לפי שיש באיסור בנותן טעם
הא

שיטה מקובצת

א] גלי רחמנא גבי חטאת. נ"ב עי' תוס' זבחים דף צח ע"א ד"ה מה: ב] ואם כשרה היא תאכל זו שנגעה בה כחמור: ג] ומהכא גמרינן. נ"ב עיין רש"י זבחים דף צז ע"ב ד"ה עד שיבלע: ד] כדאמרינן בבהמה המקשה וכלישנא קמא ואליבא דר"ש בן יוחי דאמר מבשל לה והדר מחתך לה: להא שמעתא וכו': ה] מין ושאינו מינו למין בשאינו מינו אמרו כן: ו] גריסין פולין דתרומה: ז] ויש בהם בנ"ט תרומה בחולין: ח] מאה וא' בתרומה ודינה ליבטל: ט] ובמאי בטיל לאו בששים אלמא כי לא יהבא טעמא בששים הוא:

פז א מיי' פט"ו מהל' מאכלות אסורות הל' כ"ב:
פח ב מיי' פ"ג מהל' מאכלות אסורות הל' כב סמג לאוין קלב טוש"ע יו"ד סי' פג סעיף ה:
פט ג מיי' פט"ו מהל' מא"ס הל' כז סמג לאוין קלב טוש"ע יו"ד סי' סה סעיף ט וסי' ק סעי' ב:

[וע"ע תוס' שבת קמב. ד"ה שנפלה וכו']

[ועוד מי דחקו להצריך ק"א של היתר ונראה למשום האי פירכא דפריך בק"א אמאי לא בטיל דחק בקונטרס כצ"ל מהרש"א]

לָא, בְּמֵאָה. וְהָא מִדְּרֵישָׁא בְּמֵאָה, הָוֵי סֵיפָא בְּשִׁשִּׁים. דְּקָתָנֵי רֵישָׁא: לְהַחְמִיר — מִין וּמִינוֹ, כֵּיצַד, אשְׂאוֹר שֶׁל חִטִּין שֶׁנָּפַל לְעִיסַּת חִטִּין, וְיֵשׁ בּוֹ כְּדֵי לְחַמֵּץ, בֵּין יֵשׁ בּוֹ כְּדֵי לְהַעֲלוֹת בְּמֵאָה וְאֶחָד, בֵּין אֵין בּוֹ כְּדֵי לְהַעֲלוֹת בְּמֵאָה וְאֶחָד — אָסוּר. אֵין בּוֹ לְהַעֲלוֹת בְּמֵאָה וְאֶחָד, בֵּין שֶׁיֵּשׁ בּוֹ כְּדֵי לְחַמֵּץ, בֵּין אֵין בּוֹ כְּדֵי לְחַמֵּץ — אָסוּר, רֵישָׁא וְסֵיפָא בְּמֵאָה?! לָא, רֵישָׁא — בְּמֵאָה וְחַד, וְסֵיפָא — בְּמֵאָה. וְכִי יֵשׁ בּוֹ כְּדֵי לְחַמֵּץ, בְּמֵאָה וְחַד אַמַּאי לָא בָּטֵיל? אִישְׁתִּיק. אֲמַר לֵיהּ: דִּלְמָא שָׁאנֵי שְׂאוֹר דְּחִימּוּצוֹ קָשֶׁה? אֲמַר לֵיהּ: אַדְכַּרְתַּן מִילְּתָא דַּאֲמַר רַבִּי יוֹסֵי בְּר' חֲנִינָא: לֹא כָּל הַשִּׁיעוּרִין שָׁוִין, שֶׁהֲרֵי צִיר שִׁיעוּרוֹ קָרוֹב לְמָאתַיִם. *דִּתְנַן, בדָּג טָמֵא — צִירוֹ אָסוּר. א]רַבִּי יְהוּדָה אוֹמֵר: רְבִיעִית בְּסָאתַיִם. *וְהָאָמַר רַבִּי יְהוּדָה מִין בְּמִינוֹ לָא בָּטֵיל! שָׁאנֵי צִיר, דְּזֵיעָה בְּעָלְמָא הוּא.§ "כֵּיצַד מְשַׁעֲרִינַן".§ אָמַר רַב הוּנָא: כְּבָשָׂר בְּרָאשֵׁי לְפָתוֹת. מַתְנִי' דְּלָא כְּהַאי תַּנָּא, דְּתַנְיָא, *רַבִּי יִשְׁמָעֵאל בְּנוֹ שֶׁל רַבִּי יוֹחָנָן בֶּן בְּרוֹקָה אוֹמֵר: אֵין בַּגִּידִין בְּנוֹתֵן טַעַם. הַהוּא דַּאֲתָא לְקַמֵּיהּ דְּרַבִּי חֲנִינָא, הֲוָה יָתֵיב רַבִּי יְהוּדָה בַּר זְבִינָא אַבָּבָא, כִּי נְפַק אֲמַר לֵיהּ: מַאי אֲמַר לָךְ? אֲמַר לֵיהּ: שַׁרְיָא נִיהֲלֵיהּ. אֲמַר לֵיהּ: הֲדַר עַיְילֵיהּ לְקַמֵּיהּ! אֲמַר: מַאן הַאי דְּקָא מְצַעֵר לִי? זִיל אֵימָא לֵיהּ לְמַאן דְּיָתֵיב אַבָּבָא: אֵין בַּגִּידִין בְּנוֹתֵן טַעַם. כִּי אָתוּ לְקַמֵּיהּ דְּרַבִּי אַמִי, מְשַׁדֵּר לְהוּ לְקַמֵּיהּ דְּרַבִּי יִצְחָק בֶּן חֲלוּב, דְּמוֹרֵי בָּהּ לְהֶיתֵּירָא מִשּׁוּם דְּרַבִּי יְהוֹשֻׁעַ בֶּן לֵוִי, וְלֵיהּ לָא סְבִירָא לֵיהּ. וְהִלְכְתָא: גאֵין בַּגִּידִין בְּנוֹתֵן טַעַם.§ "גִּיד הַנָּשֶׁה שֶׁנִּתְבַּשֵּׁל".§ א] וְלִיבְטוּל בְּרוּבָּא! בְּרִיָּה

לָא בְּמֵאָה. ב] וְהָכִי קָאָמַר: אֵין כָּאן אֶחָד וּמֵאָה שֶׁל הֶיתֵּר, אֶלָּא מֵאָה שֶׁל הֶיתֵּר ג] לְבַד הָאִיסּוּר — מוּתָּר. וְהָא מִדְּרֵישָׁא. שֶׁאַתָּה הוֹלֵךְ בּוֹ כָּל שָׁעָה לְהַחְמִיר בְּמִין וּמִינוֹ, אפ"ה בָּטֵיל בְּמֵאָה כִּי לֵיכָּא נוֹתֵן טַעַם. מִכְּלָל דְּסֵיפָא בְּמִין וְשֶׁאֵינוֹ מִינוֹ — בְּשִׁשִּׁים, שֶׁהֲרֵי זֶה חִילּוּק שֶׁבֵּינֵיהֶם: שֶׁזֶּה אֵינוֹ צָרִיךְ מֵאָה וְאֶחָד כְּשֶׁאֵינוֹ נוֹתֵן טַעַם, וְזֶה צָרִיךְ. דְּקָתָנֵי רֵישָׁא שְׂאוֹר שֶׁל חִטִּים כו'. דְּהַיְינוּ, מִין וּמִינוֹ. יֵשׁ בּוֹ כְּדֵי לְחַמֵּץ. דְּהַיְינוּ, נוֹתֵן טַעַם — לְעוֹלָם אָסוּר. אֵין בּוֹ אֶחָד וּמֵאָה. אֲפִילּוּ אֵין בּוֹ כְּדֵי לְחַמֵּץ — אָסוּר. וְהַיְינוּ, "לְהַחְמִיר", דְּהָא בְּמִין וְשֶׁאֵינוֹ מִינוֹ אָמְרוּ כִּי לֵיכָּא טַעְמָא לָא בָּעֵי ק"א, וְהָכָא בָּעֵינַן ק"א. אַלְמָא, בְּהָא דְּקָא חָמִיר מִינֵּיהּ אִי אִיכָּא ק"א — שָׁרֵי, וְקָא סָלְקָא דַּעְתָּךְ: בְּק"א בַּהֲדֵי אִיסּוּרָא קָאָמַר. אַלְמָא, בְּמֵאָה — בָּטֵיל. רֵישָׁא וְסֵיפָא בְּמֵאָה. בִּתְמִיהָ. לָא רֵישָׁא בְּמֵאָה וְחַד. לְבַד מֵאִיסּוּרָא. וְסֵיפָא בְּמֵאָה. לְבַד מֵאִיסּוּרָא. וּפָרְכִינַן: אִי רֵישָׁא בְּמֵאָה וְחַד דְּהֶיתֵּר קָאָמַר, אַמַּאי קָתָנֵי "יֵשׁ בּוֹ כְּדֵי לְחַמֵּץ, אע"פ שֶׁיֵּשׁ מֵאָה וְאֶחָד — אָסוּר", ג] וְכִי אִיכָּא דְּיָהֵיב טַעְמָא כּוּלֵּי הַאי? אִישְׁתִּיק. רַב דִּימִי. אֲמַר לֵיהּ. אַבַּיֵּי. דִּלְמָא שָׁאנֵי שְׂאוֹר שֶׁחִימּוּצוֹ קָשֶׁה. וְיֵשׁ שֶׁקָּשֶׁה מֵחֲבֵירוֹ. לֹא כָּל הַשִּׁיעוּרִים שָׁוִים. לִיתֵּן טַעַם. רְבִיעִית. שֶׁל צִיר טָמֵא אוֹסֵר סָאתַיִם שֶׁל צִיר טָהוֹר, אוֹ שֶׁל דָּבָר אַחֵר. וְסָאתַיִם הָווּ מָאתָן ד] רְבִיעִיּוֹת נְכֵי תַּמְנֵי. קַב — אַרְבָּעָה לוּגִּין, וְלוֹג — ד' רְבִיעִיּוֹת, שֵׁשׁ עֶשְׂרֵה לְקַב. וּסְאָה — שֵׁשֶׁת קַבִּין, לִשְׁלֹשָׁה קַבִּין — מ"ח רְבִיעִיּוֹת, וְכֵן אַרְבָּעָה זִימְנִין. בְּרָאשֵׁי לְפָתוֹת. יָרָק שֶׁל לֶפֶת. וְלִי נִרְאֶה: שֶׁרֹאשׁ הַלֶּפֶת מָתוֹק מִזְּנָבוֹ, וְטַעַם הַבָּשָׂר נִיכָּר בִּזְנָבוֹת הַלֶּפֶת בְּשִׁיעוּר מוּעָט. אֲבָל בְּרָאשֵׁי לְפָתוֹת אֵינוֹ נִיכָּר אֶלָּא בְּשִׁיעוּר גָּמוּר. מַתְנִיתִין. דְּקָתָנֵי: גִּיד אַף ע"פ שֶׁמַּכִּירוֹ, אוֹסֵר אֶת הַתַּבְשִׁיל, מִפְּנֵי טַעְמוֹ — דְּלָא כִּי הַאי תַּנָּא. אֵין בַּגִּידִים בְּנוֹתֵן טַעַם. וּמַשְׁלִיכוֹ, וְהַשְּׁאָר מוּתָּר. וְלֵיהּ לָא סְבִירָא לֵיהּ. לְרַבִּי אַמִי לְאַכְשׁוּרִינְהוּ. וּמִיהוּ כֵּיוָן דְּמִשְּׁמֵיהּ דְּרַבִּי יְהוֹשֻׁעַ בֶּן לֵוִי שָׁרֵי לֵיהּ, לָא מְחֵי בִּידַיְיהוּ. וְהִלְכְתָא אֵין בַּגִּידִים בְּנוֹתֵן טַעַם. וּבֵין נִתְבַּשֵּׁל וּבֵין נִמְלַח וּבֵין נִצְלָה מַשְׁלִיכוֹ, וּמוּתָּר. וְדַוְקָא בּוֹ, אֲבָל שַׁמְנוֹ יֵשׁ בּוֹ בְּנ"ט, וְאִם לֹא נִטַּל שַׁמְנוֹ — אוֹסֵר. וְלִיבְטוּל בְּרוּבָּא. כִּי אֵין מַכִּירוֹ: הֲנִיחָא

לא במאה. פי' בקונטרס: והכי קאמר, אין בהן להעלות בק"א של היתר, אלא מאה של היתר לבד האיסור – מותר. ופריך: והא מדרישא מין במינו, שאתה הולך בו כל שעה להחמיר, אפ"ה בטיל במאה, כי ליכא נותן טעם, דקתני: אין בהן להעלות כו', בין אין בו כדי להחמיץ – אסור. וס"ד: מאה ואחד, בהדי איסור קאמר. אלמא, במאה בטיל. מכלל דסיפא – בששים. דחילוק זה ביניהם: דזה אינו צריך ק"א כשאין נותן טעם, וזה צריך. וזה הפירוש דחוק מאד: *דמאי ס"ד דמסדר התלמוד שיהא לשון המשנה משונה סיפא מרישא. דכיון שפירש "ק"א" דסיפא היינו מאה ואחד של היתר, למה לא יהיה "מאה ואחד" דרישא דמין במינו, מאה ואחד של היתר, כמו שמתרץ לבסוף? ולא היה לו לטעות בכך! *ועוד: דפריך "במאה ואחד אמאי לא בטיל?", מי דחקו להצריך מאה ואחד של היתר? ונראה: דמשום האי פירכא דחקו בקונטרס לפרש בק"א של היתר, מדפריך עליה: כיון דמוקמת בק"א של היתר, אמאי לא בטיל? ונראה לפרש: "לא, במאה" – כלומר, מאה עם האיסור. והמקשה סלקא דעתיה דמאה בלא איסור קאמר. לכך פריך: מדרישא בק"א. ו"אין להעלות בק"א, אסור" – היינו, במאה של היתר וחד של איסור. כמו בכל דוכתין, ד"תרומה עולה בק"א" – היינו, עם האיסור. כדדרשינן: "ממנו" – שנפל בתוכו הרי הוא מקדשו. "הוי סיפא בששים" – דאי בק"א, מאי חומרא במין במינו ממין בשאינו מינו, דתרווייהו בק"א של היתר בטלי, בפחות – לא בטלי! ומשני: דרישא בעי' ק"א – עם האיסור, "וסיפא מאה" – עם האיסור. "ואין בו להעלות בק"א" דרישא וסיפא – הוי פירושו: ק"א עם האיסור. והא דפריך: "וכי יש בו להחמיץ בק"א, אמאי לא בטיל?" – מילתא באפי נפשה היא, ולאו אמאי דמשני קאי. ומשום דחמוץ אין בו נתינת טעם גמור כשאר נתינת טעם, קשיא ליה: אמאי לא בטיל בק"א, דלא הוי אלא כמו העמדה דחלב בעלמא, דתנן בפרק "כל הבשר" (לקמן דף קטז.): המעמיד בעור הקבה, אם יש בה בנותן טעם — אסורה. משמע, הא ליכא נותן טעם — שרי, אע"פ שהעמיד החלב. משום דהעמדה לא חשיבה טעמא, והוא הדין חימוץ! ומשני: שאור שאני, דחמוצו קשה. והאמר רבי יהודה מין במינו לא בטיל. הקשה ר"ת: לישני "הא דידיה, הא דרביה, משמיה דרבנן גמליאל", כדמשני בפ' "התערובות" (זבחים עט.)! וי"ל: דהכא לית ליה שינויא אחריני. וא"ת: והלא סתם ציר יש בו מים, כדאמרינן ב"לוקח בהמה" (בכורות כב.): הלוקח ציר מעם הארץ, משיקו במים והוא טהור. וא"כ, (א) אמרת: סלק את מינו כמי שאינו, ושאין מינו רבה עליו ומבטלו! וי"ל: דהכא מיירי בציר שאין בו מים. דקתני רישא: דג טמא שכבשו עם דג טהור — כל גרב שהוא מחזיק סאתים, אם יש בו משקל עשרה זוזים ביהודה, שהוא חמש *זוזים בגליל, דג טמא, צירו אסור. פי': דג טמא צירו אסור, ובגרב עצמו של דגים אין נותן מים, פן יתקלקלו הדגים. אי נמי י"ל: מדקאמר "שיעורו קרוב למאתים", אלמא כל המאתים מבטלים הרביעית. דאי לא בטלי ליה אלא המים לחוד, א"כ לא הוי קרוב למאתים. שאני ציר דזיעה בעלמא הוא. פי': לא אסור אלא מדרבנן. ומיהו ציר שרצים — אסור דאורייתא. דתניא ב"העור והרוטב" (לקמן קכ.): "הטמאים" — לאסור צירן ורוטבן וקיפה שלהן. ודרשא גמורה היא, דהא קאמר התם: ואצטריך, דאי כתב שרצים כו'. ובפ"ק (ב) דבכורות (דף ו:) דפריך: טעמא דכתב רחמנא "גמל" "גמל", ולר"ש "את הגמל", הא לאו הכי הוה אמינא: חלב בהמה טמאה — שרי. והתניא: "הטמאים" — לאסור צירן ורוטבן כו'. אע"ג דבתורת כהנים דריש נמי גבי דגים "שקץ" — לאסור צירן ורוטבן וקיפה שלהן, אסמכתא בעלמא היא. והא דפריך פרק "כל הבשר" (לקמן דף קיב:) *לרב דאסר בשר שחוטה דאימלח עם בשר טרפה מ"הטמאים" לאסור צירן, ופריך ליה מדג טהור שמלחו עם דג טמא, מותר — פריך שפיר מדג אבשר, דהא לכל הפחות צירו אסור מדרבנן. אלא ש"מ: דהא דשרי הכא בשמלחן זה עם זה — משום דלא בלע הוא. וקצת תימה: כיון דלריך קרא בשרץ, ובבהמה טמאה נמי דריש ליה בת"כ מדכתיב "טמאים הם לכם", ודגים דליכא קרא, לא אסיר מדאורייתא — היכי מייתי רבא התם ראיה מ"הטמאים" לאסור ציר של טרפה?

בראשי לפתות. פי' בקונטרס: ירק של לפת. ואין משמע כן בסנהדרין בפרק "כ"ג" (דף יט:) דקאמר: שנעשה בשרו כראשי לפתות, משמע שהן שרשין שבקרקע. וכן בשבת (דף קיח:) אמרינן: מכבדו בראשי שומן ודגים גדולים.

והלכתא אין בגידין בנ"ט. למאי דקיימא לן: אין בגידין בנותן טעם, גיד הנשה אסור בהנאה. דהכי מפרש פרק "כל שעה" (פסחים דף כב.) דפריך לרבי אבהו דאמר: כל מקום שנאמר "לא תאכלו" כו' — משמע נמי איסור הנאה. ופריך: והרי גיד כו'! ומשני: כשהותרה נבלה היא וגידה הותרה. ומסיק: דלמאן דאמר אין בגידין בנותן טעם, ה"נ דאסור. ואין לתמוה על מה שמוכרין ניקור בשר לגוים, אע"פ שמעורב בו גיד — דגוי אינו נותן מעות אלא על דבר שיש בו טעם, ולא על הגיד. ומיהו ירך שלימה אסור לשלוח לגוי, לפי שמתכבד בו טפי כשהוא שלם. ומתמיהין (לעיל דף צג:) ד"שולח אדם ירך לגוי" כו' — מוקי לה התם דלא כר"ש דאמר: אין בגידין בנותן טעם, וגיד הנשה אסור בהנאה.

והלכתא אין בגידין בנותן טעם. פי' הקונטרס: דווקא בו, אבל שמנו יש בו נותן טעם, ואי לא ניטל שמנו — אסור. ולעיל (דף צז. ד"ה "שאני") פירשתי בשם הרב (ג) ר"מ דלא החמירו בשומן יותר מגביד, גבי "שאני חלב דמפעפע".

תרומות פ"י מ"ח

[לקמן ק. וש"נ]

[תוס' פ"ז ע"ש לעיל פט:]

[נ"ל סלעים]

[נ"ל לרבא]

שיטה מקובצת

א] וליבטול ברובא. נ"ב עי' תוס' בכורות דף כב ע"א: ב] של היתר אלא ק' לבד מן האיסור מותר: ג] אסור ומי איכא דיהיב טעמא כולי האי: ד] ואתים הוו מאתן רביעיות פחות תמני קב ארבעה:

הגהות הב"ח

(א) תוס' ד"ה והאמר וכו' וא"כ אמאי לא אמרינן סלק את מינו: (ב) ד"ה שאני וכו' ובפ"ק דבכורות נ"ב פי' התם נמי מוכח דציר שרצים דאורייתא ודרשה גמורה היא מדפריך מינייהו אמאי שנא חלב דפשיטא דחלב אסור דאורייתא כמו בציר ולמה לי גמל גמל כו': (ג) ד"ה והלכתא וכו' בשם הרב ר"י בר ר"מ דלא:

גליון הש"ס

תוס' ד"ה שאני וכו' לא אסור אלא מדרבנן. עיין ע"ז מ ע"א תוס' ד"ה מחלוקת ועל"ל דף קנ ע"ב ברש"י ד"ה הרי זו אסורה:

הגהות מהר"ב רנשבורג

א] גמ' ר"י אומר רביעית בסאתים. נ"ב מיי' פט"ו מהלכות מאכלות אסורות הלכה ל"ד ועי' שם בלח"מ ובפר"ח ב"י סימן פ"ג ס"ק ע' ובספר שושנים לדוד מתמניות תרומות ודו"ק: ב] רש"י ד"ה לא במאה וכו'. נ"ב עי' שבת קמב ע"ב תוס' ד"ה שנפלה וכו' ובב"ק ד' קט ע"ב ברש"י ד"ה הרי זו קודש:

רבינו גרשום

הא מדרישא במאה הוי סיפא בששים כלומר הא מדרישא במאה הוי דלהחמיר ולאיסור מכלל דסיפא דלהקל דתני מותר בששים. דאי במאה אגן בעינן להקל ובמאה לאו להקל הוא דאנן להחמיר אמרינן במאה ואי להקל במאה מותר [ולהחמיר במאה אסור] ובאחד ומאה (אסור) [מותר] אין בינתים אלא אחד אין זה להקל

אלא לאו בששים: רישא וסיפא במאה כלומר רישא דלאיסור ולהחמיר וסיפא דלהיתר ולהקל תרווייהו במאה רישא במאה וחד כלומר במאה וחד דהיתר וחד דאיסור דאע"ג דמאה וחד דהיתר לא בטל האיסור (דבכלום) א) דאיסור מאה אעפ"כ בטל. ר' יהודה אומר רביעית בסאתים [illegible] כבשר בראשי לפתות [illegible] ההוא דאתא לקמיה דר' חנינא [illegible] דמורי להו משמיה דר' יהושע להתירא [illegible] וליבטל

א) אולי צ"ל דאף לאין בהיתר רק מאה בלבד אעפ"כ בטל.

הניחא למ"ד. במסכת ביצה (דף ג:). כל שדרכו לימנות שנינו. במסכת ערלה (פ"ג משנה ז) גבי חבילי תלתן דלא בטיל. הא נמי פעמים שנמנית – דאדם עשוי למנות חתיכותיו למנין אורחים שמזמין. אלא למ"ד את שדרכו. מיוחד למנין, הוא דלא בטיל, כגון פלכין. אבל דבר העשוי ליתן כאומד, אע"פ שנמנה לפעמים – בטל, אמאי לא בטלה? חתיכה של נבלה. א] ומבירה. אינה אוסרת. בפליטתה, עד שיהא בה כדי ליתן טעם ברוטב ובקיפה ובחתיכות. אוקי רב אמורא עליה. העמיד מתורגמן לפניו לדרוש ולהשמיע לרבים, שלא ילמדו מרבה בר בר חנה. כיון שנתנה טעם בחתיכה. אחת שקיפה בקדירה תמיד. או שנתבשלה תחלה עמה קודם שיתן שאר החתיכות בקדרה, ולא היה בזו ששים באיסור, ונתנה הנבלה טעם בה, ואח"כ נתן שאר החתיכות בקדרה. חתיכה. זו שקיבלה טעם הנבלה, נעשית נבלה עצמה. ואוסרת כל החתיכות כולן מפני שהן מינה. וקא ס"ד: מפני שהן מינה – לא בטלי, ואפילו יש בהן כדי ביטול שתיהן. רב. דקאמר "מפני שהן מינה", כמאן אמרה כו'? אפילו לא נתנה טעם. בחתיכה שבלעה – לא בטלה נמי, דהא נבלה גופה מינייהו היא, ולא בטלה. בשקדם וסלקו. לאיסור, וסלק רוטב קודם שיתן האחרות בקדרה. הלכך, נתנה טעם בראשונה – הרי זו חוזרת ואוסרתן, ואי לאו – במאי מיתסרי? ואשמועינן דחתיכה עצמה נעשית נבלה לאסור חברותיה בפליטתה. אפילו

[לעיל צ. לקמן קיט.] [זבחים עב.] [לקמן קח.] [לעיל לז: לקמן קיט. יבמות פב. זבחים עט: מנחות כב: כג:]

*אבריה שאני.§ ב"וכן חתיכה של נבלה" [וכו'].§ *ותבטיל ברובא! הניחא למאן דאמר: *כל שדרכו לימנות שנינו, אלא למ"ד: את שדרכו לימנות שנינו, מאי איכא למימר? שאני גחתיכה – הואיל וראויה להתכבד בה לפני האורחים. וצריכא, דאי אשמעינן גיד – משום דבריה היא, אבל חתיכה – אימא לא, ואי אשמעינן חתיכה – הואיל וראויה להתכבד בה לפני האורחים, אבל גיד – אימא לא, צריכא. דרש רבה בר בר חנה: דחתיכה של נבלה ושל דג טמא – אינה אוסרת, עד שתתן טעם ברוטב ובקיפה ובחתיכות. אוקי רב אמורא עליה ודרש: *כיון שנתנה טעם בחתיכה – חתיכה עצמה נעשית נבלה, ואוסרת כל החתיכות כולן, מפני שהן מינה. אמר ליה רב ספרא לאביי: מכדי, רב כמאן אמרה לשמעתיה – כרבי יהודה, דאמר: *מין במינו – לא בטיל, מאי איריא כי נתן טעם? אפילו כי לא נתן טעם נמי! אמר ליה: הכא במאי עסקינן – בשקדם וסלקו. רבא אמר: אפילו

בריה שאני. ואפילו באלף לא בטיל, וכן חתיכה הראויה להתכבד לא בטלה, כדאמר הכא. והיכא דפירש חד מינייהו – נמי אסור, גזירה שמא יקח מן הקבוע, כיון שאין האיסור ניכר, כדפרישית לעיל (דף לה.*). ודבר שאינו לא בריה ולא חתיכה הראויה להתכבד – בטל ברוב, ואפילו איסור מדרבנן ליכא, כדמשמע הכא. ומיהו שמא לאחד גברא היה אסור. **שאני** חתיכה הואיל וראויה להתכבד. וא"ת: אם כן אמאי אמר בפרק "הערל" (יבמות פא:) דחתיכה של חטאת טמאה (א) במאה של חטאות טהורות – תעלה? וכי תימא: שאני חתיכה דנבלה דראויה להתכבד לפני אורחין גוים, אבל של חטאת טמאה אסור בהנאה – ב] דהא חתיכה בשר בחלב תנן בפרק בתרא דמסכת ע"ז (דף עד.) דלא בטלה, אע"ג דאסור בהנאה, כדקאמר התם! ויש לומר: דכל דבר הראוי להתכבד – אם היה מתבטל – חשיב, ולא בטיל. אבל ב"הערל" (יבמות פא:), אפילו מתבטל בחטאות טהורות – התם אינה ראויה אלא לכהנים. ולא חשיבא, דכהנים אין מחזיקין טובה זה לזה, שכולן שוין, ד"לכל בני אהרן תהיה איש כאחיו" כתיב (ויקרא ז). אבל של חטאת בשל חולין, קאמר התם דלא תעלה. וא"ת: דמשמע הכא דחתיכת נבלה לא בטלה, ובפרק בתרא דמסכת ע"ז (דף עד.) משמע דבטלה. דפריך: האי תנא מאי קא חשיב, אי דבר שבמנין קא חשיב – ליתני נמי חתיכת נבלה, ואי איסורי הנאה קא חשיב – ליתני נמי חמץ בפסח! ומשני: דתרתי אית ליה, דבר שבמנין ואיסורי הנאה. ומפרש נמי התם ד"הרי אלו אסורין" – למעוטי דבר שבמנין, ולאו איסורי הנאה. אי נמי: איסורי הנאה, ולאו דבר שבמנין! וי"ל: דהתם לא קאמר אלא דלא איירי בהו תנא דמתניתין דהתם, ולאו משום דסבר דבטלי. והא דקאמר "למעוטי" – היינו למעוטי, דלא חשיב להו. וכה"ג יש בריש פ"ק דבבא קמא (דף ה:) דמנינא דמתניתין למעוטי דרבי חייא, ודרבי חייא למעוטי דרבי אושעיא, ולא משום דפליגי. אבל קשה: דכי פריך התם "וליתני נמי חתיכת נבלה?", אמאי לא משני: דלא תני לה, משום דכבר תנא ליה הכא במתניתין. כדמשני התם אהא דפריך התם "וליתני נמי אגוזי פרך ורמוני באדן!", ומשני: הא תנא התם הראוי לערלה וכו'! וי"ל: דהכי פריך התם: "וליתני נמי חתיכת נבלה", ואי משום דכבר תנא ליה הכא – א"כ, לא ליתני חתיכת בשר בחלב, כיון דכבר אשמועינן הכא דחתיכת איסור לא בטלה משום דהוי דבר שבמנין! ומשני: דההוא תנא תרתי אית ליה. ג] ולפירוש זה צריך לפרש דדבר שבמנין ולא איסור הנאה – בטל להאי תנא, ולכך לא נקט אלא חתיכת בשר בחלב, ופליג אתנא דהכא*. **חתיכה** עצמה נעשית נבלה. פי' בקונטרס: שנתבשלה תחילה עמה קודם שנתן שאר חתיכות בקדרה, ולא היה בזו ששים באיסור, ונתנה הנבלה טעם בה. ואח"כ נתן שאר החתיכות בקדרה חתיכה זו שקבלה טעם הנבלה – חתיכה עצמה נעשית נבלה, ואוסרת כל החתיכות כולן, מפני שהן מינה. וקשה לפירושו: דא"כ, גם הרוטב שהיה באותה שעה נאסר מתחלה ע"י טעם הנבלה, ובסמוך משמע דמבטלינן לחתיכות ע"י רוטב, דהוי שאינו מינו. והלא רוטב עצמו נאסר מתחלה ונעשה נבלה, ואוסר כל הרוטב שאחרי כן, מפני שהוא מינו, ולצטרך שיהא ששים בחתיכות שנתן אחרי כן לבטל הרוטב דמעיקרא! אלא י"ל דמיירי כגון שיש חתיכה של היתר כולה חוץ לרוטב, וחתיכת נבלה מונחת עליה חוץ לרוטב. ונעשת חתיכת היתר נבלה – לפי שבולעת טעם נבלה, דאין *בהן ששים לבטל הטעם. ואחרי כן כשמנער הקדרה – אוסרת כל החתיכות, מפני שהן מינה. **בשקדם** וסלקו. את האיסור. וא"ת: למה לי שחתיכה של היתר קבלה טעם מן הנבלה, אפילו לא נתנה טעם נמי, דהא במינה אוסרת בכל דהו! ואומר ר"ת: דנהי דהיא גופה מיתסרא בכל שהוא, מ"מ לא אמרינן שתעשה נבלה לאסור כל האחרות, כיון שהיא עצמה לא נאסרה אלא ע"י כל שהוא. ורבינו אפרים היה אומר מתוך כך: דאפילו כי נתנה בה טעם – אין ההיתר נעשה נבלה, שיצטרך ששים כנגד כל החתיכה, אלא כנגד האיסור הבלוע. הלכך לרב דאמר הכא דמין במינו לא בטיל, כשחתיכת היתר קבלה טעם מן הנבלה – חשיב האיסור כאילו הוא בעין, ואוסרת כל החתיכות במשהו. אבל כי לא נתנה הנבלה טעם בה – לא היתה אוסרת החתיכות מפני שהם מינה, שהרי אין צריך לבטל אלא האיסור לבד. וכיון שלא נתנה טעם בחתיכה – הוי האיסור כמאן דליתיה, דלא הוי כאילו הוא בעין, ולא אסר אלא חתיכה ראשונה. שאין ההיתר נעשה איסור, ולא אסר שאר חתיכות. ודוקא גבי טפת חלב אמרינן לקמן בפרק "כל הבשר" (דף קח.) דחתיכה עצמה נעשת נבלה, וצריך ששים כנגד כל החתיכה ולא סגי בביטול טיפה לחוד – משום דכל חד וחד באפיה נפשיה שרי, וכי איתנהו בהדי הדדי, אסור. הלכך הבשר עצמו נעשה איסור ולוקה, אם אכל חצי זית מבשר וחצי זית מחלב. ולכך צריך ברוטב ששים, לבטל כל החתיכה שנפלה עליה טיפת חלב. אבל חתיכת היתר שבלעה טעם נבלה ונאסרה, וחזרה ונתנה טעם ברוטב – אין צריך אלא ששים לבטל האיסור שנבלע בחתיכה, ואין צריך שיעור ששים של אותה חתיכה. וקשה לפירושו: לרבא דמשני "אפילו תימא לא קדם וסלקו", מאי מהני ליה חתיכה של היתר שנאסרה מתחלה ונעשת נבלה, והלא לעולם אין צריך ס' ברוטב אלא כדי לבטל חתיכה של נבלה לבדה, ולא בעינן ששים לבטל שתי חתיכות של נבלה ושל היתר שנאסרה על ידה! וי"ל: כגון שנתמעטה הנבלה הרבה מכמו שהיתה קודם שנבלע טעמו בחתיכה של היתר. והשתא לפי שנתנה טעם בשל היתר – צריך ס' כנגד כל מה שהיתה מתחלה, ואין שיעור ברוטב לבטלה. אבל לא נתנה בה טעם – אין צריך ס', אלא כנגד מה שנשאר בנבלה, ויש שיעור ברוטב לבטלה. ורב דאתא לפלוגי אדרבה בר בר חנה, לא היה צריך רב לומר אלא "חתיכה של נבלה אוסרת כל החתיכות, מפני שהן מינה", אלא אגב אורחיה אשמועינן דדוקא נתנה בה טעם נבלה, אבל לא נתנה בה טעם נבלה – לא. ורבינו אפרים עליו השלום היה מביא ראיה מהא דאמר לעיל (דף לח.): ההוא כוזא דתרבא דנפל לדיקולא דבשרא, ו"דיקולא" הוא סל מלא חתיכות של בשר רותח. ולא אמר שתעשה נבלה אותה חתיכה שנפל עליה כזית חלב ותאסור שאר חתיכות שאין בהן ששים כנגד כולה, לפי שבאותה חתיכה עצמה לא היה בה כדי לבטל הכזית, אלא משערינן הכזית בכל הבשר שבסל. ואין משם ראיה כלל, ד"דיקולא" היינו קלחת, וכדפירש הקונטרס וכדפירשנו לעיל. ואפילו אם נאמר ד"דיקולא" הוא סל, כדמשמע הכא ובכל דוכתא – אין ראיה משם, דממה נפשך: אם אין חלב מפעפע מחתיכה לחתיכה, כמו שפירשנו לעיל – א"כ, אין אסור אלא החתיכה שנפלה עליה החלב, והשאר מותרות. ואם הוא מפעפע מחתיכה לחתיכה – א"כ, בדין הוא שכל החתיכות מסייעות לבטל. ולא אמרינן שתעשה נבלה אותה חתיכה שנפלה עליה חלב, מאחר שסופו להתפשט בכל החתיכות. מידי דהוה אטיפת חלב שנפלה על חתיכת בשר, דאם אין נ"ט – מותר, אע"פ שקודם שתתפשט הטפה נ"ט במקום נפילתה. ולא אמרינן שיעשה אותה הבשר נבלה, כיון דסוף הטיפה להתפשט בכל החתיכה. מיהו לפי מה שפי' לעיל* בשם הרב רבי אלעזר ממי"ץ, דבחלי חתיכה אין שייך לומר שתעשה נבילה – אין ראיה משם. ואין ראיה לרבינו אפרים מהא דאמר (תרומות פ"ה משנה ו*): אין המדומע מדמע, אלא לפי חשבון, ולא אמרינן שיעשה הכל תרומה – דיש לחלק בין דבר יבש לדבר הנאסר ע"י בליעה. ולפירושו ניחא הא דאמר גבי יין נסך בסוף מסכת ע"ז (דף עג:): יין נסך שנפל לבור, דאיכא

[ביצה ג:] [ד"ה ספיקו]

[עי' תוס' ע"ז עד. ד"ה למעוטי]

נ"ל בה

[דף לז. בד"ה ואפילו] [ובתמורה יב.]

צ א מיי' פט"ו מהל' מאכלות אסורות הלכה ו סמג לאוין קמא טוש"ע י"ד סי' ק סעיף ב:

צא ב ג מיי' שם הלכה ה סמג שם טוש"ע י"ד סי' לב סעיף ג וסי' קא סעיף א:

צב ד טוש"ע שם סי' לב סעיף ז וע"ש:

שיטה מקובצת

א] חתיכה של נבלה ומנכרא הס"ד: ב] אבל של חטאת טמאה אסור בהנאה ליתא דהא חתיכת בשר בחלב: ג] ולפי זה צריך לפרש דדבר:

הגהות הב"ח

(א) תוס' ד"ה שאני וכו' חטאת טמאה שנתערבה במאה:

רבינו גרשום

וליבטל נמי גיד בששים ויהיו כולן גידין מותרין אע"ג שאין מכירו. בריה שאני כלומר דבר החשוב בפ"ע. הניחא למ"ד כל שדרכו לימנות שנינו כלומר דלא בטל שם איסורין בנפל בהיתיר' ונתערבו כיון שאין מכירו לפיכך כולן אסורין. אלא למ"ד את שדרכו לימנות שנינו דבר החשוב כגון ביצה טמאה וכגון רמונים ותפוחין אם נטמאו טומאת אוכלין ונתערבו עם טהורין לא בטלי וכולן אסורין אבל חתיכה של נבלה דאין דרכה לימנות בטלה מאי איכא למימר: שאני חתיכה הואיל וראויה כו' כלומר דדבר חשוב הוא: וצריכא דאי אשמעינן גיד. כלומר דלא בטיל: למה לי נותן טעם כלומר הכי סבר רב דאמר אפילו לא נותן טעם אלא בחתיכה אחת חתיכה עצמה נעשית נבלה [וע"כ] בשאין מכירו עסיק' ואי בשאין מכירו למה נותן טעם אפילו לא נתן טעם נמי האמרינן כולן אסורות: הכא במאי עסיקינן בשהכירו וקדם וסילקו כלומר רב דאמר אמר בשאין מכירו דאי בשאין מכירו אפילו לא נתן טעם נמי אלא הכא במאי עסיקינן בשהכירו וקדם וסילקו לפי' אינו אסור עד שיתן טעם בחתיכה ואותה חתיכה אוסרת שאר חתיכות: רבא אמר אפילו

צג א מיי' פ"ח מהלכות מאכלות אסורות הלכה א והלכה ה סמג לאוין קלט:

צד ב מיי' פ"ג מהלכות אבות הטומאות הלכה א:

צה ג מיי' פ"ד מהלכות מאכלות אסורות הלכה יח ופ"ח הלכה ה:

אפילו תימא – לא קדם וסלקו, הוי מין ומינו ודבר אחר, *וכל מין ומינו ודבר אחר – סלק את מינו כמי שאינו, ושאין מינו – רבה עליו ומבטלו.§ **מתני'** *נוהג בטהורה ואינו נוהג בטמאה. רבי יהודה אומר: אף בטמאה. אמר ר' יהודה: והלא מבני יעקב נאסר גיד הנשה, ועדיין בהמה טמאה מותרת להן! אמרו לו: בסיני נאמר, אלא שנכתב במקומו.§ **גמ'** וסבר ר' יהודה איסור חל על איסור? והתניא, ר' יהודה אומר: *יכול תהא נבלת עוף טמא מטמא בגדים בבית הבליעה? תלמוד לומר: °"נבלה וטרפה לא יאכל לטמאה בה" – מי שאיסורו משום "כל תאכל נבלה", יצא זה שאין איסורו משום "כל תאכל נבלה", אלא משום "כל תאכל טמאה"! וכי תימא, קסבר: אין בגידין בנותן טעם, ובטמאה נמי, איסור גיד – ליכא, איסור טומאה – איכא, וסבר ר' יהודה אין בגידין בנותן טעם? והתניא: *האוכל גיד הנשה של בהמה טמאה – ר' יהודה מחייב שתים, ור"ש פוטר! לעולם קסבר: יש בגידין בנותן טעם, וקסבר: נוהג בשליל, דאיסור גיד ואיסור טומאה – בהדי הדדי קאתי. ומי מצית אמרת נוהג בשליל, והתנן: *נוהג בשליל. ר' יהודה אומר: אינו נוהג בשליל, וחלבו מותר! הני מילי, גבי טהורה, דרחמנא אמר: °"כל בבהמה תאכלו", אבל בטמאה נוהג. ומי מצית אמרת דתרווייהו בהדי הדדי קאתו? והתנן, *על אלו טומאות הנזיר מגלח: על המת, ועל כזית מן המת. וקשיא לן: על כזית מן המת מגלח, על המת כולו לא כ"ש? וא"ר יוחנן: לא נצרכא אלא לנפל שלא נתקשרו אבריו בגידין. אלמא: איסור טומאה קדים! אע"ג דאיסור טומאה קדים, אתי איסור גיד חייל עליה, *שכן איסורו נוהג בבני נח. דיקא נמי, דקתני, א"ר יהודה: והלא מבני יעקב נאסר גיד הנשה, ועדיין בהמה טמאה מותרת להם. גופא, *האוכל גיד הנשה של בהמה טמאה – רבי יהודה מחייב שתים, ורבי

ויקרא כב | דברים יד

רש"י

אפילו תימא בשלא קדם וסלקו. ולא מיתסרי שאר חתיכות אלא משום חתיכת היתר קמייתא. דבר מין ומינו. כגון נבלה ושחוטה. ודבר אחר. כגון חלבין ורוטב, מינו דהיתר אינו מבטלו לאיסור ולא מוסיפו. אלא סלקהו כמי שאינו בקדירה זו, ונשארו הנבלה והרוטב, ונבלה נבלה ברוטב וקיפה. הלכך נתנה טעם בראשונה תחלה, בעוד שלא רבה רוטב עליה, ואח"כ נתן מים וקיפה וחתיכות – נתוספה חתיכה ראשונה על הנבלה. ואוסרת הכל, מפני שהן מינה, ולא מצו חתיכות לבטלה, ואע"פ שיש בהן יותר מששים. והרוטב לבדו אין בו כדי לבטל שניהם. מתני' ואינו נוהג בטמאה. שאם אכל גיד הנשה של טמאה, למ"ד יש בגידין טעם – לוקה משום טמאה, ולא משום גיד. ולמ"ד אין טעם בגידין – פטור מכלום, דבטהורה עץ הוא, והתורה חייבה עליו, אבל בטמאה – אינו נוהג. מבני יעקב נאסר. דכתיב (בראשית לב): "על כן" וגו', ועדיין טמאה מותרת להן עד מתן תורה. אמרו לו. פסוק זה שהזהירו עליו, בסיני נאמר, ועד סיני לא הוזהרו. אלא שנכתב במקומו – לאחר שנאמר בסיני, וכתב וסידר משה את התורה, כתב המקרא הזה על המעשה: על כן הוזהרו בני ישראל אחרי כן שלא יאכלו גיד. גמ' איסור חל על איסור. דקא ס"ד: משום טומאה ומשום גיד קמחייב ליה. ה"ג: יכול תהא נבלת עוף טמא מטמא בבית הבליעה ת"ל (כו') נבלה וטרפה לא יאכל לטמאה בה. מפני שהיא מטמאה באכילה זו, ונבלת עוף מיתוקס בת"כ ובמסכת נדה (דף מב:). והכא ה"ק: יכול אף נבלת עוף טמא במשמע? ת"ל: "נבלה וטרפה לא יאכל לטמאה" מי שאיסורו משום "כל תאכל נבלה" אני אומר לך שמטמאה בה, יצא זה שאינו אסור משום נבלה אלא משום עוף טמא. ומדקאמר: אין איסורו משום נבלה, אלמא סבירא ליה לא חייל איסור נבלה *וחייל אאיסור טמאה! וכי תימא קסבר אין בגידין בנ"ט. ואין כאן איסור טומאה, אלא איסור גיד. ור"ש פוטר. לגמרי משמע. ולקמיה מפרש טעמא. ה"ג: לעולם קסבר יש בגידין בנותן טעם וקסבר נוהג בשליל דאיסור גיד ואיסור טומאה כו'. משעת יצירת ולד חלו שניהם, לפיכך חייב לעולם על שניהם.

אינו נוהג בשליל. ועל כרחך איסור טומאה חל על השליל, שהרי כל יצירתו טומאה. ואיסור גיד אינו חל עד שנולד, והיכי חייל אאיסור טומאה? כל בבהמה. ואפילו חלבו וגידו, דמהאי קרא נפקא לן היתר שליל בשחיטת האם, בפרק "בהמה המקשה" (לעיל סט.). הנזיר מגלח. אם האהיל עליהם – נטמא נזרו, דכתיב (במדבר ו): "והימים הראשונים יפלו", ומגלח וחוזר ומונה, כדכתיב: "וגלח ראשו ביום טהרתו". שלא נתקשרו. דליכא עדיין כזית בשר בכולייה וכיון דאיתיה שלם מטמא באהל. אלמא תחלה נוצרין אברים קודם לגידין. וש"מ שם טומאה קדים חייל עלייהו. ומשני: אע"ג דאיסור טומאה קדים אתי איסור גיד וחייל עליה. שכן איסור חמור הוא, ויש בו כח לחול על אחרים. ומהו חומרו? שנוהג בבני נח לר' יהודה, כדתנן: "והלא מבני יעקב" כו'. דיקא נמי. דטעמא דרבי יהודה משום האי טעמא הוא, מדיליף מבני יעקב, דקודם מתן תורה בני נח הוו. ה"ג

תוספות

דאיכא למאן דאמר: אפילו נפל שם קיתון של מים לבסוף, רואין ההיתר כאילו אינו, ושאר מים רבים עליו ומבטלין אותו. ולא אמר שיין עצמו של היתר נעשה איסור, ליחשב כאילו הוא יין נסך, וליצטרך מן המים כדי לבטל כל היין. ומיהו י"ל: דהתם מיירי כגון שלא היה שם יין נסך כדי ליתן טעם בשל היתר שבבור, ולא נאסר אלא ע"י כל שהוא. וכיון דלא הוי אלא משהו – לא אמרינן חתיכה עצמה נעשת נבלה, כדפרישית לעיל. אע"ג דלא דמי, דלעיל לא אמרינן אלא לענין שלא תאסור האחרות, אבל היא עצמה נאסרה במשהו, וכיון שנאסרה – אסורה לעולם, למ"ד (לקמן דף קח.) אפשר לסוחטו – אסור. ומ"מ יש לומר: דההוא דשרי בע"ז, א] אפילו נפלו המים לבסוף, °יסבור: אפשר לסוחטו – מותר. והיה מתיר כמו כן חתיכה עצמה. ומדקאמר התם: נפל חמרא דהתירא בגו מיא דאיסורא – בנ"ט, וכי ליכא נ"ט – שרי, אין ראיה לפירושו. דאיכא למימר: דאיירי כגון שנפל כל ההיתר בבת אחת, שנתבטל לאלתר האיסור. אבל אם לא נפל בבת אחת – ראשון ראשון נעשה איסור, (א) ועושה יין נסך לאסור הבא אחריו, כדפירש' בפרק "כיסוי הדם" (לעיל פז.*). ולפי פירוש רבינו אפרים ודאי ניחא מה שלוה הכתוב להגעיל כלי מדין, דהשתא יורה גדולה שאי אפשר להגעיל בתוך כלי אחר היכי משתריא? הא אין במים ס' לבטל האיסור! ואי שיחזור ומגעילה בשניה – והלא המים הראשונים נעשו נבלה, וחוזרין ואוסרין! ואי לא משערין אלא באיסור עצמו, ניחא. דזה אין לומר: דכשאין בת יומא מגעילין אותה, דהא לא אסרה תורה אלא קדרה בת יומא. ואין ראיה גמורה מכאן, דאיכא למימר דלא אמרה תורה להגעיל אלא כלים קטנים בתוך כלי גדול, שיהיה במים ששים כדי לבטל האיסור. וכתב רבינו יהודה: דנראה לר"י להחמיר בדבר, כיון דאין ראיה ברורה. **הוי** מין ומינו ודבר אחר כו'. אומר רשב"ם: דכמו שצריך שיהיה ברוטב כדי לבטל החתיכה דאיסור, כך צריך נמי שיהיה ס' בחתיכה של היתר לבטל מן הרוטב כשיעור ב' החתיכות. דמכיון שנבלע הרוטב בחתיכת האיסור, נעשה נבלה, וכשנפלט אחרי כן ממנה – אוסר שאר הרוטב מפני שהוא מינו. דהכי אמרינן בפרק "כל הבשר" (לקמן דף קח.) גבי "כזית בשר שנפל לתוך יורה של חלב", אמר רב: בשר – אסור, חלב – מותר. ואי אמרת: אפשר לסוחטו אסור, אמאי חלב מותר? חלב נבלה היא! פירוש: דחלב שנבלע בבשר – נעשה נבלה, וכשנפלט אח"כ – אוסר כל החלב, מפני שהוא מינו.

סלק את מינו כמי שאינו ואת שאינו מינו רבה עליו ומבטלו. הקשה רבינו אפרים: דאמר בפרק "הלוקח בהמה" (בכורות כב.): הלוקח ציר של ע"ה, משיקו במים, וטהור. אי רובא מים – טהר להו בהשקה, ואי רובא ציר – (ב) לאו בר קיבולי טומאה הוא, והנך מיעוטא דמים, בטלי ברובא. וקאמר: לא שנו אלא לטבל בו פיתו, אבל לקדרה – מגא מין את מינו וניעור. והשתא היאך ניעור? אמאי לא קאמר: סלק את מינו כמי שאינו, ושאינו מינו, דהיינו הציר, רבה על מים טמאים ומבטלן לעולם, הציר שהוא רוב, מבטל אותם מים הטמאים! וי"ל: דלא דמי, דהכא אין מינו נאסר אלא מכח האיסור שנתערב בו, ואי אפשר להבדילו, ובכל מקום שישנו, היתר הוא. ולפיכך שייך לומר שם "סלק". אבל התם, דמינו עצמו מטמא מחמת מגע מים טמאים, אין שייך לומר "סלק". **וכי** תימא אין בגידין בנ"ט. לפי זה היה יכול להקשות ממתניתין: דמאי קאמר ר' יהודה "והלא מבני יעקב נאסר, ועדיין בהמה טמאה מותרת להן", דמשמע דמטעם זה יש לחול איסור גיד אאיסור טומאה, כמו שפירש בסמוך במסקנא, ואמר: דיקא נמי דקתני כו'. וכן היה יכול להקשות למאי דבעי מעיקרא למימר דטעמא דר' יהודה משום דאיסור חל על איסור בכל מקום. ונראה להרב רבינו שמואל דיש לייחב: דס"ד דר' יהודה דטעמא דת"ק כר' שמעון דבסמוך, משום "מי שגידו אסור ובשרו מותר, יצא" כו' והכי פריך ר' יהודה: והלא אף לבני יעקב נאסר, ועדיין בהמה טמאה בשרה מותרת. **אבל** בטמאה נוהג. היה יכול להקשות: דאמרינן בפרק "בהמה המקשה" (לעיל דף עה.): הפילה נפל – חלבו כחלב חיה, דחדשים קא גרמי לה, אלא עדיפא מיניה פריך. דאיכא למ"ד התם דאסור, דאורח גרים, ובהמה טמאה כאורח דמיא, כיון דלא שייך בה "כל בבהמה תאכלו". ועוד יש לומר: דילמא שאני חלב, דרחמנא אמר "כל חלב שור או כשב או עז", ואין זה קרוי שור וכשב ועז. אבל גיד אסר הכתוב כל מקום שישנו על הכף. ורבי

הגהות הב"ח

(א) תוד"ה (בע"א) בשקדם וכו' ראשון נעשה איסור ועושה נסך כצ"ל ותיבת יין נמחק: (ב) ד"ה סלק וכו' ואי רובא ציר ציר לאו:

גליון הש"ס

תוס' ד"ה (בע"א) בשקדם וכו' יסבור אפשר לסוחטו מותר. ק"ל הא מרא להאי שמעתא בע"ז הוא ר"י דסבר בפרק בתרא דאפשר לסוחטו אסור:

הגהות מהר"י לנדא

א] תוד"ה (מעבר לדף) בשקדם וכו' אפילו נפלו המים לבסוף יסבור אפשר לסוחטו מותר. נ"ב פי' באיסור משהו יסבור דאפשר לסוחטו מותר כמו שמתיר בזה שבמקום דלא אמרינן חנ"נ כך היה מתיר גם אותה חתיכה ועיין לקמן קח ע"א כב וכו' ד"ה ר' יוחנן וכו' ועיין בע"ב עג ע"ב ובתוס' ד"ה חזקיה וכו' ודו"ק:

מסורת הש"ס

לקמן קח. מנחות כב. | [זבחים פט.] נדה מב: ע"ש | [פסחים כב.] | לעיל פט: | ג"ז שם נזיר מט: | עיין רש"ל ורש"א | [לעיל ל. לקמן קב.] | פסחים כב. | [ד"ה רוצין]

רבינו גרשום

אפי' לא קדם וסילקו כלומר אפי' לא קדם וסילקו אם אינו נותן טעם בחתיכות וברוטב הוה מין ומינו ודבר אחר רוטב זהו דבר אחר ושאינו מינו רבה עליו כלומר אם אינו נותן טעם ברוטב: וסבר ר' יהודה איסור חל על איסור כלומר איסור (טומאה) [גיד] חל על איסור (גיד) [טומאה] כלומר שמתחילה נאסר גיד הנשה ולבסוף נאסרה להם בסיני בהמה טמאה ואתי איסור בהמה טמאה חל על איסור גיד. דיקא נמי דקתני והלא מבני יעקב נאסר גיד הנשה כו' כלומר דמשום חומרא דאיסורו נוהג בבני נח חייל אאיסור טומאה:

וְרַבִּי שִׁמְעוֹן פּוֹטֵר. ור"ש, מַה נַּפְשָׁךְ: אִי *אִיסּוּר חָל עַל אִיסּוּר – לִיחַיֵּיב נַמִי מִשּׁוּם גִּיד. אִי אֵין אִיסּוּר חָל עַל אִיסּוּר – לִיחַיֵּיב מִשּׁוּם טוּמְאָה דְּקָדֵים! וְאִי אֵין בַּגִּידִין בְּנוֹתֵן טַעַם – לִיחַיֵּיב מִשּׁוּם גִּיד! אָמַר רָבָא: לְעוֹלָם קָסָבַר, אֵין בַּגִּידִים בְּנוֹתֵן טַעַם, וְשָׁאנֵי הָתָם – דְּאָמַר קְרָא: (בראשית לב) "עַל כֵּן לֹא יֹאכְלוּ בְנֵי יִשְׂרָאֵל אֶת גִּיד הַנָּשֶׁה" – מִי שֶׁגִּידוֹ אָסוּר וּבְשָׂרוֹ מוּתָּר, *יָצְתָה זוֹ – שֶׁגִּידוֹ אָסוּר וּבְשָׂרוֹ אָסוּר. אָמַר רַב יְהוּדָה, אָמַר רַב: אהָאוֹכֵל גִּיד הַנָּשֶׁה שֶׁל נְבֵלָה – ר"מ מְחַיֵּיב שְׁתַּיִם, וַחֲכָמִים אוֹמְרִים: אֵינוֹ חַיָּיב אֶלָּא אַחַת. וּמוֹדִים חֲכָמִים לְר"מ בְּאוֹכֵל גִּיד הַנָּשֶׁה בשֶׁל עוֹלָה וְשֶׁל שׁוֹר הַנִּסְקָל – שֶׁחַיָּיב שְׁתַּיִם. וּמַאן הַאי תַּנָּא דְּבְאִיסּוּר כּוֹלֵל – אִיסּוּר חָל עַל אִיסּוּר לֵית לֵיהּ, א] אִיסּוּר כּוֹלֵל בְּאִיסּוּר חָמוּר אִית לֵיהּ? אָמַר רָבָא: רַבִּי יוֹסֵי הַגְּלִילִי הִיא. *דִּתְנַן, גטָמֵא שֶׁאָכַל קֹדֶשׁ, בֵּין קֹדֶשׁ טָמֵא בֵּין קֹדֶשׁ טָהוֹר – חַיָּיב. רַבִּי יוֹסֵי הַגְּלִילִי אוֹמֵר: טָמֵא שֶׁאָכַל אֶת הַטָּהוֹר – חַיָּיב, טָמֵא שֶׁאָכַל אֶת הַטָּמֵא – פָּטוּר, שֶׁלֹּא אָכַל אֶלָּא דָּבָר טָמֵא. אָמְרוּ לוֹ: אַף טָמֵא שֶׁאָכַל אֶת הַטָּהוֹר, כֵּיוָן שֶׁנָּגַע בּוֹ – טִמְּאָהוּ! *שַׁפִּיר קָא אָמְרִי לֵיהּ רַבָּנַן לְר' יוֹסֵי הַגְּלִילִי! *וְאָמַר רָבָא: בְּנִטְמָא הַגּוּף וְאח"כ נִטְמָא בָּשָׂר כּוּלֵּי עָלְמָא לָא פְּלִיגִי דְּחַיָּיב, דְּאִיסּוּר כָּרֵת קָדֵים. כִּי פְּלִיגִי בְּנִטְמָא בָּשָׂר וְאח"כ נִטְמָא הַגּוּף. רַבָּנַן – אִית לְהוּ אִיסּוּר כּוֹלֵל, דְּמִגּוֹ דְּמִיחַיֵּיב אַחֲתִיכוֹת טְהוֹרוֹת דְּעָלְמָא – מִיחַיֵּיב נַמִי אַחֲתִיכָה טְמֵאָה. וְרַבִּי יוֹסֵי הַגְּלִילִי – לֵית לֵיהּ אִיסּוּר כּוֹלֵל, "דְּמִגּוֹ" לָא אָמְרִינַן. וְרַבִּי יוֹסֵי הַגְּלִילִי, נְהִי דְּאִיסּוּר כּוֹלֵל לֵית לֵיהּ, בְּאִיסּוּר קַל יָבֹא אִיסּוּר חָמוּר יָחוּל עַל אִיסּוּר קַל, וּמַאי נִיהוּ – טוּמְאַת הַגּוּף, שֶׁהֲרֵי טוּמְאַת הַגּוּף בְּכָרֵת! אָמַר רַב אַשִׁי: מַאן לֵימָא לָן דְּטוּמְאַת הַגּוּף חֲמוּרָה, דִּלְמָא טוּמְאַת בָּשָׂר חֲמוּרָה, דְּלֵית לֵיהּ טָהֳרָה בְּמִקְוֶה!
וְרַבִּי

ה"ג: מה נפשך, אי קסבר איסור חל על איסור ליחייב נמי משום גיד, ואי אין איסור חל על איסור ליחייב משום טומאה דקדים. ואי קסבר אין בגידין בנ"ט ליחייב משום גיד. כלומר, ואי אין בגידין בנ"ט, ומ"ה פטור משום טומאה – ליחייביה משום גיד. דהא ליכא למיפטריה הכא משום דאין איסור חל על איסור, דהא ליכא טומאה. אמר רבא לעולם קסבר אין בגידין בנ"ט. לפיכך אין כאן טומאה. ומשום גיד נמי ליכא, דקסבר: אינו נוהג בטמאה. וטעמא, לאו משום דאין איסור חל על איסור, אלא דמעטיה קרא בהדיא, דאמר קרא כו'. ה"ג: אמר רב יהודה אמר רב האוכל גיד הנשה של נבלה ר"מ מחייב שתים כו'. ומודים חכמים באוכל גיד של עולה. דחמיר א] איסורא או של שור הנסקל, ומאי אולמייהו? שאסורין בהנאה. דמחייב שתים. וטעמא כדמפרש. ומאן האי תנא. חכמים. דבאיסור כולל איסור חל על איסור לית ליה ואיסור כולל באיסור חמור אית ליה. ה"ג, והיינו פירושא: איסור גיד חל משנולדה, וקודם שנתנבלה – היה גידה אסור, ובשרה מותר, וכשנתנבלה – נאסר אף בשרה. ואע"ג דשם נבלה ה"ל למיחל נמי על גיד, משום טעמא דכולל, שהוא כולל את הבשר עמו לאסור. ואיכא למימר: אפילו למאן דאמר אין איסור חל על איסור, האי איסור נבלה חייל, דמגו דחייל אבשר דהוה מותר, חייל נמי אגיד, שכוללו עם הבשר – אפ"ה, אמרו רבנן דלא חייל. ואיסור כולל באיסור חמור אית ליה. והיכא דאיסור האחרון אית ביה תרתי, כולל ומוסיף, כגון עולה או שור הנסקל. דמעיקרא כשנולדה – היה גידה אסור, ובשרה מותר. הקדישה או נגחה – נאסר אף בשרה, הרי זה כולל. והגיד הזה, מתחלה היה אסור באכילה ומותר בהנאה, וכשהקדיש – חל עליו איסור הקדש לאוסרו בהנאה. שאין כאן איסור חל על איסור, שמה שעשה הראשון מוסיף השני. וכי היכי דחייל עליה שם הקדש לאוסרו בהנאה, על כרחך חל עליו אף באכילה, שאם אכלו – יתחייב שתים. ואע"ג דבאכילה אסור ועומד היה, ואין איסור חל על איסור – האי הואיל וחייל להנאה, חייל נמי אף לאכילה. רבי יוסי הגלילי היא. דשמעינן ליה דלית ליה כולל באיסור קל, ומיהו באיסור חמור לא שמעיניה דפליג. חייב. חטאת. שהאוכל קדשים בטומאת הגוף – זדונו כרת, כדכתיב (ויקרא ז): "והנפש אשר תאכל בשר" וגו'. כיון שנגע בו טמאהו. קודם שיאכלנו, ואפ"ה חייביה קרא. ואמר רבא גרסינן. בנטמא הגוף ואח"כ נטמא הבשר. דטמא שאכל טהור, וטמאהו במגעו, שקדמה טומאת גופו לטומאת קדש – מודי רבי יוסי דחייב. דכיון דאיטמי גופיה, איתסר בקדש זה באיסור כרת. וכי הדר ואיטמי בשר – איסור כרת דטומאת הגוף לא פקעה. ה"ג: דכ"ע לא פליגי דחייב דאיסור כרת קדים כי פליגי בנטמא הבשר. תחלה, ונאסר על כהנים בלאו בעלמא, "והבשר אשר יגע" וגו'. רבנן אית להו איסור חל על איסור ע"י כולל, והאי איסור טומאת הגוף כולל הוא – דכולל טהורות שהיו מותרות לו והטמאות שהיו אסורות לו, ומיגו דחייל אטהורות, חייל נמי אטמאות, ויש כאן איסור כולל.
ור'

ורבי שמעון פוטר מאי קסבר אי קסבר איסור חל על איסור כו'. המ"ל: הא רבי שמעון לית ליה איסור חל על איסור אפילו באיסור כולל, ואפילו חמור על קל, גבי "האוכל נבלה ביום הכפורים".* אלא דבלאו הכי פריך שפיר.

מאן האי תנא דבאיסור כולל איסור חל על איסור לית ליה. איסור כולל הוא זה כשנתנבלה. וא"ת: איסור מוסיף הוא, דמגו דאיתוסף בה איסור לגבוה כשנתנבלה, איתוסף נמי להדיוט! וי"ל: דסבר כמ"ד בריש פירקין (דף ז.) דגיד נמי אסור לגבוה.

איסור כולל באיסור חמור אית ליה. הא דאמרינן בפ' "אמרו לו" ב] (כריתות יד.): "אקדשה, מגו דאיתוסף בה איסור הנאה", לא נקט לשון "איתוסף" משום דחשיב בכך איסור מוסיף, דהא קרי ליה הכא איסור כולל, אלא כלומר איתוסף בה חומרא זו. ואין לומר ד"איסור כולל" דקאמר הכא – לאו דוקא, אלא איסור הנאה חשיב איסור מוסיף, כיון דמעיקרא הוה שרי בהנאה – דאם כן אדמייתי הכא רבי יוסי הגלילי, דלא שמעינן אלא דלית ליה איסור כולל באיסור קל, אבל הא דאית ליה באיסור חמור, לא אשכחן, אלא מסברא אמרינן דאית ליה. משום דלא שמעינן ליה דפליג, כי היכי דשמעינן ליה לרבי שמעון גבי "האוכל נבלה בי"ה". הוה ליה לאתויי רבי יוסי דאית ליה בפרק "ד' אחין" (יבמות לב.): אשת איש ונעשית חמותו – נידון משום אשת איש, דלית ליה איסור כולל. ואמרינן דמודה רבי יוסי באיסור מוסיף. ועוד: אי איסור הנאה איסור מוסיף הוא, מאי פריך בסמוך "ורבי יוסי הגלילי, נהי דאיסור כולל לית ליה, יבא איסור חמור ויחול על איסור קל?" – ודילמא לית ליה איסור כולל אפילו באיסור חמור, ואיסור מוסיף אית ליה! אלא ודאי איסור הנאה לא חשיב איסור מוסיף, אלא איסור חמור בעלמא. וכן צריך לפרש בסוף פרק "כל הבשר" (לקמן קיג:) גבי הא דפריך "וסבר שמואל איסור חל על איסור".

שפיר קאמרי ליה רבנן לרבי יוסי הגלילי. יודעין היו דלא איירי כשתחב לו חבירו לתוך פיו, מדקאמרי ליה הכי*.

בנטמא הגוף ואח"כ נטמא הבשר כ"ע לא פליגי דחייב דאיסור כרת קדים. ותו לא פקע. ולא גרסינן "דאיסור מוסיף הוא" – *דלא איירי הכא לאיחויי תרתי, אלא לאיחויי חטאת משום טומאת הגוף. והא דקאמרי ליה רבנן "כיון שנגע בו, טמאהו" – היו סבורין רבנן דרבי יוסי הגלילי פטר משום דמחולל ועומד הוא, וגמר מתרומה, דפטרינן בפ' "כל הבשר" (לקמן דף קיג:) טמא האוכל תרומה טמאה, משום דכתיב "ומתו בו כי יחללוהו" – פרט לזו שמחוללת ועומדת. וא"ת: לרבנן דפרכי מ"כי נגע בו טמאהו", היכי משכחת טמא שאכל תרומה שיהא במיתה? הא מכי נגע בה טמאה! וי"ל: כגון שתחב לו חברו. והכא לא פרכי ליה רבנן אלא משום דידעי דלא איירי בתחב לו, כדפירשנו. א"נ: בשלא נכשרה או בנילושה במי פירות. ועוד: לפי האמת, אפילו הוכשרה משכחת לה, כגון שנטמא הגוף, ואח"כ נטמאה התרומה, כדאמרינן הכא, ואיצטריך קרא דפטר במחוללת (א) שנטמאה תחלה, ואצטריך קרא לאשמועינן דילפינן מהתם בעלמא דאין איסור חל על איסור. ולמ"ד איסור חל על איסור בעלמא – שאני התם, דגלי קרא. וכן משמע לקמן בפ' "כל הבשר" (שם) [וע"ע תוס' סנהדרין פג, ד"ה "פרט לזו"].

*ואיסור כולל לית ליה והתניא כו'. פי' בקונטרס: ואע"ג דאיסור בת אחת הוא – מאן דלית ליה איסור כולל, לית ליה איסור בת אחת. ואין נראה לר"י, דהא בפרק "ארבעה אחים" (יבמות לג:) פריך: השתא באיסור כולל מחייב תרתי, באיסור בת אחת מבעיא? אלמא אפילו מאן דלית ליה איסור כולל, מצי סבר איסור בת אחת! לכך נראה לר"י: דהשתא ס"ד דלאו איסור בת אחת הוא, אלא חשיב שבת קדים, משום דקביעא וקיימא. אבל קשה: דאי לא איסור בת אחת הוא, א"כ, שבת היא למה לי, פשיטא דחייב משום דשבת קדים! שייך לע"ב
תלמוד

רבינו גרשום

אי קסבר יש בגידים בנותן טעם ליחייב משום (דנותן טעם) טומאה אי קסבר אין בגידים בנותן טעם ליחייב משום גיד כלומר דאע"ג דעץ הוא התורה חייבה עליו: מאן האי תנא דאיסור חל על איסור לית ליה כו' כלומר דאיסור נבלה לא חייל אאיסור גיד ואיסור כולל לית ליה כלומר דלא אמרינן מגו דמיחייב אחתיכה דנבלה דעלמא מיחייב אגיד משום נבלה ובאיסור חמור איסור כולל אית ליה כו' כלומר ובאיסור חמור כגון עולה ושור הנסקל דאסורין אפי' בהנאה איסור כולל אית ליה דאמרינן מיגו דמיחייב אשאר חתיכות משום עולה ומשום שור הנסקל מיחייב נמי אגיד משום עולה ומשום שור הנסקל: אמר רבא ר' יוסי הגלילי היא דתנן הטמא שאכל בין קדש טמא כו' כלומר חייב כרת על הטמא במי שאכל בשר (טהו') [טמא]. ר' יוסי הגלילי אמר טמא שאכל את הטהור חייב וכו' כלומר חייב כרת דכתיב ונפש אשר תגע בכל טמא בנבלת אדם או בבהמה טמאה ואכל מבשר זבח השלמים אשר לה' ונכרתה: יבא איסור חמור וחייל על איסור קל כלומר אפי' נטמא הבשר ואח"כ נטמא הגוף יבא איסור כרת וחייל על איסור לאו שטומאת הבשר אינו אלא לאו שנאמר והבשר אשר תגע בכל טמא לא יאכל. אמר רב אשי מאן לימא לן דטומאת הגוף חמירא כו': ור"י

[לקמן קיג: קטו. יבמות לב. קדושין עז: סנהדרין פג. כריתות יד: כג. מעילה יז:]
זבחים קו.
[שם קח.]
[שם ע"ש כל הסוגיא]

צו א ב מיי' פ"ח מהלכות מאכלות אסורות הלכה ו: [פסחים לו.]
צז ג מיי' פי"ח מהלכות פסולי המוקדשין הלכה יג:

[עיין תוס' זבחים כז. ד"ה אלא]

שיטה מקובצת

א] דחמיר איסוריה או של שור: ב] הא דאמרינן בפ' אמרו לו. נ"ב ע' תוס' שבועות דף כד ע"ב ועיין פי' רש"י ז"ל שם:

הגהות הב"ח

(א) תוס' ד"ה בנטמא וכו' במחוללת אשנטמאת:

[וע"ע תוס' סנהדרין פג: ד"ה פרט לזו ובזבחים קח. ד"ה כיון]
נ"א ולא איירי וכו' ומילתא באפי נפשה היא ר"מ

הגהות מהר"ב רנשבורג

א] גמ' איסור כולל באיסור חמור אית ליה. נ"ב עיין בתור דיני אחע"א ואיסור כולל ומוסיף וכבת אחת בשו"ת הרמ"ע מפאנו סי' קכ"ג:

צח א מיי' פ"ד מהלכות שגגות הלכה א ופ"ג שם הלכה ו:
צט ב מיי' פ"ה מהל' מאכלות אסורות הלכה א:

תלמוד לומר שבת היא יוה"כ הוא. וא"ת: ומאי פריך? שאני הכא דגלי קרא! וי"ל: דפריך, וליגמר מיניה. וליכא למימר: לאדרבה ניגמר מתרומה דפטרינן, בפרק "כל הבשר" (לקמן דף קיג:) מ"ומתו בו כי יחללוהו" – דלחומרא מקשינן, וילפינן מהכא. והא דאמר התם: בעלמא קסבר שמואל אין איסור חל על איסור, וגבי בשר בחלב שאני דגלי קרא "גדי" – לרבות חלב מתה, ולא יליף מבשר בחלב לחומרא – היינו משום דבשר בחלב חדוש הוא. ואית ספרים דגרסי התם: "ונגמר מיניה? חדוש הוא". **רבי** עקיבא אומר אינו חייב אלא אחת. למאי דפירש בקונטרס שהוא איסור בת אחת, וכן הוא במסקנא, קשה: דתנן בפרק "דם שחיטה" (כריתות כג.), חתיכת חלב חולין וחתיכת חלב קדש ואכל אחת מהם, ואינו יודע איזה מהם אכל – מביא חטאת. ור' עקיבא אומר: אף אשם תלוי. אלמא אית ליה איסור חל על איסור, וכ"ש איסור בת אחת! ומיהו יש לומר: דקדשים שאני, כדאמר התם בסוף פרקא: דאפילו מאן דלית ליה בעלמא דאין איסור חל על איסור, בקדשים אית ליה. אך הקשה הרב רבינו שמואל מוורדו"ן: מהא דתנן בפרק "כל הבשר" (לקמן דף קיג.), רבי עקיבא אומר: חיה ועוף אינם מה"ת, שנאמר "לא תבשל גדי" ג' פעמים – פרט לחיה ועוף ובהמה טמאה. ופריך בגמרא (שם דף קטז.): הכי הא אפקינהו לכדשמואל? ומשני: קסבר רבי עקיבא איסור חל על איסור, וחלב מתה לא צריך קרא. והכא משמע דאפילו בבת אחת לית ליה! ואע"ג דאמר הכא "איפוך" – לאו מכח קושיא זאת אמר הכי! ועוד: למאי ג] דפרישנא דהכא פריך משום דס"ד דלא הוי איסור בת אחת, למאי דמסיק רבא דהוי בת אחת לא אמר "איפוך"! וי"ל: דהתם פריך משום שמואל, דאי ס"ל כר"ע בחיה ועוף ובהמה טמאה היכי דריש? ומשני: דקסבר שמואל איסור חל על איסור בלאו קרא.

הזיד בשבת ושגג ביוה"כ פטור. וא"ת: והא לרבי עקיבא נמי פטור, דהא אינו שב מידיעתו, דמזיד הוא על השבת דחמיר, דבסקילה? וי"ל: דאפ"ה חמיר ליה יוה"כ, לפי שהוא יום כפרה ומחילה. **יום** הכפורים דהאי שתא שבתא הוא. ולא שייך כאן "אתם, ואפי' מזידים", כיון דלא נקבע בעשור לחדש, ודוקא אקביעות החדש אמרינן ליה*. **לאחר** מעשה. פירש בקונטרס: לאחר אותו מעשה שנאבק עמו לזמן מרובה בבואו מפדן ארם והקב"ה קראו "ישראל". והא דקאמר לעיל: לא נקרא "ישראל" עד סיני – היינו לענין מצות. ופריך: מההיא שעתא ליתסר, מההיא ד"וישאו בני ישראל"? ומשני: ההיא שעתא לא שעת מעשה היה דנשיית גיד, ולא שעת מתן תורה. ולא גרסינן "מההוא מעשה ליתסר" – דמשמע מעשה דנשיית הגיד, כמו "לאחר מעשה" דקאי אנשיית גיד. ואם נאמר ד"לאחר מעשה" קאי אברכה שברכו המלאך והסכים הקדוש ברוך הוא על ידו של מלאך, וכן "מההיא מעשה ליתסר" – מ"מ לא הוי כמו "ההיא שעתא לאו שעת מעשה הוי", דקאי אנשיית גיד.

ורבי

[ועיין יותר מבואר בתוס' ר"ה כה. ד"ה לוי]

שיטה מקובצת

א] שבת ויוה"כ שחל יוה"כ להיות בשבת: ב] וכן גבי יוה"כ כתיב: ג] ועוד למאי דפריש דהכי פריך:

תורה אור

וְרַבִּי יוֹסֵי הַגְּלִילִי לֵית לֵיהּ אִיסּוּר כּוֹלֵל? וְהָתַנְיָא: *אשַׁבָּת וְיוה"כ, שָׁגַג וְעָשָׂה מְלָאכָה, מִנַּיִן שֶׁחַיָּיב עַל זֶה בְּעַצְמוֹ וְעַל זֶה בְּעַצְמוֹ – תַּלְמוּד לוֹמַר: °"שַׁבָּת הִיא", °"יוֹם הַכִּפּוּרִים הוּא", דִּבְרֵי רַבִּי יוֹסֵי הַגְּלִילִי. רַבִּי עֲקִיבָא אוֹמֵר: אֵינוֹ חַיָּיב אֶלָּא אַחַת! שָׁלַח רָבִין מִשּׁוּם דְּרַבִּי יוֹסֵי בְּר' חֲנִינָא: כָּךְ הַצָּעָה שֶׁל מִשְׁנָה, וְאֵיפוֹךְ. שָׁלַח רַב יִצְחָק בַּר יַעֲקֹב בַּר גִּיּוֹרֵי מִשּׁוּם דְּרַבִּי יוֹחָנָן: לְדִבְרֵי רַבִּי יוֹסֵי הַגְּלִילִי, לְמַאי דַּאֲפַכַן, שָׁגַג בְּשַׁבָּת וְהֵזִיד בְּיוֹם הַכִּפּוּרִים – חַיָּיב, הֵזִיד בְּשַׁבָּת וְשָׁגַג בְּיוֹם הַכִּפּוּרִים – פָּטוּר. מַאי טַעְמָא? אָמַר אַבַּיֵי: שַׁבָּת – קְבִיעָא וְקַיְּימָא, יוֹם הַכִּפּוּרִים – בֵּי דִינָא דְּקָא קָבְעִי לֵיהּ. אֲמַר לֵיהּ רָבָא: סוֹף סוֹף, תַּרְוַיְיהוּ בַּהֲדֵי הֲדָדֵי קָאָתוּ! אֶלָּא אָמַר רָבָא, שְׁמָדָא הֲוָה, וְשָׁלְחוּ מִתָּם: דְּיוֹמָא דְּכִפּוּרֵי דְּהָא שַׁתָּא – שַׁבְּתָא הוּא. וְכֵן כִּי אֲתָא רָבִין וְכָל נָחוֹתֵי, אַמְרוּהָ כְּרָבָא.§ "אָמַר רַבִּי יְהוּדָה וַהֲלֹא מִבְּנֵי יַעֲקֹב" [וכו'].§ תַּנְיָא, *אָמְרוּ לוֹ לְר' יְהוּדָה: וְכִי נֶאֱמַר "עַל כֵּן לֹא יֹאכְלוּ בְנֵי יַעֲקֹב"? וַהֲלֹא לֹא נֶאֱמַר אֶלָּא "בְּנֵי יִשְׂרָאֵל", וְלֹא נִקְרְאוּ "בְּנֵי יִשְׂרָאֵל" עַד סִינַי! אֶלָּא, בְּסִינַי נֶאֱמַר, אֶלָּא שֶׁנִּכְתַּב בִּמְקוֹמוֹ לֵידַע מֵאֵיזֶה טַעַם נֶאֱסַר לָהֶם. מְתִיב רָבָא: °"וַיִּשְׂאוּ בְנֵי יִשְׂרָאֵל אֶת יַעֲקֹב אֲבִיהֶם"! לְאַחַר מַעֲשֶׂה; אֲמַר לֵיהּ רַב אַחָא בְּרֵיהּ דְּרָבָא לְרַב אָשֵׁי: מֵהַהִיא שַׁעְתָּא לִיתְּסַר! אֲמַר לֵיהּ: *וְכִי תּוֹרָה פְּעָמִים פְּעָמִים נִיתְּנָה? הַהוּא שַׁעְתָּא – לָאו שְׁעַת מַעֲשֶׂה הֲוַאי וְלָא שְׁעַת מַתַּן תּוֹרָה הֲוַאי. ת"ר: *אֵבֶר מִן הַחַי נוֹהֵג בִּבְהֵמָה חַיָּה וָעוֹף, בֵּין טְמֵאִין וּבֵין טְהוֹרִין, דִּבְרֵי *רַבִּי יְהוּדָה וְרַבִּי אֶלְעָזָר. וַחֲכָמִים אוֹמְרִים: באֵינוֹ נוֹהֵג אֶלָּא בִּטְהוֹרִין. אָמַר ר' יוֹחָנָן: וּשְׁנֵיהֶן מִקְּרָא אֶחָד דָּרְשׁוּ. °"רַק חֲזַק לְבִלְתִּי אֲכוֹל הַדָּם כִּי הַדָּם הוּא הַנֶּפֶשׁ

לא

ויקרא כג שם
בראשית מו
דברים יב

*ור' יוסי לית ליה [איסור] כולל. וְלָא חָיֵיל אִיסּוּר טוּמְאַת גּוּף עַל אִיסּוּר טוּמְאַת בָּשָׂר, וְאֵין כָּאן כָּרֵת. אַלְמָא שָׁמְעִינַן לֵיהּ דְּלֵית לֵיהּ כּוֹלֵל. הִלְכָּךְ תַּנָּא דִּלְעֵיל דְּלֵית לֵיהּ כּוֹלֵל – ר' יוֹסֵי הַגְּלִילִי הִיא, וְאַשְׁמוּעִינַן תַּנָּא דִּלְעֵיל דְּבְאִיסּוּר חָמוּר אִית לֵיהּ כּוֹלֵל. וּפָרְכִינַן: יָבֹא אִיסּוּר חָמוּר דְּכָרֵת, וְיָחוּל עֲלֵיהּ, דְּהָא אָמְרַתְּ דְּמוֹדֶה הוּא בְּאִיסּוּר חָמוּר, וְהָכָא אִיתּוֹסַף בֵּיהּ כָּרֵת! וּמְשַׁנֵּי: דִּילְמָא הָא חֲמִירָא דְּלֵית לֵיהּ טָהֳרָה בְּמִקְוֶה. וְהַהִיא דִּלְעֵיל אִיכָּא לְאוֹקוּמָהּ אַלִּיבֵּיהּ, דְּלָא שָׁמְעִינַן לֵיהּ בְּאִיסּוּר חָמוּר דְּלֵית לֵיהּ כּוֹלֵל. וְאע"ג דְּלְרַבִּי שִׁמְעוֹן נַמִי שָׁמְעִינַן בְּעָלְמָא דְּלֵית לֵיהּ כּוֹלֵל, דְּתַנְיָא, רַבִּי שִׁמְעוֹן אוֹמֵר: הָאוֹכֵל נְבֵלָה בְּיוֹם הַכִּפּוּרִים – פָּטוּר מֵחַטָּאת, שֶׁאֵין יוה"כ חָל עַל אִיסּוּר נְבֵלָה. וְאע"ג דְּאִיסּוּרוֹ אִיסּוּר כּוֹלֵל הוּא, שֶׁכּוֹלֵל אִיסּוּר וְהֶיתֵּר לְאוֹסְרָן יַחַד – אפ"ה אַלִּיבֵּיהּ לָא מָצִינוּ לְאוֹקוּמָהּ, מִשּׁוּם דְּהָא אַף בְּאִיסּוּר חָמוּר אִית לֵיהּ דְּלָא חָיֵיל. דְּהָא יוֹם הַכִּפּוּרִים כָּרֵת, וּנְבֵלָה לָאו בְּעָלְמָא הוּא, וַאֲפִילּוּ הָכִי לָא חָיֵיל. וְתַנָּא דִּלְעֵיל סָבַר דִּבְאִיסּוּר חָמוּר אָמְרִינַן כּוֹלֵל. שַׁבָּת וְיוֹם הַכִּפּוּרִים. שֶׁחָל א] לִהְיוֹת בְּשַׁבָּת. שַׁבָּת הִיא לַה'. בְּשַׁבָּת בְּרֵאשִׁית כְּתִיב, דְּמַשְׁמַע: שֶׁאִם בָּא אִיסּוּר אַחֵר עִמָּהּ – יִתְחַיֵּיב עַל שְׁמָהּ בִּפְנֵי עַצְמָהּ, כִּדְכְתִיב "הִיא". וְכֵן גַּבֵּי יוֹם הַכִּפּוּרִים ב] דִּכְתִיב "הוּא". וְהָנֵי אִיסּוּר בַּת אַחַת נִינְהוּ, דְּהָא בַּהֲדֵי הֲדָדֵי אָתוּ כְּשֶׁקָּדַשׁ הַיּוֹם. מִיהוּ אִי אָמְרַתְּ בִּשְׁלָמָא אִית לֵיהּ לְרַבִּי יוֹסֵי הַגְּלִילִי בְּאִיסּוּר כּוֹלֵל אוֹ מוֹסִיף דְּחָיְילֵי אַשְּׁאָר אִיסּוּרִין – אִיכָּא לְמֵימַר: מש"ה מִתְחַיֵּיב אַתַּרְוַיְיהוּ. דְּהָא אִי נַמִי הֲוָה אֶפְשָׁר דְּקַדְמֵיהּ חַד לְחַבְרֵיהּ, הֲוָה אָתֵי חַבְרֵיהּ וְחָיֵיל עֲלֵיהּ. דְּשַׁבָּת לְגַבֵּי יוה"כ – אִיסּוּר מוֹסִיף הוּא. דְּאִי הֲוָה יוה"כ קָדֵים – הֲוָה חַיָּיב עַל זְדוֹן מְלָאכָה כָּרֵת, וְכִי אָתֵי שַׁבָּת – אִיתּוֹסַף בֵּיהּ מִיתַת ב"ד. וְיוה"כ לְגַבֵּי שַׁבָּת – אִיסּוּר כּוֹלֵל. דְּשַׁבָּת אֲסוּרָה בִּמְלָאכָה וּמוּתֶּר בַּאֲכִילָה, מִיגּוֹ דְּאִיתְּסַר בַּאֲכִילָה מִשּׁוּם יוֹם הַכִּפּוּרִים, אִיתְּסַר לֵיהּ נַמִי מְלָאכָה מִשּׁוּם יוֹם הַכִּפּוּרִים. אֶלָּא אִי אָמְרַתְּ בְּאִיסּוּר כּוֹלֵל וְאִיסּוּר מוֹסִיף לָא חָיְילֵי, כִּי אָתוּ אַהֲדָדֵי אַמַּאי חָיְילֵי תַּרְוַיְיהוּ? שָׁלַח רָבִין כָּךְ וַדַּאי הַצָּעַת הַמִּשְׁנָה. בַּמָּקוֹם שֶׁנִּשְׁנֵית שָׁם, אֲבָל מְשׁוּבֶּשֶׁת הִיא, וְאֵיפוֹךְ. וה"ה דְּמָצֵי לְמֵימַר דס"ל לר"י הַגְּלִילִי דְּאע"ג דְּאִיסּוּר כּוֹלֵל לָא חָיֵיל, אִיסּוּר בַּת אַחַת חָיֵיל. וּמִיהוּ ר' יוֹסֵי בְּר' חֲנִינָא סָבַר דְּמַאן דְּלֵית לֵיהּ אִיסּוּר כּוֹלֵל, לֵית לֵיהּ נַמִי אִיסּוּר בַּת אַחַת. וּפְלוּגְתָּא הִיא בִּיבָמוֹת בפ"ג (דף לג.). כָּךְ נִרְאֶה בְּעֵינַי. וַאֲנִי שָׁמַעְתִּי: דְּשַׁבָּת חָשֵׁיב לָהּ כְּקוֹדֶמֶת, מִשּׁוּם דִּקְבִיעָא וְקַיְּימָא. וְיוֹם הַכִּפּוּרִים חָשֵׁיב אַחֲרוֹן, מִשּׁוּם דְּבֵי דִינָא מְקַדְּשֵׁי לֵיהּ, כִּדְלְקַמָּן. וְרַבִּי יוֹסֵי הַגְּלִילִי דִּמְחַיֵּיב תַּרְתֵּי, טַעְמֵיהּ מִשּׁוּם כּוֹלֵל. וְקַשְׁיָא לִי בְּגַוָּהּ: לְמַאי דְּקָא מוֹתִיב רָבָא לְקַמָּן לְרַב יִצְחָק לְבָתַר דְּאַפְכוּהּ "סוֹף סוֹף תַּרְוַיְיהוּ בַּהֲדֵי הֲדָדֵי קָאָתוּ", מַאי תְּיוּבְתֵּיהּ? הָא רַב יִצְחָק לְדִבְרֵי ר' יוֹסֵי הַגְּלִילִי קָאָמַר, וְרַבִּי יוֹסֵי הַגְּלִילִי מִדְּפָטַר לֵיהּ ש"מ לָאו אִיסּוּר בַּת אַחַת חָשֵׁיב לָהּ, וְכִי פָּטַר לֵיהּ – מִיּוֹם הַכִּפּוּרִים פָּטַר לֵיהּ, וְכִי הֵזִיד בְּשַׁבָּת – עַל כָּרְחִיךְ פָּטוּר מְשַׁגְּגִים לְדִבְרֵי רַבִּי יוֹסֵי הַגְּלִילִי. לְמַאי דַּאֲפַכְנָא. וּמוֹקְמִינָא דְּאִיהוּ פָּטַר. שָׁגַג בְּשַׁבָּת. שֶׁשָּׁכַח שֶׁהוּא שַׁבָּת. וְהֵזִיד בְּאִיסּוּר יוֹם הַכִּפּוּרִים. שֶׁהָיָה יוֹדֵעַ שֶׁהוּא יוֹם הַכִּפּוּרִים. חַיָּיב. חַטָּאת מִשּׁוּם שׁוֹגֵג שַׁבָּת. אֲבָל שָׁגַג בְּאִיסּוּר יוֹם הַכִּפּוּרִים, שֶׁשָּׁכַח שֶׁהוּא יוֹם הַכִּפּוּרִים אֲבָל יוֹדֵעַ הוּא שֶׁהוּא שַׁבָּת – פָּטוּר מֵחַטָּאת, וְטַעְמָא מְפָרֵשׁ וְאָזֵיל. אָמַר אַבַּיֵי. קָסָבַר רַבִּי יוֹחָנָן: דְּהַהוּא חַטָּאת דִּמְחַיֵּיב לֵיהּ רַבִּי יוֹסֵי [הַגְּלִילִי] בְּשָׁגַג בָּזֶה וּבָזֶה – אַדְּשַׁבָּת קָמְחַיֵּיב לֵיהּ, דְּאִיהוּ קַדְמֵיהּ, וְאַדְּיוֹם הַכִּפּוּרִים הוּא דְּפָטַר לֵיהּ. הִלְכָּךְ, כִּי הֵזִיד בְּשַׁבָּת וְשָׁגַג בְּיוֹם הַכִּפּוּרִים – פָּטוּר לְגַמְרֵי, דְּאֵין מְבִיאִין קָרְבָּן עַל הַמֵּזִיד. סוֹף סוֹף תַּרְוַיְיהוּ בַּהֲדֵי הֲדָדֵי קָאָתוּ. וְאֵין כָּאן אַחֲרוֹן, וְעַל כָּרְחִיךְ כִּי פָּטַר לֵיהּ רַבִּי יוֹסֵי הַגְּלִילִי, מִשּׁוּם דְּקָסָבַר: כֵּיוָן דִּבְכוֹלֵל וּמוֹסִיף אֵין אִיסּוּר חָל עַל אִיסּוּר, בְּאִיסּוּר בַּת אַחַת נַמִי לָא מְחַיֵּיב אֶלָּא חֲדָא. וְאִי נַמִי הֵזִיד בְּאֶחָד מֵהֶן – הֲרֵי שִׁגְגַת חֲבֵירוֹ עוֹמֶדֶת, וְחַיָּיב. אֶלָּא אָמַר רָבָא. הָא דְּשָׁלַח רַב יִצְחָק דְּאַדְּיוֹם הַכִּפּוּרִים מִפְּטַר – לָאו בִּפְלוּגְתָּא דְּרַבִּי יוֹסֵי הַגְּלִילִי קָאֵי, וּמַאן דְּאָמַר בָּהּ לְדִבְרֵי רַבִּי יוֹסֵי הַגְּלִילִי – לֹא הָיוּ דְּבָרִים מֵעוֹלָם, אֶלָּא שְׁמָדָא הֲוָה, וְגָזְרוּ שֶׁלֹּא לַעֲשׂוֹת יוֹם הַכִּפּוּרִים. וְשָׁלְחוּ מִתָּם יוֹם הַכִּפּוּרִים דְּהָאִידָּנָא שַׁבְּתָא הוּא. עָשׂוּ יוֹם הַכִּפּוּרִים בְּשַׁבָּת, אע"פ שֶׁאֵינוֹ חָל לִהְיוֹת בּוֹ, כְּדֵי שֶׁלֹּא תִּשְׁתַּכַּח תּוֹרַת יוה"כ. וְהָאוֹיְבִים לֹא יָבִינוּ בּוֹ, מִשּׁוּם דִּבְכָל שַׁבָּת נַמִי לָא עָבְדֵי מְלָאכָה. וְאַהַהוּא יוה"כ קָאָמַר רַב יִצְחָק דְּאִם שָׁגַג בּוֹ וְהֵזִיד בְּשַׁבָּת פָּטוּר – דְּהָא לָאו יוֹם הַכִּפּוּרִים הוּא, וְאֵין שִׁגְגָתוֹ שְׁגָגָה. וְלֹא נִקְרְאוּ בְּנֵי יִשְׂרָאֵל עַד הַר סִינַי. וּלְקַמֵּיהּ מַקְשֵׁי לֵיהּ. אֶלָּא. מִקְרָא זֶה לֹא נֶאֱמַר עַד סִינַי, אֶלָּא לְאַחַר שֶׁקִּבְּלוֹ מֹשֶׁה בְּסִינַי וּבָא לִכְתּוֹב אֶת הַתּוֹרָה, כָּתַב אוֹתָהּ הַזְהָרָה אֵצֶל הַמַּעֲשֶׂה, לֵידַע כו'. לְאַחַר מַעֲשֶׂה. לְאַחַר אוֹתוֹ מַעֲשֶׂה שֶׁנֶּאֱבַק עִמּוֹ לִזְמַן מְרוּבֶּה בְּבוֹאוֹ מִפַּדַּן אֲרָם, וְהקב"ה קְרָאוֹ "יִשְׂרָאֵל", דִּכְתִיב (בראשית לה): "לֹא יִקָּרֵא שִׁמְךָ עוֹד יַעֲקֹב כִּי אִם יִשְׂרָאֵל" וגו'. מֵהַהִיא שַׁעְתָּא. דְּ"וַיִּשְׂאוּ בְּנֵי יִשְׂרָאֵל" לִיתְּסַר.

לא

שייך לע"א
[תוספתא כריתות פ"ב ע"ש]
[תוספתא פ"ז]
[עירובין כח:]
[תוספתא זבחים פ"ה]
[מעילה טז.]

רבינו גרשום

[ורבי יוסי הגלילי לית ליה איסור כולל] כלומר הא קא חזינן הכא דאי חמור כרת מטומאת בשר הא הוה חייל איסור חמור על איסור קל. וזהו שאמרנו ואיסור חמור באיסור כולל אית ליה לר' יוסי הגלילי. ולית ליה לר' יוסי הגלילי איסור כולל אלא באיסור חמור והא הכא ביוה"כ דקיל משבת דזה מיתה וזה כרת וקא חייל יום הכפורים על שבת. כך היא הצעה של משנה זו כלומר דאין איסור חל על איסור. ואימא ר' יוסי הגלילי אמר אינו חייב אלא אחת דאין איסור חל על איסור ולמאי דאמר כלומר לר' יוסי הגלילי דאינו חייב אלא אח' דאין איסור חל על איסור: שגג בשבת כו' כלומר היה לו שגגה אצל שבת והזיד אצל יוה"כ חייב חטאת אבל הזיד בשבת ושגג ביוה"כ פטור מ"ט אין אדם חייב חטאת אלא בשגגה ועכשיו היה שבת ויוה"כ כיון דאין איסור יוה"כ חל על איסור שבת ויוה"כ [הוי כמו] שאינו בעינן שיהא לו שגגה על שבת אבל אם היה שוגג אצל יוה"כ פטור מחטאת. אלא אמר רבא שמדא הוי כלומר היכא פליגי ר' עקיבא ור' יוסי הגלילי לא פליגי בענין זה שחל יוה"כ בשבת דאי בזה ענין לא חשיב איסור חל על איסור אלא שמדא הוה וגזרו שלא יקימו יוה"כ ואותה שנה עשו יוה"כ בשבת שלא [תשתכח תורת יוה"כ] והוא הוה איסור חל על איסור: לאחר מעשה כלומר לאחר שאמר לו הקב"ה לא יקרא שמך עוד יעקב כי אם ישראל יהיה שמך והיה לאחר שאבק עם המלאך אבל באותה שעה לא הוה ישראל שמו:

ליתי

תורה אור

דברים יב °לא תאכל הנפש עם הבשר". ר' יהודה ור' אלעזר סברי: כל שאתה מצווה על דמו – אתה מצווה על אבריו. והני טמאין נמי, הואיל ואתה מצווה על דמן – אתה מצווה על אבריו. ורבנן סברי: "לא תאכל הנפש עם הבשר" – אלא בשר לחודיה. כל שבשרו מותר – אתה מצווה על אבריו, וכל שאין בשרו מותר – אי אתה מצווה על אבריו. ור' יהודה, למה ליה קרא? ליתי איסור אבר ליחול על איסור טומאה, *שכן איסורו נוהג בבני נח! אין הכי נמי, וכי איצטריך קרא – לרבי אלעזר. [לעיל ל. ק:] תניא נמי הכי: אבר מן החי נוהג בבהמה חיה ועוף, בין טמאה בין טהורה, שנאמר: שם °"רק חזק לבלתי אכול הדם" – כל שאתה מצווה על דמו – אתה מצווה על אבריו, וכל שאי אתה מצווה על דמו – אי אתה מצווה על אבריו. דברי רבי אלעזר. וחכמים אומרים: אינו נוהג אלא בטהורין, שנאמר "לא תאכל הנפש עם הבשר" – אלא בשר לחודיה. כל שבשרו מותר – אתה מצווה על אבריו, וכל שאין בשרו מותר – אין אתה מצווה על אבריו. ר' מאיר אומר: אינו נוהג אלא בבהמה טהורה בלבד. (סימן: שמואל, שילא, שימי) אמר רבה בר שמואל אמר רב חסדא, ואיתימא רב יוסף. ואמרי לה: אמר רבה בר שילא אמר רב חסדא, ואיתימא רב יוסף. ואמרי לה: רבה בר שימי אמר רב חסדא, ואיתימא רב יוסף: מאי טעמא דר"מ – אמר קרא שם °"וזבחת מבקרך ומצאנך". אמר רב גידל, אמר רב: מחלוקת – בישראל, [א] אבל בבן נח – דברי הכל מוזהר על הטמאין כטהורין. תניא נמי הכי: אבר מן החי בן נח מוזהר עליו, על הטמאים כטהורים, וישראל אינו מוזהר אלא על הטהורין בלבד. איכא דאמרי: טהורה, ור"מ. איכא דאמרי: טהורים, ורבנן. אמר רב שיזבי, אף אנן נמי תנינא: טהרות פ"א מ"ג *אוכל אבר מן החי ממנה – אינו סופג ארבעים, ואין שחיטתה מטהרתה. במאי? אילימא בישראל – פשיטא דאין שחיטה מטהרתה. אלא לאו בבני נח, מכלל דאסור. רבי מני בר פטיש רמי רישא אסיפא, ומשני: רישא – בישראל, וסיפא – בבן נח. אמר א] רב: אאבר מן החי צריך כזית, מ"ט – אכילה כתיבה ביה. מתיב רב עמרם: אכל אבר מן החי ממנה – אינו סופג את הארבעים ואין שחיטה מטהרתה. ואי סלקא דעתך בעינן כזית, תיפוק ליה דקאכל כזית! ב] כדאמר רב נחמן: בבמשהו בשר גידין ועצמות. הכא נמי, במשהו בשר גידין ועצמות. תא שמע, דאמר רב: אכל

רש"י

לא תאכל הנפש עם הבשר. לא תאכל ממנו בעוד שהנפש עמו, וזו היא אזהרה לאבר מן החי. טמאין אתה מצווה על דמן. בכריתות בפרק "דם שחיטה" (דף כא.). לא ילפו מכלל אזהרתו אלא שרצים ודגים וחגבים ומהלכי שתים. לא תאכל הנפש עם הבשר. משמע: הא אין דם הנפש עמו – אכול. שכן איסורו נוהג בבני נח. שאף הם הוזהרו עליו, דכתיב (בראשית ט): "אך בשר בנפשו דמו" וגו', ור' יהודה הא שמעינן ליה גבי גיד לעיל (דף ק:) דמשום האי טעמא חייל אטומאה, שכן איסורו נוהג בבני נח. כי איצטריך קרא. לאסרו, לר' אלעזר איצטריך, דאסר ליה בטמאה כר' יהודה, ולית ליה איסור חל על איסור אלא במוסיף אם לא דכתביה קרא. תניא נמי הכי. כר' יוחנן, דרבי אלעזר ורבנן מהאי קרא ילפי. וכל שאי אתה מצווה על דמו. דגים וחגבים. אלא בבהמה טהורה. ולא בחיה ועוף, ואע"פ שהן טהורין. מבקרך ומצאנך. וכתיב בתריה אבר מן החי. אבל בן נח מוזהר. על הכל, דכל דקרינא ביה: בשר לחודיה אכול, קרינא ביה: אבר מן החי לא תאכל. איכא דאמרי טהורה. קתני, ובבהמה קאי, כר' מאיר. ואיכא דאמרי "טהורים" קתני, ואף חיה ועוף במשמע. אף אנן נמי תנינא. במסכת טהרות דבן נח מוזהר על הטמאין, והתם (פ"א מ"א) קאמר: י"ג דבר נאמרו בנבלת עוף טהור, וכך וכך בנבלת עוף טמא, וזו היא מהן. אבל אבר מן החי ממנה. בעוף טמא קא מיירי. אינו סופג. וקסבר: אינו נוהג בטמאים, כרבנן. ה"ג: ואין שחיטתה מטהרתה. ואעוף טמא קאי, וקאמר דאין שחיטתה מטהרתה. והא דנקיט לה לשון נקבה – משום דרישא אתחיל בה לשון נקבה, דתנן בה הכי: נבלת עוף טמא צריכה מחשבה כו'. במאי. קתני סיפא "אין שחיטתו מטהרתו"? אי נימא בישראל – פשיטא, דהא טמא הוא. והא ליכא לפרושי: מטהרתו מידי טומאת נבלות – דעוף טמא אין לו שום טומאה, אפילו בבית הבליעה. וע"כ "אין מתירתו באכילה" קאמר. אלא לבן נח קאמר, שאין שחיטתו מתירתו לו באכילה כל זמן שהוא מפרכס, כדאמרינן בפ"ב (לעיל דף לג.) דבן נח לאו בשחיטה תליא מילתא כו'. וגבי טהורה הוא דאמרינן שחיטה מכשרא ליה לבן נח, מיגו דמכשרא ליה לישראל. דליכא מידי דלישראל שרי, ולגוי אסור. שמעינן מינה: דאפילו רבנן מודו דבן נח מוזהר על *הטומאה באבר מן החי. [נ"ל הטמאה] רמי רישא אסיפא. קתני רישא "אינו סופג" – אלמא, אין אבר מן החי נוהג בטמאין. והדר תני "אין שחיטתו מטהרתו", וליכא לאוקומא אלא באבר מן החי – אלמא, נוהג. רישא בישראל וסיפא בבן נח. ורבנן היא. ומעיקרא כי רמייה הוה משמע ליה נמי סיפא בבן נח, ומיהו לא הוה ידע טעמא. והדר פשטה דאפי' למ"ד אין נוהג בטמאין, בישראל הוא דקאמר. דקרינא ביה: כל שאין בשרו מותר, אי אתה מצווה על אבריו. אבל בבן נח – מודה. אבר מן החי צריך כזית. ג] אע"ג דתרי קראי כתיבי, חד לאבר מן החי וחד לבשר מן החי, לא תימא דאתרבי אבר, אע"ג דאין בו שיעור. אלא ודאי יש בו שיעור, דאין אכילה בפחות מכזית. אכל אבר מן החי ממנה. מעוף טמא. אינו סופג. דאינו נוהג בטמאין. ועל כרחך בדאיכא שיעור, דאיסור אבר מן החי בטהורה עסקינן. דאי ליכא שיעור – פשיטא דאינו סופג. ואי ס"ד איסור אבר מן החי בכזית, וה"נ דאכל כזית – אמאי אינו סופג והא איכא כזית, ואיכא לאו ד"לא *(יאכל כי) שקץ הם" נ"ל יאכלו (ויקרא יא)? כדאמר רב נחמן. לקמן. במשהו בשר וגידין ועצמות. משלימין לכזית, דמשום טומאה לא מחייב, דאין בגידין ועצמות טעם טמא, ומשום אבר מחייב. דלהכי פלגינהו קרא לאבר מן החי ובשר מן החי – דמיחייב אאבר אף על גב דאין שיעור בשר, ואבשר אע"פ שאינו אבר. בחייה

תוספות

ורבי יהודה למה ליה קרא ליתי איסור אבר מן החי וליחול אאיסור טומאה שכן איסורו נוהג בבני נח. פי': כדשמעינן ליה לעיל (דף ק:) גבי גיד, דמההוא טעמא חייל אאיסור טומאה. וא"ת: ודילמא מהכא יליף? וי"ל: דלא מצי למילף מהכא, דאיסור מוסיף הוא, דאיתוסף ביה איסור אבר מן החי לבני נח. אבל גיד לא נאסר אלא לבני יעקב, ולא הוי אלא איסור חמור. כי איצטריך לר' אלעזר. וא"ת: אי קסבר בהמה בחייה לאברים עומדת, אם כן איסור בת אחת היא. ואפי' למאן דלית ליה בחמור, על כל מודה! וי"ל: דאיסור טומאה קדים, בעוד שלא נקשרו ד] אברים בגידים. ורבי מאיר אומר אינו נוהג אלא בבהמה טהורה בלבד. הקשה רבינו אפרים: דתנן בריש מסכת טהרות, י"ג דברים נאמרו בנבלת עוף טהור כו', והאוכל אבר מן החי ממנה סופג את הארבעים, ומליקתה ושחיטתה מטהרת טרפתה מטומאתה, דברי ר' מאיר! וי"ל: דדברי ר' מאיר לא קאי אכולה מילתא, אלא לענין שחיטה ומליקה נקט ליה. דפליג עליה ר' יהודה ה] *בזבחים בס"פ "טבול יום" (דף קה:). דהא דקתני נמי התם דמטמאת טומאת אוכלין בכבילה, לא אתי כרבי מאיר. ולא אמרינן: מדסיפא ר' מאיר, רישא נמי ר"מ. ומיהו לפי מה שרגיל התלמוד לדקדק שם: מדסיפא רבי מאיר, רישא נמי ר' מאיר, קשה: דאדרבה, מדמציעתא דאבר מן החי לאו ר' מאיר, רישא נמי לאו ר' מאיר! וי"ל: דהוה מצי למימר "וליטעמיך". וק"ק לשון הגמרא התם, דקאמר: מאן שמעת ליה דאית ליה דמליקתה ושחיטתה מטהרת טרפתה מטומאתה? ר"מ. אמאי צריך לדקדק בענין זה, הא קתני בה בהדיא "דברי ר"מ"?* אלא לאו בבני נח. דאין שחיטתו מתירתו באכילה כל זמן שמפרכסת, גבי נבלת עוף טהור. דקתני רישא "ושחיטתה מטהרת טרפתה מטומאתה", ולא קתני ד"אין שחיטה מטהרתו", כדקתני סיפא, גבי טהורה דוקא הוא דאמר שחיטה מכשרה ליה לבני נח, מגו דמכשרה לישראל, דליכא מידי דלישראל שרי ולגוי אסור. ותימה: דמקשה מהך משנה לרב אחא בר יעקב דאמר לעיל בפ"ב (דף לג.) דאין מזמנין גוי על בני מעים! ומיהו בלאו הכי אמר לעיל דתניא דלא כוותיה, וקושית המשנה אינה פשוטה כל כך.

[א] [מיי' פ"ט מהלכות מלכים הל' יג:

ק א ב מיי' פ"ה מהל' מאכלות אסורות הל' ג סמג לאוין קלב קלד טוש"ע י"ד סי' סב ס"ע ב"ב:

[לא נמצא בזבחים אלא בריש טהרות פליג רבי יהודה עליה דר"מ וכן הרגיש מהרש"א ואולי יתכן להיות וכן נמי בזבחים קה: דהא דקתני וכו' וכן איתא בלשון הר"ש במשנה דריש טהרות ע"ש]

[ועי' בפי' הרא"ש ריש טהרות שכתב דלא היה גרס דברי ר"מ אלא סתם משנה]

שיטה מקובצת

א] אמר רב יהודה אמר רב אבר מן החי צריך כזית: ב] תיפוק ליה דקאכל כזית בדאמר: ג] אבר מן החי צריך כזית דאע"ג דתרי קראי כתיבי חד לאבר מן החי וחד לבשר מן החי לקמן לא תימא: ד] שלא נקשרו אבריו בגידים: ה] דפליג עליה ר' יהודה וכן נמי אמרי' בזבחים בסוף:

רבינו גרשום

ליתי איסור אבר ויחול על איסור טומאה כו'. כלומר שכן איסורו נוהג בבני נח: של אבר מן החי. כלומר דזו היא אחת משבע מצות שנצטוו בני נח דכתיב ויצו אלהים על האדם אכל תאכל זה אבר מן החי. כלומר מה שראוי לאכילה לאחר מיתה אבל מחיים אין ראוי לאכילה: תניא נמי הכי אבר מן החי וכו'. דלר' יהודה לא איצטריך קרא אלא לר' אלעזר: אבר מן החי כו': מ"ט דר"מ דכתיב וזבחת מבקרך ומצאנך. כלומר באותה פרשה דכתיב לא תאכל הנפש עם הבשר והוא אבר מן החי דבר הלמד מענינו. במה הכתוב מדבר בבקרך ובצאנך והוו בבהמה טהורה: אבל בבן נח מוזהר על הטמאין כטהורין. כלומר שבהמה טמאה (היתה) [היא] מותרת להן כטהורה: איכא דאמרי טהורין ורבנן. כלומר חיה ועוף טהורין: אמר רב שיזבי אף אנן נמי תנינא. כלומר דבן נח מוזהר על הטמאין כטהורין: האוכל אבר מן החי הימנה. כלומר מצפור טמאה: ואין שחיטתה מטהרתה שלא תהא מטמא אבל אע"פ ששחטה מטמאה: אלא לאו בבן נח. כלומר לא היה סופג את הארבעים אבל היה נהרג שאזהרתן היא מיתתן שלא היה לבני נח שום דין בעולם אלא מיתה דכתיב שופך דם האדם באדם דמו ישפך: ר' מני בר פטיש רמי רישא אסיפא ומשני כו'. כלומר דקתני רישא דהאוכל מנבלת עוף טהור ואבר מן החי הימנה סופג את הארבעים וסיפא דקתני האוכל אבר מן החי הימנה אינו סופג את הארבעים וכיצד רמי רישא אסיפא רישא קתני דאפי' מנבלת עוף טהור סופג את הארבעים א) וסיפא קתני דאפי' מנבלת עוף טמא אינו סופג את הארבעים אלא (לא) רישא דקתני דהאוכל מנבלת עוף טהור או אבר מן החי הימנה היה סופג את הארבעים בישראל. וסיפא דקתני האוכל אבר מן החי מעוף טמא אינו סופג את הארבעים בבן נח דאינו סופג את הארבעים אבל היה נהרג: מותיב רב עמרם האוכל אבר מן החי ממנה כו'. כלומר אע"ג דבבן נח מוקמינן לה לישראל נמי אם אכל אבר מעוף טמא אינו סופג את הארבעים דאמרי' לעיל כל שבשרו מותר אתה מצווה על איבריו כל שאין בשרו מותר אי אתה מצווה על איבריו והא אין בשרו מותר: הכא נמי משהו בשר גידים ועצמות. כלומר מה דאמרי' האוכל אבר מן החי אינו סופג את הארבעים דלא אכל כזית בשר אבל אכל כזית (בשר) מכולם בין בשר וגידים ועצמות ולא הוה אלא משהו בשר ולפיכך אינו סופג את הארבעים משום טומאה דלא הוה כזית בשר: תא שמע דאמר רבא אכל

א) דברי רבינו בכאן צ"ע דמאי רומיא דהא גבי עוף טהור בוודאי נוהג אבר מן החי גם לישראל וע"כ צריך לפרש כפירש"י ומטה לייתב.

עין משפט נר מצוה

קא א מיי' פ"ד מהל' מאכלות אסורות הלכה ג:

קב ב מיי' פ"ב שם הלכה כח:

קג ג מיי' פ"ה שם הל' א [טור י"ד סי' סב] וברב אלפס פ"ד דחולין דף לפב.:

קד ד מיי' פ"ד שם הל' י סמג לאוין קלב טוש"ע י"ד סי' סב סעיף ב [וברב אלפס שם]:

קה ה מיי' פ"ד שם הל' ו סמג לאוין קלב:

שיטה מקובצת

אן אמר רב שרביא בקלניתא אי בקלניתא אימא סיפא: בן אכל בשר מן החי. נ"ב ע' תוס' מנחות דף נ"ח ע"ב: גן לא מחייב עליה עד דאיכא כזית קתני מיהא בטהורה: דן כשאין בשר כזית אלא משהו: הן חישב לאכלה מתה דגלי דעתיה:

גמרא

אאָכַל צִפּוֹר טְהוֹרָה, בְּחַיֶּיהָ – בְּכׇל שֶׁהוּא, בְּמִיתָתָהּ – בִּכְזַיִת. בוּטְמֵאָה, בֵּין בְּחַיֶּיהָ בֵּין בְּמִיתָתָהּ – בְּכׇל שֶׁהוּא! הָכָא נַמִי: בְּמַשֶּׁהוּ בְּשַׂר גִּידִים וַעֲצָמוֹת. ת"ש: *נָטַל צִפּוֹר שֶׁאֵין בּוֹ כְּזַיִת וַאֲכָלוֹ – רַבִּי פּוֹטֵר, וְר' אֶלְעָזָר בַּר ר"ש מְחַיֵּיב. אָמַר ר' אֶלְעָזָר בְּר' שִׁמְעוֹן: ק"ו, עַל אֵבֶר מִמֶּנָּה – חַיָּיב, עַל כּוּלָּהּ – לֹא כׇּל שֶׁכֵּן! חֲנָקָהּ וַאֲכָלָהּ – דִּבְרֵי הַכֹּל בִּכְזַיִת. עַד כָּאן לָא פְּלִיגִי אֶלָּא דְּמָר סָבַר – *בְּחַיֶּיהָ לְאֵבָרִים עוֹמֶדֶת, וּמָר סָבַר – בְּחַיֶּיהָ לָאו לְאֵבָרִים עוֹמֶדֶת. דכ"ע מִיהָא לָא בָּעֵינַן כְּזַיִת! אָמַר רַב נַחְמָן: בְּמַשֶּׁהוּ בְּשַׂר גִּידִים וַעֲצָמוֹת. וּמִי אִיכָּא מִידֵּי דִּבְכוּלֵּיהּ לֵית בֵּיהּ כְּזַיִת בָּשָׂר, וּבְחַד אֵבֶר אִית כְּזַיִת בְּמַשֶּׁהוּ בְּשַׂר גִּידִין וַעֲצָמוֹת? אָמַר רַב שֵׁרֵבְיָא: אן אִין, בְּקַלַּנִיתָא. אִימָא סֵיפָא: חֲנָקָהּ וַאֲכָלָהּ – דִּבְרֵי הַכֹּל בִּכְזַיִת. וְהָא קַלַּנִיתָא עוֹף טָמֵא הוּא, וְאָמַר רַב: טְמֵאָה בֵּין בְּחַיֶּיהָ בֵּין בְּמִיתָתָהּ – בְּמַשֶּׁהוּ! אֶלָּא: כְּעֵין קַלַּנִיתָא. אָמַר רָבָא: את"ל סָבַר רַבִּי מַחְשֶׁבֶת אוֹכָלִין שְׁמָהּ מַחְשָׁבָה, חִישֵּׁב לַאֲכׇלָהּ אֵבֶר אֵבֶר, וַאֲכָלָהּ כּוּלָּהּ – חַיָּיב. א"ל אַבָּיֵי: וּמִי אִיכָּא מִידֵּי, דְּאִילּוּ אָכֵיל לֵיהּ אַחֵר – לָא מִיחַיַּיב, וְאָכֵיל לֵיהּ הַאי – מִיחַיַּיב? אֲמַר לֵיהּ: זֶה לְפִי מַחְשַׁבְתּוֹ וְזֶה לְפִי מַחְשַׁבְתּוֹ. וְאָמַר רָבָא: אִם תִּמְצָא לוֹמַר סָבַר ר' אֶלְעָזָר בַּר ר' שִׁמְעוֹן מַחְשֶׁבֶת אוֹכָלִין שְׁמָהּ מַחְשָׁבָה, חִישֵּׁב לְאוֹכְלָהּ מֵתָה, וַאֲכָלָהּ חַיָּה – פָּטוּר. א"ל אַבָּיֵי: וּמִי אִיכָּא מִידֵּי, דְּאִילּוּ אָכֵיל לֵיהּ אַחֵר – מְחַיֵּיב, וְאָכֵיל לֵיהּ הַאי – פָּטוּר? א"ל: זֶה לְפִי מַחְשַׁבְתּוֹ וְזֶה לְפִי מַחְשַׁבְתּוֹ. אָמַר ר' יוֹחָנָן: "לֹא תֹאכַל הַנֶּפֶשׁ עִם הַבָּשָׂר" (דברים יב) גזֶה אֵבֶר מִן הַחַי, "וּבָשָׂר בַּשָּׂדֶה טְרֵפָה לֹא תֹאכֵלוּ" (שמות כב) – דזֶה בָּשָׂר מִן הַחַי הוּבָשָׂר מִן הַטְּרֵפָה. וְר"ש בֶּן לָקִישׁ אָמַר: "לֹא תֹאכַל הַנֶּפֶשׁ עִם הַבָּשָׂר" – זֶה אֵבֶר מִן הַחַי וּבָשָׂר מִן הַחַי, "וּבָשָׂר בַּשָּׂדֶה טְרֵפָה לֹא תֹאכֵלוּ" – זֶה בָּשָׂר מִן הַטְּרֵפָה. אָכַל אֵבֶר מִן הַחַי וּבָשָׂר מִן הַחַי, לְר' יוֹחָנָן – חַיָּיב שְׁתַּיִם, לְר"ש בֶּן לָקִישׁ – אֵינוֹ חַיָּיב אֶלָּא אַחַת. בן אָכַל בָּשָׂר מִן הַחַי וּבָשָׂר מִן הַטְּרֵפָה, לְר"ש בֶּן לָקִישׁ – חַיָּיב שְׁתַּיִם, לְר' יוֹחָנָן – אֵינוֹ חַיָּיב אֶלָּא אַחַת. אָכַל אֵבֶר מִן הַחַי וּבָשָׂר מִן הַטְּרֵפָה – לְדִבְרֵי הַכֹּל חַיָּיב שְׁתַּיִם. וּרְמִינְהוּ: אָכַל

[תוספתא פ"ט דע"ז] [לקמן קג.]

רש"י

בְּחַיֶּיהָ בְּכׇל שֶׁהוּא. מִשּׁוּם אֵבֶר מִן הַחַי. אַלְמָא, לָא בָּעֵינַן בֵּיהּ כְּזַיִת! בְּמִיתָתָהּ בִּכְזַיִת. דִּנְבֵלָה, אֲכִילָה כְּתִיבָא. וְכׇל אֲכִילָה – בִּכְזַיִת, בַּר מֵאֵבֶר מִן הַחַי, דְּרַבְיֵיהּ קְרָא וּקְפִיד אַאֵבֶר לְחוּדֵיהּ. טְמֵאָה בֵּין בְּחַיֶּיהָ בֵּין בְּמִיתָתָהּ בְּכׇל שֶׁהוּא. חַיָּיב, דִּבְרִיָּה הִיא, וְלָא צְרִיכָה שִׁיעוּר. כִּדְתְנַן בְּ"אֵלּוּ הֵן הַלּוֹקִין" (מכות דף יג.) תורה אור בְּאוֹכֵל נְמָלָה כׇּל שֶׁהוּא, שֶׁהוּא חַיָּיב מִשּׁוּם שֶׁהִיא בְּרִיָּה. אַלְמָא, בְּרִיָּה אֲסוּרָה בְּכׇל שֶׁהוּא. אֲבָל לָאו דִּנְבֵלָה לֵיכָּא לְחִיּוּבֵי מִשּׁוּם בְּרִיָּה, דִּכְשֶׁנִּבְרֵאת לֹא הָיָה עָלֶיהָ שֵׁם נְבֵלָה. הִלְכָּךְ אִלְּמָלֵא דִּנְבֵלָה לָא מִיחַיֵּיב ג] עַד כְּזַיִת. קָתָנֵי מִיהָא בִּטְהוֹרָה בְּחַיֶּיהָ בְּכׇל שֶׁהוּא! נָטַל צִפּוֹר. וְהִיא טְהוֹרָה. רַבִּי פּוֹטֵר. מְפָרֵשׁ וְאָזֵיל, דְּקָסָבַר: אֵין אֵבֶר מִן הַחַי בִּשְׁלֵימָה, דְּלָאו "אֵבֶר" מִיקַּרְיָא. וּמִיהוּ אִי אִיכָּא כְּזַיִת, הֲוָה מִיחַיֵּיב – דְּלָא גָּרַע מִבָּשָׂר מִן הַחַי, דְּמִיחַיֵּיב עֲלָהּ בִּכְזַיִת, דְּהָא נַמִי בָּשָׂר הוּא. וְרַבִּי אֶלְעָזָר בְּרַבִּי שִׁמְעוֹן מְחַיֵּיב. דְּקָסָבַר: שְׁלֵימָה, אֵין לְךָ אֵבֶר מִן הַחַי גָּדוֹל מִזֶּה, וּבְאֵבֶר לָא בָּעֵינָא כְּזַיִת. חֲנָקָהּ וַאֲכָלָהּ. אֵין כָּאן אֶלָּא אִיסּוּר נְבֵלָה, וְאַנְּבֵלָה לָא מִיחַיֵּיב מִשּׁוּם בְּרִיָּה, וּכְזַיִת בָּעֵינַן. לְאֵבָרִים עוֹמֶדֶת. לְנַתְּחָהּ עוֹמֶדֶת. הִלְכָּךְ, כׇּל אֵבֶר וְאֵבֶר שֶׁבָּהּ קָרוּי "אֵבֶר" בִּפְנֵי עַצְמוֹ, וְיֵשׁ כָּאן מִשּׁוּם אֵבֶר מִן הַחַי, דְּמִיחַיֵּיב בְּכׇל דְּהוּ. וּמִיהוּ חֲדָא הוּא דְּמִיחַיֵּיב, דַּחֲדָא הַתְרָאָה הִיא. לָאו לְאֵבָרִים עוֹמֶדֶת. עַד שֶׁתִּשָּׁחֵט, וְאֵין כָּאן שֵׁם "אֵבֶר" אא"כ הִפְרִישׁוֹ. אֲבָל דְּכ"ע לְאֵבֶר לָא בָּעֵינַן כְּזַיִת, כִּדְקָתָנֵי: ק"ו עַל אֵבֶר מִמֶּנָּה חַיָּיב, וְלָא פָּלֵיג רַבִּי. בְּמַשֶּׁהוּ בָּשָׂר. הָא דְּקָתָנֵי "שֶׁאֵין בּוֹ כְּזַיִת" – כְּשֶׁאֵין ד] בּוֹ כְּזַיִת בָּשָׂר, אֶלָּא מַשֶּׁהוּ, וְגִידִין וַעֲצָמוֹת מַשְׁלִימִין לִכְזַיִת. מִי אִיכָּא מִידֵּי. עוֹף כָּחוּשׁ כׇּל כָּךְ? דִּבְכוּלֵּיהּ לֵיכָּא כְּזַיִת בָּשָׂר. וְהוּא גָּדוֹל, שֶׁבְּאַחַת מֵאֵבָרָיו אִיכָּא כְּזַיִת בְּמַשֶּׁהוּ בָּשָׂר, וְגִידִין וַעֲצָמוֹת מַשְׁלִימִין, דְּקָתָנֵי "עַל אֵבֶר מִמֶּנָּה חַיָּיב", וְאָמְרַתְּ דִּבְכְזַיִת עָסְקִינַן, וְרֵישָׁא קָתָנֵי "שֶׁאֵין בּוֹ כְּזַיִת", וּמוֹקְמִינַן דְּלֵיכָּא כְּזַיִת בָּשָׂר? קַלַּנִיתָא. עוֹף כָּחוּשׁ מְאֹד. קַלַּנִיתָא עוֹף טָמֵא הוּא. וְנֵהִי דְּלֵיכָּא אִיסּוּר נְבֵלָה בִּפְחוּת מִכְּזַיִת, אִיסּוּר טָמֵא מִיהָא אִיכָּא, דִּבְרִיָּה הִיא. דְּאָמַר רַב: טְמֵאָה בֵּין בְּחַיֶּיהָ וּבֵין בְּמִיתָתָהּ – בְּכׇל שֶׁהוּא. כְּעֵין קַלַּנִיתָא. עוֹף טָהוֹר שֶׁהוּא כָּחוּשׁ כְּעֵין קַלַּנִיתָא. את"ל. אִם תִּמְצָא בְּאֶחָד מִדְּבָרָיו שֶׁל רַבִּי בְּעָלְמָא דְּאִית לֵיהּ מַחְשֶׁבֶת אוֹכָלִין, אִם חִישֵּׁב לְאוֹכְלָן כְּעִנְיָן זֶה. שְׁמָהּ מַחֲשָׁבָה. וְאָזְלִינַן בָּתְרָהּ. חִישֵּׁב לְאוֹכְלָהּ. לַצִּפּוֹר זֶה שֶׁאֵין בָּהּ כְּזַיִת. אֵבֶר אֵבֶר. גַּלֵּי אַדַּעְתֵּיהּ דִּלְאֵבָרִים עוֹמֶדֶת. וְכִי אֲכָלָהּ שְׁלֵימָה, נַמִי "אֵבֶר" קָרֵינָא בֵּיהּ. אָכֵיל לֵיהּ אַחֵר לָא מִיחַיֵּיב. דְּלָא "אֵבֶר" מִיקַּרְיָא, לְחַיֵּיב עֲלֵיהּ בְּכׇל שֶׁהוּא. ה] לְאוֹכְלָהּ מֵתָה. דְּגַלֵּי דַּעְתֵּיהּ דִּבְחַיֶּיהָ לָאו לְאֵבָרִים עוֹמֶדֶת. לֹא תֹאכַל נֶפֶשׁ עִם הַבָּשָׂר זֶה אֵבֶר מִן הַחַי. דְּאֵבֶר חַי *מִקְרֵינַן "נֶפֶשׁ" – שֶׁאִם יַחְתְּכֶנּוּ, אֵינוֹ עוֹשֶׂה חֲלִיפִין, שֶׁלֹּא יָשׁוּב עוֹד, כְּנֶפֶשׁ הַנְּטוּלָה שֶׁאֵינָהּ חוֹזֶרֶת. וְהָכִי מַשְׁמַע: לֹא תֹאכַל הַנֶּפֶשׁ בְּעוֹדוֹ עִם הַבָּשָׂר, בְּעוֹד הַחַיּוּת עִם הַבָּשָׂר. וּבָשָׂר בַּשָּׂדֶה. מַשְׁמַע: שֶׁפֵּירַשׁ מִמְּקוֹמוֹ, וְזֶהוּ בָּשָׂר מִן הַחַי. "וּטְרֵפָה" – כְּמַשְׁמָעוֹ. וְרֵישׁ לָקִישׁ אָמַר לֹא תֹאכַל הַנֶּפֶשׁ עִם הַבָּשָׂר זֶה אֵבֶר מִן הַחַי וּבָשָׂר מִן הַחַי. וְהָכִי מַשְׁמַע: לֹא תֹאכַל הַנֶּפֶשׁ, וְלֹא תֹאכַל הַבָּשָׂר כׇּל זְמַן שֶׁזֶּה עִם זֶה. לְר' יוֹחָנָן חַיָּיב שְׁתַּיִם. דִּתְרֵי לָאוֵי אִיכָּא, וְאַע"ג דִּבַחֲדָא אֲכִילָה וַחֲדָא הַתְרָאָה אֲכָלִינְהוּ – מִיחַיֵּיב תַּרְתֵּי. אֶלָּא אַחַת. דְּחַד לָאו הוּא. וְכֵיוָן דִּבַחֲדָא אֲכִילָה וַחֲדָא הַתְרָאָה וְחַד לָאו הוּא – חֲדָא הוּא דְּמִיחַיֵּיב, וְכֵן כּוּלָּן. לְדִבְרֵי הַכֹּל חַיָּיב שְׁתַּיִם. דְּבֵין לְמָר וּבֵין לְמָר, מִתְּרֵי קְרָאֵי נָפְקִי.

ה"ג

תוספות

אכל צפור כו' הכא נמי במשהו בשר גידים ועצמות. ובין הכל צריך שיהא כזית. ולא הוי כ"משהו" דסיפא, דהוי בריה, והוי משהו ממש. **שאין** בו כזית ואכלו רבי פוטר. פי' בקונטרס: דקסבר דאין אבר מן החי בשלימה. ומיהו אי איכא כזית – הוה מחייב, דלא גרע מבשר מן החי דמחייב בכזית, דהא נמי בשר הוא. וקשה לפירושו: דאמר בסמוך "אכל אבר מן החי, ובשר מן הטרפה – רבי יוחנן אמר: חייב שתים, וריש לקיש אמר: אינו חייב אלא אחת". ומוקי לה בבהמה אחת ונטרפה עם יציאת רובה, וקסבר ר"ל: דלאו לאברים עומדת, ולא אתי איסור אבר מן החי וחייל אאיסור טרפה. והשתא מ"מ ליחייב שתים, משום טרפה ובשר מן החי דקאתו בהדי הדדי! ויש לדחות: כגון שאין באבר זה כזית בשר, דלא מיחייב משום בשר מן החי. והא דחייב משום טרפה – היינו כשלקח בשר מטרפה אחרת, והשלים לכזית. ודוחק הוא. ועוד: דא"כ, אמאי לא חייל עליה איסור אבר מן החי, כיון דליכא מטרפה אלא חצי שיעור. דבפ' בתרא דיומא (דף עג.) ופרק ג' דשבועות (דף כא:) תניא: "שבועה שלא אוכל טרפות ונבלות שקצים ורמשים" – חייב. ומוקי לה ר"ל: במפרש חצי שיעור. אלמא, אע"ג דלא חייל איסור שבועה אכזית, משום דמושבע ועומד הוא, מ"מ חייל אחצי כזית! ונראה לפרש: כי היכי דלאו לאברים עומדת, הכי נמי לאו לחתיכת בשר עומדת. והא דנקט "צפור שאין בו כזית" – לרבותא דרבי אלעזר נקט, דאפ"ה מחייב. ועוד נראה לר"י: דאפילו למ"ד לאברים עומדת, מודה דלאו לחתיכת בשר עומדת בחייה. דאמר ר' יוחנן בסמוך: אכל חלב מן החי מן הטרפה – חייב שלשה, ומוקי לה בנטרפה עם יציאת רובה, ובהמה לאברים עומדת, דאתי איסור טרפה וחלב ואבר מן החי בהדי הדדי. והשתא, אמאי נקט טרפה, בלאו טרפה איכא ג': אבר מן החי, ובשר מן החי, וחלב! אלא ודאי בהמה בחייה, לאו לחתיכת בשר עומדת, ולא אתי וחייל על שאר איסורין. **ובשר** בשדה טרפה זה בשר מן החי. מדכתיב "בשדה" דריש, דמשמע: שפירש ממקומו. ואף על גב דאצטריך לבשר שילא חוץ ממחיצתו, כדאמר בפ' "בהמה המקשה" (לעיל דף סח:) – כולהו דריש מיניה. **אכל** אבר מן החי ובשר מן החי לר' יוחנן חייב שתים. ואע"ג דאין לוקין על לאו שבכללות – ה"מ היכא דלא מפרש בקרא, כגון (שמות יב) "אל תאכלו כי אם צלי אש" ו"מכל אשר יעשה מגפן היין" (במדבר ו). אבל "ובשר בשדה טרפה", דמפרשינן: בשר וטריפה – לא חשיב ליה לאו שבכללות, כמו נא ומבושל, וחלב וזונה, דמפרשי בקרא – לקי. וכגון אלמנה וגרושה – דלקי לכ"ע*. *לרבי יוחנן אינו חייב אלא אחת. משום דמחד קרא נפקי. ואף על גב דנא ומבושל לקי שתים – שאני התם דכתיב בוי"ו "ובשל", דקאי א"אל תאכלו". והכא נמי, אי הוה כתיב "בשדה וטרפה לא תאכלו" – היה לוקה שתים לרבי יוחנן, משום בשר מן החי ובשר מן הטריפה.

[ועי' תוס' ב"מ קטו: ד"ה שנאמר ותוס' מנחות נח: ד"ה אין]

מר

רבינו גרשום

אכל צפור טהורה בחייה בכל שהוא. כלומר כיצד אמרת אבר מן החי צריך כזית: חנקה ואכלה דברי הכל בכזית. דנבלה שיעורא בכזית: אלא דמר סבר בהמה בחייה לאיברים עומדת. כלומר ר"א ב"ר שמעון הוא סבר לאיברין עומדת לפיכך אכל אבר ממנה חייב: דכ"ע לא בעינן כזית. כלומר אם אכל אבר הימנה לא בעינן כזית: ומי איכא מידי דבכולה לית בה כזית ובחד אבר. כלומר דאמרי' נטל צפור שאין בו כזית ואכלו ר"א ב"ר שמעון מחייב מק"ו דעל אבר הימנה חייב ואמרי' אם באיזה ענין חייב דמשהו בשר גידים ועצמות בחד אבר ומי איכא מידי דבכולה לית ביה כזית דחזינן נטל צפור שאין בו כזית ובחד אבר יהא בו כזית בין בשר גידים ועצמות: אמר רב שרביא בקלניתא. פִּנְפְּנָא דעצמות שלה גסות ואין בה בשר אלא מעט: אלא כעין קלניתא. כלומר עוף טהור כעין קלניתא דעצמותיה גסות ובשר מעט: אמר רבא אם תמצא לומר סבר רבי מחשבת אוכלין שמה מחשבה חישב לאוכלה. כלומר רבי דפוטר דבחייה לאו לאיברין עומדת: אם תמצא לומר דסבר רבי מחשבת אוכלין שמה מחשבה חישב לאוכלה אבר אבר כו'. כלומר אע"ג דאכלה כולה שלימה אזלינן בתר מחשבתו וחייב משום אבר מן החי: ואמר רבא אם תמצא לומר סבר ר"א ב"ר שמעון מחשבת אוכלין. כלומר ר"א ב"ר שמעון דסבר נטל צפור שאין בו כזית בחייה ואכלה חייב חישב לאוכלה מתה דאינו חייב אלא בכזית דנבלה היא ואכלה חיה פחות מכזית פטור דאזלינן בתר מחשבתו דמחשבתו היתה לאוכלה נבלה: ובשר מן הטרפה אפי' בחייה. כגון שאירע בה אחת משמונה עשרה טרפות: אכל אבר מן החי ובשר מן החי לר' יוחנן חייב שתים דמפיק להו משני לאוין לר"ש בן לקיש אינו חייב שתים אלא אחת דמפיק להו לתרווייהו מלאו אחד: אכל בשר מן החי ובשר מן הטרפה לריש לקיש חייב שתים דמפיק להו מתרי קראי: לר' יוחנן אינו חייב אלא אחת. דמפיק להו לתרווייהו מלאו אחד: אכל אבר מן החי ובשר מן הטרפה דברי הכל חייב שתים. לתרווייהו מפקי להו מתרי לאוי: מיתיבי

קו א ב מיי' פ"ה מהל' מאכלות אסורות הלכה ה:

אָכַל אֵבֶר מִן הַחַי מִן הַטְּרֵפָה, ר' יוֹחָנָן אָמַר: חַיָּיב שְׁתַּיִם, וְר' שִׁמְעוֹן בֶּן לָקִישׁ אָמַר: אֵינוֹ חַיָּיב אֶלָּא אַחַת. בִּשְׁלָמָא לְר' יוֹחָנָן — נִיחָא, אֶלָּא לְר' שִׁמְעוֹן בֶּן לָקִישׁ קַשְׁיָא! אָמַר רַב יוֹסֵף: לָא קַשְׁיָא, כָּאן — בִּבְהֵמָה אַחַת, כָּאן — בִּשְׁתֵּי בְהֵמוֹת. בִּשְׁתֵּי בְהֵמוֹת — מִיחַיַּיב שְׁתַּיִם, בִּבְהֵמָה אַחַת — פְּלִיגִי. בִּבְהֵמָה אַחַת בְּמַאי פְּלִיגִי? אָמַר אַבַּיֵי: כְּגוֹן שֶׁנִּטְרְפָה עִם יְצִיאַת רוּבָּהּ. מ"ס: *בְּהֵמָה בְּחַיֶּיהָ לְאֵבָרִים עוֹמֶדֶת, וְאִיסּוּר טְרֵפָה וְאִיסּוּר אֵבֶר בַּהֲדֵי הֲדָדֵי קָאָתוּ. וּמ"ס: בְּהֵמָה בְּחַיֶּיהָ לָאו לְאֵבָרִים עוֹמֶדֶת, וְלָא אָתֵי אִיסּוּר אֵבֶר חָיֵיל אַאִיסּוּר טְרֵפָה. וְאִיבָּעֵית אֵימָא, דְּכ"ע — בְּהֵמָה בְּחַיֶּיהָ לָאו לְאֵבָרִים עוֹמֶדֶת, וּבְמֵיתֵי אִיסּוּר אֵבֶר מֵיחַל אַאִיסּוּר טְרֵפָה קָא מִיפַּלְגִי. מָר סָבַר: אָתֵי אִיסּוּר אֵבֶר חָיֵיל אַאִיסּוּר טְרֵפָה. וּמָר סָבַר: לָא אָתֵי אִיסּוּר אֵבֶר חָיֵיל אַאִיסּוּר טְרֵפָה. אִיבָּעֵית אֵימָא, דְּכ"ע — בְּהֵמָה בְּחַיֶּיהָ לְאֵבָרִים עוֹמֶדֶת, וּכְגוֹן שֶׁנִּטְרְפָה לְאַחַר מִכָּאן, וּבְמֵיתֵי אִיסּוּר טְרֵפָה חָיֵיל אַאִיסּוּר אֵבֶר קָא מִיפַּלְגִי. מָר סָבַר: אָתֵי וְחָיֵיל. וּמָר סָבַר: לָא אָתֵי וְחָיֵיל. רָבָא אָמַר: אכְּגוֹן שֶׁתָּלַשׁ מִמֶּנָּה אֵבֶר וּטְרֵפָה בּוֹ. מָר סָבַר: בְּהֵמָה בְּחַיֶּיהָ א] לְאֵבָרִים אֵינָהּ עוֹמֶדֶת, אִיסּוּר אֵבֶר וְאִיסּוּר טְרֵפָה בַּהֲדֵי הֲדָדֵי קָאָתוּ. וּמָר סָבַר: בְּהֵמָה בְּחַיֶּיהָ לְאֵבָרִים עוֹמֶדֶת, וְלָא אָתֵי אִיסּוּר טְרֵפָה חָיֵיל אַאִיסּוּר אֵבֶר. אָמַר ר' חִיָּיא בַּר אַבָּא, אָמַר ר' יוֹחָנָן: אָכַל חֵלֶב מִן הַחַי מִן הַטְּרֵפָה — חַיָּיב שְׁתַּיִם. אֲמַר לֵיהּ ר' אַמִי: וְלֵימָא מָר "שָׁלֹשׁ", שֶׁאֲנִי אוֹמֵר "שָׁלֹשׁ". אִיתְּמַר נַמִי, אָמַר ר' אַבָּהוּ, א"ר יוֹחָנָן: באָכַל חֵלֶב מִן הַחַי מִן הַטְּרֵפָה חַיָּיב שָׁלֹשׁ. בְּמַאי קָמִיפַּלְגִי? כְּגוֹן שֶׁנִּטְרְפָה עִם יְצִיאַת רוּבָּהּ. מ"ד שָׁלֹשׁ, קָסָבַר: בְּהֵמָה בְּחַיֶּיהָ לְאֵבָרִים עוֹמֶדֶת, דְּאִיסּוּר חֵלֶב וְאִיסּוּר אֵבֶר וְאִיסּוּר טְרֵפָה בַּהֲדֵי הֲדָדֵי קָאָתוּ. וּמ"ד שְׁתַּיִם קָסָבַר: בְּהֵמָה בְּחַיֶּיהָ לָאו לְאֵבָרִים עוֹמֶדֶת, וְאִיסּוּר חֵלֶב וְאִיסּוּר טְרֵפָה — אִיכָּא, אִיסּוּר אֵבֶר — לָא אָתֵי חָיֵיל. וְאִי בָּעֵית אֵימָא: דְּכ"ע — בְּהֵמָה בְּחַיֶּיהָ לָאו לְאֵבָרִים עוֹמֶדֶת, וּבְמֵיתֵי אִיסּוּר אֵבֶר וְחָיֵיל אַאִיסּוּר חֵלֶב וְאַאִיסּוּר טְרֵפָה קָא מִיפַּלְגִי. מָר סָבַר: אָתֵי חָיֵיל, וּמָר סָבַר: לָא אָתֵי חָיֵיל. וְאִי בָּעֵית אֵימָא: דְּכוּלֵּי עָלְמָא — בְּהֵמָה בְּחַיֶּיהָ לְאֵבָרִים עוֹמֶדֶת, וּכְגוֹן שֶׁנִּטְרְפָה לְאַחַר מִכָּאן, וּבְמֵיתֵי אִיסּוּר טְרֵפָה מֵיחַל אַאִיסּוּר אֵבֶר קָא מִיפַּלְגִי. מָר סָבַר: אָתֵי חָיֵיל, מִידֵּי דַּהֲוָה אַחֵלֶב. דְּאָמַר מָר: *הַתּוֹרָה אָמְרָה, יָבֹא אִיסּוּר נְבֵלָה יָחוּל עַל אִיסּוּר חֵלֶב, וְיָבֹא אִיסּוּר טְרֵפָה יָחוּל עַל אִיסּוּר חֵלֶב. וְאִידָּךְ — אַחֵלֶב הוּא *דְּחַיָּיב, דְּהוּתַּר מִכְּלָלוֹ

ה"ג: אָכַל אֵבֶר מִן הַחַי מִן הַטְּרֵפָה ר' יוֹחָנָן אָמַר חַיָּיב שְׁתַּיִם כו'. בְּהֵמָה טְרֵפָה מֵחַיִּים, וְאָכַל מִמֶּנָּה אֵבֶר בַּחַיִּים. לְרֵישׁ לָקִישׁ קַשְׁיָא. דְּהָא אֲפִילּוּ לְדִידֵיהּ מִתְּרֵי קְרָאֵי נָפְקֵי, וְלִיחַיֵּיב תַּרְתֵּי! בִּשְׁתֵּי בְּהֵמוֹת. אֵבֶר מִן הַחַי מִזּוֹ, וּבְשַׂר טְרֵפָה מִזּוֹ. חַיָּיב שְׁתַּיִם. וְאע"ג דִּבְחֲדָא אֲכִילָה אֲכָלִינְהוּ, דְּהָא תְּרֵי לָאוֵי אִיכָּא. בִּבְהֵמָה אַחַת. טְרֵפָה שֶׁאָכַל מִמֶּנָּה אֵבֶר מִן הַחַי פְּלִיגִי, וּמְפָרֵשׁ וְאָזִיל. בְּמַאי פְּלִיגִי. אַמַּאי פָּטוּר, וְהָא תְּרֵי לָאוֵי נִינְהוּ? עִם יְצִיאַת רוּבָּהּ. כְּהוֹלָדָה נִטְרְפָה. לְאֵבָרִים עוֹמֶדֶת. וּבְשָׁעָה שֶׁנּוֹלְדָה חָל עָלֶיהָ שֵׁם אִיסּוּר אֵבֶר וְאִיסּוּר טְרֵפָה. לָאו לְאֵבָרִים עוֹמֶדֶת. וְלֹא הָיָה עָלֶיהָ אִיסּוּר אֵבֶר עַד שֶׁהִפְרִישׁוֹ מִמֶּנָּה, וַהֲרֵי כְּבָר טְרֵפָה הִיא, וְאֵין אִיסּוּר חָל עַל אִיסּוּר. [לעיל קב:] אֲבָל בִּשְׁתֵּי בְהֵמוֹת לֵיכָּא לְמֵימַר הָכִי, דְּזוֹ מִשּׁוּם טְרֵפָה וְזוֹ מִשּׁוּם אֵבֶר שֶׁל כְּשֵׁרָה, וְאֵין כָּאן אִיסּוּר חָל עַל אִיסּוּר. דְּכוּלֵּי עָלְמָא לָאו לְאֵבָרִים עוֹמֶדֶת. וְכֵיוָן דִּבְשַׁעַת לֵידָתָהּ נִטְרְפָה — אִיסּוּר טְרֵפָה קָדֵים. וּבְמֵיתֵי אִיסּוּר אֵבֶר. כְּשֶׁחֲתָכוֹ וְחָיֵיל אַטְּרֵפָה קָא מִיפַּלְגִי. מָר סָבַר. חָיֵיל, שֶׁכֵּן אִיסּוּרוֹ נוֹהֵג בִּבְנֵי נֹחַ. וּמָר סָבַר: לָא חָיֵיל. וְאִי בָּעֵית אֵימָא דְּכ"ע לְאֵבָרִים עוֹמֶדֶת. וְאִיסּוּר אֵבֶר קָדֵים. וּכְגוֹן שֶׁנִּטְרְפָה לְאַחַר מִכָּאן. וְרַבִּי יוֹחָנָן סָבַר: אִיסּוּר חָל עַל אִיסּוּר, וְאָתֵי אִיסּוּר טְרֵפָה וְחָיֵיל אַאִיסּוּר אֵבֶר ג] מֵחַיִּים. וְרֵישׁ לָקִישׁ סָבַר: אֵין אִיסּוּר טְרֵפָה חָל עַל הַבְּהֵמָה, עַד שֶׁמִּשְׁחֶטֶת. דְּאִיסּוּר מִיחְלָא חָלֵי וְקָאֵי, וְכִי פָּקַע אִיסּוּר חַיּוּת אָתֵי אִיסּוּר טְרֵפָה וְחָיֵיל. כְּגוֹן שֶׁתָּלַשׁ כו'. כְּגוֹן חָתַךְ רַגְלֶיהָ מִן הָאַרְכּוּבָּה וּלְמַעְלָה. רַבִּי יוֹחָנָן סָבַר: מִתְּחִלָּה לָאו לְאֵבָרִים עוֹמֶדֶת, וּכְשֶׁחֲתָכָן — חָלוּ שְׁנֵיהֶן. וְר"ל סָבַר: מֵעִיקָּרָא הֲוָה בָּהּ אִיסּוּר אֵבֶר. חַיָּיב שְׁתַּיִם. וְאע"ג דְּאִיכָּא תְּלָתָא אִיסּוּרֵי: אֵבֶר, וְחֵלֶב, וּטְרֵפָה — אֵין לוֹקֶה אֶלָּא שְׁתַּיִם. וּלְקַמָּן מְפָרֵשׁ הֵי מִינַּיְיהוּ קָא פָּטַר לֵיהּ. א"ל רַבִּי אַמִי. לְרַבִּי חִיָּיא בַּר אַבָּא: לֵימָא מָר שָׁלֹשׁ, שֶׁהֲרֵי אֲנִי אוֹמֵר מִשְּׁמוֹ שֶׁל רַבִּי יוֹחָנָן שֶׁחַיָּיב שָׁלֹשׁ. אִיתְּמַר נַמִי. כְּרַבִּי אַמִי, [נ"ל דכשנולדה] *כְּשֶׁנּוֹלְדָה חָל אִיסּוּר חֵלֶב, דְּהָא חֵלֶב הַשָּׁלִיל מוּתָּר, דִּכְתִיב "כָּל בַּבְּהֵמָה תֹּאכֵלוּ", וְאָמְרִינַן (לעיל דף סט.): לְרַבּוֹת אֶת הַוָּלָד, דִּכְתִיב "כָּל". וּמ"ד שְׁתַּיִם קָסָבַר לָאו לְאֵבָרִים עוֹמֶדֶת. וְאִיסּוּר טְרֵפָה וְחֵלֶב חָלוּ בְּעֵת לֵידָתָהּ, אֲבָל אִיסּוּר אֵבֶר לֹא בָּא עַד יוֹם שֶׁהוּפְרַשׁ. הִלְכָּךְ, לָא מָצֵי חָיֵיל. מ"ס אָתֵי חָיֵיל. קָסָבַר: אִיסּוּר חָל עַל אִיסּוּר. מִידֵּי דַּהֲוֵי אַחֵלֶב. כְּלוֹמַר, כִּי הֵיכִי דְּקַיְים לָן דְּאָתֵי אִיסּוּר טְרֵפָה וְחָיֵיל אַאִיסּוּר חֵלֶב. דְּאָמַר מָר. רָבָא אֲמָרָהּ בִּזְבָחִים בְּפֶרֶק "חַטַּאת הָעוֹף" (דף ע.). [לעיל לו. זבחים ע.] הַתּוֹרָה אָמְרָה כו'. "וְאָכוֹל לֹא תֹאכְלוּהוּ" (ויקרא ז) לָמָּה לִי ג] דִּכְתִיב, הָא בְּחֵלֶב כְּשֵׁרָה [נ"ל דחייל] הוּזְהֲרוּ "כָּל חֵלֶב וְכָל דָּם לֹא תֹאכֵלוּ" (ויקרא ג)? אֶלָּא הַתּוֹרָה אָמְרָה כו', וְהַאי "וְאָכוֹל לֹא תֹאכְלוּהוּ" — ד] מִשּׁוּם דִּנְבֵלָה אַזְהֲרִינְהוּ, וְאַשְׁמוּעִינַן דְּיָחוּל עַל אִיסּוּר חֵלֶב, וְאַף עַל גַּב דְּאִיסּוּר חֵלֶב קָדֵים מִשֶּׁנּוֹלְדָה. וְה"נ אע"ג דְּאִיכָּא אִיסּוּר אֵבֶר ה] בַּהֲדֵי אִיסּוּר חֵלֶב, אָתֵי אִיסּוּר טְרֵפָה וְחָיֵיל עֲלֵיהּ.

מִכְּלָלוֹ

מר סבר רבי יוחנן בהמה בחייה לאברים עומדת ואיסור אבר ואיסור טרפה בהדי הדדי קא אתו. משמע, דאי לאו לאברים עומדת דאיסור טרפה קדים, לא אתי איסור אבר וחייל עלה, א] אע"ג דאיסור מוסיף הוא, דאסור לבני נח. ותימה: דבפרק ג' דשבועות (דף כא:) ובפ' בתרא דיומא (דף עג:) גבי "שבועה שלא אוכל נבלות וטרפות", קאמר רבי יוחנן: בכולל דברים המותרים עם הדברים האסורים. אלמא אית ליה איסור כולל, וא"כ כ"ש איסור מוסיף, כדמוכח בפרק "ארבעה אחין" (יבמות דף לג:)! וי"ל: אף על גב שפירש רבי יוחנן מתניתין דהתם בכולל, לדידיה לא ס"ל הכי.

ומר סבר לאו לאברים עומדת ולא אתי איסור אבר וחייל אאיסור טרפה. וא"ת: כמאן ס"ל, אי כרבי אלעזר דאמר לעיל (דף קב.): כל שאתה מצווה על דמו, אתה מצווה על אבריו – אם כן ליחייב נמי הכא טרפה משום אבר מן החי. ואי כרבנן דאמרי: כל שבשרו מותר כו' – אם כן למה לן טעמא דלאו לאברים עומדת? וי"ל: דדרשינן, כל מין שבשרו מותר.

דאיסור חלב ואיסור אבר ואיסור טרפה בהדי הדדי קאתו. פי' הקונטרס: דכשנולדה חל איסור חלב, דהא חלב שליל מותר מ"כל בבהמה תאכלו". וקשה: דהא א"ר יוחנן בפ' "בהמה המקשה" (לעיל דף עה.): תלש חלב בן ט' חי – חלבו כחלב בהמה. א"כ, איסור חלב קדים! וי"ל: דמ"מ איסור טרפה ואבר חיילי אאיסור חלב דקיל, שהותר מכללו. ו"בהדי הדדי קאתו" לא נקט אלא משום טרפה ואבר. ומיהו קשה: דבסוף "דם שחיטה" (כריתות דף כג.) אמרינן דבקדשים איסור חל על איסור, דכתיב "כל חלב לה'" – לרבות אמורי קדשים קלים למעילה, דאתי איסור מעילה וחייל אאיסור חלב. ופריך: למ"ד אף בקדשים אין איסור חל על איסור, ל"ל "כל חלב"? ומוקי לה בולדות קדשים, וקסבר: בהווייתן הן קדושין, ובהדי הדדי קאתו. והשתא אכתי לרבי יוחנן, הא איסור חלב קדים, דחל במעי אמו! ונראה לפרש: דדוקא נקט "תלש חלב והוציאו ממעי אמו לחוץ" הוא דמיקרי חלב. והא דאמר "חלבים הוא דגרמי, ולא אוירא" – אוירא דבהמה הוא דלא בעי, אבל אוירא דחלב *בעינן. והשתא ניחא הכא, דכולהו בהדי הדדי קאתו. והא דקאמר: "כשנטרפה עם יציאת רובה" – הוא הדין נטרפה במעי אמה, דלא מיחייב משום טרפה עד שיולד, כמו חלב. אלא לא אתי אלא לאפוקי נטרפה לאחר יציאת רובה. וא"ת: לרבא דאמר לעיל "כגון שתלש ממנה אבר וטרפה בו", ולאו לאברים עומדת, דהשתא בהדי הדדי קאתו, משמע דאם נטרפה קודם שנתלש האבר – לא אתי איסור אבר וחייל על איסור טרפה. א"כ, היכי משכחת לה שלש הכא לר' יוחנן, כיון דלאו לאיברים עומדת, ואין איסור אבר חל על איסור טרפה? וי"ל: כגון שתלש ממנה אבר וטרפה בו, דמיגו דאתי איסור טרפה וחייל אאיסור חלב, חייל נמי איסור אבר עליו. ומ"ד שתים – לית ליה מיגו, אלא דוקא איסור טרפה דגלי קרא חייל, ולא איסור אבר. וא"ת: להאי לישנא דאמר לעיל ד"כ"ע לאו לאברים עומדת, ולרבי יוחנן איסור אבר חייל אאיסור טרפה", א"כ, היכי משכחת לה דלא מיחייב אלא שתים באכל חלב מן החי ומן הטרפה? וי"ל: כגון שעם יציאת רובה נטרפה. ואיסור אבר שבא לבסוף, נהי דחייל אאיסור טרפה דקיל, על איסור חלב דחמיר, דבכרת לא חייל.

נ"ל בעי. מהר"ס

חלקו

שיטה מקובצת

א] מ"ס בהמה בחייה לאו לאברים עומדת: ב] טרפה וחייל אאיסור אבר מן החי ור"ל: ג] ואכול לא תאכלוהו למה לי דכתביה בחלב כשרה הא בחלב כשרה נמי הוהרו כל חלב: ד] והאי ואכול לא תאכלוהו משום לאו דנבלה אזהרינהו: ה] וה"נ אע"ג דאיסור אבר דבהמה קדים אתי איסור טרפה וחייל עליה:

הגהות מהר"ב רנשבורג

א] תוס' ד"ה מר סבר ר' יוחנן וכו' אע"ג דאיסור מוסיף הוא לאסור לבני נח. נ"ב עי' שו"ת הרמ"ע מפאנו סי' קכ"ו דף קכ"ב ע"א ודבריו נפלאים וצ"ע:

רבינו גרשום

מיתיבי אכל אבר מן החי מן הטרפה. כלומר אמרי' לעיל אכל אבר מן החי ובשר מן הטרפה דברי הכל חייב שתים והא הכא [ס"ל לר"ל] דאינו חייב אלא אחת: ובמיתי איסור אבר מיחל אאיסור טרפה. כלומר בהא קא מיפלגי ר' יוחנן וריש לקיש אי אתי איסור אבר וחייל אאיסור טרפה ר' יוחנן סבר אתי איסור אבר וכו': אכל חלב מן החי מן הטרפה חייב שתים כו'. כדבעינן למימר קמן: דהלב הותר מכללו. כלומר אצל חיה:

קז א ב מיי' פ"ה מהל' מאכלות אסורות הלכה ל:
קח ג ד מיי' פי"ד שם הלכה ג:
א ה מיי' פ"ט שם הל' ד ה סמג לאוין קמא טוש"ע י"ד סי' פז סעיף ב:
ב ו מיי' שם הלכה כ וסמג שם טוש"ע י"ד סי' פח סעיף א:

מכללו. אבל אבר, דלא הותר מכללו — לא. כי אתא רב דימי אמר, בעא מיניה רבי שמעון בן לקיש מרבי יוחנן: חלקו מבחוץ מהו? אמר ליה: פטור. מבפנים מאי? אמר ליה: חייב. כי אתא רבין אמר, חלקו מבחוץ — פטור. מבפנים — רבי יוחנן אמר: חייב, וריש לקיש אמר: פטור. רבי יוחנן אמר חייב — הרי נהנה גרונו בכזית. וריש לקיש אמר פטור — אכילה במעיו בעינן, וליכא! אלא, לרבי שמעון בן לקיש, היכי משכחת לה דמחייב? אמר רב כהנא: בגרומיתא זעירתא. ורבי אלעזר אמר: אפילו חלקו מבחוץ — נמי חייב, *מחוסר קריבה, לאו כמחוסר מעשה דמי. אמר ר"ש בן לקיש: כזית שאמרו — חוץ משל בין השינים. ורבי יוחנן אמר: אף עם בין השינים. אמר רב פפא: בשל בין שינים — דכולי עלמא לא פליגי, כי פליגי — בין החניכיים. מר סבר — הרי נהנה גרונו בכזית, ומר סבר — אכילה במעיו בעינן. אמר רבי אסי אמר רבי יוחנן: אכל חצי זית והקיאו, וחזר ואכל חצי זית אחר — חייב. מ"ט? הרי נהנה גרונו בכזית. בעא רבי אלעזר מר' אסי: אכל חצי זית והקיאו, וחזר ואכלו, מהו? מאי קא מיבעיא ליה? אי הוי עיכול אי לא הוי עיכול, ותיבעי ליה כזית! אלא, אי בתר גרונו אזלינן אי בתר מעיו אזלינן. ותפשוט ליה מדרבי אסי! רבי אסי גמריה איעקר ליה, ואתא ר' אלעזר לאדכוריה, והכי קאמר ליה: למה לי חצי זית אחר, לימא מר בדידיה, דאיכא למשמע מינה תרתי, שמעינן מינה — דלא הוי עיכול, ושמעינן מינה — דהרי נהנה גרונו בכזית! אישתיק ולא א"ל ולא מידי, א"ל: מופת הדור, לא זימנין סגיאין אמרת קמיה דרבי יוחנן, ואמר לך: הרי נהנה גרונו בכזית.§

הדרן עלך גיד הנשה

כל הבשר אסור לבשל בחלב — חוץ מבשר דגים וחגבים. ואסור להעלות עם הגבינה על השלחן חוץ מבשר דגים וחגבים. הנודר

רש"י

מכללו. אלא חיה. חלקו מבחוץ. לכזית אבר מן החי, נחלק לשנים קודם שיתננו לתוך פיו, ואכל זה לבדו ואח"כ חלקו השני. מהו. מי מצטרפי לחיוביה ככל שאר איסורים, דקיימא לן דמצטרפי שיעורייהו לחצאין בתוך כדי אכילת פרס, כדאמרינן בפרק בתרא דיומא (דף פ:) או דילמא, כיון דחידוש הוא, דהא גידין ועצמות דעלמא לא מיחייב עלייהו והכא מיחייב, ואימא: אין לך בו אלא חידושו, וכי אכיל ליה בבת אחת — מיחייב, דקרא סתם אכילה בבת אחת משמע, אבל לחצאין — לא? מבפנים. לאחר שבא סמוך לבית בליעתו, בלעו לחצאין. אכילה במעיו. כשהוא יורד לתוך מעיו, צריך שיהא בו שיעור אכילה. היכי משכחת לה דמיחייב. בכזית, הא אי אפשר לבלוע אכילה א] כולה יחד: בגרומיתא זעירתא. עצם קטן שעל כף הירך, שיש בו משהו בשר, וגיד ועצם משלימו לכזית, ואין אדם לועסו אלא בולעו. מחוסר קריבה. שמקריבו זה מזה מעט. מחוסר מעשה. ג] *נמי, שלא אכל אלא חצי זית. חוץ משל בין השינים. צריך שיהא כזית במה שהוא בולע, לבד הנשאר בשינים. בשל בין השינים. אפילו רבי יוחנן מודה דלא מיחשיב הנאה, דהא אין נהנה לא גרונו ולא מעיו. שאין אדם טועם עד שיהא סמוך לבית הבליעה, כדכתיב (איוב יב) "וחיך (*יטעם) אוכל". בין החניכיים. המדבק בחיכו, שגרונו נהנה בו ומעיו לא נהנו. חייב. ואע"ג דלא בא במעיו זית שלם, לא בבת אחת ולא בזה אחר זה. הרי נהנה גרונו. בטעם שני חצאי זיתים. והא דרבי אסי פליגא אדרב דימי ורבין דאמרי לעיל משמיה דרבי יוחנן: חלקו מבחוץ — פטור. והאי ג], נהנה גרונו, משום דהנאת גרונו היינו טעימה, והרי טעם שני חצאי זיתים. ואע"ג דזה אחר זה הוא — לא איכפת לן, הואיל ובכדי אכילת פרס הואי. אבל הנאת מעיים אינה אלא במילוי כרס, ואע"ג דבלע שני חצאי זיתים — לא נתמלא כרסו אלא כחצי זית, שכשבלעו לזה יצא כבר זה. אי הוי עיכול. בבליעתו, והוי פירשא בעלמא, ואכילה שניה — לאו כלום היא. תיבעי ליה כזית. ולחייבו ב' מלקיות. אלא אי בתר גרונו אזלינן. דפשיטא ליה דלאו עיכול הוא, וקא מיבעיא ליה: מי אמרינן הרי נהנה גרונו, או דילמא הרי לא נהנו מעיו אלא כחצי זית? תפשוט ליה מדרבי אסי. דבתר גרונו אזלינן. רבי אסי גמריה איעקר ליה. כלומר, רבי אלעזר תרווייהו פשיטא ליה, ולא הוצרך לשאול כלום. אלא שמעיה לרבי אסי ששכח שמועתו ששמעו שניהם מפי ר' יוחנן, שאפילו חזר ואכל אותו ד] כזית עצמו — חייב. ושמעיה לרבי אסי דקא נקיט "כזית אחר", אבל ההוא לא. אלמא, הוי עיכול. ואתא לאדכוריה, ושאל לו בלשון בעיא, משום כבודו: אכלו לאותו עצמו, מהו? כלומר, היזכר מה ששמעת על כך. אישתיק. רבי אסי. א"ל. ר' אלעזר. מופת הדור. גדול הדור, כמו (זכריה ג) "אנשי מופת המה". זימנין סגיאין אמרת. דבר זה לפני רבי יוחנן, דאפילו בההוא עצמו חייב, והודה לדבריך, ואמר: הרי נהנה גרונו בכזית ה].

הדרן עלך גיד הנשה

כל הבשר אסור לבשל בחלב. דאע"ג דאמר רחמנא "גדי" הוא הדין לחיה ועוף. ומיפלג פליגי בה לקמן (דף קיג.), איכא למ"ד דאורייתא, ואיכא למ"ד דרבנן. ואסור להעלות. דילמא אתי למיכלינהו כי הדדי, דקא נגעי ובלעי מהדדי, ואע"ג שמותר לאכול בשר אחר גבינה, כדאמרינן בגמרא. הנודר

תוספות

חלקו מבחוץ. פירש בקונטרס: כזית אבר מן החי חלקו לשנים, קודם שיתננו לתוך פיו, ואכל זה לבדו ואח"כ אכל חציו השני. משמע, דאם נתן שני החלקים בפיו ובלען בבת אחת — חייב לכ"ע, ואין נראה. דאם כן, מאי קשיא ליה לריש לקיש "היכי משכחת לה דמיחייב?", וכי אינו יכול לבלוע כזית בבת אחת? והא אמרינן בפרק בתרא דיומא (דף פ.) דבית הבליעה מחזיק כביצת תרנגולת, דגדולה יותר מגרוגרת, כדמוכח בפרק "חלון" (עירובין דף פ:) דאיכא כמה גרוגרות בסעודה של עירוב. וגרוגרת גדולה יותר מכזית, כדמוכח בפרק "המצניע" (שבת דף צא.), ואמרי' בפ' "אמרו לו" (כריתות דף יד.) דאין בית הבליעה מחזיק יותר משני זיתים. משמע, דשני זיתים מחזיק. ועוד: דכי היכי דאע"פ שחלקו מבחוץ והניחם בבת אחת לתוך פיו מיחייב לר' יוחנן, דאזיל בתר אכילת פיו, לפי שנהנה גרונו כזית בבת אחת. ה"נ אפילו בלען בזה אחר זה יתחייב לריש לקיש, דאזיל בתר אכילת מעיו, כיון שיש כזית בבת אחת במעיו קודם שיתעכל, דאינו ממהר להתעכל, כדמוכח בסמוך. ונראה לפרש: דחלקו מבחוץ — פטור, ואפילו אכלו בבת אחת. דבעינן שיהא מחובר בפיו ויהיה עליו שם אבר, משום דהכא חדוש הוא. כדפירש בקונט': דבעלמא לא מיחייב אגידין ועצמות, והכא מיחייב, ואין לך בו אלא חידושו. אבל חלקו בפנים — חייב, דדרך הוא שנחלק בפיו בשעת לעיסה. וריש לקיש פטר, ואפי' חלקו בפנים. ולכך דוחק התלמוד אליביה: היכי משכחת לה שיתחייב בדרך אכילה? ומשני: בגרומיתא זעירתא, דאין אדם לועסו אלא בולעו. ומיהו לרבי אלעזר ודאי ו] חייב חלקו מבחוץ, דאפילו אכל זה אחר זה מיחייב.

הדרן עלך גיד הנשה

כל הבשר אסור לבשל בחלב. תימה: דלא תני "בארץ ובחו"ל, בפני הבית ושלא בפני הבית, בחולין ובמוקדשין", כמו בהנך פירקין, ובתוספתא תני להו! ושמא מאי דשייר במתניתין פירש בברייתא, ואשמעינן: דחייל איסור בשר בחלב אאיסור מוקדשין. ורשב"ם פי': דאיצטריך משום חו"ל. דס"ד דאינו נוהג בח"ל, משום דאיתקש לבכורים (שמות כג) בחד קרא: "ראשית בכורי אדמתך לא תבשל גדי בחלב אמו". ולפירושו ניחא הא דאמר בפ' "ראשית הגז" (לקמן דף קלו.) ד"ארצך" דבכורים אתא למעוטי חו"ל, דאע"ג דהיא מצוה התלויה בארץ איצטריך, משום דאיתקש לבשר בחלב*. **ואסור** להעלות עם הגבינה על השלחן חוץ מבשר דגים וחגבים. האי "חוץ" לא איצטריך, דאפילו לבשל שרי, אלא אגב רישא נקטיה. הנודר

שיטה מקובצת

א] הא אי אפשר ללעוס אכילה לבולעה כולה יחד: ב] מחוסר מעשה מי שלא אכל: ג] והאי דנקט גרונו משום דהנאת: ד] שאפי' חזר ואכל אותו חצי זית עצמו חייב שמעיה לר' אסי דקא נקט חצי זית אחר אבל ההוא: ה] הרי נהנה גרונו בכזית ולא הוי עיכול הס"ד: ו] לר' אלעזר דאי דמחייב חלקו מבחוץ אפי' אכל:

גליון הש"ס

גמ' וחזר ואכלו. עי' יומא פא ע"א ובת"י שם ומנחות סט ע"א תד"ה דבלעו וברש"י פי"ז מ"ז דאהלות:

[וע"ע תוס' ב"ב פא. ד"ה התלויה למעוטי כו' ותוס' לקמן קטז. ד"ה אלא]

[זבחים קח:]

נ"ל כמי

[נ"ל אוכל יטעם לו]

רבינו גרשום

חלקו מבחוץ. כלומר היה כזית חלב וחלקו מבחוץ אכל חצי זית וחזר ואכל חצי זית מהו. פטור שלא אכל השיעור בצירוף: מבפנים חייב. כלומר הכנים השיעור השלם לתוך פיו וחלקו בפיו לחצאין ובלעו אעפ"כ חייב: ר' יוחנן אמר חייב הרי נהנה גרונו בכזית. ואע"ג דחלקו בפיו בגרונו הרי נהנה גרונו בכזית: ור"ש בן לקיש אמר פטור אכילה במעיו. כלומר בעינן שיבלענו יחד במעיו: אלא לריש לקיש היכי משכחת לה דמיחייב. כלומר לריש לקיש דאמר חלקו בפיו פטור היכי משכחת לה בשום בר נש שאוכל כשיעור איסורא [בבת אחת] והא אי אפשר שיבלענו יחד שלא יוותר בפיו קצת והדר בולע בפעם אחרת: אמר רב כהנא בגרומיתא זעירתא. כלומר בשומן שעל הארכובה שדבוק ברכובה שבולעו יחד העצם והשומן שאותו שומן חשוב חלב: מחוסר קריבה. שמחוסר להקריבו לאו כמחוסר מעשה דמי. כלומר אע"ג דאינו יחד במעיו בעינן כזית. והאי לאו ואינו בצירוף כיון דאוכלו השיעור כולו אין אנו חוששין וחייב: בשל בין השינים לא פליגי. כלומר לא פליגי בשל בין החניכים הדבוק לחיך לפנים מן השינים: מר סבר אפי' במעיו בעינן כזית. והאי לאו במעיו הוא: מאי קא מיבעיא ליה אי הוה עיכול כו'. כלומר קא מיבעיא ליה כיון דהקיאו אי חשוב בפעם ראשונה כמעוכל וכיון דהדר אכלו לא חשוב אכילה דהוי כעפרא אי לא הוי עיכול: תיבעי ליה כזית. כלומר תיבעי ליה שמתחלה אכל כזית והקיאו והדר אכלו אי חייב שתים דלא הוי עיכול או אין חייב אלא אחת דהוי עיכול: אלא בתר מעיו אזלינן כו'. כלומר אי בתר מעיו אזלינן ואין במעיו אלא חצי שיעור או בתר גרונו אזלינן והרי נהנה גרונו בכזית: תפשוט ליה מדר' אסי. דבתר גרונו אזלינן: א"ל מופת הדור דלאו זימנין סגיאין. כלומר אדם חשוב אמרתה קמיה דר' יוחנן בענין זה שאכל חצי זית והקיאו וחזר ואכלו: ואמר לך הרי נהנה גרונו בכזית. וחייב: סליק פירקא

Koren Talmud Bavli
THE NOÉ EDITION

ḤULLIN

KOREN TALMUD BAVLI

THE NOÉ EDITION

ḤULLIN

Daf 78a through Daf 103b

COMMENTARY BY

Rabbi Adin Even-Israel Steinsaltz

EDITOR-IN-CHIEF

Rabbi Dr Tzvi Hersh Weinreb

SENIOR CONTENT EDITOR

Rabbi Dr Shalom Z Berger

EXECUTIVE EDITOR

Rabbi Joshua Schreier

•

STEINSALTZ CENTER

KOREN PUBLISHERS JERUSALEM

Supported by the Matanel Foundation

Koren Talmud Bavli, The Noe Edition
Vol. 31e: Tractate Ḥullin, Daf 78a through Daf 103b
Paperback, ISBN, 978-965-7767-32-0

First Hebrew/English paperback edition, 2026

Koren Publishers Jerusalem Ltd.
PO Box 4044, Jerusalem 91040, ISRAEL
PO Box 8531, New Milford, CT 06776, USA
www.korenpub.com

Steinsaltz Center

Steinsaltz Center is the parent organization of institutions established by Rabbi Adin Even-Israel Steinsaltz

PO Box 45187, Jerusalem 91450 ISRAEL
Telephone: +972 2 646 0900, Fax +972 2 624 9454
www.steinsaltz-center.org

הִנֵּה יָמִים בָּאִים, נְאֻם אֲדֹנָי יֱהֹוִה, וְהִשְׁלַחְתִּי רָעָב בָּאָרֶץ,
לֹא־רָעָב לַלֶּחֶם וְלֹא־צָמָא לַמַּיִם, כִּי אִם־לִשְׁמֹעַ אֵת דִּבְרֵי יהוה.

Behold, days are coming – says the Lord God – I will send a hunger to the land, not a hunger for bread nor a thirst for water, but to hear the words of the Lord. (AMOS 8:11)

The Noé edition of the Koren Talmud Bavli
with the commentary of Rabbi Adin Even-Israel Steinsaltz
is dedicated to all those who open its covers
to quench their thirst for Jewish Knowledge,
in our generation of Torah renaissance.

This beautiful edition is for the young, the aged,
the novice and the savant alike,
as it unites the depth of Torah knowledge
with the best of academic scholarship.

Within its exquisite and vibrant pages,
words become worlds.

It will claim its place in the library of classics,
in the bookcases of the Beit Midrash,
the classrooms of our schools,
and in the offices of professionals and business people
who carve out precious time to grapple with its timeless wisdom.

For the Student and the Scholar

DEDICATED BY LEO AND SUE NOÉ

Executive Director, Steinsaltz Center

Rabbi Meni Even-Israel

Managing Editor

Rabbi Jason Rappoport

Senior Content Editor

Rabbi Dr. Shalom Z. Berger

Editors

Rabbi Dr. Joshua Amaru, *Coordinating Editor*
Rabbi Yehoshua Duker, *Final Editor*
Rabbi Yedidya Naveh, *Content Curator*
Rabbi Avishai Magence, *Content Curator*
Menucha Chwat
Rabbi Yonatan Shai Freedman
Rabbi Ayal Geffon
Noam Harris
Yisrael Kalker
Rabbi Tzvi Chaim Kaye
Rabbi Adin Krohn
Catriel Lev
Elisha Loewenstern
Rabbi Jonathan Mishkin
Rabbi Eli Ozarowski
Rabbi David Sedley
Rabbi Jonathan Shulman
Rabbi Michael Siev
Aryeh Sklar
Avi Steinhart
Rabbi Yitzchak Twersky

Hebrew Edition Editors

Rabbi Yehonatan Eliav
Rabbi Avraham Gelbstein
Rabbi Gershon Kitsis

Copy Editors

Aliza Israel, *Coordinator*
Ita Olesker
Debbie Ismailoff
Shira Finson
Ilana Sobel
Deena Nataf
Eliana Kurlantzick Yorav
Erica Hirsch Edvi
Sara Henna Dahan
Oritt Sinclair

Language Consultants

Dr. Stéphanie E. Binder, *Greek & Latin*
Rabbi Yaakov Hoffman, *Arabic*
Dr. Shai Secunda, *Persian*
Shira Shmidman, *Aramaic*

Design & Typesetting

Dena Landowne Bailey, *Typesetting*
Tomi Mager, *Typesetting*
Tani Bayer, *Jacket Design*
Raphaël Freeman, *Design & Typography*

Images

Eliahu Misgav, *Illustration & Image Acquisition*
Daniel Gdalevich, *Illustration & Image Acquisition*

Introduction by the Publisher

The Talmud has sustained and inspired Jews for thousands of years. Throughout Jewish history, an elite cadre of scholars has absorbed its learning and passed it on to succeeding generations. The Talmud has been the fundamental text of our people.

Beginning in the 1960s, Rabbi Adin Even-Israel Steinsaltz שליט״א created a revolution in the history of Talmud study. His translation of the Talmud, first into modern Hebrew and then into other languages, as well the practical learning aids he added to the text, have enabled millions of people around the world to access and master the complexity and context of the world of Talmud.

It is thus a privilege to present the *Koren Talmud Bavli*, an English translation of the talmudic text with the brilliant elucidation of Rabbi Steinsaltz. The depth and breadth of his knowledge are unique in our time. His rootedness in the tradition and his reach into the world beyond it are inspirational.

Working with Rabbi Steinsaltz on this remarkable project has been not only an honor, but a great pleasure. Never shy to express an opinion, with wisdom and humor, Rabbi Steinsaltz sparkles in conversation, demonstrating his knowledge (both sacred and worldly), sharing his wide-ranging interests, and, above all, radiating his passion. I am grateful for the unique opportunity to work closely with him, and I wish him many more years of writing and teaching.

Our intentions in publishing this new edition of the Talmud are threefold. First, we seek to fully clarify the talmudic page to the reader – textually, intellectually, and graphically. Second, we seek to utilize today's most sophisticated technologies, both in print and electronic formats, to provide the reader with a comprehensive set of study tools. And third, we seek to help readers advance in their process of Talmud study.

To achieve these goals, the *Koren Talmud Bavli* is unique in a number of ways:

- The classic *tzurat hadaf* of Vilna, used by scholars since the 1800s, has been reset for great clarity, and opens from the Hebrew "front" of the book. Full *nikkud* has been added to both the talmudic text and Rashi's commentary, allowing for a more fluent reading with the correct pronunciation; the commentaries of *Tosafot* have been punctuated. Upon the advice of many English-speaking teachers of Talmud, we have separated these core pages from the translation, thereby enabling the advanced student to approach the text without the distraction of the translation. This also reduces the number of volumes in the set. At the bottom of each *daf*, there is a reference to the corresponding English pages. In addition, the Vilna edition was read against other manuscripts and older print editions, so that texts which had been removed by non-Jewish censors have been restored to their rightful place.

- The English translation, which starts on the English "front" of the book, reproduces the *menukad* Talmud text alongside the English translation (in bold) and commentary and explanation (in a lighter font). The Hebrew and Aramaic text is presented in logical paragraphs. This allows for a fluent reading of the text for the non-Hebrew or non-Aramaic reader. It also allows for the Hebrew reader to refer easily to the text alongside. Where the original text features dialogue or poetry, the English text is laid out in a manner appropriate to the genre. Each page refers to the relevant *daf*.

- Critical contextual tools surround the text and translation: personality notes, providing short biographies of the Sages; language notes, explaining foreign terms borrowed from Greek, Latin, Persian, or Arabic; and background notes, giving information essential to the understanding of the text, including history, geography, botany, archaeology, zoology, astronomy, and aspects of daily life in the talmudic era.
- Halakhic summaries provide references to the authoritative legal decisions made over the centuries by the rabbis. They explain the reasons behind each halakhic decision as well as the ruling's close connection to the Talmud and its various interpreters.
- Photographs, drawings, and other illustrations have been added throughout the text – in full color in the Standard and Electronic editions, and in black and white in the Daf Yomi edition – to visually elucidate the text.

This is not an exhaustive list of features of this edition, it merely presents an overview for the English-speaking reader who may not be familiar with the "total approach" to Talmud pioneered by Rabbi Steinsaltz.

Several professionals have helped bring this vast collaborative project to fruition. My many colleagues are noted on the Acknowledgments page, and the leadership of this project has been exceptional.

RABBI MENACHEM EVEN-ISRAEL, DIRECTOR OF THE STEINSALTZ CENTER, was the driving force behind this enterprise. With enthusiasm and energy, he formed the happy alliance with Koren and established close relationships among all involved in the work.

RABBI DR. TZVI HERSH WEINREB שליט״א, EDITOR-IN-CHIEF, brought to this project his profound knowledge of Torah, intellectual literacy of Talmud, and erudition of Western literature. It is to him that the text owes its very high standard, both in form and content, and the logical manner in which the beauty of the Talmud is presented.

RABBI JOSHUA SCHREIER, EXECUTIVE EDITOR, assembled an outstanding group of scholars, translators, editors, and proofreaders, whose standards and discipline enabled this project to proceed in a timely and highly professional manner.

RABBI MEIR HANEGBI, EDITOR OF THE HEBREW EDITION OF THE STEINSALTZ TALMUD, lent his invaluable assistance throughout the work process, supervising the reproduction of the Vilna pages.

RAPHAËL FREEMAN, EXECUTIVE EDITOR OF KOREN, created this Talmud's unique typographic design which, true to the Koren approach, is both elegant and user friendly.

It has been an enriching experience for all of us at Koren Publishers Jerusalem to work with the Steinsaltz Center to develop and produce the *Koren Talmud Bavli*. We pray that this publication will be a source of great learning and, ultimately, greater *avodat Hashem* for all Jews.

Matthew Miller, Publisher
Koren Publishers Jerusalem
Jerusalem 5772

Contents

For the vocalized Vilna Shas layout, please open as a Hebrew book.

And whether it be a bull or a sheep, you shall not slaughter it and its offspring both in one day.

(Leviticus 22:28)

Introduction to **Perek V**

After addressing the *halakhot* of slaughter and the primary prohibitions relevant to it, beginning with this chapter the mishna and Gemara discuss various *halakhot* that are associated with slaughter but are independent mitzvot.

The topic of this chapter is the prohibition against slaughtering a cow or a sheep together with its offspring on the same day. Although the basics of this mitzva are given in the Torah, several aspects require further elucidation.

One point requiring clarification is the definition of the prohibition of: Itself and its offspring. The phrase used in the verse: "It and its offspring [*oto ve'et beno*]," is written in the masculine form. Does this mean that only the slaughter of a male animal and its son is prohibited, or does the relationship of parent and offspring define the prohibition, in which case it still applies if one or both of the animals are female? Additionally, might there be a distinction between a case where both the parent and the offspring are the same species and a case where the offspring is a different species from the parent due to crossbreeding?

Another question that arises relates to the order of slaughtering: Does the phrase used in the verse, "it and its offspring," mean that the prohibition applies only if the parent is slaughtered first, or does it apply as well when the offspring is slaughtered first?

The meaning of the term "one day" must also be clarified. Does it refer to a twenty-four-hour period, or simply to a calendar day? Additionally, does the day follow the night in this case, or does the night follow the day?

The phrase "you shall not slaughter" also raises questions. Does it mean that specifically slaughtering the two animals on the same day is prohibited, or does any manner of killing them violate this prohibition? Furthermore, does the use of the plural form "You shall not slaughter [*lo tishḥatu*]" indicate that the prohibition applies even where the two animals are slaughtered by two different individuals, or does it apply only when both are slaughtered by the same person? If it applies even when a different person slaughters the second animal, is the one who slaughters the first animal required to inform others who want to slaughter the second animal that day?

In addition to the importance of properly understanding these *halakhot*, the resolution of many of these questions may be of practical importance to those who purchase animals for slaughter. Alternatively, perhaps the seller must warn the buyer in situations where the prohibition could potentially be violated.

These questions, and a few general topics related to them, are the focus of this chapter.

מתני׳ אותו ואת בנו נוהג בין בארץ בין בחוצה לארץ, בפני הבית ושלא בפני הבית, בחולין ובמוקדשין.

MISHNA The prohibition against slaughtering an animal **itself and its offspring**[NH] **applies both in Eretz Yisrael and outside of Eretz** Yisrael, both **in the presence,** i.e., the time, **of the Temple and not in the presence of the Temple,** and it applies **with regard to non-sacred** animals **and with regard to sacrificial** animals.

כיצד? השוחט אותו ואת בנו, חולין בחוץ – שניהם כשרים, והשני סופג את הארבעים.

How so? In the case of **one who slaughters** an animal **itself and its offspring,** both of which are **non-sacred,** and slaughters them **outside** the Temple courtyard, **both of** the animals **are fit**[N] for consumption, **but** for slaughtering **the second** animal, **one incurs** [*sofeg*][L] **the forty** lashes for violating the prohibition: "You shall not slaughter it and its offspring both in one day" (Leviticus 22:28).

קדשים בחוץ – הראשון חייב כרת, ושניהם פסולים, ושניהם סופגים את הארבעים.

If both animals were **sacrificial** animals slaughtered **outside** the Temple courtyard, **then** for slaughtering **the first** animal, **one is liable** to receive **excision from the World-to-Come** [***karet***].[B] For slaughtering the second animal one is not liable to receive *karet*. The second animal was not fit for sacrifice, since one may not slaughter an animal and its offspring on the same day. **And both** animals **are disqualified** for use as offerings, **and** for the slaughter of **both of them, one incurs forty** lashes apiece: The first being a sacrificial animal slaughtered outside the courtyard and the second being the offspring of an animal slaughtered that day.

חולין בפנים – שניהם פסולין, והשני סופג את הארבעים. קדשים בפנים – הראשון כשר ופטור, והשני סופג את הארבעים ופסול.

If both animals were **non-sacred and** slaughtered **inside** the Temple courtyard, **both of them are unfit**[N] to be sacrificed, being non-sacred animals slaughtered in the courtyard. **And** for slaughter of **the second** animal, **one incurs the forty** lashes for slaughtering an animal and its offspring on a single day. If both animals were **sacrificial** animals slaughtered **inside** the Temple courtyard, **the first is fit** for sacrifice, **and** one who slaughters it is **exempt** from any punishment. **But** for slaughter of **the second** animal, **one incurs the forty** lashes for slaughtering an animal and its offspring on a single day, **and** it is **unfit** for sacrifice, because one was not allowed to slaughter it on that day.

HALAKHA

Itself and its offspring – אותו ואת בנו: The prohibition against slaughtering an animal and its offspring applies at all times and in all locations, to non-sacred animals as well as to sacrificial animals, and to those sacrificial animals that are eaten and those that are not. Therefore, whether one slaughtered the first animal in the Temple courtyard and the second animal outside of it, or the first animal outside the Temple courtyard and the second in it, and whether both were non-sacred animals or both sacrificial animals, or one was non-sacred and the other sacrificial, for the slaughter of the second animal one incurs the forty lashes for the violation of the prohibition of: Itself and its offspring (Rambam *Sefer Kedusha*, *Hilkhot Sheḥita* 12:2).

LANGUAGE

Incurs [*sofeg*] – סופג: The source of this word is the Hebrew word for sponge [*sefog*], which is derived from the Greek word σπόγγος, *spongos*, which has the meaning of absorption or drawing out. Consequently, the meaning of the root *samekh*, *peh*, *gimmel* was broadened to include any type of absorption or drawing out, whether relating to money or other matters, e.g., incurring lashes, meaning that the person is absorbing the lashes. In the *Arukh* an opinion appears connecting the usage in relation to lashes to the word clapping [*sofek*], as the letters *kuf* and *gimmel* can occasionally be used interchangeably, since one who receives lashes can be considered as if he were clapped on his body.

BACKGROUND

***Karet* – כרת:** The word *karet* refers to a divine punishment for serious transgressions. The precise definition of the term is a matter of dispute among the commentaries, with opinions including premature or sudden death, barrenness or the death of the sinner's children, and excision of the soul from the World-to-Come. Tractate *Keritut* lists thirty-six transgressions punishable with *karet*, all of which are violations of prohibitions, with two exceptions: Neglecting to sacrifice the Paschal offering and failure to perform circumcision. *Karet* applies only to one who intentionally commits the transgression. One who commits the transgression is not subject to *karet*, but brings a sin offering as atonement. In addition, even with regard to an intentional transgression, if it was committed in the presence of witnesses, the transgressor is subject to execution by an earthly court or to receive lashes, rather than receiving *karet*.

NOTES

Itself and its offspring – אותו ואת בנו: This name for the prohibition derives from the phraseology of the verse: "And whether it be a bull or a sheep, you shall not slaughter it and its offspring both in one day" (Leviticus 22:28. The verse indicates that the prohibition applies only to a kosher domesticated animal, and not to an undomesticated animal or a bird. It is accepted that the prohibition applies regardless of whether the parent or the offspring is slaughtered first, and that the term "its offspring," which could also be translated as: Its son, refers both to male and to female offspring. The *tanna'im* disagree whether the term "it" refers specifically to the mother or also to the father, as is discussed on 78b. It is also explained on 82a that this prohibition applies even if two people each slaughter one of the animals, so that if one slaughters a mother animal, its offspring may not be slaughtered that day by anyone.

Both of them are fit – שניהם כשרים: *Tosafot* (80a) explain that this *halakha* had to be taught explicitly, since one might have thought that it is prohibited to consume the second animal that was slaughtered, as the Gemara (114b) derives from the verse: "You shall not eat anything abominable" (Deuteronomy 14:3), that it is prohibited to consume any item declared abominable (see 115a). Rabbi Akiva Eiger writes that one might have thought that when one performs an action that the Torah prohibits doing, the action is not halakhically effective. Therefore, slaughtering the second animal should not be considered kosher slaughter, but rather ordinary killing. In any event, *Halakhot Gedolot* writes that the second animal, whose slaughter was prohibited, may not be eaten on that very day. The early commentaries write that this is a penalty, similar to the prohibition against deriving benefit from items prepared on Shabbat (Ramban).

If both were non-sacred and slaughtered inside the Temple courtyard both of them are unfit – חולין בפנים שניהם פסולין: This means that they are disqualified from being sacrificed. Moreover, it is also prohibited to derive benefit from them or consume them, due to the prohibition against slaughtering non-sacred animals in the Temple courtyard (*Temura* 33b; see *Kiddushin* 57b). Only the slaughterer of the second animal incurs the forty lashes for the violation of the prohibition of: Itself and its offspring, and no one is flogged for slaughtering non-sacred animals in the Temple courtyard. This is because it is a prohibition that stems from a positive mitzva, as the verse states: "If the place that the Lord…shall choose…be too far from you, then you shall slaughter…" (Deuteronomy 12:21), from which is inferred that one may slaughter non-sacred animals in a place far away from God's Temple, not in a nearby place (*Kiddushin* 57b), and one does not incur lashes for the violation of a positive mitzva.

חוּלִּין וְקָדָשִׁים בַּחוּץ – הָרִאשׁוֹן כָּשֵׁר וּפָטוּר, וְהַשֵּׁנִי סוֹפֵג אֶת הָאַרְבָּעִים וּפָסוּל.

If the first animal was **non-sacred and** the second **a sacrificial** animal, and both were slaughtered **outside** the Temple courtyard, **the first is fit** for consumption **and** one who slaughters it is **exempt** from any punishment. **But** for slaughtering **the second** animal, **one incurs the forty** lashes for slaughtering an animal and its offspring on a single day, **and** the animal is **unfit** for sacrifice.

קָדָשִׁים וְחוּלִּין בַּחוּץ – הָרִאשׁוֹן חַיָּיב כָּרֵת וּפָסוּל, וְהַשֵּׁנִי כָּשֵׁר, וּשְׁנֵיהֶם סוֹפְגִים אֶת הָאַרְבָּעִים.

If the first animal was **a sacrificial** animal **and** the second was **non-sacred** and both were slaughtered **outside** the Temple courtyard, for **the first** animal, **one is liable** to receive ***karet*** for slaughtering a sacrificial animal outside the courtyard, **and** the animal is **unfit** for sacrifice. **And the second is fit** for consumption; **and** for the slaughter of **both of them** one **incurs forty** lashes apiece: The first being a sacrificial animal slaughtered outside the courtyard and the second being the offspring of an animal slaughtered that day.

חוּלִּין וְקָדָשִׁים בִּפְנִים – שְׁנֵיהֶם פְּסוּלִין, וְהַשֵּׁנִי סוֹפֵג אֶת הָאַרְבָּעִים. קָדָשִׁים וְחוּלִּין בִּפְנִים – הָרִאשׁוֹן כָּשֵׁר וּפָטוּר, וְהַשֵּׁנִי סוֹפֵג אֶת הָאַרְבָּעִים וּפָסוּל.

If the first animal was **non-sacred and** the second was **a sacrificial** animal and both were slaughtered **inside** the Temple courtyard, **both of them are unfit** for sacrifice. **And** for slaughtering **the second** animal, **one incurs the forty** lashes. If the first animal was **a sacrificial** animal **and** the second was **non-sacred** and both were slaughtered **inside** the Temple courtyard, **the first is fit** for sacrifice **and** one who slaughters it is **exempt** from any punishment. **And** for slaughtering **the second** animal, **one incurs the forty** lashes, **and** the animal is **unfit** for sacrifice, as it is non-sacred.

חוּלִּין בַּחוּץ וּבִפְנִים – הָרִאשׁוֹן כָּשֵׁר וּפָטוּר, וְהַשֵּׁנִי סוֹפֵג אֶת הָאַרְבָּעִים וּפָסוּל.

If both animals were **non-sacred,** and one slaughters them, the first **outside** the Temple courtyard **and** the second **inside** the Temple courtyard, **the first is fit** for consumption **and** one who slaughters it is **exempt** from any punishment. **And** for slaughtering **the second** animal, **one incurs the forty** lashes for slaughtering an animal and its offspring on a single day, **and** the animal is **unfit** for sacrifice as it is non-sacred.

קָדָשִׁים בַּחוּץ וּבִפְנִים – הָרִאשׁוֹן חַיָּיב כָּרֵת, וּשְׁנֵיהֶם סוֹפְגִים אֶת הָאַרְבָּעִים, וּשְׁנֵיהֶם פְּסוּלִים.

If both animals were **sacrificial** animals, and one slaughters them, the first **outside** the Temple courtyard **and** the second **inside** the Temple courtyard, for slaughtering **the first** animal **one is liable** to receive ***karet*,** **and** for slaughtering **both of them one incurs forty** lashes apiece. One set of lashes is given because the first was a sacrificial animal slaughtered outside the courtyard, and the second set of lashes is given because the second animal is the offspring of an animal slaughtered that day. **And both of them are unfit** for sacrifice.

חוּלִּין בִּפְנִים וּבַחוּץ – הָרִאשׁוֹן פָּסוּל וּפָטוּר, וְהַשֵּׁנִי סוֹפֵג אֶת הָאַרְבָּעִים וְכָשֵׁר. קָדָשִׁים בִּפְנִים וּבַחוּץ – הָרִאשׁוֹן כָּשֵׁר וּפָטוּר, וְהַשֵּׁנִי סוֹפֵג אֶת הָאַרְבָּעִים וּפָסוּל.

If both animals were **non-sacred,** and one slaughters them, the first **inside** the Temple courtyard **and** the second **outside** the Temple courtyard, **the first is unfit** for sacrifice, as it is non-sacred, **and** the one who slaughters it is **exempt. And** for **the second, one incurs the forty** lashes **and** the animal is **fit** for consumption. If both animals were **sacrificial** animals, and one slaughters them, the first **inside** the Temple courtyard **and** the second **outside** the Temple courtyard, **the first is fit** for sacrifice **and** one who slaughters it is **exempt. And** for **the second** animal, **one incurs the forty** lashes, **and** the animal is **unfit** for sacrifice because its requisite time has not yet arrived.

גמ׳ תָּנוּ רַבָּנַן: מִנַּיִן לְאוֹתוֹ וְאֶת בְּנוֹ שֶׁנּוֹהֵג בְּמוּקְדָּשִׁין? תַּלְמוּד לוֹמַר: ״שׁוֹר אוֹ כֶשֶׂב אוֹ עֵז כִּי יִוָּלֵד״, וּכְתִיב בַּתְרֵיהּ: ״וְשׁוֹר אוֹ שֶׂה אֹתוֹ וְאֶת בְּנוֹ לֹא תִשְׁחֲטוּ בְּיוֹם אֶחָד״ – לִימֵּד עַל אוֹתוֹ וְאֶת בְּנוֹ שֶׁנּוֹהֵג בְּמוּקְדָּשִׁין.

GEMARA **The Sages taught** in a *baraita*: **From where** is it derived **that** the prohibition against slaughtering an animal **itself and its offspring** in a single day **applies to sacrificial** animals? It is derived from a verse, **as the verse states: "When a bull, or a sheep, or a goat, is born…** but from the eighth day and forward it may be accepted for an offering…to the Lord" (Leviticus 22:27), **and it is written** in the **following** verse: **"And whether it be a bull or a sheep, you shall not slaughter it and its offspring both in one day."** The juxtaposition of the verses **teaches with regard to** the prohibition against slaughtering an animal **itself and its offspring that it applies to sacrificial** animals as well.

וְאֵימָא: בְּמוּקְדָּשִׁין אִין, בְּחוּלִּין לָא! שׁוֹר הִפְסִיק הָעִנְיָן.

The Gemara challenges: **But** since this prohibition is taught in the context of other *halakhot* of consecrated animals, perhaps **I will say: Yes,** it applies **to sacrificial** animals, but it does **not** apply **to non-sacred** animals. The Gemara explains: The repetitive phrase "and whether it be **a bull** or a sheep" in the second verse, when those types of animals, i.e., bulls and sheep, were already mentioned in the first verse, **interrupted the topic,** clarifying that the second verse is not referring to sacrificial animals.

וְאֵימָא: בְּחוּלִּין אִין, בְּמוּקְדָּשִׁין לָא! כְּתִיב: "וְשׁוֹר" – וָי"ו מוֹסִיף עַל עִנְיָן רִאשׁוֹן.

The Gemara challenges: **But** if so, **I will say: Yes,** the prohibition applies **to non-sacred** animals, but it does **not** apply **to sacrificial** animals. The Gemara explains: Since in that verse **it is written: "And whether it be a bull**…you shall not slaughter it and its offspring," the conjunction **"and" adds** the prohibition stated in the second verse **to the first matter,** including sacrificial animals as well.

אִי, מָה קָדָשִׁים – כִּלְאַיִם לָא, אַף אוֹתוֹ וְאֶת בְּנוֹ – כִּלְאַיִם לָא! אַלְמָה תַּנְיָא: אוֹתוֹ וְאֶת בְּנוֹ נוֹהֵג בְּכִלְאַיִם וּבְכוֹי?

The Gemara challenges: **If** this prohibition also applies to sacrificial animals, perhaps **just as** with regard to **sacrificial** animals, the offspring of **diverse kinds** is **not** included, e.g., the offspring of a ewe and a goat is unfit to be an offering, **so too** with regard to the prohibition of: **A mother and its offspring,** the offspring of **diverse kinds** should **not** be included, so that in the case of the offspring of a ewe and a goat, it would be permitted to slaughter the mother and offspring on the same day. **Why,** then, **is it taught** in a *baraita* (see *Tosefta* 5:1): The prohibition of: **A mother and its offspring, applies to** the offspring of **diverse kinds and to a *koy*,**[B] a kosher animal with characteristics of both domesticated and undomesticated animals?

וְעוֹד, "שֶׂה" כְּתִיב; וְאָמַר רָבָא:

And additionally, why should the prohibition of: A mother and its offspring, apply to the offspring of diverse kinds? **"A sheep," is written** in the verse with regard to that prohibition, **and Rava said**

BACKGROUND

Koy – כּוֹי: Many problems arise in trying to identify the *koy*. It is mentioned numerous times in the Mishna and the Gemara, not because it is a common animal, but rather because it is useful in discussions that explore the limits of the *halakhot* of domesticated animals versus undomesticated animals. As early as the mishnaic period, the Sages disagreed with regard to the identification of the *koy*. Some maintain that it is a hybrid born to a goat and a deer or another kosher wild animal.

According to many researchers, the *koy* is identified as the water buffalo. There are allusions to this identification in some medieval rabbinic sources. Others reject this idea and claim that water buffalo did not live in Eretz Yisrael during the time of the Mishna, when the *koy* was first mentioned. Others maintain that the *koy* is the mouflon, a subspecies of wild sheep, though there are a number of opinions as to the specific subspecies of mouflon it may be. There is also uncertainty with regard to both the origin of the term *koy* and its proper vocalization.

Water buffalo

Mouflon

זֶה בָּנָה אָב: כָּל מָקוֹם שֶׁנֶּאֱמַר "שֶׂה" – אֵינוֹ אֶלָּא לְהוֹצִיא אֶת הַכִּלְאַיִם! אָמַר קְרָא: "אוֹ" – לְרַבּוֹת אֶת הַכִּלְאַיִם.

concerning the verse: "These are the animals that you may eat: An ox, a *seh* of sheep, and a *seh* of goats" (Deuteronomy 14:4), that **this** verse **establishes a paradigm**[N] for other cases: **Wherever** the word ***seh* is stated** in the Torah, **it** serves **only to exclude** an animal of **diverse kinds.** The Hebrew word *seh* denotes either a sheep or a goat. The offspring of diverse kinds, which is neither a sheep nor a goat, does not qualify as a *seh*. The Gemara answers that with regard to a mother and its offspring, **the verse states:** "Whether it be a bull **or** a sheep" (Leviticus 22:28), and the "or" is superfluous there and serves **to include** the offspring of **diverse kinds.**

הַאי "אוֹ" מִיבְּעֵי לֵיהּ לְחַלֵּק; דְּסָלְקָא דַּעְתָּךְ אָמֵינָא: עַד דְּשָׁחֵיט שׁוֹר וּבְנוֹ, שֶׂה וּבְנוֹ – לָא מִיחַיַּיב, קָא מַשְׁמַע לַן! לְחַלֵּק – מִ"בְּנוֹ" נָפְקָא.

The Gemara challenges: **This** word **"or" is necessary to separate** the prohibitions, **as** it might **enter your mind to say: One is not** liable **unless he slaughters** both **a bull and its offspring** and **a sheep and its offspring** in a single day. Therefore, the word "or" **teaches us** that one is liable for slaughtering either type of animal with its offspring. The Gemara responds: **Separating** the prohibitions **is derived from** the use of the words **"its offspring"** instead of their offspring.

NOTES

This verse establishes a paradigm – זֶה בָּנָה אָב: Rashi explains that the paradigm that the word *seh* must mean an animal that is purely a sheep or purely a goat, but not any animal of mixed breed, is derived from the verse: "A *seh* of sheep, and a *seh* of goats" (Deuteronomy 14:4), since it is not phrased: The *seh* of the sheep or the goats. Other early commentaries explain that the paradigm is derived from the verse with regard to the Paschal offering: "An unblemished *seh*…from the sheep, or from the goats, shall you take" (Exodus 12:5), which indicates that a *seh* is bred either from the sheep or from the goats, but it is not of a mixed breed (see *Tosafot*, *Tosefot HaRosh*, and Ran).

וְאַכַּתִּי מִיבָּעֵי לֵיהּ לְכִדְתַנְיָא: אִילּוּ נֶאֱמַר "שׁוֹר וְשֶׂה וּבְנוֹ", הָיִיתִי אוֹמֵר: עַד שֶׁיִּשְׁחוֹט שׁוֹר וְשֶׂה וּבְנוֹ – תַּלְמוּד לוֹמַר: "שׁוֹר אוֹ שֶׂה אוֹתוֹ וְאֶת בְּנוֹ"; מַאי לָאו מֵ"אוֹ" נָפְקָא לֵיהּ? לָא, מֵ"אוֹתוֹ".

The Gemara challenges: **But** the word "or" **is still necessary for that which is taught** in a *baraita*: **If it were stated: A bull, and a sheep, and its offspring** you shall not slaughter in one day, **I would say:** One is not liable **unless he slaughters a bull, and a sheep, and the offspring** of one of them in a single day. Therefore, **the verse states: "A bull or a sheep… it and its offspring"** (Leviticus 22:28), to teach that one is liable even for slaughtering either of them and its offspring. **What, is it not from** the word **"or"** that the *baraita* **derives** this *halakha*? The Gemara responds: **No,** it is derived **from** the word **"it,"** and the offspring of diverse kinds are included in the prohibition due to the word "or."

הָנִיחָא לְרַבָּנַן, דְּמִיַּיתַּר לְהוּ "אוֹתוֹ"; אֶלָּא לַחֲנַנְיָה, דְּלָא מִיַּיתַּר לֵיהּ "אוֹתוֹ", לְחַלֵּק מְנָא לֵיהּ? לְחַלֵּק לָא צְרִיךְ קְרָא, דְּסָבַר לָהּ כְּרַבִּי יוֹנָתָן.

The Gemara asks: **This works out well according to** the opinion of **the Rabbis,** cited further in the discussion, **for whom** the word **"it" is superfluous** and can be used for this derivation, leaving the word "or" available to include the offspring of diverse kinds; **but according to** the opinion of **Ḥananya, for whom** the word **"it" is not superfluous, from where does he** derive that one is **to separate** into two prohibitions slaughtering either a bull with its offspring or a sheep with its offspring? The Gemara answers that there is **no need** for **a verse to separate** them into two prohibitions, **as** Ḥananya **holds in accordance with** the opinion of **Rabbi Yonatan.**

דְּתַנְיָא: "אִישׁ אֲשֶׁר יְקַלֵּל אֶת אָבִיו וְאֶת אִמּוֹ", אֵין לִי אֶלָּא אָבִיו וְאִמּוֹ; אָבִיו שֶׁלֹּא אִמּוֹ, וְאִמּוֹ שֶׁלֹּא אָבִיו, מִנַּיִן? תַּלְמוּד לוֹמַר: "אָבִיו וְאִמּוֹ קִלֵּל" – אָבִיו קִלֵּל, אִמּוֹ קִלֵּל, דִּבְרֵי רַבִּי יֹאשִׁיָּה.

As it is taught in a *baraita*: From the verse: **"A man who curses his father and his mother** shall die" (Leviticus 20:9), **I have** derived **only** that one is liable if he curses both **his father and his mother. From where** do I derive that if one curses **his father but not his mother,** or **his mother but not his father,** he is liable? The continuation of **the verse states: "His father and his mother he has cursed,** his blood is upon him." In the first part of the verse, the word "curses" is in proximity to "his father," and in the last part of the verse, "cursed" is in proximity to "his mother." This teaches that the verse is referring to both a case where **he cursed** only **his father** and a case where **he cursed** only **his mother;** this is **the statement of Rabbi Yoshiya.** Rabbi Yoshiya maintains that conjunctions are interpreted strictly unless the verse indicates otherwise.

רַבִּי יוֹנָתָן אוֹמֵר: מַשְׁמַע שְׁנֵיהֶם כְּאֶחָד, וּמַשְׁמַע אֶחָד בִּפְנֵי עַצְמוֹ, עַד שֶׁיִּפְרוֹט לְךָ הַכָּתוּב "יַחְדָּו".

Rabbi Yonatan says: There is no need for this derivation, because the phrase "his father and his mother" **indicates** that one is liable if he curses **both of them together, and it** also **indicates** that he is liable if he curses either **one** of them **on their own, unless the verse specifies** that one is liable only if he curses both **together.** An example of a verse where the Torah specifies that the *halakha* applies only to the two elements in conjunction is: "You shall not plow with an ox and a donkey together" (Deuteronomy 22:10). According to Rabbi Yonatan, had the verse stated with regard to a mother and its offspring: A bull and a sheep, and not: A bull or a sheep, one would still be liable for slaughtering each with its own offspring independently. Therefore, the word "or" is superfluous, and is utilized by Ḥananya, who agrees with the opinion of Rabbi Yonatan, to include the offspring of diverse kinds in this prohibition.

מַאי חֲנַנְיָה וּמַאי רַבָּנַן? דְּתַנְיָא: אוֹתוֹ וְאֶת בְּנוֹ נוֹהֵג בִּנְקֵבוֹת וְאֵינוֹ נוֹהֵג בִּזְכָרִים, חֲנַנְיָה אוֹמֵר: נוֹהֵג בֵּין בִּזְכָרִים וּבֵין בִּנְקֵבוֹת.

The Gemara asks: **What** is the opinion of **Ḥananya, and what** is the opinion of **the Rabbis** that were mentioned earlier? Their opinions are elucidated **as it is taught** in a *baraita*: Despite the fact that the verse is written in the masculine form, the prohibition against slaughtering **itself and its offspring** in a single day **applies to females,** i.e., to a mother and its offspring, **but it does not apply to males,**[H] i.e., a male animal and its offspring. **Ḥananya says: It applies both to males and to females.**

HALAKHA

The prohibition against slaughtering a mother and its offspring in a single day applies to females but does not apply to males – אוֹתוֹ וְאֶת בְּנוֹ נוֹהֵג בִּנְקֵבוֹת וְאֵינוֹ נוֹהֵג בִּזְכָרִים: The prohibition against slaughtering an animal and its offspring in a single day applies to females alone, since the mother's identity is known with certainty. When the father's identity is known with certainty, one may not slaughter it and its offspring in a single day, but if one slaughtered them, he is not flogged, as it is uncertain whether this prohibition applies to the male parent. This is in accordance with the opinion of Rav Yehuda on 79a (Rambam *Sefer Kedusha, Hilkhot Sheḥita* 12:11, and *Haggahot Maimoniyyot* and *Kesef Mishne* there; *Shulḥan Arukh, Yoreh De'a* 16:2).

מַאי טַעְמָא דְּרַבָּנַן? דְּתַנְיָא: יָכוֹל יְהֵא אוֹתוֹ וְאֶת בְּנוֹ נוֹהֵג בֵּין בִּזְכָרִים וּבֵין בִּנְקֵבוֹת? וְדִין הוּא: חַיֵּיב כָּאן, וְחַיֵּיב בְּאֵם עַל הַבָּנִים; מָה כְּשֶׁחִיֵּיב בְּאֵם עַל הַבָּנִים – בִּנְקֵבוֹת וְלֹא בִּזְכָרִים, אַף כְּשֶׁחִיֵּיב כָּאן – בִּנְקֵבוֹת וְלֹא בִּזְכָרִים!

The Gemara asks: **What is the reasoning of the Rabbis,** i.e., the first *tanna*? Their reasoning is **as it is taught** in a *baraita*: One **might** have thought that the prohibition against slaughtering **a mother and its offspring would apply both to males and to females.** But could one not derive **this by logical inference,** reaching the opposite conclusion: The Torah **rendered one obligated here** not to slaughter an animal and its offspring in a single day, **and** the Torah **rendered one obligated with regard to a mother bird with its chicks**[B] not to seize them together, but to dispatch the mother. **Just as when it rendered one obligated with regard to a mother bird with its chicks,** the obligation applies **to female** birds **but not to males,**[H] as the verse states: "And the mother sitting on the chicks" (Deuteronomy 22:6), **so too, when it rendered one obligated here,** with regard to an animal and its offspring, the obligation should apply **to female** animals, **but not to males.**

לֹא, אִם אָמַרְתָּ בְּאֵם עַל הַבָּנִים – שֶׁכֵּן לֹא עָשָׂה בָּהּ מְזוּמָּן כְּשֶׁאֵינוֹ מְזוּמָּן, תֹּאמַר בְּאוֹתוֹ וְאֶת בְּנוֹ, שֶׁעָשָׂה בּוֹ מְזוּמָּן כְּשֶׁאֵינוֹ מְזוּמָּן?

One may respond: **No, if you say** that this is so **with regard to a mother bird with its chicks, for which** the Torah **did not render prepared** ones equivalent **to unprepared** ones,[H] as the obligation to dispatch the mother bird applies only where one happens to encounter a mother bird with its chicks spontaneously, but not to ones that he keeps in his property, **shall you** also **say** that this is so **with regard to** the prohibition of an animal **itself and its offspring,** for **which** the Torah **rendered prepared** ones equivalent **to unprepared** ones, prohibiting an animal and its offspring even if they are prepared? If so, the prohibition against slaughtering an animal and its offspring should apply to both males and females.

תַּלְמוּד לוֹמַר: "אוֹתוֹ" – אֶחָד וְלֹא שְׁנַיִם. אַחַר שֶׁחִלֵּק הַכָּתוּב, זָכִיתִי לַדִּין: חַיֵּיב כָּאן וְחַיֵּיב בְּאֵם עַל הַבָּנִים; מָה כְּשֶׁחִיֵּיב בְּאֵם עַל הַבָּנִים – בִּנְקֵבוֹת וְלֹא בִּזְכָרִים, אַף כְּשֶׁחִיֵּיב כָּאן – בִּנְקֵבוֹת וְלֹא בִּזְכָרִים.

Therefore, **the verse states:** "A bull or a sheep, **it** and its offspring" (Leviticus 22:28). The superfluous word "it" indicates that this applies to only **one** parent, **but not to two.** The *baraita* continues: **After the verse separated** the parents, rendering the prohibition applicable to only one of them, **I merited** returning **to the logical inference** mentioned earlier: The Torah **rendered one obligated here** not to slaughter an animal and its offspring in a single day, **and** the Torah **rendered one obligated** to dispatch the mother **with regard to a mother bird with its chicks. Just as when it rendered one obligated with regard to a mother bird with its chicks,** the obligation applies **to females but not to males, so too, when it rendered one obligated here,** the obligation applies **to females but not to males.**

וְאִם נַפְשְׁךָ לוֹמַר, "בְּנוֹ" – מִי שֶׁבְּנוֹ כָּרוּךְ אַחֲרָיו, יָצָא זָכָר שֶׁאֵין בְּנוֹ כָּרוּךְ אַחֲרָיו.

And if it is your wish to say that one can refute this, that refutation can be countered by the following derivation: The verse states: "It and **its offspring**" (Leviticus 22:28), indicating that this applies to **that** parent **whose offspring clings to it.** This serves to **exclude** the **male** parent, **whose offspring does not cling to it.**

מָה "אִם נַפְשְׁךָ לוֹמַר"? וְכִי תֵּימָא: "אוֹתוֹ" – זָכָר מַשְׁמַע, הֲרֵי הוּא אוֹמֵר: "בְּנוֹ" – מִי שֶׁבְּנוֹ כָּרוּךְ אַחֲרָיו, יָצָא זָכָר, שֶׁאֵין בְּנוֹ כָּרוּךְ אַחֲרָיו.

The Gemara asks: To **what** possible refutation is the expression: **If it is your wish to say,** referring? The Gemara explains that the possible refutation is: **And if you would say** that the word **"it,"** in the verse **denotes a male,** as it is expressed in the masculine gender in the Hebrew, the response is that the verse also **states "its offspring"** in that verse, indicating that this applies to **that** parent **whose offspring clings to it.** This serves to **exclude** the **male** parent, **whose offspring does not cling to it.**

BACKGROUND

Mother bird with its chicks – אֵם עַל הַבָּנִים: There is a mitzva in the Torah (Deuteronomy 22:6–7) that one who finds a nest in which a mother bird is sitting on her eggs or with her fledglings must dispatch the mother before taking the eggs or the chicks. The Sages clarified that this mitzva applies only to kosher birds.

HALAKHA

With regard to a mother bird with its chicks, to female birds and not to males – בְּאֵם עַל הַבָּנִים בִּנְקֵבוֹת וְלֹא בִּזְכָרִים: One who finds the father bird sitting on the nest is exempt from dispatching him, as the mitzva of dispatching the parent bird from the nest applies to mother birds alone (Rambam *Sefer Kedusha, Hilkhot Sheḥita* 13:10; *Shulḥan Arukh, Yoreh De'a* 292:7).

The Torah did not render prepared ones equivalent to unprepared ones – לֹא עָשָׂה בָּהּ מְזוּמָּן כְּשֶׁאֵינוֹ מְזוּמָּן: The mitzva of dispatching the mother bird from the nest applies only to kosher birds that are not prepared within one's domain, such as doves from the dovecote or the attic, and birds nesting in the orchard, as it is written: "If it chance" (Deuteronomy 22:6). One need not drive out prepared birds, such as geese, chickens, or doves, nesting in the house (Rambam *Sefer Kedusha, Hilkhot Sheḥita* 13:8; *Shulḥan Arukh, Yoreh De'a* 292:2).

HALAKHA

Animals that are born from a female horse – הַנּוֹלָדִים מִן הַסּוּס: If their mothers are of the same species and their fathers are of the same species, offspring of diverse kinds may be mated with each other, according to all opinions. If their mothers are of different species, even if they are both cross-breeds of the same two species, it is prohibited to mate them, as perhaps paternity is not taken into account, in accordance with the opinion of Rabbi Yehuda, which is accepted as *halakha* in *Ketubot* (111b). In addition, *amora'im* further on in this tractate also follow his opinion, according to the Gemara's conclusion that he is uncertain whether or not one need be concerned with paternity (Rambam *Sefer Zera'im*, *Hilkhot Kilayim* 9:6; *Shulḥan Arukh*, *Yoreh De'a* 297b:9).

וְלַחֲנַנְיָה, כְּתִיב ״אוֹתוֹ״ – דְּמַשְׁמַע זָכָר, וּכְתִיב ״בְּנוֹ״ – מִי שֶׁבְּנוֹ כָּרוּךְ אַחֲרָיו, דְּמַשְׁמַע נְקֵבָה, הִלְכָּךְ נוֹהֵג בֵּין בִּזְכָרִים בֵּין בִּנְקֵבוֹת.

And according to the opinion of **Ḥananya,** the reason for his ruling is that **it is written "it," which indicates a male, and it is written "its offspring,"** teaching that the prohibition applies to **that** parent **whose offspring clings to it, which indicates a female. Therefore,** this prohibition **applies to both males and females.**

אָמַר רַב הוּנָא בַּר חִיָּיא אָמַר שְׁמוּאֵל: הִלְכְתָא כַּחֲנַנְיָה. וְאָזְדָא שְׁמוּאֵל לְטַעְמֵיהּ. דִּתְנַן, רַבִּי יְהוּדָה אוֹמֵר: הַנּוֹלָדִים מִן הַסּוּס, אַף עַל פִּי שֶׁאֲבִיהֶן חֲמוֹר – מוּתָּרִין זֶה בָּזֶה, אֲבָל הַנּוֹלָדִין מִן הַחֲמוֹר עִם הַנּוֹלָדִין מִן הַסּוּס – אֲסוּרִין;

Rav Huna bar Ḥiyya says that **Shmuel says: The *halakha* is in accordance with** the opinion of **Ḥananya. And Shmuel follows his** line of **reasoning, as we learned** in a mishna (*Kilayim* 8:4): **Rabbi Yehuda says:** With regard to two animals **that are born from** a female **horse,**[H] **even if the father** of one is **a donkey** and the father of the other is a horse, **they are permitted** to mate **with one another.** Since the mothers of both are horses, the offspring are all considered of the same species. **But** to mate animals **that are born from** a female **donkey with** animals **that are born from** a female **horse,** even if one animal was born from a male horse and a female donkey and the other was born from a male donkey and a female horse, is **prohibited,** due to the prohibition of diverse kinds.

וְאָמַר רַב יְהוּדָה אָמַר שְׁמוּאֵל: זוֹ דִּבְרֵי רַבִּי יְהוּדָה, דְּאָמַר: אֵין חוֹשְׁשִׁין לְזֶרַע הָאָב, אֲבָל חֲכָמִים אוֹמְרִים: כָּל מִינֵי פְּרָדוֹת אַחַת הֵן.

And, commenting on that mishna, **Rav Yehuda says** that **Shmuel says: This is the statement of Rabbi Yehuda, who says: One** need **not be concerned with its paternity** in determining the species of an animal,[N] as the species is determined solely by the mother. **But the Rabbis say:** The species of an animal is determined according to both its mother and its father. Therefore, **all types of mules,** regardless of which parent is a horse and which is a donkey, **are** considered **a single** species and may mate with each other.

מַאן חֲכָמִים – חֲנַנְיָה הוּא, דְּאָמַר: חוֹשְׁשִׁין לְזֶרַע הָאָב, וְהַאי בַּר סוּסְיָא וַחֲמָרָא, וְהַאי בַּר חֲמָרָא וְסוּסְיָא – כּוּלְּהוּ חֲדָא מִינָא נִינְהוּ.

Now, **whose** opinion is referred to as that of **the Rabbis** here? **It is** that of **Ḥananya, who says: One** needs **to be concerned with paternity,** as, in his opinion, the prohibition against slaughtering an animal and its offspring applies to a male and its offspring as well. **And** therefore, with regard to the prohibition of diverse kinds as well, **this** mule that is **the offspring of** a female **horse and** a male **donkey, and that** mule that is the **offspring of** a female **donkey and** a male **horse are all a single species.**

אִיבַּעְיָא לְהוּ: מִי פְּשִׁיט לֵיהּ לְרַבִּי יְהוּדָה דְּאֵין חוֹשְׁשִׁין לְזֶרַע הָאָב, אוֹ דִּלְמָא סַפּוּקֵי מְסַפְּקָא לֵיהּ? לְמַאי נָפְקָא מִינָּהּ?

A dilemma was raised before the Sages: **Is Rabbi Yehuda certain that** one need **not be concerned with its paternity** in determining the species of the offspring, **or perhaps he is uncertain** whether or not one need be concerned with its paternity? The Gemara asks: **What is the** practical **difference?**

NOTES

One need not be concerned with its paternity in determining the species of an animal – אֵין חוֹשְׁשִׁין לְזֶרַע הָאָב: According to this opinion, although the offspring contains a genetic component from the father, just as it does from the mother, and the offspring sometimes resembles the father (*Tosafot* on *Bekhorot* 17a), for halakhic purposes the lineage of the offspring is traced only from the mother and not the father. According to the opposing view, which takes into account both the mother and father, it is important only whether or not the animal is a hybrid; it does not matter which parent is of which species. This issue has several practical implications, as is explained further on in the Gemara.

	Mating of the offspring of a female horse and a male donkey with the offspring of a female horse and a male donkey	Mating of the offspring of a female horse and a male donkey with the offspring of a female donkey and a male horse	Mating of the offspring of a female horse and a male donkey with a full-blooded horse
If the species is determined by both mother and father	Permitted	Permitted	Forbidden
If the species is determined solely by the mother	Permitted	Forbidden	Permitted
If it is uncertain how the species is determined	Permitted	Forbidden	Forbidden

Halakhot regarding the mating of mules

לְמִישְׁרָא פְּרִי עִם הָאֵם; אִי אָמְרַתְּ: מִיפְשָׁט פְּשִׁיטָא לֵיהּ – פְּרִי עִם הָאֵם שָׁרֵי; אֶלָּא אִי אָמְרַתְּ: סַפּוּקֵי מְסַפְּקָא לֵיהּ – פְּרִי עִם הָאֵם אָסוּר.

The Gemara answers: The practical difference is **with regard to permitting** the mating of **the offspring with** the species of **the mother,**[H] e.g., the mating of the offspring of a female horse and a male donkey together with a horse. **If you say** that Rabbi Yehuda is **certain** that one need not be concerned with its paternity, then the mating of **the offspring with** the species of **the mother is permitted,** as, in this case, they are both considered horses. **But if you say** that Rabbi Yehuda is **uncertain,** then the mating of **the offspring with** the species of **the mother is prohibited,** as one must be concerned about the species of the father.

מַאי? תָּא שְׁמַע, רַבִּי יְהוּדָה אוֹמֵר: כׇּל הַנּוֹלָדִים מִן הַסּוּס, אַף עַל פִּי שֶׁאֲבִיהֶן חֲמוֹר – מוּתָּרִין זֶה בָּזֶה; הֵיכִי דָּמֵי? אִילֵימָא דַּאֲבוּהּ דְּהַאי חֲמוֹר, וַאֲבוּהּ דְּהַאי חֲמוֹר, צְרִיכָא לְמֵימַר? אֶלָּא לָאו, דַּאֲבוּהּ דְּהַאי – סוּס, וַאֲבוּהּ דְּהַאי – חֲמוֹר;

What, then, is the answer to the question? The Gemara suggests: **Come** and **hear** a possible resolution from the mishna cited earlier: **Rabbi Yehuda says: All that are born from** a female **horse, even if the father** of one **of them is a donkey, are permitted** to mate **with each other. What are the circumstances** here? **If we say that the father of this** male animal is **a donkey, and the father of that** female animal, with which the male is to be mated, is **a donkey,** does it **need to be said?** Since the mothers of both animals are horses, they are both of exactly the same species and may certainly mate with each other. **Rather, is it not that the father of this** one is **a horse, and the father of that** other one is **a donkey?**

וְקָתָנֵי: מוּתָּרִים זֶה עִם זֶה, אַלְמָא: מִיפְשָׁט פְּשִׁיטָא לֵיהּ!

And yet **it is taught** that **they are permitted** to mate **with each other. Evidently,** Rabbi Yehuda is **certain** that one need not be concerned with its paternity in determining the species of the offspring. If he were uncertain, he would deem their mating prohibited, as the father of one is a horse while the father of the other is a donkey.

לָא, לְעוֹלָם דַּאֲבוּהּ דְּהַאי חֲמוֹר, וַאֲבוּהּ דְּהַאי חֲמוֹר. וּדְקָאָמְרַתְּ: צְרִיכָא לְמֵימַר? מַהוּ דְּתֵימָא: אָתֵי צַד דְּסוּס מִשְׁתַּמֵּשׁ בְּצַד חֲמוֹר, וְצַד חֲמוֹר מִשְׁתַּמֵּשׁ בְּצַד סוּס, קָא מַשְׁמַע לַן.

The Gemara responds: **No,** one cannot cite proof from this, as it can be said **that actually, the father of this** male animal is **a donkey, and the father of that** female animal is also **a donkey. And** with regard to **that which you say:** Does it **need to be said** that these two may mate? It does need to be said, **lest you say: The horse component** of the male mule **comes** and **copulates with the donkey component** of the female mule, **and the donkey component** of the male mule **copulates** specifically **with the horse component** of the female mule, which would violate the prohibition of diverse kinds. Therefore, Rabbi Yehuda **teaches us** that they are both of the same species and may mate.

תָּא שְׁמַע, רַבִּי יְהוּדָה אוֹמֵר: פִּרְדָּה שֶׁתָּבְעָה – אֵין מַרְבִּיעִין עָלֶיהָ לֹא סוּס וְלֹא חֲמוֹר, אֶלָּא מִינָהּ; וְאִי אָמְרַתְּ: מִפְשַׁט פְּשִׁיטָא לֵיהּ – לַרְבַּע עֲלַהּ מִינָא דְאִמָּהּ! דְּלָא יָדְעִינַן מִינָא דְאִמָּהּ מַאי נִיהוּ.

The Gemara suggests: **Come** and **hear** a possible resolution from a *baraita*: **Rabbi Yehuda says:** With regard to **a female mule**[B] **in heat, one may not mate a horse or a donkey with her,** due to the prohibition against crossbreeding diverse kinds of livestock. **Rather,** one mates her with **one of her kind,** another mule. **And if you say** that Rabbi Yehuda is **certain** that one need not be concerned with its paternity in determining the species of the offspring, then why not **mate her with the species of her mother?** Evidently, Rabbi Yehuda is uncertain and therefore deems it prohibited to mate her with either a horse or a donkey. The Gemara responds: The *baraita* is referring to a case **where we do not know what the mother's species is.**

BACKGROUND

Female mule – פִּרְדָּה: The mule, whose scientific name is *Equus mulus*, is a result of interbreeding between a horse and a donkey. If its mother is a horse it is called a mule; if its mother is a donkey it is properly called a hinny, though that term is little used. A mule can be male or female, and though it has externally normal-looking reproductive organs, due to its odd number of chromosomes it is very rarely fertile. The mule is known as a very strong animal, with enormous capacity for endurance, and it has served as a beast of burden and labor for thousands of years. The hinny is smaller and relatively rare.

The mule that is known today is similar to its mother in appearance and size. Yet, it has different characteristics than those mentioned in the Gemara, such as long ears like a donkey's, a tail whose first part is hairless like a donkey's, and small hoofs, and may be a different breed than that known in talmudic times. It also produces sounds that vary from the braying of a donkey to the neighing of a horse.

By contrast, the hinny has a head and a tail resembling those of a horse and ears shorter than those of a donkey.

Mule

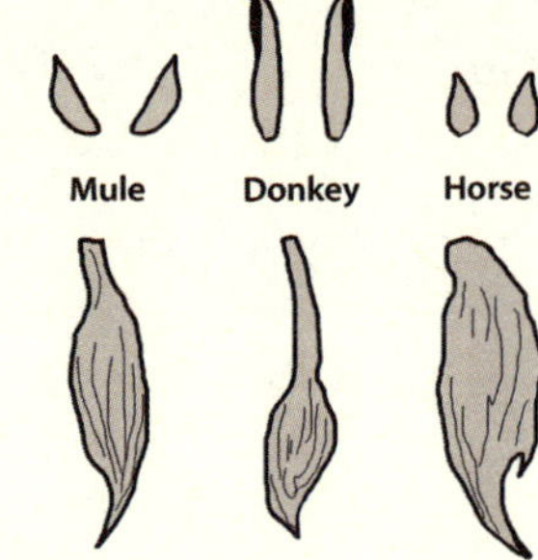

Comparison of ears and tails of mules, donkeys, and horses

HALAKHA

The mating of the offspring with the species of the mother – מִישְׁרָא פְּרִי עִם הָאֵם: Interbreeding the offspring of diverse kinds even with its mothers' species is prohibited. For example, interbreeding a mule whose mother is a donkey is prohibited not only with a horse, but also with a donkey, since it is uncertain whether one need be concerned with paternity. Therefore, perhaps the horse component of the mule copulates with the donkey, in accordance with the opinion of Rav Huna son of Rav Yehoshua (Rambam *Sefer Zera'im, Hilkhot Kilayim* 9:6; *Shulḥan Arukh, Yoreh De'a* 297b:9).

LANGUAGE

Wagon [*rispak*] – רִיסְפָּק: In the *Arukh* and other sources this word is cited as *dispak*. Apparently it is derived from the Middle Iranian word dēspak, which in turn comes from the Old Persian dvai-aspaka, meaning two horses, which were necessary to pull a carriage.

וְהָא "אֶלָּא מִינָהּ" קָתָנֵי! הָכִי קָאָמַר: אֵין מַרְבִּיעִין עָלֶיהָ לֹא מִין סוּס וְלֹא מִין חֲמוֹר, לְפִי שֶׁאֵין יוֹדְעִין בְּמִינָהּ. וְלִיבְדּוֹק בְּסִימָנִין, דְּאָמַר אַבָּיֵי: עָבֵי קָלֵיהּ – בַּר חֲמָרָה, צָנִיף קָלֵיהּ – בַּר סוּסְיָא; וְאָמַר רַב פָּפָּא: רַבְרְבָן אוּדְנֵיהּ וְזוּטְרָא גְּנוּבְתֵּיהּ – בַּר חֲמָרָא, זוּטְרָן אוּדְנֵיהּ וְרַבָּה גְּנוּבְתֵּיהּ – בַּר סוּסְיָא! הָכָא בְּמַאי עָסְקִינַן – בְּאִלֶּמֶת וְגִידֶּמֶת.

The Gemara challenges: **But the** *baraita* **teaches: Rather,** one mates her with **one of her kind,** indicating that her species is known. The Gemara explains that **this** is what the *baraita* **is saying: One may not mate the species of a horse or the species of a donkey with her, because one does not** usually **know the species of** the mother of a mule that one encounters. The Gemara suggests: **But let one check** her species **by** her **distinguishing characteristics,**[H] **as Abaye says:** If **its voice is deep,** it is **the offspring of a female donkey;** if **its voice is shrill,** it is **the offspring of a female horse. And Rav Pappa says:** If **its ears are large and its tail is small,** it is **the offspring of a female donkey;** if **its ears are small and its tail is large,** it is **the offspring of a female horse.** The Gemara answers: **Here we are dealing with** a mule who is **mute, and** whose ears and tail are **lopped off,** and whose species cannot be determined. Therefore, Rabbi Yehuda's opinion cannot be proven from this case.

מַאי הָוֵי עֲלַהּ? תָּא שְׁמַע, דְּאָמַר רַב הוּנָא בְּרֵיהּ דְּרַב יְהוֹשֻׁעַ: הַכֹּל מוֹדִין בִּפְרִי עִם הָאֵם שֶׁאָסוּר; שְׁמַע מִינַּהּ – סְפוּקֵי מְסַפְּקָא לֵיהּ, שְׁמַע מִינַּהּ.

The Gemara asks: **What** conclusion was reached **about it? Come** and **hear** a resolution, **as Rav Huna, son of Rav Yehoshua, says: All,** including Rabbi Yehuda, **agree with regard to** mating **the offspring with** the species of **its mother that it is prohibited. Conclude from it** that Rabbi Yehuda **is uncertain.**[N] If he were certain that one need not be concerned with its paternity, he would deem mating the offspring with the species of its mother permitted, since the father's species would not matter. The Gemara affirms: **Conclude from it** that this is so.

אֲמַר לֵיהּ רַבִּי אַבָּא לְשַׁמָּעֵיהּ: אִי מְעַיֵּילַתְּ לִי כּוּדַנְיָיתָא בְּרִיסְפָּק – עַיֵּין לְהָנָךְ דְּדָמְיָין לַהֲדָדֵי, וְעַיֵּיל לִי. אַלְמָא קָסָבַר: אֵין חוֹשְׁשִׁין לְזֶרַע הָאָב,

The Gemara relates with regard to this issue that **Rabbi Abba said to his servant: If you bring me mules** attached **to a wagon [*rispak*],**[L] **look for those**[N] **that are similar to each other** in their voices and the sizes of their ears and tails, **and bring** those **for me,** in order not to violate the prohibition of diverse kinds. **Evidently,** Rabbi Abba **holds** that with regard to the offspring of diverse kinds, **one** need **not be concerned with its paternity,** since, as explained earlier, these distinguishing characteristics indicate only the species of the mother.

HALAKHA

But let one check her species by her distinguishing characteristics – וְלִיבְדּוֹק בְּסִימָנִין: If one wishes to mate a male mule with a female mule, or to have two mules pull a wagon, he should check the characteristics of their ears, tails, and voices. If they are similar to one another in these characteristics, then it is certain that their mothers are of the same species, and they are permitted to mate or work hitched together. This ruling is in accordance with the Gemara's conclusion that one may rely upon distinguishing characteristics even with regard to prohibitions that are mandated by Torah law (Rambam *Sefer Zera'im*, *Hilkhot Kilayim* 9:6; *Shulḥan Arukh*, *Yoreh De'a* 297b:9).

NOTES

He is uncertain – סְפוּקֵי מְסַפְּקָא לֵיהּ: According to this explanation, which is accepted as *halakha*, the offspring of diverse kinds may mate only when their fathers are of the same species and their mothers are of the same species. If this is not so, such as in a case where one wants to mate a mule whose father is a horse and whose mother is a donkey with a mule whose father is a donkey and whose mother is a horse, it is forbidden. In addition, a mule may not mate with either a horse or a donkey, as either the mother or the father of the mule would not be of the same species to which both parents of the other animal belong.

Since this opinion is based upon the uncertainty as to whether paternity is taken into account, one who mates a forbidden pair in the above cases does not receive lashes (Rosh, *Hilkhot Kilayim*). The Rambam writes that one who mates interbred animals whose mothers are of different species, or who mates a mule with an animal of its mother's species, receives lashes, and the commentaries deliberate at length on how to explain his opinion (see *Ḥatam Sofer* and *Arukh HaShulḥan*, *Yoreh De'a* 16:27).

Look for those – עַיֵּין לְהָנָךְ: It is prohibited to work or drive animals of diverse kinds, i.e., from different species, hitched together (see Deuteronomy 22:10). Violation of this prohibition is punishable by lashes.

וְסִימָנִין דְּאוֹרַיְיתָא.

And in addition, he holds that these **distinguishing characteristics** apply **by Torah law,** such that they may be relied upon to allay concerns of violating even a prohibition that is mandated by Torah law.

תָּנוּ רַבָּנַן: אוֹתוֹ וְאֶת בְּנוֹ נוֹהֵג בַּכִּלְאַיִם וּבַכּוֹי. רַבִּי אֱלִיעֶזֶר אוֹמֵר: כִּלְאַיִם הַבָּא מִן הָעֵז וּמִן הָרָחֵל – אוֹתוֹ וְאֶת בְּנוֹ נוֹהֵג בּוֹ, כּוֹי – אֵין אוֹתוֹ וְאֶת בְּנוֹ נוֹהֵג בּוֹ. אָמַר רַב חִסְדָּא: אֵיזֶהוּ כּוֹי שֶׁנֶּחְלְקוּ בּוֹ רַבִּי אֱלִיעֶזֶר וַחֲכָמִים – זֶה הַבָּא מִן הַתַּיִישׁ וּמִן הַצְּבִיָּה.

§ **The Sages taught** in a *baraita* (see *Tosefta* 5:1): The prohibition against slaughtering an animal **itself and its offspring applies to** the offspring of **diverse kinds** of animals,[HB] such as a goat and a ewe, **and to the *koy*,** even though the prohibition does not apply to undomesticated animals. **Rabbi Eliezer says:** With regard to a **hybrid** that **results from** the mating of **a goat and a ewe,** the prohibition of **a mother and its offspring applies;** with regard to **a *koy*,** the prohibition of **a mother and its offspring does not apply. Rav Ḥisda says: What is the *koy* about which Rabbi Eliezer and the Rabbis disagree?**[N] It is **that which results from** the mating of **a goat and a doe.**

הֵיכִי דָּמֵי? אִילֵימָא בְּתַיִישׁ הַבָּא עַל הַצְּבִיָּה וְיָלְדָה, וְקָא שָׁחֵיט לָהּ וְלִבְרָהּ; וְהָאָמַר רַב חִסְדָּא: הַכֹּל מוֹדִים בְּהִיא צְבִיָּה וּבְנָהּ תַּיִישׁ – שֶׁפָּטוּר, ״שֶׂה וּבְנוֹ״ אָמַר רַחֲמָנָא, וְלָא צְבִי וּבְנוֹ!

The Gemara asks: **What are the circumstances** surrounding the birth of this *koy*? **If we say** that it is the result **of a goat that mates with a doe,**[H] **and she gives birth, and one slaughters her and her offspring** on the same day, that is difficult: **But doesn't Rav Ḥisda say: All concede in** the case where **she is a doe and her offspring is a goat,** because she mated with a goat, **that** one who slaughters them both on the same day **is exempt** from lashes for violating the prohibition of a mother and its offspring? He is exempt because **the Merciful One states:** "And whether it be a bull or **a sheep,** you shall not slaughter it **and its offspring** both in one day" (Leviticus 22:28), indicating that the prohibition applies to a domesticated animal and its offspring, **but not** to an undomesticated animal and its offspring, such as **a doe and its offspring.**

אֶלָּא, בִּצְבִי הַבָּא עַל הַתְּיָישָׁה וְיָלְדָה, וְקָא שָׁחֵיט לָהּ וְלִבְרָהּ; וְהָאָמַר רַב חִסְדָּא: הַכֹּל מוֹדִים בְּהִיא תְּיָישָׁה וּבְנָהּ צְבִי – שֶׁחַיָּיב, ״שֶׂה״ אָמַר רַחֲמָנָא, וּבְנוֹ כָּל דְּהוּ!

Rather, perhaps this *koy* is the product **of a deer that mates with a female goat,**[H] **and she gives birth, and one slaughters her and her offspring** on the same day. **But doesn't Rav Ḥisda say: All concede** that **in** the case where **she is a goat and her offspring is a deer** because she mated with a deer, **that** one who slaughters them both on the same day **is liable?** He is liable because **the Merciful One states** in the Torah: **"A sheep... and its offspring"** (Leviticus 22:28), indicating that the prohibition applies to a domesticated animal such as a sheep **and its offspring of any** species, even if it is an undomesticated animal.

לְעוֹלָם בְּתַיִישׁ הַבָּא עַל הַצְּבִיָּה, וְיָלְדָה בַּת, וּבַת יָלְדָה בֵּן, וְקָא שָׁחֵיט לָהּ וְלִבְרָהּ;

The Gemara responds: **Actually,** the dispute between Rabbi Eliezer and the Rabbis is in the case **of a goat that mates with a doe, and she gives birth to a female offspring,**[H] a *koy*, **and** this **female offspring gives birth to a male offspring, and one slaughters her and her male offspring** on the same day.

רַבָּנַן סָבְרִי: חוֹשְׁשִׁין לְזֶרַע הָאָב, וְ״שֶׂה״ – וַאֲפִילּוּ מִקְצָת שֶׂה. וְרַבִּי אֱלִיעֶזֶר סָבַר: אֵין חוֹשְׁשִׁין לְזֶרַע הָאָב, וְ״שֶׂה״ וַאֲפִילּוּ מִקְצָת שֶׂה – לָא אָמְרִינַן.

The Rabbis hold: One needs **to be concerned with its paternity,** and therefore the *koy* is partially a goat due to its father, **and** the word **"sheep"** in the verse means that **even** if it is **partially a sheep,** i.e., a domesticated animal, it may not be slaughtered with its offspring in a single day. **And Rabbi Eliezer holds: One** need **not be concerned with its paternity,** and the status of the *koy* is unaffected by the fact that its father is a goat, **and** therefore, in this case **we do not say** that the word **"sheep"** mentioned in the verse means that **even** if it is **partially a sheep** it may not be slaughtered with its offspring in a single day, as the father's component is ignored.

וְלִיפְלוֹג בְּחוֹשְׁשִׁין לְזֶרַע הָאָב, בִּפְלוּגְתָּא דַּחֲנַנְיָה וְרַבָּנַן!

The Gemara challenges: **And let them disagree** with regard to any animal of mixed breed **about** whether **one** needs **to be concerned with its paternity,** i.e., **with regard to** the issue that is the subject of **the dispute between Ḥananya and the Rabbis,** whether the prohibition against slaughtering an animal and its offspring on the same day also applies to a father and its offspring because one needs to be concerned with an animal's paternity.

HALAKHA

The prohibition against slaughtering an animal itself and its offspring applies to the offspring of diverse kinds of animals – אוֹתוֹ וְאֶת בְּנוֹ נוֹהֵג בַּכִּלְאַיִם: The prohibition against slaughtering an animal and its offspring applies to the offspring of diverse kinds of animals interbred from a goat and a sheep (Rambam *Sefer Kedusha, Hilkhot Sheḥita* 12:9; *Shulḥan Arukh, Yoreh De'a* 16:7).

A goat that mates with a doe – תַּיִישׁ הַבָּא עַל הַצְּבִיָּה: If a goat mates with a doe, and she gives birth, according to the opinion of the Rambam and the *Shulḥan Arukh* it is prohibited to slaughter that doe and its offspring on the same day (see *Beit Yosef* and *Taz*). The Rashba and *Tur* rule that it is permitted to slaughter them on the same day, *ab initio*, as the verse states: "A sheep...and its offspring" (Leviticus 22:28), and not: A doe and its offspring (Rambam *Sefer Kedusha, Hilkhot Sheḥita* 12:8; *Shulḥan Arukh, Yoreh De'a* 16:8, and see *Shakh* and *Beur HaGra* there).

A deer that mates with a female goat – צְבִי הַבָּא עַל הַתְּיָישָׁה: If a deer mates with a female goat, and she gives birth, and one slaughters the goat and her offspring on the same day, he is flogged by Torah law, in accordance with the statement of Rav Ḥisda that the Torah states: "A sheep...and its offspring" (Leviticus 22:28), to indicate that the prohibition applies to a domesticated animal, such as a ewe, and its offspring of any species (Rambam *Sefer Kedusha, Hilkhot Sheḥita* 12:8; *Shulḥan Arukh, Yoreh De'a* 16:8).

A goat that mates with a doe and she gives birth to a female offspring – תַּיִישׁ הַבָּא עַל הַצְּבִיָּה וְיָלְדָה בַּת: If a goat mates with a doe, and she gives birth to a female offspring, and the female offspring then gives birth to offspring, it is prohibited to slaughter the female offspring and its offspring in a single day, in accordance with the opinion of the Rabbis according to the conclusion of the Gemara that one needs to be concerned with paternity, and that the word "sheep" in the verse means that if the animal has any domesticated animal component, it may not be slaughtered with its offspring in a single day. The Rambam and the *Shulḥan Arukh* both rule that one who slaughters them is flogged. Many commentaries question this ruling, as the conclusion in the Gemara indicates that the Rabbis are uncertain whether or not one needs to be concerned with paternity, and, due to that uncertainty, prohibit slaughtering, but one should not get flogged in a case of uncertainty (Rambam *Sefer Kedusha, Hilkhot Sheḥita* 12:9; *Shulḥan Arukh, Yoreh De'a* 16:8, and see *Shakh* and *Beur HaGra* there).

BACKGROUND

Offspring of diverse kinds of animals – כִּלְאַיִם: The sheep, whose biological genus is *Ovis*, and the goat, whose genus is *Capra*, both belong to the biological family Bovidae, and the Caprinae subfamily. Sheep have fifty-four chromosomes, and goats have sixty, making it nearly impossible for them to interbreed and produce viable offspring. Nevertheless, even in modern times, rare cases of successful interbreeding have been reported.

NOTES

What is the *koy* about which Rabbi Eliezer and the Rabbis disagree – אֵיזֶהוּ כּוֹי שֶׁנֶּחְלְקוּ בּוֹ רַבִּי אֱלִיעֶזֶר וַחֲכָמִים: The intent of Rav Ḥisda's statement is to disagree with those who say (80a) that a *koy* is a distinct entity (Rashi; Ramban).

אִי פְּלִיגִי בְּהַהִיא, הֲוָה אָמִינָא: בְּהָא – אֲפִילּוּ רַבָּנַן מוֹדוּ, דְּ״שֶׂה״ וַאֲפִילּוּ מִקְצָת שֶׂה – לָא אָמְרִינַן, קָא מַשְׁמַע לָן.

The Gemara responds: **If they would disagree** only **about that** issue, **I would say:** With regard to **this** issue of a doe mother and a goat father, **even the Rabbis concede that we do not say** that the word **"sheep"** mentioned in the verse means that **even** if an animal is **partially a sheep,** i.e., a domesticated animal, it may not be slaughtered with its offspring in a single day. Therefore, the *baraita* teaches us that according to the Rabbis, not only does one need to be concerned with paternity, but the word "sheep" indicates that even if it is partially a sheep, i.e., a domesticated animal, it may not be slaughtered with its offspring.

וְהָא דִּתְנַן: כּוֹי – אֵין שׁוֹחֲטִין אוֹתוֹ בְּיוֹם טוֹב, וְאִם שְׁחָטוֹ – אֵין מְכַסִּין אֶת דָּמוֹ;

The Gemara challenges: **But that which we learned** in a mishna (83b) appears to contradict this: **One may not slaughter a *koy* on a Festival,**[NH] because covering its blood entails the performance of prohibited labor that is permitted only if there is a definite obligation to do so. **And if one slaughtered** a *koy* on a Festival after the fact, **one does not cover its blood,** as the Sages prohibited transporting soil on a Festival where it is uncertain that a mitzva by Torah law exists.

בְּמַאי עָסְקִינַן? אִילֵימָא בְּתַיִישׁ הַבָּא עַל הַצְּבִיָּיה וְיָלְדָה, בֵּין לְרַבָּנַן בֵּין לְרַבִּי אֱלִיעֶזֶר – לִשְׁחוֹט וְלִיכַסֵּי, ״צְבִי״ – וַאֲפִילּוּ מִקְצָת צְבִי!

The Gemara explains the question: **What are we dealing with? If we say** that we are dealing **with a goat who mates with a doe, and she gives birth,** then **whether according to** the opinion of **the Rabbis or according to** the opinion of **Rabbi Eliezer,**[N] **let him slaughter** the *koy* on the Festival *ab initio* **and cover** the blood, as the mother of the *koy* is **a deer, and** the *koy* therefore may be termed an undomesticated animal, whose blood requires covering. This should be so **even** if it is **partially a deer,** i.e., it has an undomesticated animal component from only one parent, since all agree that the offspring's species derives from its mother.

אֶלָּא, בִּצְבִי הַבָּא עַל הַתְּיָישָׁה וְיָלְדָה, אִי לְרַבָּנַן – לִשְׁחוֹט וְלִיכַסֵּי, אִי לְרַבִּי אֱלִיעֶזֶר – לִשְׁחוֹט וְלָא לִיכַסֵּי!

Rather, we must be dealing **with** a case of **a deer that mates with a female goat, and she gives birth.** This, too, is difficult: **If** the mishna is **in accordance with** the opinion of **the Rabbis** that one needs to be concerned with paternity, **let him slaughter** this *koy* on the Festival *ab initio* **and cover** the blood, as it is partially an undomesticated animal due to its father. **If** the mishna holds **in accordance with** the opinion of **Rabbi Eliezer** that one need not be concerned with paternity, **let him slaughter** the *koy* on the Festival *ab initio* **and not cover** the blood, as it should be considered a domesticated animal, whose blood does not require covering due to its mother who is a goat.

לְעוֹלָם בִּצְבִי הַבָּא עַל הַתְּיָישָׁה, וְרַבָּנַן סַפּוּקֵי מְסַפְּקָא לְהוּ, אִי חוֹשְׁשִׁין לְזֶרַע הָאָב אִי אֵין חוֹשְׁשִׁין.

The Gemara concludes that **actually** this mishna is in accordance with the opinion of the Rabbis, and it is referring to a case **of a deer who mates with a female goat, and the Rabbis** do not say with certainty that in determining the species of an animal one must be concerned with paternity, but rather the Rabbis **are** simply **uncertain whether one** needs **to be concerned with its paternity or one** need **not be concerned.** Therefore, they rule that one should not slaughter it on a Festival, *ab initio*, in order to avoid a possible prohibition, and if one did slaughter it, he should not cover the blood, to avoid violating a prohibition in order to perform an uncertain mitzva.

NOTES

One may not slaughter a *koy* on a Festival, etc. – **כּוֹי אֵין שׁוֹחֲטִין אוֹתוֹ בְּיוֹם טוֹב וכו׳**: There is a mitzva by Torah law to cover the blood after slaughter. This mitzva applies specifically to the blood of birds and undomesticated animals, but not to domesticated animals, as is stated in the verse: "And a man…that takes in hunting any undomesticated animal or bird that may be eaten, he shall pour out its blood and cover it with dust" (Leviticus 17:13).

Whether according to the Rabbis or according to Rabbi Eliezer, etc. – **בֵּין לְרַבָּנַן בֵּין לְרַבִּי אֱלִיעֶזֶר וכו׳**: Since only the Rabbis hold that one needs to be concerned with paternity, only they require invoking the principle that its mother being a deer justifies the animal itself being considered an undomesticated animal whose blood requires covering, since that should be so even if it is partially a deer. By contrast, according to Rabbi Eliezer, who holds that one need not be concerned with paternity, this principle need not be invoked, since the mother of this *koy* is a doe, and therefore it must be considered completely an undomesticated animal whose blood must be covered (Rashba).

HALAKHA

One may not slaughter a *koy* on a Festival – **כּוֹי אֵין שׁוֹחֲטִין אוֹתוֹ בְּיוֹם טוֹב**: One must cover the blood of the offspring of diverse kinds that are the result of mating between domesticated and undomesticated animals, but one does not recite a blessing over that act. One also may not slaughter such an animal on a Festival, and if one transgressed and slaughtered it, he may not cover the blood until after the Festival ends. According to the *Shakh*, this ruling refers to the case of the offspring of a deer and a female goat, as it is uncertain whether one needs to be concerned with paternity. By contrast, the blood of the offspring of a goat and a doe must be covered and a blessing recited, as one certainly takes into account the species of the mother. Such an animal may be slaughtered, and its blood must be covered, on a Festival (Rambam *Sefer Zemanim, Hilkhot Yom Tov* 3:1; *Shulḥan Arukh, Oraḥ Ḥayyim* 498:18 and *Yoreh De'a* 28:3).

וּמִדְּלְרַבָּנַן מְסַפְּקָא לְהוּ, לְרַבִּי אֱלִיעֶזֶר פְּשִׁיטָא לֵיהּ.

The Gemara infers: **And from the fact that the Rabbis are uncertain,** and therefore they rule that the prohibition of: Itself and its offspring, applies to a *koy*, it can be inferred that **according to** the opinion of **Rabbi Eliezer,** who rules that the prohibition of: Itself and its offspring, does not apply to a *koy*, it is **obvious** that, with regard to a *koy* resulting from a deer mating with a female goat, one need not be concerned with its paternity at all.

וְהָא דְּתַנְיָא: הַזְּרוֹעַ וְהַלְּחָיַיִם וְהַקֵּבָה נוֹהֲגִים בַּכּוֹי וּבַכִּלְאַיִם. רַבִּי אֱלִיעֶזֶר אוֹמֵר: כִּלְאַיִם הַבָּא מִן הָעֵז וּמִן הָרָחֵל – חַיָּיב בְּמַתָּנוֹת, מִן הַכּוֹי – פָּטוּר מִן הַמַּתָּנוֹת;

The Gemara asks: **But** according to this, **that which is taught** in a *baraita* (see *Tosefta* 9:1) presents a difficulty: The mitzva to give **the foreleg, the jaw, and the maw**[NH] of non-sacred animals to a priest **applies** both **to a *koy* and to** the offspring of **diverse kinds** of animals. **Rabbi Eliezer says: A hybrid** that **results from** the mating of **a goat and a ewe is obligated to** have **gifts** of the priesthood given from it; a hybrid that results **from a *koy* is exempt from** having **gifts** of the priesthood given from it.

בְּמַאי עָסְקִינַן? אִילֵימָא בְּתַיִשׁ הַבָּא עַל הַצְּבִיָּיה וְיָלְדָה; בִּשְׁלָמָא לְרַבִּי אֱלִיעֶזֶר דְּפָטַר – קָסָבַר: ״שֶׂה״ וַאֲפִילּוּ מִקְצָת שֶׂה – לָא אָמְרִינַן.

The Gemara analyzes the *baraita*: **What** type of *koy* **are we dealing with? If we say** that we are dealing **with a goat who mates with a doe, and she gives birth, granted,** this is consistent **according** to the opinion of **Rabbi Eliezer, who deems it exempt** from having gifts of the priesthood given from it. As **he holds** that **we do not say** that the word **"sheep"** (see Deuteronomy 18:3) means that **even** if it is **partially a sheep** one must give gifts of the priesthood from it, as paternity is ignored and this *koy* is considered solely the offspring of a doe, exempting it from having gifts given from it.

אֶלָּא לְרַבָּנַן, נְהִי דְּקָסָבְרִי: ״שֶׂה״ – וַאֲפִילּוּ מִקְצָת שֶׂה, בִּשְׁלָמָא פַּלְגָּא לָא יָהֵיב לֵיהּ, אִידַּךְ פַּלְגָּא – לֵימָא לֵיהּ: אַיְיתֵי רְאָיָה דְּחוֹשְׁשִׁין לְזֶרַע הָאָב וּשְׁקוֹל!

But according to the opinion of **the Rabbis,** even if it is **granted that they hold** that the word **"sheep"** means that **even** if it is **partially a sheep,** or any other type of domesticated animal, one is obligated to give gifts of the priesthood from it, why should the owner of this *koy* be required to give the gifts to a priest? **Granted, he does not give** the priest **half** of the gifts,[N] since half of the *koy*, i.e., the mother's component, is an undomesticated animal; but with regard to **the other half,** as well, **let him say to** the priest: **Bring proof that one** needs **to be concerned with its paternity and take** that half; otherwise receive nothing.

אֶלָּא, בִּצְבִי הַבָּא עַל הַתְּיָישָׁה וְיָלְדָה; בִּשְׁלָמָא לְרַבָּנַן, מַאי חַיָּיב – בַּחֲצִי מַתָּנוֹת, אֶלָּא לְרַבִּי אֱלִיעֶזֶר – לִיחַיֵּיב בְּכוּלְּהִי מַתָּנוֹת!

Rather, we are dealing **with** the case of **a deer who mates with a female goat and she gives birth. Granted,** this is consistent **according to** the opinion of **the Rabbis,** who say that one is obligated to give gifts of the priesthood from it, as **what** is meant by: **Obligated?** It means: It is obligated **in half of the gifts,** since on its mother's side the goat component is subject to the obligation to give the gifts, but with regard to the other half of the gifts he can tell the priest: Bring proof that one need not be concerned with paternity, and take it. **But according to** the opinion of **Rabbi Eliezer,** who says that one need not be concerned with paternity at all, such that this *koy* would be considered a domesticated animal like its mother, **let** the owner **be obligated in all of the gifts.** Why, then, does Rabbi Eliezer deem him exempt?

לְעוֹלָם בִּצְבִי הַבָּא עַל הַתְּיָישָׁה וְיָלְדָה, וְרַבִּי אֱלִיעֶזֶר נַמִי סְפוּקֵי מְסַפְּקָא לֵיהּ, אִי חוֹשְׁשִׁין לְזֶרַע הָאָב אוֹ לָא. וְכֵיוָן דִּלְרַבָּנַן מְסַפְּקָא לְהוּ, וּלְרַבִּי אֱלִיעֶזֶר מְסַפְּקָא לֵיהּ, בְּמַאי פְּלִיגִי?

The Gemara answers: **Actually,** it is referring **to a deer who mates with a female goat, and she gives birth, and Rabbi Eliezer is also uncertain whether,** in determining the species of an animal, **one** needs **to be concerned with its paternity or not.** The Gemara asks: **But since** the conclusion is **that the Rabbis are uncertain and Rabbi Eliezer is uncertain, in what** case **do they disagree** where Rabbi Eliezer deems the owner exempt from giving the gifts entirely?

NOTES

The foreleg the jaw and the maw – הַזְּרוֹעַ וְהַלְּחָיַיִם וְהַקֵּבָה: There is a positive mitzva for anyone who slaughters a non-sacred kosher animal to give the right foreleg, the jaw, and the maw to a priest, as is stated in the verse: "And this shall be the priests' due from the people, from any who sacrifice an offering, whether it be an ox or a sheep, that they shall give to the priest the foreleg, and the jaw, and the maw" (Deuteronomy 18:3), and these are the items called: Gifts of the priesthood, in all such contexts. This mitzva does not apply to undomesticated animals or to birds, and the tenth chapter of this tractate deals with its details.

Granted he does not give the priest half of the gifts – בִּשְׁלָמָא פַּלְגָּא לָא יָהֵיב לֵיהּ: The phraseology here is subject to some dispute (see Rashi). Rabbeinu Gershom Meor HaGola maintains that the text should read: Granted, he does give the priest half of the gifts. He interprets this as meaning: He gives him half, since property of uncertain ownership is divided among the possible owners, but why should he give him the other half?

HALAKHA

The foreleg the jaw and the maw – הַזְּרוֹעַ וְהַלְּחָיַיִם וְהַקֵּבָה: The owner of the offspring of a deer and a female goat is obligated to give the priest half of the gifts of the priesthood, as one certainly takes into account the species of the mother, and if an animal has a domesticated animal component it is subject to any mitzva relevant to a domesticated animal. With regard to the other half, the owner can tell the priest: Bring proof that it must be given to you and then you may take it. The owner of the offspring of a goat and a doe is not obligated to give the priest anything, in accordance with the opinion of the Rabbis that it is uncertain whether one must be concerned with paternity and the burden of proof rests upon the claimant (Rambam *Sefer Zera'im*, *Hilkhot Bikkurim* 9:5; *Shulḥan Arukh*, *Yoreh De'a* 61:18).

NOTES

And with regard to the gifts of the priesthood – וּמַתָּנוֹת: This means that the *baraita*, in which the Rabbis hold that a *koy* is subject to the obligation of the gifts of the priesthood, while Rabbi Eliezer holds it is not, can be interpreted only as referring to a *koy* that is the offspring of a deer and a female goat. This is so because in such a case Rabbi Eliezer exempts the *koy* due to uncertainty, as perhaps one must be concerned with paternity, and its father is an undomesticated animal. Since Rabbi Eliezer does not consider an animal that is partially domesticated to be a domesticated animal, it is exempt from gifts being given. By contrast, the Rabbis hold that such a *koy* is subject to the obligation of giving at least half of the gifts. This is because if one need not be concerned with its paternity, it is simply a goat that, as a domesticated animal, is entirely subject to the obligation of the gifts; and even if one needs to be concerned with paternity, this *koy* is still a partially domesticated animal due to its mother, and that half is subject to the obligation of the gifts. In the case of a *koy* that is the offspring of a goat and a doe, if one need not be concerned with paternity, then it is simply a deer that, as an undomesticated animal, is completely exempt from the gifts. Therefore, only if the priest can provide proof that one needs to be concerned with paternity would he receive half of the gifts due to the goat component from the father.

Only if they are referring to a *koy* resulting from a deer who mates with a female goat – אֶלָּא בִּצְבִי הַבָּא עַל הַתְּיָישָׁה: The mishna, which prohibits slaughtering a *koy* on a Festival because its blood must be covered due to uncertainty, is in accordance with the opinion of the Rabbis, and it is discussing a case of a *koy* that is the offspring of a deer and a female goat. The reason for the uncertainty is that perhaps one need not be concerned with paternity, and its blood is exempt from covering because its mother is a goat, which is a domesticated animal; yet, perhaps one must be concerned with paternity, in which case its blood must be covered due to its father being an undomesticated animal. In the case of a *koy* that is the offspring of a goat and a doe, its blood certainly requires covering, since, if one need not be concerned with paternity, it is simply the offspring of a doe. Even if one must be concerned with paternity, and the father of the *koy* is a domesticated animal, it also has an undomesticated animal component from its mother, and the Rabbis hold that even if it is only partially an undomesticated animal, its blood must be covered.

בְּ״שֶׂה״ – וַאֲפִילּוּ מִקְצָת שֶׂה; רַבָּנַן סָבְרִי: ״שֶׂה״ – וַאֲפִילּוּ מִקְצָת שֶׂה, וְרַבִּי אֱלִיעֶזֶר סָבַר: ״שֶׂה״ – וְלֹא מִקְצָת שֶׂה.

They disagree **concerning** whether the word **"sheep"** mentioned in the verses indicates that **even** if it is **partially a sheep,** it is considered a domesticated animal. **The Rabbis hold** that the word **"sheep"** indicates that **even** if it is **partially a sheep** it is considered a domesticated animal, **and Rabbi Eliezer holds** that the word **"sheep"** indicates that it must be descended entirely from sheep or other domesticated animals, **but not partially** descended from **sheep.**

אָמַר רַב פָּפָּא: הִלְכָּךְ, לְעִנְיַן כִּסּוּי הַדָּם וּמַתָּנוֹת לָא מַשְׁכַּחַתְּ אֶלָּא בִּצְבִי הַבָּא עַל הַתְּיָישָׁה,

Rav Pappa says: Therefore, the cases relating to a *koy* must be interpreted in accordance with this understanding of the disagreement between Rabbi Eliezer and the Rabbis. **With regard to the matter of covering the blood** of a *koy*, which the mishna indicates is performed due to uncertainty as to whether a *koy* is an undomesticated animal, **and** with regard to **the gifts** of the priesthood,[N] which the Rabbis require to be given from a *koy* as from a domesticated animal, but Rabbi Eliezer does not, **you find** a way to interpret the cases **only** if they are referring **to a** *koy* resulting from **a deer who mates with a female goat.**[N]

דְּבֵין לְרַבָּנַן וּבֵין לְרַבִּי אֱלִיעֶזֶר, מְסַפְּקָא לְהוּ אִי חוֹשְׁשִׁין לְזֶרַע הָאָב אוֹ לָא,

This is so **because,** according to the aforementioned conclusions about their opinions, **both according to** the opinion of **the Rabbis and according to** the opinion of **Rabbi Eliezer it is uncertain whether one** needs **to be concerned with paternity,** and the *koy* is considered partially an undomesticated animal, **or** one need **not** be concerned, and it is considered entirely domesticated.

וְקָא מִיפַּלְגִי בְּ״שֶׂה״ – וַאֲפִילּוּ מִקְצָת שֶׂה.

And they disagree as to whether the word **"sheep"** means that **even** if it is **partially a sheep** it is considered a domesticated animal. Therefore, the mishna, which requires one to cover the blood of a *koy* whose father is a deer due to uncertainty, is in accordance with the opinion of the Rabbis, because they, as opposed to Rabbi Eliezer, hold that if an animal has a domesticated component, it is considered a domesticated animal, and with regard to covering the blood if the animal has an undomesticated component, the animal is considered undomesticated. As for the gifts of the priesthood, the Rabbis require half of them to be given from this *koy*, as it has a domesticated component from its mother, while Rabbi Eliezer exempts one from giving them, as he holds that an animal's parents must both be domesticated to qualify the animal as domesticated.

לְעִנְיַן אוֹתוֹ וְאֶת בְּנוֹ מַשְׁכַּחַתְּ לַהּ בֵּין בְּתַיִשׁ הַבָּא עַל הַצְּבִיָּיה, וּבֵין בִּצְבִי הַבָּא עַל הַתְּיָישָׁה;

Rav Pappa continues: **With regard to the matter of** the prohibition against slaughtering an animal **itself and its offspring** on the same day, which the Rabbis hold applies to a *koy* but Rabbi Eliezer does not, **you find** such a case **either with regard to** a *koy* who is the daughter of **a goat who mates with a doe, or with regard to** a *koy* who is the daughter of **a deer who mates with a female goat.**

בְּתַיִשׁ הַבָּא עַל הַצְּבִיָּיה – וּלְאִיסּוּרָא, דְּרַבָּנַן סָבְרִי: דִּילְמָא חוֹשְׁשִׁין לְזֶרַע הָאָב, ״שֶׂה״ – וַאֲפִילּוּ מִקְצָת שֶׂה אָמְרִינַן, וְאָסוּר.

Rav Pappa explains: The case may be referring **to a** *koy* who is the daughter of **a goat who mates with a doe, and** it relates **to a prohibition,** i.e., whether slaughtering it and its offspring in one day is prohibited *ab initio*, **as the Rabbis hold: Perhaps one** needs **to be concerned with its paternity,** and this *koy* is therefore considered part domesticated, **and we say** that the word **"sheep"** means that **even** if it is **partially a sheep** this prohibition applies, **and** its slaughter on the same day as its daughter is **prohibited** *ab initio*, although one does not receive lashes for it as it is not a definite transgression.

וְרַבִּי אֱלִיעֶזֶר סָבַר: נְהִי נָמֵי דְּחוֹשְׁשִׁין לְזֶרַע הָאָב, ״שֶׂה״ – וַאֲפִילּוּ מִקְצָת שֶׂה לָא אָמְרִינַן.

And Rabbi Eliezer holds: Though one indeed needs **to be concerned with its paternity,** and this *koy* is considered partially domesticated, **we do not say** that the word **"sheep"** means that **even** if it is **partially a sheep** the prohibition applies. Therefore, its slaughter on the same day as its offspring is permitted.

בִּצְבִי הַבָּא עַל הַתְּיָישָׁה – וּלְמַלְקוּת, רַבָּנַן סָבְרִי: נְהִי נַמִּי דְּחוֹשְׁשִׁין לְזֶרַע הָאָב, ״שֶׂה״ – וַאֲפִילּוּ מִקְצָת שֶׂה אָמְרִינַן, וּמַלְקִינַן לֵיהּ. וְרַבִּי אֱלִיעֶזֶר סָבַר: אִיסּוּרָא אִיכָּא, מַלְקוּת לֵיכָּא;

Additionally, the case under dispute may be referring **to a** *koy* who is the daughter of **a deer who mates with a female goat, and** it relates **to** whether slaughtering it and its offspring in one day renders one liable to receive **lashes. The Rabbis hold: Though one indeed** needs **to be concerned with its paternity,** and this *koy* is considered partially undomesticated, **we say** that the word **"sheep"** means that the prohibition applies **even** if it is **partially a sheep,** such as this *koy*, **and** one who slaughters it and its offspring on one day **is flogged. And Rabbi Eliezer holds: There is a prohibition** against slaughtering this *koy* and its offspring on the same day, but if one slaughtered them **there are no lashes.**

אִיסּוּרָא אִיכָּא – דִּלְמָא אֵין חוֹשְׁשִׁין לְזֶרַע הָאָב, וְהַאי שֶׂה מְעַלְּיָא הוּא; מַלְקוּת לֵיכָּא – דִּלְמָא חוֹשְׁשִׁין לְזֶרַע הָאָב,

The Gemara explains: **There is a prohibition** in the case of this *koy* that is itself a mother, since **perhaps** one need **not be concerned with its paternity, and** therefore **this** *koy* **is a full-fledged sheep,** like its mother. Due to uncertainty, **there are no lashes**[N] for violating the prohibition **because perhaps one** needs **to be concerned with its paternity,** in which case this *koy* is only a partial sheep.

וְ״שֶׂה״ – וַאֲפִילּוּ מִקְצָת שֶׂה לָא אָמְרִינַן.

And according to Rabbi Eliezer, **we do not say** that the word **"sheep"** means that **even** if it is **partially a sheep** it is subject to the prohibition. Therefore, one is not flogged for slaughtering this *koy* on the same day as its offspring, as lashes are administered only when the witnesses give the transgressor a definite forewarning against violating the prohibition. Since the prohibition in this case is uncertain, any forewarning would be uncertain.

אָמַר רַב יְהוּדָה: כּוֹי – בְּרִיָּה בִּפְנֵי עַצְמָהּ הִיא, וְלֹא הִכְרִיעוּ בָּהּ חֲכָמִים אִם מִין בְּהֵמָה הִיא אִם מִין חַיָּה הִיא. רַב נַחְמָן אָמַר: כּוֹי – זֶה אַיִל הַבָּר.

§ Until this point, the Gemara considered the *koy* to be the result of interbreeding a deer and a goat. The Gemara now cites other opinions as to its identity: **Rav Yehuda says: A** *koy*[H] **is a distinct entity, and the Sages did not determine whether it is a species of domesticated animal or a species of undomesticated animal. Rav Naḥman says: The** *koy* **is the wild ram.**[B]

כְּתַנָּאֵי: כּוֹי – זֶה אַיִל הַבָּר. וְיֵשׁ אוֹמְרִים: זֶה הַבָּא מִן הַתַּיִשׁ וּמִן הַצְּבִיָּה. רַבִּי יוֹסֵי אוֹמֵר: כּוֹי – בְּרִיָּה בִּפְנֵי עַצְמָהּ הִיא, וְלֹא הִכְרִיעוּ בָּהּ חֲכָמִים אִם מִין חַיָּה אִם מִין בְּהֵמָה. רַבָּן שִׁמְעוֹן בֶּן גַּמְלִיאֵל אוֹמֵר: מִין בְּהֵמָה הִיא, וְשֶׁל בֵּית דּוּשַׁאי הָיוּ מְגַדְּלִין מֵהֶן עֲדָרִים עֲדָרִים.

The Gemara notes that this dispute is **like** a dispute between *tanna'im* cited in a *baraita*: **The** *koy* **is the wild ram,**[N] **and there are those who say:** It is **that which results from** the mating of **a goat with a doe. Rabbi Yosei says: A** *koy* **is a distinct entity, and the Sages did not determine whether** it **is a species of undomesticated animal or a species of domesticated animal. Rabban Shimon ben Gamliel says: It is a species of domesticated animal, and** the members **of the house of Dushai would raise flocks and flocks of them,** as with other domesticated animals.

אָמַר רַבִּי זֵירָא אָמַר רַב סַפְרָא אָמַר רַב הַמְנוּנָא: הָנֵי עִזֵּי דְּבָאלָא כְּשֵׁרוֹת לְגַבֵּי מִזְבֵּחַ. סָבַר לָהּ כִּי הָא דְּאָמַר רַבִּי יִצְחָק: עֶשֶׂר בְּהֵמוֹת מָנָה הַכָּתוּב וְתוּ לָא.

§ The Gemara cites a statement with regard to goats: **Rabbi Zeira says that Rav Safra says that Rav Hamnuna says that these forest goats,**[HB] i.e., wild goats, **are fit** to be sacrificed **on the altar,** as they are considered a type of goat. The Gemara comments that Rav Hamnuna **holds in accordance with that which Rabbi Yitzḥak says: The verse lists ten** kosher **animals,**[H] **and no more.** He is referring to the verses: "These are the animals that you may eat: An ox, a *seh* of sheep, and a *seh* of goats, a deer, and a gazelle, and a fallow deer, and a wild goat, and an oryx, and an aurochs, and a wild sheep" (Deuteronomy 14:4–5). The first three are domesticated animals, while the other seven are undomesticated animals.

NOTES

There are no lashes, etc. – מַלְקוּת לֵיכָּא וכו׳: Rashi explains that the reason one does not incur lashes here is because it is a case of an uncertain forewarning. The later commentaries question why Rashi felt compelled to explain that lashes are not incurred due to an uncertain forewarning, as the *halakha* of whether it is permitted to slaughter the *koy* and its offspring on one day is uncertain, regardless of the forewarning, and it would therefore not render the transgressor liable to receive lashes. Some explain that Rashi holds that an uncertain prohibition is still prohibited by Torah law, and one would therefore incur lashes if not for the lack of a valid forewarning (Ri Ḥaver; see *Ḥatam Sofer* and Rashash).

The ***koy*** **is the wild ram – כּוֹי זֶה אַיִל הַבָּר:** *Tosafot* explain that according to this opinion the *koy* is entirely an undomesticated animal, and its blood must be covered even on a Festival. According to this explanation, three different opinions about the *koy* are expressed in this *baraita*. The first *tanna* holds that it is entirely an undomesticated animal, Rabban Shimon ben Gamliel holds that it is entirely a domesticated animal, and Rabbi Yosei holds that it is a distinct entity, neither domesticated nor undomesticated. Other commentaries maintain that Rav Naḥman's statement, as that of the first *tanna* in the *baraita*, does not relate to the status of the *koy* as domesticated or not, but simply identifies it as a specific animal known as the wild ram. If so, he would hold that this animal has an unknown status (*Lev Arye*).

HALAKHA

Koy **– כּוֹי:** A *koy*, to which the Sages assigned the stringencies of both a domesticated animal and an undomesticated animal, is the result of interbreeding between a kosher domesticated animal and a kosher undomesticated animal, in accordance with the opinion of Rav Ḥisda (*Maggid Mishne*). In addition, any animal about which there is uncertainty whether it is domesticated or undomesticated has the same halakhic status (Rambam *Sefer Kedusha*, *Hilkhot Ma'akhalot Assurot* 1:13 and *Sefer Zera'im*, *Hilkhot Bikkurim* 10:7; *Shulḥan Arukh*, *Yoreh De'a* 28:3, 64:1, and 80:6).

Forest goats – עִזֵּי דְּבָאלָא: The majority of the early commentaries hold that the wild goat is a species of domesticated animal, in accordance with the opinion of Rav Hamnuna. There are later commentaries who rule that in practice one must also observe the stringencies applying to undomesticated animals due to uncertainty (see *Shulḥan Arukh*, *Yoreh De'a* 80 and *Darkhei Teshuva* there).

The verse lists ten kosher animals – עֶשֶׂר בְּהֵמוֹת מָנָה הַכָּתוּב: Out of all the domesticated and undomesticated animals in the world, only the ten species listed in the Torah are permitted for consumption. Of those ten, there are three species of domesticated animals: The ox, the sheep, and the goat; and there are seven species of undomesticated animals: The deer, the gazelle, the fallow deer, the wild goat, the oryx, the aurochs, and the wild sheep. This ruling is in accordance with the statement of Rabbi Yitzḥak (Rambam *Sefer Kedusha*, *Hilkhot Ma'akhalot Assurot* 1:8).

BACKGROUND

Wild ram – אַיִל הַבָּר: The wild ram is assumed to be the mouflon, whose scientific name is *Ovis orientalis*, and which, according to many scientific theories, is an ancestor of modern domesticated sheep. The mouflon differs from most types of sheep in having rather short hair, except for locks of long hair on the chest of the male. It lives in mountainous areas, mainly in isolated regions in Europe nowadays, and is an adept mountain climber. It is likely that the mouflon's similarity to domesticated sheep together with its clearly undomesticated status gave rise to the uncertainty about its status, similar to the situation with regard to the status of the wild ox.

Forest goats – עִזֵּי דְּבָאלָא: It is possible that the animal referred to is the wild goat, whose scientific name is *Capra aegagrus*, and is considered the ancestor of the domesticated goat. Its average length is 130 cm, with a height of about 1 m. The male has long backward-curving horns, and the female has short horns. The wild goat climbs rocky cliffs as well as trees.

וְהָנֵי, מִדְּלָא קָחָשֵׁיב לְהוּ בַּהֲדֵי חַיּוֹת, שְׁמַע מִינָּהּ: דְּעֵז נִינְהוּ. מַתְקִיף לָהּ רַב אַחָא בַּר יַעֲקֹב, וְאֵימָא: ״אַיָּל וּצְבִי״ – פְּרָט, ״כׇּל בְּהֵמָה״ – כְּלָל,

And with regard to **these** forest goats, **since they are not reckoned among the undomesticated animals, learn from it that they are a** type **of goat**, as they are also called goats and have a goat-like appearance. **Rav Aḥa bar Yaakov objects to this:** Perhaps wild goats are a different species of undomesticated animal not explicitly mentioned in the verse, as the next verse provides a more general description, **and I will say** that the verse: **"A deer and a gazelle,** etc.," is a list of undomesticated animals, each of which is a specific **detail.** The next verse: "And **any animal,"** is **a generalization.**

פְּרָט וּכְלָל – נַעֲשָׂה כְּלָל מוּסָף עַל הַפְּרָט, אִיכָּא טוּבָא!

According to the principles for explicating verses, when there is a **detail and** then **a generalization, the generalization was made to expand beyond the detail.** Therefore, **there are more** species of kosher undomesticated animals than the verse lists, one of which may be forest goats.

אִם כֵּן, כׇּל הָנֵי פְּרָטֵי לָמָּה לִי? מַתְקִיף לָהּ רַב אַחָא בְּרֵיהּ דְּרַב אִיקָא: וְדִלְמָא מִינָא דְּאַקּוֹ נִינְהוּ?

The Gemara responds: **If so, why do I** need **all of these details?** The mention of a single undomesticated animal and then the generalization should suffice for applying the principle of: A detail and a generalization. Rather, these are the only kosher undomesticated animals, and the forest goat must therefore be a type of domesticated goat. **Rav Aḥa, son of Rav Ika, objects to this: But** even if forest goats are not a different type of undomesticated animal from those mentioned in the verse, **perhaps they are a type of wild goat,**[B] one of the undomesticated animals mentioned in the verse, rather than a type of domesticated goat.

אֲמַר לֵיהּ רַב אַחָא בְּרֵיהּ דְּרָבָא לְרַב אַשִׁי, וְאָמְרִי לָהּ רַב אַחָא בְּרֵיהּ דְּרַב אָוְיָא לְרַב אַשִׁי: דִּלְמָא מִינָא דִּתְאוֹ, אוֹ מִינָא דְּזֶמֶר נִינְהוּ? אֲמַר לֵיהּ רַב חָנָן לְרַב אַשִׁי: אַמֵימָר שָׁרֵי תַּרְבַּיְיהוּ.

With regard to this topic, **Rav Aḥa, son of Rava, said to Rav Ashi, and some say** it was **Rav Aḥa, son of Rav Avya,** who said **to Rav Ashi: Perhaps they are a type of aurochs** [*te'o*],[B] **or a type of wild sheep,**[B] which are also undomesticated animals. **Rav Ḥanan said to Rav Ashi:** Differing from Rav Hamnuna's opinion, **Ameimar deems** the consumption **of their fat permitted,** which is prohibited with regard to domesticated animals, indicating that he considers forest goats a species of undomesticated animal.

בְּעָא מִינֵּיהּ אַבָּא בְּרֵיהּ דְּרַב מִנְיָמִין בַּר חִיָּיא מֵרַב הוּנָא בַּר חִיָּיא: הָנֵי עִזֵּי דְּבָאלָא, מַהוּ לְגַבֵּי מִזְבֵּחַ? אֲמַר לֵיהּ: עַד כָּאן לָא פְּלִיגִי רַבִּי יוֹסֵי וְרַבָּנַן אֶלָּא בְּשׁוֹר הַבָּר,

Abba, son of Rav Minyamin bar Ḥiyya, inquired of Rav Huna bar Ḥiyya: What is the *halakha* with regard to offering **these forest goats** [*izei devala*] **on the altar?** Are they domesticated animals that may be sacrificed? Rav Huna bar Ḥiyya **said to him: Rabbi Yosei and the Rabbis disagree only with regard to the wild ox.**[H]

דִּתְנַן: שׁוֹר הַבָּר מִין בְּהֵמָה הוּא, רַבִּי יוֹסֵי אוֹמֵר: מִין חַיָּה; דְּרַבָּנַן סָבְרִי: מִדְּמִתַּרְגְּמִינַן ״תּוֹרְבָּלָא״ – מִינָא דִּבְהֵמָה הוּא, וְרַבִּי יוֹסֵי סָבַר: מִדְּקָא חָשֵׁיב לֵיהּ בַּהֲדֵי חַיּוֹת – מִינָא דְּחַיָּה הוּא; אֲבָל הָנֵי – דִּבְרֵי הַכֹּל מִינָא דְּעֵז נִינְהוּ.

As we learned in a mishna (*Kilayim* 8:6): **The wild ox is a species of domesticated animal. Rabbi Yosei says:** It is **a species of undomesticated animal. As the Rabbis hold that from the fact that** "aurochs" (Deuteronomy 14:5) **is translated** into Aramaic as: **Forest ox** [*turbala*],[BL] it can be understood that the wild ox **is a species of domesticated animal, and Rabbi Yosei holds: From the fact that it is reckoned among the undomesticated animals,** it can be derived that **it is a species of undomesticated animal.**[N] **But** with regard to **these** forest goats, which are not reckoned among the undomesticated animals, **all agree that they are a type of goat** and are fit to be sacrificed upon the altar.

BACKGROUND

Wild goat – **אַקּוֹ**: Some commentaries identify this biblical animal with the Nubian ibex, whose scientific name is *Capra ibex nubiana*. The Nubian ibex has a body and feet adapted to climbing in the desert, with legs that are short and sturdy with tough hooves. The male has long curving horns while the female has much shorter horns.

Aurochs [*te'o*] – **תְּאוֹ**: Although this word is sometimes translated as antelope, it may not actually refer to an antelope or to the animal nowadays called *te'o* in Hebrew, the buffalo. Some identify the biblical *te'o* as the aurochs, an extinct species of large wild cattle whose scientific name is *Bos primigenius*. That animal was approximately 3 m in length, with a height of almost 2 m. It was black and known for its great strength. Another suggestion as to the identity of the biblical *te'o* is the European bison, whose scientific name is *Bison bonasus*.

Ancient Greek depiction of an aurochs

Wild sheep – **זֶמֶר**: Although this animal is often identified as the wild sheep, its identity is not at all clear. In the Septuagint this Hebrew word is translated as spotted camel. Rav Se'adya Gaon identifies this biblical animal as the giraffe, whose scientific name is *Giraffa camelopardalis*, which refers to its camel-like appearance and the patches of color on its fur. The giraffe has all of the characteristics of a kosher animal, though it is different in form from other ruminants. It was brought to Egypt during the third millennium BCE, and it appears in several pictures that depict bringing gifts and paying taxes.

Wild ox…forest ox – **שׁוֹר הַבָּר...תּוֹרְבָּלָא**: Some commentaries state, in accordance with the opinion of Rav Se'adya Gaon, that the wild ox is the water buffalo, *Bubalus bubalis*, which is called *te'o* in modern Hebrew. This animal differs from common cattle in its strength, size, dark color, and the structure of its horns. It also spends long periods of time in the water because of its lack of sweat glands. It derives originally from East Asia, where it was domesticated as a work animal. Though the water buffalo is quiet and pleasant toward its caretakers, it can be very dangerous to strangers. Others have cast doubt on this identification, since the water buffalo apparently only arrived in Eretz Yisrael fairly late, perhaps even in the Middle Ages. Some suggest instead that the wild ox is the aurochs, an extinct species of large wild oxen held to be the ancestor of domesticated cattle.

The Sages themselves disagree with regard to the identity and status of the wild ox. Some simply consider it a feral strain of domesticated cattle (see Jerusalem Talmud, *Kilayim* 8:4), while others consider it a distinct species identical to the wild *te'o* mentioned in the Torah.

HALAKHA

The wild ox – **שׁוֹר הַבָּר**: The wild ox is considered a domesticated animal, in accordance with the opinion of the first *tanna*, who disagrees with Rabbi Yosei. Some authorities identify the wild ox as the water buffalo, while others hold that the water buffalo is simply a type of domesticated cattle; according to both opinions, the water buffalo is treated halakhically as a domesticated animal. Others suspect that that the water buffalo could be an undomesticated animal, and they require covering its blood without reciting a blessing (Rambam *Sefer Kedusha*, *Hilkhot Ma'akhalot Assurot* 1:8; *Shulḥan Arukh*, *Yoreh De'a* 80:3, 28:4, and in the comment of Rema).

LANGUAGE

Forest goats [*izei devala*]**…forest ox** [*turbala*] – **עִזֵּי דְבָאלָא...תּוֹרְבָּלָא**: According to Rashi, the linguistic element *bala*, or *bela*, means a forest, i.e., an area beyond the inhabited regions. One suggestion is that *bala* is derived from *bara*, which means: Outside or field, via the familiar substitution of the letter *lamed* for the letter *reish*. Similarly the *ge'onim* write that it refers to areas of fields or wilderness, and it is used in this manner in Mandaic, as well. Forest goats are, therefore, wild goats. In fact, some have a version of the text of the Gemara in which these animals are simply called wild goats (*Arukh*).

NOTES

From the fact that it is reckoned among the undomesticated animals it can be derived that it is a species of undomesticated animal – **מִדְּקָא חָשֵׁיב לֵיהּ בַּהֲדֵי חַיּוֹת מִינָא דְּחַיָּה הוּא**: In the Jerusalem Talmud (*Kilayim* 8:4) and in the *Tosefta* (*Kilayim* 1:9) it is explained that the Rabbis agree that the aurochs [*te'o*] mentioned in the verse (Deuteronomy 14:5) is actually an undomesticated animal. But as opposed to Rabbi Yosei, who assumes that it is the wild ox, the Rabbis identify the wild ox as a domesticated animal that is different from the aurochs. It is possible that the Rambam, who ruled against Rabbi Yosei even though the *amora'im* in this discussion appear to support his opinion, based his opinion upon these sources (see *Beur HaGra* to *Shulḥan Arukh*, *Yoreh De'a* 80:2).

מַתְקִיף לַהּ רַב אַחָא בְּרֵיהּ דְּרַב אִיקָא: וְדִלְמָא מִינָא דְּאַקּוֹ נִינְהוּ! אֲמַר לֵיהּ רָבִינָא לְרַב אַשִׁי: וְדִלְמָא מִינָא דְּתְאוֹ, אוֹ מִינָא דְּזֶמֶר נִינְהוּ? אֲמַר לֵיהּ רַב נַחְמָן לְרַב אַשִׁי: אַמֵימָר שָׁרֵי תַּרְבַּיְיהוּ.

Rav Aḥa, son of Rav Ika, objects to this: But perhaps they are a type of wild goat. Similarly, **Ravina said to Rav Ashi: But perhaps they are a type of aurochs, or a type of wild sheep.** Additionally, **Rav Naḥman said to Rav Ashi: Ameimar deems** the consumption **of their fat permitted,** which is prohibited with regard to domesticated animals, as he considers them undomesticated animals.

"כֵּיצַד הַשּׁוֹחֵט" וכו׳. אָמַר רַבִּי אוֹשַׁעְיָא: כּוּלָּהּ מַתְנִיתִין דְּלָא כְּרַבִּי שִׁמְעוֹן. מִמַּאי? מִדְּקָא תָּנֵי: קָדָשִׁים בַּחוּץ – הָרִאשׁוֹן חַיָּיב כָּרֵת, וּשְׁנֵיהֶם פְּסוּלִים, וּשְׁנֵיהֶם סוֹפְגִים אֶת הָאַרְבָּעִים. מִכְּדֵי שָׁמְעִינַן לֵיהּ לְרַבִּי שִׁמְעוֹן דְּאָמַר: שְׁחִיטָה שֶׁאֵינָהּ רְאוּיָה – לֹא שְׁמָהּ שְׁחִיטָה,

§ The mishna teaches: **How so? One who slaughters** an animal itself and its offspring, etc. **Rabbi Oshaya says: The entire mishna is not in accordance with** the opinion of **Rabbi Shimon. From where** is this derived? It is derived **from that** which the mishna **teaches:** If both animals were **sacrificial** animals slaughtered **outside** the Temple courtyard, **then** for slaughtering **the first** animal, **one is liable** to receive ***karet*****. And both** animals **are disqualified** for use as offerings, **and** for the slaughter of **both of them, one incurs forty** lashes. **Since we have heard that Rabbi Shimon says:** An act of **slaughter that is unfit**[H] to permit consumption of the meat **is not considered** to have the halakhic status of an act of **slaughter.**[N]

HALAKHA

An act of slaughter that is unfit – שְׁחִיטָה שֶׁאֵינָהּ רְאוּיָה: An act of slaughter that does not serve to permit the meat for consumption is nevertheless considered an act of slaughter with regard to the prohibition of: Itself and its offspring, in accordance with the opinion of the Rabbis in the mishna (Rambam *Sefer Kedusha*, *Hilkhot Sheḥita* 12:6).

NOTES

An act of slaughter that is unfit to permit consumption is not considered an act of slaughter – שְׁחִיטָה שֶׁאֵינָהּ רְאוּיָה לֹא שְׁמָהּ שְׁחִיטָה: This means that an act of slaughter that does not render the meat of the animal permitted for consumption is not considered an act of slaughter, and no obligation or prohibition created by an act of slaughter applies to the animal (Rashi on *Kiddushin* 58a). Rabbi Shimon's opinion is relevant to a number of *halakhot*, including covering the blood of a slaughtered undomesticated animal or bird (see 85a) and payment of four or five times the value of the animal if it was stolen and slaughtered (see *Bava Kamma* 70a). Further on (85a–b), the Gemara explains that Rabbi Shimon derives his opinion from the verse: "And slaughter and prepare the meat, for the men shall dine with me" (Genesis 43:16), which indicates that slaughtering meat is defined as an act that serves to prepare it for consumption.

Perek **V**
Daf **80** Amud **b**

קַמָּא מִיקְטַל קַטְלֵיהּ, שֵׁנִי – מִתְקַבֵּל בִּפְנִים הוּא, כָּרֵת נַמִי לִיחַיַּיב!

Therefore, when one slaughters a mother and its offspring that are both sacrificial animals outside the Temple courtyard, with regard to **the first,** it is as if **he has** simply **killed it** without ritual slaughter, since being slaughtered outside the Temple courtyard renders it unfit. Accordingly, **the second** would have been fit to be **accepted within** the Temple, and there would have been no prohibition against slaughtering it on that day. If so, when he slaughtered it outside the courtyard, why is he liable only to receive lashes? **Let him also be liable** to receive ***karet*****.**

חוּלִּין בִּפְנִים – שְׁנֵיהֶם פְּסוּלִין, וְהַשֵּׁנִי סוֹפֵג אֶת הָאַרְבָּעִים; מִכְּדֵי שָׁמְעִינַן לֵיהּ לְרַבִּי שִׁמְעוֹן דְּאָמַר: שְׁחִיטָה שֶׁאֵינָהּ רְאוּיָה לֹא שְׁמָהּ שְׁחִיטָה, קַמָּא – מִיקְטַל קַטְלֵיהּ, שֵׁנִי אַמַּאי סוֹפֵג אֶת הָאַרְבָּעִים?

Likewise, the same question may be asked with regard to what is taught in the mishna: If both animals were **non-sacred** and they were slaughtered **inside** the Temple courtyard, **both of them are unfit** for sacrifice. **And** for the slaughter of **the second** animal, **one incurs the forty** lashes. **Since we have heard that Rabbi Shimon says:** An act of **slaughter that is unfit is not considered** to have the halakhic status of an act of **slaughter,** with regard to **the first** animal, it is as if **he has** simply **killed it** without ritual slaughter, since a non-sacred animal slaughtered in the Temple courtyard is rendered unfit, as deriving benefit from it is prohibited. If so, **why,** for the slaughter of **the second** animal, **does one incur the forty** lashes?

קָדָשִׁים בִּפְנִים – הָרִאשׁוֹן כָּשֵׁר וּפָטוּר, וְהַשֵּׁנִי סוֹפֵג אֶת הָאַרְבָּעִים וּפָסוּל;

Similarly, the mishna teaches: If both animals were **sacrificial** animals slaughtered **inside** the Temple courtyard, **the first is fit** for sacrifice, **and** one who slaughters it is **exempt** from any punishment. **But** for the slaughter of **the second** animal, **one incurs the forty** lashes for the slaughter of an animal and its offspring on a single day, **and** it is **unfit** for sacrifice.

BACKGROUND

Sprinkled the blood – זָרֵיק דָּם: This term refers to the presentation of sacrificial blood on the altar, which is one of the four sacrificial rites performed for the sacrifice of every animal offering in the Temple. The manner in which the blood was presented on the altar varied according to the nature of the particular offering, but the presenting of the blood was always the essential element necessary for an offering to effect atonement. Accordingly, as soon as the blood was presented as required on the altar, the one who brought the offering achieved atonement, even if the later sacrificial rites connected with the offering were not completed in the required manner.

מִכְּדֵי שָׁמְעִינַן לֵיהּ לְרַבִּי שִׁמְעוֹן דְּאָמַר: שְׁחִיטָה שֶׁאֵינָהּ רְאוּיָה לָא שְׁמָהּ שְׁחִיטָה, שְׁחִיטַת קָדָשִׁים נַמִּי שְׁחִיטָה שֶׁאֵינָהּ רְאוּיָה הִיא, דְּכַמָּה דְּלָא זָרֵיק דָּם – לָא מִישְׁתְּרֵי בָּשָׂר, שֵׁנִי אַמַּאי סוֹפֵג אֶת הָאַרְבָּעִים וּפָסוּל? אֶלָּא, שְׁמַע מִינָּהּ דְּלָא כְּרַבִּי שִׁמְעוֹן.

Since we have heard that Rabbi Shimon says: An act of **slaughter that is unfit** to permit consumption of the animal **is not considered** to have the halakhic status of an act of **slaughter.** One can then raise the question: An act of **slaughter of sacrificial** animals **is also** considered an act of **slaughter that is unfit, because as long as one has not sprinkled the blood,**[B] **the meat is not permitted** to be burned on the altar or eaten. Since slaughtering the first animal is not considered slaughtering, **why,** for slaughtering **the second** animal, **does one incur the forty** lashes for slaughtering an animal and its offspring on a single day, **and** why is it **unfit? Rather, conclude from** this analysis **that** the mishna **is not in accordance with** the opinion of **Rabbi Shimon.**

פְּשִׁיטָא דְּהָכִי אִיתָא! שְׁחִיטַת קָדָשִׁים אִיצְטְרִיכָא לֵיהּ; סָלְקָא דַּעְתָּךְ אָמִינָא: שְׁחִיטַת קָדָשִׁים – שְׁחִיטָה רְאוּיָה הִיא, דְּהָא אִי נָחַר וְזָרֵיק דָּם – לָא מִישְׁתְּרֵי בָּשָׂר, וְכִי שָׁחַט – מִישְׁתְּרֵי בָּשָׂר, וּשְׁחִיטָה רְאוּיָה הִיא, קָא מַשְׁמַע לָן.

The Gemara asks: Isn't it **obvious that this is so?** There is no need for this long analysis. The Gemara answers: It **was necessary for** Rabbi Oshaya to mention that the mishna is not in accordance with the opinion of Rabbi Shimon due to the case of **slaughtering** an animal and its offspring that are **sacrificial** animals inside the Temple courtyard. This is because it may **enter your mind to say** that **slaughtering sacrificial** animals **is** considered **an** act of **slaughtering** that is **fit, because if he stabbed** the animal to death **and sprinkled** its **blood, the meat is not permitted, but if he slaughtered** it, **the meat is permitted and it is** considered **slaughtering** that is **fit** according to Rabbi Shimon. Therefore, he **teaches us** that it is not fit.

וְלִילְקֵי נַמִּי מִשּׁוּם לָאו דִּמְחוּסַּר זְמַן, דְּתַנְיָא: מִנַּיִן לְכָל הַפְּסוּלִין שֶׁבְּשׁוֹר וְשֶׁבְּשֶׂה שֶׁהוּא בְּ״לֹא יֵרָצֶה״?

§ With regard to the ruling that one who slaughters an animal and its offspring that are sacrificial animals inside the Temple courtyard receives lashes for violating the prohibition of: Itself and its offspring, when slaughtering the second animal, the Gemara suggests: **And let him be flogged also for** violating **the prohibition against** sacrificing an animal **whose time has not yet** arrived,[N] since it is forbidden to sacrifice it until the next day. **As it is taught** in a *baraita*: **From where** is it derived **with regard to all of the disqualifications of the bull,** i.e., any feature that disqualifies cattle brought as offerings, **and of the lamb,** i.e., sheep brought as offerings, **that** if one consecrates, slaughters, or burns on the altar an animal so disqualified, **he** violates the prohibition **of: It shall not be accepted,** and is flogged?

תַּלְמוּד לוֹמַר: ״וְשׁוֹר וָשֶׂה שָׂרוּעַ וְקָלוּט״ וגו׳ – לִימֵּד עַל הַפְּסוּלִין שֶׁבְּשׁוֹר וְשֶׁבְּשֶׂה שֶׁהוּא בְּ״לֹא יֵרָצֶה״!

It is derived from the fact that, in the middle of the passage prohibiting blemished animals from being sacrificed upon the altar, **the verse states: "Either a bull or a lamb that has anything too long or too short…** but for a vow it shall not be accepted" (Leviticus 22:23). Since this passage is already discussing a bull and lamb, it is unnecessary to mention them. Rather, this verse **taught about** all of **the disqualifications of the bull and of the lamb,** including that of an animal whose time has not yet arrived, **that** if one offers an animal with one of those disqualifications, **he** violates the prohibition **of: It shall not be accepted.**

כִּי קָא חָשֵׁיב – לָאוֵי דְּאוֹתוֹ וְאֶת בְּנוֹ, לָאוֵי נוּכְרָאֵי – לָא קָא חָשֵׁיב.

The Gemara answers: He receives lashes for violating that prohibition as well, but **when** the mishna **lists** the prohibitions violated by the actions described, it lists only **prohibitions** related to the prohibition **of: Itself and its offspring,** but **it does not list unrelated prohibitions.**

NOTES

The prohibition against sacrificing an animal whose time has not yet arrived – לָאו דִּמְחוּסַּר זְמַן: The prohibition against sacrificing an animal whose time has not yet arrived is stated in the verse: "When a bull, or a sheep, or a goat is born, then it shall be seven days with its mother; but from the eighth day and forward it may be accepted for an offering made by fire to the Lord" (Leviticus 22:27), which teaches that before the eighth day it is not accepted as an offering in the Temple. Immediately afterward it is stated: "And whether it be a bull or a sheep, you shall not slaughter it and its offspring both in one day" (Leviticus 22:28), from which the Sages derived in *Torat Kohanim* that one who violates this prohibition is also subject to the injunction: "It may be accepted for an offering," from the previous verse. Therefore, one who slaughters an animal and its offspring that are sacrificial animals on the same day has also violated a prohibition stemming from the positive mitzva of: "It may be accepted for an offering."

וְלָא? וְהָא קָדָשִׁים בַּחוּץ, דְּלָאוֵי נוּכְרָאֵי נִינְהוּ, וְקָא חָשֵׁיב! דִּקְתָנֵי: קָדָשִׁים בַּחוּץ, הָרִאשׁוֹן – חַיָּיב כָּרֵת, וּשְׁנֵיהֶם סוֹפְגִין אֶת הָאַרְבָּעִים;

The Gemara asks: **And** does the mishna **not** list unrelated prohibitions? **But** there are prohibitions with regard to **sacrificial** animals slaughtered **outside** the Temple courtyard, **which are unrelated prohibitions, and it lists them. As it teaches:** If both animals were **sacrificial** animals slaughtered **outside** the Temple courtyard, **then** for slaughtering **the first** animal, **one is liable** to receive ***karet***. And both animals are disqualified for use as offerings, **and** for the slaughter of **both of them one incurs forty** lashes apiece.

בִּשְׁלָמָא שֵׁנִי – מִשּׁוּם לָאו דְּאוֹתוֹ וְאֶת בְּנוֹ, אֶלָּא רִאשׁוֹן אַמַּאי סוֹפֵג – לָאו מִשּׁוּם לָאו דִּשְׁחוּטֵי חוּץ?

Granted, with regard to the **second** animal one is flogged **due to the prohibition of: Itself and its offspring. But** with regard to the **first** animal, **why does he incur** the forty lashes? **Isn't it due to the prohibition of** consecrated animals **slaughtered outside** the Temple courtyard? Therefore, with regard to the case of sacrificial animals slaughtered inside the Temple courtyard, the mishna should also have mentioned the unrelated prohibition of: It shall not be accepted.

כָּל הֵיכָא דְּלֵיכָּא לָאו דְּאוֹתוֹ וְאֶת בְּנוֹ – חָשֵׁיב לָאוֵי נוּכְרָאֵי, וְכָל הֵיכָא דְּאִיכָּא לָאו דְּאוֹתוֹ וְאֶת בְּנוֹ – לָא חָשֵׁיב לָאוֵי נוּכְרָאֵי.

The Gemara answers: **Wherever there is no** violation of **the prohibition of: Itself and its offspring,** for slaughtering an animal, the mishna **lists unrelated prohibitions, but wherever there is** a violation of **the prohibition of: Itself and its offspring,** the mishna **does not list unrelated prohibitions,** but only the prohibition of: Itself and its offspring.

רַבִּי זֵירָא אָמַר: הַנַּח לִמְחוּסַּר זְמַן, דִּהְכָתוּב

Rabbi Zeira said: Leave the prohibition against sacrificing an animal **whose time has not yet** arrived, **as the verse**

נִתְּקוֹ לַעֲשֵׂה, מַאי טַעְמָא? דְּאָמַר קְרָא: "מִיּוֹם הַשְּׁמִינִי וָהָלְאָה יֵרָצֶה", מִיּוֹם הַשְּׁמִינִי – אִין, מֵעִיקָּרָא – לָא, לָאו הַבָּא מִכְּלַל עֲשֵׂה – עֲשֵׂה.

transmuted it from the standard prohibition of: It shall not be accepted, which is violated in the case of the other disqualifications, **into** a prohibition that stems from **a positive mitzva. What is the reasoning** by which this is derived? It is derived from that **which the verse states: "From the eighth day and forward it may be accepted** for an offering" (Leviticus 22:27), which teaches that **from the eighth day** after its birth, **yes,** it may be sacrificed as an offering, but **initially,** before the eighth day, **no,** it may not be sacrificed. Therefore, this is **a prohibition that stems from a positive mitzva,**[B] which is not considered a negative prohibition for which one is flogged, but rather **a positive mitzva.**

וְהָא מִיבְּעֵי לֵיהּ לְכִדְרַבִּי אַפְטוֹרִיקִי! דְּרַבִּי אַפְטוֹרִיקִי רָמֵי, כְּתִיב: "וְהָיָה שִׁבְעַת יָמִים תַּחַת אִמּוֹ" – הָא לֵילְיָא חָזֵי, וּכְתִיב: "מִיּוֹם הַשְּׁמִינִי וָהָלְאָה יֵרָצֶה", מִיּוֹם הַשְּׁמִינִי וָהָלְאָה – אִין, לֵילְיָא – לָא;

The Gemara asks: **But this verse is required for** the statement **of Rabbi Aptoriki,**[L] **as Rabbi Aptoriki raises a contradiction: It is written: "Then it shall be seven days with its mother"** (Leviticus 22:27), indicating that on **the night** after the seventh day it is already fit to be sacrificed. **But it is also written** in that verse: **"From the eighth day and forward it may be accepted,"** indicating that **from the eighth day forward, yes,** it is fit, but on **the night** before it is **not.**

הָא כֵּיצַד? לֵילְיָא – לִקְדוּשָּׁה, יוֹם – לְהַרְצָאָה! כְּתִיב קְרָא אַחֲרִינָא: "כֵּן תַּעֲשֶׂה לְשֹׁרְךָ לְצֹאנֶךָ".

How can **these** texts be reconciled? **The night** after the seventh day is fit **for consecration,** which is permitted at that time, while **the** eighth **day** is fit **for effecting acceptance,** and only then may it be sacrificed on the altar. The Gemara answers that **another verse is** also **written** that specifies this positive mitzva: **"So shall you do with your ox and with your sheep;** seven days shall it be with its mother; on the eighth day you shall give it to Me" (Exodus 22:29).

BACKGROUND

Prohibition that stems from a positive mitzva – **לָאו הַבָּא מִכְּלַל עֲשֵׂה**: This is an implicit Torah prohibition that the Torah itself does not mention explicitly, but rather is derived from a positive mitzva. For example, the Torah states with regard to the Paschal offering (Exodus 12:8): "And they shall eat the meat during that night." This positive statement is interpreted by the Sages as a prohibition against eating the Paschal offering during the day (*Pesaḥim* 41b). Since it is derived from a positive mitzva, a violation of this prohibition is considered like the violation of a positive mitzva. Accordingly, a court will not administer any punishment for such a violation.

LANGUAGE

Aptoriki – **אַפְטוֹרִיקִי**: Apparently from the Latin word patricus, which signifies a nobleman or one with aristocratic ancestry.

אָמַר רַב הַמְנוּנָא: אוֹמֵר הָיָה רַבִּי שִׁמְעוֹן, אֵין אוֹתוֹ וְאֶת בְּנוֹ נוֹהֵג בְּקָדָשִׁים, מַאי טַעְמָא? כֵּיוָן דְּאָמַר רַבִּי שִׁמְעוֹן: שְׁחִיטָה שֶׁאֵינָהּ רְאוּיָה לָא שְׁמָהּ שְׁחִיטָה – שְׁחִיטַת קָדָשִׁים נַמִי שְׁחִיטָה שֶׁאֵינָהּ רְאוּיָה הִיא.

§ The Gemara returns to discussing Rabbi Shimon's opinion with regard to slaughtering an animal and its offspring on the same day. **Rav Hamnuna says** that **Rabbi Shimon would say:** The prohibition against slaughtering an animal **itself and its offspring does not apply to sacrificial** animals. **What is the reason?** The reason is that **since Rabbi Shimon says** that an act of **slaughter that is unfit** to permit consumption **is not considered** to have the halakhic status of an act of **slaughter,** the prohibition will not apply here. This case of **slaughtering sacrificial** animals **is also** considered **slaughter that is unfit,** in that the flesh may not be burned upon the altar or eaten until the blood has been presented.

מְתִיב רָבָא: אוֹתוֹ וְאֶת בְּנוֹ קָדָשִׁים בַּחוּץ – רַבִּי שִׁמְעוֹן אוֹמֵר: שֵׁנִי בְּלֹא תַעֲשֶׂה; שֶׁהָיָה רַבִּי שִׁמְעוֹן אוֹמֵר: כָּל הָרָאוּי לָבֹא לְאַחַר זְמַן – הֲרֵי הוּא בְּלֹא תַעֲשֶׂה, וְאֵין בּוֹ כָּרֵת. וַחֲכָמִים אוֹמְרִים: כָּל שֶׁאֵין בּוֹ כָּרֵת – אֵינוֹ בְּלֹא תַעֲשֶׂה.

Rava raises an objection from a *baraita*: If one slaughtered an animal **itself and its offspring** and both animals were **sacrificial** animals slaughtered **outside** the Temple courtyard, **Rabbi Shimon says:** For slaughtering the **second** animal he transgresses **a prohibition** in slaughtering it outside the Temple, **as Rabbi Shimon would say:** With regard to **any** offering **that is fit to come** to the altar **after** a certain amount of **time** and is offered outside the Temple before that time, **he** who slaughters it transgresses **a prohibition, but there is no** liability to receive *karet*. **And the Rabbis say:** With regard to **any** offering slaughtered outside of the Temple **for which there is no** liability to receive ***karet*** because it is unfit to be an offering at that time, he who sacrifices it also **does not** transgress **a prohibition.**

וְקַשְׁיָא לָן: קָדָשִׁים בַּחוּץ, שֵׁנִי בְּלֹא תַעֲשֶׂה? קַמָּא – מִיקְטַל קְטַל, שֵׁנִי – מְקַבֵּל בִּפְנִים הוּא, כָּרֵת נַמִי לִיחַיֵּיב!

And this statement in the *baraita* is **difficult for us:** If both animals were **sacrificial** animals slaughtered **outside** the Temple courtyard, Rabbi Shimon says: For slaughtering the **second** animal he transgresses **a prohibition** for slaughtering outside the Temple. According to Rabbi Shimon, slaughter that is unfit for consumption is not considered slaughter. Therefore, with regard to **the first** animal, it is as if **he has killed** it without ritual slaughter, since its slaughter was unfit, and the **second** animal **would be accepted inside** the Temple upon the altar. Therefore, **let** one who slaughters it outside of the Temple **be liable** to receive ***karet* as well.**

וַאֲמַר רָבָא, וְאָמְרִי לַהּ כְּדִי: חַסּוּרֵי מִיחַסְּרָא, וְהָכִי קָתָנֵי: קָדָשִׁים שְׁנֵיהֶם בַּחוּץ, לְרַבָּנַן – רִאשׁוֹן עָנוּשׁ כָּרֵת, שֵׁנִי פָּסוּל, וּפָטוּר מִלָּאו דִּשְׁחוּטֵי חוּץ;

And Rava said, and some say it unattributed:[B] The *baraita* **is incomplete and this is what** it is **teaching:** If one slaughters an animal and its offspring that are both **sacrificial** animals, and **both of them** are slaughtered **outside** the Temple courtyard, **according to** the opinion of **the Rabbis,** the slaughter of **the first** animal **is punishable by** ***karet,*** while the **second** animal **is disqualified** as its time has not yet arrived, **and** therefore, for its slaughter one is **exempt from** punishment for violating **the prohibition of** offerings **slaughtered outside** the Temple.

לְרַבִּי שִׁמְעוֹן – שְׁנֵיהֶם עֲנוּשִׁים כָּרֵת.

According to the opinion of **Rabbi Shimon,** the slaughter of **both of them,** including the second one alone, is **punishable by** ***karet.*** This is because the slaughter of the first is not considered slaughter, and therefore it does not disqualify the second through the prohibition of: Itself and its offspring.

אֶחָד בַּחוּץ וְאֶחָד בִּפְנִים, לְרַבָּנַן – רִאשׁוֹן עָנוּשׁ כָּרֵת, שֵׁנִי פָּסוּל וּפָטוּר; לְרַבִּי שִׁמְעוֹן – שֵׁנִי כָּשֵׁר.

If an animal and its offspring that are sacrificial animals are slaughtered, the first **one outside** the Temple courtyard, **and** the second **one inside** the Temple courtyard, **according to** the opinion of **the Rabbis,** the slaughter of the **first is punishable by** ***karet,*** while the **second** animal **is disqualified** as its time has not yet arrived, **and** its slaughterer is **exempt** from punishment for its slaughter outside the Temple, because he slaughtered it inside the Temple. **According to** the opinion of **Rabbi Shimon,** the **second** animal is **fit** for the altar, and it is sacrificed, as the slaughter of the first animal is not considered slaughter, and therefore the slaughter of the second does not violate the prohibition of a mother and its offspring.

BACKGROUND

Unattributed [*kedi*] – כְּדִי: There is a dispute among the commentaries as to the meaning of the last word in this expression, and Rashi himself interprets it differently in different places. One interpretation is that *kedi* is the name, or nickname (Maharatz Ḥayyut), of a specific Sage, while another interpretation is that *kedi* means: Unattributed, and indicates that the statement is quoted without attributing it to a specific Sage. The interpretation of the *ge'onim* is similar to Rashi's second interpretation, as they hold that *kedi* is an abbreviated version of the Aramaic *kedehi*, meaning: As it is, without a name for the speaker.

אֶחָד בִּפְנִים וְאֶחָד בַּחוּץ, לְרַבָּנַן – רִאשׁוֹן כָּשֵׁר וּפָטוּר, שֵׁנִי פָּסוּל וּפָטוּר; לְרַבִּי שִׁמְעוֹן – שֵׁנִי בְּלָא תַעֲשֶׂה.

If an animal and its offspring that are sacrificial animals are slaughtered, the first **one inside** the Temple courtyard **and** the second **one outside** the Temple courtyard, **according to** the opinion of **the Rabbis,** the **first** animal **is fit** for the altar, **and** one who slaughters it **is exempt** from any punishment, as its slaughter is perfectly legitimate. The **second is unfit** for the altar, as it was slaughtered outside the Temple, **but** its slaughterer is **exempt** from punishment for its slaughter outside the Temple because it is unfit for the altar, as its time has not yet arrived. **According to** the opinion of **Rabbi Shimon,** for slaughtering the **second** animal outside the Temple one transgresses **a prohibition,** as he holds that an offering whose time has not yet arrived that was slaughtered outside the Temple violates a prohibition.

וְאִי סָלְקָא דַּעְתָּךְ: אֵין אוֹתוֹ וְאֶת בְּנוֹ נוֹהֵג בְּקָדָשִׁים, שֵׁנִי אַמַּאי בְּלָא תַעֲשֶׂה וְתוּ לָא? כָּרֵת נַמִי לִיחַיֵּיב!

Rava now explains his objection: **And if it enters your mind** that the prohibition of: **Itself and its offspring,** does **not apply to sacrificial** animals, then with regard to slaughtering the **second** animal outside the Temple, **why** does one transgress only **a prohibition and nothing more? Let him be liable** to receive *karet* **as well,** as since its slaughter does not violate the prohibition of: Itself and its offspring, it would fit to be sacrificed inside the Temple. Therefore, it is clear that the prohibition of: Itself and its offspring, does apply to sacrificial animals.

אֶלָּא אָמַר רָבָא, הָכִי קָא אָמַר רַב הַמְנוּנָא: אֵין מַלְקוֹת אוֹתוֹ וְאֶת בְּנוֹ נוֹהֵג בְּקָדָשִׁים;

Rather, Rava said: This is what Rav Hamnuna is saying: Though the prohibition of: Itself and its offspring, does apply to sacrificial animals, the administering of **lashes for** violating the prohibition of: **Itself and its offspring, does not apply to sacrificial animals.**[N]

כֵּיוָן דְּכַמָּה דְּלָא זָרֵיק דָּם לָא מִישְׁתְּרֵי בָּשָׂר, מֵעִידָּנָא דְּקָא שָׁחֵיט הָוֵאי הַתְרָאַת סָפֵק, וְהַתְרָאַת סָפֵק לָא שְׁמָהּ הַתְרָאָה.

The reason is that **since as long as one has not sprinkled the blood, the flesh is not permitted** to be burned on the altar or eaten, **at the time that one slaughters** the second animal, when he receives a forewarning that his action violates the prohibition of: Itself and its offspring, **it is an uncertain forewarning,**[N] because if the blood will not be sprinkled, the flesh will not be permitted, sparing him from violating the prohibition of: Itself and its offspring. **And an uncertain forewarning is not considered** a valid **forewarning**[H] that renders one liable to receive lashes.

וְאָזְדָא רָבָא לְטַעְמֵיהּ, דְּאָמַר רָבָא: הִיא חוּלִּין וּבְנָהּ שְׁלָמִים, שָׁחַט חוּלִּין וְאַחַר כָּךְ שָׁחַט שְׁלָמִים – פָּטוּר.

And Rava follows his line of **reasoning, as Rava says:** According to Rabbi Shimon, who holds that one does not incur punishment for the prohibition of: Itself and its offspring, for a slaughtering that is unfit, if **she,** the mother, **is non-sacred, and her offspring is a peace offering,** and one **slaughtered** the **non-sacred** mother, **and afterward** one **slaughtered** her offspring that is **a peace offering** on the same day, he is **exempt** for slaughtering the offspring. This is because the forewarning for slaughtering the offspring is uncertain as its blood might not be sprinkled, rendering the slaughter unfit.

שְׁלָמִים וְאַחַר כָּךְ חוּלִּין – חַיָּיב. וְאָמַר רָבָא: הִיא חוּלִּין וּבְנָהּ עוֹלָה, לָא מִיבַּעְיָא שָׁחַט חוּלִּין וְאַחַר כָּךְ שָׁחַט עוֹלָה – דְּפָטוּר,

But if one slaughtered the offspring that is **a peace offering** first and sprinkled its blood, **and afterward** he slaughtered the **non-sacred** mother, he is **liable** to receive lashes for slaughtering the mother. Once the non-sacred mother is slaughtered, the meat is fit; therefore, the forewarning is definite. **And Rava says: If she,** the mother, **is non-sacred, and her offspring is** sacrificed as **a burnt offering,** and both are slaughtered on the same day, **it is not necessary** to state that if one **slaughtered** the **non-sacred** mother, **and afterward** he **slaughtered** her offspring as **a burnt offering, that** he is **exempt.**

NOTES

Rather Rava said…the administering of lashes for violating the prohibition of itself and its offspring does not apply to sacrificial animals – אֶלָּא אָמַר רָבָא...אֵין מַלְקוֹת אוֹתוֹ וְאֶת בְּנוֹ נוֹהֵג בְּקָדָשִׁים: Here Rava maintains that, as opposed to what was stated previously, Rav Hamnuna is saying that the act of slaughtering a sacrificial animal is considered a fit act of slaughter. The reason is, as the Gemara stated earlier, that simply killing the animal would not enable the sprinkling of the blood to permit the flesh. Therefore, if the first animal is slaughtered and its blood is sprinkled, one may not slaughter the second animal that day due to the prohibition of: Itself and its offspring. Nevertheless, one is not flogged for violating this prohibition because of the uncertainty involved in the forewarning.

As long as one has not sprinkled…at the time that one slaughters the animal it is an uncertain forewarning – כַּמָּה דְּלָא זָרֵיק...מֵעִידָּנָא דְּקָא שָׁחֵיט הָוֵאי הַתְרָאַת סָפֵק: Rashi maintains that there is no need for this explanation and that it is simply mistaken, since any slaughter of a parent and its offspring that are sacrificial animals cannot lead to lashes for the transgressor, as the second animal is one whose time has not yet arrived, which makes its slaughter an unfit slaughter. Therefore, Rashi deletes this explanation from the text. The other early commentaries disagree and maintain that an act of slaughter that is unfit only because of the prohibition of: Itself and its offspring, is not exempt from the prohibition of: Itself and its offspring. Therefore, the opinion of Rabbi Shimon must be explained by the uncertainty involved in the forewarning.

HALAKHA

An uncertain forewarning is not considered a forewarning – הַתְרָאַת סָפֵק לָא שְׁמָהּ הַתְרָאָה: An uncertain forewarning is where a person about to perform an action is informed that if he performs the action and no mitigating circumstance occurs, he will receive lashes. Such a forewarning is considered a legitimate forewarning, and one is flogged based upon it, in accordance with the opinion of Rabbi Yoḥanan in *Pesaḥim* (63b), as opposed to the opinion of Rav Hamnuna here. There may be uncertainty with regard to the existence of the prohibition, such as when one slaughters the mother animal but the act of slaughter may have been invalid, which would allow the slaughter of the offspring. In such a case, although slaughtering the offspring is prohibited on that day, if one slaughtered it he does not receive lashes (Rambam *Sefer Kedusha, Hilkhot Sheḥita* 12:5 and *Sefer Shofetim, Hilkhot Sanhedrin* 16:4).

אֶלָּא, אֲפִילּוּ שָׁחַט עוֹלָה וְאַחַר כָּךְ שָׁחַט חוּלִּין – פָּטוּר, שְׁחִיטָה קַמַּיְיתָא לָאו שְׁחִיטָה בַּת אֲכִילָה הִיא.

But even if one **slaughtered** the offspring as **a burnt offering** and sprinkled its blood, **and afterward slaughtered** the **non-sacred** mother, he is **exempt.** The reason is that **the slaughter** of the **first** animal **is not** an act of **slaughter subject to consumption,** as a burnt offering is entirely burned upon the altar, and according to Rabbi Shimon, it is an act of slaughter that is improper, in that it does not render the meat fit to be eaten, is not considered slaughter.

וְרַבִּי יַעֲקֹב אָמַר רַבִּי יוֹחָנָן: אֲכִילַת מִזְבֵּחַ שְׁמָהּ אֲכִילָה; מַאי טַעְמָא? דְּאָמַר קְרָא: "וְאִם הֵאָכֹל יֵאָכֵל מִבְּשַׂר זֶבַח שְׁלָמָיו"

And Rabbi Ya'akov says that **Rabbi Yoḥanan says: Consumption by the altar is considered consumption. What is the reason?** The reason is **that the verse states** with regard to an offering that was sacrificed with the intent to consume it after its designated time [*piggul*]: **"And if any of the flesh of the sacrifice of his peace offerings be at all eaten** [*he'akhol ye'akhel*][N] on the third day, it shall not be accepted" (Leviticus 7:18).

בִּשְׁתֵּי אֲכִילוֹת הַכָּתוּב מְדַבֵּר, אֶחָד אֲכִילַת אָדָם וְאֶחָד אֲכִילַת מִזְבֵּחַ.

The repetitive expression "*he'akhol ye'akhel*" teaches that **the verse is speaking of two** types of **consumption: One is human consumption, and** the other **one is consumption by the altar,** and both are considered consumption with regard to *piggul* and other matters. Therefore, the slaughter of a burnt offering is considered slaughter that is fit for consumption, and the slaughter of a mother animal and its offspring, one of which is sacrificed as a burnt offering on the same day as the slaughter of the other, renders one liable to receive lashes even according to the opinion of Rabbi Shimon.

מתני׳ הַשּׁוֹחֵט וְנִמְצָא טְרֵפָה, הַשּׁוֹחֵט לַעֲבוֹדָה זָרָה, וְהַשּׁוֹחֵט פָּרַת חַטָּאת, וְשׁוֹר הַנִּסְקָל, וְעֶגְלָה עֲרוּפָה – רַבִּי שִׁמְעוֹן פּוֹטֵר, וַחֲכָמִים מְחַיְּיבִין.

MISHNA With regard to **one who slaughters** an animal and its offspring **and** one of them **is discovered to be an animal with a wound that would have caused it to die within twelve months** [*tereifa*][H] and may not be eaten, **or one who slaughters** one of the animals **for the sake of idol worship,** from which deriving benefit is prohibited, **or one who slaughters the** red **heifer of purification,**[B] **or an ox that** was to have been **stoned,**[B] **or a heifer whose neck** was **to** have been **broken,**[B] all of which are animals from which deriving benefit is prohibited, **Rabbi Shimon deems** one who slaughters them **exempt** from lashes for the slaughter of a mother and its offspring, as in his opinion, slaughter that does not render the animal fit for consumption is not considered slaughter and does not violate the prohibition. **And the Rabbis deem** him **liable,** as the slaughter need not render the animal fit for consumption in order to violate the prohibition.

NOTES

And if any of the flesh of the sacrifice of his peace offerings be at all eaten – וְאִם הֵאָכֹל יֵאָכֵל מִבְּשַׂר זֶבַח שְׁלָמָיו: This verse relates to the *halakha* of *piggul*, where a priest who performs the rites of an offering has the intention to eat from it after the designated time when it must be consumed. This renders the offering *piggul*. It is unfit for offering on the altar, and anyone who eats of its meat is liable to receive *karet*. The Sages interpret the statement: "And if any of the flesh of the sacrifice of his peace offerings be at all eaten on the third day," to mean that if one intends to consume the offering at a time when that consumption is no longer permitted, whether the intention was to effect human consumption or consumption by the altar, it shall not be accepted and is *piggul*.

HALAKHA

One who slaughters an animal and its offspring and one of them is discovered to be a *tereifa* – הַשּׁוֹחֵט וְנִמְצָא טְרֵפָה: If one slaughters an animal that is discovered to be a *tereifa*, slaughters for the purpose of idolatry, slaughters a heifer whose neck was to have been broken, slaughters the red heifer of purification, or slaughters an ox that was to have been stoned, and then another person slaughters that animal's offspring or mother, the second person is flogged. This is because an act of slaughter that does not permit the animal to be consumed is nevertheless considered slaughter. This ruling is in accordance with the statement (85a) that Rabbi Yehuda HaNasi saw fit to rule in accordance with Rabbi Meir's opinion on this issue and therefore recorded it as the unattributed opinion (Rambam *Sefer Kedusha*, *Hilkhot Sheḥita* 12:6 and *Kesef Mishne* there).

BACKGROUND

Red heifer of purification – פָּרַת חַטָּאת: In order to eliminate the ritual impurity imparted by a human corpse, one must be purified by means of water mixed with the ashes of a red heifer (see Numbers 19:1–22). This heifer and all of its hairs must be entirely red; even two black hairs disqualifies it for this ritual. Similarly, it may not have any blemishes, nor may it have been used for any labor. The red heifer was slaughtered on the Mount of Olives outside Jerusalem, and its blood was sprinkled seven times in the direction of the Temple. Its body was then burned on a special pyre, to which cedar-wood, hyssop, and scarlet wool were added (see Numbers 19:6). The ashes from this pyre were then gathered and mixed in a vessel with water drawn from a spring. Three hyssop branches were dipped in the water that was then sprinkled on the impure person. A single drop from the mixture suffices to transform an individual from a ritually impure person to a pure one, regardless of where the water lands on his body.

Ox that was to have been stoned – שׁוֹר הַנִּסְקָל: An ox that killed a person is stoned to death, whether or not the ox had previously displayed violent tendencies and whether the victim was an adult, a child, or a Canaanite slave. It is prohibited to derive any benefit from an ox that is stoned, not only after its execution, but from the moment the court of twenty-three judges delivers its verdict. The term: Ox that is stoned, is employed as a generic term to describe any domesticated animal or non-domesticated animal that killed a person, whether it is a large or small animal, or even a bird.

Heifer whose neck was to have been broken – עֶגְלָה עֲרוּפָה: When a murder victim's corpse is found outside a town and it is not known who killed him, the following procedure is observed (see Deuteronomy 21:1–9): First, judges who are members of the Great Sanhedrin come to measure the distance between the corpse and the nearest towns, to determine which town must perform the rite of the heifer whose neck is broken. This measurement is carried out even if it is clear which town is closest to the corpse. Afterward, the elders of that town bring a heifer that has never been used for any labor, and they break its neck in a rough valley that has not been tilled. The elders wash their hands and make a statement absolving themselves of guilt. If the murderer is discovered before the heifer has been killed, the rite is not performed.

הַשּׁוֹחֵט וְנִתְנַבְּלָה בְּיָדוֹ, וְהַנּוֹחֵר, וְהַמְעַקֵּר – פָּטוּר מִשּׁוּם אוֹתוֹ וְאֶת בְּנוֹ.

All agree that **one who slaughters** an animal **and it becomes a carcass by his hand**[H] because the slaughter was invalid, **or one who stabs** an animal, **or one who uproots** the windpipe and the gullet,[N] is **exempt with regard to** the prohibition against slaughtering a **mother and its offspring,**[N] as it is written: "You shall not slaughter it and its offspring both in one day" (Leviticus 22:28), and in these cases, no ritual slaughter was performed.

גמ׳ אָמַר רַבִּי שִׁמְעוֹן בֶּן לָקִישׁ: לֹא שָׁנוּ אֶלָּא שֶׁשָּׁחַט רִאשׁוֹן לַעֲבוֹדָה זָרָה וְשֵׁנִי לְשֻׁלְחָנוֹ, אֲבָל רִאשׁוֹן לְשֻׁלְחָנוֹ וְשֵׁנִי לַעֲבוֹדָה זָרָה – פָּטוּר, דְּקָם לֵיהּ בִּדְרַבָּה מִינֵּיהּ.

GEMARA **Rabbi Shimon ben Lakish says:** The Rabbis in the mishna **taught** that one is liable when one of the animals is slaughtered for the sake of idol worship **only when he slaughtered** the **first** animal **for** the sake of **idol worship and** the **second** animal **for his** own **table. But** if he slaughtered the **first** animal **for his** own **table and** the **second** animal **for** the sake of **idol worship,** he is **exempt** from lashes for the second act of slaughter, **as he receives** only **the greater** punishment,[B] that for idol worship, which is death.

אָמַר לֵיהּ רַבִּי יוֹחָנָן: זוֹ – אֲפִילּוּ תִּינוֹקוֹת שֶׁל בֵּית רַבָּן יוֹדְעִין אוֹתָהּ! אֶלָּא, פְּעָמִים שֶׁאֲפִילּוּ שָׁחַט רִאשׁוֹן לְשֻׁלְחָנוֹ וְשֵׁנִי לַעֲבוֹדָה זָרָה – חַיָּיב,

Rabbi Yoḥanan said to him: Even schoolchildren know this *halakha*, that one who is liable to receive two punishments receives only the greater punishment. **Rather, sometimes, even if he slaughtered** the **first for his own table and** the **second for** the sake of **idol worship,** he is **liable** to receive lashes for the second act of slaughter.

כְּגוֹן דְּאַתְרוּ בֵּיהּ מִשּׁוּם אוֹתוֹ וְאֶת בְּנוֹ, וְלָא אַתְרוּ בּוֹ מִשּׁוּם עֲבוֹדָה זָרָה. וְרַבִּי שִׁמְעוֹן בֶּן לָקִישׁ אָמַר: כֵּיוָן דְּכִי אַתְרוּ בֵּיהּ פָּטוּר – כִּי לָא אַתְרוּ בֵּיהּ נַמִי פָּטוּר.

This occurs, **for example, where** the witnesses **forewarned him** before the second act of slaughter **with regard to** the prohibition of: **Itself and its offspring,**[H] **but** they **did not forewarn him with regard to idol worship.** Since he is not punished for performing idol worship, he receives lashes for the less severe transgression. **And Rabbi Shimon ben Lakish says: Since, had they forewarned him** with regard to idol worship he would have been **exempt** from lashes; therefore, even **if they did not forewarn him** with regard to idol worship, **he is also exempt** from lashes.

וְאָזְדוּ לְטַעְמַיְיהוּ, דְּכִי אֲתָא רַב דִּימִי אָמַר: חַיָּיבֵי מִיתוֹת שׁוֹגְגִין, וְחַיָּיבֵי מַלְקוֹת שׁוֹגְגִין, וְדָבָר אַחֵר – רַבִּי יוֹחָנָן אוֹמֵר חַיָּיב, וְרֵישׁ לָקִישׁ אוֹמֵר פָּטוּר;

The Gemara notes: **And they** each **follow their** known lines of **reasoning** in this matter. **As when Rav Dimi came** to Babylonia from Eretz Yisrael **he said:** With regard to **those** who **unwittingly** performed a transgression for which one is **liable to** receive the **death** penalty[H] if one performed it intentionally, **or those** who **unwittingly** performed a transgression for which one is **liable** to receive **lashes, and** that transgression also involved **another matter,** monetary payment, and they were forewarned with regard to the monetary penalty but not with regard to the lashes or the death penalty, **Rabbi Yoḥanan says:** He is **liable** to pay; **and Reish Lakish says:** He is **exempt.**

רַבִּי יוֹחָנָן אוֹמֵר חַיָּיב – דְּהָא לָא אַתְרוּ בּוֹ, וְרֵישׁ לָקִישׁ אוֹמֵר פָּטוּר, דְּכֵיוָן דְּכִי אַתְרוּ בֵּיהּ פָּטוּר – כִּי לָא אַתְרוּ בֵּיהּ נַמִי פָּטוּר.

The Gemara clarifies the rationales for their statements. **Rabbi Yoḥanan says** that he is **liable; since they did not forewarn him** with regard to the severe transgression, he sinned unwittingly, and he remains liable only to pay the monetary payment. **And Reish Lakish says** that he is **exempt; since had they forewarned him** with regard to the severe transgression, he would have been **exempt** from the monetary payment, **when they did not forewarn him,** he is **also exempt.**

NOTES

Or one who stabs [*noḥer*] an animal, or one who uproots the windpipe and the gullet – וְהַנּוֹחֵר וְהַמְעַקֵּר: Rashi on 17a interprets the word *noḥer* to mean that one cuts open the animal starting from its nostrils down to its chest (see Rashi on 85b), while other commentaries interpret it as stabbing. The word uproots means uprooting the windpipe and the gullet instead of slicing them with a knife.

Exempt with regard to the prohibition against slaughtering a mother and its offspring – פָּטוּר מִשּׁוּם אוֹתוֹ וְאֶת בְּנוֹ: In these cases, even the Rabbis, who maintain that an act of slaughter that does not render an animal fit is considered an act of slaughter, agree that he is exempt, as that is only when an external prohibition causes the slaughter to become unfit. When the slaughter itself is inherently invalid, they agree that one is exempt.

HALAKHA

One who slaughters an animal and it becomes a carcass by his hand – הַשּׁוֹחֵט וְנִתְנַבְּלָה בְּיָדוֹ: One who stabs an animal to death, or one who slaughters an animal in a manner that renders it a carcass, is not considered to have slaughtered the animal. Therefore, it is permitted to slaughter the animal's offspring or its mother on that same day. Similarly, when the first animal is slaughtered appropriately, if one stabs the second animal to death he is exempt (Rambam *Sefer Kedusha*, *Hilkhot Sheḥita* 12:3; *Shulḥan Arukh*, *Yoreh De'a* 16:9).

Where the witnesses forewarned him before the second slaughter with regard to the prohibition of itself and its offspring – דְּאַתְרוּ בֵּיהּ מִשּׁוּם אוֹתוֹ וְאֶת בְּנוֹ: If one slaughters an animal for the sake of idol worship after having slaughtered its mother or offspring on that same day, he is exempt from punishment for violating the prohibition of: Itself and its offspring, since he is liable to receive the death penalty. But if he is forewarned with regard to: Itself and its offspring, but he is not forewarned with regard to idol worship, he receives lashes, in accordance with the opinion of Rabbi Yoḥanan, as the *halakha* follows his opinion in his disputes with Reish Lakish (Rambam *Sefer Kedusha*, *Hilkhot Sheḥita* 12:7).

Those who unwittingly performed a transgression for which one is liable to receive the death penalty, etc. – חַיָּיבֵי מִיתוֹת שׁוֹגְגִין וכו׳: One who transgresses a prohibition that, if performed intentionally and with forewarning, would entail a court-imposed death penalty as well as a monetary payment, is exempt from the monetary payment, even if he transgressed unwittingly and is not liable to receive the death penalty. If one transgresses a prohibition entailing lashes as well as a monetary payment, he receives lashes and does not pay. In contrast to a transgression entailing a court-imposed death penalty, if he transgresses unintentionally, or is not forewarned with regard to the lashes, he pays and does not receive lashes (Rambam *Sefer Nezikin*, *Hilkhot Geneiva* 3:1; see *Leḥem Mishne* on Rambam *Sefer Shofetim*, *Hilkhot Sanhedrin* 16:5).

BACKGROUND

He receives only the greater punishment – קָם לֵיהּ בִּדְרַבָּה מִינֵּיהּ: A principle with regard to penalties is that one who has committed two or more transgressions by performing a single act is exempt from punishment for the less severe transgression. Consequently, one who commits an act warranting the death penalty or lashes, as well as the payment of monetary compensation, receives the more severe penalty, i.e., the death penalty or lashes, and he is exempt from paying.

NOTES

A red heifer is susceptible to the ritual impurity of food – פָּרָה מְטַמְּאָה טוּמְאַת אוֹכָלִין: It is prohibited to derive benefit from the red heifer of purification, and consequently its meat may not be fed to a gentile or an animal. Although generally an item from which it is prohibited to derive benefit is not considered food with regard to susceptibility to ritual impurity, the red heifer, once slaughtered, is nevertheless considered food and is susceptible to ritual impurity.

HALAKHA

A red heifer is susceptible to the ritual impurity of food – פָּרָה מְטַמְּאָה טוּמְאַת אוֹכָלִין: The meat of the red heifer of purification is susceptible to the ritual impurity of food, if one considers it food and an item that is ritually impure touches it, in accordance with the opinion of the Rabbis, who disagree with Rabbi Shimon (Rambam *Sefer Tahara, Hilkhot She'ar Avot HaTumot* 3:3, *and Hilkhot Tumat Okhalin* 1:25; see *Kesef Mishne* and *Mishne LaMelekh* on *Hilkhot Para Aduma* 5:7).

וּצְרִיכָא, דְּאִי אַשְׁמוּעִינַן בְּהָא – בְּהָא קָאָמַר רַבִּי שִׁמְעוֹן בֶּן לָקִישׁ, אֲבָל בְּהָא – אֵימָא מוֹדֵי לֵיהּ לְרַבִּי יוֹחָנָן;

The Gemara notes: **And it is necessary** to state their disagreement with regard to both of these cases. **As, if it were taught to us** only **about this** case where one slaughters the mother for his private use and afterward slaughters its offspring for idol worship, perhaps only **in this** case involving the death penalty and lashes **does Rabbi Shimon ben Lakish say** that even if they did not forewarn the transgressor with regard to idol worship, he is still exempt from lashes for the prohibition of: Itself and its offspring, because the death penalty and lashes are similar in that they are both corporal punishments, and so the obligation of lashes does not take effect at all when the death penalty is potentially applicable. **But in that** case, involving the death penalty or lashes together with a monetary payment, **say that he agrees with Rabbi Yoḥanan** that the transgressor is liable to pay the monetary payment.

וְאִי אִיתְּמַר בְּהָא – בְּהָא קָאָמַר רַבִּי יוֹחָנָן, אֲבָל בְּהָא – אֵימָא מוֹדֵי לְרַבִּי שִׁמְעוֹן בֶּן לָקִישׁ, צְרִיכָא.

And if the disagreement **was stated** only **with regard to that** case, where one unwittingly performed a transgression involving the death penalty or lashes together with a transgression bearing a monetary payment, perhaps only **in that** case **does Rabbi Yoḥanan say** that he is liable to pay the monetary payment. **But in this** case, where one slaughtered an animal and its offspring, and the second animal was slaughtered for the sake of idol worship, which involves the death penalty and lashes, but without a forewarning with regard to the death penalty, **say that he agrees with Rabbi Shimon ben Lakish** that one is exempt from lashes. Therefore, it is **necessary** to state their disagreement with regard to both cases.

וּפָרַת חַטָּאת שְׁחִיטָה שֶׁאֵינָהּ רְאוּיָה הִיא? וְהָתַנְיָא, רַבִּי שִׁמְעוֹן אוֹמֵר: פָּרָה מְטַמְּאָה טוּמְאַת אוֹכָלִין הוֹאִיל וְהָיְתָה לָהּ שְׁעַת הַכּוֹשֶׁר;

§ The mishna teaches that Rabbi Shimon deems one who slaughters the red heifer of purification exempt from punishment for the prohibition of: Itself and its offspring, as that act of slaughter does not render the animal fit for consumption. The Gemara asks: **And** is the slaughter of **the red heifer of purification** considered an act of **slaughter that is unfit** for consumption? **But isn't it taught** in a *baraita*: **Rabbi Shimon says:** A red **heifer,** even if it has been slaughtered and it is therefore prohibited to derive benefit from it, **is susceptible to the ritual impurity of food,**[NH] **since it had a time in which it was fit** for consumption?

Perek **V**
Daf **82** Amud **a**

וְאָמַר רַבִּי שִׁמְעוֹן בֶּן לָקִישׁ, אוֹמֵר הָיָה רַבִּי שִׁמְעוֹן: פָּרָה נִפְדֵּית עַל גַּבֵּי מַעֲרַכְתָּהּ! אָמַר רַב שֶׁמֶן בַּר אַבָּא אָמַר רַבִּי יוֹחָנָן: פָּרַת חַטָּאת אֵינָהּ מִשְׁנָה.

And Rabbi Shimon ben Lakish says in explanation of Rabbi Shimon's statement: **Rabbi Shimon would say** that the red **heifer can be redeemed** with money even once it has been slaughtered and placed **upon its pyre** in preparation for being burned. Therefore, Rabbi Shimon states that there could be a time when the heifer was fit for consumption, i.e., if it was redeemed. Why, then, does he deem one who slaughters it exempt from liability for transgressing the prohibition of: Itself and its offspring? **Rav Shemen bar Abba said** that **Rabbi Yoḥanan says:** The statement with regard to **the** red **heifer of purification is not** considered part of the **mishna,** and Rabbi Shimon agrees that its slaughterer is liable for transgressing the prohibition of: Itself and its offspring.

וְעֶגְלָה עֲרוּפָה לָאו שְׁחִיטָה רְאוּיָה הִיא? וְהָתְנַן: נִמְצָא הַהוֹרֵג עַד שֶׁלֹּא תֵּעָרֵף הָעֶגְלָה – תֵּצֵא וְתִרְעֶה בָּעֵדֶר! אָמַר רַבִּי שִׁמְעוֹן בֶּן לָקִישׁ מִשּׁוּם רַבִּי יַנַּאי: עֶגְלָה עֲרוּפָה אֵינָהּ מִשְׁנָה.

The Gemara asks: **And is** the slaughter of the **heifer whose neck** was **to** have been **broken not** considered an act of **slaughter** that is **fit? But didn't we learn** in a mishna (*Sota* 47a): If a heifer was set aside to have its neck broken to atone for the murder of an individual whose murderer was not known, and then **the murderer was found**[H] **before the heifer's neck was broken,** the heifer **shall go out and graze among the flock,** as it is not consecrated. Evidently, before its neck is broken, deriving benefit from it is not prohibited, and its slaughter would be one that is fit. **Rabbi Shimon ben Lakish said in the name of Rabbi Yannai:** The statement with regard to **the heifer whose neck** was **to** have been **broken is not** considered part of the **mishna,** and Rabbi Shimon agrees that its slaughterer is liable for violating the prohibition of: Itself and its offspring.

וּמִי אָמַר רַבִּי יַנַּאי הָכִי? וְהָאָמַר רַבִּי יַנַּאי: גְּבוּל שָׁמַעְתִּי בָּהּ וְשָׁכַחְתִּי; וְנִסְבִּין חַבְרַיָּא לוֹמַר: יְרִידָתָהּ לְנַחַל אֵיתָן אוֹסַרְתָּהּ;

The Gemara asks: **And does Rabbi Yannai** actually **say so? But doesn't Rabbi Yannai say: I heard** the **boundary,** i.e., stage, beyond which the heifer is forbidden, **but I have forgotten** what it is; **but the group** of scholars **were inclined to say** that the heifer's **descent to a hard valley,** where its neck is broken, **is** the action that **renders it forbidden?**[H]

וְאִם אִיתָא, לִישַׁנֵּי: כָּאן – קוֹדֶם יְרִידָה, כָּאן – לְאַחַר יְרִידָה!

And if it is so, let him resolve the contradiction by saying: **Here,** where deriving benefit from the heifer is permitted, and its slaughterer is liable for transgressing the prohibition of: Itself and its offspring, it is referring to an act of slaughtering that is fit and is performed **before** the heifer's **descent,** while **there,** in the mishna, where Rabbi Shimon holds that there is no liability for transgressing: Itself and its offspring, it is referring to slaughtering performed **after** its **descent.** At that time, deriving benefit from the heifer is already prohibited, and the slaughter is therefore not considered fit.

אָמַר רַב פִּנְחָס בְּרֵיהּ דְּרַב אַמִּי, אֲנַן מִשְּׁמֵיהּ דְּרַבִּי שִׁמְעוֹן בֶּן לָקִישׁ מַתְנֵינַן לַהּ: עֶגְלָה עֲרוּפָה אֵינָהּ מִשְׁנָה. אָמַר רַב אָשֵׁי: כִּי הֲוֵינַן בֵּי רַב פַּפִּי קַשְׁיָא לַן: מִי אָמַר רַבִּי שִׁמְעוֹן בֶּן לָקִישׁ הָכִי?

Rav Pineḥas, son of Rav Ami, said: We taught the statement **in the name of Rabbi Shimon ben Lakish** himself, not as a quote from Rabbi Yannai: The statement with regard to **the heifer whose neck is broken is not** considered part of the **mishna. Rav Ashi said: When we were** studying in **the study hall of Rav Pappi,** that statement was **difficult for us: Did Rabbi Shimon ben Lakish** actually **say** that it is not considered part of the mishna?

וְהָא אִיתְּמַר: צִפּוֹרֵי מְצוֹרָע מֵאֵימָתַי נֶאֱסָרִין? רַבִּי יוֹחָנָן אָמַר: מִשְּׁעַת שְׁחִיטָה, וְרַבִּי שִׁמְעוֹן בֶּן לָקִישׁ אָמַר: מִשְּׁעַת לְקִיחָה; וְאָמְרִינַן: מַאי טַעְמָא דְּרַבִּי שִׁמְעוֹן בֶּן לָקִישׁ?

But it was stated that *amora'im* engaged in a dispute concerning the following issue: **From when** is one **prohibited** from deriving benefit from **the leper's birds?**[HN] **Rabbi Yoḥanan says:** One is prohibited **from the moment of** their **slaughter; and Reish Lakish says:** One is prohibited **from the moment** they are **taken** and designated to be a leper's birds. **And we say: What is the reasoning of Rabbi Shimon ben Lakish?**

גָּמַר "קִיחָה" "קִיחָה" מֵעֶגְלָה עֲרוּפָה!

His reasoning is that he **derives** it via verbal analogy **from** the terms: **"Taking** [*kiḥa*]" (Leviticus 14:4), with regard to the birds, and: **"Taking** [*kiḥa*]" (Deuteronomy 21:3), with regard to the **heifer whose neck is broken.** Consequently, just as deriving benefit from the heifer whose neck is broken is prohibited from the time of its selection, so too must deriving benefit from these birds be prohibited from the time of their selection. Clearly, then, Rabbi Shimon ben Lakish holds that deriving benefit from the heifer whose neck is broken is prohibited while it is still alive. Therefore, its slaughter is one that does not render the animal fit for consumption. Accordingly, Rabbi Shimon would exempt its slaughterer from the prohibition of: Itself and its offspring, as is taught in the mishna.

HALAKHA

The murderer was found – **נִמְצָא הַהוֹרֵג:** If the murderer was found before the heifer's neck was broken, the heifer shall go out and graze among the flock (Rambam *Sefer Nezikin, Hilkhot Rotze'aḥ UShmirat HaNefesh* 10:8).

Its descent to a hard valley is the action that renders it forbidden – **יְרִידָתָהּ לְנַחַל אֵיתָן אוֹסַרְתָּהּ:** One is prohibited from deriving benefit from a heifer whose neck is broken from the moment it is brought into the valley for the performance of the rite, and it must be buried in the location where its neck was broken. If it dies or is slaughtered after it has been brought into the valley, before the rite is performed, one is still prohibited from deriving benefit from it and it must be buried, as the members of the group of scholars were inclined to say (Rambam *Sefer Nezikin, Hilkhot Rotze'aḥ UShmirat HaNefesh* 10:6).

From when is one prohibited from deriving benefit from the leper's birds – **צִפּוֹרֵי מְצוֹרָע מֵאֵימָתַי נֶאֱסָרִין:** One is prohibited from deriving benefit from a bird that is slaughtered for the purpose of purifying a leper from the moment the bird is slaughtered, since the *halakha* is generally in accordance with the opinion of Rabbi Yoḥanan in his disputes with Reish Lakish (Rambam *Sefer Tahara, Hilkhot Tumat Tzara'at* 11:7).

NOTES

The leper's birds – **צִפּוֹרֵי מְצוֹרָע:** The purification of a leper is performed as follows: The priest slaughters one of two birds that the leper brings so that its blood flows into running water. The priest then dips the live bird in that liquid mixture of blood and water. He then sprinkles the mixture on the leper and sets the live bird free (see Leviticus 14:4–7). The majority of the early commentaries (*Kiddushin* 57a) maintain that, even according to the opinion of Rabbi Yoḥanan, it is prohibited to derive benefit from both of the birds from the moment they are purchased, but one may derive benefit from the live bird that is freed once the other bird is slaughtered. This is derived from the use of the plural in the phrase: The leper's birds. The Rashba writes that in Rashi's opinion the bird designated to go free is permitted from the outset.

אֶלָּא, אָמַר רַבִּי חִיָּיא בַּר אַבָּא אָמַר רַבִּי יוֹחָנָן: עֶגְלָה עֲרוּפָה אֵינָהּ מִשְׁנָה.

Rather, Rabbi Ḥiyya bar Abba said that **Rabbi Yoḥanan said:** The statement with regard to the **heifer whose neck is broken is not** considered part of **the mishna,**[N] and this resolution of the difficulty was articulated by Rabbi Yoḥanan rather than Reish Lakish.

מתני׳ שְׁנַיִם שֶׁלָּקְחוּ פָּרָה וּבְנָהּ, אֵיזֶה שֶׁלָּקַח רִאשׁוֹן – יִשְׁחוֹט רִאשׁוֹן, וְאִם קָדַם הַשֵּׁנִי – זָכָה.

MISHNA With regard to **two** people **who purchased**[H] **a cow and its offspring,** where each purchased one of the animals, **whoever purchased** his animal **first shall slaughter** it **first,** and the second one must wait until the next day to slaughter his animal, so as not to violate the prohibition of: It and its offspring. **But if the second** one **preceded** him and slaughtered his animal first, he **benefitted,** and the one who purchased the animal first may not slaughter it until the next day.

גמ׳ אָמַר רַב יוֹסֵף: לְעִנְיַן דִּינָא תְּנַן. תָּנָא: אִם קָדַם הַשֵּׁנִי – הֲרֵי זֶה זָרִיז וְנִשְׂכָּר; זָרִיז – דְּלָא עֲבַד אִיסּוּרָא, וְנִשְׂכָּר – דְּקָאָכֵיל בִּשְׂרָא.

GEMARA **Rav Yosef said: We learn** in the mishna that the first purchaser is granted precedence only **with regard to the matter of** a court **judgment,**[N] in case the two purchasers go to court each demanding to slaughter his animal first. But there is no prohibition against the second one slaughtering his animal first if no claim is brought to court. Likewise, a Sage **taught** in a *baraita*: **If the second** one **preceded** him and slaughtered his animal first, **he is diligent and rewarded;** he is **diligent because he did not violate a prohibition, and** he is **rewarded because he eats meat** already that day.

מתני׳ שָׁחַט פָּרָה וְאַחַר כָּךְ שְׁנֵי בָנֶיהָ – סוֹפֵג שְׁמוֹנִים. שָׁחַט שְׁנֵי בָנֶיהָ וְאַחַר כָּךְ שְׁחָטָהּ – סוֹפֵג אֶת הָאַרְבָּעִים. שְׁחָטָהּ וְאֶת בִּתָּהּ, וְאֶת בַּת בִּתָּהּ – סוֹפֵג שְׁמוֹנִים.

MISHNA If **one slaughtered a cow and thereafter** slaughtered **its two offspring**[H] on the same day, **he incurs eighty** lashes for two separate actions violating the prohibition against slaughtering the mother and the offspring on the same day. If **one slaughtered its two offspring and thereafter slaughtered** the mother cow, **he incurs the forty** lashes, as he performed a single prohibited act. If **one slaughtered** the mother **and its daughter, and,** later that day, slaughtered **its daughter's daughter, he incurs eighty** lashes, as he has performed the act of slaughtering a mother and its offspring twice.

HALAKHA

Two people who purchased – שְׁנַיִם שֶׁלָּקְחוּ: If two different people purchased a cow and its offspring on the same day, each purchasing one of the animals, the first purchaser is entitled to slaughter his animal first, and the second should wait until the next day. If the second one preceded him and slaughtered his animal first, then the first purchaser must wait until the next day. If they purchased the two animals from two different sellers, then they have equal status, and whichever of them slaughters his animal first has profited (Rosh). The *Baḥ* writes that in such a case they should choose the order of slaughtering by lottery (Rambam *Sefer Kedusha, Hilkhot Sheḥita* 12:13; *Shulḥan Arukh, Yoreh De'a* 16:6).

If one slaughtered a cow and thereafter slaughtered its two offspring – שָׁחַט פָּרָה וְאַחַר כָּךְ שְׁנֵי בָנֶיהָ: If one slaughtered a cow and thereafter slaughtered its two offspring on the same day, he is flogged with eighty lashes. If one slaughtered two calves and thereafter slaughtered the mother cow, he is flogged with forty lashes. If one slaughtered the mother, its offspring, and the offspring of its offspring, he is flogged with eighty lashes. If one slaughtered the mother and then its daughter's offspring and thereafter slaughtered its daughter, he is flogged with forty lashes (Rambam *Sefer Kedusha, Hilkhot Sheḥita* 12:12).

NOTES

The statement with regard to the heifer whose neck is broken is not considered part of the mishna – עֶגְלָה עֲרוּפָה אֵינָהּ מִשְׁנָה: This means that Rabbi Yoḥanan rules in accordance with the mishna (*Sota* 47a) that deriving benefit from the heifer whose neck is broken is prohibited only from the moment of death. Therefore, in his opinion, slaughter of the heifer whose neck was to have been broken is an act of slaughter that is valid, and Rabbi Shimon does not disagree with the Rabbis with regard to this case. Consequently, Rabbi Shimon holds that one can violate the prohibition of: Itself and its offspring, by slaughtering a heifer whose neck was to have been broken, and the statement about the heifer whose neck was to have been broken must be deleted from the mishna. In the opinion of Reish Lakish, who holds that deriving benefit from the heifer whose neck is broken is prohibited from the moment of its purchase, and in the opinion of Rabbi Yannai, who holds that deriving benefit is prohibited from the moment the heifer descends into a hard valley, there is a period when its slaughter is unfit, and therefore the statement about the heifer whose neck was to have been broken should remain in the mishna.

We learn in the mishna that the first purchaser is granted precedence only with regard to the matter of a court judgment – לְעִנְיַן דִּינָא תְּנַן: This means that there is no prohibition against the first one waiting and allowing the second one to slaughter his animal first, as the mishna is not relating to this as a matter of forbidden items (Rashi). Some have interpreted this as meaning that the second one need not be concerned that the first purchaser may have slaughtered his animal already, and that, as may be derived from a mishna (83a), the seller need not inform him that he has sold the mother that day to someone who may have slaughtered it already (*Ḥatam Sofer*; *Beur HaGra* on *Shulḥan Arukh, Yoreh De'a* 16:6). Therefore, the mishna is referring solely to monetary matters, supporting the first purchaser if he petitions the court to prevent the second one from slaughtering before him. The early commentaries explain the reason for this in accordance with the statement in the *Tosefta* (5:4) that the purchaser has precedence over the seller with regard to slaughtering his animal, as he has purchased it for slaughter. Consequently, just as the seller must give precedence to the first purchaser, so must the second purchaser, as he has no stronger claim than the seller from whom he purchased the animal (Rashi; Rashba). It can be derived from this *Tosefta* that if the mother and its offspring are owned by two different people, and the two purchasers purchased the animals from them, neither purchaser has precedence over the other (Rosh).

שְׁחָטָהּ וְאֶת בַּת בִּתָּהּ, וְאַחַר כָּךְ שָׁחַט בִּתָּהּ – סוֹפֵג אֶת הָאַרְבָּעִים. סוּמְכוֹס אוֹמֵר מִשּׁוּם רַבִּי מֵאִיר: סוֹפֵג שְׁמוֹנִים.

But if **one slaughtered** the mother **and its daughter's daughter and thereafter slaughtered its daughter, he incurs the forty** lashes, as he performed a single prohibited act. **Sumakhos**[LP] **says in the name of Rabbi Meir: He incurs eighty** lashes[N] for slaughtering the daughter on the same day as its calf and its mother, as that act comprises two separate violations of the prohibition.

גמ׳ אַמַּאי? "אוֹתוֹ וְאֶת בְּנוֹ" אָמַר רַחֲמָנָא, וְלָא בְּנוֹ וְאוֹתוֹ! לָא סָלְקָא דַעְתָּךְ, דְּתַנְיָא: "אוֹתוֹ וְאֶת בְּנוֹ" – אֵין לִי אֶלָּא אוֹתוֹ וְאֶת בְּנוֹ, אוֹתוֹ וְאֶת אִמּוֹ מִנַּיִן?

GEMARA With regard to the statement in the mishna that if one slaughters two calves and thereafter slaughters their mother he incurs the forty lashes, the Gemara asks: **Why** does he receive lashes? After all, the phrase: **"It and its offspring"** (Leviticus 22:28), is what **the Merciful One states** in the Torah, **and not: Its offspring and it.** The Gemara answers: That thought should **not enter your mind, as it is taught** in a *baraita*: From the phrase **"it and its offspring" I have** derived **only** that the prohibition includes slaughtering the animal **itself** first **and its offspring** afterward. **From where** do I derive that the prohibition also includes the case of slaughtering the offspring **itself** first **and its mother**[H] afterward?

כְּשֶׁהוּא אוֹמֵר "לֹא תִשְׁחֲטוּ" – הֲרֵי כָּאן שְׁנַיִם, הָא כֵּיצַד? אֶחָד הַשּׁוֹחֵט אֶת הַפָּרָה, וְאֶחָד הַשּׁוֹחֵט אֶת אִמָּהּ, וְאֶחָד הַשּׁוֹחֵט אֶת בְּנָהּ – שְׁנַיִם הָאַחֲרוֹנִים חַיָּיבִין.

It is derived in the following manner: **When** the verse **states: "You shall not slaughter [*tishḥatu*]** both in one day" (Leviticus 22:28), **this** is referring to **two** people who are prohibited from slaughtering on the same day, as the word "slaughter" is phrased in the plural. **How so?** If, during the course of a single day, there is **one** person **who slaughters the cow and** then **another who slaughters** that cow's **mother, and** then there is **another** person **who slaughters** that cow's **offspring, the two latter** people **are liable,** the first of them for slaughtering the mother after its offspring was slaughtered, and the second person for slaughtering the offspring after its mother was slaughtered.

LANGUAGE

Sumakhos – **סוּמְכוֹס:** From the Greek word σύμμαχος, *summakhos*, meaning an ally.

NOTES

Sumakhos says…he incurs eighty lashes – סוּמְכוֹס אוֹמֵר...סוֹפֵג שְׁמוֹנִים: According to Rabbi Yoḥanan in the Jerusalem Talmud (*Yevamot* 11:1), Sumakhos holds that the violator receives eighty lashes only in this latter case in the mishna where, with the slaughter of the daughter, he violates two separate prohibitions with a single action: Itself and its offspring, and: Its offspring and itself. But in the former case, where he slaughters two animals and then their mother, Sumakhos agrees with the Rabbis that the violator receives only forty lashes, as that act constitutes two violations of the same prohibition. This is the opinion of the Ran as well. By contrast, a *baraita* cited in the Jerusalem Talmud (see *Tosefta* 5:7) notes that Sumakhos also disagrees in the earlier case. This is also the opinion of *Tosafot*, who explain that the mishna cites the dispute specifically with regard to this latter case to show that even in such a case the Rabbis hold that he receives only forty lashes, since the two prohibitions are derived from the same verse, as is explained later in the Gemara (see *Ḥatam Sofer*).

HALAKHA

Itself and its mother – אוֹתוֹ וְאֶת אִמּוֹ: It is prohibited to slaughter a mother animal and its offspring on the same day, whether one slaughters the mother first and then the offspring or one slaughters the offspring first and then the mother (Rambam *Sefer Kedusha*, *Hilkhot Sheḥita* 12:12; *Shulḥan Arukh*, *Yoreh De'a* 16:1).

PERSONALITIES

Sumakhos – סוּמְכוֹס: This refers to Sumakhos ben Yosef, who lived in the last generation of *tanna'im*. He was the preeminent disciple of Rabbi Meir, and as such he attempted to clarify Rabbi Meir's statements, even after Rabbi Meir's death, and transmit them to future generations. Like his mentor, Sumakhos was famous for his sharp intellect, to the point that it was said that he would provide forty-eight reasons for every *halakha* to prove and reinforce its validity. He was considered one of the foremost rabbinic scholars of his generation, as he is found to have disagreed with even the greatest *tanna'im*, including the colleagues of Rabbi Meir, such as Rabbi Yosei and Rabbi Eliezer ben Ya'akov; even *tanna'im* such as Rabbi Natan consulted him on Torah matters. Apparently he lived a long life, as the *amora* Rav had the opportunity to be acquainted with him and to learn Torah from him.

Perek **V**
Daf **82** Amud **b**

הַאי מִיבְּעֵי לֵיהּ לְגוּפֵיהּ! אִם כֵּן, לִיכְתּוֹב: "לֹא תִשְׁחוֹט", מַאי "לֹא תִשְׁחֲטוּ"?

The Gemara challenges: **That** verse **is necessary for** the prohibition **itself,** and it cannot be used to teach this additional *halakha*. The Gemara explains: **If so,** that the verse teaches only the prohibition against slaughtering an animal and its offspring in one day, **let** the Torah **write: You shall not slaughter [*tishḥot*],** in the singular. For **what** reason did the Torah write: **"You shall not slaughter [*tishḥatu*]"** (Leviticus 22:28), in the plural? It is to teach that two different people are prohibited from slaughtering, as explained earlier.

וְאַכַּתִּי מִיבְּעֵי לֵיהּ, דְּאִי כְּתַב רַחֲמָנָא "לֹא תִשְׁחוֹט" הֲוָה אָמִינָא: חַד – אִין, תְּרֵי – לָא;

The Gemara challenges: **But, nevertheless,** the plural **is necessary, as had the Merciful One written** in the Torah: **You shall not slaughter [*tishḥot*]** in the singular, **I would say:** With regard to **one** person, **yes,** it is prohibited to slaughter an animal and its offspring in a single day, but with regard to **two,** it is **not** prohibited for one of them to slaughter the mother and the other to then slaughter the offspring on the same day.

HALAKHA

If one unwittingly ate two olive-bulks of forbidden fat during one lapse of awareness – **אָכַל שְׁנֵי זֵיתֵי חֵלֶב בְּהֶעְלֵם אֶחָד**: If one eats two olive-bulks of forbidden fat during one lapse of awareness, he is liable to bring a single sin offering, in accordance with the mishna in *Karetot* 11b, as opposed to the opinion of Sumakhos (Rambam *Sefer Korbanot, Hilkhot Shegagot* 6:1).

כָּתַב רַחֲמָנָא: ״לֹא תִשְׁחֲטוּ״ – וַאֲפִילּוּ תְּרֵי! אִם כֵּן, לִכְתּוֹב: ״לֹא יִשָּׁחֲטוּ״,

Therefore, **the Merciful One writes** in the Torah: **"You shall not slaughter** [*tishḥatu*]," in the plural, indicating that **even two** individuals may not slaughter an animal and its offspring in a single day. The Gemara answers: **If so,** that only this is derived from the verse, **let** the Torah **write: They shall not be slaughtered,** indicating that whether by one individual or two, the slaughter of an animal and its offspring in a single day is prohibited, but only the one who slaughters the offspring has violated the prohibition.

מַאי ״לֹא תִשְׁחֲטוּ״? שְׁמַע מִינָּהּ תַּרְתֵּי.

What is meant by: **"You shall not slaughter,"** which indicates that two different people are prohibited from slaughtering? **Conclude two** conclusions **from it:** Conclude that the prohibition applies even if two people perform the two acts of slaughter, and that two cases are prohibited: Slaughtering the offspring after the mother, and slaughtering the mother after the offspring.

״שְׁחָטָהּ וְאֶת בַּת בִּתָּהּ״. אֲמַר לֵיהּ אַבַּיֵי לְרַב יוֹסֵף: מַאי טַעְמָא דְּסוּמָכוֹס?

§ The mishna teaches: If **one slaughtered** the mother **and its daughter's daughter** and thereafter slaughtered its daughter, he incurs the forty lashes. Sumakhos says in the name of Rabbi Meir: He incurs eighty lashes, because by slaughtering the daughter, he transgresses twice the prohibition of: Itself and its offspring. **Abaye said to Rav Yosef: What is the reasoning** for the opinion **of Sumakhos** that the transgressor incurs eighty lashes?

קָא סָבַר סוּמָכוֹס: אָכַל שְׁנֵי זֵיתֵי חֵלֶב בְּהֶעְלֵם אֶחָד – חַיָּיב שְׁתֵּי חַטָּאוֹת.

Does Sumakhos hold, in general, that if **one** unwittingly **ate two olive-bulks of** forbidden **fat during one lapse of awareness**[H] he is **liable** to bring **two sin offerings,** since he transgressed the prohibition twice? If so, then in a case where one is forewarned that if he transgresses intentionally he will receive lashes and he then violates the same prohibition twice, as is the case in the mishna, he receives two sets of lashes.

וּבְדִין הוּא דְּלִישְׁמְעִינַן בְּעָלְמָא, וְהַאי דְּקָא מַשְׁמַע לָן בְּהָא – לְהוֹדִיעֲךָ כֹּחָן דְּרַבָּנַן, דְּאַף עַל גַּב דְּגוּפִין מוּחְלָקִין – פָּטְרִי רַבָּנַן?

And by right the mishna **should have informed us** of Sumakhos's opinion **in a general** case, such as that of eating two olive-bulks of forbidden fat during a single lapse of awareness, **but** the reason **that it teaches us** this dispute **in this** situation, where one slaughters an animal and its daughter's offspring and, later that day, slaughters its daughter, is **to convey to you the far-reaching nature of** the opinion of **the Rabbis, that even though** the two animals that caused the daughter to be forbidden are **separate entities, the Rabbis** still **exempt** the transgressor from a second set of lashes.

אוֹ דִּלְמָא, קָסָבַר סוּמָכוֹס: אָכַל שְׁנֵי זֵיתֵי חֵלֶב בְּהֶעְלֵם אֶחָד – אֵינוֹ חַיָּיב אֶלָּא אַחַת, וְהָכָא הַיְינוּ טַעְמָא: הוֹאִיל וְגוּפִין מוּחְלָקִין? אֲמַר לֵיהּ: אִין, קָסָבַר אָכַל שְׁנֵי זֵיתֵי חֵלֶב בְּהֶעְלֵם אֶחָד – חַיָּיב שְׁתֵּי חַטָּאוֹת.

Or perhaps, Sumakhos holds in general that if **one ate two olive-bulks of** forbidden **fat during one lapse of awareness,** he is **liable** to bring **only one** sin offering. If so, one who transgresses intentionally after being forewarned receives only one set of lashes even if he transgresses the same prohibition twice. **But here,** in the mishna, **this is the reason** that the transgressor receives two sets of lashes: It is **that** the two animals that caused the daughter to be prohibited are **separate entities.**[N] Rav Yosef **said to** Abaye: **Yes,** Sumakhos **holds** in general that if **one ate two olive-bulks of** forbidden **fat during one lapse of awareness** he is **liable** to bring **two sin offerings.**

NOTES

Or perhaps Sumakhos holds…that the animals are separate entities – **אוֹ דִּלְמָא קָסָבַר סוּמָכוֹס...הוֹאִיל וְגוּפִין מוּחְלָקִין**: In the final clause of the mishna, where Sumakhos holds that one receives eighty lashes, the case deals not only with separate entities but also with separate prohibitions: Itself and its offspring, and: Its offspring and itself. Nevertheless, the Gemara here may not have mentioned separate prohibitions because the *Tosefta* (5:7) notes that with regard to the first clause of the mishna, where one slaughters two of the offspring and then the mother, and there is only one prohibition involved, Sumakhos holds that one receives eighty lashes as well (see *Karetot* 15a). Rabbeinu Gershom Meor HaGola interprets the phrase: Separate entities, as meaning separate prohibitions, and that interpretation fits well in the continuation of this discussion in the Gemara (see *Maharam Lublin* on 83a).

מִמַּאי? מִדְּתְנַן: הַזּוֹרֵעַ כִּלְאַיִם כִּלְאַיִם – לוֹקֶה. מַאי לוֹקֶה? אִילֵימָא לוֹקֶה אַחַת – פְּשִׁיטָא! וְעוֹד, מַאי "כִּלְאַיִם כִּלְאַיִם"? אֶלָּא פְּשִׁיטָא: שְׁתֵּי מַלְקִיּוֹת.

The Gemara asks: **From where** does Rav Yosef derive this? He derives it **from that which we learn** in a *baraita*: **One who sows diverse kinds, diverse kinds,**[B] i.e., he twice sows grain together with grape seeds, is **flogged** for violating the prohibition of diverse kinds. The Gemara asks: **What** is meant by: Is **flogged? If we say** it means that he is **flogged one** set of lashes, this is **obvious. And additionally,** if he receives only one set of lashes, **what** is the reason that the case of: Sowing **diverse kinds** twice, is mentioned, where he transgressed twice? Even if he transgressed only once, he receives lashes. **Rather,** it is **obvious** that he receives **two** sets of **lashes.**

בְּמַאי עָסְקִינַן? אִילֵימָא בָּזֶה אַחַר זֶה וּבִשְׁתֵּי הַתְרָאוֹת – תְּנֵינָא: נָזִיר שֶׁהָיָה שׁוֹתֶה יַיִן כָּל הַיּוֹם – אֵינוֹ חַיָּיב אֶלָּא אַחַת. אָמְרוּ לוֹ: אַל תִּשְׁתֶּה! אַל תִּשְׁתֶּה! וְהוּא שׁוֹתֶה, וְהוּא שׁוֹתֶה – חַיָּיב עַל כָּל אַחַת וְאַחַת! אֶלָּא פְּשִׁיטָא: בְּבַת אַחַת וּבְהַתְרָאָה אַחַת.

The Gemara asks: **What are we dealing with? If we say** that we are dealing with a case **where** one violates the prohibition twice, **one** time **after the other and with two** separate **forewarnings,** it is unnecessary for the *baraita* to teach this, as **we** already **learn** it in a mishna (*Nazir* 42a): **A nazirite**[B] **who was drinking wine all day**[H] **is liable** to receive **only one** set of lashes. If onlookers **said to him: Do not drink, do not drink,** forewarning him several times, **and he drinks** after each forewarning, he is **liable** to receive lashes **for each and every** drink. **Rather,** it is **obvious** that he violated the prohibition twice **at the same time and with a single forewarning,** i.e., after he was forewarned he sowed wheat together with a grape seed with one hand, and barley together with a grape seed with the other hand, and he receives two sets of lashes.

מַנִּי? אִילֵימָא רַבָּנַן דִּפְלִיגִי עֲלֵיהּ דְּסוּמְכוֹס; הַשְׁתָּא, וּמָה הָתָם דְּגוּפִין מוּחְלָקִין – פָּטְרִי רַבָּנַן, הָכָא – לֹא כׇּל שֶׁכֵּן?

The Gemara asks: In accordance with **whose** opinion is this *baraita*? **If we say** it is in accordance with the opinion of **the Rabbis who disagree with Sumakhos** in the mishna, who hold that one who slaughters an animal and its daughter's offspring and, later that day, slaughters its daughter receives only one set of lashes, that would not be reasonable: **Now, if there,** in the mishna, **where** there are animals that are **separate entities, the Rabbis exempt** him from a second set of lashes, since he violated a single prohibition with a single forewarning; **here,** in the *baraita* with regard to diverse kinds, where, unlike animals, seeds are not considered separate entities (see 83a), if one sows diverse kinds twice at the same time, should they **not all the more so** exempt him from a second set of lashes?

אֶלָּא לָאו סוּמְכוֹס הִיא! לָא, לְעוֹלָם רַבָּנַן, וּמִילְּתָא אַגַּב אוֹרְחֵיהּ קָא מַשְׁמַע לַן – דְּאִיכָּא תְּרֵי גַּוְונֵי כִּלְאַיִם,

Rather, is it not that the ruling of the *baraita* with regard to diverse kinds **is** in accordance with the opinion of **Sumakhos** and teaches that, even with a single entity, one who violates the same prohibition twice receives two sets of lashes? The Gemara responds: **No, actually** the *baraita* with regard to diverse kinds is in accordance with the opinion of **the Rabbis,** and he was forewarned before each act of sowing, which is why he receives two sets of lashes. **And** although this statement is redundant, by repeating the phrase: Diverse kinds, **it teaches us a matter in passing: That there are two categories of** the prohibition of **diverse kinds:** Sowing wheat together with grape seed and sowing barley together with grape seed.

וּלְאַפּוֹקֵי מִדְּרַבִּי יֹאשִׁיָּה. דְּאָמַר רַבִּי יֹאשִׁיָּה: עַד שֶׁיִּזְרַע חִטָּה וּשְׂעוֹרָה וְחַרְצָן בְּמַפּוֹלֶת יָד, קָא מַשְׁמַע לַן דְּכִי זָרַע חִטָּה וְחַרְצָן, וּשְׂעוֹרָה וְחַרְצָן – נָמֵי מִחַיַּיב.

And the *baraita* serves **to exclude** the opinion **of Rabbi Yoshiya,**[N] **as Rabbi Yoshiya says:** One who sows diverse kinds is not liable by Torah law **until he sows wheat, and barley, and** grape **seed with a single hand motion,**[HN] i.e., by sowing in the vineyard he violates the prohibition of diverse kinds that applies to seeds and to the vineyard simultaneously. Therefore, **it teaches us that when one sows** only **wheat and grape seed, or** only **barley and grape seed, he is liable as well.** Consequently, a source clarifying Sumakhos's opinion in a case where one violates the same prohibition twice during a single lapse of awareness, or with only a single forewarning when one violated the prohibition intentionally, has not been found.

HALAKHA

A nazirite who was drinking wine all day – **נָזִיר שֶׁהָיָה שׁוֹתֶה יַיִן כׇּל הַיּוֹם:** In the case of a nazirite who was drinking wine all day, even if he drank several quarter-*log* of wine, if he was forewarned only once, he is liable to receive only one set of lashes. If he received a forewarning for each quarter-*log*, he is liable to receive lashes for each quarter-*log* that he drank (Rambam *Sefer Hafla'a*, *Hilkhot Nezirut* 5:10).

Wheat and barley and grape seed with a single hand motion – **חִטָּה וּשְׂעוֹרָה וְחַרְצָן בְּמַפּוֹלֶת יָד:** If one sows two types of grain, or two types of vegetable seed, together with a grape seed, he receives two sets of lashes: One for violating: "You shall not sow your field with diverse kinds" (Leviticus 19:19), and one for violating: "You shall not sow your vineyard with diverse kinds" (Deuteronomy 22:9). He receives lashes for the latter violation only if he sows wheat, barley, and grape seed with a single hand motion, in accordance with the opinion of Rabbi Yoshiya (Rambam *Sefer Zera'im*, *Hilkhot Kilayim* 5:1–2, and *Kesef Mishne* there; *Shulḥan Arukh*, *Yoreh De'a* 296:1).

NOTES

To exclude the opinion of Rabbi Yoshiya – **וּלְאַפּוֹקֵי מִדְּרַבִּי יֹאשִׁיָּה:** The explanation given in the commentary follows Rashi. According to Rashi, Rabbi Yoshiya holds that one is liable to receive lashes for violating the prohibition of: Diverse kinds in the vineyard, only if one sows wheat, barley, and grape seed together, while the Rabbis hold him liable even if he sows only wheat and grape seed, or only barley and grape seed. None of this relates to the prohibition against sowing diverse kinds of grain, with regard to which Rabbi Yoshiya agrees with the Rabbis that the transgressor is liable even if he sows only wheat and barley together (*Tosafot*). This explanation is in contrast to Rashi's explanation in *Bekhorot* (54a), where he says that Rabbi Yoshiya holds that sowing two different types of grain together is not prohibited.

Tosafot question the explanation of Rashi here, as it is difficult to refer to the act of sowing wheat and grape seed together and the act of sowing barley and grape seed together as two separate categories of the prohibition of diverse kinds, as these actions are not fundamentally different. *Tosafot* therefore explain that the two categories are: Sowing wheat and barley together, and sowing wheat and grape seed together. If one performs both of those actions, he violates the two prohibitions of sowing diverse kinds of grain and sowing diverse kinds in a vineyard according to the Rabbis, but according to Rabbi Yoshiya, he violates only one, that of sowing diverse kinds of grain.

There are also early commentaries who maintain that although Rabbi Yoshiya does not hold that one receives lashes for sowing a single type of grain along with grape seed, he does hold that it violates a prohibition (Rambam; Ra'avad).

Until he sows wheat and barley and grape seed with a single hand motion – **עַד שֶׁיִּזְרַע חִטָּה וּשְׂעוֹרָה וְחַרְצָן בְּמַפּוֹלֶת יָד:** Rabbi Yoshiya derives his opinion from the verse: "You shall not sow your vineyard with diverse kinds" (Deuteronomy 22:9), which indicates that you must not sow two types of seed that are of diverse kinds together with a vineyard seed, i.e., grape seed (*Tosafot*, citing the Jerusalem Talmud).

BACKGROUND

Diverse kinds – **כִּלְאַיִם:** It is prohibited to plant different species of crops in one area of a single field or to graft different species of trees onto one another (see Leviticus 19:19).

Nazirite – **נָזִיר:** As detailed in the Torah (Numbers 6:1–21), one who takes a vow of naziriteship must refrain from eating or drinking anything derived from a grape, especially wine. In addition, he must avoid becoming ritually impure with impurity imparted by a corpse and must refrain from cutting his hair. A nazirite who violates any of these prohibitions is subject to receive lashes. One can vow to be a nazirite for any period of time that he wishes, but the minimum term of naziriteship is thirty days. The *halakhot* of the nazirite are discussed in tractate *Nazir*.

תָּא שְׁמַע: אָכַל מִזֶּה כַּזַּיִת וּמִזֶּה כַּזַּיִת – סוֹפֵג שְׁמוֹנִים, רַבִּי יְהוּדָה אוֹמֵר: אֵינוֹ סוֹפֵג אֶלָּא אַרְבָּעִים. הֵיכִי דָּמֵי? אִילֵּימָא בָּזֶה אַחַר זֶה וּבִשְׁתֵּי הַתְרָאוֹת – מַאי טַעְמָא דְּרַבִּי יְהוּדָה? הַתְרָאַת סָפֵק הִיא, וְשָׁמְעִינַן לֵיהּ לְרַבִּי יְהוּדָה דְּאָמַר: הַתְרָאַת סָפֵק לָא שְׁמָהּ הַתְרָאָה!

The Gemara suggests: **Come** and **hear** a resolution from a mishna with regard to the prohibition against eating from the sciatic nerve (96a): If **one ate an olive-bulk from this** sciatic nerve in the right leg of an animal, **and an olive-bulk from that** sciatic nerve in the left leg of the same animal, he **incurs eighty** lashes. **Rabbi Yehuda says:** He **incurs only forty** lashes. The Gemara analyzes the mishna: **What are the circumstances? If we say** that he ate them **one after the other and with two** separate **forewarnings, what is the reason** for the opinion **of Rabbi Yehuda?** According to Rabbi Yehuda, **it is an uncertain forewarning,** as Rabbi Yehuda is uncertain whether the prohibition against eating from the sciatic nerve applies to the sciatic nerve of the right thigh or that of the left thigh (see 90b). **And we have heard that Rabbi Yehuda says: An uncertain forewarning is not considered a forewarning.**

דְּתַנְיָא: הִכָּה אֶת זֶה וְחָזַר וְהִכָּה אֶת זֶה, קִלֵּל אֶת זֶה וְחָזַר וְקִלֵּל אֶת זֶה, אוֹ שֶׁהִכָּה שְׁנֵיהֶם בְּבַת אַחַת, אוֹ שֶׁקִּלֵּל שְׁנֵיהֶם בְּבַת אַחַת – חַיָּיב.

As it is taught in a *baraita*: If one is uncertain which of two men is his father, and he **struck this** man **and then struck that** man, or **cursed this** man **and then cursed that** man, **or struck both of them simultaneously,** or **cursed both of them simultaneously,** in all these cases he is **liable** for violating the prohibition of: "And he that strikes his father, or his mother, shall be put to death" (Exodus 21:15), or that of: "And he that curses his father, or his mother, shall be put to death" (Exodus 21:17), as one of them is certainly his father.

רַבִּי יְהוּדָה אוֹמֵר: בְּבַת אַחַת – חַיָּיב, בָּזֶה אַחַר זֶה – פָּטוּר! אֶלָּא פְּשִׁיטָא – בְּבַת אַחַת וּבְהַתְרָאָה אַחַת.

Rabbi Yehuda says: Although if he struck or cursed both of them **simultaneously** he is **liable,** if he struck or cursed them **one after the other,** he is **exempt,** as each time he strikes or curses one of them he receives an uncertain forewarning, as perhaps this man is not his father, and one is liable only after receiving a definite forewarning. Consequently, if one was forewarned before eating from the sciatic nerve from the right leg, and afterward he was forewarned before eating from the sciatic nerve from the left leg, he would similarly be exempt as each of the forewarnings was uncertain. **Rather,** it is **obvious** that the case in the mishna is one where he partook of the two sciatic nerves **simultaneously and with a single forewarning,** and therefore, he incurs only forty lashes according to Rabbi Yehuda.

וּמַאן תַּנָּא קַמָּא? אִילֵּימָא רַבָּנַן דִּפְלִיגִי עֲלֵיהּ דְּסוּמָכוֹס; הָשְׁתָּא, וּמָה הָתָם דְּגוּפִין מוּחְלָקִין – פָּטְרִי רַבָּנַן, הָכָא – לֹא כָּל שֶׁכֵּן? אֶלָּא לָאו סוּמָכוֹס הִיא!

And who is the first *tanna* who holds that in such a case one receives eighty lashes? **If we say** that it is **the Rabbis who disagree with Sumakhos** in the mishna about the prohibition of: Itself and its offspring, that would conflict with their opinion: **Now, if there,** in the case of the mishna that discusses various animals **that** are **separate entities, the Rabbis deem** him **exempt** from a second set of lashes, **here,** in the mishna that discusses the sciatic nerve, where there are no separate animals, should they **not all the more so** exempt him from a second set of lashes? **Rather, is** the mishna **not** in accordance with the opinion of **Sumakhos?** Consequently, in his opinion one who eats the same prohibited item, such as an olive-bulk of forbidden fat, twice after a single forewarning receives two sets of lashes.

לָא, לְעוֹלָם – בָּזֶה אַחַר זֶה, וְרַבָּנַן; וְהַאי תַּנָּא סָבַר לָהּ כְּאִידַךְ תַּנָּא דְּרַבִּי יְהוּדָה,

The Gemara responds: **No, actually** the case is one where he ate from the two sciatic nerves **one after the other** and received separate forewarnings, **and** the first opinion in that mishna is that of **the Rabbis** who disagree with Sumakhos with regard to: Itself and its offspring. **And** as for the difficulty that Rabbi Yehuda does not render one liable if the forewarning is an uncertain one, **this *tanna* holds in accordance with** the opinion of **another *tanna*** with regard to the opinion **of Rabbi Yehuda.**

דְּאָמַר: הַתְרָאַת סָפֵק שְׁמָהּ הַתְרָאָה. דְּתַנְיָא: "לֹא תוֹתִירוּ מִמֶּנּוּ עַד בֹּקֶר וְהַנֹּתָר מִמֶּנּוּ עַד בֹּקֶר בָּאֵשׁ תִּשְׂרֹפוּ".

As that other *tanna* **says** that Rabbi Yehuda holds: **An uncertain forewarning is considered a forewarning, as it is taught** in a *baraita*: The verse states with regard to the Paschal offering: "And **you shall not leave any of it until morning; but that which remains of it until morning you shall burn with fire"** (Exodus 12:10).

בָּא הַכָּתוּב לִיתֵּן עֲשֵׂה אַחַר לֹא תַעֲשֶׂה, לוֹמַר שֶׁאֵין לוֹקִין עָלָיו, דִּבְרֵי רַבִּי יְהוּדָה.

The verse comes to provide a positive mitzva to burn the leftovers, in the second part of the verse that states: "But that which remains of it until morning you shall burn with fire." This positive mitzva is stated **after the prohibition**[H] against leaving it over was stated in the first part of the verse, **to say that one is not flogged**[N] **for** transgressing the prohibition. This is because any prohibition that can be rectified by the performance of a positive mitzva does not carry a punishment of lashes. This is **the statement of Rabbi Yehuda.** If not for this reason, Rabbi Yehuda evidently would hold that he receives lashes. The forewarning given in this case is uncertain, as he must be forewarned before morning, and at that time he might still consume it.

רַבִּי יַעֲקֹב אוֹמֵר: לֹא מִן הַשֵּׁם הוּא זֶה, אֶלָּא מִשּׁוּם דַּהֲוָה לֵיהּ לָאו שֶׁאֵין בּוֹ מַעֲשֶׂה, וְכׇל לָאו שֶׁאֵין בּוֹ מַעֲשֶׂה – אֵין לוֹקִין עָלָיו.

Rabbi Ya'akov says: This is not for that **reason** [*hashem*].[L] **Rather,** it is **because it is a prohibition that does not involve an action.** The transgression is simply the failure to consume all the meat during the allotted time rather than the performance of an action. **And one is not flogged for** the violation of **any prohibition that does not involve an action.**

תָּא שְׁמַע: אָכַל שְׁנֵי גִידִין מִשְּׁתֵּי יְרֵכוֹת מִשְּׁתֵּי בְהֵמוֹת – סוֹפֵג שְׁמוֹנִים, רַבִּי יְהוּדָה אוֹמֵר: אֵינוֹ סוֹפֵג אֶלָּא אַרְבָּעִים. הֵיכִי דָּמֵי? אִילֵימָא בָּזֶה אַחַר זֶה וּבִשְׁתֵּי הַתְרָאוֹת – מַאי טַעְמָא דְּרַבִּי יְהוּדָה, דְּאָמַר: אַרְבָּעִים וְתוּ לָא? אֶלָּא פְּשִׁיטָא – בְּבַת אַחַת וּבַחֲדָא הַתְרָאָה.

The Gemara suggests: **Come** and **hear** a resolution with regard to the opinion of Sumakhos from a *baraita* discussing the sciatic nerve: If **one ate two** sciatic **nerves from two thighs**[H] **of two** different **animals,** he **incurs** the penalty of **eighty** lashes; **Rabbi Yehuda says:** He **incurs only forty** lashes. The Gemara asks: **What are the circumstances** in this case? **If we say** that he ate them **one after the other and with two** separate **forewarnings, what is the reasoning** of the opinion **of Rabbi Yehuda, who says:** The violator receives **forty** lashes **and nothing more?** After all, he violates two separate prohibitions with two separate forewarnings. **Rather,** it is **obvious** that he ate them **at the same time and** with **a single forewarning.**

מַאן תַּנָּא קַמָּא? אִילֵימָא רַבָּנַן דִּפְלִיגִי עֲלֵיהּ דְּסוּמְכוֹס; וּמָה הָתָם דְּגוּפִין מוּחְלָקִין – פָּטְרִי רַבָּנַן, הָכָא לֹא כׇּל שֶׁכֵּן? אֶלָּא לָאו סוּמְכוֹס הִיא!

Who is the first *tanna*, who holds that in such a case one receives eighty lashes? **If we say** that it is **the Rabbis who disagree with Sumakhos** in the mishna about: Itself and its offspring, that would contradict their opinion: Now, **if there,** in that mishna in a case **where** there are various animals that are **separate entities, the Rabbis deem** him **exempt** from a second set of lashes, **here,** in the *baraita* about two sciatic nerves, which are not separate entities, should they **not all the more so** deem him exempt from a second set of lashes? **Rather, is it not Sumakhos** who is the first *tanna*? Consequently, in his opinion one who eats the same prohibited item, such as an olive-bulk of forbidden fat, twice after a single forewarning receives two sets of lashes.

לְעוֹלָם בָּזֶה אַחַר זֶה. וּדְקָאָמְרַתְּ: מַאי טַעְמָא דְּרַבִּי יְהוּדָה – כְּגוֹן דְּלֵית בֵּיהּ כְּזַיִת, דְּתַנְיָא: אֲכָלוֹ וְאֵין בּוֹ כְּזַיִת – חַיָּיב, רַבִּי יְהוּדָה אוֹמֵר: עַד שֶׁיְּהֵא בּוֹ כְּזַיִת.

The Gemara responds: **Actually,** he ate the two sciatic nerves **one after the other** with separate forewarnings, incurring two sets of lashes even according to the Rabbis who disagree with Sumakhos in the mishna about: Itself and its offspring. **And** as for **that which you say: What is the reason of Rabbi Yehuda** who holds that the transgressor incurs only a single set of lashes? This is a case **where** the volume of one of the sciatic nerves **is not** even **an olive-bulk,** and Rabbi Yehuda follows his line of reasoning, **as it is taught** in a *baraita*: If **one ate** the entire sciatic nerve, **and** its volume **is not** even **an olive-bulk,** he is **liable** to incur forty lashes;[N] **Rabbi Yehuda says:** He is not liable **unless it has** a volume of at least **an olive-bulk.**

HALAKHA

The verse comes to provide a positive mitzva after the prohibition – **בָּא הַכָּתוּב לִיתֵּן עֲשֵׂה אַחַר לֹא תַעֲשֶׂה:** One who leaves over meat from an offering beyond the period when it must be eaten is not flogged, as the Torah joined a positive mitzva of burning the leftover meat to the prohibition, to indicate that one does not receive lashes for violating it (Rambam *Sefer Avoda, Hilkhot Pesulei HaMukdashin* 18:9, and see *Kesef Mishne* there).

If one ate two sciatic nerves from two thighs – **אָכַל שְׁנֵי גִידִין מִשְּׁתֵּי יְרֵכוֹת:** If one ate an olive-bulk from the sciatic nerve of the right leg and an olive-bulk from the sciatic nerve of the left leg, or two whole sciatic nerves regardless of their volume, he is flogged with eighty lashes. This is the *halakha* only if the violator was forewarned twice, but if he was forewarned only once, he is flogged with only forty lashes, in accordance with the opinions of the Rabbis who disagree with Rabbi Yehuda in the *baraita* and the Rabbis who disagree with Sumakhos in the mishna (Rambam *Sefer Kedusha, Hilkhot Ma'akhalot Assurot* 8:3 and *Maggid Mishne* there, and *Hilkhot Ma'akhalot Assurot* 14:7).

NOTES

A positive mitzva is stated after the prohibition to say that one is not flogged – **עֲשֵׂה אַחַר לֹא תַעֲשֶׂה לוֹמַר שֶׁאֵין לוֹקִין:** This is referred to as: A prohibition that entails the fulfillment of a positive mitzva. The Torah's requirement that one who leaves over meat from the Paschal offering must burn it indicates that this is the remedy and atonement for that transgression, and not lashes (see Rashi on *Shevuot* 3b).

If one ate the entire sciatic nerve and its volume is not even an olive-bulk he is liable – **אֲכָלוֹ וְאֵין בּוֹ כְּזַיִת חַיָּיב:** In the opinion of this *tanna* the sciatic nerve is considered a distinct entity, the consumption of which renders one liable, even if its volume is not an olive-bulk (see *Makkot* 13a).

LANGUAGE

Reason [*shem*] – **שֵׁם:** In this expression: This is not for that reason, the word: Reason, is actually the Hebrew word for name [*shem*]. This is because the name of an item is often used to understand its essence. Therefore, the expression: This is not for that reason, means that a certain idea is not the true root or reason of the matter. In this context, Rabbi Ya'akov means that the fact that one does not receive lashes for leaving over a portion of an offering is not because it is a prohibition that entails the fulfillment of a mitzva; rather, it is for a different reason.

מתני׳ בְּאַרְבָּעָה פְּרָקִים בַּשָּׁנָה הַמּוֹכֵר בְּהֵמָה לַחֲבֵירוֹ צָרִיךְ לְהוֹדִיעוֹ: ״אִמָּהּ מָכַרְתִּי לִשְׁחוֹט״, ״בִּתָּהּ מָכַרְתִּי לִשְׁחוֹט״, וְאֵלּוּ הֵן: עֶרֶב יוֹם טוֹב הָאַחֲרוֹן שֶׁל חַג, וְעֶרֶב יוֹם טוֹב הָרִאשׁוֹן שֶׁל פֶּסַח, וְעֶרֶב עֲצֶרֶת, וְעֶרֶב רֹאשׁ הַשָּׁנָה; וּכְדִבְרֵי רַבִּי יוֹסֵי הַגְּלִילִי – אַף עֶרֶב יוֹם הַכִּפּוּרִים בַּגָּלִיל.

MISHNA **On four occasions during the year one who sells an animal to another is required to inform him:**[H] **I sold the mother of** this animal today for the buyer **to slaughter** it, or: **I sold the daughter of** this animal today for the buyer **to slaughter** it. **And those** four occasions **are: The eve of the last day of the festival** of *Sukkot*,[N] **the eve of the first day of the festival of Passover, and the eve of** ***Shavuot*****, and the eve of Rosh HaShana. And according to the statement of Rabbi Yosei HaGelili, the eve of Yom Kippur in the Galilee** is included **as well.**[N]

אָמַר רַבִּי יְהוּדָה: אֵימָתַי? בִּזְמַן שֶׁאֵין לוֹ רֶיוַח, אֲבָל יֵשׁ לוֹ רֶיוַח – אֵין צָרִיךְ לְהוֹדִיעוֹ. וּמוֹדֶה רַבִּי יְהוּדָה, בְּמוֹכֵר אֶת הָאֵם לֶחָתָן וְאֶת הַבַּת לַכַּלָּה – שֶׁצָּרִיךְ לְהוֹדִיעוֹ, בְּיָדוּעַ שֶׁשְּׁנֵיהֶם שׁוֹחֲטִין בְּיוֹם אֶחָד.

Rabbi Yehuda said: When must he inform the buyer on those days? He must do so **at a time when** the seller **has no interval**[N] between the sale of the mother and the offspring, as they were both sold on that day. **But** if the seller **has an interval** between the sales, **he does not need to inform** the buyer, as presumably each buyer purchased the animal to slaughter it on the day he purchased it. **And Rabbi Yehuda concedes** that in a case **where one sells the mother** animal **to the groom and the offspring to the bride,**[H] **that** even if he did not sell them on the same day, **he must inform** the buyer, as it is **obvious that they are both** planning to **slaughter** their animal **on one day,** for their wedding feast.

בְּאַרְבָּעָה פְּרָקִים אֵלּוּ מַשְׁחִיטִין אֶת הַטַּבָּח בְּעַל כׇּרְחוֹ; אֲפִילּוּ שׁוֹר שָׁוֶה אֶלֶף דִּינָרִים, וְאֵין לוֹ לַלּוֹקֵחַ אֶלָּא דִּינָר – כּוֹפִין אוֹתוֹ לִשְׁחוֹט; לְפִיכָךְ, אִם מֵת – מֵת לַלּוֹקֵחַ. אֲבָל בִּשְׁאָר יְמוֹת הַשָּׁנָה אֵינוֹ כֵּן; לְפִיכָךְ, אִם מֵת – מֵת לַמּוֹכֵר.

On those four occasions, one compels the butcher to slaughter animals even **against his will;**[H] **even if** there is **a bull worth one thousand dinars and the buyer has only one dinar** worth of meat, i.e., he already paid the butcher for one dinar's worth of meat, **one compels him to slaughter** the animal and give him a dinar's worth of meat. **Therefore, if** the bull **dies** before slaughter, although no act of acquisition was performed, **it dies** at the expense **of the buyer,** and he loses his dinar. **But during the rest of the days of the year it is not so.** On other days, until the buyer performs the act of pulling to assume ownership of the portion of the bull that he is purchasing, the bull remains in the butcher's possession. **Therefore, if** the bull **dies** before the transaction is complete, **it dies at** the expense **of the seller,** who returns the buyer's money.

HALAKHA

On four occasions during the year one who sells an animal to another is required to inform him – בְּאַרְבָּעָה פְּרָקִים בַּשָּׁנָה הַמּוֹכֵר בְּהֵמָה לַחֲבֵירוֹ צָרִיךְ לְהוֹדִיעוֹ: On four days of the year one who sells an animal must notify the buyer that he sold its mother or its offspring for slaughter so that the buyer will refrain from slaughtering it until the next day. These days are: The eve of *Shemini Atzeret*, the eve of the first festival day of Passover, the eve of *Shavuot*, and the eve of Rosh HaShana, in accordance with the opinion of the first *tanna* in the mishna, as opposed to Rabbi Yosei HaGelili. If the buyer was not notified, he may slaughter his animal without concern, whether he bought it from a Jew or a gentile, and if he discovers afterward that its mother or its offspring was slaughtered on that same day, his purchase is considered a mistaken transaction. This applies only when both mother and offspring are sold on the same day, but if they were sold on different days, the seller does not need to inform the buyer, in accordance with the opinion of Rabbi Yehuda (Rambam *Sefer Kedusha*, *Hilkhot Sheḥita* 12:14–15, and see Ra'avad there; *Shulḥan Arukh*, *Yoreh De'a* 16:6).

One sells the mother animal to the groom and the offspring to the bride – מוֹכֵר אֶת הָאֵם לֶחָתָן וְאֶת הַבַּת לַכַּלָּה: One who sells an animal to the groom and its offspring or its mother to the bride, even on two separate days, must notify them, as they are certainly planning to slaughter them on the same day, the day of their wedding. Nowadays, there is no need to notify them if they bought the animals on different days, as people are accustomed to slaughter animals a few days in advance (Rambam *Sefer Kedusha*, *Hilkhot Sheḥita* 12:16; *Shulḥan Arukh*, *Yoreh De'a* 16:6 and *Shakh* there).

One compels the butcher to slaughter animals even against his will – מַשְׁחִיטִין אֶת הַטַּבָּח בְּעַל כׇּרְחוֹ: On the four occasions listed in the mishna the butcher is compelled to slaughter an animal in order to sell meat to the buyer, even if the buyer paid for only a dinar's worth of meat and the animal is worth one hundred dinars. Therefore, if the animal dies after the buyer paid the butcher, the buyer loses his money, because in this case the Sages based their decrees on the Torah law that giving money effects acquisition, in accordance with the opinion of Rabbi Yoḥanan. In addition, the Rema states that the same applies with regard to other mitzvot, such as purchasing wine for *kiddush* on Shabbat (Rambam *Sefer Kinyan*, *Hilkhot Mekhira* 9:7; *Shulḥan Arukh*, *Ḥoshen Mishpat* 199:3).

NOTES

The eve of the last day of the festival of *Sukkot* – עֶרֶב יוֹם טוֹב הָאַחֲרוֹן שֶׁל חַג: The eve of the first day of *Sukkot* is not included, as there is no time for large meals since everyone is busy building the *sukka* and obtaining a *lulav* and four species. Furthermore, the four occasions listed in the mishna are all times of special feasts: The last day of *Sukkot*, or the Eighth day of Assembly, is described as a Festival established by God due to His great love for the Jewish people, and it is customary to celebrate it with extra joy. Passover eve is likewise included in the joy of the festival of redemption, and there are additional peace offerings that are brought on that day. The eve of *Shavuot* is marked by a feast due to the giving of the Torah, and Rosh HaShana eve is celebrated with a special meal as an auspicious start to the year.

The eve of Yom Kippur in the Galilee as well – אַף עֶרֶב יוֹם הַכִּפּוּרִים בַּגָּלִיל: The custom in the Galilee was to have large meals on Yom Kippur eve, as the Sages say that whoever eats on Yom Kippur eve is considered as though he fasted both on that day and on the following day. Though Jews in other places would also enlarge their meals on the eve of Yom Kippur, they would focus upon eating fowl and fish rather than beef, as they are lighter foods (*Tosafot*).

At a time when the seller has no interval – בִּזְמַן שֶׁאֵין לוֹ רֶיוַח: This statement of Rabbi Yehuda means that if both mother and offspring are sold on the same day, the seller must notify the buyer of the second animal that the first was sold that day. But if there is an interval, such as when the first animal is sold a day or two before the second, he does not need to notify the buyer, since the first animal may have been slaughtered on a previous day (Rashi), as ordinarily one slaughters an animal on the day he buys it (Meiri).

Some commentaries interpret the statement of Rabbi Yehuda as referring specifically to the eve of Yom Kippur in the Galilee, as one who buys an animal then must slaughter it on that day, as he cannot slaughter the animal on the Festival. On the eve of any other Festival, the seller need not notify the buyer if the other animal was bought that day as well, since it can be slaughtered on the Festival itself (Ramban).

The Rambam interprets all of the references to whether the seller has an interval or not as referring to an interval on the eve of a Festival. Consequently, he maintains that the phrase: Has no interval, means that the animal was sold near the end of the day, indicating that the buyer is hurrying to obtain an animal to slaughter that very day; while the phrase: Has an interval, means that the animal was sold early in the day, indicating that the buyer is not necessarily buying it for immediate slaughter. The phraseology of the mishna seems to support this interpretation, as there is a principle that whenever Rabbi Yehuda uses the word: When, in a mishna, he is interpreting the opinion of the Rabbis who preceded him (see *Eiruvin* 81b), and the Rabbis in this mishna refer specifically to sales occurring on the eve of a Festival (Rashba). It should be noted that in *Halakhot Gedolot*, the word: When, is not part of the text of this mishna.

גמ׳ תָּנָא: אִם לֹא הוֹדִיעוֹ – הוֹלֵךְ וְשׁוֹחֵט וְאֵינוֹ נִמְנָע.

GEMARA The mishna teaches that on the four occasions mentioned it is the seller's responsibility to inform the purchaser that the mother or offspring of the animal he is purchasing was sold that day. With regard to this it is **taught:** Consequently, the purchaser has no obligation to clarify the situation, and **if** the seller **did not inform him,** the purchaser **may go and slaughter** the animal he has purchased **and** need **not refrain** from doing so.[N]

״אָמַר רַבִּי יְהוּדָה אֵימָתַי״. לָמָּה לִי לְמִיתְנֵי: אֶת הָאֵם לֶחָתָן וְאֶת הַבַּת לַכַּלָּה? מִלְּתָא אַגַּב אוֹרְחֵיהּ קָמַשְׁמַע לַן: דְּאוֹרַח אַרְעָא לְמִטְרַח בֵּי חֲתָנָא טְפֵי מִבֵּי כַּלְּתָא.

The mishna teaches that **Rabbi Yehuda says: When** must he inform the buyer on those days? It then teaches: And Rabbi Yehuda concedes that in a case where one sold the mother animal to the groom and the offspring to the bride, even if he did not sell them on the same day, he must inform the buyer. The Gemara asks: **Why do I** need **to teach** that the butcher sold specifically **the mother** animal **to the groom and the offspring to the bride?** It could have taught: He sold one to the groom and the other to the bride. The Gemara answers: **It teaches us a** related **matter in passing, that** it is **proper conduct for the groom's household to exert more** effort **than the bride's household** in the marriage preparations. Therefore, the groom purchases the mother, the larger animal, while the bride purchases the smaller animal, the offspring.

״בְּאַרְבָּעָה פְּרָקִים אֵלּוּ״. וְהָא לָא מָשַׁךְ! אָמַר רַב הוּנָא אָמַר רַב: כְּשֶׁמָּשַׁךְ. אִי הָכִי, אֵימָא סֵיפָא: אֲבָל בִּשְׁאָר יְמוֹת הַשָּׁנָה אֵינוֹ כֵּן, לְפִיכָךְ, אִם מֵת – מֵת לַמּוֹכֵר; וְהָא מָשַׁךְ!

§ The mishna teaches: **On those four occasions,** one compels the butcher to slaughter animals even against his will, and even if there is a bull worth one thousand dinars and the buyer has paid for only one dinar's worth of meat, one compels him to slaughter the animal. Therefore, if the bull dies before slaughter, it dies at the expense of the buyer. The Gemara challenges: **But** the buyer **did not** yet **pull** the animal to effect acquisition; consequently, although he paid the seller, the animal is not his. **Rav Huna said** that **Rav said:** The case is **where he pulled** it, and thereby acquired it. The Gemara asks: **If so, say the latter clause: But during the rest of the days of the year it is not so. Therefore, if** the bull **dies, it dies at** the expense of **the seller,** who returns the buyer's money. **But** according to Rav, **didn't** the buyer **pull** the animal? If so, why is its death at the expense of the seller?

אָמַר רַבִּי שְׁמוּאֵל בַּר רַב יִצְחָק: לְעוֹלָם שֶׁלֹּא מָשַׁךְ, וּכְגוֹן שֶׁזִּיכָּה לוֹ עַל יְדֵי אַחֵר; בְּאַרְבָּעָה פְּרָקִים אֵלּוּ, דִּזְכוּת הוּא לוֹ – זָכִין לְאָדָם שֶׁלֹּא בְּפָנָיו; בִּשְׁאָר יְמוֹת הַשָּׁנָה, דְּחוֹב הוּא לוֹ – אֵין חָבִין לְאָדָם שֶׁלֹּא בְּפָנָיו.

Rabbi Shmuel bar Rav Yitzhak said: Actually, the case in the mishna is one **where** the buyer **did not pull** the animal, **and** it is a case **where** the seller **transfers ownership to** the customer **by means of another** person, i.e., by instructing another to acquire a dinar's worth of the ox's meat on the customer's behalf, without having obtained the customer's consent. Therefore, **on those four occasions, where it is for** the customer's **benefit,**[N] as he wants meat for the Festival, the principle: **One can act in a person's interest in his absence,** applies. By contrast, **during the rest of the days of the year, where it is to** the customer's **disadvantage** to acquire the meat before the bull is slaughtered, as he does not want to incur avoidable expenses, **one cannot act to the disadvantage** of another **person in his absence.** Therefore, if the bull dies, it is at the expense of the seller.

NOTES

If the seller did not inform him the purchaser may go and slaughter – אִם לֹא הוֹדִיעוֹ הוֹלֵךְ וְשׁוֹחֵט: According to the Ramban, this is the *halakha* only with regard to the four occasions mentioned in the mishna, as at those times the burden of notification is placed on the seller. During the rest of the year, the buyer must inquire about the situation so as not to place himself in a position of possibly violating a prohibition by Torah law. The Rashba maintains that during the rest of the year as well, as long as the seller did not notify him of any concern, the buyer may slaughter the animal whenever he wishes. This is because there are a number of uncertainties involved that support the assumption that he is not violating any prohibition: There may be no living mother or offspring of the animal purchased, if there is such an animal it may not have been sold, and if it was sold the purchaser may not want to slaughter it on that day.

On those four occasions where it is for his benefit – בְּאַרְבָּעָה פְּרָקִים אֵלּוּ דִּזְכוּת הוּא לוֹ: The buyer acquires the meat and his money is acquired by the seller, even if it turns out that this choice was not in his best interest in the end, since at the moment the meat was procured for him it was certainly something he wanted (*Mahane Efrayim, Hilkhot Zekhiya UMattana* 6, citing Rambam). The Meiri maintains that if the buyer discovers only afterward that the bull died before being slaughtered, and he wants his money back, he receives it.

רַבִּי אֶלְעָזָר אוֹמֵר, אָמַר רַבִּי יוֹחָנָן: בְּאַרְבָּעָה פְּרָקִים אֵלּוּ הֶעֱמִידוּ חֲכָמִים דִּבְרֵיהֶם עַל דִּין תּוֹרָה.

Rabbi Elazar says that **Rabbi Yoḥanan says** that there is a different explanation: **On those four occasions the Sages based their statement on the Torah law** that giving money effects acquisition, and therefore, the payment of the buyer acquires the meat for him with no need for pulling.

דְּאָמַר רַבִּי יוֹחָנָן: דְּבַר תּוֹרָה – מָעוֹת קוֹנוֹת, וּמַה טַּעַם אָמְרוּ מְשִׁיכָה קוֹנָה? גְּזֵירָה שֶׁמָּא יֹאמַר לוֹ: "נִשְׂרְפוּ חִטֶּיךָ בַּעֲלִיָּה".

As Rabbi Yoḥanan says: By **Torah law,** giving **money effects** the **acquisition** of movable property with no need for pulling. **And what is the reason** that the Sages **said** that **pulling effects acquisition?** It is a rabbinic **decree lest** the seller, once he receives the money, be unconcerned about the welfare of the movable property that he has sold, and, for example, not protect it from fire, so that he **will say to** the buyer: **Your wheat was burned in the upper story** of my house[B] and I have no responsibility for it. For the benefit of rejoicing on the Festival, the Sages ordained that Torah law remains in effect on those four occasions and the buyer's money effects acquisition, and one compels the butcher to slaughter animals even against his will.

מתני׳ "יוֹם אֶחָד" הָאָמוּר בְּאוֹתוֹ וְאֶת בְּנוֹ – הַיּוֹם הוֹלֵךְ אַחַר הַלַּיְלָה. אֶת זוֹ דָּרַשׁ רַבִּי שִׁמְעוֹן בֶּן זוֹמָא, נֶאֱמַר בְּמַעֲשֵׂה בְרֵאשִׁית: "יוֹם אֶחָד", וְנֶאֱמַר בְּאוֹתוֹ וְאֶת בְּנוֹ: "יוֹם אֶחָד", מָה "יוֹם אֶחָד" הָאָמוּר בְּמַעֲשֵׂה בְרֵאשִׁית – הַיּוֹם הוֹלֵךְ אַחַר הַלַּיְלָה, אַף "יוֹם אֶחָד" הָאָמוּר בְּאוֹתוֹ וְאֶת בְּנוֹ – הַיּוֹם הוֹלֵךְ אַחַר הַלַּיְלָה.

MISHNA With regard to the phrase **"one day" that is stated with regard to** the prohibition against slaughtering an animal **itself and its offspring, the day follows the night.**[H] Therefore, one may slaughter an animal during the day and slaughter its offspring that night, but one may not slaughter an animal at night and slaughter its offspring the following day. **Rabbi Shimon ben Zoma derived this** by means of a verbal analogy. **It is stated in the act of Creation: "One day"** (Genesis 1:5), **and it is stated with regard to** the slaughter of an animal **itself and its offspring: "One day"** (Leviticus 22:28). **Just as** concerning the phrase **"one day" that is stated in the act of Creation, the day follows the night, so too** concerning the phrase **"one day" that is stated with regard to** the slaughter of an animal **itself and its offspring, the day follows the night.**

גמ׳ תָּנוּ רַבָּנַן, אֶת זוֹ דָּרַשׁ רַבִּי שִׁמְעוֹן בֶּן זוֹמָא: לְפִי שֶׁכָּל הָעִנְיָן כּוּלּוֹ אֵינוֹ מְדַבֵּר אֶלָּא בְּקָדָשִׁים, וּבְקָדָשִׁים לַיְלָה הוֹלֵךְ אַחַר הַיּוֹם, יָכוֹל אַף זֶה כֵּן? נֶאֱמַר כָּאן: "יוֹם אֶחָד", וְנֶאֱמַר בְּמַעֲשֵׂה בְרֵאשִׁית: "יוֹם אֶחָד", מָה "יוֹם אֶחָד" הָאָמוּר בְּמַעֲשֵׂה בְרֵאשִׁית – הַיּוֹם הוֹלֵךְ אַחַר הַלַּיְלָה, אַף "יוֹם" הָאָמוּר בְּאוֹתוֹ וְאֶת בְּנוֹ – הַיּוֹם הוֹלֵךְ אַחַר הַלַּיְלָה.

GEMARA The Sages taught in a *baraita*: **Rabbi Shimon ben Zoma taught this** explanation: **Because the entire section** of the Torah where the prohibition: Itself and its offspring, appears **speaks only about sacrificial** animals, **and with regard to sacrificial** animals the **night follows the day,**[N] one **might** have thought that **even** with regard to **this** prohibition it **is so.** Therefore, the following derivation is required: **It is stated here,** with regard to the slaughter of an animal and its offspring: **"One day," and it is stated in the act of Creation: "One day."** **Just as** concerning the phrase **"one day" that is stated in the act of Creation, the day follows the night, so too** concerning the phrase **"one day" that is stated with regard to** the slaughter of an animal **itself and its offspring, the day follows the night.**

Perek **V**
Daf **83** Amud **b**

רַבִּי אוֹמֵר: "יוֹם אֶחָד" – יוֹם הַמְיוּחָד טָעוּן כָּרוֹז; מִכָּאן אָמְרוּ: בְּאַרְבָּעָה פְּרָקִים בַּשָּׁנָה הַמּוֹכֵר בְּהֵמָה לַחֲבֵירוֹ צָרִיךְ לְהוֹדִיעוֹ.

§ **Rabbi** Yehuda HaNasi **says:** The verse: "You shall not slaughter it and its offspring both in **one day**" (Leviticus 22:28), is referring to a special day, and it indicates that **a special day requires a proclamation** to prevent buyers from slaughtering an animal together with its offspring on that day. **From here** is derived that which is **stated** in the mishna: **On four occasions during the year,** which are special days, **one who sells an animal to another must inform him:** I sold its mother for slaughter, or: I sold its offspring for slaughter.

הדרן עלך אותו ואת בנו

BACKGROUND

Your wheat was burned in the upper story of my house – נִשְׂרְפוּ חִטֶּיךָ בַּעֲלִיָּה: The concern here is that should the payment of money be sufficient to transfer ownership, the seller of the goods might not bother to rescue them from a fire even when they are sitting in his house, since they are no longer his. Therefore the Sages insisted that for the buyer's own protection, the buyer himself must take possession of his purchase and assume responsibility for it.

HALAKHA

With regard to the prohibition, itself and its offspring, the day follows the night – בְּאוֹתוֹ וְאֶת בְּנוֹ הַיּוֹם הוֹלֵךְ אַחַר הַלַּיְלָה: With regard to the day mentioned in relation to the prohibition of: Itself and its offspring, the day follows the night. For example, if one slaughtered the first animal at the beginning of Tuesday night, he may not slaughter the second one until the beginning of Wednesday night. If he slaughtered the first late Wednesday afternoon just before twilight, he may slaughter the second at the beginning of Wednesday night. If one slaughtered the first during twilight of Wednesday night, he must wait until Thursday night to slaughter the second; if he slaughtered the second animal on Thursday itself, he is not flogged because of the uncertainty concerning the status of twilight, in accordance with the ruling of the *Tosefta* (Rambam *Sefer Kedusha, Hilkhot Sheḥita* 12:17; *Shulḥan Arukh, Yoreh De'a* 16:4).

NOTES

And with regard to sacrificial animals the night follows the day – וּבְקָדָשִׁים לַיְלָה הוֹלֵךְ אַחַר הַיּוֹם: Rashi derives this from the verse: "It shall be eaten on the day of his offering; he shall not leave any of it until the morning" (Leviticus 7:15), which indicates that although he shall not leave it until the following morning, he may eat it during the night; therefore, the night following the "day of his offering" is considered part of that day.

Summary of **Perek V**

This chapter discussed all of the *halakhot* relating to the prohibition against slaughtering an animal and its offspring in a single day.

The prohibition of: Itself and its offspring, applies to all domesticated animals, whether cattle or sheep, whether both animals are non-sacred or sacred, or whether one is sacred and the other is not. It does not apply to undomesticated animals or to birds. Since it is a *halakha* unrelated to the sanctity of Eretz Yisrael, it applies both in Eretz Yisrael and outside of it, and it is applied during the existence of the Temple as well as in the present.

There is a dispute as to whether the prohibition applies only to a mother and its offspring, since the offspring tends to cling to it, or whether slaughtering a father animal and its offspring in a single day is also prohibited, as the verse describes the animals using masculine terms. In relation to this dispute, the question of whether one must be concerned with the paternity of animals is also addressed. This issue has implications for various *halakhot*, including the prohibition against crossbreeding diverse kinds of animals, where it affects the definition of the species of animals born of crossbreeding. This, in turn, has an impact upon which mitzvot and prohibitions apply to the animals, as well as with what animals they are permitted to mate. This question is not completely resolved in the Gemara, nor have the authorities completely resolved it.

With regard to the order of slaughtering the two animals in a single day, it is accepted that the phrase used in the verse: "It and its offspring," despite mentioning the parent first, renders slaughtering the offspring before the parent prohibited as well.

It is also determined in this chapter that the phrase: "You shall not slaughter" (Leviticus 22:28), limits the prohibition specifically to animals that are slaughtered, both with regard to the parent and with regard to the offspring. Consequently, if one or both of the animals are killed in another way, the prohibition does not apply. Any type of legitimate slaughtering, even slaughtering that is not fit and does not permit the meat to be eaten, violates the prohibition.

With regard to the definition of not slaughtering the two animals on one day, the mishna states that the day follows the night, as with most matters mentioned in the Torah. Accordingly, the day, during the course of which one may slaughter only one of the animals, is defined as beginning in the evening and lasting until the next evening.

Slaughtering an animal and its offspring in a single day, although prohibited, does not disqualify the slaughter; consequently, the meat may be eaten. With regard to sacrificial animals, the second animal is disqualified for use. The reason is that once the first animal is slaughtered, the second one may not be slaughtered that day. Therefore, it has the status of an offering whose time for sacrifice has not yet arrived.

Since it has that status, if it is slaughtered outside the Temple, the slaughterer is not liable for slaughtering an offering outside the Temple.

One who slaughters an animal and its offspring in a single day has violated a prohibition for which one incurs forty lashes. Depending upon the circumstances, the violator may be penalized with a single set of lashes or more than one set. For example, the slaughter of a mother and one of its offspring incurs a single set of lashes, while the slaughter of two of the offspring with the mother incurs two sets of lashes.

The Sages instituted that at times, one who sells a mother or its offspring must inform the buyer when he is planning to slaughter the animal that he retains in his possession, in order that the buyer should not accidentally violate the prohibition of: Itself and its offspring. Therefore, at certain times during the year when many people tend to slaughter animals and often slaughter them immediately after purchasing them, the Sages required the seller to inform the buyer of an animal if its mother or offspring was already sold that day.

These were the principal topics discussed in this chapter. During the deliberations on these topics, the Gemara also examines rather extensively a few tangentially related topics. One of these related topics is whether it is necessary to be concerned with the paternity of animals in halakhic matters. Another related topic addressed is the categorization of a *koy*, a kosher animal with characteristics of both domesticated and undomesticated animals, as well as a few other animals about which there is uncertainty as to whether they are domesticated or undomesticated. Additionally in this chapter, the Gemara discusses how many sets of lashes are incurred by one who transgresses the same prohibition multiple times, and the different circumstances that may result in variations of that penalty.

Introduction to **Perek VI**

And any man of the children of Israel, or of the strangers that sojourn among them, who traps a trapping of an undomesticated animal or bird that may be eaten, he shall pour out its blood and cover it with earth.

(Leviticus 17:13)

Although the mitzva of covering the blood of a slaughtered undomesticated animal or a bird is stated explicitly in the Torah, its precise *halakhot* are not, and therefore, there are aspects of the mitzva that must be clarified. The Torah states that the mitzva of covering the blood applies to one who traps an undomesticated animal or a bird. Is the act of trapping critical for the obligation of the mitzva, or is this obligation applicable any time one slaughters an undomesticated animal or a bird, even if no trapping is involved? Moreover, does the mitzva of covering the blood apply only if the act of slaughter is valid, i.e., when it permits the meat for consumption, or is it applicable even when the slaughter is not valid?

Furthermore, the verse states that only a bird and an undomesticated animal are included in the mitzva of covering the blood; domesticated animals are not included. If so, given that undomesticated animals may not be offered as sacrifices, can it be inferred that the mitzva of covering the blood applies only to non-sacred animals and birds? Or does the Torah mean to exclude only sacrificial animals but not sacrificial birds, in which case the mitzva to cover the blood applies to a sacrificial bird as well?

Other uncertainties arise with regard to the act of covering: Is the mitzva of covering the blood incumbent only upon the one performing the slaughter, or is it incumbent upon any individual who sees the blood uncovered? What is the *halakha* in an instance where the blood was covered as a result of natural causes, without human intervention: Is the mitzva considered to have been performed? Must one cover the blood of each slaughtered animal or bird separately, or may he cover all the blood at the same time? Is the mitzva to cover the blood of an undomesticated animal separate from the mitzva to cover the blood of a bird, or are these acts considered one mitzva?

It is also unclear how much blood needs to be covered: All of it or only part of it? If the latter, which part of the blood needs to be covered? Must one cover specifically the blood that spurts out at the time of the slaughter, or may one cover the blood that issues from the animal in another manner?

The covering process itself requires clarification as well: Must the blood be covered with only one layer of earth, or must the blood be covered with earth from both above and below? What is the precise meaning of the term "earth" mentioned in the verse? Is it limited to earth specifically, or is the verse referring even to other substances that share a common characteristic with earth?

These are the primary subjects discussed in this chapter.

מתני׳ כִּסּוּי הַדָּם נוֹהֵג בָּאָרֶץ וּבְחוּצָה לָאָרֶץ, בִּפְנֵי הַבַּיִת וְשֶׁלֹּא בִּפְנֵי הַבַּיִת, בְּחוּלִּין אֲבָל לֹא בְּמוּקְדָּשִׁין. וְנוֹהֵג בְּחַיָּה וּבְעוֹף, בִּמְזוּמָּן וּבְשֶׁאֵינוֹ מְזוּמָּן. וְנוֹהֵג בְּכוֹי מִפְּנֵי שֶׁהוּא סָפֵק.

MISHNA The mitzva of **covering the blood** after slaughter **is in effect** both **in Eretz** Yisrael[H] **and outside of Eretz** Yisrael, both **in the presence,** i.e., the time, **of the Temple and not in the presence of the Temple.** And it is in effect **with regard to non-sacred** animals, **but** it is not in effect **with regard to sacrificial** ones. **And it is in effect with regard to** the slaughter of **an undomesticated animal and a bird, with regard to** animals and birds that are readily **available** in his home, **and with regard to** those **that are not** readily **available** and are hunted in the wild. **And it is in effect with regard to a** ***koy*****, because it is uncertain** whether a *koy* is a domesticated animal and one is exempt from the covering of its blood or whether it is an undomesticated animal and one is obligated to cover it.

וְאֵין שׁוֹחֲטִין אוֹתוֹ בְּיוֹם טוֹב, וְאִם שְׁחָטוֹ – אֵין מְכַסִּין אֶת דָּמוֹ.

And one may not slaughter a *koy* **on a Festival,**[H] because covering its blood entails the performance of prohibited labor that is permitted only if there is a definite obligation to cover the blood. **And if one slaughtered** a *koy* on a Festival after the fact, **one does not cover its blood** until after the Festival.

גמ׳ מוּקְדָּשִׁין מַאי טַעְמָא לָא? אִילֵימָא מִשּׁוּם דְּרַבִּי זֵירָא, דְּאָמַר רַבִּי זֵירָא: הַשּׁוֹחֵט צָרִיךְ שֶׁיִּתֵּן עָפָר לְמַטָּה וְעָפָר לְמַעְלָה, שֶׁנֶּאֱמַר: ״וְשָׁפַךְ אֶת דָּמוֹ וְכִסָּהוּ בֶּעָפָר״, ״עָפָר״ לֹא נֶאֱמַר, אֶלָּא: ״בֶּעָפָר״ – מְלַמֵּד שֶׁהַשּׁוֹחֵט צָרִיךְ שֶׁיִּתֵּן עָפָר לְמַטָּה וְעָפָר לְמַעְלָה.

GEMARA The Gemara asks: **What is the reason** one is **not** obligated to cover the blood of **sacrificial** birds?[N] **If we say** it is **because of** the statement **of Rabbi Zeira,** that is difficult. **As Rabbi Zeira says: One who slaughters** a bird or an undomesticated animal **must place earth beneath**[NH] the blood **and earth above** it, **as it is stated: "And he shall pour out its blood and cover it with earth"** (Leviticus 17:13). **It is not stated:** Cover it with **earth,** but **rather, "in earth,"** indicating that the blood must be concealed inside the earth. The verse **teaches that one who slaughters** a bird or undomesticated animal **must place earth beneath** the blood **and earth above** the blood.

וְהָכָא לָא אֶפְשָׁר, הֵיכִי לִיעֲבֵיד? לֵיתִיב וְלִיבַטְלֵיהּ – קָמוֹסִיף אַבִּנְיָן, וּכְתִיב: ״הַכֹּל בִּכְתָב מִיַּד ה׳ עָלַי הִשְׂכִּיל״,

The Gemara continues: **And here,** with regard to a bird offering, whose blood is presented on the altar, it is **not possible** for one to cover the blood with earth from beneath it. As **how should one perform** the covering of the blood? If one suggests that **he should place** earth on the altar **and nullify** that earth to the altar such that it will never be removed from there, this is unfeasible, since by nullifying the earth to the altar, **he is adding to the structure** of the altar. **And it is written** with regard to the construction of the Temple: **"All was in writing, from the hand of the Lord, which He gave me to understand"** (I Chronicles 28:19), indicating that the dimensions of the Temple and all the vessels within were given prophetically and are therefore not subject to change.

לָא לִיבַטְלֵיהּ – קָא הָוֵי חֲצִיצָה;

And if one suggests that **he should not nullify** the earth to the altar, this too is problematic, as the earth **constitutes an interposition**[N] between the blood of the bird and the altar.

NOTES

One is not obligated to cover the blood of sacrificial birds – מוּקְדָּשִׁין...לָא: The Gemara assumes the mishna is referring specifically to sacrificial birds, not animals, since undomesticated animals are in any event never sacrificed as offerings.

He must place earth beneath – צָרִיךְ שֶׁיִּתֵּן עָפָר לְמַטָּה: *Tosafot* comment that unlike the placing of earth above the blood, which is a mitzva incumbent upon the slaughterer, the bottom layer of earth need not be placed with specific intention for the mitzva; it is sufficient that the blood fall upon a layer of earth. By contrast, Rashi maintains, based on the wording of the Gemara on 31a, that the bottom layer of earth must be designated for the mitzva as well. Consequently, if earth was already there, the slaughterer must verbally designate it for the mitzva.

Constitutes an interposition – קָא הָוֵי חֲצִיצָה: The verse states with regard to a bird burnt offering: "And its blood shall be drained out on the side of the altar" (Leviticus 1:15), indicating that there may not be any interposition between the blood and the altar (Ritva).

HALAKHA

The mitzva of covering the blood is in effect in Eretz Yisrael, etc. – כִּסּוּי הַדָּם נוֹהֵג בָּאָרֶץ וכו׳: The mitzva of covering the blood after slaughter applies to one who slaughters kosher undomesticated animals and kosher birds, whether the animals or birds are readily available or not. This mitzva applies only to non-sacred animals and birds. It does not apply to sacrificial birds, both those that were consecrated for the altar and those consecrated for Temple maintenance (Rambam *Sefer Kedusha, Hilkhot Sheḥita* 14:1–2; *Shulḥan Arukh, Yoreh De'a* 28:1).

And it is in effect with regard to a ***koy*****…and one may not slaughter it on a Festival – וְנוֹהֵג בְּכוֹי...וְאֵין שׁוֹחֲטִין אוֹתוֹ בְּיוֹם טוֹב:** The blood of a *koy* or any other animal that cannot be classified as a domesticated animal or an undomesticated animal must be covered only due to the uncertainty that it may be obligated by Torah law. The blood of such an animal may not be covered on a Festival, as covering the blood is a labor that may be performed on a Festival only when there is a definite obligation by Torah law to do so. If one wrongly slaughtered such an animal on a Festival, the blood may be covered only after the Festival's conclusion (Rambam *Sefer Kedusha, Hilkhot Sheḥita* 14:4; *Shulḥan Arukh, Yoreh De'a* 28:3).

One who slaughters must place earth beneath – הַשּׁוֹחֵט צָרִיךְ שֶׁיִּתֵּן עָפָר לְמַטָּה: One who slaughters an undomesticated animal or a bird is required to place a layer of earth in the location where he intends for the blood to spurt onto the ground when he performs the slaughter. If dirt was already found in the spot where the blood is to be spilled, the slaughterer must verbally designate it for the mitzva (*Sefer HaIttur*). The Rosh maintains that verbal designation is not necessary (Rambam *Sefer Kedusha, Hilkhot Sheḥita* 14:14; *Shulḥan Arukh, Yoreh De'a* 28:5, and see *Shakh* and Rabbi Akiva Eiger there).

NOTES

Any measure that is suitable for mixing – כָּל הָרָאוּי לְבִילָּה: The mishna (*Menaḥot* 103b) states that one who vows to bring a meal offering greater than sixty tenths of an ephah of flour is required to divide the volume of flour into two separate vessels, since such a large quantity of flour cannot be mixed properly with the requisite oil. The Gemara there asks why it matters whether or not the flour can be properly mixed, given that the *halakha* deems even a non-mixed meal offering valid after the fact. Rabbi Zeira responds that although the mixing of the oil with the flour is not indispensable to the meal offering, it must at least be fit to be blended properly.

This principle, that one must at least be capable of fulfilling a requirement even if it is not indispensable to the performance of a mitzva, appears with regard to several other *halakhot* as well. The Rashbam (*Bava Batra* 81b) explains the reasoning behind this principle: Although a particular requirement may not be indispensable to the performance of a certain mitzva, since the Torah mentions this requirement as a part of the mitzva's proper fulfillment, performing the mitzva without even the possibility of fulfilling that requirement is tantamount to performing a mitzva in a manner not commanded by the Torah.

נְהִי דִּלְמַטָּה – לָא אֶפְשָׁר, לְמַעְלָה – אֶפְשָׁר, לִיעֲבֵיד כִּסּוּי!

The Gemara explains why this statement of Rabbi Zeira does not sufficiently explain why one is not required to cover the blood of sacrificial birds. **Granted that** it is **impossible** to place earth **beneath** the blood of the bird, but it is **possible** to place earth **above** the blood of the bird. If so, **let** him **perform a covering** of the blood from above.

מִי לָא תַנְיָא, רַבִּי יוֹנָתָן בֶּן יוֹסֵף אוֹמֵר: שָׁחַט חַיָּה וְאַחַר כָּךְ שָׁחַט בְּהֵמָה – פָּטוּר מִלְּכַסּוֹת, בְּהֵמָה וְאַחַר כָּךְ חַיָּה – חַיָּיב לְכַסּוֹת?

The Gemara explains this suggestion: **Isn't it taught** in a *baraita* that **Rabbi Yonatan ben Yosef says: If one slaughtered an undomesticated animal,**[H] whose blood requires covering, **and thereafter slaughtered a domesticated animal,** whose blood does not require covering, in the same location as the undomesticated animal, he is **exempt from** the obligation **to cover** the blood of the undomesticated animal, as it is covered with the blood of the domesticated animal. But if one slaughtered **a domesticated animal and thereafter** slaughtered **an undomesticated animal** he is **obligated to cover** the latter's blood despite the fact that there is no earth, but rather blood of the domesticated animal, beneath it. It is evident from this *baraita* that the mitzva of covering the blood applies even when earth cannot be placed beneath the blood.

כִּדְרַבִּי זֵירָא, דְּאָמַר רַבִּי זֵירָא: כָּל הָרָאוּי לְבִילָּה – אֵין בִּילָּה מְעַכֶּבֶת בּוֹ, וְכָל שֶׁאֵינוֹ רָאוּי לְבִילָּה – בִּילָּה מְעַכֶּבֶת בּוֹ.

The Gemara responds: The exclusion of sacrificial birds from the mitzva of covering the blood, even from above, is **in accordance with** another statement **of Rabbi Zeira, as Rabbi Zeira says** with regard to meal offerings: For **any** measure of flour **that is suitable for mixing**[NH] with oil in a meal offering, the lack of **mixing does not invalidate** the meal offering. Even though there is a mitzva to mix the oil with the flour *ab initio*, the meal offering is fit for sacrifice even if the oil and the flour are not mixed together. **And** for **any** measure of flour **that is not suitable for mixing** with oil in a meal offering, the lack of **mixing invalidates** the meal offering. Similarly, if one slaughtered a domesticated animal and thereafter an undomesticated animal, since it was possible to cover the blood of the former before slaughtering the latter, which would allow the proper fulfillment of the mitzva of covering the blood, one is still obligated to cover the blood from above. By contrast, it is always impossible to properly perform the mitzva in the case of sacrificial birds.

וְלִיגְרְרֵיהּ וְלִיכַסֵּיהּ! מִי לָא תְּנַן: דַּם הַנִּיתָּז וְשֶׁעַל הַסַּכִּין – חַיָּיב לְכַסּוֹת, אַלְמָא דְּגָרֵיר וּמְכַסֵּי לֵיהּ; הָכָא נָמֵי – נִגְרוֹר וְנִכַסֵּי לֵיהּ!

The Gemara asks: Still, why is the mitzva of covering the blood not applicable to sacrificial birds? **Let one scrape** the blood off the altar **and cover it** elsewhere. **Didn't we learn** in a mishna (87b): With regard to **blood that spurts** outside the pit in which the animal was slaughtered, **and** blood **that** remained **on the** slaughtering **knife,**[H] one is **obligated to cover** it? **Evidently,** the *halakha* **is that** one may **scrape** off the blood **and cover it** in a location other than where it spilled out. **Here too, let us scrape** the blood of a sacrificial bird off the altar **and cover it** elsewhere.

אִי בְּקָדְשֵׁי מִזְבֵּחַ – הָכִי נָמֵי, הָכָא בְּמַאי עָסְקִינַן – בְּקָדְשֵׁי בֶּדֶק הַבַּיִת.

The Gemara answers: **If** the ruling of the mishna was dealing **with** items **consecrated for the altar, indeed,** the blood must be scraped off and covered elsewhere. But **here we are dealing with** items **consecrated for Temple maintenance,** i.e., birds donated to the Temple in order to be sold, the profits of which would be used for repairs. Such birds may not be slaughtered, and if one transgressed and slaughtered them it is prohibited to derive any benefit from them. The *tanna* of the mishna holds that the mitzva of covering the blood does not apply to a slaughtered animal that is forbidden for consumption.

HALAKHA

If one slaughtered an undomesticated animal, etc. – שָׁחַט חַיָּה וכו׳: In a case where one slaughtered a bird or undomesticated animal and then slaughtered a domesticated animal in the same location, it is unnecessary to cover the blood of the undomesticated animal, as it is covered with the blood of the domesticated animal. In the reverse scenario, one is obligated to cover the blood of the undomesticated animal, in accordance with the opinion of Rabbi Yonatan bar Yosef (*Shulḥan Arukh, Yoreh De'a* 28:14).

Any measure that is suitable for mixing, etc. – כָּל הָרָאוּי לְבִילָּה וכו׳: With regard to any meal offering that is fit to be mixed, mixing is not indispensable for it, and it is valid even if it was not mixed. If it is not fit for mixing, the meal offering is not valid (Rambam *Sefer Avoda, Hilkhot Ma'aseh HaKorbanot* 17:6).

Blood that spurts and that remained on the knife – דַּם הַנִּיתָּז וְשֶׁעַל הַסַּכִּין: Blood that spurts out from the animal being slaughtered, as well as blood that remained on the slaughtering knife, must be covered, provided it is the only blood of the slaughtered animal available, in accordance with the opinion of Rabbi Yehuda in the mishna on 87b (Rambam *Sefer Kedusha, Hilkhot Sheḥita* 14:8 and Ra'avad there; *Shulḥan Arukh, Yoreh De'a* 28:15).

וְלִיפְרְקִינְהוּ וְלִיכַסִּינְהוּ! בָּעֵינַן הַעֲמָדָה וְהַעֲרָכָה.

The Gemara challenges: **But** even if the mishna is dealing with birds consecrated for Temple maintenance, **let one redeem them**[N] after they were slaughtered **and** then **cover their** blood. The Gemara responds: This is not feasible, because in order to redeem a consecrated animal **we require setting and valuating,**[H] i.e., the animal must be stood before a priest in order to evaluate it and only then is it redeemed (see Leviticus 27:11–12). A slaughtered bird cannot be stood before the priest; consequently, it cannot be redeemed.

וּכְמַאן? אִי כְּרַבִּי מֵאִיר דְּאָמַר: הַכֹּל הָיוּ בִּכְלַל הַעֲמָדָה וְהַעֲרָכָה – הָאָמַר: שְׁחִיטָה שֶׁאֵינָהּ רְאוּיָה – שְׁמָהּ שְׁחִיטָה!

The Gemara asks: **But** if the mishna is dealing with birds consecrated for Temple maintenance, **in accordance with whose** opinion is the mishna? **If** one suggests the mishna is **in accordance with** the opinion of **Rabbi Meir, who says: Everything,** i.e., animals consecrated both for the altar and for Temple maintenance, **was included in** the requirement of **setting and valuating,** and therefore the slaughtered birds may not be redeemed, this cannot be so. **Doesn't he** also **say** that **slaughter that is not fit** to render the meat permitted **is** nevertheless **considered** a halakhic act of **slaughter** that requires the covering of the blood? If so, one should be obligated to cover the blood of the bird even if it is not redeemed.

אִי כְּרַבִּי שִׁמְעוֹן דְּאָמַר: שְׁחִיטָה שֶׁאֵינָהּ רְאוּיָה לָא שְׁמָהּ שְׁחִיטָה – הָאָמַר: לֹא הָיוּ בִּכְלַל הַעֲמָדָה וְהַעֲרָכָה!

The Gemara continues: And **if** one suggests the mishna is **in accordance with** the opinion of **Rabbi Shimon, who says: Slaughter that is not fit** to render the meat permitted **is not considered** a halakhic act of **slaughter** and therefore the bird would require redemption in order to cover its blood, this cannot be so. **Doesn't** he also **say** that animals consecrated for Temple maintenance **were not included in** the requirement of **setting and valuating?** If so, let one redeem the slaughtered birds and cover their blood.

אָמַר רַב יוֹסֵף: רַבִּי הִיא, וְנָסֵיב לַהּ אַלִּיבָּא דְּתַנָּאֵי; בִּשְׁחִיטָה שֶׁאֵינָהּ רְאוּיָה – סָבַר לַהּ כְּרַבִּי שִׁמְעוֹן, בְּהַעֲמָדָה וְהַעֲרָכָה – סָבַר לַהּ כְּרַבִּי מֵאִיר.

Rav Yosef said in reconciliation of this dilemma: The mishna's ruling **is in accordance with** the opinion of **Rabbi** Yehuda HaNasi, **and he formulates** the mishna **in accordance with** the opinions of different ***tanna'im***: **With regard to** the status of an act of **slaughter that is not fit** to render the meat permitted **he holds in accordance with** the opinion of **Rabbi Shimon,** while **with regard to** the requirement of **setting and valuating he holds in accordance with** the opinion of **Rabbi Meir.** Therefore, since one cannot redeem a bird that was consecrated for Temple maintenance once it has been slaughtered, there is no obligation to cover its blood, as the slaughter was not fit to render the meat permitted.

וְאִיבָּעֵית אֵימָא: כּוּלַּהּ רַבִּי שִׁמְעוֹן הִיא; וְשָׁאנֵי הָכָא, דְּאָמַר קְרָא: "וְשָׁפַךְ וְכִסָּה" – מִי שֶׁאֵינוֹ מְחוּסָּר אֶלָּא שְׁפִיכָה וְכִסּוּי, יָצָא זֶה שֶׁמְּחוּסָּר שְׁפִיכָה פְּדִיָּיה וְכִסּוּי.

And if you wish, say instead that **the entire** mishna **is** in accordance with the opinion of **Rabbi Shimon,** who holds that birds consecrated for Temple maintenance may be redeemed even after their slaughter. **And** although it would seem that their slaughter is fit to render the meat permitted and that one should therefore be obligated in the mitzva of covering the blood, it is **different here, as the verse states: "And he shall pour out** its blood **and cover** it" (Leviticus 17:13). By juxtaposing "pour out" to "cover," the verse indicates that the obligation to cover the blood applies only to blood **that is lacking only pouring and covering,** without any intervening step. **Excluded** is **this** blood of birds consecrated for Temple maintenance, **which is lacking pouring, redeeming, and covering.**

וְהַשְׁתָּא דְּאָתֵית לְהָכִי, אֲפִילּוּ תֵּימָא קָדְשֵׁי מִזְבֵּחַ – מִי שֶׁאֵינוֹ מְחוּסָּר אֶלָּא שְׁפִיכָה וְכִסּוּי, יָצָא זֶה שֶׁמְּחוּסָּר שְׁפִיכָה גְּרִירָה וְכִסּוּי.

The Gemara notes: **And now that you have arrived at this** explanation, **you** may **even say** that the mishna is referring to birds **consecrated for the altar.** As for the question asked earlier: Why not let one scrape the blood from the altar and then cover it? The verse states: "And he shall pour out its blood and cover it," indicating that the obligation to cover the blood applies only to blood that is **lacking only pouring and covering,** without any intervening step. **Excluded** is **this** blood of bird offerings, **which is lacking pouring, scraping, and covering.**[N]

NOTES

But let one redeem them – וְלִיפְרְקִינְהוּ: Animals consecrated for Temple maintenance that were slaughtered have no useful purpose, as they may not be consumed or used. There is therefore a mitzva to redeem such an animal, so as to prevent the loss of consecrated property. Accordingly, the slaughter of this animal cannot be considered one that is not fit to render the meat permitted, as it will ultimately be redeemed and then consumed. If so, one should be obligated to cover its blood (*Tosafot*).

Excluded is this which is lacking pouring, scraping, and covering – יָצָא זֶה שֶׁמְּחוּסָּר שְׁפִיכָה גְּרִירָה וְכִסּוּי: Although the mishna on 87b teaches that there is a mitzva to cover blood that spurts on the wall, and covering this blood requires that one first scrape it from the altar (see 83b), in that case, scraping would not have been required in order to cover such blood had it not spurted onto the wall. Accordingly, one may apply the principle of Rabbi Zeira: With regard to any substances fit for mixing, mixing is not indispensable (see 83b). By contrast, it is never possible to cover the blood of sacrificial animals without first scraping the blood off the altar (*Tosafot*; Ramban).

HALAKHA

We require setting and valuating – בָּעֵינַן הַעֲמָדָה וְהַעֲרָכָה: One who consecrates a living animal, whether for the altar or for Temple maintenance, must stand it before the court and have it evaluated before it is redeemed. This is in accordance with the opinion of the Rabbis in the mishna in *Temura* (32a), as explained by Rabbi Yoḥanan there on 32b (Rambam *Sefer Hafla'a*, *Hilkhot Arakhin VaḤaramim* 5:12).

HALAKHA

But a spring, etc. – אַךְ מַעְיָן וכו׳: No liquid except water is valid for ritual immersion (Rambam *Sefer Tahara, Hilkhot Mikvaot* 7:5; *Shulḥan Arukh, Yoreh De'a* 201:24).

מָר בַּר רַב אַשִׁי אָמַר, אָמַר קְרָא: ״חַיָּה אוֹ עוֹף״, מָה חַיָּה אֵינָהּ קֹדֶשׁ – אַף עוֹף אֵינוֹ קֹדֶשׁ.

The Gemara cites another source for the exclusion of consecrated animals from the requirement of covering their blood: **Mar bar Rav Ashi said** that **the verse states** with regard to the mitzva of covering the blood: **"An undomesticated animal or bird"** (Leviticus 17:13). The juxtaposition of these two species intimates an analogy between them: **Just as** the **undomesticated animal** referred to in the verse **is not consecrated,**[N] as undomesticated animals are never fit for sacrifice, **so too,** the **bird** referred to in the verse **is not consecrated.**

אִי מָה חַיָּה – שֶׁאֵין בְּמִינוֹ קֹדֶשׁ, אַף עוֹף – שֶׁאֵין בְּמִינוֹ קֹדֶשׁ; אוֹצִיא תּוֹרִין וּבְנֵי יוֹנָה שֶׁיֵּשׁ בְּמִינָן קֹדֶשׁ!

The Gemara asks: **If** it is so that the *halakhot* of slaughtering a bird are derived from those of an undomesticated animal, then say: **Just as** the verse is referring to **an undomesticated animal, whose species cannot be consecrated** as an offering, **so too,** the verse is referring only to **a bird whose species cannot be consecrated** as an offering. Therefore, **I will exclude** even non-sacred **doves and pigeons, whose species can be consecrated.**

לָא, כְּחַיָּה; מָה חַיָּה – לֹא חִלַּקְתָּ בָּהּ, אַף עוֹף – לֹא תַּחֲלוֹק בּוֹ.

The Gemara rejects this possibility: **No,** the juxtaposition indicates that the *halakha* with regard to the slaughter of birds is entirely **like** that of **an undomesticated animal.** Therefore, **just as** in the case of **an undomesticated animal, you did not differentiate** between its various species and all non-sacred animals are included in the mitzva, **so too,** with regard to the **bird** mentioned in the verse, **you should not differentiate** between its various species.

אֲמַר לֵיהּ יַעֲקֹב מִינָאָה לְרָבָא: קַיְימָא לַן חַיָּה בִּכְלַל בְּהֵמָה לְסִימָנִין, אֵימָא נַמִי: בְּהֵמָה בִּכְלַל חַיָּה לְכִסּוּי!

§ Concerning the *halakha* that covering the blood does not apply to a domesticated animal, the Gemara says that **Ya'akov the heretic said to Rava: We maintain** that **an undomesticated animal,** e.g., a deer, is **included** in the category of **a domesticated animal with regard to** the **characteristics**[N] necessary to determine whether the animal is kosher, i.e., it chews its cud and has split hooves (see Deuteronomy 14:4–6). If so, **I will also say** that **a domesticated animal is included** in the category of **an undomesticated animal with regard to** the mitzva of **covering** the blood.

אֲמַר לֵיהּ, עָלֶיךָ אָמַר קְרָא: ״עַל הָאָרֶץ תִּשְׁפְּכֶנּוּ כַּמָּיִם״, מָה מַיִם לָא בָּעֵי כִּסּוּי – אַף הַאי נַמִי לָא בָּעֵי כִּסּוּי.

Rava **said to him: With regard to your** claim, **the verse states** in reference to the blood of a domesticated animal: "You may slaughter of your cattle and of your sheep… but be strong not to eat the blood… **you shall pour it out on the ground, like water"** (Deuteronomy 12:21–24). Accordingly, **just as water does not require covering, so too, this** blood of a domesticated animal **does not require covering.**

אֶלָּא מֵעַתָּה יַטְבִּילוּ בּוֹ! אָמַר קְרָא: ״אַךְ מַעְיָן וּבוֹר מִקְוֵה מַיִם יִהְיֶה טָהוֹר״ – הָנֵי אִין, מִידֵּי אַחֲרִינָא לָא.

The Gemara asks: **If that is so,** that the verse equates the blood of a domesticated animal with water, then let one **immerse** ritually impure items **in it** to purify them, just as he can immerse them in water. The Gemara responds: **The verse states: "But a spring**[H] **or a cistern, or a gathering of water shall be pure"** (Leviticus 11:36). The exclusionary term: "But," indicates that only concerning **these** bodies of water, **yes,** they render pure an impure item, while **something else,** e.g., blood, does **not.**

וְאֵימָא: הָנֵי מִילֵּי – לְמַעוֹטֵי שְׁאָר מַשְׁקִין דְּלָא אִיקְרוּ מַיִם, אֲבָל דָּם דְּאִיקְרִי מַיִם – הָכִי נַמִי!

The Gemara challenges: **But** perhaps one can **say** that **this matter,** i.e., the exclusionary term in the verse, serves only **to exclude other liquids that are not called water. But** with regard to **blood, which is called water,** as the verse states: "You shall pour it out on the ground, like water," one may **indeed** immerse ritually impure items in it.

NOTES

Just as the undomesticated animal is not consecrated – מָה חַיָּה אֵינָהּ קֹדֶשׁ: Although one may consecrate an undomesticated animal for Temple maintenance, as one may consecrate any item, the Gemara means to say that an unspecified undomesticated animal is non-sacred, as it is not fit for sacrifice (Rashi).

An undomesticated animal is included in the category of a domesticated animal with regard to the characteristics – חַיָּה בִּכְלַל בְּהֵמָה לְסִימָנִין: The Sages derived that an undomesticated animal is included in the category of a domesticated animal from the verses discussing the characteristics of a kosher domesticated animal, as those verses mention undomesticated animals as well. The verse states: "These are the animals that you may eat: An ox, the *seh* of the sheep, and the *seh* of the goats, a deer, and a gazelle, and a fallow deer, and a wild goat, and an oryx, and an aurochs, and a wild sheep" (Deuteronomy 14:4–6). The gazelle, fallow deer, and wild goat are undomesticated. This does not necessarily mean that a domesticated animal is included in the category of an undomesticated one. Rashi explains that the matter is based on the verse that states: "These are the living things [*ḥaya*] which you may eat among all the animals [*behema*] that are on the earth" (Leviticus 11:2).

תְּרֵי מִיעוּטֵי כְּתִיבִי: ״מַעְיַן מַיִם״ ״וּבוֹר מַיִם״.

The Gemara responds: **Two exclusions are written** in the verse discussing ritually purifying waters: **A spring of water, and: A cistern of water.** The term "water" is understood as being attached to each of the bodies mentioned in the verse. The additional exclusion serves to exclude blood.

אֵימָא: אִידֵי וְאִידֵי לְמַעוּטֵי שְׁאָר מַשְׁקִין, חַד – לְמַעוּטֵי זוֹחֲלִין, וְחַד – לְמַעוּטֵי מְכוּנָּסִין!

The Gemara challenges: **Say** that both **this** phrase, a spring of water, **and that** phrase, a cistern of water, serve **to exclude other liquids,** and not blood, whereby **one** phrase is **to exclude flowing** liquids that are not water from having the status of a spring, which renders an item ritually pure even when it is flowing; **and one** phrase serves **to exclude gathered**[N] liquids that are not water from having the status of a ritual bath, which renders an item pure only when the water in the ritual bath is gathered.

תְּלָתָא מִיעוּטֵי כְּתִיבִי: ״מַעְיַן מַיִם״ ״וּבוֹר מַיִם״ ״מִקְוֵה מַיִם״.

The Gemara responds: **Three exclusions are written** in the verse: **A spring of water,** to exclude flowing liquids; **and: A cistern of water,** to exclude gathered liquids; **and: A gathering of water,** to exclude blood.

תָּנוּ רַבָּנַן: ״אֲשֶׁר יָצוּד״ – אֵין לִי אֶלָּא אֲשֶׁר יָצוּד, נִצּוֹדִין וְעוֹמְדִין מֵאֲלֵיהֶן מִנַּיִן, כְּגוֹן אֲוָזִין וְתַרְנְגוֹלִים?

§ **The Sages taught** in a *baraita*: The verse states with regard to covering the blood: "And any man of the children of Israel, or of the strangers that sojourn among them, **who traps** a trapping of an undomesticated animal or bird that may be eaten, he shall pour out its blood and cover it with earth" (Leviticus 17:13). **I have** derived **only** that one is obligated to cover the blood of an undomesticated animal or bird **that one traps. From where** is it derived that undomesticated animals or birds that are **already** considered **trapped on their own, such as geese and chickens** that do not roam freely, are also included in the mitzva of covering the blood?

תַּלְמוּד לוֹמַר: ״צֵיד״ מִכׇּל מָקוֹם. אִם כֵּן, מַה תַּלְמוּד לוֹמַר: ״אֲשֶׁר יָצוּד״? לִמְּדָה תּוֹרָה דֶּרֶךְ אֶרֶץ, שֶׁלֹּא יֹאכַל אָדָם בָּשָׂר אֶלָּא בַּהַזְמָנָה הַזֹּאת.

The verse states "a trapping" to indicate that **in any case,** one is obligated to cover the blood of an undomesticated animal. **If so, what** is the meaning when **the verse states: "Who traps,"** if it is not to be understood literally? The *baraita* explains: **The Torah taught** that it is **a desired mode of behavior**[H] **that a person should consume meat only with this mode of preparation.** That is, just as the meat that one traps is not readily available, so too, one should not become accustomed to consuming meat.

תָּנוּ רַבָּנַן: ״כִּי יַרְחִיב ה׳ אֱלֹהֶיךָ אֶת גְּבֻלְךָ״ – לִמְּדָה תּוֹרָה דֶּרֶךְ אֶרֶץ, שֶׁלֹּא יֹאכַל אָדָם בָּשָׂר אֶלָּא לְתֵאָבוֹן.

In a similar vein, **the Sages taught** in a *baraita* that the verse states: **"When the Lord, your God, expands your** boundary… according to every craving of your soul you may eat meat" (Deuteronomy 12:20). **The Torah taught** that it is **a desired mode of behavior that a person should consume meat due only to appetite.** That is, one should consume meat only when he feels a need to eat it.

יָכוֹל יִקַּח אָדָם מִן הַשּׁוּק וְיֹאכַל? תַּלְמוּד לוֹמַר: ״וְזָבַחְתָּ מִבְּקָרְךָ וּמִצֹּאנְךָ״. יָכוֹל יִזְבַּח כׇּל בְּקָרוֹ וְיֹאכַל, כׇּל צֹאנוֹ וְיֹאכַל? תַּלְמוּד לוֹמַר: ״מִבְּקָרְךָ״ – וְלֹא כׇּל בְּקָרְךָ, ״מִצֹּאנְךָ״ – וְלֹא כׇּל צֹאנְךָ.

The *baraita* continues: One **might** have thought that **a person may purchase** meat **from the marketplace and consume** it. Therefore, **the** next **verse states: "And you may slaughter of your cattle and of your flock,"** indicating that one should consume the meat of animals of his own flock, not those purchased in the marketplace. One **might** have thought that a person **may slaughter all of his cattle,** i.e., his only cow, **and consume** the meat, or slaughter **all of his flock,** i.e., his only sheep, **and consume** the meat. Therefore, **the verse states: "Of your cattle,"** indicating some, **but not all of, your cattle; "of your flock," but not all of your flock.**

מִכָּאן אָמַר רַבִּי אֶלְעָזָר בֶּן עֲזַרְיָה: מִי שֶׁיֵּשׁ לוֹ מָנֶה – יִקַּח לְפָסוֹ לִיטְרָא יָרָק, עֲשָׂרָה מָנֶה – יִקַּח לְפָסוֹ לִיטְרָא דָּגִים, חֲמִשִּׁים מָנֶה – יִקַּח לְפָסוֹ לִיטְרָא בָּשָׂר, מֵאָה מָנֶה – יִשְׁפְּתוּ לוֹ קְדֵרָה בְּכׇל יוֹם. וְאִינָךְ אֵימַת? מֵעֶרֶב שַׁבָּת לְעֶרֶב שַׁבָּת.

From here, Rabbi Elazar ben Azaria said: One who has one hundred dinars **should purchase a *litra***[L] **of vegetables for his stewpot [*lefaso*];**[L] one who has **one thousand** dinars **should purchase a *litra* of fish for his stewpot;** one who has **five thousand** dinars **should purchase a *litra* of meat for his stewpot;** and if one has **ten thousand** dinars, his servants **should place a pot** of meat on the stove **for him every day.** The Gemara asks: **And** with regard to **these** other individuals mentioned by Rabbi Elazar ben Azaria, **when,** i.e., how often, should they consume meat? The Gemara responds: **Every Shabbat eve.**

NOTES

Flowing…gathered – זוֹחֲלִין...מְכוּנָּסִין: The commentary follows the explanation of the Meiri. By contrast, Rashi explains that when the Gemara refers to flowing water, it is referring to the *halakha* that one may cause nineteen *se'a* of drawn water to flow into a ritual bath containing twenty-one *se'a* of rainwater, in order to arrive at the forty *se'a* of water necessary for a valid ritual bath (see *Mikvaot* 5:5). The Gemara suggests that the verse is necessary to indicate that non-water liquids may not be used to complete the measure of a ritual bath in this manner.

HALAKHA

The Torah taught that it is a desired mode of behavior, etc. – לִמְּדָה תּוֹרָה דֶּרֶךְ אֶרֶץ וכו׳: The Sages teach that the ideal manner of conduct is not to eat meat at one's whim, but rather it is sufficient to eat meat once a week. If one has the means, he may eat meat every day (Rambam *Sefer HaMadda, Hilkhot Deot* 5:10).

LANGUAGE

***Litra* – לִיטְרָא:** From the Greek λίτρα, *litra*, which has a variety of meanings: A measurement of volume, a weight, and the name of a coin. The volume of a *litra* is less than 300 cc and is therefore a very small amount of meat. According to the Jerusalem Talmud, the value of a Greek *litra* is the equivalent of one hundred dinars.

For his stewpot [*lefaso*] – לְפָסוֹ: This is a corruption of *le'ilfaso*, meaning: For his stewpot [*ilfas*]. The word *ilfas* derives from the Greek λοπάς, *lopas*, which refers to a flat dish or frying pan used for cooking. The *ilpas* had thin sides and a lid with sharp edges, which was sometimes perforated. Apparently, the *ilpas* sometimes served as an all-purpose cooking vessel, although it was primarily used either in the preparation of fast-cooking foods or for heating food that had already been cooked in a different pot.

Greek *lopas*

אָמַר רַב: צְרִיכִין אָנוּ לָחוּשׁ לְדִבְרֵי זָקֵן. אָמַר רַבִּי יוֹחָנָן: אַבָּא מִמִּשְׁפַּחַת בְּרִיאִים הֲוָה, אֲבָל כְּגוֹן אָנוּ, מִי שֶׁיֵּשׁ לוֹ פְּרוּטָה בְּתוֹךְ כִּיסוֹ – יְרִיצֶנָּה לַחֶנְוָונִי. אָמַר רַב נַחְמָן: כְּגוֹן אָנוּ – לֹוִוין וְאוֹכְלִין.

Rav says: We must be concerned for the statement of the elder, i.e., Rabbi Elazar ben Azaria, and be thrifty with our expenditure on food items. **Rabbi Yoḥanan says: Abba,** i.e., Rav, **was from a family of** particularly **healthy** individuals, and was able to subsist on the modest diet suggested by Rabbi Elazar ben Azaria. **But** with regard to people **such as us,** who are not as healthy, **one who has** even **one** ***peruta*** **in his pocket should hasten** with **it to the storekeeper** and purchase food. Two generations later, **Rav Naḥman said:** With regard to people **such as us,** who are physically weaker than those in previous generations, not only do we not delay the purchase of food items, we even **borrow** money to purchase food **and eat.**

״כְּבָשִׂים לִלְבוּשֶׁךָ״ – מִגִּז כְּבָשִׂים יְהֵא מַלְבּוּשֶׁךָ, ״וּמְחִיר שָׂדֶה עַתּוּדִים״ – לְעוֹלָם יִמְכּוֹר אָדָם שָׂדֶה וְיִקַּח עַתּוּדִים, וְאַל יִמְכּוֹר אָדָם עַתּוּדִים וְיִקַּח שָׂדֶה. ״וְדֵי חֲלֵב עִזִּים״ – דַּיּוֹ לְאָדָם שֶׁיִּתְפַּרְנֵס מֵחֲלֵב גְּדָיִים וּטְלָאִים שֶׁבְּתוֹךְ בֵּיתוֹ.

The Gemara continues its discussion with regard to one's livelihood: The verse states: "The lambs will be for your clothing, and goats the worth of a field. And there will be goats' milk enough for your food, for the food of your household; and sustenance for your maidens" (Proverbs 27:26–27). **"The lambs will be for your clothing"** indicates that **your clothing should be** produced **from the shearings of lambs,** i.e., purchase lambs from whose wool you can produce clothing. **"And goats the worth of a field"** indicates that **a person should always** seek to **sell a field and purchase goats** in order to benefit from their milk, wool, and offspring, **and a person should not sell goats and purchase a field** instead. **"And there will be goats' milk enough"** indicates that **it is sufficient for a person that he be sustained from the milk of kids and lambs that are in his house.**

״לְלַחְמְךָ לְלֶחֶם בֵּיתֶךָ״ – לַחְמְךָ קוֹדֵם לְלֶחֶם בֵּיתֶךָ. ״וְחַיִּים לְנַעֲרוֹתֶיךָ״ – אָמַר מָר זוּטְרָא בְּרֵיהּ דְּרַב נַחְמָן: תֵּן חַיִּים לִנְעוּרוֹתֶיךָ. מִיכָּן לִמְּדָה תּוֹרָה דֶּרֶךְ אֶרֶץ, שֶׁלֹּא יְלַמֵּד אָדָם אֶת בְּנוֹ בָּשָׂר וְיַיִן.

"For your food, for the food of your household" indicates that **your food comes before the food of your household,** i.e., one must first ensure that he has food for himself before providing for others. With regard to the phrase: **"And sustenance for your maidens," Mar Zutra, son of Rav Naḥman, said:** The verse indicates that you must **give sustenance to your youth,** i.e., to your children. **From here, the Torah taught** that it is **a desired mode of behavior that a person should not accustom his son** to eat **meat** and drink **wine;** rather, he should teach his children to eat less expensive foods.

אָמַר רַבִּי יוֹחָנָן:

Rabbi Yoḥanan says:

Perek **VI**
Daf **84** Amud **b**

הָרוֹצֶה שֶׁיִּתְעַשֵּׁר – יַעֲסוֹק בִּבְהֵמָה דַּקָּה. אָמַר רַב חִסְדָּא: מַאי דִּכְתִיב ״וְעַשְׁתְּרֹת צֹאנֶךָ״ – שֶׁמְּעַשְּׁרוֹת אֶת בַּעְלֵיהֶן.

One who wishes to become wealthy should **engage in** raising **small domesticated animals. Rav Ḥisda said: What** is the meaning of that **which is written: "And the flocks [*ve'ashterot*] of your sheep"** (Deuteronomy 7:13)? It means **that** sheep **enrich [*me'ashrot*] their owners.**

וְאָמַר רַבִּי יוֹחָנָן: כָּסָא דְּחָרָשִׁין וְלָא כָּסָא דְּפוֹשְׁרִין. וְהָנֵי מִילֵּי – בִּכְלֵי מַתָּכוֹת, אֲבָל בִּכְלֵי חֶרֶשׂ – לֵית לָן בַּהּ; וּבִכְלֵי מַתָּכוֹת נַמִי לָא אֲמַרַן, אֶלָּא דְּלָא שָׁדֵי בְּהוּ צִיבְיָא, אֲבָל שָׁדֵי בְּהוּ צִיבְיָא – לֵית לָן בַּהּ; וְכִי לָא שָׁדֵי בְּהוּ צִיבְיָא נַמִי לָא אֲמַרַן, אֶלָּא דְּלָא צַיַּץ, אֲבָל צַיַּץ – לֵית לָן בַּהּ.

The Gemara cites additional statements by Rabbi Yoḥanan providing practical advice. **Rabbi Yoḥanan says:** It is preferable to drink from **a cup of witches and not** to drink from **a cup of lukewarm** water,[B] which is extremely unhealthy. Rabbi Yoḥanan qualifies his statement: **We said this only with regard to** lukewarm water **in metal vessels, but in earthenware vessels we have no problem with it. And even in metal vessels, we said** that lukewarm water is unhealthy **only** in a case where **one did not cast flavorings into** the water, **but if he cast flavorings into** the water **we have no problem with it. And even if one cast flavorings into** the water, **we said this only** in a case **where** the water had **not** been **boiled** [*tzeyatz*],[L] **but** if the water had been **boiled we have no problem with it.**

BACKGROUND

Cup of lukewarm water – כָּסָא דְּפוֹשְׁרִין: The warmth in lukewarm water allows for the development of harmful bacteria. Two opposite processes prevent this phenomenon: The first is cooling, which prevents oxidation and decomposition. The second is boiling, which destroys the organisms in the liquid. The stagnancy of certain liquids in metal vessels can also lead to risk factors associated with various chemical reactions between various substances and the metal.

LANGUAGE

Boiled [*tzeyatz*] – צַיַּץ: An Aramaic term indicating a delicate whistling or chirping sound. Other versions of this word include *tzuvatz* and *tzayyetz*. It has a similar meaning in both Syriac and Hebrew: Chirping of birds, or the noises made by infants. In this context, the word refers to the boiling of water, which makes a sound akin to a delicate chirping or whistling sound.

וְאָמַר רַבִּי יוֹחָנָן: מִי שֶׁהִנִּיחַ לוֹ אָבִיו מָעוֹת וְרוֹצֶה לְאַבְּדָן – יִלְבַּשׁ כְּלֵי פִשְׁתָּן, וְיִשְׁתַּמֵּשׁ בִּכְלֵי זְכוּכִית, וְיִשְׂכּוֹר פּוֹעֲלִים וְאַל יֵשֵׁב עִמָּהֶן. יִלְבּוֹשׁ כְּלֵי פִשְׁתָּן – בְּכִיתָּנָא רוֹמִיתָא, וְיִשְׁתַּמֵּשׁ בִּכְלֵי זְכוּכִית – בְּזוּגִיתָא חִיוּרְתָּא, וְיִשְׂכּוֹר פּוֹעֲלִים וְאַל יֵשֵׁב עִמָּהֶן – בְּתוֹרֵי, דִּנְפִישׁ פְּסֵידַיְיהוּ.

And Rabbi Yoḥanan says: In the case of **one whose father bequeathed him a great deal of money and he seeks to lose it,** he **should wear linen garments, and should use glass vessels, and should hire laborers and not sit with them** to supervise. The Gemara elaborates: **He should wear linen garments;** this is stated **with regard to Roman linen,** which becomes tattered quickly. **He should use glass vessels;** this is stated **with regard to** expensive **white glass.**[B] **And he should hire laborers and not sit with them;** this applies to laborers who work **with oxen, whose** potential for causing **damage is great** if they are not supervised, as they will trample the crops.

דָּרַשׁ רַב עֲוִירָא, זִימְנִין אֲמַר לָהּ מִשְּׁמֵיהּ דְּרַבִּי אַמִי, וְזִימְנִין אֲמַר לָהּ מִשְּׁמֵיהּ דְּרַבִּי אַסִי: מַאי דִּכְתִיב ״טוֹב אִישׁ חוֹנֵן וּמַלְוֶה יְכַלְכֵּל דְּבָרָיו בְּמִשְׁפָּט״ – לְעוֹלָם יֹאכַל אָדָם וְיִשְׁתֶּה פָּחוֹת מִמַּה שֶׁיֵּשׁ לוֹ, וְיִלְבַּשׁ וְיִתְכַּסֶּה בְּמַה שֶׁיֵּשׁ לוֹ, וִיכַבֵּד אִשְׁתּוֹ וּבָנָיו יוֹתֵר מִמַּה שֶׁיֵּשׁ לוֹ; שֶׁהֵן תְּלוּיִין בּוֹ, וְהוּא תָּלוּי בְּמִי שֶׁאָמַר וְהָיָה הָעוֹלָם.

Rav Avira interpreted the following verse homiletically, but **sometimes** he said the interpretation **in the name of Rabbi Ami and sometimes he said it in the name of Rabbi Asi: What** is the meaning of that **which is written: "Good is the man who is gracious and lends, who orders his affairs with justice"** (Psalms 112:5)? It means to teach that a **person should always eat and drink less**[H] than what **is within his means, and he should dress and cover himself in accordance with his means, and he should honor his wife and children more than what is within his means; as they are dependent on him and he is dependent on the One Who spoke and the world was** created.

דָּרַשׁ רַב עֵינָא אַפִּתְחָא דְּבֵי רֵישׁ גָּלוּתָא: הַשּׁוֹחֵט לַחוֹלֶה בְּשַׁבָּת – חַיָּיב לְכַסּוֹת. אֲמַר לְהוּ רַבָּה: אֶשְׁתּוֹמָא קָאָמַר, לִישְׁמְטוּהּ לְאָמוֹרֵיהּ מִינֵּיהּ. דְּתַנְיָא, רַבִּי יוֹסֵי אוֹמֵר: כּוֹי – אֵין שׁוֹחֲטִין אוֹתוֹ בְּיוֹם טוֹב, וְאִם שְׁחָטוֹ – אֵין מְכַסִּין אֶת דָּמוֹ;

§ The mishna teaches that one may not slaughter a *koy* on a Festival since he may not cover its blood, as it is unclear whether there is an obligation by Torah law to do so. But if one transgressed and slaughtered a *koy*, one does not cover its blood. With regard to this, **Rav Eina taught at the entrance to the house of the Exilarch: One who slaughters** an undomesticated animal or a bird **for** a critically **ill** person **on Shabbat,**[H] for whom it is permitted to slaughter, is **obligated to cover** its blood.[N] **Rabba said to** those present: Rav Eina **is saying an astonishing** statement; **remove his interpreter from** before **him. As it is taught** in a *baraita* that **Rabbi Yosei says: One may not slaughter a *koy* on a Festival, but if he slaughtered** it, **one does not cover its blood** until after the Festival.

מִקַּל וָחוֹמֶר: וּמַה מִּילָה שֶׁוַּדָּאָהּ דּוֹחֶה שַׁבָּת – אֵין סְפֵיקָהּ דּוֹחֶה יוֹם טוֹב, כִּסּוּי שֶׁאֵין וַדָּאוֹ דּוֹחֶה שַׁבָּת – אֵין דִּין שֶׁאֵין סְפֵקוֹ דּוֹחֶה יוֹם טוֹב?

Rabbi Yosei elaborates: This can be derived **from an *a fortiori*** inference: **And if** with regard to the mitzva of **circumcision,** concerning **which a definite** obligation **overrides Shabbat,** nevertheless **its uncertain** obligation **does not override a Festival;**[H] then with regard to the mitzva of **covering** the blood, concerning **which** even **a definite** obligation **does not override Shabbat,** is it **not logical that its uncertain** obligation, e.g., covering the blood of a *koy*, **would not override a Festival?** Although circumcision involves an act of prohibited labor, one performs it on Shabbat for a male infant whose eighth day from birth occurs on Shabbat. But in a case where it is uncertain when the eighth day from birth occurs, it is forbidden to circumcise the child on a Festival. By contrast, covering the blood is never performed on Shabbat.

BACKGROUND

White glass – **זוּגִיתָא חִיוּרְתָּא**: White glass, which was apparently completely transparent, was more difficult to produce than colored glass, as it required special care in selecting raw materials that were free from any impurity. The vessels made of white glass were extremely fragile, and therefore the use of those vessels would often lead to financial loss due to breakage of the glass.

NOTES

One who slaughters for an ill person on Shabbat is obligated to cover the blood – הַשּׁוֹחֵט לַחוֹלֶה בְּשַׁבָּת חַיָּיב לְכַסּוֹת: Rashi explains Rav Eina's rationale as follows: Since the prohibition against slaughtering an animal on Shabbat is overridden in this life-threatening situation, all *halakhot* applicable to slaughter override Shabbat as well. Therefore, the requirement to cover the blood overrides Shabbat. It would appear that according to Rashi, the mitzva of covering the blood is not viewed as independent of the act of slaughtering, but as the conclusion of the slaughter (see *Ḥatam Sofer*).

According to many early commentaries, the Gemara here is referring to a case where the act of covering the blood would not entail a prohibition by Torah law such as digging or crumbling clods of earth, but rather a prohibition by rabbinic law. Nevertheless, it would seem from the conclusion of the Gemara that even if covering the blood entails the transgression of a prohibition only by rabbinic law, one does not cover the blood (see *Torat HaBayit* 1:5).

HALAKHA

A person should always eat and drink less, etc. – לְעוֹלָם יֹאכַל אָדָם וְיִשְׁתֶּה פָּחוֹת וכו׳: The Sages teach that a Torah scholar should manage his financial affairs judiciously. He should eat, drink, and provide for his household in accordance with his income and degree of success without overexerting himself. Moreover, the Sages have directed that one should always eat and drink less than what is within his financial means, and that he should honor his wife and children more than what is within his means (Rambam *Sefer HaMadda, Hilkhot Deot* 5:10).

One who slaughters for an ill person on Shabbat – הַשּׁוֹחֵט לַחוֹלֶה בְּשַׁבָּת: One who slaughters an animal for an ill person on Shabbat may not cover its blood until after Shabbat. Although the act of slaughtering overrides Shabbat, covering the blood does not. This is the *halakha* even if the covering would have entailed the violation of a prohibition by rabbinic law alone, e.g., the earth did not require crumbling. This ruling is in accordance with the opinion of Rabba, who rejects the opinion of Rav Eina and instead rules in accordance with the opinion of Rabbi Yosei in the *baraita*.

Some suggest that if one had earth previously designated for use to cover one's excrement on Shabbat, that earth may be used to cover the blood as well, as this would not even violate a prohibition by rabbinic law (*Kolbo*, citing *Sefer HaMeorot*). This opinion is dismissed by the later commentaries (Rambam *Sefer Kedusha, Hilkhot Sheḥita* 14:4; *Shulḥan Arukh, Yoreh De'a* 28:16, and see *Beur HaGra* and *Pitḥei Teshuva* there).

Circumcision, whose definite obligation overrides Shabbat, and its uncertain obligation does not override a Festival – מִילָה שֶׁוַּדָּאָהּ דּוֹחָה שַׁבָּת אֵין סְפֵיקָהּ דּוֹחָה יוֹם טוֹב: In a case where a circumcision takes place at its proper time, it overrides Shabbat. In a case where the obligation to perform a circumcision is questionable, e.g., if the infant was born during twilight, it overrides neither Shabbat nor a Festival. This is in accordance with the ruling of the Gemara in tractate *Shabbat* 137a, and the opinion of Rabbi Yosei here (Rambam *Sefer Ahava, Hilkhot Mila* 1:9; *Shulḥan Arukh, Yoreh De'a* 266:2, 8).

HALAKHA

The sounding of the shofar in the provinces, etc. – **תְּקִיעַת שׁוֹפָר בַּגְּבוּלִים וכו׳**: The sounding of the shofar on Rosh HaShana overrides the Festival. Even an individual whose sex is undetermined, such as a *tumtum* or a hermaphrodite, is obligated to sound the shofar. This is in accordance with the statement of the *baraita*, as explained by the Gemara. When Rosh HaShana occurs on Shabbat the shofar is not sounded outside the Temple, in accordance with the mishna in *Rosh HaShana* 29b (Rambam *Sefer Zemanim*, *Hilkhot Shofar VeSukka VeLulav* 2:1, 6, 8; *Shulḥan Arukh*, *Oraḥ Ḥayyim* 588:5).

אָמַר לוֹ: תְּקִיעַת שׁוֹפָר בַּגְּבוּלִים תּוֹכִיחַ, שֶׁאֵין וַדָּאָה דּוֹחָה שַׁבָּת, וּסְפֵיקָהּ דּוֹחֶה יוֹם טוֹב!

The Sages **said to him** in rebuttal: **The sounding of the shofar in the provinces,**[H] i.e., outside the Temple, **will prove** that this *a fortiori* inference is incorrect. This is **because its definite** obligation **does not override Shabbat** and it is prohibited to sound the shofar on Rosh HaShana that falls on Shabbat; **and** yet **its uncertain** obligation **overrides** the **Festival.**

הֵשִׁיב רַבִּי אֶלְעָזָר הַקַּפָּר בְּרִיבִּי תְּשׁוּבָה: מָה לְמִילָה – שֶׁכֵּן אֵינָהּ נוֹהֶגֶת בְּלֵילֵי יָמִים טוֹבִים, תֹּאמַר בְּכִסּוּי שֶׁנּוֹהֵג בְּלֵילֵי יָמִים טוֹבִים?

Rabbi Elazar HaKappar[P] **the Distinguished responded** with another **refutation** of the *a fortiori* inference: It cannot be inferred from circumcision that an uncertain obligation of the mitzva of covering the blood does not override a Festival. **What** is notable **about circumcision?** It is notable in **that it is not in effect on Festival nights,** but is performed only during the daytime. Will **you** then **say with regard to** the mitzva of **covering** the blood, **which is in effect on Festival nights,** that it does not override a Festival? Perhaps, since the mitzva of covering the blood is in effect during both day and night, its uncertain obligation overrides a Festival as well.

אָמַר רַבִּי אַבָּא: זֶה אֶחָד מִן הַדְּבָרִים שֶׁאָמַר רַבִּי חִיָּיא: אֵין לִי עֲלֵיהֶם תְּשׁוּבָה, וְהֵשִׁיב רַבִּי אֶלְעָזָר הַקַּפָּר בְּרִיבִּי תְּשׁוּבָה.

In reference to Rabbi Elazar HaKappar's refutation, **Rabbi Abba says: This** *a fortiori* inference drawn by Rabbi Yosei is **one of the matters** with regard to **which Rabbi Ḥiyya says: I do not have any refutation for them, and Rabbi Elazar HaKappar the Distinguished** successfully **responded** with **a refutation.**

קָתָנֵי מִיהַת: כִּסּוּי שֶׁאֵין וַדָּאוֹ דּוֹחֶה שַׁבָּת; מַאי וַדָּאוֹ דְּכִסּוּי דְּלָא דָּחֵי שַׁבָּת, לָאו הַשּׁוֹחֵט לְחוֹלֶה בְּשַׁבָּת?

Rabba concludes his refutation of the statement of Rav Eina: **In any event,** the *baraita* **teaches that definite** obligations with regard to the mitzva of **covering** the blood **do not override Shabbat.** Now, **what** is a case of **a definite** obligation **of covering** the blood **that does not override Shabbat?** Is it **not** a case where **one slaughters** an undomesticated animal or a bird **for** a critically **ill** person **on Shabbat?** The *baraita* nevertheless teaches that one does not cover the blood, in contradiction to the ruling of Rav Eina.

וְדִלְמָא דְּעָבַר וְשָׁחַט!

The Gemara asks: **But perhaps** the *baraita* is referring to an instance **where** one **transgressed** Shabbat **and slaughtered** an animal for a healthy person. But in a case where one slaughtered an animal for an ill person, since it was permitted for him to slaughter the animal, perhaps he must cover the blood as well.

דּוּמְיָא דְּמִילָה, מַה מִּילָה – בִּרְשׁוּת, אַף כִּסּוּי נַמִי – בִּרְשׁוּת.

The Gemara responds: The *baraita* cannot be referring to such a case, since Rabbi Yosei compares it with circumcision. Therefore, it must be **similar to** the case of **circumcision,** in that **just as the circumcision** was performed **with permission,** as it is a mitzva to perform circumcision even if the eighth day falls on Shabbat, **so too,** the **covering** of the blood must be referring to a case where the slaughter was done **with permission,** i.e., for an ill person. Accordingly, the *baraita* poses a difficulty to the statement of Rav Eina.

אָמְרוּ לוֹ: תְּקִיעַת שׁוֹפָר בַּגְּבוּלִין תּוֹכִיחַ, שֶׁאֵין וַדָּאָהּ דּוֹחָה שַׁבָּת וּסְפֵיקָהּ דּוֹחֶה יוֹם טוֹב. מַאי סְפֵיקָהּ?

§ The *baraita* states that the Sages **said to** Rabbi Yosei in refutation of his *a fortiori* inference: **The sounding of the shofar in the provinces will prove** that the inference is incorrect, **since its definite** obligation **does not override Shabbat and its uncertain** obligation **overrides a Festival.** The Gemara asks: **What** is **its uncertain** obligation that overrides a Festival?

PERSONALITIES

Rabbi Elazar HaKappar – **רַבִּי אֶלְעָזָר הַקַּפָּר**: Rabbi Elazar HaKappar was a Sage who lived in the last generation of *tanna'im*. Several of his halakhic statements are mentioned in *baraitot* and halakhic midrash. His aggadic and ethical statements are mentioned in the Mishna, Gemara, and *midrashim*. The details of his life are unknown, other than the fact that he had a son named Rabbi Eliezer. He apparently lived and was active for a period of time in the city of Lod, and Rabbi Yehoshua ben Levi was his primary disciple. The meaning of the title HaKappar is not clear; it may refer to the place where he lived or to his occupation, which may have involved wool [*purkin*]. Some speculate that he may have been a relative of the Sage bar Kappara.

Ancient engraving and sketch. The inscription reads: This is the study hall of Rabbi Elazar HaKappar

אִילֵימָא סָפֵק חוֹל סָפֵק יוֹם טוֹב; הָשְׁתָּא וַדַּאי יוֹם טוֹב דָּחְיָא, סָפֵק יוֹם טוֹב סָפֵק חוֹל מִיבַּעְיָא?

If we say that it is referring to **uncertainty** with regard to whether one of the two days of Rosh HaShana is **a weekday** or **a Festival,** this is unfeasible: **Now** that the sounding of the shofar **overrides** the **definite Festival** of Rosh HaShana, **is it necessary** to teach that it overrides a day with regard to which it is **uncertain** whether it is **a Festival** or **a weekday?** That is, if the uncertainty is with regard to the Festival itself, then this case should have no bearing on the *halakha* concerning the obligation to cover the blood of a *koy* on a Festival, since the latter occurs on a definite Festival.

Perek **VI**
Daf **85** Amud **a**

אֶלָּא סָפֵק אִישׁ סָפֵק אִשָּׁה.

Rather, it must be that the **uncertainty** in the case of the sounding of the shofar concerns whether a particular individual is **a man** or **a woman,** e.g., a *tumtum,* whose sexual organs are indeterminate. Although a woman is not obligated in the mitzva of sounding the shofar, a *tumtum* is in fact obligated, despite the uncertainty of sex. It is therefore possible to derive from the sounding of the shofar that if one slaughters a *koy,* an animal whose status as a domesticated or undomesticated animal is uncertain, on a Festival, one covers its blood.

וְרַבִּי יוֹסֵי לְטַעְמֵיהּ, דְּאָמַר: אִשָּׁה וַדָּאִית נַמִי תָּקְעָה. דְּתַנְיָא: בְּנֵי יִשְׂרָאֵל סוֹמְכִין וְלֹא בְּנוֹת יִשְׂרָאֵל סוֹמְכוֹת;

The Gemara notes: **And Rabbi Yosei,** who does not accept this refutation, conforms **to his** standard line of **reasoning, as he says:** One who is **definitely a woman may also sound** the shofar on Rosh HaShana. **As it is taught** in a *baraita* concerning the verse that discusses a burnt offering: "Speak to the sons of Israel…and he shall place his hands upon the head of the burnt offering" (Leviticus 1:2–4). The verse indicates that **the sons of Israel place** their hands[B] upon the head of an offering, **but the daughters of Israel do not**[H] **place** their hands.

רַבִּי יוֹסֵי וְרַבִּי שִׁמְעוֹן אוֹמְרִים: נָשִׁים סוֹמְכוֹת רְשׁוּת.

Rabbi Yosei and Rabbi Shimon say: It is **optional** for **women** to **place** their hands on the head of an offering before it is slaughtered. Even though women are not obligated to place their hands, doing so is not considered to be performing labor with a sacrificial item, an act normally prohibited, despite the fact that one performs the placing of the hands by leaning with all of his weight on the animal. Similarly, Rabbi Yosei holds that although women are not obligated in the sounding of the shofar, it is optional for them to sound it, and it is not considered a desecration of the Festival.

אָמַר רָבִינָא: וּלְמַאי דְּקָאָמְרִי רַבָּנַן, נַמִי אִית לֵיהּ פִּירְכָא: מָה לִתְקִיעַת שׁוֹפָר – שֶׁכֵּן וַדָּאָהּ דּוֹחָה שַׁבָּת בַּמִּקְדָּשׁ, תֹּאמַר בְּכִיסּוּי – דְּלֵיתֵיהּ כְּלָל!

Ravina said: And even according **to what the Sages said,** that a woman may not sound the shofar on Rosh HaShana but a *tumtum* is nevertheless obligated due to uncertainty, **there is a refutation** to their claim **as well.** One cannot derive from this that the obligation to cover the blood of a *koy* overrides a Festival. **What** is notable **about the sounding of the shofar?** It is notable in **that its definite** obligation **overrides Shabbat in the Temple,** as it was sounded in the Temple even when Rosh HaShana occurred on Shabbat, and it is therefore understandable that its uncertain obligation overrides a Festival as well. **Can you say** the same **with regard to** the mitzva of **covering** the blood, **which does not** override Shabbat in **any** instance?

BACKGROUND

Place their hands – סוֹמְכִין: All offerings brought to the Temple by an individual require him to perform the act of placing hands, with the exceptions of the firstborn of a kosher animal, the Paschal offering, and an animal tithe offering. The ceremony is done by pressing both of one's hands down with all his strength between the horns on the head of the animal to be sacrificed, before it is slaughtered. No communal offerings require this ceremony, apart from the bull brought for an unwitting communal sin and the scapegoat on Yom Kippur. When performing this ritual for a sin offering, a guilt offering, or a voluntary burnt offering, the one bringing the offering also recites a confessional prayer. An offering requiring placing of hands is not invalidated if the ceremony is not performed. Women are not obligated to perform the act of placing hands. According to some opinions, they may perform a similar rite if they so desire.

High Priest placing hands on the goat of Yom Kippur

HALAKHA

The sons of Israel place their hands but the daughters of Israel do not – בְּנֵי יִשְׂרָאֵל סוֹמְכִין וְלֹא בְּנוֹת יִשְׂרָאֵל: A woman is not permitted to place her hands upon her offering. This is in accordance with the mishna in *Menaḥot* 93a and not in accordance with the opinions of Rabbi Yosei and Rabbi Shimon (Rambam *Sefer Avoda, Hilkhot Ma'aseh HaKorbanot* 3:8).

הֵשִׁיב רַבִּי אֶלְעָזָר הַקַּפָּר בְּרִיבִּי: מָה לְמִילָה, שֶׁכֵּן אֵינָהּ נוֹהֶגֶת בְּלֵילֵי יָמִים טוֹבִים. בְּלֵילֵי יָמִים טוֹבִים הוּא דְּלָא נָהֲגָא, בִּשְׁאָר לֵילֵי נָהֲגָא?

The Gemara continues its analysis of the *baraita*: **Rabbi Elazar HaKappar the Distinguished responded** with another refutation to Rabbi Yosei's *a fortiori* inference: One cannot infer from the mitzva of circumcision that an uncertain obligation to cover the blood of a *koy* does not override a Festival. **What** is notable **about circumcision?** It is notable in **that it is not in effect on Festival nights.** Can you say the same with regard to the mitzva of covering the blood, which is in effect on Festival nights? The Gemara asks: Does Rabbi Elazar HaKappar mean to say **that** the mitzva of circumcision **is not in effect** only **on Festival nights,** but **it is in effect on other,** non-Festival **nights?** Isn't circumcision always performed during the day?

אֶלָּא, מָה לְמִילָה – שֶׁכֵּן אֵינָהּ נוֹהֶגֶת בַּלֵּילוֹת כְּבַיָּמִים, תֹּאמַר בְּכִסּוּי – שֶׁנּוֹהֵג בַּלֵּילוֹת כְּבַיָּמִים! אָמַר רַבִּי אַבָּא: זֶה אֶחָד מִן הַדְּבָרִים שֶׁאָמַר רַבִּי חִיָּיא אֵין עֲלֵיהֶן תְּשׁוּבָה, וְהֵשִׁיב רַבִּי אֶלְעָזָר בְּרִבִּי תְּשׁוּבָה.

The Gemara responds: **Rather,** Rabbi Elazar HaKappar meant the following: **What** is notable **about circumcision?** It is notable in **that it is not in effect at night as** it is **by day.**[H] **Can you say** a similar *halakha* **with regard to** the mitzva of **covering** the blood, **which is in effect at night as** it is **by day? Rabbi Abba said: This** *a fortiori* inference drawn by Rabbi Yosei is **one of the matters** with regard to **which Rabbi Ḥiyya says** that **there is no refutation for them, and Rabbi Elazar HaKappar the Distinguished** successfully **responded** with **a refutation.**

מתני׳ הַשּׁוֹחֵט וְנִמְצֵאת טְרֵיפָה, וְהַשּׁוֹחֵט לַעֲבוֹדָה זָרָה, וְהַשּׁוֹחֵט חוּלִּין בִּפְנִים, וְקָדָשִׁים בַּחוּץ, חַיָּה וָעוֹף הַנִּסְקָלִים – רַבִּי מֵאִיר מְחַיֵּיב, וַחֲכָמִים פּוֹטְרִים.

MISHNA In the case of **one who slaughters** an undomesticated animal or a bird **and it is discovered to be an animal with a wound that would have caused it to die within twelve months** [*tereifa*];[H] and in the case of **one who slaughters** an undomesticated animal or a bird **for** the sake of **idol worship; and** in the case of **one who slaughters a non-sacred** animal or bird **inside** the Temple courtyard **or a sacrificial** bird **outside** the Temple courtyard; or in the case of one who slaughters **an undomesticated animal or a bird that** was sentenced to **be stoned,** e.g., for killing a person; in all these cases, even though it is prohibited to eat any of these animals or birds, **Rabbi Meir deems** one **obligated** to cover their blood, **and the Rabbis deem** one **exempt** from doing so because, in their opinion, slaughter that is not fit to render the meat permitted for consumption is not considered an act of slaughter.

הַשּׁוֹחֵט וְנִתְנַבְּלָה בְּיָדוֹ, הַנּוֹחֵר וְהַמְעַקֵּר – פָּטוּר מִלְּכַסּוֹת.

One who slaughters an animal or bird **and it became a carcass by his hand,** i.e., the slaughter was performed incorrectly, and **one who stabs** the animal or bird, **and one who tears loose**[N] the windpipe and the gullet, are **exempt from covering**[N] the blood, as no act of slaughter took place, and one is obligated to cover blood only after a valid slaughter.

גמ׳ אָמַר רַבִּי חִיָּיא בַּר אַבָּא אָמַר רַבִּי יוֹחָנָן: רָאָה רַבִּי דְּבָרָיו שֶׁל רַבִּי מֵאִיר בְּאוֹתוֹ וְאֶת בְּנוֹ – וּשְׁנָאוֹ בִּלְשׁוֹן חֲכָמִים, וּדְרַבִּי שִׁמְעוֹן בְּכִסּוּי הַדָּם – וּשְׁנָאוֹ בִּלְשׁוֹן חֲכָמִים.

GEMARA With regard to the dispute in the mishna about whether an act of slaughter that is not fit to render the meat permitted renders one obligated to cover the blood, **Rabbi Ḥiyya bar Abba says** that **Rabbi Yoḥanan says: Rabbi** Yehuda HaNasi, the redactor of the Mishna, **saw** as correct **the statement of Rabbi Meir,** that ineffective slaughter is considered an act of slaughter, **with regard to** the prohibition against slaughtering **a mother and its offspring** on the same day, **and taught** that *halakha* in the mishna (81b) **using the term: The Rabbis,** so that it would be accepted. **And** he saw as correct the statement **of Rabbi Shimon,** that ineffective slaughter is not considered an act of slaughter **with regard to** the mitzva of **covering the blood, and taught** that *halakha* in the mishna here **using the term: The Rabbis.**

מַאי טַעְמָא דְּרַבִּי מֵאִיר בְּאוֹתוֹ וְאֶת בְּנוֹ? אָמַר רַבִּי יְהוֹשֻׁעַ בֶּן לֵוִי: גָּמַר שְׁחִיטָה שְׁחִיטָה מִשְּׁחוּטֵי חוּץ,

The Gemara asks: **What is the reason that Rabbi Meir** holds that ineffective slaughter is considered an act of slaughter in the case of **a mother and its offspring? Rabbi Yehoshua ben Levi said:** He **derives** his opinion by means of a verbal analogy of the terms **slaughter** and **slaughter, from** the case of sacrificial animals **slaughtered outside** the Temple. The verse states with regard to a mother and its offspring: "It and its offspring you shall not slaughter [*lo tishḥatu*] in one day" (Leviticus 22:28), and the verse states with regard to sacrificial animals: "Or that is slaughtered [*yishḥat*] outside the camp" (Leviticus 17:3).

HALAKHA

Circumcision…is not in effect at night as it is by day – מִילָה...אֵינָהּ נוֹהֶגֶת בַּלֵּילוֹת כְּבַיָּמִים: Circumcision may be performed only during the day, after sunrise, in accordance with the ruling of the mishna in *Megilla* 20a (Rambam *Sefer Ahava, Hilkhot Mila* 1:8; *Shulḥan Arukh, Yoreh De'a* 262:1).

One who slaughters and it is discovered to be a *tereifa*, etc. – הַשּׁוֹחֵט וְנִמְצֵאת טְרֵיפָה וכו׳: The following are cases in which the mitzva of covering the blood does not apply, as the slaughter is considered improper in that it does not render the meat fit for consumption: The slaughter of a *tereifa*; the slaughter of a non-sacred animal in the Temple courtyard; the slaughter or either an undomesticated animal or a bird, either of whom are pending death by stoning; the slaughter for the sake of idolatry; and an erroneous slaughter that rendered the animal or bird a carcass (Rambam *Sefer Kedusha, Hilkhot Sheḥita* 14:10; *Shulḥan Arukh, Yoreh De'a* 28:17).

NOTES

One who stabs [*noḥer*] and one who tears loose [*me'aker*] – הַנּוֹחֵר וְהַמְעַקֵּר: *Me'aker* is generally understood as referring to the act of uprooting the windpipe and gullet, thereby killing the animal. With regard to *noḥer*, Rashi usually explains that it refers to tearing the animal, beginning from the nostrils, but here he explains that *noḥer* refers to strangulation. Some explain that *noḥer* refers to stabbing. In any event, the mishna refers to some method of killing the animal that does not involve a proper slaughter.

Exempt from covering – פָּטוּר מִלְּכַסּוֹת: Some suggest this as a proof that covering the blood is not an independent mitzva, but rather it is contingent on the slaughter. Others add that the covering is seen as the completion of the slaughter. The early commentaries use these opinions to explain the position of the *Halakhot Gedolot*, which maintains that one does not recite the blessing on the covering of the blood prior to the act itself, as is typically done with regard to other blessings recited when performing a mitzva, but only afterward. The rationale is that before the covering, the person is considered as still involved in the mitzva of slaughter, and one may not recite a blessing on a mitzva while in the middle of performing another mitzva (see Ramban to 86b; Rabbeinu Yeruḥam).

מָה הָתָם – שְׁחִיטָה שֶׁאֵינָהּ רְאוּיָה שְׁמָהּ שְׁחִיטָה, אַף הָכָא נַמִי – שְׁחִיטָה שֶׁאֵינָהּ רְאוּיָה שְׁמָהּ שְׁחִיטָה.

Accordingly, **just as there,** with regard to one who slaughters an offering outside the Temple it is a case of **slaughter that is not fit** to render the meat permitted, as one is prohibited from deriving any benefit from such meat, and it **is** nevertheless **considered** an act of **slaughter** to render one liable for slaughtering it outside the Temple, **so too here,** in the case of a mother and its offspring, an act of **slaughter that is not fit** to render the meat permitted **is considered** an act of **slaughter,** and one is liable.

וְרַבִּי שִׁמְעוֹן, מַאי טַעְמָא? אֲמַר רַבִּי מָנִי בַּר פָּטִישׁ: גָּמַר מִ״טְבֹחַ טֶבַח וְהָכֵן״, מַה לְּהַלָּן – שְׁחִיטָה רְאוּיָה, אַף כָּאן – שְׁחִיטָה רְאוּיָה.

The Gemara asks: **And** as for **Rabbi Shimon, what is the reason** he holds that an ineffective slaughter is not considered an act of slaughter? **Rabbi Mani bar Pattish said:** Rabbi Shimon **derives** his opinion **from** the verse: **"Slaughter** [*tevo'aḥ*] **and prepare;** for the men shall dine with me at noon" (Genesis 43:16). **Just as there,** the verse is referring to an act of **slaughter** that is **fit** to render the meat permitted, **so too here,** in the case of a mother and its offspring, only an act of **slaughter** that is **fit** to render the meat permitted is considered an act of slaughter.

וְרַבִּי מֵאִיר נַמִי, לִיגְמַר מִ״טְבֹחַ״! דָּנִין שְׁחִיטָה מִשְּׁחִיטָה, וְאֵין דָּנִין שְׁחִיטָה מִטְּבִיחָה.

The Gemara suggests: **And** as for **Rabbi Meir as well, let him derive from "*tevo'aḥ*"** that only an effective slaughter is considered an act of slaughter. The Gemara responds: According to Rabbi Meir, **one derives** the *halakha* with regard to a term of ***sheḥita* from** another instance of a term of ***sheḥita*, and one does not derive** the *halakha* with regard to the term of ***sheḥita* from** the term of ***teviḥa*.**

מַה נָּפְקָא מִינָּהּ? הָא תָּנָא דְּבֵי רַבִּי יִשְׁמָעֵאל: ״וְשָׁב הַכֹּהֵן״ ״וּבָא הַכֹּהֵן״ – זוֹ הִיא שִׁיבָה, זוֹ הִיא בִּיאָה!

The Gemara asks: Being that both terms refer to slaughter, **what is the difference** which one is used; **didn't the school of Rabbi Yishmael teach** a verbal analogy with regard to leprosy of houses: The verse states: **"And the priest shall return** [*veshav*] on the seventh day" (Leviticus 14:39), and another verse with regard to the priest's visit seven days later states: **"And the priest shall come** [*uva*] and look" (Leviticus 14:44). **This returning** and **this coming** have the same meaning and one can therefore derive by verbal analogy that the *halakha* that applies if the leprosy had spread at the conclusion of the first week applies if it had spread again by the end of the following week.

הָנֵי מִילֵּי – הֵיכָא דְּלֵיכָּא דְּדָמֵי לֵיהּ, אֲבָל אִיכָּא דְּדָמֵי לֵיהּ – מִדְּדָמֵי לֵיהּ יָלְפִינַן.

The Gemara responds: **This statement** of the school of Rabbi Yishmael applies only **where there are no** other terms **that are identical to it** from which one could derive a verbal analogy. **But** if **there is** another term **that is identical to it, we derive** the verbal analogy **from** the term **that is identical to it.** Accordingly, Rabbi Meir derives a verbal analogy from the instance of *sheḥita* that appears with regard to sacrificial animals that are slaughtered outside the Temple.

וְרַבִּי שִׁמְעוֹן נַמִי, לִיגְמַר מִשְּׁחוּטֵי חוּץ! דָּנִין חוּלִּין מֵחוּלִּין, וְאֵין דָּנִין חוּלִּין מִקָּדָשִׁים.

The Gemara suggests: **And** as for **Rabbi Shimon as well, let him derive from** the case of sacrificial animals that were **slaughtered outside** the Temple that ineffective slaughter is considered an act of slaughter. The Gemara responds: Rabbi Shimon holds that **one derives** the *halakha* with regard to the slaughter of **non-sacred** animals **from** another instance of the slaughter of **non-sacred** animals, **and one does not derive** the *halakha* with regard to the slaughter of **non-sacred** animals **from** an instance of the slaughter of **sacrificial** animals. The prohibition against slaughtering a mother and its offspring on the same day is stated primarily with regard to non-sacred animals (see 78a).

וְרַבִּי מֵאִיר: אַטּוּ אוֹתוֹ וְאֶת בְּנוֹ בְּקָדָשִׁים מִי לָא נָהֵיג? הַיְינוּ דְּקָאָמַר רַבִּי חִיָּיא: רָאָה רַבִּי דְּבָרָיו שֶׁל רַבִּי מֵאִיר בְּאוֹתוֹ וְאֶת בְּנוֹ, וּשְׁנָאוֹ בִּלְשׁוֹן חֲכָמִים.

The Gemara continues: **And Rabbi Meir** would respond: **Is this to say** that the prohibition against slaughtering **a mother and its offspring** on the same day **does not apply to sacrificial** animals? Rather, since the prohibition also applies to sacrificial animals, one can derive its *halakha* from the case of sacrificial animals that were slaughtered outside the Temple. The Gemara comments: **This is** what **Rabbi Ḥiyya** was referring to when he **said** that **Rabbi** Yehuda HaNasi **saw** as correct **the statement of Rabbi Meir with regard to** the *halakha* of **a mother and its offspring, and taught it** in the mishna **using the term: The Rabbis.**

מַאי טַעְמָא דְּרַבִּי מֵאִיר בְּכִסּוּי הַדָּם? אָמַר רַבִּי שִׁמְעוֹן בֶּן לָקִישׁ: גָּמַר שְׁפִיכָה שְׁפִיכָה מִשְּׁחוּטֵי חוּץ, מַה לְּהַלָּן – שְׁחִיטָה שֶׁאֵינָהּ רְאוּיָה שְׁמָהּ שְׁחִיטָה, אַף כָּאן – שְׁחִיטָה שֶׁאֵינָהּ רְאוּיָה שְׁמָהּ שְׁחִיטָה.

§ The Gemara resumes its discussion of the dispute in the mishna: **What is the reason that Rabbi Meir** holds one is obligated **in** the mitzva of **covering the blood** in a case of ineffective slaughter? **Rabbi Shimon ben Lakish said:** Rabbi Meir **derives** this from a verbal analogy between the terms **pouring** and **pouring, from** the case of a sacrificial animal that was **slaughtered outside** the Temple courtyard. One verse states with regard to covering the blood: "And he shall pour out its blood" (Leviticus 17:13), and one verse states with regard to sacrificial animals slaughtered outside the Temple courtyard: "He has poured blood" (Leviticus 17:4). Accordingly, **just as there,** with regard to offerings slaughtered outside the Temple courtyard, it is a case of **slaughter that is not fit** to render the meat permitted but **is** nevertheless **considered** an act of **slaughter, so too here,** with regard to covering the blood, an act of **slaughter that is not fit** to render the meat permitted **is considered** an act of **slaughter.**

וְרַבִּי שִׁמְעוֹן: "אֲשֶׁר יֵאָכֵל" כְּתִיב. וְרַבִּי מֵאִיר: הַהוּא לְמַעוּטֵי עוֹף טָמֵא הוּא דַּאֲתָא. וְרַבִּי שִׁמְעוֹן: עוֹף טָמֵא מַאי טַעְמָא – דְּלָאו בַּר אֲכִילָה הוּא, טְרֵפָה נַמִי – לָאו בַּר אֲכִילָה הוּא.

The Gemara continues: **And Rabbi Shimon** would respond: It is **written** with regard to covering the blood: "An undomesticated animal or bird **that may be eaten**" (Leviticus 17:13), indicating that the verse is referring specifically to slaughter fit to render the meat permitted for consumption. **And Rabbi Meir** holds: **That** phrase **comes to exclude a ritually impure bird** from the mitzva of covering the blood. **And Rabbi Shimon** would respond: **What is the reason an impure bird** is not included in the mitzva of covering the blood? It is **because it is not fit for consumption.** If so, **a** ***tereifa*** should **also** not be included in the mitzva of covering the blood, since **it is** also **not fit for consumption.**

וְהַיְינוּ דְּאָמַר רַבִּי חִיָּיא: רָאָה רַבִּי דְּבָרָיו שֶׁל רַבִּי שִׁמְעוֹן בְּכִסּוּי הַדָּם, וּשְׁנָאוֹ בִּלְשׁוֹן חֲכָמִים.

The Gemara comments: **And this is what Rabbi Ḥiyya is saying** when he said that **Rabbi** Yehuda HaNasi **saw** as correct **the statement of Rabbi Shimon with regard to** the *halakha* of **covering the blood, and taught it** in the mishna **using the term: The Rabbis.**

אָמַר רַבִּי אַבָּא:

§ **Rabbi Abba says:**

Perek **VI**
Daf **85** Amud **b**

לֹא לַכֹּל אָמַר רַבִּי מֵאִיר שְׁחִיטָה שֶׁאֵינָהּ רְאוּיָה שְׁמָהּ שְׁחִיטָה, מוֹדֶה רַבִּי מֵאִיר שֶׁאֵין מַתִּירָתָהּ בַּאֲכִילָה; וְלֹא לַכֹּל אָמַר רַבִּי שִׁמְעוֹן שְׁחִיטָה שֶׁאֵינָהּ רְאוּיָה לֹא שְׁמָהּ שְׁחִיטָה, מוֹדֶה רַבִּי שִׁמְעוֹן שֶׁמְּטַהַרְתָּהּ מִידֵי נְבֵלָה.

Not with regard to all *halakhot* **did Rabbi Meir say** an act of **slaughter that is not fit,** e.g., where one slaughters a *tereifa*, **is considered** an act of **slaughter,** as **Rabbi Meir** does **concede that** such an act of slaughter **does not render** the meat of the animal **permitted for consumption. And not with regard to all** *halakhot* did **Rabbi Shimon say** an act of **slaughter that is not fit is not considered** an act of **slaughter,** as **Rabbi Shimon** does **concede that** such an act of slaughter **renders** the animal **pure from** having the impure status of an unslaughtered **animal carcass.**

אָמַר מָר: לֹא לַכֹּל אָמַר רַבִּי מֵאִיר שְׁחִיטָה שֶׁאֵינָהּ רְאוּיָה שְׁמָהּ שְׁחִיטָה, מוֹדֶה רַבִּי מֵאִיר שֶׁאֵין מַתִּירָתָהּ בַּאֲכִילָה. פְּשִׁיטָא! טְרֵפָה בִּשְׁחִיטָה מִי מִישְׁתַּרְיָא?

The Gemara analyzes this statement: **The Master said** that **not with regard to all** *halakhot* did **Rabbi Meir say** an act of **slaughter that is not fit is considered** an act of **slaughter,** as **Rabbi Meir concedes that** such an act of slaughter **does not render** the meat of the animal **permitted for consumption.** The Gemara asks: Isn't this **obvious? Can a** ***tereifa*** **become permitted** for consumption **through slaughter?**

לָא, צְרִיכָא, לְשׁוֹחֵט אֶת הַטְּרֵפָה וּמָצָא בָּהּ בֶּן תִּשְׁעָה חַי; סָלְקָא דַּעְתָּךְ אָמִינָא: הוֹאִיל דְּאָמַר רַבִּי מֵאִיר שְׁחִיטָה שֶׁאֵינָהּ רְאוּיָה שְׁמָהּ שְׁחִיטָה – תְּהַנֵּי לֵיהּ שְׁחִיטַת אִמּוֹ, וְלָא לִיבָּעֵי שְׁחִיטָה, קָמַשְׁמַע לָן.

The Gemara answers: **No, this statement of Rabbi Abba is necessary in** a case where **one slaughtered a** ***tereifa*** **and found a living nine-month-old** fetus **inside it.**[NH] It might **enter your mind to say: Since Rabbi Meir said** an act of **slaughter that is not fit** to render the meat permitted **is considered** an act of **slaughter, the slaughter of its mother should be effective to** render the meat of the fetus permitted for consumption, as it normally does when the mother is not a *tereifa*; and the fetus, after it is born, **should not require** its own **slaughter.** Rabbi Abba therefore **teaches us** that according to Rabbi Meir, slaughter that does not render the meat of the mother permitted for consumption does not render the fetus permitted either.

וְתִסְבְּרָא? וְהָאָמַר רַבִּי מֵאִיר: בֶּן פְּקוּעָה טָעוּן שְׁחִיטָה!

The Gemara asks: **And** how can **you understand** that without Rabbi Abba's statement, one would have thought that according to Rabbi Meir, the fetus does not require its own slaughter? **But doesn't Rabbi Meir say** that **a fetus removed from its mother's womb after the mother was properly slaughtered [*ben pekua*], requires slaughter,** as the slaughter of the mother does not permit the fetus?

לָא צְרִיכָא, דְּרַבִּי סָבַר לָהּ כְּרַבִּי מֵאִיר, וְסָבַר לָהּ כְּרַבָּנַן; סָבַר לָהּ כְּרַבִּי מֵאִיר – דְּאָמַר: שְׁחִיטָה שֶׁאֵינָהּ רְאוּיָה שְׁמָהּ שְׁחִיטָה, וְסָבַר לָהּ כְּרַבָּנַן – דְּאָמְרִי: שְׁחִיטַת אִמּוֹ מְטַהַרְתּוֹ;

The Gemara responds: The statement of Rabbi Abba **is not necessary** for the opinion of Rabbi Meir, but it is for the opinion of Rabbi Yehuda HaNasi. This is **because Rabbi** Yehuda HaNasi **holds in accordance with** the opinion of **Rabbi Meir** in one instance, **and holds in accordance with** the opinion of the Rabbis in another. In a case where one slaughtered a mother and its offspring on the same day **he holds in accordance with** the opinion of **Rabbi Meir, who says** an act of **slaughter that is not fit** to render the meat permitted **is considered** an act of **slaughter. And** with regard to a *ben pekua*, Rabbi Yehuda HaNasi **holds in accordance with** the opinion of **the Rabbis, who say the** proper **slaughter of the mother renders** the fetus **kosher,** i.e., the fetus does not require its own ritual slaughter.

כֵּיוָן דְּאָמוּר רַבָּנַן: שְׁחִיטַת אִמּוֹ מְטַהַרְתּוֹ – תְּהַנֵּי לֵיהּ שְׁחִיטַת אִמּוֹ, וְלָא לִיבָּעֵי שְׁחִיטָה, קָא מַשְׁמַע לָן.

Therefore, **since the Rabbis say the** proper **slaughter of the mother renders** the fetus **kosher,** one might conclude that with regard to a *tereifa* as well, Rabbi Yehuda HaNasi holds **the slaughter of the mother should be effective to** render the meat of the fetus permitted for consumption, **and it should not require** its own **slaughter.** In light of this, Rabbi Abba **teaches us** that although Rabbi Yehuda HaNasi agrees with Rabbi Meir that an ineffective slaughter is considered an act of slaughter, Rabbi Yehuda HaNasi holds that in the case of a *tereifa* the slaughter of the mother is not effective for the fetus.

״וְלֹא לַכֹּל אָמַר רַבִּי שִׁמְעוֹן: שְׁחִיטָה שֶׁאֵינָהּ רְאוּיָה לֹא שְׁמָהּ שְׁחִיטָה, מוֹדֶה רַבִּי שִׁמְעוֹן שֶׁמְּטַהַרְתָּהּ מִידֵּי נְבֵלָה״. פְּשִׁיטָא! דְּאָמַר רַב יְהוּדָה אָמַר רַב, וְאָמְרִי לָהּ בְּמַתְנִיתָא תָּנָא: ״וְכִי יָמוּת מִן הַבְּהֵמָה״ – מִקְצָת בְּהֵמָה מְטַמְּאָה, וּמִקְצָת בְּהֵמָה אֵינָהּ מְטַמְּאָה, וְאֵי זוֹ – זוֹ טְרֵפָה שֶׁשְּׁחָטָהּ!

The Gemara addresses the second statement of Rabbi Abba: **And not with regard to all** ***halakhot*** did **Rabbi Shimon say** an act of **slaughter that is not fit is not considered** an act of **slaughter,** as **Rabbi Shimon concedes that** such an act of slaughter **renders** the animal **pure from** having the impure status of an unslaughtered **animal carcass.** The Gemara asks: Isn't this **obvious? As Rav Yehuda says** that **Rav says, and some say it was taught in a** ***baraita***: The verse states with regard to an animal carcass: **"And if there dies of the animals**…he that touches its carcass shall be unclean" (Leviticus 11:39). The word "of" indicates that **some animals transmit impurity** as a carcass **and some animals do not transmit impurity. And which** animal does not? **That is a** ***tereifa*** **that** one **slaughtered.**[H]

NOTES

And found a living nine-month-old fetus inside it – וּמָצָא בָּהּ בֶּן תִּשְׁעָה חַי: Since the pregnancy is complete, the fetus is no longer considered part of its mother. Rather, it is viewed as an independent creature and therefore not considered a *tereifa*. If it was found dead, or it was eight months old, it has *tereifa* status like its mother (*Tosafot*).

HALAKHA

One slaughtered a *tereifa* and found a living nine-month-old fetus inside it – שׁוֹחֵט אֶת הַטְּרֵפָה וּמָצָא בָּהּ בֶּן תִּשְׁעָה חַי: In the case of one who slaughters an animal and discovers it to be kosher, and finds a viable, nine-month-old fetus inside it, the fetus may be consumed without being slaughtered. This is the *halakha* provided it had not walked on the ground. If the fetus was found in the womb of an animal that one killed through tearing, or if the animal was rendered a carcass due to improper slaughter, or if the animal was found to be a *tereifa*, the fetus may be consumed only if it itself is properly slaughtered. In a case where the fetus was nine months old yet found dead, or if it was eight months old and living, its consumption is forbidden. This is in accordance with the opinion of the Rabbis in the mishna on 74a, who disagree with the opinion of Rabbi Meir, as explained by the Gemara on 75b. The Rema writes that nowadays it is forbidden to consume any fetus found in the womb of a *tereifa*, even if the fetus was subsequently slaughtered, as there is a concern it was less than nine months old (Rambam *Sefer Kedusha, Hilkhot Ma'akhalot Assurot* 5:14–15; *Shulḥan Arukh, Yoreh De'a* 13:2–3).

And some animals do not transmit impurity…that is a *tereifa* that one slaughtered – וּמִקְצָת בְּהֵמָה אֵינָהּ מְטַמְּאָה...זוֹ טְרֵפָה שֶׁשְּׁחָטָהּ: A *tereifa* that was properly slaughtered is not permitted for consumption but is nevertheless pure from having the ritually impure status of a carcass (Rambam *Sefer Tahara, Hilkhot She'ar Avot HaTumot* 2:6).

BACKGROUND

Decree to prevent violation of a decree – גְּזֵירָה לִגְזֵירָה: The reason the Sages did not issue decrees to prevent the violation of a decree is that even though it is derived from a verse that the Sages must establish a fence around the mitzvot, i.e., protective measures to prevent violation of the mitzvot, they were not instructed to make a fence around that fence. If that were to be the case it could continue *ad infinitum*. In some cases, however, the Gemara discusses a decree that seems to prevent the violation of another decree, and in those cases the Gemara explains that it was all part of the original decree.

לָא צְרִיכָא, לְשׁוֹחֵט אֶת הַטְּרֵפָה, וְהִיא חוּלִּין בָּעֲזָרָה. דְּתַנְיָא: הַשּׁוֹחֵט אֶת הַטְּרֵפָה, וְכֵן הַשּׁוֹחֵט וְנִמְצֵאת טְרֵיפָה, זֶה וָזֶה חוּלִּין בָּעֲזָרָה – רַבִּי שִׁמְעוֹן מַתִּיר בַּהֲנָאָה, וַחֲכָמִים אוֹסְרִין;

The Gemara responds: **No,** Rabbi Abba's statement **is necessary in** the case of **one who slaughters a *tereifa*, and it is a non-sacred** animal **in the Temple courtyard.**[H] **As it is taught** in a *baraita*: In the case of **one who slaughters** a known ***tereifa*, and likewise one who slaughters** an animal **and it was found** to be a ***tereifa***, and **this and that** were **non-sacred** animals slaughtered **in the Temple courtyard,**[H] **Rabbi Shimon permits** one to derive **benefit** from them, as one is not considered to have transgressed the prohibition against slaughtering a non-sacred animal in the Temple courtyard. **And the Rabbis prohibit** one to derive benefit from them.

סָלְקָא דַּעְתָּךְ אָמֵינָא: הוֹאִיל וְאָמַר רַבִּי שִׁמְעוֹן מוּתָּר בַּהֲנָאָה – אַלְמָא לָאו שְׁחִיטָה הִיא כְּלָל, אֵימָא: מִידֵּי נְבֵלָה נַמִי לָא מְטַהֲרָה, קָא מַשְׁמַע לָן.

Accordingly, it might **enter your mind to say: Since Rabbi Shimon says** it is **permitted to derive benefit** from such an animal, **evidently** slaughtering a *tereifa* **is not considered slaughter at all.** Therefore, **say** that slaughter **does not** have the ability to **purify** the *tereifa* **from** having **the status of** a ritually impure **animal carcass either.** Rabbi Abba therefore **teaches us** that even according to Rabbi Shimon, the slaughter is effective to remove it from the status of a carcass.

אֲמַר לֵיהּ רַב פַּפָּא לְאַבָּיֵי: וְסָבַר רַבִּי שִׁמְעוֹן חוּלִּין בָּעֲזָרָה דְּאוֹרָיְיתָא הִיא? אֲמַר לֵיהּ: אִין. וְהָתְנַן, רַבִּי שִׁמְעוֹן אוֹמֵר: חוּלִּין שֶׁנִּשְׁחֲטוּ בָּעֲזָרָה יִשָּׂרְפוּ בָּאֵשׁ, וְכֵן חַיָּה שֶׁנִּשְׁחֲטָה בָּעֲזָרָה; אִי אָמְרַתְּ בִּשְׁלָמָא דְּאוֹרָיְיתָא – הַיְינוּ דְּגָזְרִינַן חַיָּה אַטּוּ בְּהֵמָה.

Rav Pappa said to Abaye: And does Rabbi Shimon hold that the prohibition against deriving benefit from **non-sacred** animals slaughtered **in the Temple courtyard is by Torah law?** Abaye **said to** Rav Pappa: **Yes** he does. **And we learned** in a mishna (*Temura* 33b) that **Rabbi Shimon says: Non-sacred** animals **that were slaughtered in the** Temple **courtyard shall be burned in the fire. And likewise, an undomesticated animal that was slaughtered in the Temple courtyard**[H] shall be burned in the fire. Abaye continues: **Granted, if you say** the meat of a non-sacred domesticated animal slaughtered in the Temple courtyard is forbidden **by Torah law, this is** the reason why **we decree** that the meat of **an undomesticated animal** is prohibited as well, **due to** the Torah prohibition against deriving benefit from the meat of **a domesticated animal.**

אֶלָּא אִי אָמְרַתְּ דְּרַבָּנַן, בְּהֵמָה מַאי טַעְמָא – דִּילְמָא אָתֵי לְמֵיכַל קָדָשִׁים בַּחוּץ; הִיא גּוּפַהּ גְּזֵרָה, וַאֲנַן נֵיקוּם וְנִגְזוֹר גְּזֵירָה לִגְזֵירָה?

But if you say the meat of domesticated animals is forbidden **by rabbinic law** then the mishna is difficult: **What is the reason** the meat of a non-sacred **domesticated animal** is forbidden? It is forbidden **lest one** see someone consuming this meat outside the Temple courtyard and **arrive** at the erroneous conclusion that it is permitted **to partake of sacrificial** meat **outside** the Temple courtyard. If so, the prohibition against deriving benefit from the meat of a non-sacred domesticated animal is itself a rabbinic **decree, and will we** then **proceed to issue a decree** prohibiting one to derive benefit from a non-sacred undomesticated animal in order **to** prevent the violation of **a decree?**[B]

רַבִּי חִיָּיא נְפַל לֵיהּ יָאנִיבָא בְּכִיתָּנֵיהּ, אֲתָא לְקַמֵּיהּ דְּרַבִּי, אֲמַר לֵיהּ: שְׁקוֹל עוֹפָא וּשְׁחוֹט עַל בּוּבִיתָא דְּמַיָּא, דְּמוֹרַח דְּמָא וְשָׁבֵיק לֵיהּ.

§ The mishna teaches that one who stabs an undomesticated animal or bird, or who tears loose its windpipe and gullet, is exempt from covering the blood. With regard to this the Gemara relates: **Moths infested the flax of Rabbi Ḥiyya. He came before Rabbi** Yehuda HaNasi to ask how to get rid of the moths. Rabbi Yehuda HaNasi **said to him: Take a bird and slaughter** it **over the tub of water** in which the flax was soaked, **as** the moths will **smell the blood and leave** the flax.

HALAKHA

One who slaughters a *tereifa* and it is a…non-sacred animal in the Temple courtyard – שׁוֹחֵט אֶת הַטְּרֵפָה וְהִיא...חוּלִּין בָּעֲזָרָה: It is forbidden to derive benefit from a non-sacred animal that was slaughtered in the Temple courtyard, except if after being slaughtered it was discovered to be a *tereifa*. This is in accordance with the opinion of Rabbi Shimon, who maintains that an act of slaughter that is not fit is not considered slaughter (Rambam *Sefer Kedusha, Hilkhot Sheḥita* 2:2, and see *Kesef Mishne* there).

Non-sacred animals slaughtered in the Temple courtyard – חוּלִּין בָּעֲזָרָה: It is forbidden to derive benefit from non-sacred animals that were slaughtered in the Temple courtyard; they must be buried (Rambam *Sefer Kedusha, Hilkhot Sheḥita* 2:2).

An undomesticated animal that was slaughtered in the Temple courtyard – חַיָּה שֶׁנִּשְׁחֲטָה בָּעֲזָרָה: It is forbidden to derive benefit from a kosher undomesticated animal or bird that was slaughtered in the Temple courtyard. However, it is permitted to derive benefit if it was not of a kosher species. This ruling is based on the *Tosefta* (Rambam *Sefer Kedusha, Hilkhot Sheḥita* 2:2).

הֵיכִי עָבֵיד הָכִי? וְהָתַנְיָא: הַשּׁוֹחֵט וְצָרִיךְ לְדָם – חַיָּיב לְכַסּוֹת, כֵּיצַד יַעֲשֶׂה? אוֹ נוֹחֲרוֹ אוֹ עוֹקְרוֹ!

The Gemara asks: **How could** Rabbi Ḥiyya **do this? But isn't it taught** in a *baraita*: **One who slaughters** a bird or an undomesticated animal, **and** does so only because he **needs the blood,**[H] **is** nevertheless **obligated to cover** the blood and may not use it for any other purpose? Rather, **how should** one who needs the blood **act?** He **either stabs it or tears loose** its windpipe and its gullet, so that it is not killed with an act of slaughter. How, then, could Rabbi Ḥiyya use the blood of the bird that he slaughtered to rid his flax of the moths?

כִּי אֲתָא רַב דִּימִי אֲמַר: "צֵא טְרוֹף" אֲמַר לֵיהּ. כִּי אֲתָא רָבִין אֲמַר: "צֵא נְחוֹר" אֲמַר לֵיהּ.

The Gemara responds: **When Rav Dimi came** from Eretz Yisrael, **he said** that Rabbi Yehuda HaNasi **said to** Rabbi Ḥiyya: **Go out** and **render** the bird **a** *tereifa*, and then slaughter it, as the mishna teaches that one who slaughters a *tereifa* is not required to cover its blood. **When Ravin came** from Eretz Yisrael, **he said** that Rabbi Yehuda HaNasi **said to** Rabbi Ḥiyya: **Go out** and **tear loose** the bird's windpipe and gullet.

לְמַאן דְּאָמַר: "צֵא טְרוֹף", מַאי טַעְמָא לָא אָמַר: "צֵא נְחוֹר"?

The Gemara asks: **According to the one who says** that Rabbi Yehuda HaNasi said to Rabbi Ḥiyya: **Go out** and **render** the bird **a** *tereifa*, **what is the reason** that Rabbi Yehuda HaNasi **did not say: Go out** and **tear loose** its windpipe and gullet?

וְכִי תֵּימָא, קָסָבַר: אֵין שְׁחִיטָה לְעוֹף מִן הַתּוֹרָה, וּנְחִירָתוֹ זוֹ הִיא שְׁחִיטָתוֹ; וְהָתַנְיָא, רַבִּי אוֹמֵר: "כַּאֲשֶׁר צִוִּיתִךָ" – מְלַמֵּד שֶׁנִּצְטַוָּה מֹשֶׁה עַל הַוֶּשֶׁט וְעַל הַקָּנֶה, וְעַל רוֹב אֶחָד בָּעוֹף וְעַל רוֹב שְׁנַיִם בַּבְּהֵמָה!

And if you would say the reason is because Rabbi Yehuda HaNasi **holds** that **slaughter of a bird is not** obligatory **by Torah law, and** consequently **the tearing loose** of **its** windpipe and gullet **is** considered **its slaughter** such that he would be required to cover the blood, this is untenable. As **isn't it taught** in a *baraita* that **Rabbi** Yehuda HaNasi **says:** The verse states: "And you shall slaughter… **as I have commanded you**" (Deuteronomy 12:21). This **teaches that Moses was** previously **commanded** concerning the mitzvot of slaughter, i.e., he was taught **about the gullet and the windpipe,** that the cutting of these *simanim* constitutes slaughter, **and about** the requirement to cut the **majority of one** *siman* **of a bird,**[H] **and about** the requirement to cut **the majority of two** *simanim* **of an animal.** If so, Rabbi Yehuda HaNasi holds that the slaughter of a bird is obligatory by Torah law.

HALAKHA

One who slaughters and needs the blood – הַשּׁוֹחֵט וְצָרִיךְ לְדָם: One who slaughters a bird or an undomesticated animal, even if his sole purpose in slaughtering it is to use the blood, is nevertheless obligated to cover the blood (*Shulḥan Arukh, Yoreh De'a* 28:18).

And about the majority of one siman of a bird – וְעַל רוֹב אֶחָד בָּעוֹף: A domesticated animal, an undomesticated animal, and a bird all require slaughter by Torah law. This is in accordance with the opinion of Rabbi Yehuda HaNasi, who maintains that the requirement to slaughter a bird is by Torah law (Rambam *Sefer Kedusha, Hilkhot Sheḥita* 1:1; *Shulḥan Arukh, Yoreh De'a* 13:1).

Perek **VI**
Daf **86** Amud **a**

לָא מִיבַּעְיָא קָאָמַר, לָא מִיבַּעְיָא "צֵא נְחוֹר" – דְּלָאו שְׁחִיטָה הִיא כְּלָל, אֲבָל "צֵא טְרוֹף" – אֵימָא: שְׁחִיטָה שֶׁאֵינָהּ רְאוּיָה שְׁמָהּ שְׁחִיטָה, וְלִיבָּעֵי כִּסּוּי, קָא מַשְׁמַע לַן כִּדְרַבִּי חִיָּיא בַּר אַבָּא.

The Gemara responds: Rav Dimi **is speaking** utilizing the style of: **It is not necessary.** That is, **it is not necessary** to teach: **Go out** and **tear loose, since** it is obvious that **this is not** considered **slaughter at all** and one is not required to cover the blood. **But** with regard to the instruction: **Go out** and **render** the bird **a** *tereifa*, **I would say** that an act of **slaughter that is not fit** to render the meat permitted **is** nevertheless **considered** an act of **slaughter, and** the blood of this bird **should require covering.** Therefore, Rav Dimi **teaches us in accordance with** the statement **of Rabbi Ḥiyya bar Abba** (85a), that Rabbi Yehuda HaNasi holds with regard to the mitzva of covering the blood that an act of slaughter that is not fit to render the meat permitted is not considered an act of slaughter, and one is therefore not required to cover the blood of this bird.

וּלְמַאן דְּאָמַר: "צֵא נְחוֹר", מַאי טַעְמָא לָא אָמַר: "צֵא טְרוֹף"? וְכִי תֵּימָא, קָסָבַר: שְׁחִיטָה שֶׁאֵינָהּ רְאוּיָה שְׁמָהּ שְׁחִיטָה; וְהָא אָמַר רַבִּי חִיָּיא בַּר אַבָּא אָמַר רַבִּי יוֹחָנָן: רָאָה רַבִּי דְּבָרָיו שֶׁל רַבִּי שִׁמְעוֹן בְּכִסּוּי הַדָּם, וּשְׁנָאוֹ בִּלְשׁוֹן חֲכָמִים!

The Gemara asks: **And according to the one who says** that Rabbi Yehuda HaNasi said to Rabbi Ḥiyya: **Go out** and **tear loose** the windpipe and gullet, **what is the reason** Rabbi Yehuda HaNasi **did not say: Go out** and **render** the bird **a** *tereifa*? **And if you would say** the reason is because Rabbi Yehuda HaNasi holds that an act of **slaughter that is not fit** to render the meat permitted **is** considered an act of **slaughter,** and one would be required to cover the blood, this is untenable. As **doesn't Rabbi Ḥiyya bar Abba say** that **Rabbi Yoḥanan says: Rabbi** Yehuda HaNasi **saw** as correct **the statement of Rabbi Shimon,** that an ineffective slaughter is not considered an act of slaughter **with regard to** the mitzva of **covering the blood, and taught it** in the mishna here **using the term: The Rabbis?**

NOTES

From when the people of the Exile ascended – מִשֶּׁעָלוּ בְּנֵי הַגּוֹלָה: Generally, when the Sages refer to the Exile without specification they are referring to the Babylonian exile. As Rashi notes, the Gemara is not referring to the ancient ascension of Jews to Eretz Yisrael led by Ezra, but rather to a later wave of ascension to Eretz Yisrael in the lifetime of Rabbi Yehuda HaNasi. It was during this period that Rabbi Ḥiyya and his sons ascended to Eretz Yisrael. This incident involving Rabbi Ḥiyya's flax must have occurred once he was already in Eretz Yisrael, as he sought the advice of Rabbi Yehuda HaNasi, who was a resident of Eretz Yisrael.

HALAKHA

A deaf-mute, an imbecile, or a minor who slaughtered – חֵרֵשׁ שׁוֹטֶה וְקָטָן שֶׁשָּׁחֲטוּ: In the case of a deaf-mute, an imbecile, or a minor who slaughtered an undomesticated animal or a bird while unsupervised, there is no obligation to cover the blood. Parenthetically, the *Shakh* maintains that it is actually forbidden to cover the blood. This is because the majority of this population's actions are bungled, and the slaughter is therefore considered invalid. This is derived from the Gemara here (see *Pitḥei Teshuva*). If a competent adult observed their act of slaughter and confirmed it to be valid one is obligated to cover the blood; and if the slaughterer from this population happened to be an expert in slaughtering, one must cover the blood and recite the appropriate blessing as well (*Shakh*).

Similarly, if a deaf-mute, an imbecile, or a minor slaughtered an animal while unsupervised, it is permitted to slaughter that animal's offspring on the same day. But if a competent adult observed the act of slaughter and confirmed it to be valid, it is forbidden to slaughter the animal's offspring that day (*Tur*). The *halakha* is in accordance with the opinion of Rabbi Meir (Rambam *Sefer Kedusha, Hilkhot Sheḥita* 12:4, 14:10; *Shulḥan Arukh, Yoreh De'a* 16:9, 28:17).

לָא מִיבַּעְיָא קָאָמַר, לָא מִיבַּעְיָא ״צֵא טְרוֹף״, דִּשְׁחִיטָה שֶׁאֵינָהּ רְאוּיָה לָא שְׁמָהּ שְׁחִיטָה, אֲבָל ״צֵא נְחוֹר״ – אֵימָא: אֵין שְׁחִיטָה לָעוֹף מִן הַתּוֹרָה, וּנְחִירָתוֹ זוֹ הִיא שְׁחִיטָתוֹ, וְלִיבָּעֵי כִּסּוּי, קָא מַשְׁמַע לַן: ״כַּאֲשֶׁר צִוִּיתִךָ״.

The Gemara responds: Ravin **is speaking** utilizing the style of: **It is not necessary.** That is, **it is not necessary** to teach: **Go out** and **render** the bird **a *tereifa*, since** an act of **slaughter that is not fit** to render the meat permitted **is not** considered **slaughter** and one would not be required to cover the blood of the bird. **But** with regard to the instruction: **Go out** and **tear loose** the windpipe and gullet, **I would say** that the **slaughter of a bird is not** obligatory **by Torah law** to render it permitted for consumption, **and** consequently, **the tearing loose** of **its** windpipe and gullet **is** considered **its slaughter and** the blood of this bird **should require covering.** Therefore, Ravin **teaches us** that Rabbi Yehuda HaNasi holds that the slaughter of a bird is obligatory by Torah law, as he himself derives from the verse: **"As I have commanded you"** (Deuteronomy 12:21).

וּמִי נָפַל לֵיהּ יָאנִיבָא בְּכִיתָּנֵיהּ? וְהָאָמַר רָבִין בַּר אַבָּא, וְאָמְרִי לַהּ אָמַר רַבִּי אָבִין בַּר שְׁבָא: מִשֶּׁעָלוּ בְּנֵי הַגּוֹלָה פָּסְקוּ הַזִּיקִין וְהַזְּוָעוֹת וְהָרוּחוֹת וְהָרְעָמִים, וְלֹא הֶחְמִיץ יֵינָם וְלֹא לָקָה פִּשְׁתָּנָם, וְנָתְנוּ חֲכָמִים עֵינֵיהֶם בְּרַבִּי חִיָּיא וּבָנָיו!

§ The Gemara questions the very occurrence of the incident involving Rabbi Ḥiyya: **And could moths have infested his flax? But doesn't Ravin bar Abba say, and some say Rabbi Avin bar Sheva says: From when the people of the Exile ascended**[N] from Babylonia to Eretz Yisrael **there ceased** to be **meteors, earthquakes,** storm **winds, and thunder; and their wine did not sour, and their flax was not stricken** with an infestation of moths; **and the Sages placed their eyes,** i.e., attributed these phenomena, **to** the merit of **Rabbi Ḥiyya and his sons,**[P] who ascended from Babylonia? If so, how was Rabbi Ḥiyya's flax affected?

כִּי מְהַנְיָא זְכוּתַיְיהוּ – אַעָלְמָא, אַדִּידְהוּ – לָא. כִּדְרַב יְהוּדָה אָמַר רַב, דְּאָמַר רַב יְהוּדָה אָמַר רַב: בְּכׇל יוֹם וָיוֹם בַּת קוֹל יוֹצֵאת וְאוֹמֶרֶת: כׇּל הָעוֹלָם כּוּלּוֹ – נִיזּוֹן בִּשְׁבִיל חֲנִינָא בְּנִי, וַחֲנִינָא בְּנִי – דַּי לוֹ בְּקַב חֲרוּבִין מֵעֶרֶב שַׁבָּת לְעֶרֶב שַׁבָּת.

The Gemara responds: **When their merit is effective,** it is effective **for the** rest of the **world but not for themselves.** And this is **in accordance with** the statement **that Rav Yehuda says** in the name **of Rav, as Rav Yehuda says that Rav says: Each and every day a Divine Voice emerges and says: The entire world is sustained in the merit of Ḥanina** ben Dosa,[P] **My son, and** yet for **Ḥanina, My son, a *kav* of carobs,** i.e., a very small amount of inferior food, **is sufficient** to sustain him **from one Shabbat eve to the next Shabbat eve.** Similarly, the merit of Rabbi Ḥiyya and his sons was effective for others but not for themselves.

מתני׳ חֵרֵשׁ שׁוֹטֶה וְקָטָן שֶׁשָּׁחֲטוּ וַאֲחֵרִים רוֹאִין אוֹתָם – חַיָּיב לְכַסּוֹת; בֵּינָן לְבֵין עַצְמָן – פָּטוּר מִלְּכַסּוֹת.

MISHNA In the case of **a deaf-mute, an imbecile, or a minor who slaughtered**[H] an undomesticated animal or a bird, **and others saw them** and ensured that the slaughter was properly performed, in which case the slaughter is valid (see 2a), one who oversaw the slaughter is **obligated to cover** the blood. If they slaughtered the animals **among themselves** without supervision, one is **exempt** from the obligation to cover the blood.

PERSONALITIES

Rabbi Ḥiyya and his sons – רַבִּי חִיָּיא וּבָנָיו: Rabbi Ḥiyya ben Abba, from the city of Kafri in Babylonia, was among the last *tanna'im*. He was descended from a family of distinguished lineage that traced its ancestry back to King David and produced many prominent Sages. While he was still in Babylonia, Rabbi Ḥiyya was considered a Torah luminary, among the prominent Torah scholars in his generation. When he came to Eretz Yisrael, along with his twin sons, Ḥizkiyya and Yehuda, he became a disciple, a colleague, and indeed the right-hand man of Rabbi Yehuda HaNasi. Although Rabbi Ḥiyya had a close relationship with Rabbi Yehuda HaNasi, he was especially close to Rabbi Shimon, son of Rabbi Yehuda HaNasi, who was also his business partner.

In addition to his prominence as a Torah scholar, Rabbi Ḥiyya was outstanding in his piety, as reflected in several episodes related throughout the Talmud. His most significant project was the redaction he did with his disciple-colleague, Rabbi Oshaya, of an anthology of external *baraitot* to complement the Mishna. Their anthology was considered to be the most authoritative, to the point that it was said that any *baraita* not reviewed by them was unfit to enter the study hall. Some believe he edited the *Tosefta*. Apparently, upon his arrival in Eretz Yisrael Rabbi Ḥiyya received financial support from the house of the *Nasi*, but his primary livelihood was from trade, mostly of silk.

In addition to his twin sons, Rabbi Ḥiyya also had twin daughters, Pazi and Tavi, who became the matriarchs of distinguished families of Torah scholars. His sons, Yehuda, son-in-law of Rabbi Yannai, and Ḥizkiyya, were among the leading Torah scholars in the transitional generation between *tanna'im* and *amora'im*, and they apparently replaced him at the head of his academy in Tiberias, where he resided. All of the students of Rabbi Yehuda HaNasi were his colleagues, and he was close with the *tanna* Rabbi Shimon ben Ḥalafta.

The younger students of Rabbi Yehuda HaNasi, including Rabbi Ḥanina, Rabbi Oshaya, Rabbi Yannai, and others, studied Torah under Rabbi Ḥiyya and were, to a certain degree, his students as well. His primary disciples were his brother's sons, Rabba bar Ḥana and, above all, the great *amora* Rav. He also appears as a central figure in the *Zohar*. Rabbi Ḥiyya was buried in Tiberias, and his two sons were later buried beside him.

Rabbi Ḥanina ben Dosa – רַבִּי חֲנִינָא בֶּן דּוֹסָא: A *tanna* from the end of the Second Temple period, Rabbi Ḥanina ben Dosa was a disciple of Rabbi Yoḥanan ben Zakkai. Even as a student he was renowned for his righteousness and as someone who often had miracles performed for him. Only a very small number of Rabbi Ḥanina's statements, mainly of *aggada*, have been preserved. He is primarily known for the many stories concerning his piety and closeness to God, his righteousness, and his ability to make do with little. Due to all of these qualities, Rabbi Ḥanina is portrayed in rabbinic literature as the symbol of a wholly righteous man.

וְכֵן לְעִנְיַן אוֹתוֹ וְאֶת בְּנוֹ, שֶׁשְּׁחָטוּ וַאֲחֵרִים רוֹאִין אוֹתָן – אָסוּר לִשְׁחוֹט אַחֲרֵיהֶם; בֵּינָן לְבֵין עַצְמָן – רַבִּי מֵאִיר מַתִּיר לִשְׁחוֹט אַחֲרֵיהֶן, וַחֲכָמִים אוֹסְרִים. וּמוֹדִים שֶׁאִם שָׁחַט – שֶׁאֵינוֹ סוֹפֵג אֶת הָאַרְבָּעִים.

And likewise with regard to the matter of slaughtering **a mother and its offspring** on the same day, if a deaf-mute, an imbecile, or a minor **slaughtered** an undomesticated mother animal **and others saw them,** it is **prohibited to slaughter** its offspring **after them.** If they slaughtered the mother animal **among themselves, Rabbi Meir deems** it **permitted to slaughter** its offspring **after them**[N] **and the Rabbis deem** it **prohibited. And** the Rabbis **concede that if one slaughtered** the offspring thereafter **that he does not incur the forty** lashes, as it is possible the mother was not properly slaughtered.

גמ׳ וְרַבָּנַן, מַאי שְׁנָא רֵישָׁא דְּלָא פְּלִיגִי, וּמַאי שְׁנָא סֵיפָא דִּפְלִיגִי?

GEMARA The Gemara asks: **And** as for **the Rabbis, what is different** about **the first clause** of the mishna that discusses the covering of the blood, **where they do not disagree** with the statement that if a deaf-mute, an imbecile, or a minor slaughtered an animal without supervision one is exempt from the obligation to cover the blood, which indicates the Rabbis hold that such an act of slaughter is not considered an act of slaughter; **and what is different** about **the latter clause** of the mishna that discusses the prohibition against slaughtering a mother and its offspring on the same day, **where they disagree** with Rabbi Meir and hold that if a deaf-mute, an imbecile, or a minor slaughtered a mother animal without supervision one is prohibited to subsequently slaughter its offspring, indicating they hold that such an act of slaughter is in fact considered an act of slaughter?

רֵישָׁא, אִי אָמְרִינַן חַיָּיבִין לְכַסּוֹת – אָמְרִי: שְׁחִיטָה מְעַלַּיְיתָא הִיא, וְאָתֵי לְמֵיכַל מִשְּׁחִיטָתָן.

The Gemara responds: Actually, it is uncertain whether this slaughter is valid or not. With regard to **the first clause, if we say one is obligated to cover** the blood from an unsupervised slaughter, people might **say** this is because **the slaughter** performed by these people **is proper, and they will come to eat** meat **from their slaughter,** and it is in fact forbidden to eat from their slaughter. Therefore, the Rabbis did not require the covering of the blood.

סֵיפָא נַמִי, כֵּיוָן דְּקָאָמְרִי רַבָּנַן: אָסוּר לִשְׁחוֹט אַחֲרֵיהֶם – אָמְרִי: שְׁחִיטָה מְעַלַּיְיתָא הִיא, וְאָתֵי לְמֵיכַל מִשְּׁחִיטָתָן!

The Gemara challenges: If so, then with regard to **the latter clause** of the mishna **as well, since the Rabbis say** it is **prohibited to slaughter** the offspring of the mother **after them,** people might say this is because **the slaughter** performed by these people **is proper, and they will come to eat** meat **from their slaughter.**

סֵיפָא אָמְרִי: בִּשְׂרָא דְּלָא קָא מִיבָּעֲיָא לֵיהּ. רֵישָׁא נַמִי, אָמְרִי: לְנַקֵּר חֲצֵירוֹ הוּא צָרִיךְ!

The Gemara rejects this: With regard to **the latter clause,** prohibiting the slaughter of the offspring will not cause people to conclude the unsupervised slaughter of the mother by disqualified people was valid. Rather, **they will say:** The reason the offspring is not slaughtered is **because** the owner **does not need the meat.** The Gemara asks: But with regard to **the first clause as well,** covering the blood will not lead one to conclude that the unsupervised slaughter was valid, as people **will say:** He is covering the blood **because he needs to clean his courtyard** of the blood. If so, let the Rabbis deem one obligated to cover the blood.

NOTES

If they slaughtered the mother among themselves Rabbi Meir deems it permitted to slaughter its offspring after them – בֵּינָן לְבֵין עַצְמָן רַבִּי מֵאִיר מַתִּיר לִשְׁחוֹט אַחֲרֵיהֶן: This is because their slaughter is not considered a valid slaughter. It should be noted that although Rabbi Meir is of the opinion that an act of slaughter that is not fit for rendering the animal permitted for consumption is nevertheless considered a valid slaughter, both with regard to the mitzva to cover the blood and with regard to the *halakha* of a mother and its offspring (see 85a); with regard to the slaughter of a deaf-mute, an imbecile, or a minor he maintains that it is completely invalid, and it renders the animal a non-kosher animal carcass. This applies to both the *halakha* of a mother and its offspring and that of covering the blood; in both cases Rabbi Meir holds that the unsupervised slaughter performed by a deaf-mute, an imbecile, or a minor is not valid.

NOTES

Append the minority to the presumptive status – **סְמוֹךְ מִיעוּטָא לַחֲזָקָה**: As explained on 9a, an animal maintains a presumptive forbidden status until its method of slaughter is verified. According to Rashi, this presumptive status stems from the prohibition against consuming a limb severed from a living animal, which was in effect before the animal was slaughtered. *Tosafot* in tractate *Beitza* (25a) reject Rashi's explanation, since the prohibition against consuming such a limb is obviously not in effect once the animal is dead. Instead, they explain that the presumptive forbidden status stems from the prohibition against eating an unslaughtered animal, which is in effect both during the animal's lifetime and after it is killed, unless it was slaughtered properly.

שָׁחַט בְּאַשְׁפָּה, מַאי אִיכָּא לְמֵימַר? בָּא לִימָּלֵךְ, מַאי אִיכָּא לְמֵימַר?

The Gemara rejects this: But if a disqualified person **slaughtered** the animal **in a garbage dump, what can be said** to allow the covering of the blood? Obviously, people will not assume one covers the blood in order to clean a garbage dump. Similarly, if one **comes to consult** the court, **what can be said?** That is, if one sees from a distance that a disqualified person slaughtered an animal and the blood is uncovered, and he comes to consult the court with regard to the obligation to cover the blood, if the court tells him to cover the blood he might conclude that this is because the unsupervised slaughter was valid. Accordingly, since there are scenarios in which one might mistakenly conclude that the unsupervised slaughter of inept people is valid, the Rabbis concede that one is exempt from covering the blood of such an act of slaughter in all cases.

וְלִיטַעְמִיךְ, סֵיפָא נַמִי, בָּא לִימָּלֵךְ מַאי אִיכָּא לְמֵימַר?

The Gemara asks: **But according to your reasoning** that the Rabbis are concerned for the aforementioned scenarios, then with regard to **the latter clause as well,** if one **comes to consult** the court with regard to the slaughter of the offspring, **what can be said?** That is, if one sees a disqualified person slaughter the mother, and he comes to ask the court whether he may slaughter the offspring on the same day, if the court prohibits him from slaughtering it he might conclude that this is because the slaughter of the mother was valid. Why, then, do the Rabbis prohibit one from slaughtering the offspring?

אֶלָּא: רַבָּנַן אַכּוּלָּהּ מִילְּתָא פְּלִיגִי, וְנָטְרִי לֵיהּ לְרַבִּי מֵאִיר עַד דְּמַסֵּיק לָהּ לְמִילְּתָא, וַהֲדַר פְּלִיגִי עִילָּוֵיהּ.

The Gemara concludes: **Rather,** it must be that **the Rabbis disagree concerning the entire matter,** i.e., they disagree with regard to covering the blood as well, and hold that if a disqualified person slaughtered an animal while unsupervised, one must cover the blood; **and** the Rabbis **waited for Rabbi Meir until he concluded his statement, and then they disagreed with him** on both accounts.

בִּשְׁלָמָא רַבָּנַן – לְחוּמְרָא; אֶלָּא רַבִּי מֵאִיר, מַאי טַעְמָא?

The Gemara asks: If so, **granted,** the opinion of the **Rabbis** is understandable, as they consistently rule **stringently.** That is, although it is prohibited to consume the meat of an unsupervised slaughter performed by a deaf-mute, an imbecile, or a minor, the Rabbis require one to cover the blood and prohibit one to slaughter the offspring, due to concern that the person may have performed a valid slaughter. **But** with regard to the opinion of **Rabbi Meir** that one is exempt from covering the blood and that one may slaughter the offspring on the same day, **what is the reason** he does not rule stringently due to uncertainty?

אָמַר רַבִּי יַעֲקֹב אָמַר רַבִּי יוֹחָנָן: מְחַיֵּיב הָיָה רַבִּי מֵאִיר עַל שְׁחִיטָתָן מִשּׁוּם נְבֵלָה. מַאי טַעְמָא? אָמַר רַבִּי אַמֵּי: הוֹאִיל וְרוֹב מַעֲשֵׂיהֶן מְקוּלְקָלִים.

Rabbi Ya'akov says that **Rabbi Yoḥanan says: Rabbi Meir would deem** one **liable** to receive lashes **for** eating from **the slaughter of** a deaf-mute, an imbecile, or a minor, **due to** violation of the prohibition against eating from **an animal carcass.** According to Rabbi Meir there is no uncertainty with regard to such slaughter, and it is not considered an act of slaughter at all. Consequently, one may become liable to receive lashes for its consumption. The Gemara asks: **What is the reason? Rabbi Ami says: Since the majority of actions** of a deaf-mute, imbecile, and a minor **are bungled,** i.e., they are performed incompetently, it can be assumed that their slaughter was performed improperly as well.

אֲמַר לֵיהּ רַב פַּפָּא לְרַב הוּנָא בְּרֵיהּ דְּרַב יְהוֹשֻׁעַ, וְאָמְרִי לָהּ רַב הוּנָא בְּרֵיהּ דְּרַב יְהוֹשֻׁעַ לְרַב פַּפָּא: מַאי אִירְיָא רוֹב? אֲפִילּוּ מִיעוּט נַמִי! דְּהָא רַבִּי מֵאִיר חָיֵישׁ לְמִיעוּטָא; סְמוֹךְ מִיעוּטָא לַחֲזָקָה, וְאִתְרַע לֵיהּ רוּבָּא!

Rav Pappa said to Rav Huna, son of Rav Yehoshua, and some say that **Rav Huna, son of Rav Yehoshua,** said **to Rav Pappa: Why** did Rabbi Ami **specifically** state that the reasoning of Rabbi Meir is based on the assumption that the **majority** of their actions are bungled? **Even** if only **a minority** of their actions are bungled and the majority are performed competently, Rabbi Meir would **also** maintain that the animal is considered a carcass, **as Rabbi Meir is concerned for a minority** when it can be combined with a presumptive status. If so, **append the minority to the presumptive status**[N] of an animal prior to its slaughter, i.e., that it is prohibited for consumption, **and the majority** of competent acts of slaughter **is** thereby **weakened.**

דִּתְנַן: תִּינוֹק שֶׁנִּמְצָא בְּצַד הָעִיסָּה וּבָצֵק בְּיָדוֹ – רַבִּי מֵאִיר מְטַהֵר, וַחֲכָמִים מְטַמְּאִין, מִפְּנֵי שֶׁדַּרְכּוֹ שֶׁל תִּינוֹק לְטַפֵּחַ; וְאָמְרִינַן: מַאי טַעְמָא דְּרַבִּי מֵאִיר – קָסָבַר: רוֹב תִּינוֹקוֹת מְטַפְּחִין, וּמִיעוּט אֵין מְטַפְּחִין, וְעִיסָּה זוֹ בְּחֶזְקַת טָהֳרָה עוֹמֶדֶת,

The Gemara proves that Rabbi Meir is concerned for the minority: **As we learned** in a mishna (*Teharot* 3:8): In the case of a ritually impure **child who is found alongside** ritually pure **started dough,**[H] **and** he has **risen dough in his hand** that may have been removed from the larger portion of started dough, **Rabbi Meir deems** the started dough **pure.** This is because there is no proof the child touched it; he might have been given the piece by someone else. **And the Rabbis deem it impure,** as they assume he touched the started dough. The child is presumed to be impure **because it is the manner of a child to handle** items.[N] **And we say** with regard to this mishna: **What is the reasoning of Rabbi Meir? He holds** that **a majority of children handle** items, in this case the dough, that are within reach, **and a minority do not handle** items within reach, **and** the **dough** itself **retains a presumptive status of purity** since its impurity has not been definitively determined.

NOTES

And the Rabbis deem it impure because it is the manner of a child to handle items – וַחֲכָמִים מְטַמְּאִין מִפְּנֵי שֶׁדַּרְכּוֹ שֶׁל תִּינוֹק לְטַפֵּחַ: According to Rashi it is certain that the child touched the dough, as he is holding some in his hand, and since it is common for children to touch items found among garbage heaps, in which there are ritually impure items, the Rabbis, concerned for the majority of cases, ruled stringently and pronounced the dough ritually impure (see *Kiddushin* 80a). Rabbi Meir deems the dough ritually pure, as there is a minority of young children who do not generally touch items and are therefore ritually pure, in addition to the presumptive ritually pure status of the dough. According to Rabbi Meir, these two factors combine to override the majority.

Other early commentaries find Rashi's interpretation difficult. Instead, they concur with the explanation of Rabbeinu Tam, who maintains that young children have a presumptive status of being ritually impure. They are concerned that it is likely the child touched the batch of dough, rendering it ritually impure. The Rabbis maintain that the majority of young children commonly touch the dough, thereby rendering the entire batch of dough ritually impure. Rabbi Meir relies on the minority of children who do not touch the dough and therefore deems the batch of dough ritually pure, as it is possible the piece of dough was given to the child by a ritually pure adult.

HALAKHA

A child who is found alongside started dough – תִּינוֹק שֶׁנִּמְצָא בְּצַד הָעִיסָּה: In a case of uncertain impurity pertaining to an item that cannot be questioned in order to determine the actual status, it is assumed to be ritually pure. But if the item had a presumptive status of impurity it is considered impure. For example, in a case where a child is found alongside dough and is holding dough in his hand, the dough is considered ritually impure because it is the manner of young children to touch items, and he has likely touched an impure item, rendering the dough ritually impure as well. Regardless, *teruma* is not burned on account of this presumptive status (Rambam *Sefer Tahara, Hilkhot She'ar Avot HaTumot* 16:2, 3).

Perek **VI**
Daf **86** Amud **b**

סְמוֹךְ מִיעוּטָא לַחֲזָקָה, וְאִיתְרַע לֵיהּ רוּבָּא!

One **appends** the **minority** of children who do not handle items within reach **to the presumptive status** of purity of the dough, **and** consequently the force of the **majority** of children who handle items within reach **is weakened.** Therefore, the dough is considered pure. Similarly, with regard to slaughter performed by inept people, why does Rabbi Ami state that the reason behind Rabbi Meir's opinion is due to a majority? Let even a minority of bungled acts of slaughter join with the presumptive prohibited status of the animal to render this animal a carcass.

אִם אָמְרוּ סְפֵק טוּמְאָה לְטַהֵר, יֹאמְרוּ סְפֵק אִיסּוּר לְהַתִּיר?

The Gemara responds that the two cases are not comparable: **If they said** one may append the minority to the presumptive status with regard to a case of **uncertain ritual impurity** in order **to render** the dough **pure, will they say** that one may rely on a minority in the case of **an uncertain prohibition** in order **to permit** it? In other words, without the fact that a majority of the acts of slaughter of a deaf-mute, an imbecile, or a minor are bungled, Rabbi Meir could neither deem one exempt from covering the blood nor allow one to slaughter the offspring immediately. Consequently, it is due only to the majority that Rabbi Meir deems one liable for violation of the prohibition against consuming an animal carcass when consuming meat from their slaughter.

הוֹרָה רַבִּי כְּרַבִּי מֵאִיר, וְהוֹרָה רַבִּי כַּחֲכָמִים. הֵי מִינַּיְיהוּ דְּאַחֲרִיתָא?

§ With regard to the dispute in the mishna, the Gemara notes: **Rabbi** Yehuda HaNasi **ruled in accordance with** the opinion of **Rabbi Meir,** who held that if a deaf-mute, an imbecile, or a minor slaughtered a mother animal, one may subsequently slaughter its offspring; **and Rabbi** Yehuda HaNasi also **ruled in accordance with** the opinion of **the Rabbis,** who held that it is prohibited to slaughter it. The Gemara asks: **Which of** these two rulings **is the later,** definitive ruling, and which ruling is the retracted one?

תָּא שְׁמַע: דְּרַבִּי אַבָּא בְּרֵיהּ דְּרַבִּי חִיָּיא בַּר אַבָּא וְרַבִּי זֵירָא הֲווּ קָיְימִי בְּשׁוּקָא דְּקֵיסָרִי אַפִּתְחָא דְּבֵי מִדְרְשָׁא. נְפַק רַבִּי אַמִּי אַשְׁכַּחִינְהוּ, אֲמַר לְהוּ: לָאו אָמִינָא לְכוּ, בְּעִידַּן בֵּי מִדְרְשָׁא לָא תִּקִימוּ אַבָּרַאי, דִּילְמָא אִיכָּא אֱינָשׁ דְּמִיצְטְרִכָא לֵיהּ שְׁמַעְתָּא, וְאָתֵי לְאִיטְרוּדֵי?

The Gemara suggests: **Come and hear** a proof from an incident: **Rabbi Abba, son of Rabbi Ḥiyya bar Abba, and Rabbi Zeira were standing in the marketplace of Caesarea, at the entrance to the study hall. Rabbi Ami exited** the study hall **and found** the two of **them** standing there. Rabbi Ami **said to them: Have I not told you** that **at the time** when the **study hall** is in session **you should not stand outside,** as **perhaps there is a person** inside the study hall **who requires** clarification of a ***halakha*****, and he will become bothered** by it because you will not be inside to assist in offering the proper explanation?

רַבִּי זֵירָא עַל, רַבִּי אַבָּא לָא עַל. יָתְבִי וְקָא מִיבַּעְיָא לְהוּ: הֵי מִינַּיְיהוּ אַחֲרִיתָא? אֲמַר לְהוּ רַבִּי זֵירָא: לָא שְׁבַקְתּוּן לִי דְּאֶישַׁיְּילֵיהּ לְסָבָא, דִּילְמָא שְׁמִיעַ לֵיהּ מֵאֲבוּהּ, וַאֲבוּהּ מִינֵּיהּ דְּרַבִּי יוֹחָנָן, דְּרַבִּי חִיָּיא בַּר אַבָּא כָּל תְּלָתִין יוֹמִין קָא מְהַדַּר תַּלְמוּדֵיהּ קַמֵּיהּ דְּרַבִּי יוֹחָנָן.

Rabbi Zeira entered the study hall, whereas **Rabbi Abba did not enter.** The students **were sitting and raising a dilemma: Which of** Rabbi Yehuda HaNasi's two rulings **is the later** one? **Rabbi Zeira said to them: You did not let me** know that this is your dilemma while I was outside, which would have allowed **me** to **ask the elder one,** i.e., Rabbi Abba, son of Rabbi Ḥiyya bar Abba, since **perhaps he heard** the answer **from his father,** Rabbi Ḥiyya bar Abba. **And** perhaps **his father** heard it **from Rabbi Yoḥanan,** as **Rabbi Ḥiyya bar Abba would review his studies in front of Rabbi Yoḥanan every thirty days.**

מַאי הָוֵי עֲלָהּ? תָּא שְׁמַע, דִּשְׁלַח רַבִּי אֶלְעָזָר לַגּוֹלָה: הוֹרָה רַבִּי כְּרַבִּי מֵאִיר; וְהָא כְּרַבָּנַן נַמִי אוֹרֵי? אֶלָּא לָאו שְׁמַע מִינָּהּ: הָא דְּאַחֲרִיתָא, שְׁמַע מִינָּהּ.

The Gemara asks: **What** conclusion **was** reached **about it?** The Gemara suggests: **Come** and **hear** a proof: **Rabbi Elazar sent** a message **to the** Jews in **exile,** i.e., Babylonia: **Rabbi** Yehuda HaNasi **ruled in accordance with** the opinion of **Rabbi Meir.** The Gemara challenges: **But** Rabbi Yehuda HaNasi **also ruled in accordance with** the opinion of **the Rabbis.** Why did Rabbi Elazar disregard that ruling? The Gemara concludes: **Rather, isn't it** correct to **conclude from** Rabbi Elazar's message that **this** ruling of Rabbi Yehuda HaNasi, which is in accordance with Rabbi Meir, **is the later one?** The Gemara affirms: One may in fact **conclude from** here that this is so.

מתני׳ שָׁחַט מֵאָה חַיּוֹת בְּמָקוֹם אֶחָד – כִּסּוּי אֶחָד לְכוּלָּן, מֵאָה עוֹפוֹת בְּמָקוֹם אֶחָד – כִּסּוּי אֶחָד לְכוּלָּן. חַיָּה וְעוֹף בְּמָקוֹם אֶחָד – כִּסּוּי אֶחָד לְכוּלָּן. רַבִּי יְהוּדָה אוֹמֵר: שָׁחַט חַיָּה – יְכַסֶּנָּה, וְאַחַר כָּךְ יִשְׁחוֹט אֶת הָעוֹף.

MISHNA If one **slaughtered one hundred undomesticated animals in one place,**[H] **one covering** of the blood suffices **for all** the animals and there is no obligation to cover the blood of each animal separately. Likewise, if one slaughtered **one hundred birds in one place, one covering** of the blood suffices **for all** the birds. If one slaughtered **an undomesticated animal and a bird in one place, one covering for all of** the blood is sufficient. **Rabbi Yehuda says:** If one **slaughtered an undomesticated animal, he should cover its** blood immediately **and** only **thereafter he should slaughter the bird.**

גמ׳ תָּנוּ רַבָּנַן: ״חַיָּה״ – כֹּל מַשְׁמַע חַיָּה, בֵּין מְרוּבָּה וּבֵין מוּעֶטֶת; ״עוֹף״ – כֹּל מַשְׁמַע עוֹף, בֵּין מְרוּבֶּה וּבֵין מוּעָט; מִכָּאן אָמְרוּ: שָׁחַט מֵאָה חַיּוֹת בְּמָקוֹם אֶחָד – כִּסּוּי אֶחָד לְכוּלָּן, מֵאָה עוֹפוֹת בְּמָקוֹם אֶחָד – כִּסּוּי אֶחָד לְכוּלָּן, חַיָּה וְעוֹף בְּמָקוֹם אֶחָד – כִּסּוּי אֶחָד לְכוּלָּן.

GEMARA **The Sages taught** in a *baraita*: The verse states with regard to the mitzva of covering the blood: "An undomesticated animal or bird" (Leviticus 17:13). **"Undomesticated animal"** is inclusive, i.e., **any** number of animals is **included** in the term **undomesticated animal, whether many or few.** Likewise, **"bird"** is inclusive, i.e., **any** amount is **included** in the term **bird, whether many or few. From here** the Rabbis **stated:** If one **slaughtered one hundred undomesticated animals in one place, one covering** of the blood suffices **for all** the animals. Likewise, if one slaughtered **one hundred birds in one place, one covering** of the blood suffices **for all** the birds. If one slaughtered **an undomesticated animal and a bird in one place, one covering for all of** the blood is sufficient.

רַבִּי יְהוּדָה אוֹמֵר: שָׁחַט חַיָּה – יְכַסֶּנָּה, וְאַחַר כָּךְ יִשְׁחוֹט אֶת הָעוֹף, שֶׁנֶּאֱמַר: ״חַיָּה אוֹ עוֹף״.

The *baraita* continues: **Rabbi Yehuda says:** If one **slaughtered an undomesticated animal, he should cover its** blood immediately **and** only **thereafter he should slaughter the bird, as it is stated: "An undomesticated animal or bird"** (Leviticus 17:13). The term "or" indicates that each type must be attended to separately.

HALAKHA

If one slaughtered one hundred undomesticated animals in one place – שָׁחַט מֵאָה חַיּוֹת בְּמָקוֹם אֶחָד: If one slaughtered one hundred undomesticated animals and birds together in one place, it is sufficient to cover their blood at one time (Rambam *Sefer Kedusha, Hilkhot Sheḥita* 14:5).

אָמְרוּ לוֹ: הֲרֵי הוּא אוֹמֵר "כִּי נֶפֶשׁ כָּל בָּשָׂר דָּמוֹ בְנַפְשׁוֹ הוּא"! מַאי קָא מְהַדְּרִי לֵיהּ? הָכִי קָאָמְרִי לֵיהּ רַבָּנַן: הַאי "אוֹ" – מִיבְּעֵי לֵיהּ לְחַלֵּק.

The Rabbis **said to** Rabbi Yehuda: **But** the next verse **states: "For as to the life of all flesh, the blood thereof is all one with the life thereof."** The Gemara asks: **What are** the Rabbis **responding to** Rabbi Yehuda with this statement? The Gemara explains: **This is what the Rabbis are saying to him: This** term **"or"** that interposes between an undomesticated animal and a bird **is needed to separate** them, in order to indicate that the obligation to cover the blood applies after slaughtering either an undomesticated animal or a bird. If not for the term "or" one might have thought the obligation to cover the blood takes effect only after slaughtering both an undomesticated animal and a bird. Accordingly, one cannot derive from this term that the blood of an undomesticated animal and a bird must be covered separately.

וְרַבִּי יְהוּדָה, לְחַלֵּק – מִ"דָּמוֹ" נָפְקָא. וְרַבָּנַן, "דָּמוֹ" – טוּבָא מַשְׁמַע, דִּכְתִיב: "כִּי נֶפֶשׁ כָּל בָּשָׂר דָּמוֹ בְנַפְשׁוֹ הוּא".

And Rabbi Yehuda responds to this: The source **for separating** the obligations with regard to an undomesticated animal and a bird **is derived from** the verse: "And he shall pour out **its blood**" (Leviticus 17:13). The verse makes reference to the blood of only one animal, indicating that the obligation applies after slaughtering either a bird or an undomesticated animal. **And the Rabbis** respond that **"its blood"** also **indicates many,** as the term: Blood, can refer to any amount of blood. This is demonstrated by that **which is written: "For as to the life of all flesh, the blood thereof is all one with the life thereof"** (Leviticus 17:14).

אָמַר רַבִּי חֲנִינָא: מוֹדֶה הָיָה רַבִּי יְהוּדָה לְעִנְיַן בְּרָכָה, שֶׁאֵינוֹ מְבָרֵךְ אֶלָּא בְּרָכָה אַחַת. אֲמַר לֵיהּ רָבִינָא לְרַב אַחָא בְּרֵיהּ דְּרָבָא, וְאָמְרִי לָהּ רַב אַחָא בְּרֵיהּ דְּרָבָא לְרַב אַשִׁי: מַאי שְׁנָא מִתַּלְמִידֵי דְּרַב?

§ **Rabbi Ḥanina says:** Although Rabbi Yehuda holds that one first covers the blood of an undomesticated animal before slaughtering the bird, **Rabbi Yehuda would concede with regard to the matter** of the **blessing** over their slaughter, i.e., **that one recites only one blessing.**[NH] The Gemara questions this assertion: **Ravina said to Rav Aḥa, son of Rava, and some say** that **Rav Aḥa, son of Rava,** said **to Rav Ashi:** In **what** way **is** this case **different from** the incident that occurred with **the students of Rav?**

דְּרַב בְּרוּנָא וְרַב חֲנַנְאֵל תַּלְמִידֵי דְּרַב הֲווּ יָתְבִי בִּסְעוּדְתָא, קָאֵי עֲלַיְיהוּ רַב יֵיבָא סָבָא. אֲמַרוּ לֵיהּ: הַב לִיבְרִיךְ! הֲדוּר אֲמַרוּ לֵיהּ: הַב לִישְׁתֵּי! אֲמַר לְהוּ רַב יֵיבָא סָבָא, הָכִי אֲמַר רַב: כֵּיוָן דַּאֲמַר "הַב לִיבְרִיךְ" – אִיתְסַר לֵיהּ לְמִשְׁתֵּי חַמְרָא; הָכָא נַמִי, כֵּיוָן דְּאִיטַּפַּל לֵיהּ לְכִסּוּי – אִיחַיַּיב לֵיהּ לִבְרָכָה!

As it occurred that **Rav Beruna and Rav Ḥananel, the students of Rav, were sitting** together **at a meal,** and **Rav Yeiva the Elder stood over them** to serve them. **They said to him: Give** us a cup of wine over which **to recite the blessings** of Grace after Meals. **They then** changed their mind and **said to him: Give** us a cup of wine **to drink. Rav Yeiva the Elder said to them** that **this** is what **Rav said: Once** someone at a meal **says: Give** me a cup[H] over which **to recite the blessings** of Grace after Meals, it is **prohibited for him to drink** any more **wine,** since he has expressed his desire to conclude his meal. If he now wishes to drink more wine, he must recite a blessing before drinking it. Ravina asks: **Here too, since he is required to cover** the blood of the undomesticated animal before slaughtering the bird, there is an interruption between the acts of slaughter, and **he has** therefore **become obligated to** recite a new **blessing** before slaughtering the bird.

NOTES

Rabbi Yehuda would concede…that one recites only one blessing – מוֹדֶה הָיָה רַבִּי יְהוּדָה...שֶׁאֵינוֹ מְבָרֵךְ אֶלָּא בְּרָכָה אַחַת: Rashi explains that once the blood of the undomesticated animal is covered, it is not necessary for the one performing the slaughter to recite another blessing over the slaughter of the bird. This indicates that the blessing over the covering of the blood must be recited a second time prior to covering the bird's blood. The rationale is that since the covering of the blood is viewed either as a qualification for the slaughter's validity or as the completion of the extended act of slaughter, the act of covering is not seen as an interruption between the first and second acts of slaughter. By contrast, the second act of slaughter is seen as an interruption between the first covering of blood and the second, and therefore a second blessing is required over the covering of blood (Rashba).

According to Rabbeinu Tam, only one blessing needs to be recited for both acts of covering the blood. As the Gemara explains on the following *amud*, it is theoretically possible for one to slaughter the bird while simultaneously covering the blood of the undomesticated animal, and since no intrinsic interruption would be made between the two acts, one blessing therefore suffices (Ramban; see Ritva).

HALAKHA

Rabbi Yehuda would concede…that one recites only one blessing – מוֹדֶה הָיָה רַבִּי יְהוּדָה...שֶׁאֵינוֹ מְבָרֵךְ אֶלָּא בְּרָכָה אַחַת: If one slaughters domesticated animals, undomesticated animals, and birds, only one blessing is recited over all the acts of slaughter (Rambam *Sefer Kedusha, Hilkhot Sheḥita* 14:5; *Shulḥan Arukh, Yoreh De'a* 19:2).

Once someone says give me a cup, etc. – כֵּיוָן דַּאֲמַר הַב וכו׳: One who finished his meal and washed his hands with the last waters, i.e., the water used for washing one's hands at the conclusion of the meal before reciting the Grace after Meals, is not permitted to eat or drink until after reciting the Grace after Meals, although the later commentaries make allowances under certain circumstances (*Mishna Berura*). If he merely verbalized his wish to conclude the meal it is considered as if he diverted his attention from continuing to drink, and therefore he may continue drinking only if he recites a new blessing. This is in accordance with the opinion of Rav Yeiva the Elder, as explained by Rashi. The Rosh maintains that eating has the same status as drinking. Rabbeinu Yona holds that eating does not have the same status as drinking. He maintains that so long as one has not yet washed his hands with the last waters, even if the table was completely cleared it is permitted to continue eating. It is preferable to act in accordance with the opinion of the Rosh (Rambam *Sefer Ahava, Hilkhot Berakhot* 4:8; *Shulḥan Arukh, Oraḥ Ḥayyim* 179:1 and Mishna Berura there).

הָכִי הָשְׁתָּא? הָתָם – מִשְׁתָּא וּבָרוֹכֵי בַּהֲדֵי הֲדָדֵי לָא אֶפְשָׁר, הָכָא – אֶפְשָׁר דְּשָׁחֵיט בַּחֲדָא, וּמְכַסֵּי בַּחֲדָא.

The Gemara rejects this: **How can these cases be compared? There,** in the incident involving the students of Rav, it is **impossible to drink and recite a blessing simultaneously.** Accordingly, by requesting a cup over which to recite the blessing of Grace after Meals, they demonstrated their desire to cease drinking. **Here,** when one covers the blood of the undomesticated animal before slaughtering the bird, it is **possible to slaughter** the bird **with the one** hand **and cover** the blood of the undomesticated animal **with the** other **one.** Accordingly, the act of covering the blood of the undomesticated animal is not considered an interruption of the acts of slaughter, since they could have been performed simultaneously.

מתני׳ שָׁחַט וְלֹא כִּסָּה, וְרָאָהוּ אַחֵר – חַיָּיב לְכַסּוֹת. כִּסָּהוּ וְנִתְגַּלָּה – פָּטוּר מִלְּכַסּוֹת. כִּסָּהוּ הָרוּחַ – חַיָּיב לְכַסּוֹת.

MISHNA If one **slaughtered** an undomesticated animal or bird **and did not cover** the blood, **and another** person **saw** the uncovered blood,[H] the second person is **obligated to cover** the blood. If one **covered** the blood **and it was** then **uncovered,** he is **exempt from covering it** again. If **the wind** blew earth on the blood and **covered it,** and it was consequently uncovered, he is **obligated to cover** the blood.

גמ׳ תָּנוּ רַבָּנַן: ״וְשָׁפַךְ...וְכִסָּה״ – מִי שֶׁשָּׁפַךְ יְכַסֶּה. שָׁחַט וְלֹא כִּסָּה, וְרָאָהוּ אַחֵר, מִנַּיִן שֶׁחַיָּיב לְכַסּוֹת? שֶׁנֶּאֱמַר: ״וָאֹמַר לִבְנֵי יִשְׂרָאֵל״ – אַזְהָרָה לְכׇל בְּנֵי יִשְׂרָאֵל.

GEMARA **The Sages taught** in a *baraita*: The verse states: **"And he shall pour out** its blood **and cover** it with earth" (Leviticus 17:13), indicating that **the one who poured out** its blood, i.e., slaughtered the animal, **shall cover it.** If one **slaughtered** the animal or bird **and did not cover** the blood, **and another person saw** the uncovered blood, **from where** is it derived **that** the person who saw the blood **is obligated to cover** it? It is derived from the following verse, **as it is stated: "Therefore I said to the children of Israel"** (Leviticus 17:12), which is **a warning to all the children of Israel** to fulfill the mitzva of covering the blood.

תַּנְיָא אִידַּךְ: ״וְשָׁפַךְ...וְכִסָּה״ – בְּמָה שֶׁשָּׁפַךְ בּוֹ יְכַסֶּה, שֶׁלֹּא יְכַסֶּנּוּ בָּרֶגֶל, שֶׁלֹּא יִהְיוּ מִצְוֹת בְּזוּיוֹת עָלָיו. תַּנְיָא אִידַּךְ: ״וְשָׁפַךְ...וְכִסָּה״ – מִי שֶׁשָּׁפַךְ הוּא יְכַסֶּנּוּ. מַעֲשֶׂה בְּאֶחָד שֶׁשָּׁחַט, וְקְדָמוֹ חֲבֵירוֹ וְכִסָּה, וְחִיְּיבוֹ רַבָּן גַּמְלִיאֵל לִיתֵּן לוֹ עֲשָׂרָה זְהוּבִים.

It is taught in **another** *baraita*: The verse states: **"And he shall pour out** its blood **and cover** it with earth," indicating that **with that which he poured out** the blood **he shall cover it,** i.e., he must use his hand, and **he** may **not cover it with** his **foot,**[H] **so that mitzvot will not be contemptible to him.**[N] **It is taught** in **another** *baraita*: The verse states: **"And he shall pour out** its blood **and cover** it with earth," indicating that **the one who poured out** the blood **shall cover it. An incident** occurred **involving one who slaughtered** an undomesticated animal or bird **and another** individual **preempted** him **and covered** the blood, **and Rabban Gamliel deemed him obligated to give ten gold coins**[NH] to the one who performed the act of slaughter.

NOTES

So that mitzvot will not be contemptible him – שֶׁלֹּא יִהְיוּ מִצְוֹת בְּזוּיוֹת עָלָיו: Alternatively, this is so that mitzvot not be performed in a casual manner (*Tosefta* 6:1).

And Rabban Gamliel deemed him obligated to give ten gold coins – וְחִיְּיבוֹ רַבָּן גַּמְלִיאֵל לִיתֵּן לוֹ עֲשָׂרָה זְהוּבִים: Clearly, this was not meant as payment of the value of the mitzva itself but as a fine for the pain incurred by the one who lost the opportunity to perform the mitzva (*Ḥatam Sofer*). The early commentaries discuss the nature of this obligation. The Rambam and the *Shulḥan Arukh* view this as a fixed sum incumbent upon anyone who prevents another from performing a mitzva. Others hold that the sum of the fine is determined based on the judges' assessment of the particular case. For instance, if the individual deprived of the mitzva is particularly fastidious in his mitzva performance the fine is likely to be increased, while in an opposite case the fine is likely to be decreased (*Sma*).

The early commentaries write that this penalty does not apply nowadays, as the Jewish courts do not adjudicate cases where there was no monetary loss (*Tosafot*; see *Bava Kamma* 84b).

HALAKHA

If one slaughtered and did not cover the blood and another person saw the uncovered blood – שָׁחַט וְלֹא כִּסָּה וְרָאָהוּ אַחֵר: In a case where one slaughtered an undomesticated animal or a bird and did not cover its blood, if another individual saw the exposed blood he is obligated to cover it. In a case where one covered the blood and it became exposed again, he is exempt from the obligation to cover it again. In a case where the wind blew earth and covered the blood and the blood then became exposed, the obligation to cover the blood remains (Rambam *Sefer Kedusha*, *Hilkhot Sheḥita* 14:7, 15; *Shulḥan Arukh*, *Yoreh De'a* 28:8, 11).

He may not cover it with his foot – שֶׁלֹּא יְכַסֶּנּוּ בָּרֶגֶל: The mitzva of covering the blood may be performed by using one's hand, a knife, or another instrument. One may not use his foot, as this is degrading to the mitzva (Rambam *Sefer Kedusha*, *Hilkhot Sheḥita* 14:16; *Shulḥan Arukh*, *Yoreh De'a* 28:6).

And Rabban Gamliel deemed him obligated to give ten gold coins – וְחִיְּיבוֹ רַבָּן גַּמְלִיאֵל לִיתֵּן לוֹ עֲשָׂרָה זְהוּבִים: In a case where one covers the blood of a slaughtered undomesticated animal or a bird without the slaughterer's consent, the one who covered the blood is obligated to compensate the slaughterer according to the judges' assessment. Others maintain he pays the slaughterer the fixed sum of ten gold coins. The early commentaries write that although this fine is not imposed nowadays, if the slaughterer received payment from the one who covered the blood, the slaughterer is entitled to keep the money (Rambam *Sefer Nezikin*, *Hilkhot Ḥovel UMazik* 7:14; *Shulḥan Arukh*, *Ḥoshen Mishpat* 382:1).

אִיבַּעְיָא לְהוּ: שְׂכַר מִצְוָה, אוֹ שְׂכַר בְּרָכָה? לְמַאי נָפְקָא מִינָּהּ – לְבִרְכַּת הַמָּזוֹן; אִי אָמְרַתְּ שְׂכַר מִצְוָה – אַחַת הִיא, וְאִי אָמְרַתְּ שְׂכַר בְּרָכָה – הָוְיָין אַרְבָּעִים, מַאי?

A dilemma was raised before the Sages: Are these ten gold coins **compensation** for the stolen **mitzva or** are they **compensation** for the stolen **blessing** recited over the mitzva? The Gemara elaborates: **What is the** practical **difference?** The difference is **with regard to** a similar case involving **Grace after Meals. If you say** the coins are **compensation for the mitzva,** then with regard to Grace after Meals, since all its blessings constitute **one** mitzva, one would be obligated to give only ten gold coins. **But if you say** they are **compensation for the** lost **blessing,** then with regard to Grace after Meals the compensation **is forty** gold coins, since Grace after Meals comprises four blessings. **What** is the conclusion?

תָּא שְׁמַע, דַּאֲמַר לֵיהּ הַהוּא מִינָא לְרַבִּי: מִי שֶׁיָּצַר הָרִים – לֹא בָּרָא רוּחַ, וּמִי שֶׁבָּרָא רוּחַ – לֹא יָצַר הָרִים, דִּכְתִיב: ״כִּי הִנֵּה יוֹצֵר הָרִים וּבֹרֵא רוּחַ״! אֲמַר לֵיהּ: שׁוֹטֶה, שְׁפִיל לְסֵיפֵיהּ דִּקְרָא – ״ה׳ צְבָאוֹת שְׁמוֹ״.

The Gemara suggests: **Come and hear** a proof from an incident in **which a certain heretic said to Rabbi** Yehuda HaNasi: **He who created mountains did not create wind, and he who created wind did not create mountains;** rather, each was created by a separate deity, **as it is written: "For behold, He Who forms the mountains and He Who creates the wind"** (Amos 4:13), indicating that there are two deities: One who forms the mountains and one who creates the wind. Rabbi Yehuda HaNasi **said to him: Imbecile, go to the end of the verse,** which states: **"The Lord, the God of hosts, is His name."**[N] The verse emphasizes that God is the One Who both forms and creates.

אֲמַר לֵיהּ: נְקוֹט לִי זִימְנָא תְּלָתָא יוֹמֵי, וּמַהְדַּרְנָא לָךְ תְּיוּבְתָּא. יְתֵיב רַבִּי תְּלָת תַּעֲנִיתָא. כִּי הֲוָה קָא בָּעֵי מִיבְרַךְ, אֲמַרוּ לֵיהּ: מִינָא קָאֵי אַבָּבָא. אֲמַר: ״וַיִּתְּנוּ בְּבָרוּתִי רוֹשׁ״ וְגוֹ׳.

The heretic **said to** Rabbi Yehuda HaNasi: **Give me three days' time and I will respond to you** with **a rebuttal** of your claim. **Rabbi** Yehuda HaNasi **sat** and fasted **three** days of **fasting** while awaiting the heretic, in order that he would not find a rebuttal. **When** Rabbi Yehuda HaNasi **wanted to have a meal** at the conclusion of those three days, **they said to him:** That **heretic is standing at the doorway.** Rabbi Yehuda HaNasi **recited** the following verse about himself: **"They put gall into my food,** and for my thirst they gave me vinegar to drink" (Psalms 69:22), i.e., my meal is embittered with the presence of this heretic.

אֲמַר לֵיהּ: רַבִּי, מְבַשֵּׂר טוֹבוֹת אֲנִי לְךָ, לֹא מָצָא תְּשׁוּבָה אוֹיִבְךָ, וְנָפַל מִן הַגַּג וָמֵת. אָמַר לוֹ: רְצוֹנְךָ שֶׁתִּסְעוֹד אֶצְלִי? אָמַר לוֹ: הֵן. לְאַחַר שֶׁאָכְלוּ וְשָׁתוּ, אָמַר לוֹ: כּוֹס שֶׁל בְּרָכָה אַתָּה שׁוֹתֶה, אוֹ אַרְבָּעִים זְהוּבִים אַתָּה נוֹטֵל? אָמַר לוֹ: כּוֹס שֶׁל בְּרָכָה אֲנִי שׁוֹתֶה. יָצְתָה בַּת קוֹל וְאָמְרָה: כּוֹס שֶׁל בְּרָכָה יִשְׁוֶה אַרְבָּעִים זְהוּבִים.

When Rabbi Yehuda HaNasi came to the door he saw that it was in fact a different heretic, not the one who asked for three days to prepare a rebuttal. This heretic **said to him: Rabbi, I am a bearer of good tidings for you: Your enemy did not find a response, and he threw himself from the roof and died.** Rabbi Yehuda HaNasi **said to** the heretic: Since you have brought me good tidings, **would you like to dine with me?** The heretic **said to him: Yes. After they ate and drank,** Rabbi Yehuda HaNasi **said to** the heretic: Would **you** like to **drink the cup of blessing,** i.e., the cup of wine over which the Grace after Meals is recited, **or** would **you** like to **take forty gold coins** instead, and I will recite the Grace after Meals? The heretic **said to him: I will drink the cup of blessing. A Divine Voice emerged and said: The cup of blessing is worth forty gold coins.** Evidently, each one of the blessings in the Grace after Meals is worth ten gold coins.

אָמַר רַבִּי יִצְחָק: עֲדַיִין יֶשְׁנָהּ לְאוֹתָהּ מִשְׁפָּחָה בֵּין גְּדוֹלֵי רוֹמִי, וְקוֹרְאִין אוֹתָהּ מִשְׁפַּחַת בַּר לוּיַּאנוּס.

The Gemara adds: **Rabbi Yitzḥak says: That family** of the heretic who dined with Rabbi Yehuda HaNasi **still exists among the prominent** families **of Rome, and** that family **is called: The family of bar Luyyanus.**

״כִּסָּהוּ וְנִתְגַּלָּה״. אֲמַר לֵיהּ רַב אַחָא בְּרֵיהּ דְּרָבָא לְרַב אַשִׁי: מַאי שְׁנָא מֵהֲשָׁבַת אֲבֵדָה, דְּאָמַר מָר: ״הָשֵׁב״ – אֲפִילּוּ מֵאָה פְּעָמִים?

§ The mishna teaches that if one **covered** the blood **and it was** then **uncovered** he is not obligated to cover it again. **Rav Aḥa, son of Rava, said to Rav Ashi: What is different** about this case from the mitzva of **returning a lost item, where the Master said:** The verse states with regard to the obligation to return a lost item: **"You shall return** them to your brother" (Deuteronomy 22:1), **even one hundred times?**[H]

אֲמַר לֵיהּ: הָתָם לָא כְּתִיב מִיעוּטָא, הָכָא כְּתִיב מִיעוּטָא – ״וְכִסָּהוּ״.

Rav Ashi **said to** Rav Aḥa: **There,** in the verse discussing the obligation to return a lost item, **a restriction is not written** in the verse to limit the obligation. **Here,** in the verse discussing the obligation to cover the blood, **a restriction is written,** as the verse states: **"And he shall cover it."** The usage of the term "it" indicates that one must cover the blood only one time.

NOTES

He Who created mountains did not create wind… the Lord the God of hosts is His name – מִי שֶׁיָּצַר הָרִים לֹא בָּרָא רוּחַ...ה׳ צְבָאוֹת שְׁמוֹ: The term heretic in this context is a general reference to a heretic or a dissident to the Torah, and this includes Christians. These heretics were experts in Bible and utilized their expertise in attempting to prove the veracity of their beliefs from the Bible itself. In the context of this Gemara, the heretic attempted to demonstrate the concept of ditheism, the distinction between a god of day and a god of night, from a verse in the Bible (see *Gilyon HaShas*). Rabbi Eliyahu of Paris writes that as a result of this attempted claim, the Sages instituted that a person mention: The Lord of hosts is His name, at the conclusion of the first blessing recited before Shema during the evening prayers (Ritva).

HALAKHA

You shall return even one hundred times – הָשֵׁב אֲפִילּוּ מֵאָה פְּעָמִים: There is no limit to the number of times one is obligated to return the same lost item. Therefore, if one returned a lost animal and it subsequently became lost once more, even the one who first returned it is obligated to return it again (Rambam *Sefer Nezikin, Hilkhot Gezeila VaAveda* 11:14; *Shulḥan Arukh, Ḥoshen Mishpat* 267:2).

HALAKHA

One slaughters and its blood is absorbed by the ground – הַשּׁוֹחֵט וְנִבְלַע דָּם בַּקַּרְקַע: In a case where one slaughtered either a domesticated animal or a bird and its blood became absorbed into the ground, if the impression of the blood is still discernable, the obligation to cover the blood still remains (Rambam *Sefer Kedusha, Hilkhot Sheḥita* 14:9; *Shulḥan Arukh, Yoreh De'a* 28:10).

The blood of an undomesticated animal or bird that was mixed with water – דָּם שֶׁנִּתְעָרֵב בְּמַיִם: In a case where the blood of either an undomesticated animal or a bird became mixed with water, if the mixture retains the appearance of blood one is obligated to cover it; if not, there is no obligation. If the blood became mixed with wine or with the blood of a domesticated animal, the wine or blood of the domesticated animal is viewed as if it is water and the aforementioned criterion is applied. This *halakha* is in accordance with the opinion of the Rabbis in the mishna (Rambam *Sefer Kedusha, Hilkhot Sheḥita* 14:6; *Shulḥan Arukh, Yoreh De'a* 28:12–13).

״כִּסָּהוּ הָרוּחַ״. אָמַר רַבָּה בַּר בַּר חָנָה אָמַר רַבִּי יוֹחָנָן: לֹא שָׁנוּ אֶלָּא שֶׁחָזַר וְנִתְגַּלָּה, אֲבָל לֹא חָזַר וְנִתְגַּלָּה – פָּטוּר מִלְּכַסּוֹת. וְכִי חָזַר וְנִתְגַּלָּה מַאי הָוֵי? הָא אִידַּחֵי לֵיהּ! אֲמַר רַב פַּפָּא, זֹאת אוֹמֶרֶת: אֵין דִּיחוּי אֵצֶל מִצְוֹת.

§ The mishna teaches that if **the wind** blew earth on the blood and **covered it** one is obligated to cover the blood. **Rabba bar bar Ḥana says** that **Rabbi Yoḥanan says: They taught** this *halakha* **only** if the blood **was again uncovered. But** if the blood **was not again uncovered** one is **exempt from** the obligation **to cover it.** The Gemara asks: **And when** the blood **was again uncovered, what of it? Isn't it** already **rejected** from the mitzva of covering since it was covered by the wind? **Rav Pappa said: That is to say** that **there is no permanent** rejection **with regard to mitzvot.** Although the wind covered the blood, the mitzva to cover it was not rendered null; rather, the mitzva simply could not be performed. Consequently, once the blood is again uncovered, the mitzva to cover the blood remains in place.

וּמַאי שְׁנָא מֵהָא דְּתַנְיָא: הַשּׁוֹחֵט וְנִבְלַע דָּם בַּקַּרְקַע – חַיָּיב לְכַסּוֹת? הָתָם כְּשֶׁרִשּׁוּמוֹ נִיכָּר.

The Gemara asks: **But** even if the wind covered the blood and it remained covered, why is one exempt from performing the mitzva of covering the blood? **What is different** about this case **from that which is taught** in a *baraita*: In a case where **one slaughters** an undomesticated animal or a bird **and** its **blood is absorbed by the ground,**[H] one is **obligated to cover** the blood? The Gemara responds: **There,** the *baraita* is referring to a case **where the impression** of the blood **is** still **recognizable,** i.e., it was not entirely absorbed in the ground.

מתני׳ דָּם שֶׁנִּתְעָרֵב בְּמַיִם, אִם יֵשׁ בּוֹ מַרְאִית דָּם – חַיָּיב לְכַסּוֹת. נִתְעָרֵב בְּיַיִן – רוֹאִין אוֹתוֹ כְּאִילּוּ הוּא מַיִם. נִתְעָרֵב בְּדַם הַבְּהֵמָה

MISHNA In a case of the **blood** of an undomesticated animal or bird **that was mixed with water,**[H] **if there is in** the mixture **the appearance of blood** one is **obligated to cover** it. If the blood **was mixed with wine one views** the wine **as though it is water,** and if a mixture with that amount of water would have the appearance of blood one is obligated to cover it. Likewise, if the blood of an undomesticated animal or a bird **was mixed with the blood of a domesticated animal,** which one does not have to cover,

Perek **VI**
Daf **87** Amud **b**

HALAKHA

Blood that spurts and that remained on the knife – דָּם הַנִּיתָּז וְשֶׁעַל הַסַּכִּין: In a case where the blood of an undomesticated animal or bird spurted out of the slaughter area or remained on the slaughtering knife, if no other blood from the slaughter remains, one is obligated to cover the blood that spurted out or that remained on the knife, in accordance with the opinion of Rabbi Yehuda (Rambam *Sefer Kedusha, Hilkhot Sheḥita* 14:8, and see Ra'avad there; *Shulḥan Arukh, Yoreh De'a* 28:15).

Blood of an offering fit for sacrifice that was mixed with water, etc. – דָּם שֶׁנִּתְעָרֵב בְּמַיִם וכו׳: In a case where water fell into blood that was in a basin, if it has the appearance of blood it is fit. If red wine or non-sacred blood fell into the blood one considers the wine as though it is water, and if that amount of water would negate the appearance of blood from the mixture it is unfit for presentation. If that amount of water would leave the mixture with the appearance of blood it is fit for presentation. This *halakha* is in accordance with the opinion of the Rabbis (Rambam *Sefer Avoda, Hilkhot Pesulei HaMukdashin* 2:22).

אוֹ בְּדַם הַחַיָּה – רוֹאִין אוֹתוֹ כְּאִילּוּ הֵן מַיִם. רַבִּי יְהוּדָה אוֹמֵר: אֵין דָּם מְבַטֵּל דָּם.

or with blood of the undomesticated animal that did not flow from the neck and does not require covering, **one views** the blood **as though it is water. Rabbi Yehuda says: Blood does not nullify blood.** Therefore, even if the undomesticated animal's blood, which one must cover, is not recognizable in this mixture, he is obligated to cover the mixture nevertheless.

דָּם הַנִּיתָּז וְשֶׁעַל הַסַּכִּין – חַיָּיב לְכַסּוֹת. אָמַר רַבִּי יְהוּדָה: אֵימָתַי? בִּזְמַן שֶׁאֵין שָׁם דָּם אֶלָּא הוּא, אֲבָל יֵשׁ שָׁם דָּם שֶׁלֹּא הוּא – פָּטוּר מִלְּכַסּוֹת.

With regard to **blood that spurts** outside the pit over which the animal was slaughtered, or onto a wall, **and** blood **that** remained **on the** slaughtering **knife,**[H] one is **obligated to cover** it. **Rabbi Yehuda said: When** is this the *halakha*? **When no blood** remains **there** from the slaughter **except that** blood. **But** if **blood** remains **there** from the slaughter **that is not that** blood, he is **exempt from covering** it.

גמ׳ תְּנַן הָתָם: דָּם שֶׁנִּתְעָרֵב בְּמַיִם, אִם יֵשׁ בּוֹ מַרְאִית דָּם – כָּשֵׁר. נִתְעָרֵב בְּיַיִן – רוֹאִין אוֹתוֹ כְּאִילּוּ הוּא מַיִם. נִתְעָרֵב בְּדַם בְּהֵמָה אוֹ בְּדַם הַחַיָּה – רוֹאִין אוֹתוֹ כְּאִילּוּ הוּא מַיִם. רַבִּי יְהוּדָה אוֹמֵר: אֵין דָּם מְבַטֵּל דָּם.

GEMARA **We learned** in a mishna **there** (*Zevaḥim* 77b): In the case of **blood** of an offering fit for sacrifice **that was mixed with water,**[H] **if** the mixture **has the appearance of blood** it is **fit** for sprinkling on the altar, even though the majority of the mixture is water. If the blood **was mixed with** red **wine, one views** the wine **as though it is water.** If that amount of water would leave the mixture with the appearance of blood it is fit for presentation. And likewise, if the blood **was mixed with the blood of** a non-sacred **domesticated animal or the blood of** a non-sacred **undomesticated animal, one considers** the non-sacred blood **as though it is water. Rabbi Yehuda says: Blood does not nullify blood.** Therefore, the priest presents the blood of the mixture on the altar.

אָמַר רַבִּי חִיָּיא בַּר אַבָּא אָמַר רַבִּי יוֹחָנָן: לֹא שָׁנוּ אֶלָּא שֶׁנָּפְלוּ מַיִם לְתוֹךְ דָּם, אֲבָל נָפַל דָּם לְתוֹךְ מַיִם – רִאשׁוֹן רִאשׁוֹן בָּטֵל.

The mishna teaches that in a case where water became mixed with the blood of an offering, if the mixture has the appearance of blood it is fit, despite the fact that there is more water than blood. Concerning this **Rabbi Ḥiyya bar Abba says that Rabbi Yoḥanan says: They taught** this *halakha* **only** in a case **where the water fell into the blood. But** in a case where the **blood fell into the water,** the **first** drop of blood, and then the next **first** drop of blood, are **nullified**[H] in the water, i.e., each drop is nullified in turn. Consequently, the mixture is unfit for presentation, regardless of whether it has the appearance of blood.

אֲמַר רַב פַּפָּא: וּלְעִנְיַן כִּסּוּי אֵינוֹ כֵּן, אֵין דִּחוּי אֵצֶל מִצְוֹת.

Rav Pappa says: But with regard to the mitzva of **covering** the blood of birds or undomesticated animals that are slaughtered, **it is not so.** In this case, even if the blood fell into water the mitzva of covering applies to it, provided the mixture has the appearance of blood. The blood is not nullified by the water **because there is no** permanent **rejection with regard to mitzvot** other than those that relate to sacrificial rites. Therefore, its nullification was merely temporary, but once there is enough blood in the water it reassumes its status of blood.

אָמַר רַב יְהוּדָה אָמַר שְׁמוּאֵל: כׇּל מַרְאֵה אַדְמוּמִית – מְכַפְּרִין, וּמַכְשִׁירִין, וְחַיָּיבִין בְּכִסּוּי. מַאי קָמַשְׁמַע לַן? מְכַפְּרִין – תְּנֵינָא, חַיָּיבִין בְּכִסּוּי – תְּנֵינָא!

§ With regard to mixtures of blood and water, **Rav Yehuda says** that **Shmuel says: All** mixtures of blood and water that maintain **a reddish hue** are considered blood and **effect atonement** by being presented on the altar, **and render** food **susceptible** to contracting ritual impurity,[N] **and are** included in the **obligation of covering** the blood provided that the blood is from the slaughter of an undomesticated animal or bird. The Gemara asks: **What** is Rav Yehuda **teaching us?** If he is teaching us that such mixtures **effect atonement, we** already **learn** this from the mishna in tractate *Zevaḥim*. And if he is teaching us that such mixtures are included in the **obligation of covering** the blood, **we** already **learn** this in the mishna here.

מַכְשִׁירִין אִיצְטְרִיכָא לֵיהּ. מַכְשִׁירִין נַמִי, אִי דָּם – אַכְשׁוּרֵי מַכְשַׁר, אִי מַיָּא – אַכְשׁוּרֵי מַכְשְׁרִי! לָא צְרִיכָא, שֶׁתִּמְדּוּ בְּמֵי גְשָׁמִים.

Rather, it **was necessary for** Rav Yehuda to teach that such mixtures **render** food **susceptible** to contracting ritual impurity, as this was not taught in a mishna. The Gemara challenges: It is **also** unnecessary to teach that such mixtures **render** food **susceptible** to contracting ritual impurity. **If** the mixture has the status of **blood it renders** food **susceptible,** as does blood, **and if** the mixture has the status of **water it renders** food susceptible, as does water. The Gemara responds: **No,** this statement is **necessary** in a case **where** the blood **was mixed with rainwater,** which does not render food susceptible without the intent or desire of the owner of the food. If the mixture is considered blood it renders food susceptible.

מֵי גְשָׁמִים נַמִי, כֵּיוָן דְּשָׁקֵיל וְרָמֵי – אַחְשְׁבִינְהוּ! לָא צְרִיכָא, שֶׁנִּתְמְדוּ מֵאֲלֵיהֶן.

The Gemara challenges: With regard to **rainwater as well, since one took** it **and placed** it into a vessel containing blood, **he has ascribed significance** to the rainwater and it should be capable of rendering food susceptible. The Gemara responds: **No,** this statement is **necessary** in a case **where** the rainwater **was mixed** with the blood **by itself,** i.e., it was not gathered and poured purposefully.

רַבִּי אַסִּי מִנְּהַרְבִּיל אוֹמֵר: בִּצְלַלְתָּא דִּדְמָא. רַבִּי יִרְמְיָה מִדִּפְתִּי אֲמַר: עָנוּשׁ כָּרֵת, וְהוּא דְּאִיכָּא כַּזַּיִת. בְּמַתְנִיתָא תָּנָא: מְטַמְּאִים בְּאֹהֶל, וְהוּא דְּאִיכָּא רְבִיעִית.

Rabbi Asi of Neharbil says: The statement of Rav Yehuda is referring **to blood plasma,**[B] i.e., if the plasma has a reddish hue due to the blood, it has the status of blood and can render food susceptible to contracting ritual impurity. **Rabbi Yirmeya of Difti said:** Consumption of this plasma is **punishable by** ***karet,*** as is the *halakha* with regard to one who consumes blood (see Leviticus 17:14), **provided that there is** at least one **olive-bulk** of actual blood.[N] **It was taught in a** ***baraita:*** Blood plasma that issues from a corpse that has a reddish hue **imparts ritual impurity in a tent, provided that there is** at least **a quarter-*log*** of actual blood,[H] which is the amount of a corpse's blood that imparts ritual impurity.

NOTES

And render food susceptible to contracting ritual impurity – וּמַכְשִׁירִין: The mishna (*Makhshirin* 6:4) delineates seven liquids that render food susceptible to contracting ritual impurity: Wine, blood, oil, milk, dew, honey, and water.

Is punishable by *karet* provided that there is at least one olive-bulk of blood – עָנוּשׁ כָּרֵת וְהוּא דְּאִיכָּא כַּזַּיִת: Some explain this to mean one is liable to receive *karet* as long as he consumes at least one olive-bulk of blood, even if the mixture contains so much clear plasma that the olive-bulk of blood would be consumed in a period greater than the time it takes to eat a half-loaf of bread. This is because the blood is not nullified by the plasma (Ritva). Others suggest that Rabbi Yirmeya means one is liable to receive *karet* even for consuming one olive-bulk of the plasma, provided it has a reddish hue (Rambam, as explained by *Torat Ḥayyim*). Alternatively, some explain that Rabbi Yirmeya is referring to the plasma alone, i.e., one is liable to receive *karet* for the consumption of a quantity of plasma that could coagulate and form an olive-bulk of blood (Responsa *Ḥatam Sofer Yoreh De'a* 70, citing *Shabbat* 77a).

BACKGROUND

Blood plasma – צְלַלְתָּא דִּדְמָא: This is a mostly clear liquid with a yellowish hue and constitutes approximately 55 percent of the body's total blood volume. Ninety percent of plasma is water, and the rest is made up of various proteins and salts. The red part of the blood is essentially red blood cells, which carry oxygen to the other cells in the body.

Separation of the blood from the plasma occurs naturally when blood is either stagnant or clots. The scenario described by the Gemara, in which the plasma retains a reddish hue from the blood, is an intermediate stage, when the red blood cells separated only partially from the plasma, or is a case of hemolysis, which is the rupture or destruction of red blood cells.

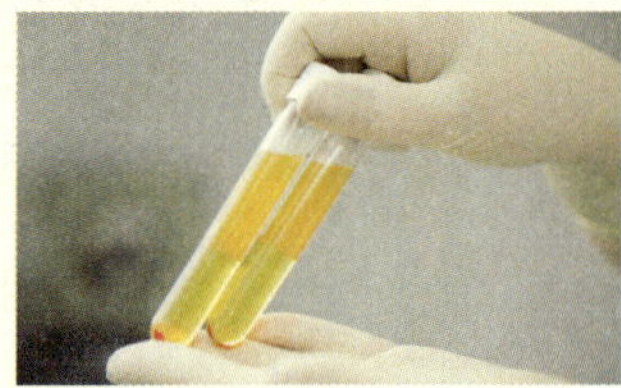

Tubes of blood plasma

HALAKHA

But if the blood fell into the water the first drop and then the next first drop are nullified – אֲבָל נָפַל דָּם לְתוֹךְ מַיִם רִאשׁוֹן רִאשׁוֹן בָּטֵל: If the blood of consecrated offerings became mixed into either water or the blood of non-consecrated animals, such a mixture may not be presented on the altar, even after the fact (Rambam *Sefer Avoda, Hilkhot Pesulei HaMukdashin* 2:22).

Imparts ritual impurity in a tent provided that there is at least a quarter-*log* of blood – מְטַמְּאִים בְּאֹהֶל וְהוּא דְּאִיכָּא רְבִיעִית: Touching blood that issues from a corpse imparts ritual impurity in a tent to the same degree as touching or carrying the actual corpse, provided there was a minimum amount of a quarter-*log* of blood. Even the blood plasma imparts ritual impurity, provided it retains the reddish hue of the blood (Rambam *Sefer Tahara, Hilkhot Tumat Met* 2:12, 3:13).

תְּנַן הָתָם: כָּל מַשְׁקֵה הַמֵּת – טְהוֹרִין, חוּץ מִדָּמוֹ; וְכׇל מַרְאֶה אֲדַמְדַּמִית שֶׁבּוֹ – מְטַמְּאִין בְּאֹהֶל. וּמַשְׁקֵה הַמֵּת טְהוֹרִין? וּרְמִינְהוּ: מַשְׁקֵה טְבוּל יוֹם, מַשְׁקִין הַיּוֹצְאִין מִמֶּנּוּ – כְּמַשְׁקִין שֶׁנּוֹגֵעַ בָּהֶן,

We learned in a *baraita* **elsewhere** (*Tosefta, Oholot* 4:5): **All liquids** that issue **from a corpse,** e.g., teardrops or breastmilk, **are ritually pure,**[H] **except for its blood. And all** liquids that issue **from** a corpse that contain **a reddish hue** of blood **impart ritual impurity in a tent.** The Gemara asks: **But are liquids** that issue from **a corpse ritually pure? And raise a contradiction** from a mishna (*Tevul Yom* 2:1): With regard to **liquids** that issue **from one who immersed that day,**[HN] **liquids that issue from him** have the same status **as liquids that he touches.**

HALAKHA

All liquids that issue from a corpse are ritually pure – כָּל מַשְׁקֵה הַמֵּת טְהוֹרִין: All liquids that issue from a corpse are ritually pure, except for its blood. Although the Sages decreed that all other liquids that issue from other impure sources impart ritual impurity, they saw no reason to decree this with regard to the liquids issuing from a corpse because people are careful to avoid contact. This is in accordance with the ruling of the *baraita*, as explained by the Gemara on 88a (Rambam *Sefer Tahara, Hilkhot Tumat Met* 3:13).

Liquids that issue from one who immersed that day – מַשְׁקֵה טְבוּל יוֹם: Liquids that issue from a ritually impure individual have the status of liquids touched by that individual; namely, first-degree impurity. By contrast, liquids that issue from a *zav* are considered primary sources of ritual impurity. Liquids that issue from one who immersed himself that day have the status of liquids that he himself touched. For instance, if he touched non-sacred liquid, the liquid is considered ritually pure. If he touched a liquid of *teruma*, it assumes third-degree impurity. If he touched a liquid that was consecrated, the liquid assumes fourth-degree impurity. This is in accordance with the mishna in *Tevul Yom* (2:1), as explained by the Gemara on 88a (Rambam *Sefer Tahara, Hilkhot She'ar Avot HaTumot* 10:4).

NOTES

One who immersed that day – טְבוּל יוֹם: This refers to an individual who immersed himself to remove ritual impurity, and the sun has not yet set. Although he is ritually pure with regard to eating non-sacred food and second tithe, he may not partake of *teruma* until nightfall. Until nightfall, he is considered to have second-degree ritual impurity and disqualifies *teruma* for consumption if touched by him. Nevertheless, the *teruma* he touches does not impart ritual impurity to other *teruma* it touches, as *teruma* with a third-degree status of impurity cannot impart fourth-degree impurity to other *teruma*.

Perek **VI**
Daf **88** Amud **a**

וְאֵלּוּ וָאֵלּוּ אֵין מְטַמְּאִין. וּשְׁאָר כׇּל הַטְּמֵאִין, בֵּין קַלִּין בֵּין חֲמוּרִין – מַשְׁקִין הַיּוֹצְאִין מֵהֶן כְּמַשְׁקֶה הַנּוֹגֵעַ בָּהֶן. וְאֵלּוּ וָאֵלּוּ תְּחִלָּה, חוּץ מִן הַמַּשְׁקֶה שֶׁהוּא אַב הַטּוּמְאָה.

And both **these and those,** i.e., both liquids that issue from one who immersed himself that day and liquids he touches, **do not impart ritual impurity. And** with regard to **all other** sources of **impurity, whether minor** sources **or major** sources, **liquids that issue from them** have the same status **as liquids that touch them, and** both **these and those have** first-degree ritual impurity, since they touched a primary source of ritual impurity upon exiting the source. This is the *halakha* **except for a liquid that is** itself **a primary source of** ritual **impurity.**[N]

NOTES

Except for a liquid that is a primary source of ritual impurity – חוּץ מִן הַמַּשְׁקֶה שֶׁהוּא אַב הַטּוּמְאָה: This category includes blood from a corpse, and the spittle, urine, or gonorrhea-like discharge of a *zav*. Semen of any man is also a primary source of impurity. The other liquids discussed in the mishna that are not primary sources of ritual impurity are nasal mucus, teardrops, and blood from wounds.

מַאי קַלִּין וּמַאי חֲמוּרִין? מַאי לָאו, קַלִּין – שֶׁרֶץ וְזָב, וַחֲמוּרִין – מֵת? לָא, קַלִּין – שֶׁרֶץ, וַחֲמוּרִין – זָב.

The Gemara analyzes the mishna: **What** is the meaning of **minor** sources **and what** is the meaning of **major** sources? **What, is it not** that the term: **Minor** sources, is referring to **a creeping animal**[B] **or** a ***zav***,[B] **and** that the term: **Major** sources, is referring to **a corpse?**[BN] If so, the mishna teaches that all liquids that issue from a corpse are ritually impure, in contradiction to the *baraita*. The Gemara responds: **No,** the term: **Minor** sources, is referring to **a creeping animal,** e.g., urine found inside its body, which is not considered ritually impure, **and** the term: **Major** sources, is referring to **a *zav***, concerning whom all liquids that issue from him are ritually impure. By contrast, liquids that issue from a corpse are ritually pure with the exception of blood.

מַאי שְׁנָא זָב דִּגְזַרוּ בֵּיהּ רַבָּנַן, וּמַאי שְׁנָא מֵת דְּלָא גְּזַרוּ בֵּיהּ רַבָּנַן? זָב, דְּלָא בְּדִילִי אֱינָשֵׁי מִינֵּיהּ – גְּזַרוּ בֵּיהּ רַבָּנַן. מֵת, דִּבְדִילִי אֱינָשֵׁי מִינֵּיהּ – לָא גְּזַרוּ בֵּיהּ רַבָּנַן.

The Gemara asks: **What is different** with regard to **a *zav***, **concerning whom the Sages decreed** that liquids that issue from him are ritually impure, **and what is different** with regard to **a corpse, concerning which the Sages did not decree** that liquids that issue from it are ritually impure? The Gemara responds: In the case of **a *zav***, **since people do not** naturally **separate from him, the Sages decreed** additional restrictions **with regard to him** in order to prevent others from contracting impurity from liquids that issue from a *zav* that are impure by Torah law. In the case of **a corpse, since people** naturally **separate from it, the Sages did not decree** additional restrictions **with regard to it.**

״דַּם הַנִּיתָּז וְשֶׁעַל הַסַּכִּין״. תָּנוּ רַבָּנַן: ״וְכִסָּהוּ״ – מְלַמֵּד שֶׁדַּם הַנִּיתָּז וְשֶׁעַל הַסַּכִּין חַיָּיב לְכַסּוֹת. אָמַר רַבִּי יְהוּדָה: אֵימָתַי? בִּזְמַן שֶׁאֵין שָׁם דָּם אֶלָּא הוּא, אֲבָל יֵשׁ שָׁם דָּם שֶׁלֹּא הוּא – פָּטוּר מִלְּכַסּוֹת.

§ The mishna teaches that one is obligated to cover **blood that spurts** outside the pit over which the animal was slaughtered, or onto the wall, **and** blood **that** remained **on the** slaughtering **knife.** With regard to this *halakha*, **the Sages taught** in a *baraita*: The verse states: **"And he shall cover it"** (Leviticus 17:13), which **teaches that** one is **obligated to cover blood that spurted and** blood **that** remained **on the** slaughtering **knife. Rabbi Yehuda said: When** is this the *halakha*? **When there is no blood except that** blood. **But if there is** other **blood that is not that** blood, one is **exempt from covering** it.

תַּנְיָא אִידָךְ: ״וְכִסָּהוּ״ – מְלַמֵּד שֶׁכׇּל דָּמוֹ חַיָּיב לְכַסּוֹת. מִכָּאן אָמְרוּ: דַּם הַנִּיתָּז וְשֶׁעַל אֲגַפַּיִים – חַיָּיב לְכַסּוֹת. אָמַר רַבָּן שִׁמְעוֹן בֶּן גַּמְלִיאֵל: בַּמֶּה דְּבָרִים אֲמוּרִים – שֶׁלֹּא כִּסָּה דַּם הַנֶּפֶשׁ, אֲבָל כִּסָּה דַּם הַנֶּפֶשׁ – פָּטוּר מִלְּכַסּוֹת.

It is taught in another *baraita*: The term: **"And he shall cover it," teaches that** one is **obligated to cover all** of the **blood. From here** the Sages **stated:** With regard to **blood that spurts out and** blood **that** remains **on the sides** of the animal's throat where it was slaughtered, one is **obligated to cover it. Rabban Shimon ben Gamliel said: In what case is this statement said?** It is said in a case **where** one **did not** already **cover the blood of the soul,** i.e., the blood that flows from the place of slaughter as the animal dies. **But if** one already **covered the blood of the soul,**[H] he is **exempt from** the obligation **to cover** the blood that spurted out or the blood remaining on the sides of the animal's neck in the area of slaughter.

HALAKHA

Blood that spurts out…the blood of the soul – דַּם הַנִּיתָּז...דַּם הַנֶּפֶשׁ: In a case where blood spurted out of the slaughtering area or remained on the slaughtering knife, if no other blood from the slaughter is present, one is obligated to cover the spurted blood or the blood that remains on the knife. But if other blood from the slaughter is present, that blood may be covered instead, as there is no requirement to cover all the blood. This *halakha* is in accordance with the opinion of Rabbi Yehuda, who is seen as explaining the opinion of the first *tanna* in the mishna and in the first *baraita*.

Of the three opinions recorded in both *baraitot*, the *halakha* is in accordance with the opinion of the *tanna* stated in the mishna, according to which a person is not obligated to cover all the blood. The Rema holds that one must take into consideration the opinion of Rabban Shimon ben Gamliel, who maintains that all of the lifeblood, and not the other blood, must be covered. Therefore, he rules that that even though the *halakha* is in accordance with the opinion of Rabbi Yehuda, it is best to cover at least some of the lifeblood (Rambam *Sefer Kedusha*, *Hilkhot Sheḥita* 14:8; *Shulḥan Arukh*, *Yoreh De'a* 28:15 and *Beur HaGra* there).

NOTES

Minor sources is referring to a creeping animal or a *zav* and major sources is referring to a corpse, etc. – קַלִּין שֶׁרֶץ וְזָב וַחֲמוּרִין מֵת וכו׳: A creeping animal and a *zav* are both primary sources of ritual impurity, imparting first-degree impurity to an item or person they touch. The item or person with first-degree impurity cannot impart ritual impurity to people or vessels, but they can impart impurity to food items they touch. A corpse is the ultimate primary source of ritual impurity [*avi avot hatuma*], imparting the status of a primary source of ritual impurity [*av hatuma*] to items and people with which it comes in contact. The Gemara rejects the proposition that the phrase: Major sources, mentioned in the mishna is referring to a corpse, and explains that the mishna is not referring at all to a corpse. Rather, the phrase: Minor sources, refers only to a creeping animal, which is a minor source of impurity in comparison to the impurity of a *zav*, as a creeping animal does not impart ritual impurity to surfaces designated for lying or sitting.

BACKGROUND

Creeping animal – שֶׁרֶץ: There are eight creeping animals, small mammals, and lizards whose carcasses impart ritual impurity upon contact (Leviticus 11:29–30). There is no clear oral tradition with regard to the identity of the animals listed in the Torah, and therefore determining their identity involves educated conjecture. Among the suggestions offered for some of the animals listed are rat, mouse, dabb lizard, gecko, monitor, and chameleon.

Mediterranean house gecko

***Zav* – זָב:** The term *zav* refers to a man suffering from a gonorrhea-like condition. The *halakhot* relating to the severe ritual impurity caused by this condition are detailed in the Torah (see Leviticus 15:1–15) and in tractate *Zavim*. The *zav* becomes ritually impure as a result of the secretion of a white, pus-like discharge from his penis. A man who experiences a discharge of that kind on one occasion becomes ritually impure for one day, like a man who has discharged semen. If he experiences a second discharge on the same day or the following day, or a prolonged initial discharge, he contracts the more severe ritual impurity of a *zav*, which lasts seven days. If he experiences a third discharge within the next day, he is obligated to bring a pair of doves, one for a sin offering and one for a burnt offering, as part of his purification process. Not only does the man himself become ritually impure, he imparts ritual impurity by coming into contact with vessels or people: By touching them, by being touched by them, by being moved by them, by moving them, by lying or sitting on them, or through the medium of a large stone that the *zav* is lying on, which is positioned over them. The fluids he secretes, i.e., his spittle, urine, and semen, impart ritual impurity, and any article on which he sits or lies becomes a primary source of ritual impurity and can itself impart ritual impurity to other articles.

Corpse – מֵת: Human corpses are the ultimate primary source of ritual impurity. A person or item rendered ritually impure by a corpse becomes one of the primary sources of ritual impurity, and imparts that ritual impurity to people and garments, for a period of seven days, or longer if he foregoes the purification ritual. A corpse transfers ritual impurity by contact and by being carried, and also, uniquely, by what is known as impurity in a tent. The latter form of transference takes place if an individual enters a room that contains a corpse. Ritual impurity is imparted not only by a whole corpse but also by parts of it, though there are many complex *halakhot* with regard to the parts of a body considered significant enough to impart this form of ritual impurity. Many authorities claim that only Jewish corpses impart impurity in a tent. The *halakhot* of the ritual impurity of a corpse appear primarily in tractate *Oholot*.

BACKGROUND

Crushed potsherd – חַרְסִית: This term is found throughout talmudic literature in the same context as sand, earth, lime, gypsum, and clay. According to some, the term refers to a kind of earth that yields inferior-quality produce. From the Jerusalem Talmud it seems this substance is white in color, though darker than lime.

Crushed potsherd was used in the production of vessels. Some describe it as a substance that, when made cement-like, could be smeared on vessels and used to cement broken pieces of pottery together. Others posit that it is an artificial substance, made from crushed earthenware or crushed stones and other materials, used in the production of cement. In Modern Hebrew, the term refers either to a type of a clay substance composed of miniscule granules or to a group of minerals known as clay minerals.

Lid – מְגוּפָה: The lid or stopper of a wine barrel was generally made of earthenware and placed in the narrow mouth of the barrel. This stopper was effectively a vessel in its own right. When wine was transported from one place to another or placed in storage for an extended period, mud would be pasted around the stopper to seal the mouth of the barrel entirely. In order to open the barrel they would break the mud cover.

NOTES

Rabban Shimon ben Gamliel stated a principle – כְּלָל אָמַר רַבָּן שִׁמְעוֹן בֶּן גַּמְלִיאֵל: The early commentaries explain that Rabban Shimon ben Gamliel does not disagree with that which is already mentioned in the mishna. Rather, he is explaining that the substances permitted are allowed because plants can grow in them.

That crumbles – דְּמִיפְרִיךְ אִיפְּרוּכֵי: Rashi explains this to mean that the sand can be crumbled with one's hand and does not require a tool (see Rashba and Ran).

בְּמַאי קָא מִיפַּלְגִי? רַבָּנַן סָבְרִי: ״דָּמוֹ״ – כָּל דָּמוֹ, רַבִּי יְהוּדָה סָבַר: ״דָּמוֹ״ – וַאֲפִילּוּ מִקְצָת דָּמוֹ, וְרַבָּן שִׁמְעוֹן בֶּן גַּמְלִיאֵל סָבַר: ״דָּמוֹ״ – הַמְיוּחָד.

The Gemara asks: **With regard to what** matter **do they disagree?** The Gemara responds: **The Rabbis hold** that the expression: **"Its blood"** (Leviticus 17:13), indicates an obligation to cover **all of its blood,** even the blood that spurts out. **Rabbi Yehuda holds** that **"its blood"** indicates that one may fulfill the mitzva with any part of the blood, **even** with **a small amount of its blood. And Rabban Shimon ben Gamliel holds** that "**its blood**" refers to the **special** blood, i.e., the blood of the soul.

מתני׳ בַּמֶּה מְכַסִּין וּבַמֶּה אֵין מְכַסִּין? מְכַסִּין בְּזֶבֶל הַדַּק, וּבְחוֹל הַדַּק, בְּסִיד, וּבַחַרְסִית, וּבִלְבֵנָה וּבִמְגוּפָה שֶׁכְּתָשָׁן. אֲבָל אֵין מְכַסִּין לֹא בְּזֶבֶל הַגַּס, וְלֹא בְּחוֹל הַגַּס, וְלֹא בִּלְבֵנָה וּבִמְגוּפָה שֶׁלֹּא כְּתָשָׁן, וְלֹא יִכְפֶּה עָלָיו אֶת הַכְּלִי. כְּלָל אָמַר רַבָּן שִׁמְעוֹן בֶּן גַּמְלִיאֵל: דָּבָר שֶׁמְּגַדֵּל בּוֹ צְמָחִים – מְכַסִּין בּוֹ, וְשֶׁאֵינוֹ מְגַדֵּל צְמָחִים – אֵין מְכַסִּין בּוֹ.

MISHNA **With what** substances **may one cover** the blood **and with what** substances **may one not cover** the blood? **One** may **cover** the blood **with fine** granulated **manure, with fine sand, with lime, with** crushed **potsherd,**[B] **and with a brick** or the **lid**[B] of an earthenware barrel **that one crushed. But one may not cover** the blood **with thick manure, nor with thick,** clumped **sand, nor with a brick or the lid** of an earthenware barrel **that one did not crush. Neither may one** merely **turn a vessel over** the blood. **Rabban Shimon ben Gamliel stated a principle:**[N] With regard to **a substance in which plants grow, one may cover** blood **with it; and** with regard to a substance in **which plants do not grow, one may not cover** blood **with it.**

גמ׳ הֵיכִי דָּמֵי חוֹל הַדַּק? אָמַר רַבָּה בַּר בַּר חָנָה אָמַר רַבִּי יוֹחָנָן: כֹּל שֶׁאֵין הַיּוֹצֵר צָרִיךְ לְכָתְשׁוֹ. וְאִיכָּא דְּמַתְנֵי לַהּ אַסֵּיפָא: אֲבָל אֵין מְכַסִּין לֹא בְּזֶבֶל הַגַּס וְלֹא בְּחוֹל הַגַּס. הֵיכִי דָּמֵי חוֹל הַגַּס? אָמַר רַבָּה בַּר בַּר חָנָה אָמַר רַבִּי יוֹחָנָן: כֹּל שֶׁהַיּוֹצֵר צָרִיךְ לְכָתְשׁוֹ.

GEMARA The mishna teaches that one may cover the blood with fine sand. The Gemara asks: **What is considered fine sand? Rabba bar bar Ḥana says** that **Rabbi Yoḥanan says:** It is any sand **that the** pottery **producer does not need to crush** in order to use it. The Gemara notes: **And some teach this** statement **in reference to the latter clause** of the mishna, which states: **But one may not cover** the blood **with thick manure, nor with thick sand.** The Gemara asks: **What is considered thick sand? Rabba bar bar Ḥana says** that **Rabbi Yoḥanan says:** It is any sand **that the** pottery **producer must crush** in order to use it.

מַאי בֵּינַיְיהוּ? אִיכָּא בֵּינַיְיהוּ דִּצְרִיךְ וְלָא צְרִיךְ, דְּמִיפְרִיךְ אִיפְּרוּכֵי.

The Gemara asks: **What is** the practical difference **between** these two versions? The Gemara responds: **There is** a difference **between them** with regard to sand **that requires** some crushing **and** sand that **does not require** full crushing, i.e., **that crumbles**[N] in one's hand and does not require a tool. According to the first version, as long as the sand does not require crushing it may be used to cover the blood. Therefore, sand that requires crumbling may be used since it is not considered sand that requires crushing. According to the second version, any sand that requires some crushing may not be used. Therefore, sand that requires crumbling may not be used to cover the blood.

תָּנוּ רַבָּנַן: ״וְכִסָּהוּ״ – יָכוֹל יְכַסֶּנּוּ בַּאֲבָנִים, אוֹ יִכְפֶּה עָלָיו אֶת הַכְּלִי? תַּלְמוּד לוֹמַר: ״בֶּעָפָר״. וְאֵין לִי אֶלָּא עָפָר, מִנַּיִן לְרַבּוֹת זֶבֶל הַדַּק, וְחוֹל הַדַּק, וּשְׁחִיקַת אֲבָנִים, וּשְׁחִיקַת חַרְסִית, וּנְעוֹרֶת פִּשְׁתָּן דַּקָּה, וּנְסוֹרֶת שֶׁל חָרָשִׁין דַּקָּה, וְסִיד, וְחַרְסִית, לְבֵנָה וּמְגוּפָה שֶׁכְּתָשָׁן? תַּלְמוּד לוֹמַר: ״וְכִסָּהוּ״; יָכוֹל שֶׁאֲנִי מַרְבֶּה אַף זֶבֶל הַגַּס, וְחוֹל הַגַּס, וּשְׁחִיקַת כְּלֵי מַתָּכוֹת, וּלְבֵנָה וּמְגוּפָה שֶׁלֹּא כְּתָשָׁן, וְקֶמַח וְסוּבִּין וּמוּרְסָן? תַּלְמוּד לוֹמַר: ״בֶּעָפָר״.

§ **The Sages taught** in a *baraita*: The verse states with regard to the mitzva of covering the blood: **"And cover it"** (Leviticus 17:13). One **might** have thought that **he may cover** the blood **with stones or** merely **turn a vessel over it.** Therefore, **the verse states: "With earth."** Based on this expression **I have** derived **only** that **earth** may be used. **From where** does one derive **to include fine manure, fine sand, crushed stones, crushed potsherd, fine chaff of flax, fine sawdust of carpenters, lime,** crushed **potsherd,** and **a brick** or the **lid** of an earthenware barrel **that one crushed? The verse states: "And cover it,"** i.e., with any substance. One **might** have thought **that I will include even thick manure, and thick sand, filings of metal vessels, a brick** or **a lid that one did not crush, flour, bran, and** coarse **bran.** Therefore, **the verse states:** "And cover it **with earth,"** indicating that not all substances may be used to cover the blood.

Perek **VI**
Daf **88** Amud **b**

וּמָה רָאִיתָ לְרַבּוֹת אֶת אֵלּוּ וּלְהוֹצִיא אֶת אֵלּוּ? אַחַר שֶׁרִיבָּה הַכָּתוּב וּמִיעֵט, מְרַבֶּה אֲנִי אֶת אֵלּוּ שֶׁהֵן מִין עָפָר, וּמוֹצִיא אֲנִי אֶת אֵלּוּ שֶׁאֵין מִין עָפָר.

The Gemara asks: **And what did you see** that led you **to include these** substances **and to exclude those?** The Gemara responds: **After** noting **that the verse included** certain substances with the term: "And cover it," **and excluded** others with the term: "With earth," **I include these** substances, e.g., fine sand, **which are a type of earth** in which plants grow, **and I exclude those** substances, e.g., thick sand, **which are not a type of earth,** as plants do not grow in them.

אֵימָא: "וְכִסָּהוּ" – כְּלָל, "עָפָר" – פְּרָט, כְּלָל וּפְרָט – אֵין בִּכְלָל אֶלָּא מַה שֶּׁבַּפְּרָט, עָפָר – אִין, מִידֵּי אַחֲרִינָא – לָא!

The Gemara asks: Why must the verse be interpreted in this manner? Say that the term: **"And cover it,"** is **a generalization,** and the term: **"With earth,"** is **a detail.** Consequently, the verse constitutes **a generalization and a detail,** and according to the corresponding hermeneutical principle, **the generalization includes only what** is mentioned explicitly **in the detail.** Therefore, only **earth may** be used to cover the blood, while **any other** substance, even substances in which plants grow, may **not** be used.

אָמַר רַב מָרִי: מִשּׁוּם דַּהֲוָה כְּלָל הַצָּרִיךְ לִפְרָט, וְכָל כְּלָל הַצָּרִיךְ לִפְרָט – אֵין דָּנִין אוֹתוֹ בִּכְלָל וּפְרָט.

Rav Mari said in response: One should not suggest such an interpretation **because** the term "and cover it" **is a generalization that requires a detail** to clarify its nature, **and any generalization that requires a detail** to clarify its nature **is not interpreted by** the hermeneutical principle of **a generalization and a detail.** It is necessary for the verse to state that the blood must be covered with earth in order to clarify that the mitzva of covering the blood is such that the blood must be covered with a substance that will absorb the blood, and that it does not suffice to place a vessel over it.

דָּרַשׁ רַב נַחְמָן בַּר רַב חִסְדָּא: אֵין מְכַסִּים אֶלָּא בְּדָבָר שֶׁזּוֹרְעִין בּוֹ וּמַצְמִיחַ. אָמַר רָבָא: הַאי בּוּרְכָא.

§ **Rav Naḥman bar Rav Ḥisda taught: One may not cover** the blood of an undomesticated animal or a bird **except with a substance in which** seed is **sown and sprouts.**[H] **Rava said: This is an absurdity** [***burkha***],[NL] as the mishna and *baraita* both teach that one may use substances in which seeds do not sprout.

אָמַר לֵיהּ רַב נַחְמָן בַּר יִצְחָק לְרָבָא: מַאי בּוּרְכָתֵיהּ? אֲנָא אֲמַרִיתַהּ נִיהֲלֵיהּ, וּמֵהָא מַתְנִיתָא אֲמַרִיתַהּ נִיהֲלֵיהּ: הָיָה מְהַלֵּךְ בַּמִּדְבָּר וְאֵין לוֹ אֵפֶר לְכַסּוֹת – שׁוֹחֵק דִּינָר זָהָב וּמְכַסֶּה; הָיָה מְהַלֵּךְ בִּסְפִינָה וְאֵין לוֹ עָפָר לְכַסּוֹת – שׂוֹרֵף טַלִּיתוֹ וּמְכַסֶּה.

Rav Naḥman bar Yitzḥak said to Rava: What is the absurdity of his statement? **I said this** statement to Rav Naḥman bar Rav Ḥisda **and I said it to him from this** ***baraita***: If one **is traveling in the desert,**[H] where the earth is not arable, and wishes to slaughter an undomesticated animal or a bird, **but he does not have dirt** with which **to cover** the blood, **he may grind a gold dinar** into powder **and cover** the blood with it. If one **is traveling on a ship** and wants to slaughter an undomesticated animal or a bird **but he does not have earth** with which **to cover** the blood, **he may burn his garment and cover** the blood with the ashes. It is evident from the first clause of the *baraita* that desert sand, which does not allow for the sprouting of seeds, may not be used to cover the blood of an undomesticated animal or a bird.

בִּשְׁלָמָא שׂוֹרֵף טַלִּיתוֹ וּמְכַסֶּה – אַשְׁכְּחַן אֵפֶר דְּאִיקְּרִי עָפָר, אֶלָּא דִּינָר זָהָב מְנָלַן? אָמַר רַבִּי זֵירָא: "וְעַפְרֹת זָהָב לוֹ".

The Gemara analyzes the *baraita*: **Granted,** it is understood that **one may burn his garment and cover** the blood with the ashes, since **we found** a source for the fact that **ashes are called earth** [***afar***], as the Gemara will soon prove; accordingly, the use of ashes is in accordance with the verse: "And cover it with earth." **But** with regard to **a gold dinar, from where do we** derive that one may grind it into powder and use it to cover the blood? **Rabbi Zeira said:** The verse states: **"And it has dust of** [***afrot***] **gold"** (Job 28:6), indicating that gold is referred to as dust.

תָּנוּ רַבָּנַן: אֵין מְכַסִּין אֶלָּא בֶּעָפָר, דִּבְרֵי בֵּית שַׁמַּאי, וּבֵית הִלֵּל אוֹמְרִים: מָצִינוּ אֵפֶר שֶׁקָּרוּי "עָפָר", שֶׁנֶּאֱמַר: "וְלָקְחוּ לַטָּמֵא מֵעֲפַר שְׂרֵפַת". וּבֵית שַׁמַּאי, עֲפַר שְׂרֵפָה אִיקְּרֵי, עָפָר סְתָמָא לָא אִיקְּרֵי.

The Gemara cites a related *baraita* in which **the Sages taught: One may not cover** the blood of an undomesticated animal or a bird **except with earth;** this is **the statement of Beit Shammai. And Beit Hillel say: We find that ashes are called dust** [***afar***], **as it is stated** with regard to the red heifer: **"And for the impure they shall take from the ashes** [***me'afar***] **of the burning of the purification from sin"** (Numbers 19:17). **And Beit Shammai** respond: Ashes are **called dust of the burning** [***afar sereifa***], but **they are not called ordinary dust** [***afar***].

HALAKHA

One may not cover except with a substance in which seed is sown and sprouts – אֵין מְכַסִּים אֶלָּא בְּדָבָר שֶׁזּוֹרְעִין בּוֹ וּמַצְמִיחַ: Any substance in which the seeds sown can subsequently sprout is considered earth for the purposes of the mitzva of covering the blood and therefore may be used. Additionally, a substance that is called earth, even if it does not cause seeds sown in it to sprout, is also considered earth.

Accordingly, one can perform the mitzva of covering the blood using fine manure, fine sand that the potter does not need to crush in order to render it utilitarian, lime, crushed potsherd, and crushed brick. One can also use the crushed lid of an earthenware barrel, crushed stone, fine chaff of flax, carpenters' fine sawdust, ashes of incinerated clothing or vessels, coal dust, stibium, and shavings from chiseling. One cannot use thick manure, sand that the potter needs to crush in order to render it utilitarian, flour, bran, coarse bran, or filings of metal vessels unless they were incinerated. Ground gold can be used, as the verse in Job (28:6) refers to it as *afar* (Rambam *Sefer Kedusha, Hilkhot Sheḥita* 14:11–13; *Shulḥan Arukh, Yoreh De'a* 28:23).

If one is traveling in the desert – הָיָה מְהַלֵּךְ בַּמִּדְבָּר: One can use neither sand nor soil from the desert to perform the mitzva of covering the blood, since they are not arable (*Shulḥan Arukh, Yoreh De'a* 28:24; and see Rema and *Shakh* there).

NOTES

This is an absurdity – הַאי בּוּרְכָא: Rava understood that the mishna does not require the use of substances sufficiently arable to grow the seeds sown therein in order to cover the blood. Rather, substances that are capable of generating some degree of growth are sufficient, as stated by Rabban Shimon ben Gamliel in the mishna, and as the *baraita* mentions concerning crushed potsherd and fine chaff of flax (Ritva). Others suggest Rava understood that the first *tanna* in the mishna disagrees with the statement of Rabban Shimon ben Gamliel, and one is not required to use a substance that sprouts the seeds sown therein or even a substance that is capable of generating any degree of growth at all (Ramban; Rashba).

LANGUAGE

Absurdity [*burkha*] – בּוּרְכָא: The *Arukh* explains that this word is a longer form of *bur*, meaning empty or uncultivated, and therefore *burkha* means a hollow or absurd idea with no basis.

תָּנָא: הוֹסִיפוּ עֲלֵיהֶן הַשָּׁחוֹר וְהַכְּחוֹל, וּנְקֹרֶת פִּיסוּלִין, וְיֵשׁ אוֹמְרִים: אַף הַזַּרְנִיךְ.

The Gemara notes: It is **taught** that the Sages **added** the following **to the** list of substances in the mishna with which one may cover the blood: **Coal dust,**[N] **stibium** [***keḥol***],[B] **and shavings from chiseling.**[N] **And some say** they included **even arsenic** [***zarnikh***].[LB]

אָמַר רָבָא: בִּשְׂכַר שֶׁאָמַר אַבְרָהָם אָבִינוּ "וְאָנֹכִי עָפָר וָאֵפֶר" – זָכוּ בָּנָיו לִשְׁתֵּי מִצְוֹת, אֵפֶר פָּרָה וַעֲפַר סוֹטָה.

§ The Gemara cites aggadic accounts relating to the mitzva of covering the blood: **Rava says: As reward** for that **which our Patriarch Abraham said: "And I am but dust** [***afar***] **and ashes"** (Genesis 18:27), **his children merited two mitzvot: The ashes of the** red **heifer** (see Numbers, chapter 19) **and the dust of the *sota*,** i.e., dirt taken from the ground of the Tabernacle that is mixed into the water that examines whether or not a woman committed adultery (see Numbers 5:17).

וְלִיחְשׁוֹב נַמִי עֲפַר כִּסּוּי הַדָּם! הָתָם – הֶכְשֵׁר מִצְוָה אִיכָּא, הֲנָאָה לֵיכָּא.

The Gemara challenges: **But let** Rava **also consider the earth** used in the mitzva of **covering the blood.** The Gemara responds: **There,** the earth **does** serve as an **accessory to the mitzva** of covering the blood, but **there is no benefit** imparted by it. It occurs after the animal has been slaughtered and does not itself render the meat fit for consumption. By contrast, the ashes of the red heifer and the dust of the *sota* provide benefit, as the former purifies one who became ritually impure and the latter leads to peace between husband and wife when drinking the water proves that she did not commit adultery.

וְאָמַר רָבָא: בִּשְׂכַר שֶׁאָמַר אַבְרָהָם אָבִינוּ,

And Rava says: As reward for that **which our Patriarch Abraham said** to the king of Sodom:

NOTES

Coal dust – הַשָּׁחוֹר: Rashi explains this to mean crushed coals. Some suggest the term refers to soot, while others suggest it refers to the accumulated soot on walls that was used in the manufacturing of ink (Rabbi Yehuda al-Madari).

Shavings from chiseling – נְקֹרֶת פִּיסוּלִין: According to Rashi this refers to the excess shavings of stone when carving out the furrows in a millstone, while Rabbeinu Gershom Meor HaGola interprets the term as the thin shavings that fall when quarrying.

LANGUAGE

Arsenic [*zarnikh*] – זַרְנִיךְ: Derived from the identical word in Persian, which is in turn derived from the Persian word zarrēn, meaning goldish.

BACKGROUND

Stibium [*keḥol*] – כְּחוֹל: *Keḥol* was a dark blue or black dye that was extracted from the mineral stibnite (Sb_2S_3). The crystals of the mineral were ground up and used by women for painting their eyes, thereby accenting them and making them appear larger than they actually were. *Keḥol* was also used as a cure for eye ailments. The dye was contained in a thin tube and was removed with a thin brush [*mikḥol*].

Kohl tube with applicator, fourteenth century BCE

Arsenic [*zarnikh*] – זַרְנִיךְ: Arsenic is an extremely toxic element in the semi-metal family. Since ancient times it has been used for various functions, including medical purposes, dyeing, and poisoning. It is naturally found in two mineral states: Realgar, which has a ruby-red color, and orpiment, which has a deep yellow hue. When heated, these minerals produce a highly toxic white powder.

Realgar

Orpiment

״אִם מִחוּט וְעַד שְׂרוֹךְ נַעַל״ – זָכוּ בָּנָיו לִשְׁתֵּי מִצְוֹת, לְחוּט שֶׁל תְּכֵלֶת, וּרְצוּעָה שֶׁל תְּפִילִּין.

"That I will not take **a thread nor a shoe strap** nor anything that is yours" (Genesis 14:23), distancing himself from anything not rightfully his, **his children merited two mitzvot: The thread of sky-blue** wool worn on ritual fringes **and the strap of phylacteries.**

בִּשְׁלָמָא רְצוּעָה שֶׁל תְּפִילִּין – כְּתִיב: ״וְרָאוּ כׇּל עַמֵּי הָאָרֶץ כִּי שֵׁם ה׳ נִקְרָא עָלֶיךָ״, וְתַנְיָא, רַבִּי אֱלִיעֶזֶר הַגָּדוֹל אוֹמֵר: אֵלּוּ תְּפִילִּין שֶׁבָּרֹאשׁ. אֶלָּא, חוּט שֶׁל תְּכֵלֶת מַאי הִיא?

The Gemara asks: **Granted, the strap of the phylacteries** imparts benefit, **as it is written: "And all the peoples of the earth shall see that the name of the Lord is called upon you;** and they shall be afraid of you" (Deuteronomy 28:10). **And it is taught** in a *baraita* that **Rabbi Eliezer the Great says: This is** a reference to **the phylacteries of the head,** upon which the name of God is written. Phylacteries therefore impart the splendor and grandeur of God and are a fit reward. **But what is** the benefit imparted by **the thread of sky-blue wool?**

דְּתַנְיָא, רַבִּי מֵאִיר אוֹמֵר: מָה נִּשְׁתַּנָּה תְּכֵלֶת מִכׇּל הַצְּבָעוֹנִין? מִפְּנֵי שֶׁתְּכֵלֶת דּוֹמָה לַיָּם, וְיָם דּוֹמֶה לָרָקִיעַ, וְרָקִיעַ דּוֹמֶה לְאֶבֶן סַפִּיר, וְאֶבֶן סַפִּיר דּוֹמָה לְכִסֵּא הַכָּבוֹד, דִּכְתִיב: ״וַיִּרְאוּ אֵת אֱלֹהֵי יִשְׂרָאֵל וְתַחַת רַגְלָיו״ וְגוֹ׳, וּכְתִיב: ״כְּמַרְאֵה אֶבֶן סַפִּיר דְּמוּת כִּסֵּא״.

The Gemara answers: **As it is taught** in a *baraita* that **Rabbi Meir would say: What is different about sky-blue from all other colors** such that it was specified for the mitzva of ritual fringes? It is **because sky-blue** dye **is similar** in its color **to the sea,**[B] **and the sea is similar to the sky, and the sky is similar to** a sapphire stone, and a sapphire stone is similar to **the Throne of Glory, as it is stated: "And they saw the God of Israel; and there was under His feet** the like of a paved work of sapphire stone, and the like of the very heaven for clearness" (Exodus 24:10). This verse shows that the heavens are similar to sapphire, **and it is written:** "And above the firmament that was over their heads was **the likeness of a throne, as the appearance of a sapphire stone**" (Ezekiel 1:26). Therefore, the throne is similar to the heavens. The color of sky blue dye acts as an indication of the bond between the Jewish people and the Divine Presence.

אָמַר רַבִּי אַבָּא: קָשֶׁה גָּזֵל הַנֶּאֱכָל, שֶׁאֲפִילּוּ צַדִּיקִים גְּמוּרִים אֵינָן יְכוֹלִין לְהַחֲזִירוֹ, שֶׁנֶּאֱמַר: ״בִּלְעָדַי רַק אֲשֶׁר אָכְלוּ הַנְּעָרִים״.

The Gemara above mentioned that Abraham refused to accept property that did not belong to him. With regard to this, **Rabbi Abba says: Difficult** is the return of **theft that has been consumed,** as **even the perfectly righteous are unable to return it, as it is stated:** "That I will not take a thread nor a shoe strap nor anything that is yours… **except only that which the young men have eaten with me"** (Genesis 14:23–24). Even the righteous Abraham was unable to return that which the young men had already consumed.

אָמַר רַבִּי יוֹחָנָן מִשּׁוּם רַבִּי אֶלְעָזָר בְּרַבִּי שִׁמְעוֹן: כׇּל מָקוֹם שֶׁאַתָּה מוֹצֵא דְּבָרָיו שֶׁל רַבִּי אֱלִיעֶזֶר בְּנוֹ שֶׁל רַבִּי יוֹסֵי הַגְּלִילִי בְּהַגָּדָה – עֲשֵׂה אׇזְנֶיךָ כַּאֲפַרְכֶּסֶת; ״לֹא מֵרֻבְּכֶם מִכׇּל הָעַמִּים חָשַׁק ה׳ בָּכֶם״ וְגוֹ׳, אָמַר לָהֶם הַקָּדוֹשׁ בָּרוּךְ הוּא לְיִשְׂרָאֵל: חוֹשְׁקַנִי בָּכֶם, שֶׁאֲפִילּוּ בְּשָׁעָה שֶׁאֲנִי מַשְׁפִּיעַ לָכֶם גְּדוּלָּה – אַתֶּם מְמַעֲטִין עַצְמְכֶם לְפָנַי;

§ **Rabbi Yoḥanan says in the name of Rabbi Elazar, son of Rabbi Shimon: Any place where you find the statements of Rabbi Eliezer, son of Rabbi Yosei HaGelili,** in reference to **aggada, make your ears like a funnel** [*ka'afarkeset*],[L] i.e., be receptive to his words. As Rabbi Eliezer interpreted the verse: **"Not because you are more in number than any people did the Lord desire you** and choose you, for you were the fewest of all peoples" (Deuteronomy 7:7), as follows: **The Holy One, Blessed be He, said to the Jewish people: I desire you, since even at a time that I bestow greatness** upon **you, you diminish,** i.e., humble, **yourselves before Me.**

BACKGROUND

Sky-blue dye is similar in its color to the sea – תְּכֵלֶת דּוֹמָה לַיָּם: The precise identification of *tekhelet* is uncertain, as there is no clear tradition with regard to the sky-blue wool used in the time of the Sages, and the language used to refer to various hues shifts over the years. The descriptions of sky-blue dye mentioned in this Gemara are also somewhat ambiguous, since the sky and the sea contain various hues depending on season and time of day. Moreover, there are several statements of the Sages indicating that sky-blue wool resembles leek-green or the color of grass.

There are a number of identifications of sky-blue in the early commentaries. Rav Se'adya Gaon and the Rambam hold that it is the color of a clear sky, namely light blue. Rashi understands it to refer to a shade of green, or possibly turquoise. Rabbi Moshe HaDarshan holds that it refers to the color of the sky when it darkens toward the end of the day. According to this it would be closer to purple. A similar range of opinions can be found among modern researchers.

Another approach to identifying sky-blue is through inference, based on the fact that its color is known to be very similar to indigo. Based on this, it would seem that sky-blue is a deep, dark blue.

LANGUAGE

Funnel [*afarkeset*] – אֲפַרְכֶּסֶת: Afarkas refers to a funnel-like vessel through which grain passes into the gap of the two millstones. Mills were often made of a cone-shaped stationary bed stone, which protruded upward into a hollow, hourglass-shaped runner stone. The grain would be poured into the runner stone and funneled through the top half to its midpoint, below which it would be trapped and ground between the two stones. Poles were inserted into the runner stone by means of which people or donkeys would rotate it, grinding the grain between it and the stationary bed stone. Some postulate that the root of the word is from the Greek πρόχοος, *prochoos*, referring to a vessel for pouring out, or a jug.

Roman mill

I granted greatness to Abraham, yet he said before Me: "And I am but dust and ashes" (Genesis 18:27). I granted greatness to Moses and Aaron, yet Moses said of the two of them: "And what are we" (Exodus 16:7). I granted greatness to David, yet he said: "But I am a worm, and no man" (Psalms 22:7).

נָתַתִּי גְּדוּלָּה לְאַבְרָהָם – אָמַר לְפָנַי: ״וְאָנֹכִי עָפָר וָאֵפֶר״, לְמֹשֶׁה וְאַהֲרֹן – אָמַר: ״וְנַחְנוּ מָה״, לְדָוִד – אָמַר: ״וְאָנֹכִי תוֹלַעַת וְלֹא אִישׁ״.

But the gentile nations of the world are not so. I granted greatness to Nimrod, yet he said: "Come, let us build a city[N] and a tower, with its top in heaven, and let us make for ourselves a name" (Genesis 11:4). I granted greatness to Pharaoh, yet he said: "Who is the Lord" (Exodus 5:2). I granted greatness to Sennacherib, yet he said: "Who are they among all the gods of the countries that have delivered their country out of my hand, that the Lord should deliver Jerusalem out of my hand" (II Kings 18:35). I granted greatness to Nebuchadnezzar, yet he said: "I will ascend above the heights of the clouds" (Isaiah 14:14).[N] I granted greatness to Ḥiram, king of Tyre, yet he said: "I sit in the seat of God, in the heart of the seas" (Ezekiel 28:2).

אֲבָל אוּמּוֹת הָעוֹלָם אֵינָן כֵּן, נָתַתִּי גְּדוּלָּה לְנִמְרוֹד – אָמַר: ״הָבָה נִבְנֶה לָּנוּ עִיר״, לְפַרְעֹה – אָמַר: ״מִי ה׳״, לְסַנְחֵרִיב – אָמַר: ״מִי בְּכׇל אֱלֹהֵי הָאֲרָצוֹת״ וגו׳, לִנְבוּכַדְנֶצַּר – אָמַר: ״אֶעֱלֶה עַל בָּמֳתֵי עָב״, לְחִירָם מֶלֶךְ צוֹר – אָמַר: ״מוֹשַׁב אֱלֹהִים יָשַׁבְתִּי בְּלֵב יַמִּים״.

The Gemara relates: Rava says, and some say Rabbi Yoḥanan says: Greater is that which is stated with regard to Moses and Aaron than that which is stated with regard to Abraham. As with regard to Abraham it is written: "And I am but dust and ashes," while with regard to Moses and Aaron it is written: "And what are we," i.e., we are not even dust and ashes. And Rava says, and some say Rabbi Yoḥanan says: The world endures only in the merit of Moses and Aaron. It is written here: "And what are we," and it written elsewhere: "He hangs the earth upon nothing" (Job 26:7). That is, the earth endures in the merit of those who said of themselves that they are nothing, i.e., Moses and Aaron.

אָמַר רָבָא, וְאִיתֵּימָא רַבִּי יוֹחָנָן: גָּדוֹל שֶׁנֶּאֱמַר בְּמֹשֶׁה וְאַהֲרֹן יוֹתֵר מִמַּה שֶּׁנֶּאֱמַר בְּאַבְרָהָם, דְּאִילּוּ בְּאַבְרָהָם כְּתִיב: ״וְאָנֹכִי עָפָר וָאֵפֶר״, וְאִילּוּ בְּמֹשֶׁה וְאַהֲרֹן כְּתִיב: ״וְנַחְנוּ מָה״. וְאָמַר רָבָא, וְאִיתֵּימָא רַבִּי יוֹחָנָן: אֵין הָעוֹלָם מִתְקַיֵּים אֶלָּא בִּשְׁבִיל מֹשֶׁה וְאַהֲרֹן, כְּתִיב הָכָא: ״וְנַחְנוּ מָה״, וּכְתִיב הָתָם: ״תֹּלֶה אֶרֶץ עַל בְּלִימָה״.

With regard to that verse, Rabbi Ile'a says: The world endures only in the merit of one who restrains [*shebolem*] himself during a quarrel, as it is stated: "He hangs the earth upon nothing [*belima*]. Rabbi Abbahu says: The world endures only in the merit of one who renders himself as if he were non-existent, as it is stated: "And underneath are the everlasting arms" (Deuteronomy 33:27), i.e., one who considers himself to be underneath everything else is the everlasting arm that upholds the world.

אָמַר רַבִּי אִילְעָא: אֵין הָעוֹלָם מִתְקַיֵּים אֶלָּא בִּשְׁבִיל מִי שֶׁבּוֹלֵם אֶת עַצְמוֹ בִּשְׁעַת מְרִיבָה, שֶׁנֶּאֱמַר: ״תֹּלֶה אֶרֶץ עַל בְּלִימָה״. רַבִּי אַבָּהוּ אָמַר: מִי שֶׁמֵּשִׂים עַצְמוֹ כְּמִי שֶׁאֵינוֹ, שֶׁנֶּאֱמַר: ״וּמִתַּחַת זְרוֹעוֹת עוֹלָם״.

Rabbi Yitzḥak says: What is the meaning of that which is written: "Do you indeed [*ha'umnam*] speak as a righteous company [*elem*]? Do you judge with equity [*meisharim*] the sons of men" (Psalms 58:2)? The verse is interpreted as follows: What should be a person's occupation [*umanut*] in this world? He should render himself silent as a mute [*ilem*]. If so, one might have thought that he should render himself as a mute even with regard to words of Torah. Therefore, the verse states: "Speak as a righteous company," indicating that one should speak the righteous words of Torah. If so, he might have thought that one who speaks words of Torah has the right to become arrogant. Therefore, the verse states: "Judge with equity [*meisharim*] the sons of men." Even a learned judge must take extra care to judge with equity, and not assume that he will immediately arrive at the correct understanding.

אָמַר רַבִּי יִצְחָק: מַאי דִּכְתִיב ״הַאֻמְנָם אֵלֶם צֶדֶק תְּדַבֵּרוּן מֵישָׁרִים תִּשְׁפְּטוּ בְּנֵי אָדָם״? מָה אוּמָּנוּתוֹ שֶׁל אָדָם בָּעוֹלָם הַזֶּה – יָשִׂים עַצְמוֹ כְּאִלֵּם; יָכוֹל אַף לְדִבְרֵי תוֹרָה? תַּלְמוּד לוֹמַר: ״צֶדֶק תְּדַבֵּרוּן״; יָכוֹל יָגִיס דַּעְתּוֹ? תַּלְמוּד לוֹמַר: ״מֵישָׁרִים תִּשְׁפְּטוּ בְּנֵי אָדָם״.

§ The Gemara returns to discuss the mitzva of covering the blood: Rabbi Zeira says, and some say Rabba bar Yirmeya says: One may cover the blood of an undomesticated animal or a bird with the dust of an idolatrous city.[HB] The Torah states that the city and anything contained therein must be burned (see Deuteronomy 13:17). The Gemara, assuming the statement of Rabbi Zeira refers to the ashes of a burned idolatrous city, asks: But why may one use these ashes to cover the blood? These ashes are items from which deriving benefit is prohibited, as the verse states: "And there shall cleave none of the banned property to your hand" (Deuteronomy 13:18).

אָמַר רַבִּי זֵירָא וְאִיתֵּימָא רַבָּה בַּר יִרְמְיָה: מְכַסִּין בַּעֲפַר עִיר הַנִּדַּחַת. וְאַמַּאי? אִיסּוּרֵי הֲנָאָה הוּא!

NOTES

He said, come let us build a city – אָמַר הָבָה נִבְנֶה לָּנוּ עִיר: These words were stated by the generation of the dispersion upon finding a valley in the land of Shinar and settling there (see Genesis 11:1–9). With regard to Nimrod himself, the verse states: "He was a mighty hunter before the Lord" (Genesis 10:9), which the Sages understood as a reference to the fact that he incited the people of his generation to rebel against God. The verse also states of Nimrod: "And the beginning of his kingdom was Babel, and Erech, and Accad, and Calneh, in the land of Shinar" (Genesis 10:10). The Sages concluded from this that Nimrod was the king of Shinar during the generation of the dispersion.

He said, I will ascend above the heights of the clouds – אָמַר אֶעֱלֶה עַל בָּמֳתֵי עָב: This verse was stated by Isaiah in his prophecy of the Babylonian king's impending doom. According to the Sages, Isaiah refers specifically to Nebuchadnezzar, whose hubris was well known, as recorded in the book of Daniel.

HALAKHA

One may cover with the dust of an idolatrous city – מְכַסִּין בַּעֲפַר עִיר הַנִּדַּחַת: One can perform the mitzva of covering the blood of a slaughtered undomesticated animal or a bird using the dust of an idolatrous city (Rambam *Sefer Kedusha*, *Hilkhot Sheḥita* 14:13).

BACKGROUND

Idolatrous city – עִיר הַנִּדַּחַת: The Torah (see Deuteronomy 13:13–19) discusses the unique *halakha* of a city where the majority of inhabitants are guilty of idolatry. The city is judged by the Great Sanhedrin, the court of seventy-one, which is authorized to send an army to subdue the city if necessary. Afterward, courts are convened and each of the city's adult inhabitants is judged. Those found guilty of idol worship are beheaded rather than stoned, the usual penalty for idolatry. The innocent are not slain. All the property in the city, including the property of the righteous, is destroyed, and all its buildings are razed to the ground. The city must remain in ruins forever.

אָמַר זְעֵירִי: לָא נִצְרְכָה אֶלָּא לַעֲפַר עֲפָרָהּ, דִּכְתִיב: "וְאֶת כָּל שְׁלָלָהּ תִּקְבֹּץ אֶל תּוֹךְ רְחֹבָהּ וְשָׂרַפְתָּ" – מִי שֶׁאֵינוֹ מְחוּסָּר אֶלָּא קְבִיצָה וּשְׂרֵפָה, יָצָא זֶה שֶׁמְּחוּסָּר תְּלִישָׁה קְבִיצָה וּשְׂרֵפָה.

Ze'eiri said: Rabbi Zeira is not referring to the ashes of the burned city, which may not be used. Rather, his statement is **necessary only concerning the dust of its dust,** i.e., the dust of the ground of the idolatrous city, from which deriving benefit is not prohibited, **as it is written: "And you shall gather all its spoil into the midst of the broad place thereof, and shall burn** with fire the city" (Deuteronomy 13:17). Accordingly, items **lacking only** the acts of **gathering and burning** must be burned. This serves to exclude **this** dust of the ground, **which lacks** the acts of **removal** from the ground, **gathering, and burning.** The dust must also be removed from the ground before it can be gathered and burned.

וְרָבָא אָמַר: מִצְוֹת לָאו לֵיהָנוֹת נִיתְּנוּ.

And Rava says: One can even use the ashes from the idolatrous city to cover the blood, despite the fact that it is prohibited to derive any benefit from them. This is because **mitzvot were not given for benefit,** that is, the fulfillment of a mitzva is not considered deriving benefit, but the fulfillment of a divine decree.

יָתֵיב רָבִינָא וְקָאָמַר לְהָא שְׁמַעְתָּא. אֵיתִיבֵיהּ רַב רְחוּמִי לְרָבִינָא: שׁוֹפָר שֶׁל עֲבוֹדָה זָרָה לֹא יִתְקַע בּוֹ; מַאי לָאו, אִם תָּקַע לֹא יָצָא? לָא, אִם תָּקַע יָצָא.

The Gemara relates that **Ravina was sitting and saying this *halakha*,** that one may use the ashes of an idolatrous city to cover the blood. **Rav Reḥumi raised an objection to Ravina** from a *baraita*: With regard to **a shofar of idol worship,**[H] from which it is prohibited to derive benefit, **one may not blow with it. What, is it not** that the *baraita* means to say that **if one blew** with it **he has not fulfilled** his obligation? The Gemara responds: **No,** the *baraita* means that one should not use such a shofar *ab initio*, but **if one blew** with it **he has fulfilled** his obligation.

לוּלָב שֶׁל עֲבוֹדָה זָרָה לֹא יִטּוֹל; מַאי לָאו, אִם נָטַל לֹא יָצָא? לָא, אִם נָטַל יָצָא. וְהָתַנְיָא: תָּקַע – לֹא יָצָא, נָטַל – לֹא יָצָא!

Rav Reḥumi persists: It is taught in another *baraita* that with regard to **a *lulav* of idol worship,**[H] **one may not take** it to perform the mitzva. **What, is it not** that the *baraita* means to say that **if one took** such a *lulav* he has **not fulfilled** his obligation? The Gemara responds: **No,** the *baraita* means that one should not use such a *lulav ab initio*, but **if one took** it **he has fulfilled** his obligation. The Gemara asks: **But isn't it taught** in a *baraita* that if **one blew** a shofar of idolatry **he has not fulfilled** his obligation? And isn't it taught in another *baraita* that if **one took** a *lulav* of idolatry to perform the mitzva **he has not fulfilled** his obligation?

אָמַר רַב אַשִׁי: הָכִי הַשְׁתָּא? הָתָם

Rav Ashi said in response: **How can** these cases **be compared** to the case of covering the blood? **There,** with regard to a shofar and *lulav* of idol worship, although the use of such items for a mitzva does not constitute benefit, one cannot fulfill his obligation with them, because

HALAKHA

A shofar of idol worship – שׁוֹפָר שֶׁל עֲבוֹדָה זָרָה: If one blew a shofar owned by a Jew which had previously been the object of idol worship he has not fulfilled his obligation. The reasoning behind this is the following: Since its status as an object of idol worship can never be nullified, the shofar is therefore considered as if it were already non-existent because, like all objects of idol worship, it is inevitably destined to be burned.

The *halakha* differs concerning a shofar owned by a gentile which had previously been the object of idol worship. A Jew may not blow such a shofar *ab initio*, and he may not blow a shofar that served as an accoutrement of an idol owned by a gentile. But if he did so he has fulfilled his obligation, provided he had no intention of acquiring the shofar. If the Jew blowing the shofar had intention of acquiring it he has not fulfilled his obligation, since by acquiring the shofar it becomes a Jew's idol.

The Mordekhai maintains a stricter opinion and says that even in the case where the Jew had no intention of acquiring the gentile-owned shofar, he fulfills his obligation only if the status of the object of idol worship was nullified before the arrival of Rosh HaShana (Rambam *Sefer Zemanim, Hilkhot Shofar VeSukka VeLulav* 1:3; *Shulḥan Arukh, Oraḥ Ḥayyim* 586:3).

A *lulav* of idol worship – לוּלָב שֶׁל עֲבוֹדָה זָרָה: A *lulav*, or any other of the four species brought on the festival of *Sukkot*, that is from an idolatrous city or from a tree used as part of idolatrous rites that belongs to a Jew, is not valid for being used for the mitzva. If the *lulav* belongs to a gentile it should not be used *ab initio*, but if one did use it for the mitzva he has fulfilled his obligation, provided he had no intention of acquiring it (Rambam *Sefer Zemanim, Hilkhot Shofar VeSukka VeLulav* 8:1; *Shulḥan Arukh, Oraḥ Ḥayyim* 649:3).

Perek **VI**
Daf **89** Amud **b**

שִׁיעוּרָא בָּעֵינַן, וַעֲבוֹדָה זָרָה כְּתוּתֵי מִכְתַּת שִׁיעוּרָא, הָכָא – כָּל מַה דְּמִכַּתַּת מְעַלֵּי לְכִסּוּי.

we require a minimum **measure** in order to fulfill these mitzvot. A shofar must be large enough that, when grasped, part of it protrudes from both sides of one's hand, and a *lulav* must be at least four handbreadths long. **And** since an object of **idol worship** and its effects must be burned, **its size** as required for the mitzva **is seen** by *halakha* **as crushed** into powder. Since a *shofar* or *lulav* of idol worship is destined for burning, it is considered as if it is already burned, and it therefore lacks the requisite measurement for fulfilling the mitzva. By contrast, **here,** with regard to the ashes used to perform the mitzva of covering the blood, no minimum measure is required to fulfill the mitzva; in fact, **the more** the ash **is crushed, the better it is for** the mitzva of **covering** the blood.

הדרן עלך כסוי הדם

Summary of **Perek VI**

This chapter dealt primarily with the *halakhot* concerning the mitzva of covering the blood of a slaughtered undomesticated animal or bird, based on careful analysis of the relevant verse (Leviticus 17:13).

The mitzva to cover the blood applies both within Eretz Yisrael and outside it, and is in effect independent of the existence of the Temple. As stated in the Torah, the mitzva of covering the blood applies only to the blood of birds and undomesticated animals. Additionally, only non-sacred animals or birds are included in the mitzva, either because it is impossible to properly cover the blood upon the altar or due to the fact that the verse limits the mitzva to undomesticated animals, which cannot be brought as offerings.

An undomesticated animal and a bird are counted together as one unit with regard to the mitzva of covering their blood. That is to say, if one slaughtered both an undomesticated animal and a bird, he may cover all the blood together, just as he would cover the blood of multiple undomesticated animals together.

Although the verse mentions the obligation to cover the blood in a case where one traps the animal or bird, the Gemara derives that the obligation applies even in a case where one slaughters undomesticated animals or birds that were not trapped. Nevertheless, the Sages interpreted the verse as an injunction with regard to the proper consumption of meat, i.e., meat should be consumed only after one exerts himself to obtain the animal, and meat should not be readily available in one's home. The mention of this *halakha* leads to a further digression in which the Gemara discusses financial management and suggests the proper manner in which one should support his family.

The mitzva of covering the blood applies only to the blood that was spilled due to slaughter, not to blood that was spilled due to another form of killing. Additionally, the mitzva applies only in the case of an act of slaughter that permits the meat for consumption. If one slaughtered an undomesticated animal or a bird and found it to be a *tereifa*, or if one slaughtered an undomesticated animal or a bird for the purpose of idol-worship, one is not required to cover the blood. The early commentaries explain that the mitzva of covering the blood is part of the mitzva of ritual slaughter and is therefore applicable only if the slaughter itself is valid.

The mitzva of covering the blood is primarily incumbent upon the one slaughtering the animal. If he did not cover the blood, the obligation falls upon any bystander who notices the uncovered blood. Due to this discussion, the Gemara briefly discusses an individual's rights with regard to the performance of a mitzva and the penalty incurred by one who prevents another from performing that mitzva.

If, after properly covering the blood, it subsequently becomes uncovered, one is

exempt from covering the blood a second time. But if the blood was initially covered by earth blown by the wind, although one is not required to cover the blood so long as it remains covered, should the blood become uncovered he must cover it. This is in accordance with the principle that there is no rejection with regard to mitzvot.

With regard to the question of which blood must be covered, the Gemara concluded that the obligation is to cover the blood of the soul, which includes blood that spurts from the area where the slaughter is performed as well as blood remaining on the slaughtering knife. One is not required to cover all the blood.

In cases where the blood became mixed with water or another liquid, if the mixture is such that it still maintains the appearance of blood, one is obligated to cover the mixture. In light of this *halakha*, the Gemara also discusses the characteristics necessary to define a liquid as blood, as well as the status of blood plasma. The Gemara concludes that if the plasma maintains a reddish hue, it is considered actual blood with all the halakhic ramifications.

With regard to the manner of covering the blood, the Gemara concludes that one must cover the blood from above and below, and that simply covering it from above is insufficient. One should cover the blood using his hand or the slaughtering knife, but not with his foot, so that the mitzva will not become contemptible to him.

The Gemara also concludes that the verse does not require specifically the use of earth to cover the blood. Rather, one may use any substance that, like earth, is finely crushed and allows for the growth of plants inside it. One may not cover the blood with a vessel, nor may he use thick substances. Also, any powder produced from ground metals may not be used for the mitzva except that produced from ground gold, to which the Gemara attributes a unique status.

Unlike some mitzvot, with regard to which one may not perform them using a substance from which he is prohibited to derive benefit, with regard to the mitzva of covering the blood, he is permitted to cover it with a substance from which he is prohibited to derive benefit. This is in accordance with the principle that mitzvot were not given for benefit; rather, their performance is meant solely to fulfill a divine decree.

These were the primary topics discussed in the chapter. Other topics were discussed tangentially, e.g., the *halakha* of an ineffective slaughter, aggadic accounts and lessons with regard to one's income, and the mitzvot gained in the merit of our forefather Abraham.

Introduction to **Perek VII**

Therefore the children of Israel eat not the sciatic nerve that is upon the spoon of the thigh, until this day; because he touched the hollow of Jacob's thigh, on the sciatic nerve.

(Genesis 32:33)

This verse teaches the prohibition of eating the sciatic nerve. Yet, unlike almost all other mitzvot written in the Torah, this prohibition is not stated clearly as an instruction to Moses but is mentioned in the context of events that occurred long before the Torah was given on Mount Sinai. For this reason, there are many practical questions that arise about this topic.

Some of the questions raised in this chapter with regard to the prohibition of eating the sciatic nerve include: Does this prohibition apply with regard to all living creatures or only to some of them? Does it apply to non-kosher species of animals? Does it apply to the nerve in only one thigh or to the nerves in both thighs? Does this prohibition apply with regard to consecrated animals? Does it apply only in Eretz Yisrael or also in the Diaspora?

Although the verse specifies that a nerve in the thigh is forbidden, it is not clear from the verse precisely which nerve it is. The Gemara therefore seeks to clarify exactly which nerve this is and whether the entire length of the nerve is forbidden or just a part of it.

The Gemara also discusses the practicalities of removing this nerve from the thigh. How must it be removed? Is it just the nerve that must be removed, or must one remove some of the surrounding flesh?

Another type of practical issue that is discussed in this chapter pertains to interactions between Jews and gentiles. In a location where all animals are slaughtered only by Jews, and the butchers publicize when they sell a *tereifa* to a gentile, a Jew may purchase raw meat from a gentile. The Gemara explores whether in such a case a Jew may send a whole animal thigh to a gentile as a gift, or whether he must be concerned that the gentile may then sell it to a Jew without removing the sciatic nerve.

Other issues discussed include whether the sciatic nerve has the status of meat or whether it is considered inedible. This question has important ramifications with regard to principles governing mixtures of forbidden and permitted substances, as well as whether the sciatic nerve imparts forbidden flavor to the thigh if it is not removed before the thigh is cooked. These questions and related topics form the basis of the material discussed in this chapter.

מתני׳ גיד הַנָּשֶׁה נוֹהֵג בָּאָרֶץ וּבְחוּצָה לָאָרֶץ, בִּפְנֵי הַבַּיִת וְשֶׁלֹּא בִּפְנֵי הַבַּיִת, בְּחוּלִּין וּבְמוּקְדָּשִׁין. וְנוֹהֵג בִּבְהֵמָה וּבַחַיָּה, בְּיָרֵךְ שֶׁל יָמִין וּבְיָרֵךְ שֶׁל שְׂמֹאל, וְאֵינוֹ נוֹהֵג בָּעוֹף – מִפְּנֵי שֶׁאֵין לוֹ כַּף.

MISHNA The prohibition of eating **the sciatic nerve**[B] **applies both in Eretz** Yisrael **and outside of** Eretz Yisrael, **in the presence of,** i.e., the time of, **the Temple and not in the presence of the Temple,**[H] **and with regard to non-sacred** animals **and with regard to sacrificial** animals. **And it applies to domesticated animals and to undomesticated animals,**[H] to the **thigh of the right** leg **and to the thigh of the left** leg.[H] **But it does not apply to a bird, due to the** fact **that** the verse makes reference to the sciatic nerve as being "upon the spoon of the thigh" (Genesis 32:33), and a bird **has no spoon** of the thigh.

וְנוֹהֵג בְּשָׁלִיל. רַבִּי יְהוּדָה אוֹמֵר: אֵינוֹ נוֹהֵג בְּשָׁלִיל וְחֶלְבּוֹ מוּתָּר.

And the prohibition **applies to** a late-term animal **fetus** [*shalil*][HN] in the womb. **Rabbi Yehuda says: It does not apply to a fetus;** and similarly, **its fat is permitted.**[H]

וְאֵין הַטַּבָּחִין נֶאֱמָנִין עַל גִּיד הַנָּשֶׁה, דִּבְרֵי רַבִּי מֵאִיר. וַחֲכָמִים אוֹמְרִים: נֶאֱמָנִין עָלָיו, וְעַל הַחֵלֶב.

And butchers are not deemed credible to say that **the sciatic nerve** was removed; this is **the statement of Rabbi Meir. And the Rabbis say: They are deemed credible about** the sciatic nerve[H] **and about the** forbidden **fat.**

גמ׳ מוּקְדָּשִׁין, פְּשִׁיטָא! מִשּׁוּם דְּאַקְדְּשֵׁיהּ פָּקַע לֵיהּ אִיסּוּר גִּיד מִינֵּיהּ?

GEMARA The mishna teaches that the prohibition of eating the sciatic nerve applies to both non-sacred animals and sacrificial animals. The Gemara asks: Is it not **obvious** that the prohibition applies to **sacrificial** animals? Would it be reasonable to suggest that **because one consecrated it, he has abrogated the prohibition of** eating the sciatic **nerve from it?**

BACKGROUND

Sciatic nerve – גִּיד הַנָּשֶׁה: The sciatic nerve, *Nervus ischiadicus*, is a large nerve that emerges from the sacral part of the spinal cord and travels down the length of the thigh until the calf. This nerve transmits messages from the brain to the leg, and sends sensory information back from the leg to the brain.

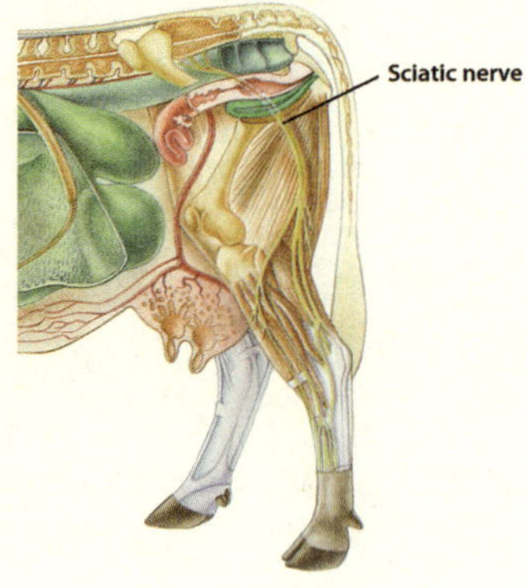

Hindquarters of a cow

HALAKHA

In Eretz Yisrael and outside of Eretz Yisrael, in the presence of the Temple and not in the presence of the Temple – בָּאָרֶץ וּבְחוּצָה לָאָרֶץ בִּפְנֵי הַבַּיִת וְשֶׁלֹּא בִּפְנֵי הַבַּיִת: The prohibition of eating the sciatic nerve applies both in Eretz Yisrael and outside of Eretz Yisrael, and applies both when the Temple was standing and after its destruction, in accordance with the ruling of the mishna. Although the Rambam does not specify these details, the commentaries explain that there was no need for him to specify them, since the prohibition of eating the sciatic nerve is an obligation that applies to the individual, and all mitzvot that apply to the individual apply in all places and at all times (*Maggid Mishne* on Rambam *Sefer Kedusha, Hilkhot Ma'akhalot Assurot* 8:1).

And it applies to domesticated animals and to undomesticated animals – וְנוֹהֵג בִּבְהֵמָה וּבַחַיָּה: The prohibition of the sciatic nerve applies to both domesticated and undomesticated animals, and applies even if they do not have a rounded protrusion on their thigh bone (Rambam *Sefer Kedusha, Hilkhot Ma'akhalot Assurot* 8:1; *Shulḥan Arukh, Yoreh De'a* 65:5).

To the thigh of the right leg and to the thigh of the left leg – בְּיָרֵךְ שֶׁל יָמִין וּבְיָרֵךְ שֶׁל שְׂמֹאל: The sciatic nerves of both the right and left thighs are forbidden, in accordance with the ruling of the mishna (Rambam *Sefer Kedusha, Hilkhot Ma'akhalot Assurot* 8:1; *Shulḥan Arukh, Yoreh De'a* 65:5).

And it applies to a late-term fetus – וְנוֹהֵג בְּשָׁלִיל: The sciatic nerve of a fetus is not forbidden, because a fetus does not require slaughter, in accordance with the opinion of Rabbi Yehuda. Some say that if the fetus is fully formed and alive, its sciatic nerve is forbidden, in accordance with the opinion of the first *tanna*. The Rema rules that the custom is to be stringent like the latter opinion, based on a tradition from Rabbi Yaakov ibn Ḥaviv (Rambam *Sefer Kedusha, Hilkhot Ma'akhalot Assurot* 8:1; *Shulḥan Arukh, Yoreh De'a* 65:7).

Its fat is permitted – חֶלְבּוֹ מוּתָּר: If one slaughters an animal and finds a fetus inside, even one that is fully formed, whether it is alive or dead the fat and sciatic nerve of that fetus are permitted. This ruling applies only if the animal has not walked on the ground. If it has walked on the ground, its fat and sciatic nerve are forbidden. Some say that if the fetus is fully formed and alive, even if it has not walked on the ground, its fat is forbidden, and one who eats it is liable to receive *karet* (Rambam *Sefer Kedusha, Hilkhot Ma'akhalot Assurot* 7:3; *Shulḥan Arukh, Yoreh De'a* 64:2).

They are deemed credible about the sciatic nerve – נֶאֱמָנִין עָלָיו: Butchers are deemed credible to say that they have removed the sciatic nerve from the animal. Nevertheless, one may not purchase meat from a butcher who slaughters and sells without supervision unless he has a presumptive status of trustworthiness, in accordance with the opinion of the Rabbis (Rambam *Sefer Kedusha, Hilkhot Ma'akhalot Assurot* 7:21, 8:7; *Shulḥan Arukh, Yoreh De'a* 65:14).

NOTES

And it applies to a fetus [*shalil*] – וְנוֹהֵג בְּשָׁלִיל: The early commentaries disagree as to the meaning of the term *shalil*. Rashi explains, based on the opinion of Rabbi Elazar on 74b citing Rabbi Oshaya, that it is referring to a full-term fetus that is alive inside the slaughtered mother. Other commentaries understand the Rambam (*Sefer Kedusha, Hilkhot Ma'akhalot Assurot* 8:1) as saying that the fetus referred to here is not fully formed and is not necessarily full term, although the *Shulḥan Arukh* (*Yoreh De'a* 65:7) interprets the Rambam otherwise (see Rambam's Commentary on the Mishna; see *Meromei Sadeh*).

וְכִי תֵּימָא: יֵשׁ בְּגִידִין בְּנוֹתֵן טַעַם, וְאָתֵי אִיסּוּר מוּקְדָּשִׁין וְחָיֵיל אַאִיסּוּר גִּיד, הַאי "מוּקְדָּשִׁין נוֹהֵג בְּגִיד" מִיבְּעֵי לֵיהּ! אֶלָּא קָסָבַר: אֵין בְּגִידִין בְּנוֹתֵן טַעַם, וּבְמוּקְדָּשִׁין, אִיסּוּר גִּיד – אִיכָּא, אִיסּוּר מוּקְדָּשִׁין – לֵיכָּא.

And if you would say that sciatic **nerves have** the ability to **impart flavor,**[N] i.e., they possess flavor, and the mishna is teaching that **the prohibition of** eating meat of **sacrificial** animals **comes and takes effect upon** the sciatic nerve despite the fact that it is already subject to the **prohibition of** eating the sciatic **nerve,** the mishna **should have** stated: The prohibition of eating meat of **sacrificial** animals **applies to the** sciatic **nerve.** The Gemara suggests: **Rather,** the *tanna* of the mishna **holds** that the sciatic **nerve does not have** the ability to **impart flavor,**[N] and the mishna is teaching that **with regard to sacrificial** animals **there is a prohibition** of eating the sciatic **nerve** but **there is no** additional **prohibition** of eating the meat of **a sacrificial** animal.

וְסָבַר תַּנָּא דִּידַן אֵין בְּגִידִין בְּנוֹתֵן טַעַם? וְהָתְנַן: יָרֵךְ שֶׁנִּתְבַּשֵּׁל בָּהּ גִּיד הַנָּשֶׁה, אִם יֵשׁ בָּהּ בְּנוֹתֵן טַעַם – הֲרֵי זוֹ אֲסוּרָה!

The Gemara challenges this explanation: **And** does **the** *tanna* **of our** mishna **hold** that the sciatic **nerve does not have** the ability to **impart flavor? But didn't we learn** in a mishna (96b): In the case of **a thigh that was cooked** with **the sciatic nerve in it, if there is** enough of the sciatic nerve **in** the thigh to **impart** its **flavor** to the meat, the entire thigh **is forbidden?** Consequently, it is clear that the *tanna* of the mishna holds that the sciatic nerve does possess flavor.

אֶלָּא, הָכָא בִּוְלָדוֹת קָדָשִׁים עָסְקִינַן, וְקָסָבַר: נוֹהֵג בְּשָׁלִיל, וְקָסָבַר: וַלְדוֹת קָדָשִׁים בִּמְעֵי אִמָּן הֵן קְדוֹשִׁים, דְּאִיסּוּר גִּיד וְאִיסּוּר מוּקְדָּשִׁין בַּהֲדֵי הֲדָדֵי קָאָתֵי.

Rather, in the mishna **here we are dealing with offspring of sacrificial** animals. **And** the *tanna* **holds** that the prohibition of eating the sciatic nerve **applies with regard to a fetus, and** he also **holds** that the **offspring of sacrificial** animals **are consecrated** even while they are **in the womb of their mother.** Consequently, the **prohibition of** eating the sciatic **nerve and the prohibition of** eating **sacrificial** animals **come** into effect **at the same time,** and therefore both prohibitions apply and one does not say that a prohibition does not take effect where another prohibition already exists.

וּמִי מָצֵית מוֹקְמַתְּ לַהּ בְּשָׁלִיל, וְהָא מִדְּקָתָנֵי סֵיפָא "נוֹהֵג בְּשָׁלִיל", מִכְּלָל דְּרֵישָׁא לָאו בְּשָׁלִיל עָסְקִינַן! הָכִי קָאָמַר: דָּבָר זֶה מַחֲלוֹקֶת דְּרַבִּי יְהוּדָה וְרַבָּנַן.

The Gemara challenges this explanation: **Can you interpret** this clause of the mishna as referring **to a fetus?** From the fact **that the latter clause teaches: It applies to** a late-term **fetus,** and Rabbi Yehuda holds that it does not apply to a late-term fetus, **it may be inferred that** in **the first** clause **we are not dealing with a fetus.** The Gemara explains: **This** is what the *tanna* of the mishna **is saying: This matter** that was taught in the first clause **is** a matter of **dispute** between **Rabbi Yehuda and the Rabbis.**

וּמִי מָצֵית אָמְרַתְּ דִּתְרַוַיְיהוּ בַּהֲדֵי הֲדָדֵי קָאָתוּ? וְהָתְנַן, עַל אֵלּוּ טוּמְאוֹת הַנָּזִיר מְגַלֵּחַ: עַל הַמֵּת וְעַל כַּזַּיִת מִן הַמֵּת.

The Gemara again challenges the explanation that the first clause of the mishna is referring to a fetus: **And how can you say that both** prohibitions **come** into effect **at the same time? But didn't we learn** in a mishna (*Nazir* 49b): **A nazirite shaves for** having become impure from **these** sources of **ritual impurity: For** impurity imparted by **a corpse and for** impurity imparted by **an olive-bulk of a corpse.**[H]

וְקַשְׁיָא לַן: עַל כַּזַּיִת מִן הַמֵּת מְגַלֵּחַ, עַל כּוּלּוֹ לֹא כׇּל שֶׁכֵּן? וְאָמַר רַבִּי יוֹחָנָן: לֹא נִצְרְכָה אֶלָּא לְנֵפֶל שֶׁלֹּא נִקְשְׁרוּ אֵבָרָיו בְּגִידִין.

And the clause: For impurity imparted by a corpse, is **difficult for us,** as it seems unnecessary; if a nazirite **must shave for** impurity imparted by **an olive-bulk of a corpse,** is it **not all the more so** true that he must shave **for** impurity imparted by **an entire** corpse? **And Rabbi Yoḥanan says:** It is **necessary only for a miscarried** human **fetus whose limbs had not** yet **become joined to** its **sinews.**[H] Since the spine is complete the fetus is considered a full corpse, but as the limbs have not yet joined to the sinews it does not contain an olive-bulk of flesh.

אַלְמָא: אִיסּוּר מוּקְדָּשִׁין קָדֵים!

Evidently, the limbs of the body are formed before the nerves and sinews, and therefore the **prohibition of** eating **sacrificial** animals **precedes** the prohibition of eating the sciatic nerve.

NOTES

And if you would say nerves have the ability to impart flavor, etc. – וְכִי תֵּימָא יֵשׁ בְּגִידִין בְּנוֹתֵן טַעַם וכו׳: The prohibition of eating the sciatic nerve applies whether or not it possesses flavor. Nevertheless, if the sciatic nerve does not possess flavor, it is not considered meat and is not subject to the prohibition of eating the meat of sacrificial animals. The Gemara here is suggesting that the mishna's statement teaches two points: Nerves possess flavor and are therefore subject to the prohibition of eating sacrificial meat; and this prohibition takes effect with regard to the sciatic nerve despite the fact that the nerve is already subject to a different prohibition (Rashi).

The sciatic nerve does not have the ability to impart flavor – אֵין בְּגִידִין בְּנוֹתֵן טַעַם: The commentaries question how it is possible for there to be a dispute on this matter, as one could find out by asking a gentile to eat a sciatic nerve and report whether or not it has flavor. The Rashba explains that everyone agrees that it only has a faint flavor. The dispute is with regard to the degree of flavor that confers on the nerve the status of meat.

HALAKHA

A nazirite shaves…for an olive-bulk of a corpse – הַנָּזִיר מְגַלֵּחַ...עַל כַּזַּיִת מִן הַמֵּת: A nazirite shaves his hair if he comes into contact with an olive-bulk of flesh of a corpse (Rambam *Sefer Hafla'a*, *Hilkhot Nezirut* 7:2).

A miscarried fetus whose limbs had not become joined to its sinews – לְנֵפֶל שֶׁלֹּא נִקְשְׁרוּ אֵבָרָיו בְּגִידִין: A nazirite must shave his hair if he comes into contact with a dead human fetus, even if its limbs are not connected with sinews, in accordance with Rabbi Yoḥanan's explanation of the mishna in tractate *Nazir* (Rambam *Sefer Hafla'a*, *Hilkhot Nezirut* 7:2).

אַף עַל גַּב דְּאִיסּוּר מוּקְדָּשִׁין קָדֵים, אָתֵי אִיסּוּר גִּיד חָיֵיל עֲלַיְיהוּ, שֶׁכֵּן אִיסּוּרוֹ נוֹהֵג בִּבְנֵי נֹחַ.

The Gemara answers: **Even though the prohibition of** eating **sacrificial** animals **precedes** the prohibition of eating the sciatic nerve, the **prohibition of** eating the sciatic **nerve comes and takes effect upon** the offspring of consecrated animals, **because** the **prohibition** of eating the sciatic nerve adds an extra stringency in that it **applies** also **to descendants of Noah.**[N] The prohibition of eating the sciatic nerve was in effect from the time Jacob wrestled with the angel (see Genesis 32:25–33), before the Torah was given. At that time, Jacob and his sons had the status of descendants of Noah, i.e., gentiles. Therefore, the prohibition of eating the sciatic nerve is broader than the prohibition of eating meat of sacrificial animals, which took effect only when the Torah was given.

מַאן שָׁמְעַתְּ לֵיהּ הַאי סְבָרָא – רַבִּי יְהוּדָה, וְהָא מַתְנִיתִין דְּלָא כְּרַבִּי יְהוּדָה, דְּקָתָנֵי: נוֹהֵג בִּבְהֵמָה וּבַחַיָּה, בְּיָרֵךְ שֶׁל יָמִין וּבְיָרֵךְ שֶׁל שְׂמֹאל!

The Gemara challenges this answer: **Whom did you hear** holds in accordance with **this reasoning?** It is **Rabbi Yehuda,** cited in a later mishna (100b). **But the mishna** here **is not in accordance with** the opinion of **Rabbi Yehuda, as it teaches** that the prohibition of eating the sciatic nerve **applies to domesticated animals and to undomesticated animals, to** the **thigh of the right** leg **and to** the **thigh of the left** leg. By contrast, Rabbi Yehuda holds that the prohibition applies only with regard to the sciatic nerve in the thigh of one leg (see 90b).

הַאי תַּנָּא סָבַר לָהּ כְּוָותֵיהּ בַּחֲדָא, וּפְלִיג עֲלֵיהּ בַּחֲדָא.

The Gemara explains: The ***tanna*** of **this** mishna **holds in accordance with** the opinion of Rabbi Yehuda **with regard to one** *halakha*, i.e., that the prohibition of eating the sciatic nerve applies to the descendants of Noah, **and disagrees with his** opinion **with regard to one** *halakha* and holds that the prohibition applies to the sciatic nerves of both legs.

אֵימַר דִּשְׁמַעְתְּ לֵיהּ לְרַבִּי יְהוּדָה בִּטְמֵאָה – דְּאִיסּוּר לָאו, קָדָשִׁים דְּאִיסּוּר כָּרֵת, מִי שְׁמַעְתְּ לֵיהּ?

The Gemara challenges: **Say that you heard that Rabbi Yehuda** rules that the prohibition of eating the sciatic nerve takes effect in addition to the prohibition **with regard to a non-kosher** animal, **which is a prohibition** punishable by lashes. Since the prohibition of the sciatic nerve is broader in that it applies to the descendants of Noah, it takes effect even though the animal is already prohibited as being not kosher. But in the case of **sacrificial** animals, **whose** consumption by an impure person is **a prohibition** punishable by ***karet*****, did you hear** that Rabbi Yehuda considers the prohibition of eating the sciatic nerve more stringent, such that it takes effect even though the animal is already prohibited? Therefore, this answer is rejected.

אֶלָּא, הָכָא בִּמְבַכֶּרֶת עָסְקִינַן – דִּבְרֶחֶם קָדוֹשׁ.

The Gemara offers an alternative answer: **Rather, here** in the mishna **we are dealing with** a non-sacred animal **giving birth to** its **firstborn, which** becomes **sanctified** as it leaves the **womb.** The mishna teaches that although the prohibition of eating the sciatic nerve does not apply to the offspring of sacrificial animals, because their sacrificial status renders them prohibited for consumption before the prohibition of the sciatic nerve takes effect, that is not the case with regard to a firstborn. The sanctified status of a firstborn takes effect only as it leaves the womb, which is after the prohibition of the sciatic nerve takes effect.

NOTES

The prohibition applies also to descendants of Noah – שֶׁכֵּן אִיסּוּרוֹ נוֹהֵג בִּבְנֵי נֹחַ: Commentaries disagree as to the meaning of this phrase as employed throughout this *sugya*, as well as later in the chapter (100b). Some early commentaries explain that this does not mean Rabbi Yehuda holds that the prohibition of the sciatic nerve applies nowadays to gentiles, but rather that it applied to gentiles before the Torah was given. Since the time the Torah was given, this mitzva applies only to Jews. Yet, as the prohibition applied to gentiles before the Torah was given, it has halakhic implications today in that the prohibition applies also to non-kosher species of animals, even though normally a prohibition does not take effect where another prohibition is already in place. As the prohibition was initially given to the descendants of Noah, and at that time it applied to all animals, therefore even after it no longer applies to gentiles, it remains in effect for Jews even with regard to non-kosher species of animals, as it was initially (Ramban).

Other early commentaries hold that even before the Torah was given the prohibition applied only to the children of Israel, the descendants of Jacob. When the Gemara here is referring to the descendants of Noah, it means the descendants of Jacob before the Torah was given (*Tosafot*; Rashi on *Sanhedrin* 59a). A third opinion appears to understand the Gemara here in its straightforward sense, that according to Rabbi Yehuda, the prohibition of eating the sciatic nerve applies to gentiles even following the giving of the Torah (see *Tosafot* on *Pesaḥim* 22a).

HALAKHA

The prohibition of the sciatic nerve applies both to sacrificial animals that are eaten and to sacrificial animals that are not eaten – אֶחָד קָדָשִׁים הַנֶּאֱכָלִין וְאֶחָד קָדָשִׁים שֶׁאֵין נֶאֱכָלִין אִיסּוּר גִּיד נוֹהֵג בָּהֶן: The sciatic nerve of all sacrificial animals is forbidden, whether or not the offering is to be eaten, in accordance with the opinion of Rabbi Yoḥanan (Rambam *Sefer Kedusha, Hilkhot Ma'akhalot Assurot* 8:1).

Even if they are already at the top of the altar, they shall descend – אֲפִילּוּ בְּרֹאשׁוֹ שֶׁל מִזְבֵּחַ יֵרְדוּ: With regard to the bones, the sinews, the horns, and the hooves, when they are no longer attached to the flesh of an offering, if they ascended upon the altar, they must descend, in accordance with the ruling of the mishna in tractate *Zevaḥim* 83a (Rambam *Sefer Avoda, Hilkhot Pesulei HaMukdashin* 3:16).

וְאִי בָּעֵית אֵימָא: וַלְדוֹת קָדָשִׁים – בַּהֲוָויָיתָן הֵן קְדוֹשִׁים.

And if you wish, say instead that the mishna is dealing with the **offspring of** all **sacrificial** animals, and this *tanna* holds that such animals **are sanctified** only **when they come into being** as independent creatures, i.e., at birth. Consequently, the prohibition of the sciatic nerve takes effect before the animal becomes prohibited at the time of its birth; or, according to the opinion that the sciatic nerve is permitted in a fetus, the two prohibitions take effect simultaneously.

אָמַר רַבִּי חִיָּיא בַּר יוֹסֵף: לֹא שָׁנוּ אֶלָּא קָדָשִׁים הַנֶּאֱכָלִין, אֲבָל קָדָשִׁים שֶׁאֵינָן נֶאֱכָלִין – אֵין אִיסּוּר גִּיד נוֹהֵג בָּהֶן. וְרַבִּי יוֹחָנָן אָמַר: אֶחָד קָדָשִׁים הַנֶּאֱכָלִין וְאֶחָד קָדָשִׁים שֶׁאֵין נֶאֱכָלִין – אִיסּוּר גִּיד נוֹהֵג בָּהֶן.

§ Having addressed the need for the mishna to state that the prohibition of eating the sciatic nerve applies with regard to sacrificial animals, the Gemara discusses which types of sacrificial animals are included in this prohibition. **Rabbi Ḥiyya bar Yosef says:** The Sages **taught** that the prohibition of the sciatic nerve applies **only** with regard to **sacrificial** animals **that are eaten,** e.g., sin offerings, guilt offerings and peace offerings; **but** with regard to **sacrificial** animals **that are not eaten,** e.g., burnt offerings, **the prohibition** of the sciatic **nerve does not apply. And Rabbi Yoḥanan says: The prohibition** of the sciatic **nerve applies both** with regard to **sacrificial** animals **that are eaten and** with regard to **sacrificial** animals **that are not eaten.**[H]

אָמַר רַב פָּפָּא: וְלָא פְּלִיגִי, כָּאן לְהַלְקוֹתוֹ, כָּאן – לְהַעֲלוֹתוֹ.

Rav Pappa said: Rabbi Ḥiyya bar Yosef and Rabbi Yoḥanan **do not disagree;** they are merely referring to different cases. **Here,** Rabbi Yoḥanan says that the prohibition of the sciatic nerve applies **with regard to flogging** one who eats it. **There,** Rabbi Ḥiyya bar Yosef says that the prohibition of the sciatic nerve does not apply **with regard to bringing** the meat of the animal **up** to the altar, i.e., offerings that are burned on the altar are brought up with the sciatic nerve. Burning the sciatic nerve on the altar is not comparable to eating it and is not prohibited.

אִיכָּא דְּאָמְרִי, אָמַר רַב פָּפָּא: וְלָא פְּלִיגִי, כָּאן – לְחַלְּצוֹ, וְכָאן – לְהַעֲלוֹתוֹ.

There are those **who say** that **Rav Pappa said** as follows: Rabbi Ḥiyya bar Yosef and Rabbi Yoḥanan **do not disagree;** they are merely referring to different cases. **Here,** Rabbi Ḥiyya bar Yosef says that the prohibition of the sciatic nerve does not apply to burnt offerings, in that one is not required **to remove it** before burning the offering on the altar. **There,** Rabbi Yoḥanan says that he prohibition does apply, in that if one did remove the sciatic nerve, it is prohibited **to bring it up** onto the altar independently.

רַב נַחְמָן בַּר יִצְחָק אָמַר: לְהַעֲלוֹתוֹ פְּלִיגִי, דְּתַנְיָא: ״וְהִקְטִיר הַכֹּהֵן אֶת הַכֹּל הַמִּזְבֵּחָה״ – לְרַבּוֹת הָעֲצָמוֹת וְהַגִּידִין וְהַקְּרָנַיִם וְהַטְּלָפַיִם.

Rav Naḥman bar Yitzḥak disagreed with Rav Pappa and **said:** Rabbi Ḥiyya bar Yosef and Rabbi Yoḥanan **disagree** with regard to whether it is permitted **to bring up** the sciatic nerve to the altar even when it remains in the thigh. **As it is taught** in a *baraita*: In the verse: **"And the priest shall make it all smoke on the altar"** (Leviticus 1:9), the term "it all" serves **to include the bones, and the sinews, and the horns, and the hooves** among those items burned on the altar.

יָכוֹל אֲפִילּוּ פָּרְשׁוּ? תַּלְמוּד לוֹמַר: ״וְעָשִׂיתָ עֹלֹתֶיךָ הַבָּשָׂר וְהַדָּם״.

One **might** have thought that **even** if **they became detached** from the flesh of the burnt offering they are burned upon the altar. Therefore, **the verse states: "And you shall offer your burnt offerings, the flesh and the blood,** upon the altar of the Lord your God" (Deuteronomy 12:27), indicating that only the flesh and the blood are offered upon the altar.

אִי בָּשָׂר וָדָם, יָכוֹל יַחֲלוֹץ גִּידִים וַעֲצָמוֹת, וְיַעֲלֶה בָּשָׂר לְגַבֵּי מִזְבֵּחַ: תַּלְמוּד לוֹמַר: ״וְהִקְטִיר הַכֹּהֵן אֶת הַכֹּל הַמִּזְבֵּחָה״, הָא כֵּיצַד: מְחוּבָּרִין – יַעֲלוּ, פָּרְשׁוּ, אֲפִילּוּ בְּרֹאשׁוֹ שֶׁל מִזְבֵּחַ – יֵרְדוּ.

The *baraita* continues: **If** it is only **the flesh and the blood** that are offered on the altar, one **might** have thought that a priest must first **remove the sinews and bones** from an offering **and** only then may he **bring up the flesh** to be burned **upon the altar.** Therefore, **the verse states: "And the priest shall make it all smoke on the altar,"** including the sinews and bones. **How can these** texts be reconciled? If the sinews and bones are **attached** to the flesh, **they shall ascend.** If they **became detached** from the flesh, then **even** if they are already **at the top of the altar, they shall descend.**[H]

וּמַאן תַּנָּא דְּשָׁמְעַתְּ לֵיהּ דְּאָמַר פָּרְשׁוּ יֵרְדוּ? רַבִּי הִיא, דְּתַנְיָא: ״וְהִקְטִיר הַכֹּהֵן אֶת הַכֹּל״ – לְרַבּוֹת הָעֲצָמוֹת וְהַגִּידִים וְהַקַּרְנַיִם וְהַטְּלָפַיִם, וַאֲפִילּוּ פָּרְשׁוּ.

The Gemara comments: **And who is the *tanna* that you heard, who said** if **they became detached** from the flesh, **they shall descend? It is Rabbi** Yehuda HaNasi, **as it is taught** in a *baraita*: In the verse that states: **"And the priest shall make it all smoke** on the altar," the term "it all" serves **to include the bones, and the sinews, and the horns, and the hooves** among those items burned on the altar, **and** that is the *halakha* **even** if **they became detached** from the flesh of the offering.

וְהָא מָה אֲנִי מְקַיֵּים ״וְעָשִׂיתָ עֹלֹתֶיךָ הַבָּשָׂר וְהַדָּם״ – בְּפוֹקְעִין, הָא כֵּיצַד: עִיכּוּלֵי בָּשָׂר אַתָּה מַחְזִיר, וְאִי אַתָּה מַחֲזִיר עִיכּוּלֵי גִידִים וַעֲצָמוֹת.

The *baraita* continues: **But** if so, **how do I realize** the meaning of the verse: **"And you shall offer your burnt offerings, the flesh and the blood,** upon the altar of the Lord your God" (Deuteronomy 12:27), which indicates that only the flesh and blood of an offering are offered on the altar? It is referring **to** parts of the offering that become **dislodged** from the fire. **How so?** If the partially **consumed flesh** of a burnt offering is dislodged from the altar, **you return**[H] it to the fire, **but you do not return** the partially **consumed sinews and bones** that become dislodged.

רַבִּי אוֹמֵר: כָּתוּב אֶחָד אוֹמֵר ״וְהִקְטִיר הַכֹּהֵן אֶת הַכֹּל״ – רִיבָּה, וְכָתוּב אֶחָד אוֹמֵר ״וְעָשִׂיתָ עֹלֹתֶיךָ הַבָּשָׂר וְהַדָּם״ – מִיעֵט. הָא כֵּיצַד: מְחוּבָּרִין – יַעֲלוּ, פָּרְשׁוּ, אֲפִילּוּ בְּרֹאשׁוֹ שֶׁל מִזְבֵּחַ – יֵרְדוּ.

The *baraita* continues: **Rabbi** Yehuda HaNasi **says** that **one verse states: "And the priest shall make it all smoke** on the altar," which **included** sinews and bones. **And one verse states: "And you shall offer your burnt offerings, the flesh and the blood,"** which **excluded** any part other than the flesh and the blood. **How** can **these** texts be reconciled? If the sinews and bones were **attached** to the flesh, **they shall ascend.** If they **became detached** from the flesh, then **even** if they are already **on top of the altar, they shall descend.**

וְרַבָּנַן – מְחוּבָּרִין לָא אִיצְטְרִיךְ קְרָא לְרַבּוּיֵי, מִידֵּי דַּהֲוָה אַרֹאשָׁהּ שֶׁל עוֹלָה, כִּי אִיצְטְרִיךְ קְרָא – לְפָרְשׁוּ.

The Gemara explains their dispute: **And the Rabbis** hold that with regard to sinews and bones that **are attached** to the flesh it **was not necessary** for **a verse to include** the obligation to bring them up to the altar. It is clear that they must be brought up, **just as it is** the *halakha* that **the head of a burnt offering,** which contains many bones, is brought up, as stated explicitly in the verse: "And Aaron's sons, the priests, shall lay the pieces, and the head, and the fat, in order upon the wood that is on the fire that is upon the altar" (Leviticus 1:8). **When a verse was necessary** it was **for** the case where the sinews and bones **became detached** from the flesh. Consequently, when the verse uses the inclusive phrase "it all," it is to include sinews and bones that became detached.

וְרַבִּי – מְחוּבָּרִין דְּהֶיתֵּירָא

But Rabbi Yehuda HaNasi holds that with regard to sinews and bones that are **attached** to the flesh and **that are permitted** to be eaten,

לָא אִיצְטְרִיךְ קְרָא לְרַבּוּיֵי, כִּי אִיצְטְרִיךְ קְרָא – לְגִיד הַנָּשֶׁה בִּמְחוּבָּר.

it was not necessary for **the verse to include** them. **When** a verse **was necessary** it was **for the sciatic nerve that** is still **attached** to the flesh. The term "it all" teaches that if the sciatic nerve is attached to the flesh it is brought up to the altar.

וְרַבָּנַן – ״מִמַּשְׁקֵה יִשְׂרָאֵל״ – מִן הַמּוּתָּר לְיִשְׂרָאֵל.

And the Rabbis would explain their opinion based upon the verse: "And one lamb of the flock, out of two hundred, **from the well-watered pastures [*mimashke*] of Israel;** for a meal offering, and for a burnt offering, and for peace offerings, to make atonement for them, says the Lord God" (Ezekiel 45:15). Since the term *mashke* also means beverage, which is consumed, the verse is interpreted to mean that offerings may be sacrificed only **from that which is permitted to the Jewish people** for consumption. Since the sciatic nerve is not permitted for consumption, it may not be sacrificed on the altar. Consequently, the term "it all" is understood to include sinews and bones even if they have become detached from the flesh.

HALAKHA

Partially consumed flesh you return – עִיכּוּלֵי בָּשָׂר אַתָּה מַחֲזִיר: Incompletely burned limbs that are dislodged from the fire on the altar must be returned, even if they are dislodged after midnight. If they have no substance, then even if they were dislodged before midnight they do not need to be returned. If the meat is so charred that it is like wood and it was dislodged before midnight, it must be returned. If it was dislodged after midnight it need not be returned, in accordance with the ruling of the *baraita* (Rambam *Sefer Avoda, Hilkhot Ma'aseh HaKorbanot* 6:3).

וְרַבִּי – מִידֵי דַּהֲוָה אַחֵלֶב וָדָם. וְרַבָּנַן – מִצְוָתָן בְּכָךְ שָׁאנֵי.

And Rabbi Yehuda HaNasi would respond that a sciatic nerve that is attached to the flesh may be brought up to the altar, **just as it is** permitted to sacrifice forbidden **fat and blood** upon the altar even though they are forbidden for consumption. **And the Rabbis** would say that forbidden fat and blood **are different,** because the Torah explicitly states that **their mitzva is** to be offered on the altar **in this** way, whereas the Torah never mandates the sacrifice of the sciatic nerve upon the altar. According to Rav Naḥman bar Yitzḥak, Rabbi Ḥiyya bar Yosef agrees with Rabbi Yehuda HaNasi that the sciatic nerve is offered upon the altar together with the rest of the animal, whereas Rabbi Yoḥanan holds in accordance with the opinion of the Rabbis that the sciatic nerve is not offered upon the altar.

אָמַר רַב הוּנָא: גִּיד הַנָּשֶׁה שֶׁל עוֹלָה חוֹלְצוֹ לַתַּפּוּחַ. אָמַר רַב חִסְדָּא: מָרֵי דִּיכִי! מִי כְּתִיב "עַל כֵּן לֹא יֹאכַל הַמִּזְבֵּחַ"? "עַל כֵּן לֹא יֹאכְלוּ בְנֵי יִשְׂרָאֵל" כְּתִיב.

§ The Gemara cites another discussion with regard to the sciatic nerve of a burnt offering. **Rav Huna says: The sciatic nerve of a burnt offering**[H] is not placed upon the altar with the rest of the animal. Rather, **one removes it** and places it **on the** circular **mound** of ashes[B] in the center of the altar. **Rav Ḥisda said: Master of this** [*mari dikhi*][L] ruling! **Is it written** in the Torah: **Therefore the altar does not consume** the sciatic nerve? This would indicate that it is prohibited to sacrifice the sciatic nerve on the altar. Rather, it **is written: "Therefore the children of Israel eat not** the sciatic nerve" (Genesis 32:33).

וְרַב הוּנָא – "מִמַּשְׁקֵה יִשְׂרָאֵל" – מִן הַמּוּתָּר לְיִשְׂרָאֵל.

And Rav Huna holds that the phrase: **"From the well-watered pastures of Israel,"** indicates that offerings may be sacrificed only **from that which is permitted to the Jewish people.** Since the sciatic nerve is not permitted for consumption, it may not be sacrificed upon the altar.

מֵיתִיבֵי: גִּיד הַנָּשֶׁה שֶׁל שְׁלָמִים – מְכַבְּדוֹ לָאַמָּה, וְשֶׁל עוֹלָה – מַעֲלֵהוּ. מַאי לָאו, מַעֲלֵהוּ וּמַקְטִירוֹ?

The Gemara **raises an objection** to Rav Huna's opinion. It is taught in a *baraita*: What should one do with **the sciatic nerve of a peace offering,**[BN] since the meat of the offering must be eaten but the sciatic nerve is forbidden? **One sweeps it to the** Temple courtyard **drain.**[B] **And** in the case of the sciatic nerve **of a burnt offering, one brings it up** to the altar. The Gemara comments: **What, is it not** that the *baraita* means that **he brings it up** to the altar **and burns it** with the rest of the animal, which contradicts the statement of Rav Huna?

לֹא, מַעֲלֵהוּ וְחוֹלְצוֹ. וּמֵאַחַר שֶׁחוֹלְצוֹ, לָמָּה מַעֲלֵהוּ? מִשּׁוּם שֶׁנֶּאֱמַר "הַקְרִיבֵהוּ נָא לְפֶחָתֶךָ".

The Gemara responds: **No,** the *baraita* means that **he brings it up** to the altar **and removes it** from the thigh before placing the thigh on the fire. The Gemara asks: **But since he removes it** from the thigh, **why does he bring it up** to the altar? The Gemara answers that one cannot bring the thigh up to the altar after the sciatic nerve has been removed **because it is stated** with regard to one who sacrifices offerings that are damaged or unattractive: **"Present it now unto your governor;** will he be pleased with you, or will he accept your person? says the Lord of hosts" (Malachi 1:8). Consequently, the leg of the animal must be brought up to the altar while it is whole, and the sciatic nerve must be removed on top of the altar.

HALAKHA

The sciatic nerve of a burnt offering – גִּיד הַנָּשֶׁה שֶׁל עוֹלָה: When one cuts a burnt offering into pieces, the sciatic nerve is removed and thrown onto the circular mound of ashes in the center of the altar, in accordance with Rav Huna (Rambam *Sefer Korbanot, Hilkhot Ma'aseh HaKorbanot* 6:4).

BACKGROUND

Circular mound of ashes [*tappuaḥ*] – תַּפּוּחַ: This is referring to a circular pile of ashes collected on the top of the altar from the many offerings that were burned there. Every morning, as the first rite of the day, a priest would move the coals used during the burning of offerings the night before that had not been completely consumed and would place them to the side of the altar. He would then use a shovel to remove some completely consumed coals together with ashes, descend from the altar holding the shovel, and place the ashes on a certain flagstone on the floor of the Temple courtyard to the east of the altar. This stage was known as: Removal of the ashes [*terumat hadeshen*], and this flagstone was known as: The place of the ashes, where the ashes would sink into the ground miraculously. Afterward, many priests would ascend the altar to push the remaining ashes into the center of the altar, and would make an additional pile of ashes there. This is the pile of ashes referred to in the Gemara as the circular mound of ashes [*tappuaḥ*], meaning swollen [*tafuaḥ*], due to its round, raised shape. When there were too many ashes in this pile, priests would remove the excess to a place outside of Jerusalem known as: The place of pouring ashes. This additional task of removal of the ashes outside the city was known as: Removal of the ashes [*hotza'at hadeshen*]. According to some commentaries, this removal of ashes outside of Jerusalem took place daily regardless of how many ashes remained on the altar.

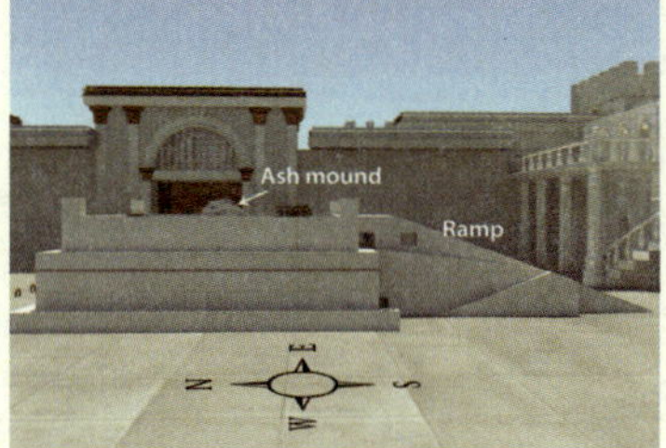

Altar and ramp

Peace offering – שְׁלָמִים: A peace offering, which is brought from male or female cattle, sheep, or goats, is an offering of lesser sanctity and may be slaughtered anywhere within the Temple courtyard. Following the slaughter, the blood is sprinkled on the two diagonally opposite corners of the altar in such a manner that it will descend on each of the altar's four sides. Unlike the burnt offering, which is completely consumed on the altar, only part of the peace offering is burned on the altar, while the breast and thigh are given to the priest. The rest of the animal is eaten by the one bringing the offering and his family anywhere in the city of Jerusalem. It may be eaten on the day the animal is sacrificed, the following day, and during the intervening night. With the exception of the Festival peace offering and a few other cases, peace offerings were brought voluntarily.

Temple courtyard drain – אַמָּה: This was a drainage channel that passed through the Temple courtyard. All the blood, water, and other liquids from the Temple flowed into it and out of the Temple.

LANGUAGE

Master of this [*mari dikhi*] – מָרֵי דִּיכִי: This phrase, used uniquely by Rav Ḥisda (see *Bava Kamma* 49a and *Zevaḥim* 43b), is an expression of surprise. Some explain it literally as meaning: Master of this ruling, i.e., the one at whom Rav Ḥisda is surprised (see Rashi on *Bava Kamma* 49a). Others explain that the phrase is an expression referring to God, as if to say: Master of the Universe (*Arukh HaShalem*). The *Arukh* cites a version of the text that reads: My Master and teacher.

NOTES

The sciatic nerve of a peace offering – גִּיד הַנָּשֶׁה שֶׁל שְׁלָמִים: The early commentaries were uncertain as to the reason that the sciatic nerve of a peace offering must be swept specifically into the Temple courtyard drain after being removed from the animal, as a peace offering may be eaten anywhere in Jerusalem. They explain that the text of the Gemara is incorrect and should read: The sciatic nerve of a sin offering and a guilt offering, as these offerings are eaten only in the Temple courtyard.

תַּנְיָא כְּוָותֵיהּ דְּרַב הוּנָא: גִּיד הַנָּשֶׁה שֶׁל שְׁלָמִים – מְכַבְּדוֹ לָאַמָּה, וְשֶׁל עוֹלָה – חוֹלְצוֹ לַתַּפּוּחַ.

It **is taught** in a *baraita* **in accordance with** the opinion **of Rav Huna: With** regard to the **sciatic nerve of a peace offering, one sweeps it into the** Temple courtyard **drain; and** with regard to the sciatic nerve **of a burnt offering, one removes it** and places it **on the** circular **mound** of ashes in the center of the altar.

תְּנַן הָתָם: תַּפּוּחַ הָיָה בְּאֶמְצַע הַמִּזְבֵּחַ, פְּעָמִים הָיָה עָלָיו כִּשְׁלֹשׁ מֵאוֹת כּוֹר. אָמַר רָבָא: גּוּזְמָא.

We learned in a mishna **there** (*Tamid* 28b): **There was** a circular **mound** of ashes **in the center of the altar,** and **sometimes there was** as much **as three hundred** ***kor***[B] of ashes **upon it. Rava said:** This description is **an exaggeration** [***guzma***];[L] the *tanna* means merely that there was a significant quantity of ashes.

הִשְׁקוּ אֶת הַתָּמִיד בְּכוֹס שֶׁל זָהָב, אָמַר רָבָא: גּוּזְמָא.

Similarly, it is taught in a mishna (*Tamid* 30a) that before slaughtering the daily offering the priests **gave** the lamb selected for **the daily offering** water **to drink in a golden cup,** in order to render the animal easier to flay after slaughter. With regard to this mishna, **Rava said:** It is **an exaggeration,** as the priests did not actually let the animal drink from a golden vessel.

אָמַר רַבִּי אַמִי: דִּבְּרָה תּוֹרָה לְשׁוֹן הֲוַאי, דִּבְּרוּ נְבִיאִים לְשׁוֹן הֲוַאי, דִּבְּרוּ חֲכָמִים לְשׁוֹן הֲוַאי. דִּבְּרוּ חֲכָמִים לְשׁוֹן הֲוַאי – הָא דַּאֲמַרַן,

The Gemara provides other examples of statements not meant literally. **Rabbi Ami says:** In some instances, **the Torah spoke** employing **exaggerated** [***havai***][L] **language, the Prophets spoke** employing **exaggerated language,** and **the Sages spoke** employing **exaggerated language.** The fact that **the Sages spoke** employing **exaggerated language** is evident from **that which we stated above,** concerning the mound of ashes and the lamb of the daily offering.

דִּבְּרָה תּוֹרָה לְשׁוֹן הֲוַאי – ״עָרִים גְּדוֹלוֹת וּבְצוּרוֹת בַּשָּׁמָיִם״, דִּבְּרוּ נְבִיאִים לְשׁוֹן הֲוַאי – ״וַתִּבָּקַע הָאָרֶץ לְקוֹלָם״.

The Torah spoke employing **exaggerated language,** as it is written: "Hear, Israel: You are passing over the Jordan this day, to go in to dispossess nations greater and mightier than you, **cities great and fortified up to heaven"** (Deuteronomy 9:1), whereas the fortifications obviously did not actually reach up to heaven. **The Prophets spoke** employing **exaggerated language,** as it is written with regard to the coronation of King Solomon: "And all the people came up after him, and the people piped with pipes, and rejoiced with great joy, **so that the earth rent with the sound of them"** (1 Kings 1:40), where the verse means merely that the sound was very loud.

אָמַר רַבִּי יִצְחָק בַּר נַחְמָנִי אָמַר שְׁמוּאֵל: בִּשְׁלֹשָׁה מְקוֹמוֹת דִּבְּרוּ חֲכָמִים לְשׁוֹן הֲוַאי, אֵלּוּ הֵן: תַּפּוּחַ, גֶּפֶן, וּפָרוֹכֶת. תַּפּוּחַ – הָא דַּאֲמַרַן.

Rabbi Yitzḥak bar Naḥmani says that **Shmuel says: In three places the Sages spoke** in **exaggerated language, and they are** with regard to the circular **mound** of ashes on the altar; the **vine; and** the **Curtain** separating the Sanctuary and Holy of Holies. The case of the circular **mound** of ashes **is that which we said.**

גֶּפֶן – דִּתְנַן: גֶּפֶן שֶׁל זָהָב הָיְתָה עוֹמֶדֶת עַל פִּתְחוֹ שֶׁל הֵיכָל, מוּדְלָה עַל גַּבֵּי כְּלוֹנְסוֹת, וְכׇל מִי שֶׁהָיָה מִתְנַדֵּב גַּרְגִּיר אוֹ אֶשְׁכּוֹל מֵבִיא וְתוֹלֶה בָּהּ. אָמַר רַבִּי אֶלְעָזָר בְּרַבִּי צָדוֹק: מַעֲשֶׂה הָיָה וְנִמְנוּ עָלֶיהָ שְׁלֹשׁ מֵאוֹת כֹּהֲנִים לְפַנּוֹתָהּ.

The case of the **vine** is **as we learned** in a mishna (*Middot* 36a): **A golden** ornament in the form of **a vine**[B] **was standing at the entrance to the Sanctuary,** and it was **hung upon poles. And whoever would donate** an ornamental golden leaf, **grape, or cluster** of grapes to the Temple would **bring** it to the Temple **and hang** it **upon** the vine. **Rabbi Elazar, son of Rabbi Tzadok, said: There was** once **an incident, and three hundred priests were enlisted to move** the vine because of its immense weight. According to Shmuel, this description is also an exaggeration.

LANGUAGE

Exaggeration [*guzma*] – גּוּזְמָא: The source of this term is unclear. It may stem from the word *gazam*, meaning cut, which in turn was used in rabbinic Hebrew in the form *guzma* to refer to a threat or an attempt to frighten. Its meaning may then have been expanded to refer to any statement made merely to make an impression, without being taken literally.

Exaggerated [*havai*] – הֲוַאי: This word means nonsense, and is used to refer to an exaggeration or to imprecise language. Some explain that it describes an unlearned person who is not careful with his language. Although he does not intend to tell a lie, his words lack precision (Rashi).

BACKGROUND

Kor – כּוֹר: The *kor* is the largest measurement of volume mentioned in talmudic sources. The *kor* contains thirty *se'a*, which various opinions estimate as being equivalent to between 216 and 432 ℓ.

Golden vine – גֶּפֶן שֶׁל זָהָב:

Entrance hall of the Sanctuary, adorned with a golden vine

פרוכת – דתנן: רבן שמעון בן גמליאל אומר משום רבי שמעון הסגן, פרוכת – עוביה טפח, ועל שבעים ושנים נירים נארגת, ועל כל נימה ונימה עשרים וארבעה חוטין. ארכה ארבעים באמה ורחבה עשרים באמה, ומשמונים ושתי רבוא נעשת, ושתים עושים בשנה, ושלש מאות כהנים מטבילין אותה.

The case of the **Curtain is as we learned** in a mishna (*Shekalim* 8:2): **Rabban Shimon ben Gamliel says in the name of Rabbi Shimon, the deputy** High Priest:[P] The **Curtain** is the **thickness of a handbreadth** [*tefaḥ*].[HL] **It is woven from seventy-two strands** [*nirim*] of yarn, **and each and every strand** [*nima*][L] of those seventy-two is made from **twenty-four threads** consisting of six threads each of sky-blue wool, purple wool, scarlet wool, and fine linen. **Its length** is **forty cubits,** the height of the Sanctuary, **and its width** is **twenty cubits,** the width of the entrance. **And it is made from eighty-two ten-thousands,**[N] i.e., 820,000 dinars. **And** the overseers of the Temple **make two** new Curtains **every year.**[N] And the Curtain was so heavy that when it was immersed, **three hundred priests would immerse it.**

"בירך של ימין ובירך של שמאל". מתניתין לא כרבי יהודה, דתניא רבי יהודה אומר: אינו נוהג אלא באחת, והדעת מכרעת – את של ימין.

§ The mishna teaches that the prohibition of the sciatic nerve applies **to the thigh of the right** leg **and to** the **thigh of the left** leg. The Gemara says: **The mishna is not in accordance with** the opinion of **Rabbi Yehuda, as it is taught** in a *baraita* that **Rabbi Yehuda says:** The prohibition of the sciatic nerve **applies only to** the sciatic nerve **in one** of the animal's thighs, **and logic dictates** that it is **the right** thigh.

איבעיא להו: מיפשט פשיטא ליה לרבי יהודה, ומאי "דעת"? דעת תורה, או דלמא ספוקי מספקא ליה, ומאי "דעת"? דעת נוטה?

A dilemma was raised before the Sages: Is it **obvious to Rabbi Yehuda** that the prohibition applies only to the sciatic nerve in the right thigh, **and** accordingly, **what** does he mean when he says that **logic** dictates? He means **the logic of the Torah. Or perhaps he is uncertain** as to whether it applies only to the right thigh or only to the left, **and** accordingly, **what** does he mean when he says that **logic** dictates? He means that **logic inclines** one to believe that the prohibition applies to the right thigh.

תא שמע: העצמות והגידים והנותר – ישרפו לששה עשר, והוינן בה: הני גידי מאי עבידתייהו? אי גידי בשר – ליכלינהו! ואי דאייתור – היינו נותר! אלא גידי צואר, אי לאו בשר נינהו – לישדינהו!

The Gemara suggests: **Come and hear** a resolution based upon the following mishna (*Pesaḥim* 83a): **The bones** of the Paschal offering that contain edible marrow but cannot be eaten because it is prohibited to break the bones of the Paschal offering; **and the sinews;** and **the leftover** meat **should** all **be burned on the sixteenth**[H] of Nisan, not on the fifteenth, the first day of Passover. **And we discussed it: What are the circumstances** in which **these sinews** must be burned? **If we say** they are **sinews of meat, let one eat them.** Why are they burned? **And if** they are sinews **that were left over** and not eaten, **that is** the case of **leftover** meat; why does the mishna list sinews separately? **Rather,** the mishna is referring to **sinews of the neck,** which are different from other sinews and are therefore mentioned separately. But **if they are not meat,** why do they require burning? **Let one** simply **discard them** like other waste.

ואמר רב חסדא: לא נצרכא אלא לגיד הנשה, ואליבא דרבי יהודה דאמר אינו נוהג אלא באחת.

And Rav Ḥisda said: The mishna's mention of sinews **is necessary only** in order to teach the *halakha* **of the sciatic nerve,** and **in accordance with** the opinion **of Rabbi Yehuda, who said:** The prohibition of the sciatic nerve **applies only to** the sciatic nerve in **one** of the animal's thighs, and not to both.

PERSONALITIES

Rabbi Shimon the deputy High Priest – רבי שמעון הסגן: This Sage is mentioned infrequently in the Mishna. Apparently the title: Deputy, is a title of honor, and not part of his name. According to some commentaries, the text of the Gemara should read: Rabbi Shimon, son of the deputy High Priest. If so, this individual was actually the son of Rabbi Ḥanina, the deputy High Priest, who is the deputy most often mentioned in the sources and one of the prominent Sages in the generation of the destruction of the Temple (Rambam). Some hold that this Rabbi Shimon is identical with Rabbi Shimon bar Kahana mentioned in the *Tosefta*. Since he was either the deputy High Priest or the son of the deputy High Priest, his testimony has particular significance in any matters relevant to priesthood.

HALAKHA

The Curtain is the thickness of a handbreadth, etc. – פרוכת עוביה טפח וכו׳: Two curtains each year were made to separate the Sanctuary from the Holy of Holies. The Curtain was woven from four different types of yarn: Fine linen, sky-blue wool, purple wool, and scarlet wool. Each strand consisted of six threads of each of the four materials, totaling twenty-four threads. The Curtain, which was forty cubits long and twenty cubits wide, was woven on seventy-two looms and was one handbreadth thick. This is in accordance with the opinion of Rabban Shimon ben Gamliel, citing Rabbi Shimon the deputy High Priest (Rambam *Sefer Avoda, Hilkhot Kelei HaMikdash* 7:16).

The bones, and the sinews, and the leftover meat should be burned on the sixteenth – העצמות והגידים והנותר ישרפו לששה עשר: Although the leftovers of peace offerings are forbidden for consumption from the beginning of the third night after being sacrificed, they are not burned until the following day. The reason is that leftover meat may be burned only during the daytime, whether that day is the first day following the time that the meat became leftover, or whether more than one day had already passed. Burning the leftover parts of an offering does not override a Festival and certainly does not override Shabbat (Rambam *Sefer Avoda, Hilkhot Pesulei HaMukdashin* 19:5).

LANGUAGE

Handbreadth [*tefaḥ*] – טפח: The handbreadth is the basic measurement of length, and is mentioned in the Torah (Exodus 25:25). It refers to the width of four fingers, excluding the thumb, when they are side by side. Modern estimates range between 8 and 9.6 cm.

Strands [*nirim*]…strand [*nima*] – נירים...נימה: Although two different Hebrew words are used here, one in plural and the other in singular, they are similar to each other and share the same meaning. The word *nima* comes from the Greek νῆμα, *nēma*, meaning thread or hair.

NOTES

And it is made from eighty-two ten-thousands [*ribbo*] – ומשמונים ושתי רבוא נעשת: The commentary follows the interpretation of the Rambam that this number is referring to the cost of the curtain. Other commentaries claim that it is referring to the number of young girls who have not yet menstruated, and are therefore certainly ritually pure, who were needed to weave the curtain. Weaving was traditionally women's work, and women were paid to weave the curtain for the Temple (Commentary on *Tamid*). According to this interpretation, the text should read *rivot*, young girls, rather than *ribbo*, ten-thousands. Some explain that the number is referring to the number of threads that were in the curtain (Rabbeinu Barukh).

And they make two Curtains every year – ושתים עושים בשנה: Some explain that this is referring to the two Curtains that separated the Holy of Holies and the Sanctuary in the Second Temple. These were spaced a cubit apart, and they replaced the cubit-width dividing wall, called the *amma teraksin*, of the First Temple. An alternate explanation of the two curtains is that one is for the Holy of Holies and the other for the Entrance Hall (Rashi). New curtains were needed each year because they would become ruined by the large quantity of smoke produced from the incense (Rosh).

אִי אָמְרַתְּ בִּשְׁלָמָא סְפוּקֵי מְסַפְּקָא לֵיהּ – שַׁפִּיר, אֶלָּא אִי אָמְרַתְּ מִיפְשָׁט פְּשִׁיטָא לֵיהּ, דְּהֶיתֵּירָא – לֵיכְלֵיהּ, דְּאִיסּוּרָא – לִשְׁדְיֵיהּ!

The Gemara explains how this resolves the dilemma: **Granted if you say** that Rabbi Yehuda **is uncertain** as to whether it is the sciatic nerve of the right or the left thigh, it works out **well.** Since it is uncertain which thigh may be eaten, one may not eat either of them, and one must burn each of them on the sixteenth due to the possibility that it was the permitted one and now has the status of leftover meat. **But if you say** that it is **obvious to** Rabbi Yehuda that the sciatic nerve of only the right thigh is forbidden, **let him eat** the sciatic nerve **of the permitted** left thigh, and **let him throw** away only the sciatic nerve **of the forbidden** right thigh. Neither one should be burned.

אָמַר רַב אִיקָא בַּר חֲנִינָא: לְעוֹלָם אֵימָא לָךְ מִיפְשָׁט פְּשִׁיטָא לֵיהּ, וְהָכָא בְּמַאי עָסְקִינַן – כְּשֶׁהוּכְּרוּ וּלְבַסּוֹף נִתְעָרְבוּ.

The Gemara responds: **Rav Ika bar Ḥanina said: Actually I** could **say to you** that it is **obvious to** Rabbi Yehuda that the sciatic nerve of only the right thigh is forbidden. Nevertheless, **here we are dealing with** a case **where** the sciatic nerves **were identified** and removed, **but ultimately** the sciatic nerves **became intermingled** and one cannot tell which is from the right thigh and which is from the left thigh. Consequently, they must both be left over until the next day and then burned.

Perek **VII**
Daf **91** Amud **a**

רַב אַשִׁי אָמַר: לָא נִצְרְכָא אֶלָּא לְשַׁמְנוֹ, דְּתַנְיָא: שַׁמְנוֹ מוּתָּר, וְיִשְׂרָאֵל קְדוֹשִׁים נָהֲגוּ בּוֹ אִיסּוּר.

Rav Ashi said: The mishna's ruling that the sinews must be burned **is necessary only** with regard to the **fat** around the sciatic nerve, **as it is taught** in a *baraita*: The **fat**[H] around the sciatic nerve **is permitted** by Torah law, **but the Jewish people are holy** and **treated it as forbidden.** Since it is permitted by Torah law, it has the status of sacrificial meat and may not be simply discarded. Nevertheless, since the Jewish people treat it as forbidden, they do not eat it even from the Paschal offering, despite the mitzva to eat that offering in its entirety. Therefore, it is left until after the time when the meat may be eaten and it is burned as leftover sacrificial meat.

רָבִינָא אָמַר: לָא נִצְרְכָא אֶלָּא לְכִדְרַב יְהוּדָה אָמַר שְׁמוּאֵל, דְּאָמַר רַב יְהוּדָה אָמַר שְׁמוּאֵל: שְׁנֵי גִידִין הֵן. פְּנִימִי, סָמוּךְ לָעֶצֶם – אָסוּר וְחַיָּיבִין עָלָיו. חִיצוֹן, סָמוּךְ לַבָּשָׂר – אָסוּר וְאֵין חַיָּיבִין עָלָיו.

Ravina said: The mishna's statement **is necessary only** with regard to the outer nerve, and it is **in accordance with that which Rav Yehuda** said that **Shmuel said. As Rav Yehuda said** that **Shmuel said: There are two nerves**[BH] included in the prohibition of the sciatic nerve. The **inner** nerve that is **next to the bone is forbidden** by Torah law, **and one is liable** to be flogged **for** eating **it.** The **outer** nerve that is **next to the flesh is forbidden** by rabbinic law, **and** therefore **one is not liable** to be flogged **for** eating **it.** In the case of a Paschal offering, since the outer nerve is permitted by Torah law, it assumes the status of leftover sacrificial meat when it is not eaten.

תָּא שְׁמַע: אָכַל מִזֶּה כְּזַיִת וּמִזֶּה כְּזַיִת – סוֹפֵג שְׁמוֹנִים. רַבִּי יְהוּדָה אוֹמֵר: אֵינוֹ סוֹפֵג אֶלָּא אַרְבָּעִים.

The Gemara suggests: **Come** and **hear** another resolution to the dilemma about Rabbi Yehuda's statement, from a mishna (96a): If **one ate an olive-bulk from this** sciatic nerve of the right leg **and an olive-bulk from that** sciatic nerve of the left leg, **he incurs eighty** lashes. **Rabbi Yehuda says: He incurs only forty** lashes.

BACKGROUND

Two nerves – שְׁנֵי גִידִין: The sciatic nerve emerges from the pelvis (1) and runs down the thigh. At the end of the thigh it branches in two (2): The tibial nerve, which runs down the back of the leg (3), and the common fibular nerve, which runs down the outside of the leg. There are two traditions as to the identity and placement of these outer and inner nerves mentioned in the Gemara. According to one tradition, accepted by the Yemenite community, the inner nerve consists of the tibial nerve and part of the sciatic nerve, while the common fibular nerve is the outer nerve.

According to the second tradition, accepted by the Ashkenazic community, all of the aforementioned nerves comprise the inner nerve. It is referred to as being the inner one because its base is close to the base of the coccygeal bone and runs to the end of the femur (4). The outer nerve is the femoral nerve, which emerges higher up in the spine, before the hind leg (5). From there it runs diagonally to the muscle of the thigh, crossing the femur on its way (6).

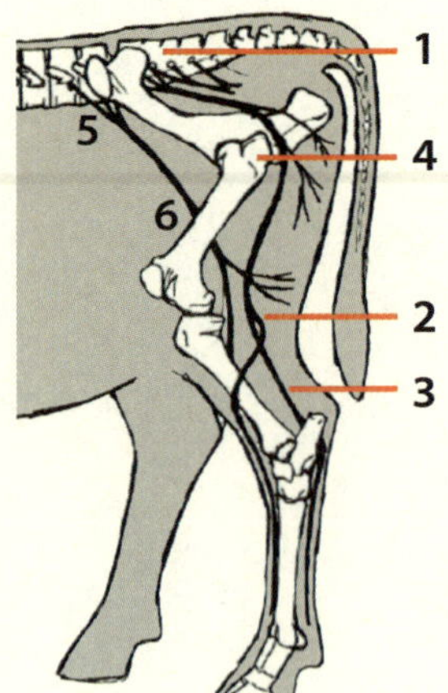

Hindquarters of a cow

HALAKHA

Fat – שַׁמְנוֹ: Even though the fat attached to the sciatic nerve is permitted by Torah law, the Jewish people are holy and treat it as forbidden. This is in accordance with the opinion of Rabbi Meir in the *baraita* later (92b) and in accordance with the *baraita* here (*Shulḥan Arukh, Yoreh De'a* 65:8).

There are two nerves – שְׁנֵי גִידִין הֵן: There are two major nerves in the thigh, an inner nerve close to the bone, and an outer one closer to the hide, both of which are forbidden. The inner one is forbidden by Torah law and the outer one by rabbinic law, in accordance with the opinion of Shmuel (Rambam *Sefer Kedusha, Hilkhot Ma'akhalot Assurot* 8:1; *Shulḥan Arukh, Yoreh De'a* 65:8).

אִי אָמְרַתְּ בִּשְׁלָמָא מִיפְשַׁט פְּשִׁיטָא לֵיהּ – שַׁפִּיר, אֶלָּא אִי אָמְרַתְּ סְפוּקֵי מְסַפְּקָא לֵיהּ – הָוְיָא לַהּ הַתְרָאַת סָפֵק, וְשָׁמְעִינַן לֵיהּ לְרַבִּי יְהוּדָה דְּאָמַר: הַתְרָאַת סָפֵק לֹא שְׁמָהּ הַתְרָאָה!

Granted, if you say it is **obvious to** Rabbi Yehuda that the sciatic nerve of the right thigh is the one forbidden by Torah law, it is **well. But if you say he is uncertain,** why would he hold that one incurs any lashes? When the individual is forewarned not to partake of each sciatic nerve, which is necessary in order to be liable for incurring lashes, **it is an uncertain forewarning, and we have heard** about **Rabbi Yehuda that he said: An uncertain forewarning is not characterized as forewarning.**

דְּתַנְיָא: הִכָּה אֶת זֶה וְחָזַר וְהִכָּה אֶת זֶה, קִלֵּל אֶת זֶה וְחָזַר וְקִלֵּל אֶת זֶה, הִכָּה שְׁנֵיהֶם בְּבַת אַחַת, אוֹ שֶׁקִּלֵּל שְׁנֵיהֶם בְּבַת אַחַת חַיָּיב. רַבִּי יְהוּדָה אוֹמֵר: בְּבַת אַחַת – חַיָּיב, בָּזֶה אַחַר זֶה – פָּטוּר!

As it is taught in a *baraita*: If one is uncertain which of two men is his father and he **struck this** one **and then struck that** one, or **cursed this** one **and then cursed that** one, or **struck both of them simultaneously, or cursed both of them simultaneously, he is liable** to receive the death penalty, as he certainly struck or cursed his father. **Rabbi Yehuda says:** If he struck or cursed both of them **simultaneously he is liable,** provided he was forewarned that his action will certainly render him liable to receive the death penalty. But if he struck or cursed them **one after the other he is exempt.** Apparently, Rabbi Yehuda is of the opinion that one is not punished after uncertain forewarning; since in this case it is impossible to determine which of them is the father, inevitably each forewarning is uncertain. Similarly, if Rabbi Yehuda is uncertain which sciatic nerve is forbidden by Torah law, he should hold that since the forewarning before eating either sciatic nerve is uncertain, one who consumes both should be exempt.

הָאי תַּנָּא סָבַר לַהּ כְּאִידַּךְ תַּנָּא דְּרַבִּי יְהוּדָה. דְּאָמַר: הַתְרָאַת סָפֵק שְׁמָהּ הַתְרָאָה.

The Gemara answers: **This *tanna*** of that mishna, on 96a, **holds in accordance with** the opinion of **another *tanna*** with regard to the opinion **of Rabbi Yehuda, who said** that Rabbi Yehuda holds that **an uncertain forewarning is characterized as forewarning.**

דְּתַנְיָא: "לֹא תוֹתִירוּ מִמֶּנּוּ עַד בֹּקֶר" וגו' – בָּא הַכָּתוּב לִיתֵּן עֲשֵׂה אַחַר לֹא תַעֲשֶׂה, לוֹמַר שֶׁאֵין לוֹקִין עָלָיו, דִּבְרֵי רַבִּי יְהוּדָה.

As it is taught in a *baraita*: The verse states with regard to the Paschal offering: **"And you shall not leave any of it until morning;** but that which remains of it until morning you shall burn with fire" (Exodus 12:10). **The verse comes to provide a positive mitzva** to burn the leftover meat **after** it has taught **a prohibition** against leaving it over, **to say that one is not flogged for** violation **of** the prohibition; this is **the statement of Rabbi Yehuda.** Rabbi Yehuda holds that one is not flogged for any transgression that can be rectified by the performance of a positive mitzva.

רַבִּי יַעֲקֹב אוֹמֵר: לֹא מִן הַשֵּׁם הוּא זֶה, אֶלָּא מִשּׁוּם דַּהֲוָה לָאו שֶׁאֵין בּוֹ מַעֲשֶׂה, וְכׇל לָאו שֶׁאֵין בּוֹ מַעֲשֶׂה אֵין לוֹקִין עָלָיו.

Rabbi Ya'akov says: This, the *halakha* that one is not flogged, **is not for** that **reason. Rather,** it is **because** leaving over sacrificial meat **is a prohibition that does not involve an action,** as one violates the prohibition through failure to take action, **and** concerning **any prohibition that does not involve an action, one is not flogged for** its violation. The forewarning one could receive for this transgression is an uncertain one, because witnesses who forewarn the individual cannot be certain until daybreak that he will leave it over. Nevertheless, this *baraita* indicates that if not for the fact that leaving over sacrificial meat can be rectified by a positive mitzva, Rabbi Yehuda would hold that one is flogged for leaving over sacrificial meat.

תָּא שְׁמַע: אָכַל שְׁנֵי גִּידִין מִשְּׁתֵּי יְרֵכוֹת מִשְּׁתֵּי בְּהֵמוֹת – סוֹפֵג שְׁמוֹנִים. רַבִּי יְהוּדָה אוֹמֵר: אֵינוֹ סוֹפֵג אֶלָּא אַרְבָּעִים.

The Gemara suggests: **Come** and **hear** a resolution of the uncertainty with regard to the opinion of Rabbi Yehuda from a *baraita*: If **one ate two** sciatic **nerves from two thighs of two** different **animals, he incurs eighty** lashes. **Rabbi Yehuda says: He incurs only forty** lashes.

מִדְּקָאָמַר "מִשְּׁתֵּי יְרֵכוֹת מִשְּׁתֵּי בְּהֵמוֹת" פְּשִׁיטָא דְּתַרְוַיְיהוּ לְאִיסּוּרָא, וּלְרַבִּי יְהוּדָה אִיצְטְרִיךְ, שְׁמַע מִינַּהּ: מִיפְשַׁט פְּשִׁיטָא לֵיהּ, שְׁמַע מִינַּהּ.

The Gemara comments: **From** the fact that the first *tanna* **said** that he was referring to **two thighs of two** different **animals,** it is **obvious** that he meant they were both from the right thigh, because if one were from the right thigh and one were from the left thigh it would not matter if they were from two different animals or from the same animal. Consequently, **both** sciatic nerves are definitely **forbidden** by Torah law, and according to the first *tanna* one incurs eighty lashes for eating them. **And it was necessary** to teach that **according to Rabbi Yehuda** one incurs only forty lashes, as will be explained. **Conclude from** this *baraita* that it is **obvious to** Rabbi Yehuda that it is the sciatic nerve of the right thigh that is forbidden by Torah law. The Gemara affirms: **Conclude from** it that this is Rabbi Yehuda's opinion.

וְאִי פְּשִׁיטָא לֵיהּ, אַמַּאי סוֹפֵג אַרְבָּעִים, וְתוּ לָא? לִילְקֵי שְׁמוֹנִים! הָכָא בְּמַאי עָסְקִינַן כְּגוֹן דְּלֵית בּוֹ כַּזַּיִת, דְּתַנְיָא: אֲכָלוֹ וְאֵין בּוֹ כַּזַּיִת – חַיָּיב. רַבִּי יְהוּדָה אוֹמֵר: עַד שֶׁיְּהֵא בּוֹ כַּזַּיִת.

The Gemara seeks to clarify the *baraita*: **But if it is obvious to** Rabbi Yehuda that the sciatic nerve from the right thigh is prohibited by Torah law, **why does he incur forty** lashes **and nothing more? Let him be flogged eighty** times. The Gemara answers: **Here we are dealing with** a case **where** the volume of one of the sciatic nerves **is not an olive-bulk,** and Rabbi Yehuda holds that in such a case one is not flogged for its consumption. **As it is taught** in a *baraita*: If **one ate** the entire sciatic nerve **and** its volume **is not an olive-bulk,** he is nevertheless **liable** to be flogged, because he ate a complete, natural unit of forbidden food. **Rabbi Yehuda says:** He is not liable **unless it** has a volume of at least **an olive-bulk.**

וְטַעְמָא מַאי? אָמַר רָבָא, אָמַר קְרָא: ״הַיָּרֵךְ״ – הַמְיוּמֶּנֶת שֶׁבַּיָּרֵךְ.

The Gemara asks: **And what is the reason** that Rabbi Yehuda holds that only the sciatic nerve of the right thigh is forbidden by Torah law? **Rava said** that it is because the **verse states:** "Therefore the children of Israel eat not the sciatic nerve that is upon the spoon of **the thigh**" (Genesis 32:33). The definite article indicates that this is referring to **the most important thigh.**

וְרַבָּנַן – הַהוּא דְּפָשֵׁיט אִיסּוּרֵיהּ בְּכוּלֵּיהּ יָרֵךְ, לְאַפּוֹקֵי חִיצוֹן דְּלָא.

And the Rabbis, who hold that the sciatic nerves of both the right and left thighs are forbidden by Torah law, explain the definite article as teaching that the prohibition applies to **the one whose prohibition spreads through the entire thigh,** i.e., the inner nerve. This serves **to exclude** the **outer** nerve, **which is not** prohibited by Torah law.

וְרַבִּי יְהוֹשֻׁעַ בֶּן לֵוִי אָמַר, אָמַר קְרָא: ״בְּהֵאָבְקוֹ עִמּוֹ״ – כְּאָדָם שֶׁחוֹבֵק אֶת חֲבֵירוֹ, וְיָדוֹ מַגַּעַת לְכַף יְמִינוֹ שֶׁל חֲבֵירוֹ.

And Rabbi Yehoshua ben Levi said that Rabbi Yehuda holds that the sciatic nerve of the right thigh is forbidden because **the verse states:** "And when he saw that he could not prevail against him, he touched the spoon of his thigh; and the spoon of Jacob's thigh was strained, **as he wrestled with him**" (Genesis 32:26). The angel grappled with Jacob **like a man who hugs**[B] **another** in order to throw him to the ground, **and his hand reaches to the spoon of the right** thigh **of the other.**

רַבִּי שְׁמוּאֵל בַּר נַחְמָנִי אָמַר: כְּגוֹי נִדְמָה לוֹ, דְּאָמַר מָר: יִשְׂרָאֵל שֶׁנִּטְפַּל לוֹ גּוֹי בַּדֶּרֶךְ – טוֹפְלוֹ לִימִינוֹ.

Rabbi Shmuel bar Naḥmani says: The angel **appeared to him as a gentile, as the Master said: A Jew who is joined by a gentile on the road**[H] and continues his travels with him should **position** the gentile **to his right,** close to one's dominant hand. This allows the Jew to defend himself against any potential attack. Since Jacob followed this practice, it was therefore Jacob's right thigh that the angel touched.

רַב שְׁמוּאֵל בַּר אַחָא קַמֵּיהּ דְּרַב פַּפָּא מִשְּׁמֵיהּ דְּרָבָא בַּר עוּלָּא אָמַר: כְּתַלְמִיד חָכָם נִדְמָה לוֹ, דְּאָמַר מָר: הַמְהַלֵּךְ לִימִין רַבּוֹ – הֲרֵי זֶה בּוּר.

Rav Shmuel bar Aḥa said before Rav Pappa in the name of Rava bar Ulla that the angel **appeared to** Jacob **as a Torah scholar,** and therefore Jacob positioned the angel on his right side, **as the Master said: One who walks to the right of his teacher is an ignoramus,**[H] in that he does not know how to act with good manners. Consequently, it was Jacob's right thigh that the angel touched.

וְרַבָּנַן – מֵאֲחוֹרֵיהּ אֲתָא, וְנַשְׁיֵיהּ בְּתַרְוַיְיהוּ.

And the Rabbis, who hold that the sciatic nerves of both thighs are forbidden, understand that the angel **came from behind** Jacob **and hit him on both** thighs.

וְרַבָּנַן, הַאי ״בְּהֵאָבְקוֹ עִמּוֹ״ מַאי דָּרְשִׁי בֵּיהּ? מִבָּעֵי לֵיהּ לְכִדְרַבִּי יְהוֹשֻׁעַ בֶּן לֵוִי, דְּאָמַר רַבִּי יְהוֹשֻׁעַ בֶּן לֵוִי: מְלַמֵּד שֶׁהֶעֱלוּ אֲבַק מֵרַגְלוֹתָם עַד כִּסֵּא הַכָּבוֹד. כְּתִיב הָכָא ״בְּהֵאָבְקוֹ עִמּוֹ״, וּכְתִיב הָתָם ״וְעָנָן אֲבַק רַגְלָיו״.

The Gemara asks: **And the Rabbis, what do they derive** from **this** phrase: **"As he wrestled with him"** (Genesis 32:26)? The Gemara answers: They **require it for the other** interpretation **of Rabbi Yehoshua ben Levi, as Rabbi Yehoshua ben Levi said:** This **teaches that the dust** [*avak*] **from their feet ascended to the throne of glory. It is written here: "As he wrestled** [*behe'avko*] **with him," and it is written there** in a description of how God will punish the wicked: "The Lord, in the whirlwind and in the storm is His way, **and the clouds are the dust of His feet"** (Nahum 1:3).

וְאָמַר רַבִּי יְהוֹשֻׁעַ בֶּן לֵוִי: לָמָּה נִקְרָא שְׁמוֹ ״גִּיד הַנָּשֶׁה״? שֶׁנָּשָׁה מִמְּקוֹמוֹ וְעָלָה, וְכֵן הוּא אוֹמֵר: ״נָשְׁתָה גְּבוּרָתָם הָיוּ לְנָשִׁים״.

§ The Gemara cites another statement of Rabbi Yehoshua ben Levi concerning the sciatic nerve: **And Rabbi Yehoshua ben Levi says: Why is its name called sciatic nerve** [*gid hanashe*]? It is **because** the sciatic nerve **left** [*nasha*] **its place and rose. And similarly** the verse **says:** "The mighty men of Babylon have ceased to fight, they remain in their strongholds; **their might has left** [*nashata*], **they are become as women"** (Jeremiah 51:30).

BACKGROUND

A man who hugs – אָדָם שֶׁחוֹבֵק:

Wrestling hug, with one wrestler's hand reaching the other's thigh

HALAKHA

A Jew who is joined by a gentile on the road – יִשְׂרָאֵל שֶׁנִּטְפַּל לוֹ גּוֹי בַּדֶּרֶךְ: If a Jew finds himself walking on a road with a gentile armed with a sword, the Jew should ensure that the gentile is to his right. According to the *Haggahot Maimoniyyot*, the reason is that if necessary, he can quickly grab the gentile's sword using his right hand, as people usually carried their swords on their left sides (Rambam *Sefer Nezikin, Hilkhot Rotze'aḥ UShmirat HaNefesh* 12:7; *Shulḥan Arukh, Yoreh De'a* 153:3).

One who walks to the right of his teacher is an ignoramus – הַמְהַלֵּךְ לִימִין רַבּוֹ הֲרֵי זֶה בּוּר: If three Torah scholars are walking along the road, the teacher walks in the middle, with the more senior student to the teacher's right and the junior student to the teacher's left (Rambam *Sefer HaMadda, Hilkhot Talmud Torah* 6:5; *Shulḥan Arukh, Yoreh De'a* 242:17).

BACKGROUND

Small pitchers – פַּכִּין קְטַנִּים: Pitchers were small, typically earthenware vessels, used as receptacles for liquids. As a pitcher had a narrow opening, it was impossible to insert even one's finger into a smaller pitcher.

Small pitcher from the Second Temple era

HALAKHA

A Torah scholar should not go out of his house alone at night – לְתַלְמִיד חָכָם שֶׁלֹּא יֵצֵא יְחִידִי בַּלַּיְלָה: A Torah scholar may not go out alone at night unless it is his set time to go out to learn, due to concern of suspicion of engaging in illicit behavior. This ruling is in accordance with the opinion of Rabbi Yitzḥak (Rambam *Sefer HaMadda*, *Hilkhot Deot* 5:9).

אָמַר רַבִּי יוֹסֵי בְּרַבִּי חֲנִינָא, מַאי דִּכְתִיב: "דָּבָר שָׁלַח בְּיַעֲקֹב וְנָפַל בְּיִשְׂרָאֵל"? "דָּבָר שָׁלַח בְּיַעֲקֹב" – זֶה גִּיד הַנָּשֶׁה, "וְנָפַל בְּיִשְׂרָאֵל" – שֶׁפָּשַׁט אִיסּוּרוֹ בְּכָל יִשְׂרָאֵל.

The Gemara continues with other expositions pertaining to the sciatic nerve. **Rabbi Yosei, son of Rabbi Ḥanina, said: What** is the meaning of that **which is written:** "The Lord **sent a word to Jacob, and it has fallen upon Israel**" (Isaiah 9:7)? **"He sent a word to Jacob"; this** is a reference to **the sciatic nerve. "And it has fallen upon Israel"**; this teaches **that its prohibition has** been **extended to the entire Jewish people.**

וְאָמַר רַבִּי יוֹסֵי בְּרַבִּי חֲנִינָא, מַאי דִּכְתִיב: "וּטְבֹחַ טֶבַח וְהָכֵן" – פְּרַע לָהֶן בֵּית הַשְּׁחִיטָה, "וְהָכֵן" – טוֹל גִּיד הַנָּשֶׁה בִּפְנֵיהֶם. כְּמַאן דַּאֲמַר: גִּיד הַנָּשֶׁה נֶאֱסַר לִבְנֵי נֹחַ.

And Rabbi Yosei, son of Rabbi Ḥanina, also **said: What** is the meaning of that **which is written:** "And when Joseph saw Benjamin with them, he said to the steward of his house: Bring the men into the house, **and slaughter the animals, and prepare** the meat; for the men shall dine with me at noon" (Genesis 43:16)? Joseph commanded his steward: **Expose the place of the slaughter** on the neck of the animal **to them** so that the brothers will know that it is being slaughtered correctly. **"And prepare"** teaches that Joseph instructed the steward to **remove the sciatic nerve in their presence** so that the brothers would know that it had been fully removed. The Gemara comments that this opinion is **according to the one who said** that **the sciatic nerve was forbidden to** the children of Jacob even before the Torah was given, when they still had the status of **descendants of Noah.**

"וַיִּוָּתֵר יַעֲקֹב לְבַדּוֹ" – אָמַר רַבִּי אֶלְעָזָר: שֶׁנִּשְׁתַּיֵּיר עַל פַּכִּין קְטַנִּים, מִכָּאן לַצַּדִּיקִים שֶׁחָבִיב עֲלֵיהֶם מָמוֹנָם יוֹתֵר מִגּוּפָם, וְכָל כָּךְ לָמָּה? לְפִי שֶׁאֵין פּוֹשְׁטִין יְדֵיהֶן בְּגָזֵל.

The Gemara returns to the verse of Jacob wrestling with the angel. The verse states: **"And Jacob was left alone;** and a man wrestled with him until the breaking of the day" (Genesis 32:25). **Rabbi Elazar says:** The reason Jacob remained alone was **that he remained** to collect some **small pitchers**[B] that had been left behind. **From here** it is derived **that the possessions of the righteous are dearer to them than their bodies. And why** do they care **so much** about their possessions? It is **because they do not stretch out their hands to** partake of **stolen property.**

"וַיֵּאָבֵק אִישׁ עִמּוֹ עַד עֲלוֹת הַשָּׁחַר" – אָמַר רַבִּי יִצְחָק: מִכָּאן לְתַלְמִיד חָכָם שֶׁלֹּא יֵצֵא יְחִידִי בַּלַּיְלָה. רַבִּי אַבָּא בַּר כָּהֲנָא אָמַר מֵהָכָא:

The verse states: **"And a man wrestled with him until the breaking of the day." Rabbi Yitzḥak says: From here** it is derived **that a Torah scholar should not go out** of his house **alone at night,**[HN] as Jacob went out alone at night and was injured. **Rabbi Abba bar Kahana said** that the source for this instruction is **from here:**

NOTES

From here it is derived that a Torah scholar should not go out alone at night – מִכָּאן לְתַלְמִיד חָכָם שֶׁלֹּא יֵצֵא יְחִידִי בַּלַּיְלָה: *Tosafot* write that this applies specifically to a Torah scholar because he requires extra protection, similar to a bridegroom, who also requires extra protection (see *Berakhot* 54b). The reason is that evil forces single him out specifically, and night is a time when evil has more power, especially over those who are walking alone. Although the Gemara states elsewhere (*Pesaḥim* 2a) that one should set out on a journey only during daylight hours and should come to a settled place at night, indicating that this advice applies to all people, that is referring to a long journey, due to the various dangers on the road, such as potholes or bandits, which are more dangerous at night.

Perek **VII**
Daf **91** Amud **b**

"הִנֵּה הוּא זֹרֶה אֶת גֹּרֶן הַשְּׂעֹרִים".

"And now is there not Boaz our kinsman, whose maidens you were with? **Behold, he winnows barley tonight in the threshing floor**… and it shall be, when he lies down, that you shall mark the place where he shall lie" (Ruth 3:2–3). This teaches that the reason Boaz did not return home from the threshing floor was that a Torah scholar should not go out alone at night.

רַבִּי אַבָּהוּ אָמַר מֵהָכָא: "וַיַּשְׁכֵּם אַבְרָהָם בַּבֹּקֶר וַיַּחֲבֹשׁ אֶת" וגו'.

Rabbi Abbahu said that the source is **from here: "And Abraham rose early in the morning, and saddled** his donkey, and took two of his young men with him and Isaac his son; and he split the wood for the burnt offering, and rose up, and went to the place that God had told him" (Genesis 22:3). The fact that Abraham waited until morning and did not set off at night, even though others were traveling with him, indicates that a Torah scholar should not go out at night at all, and certainly not alone.

וְרַבָּנַן אָמְרִי מֵהָכָא: "לֶךְ נָא רְאֵה אֶת שְׁלוֹם אַחֶיךָ וְאֶת שְׁלוֹם" וגו'.

And the Rabbis say that the source is **from here,** the verse that describes when Jacob sent Joseph to his brothers: "And he said to him: **Go now, see whether it is well with you brothers and well** with the flock; and bring me back word. So he sent him out of the valley of Hebron, and he came to Shechem" (Genesis 37:14). The verse indicates that Jacob sent Joseph at a time when he could see his brothers, i.e., during the day. This shows that a Torah scholar should not go out alone at night.

רַב אָמַר מֵהָכָא: "וַיִּזְרַח לוֹ הַשֶּׁמֶשׁ".

Rav said that the source is **from here: "And the sun rose for him** as he passed over Peniel, and he limped upon his thigh" (Genesis 32:32). This indicates that Jacob remained where he was all night and left in the morning, because a Torah scholar should not go out alone at night.

אָמַר רַבִּי עֲקִיבָא: שָׁאַלְתִּי אֶת רַבָּן גַּמְלִיאֵל וְאֶת רַבִּי יְהוֹשֻׁעַ בְּאִיטְלִיז שֶׁל אֵימָאוּם, שֶׁהָלְכוּ לִיקַּח בְּהֵמָה לְמִשְׁתֵּה בְּנוֹ שֶׁל רַבָּן גַּמְלִיאֵל, כְּתִיב "וַיִּזְרַח לוֹ הַשֶּׁמֶשׁ", וְכִי שֶׁמֶשׁ לוֹ לְבַד זָרְחָה? וַהֲלֹא לְכָל הָעוֹלָם זָרְחָה!

The Gemara cites an incident involving the final verse cited above. **Rabbi Akiva says: I asked** the following question of **Rabban Gamliel and Rabbi Yehoshua in the meat market** [*be'itliz*][L] of the town **Emmaus,**[B] **where they went to purchase an animal for the** wedding **feast of Rabban Gamliel's son: It is written** in the verse: **"And the sun shone for him** when he passed Peniel, and he limped upon his thigh" (Genesis 32:32). **But did the sun shine only for him? Didn't it shine for the entire world?**

אָמַר רַבִּי יִצְחָק: שֶׁמֶשׁ הַבָּאָה בַּעֲבוּרוֹ, זָרְחָה בַּעֲבוּרוֹ, דִּכְתִיב "וַיֵּצֵא יַעֲקֹב מִבְּאֵר שָׁבַע וַיֵּלֶךְ חָרָנָה", וּכְתִיב "וַיִּפְגַּע בַּמָּקוֹם", כִּי מְטָא לְחָרָן אָמַר: אֶפְשָׁר עָבַרְתִּי עַל מָקוֹם שֶׁהִתְפַּלְּלוּ אֲבוֹתַי, וַאֲנִי לֹא הִתְפַּלַּלְתִּי? כַּד יְהִיב דַּעְתֵּיהּ לְמִיהְדַּר – קָפְצָה לֵיהּ אַרְעָא, מִיָּד – "וַיִּפְגַּע בַּמָּקוֹם".

Rabbi Yitzḥak says: The verse means that **the sun, which set** early exclusively **for him,** also **shone** early exclusively **for him** in order to rectify the disparity created by the premature sunset. The Gemara explains when the sun set early for him: **As it is written: "And Jacob went out from Beersheba and went toward Haran"** (Genesis 28:10). **And it is written** thereafter: **"And he encountered the place,** and he slept there, because the sun had set" (Genesis 28:11). **When** Jacob **arrived at Haran, he said:** Is it **possible** that **I passed a place where my fathers prayed and I did not pray** there? **When he set his mind to return, the land contracted for him. Immediately** the verse states: **"And he encountered the place,"** indicating that he arrived there miraculously.

כַּד צַלִּי בָּעֵי לְמִיהְדַּר, אָמַר הַקָּדוֹשׁ בָּרוּךְ הוּא: צַדִּיק זֶה בָּא לְבֵית מְלוֹנִי, וְיִפָּטֵר בְּלֹא לִינָה? מִיָּד בָּא הַשֶּׁמֶשׁ.

When he had finished **praying** and **he wanted to return** to Haran, **the Holy One, Blessed be He, said: This righteous man came to my lodging place and he will depart without remaining overnight? Immediately, the sun set** before its proper time so that Jacob would stay overnight in that place.

כְּתִיב "וַיִּקַּח מֵאַבְנֵי הַמָּקוֹם", וּכְתִיב "וַיִּקַּח אֶת הָאֶבֶן"! אָמַר רַבִּי יִצְחָק: מְלַמֵּד שֶׁנִּתְקַבְּצוּ כׇּל אוֹתָן אֲבָנִים לְמָקוֹם אֶחָד, וְכׇל אַחַת וְאַחַת אוֹמֶרֶת "עָלַי יַנִּיחַ צַדִּיק זֶה רֹאשׁוֹ". תָּנָא: וְכוּלָּן נִבְלְעוּ בְּאֶחָד.

The Gemara cites another exposition of Rabbi Yitzḥak to explain an apparent contradiction between two verses pertaining to this incident. **It is written: "And he took of the stones of the place,** and placed them under his head, and lay down in that place to sleep" (Genesis 28:11). **And it is written:** "And Jacob rose up early in the morning, **and he took the stone** that he had placed under his head, and set it up for a pillar, and poured oil upon the top of it" (Genesis 28:18). The first verse indicates that Jacob took several stones, whereas the latter verse indicates that he took only one stone. **Rabbi Yitzḥak says:** This **teaches that all those stones gathered to one place and each one said:** Let **this righteous man place his head upon me.** And it was **taught: And all of them were absorbed into one** large rock.

"וַיַּחֲלֹם וְהִנֵּה סֻלָּם מֻצָּב אַרְצָה", תָּנָא: כַּמָּה רׇחְבּוֹ שֶׁל סוּלָּם – שְׁמוֹנַת אֲלָפִים פַּרְסָאוֹת, דִּכְתִיב "וְהִנֵּה מַלְאֲכֵי אֱלֹהִים עֹלִים וְיֹרְדִים בּוֹ", "עֹלִים" – שְׁנַיִם, "וְיֹרְדִים" – שְׁנַיִם, וְכִי פָּגְעוּ בַּהֲדֵי הֲדָדֵי – הָווּ לְהוּ אַרְבָּעָה,

The Gemara expounds other verses pertaining to the same incident. The verse states: **"And he dreamed, and behold a ladder set up on the earth,** and the top of it reached to heaven; and behold the angels of God ascending and descending on it" (Genesis 28:12). It was **taught: How wide was the ladder?** It was **eight thousand parasangs** [*parsaot*],[L] **as it is written: "And behold the angels of God ascending and descending on it."** The word **"ascending** [*olim*]," written in plural, indicates that there were **two** angels ascending simultaneously. Likewise, the term **"and descending** [*veyordim*]," also in the plural, indicates that **two** angels were descending simultaneously. **And when they met one another they were** a total of **four** in one place, so the ladder must have been wide enough to accommodate four angels.

LANGUAGE

Meat market [*itliz*] – **אִיטְלִיז:** Most experts hold that *itliz* is derived from the Greek κατάλυσις, *katalusis*, meaning resting place, quarters, marketplace, or communal square. Some hold that the source is the Greek word ἀτελής, *atelēs*, meaning a tax-exempt area, and by extension a trade fair.

Parasang [*parsa*] – **פַּרְסָא:** From the Middle Persian frasang, via the Greek παρασάγγης, *parasangēs*, which is a unit of measurement. In the Talmud, one parasang [*parsa*] is equal to four *mil*.

BACKGROUND

Emmaus – **אֵימָאוּם:** An ancient Judean town approximately 30 km northwest of the Old City of Jerusalem, near modern-day Latrun. Emmaus marks the border between the Judean hills and the plains, and was mentioned in the books of the Hasmoneans (1 Maccabees 3:55–4:22). Over the years, it developed into a resort town due to the hot springs and baths there. In fact, the name Emmaus is the Latin translation of the original Hebrew name *Ḥamat*, meaning warm spring. From the Gemara here it appears that it was also an important center for trade.

LANGUAGE

Image [*deyokan*] – דְּיוֹקָן: Some hold that this word comes from the Greek δείκανον, *deikanon*, meaning an engraved or embroidered image. The *ge'onim* explain that it is a combination of two words, *dio-ikonin*, from the Greek εἰκών, *eikon*, meaning image or form. The word therefore means a duplicate or copy of an image.

Gambler [*kuveyustus*] – קוּבְיוּסְטוּס: From the Greek κυβευτής, *kubeutēs*, meaning one who plays with dice.

וּכְתִיב בֵּיהּ בְּמַלְאָךְ ״וּגְוִיָּתוֹ כְתַרְשִׁישׁ״, וּגְמִירִי דְּתַרְשִׁישׁ תְּרֵי אַלְפֵי פַּרְסֵי הָוֵי.

And it is written in a verse **with regard to an angel: "His body was like Tarshish"** (Daniel 10:6). **And it is learned** as a tradition **that** the city of **Tarshish was two thousand parasangs.** Consequently, in order to accommodate four angels, the ladder must have been eight thousands parasangs wide.

תָּנָא: עוֹלִין וּמִסְתַּכְּלִין בִּדְיוֹקְנוֹ שֶׁל מַעְלָה, וְיוֹרְדִין וּמִסְתַּכְּלִין בִּדְיוֹקְנוֹ שֶׁל מַטָּה. בָּעוּ לְסַכּוּנֵיהּ, מִיָּד – ״וְהִנֵּה ה׳ נִצָּב עָלָיו״. אָמַר רַבִּי שִׁמְעוֹן בֶּן לָקִישׁ: אִלְמָלֵא מִקְרָא כָּתוּב, אִי אֶפְשָׁר לְאוֹמְרוֹ – כְּאָדָם שֶׁמֵּנִיף עַל בְּנוֹ.

It was **taught** that the angels were **ascending and gazing at the image of** [*bidyokeno*][L] Jacob **above,**[B] engraved on the Throne of Glory, **and descending and gazing at his image below.** The angels subsequently became jealous of Jacob, and **wanted to endanger** his life. **Immediately** Jacob received divine protection, as the verse states: **"And behold, the Lord stood over him"** (Genesis 28:13). **Rabbi Shimon ben Lakish says: Were it not written** in a **verse it would be impossible to utter it,** in deference to God, since it describes God as standing over Jacob to protect him from the angels **like a man who waves** a fan **over his son** to cool him down.

״הָאָרֶץ אֲשֶׁר אַתָּה שֹׁכֵב עָלֶיהָ״ וגו׳ – מַאי רְבוּתֵיהּ? אָמַר רַבִּי יִצְחָק: מְלַמֵּד שֶׁקִּפְּלָהּ הַקָּדוֹשׁ בָּרוּךְ הוּא לְכׇל אֶרֶץ יִשְׂרָאֵל וְהִנִּיחָהּ תַּחַת יַעֲקֹב אָבִינוּ, שֶׁתְּהֵא נוֹחָה לִיכָּבֵשׁ לְבָנָיו.

The Gemara explains another verse from Jacob's dream. "And behold, the Lord stood over him and said: I am the Lord, the God of Abraham your father and the God of Isaac. **The land upon which you lie,** to you will I give it, and to your seed" (Genesis 28:13). The Gemara asks: **What is the greatness** of this promise, i.e., why is it expressed in this way despite the fact that in a literal sense Jacob was lying on a very small amount of land? **Rabbi Yitzḥak says:** This **teaches that the Holy One, Blessed be He, folded up the entirety of Eretz Yisrael and placed it under Jacob, our patriarch, so that it would be easy for his children to conquer.**

״וַיֹּאמֶר שַׁלְּחֵנִי כִּי עָלָה הַשָּׁחַר״, אָמַר לוֹ: גַּנָּב אַתָּה, אוֹ קוּבְיוּסְטוּס אַתָּה, שֶׁמִּתְיָירֵא מִן הַשַּׁחַר? אָמַר לוֹ: מַלְאָךְ אֲנִי, וּמִיּוֹם שֶׁנִּבְרֵאתִי לֹא הִגִּיעַ זְמַנִּי לוֹמַר שִׁירָה עַד עַכְשָׁיו.

The Gemara returns to the verses that describe Jacob wrestling with the angel. **"And he said: Let me go, for the dawn has risen.** And he said: I will not let you go until you bless me" (Genesis 32:27). Jacob **said to the angel: Are you a thief, or are you a gambler** [*kuveyustus*],[L] **who is afraid of dawn?** The angel **said to him: I am an angel, and from the day I was created my time to recite a song** before God **has not arrived, until now.** Now I must ascend so that I can sing songs of praise to God.

מְסַיֵּיעַ לֵיהּ לְרַב חֲנַנְאֵל אָמַר רַב, דְּאָמַר רַב חֲנַנְאֵל אָמַר רַב: שָׁלֹשׁ כִּתּוֹת שֶׁל מַלְאֲכֵי הַשָּׁרֵת אוֹמְרוֹת שִׁירָה בְּכׇל יוֹם, אַחַת אוֹמֶרֶת ״קָדוֹשׁ״, וְאַחַת אוֹמֶרֶת ״קָדוֹשׁ״, וְאַחַת אוֹמֶרֶת ״קָדוֹשׁ ה׳ צְבָאוֹת״.

The Gemara comments: This **supports** the opinion **of Rav Ḥananel** when he related what **Rav said. As Rav Ḥananel said that Rav said: Three groups of ministering angels recite a song every day** from the verse "Holy, holy, holy is the Lord"; **one says: "Holy,"** and **another one says: "Holy,"** and another **one says: "Holy is the Lord of hosts;** the whole earth is full of His glory" (Isaiah 6:3).

מֵיתִיבִי: חֲבִיבִין יִשְׂרָאֵל לִפְנֵי הַקָּדוֹשׁ בָּרוּךְ הוּא יוֹתֵר מִמַּלְאֲכֵי הַשָּׁרֵת – שֶׁיִּשְׂרָאֵל אוֹמְרִים שִׁירָה בְּכׇל שָׁעָה, וּמַלְאֲכֵי הַשָּׁרֵת אֵין אוֹמְרִים שִׁירָה אֶלָּא פַּעַם אַחַת בַּיּוֹם, וְאָמְרִי לַהּ: פַּעַם אַחַת בַּשַּׁבָּת, וְאָמְרִי לַהּ: פַּעַם אַחַת בַּחוֹדֶשׁ, וְאָמְרִי לַהּ: פַּעַם אַחַת בַּשָּׁנָה, וְאָמְרִי לַהּ: פַּעַם אַחַת בַּשָּׁבוּעַ, וְאָמְרִי לַהּ: פַּעַם אַחַת בַּיּוֹבֵל, וְאָמְרִי לַהּ: פַּעַם אַחַת בָּעוֹלָם.

The Gemara **raises an objection** from the following *baraita*: **The Jewish people are more dear to the Holy One, Blessed be He, than the ministering angels, as the Jewish people** may **recite a song** of praise to God **at any time, but ministering angels recite a song** of praise **only one time per day. And some say** that the ministering angels recite a song of praise **one time per week. And some say** that they recite a song of praise **one time per month. And some say** that they recite a song of praise **one time per year. And some say** that they recite a song of praise **one time** in **every seven years. And some say** that they recite a song of praise **one time per Jubilee. And some say** that they recite a song of praise **one time in** the entire history of **the world.**

וְיִשְׂרָאֵל מַזְכִּירִין אֶת הַשֵּׁם אַחַר שְׁתֵּי תֵיבוֹת, שֶׁנֶּאֱמַר ״שְׁמַע יִשְׂרָאֵל ה׳״ וגו׳, וּמַלְאֲכֵי הַשָּׁרֵת אֵין מַזְכִּירִין אֶת הַשֵּׁם אֶלָּא לְאַחַר שָׁלֹשׁ תֵּיבוֹת, כְּדִכְתִיב ״קָדוֹשׁ קָדוֹשׁ קָדוֹשׁ ה׳ צְבָאוֹת״.

And furthermore, **the Jewish people mention the name** of God **after two words, as it is stated: "Hear, Israel: The Lord** our God, the Lord is one" (Deuteronomy 6:4). **But the ministering angels mention the name** of God **only after three words, as it is written:** "And one called unto another, and said: **"Holy, holy, holy is the Lord of hosts;** the whole earth is full of His glory" (Isaiah 6:3).

BACKGROUND

The image of above – דְּיוֹקְנוֹ שֶׁל מַעְלָה: In his vision of heaven, Ezekiel describes angels with four faces. "As for the likeness of their faces, they had the face of a man; and the four had the face of a lion on the right side; and the four had the face of an ox on the left side; and the four had also the face of an eagle" (Ezekiel 1:10). There is a tradition that the face of the man was the face of Jacob, which may be the image referred to in the Gemara here.

וְאֵין מַלְאֲכֵי הַשָּׁרֵת אוֹמְרִים שִׁירָה לְמַעְלָה, עַד שֶׁיֹּאמְרוּ יִשְׂרָאֵל לְמַטָּה, שֶׁנֶּאֱמַר ״בְּרָן יַחַד כּוֹכְבֵי בֹקֶר״, וַהֲדַר ״וַיָּרִיעוּ כָּל בְּנֵי אֱלֹהִים״!

And the ministering angels do not recite their **song above until the Jewish people recite** their song **below,** on earth, **as it is stated: "When the morning stars sang together"** (Job 38:7), referring to the Jewish people, who are compared to stars; **and** only **then** does the verse state: **"And all the sons of God shouted for joy,"** which is a reference to the angels. This *baraita* teaches that the angels mention the name of God only after three words, i.e., after saying the word "holy" three times, whereas according to what Rav Ḥananel stated that Rav said, the third group of angels says the word "holy" once and then immediately mentions the name of God.

אֶלָּא: אַחַת אוֹמֶרֶת ״קָדוֹשׁ״, וְאַחַת אוֹמֶרֶת ״קָדוֹשׁ קָדוֹשׁ״, וְאַחַת אוֹמֶרֶת ״קָדוֹשׁ קָדוֹשׁ קָדוֹשׁ ה׳ צְבָאוֹת״. וְהָאִיכָּא ״בָּרוּךְ״!

The Gemara emends Rav Ḥananel's statement citing Rav: **Rather,** Rav said that **one** group of ministering angels **says: "Holy,"** and another **one says: "Holy, holy,"** and another **one says: "Holy, holy, holy is the Lord of hosts."** The Gemara challenges the statement of the *baraita* that the angels mention the name of God only after three words: **But there is** the verse: "Then a spirit lifted me up, and I heard behind me the voice of a great rushing: **Blessed be** the glory of the Lord from His place" (Ezekiel 3:12). In this praise, "Blessed be the glory of the Lord," the word "Lord" appears as the third Hebrew word, apparently uttered by the ministering angels.

Perek **VII**
Daf **92** Amud **a**

״בָּרוּךְ״ – אוֹפַנִּים הוּא דְּאָמְרִי לֵיהּ. וְאִיבָּעֵית אֵימָא: כֵּיוָן דְּאִתְיְהִיב רְשׁוּתָא – אִתְיְהִיב.

The Gemara answers that it is the ***ofanim* who say** the verse: **"Blessed be** the glory of the Lord from His place," as the next verse mentions "the noise of the *ofanim*" (Ezekiel 3:13), and Rav Ḥanina's statement citing Rav was referring not to *ofanim* but to ministering angels. **And if you wish, say** that **once permission has been given** to them to mention the name of God after three words when they say: "Holy, holy, holy," permission is also **given** to them to mention the name of God again while praising Him even after fewer than three words.

״וַיָּשַׂר אֶל מַלְאָךְ וַיֻּכָל בָּכָה וַיִּתְחַנֶּן לוֹ״, אֵינִי יוֹדֵעַ מִי נַעֲשָׂה שַׂר לְמִי, כְּשֶׁהוּא אוֹמֵר: ״כִּי שָׂרִיתָ עִם אֱלֹהִים״, הֱוֵי אוֹמֵר: יַעֲקֹב נַעֲשָׂה שַׂר לַמַּלְאָךְ.

The Gemara continues to discuss Jacob wrestling with the angel. The prophet states: **"So he strove [*vayyasar*] with an angel, and prevailed; he wept, and made supplication to him;** at Beth El he would find him, and there he would speak with us" (Hosea 12:5). From this verse **I do not know who became master [*sar*],** i.e., was victorious, **over whom. When** another verse **states:** "And he said: Your name shall no longer be called Jacob, but Israel; **for you have striven with angels** and with men, and have prevailed" (Genesis 32:29), **you must say** that **Jacob became master over the angel.**

״בָּכָה וַיִּתְחַנֶּן לוֹ״, אֵינִי יוֹדֵעַ מִי בָּכָה לְמִי, כְּשֶׁהוּא אוֹמֵר: ״וַיֹּאמֶר שַׁלְּחֵנִי״, הֱוֵי אוֹמֵר: מַלְאָךְ בָּכָה לְיַעֲקֹב.

The verse in Hosea states: **"He wept, and made supplication to him."** From this verse **I do not know who cried to whom. When** another verse **states: "And he said: Let me go,** for the dawn has risen" (Genesis 32:27), **you must say** that **the angel cried to Jacob.**

״כִּי שָׂרִיתָ עִם אֱלֹהִים וְעִם אֲנָשִׁים״, אָמַר רַבָּה: רָמַז רָמַז לוֹ שֶׁעֲתִידִים שְׁנֵי שָׂרִים לָצֵאת מִמֶּנּוּ – רֹאשׁ גּוֹלָה שֶׁבְּבָבֶל, וּנְשִׂיא שֶׁבְּאֶרֶץ יִשְׂרָאֵל, מִכָּאן רָמַז לוֹ גָּלוּת.

The verse states: "And he said: Your name shall no longer be called Jacob, but Israel; **for you have striven with angels [*elohim*] and with men,** and have prevailed" (Genesis 32:29). **Rabba says:** The angel **intimated to** Jacob **that in the future two princes would emerge from him:** They are the **Exilarch**[B] **who is in Babylonia and the *Nasi* who is in Eretz Yisrael.**[BN] And **from here he** also **intimated to** Jacob that there would be **an exile.**

NOTES

The Exilarch who is in Babylonia and the *Nasi* who is in Eretz Yisrael – רֹאשׁ גּוֹלָה שֶׁבְּבָבֶל וּנְשִׂיא שֶׁבְּאֶרֶץ יִשְׂרָאֵל: Rashi explains that the word *elohim*, which can refer to judges (see Exodus 22:8), is an allusion to the *Nasi* of Eretz Yisrael, who was formally granted ordination. The word "men" alludes to the Exilarch in Babylonia.

BACKGROUND

Exilarch [*reish galuta*] – רֵישׁ גָּלוּתָא: The Exilarch, who was always a descendant of the House of David was recognized by the Jews as the heir to the scepter of Judah (see Genesis 49:10) and entrusted with broad official powers. As the leader of the Jews of the Persian Empire, he was their representative to the authorities, who regarded him as a member of a royal dynasty. Consequently, he enjoyed a lofty position within the Persian court, and in certain periods he was considered third in the royal hierarchy.

The Exilarch was responsible for the collection of a major portion of the government taxes and could appoint leaders and judges whose powers included the imposition of corporal, and sometimes capital, punishment. Adjacent to the Exilarch's home was a special rabbinical court appointed by him to judge monetary cases. The Exilarchs themselves were referred to in the Talmud by the honorific title *Mar* before or after their name. While not all were learned, they were devoted to the Torah, and some were significant scholars.

The *Nasi* who is in Eretz Yisrael – נָשִׂיא שֶׁבְּאֶרֶץ יִשְׂרָאֵל: The *Nasi*, chosen for his wisdom, was the president of the High Court in Eretz Yisrael, and for a long period this was considered the highest position within the Jewish people. Many of those *Nesi'im* who are known by name are from the time of the *tanna'im*, beginning with Hillel.

Aside from his duties in the High Court, the *Nasi* represented the Jewish people to the Roman rulers and participated in certain halakhic rulings, e.g., establishing the New Month. He also appointed representatives to act on his behalf in collecting taxes from the Jewish communities in exile, used to support the office of the *Nasi*. This tax was ratified by Imperial Rome, and collected under Roman authority.

BACKGROUND

Rabbana – **רַבָּנָא**: This special title was given to Sages who were from the family of the Exilarch. They were known as Rabbana rather than as Rav, to indicate their prestigious lineage.

LANGUAGE

Young priests [*pirḥei khehunna*] – **פִּרְחֵי כְהוּנָּה**: The word *pirḥei* refers to something young and small that is still in the process of maturation and blooming, as in *peraḥ*, a flower, or the Aramaic *pirḥata*, meaning chick. Accordingly, *pirḥei kehunna* means young priests.

״וּבַגֶּפֶן שְׁלֹשָׁה שָׂרִיגִם״, אָמַר רַב חִיָּיא בַּר אַבָּא, אָמַר רַב: אֵלּוּ שְׁלֹשָׁה שָׂרֵי גֵּאִים הַיּוֹצְאִים מִיִּשְׂרָאֵל בְּכָל דּוֹר וָדוֹר, פְּעָמִים שֶׁשְּׁנַיִם כָּאן וְאֶחָד בְּאֶרֶץ יִשְׂרָאֵל, פְּעָמִים שֶׁשְּׁנַיִם בְּאֶרֶץ יִשְׂרָאֵל וְאֶחָד כָּאן. יְהִיבוּ רַבָּנַן עֵינַיְיהוּ בְּרַבָּנָא עוּקְבָא וְרַבָּנָא נְחֶמְיָה בְּנֵי בְּרַתֵּיהּ דְּרַב.

Similarly, with regard to the dream of Pharaoh's butler, the verse states: **"And in the vine were three branches** [*sarigim*]; and as it was budding, its blossoms shot forth, and its clusters brought forth ripe grapes" (Genesis 40:10). **Rav Ḥiyya bar Abba says that Rav says: These** three branches refer to the **three proud princes** [*sarei ge'im*] **who emerge from the Jewish people in each and every generation.** There are **times** when **two are here** in Babylonia **and one is in Eretz Yisrael,** and there are **times** when **two are in Eretz Yisrael and one is here** in Babylonia. When this was stated in the study hall, **the Sages** present **turned their eyes toward Rabbana**[B] **Ukva and Rabbana Neḥemya,**[P] **the sons of the daughter of Rav,** who were from the family of the Exilarch and were two leaders of the generation who resided in Babylonia.

רָבָא אָמַר: אֵלּוּ שְׁלֹשָׁה שָׂרֵי גּוֹיִם שֶׁמְּלַמְּדִים זְכוּת עַל יִשְׂרָאֵל בְּכָל דּוֹר וָדוֹר.

Rava says a different explanation of the verse: **These** three branches [*sarigim*] **are the three ministering** angels appointed to oversee **the gentiles** [*sarei goyim*], **who plead in favor of the Jewish people in each and every generation.**

תַּנְיָא, רַבִּי אֱלִיעֶזֶר אוֹמֵר: ״גֶּפֶן״ – זֶה הָעוֹלָם, ״שְׁלֹשָׁה שָׂרִיגִם״ – זֶה אַבְרָהָם יִצְחָק וְיַעֲקֹב, ״וְהִיא כְפֹרַחַת עָלְתָה נִצָּהּ״ – אֵלּוּ הָאִמָּהוֹת, ״הִבְשִׁילוּ אַשְׁכְּלֹתֶיהָ עֲנָבִים״ – אֵלּוּ הַשְּׁבָטִים.

It is taught in a *baraita*: **Rabbi Eliezer says** an alternate interpretation of the verse. **"Vine"; this is** a reference to **the world. "Three branches"; this is** a reference to **Abraham, Isaac, and Jacob. "And as it was budding, its blossoms shot forth"; these are the matriarchs. "And its clusters brought forth ripe grapes"; these are the** twelve **tribes,** i.e., the twelve sons of Jacob.

אָמַר לוֹ רַבִּי יְהוֹשֻׁעַ: וְכִי מַרְאִין לוֹ לָאָדָם מַה שֶּׁהָיָה? וַהֲלֹא אֵין מַרְאִין לוֹ לְאָדָם אֶלָּא מַה שֶּׁעָתִיד לִהְיוֹת! אֶלָּא: ״גֶּפֶן״ – זֶה תּוֹרָה, ״שְׁלֹשָׁה שָׂרִיגִים״ – אֵלּוּ מֹשֶׁה וְאַהֲרֹן וּמִרְיָם, ״וְהִיא כְפֹרַחַת עָלְתָה נִצָּהּ״ – אֵלּוּ סַנְהֶדְרִין, ״הִבְשִׁילוּ אַשְׁכְּלֹתֶיהָ עֲנָבִים״ – אֵלּוּ הַצַּדִּיקִים שֶׁבְּכָל דּוֹר וָדוֹר.

Rabbi Yehoshua said to him: But is a person shown in a dream **what was** in the past? **Isn't it** true that **one is shown only what will be in the future?** Since the patriarchs, matriarchs, and sons of Jacob were all born prior to this dream, the dream was not alluding to them. **Rather,** the verse should be interpreted as follows: **"Vine"; this is** a reference to **the Torah. "Three branches"; these are Moses, Aaron, and Miriam. "And as it was budding, its blossoms shot forth"; these are the** members of the **Sanhedrin. "And its clusters brought forth ripe grapes"; these are the righteous** people **who** live **in each and every generation.**

אָמַר רַבָּן גַּמְלִיאֵל: עֲדַיִין צְרִיכִין אָנוּ לַמּוֹדָעִי, דְּמוֹקֵים לֵיהּ כּוּלֵּיהּ בְּחַד מָקוֹם. רַבִּי אֶלְעָזָר הַמּוֹדָעִי אוֹמֵר: ״גֶּפֶן״ – זֶה יְרוּשָׁלַיִם, ״שְׁלֹשָׁה שָׂרִיגִים״ – זֶה מִקְדָּשׁ, מֶלֶךְ, וְכֹהֵן גָּדוֹל, ״וְהִיא כְפֹרַחַת עָלְתָה נִצָּהּ״ – אֵלּוּ פִּרְחֵי כְהוּנָּה, ״הִבְשִׁילוּ אַשְׁכְּלֹתֶיהָ עֲנָבִים״ – אֵלּוּ נְסָכִים.

Rabban Gamliel said: In order to understand this verse (Genesis 40:10) **we still need** the explanation **of** Rabbi Elazar **HaModa'i,**[P] **who** is an expert in matters of *aggada*, as he **interprets all of** the phrases in the verse as referring **to one location. Rabbi Elazar HaModa'i says: "Vine"; this is** a reference to **Jerusalem. "Three branches"; this is** a reference to the **Temple,** the **king and** the **High Priest. "And as it was budding** [*poraḥat*], **its blossoms shot forth"; these are the young priests** [*pirḥei khehunna*].[L] **"And its clusters brought forth ripe grapes"; these are the wine libations.**

רַבִּי יְהוֹשֻׁעַ בֶּן לֵוִי מוֹקֵים לָהּ בְּמַתָּנוֹת, דַּאֲמַר רַבִּי יְהוֹשֻׁעַ בֶּן לֵוִי: ״גֶּפֶן״ – זוֹ תּוֹרָה, ״שְׁלֹשָׁה שָׂרִיגִים״ – זֶה בְּאֵר, עַמּוּד עָנָן, וּמָן, ״וְהִיא כְפֹרַחַת עָלְתָה נִצָּהּ״ – אֵלּוּ הַבִּכּוּרִים, ״הִבְשִׁילוּ אַשְׁכְּלֹתֶיהָ עֲנָבִים״ – אֵלּוּ נְסָכִים.

Rabbi Yehoshua ben Levi interprets it with reference to the **gifts** that God gave the Jewish people, **as Rabbi Yehoshua ben Levi said: "Vine"; this is** a reference to **the Torah. "Three branches"; this is** a reference to the miraculous items that accompanied the Jewish people in the wilderness and sustained and protected them: **The well, the pillar of cloud, and the manna. "And as it was budding, its blossoms shot forth"; these are the first fruits** that are brought to the Temple. **"And its clusters brought forth ripe grapes"; these are** the **wine libations.**

PERSONALITIES

Rabbana Ukva and Rabbana Neḥemya – **רַבָּנָא עוּקְבָא וְרַבָּנָא נְחֶמְיָה**: Rabbana Ukva and Rabbana Neḥemya were the sons of Rav's daughter. Their honorific indicates that they were of the family of the Exilarch, and this is corroborated by other sources as well. There are indications that they were also grandsons of the Exilarch Mar Ukva, who was a contemporary and friend of Rav. Apparently, these two Sages were students of Rav Ḥisda, and Rabbana Ukva even delivered public homilies under Rav Ḥisda's direction. As they personified the confluence of Torah scholarship and greatness, i.e., wealth and power, in one place, they were described as: Lofty Princes of Israel. They lived in the city of Kafri, near Sura, the hometown of both Rav and Mar Ukva.

Rabbi Elazar HaModa'i – **רַבִּי אֶלְעָזָר הַמּוֹדָעִי**: Rabbi Elazar HaModa'i lived after the destruction of the Temple and was apparently a young student of Rabban Yoḥanan ben Zakkai. Most of the quotations cited in his name are aggadic in nature, and Rabban Gamliel often remarked with regard to his statements: We still need HaModa'i. As his name indicates, this Sage was from the city of Modi'in. Rabbi Elazar HaModa'i was the brother of bar Kokheva's mother, and he died during the siege of Beitar.

רַבִּי יִרְמְיָה בַּר אַבָּא אָמַר: ״גֶּפֶן״ – אֵלּוּ יִשְׂרָאֵל, וְכֵן הוּא אוֹמֵר ״גֶּפֶן מִמִּצְרַיִם תַּסִּיעַ״, ״שְׁלֹשָׁה שָׂרִיגִים״ – אֵלּוּ שְׁלֹשָׁה רְגָלִים שֶׁיִּשְׂרָאֵל עוֹלִין בָּהֶן בְּכׇל שָׁנָה וְשָׁנָה, ״וְהִיא כְפֹרַחַת עָלְתָה נִצָּהּ״ – הִגִּיעַ זְמַנָּן שֶׁל יִשְׂרָאֵל לִפְרוֹת וְלִרְבּוֹת, וְכֵן הוּא אוֹמֵר ״וּבְנֵי יִשְׂרָאֵל פָּרוּ וַיִּשְׁרְצוּ״,

Rabbi Yirmeya bar Abba says: "Vine"; this is a reference to **the Jewish people, and similarly** another verse **states: "You plucked up a vine out of Egypt;** You drove out the nations and planted it" (Psalms 80:9). **"Three branches"; these are the three** pilgrimage **Festivals, on which the Jewish people ascend** to Jerusalem **every year. "And as it was budding, its blossoms shot forth,"** means that **the time has arrived for the Jewish people to be fruitful and multiply, and similarly** another verse **states: "And the children of Israel were fruitful, and increased abundantly,** and multiplied, and became exceeding mighty; and the land was filled with them" (Exodus 1:7).

״עָלְתָה נִצָּהּ״ – הִגִּיעַ זְמַן שֶׁל יִשְׂרָאֵל לִיגָּאֵל, וְכֵן הוּא אוֹמֵר ״וְיֵז נִצְחָם עַל בְּגָדַי וְכׇל מַלְבּוּשַׁי אֶגְאָלְתִּי״, ״הִבְשִׁילוּ אַשְׁכְּלֹתֶיהָ עֲנָבִים״ – הִגִּיעַ זְמַנָּהּ שֶׁל מִצְרַיִם לִשְׁתּוֹת כּוֹס הַתַּרְעֵלָה.

"Its blossoms [*nitzah*] shot forth" means that **the time has arrived for the Jewish people to be redeemed. And similarly** another verse **states: "And their eternity [*nitzḥam*] is dashed against My garments, and I have redeemed all My raiment"** (Isaiah 63:3). **"And its clusters brought forth ripe grapes"** means that **the time has arrived for Egypt to drink the cup of fury,** i.e., to receive its punishment.

וְהַיְינוּ דַּאֲמַר רָבָא: שְׁלֹשָׁה כּוֹסוֹת הָאֲמוּרוֹת בְּמִצְרַיִם לָמָּה? אֶחָד שֶׁשָּׁתָה בִּימֵי מֹשֶׁה, וְאֶחָד שֶׁשָּׁתָה בִּימֵי פַּרְעֹה נְכֹה, וְאֶחָד שֶׁעֲתִידָה לִשְׁתּוֹת עִם כׇּל הַגּוֹיִם.

And this is as Rava said: Why are there **three cups stated with regard to Egypt** in the dream of Pharaoh's butler (see Genesis 40:11)? They are an allusion to three cups of misfortune that would later befall Egypt: **One that** Egypt **drank in the days of Moses** during the ten plagues and the Exodus; **one that** Egypt **drank in the days of Pharaoh Nekho,** the king of Egypt defeated by Nebuchadnezzar; **and one that** Egypt **will drink in the future with all the** other **nations,** when they are punished in the time of the Messiah.

אֲמַר לֵיהּ רַבִּי אַבָּא לְרַבִּי יִרְמְיָה בַּר אַבָּא: כִּי דָּרֵישׁ לְהוּ רַב לְהָנֵי קְרָאֵי בְּאַגַּדְתָּא – כְּוָותָךְ דָּרֵישׁ לְהוּ.

Rabbi Abba said to Rabbi Yirmeya bar Abba: When Rav interpreted these verses homiletically he interpreted them according to the way in which **you** have interpreted them, and not according to any of the other opinions cited above.

אָמַר רַבִּי שִׁמְעוֹן בֶּן לָקִישׁ: אוּמָּה זוֹ כַּגֶּפֶן נִמְשְׁלָה, זְמוֹרוֹת שֶׁבָּהּ – אֵלּוּ בַּעֲלֵי בָתִּים, אֶשְׁכּוֹלוֹת שֶׁבָּהּ – אֵלּוּ תַּלְמִידֵי חֲכָמִים, עָלִין שֶׁבָּהּ – אֵלּוּ עַמֵּי הָאָרֶץ, קְנוֹקְנוֹת שֶׁבָּהּ – אֵלּוּ רֵיקָנִים שֶׁבְּיִשְׂרָאֵל.

Similar to Rabbi Yirmeya bar Abba's interpretation of the word vine as an allusion to the Jewish people, **Rabbi Shimon ben Lakish says: This nation is likened to a vine. The branches of** the vine support the clusters of grapes, the leaves, and the tendrils;[B] **these are** represented among the Jewish people by **the homeowners,** who provide financial support for the entire nation. **The clusters** of grapes **on** the vine, **these are the Torah scholars. The leaves on** the vine, which protect the grapes, **these are the ignoramuses,** who protect the Torah scholars. **The tendrils of** the vine, which do not directly serve the grapes themselves, **these are the empty** ones **of the Jewish people.**

וְהַיְינוּ דִּשְׁלַחוּ מִתָּם: לִיבָּעֵי רַחֲמִים אִיתְכַּלְיָא עַל עַלְיָא, דְּאִילְמָלֵא עַלְיָא לָא מִתְקַיְּימָן אִיתְכַּלְיָא.

And this is the meaning of the instruction **that they sent from there,** i.e., from Eretz Yisrael: **Let the clusters** of grapes **pray for the leaves, as were it not for the leaves, the clusters** of grapes **would not survive.**[N]

״וָאֶכְּרֶהָ לִּי בַּחֲמִשָּׁה עָשָׂר כָּסֶף״, אָמַר רַבִּי יוֹחָנָן מִשּׁוּם רַבִּי שִׁמְעוֹן בֶּן יְהוֹצָדָק: אֵין כִּירָה אֶלָּא לְשׁוֹן מְכִירָה, שֶׁנֶּאֱמַר ״בְּקִבְרִי אֲשֶׁר כָּרִיתִי לִי״,

§ The Gemara cites homiletical interpretations of other verses that pertain to the leaders of the Jewish people in Eretz Yisrael and Babylonia. The verse states: **"So I bought her [*va'ekkereha*] to me for fifteen pieces of silver,** and a *ḥomer* of barley, and a half-*ḥomer* of barley" (Hosea 3:2). **Rabbi Yoḥanan says in the name of Rabbi Shimon ben Yehotzadak:** The term ***kira,*** which forms the basis of the verb *va'ekkereha,* **is nothing other than language** referring to a **sale [*mekhira*], as it is stated** that Joseph said: "My father made me swear, saying: Lo, I die; **in my grave that I have acquired [*kariti*] for me** in the land of Canaan, there shall you bury me" (Genesis 50:5).

״בַּחֲמִשָּׁה עָשָׂר״ – זֶה חֲמִשָּׁה עָשָׂר בְּנִיסָן שֶׁבּוֹ נִגְאֲלוּ יִשְׂרָאֵל מִמִּצְרַיִם, ״כָּסֶף״ – אֵלּוּ צַדִּיקִים, וְכֵן הוּא אוֹמֵר ״צְרוֹר הַכֶּסֶף לָקַח בְּיָדוֹ״,

Rabbi Yoḥanan continues: **"For fifteen** pieces of silver"; **this** is a reference to **the fifteenth of Nisan,** the date **on which the Jewish people were redeemed from Egypt. "Silver"; these are the righteous** people. **And similarly,** another verse **states: "He has taken the bag of silver with him"** (Proverbs 7:20), a reference to God taking the righteous away prior to the destruction of the First Temple (see *Sanhedrin* 96b).

BACKGROUND

Branches, clusters, leaves, tendrils – זְמוֹרוֹת אֶשְׁכּוֹלוֹת עָלִין קְנוֹקְנוֹת:

Grape cluster and its supporting branch

NOTES

As were it not for the leaves the clusters would not survive – דְּאִילְמָלֵא עַלְיָא לָא מִתְקַיְּימָן אִיתְכַּלְיָא: As the leaves of the vine cover the clusters of grapes and protect them from wind and direct sunlight, they allow the clusters of grapes to survive. Similarly those who are not Torah scholars plow, sow, and harvest, providing the Torah scholars with food (Rashi).

BACKGROUND

Ḥomer – חוֹמֶר: The *ḥomer*, referred to by the Sages as a *kor*, is the largest dry measure of volume that appears both in the Bible and in rabbinic literature. It is equal to ten ephah (Ezekiel 45:14), and each ephah is equal to three *se'a* (*Menaḥot* 76b); a *ḥomer* is therefore equivalent to thirty *se'a*. As there is a dispute with regard to the precise volume of a *se'a*, with opinions ranging from 7.2 to 14.4 ℓ, a *ḥomer* may be anywhere between 216 liters and 432 liters.

Half-*ḥomer* [*letekh*] – לֶתֶךְ: This measurement is mentioned once in the Bible (see Hosea 3:2). Although the origin of the term *letekh* is unknown, it is a dry measure of 15 *se'a*, or half of a *kor*.

The synagogue under the upper room – בֵּי כְּנִישְׁתָּא דְּתוּתֵי אַפְּתָא: Some explain that this does not refer to a specific synagogue, but to a specific place in the synagogue, either under the balcony (Rashi) or a small building next to the side or back of the synagogue (Rashbam on *Bava Batra* 61a). According to both of these explanations this is the least desirable part of the synagogue, and the least important people sit there. Others explain that it is referring to a specific synagogue that was at the entrance to the city of Meḥoza in Babylonia. It was notable for its simplicity and the fact that the congregation consisted of people who were not particularly distinguished.

"חֹמֶר שְׂעֹרִים וְלֶתֶךְ שְׂעֹרִים" – אֵלּוּ אַרְבָּעִים וַחֲמִשָּׁה צַדִּיקִים שֶׁהָעוֹלָם מִתְקַיֵּים בָּהֶם, וְאֵינִי יוֹדֵעַ אִם שְׁלֹשִׁים כָּאן וַחֲמִשָּׁה עָשָׂר בְּאֶרֶץ יִשְׂרָאֵל וְאִם שְׁלֹשִׁים בְּאֶרֶץ יִשְׂרָאֵל וַחֲמִשָּׁה עָשָׂר כָּאן, כְּשֶׁהוּא אוֹמֵר "וָאֶקְחָה שְׁלֹשִׁים כֶּסֶף וָאַשְׁלִיךְ אֹתוֹ בֵּית ה׳ אֶל הַיּוֹצֵר", הֱוֵי אוֹמֵר – שְׁלֹשִׁים בְּאֶרֶץ יִשְׂרָאֵל וַחֲמִשָּׁה עָשָׂר כָּאן.

The verse states: "A *ḥomer*[B] of barley, and a half-*ḥomer*[B] of barley." A *ḥomer* equals thirty *se'a*, and a half-*ḥomer* equals fifteen *se'a*, totaling forty-five *se'a*; **these are the forty-five righteous** individuals **in whose** merit **the world** continues to **exist. And** although the verse alludes to the fact that thirty of these righteous individuals are in one place and fifteen are elsewhere, **I do not know if thirty are here** in Babylonia **and fifteen are in Eretz Yisrael, or if thirty are in Eretz Yisrael and fifteen are here** in Babylonia. **When it says** in a different verse: **"And I took the thirty pieces of silver and cast them into the treasury, in the house of the Lord"** (Zechariah 11:13), **you must say** that **thirty** of the righteous individuals are **in Eretz Yisrael and fifteen are here** in Babylonia.

אָמַר אַבָּיֵי: וְרוּבַּיְיהוּ מִשְׁתַּכְּחִי בְּבֵי כְּנִישְׁתָּא דְּתוּתֵי אַפְּתָא. וְהַיְינוּ דִּכְתִיב "וָאֹמַר אֲלֵיהֶם אִם טוֹב בְּעֵינֵיכֶם הָבוּ שְׂכָרִי וְאִם לֹא חֲדָלוּ וַיִּשְׁקְלוּ אֶת שְׂכָרִי שְׁלֹשִׁים כָּסֶף".

Abaye said: And most of the fifteen righteous individuals in Babylonia **are found in the synagogue under the upper room.**[B] **And this is the meaning of** that **which is written: "And I said to them: If it is good in your eyes, give me my hire; and if not, refrain. And they weighed for my hire thirty pieces of silver"** (Zechariah 11:12).[N]

רַבִּי יְהוּדָה אוֹמֵר: אֵלּוּ שְׁלֹשִׁים צַדִּיקֵי אוּמּוֹת הָעוֹלָם, שֶׁאוּמּוֹת הָעוֹלָם מִתְקַיְּימִים עֲלֵיהֶם, עוּלָּא אָמַר: אֵלּוּ שְׁלֹשִׁים מִצְוֹת שֶׁקִּבְּלוּ עֲלֵיהֶם בְּנֵי נֹחַ, וְאֵין מְקַיְּימִין אֶלָּא שְׁלֹשָׁה: אַחַת

Rabbi Yehuda says: These are the thirty righteous individuals among the **nations of the world, in whose** merit **the nations of the world** continue to **exist. Ulla says: These are the thirty mitzvot that the descendants of Noah** initially **accepted upon themselves;**[N] **but they fulfill only three** of them. **One** of these three mitzvot is

NOTES

And they weighed for my hire thirty pieces of silver – וַיִּשְׁקְלוּ אֶת שְׂכָרִי שְׁלֹשִׁים כָּסֶף: In this verse, the nations of the world return to God, as it were, the thirty righteous individuals that were placed among the nations of the world. In the following verse, God commands Zechariah to cast them into the Temple treasury, indicating that these thirty righteous individuals will exist among the Jewish people in every generation (Rashi). It would seem from Rashi's explanation that the righteous referred to here are Jews that were dispersed among the gentiles to provide them with additional merit. Other commentaries suggest that the straightforward meaning of the Gemara's language: Righteous among the nations of the world, indicates that these righteous individuals are in fact gentiles (Maharsha).

The thirty mitzvot that the descendants of Noah accepted upon themselves – שְׁלֹשִׁים מִצְוֹת שֶׁקִּבְּלוּ עֲלֵיהֶם בְּנֵי נֹחַ: In contrast to the interpretation given in the Gemara, in the Jerusalem Talmud (*Avoda Zara* 2:1) it is stated in the name of Rav Huna and in the name of Rav that these are the thirty mitzvot that the descendants of Noah will accept upon themselves in the future. Rabbi Menaḥem Azarya of Fano (*Asara Ma'amarot*) explains which mitzvot are included in those thirty.

Perek **VII**
Daf **92** Amud **b**

NOTES

That they do not weigh the flesh of the dead in butcher shops – שֶׁאֵין שׁוֹקְלִין בְּשַׂר הַמֵּת בְּמַקּוּלִין: Rashi gives two explanations of the term: Flesh of the dead. The first is that it is referring to the flesh of a human corpse, while the second is that it is referring to flesh of an animal carcass that died without being slaughtered.

LANGUAGE

Butcher shops [*makkulin*] – מַקּוּלִין: From the Latin macellum, meaning butcher's stall or meat market. Some commentaries understand this term as referring to people who sell their products in the market (*Tosafot* on 95a).

שֶׁאֵין כּוֹתְבִין כְּתוּבָּה לִזְכָרִים, וְאַחַת – שֶׁאֵין שׁוֹקְלִין בְּשַׂר הַמֵּת בְּמַקּוּלִין, וְאַחַת – שֶׁמְּכַבְּדִין אֶת הַתּוֹרָה.

that they do not write a marriage contract for a wedding between two **males;** although they violate the prohibition against engaging in homosexuality, they are not so brazen as to write a marriage contract as for a regular marriage. **And one** of the three mitzvot **is that** although they are suspected of eating human beings, **they do not weigh the flesh of the dead in butcher shops** [***bemakkulin***][NL] and sell it publicly; **and one** is **that they honor the Torah.**

וְאֵינוֹ נוֹהֵג בָּעוֹף. וְהָא קָא חָזֵינַן דְּאִית לֵיהּ! אִית לֵיהּ וְלָא עָגֵיל.

§ The mishna teaches (89b) that the prohibition of eating the sciatic nerve **does not apply to a bird** due to the fact that the verse is referring to the sciatic nerve as being "upon the spoon of the thigh" (Genesis 32:33), and a bird has no spoon of the thigh. The Gemara challenges: **But we see that it does have** a protrusion of flesh on its thigh. The Gemara answers: **It has** a protrusion, **but** that protrusion is **not rounded.**[B]

BACKGROUND

It has a protrusion but it is not rounded – אִית לֵיהּ וְלָא עָגֵיל: The femur of a bird, unlike that of an animal, is pointed at the end rather than rounded. Therefore birds are not included in the prohibition of the sciatic nerve, which is defined by the Torah with the term: "The spoon of the thigh" (Genesis 32:33), understood by the Gemara (96a) to mean rounded and convex like a spoon.

בָּעֵי רַבִּי יִרְמְיָה: אִית לֵיהּ לָעוֹף – וְעָגִיל, אִית לֵיהּ לַבְּהֵמָה – וְלָא עָגִיל, מַאי, בָּתַר דִּידֵיהּ אָזְלִינַן, אוֹ בָּתַר מִינֵיהּ אָזְלִינַן? תֵּיקוּ.

Rabbi Yirmeya raises a dilemma: If **a bird has** a protrusion on its thigh bone **and it is rounded,**[H] or **an animal has** a protrusion on its thigh bone **but it is not rounded,**[H] **what is the** *halakha*? **Do we follow it,** i.e., does the status of the sciatic nerve depend upon the physical properties of each particular animal, **or do we follow its species,** so that the sciatic nerve of an animal is always forbidden and that of a bird is always permitted? The Gemara responds: The question **shall stand** unresolved.

״וְנוֹהֵג בְּשָׁלִיל״. אָמַר שְׁמוּאֵל: וְחֶלְבּוֹ מוּתָּר לְדִבְרֵי הַכֹּל.

§ The mishna states that the prohibition of the sciatic nerve **applies to** a late-term animal **fetus** in the womb. Rabbi Yehuda says: It does not apply to a fetus; and its fat is permitted. **Shmuel says:** When the mishna states: **And its fat is permitted,** that is **according to everyone.**

חֶלְבּוֹ דְּמַאי? אִילֵימָא דְּשָׁלִיל – וְהָא מִיפְלַג פְּלִיגִי בֵּיהּ! דְּתַנְיָא: נוֹהֵג בְּשָׁלִיל, וְחֶלְבּוֹ אָסוּר, דִּבְרֵי רַבִּי מֵאִיר. רַבִּי יְהוּדָה אוֹמֵר: אֵינוֹ נוֹהֵג בְּשָׁלִיל, וְחֶלְבּוֹ מוּתָּר.

The Gemara asks: **The fat of what? If we say** that it is referring to the fat **of a fetus, don't** the *tanna'im* **disagree about it, as it is taught** in a *baraita*: The prohibition of the **sciatic nerve applies to** a late-term **fetus, and its fat is prohibited;** this is **the statement of Rabbi Meir. Rabbi Yehuda says** that the prohibition of the **sciatic nerve does not apply to** a late-term **fetus, and its fat is permitted.**

וְאָמַר רַבִּי אֶלְעָזָר, אָמַר רַבִּי אוֹשַׁעְיָא: מַחְלוֹקֶת בְּבֶן תִּשְׁעָה חַי, וְהָלַךְ רַבִּי מֵאִיר לְשִׁיטָתוֹ וְרַבִּי יְהוּדָה לְשִׁיטָתוֹ.

And Rabbi Elazar says that **Rabbi Oshaya says** in explanation of the *baraita*: This **dispute** applies **to a nine-month-old,** i.e., a full-term, fetus that remains **alive** after its mother has been slaughtered. **And Rabbi Meir followed his** general **opinion** in this regard (see 74a), that this fetus is considered a live animal independent of its mother. Consequently, it must undergo ritual slaughter in order for its meat to be permitted for consumption, and its fats and sciatic nerve are forbidden like those of any other animal. **And Rabbi Yehuda** followed **his** general **opinion** that such a fetus is not considered a live animal but rather part of its mother. Consequently, it does not require ritual slaughter, and its fats and sciatic nerve are permitted.

וְאֶלָּא חֶלְבּוֹ דְּגִיד – הָא מִיפְלַג פְּלִיגִי בָּהּ! דְּתַנְיָא: גִּיד הַנָּשֶׁה – מְחַטֵּט אַחֲרָיו בְּכָל מָקוֹם שֶׁהוּא, וְחוֹתֵךְ שַׁמְנוֹ מֵעִיקָּרוֹ, דִּבְרֵי רַבִּי מֵאִיר. רַבִּי יְהוּדָה אוֹמֵר: גּוֹמְמוֹ עִם הַשּׁוּפִי!

But rather, perhaps Shmuel's statement was said with regard to **the fat of the sciatic nerve. But** the *tanna'im* **disagree** about this case as well, **as it is taught** in a *baraita*: With regard to **the sciatic nerve, one scrapes around it**[H] to remove it entirely **in any place that it is** found in the thigh, **and one cuts out its fat from its source,** i.e., even the fat that is embedded in the flesh; this is **the statement of Rabbi Meir. Rabbi Yehuda says: One cuts out** the nerve and fat so that they are level **with the flesh** [***hashufi***][BL] of the thigh, but there is no need to scrape out the parts embedded in the flesh. Consequently, there is a dispute about the fat surrounding the sciatic nerve as well.

לְעוֹלָם חֶלְבּוֹ דְּגִיד, מוֹדֶה שְׁמוּאֵל דִּלְרַבִּי מֵאִיר – מִדְּרַבָּנַן אָסוּר. דְּתַנְיָא: וְשַׁמְנוֹ מוּתָּר, וְיִשְׂרָאֵל קְדוֹשִׁים נָהֲגוּ בּוֹ אִיסּוּר. מַאי לָאו, רַבִּי מֵאִיר הִיא דְּאָמַר מוּתָּר מִן הַתּוֹרָה – וְאָסוּר מִדְּרַבָּנַן.

The Gemara answers: **Actually,** Shmuel was referring to the **fat of the sciatic nerve,** and **Shmuel concedes that** according to the opinion of **Rabbi Meir** the fat surrounding the sciatic nerve is **forbidden by rabbinic law** but permitted by Torah law. **As it is taught** in a *baraita*: **Its fat is permitted** by Torah law, **but the Jewish people are holy** and **treated it as forbidden.** The Gemara infers: **What, is it not** that this *baraita* **is** in accordance with the opinion of **Rabbi Meir, who said** that the fat is **permitted by Torah law but forbidden by rabbinic law?**

HALAKHA

If a bird has a protrusion and it is rounded – **אִית לֵיהּ לָעוֹף וְעָגִיל**: The prohibition of the sciatic nerve does not apply to a bird, because a bird does not have a rounded protrusion on its thigh bone. But if such a rounded protrusion on its thigh bone were found in a bird, its sciatic nerve would be forbidden, though one would not be liable to receive lashes for eating it. Although Rabbi Yirmeya's question was left unanswered, the *halakha* is stringent, since it is a case of uncertainty with regard to Torah law. Nevertheless, there is no need to examine whether or not a bird has a rounded protrusion on its thigh bone (Rambam *Sefer Kedusha*, *Hilkhot Ma'akhalot Assurot* 8:4 and *Maggid Mishne* there; *Shulḥan Arukh*, *Yoreh De'a* 65:5).

An animal has a protrusion but it is not rounded – **אִית לֵיהּ לַבְּהֵמָה וְלָא עָגִיל**: The prohibition of the sciatic nerve applies to the sciatic nerve of both domestic and undomesticated animals. It is forbidden even if the animal does not have a rounded protrusion on its thigh bone, although one is not liable to receive lashes for eating it. Even though Rabbi Yirmeya's question was left unanswered, the *halakha* is stringent, since it is a case of uncertainty with regard to Torah law (Rambam *Sefer Kedusha*, *Hilkhot Ma'akhalot Assurot* 8:4 and *Maggid Mishne* there; *Shulḥan Arukh*, *Yoreh De'a* 65:5).

The sciatic nerve, one scrapes around it – **גִּיד הַנָּשֶׁה, מְחַטֵּט אַחֲרָיו**: When removing the sciatic nerve one must scrape around it to ensure that there is no nerve or fat remaining. This is in accordance with the *baraita* and the opinion of Rabbi Meir (Rambam *Sefer Kedusha*, *Hilkhot Ma'akhalot Assurot* 8:7; *Shulḥan Arukh*, *Yoreh De'a* 65:8).

BACKGROUND

One cuts out the nerve and fat level with the flesh – **גּוֹמְמוֹ עִם הַשּׁוּפִי**: Rashi previously (91a) and elsewhere (*Avoda Zara* 25a) defines this as the flesh along the length of the leg, beginning near the hip and extending until the tibia, the area above the solid line in the image. Others explain that the term is referring to a specific muscle in the thigh known by butchers as the *yad*. According to the understanding of Rabbi Yehuda, one must remove the entire portion of the sciatic nerve that extends over the outside of this muscle, and all the fat that is attached to the nerve there, so that it not appear as though one is eating the sciatic nerve.

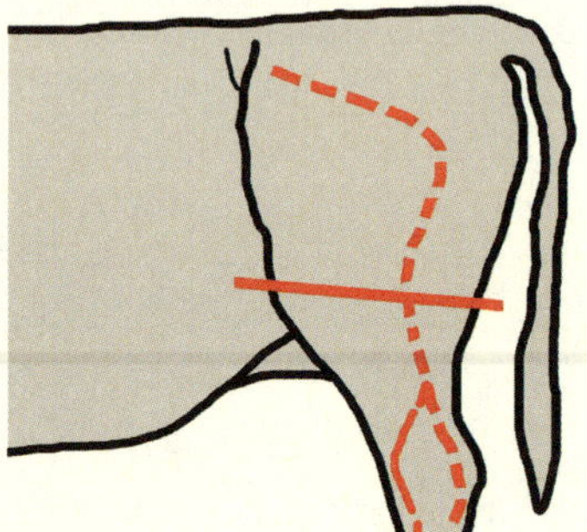

Path of the sciatic nerve

LANGUAGE

Flesh [*shufi*] – **שׁוּפִי**: While this term is clearly a reference to the acetabulum socket that surrounds the head of the femur (Rashi on *Avoda Zara* 25a), the source of the word is unclear. Some say it is from the Hebrew word referring to an elevated object, as in the verse: "Set up a flag upon the high mountain [*nishpeh*], lift up the voice to them, wave the hand, so that they may go into the gates of the nobles" (Isaiah 13:2). Alternatively it is from the Aramaic word meaning an object that protrudes from its place, as in: Let him jump [*linshof*] four cubits from where he stands (*Berakhot* 51a). According to these understandings, the meaning of the phrase *im hashufi* is that when one cuts, he makes a straight line that flattens the protruding or elevated area that was there originally.

מִמַּאי? דִּילְמָא רַבִּי יְהוּדָה הִיא, אֲבָל לְרַבִּי מֵאִיר מִדְּאוֹרָיְיתָא נַמִּי אֲסִיר!

The Gemara challenges this: **From where** can it be proven that this *baraita* is in accordance with the opinion of Rabbi Meir? **Perhaps it is** in accordance with the opinion of **Rabbi Yehuda, but according** to the opinion of **Rabbi Meir it is even forbidden by Torah law.**

לָא סָלְקָא דַּעְתָּךְ, דְּתַנְיָא: גִּיד הַנָּשֶׁה – מְחַטֵּט אַחֲרָיו בְּכָל מָקוֹם שֶׁהוּא, וְשַׁמְנוֹ מוּתָּר. מַאן שָׁמְעַתְּ לֵיהּ דְּאִית לֵיהּ חֲטִיטָה? רַבִּי מֵאִיר, וְקָאָמַר: שַׁמְנוֹ מוּתָּר.

The Gemara rejects this challenge: It would **not enter your mind** that this *baraita* is in accordance with the opinion of Rabbi Yehuda, **as it is taught** in a *baraita*: With regard to **the sciatic nerve, one scrapes around it** to remove it entirely from **any place that it** is found in the thigh, **and its fat is permitted.**[N] The Gemara explains: **Whom have you heard who holds** that **scraping** is required? It is **Rabbi Meir. And** the *baraita* **states** that **its fat is permitted.** Consequently, Rabbi Meir must hold that the fat surrounding the sciatic nerve is permitted by Torah law and forbidden by rabbinic law.

אָמַר רַב יִצְחָק בַּר שְׁמוּאֵל בַּר מָרְתָא, אָמַר רַב: לֹא אָסְרָה תּוֹרָה אֶלָּא קְנוֹקָנוֹת שֶׁבּוֹ. עוּלָּא אָמַר: עֵץ הוּא, וְהַתּוֹרָה חִיְּיבָה עָלָיו.

§ With regard to the sciatic nerve **Rav Yitzḥak bar Shmuel bar Marta says** that **Rav says: The Torah prohibited only its** thin, **tendril**-like nerve fibers [*kenokanot*][NBL] that branch off and run alongside the sciatic nerve, under the flesh. By contrast, the sciatic nerve itself, which is inedible and has no flavor, is therefore considered like wood rather than food, and is not forbidden. Conversely, **Ulla says:** The sciatic nerve **is** inedible and has no flavor, like **wood, but** nevertheless **the Torah rendered** one **liable for eating it.**[H]

אָמַר אַבָּיֵי: כְּוָותֵיהּ דְּעוּלָּא מִסְתַּבְּרָא, דְּאָמַר רַב שֵׁשֶׁת, אָמַר רַב אַסִּי: חוּטִין שֶׁבַּחֵלֶב – אֲסוּרִין, וְאֵין חַיָּיבִין עֲלֵיהֶן, אַלְמָא – ״חֵלֶב״ אָמַר רַחֲמָנָא, וְלֹא חוּטִין. הָכָא נַמִּי – ״גִּיד״ אָמַר רַחֲמָנָא, וְלֹא קְנוֹקָנוֹת.

Abaye said: It stands to reason that the *halakha* **is in accordance with** the opinion **of Ulla, because Rav Sheshet said** that **Rav Asi said: The strands** of veins **that are in the** forbidden **fat**[H] **are forbidden, but one is not liable for** eating **them. Apparently,** when **the Merciful One states** in the Torah that it is prohibited to eat **fat,** the prohibition applies only to the fat itself **but not** to **the strands** of veins. **Here also, the Merciful One states** in the Torah that it is prohibited to eat the sciatic **nerve, but** that does **not** include **the tendril**-like nerve fibers.

גּוּפָא, אָמַר רַב שֵׁשֶׁת, אָמַר רַב אַסִּי: חוּטִין שֶׁבַּחֵלֶב – אֲסוּרִין, וְאֵין חַיָּיבִין עֲלֵיהֶן. שֶׁבַּכּוּלְיָא – אֲסוּרִין וְאֵין חַיָּיבִין עֲלֵיהֶן. לוֹבֶן כּוּלְיָא – רַבִּי וְרַבִּי חִיָּיא, חַד אָסַר וְחַד שָׁרֵי.

§ The Gemara now returns to **the** matter **itself** cited in the discussion above: **Rav Sheshet said** that **Rav Asi said: The strands** of veins **that are in the** forbidden **fat are forbidden, but one is not liable for** eating **them.** The strands of veins **that are in the kidney**[H] **are forbidden, but one is not liable for** eating **them.** With regard to the **white** fat of the **kidney,**[H] there is a dispute between **Rabbi** Yehuda HaNasi **and Rabbi Ḥiyya: One** of them **prohibits** its consumption, because it is similar to the fats that are prohibited by the Torah; **and one** of them **permits** eating it.

רַבָּה מְמָרֵיט לֵיהּ, רַבִּי יוֹחָנָן מְמָרֵיט לֵיהּ, רַבִּי אַסִּי גָּאֵים לֵיהּ. אָמַר אַבָּיֵי: כְּוָותֵיהּ דְּרַבִּי אַסִּי מִסְתַּבְּרָא, דְּאָמַר רַבִּי אַבָּא, אָמַר רַב יְהוּדָה, אָמַר שְׁמוּאֵל:

The Gemara relates that **Rabba** would **scrape** every remnant of white fat away from the kidney. Similarly, **Rabbi Yoḥanan** would **scrape it** away from the kidney. By contrast, **Rabbi Asi** would **cut it** from the surface of the kidney but would not scrape out the rest of it. **Abaye said: It stands to reason** that the *halakha* **is in accordance with** the opinion **of Rabbi Asi, because Rabbi Abba said** that **Rav Yehuda said** that **Shmuel said:**

NOTES

One scrapes around it any place that it is found, and its fat is permitted – מְחַטֵּט אַחֲרָיו בְּכָל מָקוֹם שֶׁהוּא וְשַׁמְנוֹ מוּתָּר: Some commentaries interpret the ruling that the fat of the sciatic nerve is permitted as applying even by rabbinic law. Nevertheless, the custom is to treat it as forbidden (Ran). Others hold that the *baraita* means that the fat is permitted by Torah law. Consequently, according to Rabbi Meir the requirement to scrape around the sciatic nerve and entirely remove it is also by Torah law. They explain the ensuing discussion accordingly (Ramban).

The Torah prohibited only its thin tendril-like nerve fibers – לֹא אָסְרָה תּוֹרָה אֶלָּא קְנוֹקָנוֹת שֶׁבּוֹ: These Sages hold in accordance with the opinion that the sciatic nerve does not possess any flavor, which is the conclusion later (99b). If the sciatic nerve itself has no flavor, it is logical that the Torah does not prohibit the actual nerve, as it is considered similar to wood. Rather, only the surrounding tissue would be forbidden, as it contains the fat and the flavor. By contrast, Ulla holds that even though the nerve itself has the status of wood, the Torah deemed one liable for eating it. According to Ulla, the surrounding tissue is permitted by Torah law. Nevertheless, Rav Aḥa Gaon adds that it is forbidden by rabbinic law.

BACKGROUND

Tendril-like nerve fibers – קְנוֹקָנוֹת:

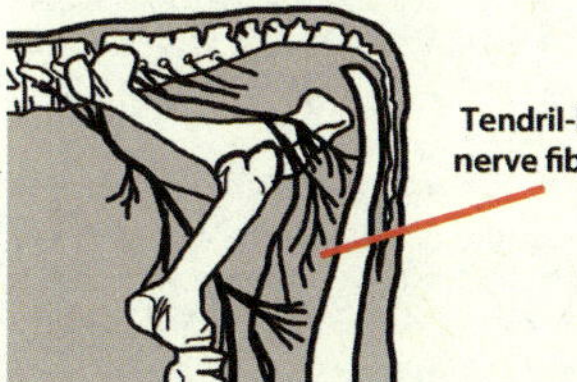

Fibers of the sciatic nerve

LANGUAGE

Thin tendril-like nerve fibers [*kenokanot*] – קְנוֹקָנוֹת: The word *kenokanot* is primarily a botanic term, referring to thin tendrils that wind around a rock or tree and allow the plant to climb. In this context of zoology, it is referring to thin nerve fibers that spread throughout the body of the animal.

HALAKHA

It is like wood, but the Torah rendered one liable for eating it – עֵץ הוּא וְהַתּוֹרָה חִיְּיבָה עָלָיו: Although it is forbidden by Torah law, the sciatic nerve itself has no flavor and is considered to be like wood. Therefore, if it is cooked with other food it does not impart forbidden flavor to that food. This ruling is in accordance with the opinion of Ulla (*Shulḥan Arukh*, *Yoreh De'a* 65:9, and see 100:2; see Rambam *Sefer Kedusha*, *Hilkhot Ma'akhalot Assurot* 15:17, 16:6).

The strands of veins that are in the forbidden fat – חוּטִין שֶׁבַּחֵלֶב: The strands of veins in the forbidden fat are themselves forbidden, but one is not liable to receive the punishment of *karet* for eating them, in accordance with the opinion of Rav Sheshet, citing Rav Asi (Rambam *Sefer Kedusha*, *Hilkhot Ma'akhalot Assurot* 7:6; *Shulḥan Arukh*, *Yoreh De'a* 64:10).

That are in the kidney – שֶׁבַּכּוּלְיָא: The strands of veins that are in the kidneys are forbidden to consume, but one is not liable to receive the punishment of *karet* for eating them. This is in accordance with the opinion of Rav Sheshet, citing Rav Asi (Rambam *Sefer Kedusha*, *Hilkhot Ma'akhalot Assurot* 7:7; *Shulḥan Arukh*, *Yoreh De'a* 64:12).

White fat of the kidney – לוֹבֶן כּוּלְיָא: The white fat on the outside of the kidneys is forbidden, but not the fat inside the kidneys. Nevertheless, one should remove the fat from the inside of the kidneys, although one is not required to scrape around it. Some are stringent and require scraping around it. The Rema writes that if one did not scrape around it and left a small amount inside the kidney that was then cooked, it is permitted according to all opinions. This applies specifically to the fat inside the kidney, but the fat on the outside of the kidney is forbidden according to everyone. This is in accordance with the opinion of Rav Asi, as Abaye agreed with his opinion (Rambam *Sefer Kedusha*, *Hilkhot Ma'akhalot Assurot* 7:7; *Shulḥan Arukh*, *Yoreh De'a* 64:12).

חֵלֶב שֶׁהַבָּשָׂר חוֹפֶה אוֹתוֹ – מוּתָּר, אַלְמָא – שֶׁעַל הַכְּסָלִים אָמַר רַחֲמָנָא, וְלֹא שֶׁבְּתוֹךְ הַכְּסָלִים. הָכָא נַמִי – שֶׁעַל הַכְּלָיוֹת אָמַר רַחֲמָנָא, וְלֹא שֶׁבְּתוֹךְ הַכְּלָיוֹת.

The fat that is covered by the flesh[BH] is permitted. Apparently, when the Merciful One states in the Torah that the fat that is upon the loins is prohibited (see Leviticus 3:4), it is referring only to the fat above the loins but not the fat that is inside the loins.[B] Here also, the Merciful One states in the Torah that the fat that is upon the kidneys is prohibited (see Leviticus 3:4), but this does not include the fat that is inside the kidneys.[N]

גּוּפָא, אָמַר רַבִּי אַבָּא, אָמַר רַב יְהוּדָה, אָמַר שְׁמוּאֵל: חֵלֶב שֶׁהַבָּשָׂר חוֹפֶה אוֹתוֹ – מוּתָּר. אִינִי, וְהָאָמַר רַבִּי אַבָּא, אָמַר רַב יְהוּדָה, אָמַר שְׁמוּאֵל: הַאי תַּרְבָּא דְּתוּתֵי מָתְנֵי – אָסִיר!

§ The Gemara addresses the matter itself cited in the discussion above: Rabbi Abba said that Rav Yehuda said that Shmuel said: The fat that is covered by the flesh is permitted. The Gemara asks: Is that so? But didn't Rabbi Abba say that Rav Yehuda said that Shmuel said: This fat that is under the loins[BH] is forbidden, even though it is covered by flesh?

אָמַר אַבַּיֵי: בְּהֵמָה בְּחַיֶּיהָ פֵּרוּקֵי מִיפָּרְקָא. אָמַר רַבִּי יוֹחָנָן: אֲנָא לָאו טַבָּחָא אֲנָא וְלָאו בַּר טַבָּחָא אֲנָא, וּנְהִירְנָא דְּהָכִי הֲווּ אָמְרִי בֵּי מִדְרְשָׁא: בְּהֵמָה בְּחַיֶּיהָ פֵּרוּקֵי מִיפָּרְקָא.

The Gemara answers that Abaye said: When an animal is alive its limbs separate at the joints as it walks, so that the fat under the loins is not covered by flesh. Therefore, even after it has been slaughtered this fat is forbidden and does not have the status of fat that is covered by flesh. Rabbi Yoḥanan said: I am not a butcher and I am not the son of a butcher, i.e., I am not expert in the anatomy of animals, but I remember that this is what they would say in the study hall: When an animal is alive its limbs separate at the joints as it walks, so that the fat under the loins is exposed.

אָמַר רַבִּי אַבָּא, אָמַר רַב יְהוּדָה, אָמַר שְׁמוּאֵל: חֵלֶב שֶׁעַל הַמְּסֵס וּבֵית הַכּוֹסוֹת – אֲסוּרִין וְעָנוּשׁ כָּרֵת, וְזֶהוּ חֵלֶב שֶׁעַל הַקֶּרֶב. אָמַר רַבִּי אַבָּא, אָמַר רַב יְהוּדָה, אָמַר שְׁמוּאֵל: הַאי תַּרְבָּא דְּקַלִּיבוּסְתָּא – אָסוּר, וְעָנוּשׁ כָּרֵת, וְזֶהוּ חֵלֶב שֶׁעַל הַכְּסָלִים.

§ Rabbi Abba said that Rav Yehuda said that Shmuel said: The fat that is on the omasum and the reticulum[H] is forbidden, and its consumption is punishable by *karet*. And this is the fat that is referred to in the Torah as being upon the innards (see Leviticus 3:3). Rabbi Abba said that Rav Yehuda said that Shmuel said: This fat of the coccygeal bone[BH] is forbidden, and its consumption is punishable by *karet*. And this is the fat that is referred to in the Torah as being upon the loins (see Leviticus 3:4).

HALAKHA

Fat that is covered by the flesh – חֵלֶב שֶׁהַבָּשָׂר חוֹפֶה אוֹתוֹ: Fat that is covered by flesh is permitted, in accordance with the opinion of Shmuel (Rambam *Sefer Kedusha, Hilkhot Ma'akhalot Assurot* 7:7; *Shulḥan Arukh, Yoreh De'a* 64:4).

Fat that is under the loins – תַּרְבָּא דְּתוּתֵי מָתְנֵי: An animal has fat in the main loin area, close to the top of the thigh. When the animal is alive this can be seen in the intestines, but after it dies the two adjacent pieces of flesh stick together and cover this fat, and it cannot be seen until the flesh is separated. This fat is not considered to be fat covered by the flesh, and it is forbidden, in accordance with the opinion of Shmuel (Rambam *Sefer Kedusha, Hilkhot Ma'akhalot Assurot* 7:8; *Shulḥan Arukh, Yoreh De'a* 64:7).

The fat that is on the omasum and the reticulum – חֵלֶב שֶׁעַל הַמְּסֵס וּבֵית הַכּוֹסוֹת: The fat that is on the omasum and the reticulum is forbidden, and one who consumes it is liable to receive *karet*. This is the fat the Torah refers to as being upon the innards (Leviticus 3:3). This ruling is in accordance with the opinion of Shmuel (Rambam *Sefer Kedusha, Hilkhot Ma'akhalot Assurot* 7:6; *Shulḥan Arukh, Yoreh De'a* 64:8).

Fat of the coccygeal bone – תַּרְבָּא דְּקַלִּיבוּסְתָּא: The fat that is upon the loins and the membrane covering the loins are forbidden, in accordance with the opinion of Shmuel (Rambam *Sefer Kedusha, Hilkhot Ma'akhalot Assurot* 7:7, 11; *Shulḥan Arukh, Yoreh De'a* 64:6).

NOTES

Not fat that is inside the kidneys – לֹא שֶׁבְּתוֹךְ הַכְּלָיוֹת: There is a dispute between the early commentaries as to the status of the white fat that is inside the kidneys. Some hold that it is forbidden, in accordance with the opinion of Rabba and Rabbi Yoḥanan, who would scrape it away from the kidney. These commentaries are stringent even though the *halakha* is in accordance with the opinion of Shmuel that the fat that is covered by flesh is permitted (Ba'al HaMaor; *Sefer HaTerumot*; Rashi). The distinction is that the loins are not offered on the altar, so if the fat contained within was forbidden the Torah would have said: Inside the loins, and not: "Upon the loins." By contrast, the kidneys are offered upon the altar. Therefore, the Torah did not need to specify the fat within the kidneys as being included, as it is part of the kidney. Other early commentaries hold that the white fat within the kidneys is permitted, and one is required to remove only the fat that is on the surface of the kidneys, in accordance with the custom of Rav Asi (Rif; Ran).

BACKGROUND

Fat that is covered by the flesh – חֵלֶב שֶׁהַבָּשָׂר חוֹפֶה אוֹתוֹ: The fat of the loins, which is beneath the kidneys, can be seen at the top of the loins. It is then covered by a thin layer of red flesh and spread throughout the loins. The *halakha* is that the part that is covered with flesh is permitted.

Loins – כְּסָלִים: Loins is a general term for the folds of muscle and flesh at the back of the animal, between the ribs and the thighs and near the kidneys. The term includes three layers of flesh that have layers of fat between them.

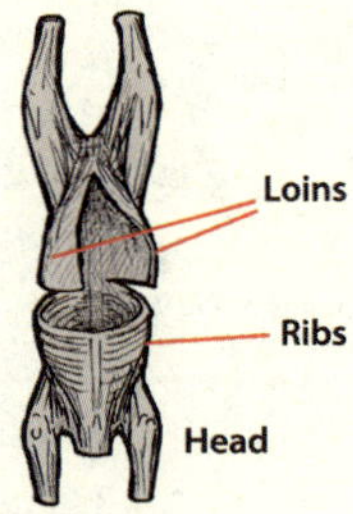

Loins of an animal hanging by the legs

Fat that is under the loins – תַּרְבָּא דְּתוּתֵי מָתְנֵי: According to Rashi this is referring to the fat near the spine from within, i.e., the area of the vertebrae and the small ribs in the stomach cavity. The Rambam explains that it is referring to the fat that is close to the joint between the femur and the hip.

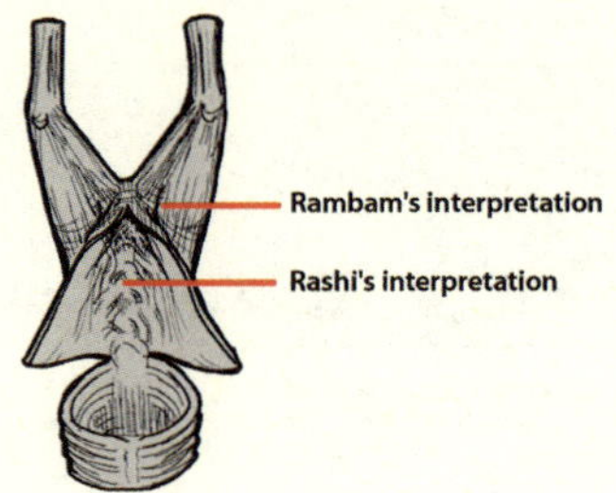

Fat under the loins

Coccygeal bone – קַלִּיבוּסְתָּא: The coccygeal bone is the tailbone, at the end of the spine. It sits on the pelvic bone, and the fat of the tail is attached to it.

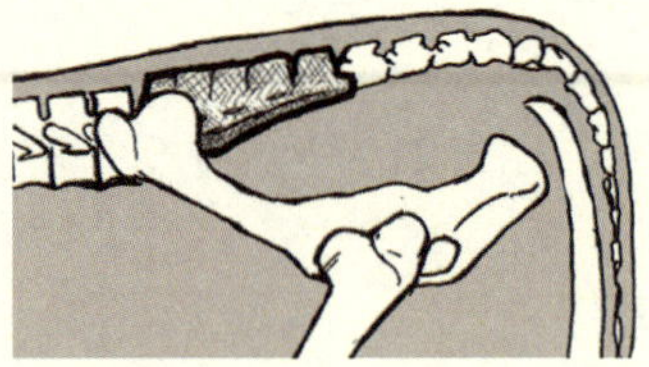

Coccygeal bone

BACKGROUND

Sinews [*ḥutin*] that are in the tailbone [*oketz*] – חוּטִין שֶׁבָּעוֹקֶץ: According to Rashi the term *ḥutin* is referring to the nerves that come out from the sacrum, which are attached to the hip, and the word *oketz* refers to the hip. The sciatic nerve emerges from the spine through an opening in the pelvis and then branches out through the flesh of the loins. According to Rashi the five sinews serve as an explanation of Rav Yehuda's statement.

According to others, *oketz* refers to the coccygeal bone, also known as the tailbone, through which nerves pass from the kidneys (Mordekhai), and this is the explanation followed in the commentary here. According to the Rambam, the nerves in the *oketz* are forbidden due to blood and not due to forbidden fat, but he does not state the location of the *oketz*.

Spleen – טַחְלֵי:

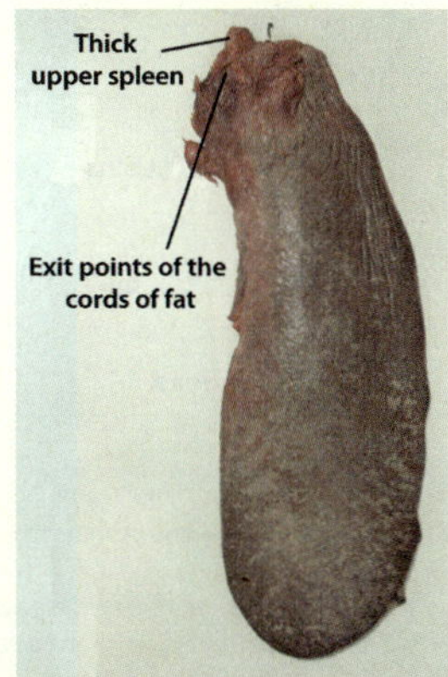

Mammalian spleen

Kidneys – כּוּלְיָתָא:

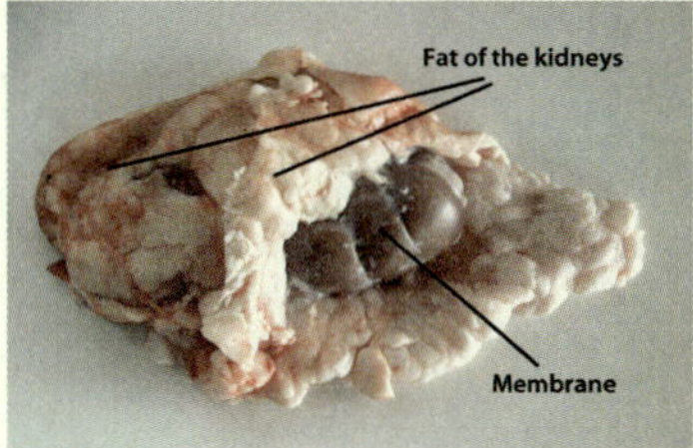

Kidneys with fat

וְאָמַר רַבִּי אַבָּא, אָמַר רַב יְהוּדָה, אָמַר שְׁמוּאֵל: חוּטִין שֶׁבַּיָּד אֲסוּרִין. אָמַר רַב סָפְרָא: מֹשֶׁה! מִי אָמַר רַחֲמָנָא לָא תֵּיכוּל בִּישְׂרָא?! אָמַר רָבָא: מֹשֶׁה! מִי אָמַר רַחֲמָנָא אֱכוֹל דָּמָא?! חַתְכֵיהּ וּמַלְחֵיהּ – אֲפִילּוּ לִקְדֵירָה נַמִי שַׁפִּיר דָּמֵי.

And Rabbi Abba said that Rav Yehuda said that Shmuel said: **The veins that are in the foreleg**[H] of an animal **are forbidden. Rav Safra said** to Rabbi Abba: **Moses! Did the Merciful One say**[N] in the Torah: **Do not eat meat?** The veins of the foreleg are part of the meat and are not forbidden. **Rava said: Moses! Did the Merciful One say** in the Torah: **Eat blood?** The reason that these veins are forbidden is that they are filled with blood. Therefore, if one **cuts** the foreleg open **and salts it** to remove the blood, it is **permitted even** to cook it **in a pot;** and it is certainly permitted to roast it over a fire, which also draws out the blood.

אָמַר רַב יְהוּדָה, אָמַר שְׁמוּאֵל: רֵישׁ מֵעֲיָא בְּאַמְּתָא בְּעֵי גְּרִירָה, וְזֶהוּ ״חֵלֶב שֶׁעַל הַדַּקִּין״.

Rav Yehuda said that **Shmuel said:** The fat on the **top cubit of the** small **intestine requires scraping,**[H] i.e., it is forbidden and must be removed. **And this is** the fat referred to by the Sages (see 49b) as **the fat that is on the small intestine.**

וְאָמַר רַב יְהוּדָה: חוּטִין שֶׁבָּעוֹקֶץ – אֲסוּרִין. חַמְשָׁא חוּטֵי אִית בֵּיהּ בְּכִפְלָא, תְּלָתָא מִימִינָא וְתַרְתֵּי מִשְּׂמָאלָא, תְּלָתָא מִפְּצְלִי לִתְרֵי תְּרֵי, תְּרֵי מִפְּצְלִי לִתְלָתָא תְּלָתָא. נָפְקָא מִינָּהּ, דְּאִי שָׁלֵיף לְהוּ עַד דַּחֲמִימֵי – מִשְׁתַּלְפִי, וְאִי לָא – בָּעֵי חֲטוּטֵי בַּתְרַיְיהוּ.

And Rav Yehuda says: The sinews that are in the tailbone[BH] **are forbidden** for consumption, because they contain forbidden fat. **There are five sinews in the tail: Three on the right and two on the left.** The **three** on the right **each split into two,** and the **two** on the left **each split into three.** The practical **difference,** i.e., the reason the Gemara describes this in detail, is **that if** one **draws them out** while they are **still warm** soon after slaughter **they are drawn out** easily, **but if not,** he **is required to scrape around them,** i.e., dig into the flesh to remove them. It is important to know how many there are to ensure that one removes them all.

אָמַר אַבָּיֵי וְאִיתֵּימָא רַב יְהוּדָה: חַמְשָׁא חוּטֵי הָווּ. תְּלָתָא מִשּׁוּם תַּרְבָּא, וּתְרֵין מִשּׁוּם דָּמָא. דְּטַחְלֵי וּדְכַפְלֵי וּדְכוּלְיָתָא – מִשּׁוּם תַּרְבָּא, דְּיָדָא וּדְלוֹעָא – מִשּׁוּם דָּמָא.

Abaye said, and some say that **Rav Yehuda** said: **There are five strands** that are forbidden for consumption; **three** of them are forbidden **because** they contain **forbidden fat, and two** are forbidden **because** they contain **blood.** The ligaments **of the spleen**[B] **and of the tail and of the kidneys**[B] are forbidden **because** they contain **forbidden fat.** And the veins **of the foreleg and of the pharynx,** i.e., the carotid artery, are forbidden **because** they contain **blood.**

לְמַאי נָפְקָא מִינָּהּ? הָנֵי דְּמִשּׁוּם דָּמָא – אִי מְחַתֵּךְ לְהוּ וּמָלַח לְהוּ שַׁפִּיר דָּמֵי, הָנָךְ – לֵית לְהוּ תַּקַּנְתָּא.

The Gemara asks: **What difference is** there whether they are forbidden due to fat or due to blood? The Gemara answers: With regard to **these** veins and arteries **that** are forbidden **because** they contain **blood, if one cuts them** open **and** then **salts them** to remove the blood they are **permitted.** But **those** strands that contain forbidden fat **have no rectification** and can never be eaten.

HALAKHA

The veins that are in the foreleg – חוּטִין שֶׁבַּיָּד: The veins in the foreleg are forbidden due to the blood within them, in accordance with the opinion of Shmuel (Rambam *Sefer Kedusha*, *Hilkhot Ma'akhalot Assurot* 7:13; *Shulḥan Arukh*, *Yoreh De'a* 65:1).

The fat on the top cubit of the intestine requires scraping – רֵישׁ מֵעֲיָא בְּאַמְּתָא בְּעֵי גְּרִירָה: The fat on the top cubit of the small intestine after it leaves the abomasum is forbidden. Below this point, the fat is permitted, in accordance with the opinion of Shmuel. Some say that the reference to the top of the small intestine is referring to the end of the intestine that leads to the rectum. One who is God-fearing should follow both opinions and scrape one cubit of fat from each end of the intestine. The Rema writes that some say that the area that is scraped need not be an entire cubit, and for this reason the custom is to be lenient and to estimate a cubit (Rambam *Sefer Kedusha*, *Hilkhot Ma'akhalot Assurot* 7:9; *Shulḥan Arukh*, *Yoreh De'a* 64:15).

The sinews that are in the tailbone – חוּטִין שֶׁבָּעוֹקֶץ: The sinews that are in the tailbone are forbidden. There are five sinews: Three on the right and two on the left. The three on the right each split into two, and the two on the left each split into three. One end of each is connected to the tailbone on the spine, and the other end is connected under the breast at the top of the ribs. This ruling is in accordance with the opinion of Rav Yehuda (Rambam *Sefer Kedusha*, *Hilkhot Ma'akhalot Assurot* 7:11; *Shulḥan Arukh*, *Yoreh De'a* 64:13).

NOTES

Moses! Did the Merciful One say – מֹשֶׁה מִי אָמַר רַחֲמָנָא: This expression is used often by Rav Safra (see *Shabbat* 101b, *Sukka* 39a, and *Beitza* 38b). Rashi explains that it is an appellation for a Torah scholar. Alternatively, it is referring to an oath, as if to say that Rav Safra would take an oath by Moses' honor that his words are correct (Rashi on *Beitza* 38b).

אמר רב כהנא ואיתימא רב יהודה: חמשא קרמי הוו. תלתא משום תרבא, ותרי משום דמא, דטחלי דכפלי ודכוליתא – משום תרבא, דביעי ודמוקרא – משום דמא.

Rav Kahana said, and some say that it was **Rav Yehuda** who said: **There are five membranes** that are forbidden for consumption; **three** of them are forbidden **because** they contain **forbidden fat, and two** are forbidden **because** they contain **blood.** The membranes **of the spleen and of the tail and of the kidneys** are forbidden **because** they contain **forbidden fat.** And the membranes **of the testicles**[B] **and of the brain** are forbidden **because** they contain **blood.**[B]

רב יהודה בר אושעיא הוה קא קליף ליה טחלא ללוי בריה דרב הונא בר חייא, הוה קא גאים ליה מעילאי. אמר ליה: חות ביה טפי! אתא אבוה אשכחיה, אמר ליה: הכי אמר אבוה דאמך משום דרב, ומנו – רב ירמיה בר אבא: לא אסרה תורה אלא שעל הדד בלבד.

The Gemara relates that **Rav Yehuda bar Oshaya was peeling** the membranes from **a spleen for Levi, son of Rav Huna bar Ḥiyya. He was cutting them** only **from the upper** surface of the spleen. Levi **said to** Rav Yehuda: **Go down further,** i.e., remove the fat that is lower down as well. Levi's **father,** Rav Huna bar Ḥiyya, **came and found him** as Levi was saying this to Rav Yehuda. Rav Huna bar Ḥiyya **said to him: This is what your mother's father said in the name of Rav; and who** was Levi's mother's father? It was **Rav Yirmeya bar Abba.** He said: **The Torah prohibits only** the membranes **that are on the thick,** upper surface of the spleen.[H]

איני, והאמר רב המנונא, תנא: קרום שעל הטחול – אסור, ואין חייבים עליו. היכי דמי? אילימא שעל הדד – אמאי אין חייבין עליו? אלא דכוליה! אמר ליה: אי תניא, תניא.

Levi asked: **Is that so? But didn't Rav Hamnuna say** that it was **taught** in a *baraita* that the **membrane that is on the spleen is forbidden, but one is not liable** to receive the punishment of *karet* **for** eating **it?** Levi clarifies: **What are the circumstances** referred to in the *baraita*? **If we say** that it is referring to the membranes **that are on the thick,** upper surface of the spleen, **why is one not liable** to the punishment of *karet* **for** eating **it? Rather,** it must be referring to the membranes **on all** sides **of** the spleen, even the underside. Rav Huna bar Ḥiyya **said to** his son, Levi: **If this** *baraita* **is taught, it is taught,** and I cannot take issue with it.

גופא, אמר רב המנונא, תנא: קרום שעל הטחול – אסור, ואין חייבין עליו. קרום שעל גבי כוליא – אסור, ואין חייבין עליו. והתניא: חייבין עליו!

§ The Gemara returns to discuss **the** matter **itself** mentioned above: **Rav Hamnuna said** that it was **taught** in a *baraita*: The **membrane that is on the spleen is forbidden, but one is not liable** to receive *karet* for eating **it.** The **membrane that is on the kidney**[H] **is forbidden, but one is not liable** to receive *karet* **for** eating **it.** The Gemara challenges this statement: **But isn't it taught** in a *baraita* that **one is liable** to receive *karet* **for** eating the membrane on the spleen or the kidney?

טחול אטחול לא קשיא, הא – כנגד הדד, הא – שלא כנגד הדד.

The Gemara answers: The apparent contradiction between the *baraita* that states that one is not liable to receive *karet* for eating the membrane on the **spleen** and the *baraita* that states that one is liable to receive *karet* for eating the membrane on the **spleen** is **not difficult: This** *baraita* that states that one is liable is referring to the membrane **on the thick,** upper part of the spleen, whereas **that** *baraita* that states that one is not liable is referring to the membrane **that is not on the thick** part of the spleen.

כוליא אכוליא נמי לא קשיא, הא – בעילאה, הא – בתתאה.

Likewise, the apparent contradiction between the *baraita* that states that one is not liable to receive *karet* for eating the membrane on the **kidney** and the *baraita* that states that one is liable to receive *karet* for eating the membrane on the **kidney** is **not difficult: This** *baraita* that states that one is liable is referring to the membrane **on the upper** part of the kidney, whereas **that** *baraita* that states that one is not liable is referring to the membrane **on the lower** part of the kidney.

BACKGROUND

Testicles – ביעי:

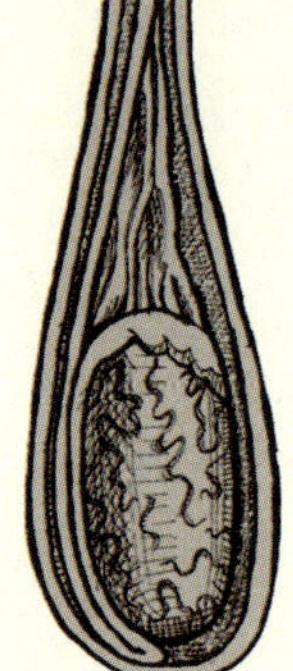

Testicle of an animal

Blood – דמא: The Torah's prohibition against consuming blood (see Leviticus 7:26) applies to the blood of both kosher and non-kosher animals and birds. One who consumes blood intentionally is liable to receive *karet*, and one who does so unwittingly is required to bring a sin offering. Meat must be salted before it is cooked in order to remove the blood.

HALAKHA

The Torah prohibits only the membranes that are on the thick upper surface of the spleen – לא אסרה תורה אלא שעל הדד בלבד: One is liable to receive *karet* for consuming the membrane covering the thicker surface of the spleen. The membrane covering the rest of the spleen and the sinews within it are forbidden, but one is not liable for eating them, in accordance with the opinion of Rav Yirmeya bar Abba (Rambam *Sefer Kedusha, Hilkhot Ma'akhalot Assurot* 7:11; *Shulḥan Arukh, Yoreh De'a* 64:10).

The membrane that is on the kidney – קרום שעל גבי כוליא: The kidney has two membranes. One is liable for consuming the upper, or outer membrane, but not for consuming the lower, or inner membrane. Nevertheless, it is forbidden to consume the lower membrane and the sinews within it, in accordance with the opinion of Rav Hamnuna (Rambam *Sefer Kedusha, Hilkhot Ma'akhalot Assurot* 7:12; *Shulḥan Arukh, Yoreh De'a* 64:12).

בֵּיעֵי חֲשִׁילְתָא: רַב אַמִּי וְרַב אַסִּי, חַד אָסַר וְחַד שָׁרֵי. מַאן דְּאָסַר,

§ With regard to **testicles** that were **crushed** while the animal was alive but were still attached to their cords in the scrotum, there is a dispute between **Rav Ami and Rav Asi. One** of them **prohibits** eating the testicles after the animal is slaughtered **and one** of them **permits** eating them. The Gemara clarifies: **The one who prohibits** them holds that

Perek **VII**
Daf **93** Amud **b**

מִדְּלָא קָא בָּרְיָין – הָנֵי אֵבֶר מִן הַחַי נִינְהוּ. מַאן דְּשָׁרֵי: מִדְּלָא קָא מַסְרְחָן – הָנֵי חִיּוּתָא אִית בְּהוּ.

since these testicles **do not heal, they are** considered **a limb** severed **from a living** animal even though they are still attached to the animal. Consequently, they are forbidden even after the animal is slaughtered. And **the one who permits** eating crushed testicles holds that **since they do not rot, there is vitality in them,** and they are not considered to have been detached from the animal.

וְאִידָךְ, הַאי דְּלָא קָא מַסְרְחָן – דְּלָא קָא שָׁלֵיט בְּהוּ אֲוִירָא. וְאִידָךְ, הַאי דְּלָא בָּרְיָין – כְּחִישׁוּתָא הוּא דְּנָקֵט לְהוּ.

And the other opinion, which holds that crushed testicles are forbidden, holds that **the** reason the testicles **do not rot** is not because they have vitality but rather **because air does not penetrate** the scrotum, and it is contact with air that would cause them to rot. **And the other** opinion, which holds that crushed testicles are permitted, holds **that the** fact **that they do not heal** is because **they have been struck with weakness,** but not because they are entirely devoid of vitality. Consequently, they should not be considered detached from the body.

אֲמַר לֵיהּ רַבִּי יוֹחָנָן לְרַב שֶׁמֶן בַּר אַבָּא: הָנֵי בֵּיעֵי חֲשִׁילְתָא – שָׁרְיָין, וְאַתְּ לָא תֵּיכוּל מִשּׁוּם ״וְאַל תִּטֹּשׁ תּוֹרַת אִמֶּךָ״.

Rabbi Yoḥanan said to Rav Shemen bar Abba:[P] **These crushed testicles**[H] **are permitted** for consumption, **but you should not eat them due to** the dictum: **"And do not forsake the Torah of your mother"** (Proverbs 1:8).[N] Since Rav Shemen bar Abba was from Babylonia, where it was customary to be stringent, it was prohibited for him to eat crushed testicles even when he was in Eretz Yisrael.

אֲמַר מָר בַּר רַב אָשֵׁי: הָנֵי בֵּיעֵי דְּגַדְיָא, עַד תְּלָתִין יוֹמִין – שָׁרְיָין בְּלָא קְלִיפָה. מִכָּאן וְאֵילָךְ, אִי אִזְרַעַן – אֲסוּרִין, וְאִי לָא אִזְרַעַן – שָׁרְיָין. מְנָא יָדְעִינַן? אִי אִית בְּהוּ שׁוּרְיְיקֵי סוּמָּקֵי – אֲסִירָן, לֵית בְּהוּ שׁוּרְיְיקֵי סוּמָּקֵי – שָׁרְיָין.

§ The Gemara cites other *halakhot* related to testicles. **Mar bar Rav Ashi said:** With regard to **these testicles of goats,**[H] from the time the goat is born **until** the goat is **thirty days** old, its testicles **are permitted without peeling** off the membrane that encloses them, because they are presumed not to contain blood. **From this** point **forward, if they contain semen they are forbidden, but if they do not contain semen they are permitted.** The Gemara asks: **How can we know** whether or not they contain semen? The Gemara answers: **If they have red streaks in them they are forbidden.** If they **do not have red streaks in them they are permitted.**

אוּמְצֵי בֵּיעֵי וּמִזְרְקֵי, פְּלִיגִי בָּהּ רַב אַחָא וְרָבִינָא. בְּכָל הַתּוֹרָה כּוּלָּהּ רָבִינָא לְקוּלָּא וְרַב אַחָא לְחוּמְרָא, וְהִלְכְתָא כְּרָבִינָא לְקוּלָּא, לְבַר מֵהָנֵי תְּלָת דְּרַב אַחָא לְקוּלָּא וְרָבִינָא לְחוּמְרָא, וְהִלְכְתָא כְּרַב אַחָא לְקוּלָּא.

The Gemara quotes a related discussion pertaining to three cases: With regard to **raw meat** that is eaten without being salted, **testicles** of an animal, **and** the large **veins** of the neck, **Rav Aḥa and Ravina disagree about** the *halakha*. The Gemara points out: **In all** of their disputes with regard to other realms of **the Torah** where it is not clear which of them holds which opinion, the opinion of **Ravina is lenient,** and the opinion of **Rav Aḥa is stringent, and the** *halakha* is **in accordance with** the opinion of **Ravina to be lenient.** This applies to all their disputes **except for these three, in which Rav Aḥa is lenient and Ravina is stringent, and the** *halakha* is **in accordance with** the opinion of **Rav Aḥa to be lenient.**

PERSONALITIES

Rav Shemen bar Abba – רַב שֶׁמֶן בַּר אַבָּא: This is Rav Shimon, or Shemen, bar Abba HaKohen, a second-generation *amora* in Eretz Yisrael. Rav Shimon bar Abba originally came from Babylonia, where he studied with Shmuel, but he apparently arrived in Eretz Yisrael at a relatively young age, and was among the students of Rabbi Ḥanina there. His principal teacher was Rabbi Yoḥanan, to whom he attended with great affection. The Sages applied the verse "There is no bread to the wise" (Ecclesiastes 9:11) to him due to his poverty, and he was renowned for great righteousness and extensive wisdom.

HALAKHA

These crushed testicles – הָנֵי בֵּיעֵי חֲשִׁילְתָא: Testicles of an animal that have been pulled from their natural position but are still entwined within the scrotum are permitted by Torah law, because they still have a trace of life, which is the reason they do not rot. Nevertheless, it is prohibited to eat them anywhere (Rambam), or at least in those places where the custom is to forbid them (Rashi; Rashba; *Maggid Mishne*). This ruling is based on the custom of the Jewish people to not eat them because they are similar to a limb from a living animal, and is in accordance with Rabbi Yoḥanan's statement to Rav Shemen bar Abba (Rambam *Sefer Kedusha, Hilkhot Ma'akhalot Assurot* 5:7; *Shulḥan Arukh, Yoreh De'a* 62:4).

These testicles of goats – הָנֵי בֵּיעֵי דְּגַדְיָא: Testicles of an animal less than thirty days old may be cooked without first removing the membranes even if they contain many red sinews. If the animal is more than thirty days old and contains many red sinews they are forbidden to be cooked without first removing the membrane, but it is permitted to roast them. The Rema writes that the custom is to remove the membrane even from an animal less than thirty days old. This ruling is in accordance with the opinion of Mar bar Rav Ashi (Rambam *Sefer Kedusha, Hilkhot Ma'akhalot Assurot* 7:14; *Shulḥan Arukh, Yoreh De'a* 65:4).

NOTES

Due to: And do not forsake the Torah of your mother – מִשּׁוּם וְאַל תִּטֹּשׁ תּוֹרַת אִמֶּךָ: This phrase is usually applied to Jewish customs, such as not eating crushed testicles. The phrase "the Torah of your mother [*immekha*]" is homiletically interpreted as the Torah of the nation [*umma*], thereby granting authority to the custom of the Jewish people.

אוּמְצָא דְּאַסְמִיק, חֲתָכָהּ וּמְלָחָהּ – אֲפִילּוּ לִקְדֵרָה נַמִי שַׁפִּיר דָּמֵי. תְּלָיָיהּ נַמִי בְּשַׁפּוּדָא – דָּאֵיב דָּמָא. אַגּוּמְרֵי – פְּלִיגִי בָּהּ רַב אַחָא וְרָבִינָא, חַד אֲמַר: מִשְׁאָב שָׁאֵיבִי לֵיהּ, וְחַד אֲמַר: מִצְמַת צָמְתִי לֵיהּ. וְכֵן בֵּיעֵי, וְכֵן מִזְרְקֵי.

The Gemara explains: With regard to **raw meat that became red**[HN] from the blood inside it, if **one cut it and salted it**, it is **permitted even to** cook it in **a pot**, because the salt removes blood from meat. It is **also** permitted if one **hung it on a spit** in order to roast it, because **the blood is drawn out** by the heat of the fire. With regard to a case where one placed it **on coals, Rav Aḥa and Ravina disagree about** the *halakha*: **One says** that the coals **draw out** the blood from the meat, **and one says** that the coals cause the meat to **shrivel** and harden, trapping the blood inside. **And similarly** Ravina and Rav Aḥa disagree with regard to **testicles** placed on coals, **and similarly** with regard to the large **veins**[H] of the neck that were placed on coals.

רֵישָׁא בְּכִיבְשָׁא, אוֹתְבֵיהּ אַבֵּית הַשְּׁחִיטָה – דָּיֵיב דָּמָא וְשָׁרֵי, אַצְדָּדִין – מִיקְפָּא קָפֵי וְאָסוּר. אוֹתְבֵיהּ אַנְּחִירֵיהּ, דָּץ בֵּיהּ מִידֵּי – שָׁרֵי, וְאִי לָא – אֲסִיר.

§ Apropos raw meat placed on coals, the Gemara discusses a related topic. In a case where one wants to remove the hair from **the head** of an animal by placing it **in hot ashes**, if **one placed it** with the neck down so that **the location of the slaughter**[H] is in the ashes, **the blood is drawn out** by the heat **and** the meat **is permitted.** But if one placed the head in the ashes **on** one of its **sides**, the blood **congeals** inside the head and cannot flow out, **and** therefore the head is **forbidden** for consumption. In a case where one **placed** the head down **on its nostrils,**[H] **if he inserted something into** the nostrils to keep them open and allow the blood to flow out, the meat is **permitted, but** if he did **not** do so it is **forbidden.**

אִיכָּא דְּאָמְרִי: אַנְּחִירֵיהּ וְאַבֵּית הַשְּׁחִיטָה – דָּאֵיב. אַצְדָּדִין, אִי דָּץ בֵּיהּ מִידֵּי – שָׁרֵי, וְאִי לָא – אֲסִיר.

There are those who say: If the head was placed **on its nostrils or on the location of the slaughter,** the blood is **drawn out** and the meat is permitted. If he placed it **on** one of its **sides**, then **if** he **inserted something into** it in order to allow the blood to flow out, it is **permitted, and if not it is forbidden.**

אָמַר רַב יְהוּדָה, אָמַר שְׁמוּאֵל: שְׁנֵי גִידִין הֵן, הַפְּנִימִי סָמוּךְ לָעֶצֶם – אָסוּר, וְחַיָּיבִין עָלָיו. חִיצוֹן סָמוּךְ לַבָּשָׂר – אָסוּר, וְאֵין חַיָּיבִין עָלָיו.

§ The Gemara returns to the prohibition of eating the sciatic nerve. **Rav Yehuda says** that **Shmuel says: There are two nerves** included in the prohibition of the sciatic nerve. The **inner** nerve, which is **next to the bone, is forbidden** by Torah law, **and one is liable** to be flogged **for eating it.** The **outer** nerve, which is **next to the flesh, is forbidden** by rabbinic law, **and** therefore **one is not liable** to be flogged **for eating it.**

וְהָתַנְיָא: פְּנִימִי סָמוּךְ לַבָּשָׂר! אֲמַר רַב אַחָא, אֲמַר רַב כָּהֲנָא: אִיקְלוּדֵי מִיקְלִיד.

The Gemara asks: **But isn't it taught** in a *baraita* that the **inner** nerve, which is forbidden by Torah law, is **next to the flesh?** The Gemara answers: **Rav Aḥa said** that **Rav Kahana said:** The inner nerve is next to the bone, but it **bores** into the flesh as well.

וְהָא תַּנְיָא: חִיצוֹן הַסָּמוּךְ לָעֶצֶם! אֲמַר רַב יְהוּדָה: הֵיכָא דְּפָרְעֵי טַבָּחֵי.

The Gemara challenges: **But isn't it taught** in a *baraita*: **The outer** nerve **is next to the bone?** The Gemara answers: **Rav Yehuda said:** This is referring to the spot **where the butchers** cut the leg open and **reveal** the nerve, and at that point in the leg the outer nerve is closest to the bone.

אִיתְּמַר, טַבָּח שֶׁנִּמְצָא חֵלֶב אַחֲרָיו. רַב יְהוּדָה אָמַר: בִּכְשְׂעוֹרָה, רַבִּי יוֹחָנָן אָמַר: בִּכְזַיִת.

§ **It was stated:** With regard to **a butcher who** removed the forbidden fats of the animal, and yet **forbidden fat was found after**[H] he completed his work, **Rav Yehuda says** that the butcher is held liable if there is forbidden fat remaining that is the size of **a barley grain. Rabbi Yoḥanan says** that the butcher is held liable only if there is forbidden fat remaining that is the size **of an olive-bulk.**

HALAKHA

Raw meat that became red – אוּמְצָא דְּאַסְמִיק: Meat that has turned red is permitted to be cooked if it has been cut and salted correctly. If it has not been cut or salted but is instead roasted on coals it is permitted, because the roasting draws out the blood (Rambam *Sefer Kedusha, Hilkhot Ma'akhalot Assurot* 6:13, and see *Maggid Mishne*, *Leḥem Mishne*, and *Mishne LaMelekh* there; *Shulḥan Arukh, Yoreh De'a* 67:4).

And similarly testicles and similarly veins – וְכֵן בֵּיעֵי וְכֵן מִזְרְקֵי: With regard to testicles of domesticated and undomesticated animals within their membranes, and with regard to the neck, which contains veins filled with blood, if one cut them and salted them properly it is permitted to cook them. If one did not cut them but roasted the testicles on a spit or roasted the neck with its opening facing downward, they are permitted. They are also permitted if they were roasted on coals (Rambam *Sefer Kedusha, Hilkhot Ma'akhalot Assurot* 6:13; *Shulḥan Arukh, Yoreh De'a* 65:4).

Placed it so that the location of the slaughter – אוֹתְבֵיהּ אַבֵּית הַשְּׁחִיטָה: If one hangs the head of an animal in order to roast it, he must ensure that the neck is facing down so that the blood can flow out. If he placed it on its side, the brain and its membrane are forbidden, but the rest of the head is permitted. If he punctured the skull and placed the hole downward the brain and membrane are permitted, even if he did not puncture the membrane, because the blood can flow out through the hole. The Rema writes that the custom is to be stringent *ab initio*, and not roast an entire head. Even if one wants to hang it so that the neck is facing down, the custom is to not roast the entire head, as there is concern that it may tip onto its side and the blood will not come out while it is being roasted. Rather, the custom is to remove the brain and salt the brain before roasting it (Rambam *Sefer Kedusha, Hilkhot Ma'akhalot Assurot* 6:14; *Shulḥan Arukh, Yoreh De'a* 68:1 and *Shakh* there).

Placed on its nostrils – אוֹתְבֵיהּ אַנְּחִירֵיהּ: In a case where the head of an animal is placed nostrils down in an oven in order to roast it, if two straws or reeds are placed in its nostrils so that they remain open and the blood can flow out through them, the brain is permitted. If not, the brain is forbidden (Rambam *Sefer Kedusha, Hilkhot Ma'akhalot Assurot* 6:14; *Shulḥan Arukh, Yoreh De'a* 68:2 and *Shakh* there).

A butcher who removed the forbidden fats and yet forbidden fat was found after – טַבָּח שֶׁנִּמְצָא חֵלֶב אַחֲרָיו: With regard to a butcher whose task is to remove the forbidden fats, nerves and sinews from the animal, if he leaves behind some sinews or membranes, he must be taught and warned not to treat forbidden foods lightly. If he fails to remove forbidden fat the size of a barley grain, he is removed from his job. If he fails to remove an olive-bulk of forbidden fat, even scattered in several places, he receives lashes for rebelliousness and is then removed from his job. The Rema writes that the court determines when he has repented sufficiently and regains his presumptive status of reliability in this regard, which also depends on whether he transgressed intentionally or unwittingly. The correct custom is that the butcher first removes the forbidden parts before selling the meat, so that the purchasers do not stumble and transgress in this matter (Rambam *Sefer Kedusha, Hilkhot Ma'akhalot Assurot* 7:21; *Shulḥan Arukh, Yoreh De'a* 64:21).

NOTES

Raw meat that became red – אוּמְצָא דְּאַסְמִיק: Some explain that this phrase is referring to raw meat that became red due to an accumulation of blood from a wound that the animal received while still alive. In such a case, salting the meat without cutting it open is insufficient to remove the blood (Rabbi Yeshaya Pick). Others cite the explanation of the Riva, citing *Halakhot Gedolot*, that the phrase is referring to a piece of meat that had been placed in vinegar, causing the blood to remain in the meat even when salted, unless the meat is cut open (Rosh; Ramban; *Tosafot* on *Pesaḥim* 74b).

אֲמַר רַב פַּפָּא: וְלָא פְּלִיגִי, כָּאן – לְהַלְקוֹתוֹ, כָּאן – לְעַבְרוֹ.

Rav Pappa said: Rav Yehuda and Rabbi Yoḥanan are referring to two different levels of liability, **and they do not disagree. Here,** when Rabbi Yoḥanan said he is liable only if there is an olive-bulk of forbidden fat remaining, he was referring **to flogging him. There,** when Rav Yehuda said he is liable even he leaves forbidden fat the size of a barley grain, he was referring **to removing him** from his position as a butcher.

אֲמַר מָר זוּטְרָא: כִּשְׂעוֹרָה – בְּמָקוֹם אֶחָד, כַּזַּיִת – אֲפִילּוּ בִּשְׁנַיִם וּבִשְׁלֹשָׁה מְקוֹמוֹת. וְהִלְכְתָא: לְהַלְקוֹתוֹ – בְּכַזַּיִת, לְעַבְרוֹ בִּכְשְׂעוֹרָה.

Mar Zutra said an alternative explanation: If the butcher left forbidden fat the size of **a barley grain in one place** he is liable, and if he left forbidden fat the size of **an olive-bulk,** he is liable **even** if it is spread out **in two or three places.** The Gemara concludes: **And the *halakha* is** that with regard to **flogging him,** the butcher is liable only if he left forbidden fat the size of **an olive-bulk.** With regard **to removing him,** the butcher is liable even if he left forbidden fat the size of **a barley grain.**

״אֵין הַטַּבָּחִין נֶאֱמָנִין״ [וכו׳]. אָמַר רַבִּי חִיָּיא בַּר אַבָּא, אָמַר רַבִּי יוֹחָנָן: חָזְרוּ לוֹמַר נֶאֱמָנִין.

§ The mishna stated (89b): **Butchers are not deemed credible** to say that the sciatic nerve was removed; this is the statement of Rabbi Meir. And the Rabbis say: They are deemed credible about the sciatic nerve. **Rabbi Ḥiyya bar Abba says** that **Rabbi Yoḥanan says:** The Rabbis initially held that butchers are not deemed credible about the sciatic nerve, and subsequently **they retracted** and **said** that butchers are **deemed credible** in this regard.

אֲמַר רַב נַחְמָן: אִכְּשׁוּר דָּרֵי? מֵעִיקָּרָא דַּהֲווּ סָבְרִי לַהּ כְּרַבִּי מֵאִיר – לָא הָווּ מְהֵימְנִי, וּלְבַסּוֹף סָבְרִי כְּרַבִּי יְהוּדָה.

Rav Naḥman said to him: Have the later **generations improved** such that butchers are more reliable than they were in earlier generations? The Gemara answers: **Initially, when** the Rabbis **held in accordance with** the opinion of **Rabbi Meir** that one must scrape around the flesh in order to remove the roots of the sciatic nerve, butchers **were not deemed credible,** due to the exertion involved in this process. **But later** the Rabbis **held in accordance with** the opinion of **Rabbi Yehuda** that it is unnecessary to scrape around the flesh. Consequently, removing the sciatic nerve is not especially arduous, and butchers are deemed credible to say that they removed it.

אִיכָּא דְּמַתְנֵי לַהּ אַסֵּיפָא: ״וַחֲכָמִים אוֹמְרִים: נֶאֱמָנִין עָלָיו וְעַל הַחֵלֶב״, אָמַר רַבִּי חִיָּיא בַּר אַבָּא, אָמַר רַבִּי יוֹחָנָן: חָזְרוּ לוֹמַר אֵין נֶאֱמָנִין. אָמַר רַב נַחְמָן: בִּזְמַן הַזֶּה – נֶאֱמָנִין.

There are those who teach this discussion **with regard to the latter clause** of the mishna, as follows: **And the Rabbis say: They are deemed credible about** the sciatic nerve **and about the** forbidden **fat. Rabbi Ḥiyya bar Abba said** that **Rabbi Yoḥanan said: They** subsequently **retracted** this opinion and **said** that butchers **are not deemed credible. Rav Naḥman says: Today** the butchers **are deemed credible.**

אִכְּשׁוּר דָּרֵי? מֵעִיקָּרָא סְבוּרָה כְּרַבִּי יְהוּדָה, הֲדַר סְבוּרָה כְּרַבִּי מֵאִיר,

The Gemara asks: Have the later **generations improved** such that butchers are more reliable than they were in earlier generations? The Gemara answers: **Initially they held** that the *halakha* is **in accordance with** the opinion of **Rabbi Yehuda** that one is not required to scrape around the flesh to remove the roots of the sciatic nerve, and therefore butchers were deemed credible to say that they removed it. The Rabbis **then** reversed their opinion and **held** that the *halakha* is **in accordance with** the opinion of **Rabbi Meir** that one is required to scrape around the flesh.

כַּמָּה דַּהֲווּ דְּכִירִי לַהּ לְדְרַבִּי יְהוּדָה – לָא מְהֵימְנִי, וְהַשְׁתָּא דְּאַנְשְׁיוּהָ לִדְרַבִּי יְהוּדָה – מְהֵימְנִי.

As **long as** the butchers **remembered** the opinion **of Rabbi Yehuda** and did not scrape around the flesh to remove the roots of the sciatic nerve, **they were not deemed credible** to say that they removed it; **but now that they have forgotten** the opinion **of Rabbi Yehuda** and have grown accustomed to scraping around the flesh to remove the roots of the sciatic nerve, **they are deemed credible.**

״וְעַל הַחֵלֶב״. חֵלֶב מַאן דְּכַר שְׁמֵיהּ? הָכִי קָאָמַר: אֵין נֶאֱמָנִין עָלָיו וְעַל הַחֵלֶב, וַחֲכָמִים אוֹמְרִים נֶאֱמָנִין עָלָיו וְעַל הַחֵלֶב.

§ The mishna teaches that the Rabbis maintain that butchers are deemed credible about the sciatic nerve **and about the** forbidden **fat.** The Gemara asks: **Who mentioned anything about** forbidden **fat?** The topic of discussion in the mishna until this point is the sciatic nerve, not forbidden fat; why do the Rabbis mention forbidden fat? The Gemara answers: **This** is what the mishna **is saying:** The butchers **are not deemed credible about** the sciatic nerve **or about the** forbidden **fat;** this is the statement of Rabbi Meir. **But the Rabbis say:** The butchers **are deemed credible about** the sciatic nerve **and about the** forbidden **fat.**

מתני׳ שׁוֹלֵחַ אָדָם יָרֵךְ לְגוֹי שֶׁגִּיד הַנָּשֶׁה בְּתוֹכָהּ, מִפְּנֵי שֶׁמְּקוֹמוֹ נִיכָּר.

MISHNA Although it is prohibited for Jews to eat the sciatic nerve, a Jewish **person** may **send** the **thigh** of an animal **to a gentile with the sciatic nerve in it,** without concern that the gentile will then sell the thigh to a Jew and the Jew will eat the sciatic nerve. This leniency is **due to** the fact **that the place** of the sciatic nerve **is conspicuous** in the thigh.

גמ׳ שְׁלֵמָה - אִין, חֲתוּכָה - לָא. בְּמַאי עָסְקִינַן? אִילֵימָא בְּמָקוֹם שֶׁאֵין מַכְרִיזִין

GEMARA The mishna's statement that a Jew may send a thigh to a gentile indicates that if it is **whole, yes,** a Jew may send it to a gentile, but if the thigh has been **cut,** a Jew may **not** send it to a gentile. The Gemara asks: **What are we dealing with? If we say** that the mishna is referring **to a place where** all the butchers are Jewish but **they do not announce** publicly when they have sold to a gentile an animal that turns out to have a wound that will cause it to die within twelve months [*tereifa*], then it is prohibited for Jews to purchase any meat from gentiles, due to the possibility that it was from an animal that was a *tereifa*.

Perek **VII**
Daf **94** Amud **a**

חֲתוּכָה נַמִי לִישְׁדַּר לֵיהּ, דְּהָא לָא אָתוּ לְמִזְבַּן מִינֵּיהּ! אֶלָּא בְּמָקוֹם שֶׁמַּכְרִיזִין - שְׁלֵימָה נַמִי לָא לִישְׁדַּר לֵיהּ, דַּחֲתֵיךְ לֵיהּ וּמְזַבֵּין לֵיהּ!

Consequently, it should **also** be permitted **to send** to a gentile a thigh that has been **cut, because** Jews **will not come to purchase** it **from him. Rather,** if the mishna is referring **to a place where** all the butchers are Jewish, and **they announce** every time they sell a *tereifa* to a gentile, in which case Jews may purchase meat from the local gentiles when such an announcement is not made, one should **not** be permitted **to send even a whole** thigh to a gentile, due to the concern **that** he might **cut it up and sell it to** Jews who would not realize that it still contains the sciatic nerve.

אִי בָּעֵית אֵימָא בְּמָקוֹם שֶׁמַּכְרִיזִין, וְאִי בָּעֵית אֵימָא בְּמָקוֹם שֶׁאֵין מַכְרִיזִין.

The Gemara offers two answers: **If you wish, say** that the mishna is referring **to a place where they announce** every time they sell a *tereifa*; **and if you wish, say** that the mishna is referring **to a place where they do not announce** every time they sell a *tereifa*.

אִיבָּעֵית אֵימָא בְּמָקוֹם שֶׁמַּכְרִיזִין: חִיתּוּכָא דְגוֹי מֵידַע יְדִיעַ.

The Gemara explains: **If you wish, say** that the mishna is referring **to a place where they announce** every time they sell a *tereifa*, and nevertheless it is permitted to send a whole thigh of meat to a gentile. There is no concern that the gentile will sell the thigh to a Jew, because the Jew **would know** that it is non-kosher by the manner of **cutting of the gentile.** Jewish butchers would cut the meat in a distinctive manner that would not be replicated by a gentile who cut the meat.

וְאִיבָּעֵית אֵימָא בְּמָקוֹם שֶׁאֵין מַכְרִיזִין: גְּזֵירָה שֶׁמָּא יִתְּנֶנָּה לוֹ בִּפְנֵי יִשְׂרָאֵל אַחֵר.

And if you wish, say that the mishna is referring **to a place where they do not announce** every time they sell a *tereifa*, and nevertheless it is prohibited to give the gentile a thigh that has been cut up. The Sages issued a **decree** against doing so, **lest he give it to** the gentile **in the presence of another Jew,** who will think that it is kosher and purchase it from the gentile.

וְאִי בָּעֵית אֵימָא: מִשּׁוּם דְּקָא גָּנֵיב לֵיהּ לְדַעְתֵּיהּ. דְּאָמַר שְׁמוּאֵל: אָסוּר לִגְנוֹב דַּעַת הַבְּרִיּוֹת, וַאֲפִילּוּ דַּעְתּוֹ שֶׁל גּוֹי.

And if you wish, say that there is an entirely different reason why one may not send a gentile a cut-up thigh without removing the sciatic nerve: **Because he** thereby **deceives** the gentile. The gentile will think that the Jew has exerted himself to cut up the leg and remove the sciatic nerve and that although the Jew could have eaten the meat himself he decided to send it to the gentile. The gentile will therefore be more appreciative of the gift than he would be if he realized that the sciatic nerve had not been removed. This is **as Shmuel**[P] **said: It is prohibited to deceive people, and even** to deceive **a gentile.**[NH]

וְהָא דִּשְׁמוּאֵל, לָאו בְּפֵירוּשׁ אִיתְּמַר אֶלָּא מִכְּלָלָא אִיתְּמַר. דִּשְׁמוּאֵל הֲוָה קָא עָבַר בְּמַבְרָא. אֲמַר לֵיהּ לְשַׁמָּעֵיהּ: פַּיְיסֵיהּ לְמַבּוּרֵיהּ, פַּיְיסֵיהּ, וְאִיקְפַּד.

And the Gemara points out that **this** ruling **of Shmuel was not stated explicitly; rather, it was stated by inference,** i.e., it was inferred based upon the following incident: **Shmuel was** once **crossing** a river **in a ferry** [*mavra*].[L] **He said to his attendant: Compensate the ferryman** with an appropriate gift. The attendant **compensated him, but** Shmuel **became angry** with his attendant.

מַאי טַעְמָא אִיקְפַּד? אָמַר אַבָּיֵי: תַּרְנְגוֹלֶת טְרֵפָה הֲוַאי, וִיהָבָהּ נִיהֲלֵיהּ בְּמַר דִּשְׁחוּטָה. רָבָא אָמַר: אַנְפָּקָא אָמַר לֵיהּ לְאַשְׁקוּיֵי, וְאַשְׁקְיֵיהּ חַמְרָא מְזִיגָא.

The Gemara asks: **What is the reason** that Shmuel **became angry? Abaye said:** The compensation that the attendant gave the ferryman **was a chicken** that was **a *tereifa*, and he gave it to him as though it were a slaughtered,** kosher chicken. **Rava said:** Shmuel **told him to give** the ferryman wine **for drinking** in **an *anpaka*,**[L] i.e., a utensil that holds a quarter-*log* and which was generally used for undiluted wine, **but he gave him diluted wine**[B] **for drinking.** According to both Abaye and Rava, Shmuel was upset that his attendant deceived the gentile ferryman.

וְכִי מִכְּלָלָא מַאי? לְמַאן דְּאָמַר טְרֵפָה הֲוַאי – אָמַר לֵיהּ: אַמַּאי תַּשְׁהֵא אִיסּוּרָא?

The Gemara asks: **And if** Shmuel's opinion was derived **by inference, what** of it? The story clearly demonstrates that according to Shmuel it is prohibited to deceive a gentile. The Gemara answers that it cannot be ascertained with certainty that this is the reason Shmuel became angry. **According to the one who said it was** a chicken that was **a *tereifa*** that was given as compensation, perhaps Shmuel became angry and **said to** his attendant: **Why did you retain** in your possession an animal that is **forbidden** for consumption? This could have led to a Jew accidentally eating it.

לְמַאן דְּאָמַר אַנְפָּקָא אָמַר לֵיהּ לְאַשְׁקוּיֵי – אַנְפָּקָא, חַיָּיא מַשְׁמַע.

Similarly, **according to the one who said** that Shmuel **told him to give** the ferryman wine **to drink in an *anpaka*,** since ***anpaka* indicates undiluted** wine and the attendant gave the ferryman diluted wine, perhaps Shmuel became angry simply because his attendant disobeyed his instruction.

תַּנְיָא, הָיָה רַבִּי מֵאִיר אוֹמֵר: אַל יְסָרֵהֵב אָדָם לַחֲבֵירוֹ לִסְעוֹד אֶצְלוֹ, וְיוֹדֵעַ בּוֹ שֶׁאֵינוֹ סוֹעֵד. וְלֹא יַרְבֶּה לוֹ בְּתִקְרוֹבֶת, וְיוֹדֵעַ בּוֹ שֶׁאֵינוֹ מְקַבֵּל.

§ Apropos the prohibition against acting deceitfully, the Gemara cites other statements on this topic. **It is taught** in a *baraita* that **Rabbi Meir would say: A person may not importune** [*yesarhev*][L] **another to eat with him,**[H] making it seem as though he genuinely wants his company, **but** in reality he entreats him only because **he knows that** the other **will not eat** with him, i.e., will not accept the invitation. **And** similarly, **one may not** send another person **many gifts** merely because **he knows that** the other **will not accept** them.

NOTES

It is prohibited to deceive people, and even a gentile – אָסוּר לִגְנוֹב דַּעַת הַבְּרִיּוֹת וַאֲפִילּוּ דַּעְתּוֹ שֶׁל גּוֹי: The Sages state (*Tosefta*, *Bava Kamma* 7:8) that deceiving another is equivalent to actually stealing from him, and one who does so is called a thief. They cite proof from a verse with regard to Absalom: "And in this manner did Absalom to all Israel that came to the king for judgment; so Absalom stole the hearts of the men of Israel" (II Samuel 15:6). Some of the early commentaries write that deceiving another, whether a Jew or a gentile, violates a prohibition by Torah law (Ritva).

HALAKHA

It is prohibited to deceive people, and even a gentile – אָסוּר לִגְנוֹב דַּעַת הַבְּרִיּוֹת וַאֲפִילּוּ דַּעְתּוֹ שֶׁל גּוֹי: It is prohibited to deceive people in business. For example, if there is a blemish on merchandise the seller must inform the purchaser. This *halakha* applies to deceiving a gentile as well. Therefore, one may not sell non-kosher meat to a gentile under the presumption that it is kosher. This is in accordance with the opinion of Shmuel (Rambam *Sefer HaMadda*, *Hilkhot Deot* 2:6 and *Sefer Kinyan*, *Hilkhot Mekhira* 18:1, 3; *Shulḥan Arukh*, *Ḥoshen Mishpat* 228:6).

A person may not importune another to eat with him, etc. – אַל יְסָרֵהֵב אָדָם לַחֲבֵירוֹ לִסְעוֹד אֶצְלוֹ וכו׳: It is prohibited to deceive another verbally or to deceptively appear to perform an action on behalf of another. For example, one may not importune another to eat with him knowing that he will not accept. Likewise, he may not send gifts to another knowing that he will not accept them. He may also not open new barrels of wine for sale when the recipient believes they were opened in his honor. He must first tell him that he is not opening them especially for his honor. This is in accordance with the opinion of Rabbi Meir (Rambam *Sefer HaMadda*, *Hilkhot Deot* 2:6 and *Sefer Kinyan*, *Hilkhot Mekhira* 18:1; *Shulḥan Arukh*, *Ḥoshen Mishpat* 228:6).

LANGUAGE

Ferry [*mavra*] – מַבְרָא: An abridged form of the Aramaic *ma'abera*, meaning a small boat or raft used to cross a river. As these ferries were usually designated for short trips, they generally did not have extra storage space or a place to securely hold animals.

***Anpaka* – אַנְפָּקָא:** The source of this word is unclear, but apparently it is related to the Armenian *empak*, meaning drinking vessel.

Importune [*yesarhev*] – יְסָרֵהֵב: Although this word means to pressure or entreat, it is similar to the word refuse [*yesarev*], which can also mean to pressure. Some explain that the root of the word is *rahav*, denoting power or arrogance, or *riv*, meaning quarrel.

BACKGROUND

Diluted wine – חַמְרָא מְזִיגָא: In antiquity, wine was customarily drunk only after being diluted with water. The ratio of wine to water depended on local custom and preference.

PERSONALITIES

Shmuel – שְׁמוּאֵל: Shmuel was a first-generation *amora* who was born and ultimately passed away in Neharde'a. A child prodigy, he was renowned not only for his Torah knowledge, but for his secular learning as well. The Gemara is replete with stories of his expertise in such areas as language, medicine, astronomy, and the natural sciences. In fact, the Gemara records that Shmuel, who had traveled to Eretz Yisrael to study with the students of Rabbi Yehuda HaNasi, treated Rabbi Yehuda HaNasi's eye ailment, and Rabbi Yehuda HaNasi regretted that he was unable to find an opportunity to ordain him. After his return to Babylonia, Shmuel was appointed as one of the judges of the Diaspora community. Together with his colleague Rav, Shmuel raised the standard of Torah study in Babylonia to a level where thousands of students chose to remain there rather than to travel to Eretz Yisrael to attend the academy there. Shmuel viewed Babylonia as second in sanctity only to Eretz Yisrael and ruled that it was forbidden to leave it to travel to other locations in the Diaspora. He was a close friend of King Shapur I of Persia, a benevolent monarch who was tolerant of religious diversity in his kingdom.

Shmuel lived to an old age, leaving behind two daughters famous for their wisdom and modesty.

וְלֹא יִפְתַּח לוֹ חָבִיּוֹת הַמְּכוּרוֹת לְחֶנְוָנִי, אֶלָּא אִם כֵּן הוֹדִיעוֹ. וְלֹא יֹאמַר לוֹ ״סוּךְ שֶׁמֶן״ מִפַּךְ רֵיקָן, וְאִם בִּשְׁבִיל כְּבוֹדוֹ – מוּתָּר.

And one may not open barrels of wine for a guest if they have already been **sold to a storekeeper,**[N] **unless he notifies** the guest beforehand that the barrel had been sold. **And he may not say to** another: **Anoint** yourself with **oil,** and place **an empty** jug[H] before him with the knowledge that he will not attempt to anoint himself. **But if** he does so **for** the guest's **honor,** to show that he holds his guest in high esteem, rather than to deceive the guest so that he will feel indebted to him, **it is permitted.**

אִינִי, וְהָא עוּלָּא אִיקְלַע לְבֵי רַב יְהוּדָה, פָּתַח לוֹ חָבִיּוֹת הַמְּכוּרוֹת לְחֶנְוָנִי! אוֹדוֹעֵי אוֹדְעֵיהּ. וְאִיבָּעֵית אֵימָא: שָׁאנֵי עוּלָּא דַּחֲבִיב לֵיהּ לְרַב יְהוּדָה, דְּבִלָּאו הָכִי נַמִי פְּתוּחֵי מִפְתַּח לֵיהּ.

The Gemara asks: **Is that so? But didn't Ulla happen** to come **to the house of Rav Yehuda,** and Rav Yehuda **opened barrels** of wine for Ulla **that** had already been **sold to a storekeeper?** The Gemara answers: Rav Yehuda **notified** Ulla that he was not opening the barrels especially for him. **And if you wish, say that Ulla is different** from an ordinary guest **because he was** very **dear to Rav Yehuda, so that even without this,** i.e., even if he had not already sold the barrels to a storekeeper, Rav Yehuda would have **opened** the barrels **for him.**

תָּנוּ רַבָּנַן: לֹא יֵלֵךְ אָדָם לְבֵית הָאֵבֶל, וּבְיָדוֹ לָגִין הַמִּתְקַשְׁקֵשׁ. וְלֹא יְמַלְּאֶנּוּ מַיִם, מִפְּנֵי שֶׁמַּתְעֵהוּ. וְאִם יֵשׁ שָׁם חֶבֶר עִיר – מוּתָּר.

The Sages taught in a *baraita*: **A person may not go to a house of mourning with a wine jug** [*lagin*][LB] **in his hand that** is mostly empty and where the small amount of wine **rattles**[H] about, because the mourner will think that his visitor is bringing him a full jug of wine. **And he may not fill up** that jug of wine with **water, because he** thereby **misleads** the mourner into thinking he has brought him a full jug of undiluted wine. **But if there is a crowd of people** [*ḥever ir*][L] and the guest wants to honor the mourner in their presence, **it is permitted.**

תָּנוּ רַבָּנַן: לֹא יִמְכּוֹר אָדָם לַחֲבֵירוֹ סַנְדָּל שֶׁל מֵתָה בִּכְלַל שֶׁל חַיָּה שְׁחוּטָה, מִפְּנֵי שְׁנֵי דְבָרִים: אֶחָד – מִפְּנֵי שֶׁמַּטְעֵהוּ, וְאֶחָד – מִפְּנֵי הַסַּכָּנָה.

The Sages taught in a *baraita*: **A person may not sell to another a sandal**[BH] made from the hide **of** an animal that **died** of natural causes as though it were a sandal made from the hide **of a healthy animal that was slaughtered.** This is prohibited **due to two factors: One, because he misleads** the customer into thinking that the leather is of higher quality than it really is; **and another, because of the danger** involved, as it is possible that the animal died from a snakebite and the poison seeped into the part of the animal's hide from which the sandal is made.

LANGUAGE

Jug [*lagin*] – לָגִין: Apparently from the Greek λάγηνος, *lagēnos*, or the Latin lagena, both of which denote a container similar to a bottle or small jug.

Crowd of people [*ḥever ir*] – חֶבֶר עִיר: According to many commentaries, the *ḥever ir* is a type of city council on which the leading Sages sat, either in official capacities or solely as religious leaders. Alternatively, the *ge'onim* and Rashi elsewhere explain the term as an outstanding Torah scholar in whose honor the other important people of the city would gather. In this context, though, Rashi interprets it as a group of people gathered together.

BACKGROUND

Jug – לָגִין: A jug was a vessel usually made from earthenware that served as a container for beverages kept on the table in order to pour those beverages into the cups of those dining there, similar to the use of a jug or bottle in modern times. Such jugs held a maximum volume of two to three liters.

Jug from the talmudic period

Sandal – סַנְדָּל:

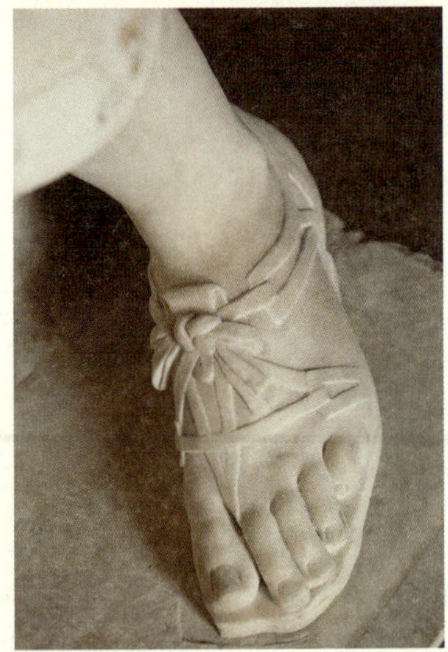

Detail of statue with sandal, from the talmudic period

NOTES

And one may not open barrels if they have already been sold to a storekeeper – וְלֹא יִפְתַּח לוֹ חָבִיּוֹת הַמְּכוּרוֹת לְחֶנְוָנִי: Wine from a newly opened barrel is of superior quality, but once the barrel is open the wine begins to lose some of its flavor. If one still had wine in his open barrel, he would not open a new barrel unless he was honoring a distinguished guest. It was common for people to produce wine and sell the unopened barrels to storekeepers, who would then sell the contents little by little to customers. If the host has already sold the barrel to a storekeeper, it would be misleading to take some of the wine from the barrel, for which he will then pay the storekeeper, giving the impression that he was opening his own barrel in honor of the guest.

HALAKHA

And he may not say to him anoint yourself with oil, and place an empty jug – וְלֹא יֹאמַר לוֹ סוּךְ שֶׁמֶן מִפַּךְ רֵיקָן: One may not tell another to anoint himself with oil from a certain container if he knows it is empty, because he thereby deceives him. This is in accordance with the opinion of Rabbi Meir. But if there is oil within, it is permitted for him to tell another to anoint from it, even knowing that he will not do so, because it shows him honor (*Shulḥan Arukh, Ḥoshen Mishpat* 228:7 and *Sma* and *Netivot HaMishpat* there).

A person may not go to a house of mourning with a wine jug in his hand that rattles – לֹא יֵלֵךְ אָדָם לְבֵית הָאֵבֶל וּבְיָדוֹ לָגִין הַמִּתְקַשְׁקֵשׁ: One may not go to a house of morning carrying an empty vessel such that the mourner thinks it is filled with wine, because he thereby deceives the mourner. If he does so in order to honor the mourner it is permitted. This ruling is in accordance with the *baraita* (*Shulḥan Arukh, Ḥoshen Mishpat* 228:7).

A person may not sell to another a sandal, etc. – לֹא יִמְכּוֹר אָדָם לַחֲבֵירוֹ סַנְדָּל וכו׳: One may not sell an item made of leather from an animal that died of natural causes as if it were made of leather from a slaughtered animal, because he thereby deceives the purchaser. This is in accordance with the *baraita* (Rambam *Sefer HaMadda, Hilkhot Deot* 2:6; *Shulḥan Arukh, Ḥoshen Mishpat* 228:8).

וְלֹא יְשַׁגֵּר אָדָם לַחֲבֵירוֹ חָבִית שֶׁל יַיִן, וְשֶׁמֶן צָף עַל פִּיהָ. וּמַעֲשֶׂה בְּאֶחָד שֶׁשִּׁיגֵּר לַחֲבֵירוֹ חָבִית שֶׁל יַיִן, וְשֶׁמֶן צָף עַל פִּיהָ. וְהָלַךְ וְזִימֵּן עָלֶיהָ אוֹרְחִין, וְנִכְנְסוּ. מְצָאָה שֶׁהִיא שֶׁל יַיִן – וְחָנַק אֶת עַצְמוֹ.

And furthermore **a person may not send a barrel of wine to another with oil floating at its mouth,**[H] such that the recipient thinks that it is a barrel of oil. There was **an incident involving a certain** individual **who sent a barrel of wine to another with oil floating at its mouth, and that** recipient, thinking it was a barrel of oil, **went and invited guests** to share it with him, **and** the guests **arrived.** When the host went to bring them oil, **he found that it was** a barrel **of wine** rather than oil, **and** in his shame at not having oil for them, **he hanged himself** and died.

וְאֵין הָאוֹרְחִין רַשָּׁאִין לִיתֵּן מִמַּה שֶּׁלִּפְנֵיהֶם לִבְנוֹ וּלְבִתּוֹ שֶׁל בַּעַל הַבַּיִת, אֶלָּא אִם כֵּן נָטְלוּ רְשׁוּת מִבַּעַל הַבַּיִת.

The *baraita* continues: **And guests are not permitted to give** some of the food **that is** placed **before them to the son or to the daughter of the host**[H] **unless they** first **receive permission from the host.**

וּמַעֲשֶׂה בְּאֶחָד שֶׁזִּימֵּן שְׁלֹשָׁה אוֹרְחִין בִּשְׁנֵי בַצּוֹרֶת, וְלֹא הָיָה לוֹ לְהַנִּיחַ לִפְנֵיהֶם אֶלָּא כִּשְׁלֹשׁ בֵּיצִים. בָּא בְּנוֹ שֶׁל בַּעַל הַבַּיִת, נָטַל אֶחָד מֵהֶן חֶלְקוֹ – וּנְתָנוֹ לוֹ, וְכֵן שֵׁנִי, וְכֵן שְׁלִישִׁי. בָּא אָבִיו שֶׁל תִּינוֹק מְצָאוֹ שֶׁעוֹזֵק אֶחָד בְּפִיו וּשְׁתַּיִם בְּיָדוֹ, חֲבָטוֹ בַּקַּרְקַע וּמֵת. כֵּיוָן שֶׁרָאֲתָה אִמּוֹ – עָלְתָה לַגַּג וְנָפְלָה וּמֵתָה, אַף הוּא עָלָה לַגַּג וְנָפַל וּמֵת.

And there was **an incident involving a certain** individual **who invited three guests during years of famine, and he had** enough **to place only three eggs before them. The son of the host came,** and **one of** the guests **took his portion and gave it to** the son. **And similarly the second** guest gave his portion to the son, **and similarly the third** guest. **The father of the child came and found that** his son was **holding one egg in his mouth and two in his hand.** The father became so angry with his son for taking all the food that **he hit** the son **to the ground,** and the son **died. When his mother saw** what had happened, **she ascended to the roof and fell** down to the ground **and died.** And when the father saw that both his son and his wife were dead **he also ascended to the roof and fell** down to the ground **and died.**

אָמַר רַבִּי אֱלִיעֶזֶר בֶּן יַעֲקֹב: עַל דָּבָר זֶה נֶהֶרְגוּ שָׁלֹשׁ נְפָשׁוֹת מִיִּשְׂרָאֵל! מַאי קָמַשְׁמַע לַן – דְּכוּלַּהּ רַבִּי אֱלִיעֶזֶר בֶּן יַעֲקֹב הִיא.

Rabbi Eliezer ben Yaakov said: For this matter of giving food to the child of the host, **three Jewish souls were killed.** The Gemara asks: **What does this** statement **teach us?** It is obvious from the incident that three people were killed. The Gemara answers: It teaches **that the entire** *baraita* is taught by **Rabbi Eliezer ben Yaakov.**

תָּנוּ רַבָּנַן: הַשּׁוֹלֵחַ יָרֵךְ לַחֲבֵירוֹ. שְׁלֵימָה – אֵינוֹ צָרִיךְ שֶׁיִּטּוֹל הֵימֶנָּה גִּיד הַנָּשֶׁה. חֲתוּכָה – צָרִיךְ לִיטּוֹל הֵימֶנָּה גִּיד הַנָּשֶׁה. וּבְגוֹי, בֵּין חֲתוּכָה וּבֵין שְׁלֵימָה – אֵין צָרִיךְ לִיטּוֹל הֵימֶנָּה גִּיד הַנָּשֶׁה.

§ **The Sages taught** in a *baraita*: In the case of **one who sends a** whole **thigh** of an animal **to another, he is not required to** first **remove the sciatic nerve from it.** This is because the recipient can see that it has not yet been removed and will not eat it until he removes the sciatic nerve himself. But if one sends a thigh that has been **cut up, he is required to** first **remove the sciatic nerve from it** so that the recipient does not eat it unwittingly. **And in** the case of one who sends a thigh to **a gentile,** regardless of **whether it is cut or whole he is not required to remove the sciatic nerve from it.**

וּמִפְּנֵי שְׁנֵי דְבָרִים אָמְרוּ, אֵין מוֹכְרִין נְבֵילוֹת וּטְרֵיפוֹת לְגוֹי. אֶחָד – מִפְּנֵי שֶׁמַּטְעֵהוּ, וְאֶחָד – שֶׁמָּא יַחֲזוֹר וְיִמְכְּרֶנָּה לְיִשְׂרָאֵל אַחֵר.

And it was **due to two factors** that the Sages **said** that **one may not sell** meat from unslaughtered **animal carcasses or** *tereifot* **to a gentile: One, because it misleads him,** as he thinks that it is kosher meat, which is more desirable; **and another** factor is the concern **lest** the gentile **then sell** the meat **to another Jew,** who will think it is kosher since it originally was sold by a Jew.

וְלֹא יֹאמַר אָדָם לְגוֹי: ״קַח לִי בְּדִינָר זֶה בָּשָׂר״, מִפְּנֵי שְׁנֵי דְבָרִים:

And similarly, **a person may not say to a gentile: Purchase meat for me** from a Jewish butcher **with this dinar, due to two factors:**

HALAKHA

A barrel of wine to another with oil floating at its mouth – **חָבִית שֶׁל יַיִן וְשֶׁמֶן צָף עַל פִּיהָ**: One may not send a barrel of wine to another with oil floating at its mouth, because he thereby deceives him, in accordance with the *baraita* (Rambam *Sefer HaMadda, Hilkhot Deot* 2:6; *Shulḥan Arukh, Ḥoshen Mishpat* 228:8).

Guests are not permitted to give of food that is placed before them to the son or to the daughter of the host – **אֵין הָאוֹרְחִין רַשָּׁאִין לִיתֵּן מִמַּה שֶּׁלִּפְנֵיהֶם לִבְנוֹ וּלְבִתּוֹ שֶׁל בַּעַל הַבַּיִת**: Guests may not take the food placed before them and give it to the children or servants of the host without first asking permission. But if there is plenty of food on the table, so that there is certainly enough for them, they do not need to ask permission (*Magen Avraham*). If the guests have already finished eating and there is food remaining, they certainly may give the leftovers without asking permission (*Mishna Berura*). Some authorities, such as the *Shemen Roke'aḥ*, hold that one must be stringent in every case (Rambam *Sefer Ahava, Hilkhot Berakhot* 7:10; *Shulḥan Arukh, Oraḥ Ḥayyim* 170:19).

אֶחָד, מִפְּנֵי הָאַנָּסִין. וְאֶחָד, שֶׁמָּא מוֹכְרִין לוֹ נְבֵלוֹת וּטְרֵפוֹת.

One factor is **because of the oppressors,**[B] i.e., the concern that perhaps the gentile will keep the money for himself and force the merchant to give him the meat without payment. **And another** factor is **lest** the merchant **sell him** meat from unslaughtered **carcasses or** ***tereifot*** without realizing that the gentile is purchasing the meat on behalf of a Jew.

אָמַר מָר: וּבְגוֹי, בֵּין שְׁלֵימָה בֵּין חֲתוּכָה אֵינוֹ צָרִיךְ לִיטּוֹל הֵימֶנָּה גִּיד הַנָּשֶׁה. בְּמַאי עָסְקִינַן? אִילֵימָא בְּמָקוֹם שֶׁמַּכְרִיזִין – חֲתוּכָה אַמַּאי אֵינוֹ צָרִיךְ לִיטּוֹל הֵימֶנָּה גִּיד הַנָּשֶׁה? כֵּיוָן דְּלָא אַכְרוּז, אָתֵי לְמִיזְבַּן מִינֵּיהּ!

The Master said in the *baraita*: **And in** the case of one who sends a thigh to **a gentile,** regardless of **whether it is cut or whole he is not required to remove the sciatic nerve from it.** The Gemara asks: **What are we dealing with? If we say** that it is referring **to a place** where all the butchers are Jewish and **they announce** every time they sell non-kosher meat to a gentile, then in the case of a thigh that has been **cut, why is** one **not required to remove the sciatic nerve? Since it was not announced** that they sold non-kosher meat, a Jew might **come to purchase it from** a gentile without realizing that it still contains the sciatic nerve.

אֶלָּא פְּשִׁיטָא: בְּמָקוֹם שֶׁאֵין מַכְרִיזִין, אֵימָא מְצִיעֲתָא: מִפְּנֵי שְׁנֵי דְבָרִים אָמְרוּ אֵין מוֹכְרִין נְבֵלוֹת וּטְרֵפוֹת לְגוֹי. אֶחָד, מִפְּנֵי שֶׁמַּטְעֵהוּ. וְאֶחָד, שֶׁמָּא יַחֲזוֹר וְיִמְכְּרֶנָּה לְיִשְׂרָאֵל אַחֵר.

Rather, it is **obvious** that it is referring **to a place where they do not announce** every time they sell non-kosher meat, and in such a place a Jew would not purchase meat from a gentile. But **say the middle clause** of the *baraita*: And it was **due to two factors** that the Sages **said** that **one may not sell** meat from unslaughtered **animal carcasses or** ***tereifot*** **to a gentile: One** is **because it misleads him; and another** is the concern **lest** the gentile **then sell** the meat **to another Jew,** who will think it is kosher since it originally was sold by a Jew.

וְאִי בְּמָקוֹם שֶׁאֵין מַכְרִיזִין – הָא לָא אָתֵי לְמִיזְבַּן מִינֵּיהּ! אֶלָּא פְּשִׁיטָא: בְּמָקוֹם שֶׁמַּכְרִיזִין.

But if the *baraita* is referring **to a place where they do not announce** every time they sell non-kosher meat to a gentile, a Jew **will not come to purchase** the meat **from** the gentile. **Rather,** it is **obvious** that the *baraita* is referring **to a place where they announce** every time they sell non-kosher meat.

אֵימָא סֵיפָא: לֹא יֹאמַר אָדָם לְגוֹי "קַח לִי בְּדִינָר זֶה בָּשָׂר", מִפְּנֵי שְׁנֵי דְבָרִים: אֶחָד, מִפְּנֵי הָאַנָּסִין. וְאֶחָד, שֶׁמָּא מוֹכְרִין לוֹ נְבֵילוֹת וּטְרֵפוֹת. וְאִי בְּמָקוֹם שֶׁמַּכְרִיזִין – אִי אִיתָא דַּהֲוָה טְרֵפָה, אַכְרוּזֵי הֲווּ מַכְרְזֵי!

But **say the latter clause:** And similarly, **a person may not say to a gentile: Purchase meat for me with this dinar, due to two factors. One** factor is **because of the oppressors, and another** factor is **lest** the merchant **sell him** meat from unslaughtered **carcasses or** ***tereifot*** without realizing that the gentile is purchasing the meat on behalf of a Jew. **But if** it is referring **to a place where they announce** every time non-kosher meat is sold, **if** it would happen **that it was a** ***tereifa*** the butchers **would have announced** the fact, and the Jew would know not to eat that meat.

אֶלָּא פְּשִׁיטָא: בְּמָקוֹם שֶׁאֵין מַכְרִיזִין, רֵישָׁא וְסֵיפָא – בְּמָקוֹם שֶׁאֵין מַכְרִיזִין, מְצִיעֲתָא – בְּמָקוֹם שֶׁמַּכְרִיזִין?

Rather, it is **obvious** that the *baraita* is referring **to a place where they do not announce** every time non-kosher meat is sold. But is it possible that **the first clause and the latter clause** of the *baraita* are referring **to a place where they do not announce** every time non-kosher meat is sold but **the middle clause** is referring **to a place where they** do **announce** every time non-kosher meat is sold?

אָמַר אַבָּיֵי: אִין, רֵישָׁא וְסֵיפָא – בְּמָקוֹם שֶׁאֵין מַכְרִיזִין, מְצִיעֲתָא – בְּמָקוֹם שֶׁמַּכְרִיזִין.

Abaye said: Yes, the first clause and the latter clause of the *baraita* are referring **to a place where they do not announce** every time non-kosher meat is sold, and **the middle clause** is referring **to a place where they** do **announce** every time non-kosher meat is sold.

רָבָא אָמַר: כּוּלָּהּ בְּמָקוֹם שֶׁמַּכְרִיזִין, רֵישָׁא וְסֵיפָא – שֶׁהִכְרִיזוּ, מְצִיעֲתָא – שֶׁלֹּא הִכְרִיזוּ.

Rava said: The **entire** *baraita* is referring **to a place where they announce** every time non-kosher meat is sold. **The first clause and the latter clause** are referring to days **when they announced** that non-kosher meat had been sold, and **the middle clause** is referring to a day **when they did not announce** that non-kosher meat had been sold.

BACKGROUND

Oppressors – אַנָּסִין: The Gemara in tractate *Bava Metzia* (28b) describes an era when the oppressors proliferated. These were officials who would confiscate property by force for the king's storehouse. There were also others who used the king's authority to pressure people and extort money for their own use through fear.

BACKGROUND

Sikhra – סִיכְרָא: Sikhra, a commercial city located on the west bank of the Tigris River, north of Meḥoza, was connected to other regions via a series of nearby water canals and took its name from an ancient dam [*sakhar*] near the city. The *amora* Rav Ḥiyya bar Yosef, a student of Rav, served as rabbi of Sikhra.

Bei Meḥoza – בֵּי מְחוֹזָא: Meḥoza, or its less common name Bei Meḥoza, was a city on the Tigris River located near the Malka River. It was a large commercial city with a significant number of Jewish inhabitants, many of whom were converts or immigrants from other countries. Unlike the case of most other Jewish communities, the Jews in Meḥoza generally earned their living from commerce.

The great *amora* Rava was influential in the development of Meḥoza, and established an academy there that taught many students. He also served as the head of the court.

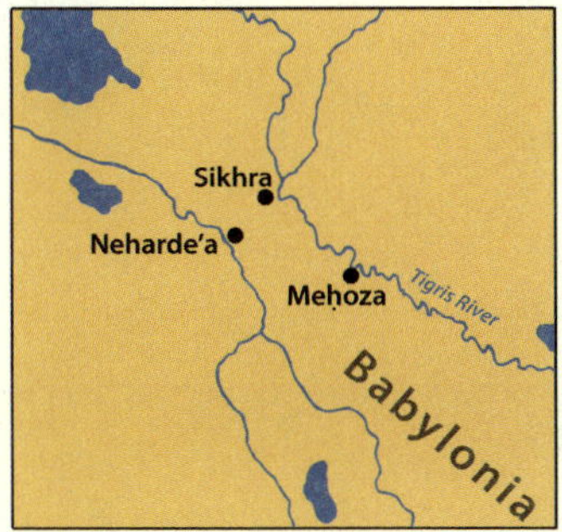

Locations of Sikhra and Meḥoza

רַב אַשִׁי אָמַר: כּוּלָּהּ בְּמָקוֹם שֶׁאֵין מַכְרִיזִין, וּמְצִיעֲתָא – גְּזֵירָה שֶׁמָּא יְמַכְּרֶנָּה בִּפְנֵי יִשְׂרָאֵל.

Rav Ashi said: The **entire** *baraita* is referring **to a place where they do not announce** every time non-kosher meat is sold. **And** the reason that **the middle clause** teaches that it is prohibited to sell meat from unslaughtered carcasses or *tereifot* to a gentile is due to **a** rabbinic **decree lest** the Jew **sell it** to the gentile **in the presence of** another **Jew,**[H] who will think that this particular piece of meat is kosher.

הֵיכִי מַכְרְזִינַן? אָמַר רַב יִצְחָק בַּר יוֹסֵף: נְפַל בִּישְׂרָא לִבְנֵי חֵילָא.

§ The Gemara noted that there were places where they would announce whenever non-kosher meat was sold to a gentile. The Gemara asks: **How do we announce** that non-kosher meat has been sold? The Gemara answers that **Rav Yitzḥak bar Yosef said: Meat has fallen** into our possession **for the soldiers,** i.e., the gentiles.

וְלֵימָא: נְפַל טְרֵיפְתָּא לִבְנֵי חֵילָא! לָא זָבְנִי.

The Gemara objects: **But let** them **say: A** *tereifa* **has fallen** into our possession **for the soldiers.** The Gemara answers that if a butcher would publicize the fact that it is a *tereifa*, the gentiles would **not purchase** it from him because they would not want an animal rejected by the Jews.

וְהָא קָמַטְעֵי לְהוּ! אִינְהוּ הוּא דְּקָמַטְעוּ נַפְשַׁיְיהוּ.

The Gemara asks: **But** if the announcement is made in a way that obscures from the gentiles the fact that the animal is a *tereifa*, **doesn't** this **deceive them?** The Gemara answers: **It is they who deceive themselves,**[HN] because the seller does not specify which kind of meat he is selling.

כִּי הָא, דְּמָר זוּטְרָא בְּרֵיהּ דְּרַב נַחְמָן הֲוָה קָאָזֵיל מִסִּיכְרָא לְבֵי מְחוֹזָא, וְרָבָא וְרַב סָפְרָא הֲווּ קָא אָתוּ לְסִיכְרָא, פְּגַעוּ אַהֲדָדֵי. הוּא סְבַר: לְאַפֵּיהּ הוּא דְּקָאָתוּ. אֲמַר לְהוּ: לָמָּה לְהוּ לְרַבָּנַן דְּטָרוּחַ וְאָתוּ כּוּלֵּי הַאי? אֲמַר לֵיהּ רַב סָפְרָא: אֲנַן לָא הֲוָה יָדְעִינַן דְּקָאָתֵי מָר, אִי הֲוָה יָדְעִינַן – טְפֵי הֲוָה טָרְחִינַן.

The Gemara cites proof that it is permitted to allow others to mislead themselves. It is **like this** incident **when Mar Zutra, son of Rav Naḥman, was going from** the city of **Sikhra**[B] **to** the city of **Bei Meḥoza,**[B] **and** at the same time **Rava and Rav Safra were going to Sikhra. They met each other,** and Mar Zutra **thought they were coming** out to greet **him. He said to them: Why did the Rabbis exert** themselves **and come all this** way to greet me? **Rav Safra said to him: We did not know that the Master was coming; if we would have known we would have exerted** ourselves **more.**

אֲמַר לֵיהּ רָבָא: מַאי טַעְמָא אֲמַרְתְּ לֵיהּ הָכִי, דְּאַחְלִישְׁתֵּיהּ לְדַעְתֵּיהּ? אֲמַר לֵיהּ: וְהָא קָא מַטְעֵינַן לֵיהּ! אִיהוּ הוּא דְּקָא מַטְעֵי נַפְשֵׁיהּ.

Rava said to Rav Safra: **What is the reason** that **you said this** to Mar Zutra? **By** telling him that we were not coming to greet him you **upset him.** Rav Safra **said to** Rava: **But** if I would not have said so **we** would have **misled him.** Rava responded: Mar Zutra **misled himself,** since we never said we were coming to greet him.

הַהוּא טַבָּחָא דַּאֲמַר לֵיהּ לְחַבְרֵיהּ:

§ The Gemara returns to the topic of selling non-kosher meat to a gentile. There was **a certain** Jewish **butcher who said to another** individual:

HALAKHA

A rabbinic decree lest the Jew sell it in the presence of another Jew – גְּזֵירָה שֶׁמָּא יְמַכְּרֶנָּה בִּפְנֵי יִשְׂרָאֵל: One may send a thigh of an animal containing the sciatic nerve to a gentile regardless of whether it is whole or cut, in accordance with the mishna and with the *baraita* on 94a. But if the thigh has been cut into pieces, one may not give it to a gentile in the presence of a Jew and say that it is kosher unless the sciatic nerve has been removed, based on the statement of the Gemara here (Rambam *Sefer Kedusha*, *Hilkhot Ma'akhalot Assurot* 8:14; *Shulḥan Arukh*, *Yoreh De'a* 65:11).

It is they who deceive themselves – אִינְהוּ הוּא דְּקָמַטְעוּ נַפְשַׁיְיהוּ: One is permitted to perform an action that is not for the honor of another without notifying him, even if that person will mistakenly think it is for his honor. For example if one meets another on the road and that person thinks he came especially to greet him, there is no need to disabuse him of this idea (*Shulḥan Arukh*, *Hoshen Mishpat* 228:6).

NOTES

It is they who deceive themselves – אִינְהוּ הוּא דְּקָמַטְעוּ נַפְשַׁיְיהוּ: Some later authorities derive from this incident that even in a case where a person intentionally deceives another, if the one deceived could have reasonably considered the possibility that he was being deceived, but did not bother to consider it, this is not classified as deceiving people. Rather, it is considered an indirect causation of such deception, and as the Gemara states: It is they who deceive themselves, and this action is permitted (*Sma*). Based on this, Rabbi Moshe Feinstein permits butchers to place livers into blood prior to selling them so that they will appear of better quality than they actually are, as the purchasers should be expected to realize that this is the custom of the butchers (*Iggerot Moshe*, *Yoreh De'a* 1:31). Other authorities disagree and maintain that such practices are permitted only when this is one's only method to prevent a loss to oneself, but not otherwise. They explain that in the incident with Mar Zutra, the butchers announced the sale of an animal that was a *tereifa* in a deceptive way only because there was no other manner of successfully selling the meat, and failure to sell it would have caused them significant loss (*Yosef Da'at*; see *Shulḥan Arukh HaRav*, *Ḥoshen Mishpat* 228:19).

אִי הֲוַת פַּיְיסַת מִינַאי, מִי לָא סָפֵינָא לָךְ מִשּׁוֹר שֶׁל פֶּטֶם, דַּעֲבַדִי אֶתְמוֹל? אֲמַר לֵיהּ: אֲכַלִי מִשּׁוּפְרֵי שׁוּפְרֵי. אֲמַר לֵיהּ: מְנָלָךְ? אֲמַר לֵיהּ: דְּזַבֵּן פְּלוֹנִי גּוֹי, וְסַפָּא לִי. אֲמַר לֵיהּ: תְּרֵי עֲבַדִי, וְהַהוּא טְרֵפָה הֲוָה.

If you would have made peace with me yesterday, **wouldn't I have given you** a cut **from the fattened bull**[B] **that I prepared yesterday?** The other individual **said to him:** Nevertheless **I ate from the finest of the fine** of that bull that you prepared. The butcher **said to him: From where** did you get a piece? The other **said to him: So-and-so the gentile bought** it **and fed it to me.** The butcher **said to him: I prepared two** bulls yesterday. One was kosher, **but that one** you ate **was a** *tereifa*, which is why I sold it to a gentile.

אֲמַר רַבִּי: בִּשְׁבִיל שׁוֹטֶה זֶה שֶׁעָשָׂה שֶׁלֹּא כַּהוֹגֶן, אָנוּ נֶאֱסוֹר כׇּל הַמַּקּוּלִין?

Rabbi Yehuda HaNasi **said** when he heard of this incident: **Because of this imbecile who acted improperly** and sold non-kosher meat to the gentile butcher without publicizing that he did so, should **we forbid all of the** meat from gentile **butcher shops** in the city?

רַבִּי לְטַעְמֵיהּ, דְּאָמַר: מַקּוּלִין וְטַבָּחֵי יִשְׂרָאֵל, בְּשַׂר הַנִּמְצָא בְּיַד גּוֹי – מוּתָּר.

The Gemara notes that **Rabbi** Yehuda HaNasi conforms **to his** standard line of **reasoning, as** Rabbi Yehuda HaNasi **said:** If there are **butcher shops** in a city **and Jewish butchers** prepare the meat, any **meat found in the possession of a gentile,** i.e., in a gentile's butcher shop, **is permitted.** There is no concern that the meat is from an animal that was a *tereifa*, because the Jewish butcher would not have sold it to a gentile to sell in his butcher shop.

אִיכָּא דְּאָמְרִי, אֲמַר רַבִּי: מִפְּנֵי שׁוֹטֶה זֶה דְּאִיכַּוֵּון לְצַעוּרֵיהּ לְחַבְרֵיהּ, אָנוּ נֶאֱסוֹר כׇּל הַמַּקּוּלִין?

The Gemara presents an alternate version of Rabbi Yehuda HaNasi's reaction to the incident cited above: **There are those who say** that **Rabbi** Yehuda HaNasi **said: Because of this imbecile, who intended** only **to cause distress to his fellow,** should **we forbid all of the** meat from gentile **butcher shops?** That butcher was presumably lying about the meat having been from a *tereifa*.

טַעְמָא, דְּאִיכַּוֵּון לְצַעוּרֵיהּ לְחַבְרֵיהּ, הָא לָאו הָכִי – אָסוּר. וְהָתַנְיָא רַבִּי אוֹמֵר: מַקּוּלִין וְטַבָּחֵי יִשְׂרָאֵל, בְּשַׂר הַנִּמְצָא בְּיַד גּוֹי – מוּתָּר! שָׁאנֵי הָכָא – דְּאִיתַּחְזַק אִיסּוּרָא.

The Gemara notes that **the reason** Rabbi Yehuda HaNasi considers the meat to be kosher is **that** the butcher **intended** only **to cause distress to his fellow.** This indicates that if **that were not so,** all the meat in the gentile butcher shops would be **forbidden. But isn't it taught** in a *baraita* that **Rabbi** Yehuda HaNasi **said:** If there are **butcher shops** in a city **and Jewish butchers** prepare the meat, any **meat found in the possession of a gentile is permitted?** The Gemara answers: It is **different here because it has been established** that there is **forbidden** meat being sold in the butcher shops. Since it is known that a Jewish butcher sold non-kosher meat to a gentile proprietor of a butcher shop, one must be concerned that this was not an isolated incident.

אָמַר רַב: בָּשָׂר, כֵּיוָן שֶׁנִּתְעַלֵּם מִן הָעַיִן – אָסוּר. מֵיתִיבִי, רַבִּי אוֹמֵר: מַקּוּלִין וְטַבָּחֵי יִשְׂרָאֵל, בְּשַׂר הַנִּמְצָא בְּיַד גּוֹי – מוּתָּר! נִמְצָא בְּיַד גּוֹי שָׁאנֵי.

§ Apropos meat in the possession of a gentile, the Gemara cites a related discussion. **Rav says: Once meat is obscured from sight** and unsupervised, it is **forbidden,** as one must be concerned that it was exchanged for non-kosher meat. The Gemara **raises an objection** based on a *baraita*: **Rabbi** Yehuda HaNasi **said:** If there are **butcher shops** in a city **and Jewish butchers**[H] prepare the meat, any **meat found in the possession of a gentile is permitted.** The Gemara answers: Meat **found in the possession of a gentile is different,**[N] because the meat was not left unsupervised.

BACKGROUND

Fattened bull – שׁוֹר שֶׁל פֶּטֶם: This expression is referring to an animal that has been fattened for its meat. Fattening it increases both the weight at which it is sold and the quality of the meat. Normally such an animal was kept in a pen and not given to a cowherd, who would allow it to eat whatever food it could find in the field.

NOTES

Found in the possession of a gentile is different – נִמְצָא בְּיַד גּוֹי שָׁאנֵי: The reason is that the common practice at that time was to not set aside the meat until it was cooked and eaten. Therefore, there is no concern that the meat is non-kosher, unless it is placed on the ground, like a discarded carcass. As long as a person, even a gentile, is occupied with it, it is not presumed to be a non-kosher carcass (Ba'al HaMaor). The early commentaries also write that the meat is forbidden only in a place where there is a chance that ravens or other animals had brought it. If a piece of meat is found hanging in a way that an animal could not have placed it there, the meat is permitted.

HALAKHA

Butcher shops in a city and Jewish butchers, etc. – מַקּוּלִין וְטַבָּחֵי יִשְׂרָאֵל וכו׳: If meat was found lying in the marketplace, its status is determined in accordance with the majority, in accordance with the principle that anything separated from a group is presumed to be from the majority. Therefore, if the majority of the meat sellers in that town are gentiles, the meat is prohibited. If the majority of meat sellers are Jews, it is permitted.

The same *halakha* applies to meat that is found in the possession of a gentile, where it is not known from whom it was purchased. If the majority of meat sellers in that town are Jews, by Torah law the meat is permitted to be eaten. The Sages prohibited any meat that was found, whether in the marketplace or in the possession of a gentile, even if all the butchers are Jews and all the butcher stores in the town sell only kosher meat. This ruling is in accordance with the opinion of Rav (Rambam *Sefer Kedusha, Hilkhot Ma'akhalot Assurot* 8:11–12; *Shulḥan Arukh, Yoreh De'a* 63:1, 110:3).

תָּא שְׁמַע: תֵּשַׁע חֲנוּיוֹת כּוּלָּן מוֹכְרוֹת בְּשַׂר שְׁחוּטָה, וְאַחַת מוֹכֶרֶת בְּשַׂר נְבֵלָה, וְלָקַח מֵאַחַת מֵהֶן, וְאֵינוֹ יוֹדֵעַ מֵאֵיזֶה מֵהֶן לָקַח – סְפֵקוֹ אָסוּר. וּבַנִּמְצָא – הַלֵּךְ אַחַר הָרוֹב! הָכָא נַמִי: בְּנִמְצָא בְּיַד גּוֹי.

The Gemara raises another objection to the statement of Rav. **Come** and **hear** the following *baraita*: With regard to **nine stores** in a city, **all of which sell** kosher **meat** from **a slaughtered** animal, **and one** other store that **sells meat** from unslaughtered **animal carcasses,**[H] **and** an individual **purchased** meat **from one of** the stores **and he does not know from which** store **he purchased** the meat, in this case of **uncertainty**, the meat **is forbidden. But in** the case of meat **found** outside, **follow the majority.**[B] Consequently, since most of the stores sell kosher meat, it may be assumed that the meat found outside is kosher, which contradicts Rav's statement that meat that was left unsupervised is forbidden. The Gemara answers: **Here also** the *baraita* is referring to a case where the meat was not unsupervised but rather was **found in the possession of a gentile.**

תָּא שְׁמַע: מָצָא בָּהּ בָּשָׂר (אִם חַי) – הַלֵּךְ אַחַר רוֹב טַבָּחִים, וְאִם מְבוּשָּׁל – הַלֵּךְ אַחַר רוֹב אוֹכְלֵי בָשָׂר.

The Gemara cites another challenge to the opinion of Rav: **Come** and **hear** the following mishna (*Makhshirin* 2:9): If one **found meat in** a city inhabited by both Jews and gentiles, **if** the meat **is raw, follow the majority of butchers,** so that if the majority of the butchers are Jewish, the meat is presumed to be kosher. **And if** the meat **is cooked, follow the majority of meat eaters,** because even if the majority of the butchers are Jewish, if the meat was cooked by a gentile it is forbidden. This mishna indicates that there are circumstances when the meat is permitted even though it was obscured from sight.

וְכִי תֵּימָא: הָכָא נַמִי בְּנִמְצָא בְּיַד גּוֹי, מְבוּשָּׁל – הַלֵּךְ אַחַר רוֹב אוֹכְלֵי בָשָׂר? וְנֶחֱזֵי, אִי דְּגוֹי נָקֵיט לֵיהּ, אִי דְּיִשְׂרָאֵל נָקֵיט לֵיהּ! הָכָא בְּמַאי עָסְקִינַן: בְּעוֹמֵד וְרוֹאֵהוּ.

And if you would say that **here also** it is referring to a case **where** the meat **is found in the possession of a gentile,** why does the *baraita* state that if the meat is cooked, one should **follow the majority of meat eaters? Let us see** whether **a gentile is holding it or a Jew is holding it.** The Gemara answers: **Here we are dealing with** a case where the meat was on the ground but someone was **standing and watching it** from the time it was dropped on the ground, so that it was never left unsupervised. Yet, the person watching does not know whether it was dropped by a Jew or a gentile, and therefore a determination must be made based upon the majority of the people in the city.

תָּא שְׁמַע: נִמְצָא בַּגְּבוּלִין, אֵבָרִים – נְבֵלוֹת, חֲתִיכוֹת – מוּתָּרוֹת. וְכִי תֵּימָא: הָכָא נַמִי – בְּעוֹמֵד וְרוֹאֵהוּ, אֵבָרִים – נְבֵלוֹת, אַמַּאי?

The Gemara cites another challenge to the opinion of Rav from a mishna (*Shekalim* 19a). **Come** and **hear:** With regard to meat **found in the outlying areas,** outside of Jerusalem, if it is found as whole **limbs,** the meat presumably comes from **carcasses** of animals that were not properly slaughtered, as carcasses were generally cut up into full limbs and fed to dogs or sold to gentiles. But if it is in small **pieces,** it is presumably kosher and **permitted** to be eaten, as kosher meat was ordinarily cut up into small pieces. This mishna indicates that even though the meat was obscured from sight, it remains permitted. **And if you would say** that **here also** it is referring to a case **where** someone was **standing and watching it, why** is it assumed to be from **a carcass** if it is cut into whole **limbs?**

מִידֵּי הוּא טַעְמָא אֶלָּא לְרַב, הָא אִיתְּמַר עֲלַהּ, רַב אָמַר: מוּתָּרוֹת מִשּׁוּם נְבֵלָה, וְלֵוִי אָמַר: מוּתָּרוֹת בַּאֲכִילָה.

The Gemara answers: **This** mishna requires **explanation only according to Rav,** but **wasn't it stated with regard to that** mishna: **Rav says** that the correct version of the mishna is that the small pieces of meat are **permitted,** in that they are not considered impure and that one who eats them is not liable to be flogged, as would be the case if it were meat from a **carcass.** But it is not actually permitted to eat the meat, due to the fact that it was obscured from sight. **And Levi says:** The mishna means to say that the small pieces of meat are even **permitted to be eaten.**

וְהָא דְּרַב, לָאו בְּפֵירוּשׁ אִתְּמַר אֶלָּא מִכְּלָלָא אִתְּמַר. דְּרַב הֲוָה יָתֵיב אַמַּבְרָא דְּאִישְׁתְּתִית, חַזְיָא לְהַהוּא גַּבְרָא דַּהֲוָה קָא

The Gemara comments: **And this** statement **of Rav,** that meat that was obscured from sight is forbidden, **was not stated explicitly** by Rav. **Rather, it was stated** that he held this opinion **based on an inference**[B] from a different statement of Rav. **As, Rav was** once **sitting on the ford of** the **Ishtetit River. He saw a certain man who was**

HALAKHA

And one sells meat from animal carcasses – וְאַחַת מוֹכֶרֶת בְּשַׂר נְבֵלָה: If nine stores in a city sell kosher meat and one store sells non-kosher meat, and a person bought meat from one of them but does not remember which one, the meat is forbidden. This is in accordance with the principle that anything that is fixed, i.e., remains in its original location, is considered to be an evenly balanced uncertainty. If the meat was found outside the stores, it is permitted, in accordance with the ruling of the *baraita* (Rambam *Sefer Kedusha, Hilkhot Ma'akhalot Assurot* 8:11; *Shulhan Arukh, Yoreh De'a* 110:3).

BACKGROUND

Follow the majority – הַלֵּךְ אַחַר הָרוֹב: This principle applies to many dilemmas with regard to the *halakhot* of prohibited and permitted mixtures. It means that if an item or person whose status is unclear is found separated from a group, one can assume that it has the character of the majority of items in that group. Nevertheless, one may rely on this principle only where the item emerged from its original place, but not when the item remains in the mixture. In that case, the sample is flawed and there is room for concern that the item in question is not really from the majority component. In that case, the principle is: Anything that is fixed, i.e., remains in its original location, is considered an evenly balanced uncertainty, and the item is not attributed to the majority.

It was not stated explicitly, rather it was stated based on an inference – לָאו בְּפֵירוּשׁ אִתְּמַר אֶלָּא מִכְּלָלָא אִתְּמַר: This comment, that a specific *halakha* was not stated explicitly but only inferred, is not uncommon in the Talmud. It is not merely an attempt to ascertain the precise manner in which the statement was transmitted. Rather, the Gemara is calling attention to the fact that one cannot rely on the formulation of a specific statement as it appears, as it was not stated in that form, but was inferred from a statement made in a different context.

מְחַוּור רֵישָׁא. נְפַל מִינֵּיהּ, אֲזַל אַיְיתִי סִילְתָּא, שְׁדָא – אַסֵּיק תְּרֵין. אֲמַר רַב: עָבְדִי נָמֵי הָכִי?! אַסְרִינְהוּ נִיהֲלֵיהּ.

cleaning the **head** of an animal in the river. The head **fell from him. He went and brought a basket,**[B] **cast** the basket into the river, and **pulled out two** animal heads. **Rav said** to him: Does it commonly **happen this** way that one loses one item and finds two? Just as one of the animal heads is not the one you dropped, it is possible that neither of them is the one you dropped. Therefore, Rav rendered both of **them forbidden to him.**

אָמְרִי לֵיהּ רַב כָּהֲנָא וְרַב אַסִּי לְרַב: דְּאִיסּוּרָא שְׁכִיחִי, דְּהֶתֵּירָא לָא שְׁכִיחִי? אֲמַר לְהוּ: דְּאִיסּוּרָא שְׁכִיחִי טְפֵי.

Rav Kahana and Rav Asi said to Rav: Is **forbidden** meat **common** but **permitted** meat **not common?** Most of the meat in this general location is kosher, so why did you forbid the two animal heads? **He said to them: Forbidden** meat **is more common.** From this incident the Sages derived that according to Rav, meat that has been obscured from sight becomes forbidden due to the possibility that the meat one finds now was actually deposited by ravens, who transported it from a location where the majority of the meat is forbidden.

וְכִי מִכְּלָלָא מַאי? פְּרָוְותָא דְּגוֹיִם הֲוַאי. תֵּדַע, דְּקָאָמַר לְהוּ: דְּאִיסּוּרָא שְׁכִיחִי טְפֵי.

The Gemara asks: **And what** does it matter **if** this opinion of Rav is known **by inference** based on this incident, rather than by an explicit statement made by Rav? The Gemara answers: There is room to say that this incident cannot serve as a precedent for a general policy, because that location **was a port of gentiles,** where most of the meat was non-kosher. **Know** that this is the case, **as** Rav **said to** Rav Kahana and Rav Asi: **Forbidden** meat **is more common.** Consequently, it is possible that Rav would not have prohibited the meat in a location where the majority of the meat is kosher.

אֶלָּא רַב הֵיכִי אֲכַל בִּשְׂרָא? בְּשַׁעְתֵּיהּ, דְּלָא עָלִים עֵינֵיהּ מִינֵּיהּ. אִיבָּעֵית אֵימָא: בְּצַיְירָא וַחֲתוּמָא. וְאִי נָמֵי: בְּסִימָנָא. כִּי הָא דְּרַבָּה בַּר רַב הוּנָא מְחַתֵּךְ לֵיהּ אַתְּלָת קַרְנָתָא.

The Gemara asks: **But how did Rav** ever **eat meat** if he holds that meat becomes forbidden if it is unsupervised for even a short time? The Gemara answers: Rav ate meat only **in its time,** i.e., shortly after it was slaughtered, **when it had not been obscured from his sight** from the time of the slaughter until he ate it. Alternatively, **if you wish, say** that Rav ate meat that was **tied and sealed** in a way that proved it had not been swapped for non-kosher meat. **Or alternatively,** he ate meat that could be recognized **by a distinguishing mark,**[H] **like that** practice of **Rabba bar Rav Huna,** who would **cut** meat into pieces **with three corners,** i.e., triangles, before he would send it to his family members.

רַב הֲוָה קָאָזֵיל לְבֵי רַב חָנָן חַתְנֵיהּ, חֲזֵי מַבְרָא דְּקָאָתֵי לְאַפֵּיהּ, אֲמַר: מַבְרָא קָאָתֵי לְאַפִּי, יוֹמָא טָבָא לְגוֹ.

The Gemara relates that **Rav was going to the home of Rav Ḥanan, his son-in-law. He saw** that **the ferry was coming toward him** just when he arrived at the riverbank. **He said: The ferry is coming toward me** even though I did not arrange for it to come now; this is a sign that **a good day,** i.e., a festive meal, awaits me **in** the place where I am going.

אֲזַל קָם אַבָּבָא, אוֹדִיק בְּבִזְעָא דְּדַשָּׁא, חֲזֵי חֵיוְתָא דִּתְלְיָא. טְרַף אַבָּבָא, נְפוּק אֲתוֹ כּוּלֵּי עָלְמָא לְאַפֵּיהּ, אֲתָא טַבָּחֵי נָמֵי, לָא עָלִים רַב עֵינֵיהּ מִינֵּיהּ. אֲמַר לְהוּ: אִיכּוּ הָשְׁתָּא, סַפִּיתוּ לְהוּ אִיסּוּרָא לִבְנֵי בְּרַתִּי! לָא אֲכַל רַב מֵהַהוּא בִּישְׂרָא.

After crossing the river on the ferry, Rav **went and stood at the gate** of Rav Ḥanan's home. **He looked** through **a crack in the door** and **saw an animal that was hanging** and ready to be cooked. **He knocked on the gate,** and **everyone went out to** greet **him,** and **the butchers also came** out to greet him. **Rav did not remove his eyes from** the meat that the butchers were preparing. **He said to them: If** you had eaten the meat based upon the supervision you provided **now,** you would have **fed forbidden** meat **to the sons of** my **daughter** because no one apart from me was watching the meat when you all came out to greet me. And despite the fact that he had kept the meat in his sight **Rav did not eat from that meat.**

מַאי טַעְמָא? אִי מִשּׁוּם אִיעַלּוּמֵי – הָא לָא אִיעַלִּים. אֶלָּא דְּנַחֵישׁ.

The Gemara asks: **What is the reason** that Rav did not eat the meat? **If** one suggests that he was concerned **because** it had been **obscured** from sight, that cannot be the reason, as Rav kept watching it so that it **was not obscured** from sight. **Rather,** Rav did not eat **because he divined,** i.e., he saw the arrival of the ferry as a good omen. This is prohibited, and therefore Rav penalized himself and abstained from the meat.

BACKGROUND

Basket – סִילְתָּא: This is referring to a basket made of woven palm or willow leaves that was usually used for transporting or storing food. Such baskets were primarily used for transporting or storing bread, but they were used for fruit and other food as well. Some say that the term means a thorn (Meiri) or a piece of wood (Rabbeinu Gershom Meor HaGola), which can be used to draw out items that have sunk in the water.

Mosaic from late antiquity depicting a basket used in the grape harvest

HALAKHA

Tied and sealed…a distinguishing mark – בְּצַיְירָא וַחֲתוּמָא...בְּסִימָנָא: If one purchases meat and brings it home and it was then obscured from sight, it is permitted only if there is a distinguishing mark, visual identification, or if it was bound and sealed. This ruling is in accordance with the opinion of Rav and the Gemara's explanation here (Rambam *Sefer Kedusha, Hilkhot Ma'akhalot Assurot* 8:12; *Shulḥan Arukh, Yoreh De'a* 63:1).

HALAKHA

Any divination that is not like Eliezer the servant of Abraham…is not divination – **כָּל נַחַשׁ שֶׁאֵינוֹ כֶּאֱלִיעֶזֶר עֶבֶד אַבְרָהָם...אֵינוֹ נַחַשׁ**: Some say that it is permitted for one to make a sign for himself, basing his actions upon whether or not a future event occurs, similar to Abraham's servant Eliezer, or Jonathan (*Tur*; Radak). Others hold that it is prohibited (Rambam; *Smag*). One who walks with complete trust in God will be surrounded with kindness (Rambam *Sefer HaMadda, Hilkhot Avoda Zara* 11:4; *Shulḥan Arukh, Yoreh De'a* 179:4 in the comment of Rema).

Would not derive pleasure from an optional feast – **לָא מִתְהַנֵּי מִסְּעוּדַת הָרְשׁוּת**: A Torah scholar should eat at a large, festive meal only if it is part of the celebration associated with a mitzva, e.g., a meal of an engagement, or the wedding of a Torah scholar to the daughter of a Torah scholar. This is in accordance with Rav's custom (Rambam *Sefer HaMadda, Hilkhot Deot* 5:2).

Check by asking a child – **בָּדֵיק בְּיָנוּקָא**: It is permitted for one to ask a child: What verse are you learning? If the child recites a verse of blessing one may view it as a good sign. This is permitted since he does not base his actions upon the child's answer but sees it only as a sign for what has already happened. This is in accordance with the custom of Rabbi Yoḥanan (Rambam *Sefer HaMadda, Hilkhot Avoda Zara* 11:5; *Shulḥan Arukh, Yoreh De'a* 179:4).

After a home, a child, or a woman, etc. – **בַּיִת תִּינוֹק וְאִשָּׁה וכו׳**: It is prohibited to rely on omens or propitious events. It is permitted to view successful activities following building a house or having a child or marrying a wife as a sign. For example, if the first business deal one conducts after building a new home is successful, he may attribute his success to having built the house. This is in accordance with the opinion of Rabbi Shimon ben Elazar (Rambam *Sefer HaMadda, Hilkhot Avoda Zara* 11:5; *Shulḥan Arukh, Yoreh De'a* 179:4).

וְהָאָמַר רַב: כָּל נַחַשׁ שֶׁאֵינוֹ כֶּאֱלִיעֶזֶר עֶבֶד אַבְרָהָם וּכְיוֹנָתָן בֶּן שָׁאוּל אֵינוֹ נַחַשׁ! אֶלָּא סְעוּדַת הָרְשׁוּת הֲוַאי, וְרַב לָא מִתְהַנֵּי מִסְּעוּדַת הָרְשׁוּת.

The Gemara asks: **But doesn't Rav say** that **any divination that is not like** the divination of **Eliezer, the servant of Abraham,** when he went to seek a bride for Isaac (see Genesis 24:14), **or like** the divination of **Jonathan, son of Saul,**[N] who sought an omen as to whether he and his arms bearer would defeat the Philistines (see I Samuel 14:8–12), **is not divination?**[H] Since Rav did not rely on the omen in his decision making, he did not violate the prohibition against divination, and there was no reason for him to penalize himself. The Gemara answers: **Rather,** the reason Rav did not eat the meat is that **it was an optional feast,** rather than a feast associated with a mitzva, **and Rav would not derive pleasure from an optional feast.**[H]

רַב בָּדֵיק בְּמַבָּרָא, וּשְׁמוּאֵל בָּדֵיק בְּסִפְרָא, רַבִּי יוֹחָנָן בָּדֵיק בְּיָנוּקָא.

Having mentioned Rav's reaction to the ferry in the incident cited above, the Gemara states that **Rav would check** whether to travel based upon **the ferry;** if it came quickly he would take the ferry, but otherwise he would not. **And Shmuel would check** what would happen to him **by** opening **a scroll** and reading from wherever it was open to. **Rabbi Yoḥanan would check** what was in store for him **by** asking **a child**[H] to recite the verse he was learning.

כּוּלְּהוּ שְׁנֵי דְּרַב, הֲוָה כָּתַב לֵיהּ רַבִּי יוֹחָנָן: ״לְקַדֵּם רַבֵּינוּ שֶׁבְּבָבֶל״. כִּי נָח נַפְשֵׁיהּ, הֲוָה כָּתַב לִשְׁמוּאֵל: ״לְקַדֵּם חֲבֵירֵינוּ שֶׁבְּבָבֶל״. אָמַר: לָא יָדַע לִי מִידֵּי דְּרַבֵּיהּ אֲנָא?! כְּתַב שְׁדַר לֵיהּ עִיבּוּרָא דְּשִׁיתִּין שְׁנֵי. אָמַר: הַשְׁתָּא, חוּשְׁבְּנָא בְּעָלְמָא יָדַע.

The Gemara relates an incident when Rabbi Yoḥanan checked his luck based on a child's verse. During **all the years** when **Rav** lived in Babylonia, **Rabbi Yoḥanan,** who lived in Eretz Yisrael, would **write to him** and begin with the greeting: **To our Master who is in Babylonia. When** Rav **died,** Rabbi Yoḥanan **would write to Shmuel** and begin with the greeting: **To our colleague who is in Babylonia.** Shmuel **said: Does** Rabbi Yoḥanan **not know** any **matter in which I am his master?** Shmuel **wrote** and **sent to** Rabbi Yoḥanan the calculation of the **leap** years **for** the next **sixty years.** Rabbi Yoḥanan was not impressed by this and **said: Now he** has **merely** demonstrated that **he knows mathematics,** which does not make him my master.

כְּתַב שְׁדַר לֵיהּ תְּלֵיסַר גַּמְלֵי סְפֵקֵי טְרֵיפְתָּא. אָמַר: אִית לִי רַב בְּבָבֶל, אֵיזִיל אִיחְזְיֵיהּ. אֲמַר לֵיהּ לְיָנוּקָא: פְּסוֹק לִי פְּסוּקָיךְ! אֲמַר לֵיהּ: ״וּשְׁמוּאֵל מֵת״. אָמַר: שְׁמַע מִינַּהּ, נָח נַפְשֵׁיהּ דִּשְׁמוּאֵל.

Shmuel then **wrote** and **sent to** Rabbi Yoḥanan explications of **uncertainties** pertaining to *tereifot* that had to be transported on **thirteen camels.** Rabbi Yoḥanan was impressed by this and **said: I have a Master in Babylonia; I will go and see him.** Before departing on his journey, Rabbi Yoḥanan **said to a child: Recite to me your verse** that you studied today. The child **recited** the following verse **to** Rabbi Yoḥanan: **"Now Samuel was dead"** (I Samuel 28:3). Rabbi Yoḥanan **said** to himself: **Learn from this** that **Shmuel has died.** Therefore, Rabbi Yoḥanan did not go to see Shmuel.

וְלָא הִיא, לָא שְׁכִיב שְׁמוּאֵל, אֶלָּא כִּי הֵיכִי דְּלָא לִיטְרַח רַבִּי יוֹחָנָן.

The Gemara comments: **But it was not so; Shmuel had not died. Rather,** the reason Rabbi Yoḥanan was given this sign was **so that Rabbi Yoḥanan would not trouble himself** to embark on the long and arduous journey from Eretz Yisrael to Babylonia.

תַּנְיָא, רַבִּי שִׁמְעוֹן בֶּן אֶלְעָזָר אוֹמֵר: בַּיִת תִּינוֹק וְאִשָּׁה – אַף עַל פִּי שֶׁאֵין נַחַשׁ, יֵשׁ סִימָן.

It is taught in a *baraita*: **Rabbi Shimon ben Elazar says:** With regard to one who is successful with his first business transaction after he has built **a home,** after the birth of **a child, or** after he marries **a woman,**[H] **even though** he may **not** use this as a means of **divination** to decide upon future courses of action, **it is** an auspicious **sign** that he will continue to be successful. Conversely, if his first transaction is not successful he may take that as an inauspicious sign.

NOTES

Any divination that is not like Eliezer the servant of Abraham or like Jonathan the son of Saul – **כָּל נַחַשׁ שֶׁאֵינוֹ כֶּאֱלִיעֶזֶר עֶבֶד אַבְרָהָם וּכְיוֹנָתָן בֶּן שָׁאוּל**: The early commentaries ask how it was permitted for Eliezer or Jonathan themselves to make use of prohibited divination. Some answer that Eliezer did not rely on the divination completely, and he gave Rebekah the gifts only after he first verified that she was from a suitable family (*Tosafot*). Other commentaries explain that a test is not considered prohibited divination if it is one that makes sense. Eliezer used a sign that would indicate a woman of suitable character to be a wife for Isaac (Ran).

The commentaries also explain that Jonathan did not rely on divination, but proposed his test only to encourage the youth who was with him. Jonathan himself was prepared to fight without any sign (*Tosafot*). Others write that divination is prohibited only if it leads one to act in a way that is irrational. Jonathan's divination was not prohibited, because in times of war it is possible that two or three warriors can defeat a much larger number of panicked enemy soldiers, and through his test he would know if the Philistines were panicked (Ran).

אֲמַר רַבִּי אֶלְעָזָר: וְהוּא דְּאִיתְּחֵזַק תְּלָתָא זִימְנֵי, דִּכְתִיב: ״יוֹסֵף אֵינֶנּוּ וְשִׁמְעוֹן אֵינֶנּוּ וְאֶת בִּנְיָמִן תִּקָּחוּ״.

Rabbi Elazar said: But this is provided **that** the sign **has been established** by repeating itself **three times.** This is based on a verse, **as it is written:** "And Jacob their father said to them: Me you have bereaved of my children: **Joseph is not, and Simeon is not, and you will take Benjamin away;** upon me are all these things come" (Genesis 42:36). If calamity were to befall Benjamin, that would establish a pattern of three tragedies.

בְּעָא מִינֵּיהּ רַב הוּנָא מֵרַב: בַּחֲרוּזִין מַהוּ? אֲמַר לֵיהּ: אַל תְּהִי שׁוֹטֶה! בַּחֲרוּזִין הֲרֵי זֶה סִימָן. אִיכָּא דְּאָמְרִי, אָמַר רַב הוּנָא אָמַר רַב: בַּחֲרוּזִין הֲרֵי זֶה סִימָן.

§ The Gemara returns to discuss distinguishing marks that prevent meat from being prohibited despite its having been obscured from sight. **Rav Huna inquired of Rav:**[P] If pieces of meat were **strung** together and then were obscured from sight, **what is the** *halakha*? Rav **said to him: Do not be an imbecile;** of course if the meat is **strung** together **it is** considered to be **a distinguishing mark,** and the meat is permitted. **There are those who say** this *halakha* as follows: **Rav Huna said** that **Rav said:** If pieces of meat are **strung** together **it is a distinguishing mark,** and the meat remains permitted even if it is obscured from sight.

רַב נַחְמָן מִנְּהַרְדְּעָא אִיקְלַע לְגַבֵּי רַב כָּהֲנָא לְפוּם נַהֲרָא בְּמַעֲלֵי יוֹמָא דְכִפּוּרֵי, אָתוּ עוֹרְבֵי שְׁדוּ כַּבְדֵי וְכוּלְיָתָא. אֲמַר לֵיהּ: שְׁקוֹל וֶאֱכוֹל, הָאִידָּנָא דְּהֶיתֵּרָא שְׁכִיחַ טְפֵי.

The Gemara relates that **Rav Naḥman of Neharde'a**[P] **arrived at** the home of **Rav Kahana in Pum Nahara**[B] **on the eve of Yom Kippur,** which is a day when people commonly eat meat. **Ravens came** and **dropped livers and kidneys.** Rav Kahana **said to** Rav Naḥman: **Take** these livers and kidneys **and eat**[N] them, as they are not forbidden, even though they were obscured from sight. This is because **at this time permitted** meat is **more common** than forbidden meat, since Jews slaughter many animals on this day.

רַב חִיָּיא בַּר אָבִין אִיתְּבִיד לֵיהּ כַּרְכְּשָׁא בֵּי דִינָא, אֲתָא לְקַמֵּיהּ דְּרַב הוּנָא, אֲמַר לֵיהּ: אִית לָךְ סִימָנָא בְּגַוֵּיהּ? אֲמַר לֵיהּ: לָא. אִית לָךְ טְבִיעוּת עֵינָא בְּגַוֵּיהּ? אֲמַר לֵיהּ: אִין. אִם כֵּן, זִיל שְׁקוֹל.

Rav Ḥiyya bar Avin lost a cut of meat from an animal **intestine**[B] **among the barrels**[N] of wine in his wine cellar. When he found it, **he came before Rav Huna** to ask whether the meat was now prohibited because it had been obscured from sight. Rav Huna **said to him: Do you have a distinguishing mark on it** so that you can identify it? Rav Ḥiyya bar Avin **said to him: No.** Rav Huna asked him: **Do you have visual recognition of it?** Rav Ḥiyya bar Avin **said to him: Yes.** Rav Huna said: **If so, go and take** it and eat it.

רַב חֲנִינָא חוֹזָאָה אִיתְּבִיד לֵיהּ גַּבָּא דְּבִשְׂרָא, אֲתָא לְקַמֵּיהּ דְּרַב נַחְמָן, אֲמַר לֵיהּ: אִית לָךְ סִימָנָא בְּגַוֵּיהּ? אֲמַר לֵיהּ: לָא. אִית לָךְ טְבִיעוּת עֵינָא בְּגַוֵּיהּ? אֲמַר לֵיהּ: אִין. אִם כֵּן, זִיל שְׁקוֹל.

Rav Ḥanina Ḥoza'a lost a side of meat. When he found it, **he came before Rav Naḥman** and asked him whether the meat was now prohibited because it had been obscured from sight. Rav Naḥman **said to him: Do you have a distinguishing mark on it** so that you can identify it? Rav Ḥanina Ḥoza'a **said to him: No.** Rav Naḥman asked him: **Do you have visual recognition of it?** Rav Ḥanina Ḥoza'a **said to him: Yes.** Rav Naḥman said: **If so, go and take** it and eat it.

NOTES

Rav Kahana said to him, take and eat, etc. – **אֲמַר לֵיהּ שְׁקוֹל וֶאֱכוֹל וכו׳**: The early commentaries disagree as to the opinion of Rav Kahana. Some write that Rav Kahana disagrees with Rav and holds that meat that was obscured from sight is not prohibited in a place where most of the butchers are Jewish, in accordance with the opinion of Levi (Rashi). Based on this they rule that the *halakha* is not in accordance with the opinion of Rav. They explain that Rav Huna, Rav Naḥman, and Rav Ḥisda, who did not permit the meat without some sign or distinguishing mark or visual recognition, all hold like Rav, and they may have all been his students. Alternatively, they were being stringent in their own practice (Ba'al HaMaor).

Others explain that even if Rav Kahana holds in accordance with the opinion of Levi, Levi himself may hold that meat obscured from sight is permitted only if the meat is in the same place where it was left and the majority of meat in that area is kosher meat. In the cases ruled by the aforementioned Sages, the meat was not where it had been left, and even Levi would concede that the meat is forbidden without some distinguishing mark (*Sefer HaTerumot*; Rashba; Rosh, citing Rashbam). This opinion is cited in the *Shulḥan Arukh* (*Yoreh De'a* 63:2) with the preface: There are those who are lenient. The Rema writes that this is the custom.

Other commentaries explain that Rav Kahana agrees with Rav, but Rav limits the prohibition on meat obscured from sight to a case where the area from which ravens might bring meat is one where the majority of meat is not kosher. But in the case of Rav Kahana and Rav Naḥman, the majority of slaughtered meat in the area from which the ravens could bring it was kosher (*Tosafot*; Rif; Rambam; *Shulḥan Arukh*).

Among the barrels – **בֵּי דִינָא**: The text of the Vilna Talmud includes the words *bei dina*, which means rabbinical court. By contrast, the version of the text recorded by the Rif and the Rosh reads *beinei danei*, among the barrels, which would read more easily in context.

PERSONALITIES

Rav – **רַב**: Rav was the first, and perhaps the greatest, of the Babylonian *amora'im*, and the academy he established in Sura lasted for over eight hundred years, through the period of the *ge'onim*. His full name was Rabbi Abba bar Aivu, but he was also known as Abba Arikha due to his great height, as *arikha* means long. The Gemara reports that aside from the visiting students who attended the academy only during the *kalla* months of Adar and Elul, 1,200 full-time students learned in the academy throughout the year. In his youth, Rav traveled to Eretz Yisrael with his uncle, Rabbi Ḥiyya, where he studied under Rabbi Yehuda HaNasi, the redactor of the Mishna. He traveled back and forth between Eretz Yisrael and Babylonia until he settled in Babylonia in the year 219 CE. Rav's prominence is apparent not only in the large number of *amora'im* who were his students and who quote him throughout the Gemara, but also by the fact that despite his status as an *amora* he is simultaneously recognized as the last of the *tanna'im*, and he is permitted to disagree with tannaitic rulings.

Rav Naḥman of Neharde'a – **רַב נַחְמָן מִנְּהַרְדְּעָא**: A fourth-generation Babylonian *amora*, Rav Naḥman of Neharde'a, or, in a different version of the text, Rav Ḥanan, was a close student of Rav Kahana, and would discuss matters with him. He was a different Sage than Rav Naḥman bar Ya'akov or Rav Naḥman bar Yitzḥak, both of whom were better known.

BACKGROUND

Pum Nahara – **פּוּם נַהֲרָא**: The city of Pum Nahara was located on the bank of a canal that led to the Tigris River. The city was known as an important center for both Torah study and agriculture, primarily with regard to its vineyards, which were planted all the way to the bank of the canal. Rav Kahana, a renowned Sage of the city, became the head of the court and retained a strong connection with the academy in Neharde'a.

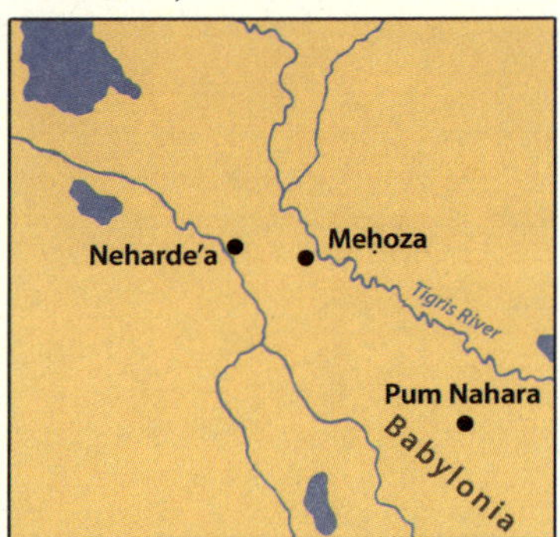

Location of Pum Nahara

Intestine – **כַּרְכְּשָׁא**: This is a reference to the rectum, the lower section of the large intestine, through which excrement passes before it leaves the body.

רַב נָתָן בַּר אַבַּיֵי אִיתְּבַד לֵיהּ קִיבּוּרָא דִּתְכֵלְתָּא, אֲתָא לְקַמֵּיהּ דְּרַב חִסְדָּא, אֲמַר לֵיהּ: אִית לָךְ סִימָנָא בְּגַוֵּיהּ? אֲמַר לֵיהּ: לָא. אִית לָךְ טְבִיעוּת עֵינָא בְּגַוֵּיהּ? אֲמַר לֵיהּ: אִין. אִם כֵּן, זִיל שְׁקוֹל.

Rav Natan bar Abaye lost a skein of sky-blue wool prepared for use in ritual fringes. He searched for it and found it. **He came before Rav Ḥisda** to ask whether the wool was now prohibited because it had been obscured from sight and may have become confused with other blue wool that is not valid for ritual fringes. Rav Ḥisda **said to him: Do you have a distinguishing mark in it** so that you can identify it? Rav Natan bar Abaye **said to him: No.** Rav Ḥisda asked him: **Do you have visual recognition of it?** Rav Natan bar Abaye **said to him: Yes.** Rav Ḥisda said: **If so, go and take** it, and you may use it for ritual fringes.

אֲמַר רָבָא: מֵרֵישָׁא הֲוָה אָמֵינָא, סִימָנָא עָדִיף מִטְּבִיעוּת עֵינָא, דְּהָא מְהַדְּרִינַן אֲבֵידְתָּא בְּסִימָנָא,

Rava said: At first I would say that **a distinguishing mark is preferable to visual recognition, because we return a lost item** to its owner based **on a distinguishing mark,**

Perek **VII**
Daf **96** Amud **a**

HALAKHA

One who removes the sciatic nerve – הַנּוֹטֵל גִּיד הַנָּשֶׁה: One who removes the sciatic nerve must scrape away the surrounding flesh until he is certain that no part of the nerve remains. This is in accordance with the opinion of the first *tanna* (Rambam *Sefer Kedusha, Hilkhot Ma'akhalot Assurot* 8:7; *Shulḥan Arukh, Yoreh De'a* 65:8).

וְלָא מְהַדְּרִינַן בִּטְבִיעוּת עֵינָא. הַשְׁתָּא דִּשְׁמַעְתִּינְהוּ לְהָנֵי שְׁמַעְתָּתָא, אָמֵינָא: טְבִיעוּת עֵינָא עֲדִיפָא.

but we do not return a lost item to one who claims to be its owner based solely **on visual recognition.** But **now that I have heard these statements** pertaining to meat or sky-blue wool that were obscured from sight and then permitted based upon visual recognition, **I say** that **visual recognition is preferable** to a distinguishing mark.

דְּאִי לָא תֵּימָא הָכִי, הֵיאָךְ סוּמָא מוּתָּר בְּאִשְׁתּוֹ? וּבְנֵי אָדָם אֵיךְ מוּתָּרִין בִּנְשׁוֹתֵיהֶן בַּלַּיְלָה? אֶלָּא בִּטְבִיעוּת עֵינָא דְּקָלָא, הָכָא נָמֵי בִּטְבִיעוּת עֵינָא.

Furthermore, one must hold that sensory recognition is reliable even without identifying marks, **for if you do not say so, how is a blind** man **permitted to** engage in sexual intercourse with **his wife** despite the fact that he cannot identify her by means of her identifying marks? **And** similarly, **how are** any **men permitted to** engage in intercourse with **their wives at night,** when it is dark and they cannot see their wives' identifying marks? **Rather,** one must say that they identify their wives **based on voice recognition. Here too,** in these cases of lost meat and sky-blue wool, they remain permitted **based on visual recognition.**

אָמַר רַב יִצְחָק בְּרֵיהּ דְּרַב מְשַׁרְשְׁיָא: תֵּדַע, דְּאִילּוּ אָתוּ בֵּתְרֵי, וְאָמְרִי: פְּלָנְיָא, דְּהַאי סִימָנֵיהּ וְהַאי סִימָנֵיהּ, קְטַל נַפְשָׁא – לָא קָטְלִינַן לֵיהּ. וְאִילּוּ אָמְרִי: אִית לַן טְבִיעוּת עֵינָא בְּגַוֵּיהּ – קָטְלִינַן לֵיהּ.

Rav Yitzḥak, son of Rav Mesharshiyya, said: You can **know** that visual recognition is preferable to a distinguishing mark, **because if two** witnesses **come** to court **and say: So-and-so, who has this distinguishing mark and that distinguishing mark, killed a person,** we would **not kill him** based on this testimony. **But if** the two witnesses **say: We have visual recognition of him,** and they confirm that the accused individual committed murder, **we kill him** based on their testimony.

אָמַר רַב אָשֵׁי: תֵּדַע, דְּאִילּוּ אֲמַר לֵיהּ אִינִישׁ לִשְׁלוּחֵיהּ: קְרִייֵהּ לִפְלָנְיָא, דְּהַאי סִימָנֵיהּ וְהַאי סִימָנֵיהּ – סָפֵק יָדַע לֵיהּ סָפֵק לָא יָדַע לֵיהּ. וְאִילּוּ אִית לֵיהּ טְבִיעוּת עֵינָא בְּגַוֵּיהּ – כִּי חָזֵי לֵיהּ, יָדַע לֵיהּ.

Rav Ashi said: You can **know** that visual recognition is preferable to a distinguishing mark, **because if a man says to his agent: Call so-and-so,** who has **this distinguishing mark and that distinguishing mark, it is uncertain** whether the agent will recognize him and **know** whom to call or whether he will **not know him. But if he has visual recognition of** him, **when he sees him he will know** it is **him.**

מתני׳ הַנּוֹטֵל גִּיד הַנָּשֶׁה, צָרִיךְ שֶׁיִּטּוֹל אֶת כּוּלּוֹ. רַבִּי יְהוּדָה אוֹמֵר: כְּדֵי לְקַיֵּים בּוֹ מִצְוַת נְטִילָה.

MISHNA **One who removes the sciatic nerve**[H] **must** scrape away the flesh in the area surrounding the nerve to ensure **that he will remove all of it. Rabbi Yehuda says:** Scraping is not required; it is sufficient to excise it from the area above the rounded protrusion **in order to** thereby **fulfill the mitzva of removal** of the sciatic nerve.

הָאוֹכֵל מִגִּיד הַנָּשֶׁה כַּזַּיִת – סוֹפֵג אַרְבָּעִים, אֲכָלוֹ וְאֵין בּוֹ כַּזַּיִת – חַיָּיב. אָכַל מִזֶּה כַּזַּיִת וּמִזֶּה כַּזַּיִת – סוֹפֵג שְׁמוֹנִים. רַבִּי יְהוּדָה אוֹמֵר: אֵינוֹ סוֹפֵג אֶלָּא אַרְבָּעִים.

One who eats an olive-bulk of the sciatic nerve[H] **incurs forty** lashes. If **one eats** an entire sciatic nerve **and it does not** constitute **an olive-bulk,** he is nevertheless **liable** to receive lashes, because a complete sciatic nerve is a complete entity. **If one ate an olive-bulk from this** sciatic nerve in the right leg, **and an olive-bulk from that**[H] sciatic nerve in the left leg, **he incurs** [*sofeg*][L] **eighty** lashes. **Rabbi Yehuda says: He incurs only forty** lashes, for eating the olive-bulk from the right leg, and he is exempt for eating the olive-bulk from the left leg.

גמ׳ בַּר פִּיוֹלִי הֲוָה קָאֵי קַמֵּיהּ דִּשְׁמוּאֵל וְקָא מְנַקֵּר אַטְמָא, הֲוָה קָא גָּאֵים לֵיהּ. אֲמַר לֵיהּ: חוּת בֵּיהּ טְפֵי! הַשְׁתָּא לָא חֲזִיתָךְ, סְפִיתָא לִי אִיסּוּרָא!

GEMARA A man known as **bar Peyoli was standing before Shmuel and was removing** the sciatic nerve from the **leg** of an animal. **He was cutting** out the nerve without scraping away the surrounding flesh, in accordance with the opinion of Rabbi Yehuda. Shmuel **said to him: Go down further** and scrape away the flesh in order to remove the entire nerve. **Now,** if I would **not have seen you** and instructed you in the process of removing the sciatic nerve, **you would have fed me forbidden** meat.

אִירְתַת, נְפַל סַכִּינָא מִידֵּיהּ. אֲמַר לֵיהּ: לָא תִּירְתַת, דְּאוֹרִי לָךְ – כְּרַבִּי יְהוּדָה אוֹרֵי לָךְ.

Bar Peyoli became **afraid** due to Shmuel's rebuke and **the knife fell from his hand.** Shmuel **said to him: Do not be afraid.** I do not think that you are an ignoramus or a wicked person. You are removing the sciatic nerve as you were taught; the person **who taught you** must hold **in accordance with** the opinion of **Rabbi Yehuda,** and this is how **he taught you** to remove the sciatic nerve. But I hold that the entire sciatic nerve must be removed, in accordance with the opinion of the first *tanna*.

אָמַר רַב שֵׁשֶׁת: מַאי דִּשְׁקַל בַּר פִּיוֹלִי – דְּאוֹרָיְיתָא לְרַבִּי יְהוּדָה. מִכְּלָל דְּשַׁיֵּיר דְּרַבָּנַן לְרַבִּי יְהוּדָה, אֶלָּא דְּאוֹרֵי לֵיהּ – כְּמַאן אוֹרֵי לֵיהּ?

Rav Sheshet said in explanation of this incident: **That which bar Peyoli removed was** the section of the sciatic nerve one is required to remove **by Torah law according to** the opinion of **Rabbi Yehuda.** The Gemara asks: Based upon this statement, one can derive **by inference that he left** behind the section of the sciatic nerve one is required to remove **by rabbinic law according to** the opinion of **Rabbi Yehuda. But** if so, **in accordance with whose** opinion did the person **who taught him** how to remove the sciatic nerve **teach him?** Even according to Rabbi Yehuda he would have transgressed a rabbinic prohibition.

אֶלָּא אָמַר רַב שֵׁשֶׁת: מַאי דִּשְׁקַל בַּר פִּיוֹלִי – דְּאוֹרָיְיתָא, וּמַאי דְּשַׁיֵּיר – דְּרַבָּנַן לְרַבִּי מֵאִיר. דְּאִי רַבִּי יְהוּדָה – אֲפִילּוּ מִדְּרַבָּנַן שָׁרֵי.

Rather, Rav Sheshet said: That which bar Peyoli removed was the section of the sciatic nerve that is forbidden **by Torah law. And that which he left** over is forbidden **by rabbinic law according to** the opinion of **Rabbi Meir,** as explained above (92b) in a *baraita*; **as if** one were to follow the opinion of **Rabbi Yehuda,** the section that bar Peyoli left over **is permitted even by rabbinic law.**

״הָאוֹכֵל מִגִּיד הַנָּשֶׁה״ [וכו׳]. אָמַר שְׁמוּאֵל: לֹא אָסְרָה תּוֹרָה אֶלָּא שֶׁעַל הַכַּף בִּלְבַד, שֶׁנֶּאֱמַר: ״עַל כַּף הַיָּרֵךְ״.

§ The mishna teaches: **One who eats** an olive-bulk **of the sciatic nerve** incurs forty lashes. **Shmuel says: The Torah prohibits only** the part of the sciatic nerve **that is on the** rounded protrusion of flesh shaped like **a spoon**[BH] that is near the end of the femur. This is **as it is stated** in the verse: "Therefore the children of Israel eat not the sciatic nerve that is **upon the spoon of the thigh**" (Genesis 32:33).

LANGUAGE

Incurs [*sofeg*] – סוֹפֵג: The source of this word is the Hebrew *sefog*, meaning sponge. It is derived from the Greek σπόγγος, *spongos*, meaning absorption or drawing out. The meaning of the Hebrew word was later broadened to include other types of nonliteral absorption, whether relating to money or other matters, such as incurring lashes, which can also be considered as absorbing them. In the *Arukh* an opinion appears connecting the usage in relation to lashes to the term for clapping [*sofek*], since receiving lashes can be seen as being clapped on one's body.

BACKGROUND

Spoon – כַּף: The section referred to here as the spoon is a rounded muscle that covers the entire length of the femur (1), and also the area where the femur is joined with the hip (2). The portion of the sciatic nerve considered to be on the spoon is the portion that passes above the upper section of the femur (3). This is the only spot where the sciatic nerve passes in close proximity to a bone, and only one who consumes this portion of the sciatic nerve has violated the Torah prohibition; one who consumes any other portion has violated a rabbinic prohibition. According to another interpretation, the portion forbidden by Torah law includes the entire section of the nerve that extends within the flesh around the femur (4), and not only the portion located on the top of the femur.

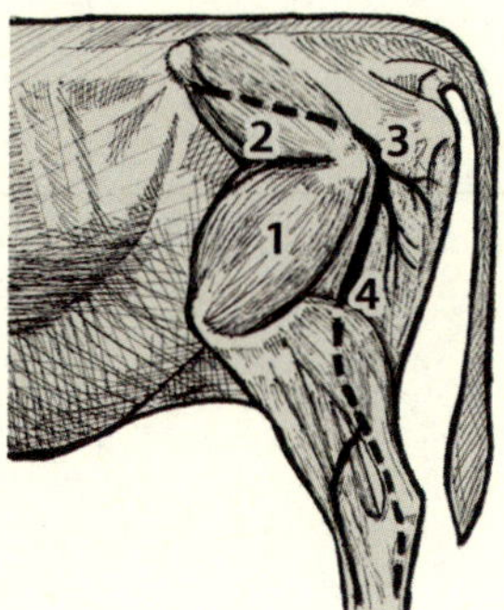

Path of the sciatic nerve through the hind leg of a cow

HALAKHA

One who eats…of the sciatic nerve – הָאוֹכֵל מִגִּיד הַנָּשֶׁה: One who eats part of the inner sciatic nerve from the protrusion at the upper part of the femur receives lashes. If he eats from the fats of the sciatic nerve, from other parts of the inner nerve, or from the outer sciatic nerve, he receives lashes for rebelliousness. For this purpose, eating is defined as the consumption of one olive-bulk. If he eats the entire nerve, even if it is not an olive-bulk, he also receives lashes, because it is an entire entity (Rambam *Sefer Kedusha*, *Hilkhot Ma'akhalot Assurot* 8:2).

If one ate an olive-bulk from this and an olive-bulk from that – אָכַל מִזֶּה כַּזַּיִת וּמִזֶּה כַּזַּיִת: If one eats an olive-bulk of the sciatic nerve of the right leg and an olive-bulk of the sciatic nerve from the left leg, he receives eighty lashes. He also receives eighty lashes if he eats two entire sciatic nerves, even if they do not contain an olive-bulk. This is in accordance with the opinion of the first *tanna* (Rambam *Sefer Kedusha*, *Hilkhot Ma'akhalot Assurot* 8:3).

The Torah prohibits only the part that is on the spoon – לֹא אָסְרָה תּוֹרָה אֶלָּא שֶׁעַל הַכַּף בִּלְבַד: The primary part of the sciatic nerve that is forbidden is that part that is on the rounded protrusion of flesh shaped like a spoon, in accordance with the opinion of Shmuel (*Shulḥan Arukh*, *Yoreh De'a* 100:1 in the comment of Rema).

BACKGROUND

Subject to a dispute between *tanna'im* – כְּתַנָּאֵי: This term indicates that an amoraic dispute will be shown to parallel a tannaitic dispute. When the Gemara uses this expression without preceding it with the expression: Let us say, the proposed parallel between the amoraic dispute and the tannaitic dispute is usually accepted. The general benefit to matching an amoraic dispute to a tannaitic one is that the earlier dispute helps to clarify the later one. If, for example, the principles are parallel but the applications in the two texts differ, an alternative expression of the respective opinions helps elucidate the reasoning behind each ruling. By contrast, when the Gemara uses the term: Let us say, it might signal an investigation as to the difference between the current amoraic debate and the earlier tannaitic one, based on the assumption that *amora'im* do not simply repeat an issue that has already been discussed. Consequently, a clarification is in order.

אָמַר רַב פַּפָּא, כְּתַנָּאֵי: אֲכָלוֹ וְאֵין בּוֹ כְּזַיִת – חַיָּיב, רַבִּי יְהוּדָה אוֹמֵר: עַד שֶׁיְּהֵא בּוֹ כַּזַּיִת.

Rav Pappa says: This statement of Shmuel is **subject to** a dispute between ***tanna'im*,**[B] as it is taught in a *baraita*: If **one ate** the entire sciatic nerve and **it did not contain an olive-bulk, he is** nevertheless **liable** to be flogged. **Rabbi Yehuda says:** He is not liable **unless it has** a volume of at least **an olive-bulk.**

מַאי טַעְמָא דְּרַבָּנַן – בְּרִיָּה (בִּפְנֵי עַצְמָהּ) הִיא.

Rav Pappa explains how this relates to Shmuel's statement. **What is the reason** for the opinion **of the Rabbis,** who disagree with Rabbi Yehuda? They hold that the sciatic nerve **is a distinct entity.**[N] Therefore, even if one eats less than an olive-bulk it is a significant act of eating, and one is liable.

NOTES

It is a distinct entity – בְּרִיָּה בִּפְנֵי עַצְמָהּ הִיא: This reference to the sciatic nerve as a distinct entity is somewhat difficult, as according to Shmuel, whose opinion is accepted by the Rabbis on the next *amud*, only the portion of the sciatic nerve that is on the protrusion of flesh near the end of the femur is included in the Torah prohibition, and this portion is not a distinct entity. One suggestion is that according to *Tosafot*, anywhere that the Torah defines an item as prohibited, e.g., the sciatic nerve or a non-kosher bird, it is as if the Torah explicitly wrote that regardless of size this item is forbidden, provided it is whole. Since the Torah defines the part of the sciatic nerve next to the spoon of the thigh as the forbidden sciatic nerve, it is as if the Torah stated explicitly that it is forbidden regardless of whether it is truly a complete, distinct entity.

According to those early commentaries who disagree with *Tosafot* and hold that only a complete item that has always been forbidden is defined as an entity, the difficulty can be resolved by explaining that the Rabbis hold that one who eats the entire sciatic nerve is liable due to its importance, even if the forbidden portion is less than an olive-bulk. But one who eats only the part of the sciatic nerve that is attached to the spoon of the thigh is not liable unless it is an olive-bulk. The Rema does not accept this suggestion, as he rules that one who eats the portion on the rounded protrusion is liable even if it is less than an olive-bulk (*Kehillot Ya'akov*).

וְרַבִּי יְהוּדָה? אֲכִילָה כְּתִיבָה בֵּיהּ. וְרַבָּנַן? הַהִיא אֲכִילָה דְּכִי אִית בֵּיהּ אַרְבָּעָה וַחֲמִשָּׁה זֵיתִים וְאָכַל חַד כַּזַּיִת – מִיחַיֵּיב.

And what does **Rabbi Yehuda** hold? He holds that since the term: **Eating, is written with regard to** the sciatic nerve, and a significant act of eating is generally defined as eating an olive-bulk, one is liable only if he eats an olive-bulk. **And** what do **the Rabbis** derive from this term? **That** usage of the term **eating** indicates **that** in a case where the sciatic nerve **contains four or five olive-bulks and** one **ate** only **one olive-bulk, he is liable.** Nevertheless, if one eats the entire sciatic nerve, he is liable even if it contains less than an olive-bulk.

וְרַבִּי יְהוּדָה? מֵ״אֲשֶׁר עַל כַּף הַיָּרֵךְ״ נָפְקָא.

And according to **Rabbi Yehuda,** from where is it derived that one is liable for eating one olive-bulk of a larger sciatic nerve? He holds that it **is derived from** the phrase **"that is upon the spoon of the thigh,"** which indicates that even if one eats only the part of the sciatic nerve that is upon the spoon of the thigh, rather than the entire sciatic nerve, he is liable.

וְרַבָּנַן? הַהוּא מִיבְּעֵי לֵיהּ לְכִדְשְׁמוּאֵל, דְּאָמַר שְׁמוּאֵל: לֹא אָסְרָה תּוֹרָה אֶלָּא שֶׁעַל כַּף הַיָּרֵךְ. וְרַבִּי יְהוּדָה? ״הַיָּרֵךְ״ כְּתִיב – דְּכוּלָּהּ יָרֵךְ.

And how do **the Rabbis** interpret that phrase? **That** phrase **is necessary to** teach the *halakha* stated by **Shmuel, as Shmuel said: The Torah prohibits only** the part of the sciatic nerve **that is on the** rounded protrusion of flesh shaped like a **spoon. And** what does **Rabbi Yehuda** hold with regard to the *halakha* stated by Shmuel? He derives from the fact that it **is written:** "The spoon of **the thigh,"** that the sciatic nerve **of the entire thigh** is forbidden, not just the part that is on the rounded protrusion of flesh shaped like a spoon.

וְרַבָּנַן? הַהוּא – דְּפָשֵׁיט אִיסּוּרֵיהּ בְּכוּלֵּיהּ יָרֵךְ, לְאַפּוּקֵי חִיצוֹן – דְּלָא, וּלְעוֹלָם שֶׁעַל הַכַּף.

And how do **the Rabbis** interpret "the spoon of the thigh"? According to the Rabbis, **this** expression indicates that **the prohibition of** the sciatic nerve applies to the nerve **that extends** throughout **the entire thigh,** i.e., the inner nerve, which serves **to exclude the outer** nerve, **which is not** forbidden by Torah law; **but in fact,** only the part of the inner nerve **that is on the** protrusion of flesh shaped like **a spoon** is forbidden, not the entire inner nerve.

וְהַאי "כַּף" מִיבָּעֵי לֵיהּ לְמַעוּטֵי עוֹף, דְּלֵית לֵיהּ כַּף! תְּרֵי "כַּף" כְּתִיבִי.

The Gemara objects: **But this term "spoon" is required to exclude** the sciatic nerve of **a bird, which does not have** a rounded protrusion on its thigh bone that can be described as the **spoon of the thigh,** as taught in the mishna (89b). The Gemara explains: There are **two** usages of the term **"spoon"** written in the verse, and therefore two separate *halakhot* can be derived from this term.

מתני׳ יָרֵךְ שֶׁנִּתְבַּשֵּׁל בָּהּ גִּיד הַנָּשֶׁה, אִם יֵשׁ בָּהּ בְּנוֹתֵן טַעַם – הֲרֵי זוֹ אֲסוּרָה. כֵּיצַד מְשַׁעֲרִין אוֹתָהּ – כְּבָשָׂר בְּלֶפֶת.

MISHNA In the case of **a thigh that was cooked** with **the sciatic nerve in it, if there is** enough of the sciatic nerve **in it** to **impart** its **flavor** to the thigh, the entire thigh **is forbidden** for consumption. **How does one measure**[N] whether there is enough sciatic nerve to impart flavor to the meat of the entire thigh? One relates to it **as though** the sciatic nerve were **meat** imparting flavor **to a turnip.**[NB] If meat the volume of the sciatic nerve would impart flavor to a turnip the volume of the thigh when they were cooked together, then the entire thigh is forbidden.

גִּיד הַנָּשֶׁה שֶׁנִּתְבַּשֵּׁל עִם הַגִּידִים, בִּזְמַן שֶׁמַּכִּירוֹ – בְּנוֹתֵן טַעַם, וְאִם לָאו – כּוּלָּן אֲסוּרִין, וְהָרוֹטֶב – בְּנוֹתֵן טַעַם.

With regard to **a sciatic nerve that was cooked with** other **sinews, when one identifies** the sciatic nerve and removes it, the other sinews are forbidden if the sciatic nerve was large enough to **impart flavor. And if** he does **not** identify it, **all** the sinews are **forbidden** because each one could be the sciatic nerve; **but the broth** is forbidden only if the sciatic nerve **imparts flavor** to the broth.

וְכֵן חֲתִיכָה שֶׁל נְבֵלָה, וְכֵן חֲתִיכָה שֶׁל דָּג טָמֵא שֶׁנִּתְבַּשְּׁלָה עִם הַחֲתִיכוֹת, בִּזְמַן שֶׁמַּכִּירָן – בְּנוֹתֵן טַעַם, וְאִם לָאו – כּוּלָּן אֲסוּרוֹת, וְהָרוֹטֶב – בְּנוֹתֵן טַעַם.

And similarly, in the case of **a piece of an animal carcass or a piece of non-kosher fish that was cooked with** similar **pieces** of kosher meat or fish, **when one identifies** the forbidden piece and removes it, the rest of the meat or fish is forbidden only if the forbidden piece was large enough to **impart flavor** to the entire mixture. **And if** he does **not** identify and remove the forbidden piece, **all** the pieces **are forbidden,** due to the possibility that each piece one selects might be the forbidden piece; **but the broth** is forbidden only if the forbidden piece **imparts flavor** to the broth.

גמ׳ אָמַר שְׁמוּאֵל: לֹא שָׁנוּ אֶלָּא שֶׁנִּתְבַּשֵּׁל בָּהּ, אֲבָל נִצְלָה בָּהּ – קוֹלֵף וְאוֹכֵל עַד שֶׁמַּגִּיעַ לַגִּיד.

GEMARA The mishna teaches that a thigh that was cooked with the sciatic nerve is forbidden if the nerve imparts flavor to the thigh. **Shmuel says:** The Sages **taught** that the thigh is entirely forbidden **only when it was cooked** with the sciatic nerve **inside it. But** if the sciatic nerve was **roasted inside** the thigh, one may **peel** away the meat **and eat** it **until he reaches the** sciatic **nerve,**[H] and then he removes the nerve.

אִינִי, וְהָאָמַר רַב הוּנָא: גְּדִי שֶׁצְּלָאוֹ בְּחֶלְבּוֹ – אָסוּר לֶאֱכוֹל אֲפִילּוּ מֵרֹאשׁ אָזְנוֹ!

The Gemara challenges: **Is that so? But doesn't Rav Huna say:** With regard to **a kid that was roasted with its** forbidden **fat, it is prohibited to eat** any part of the animal, **even from the top of its ear?** This proves that roasting, like cooking, spreads the flavor of the forbidden fat throughout the entire animal.

HALAKHA

If it was roasted inside, one may peel away and eat it until he reaches the nerve – נִצְלָה בָּהּ קוֹלֵף וְאוֹכֵל עַד שֶׁמַּגִּיעַ לַגִּיד: If a thigh was roasted with its sciatic nerve, one must remove the nerve and a finger's thickness of meat surrounding it, in accordance with the opinion of Shmuel (Rambam *Sefer Kedusha, Hilkhot Ma'akhalot Assurot* 15:32; *Shulḥan Arukh, Yoreh De'a* 105:4).

NOTES

How does one measure – כֵּיצַד מְשַׁעֲרִין אוֹתָהּ כְּבָשָׂר בְּלֶפֶת: This method of measuring is necessary since the sciatic nerve has the same flavor as the meat and cannot be tasted in the thigh. Moreover, even if one could taste it, it is forbidden for a Jew to taste the thigh with the sciatic nerve in it, since the thigh may be forbidden (Meiri).

As though it were meat imparting flavor to a turnip – כְּבָשָׂר בְּלֶפֶת: The measure of nullification is a *halakha* transmitted to Moses from Sinai. The received tradition is that this is how one assesses the ratio of sciatic nerve to meat at which the meat becomes forbidden, even though if it were assessed with a different type of vegetable the ratio would be greater or lesser (Rashi).

BACKGROUND

Turnip – לֶפֶת: The turnip, *Brassica rapa*, a round tuber, is a winter garden vegetable from the mustard and cabbage family used for food, including animal fodder, and often cooked and eaten as a side dish with meat. It is not usually particularly large, weighing up to a kilogram, but in some cases it can grow to exceptional sizes.

Turnip

שָׁאנֵי חֵלֶב – דִּמְפַעְפֵּעַ.

The Gemara answers: Forbidden **fat is different** from the sciatic nerve, **because** its flavor **permeates** throughout the animal, unlike that of the sciatic nerve.

וּבְחֶלְבּוֹ אָסוּר? וְהָאָמַר רַבָּה בַּר בַּר חָנָה: עוּבְדָּא הֲוָה קַמֵּיהּ דְּרַבִּי יוֹחָנָן בִּכְנִישְׁתָּא דְּמָעוֹן, בִּגְדִי שֶׁצְּלָאוֹ בְּחֶלְבּוֹ, וְאָתוּ וְשַׁיְילוּהּ לְרַבִּי יוֹחָנָן, וַאֲמַר: קוֹלֵף וְאוֹכֵל עַד שֶׁמַּגִּיעַ לְחֶלְבּוֹ! הַהוּא, כָּחוּשׁ הֲוָה.

The Gemara challenges Rav Huna's statement: **And** in the case of a kid roasted **with** its forbidden **fat,** is the meat **forbidden? But didn't Rabba bar bar Ḥana say: There was an incident** that came **before Rabbi Yoḥanan in the synagogue of** the town of **Maon,**[B] **where a young goat was roasted with its fat, and** the people **came and asked Rabbi Yoḥanan** about the status of the meat, **and he said: Peel** away the meat **and eat** it **until** you **reach the** forbidden **fat?** This indicates that the flavor of the fat does not permeate the entire animal in which it is roasted. The Gemara answers: **That** kid **was lean**[H] and had so little fat that its flavor did not permeate throughout the animal.

רַב הוּנָא בַּר יְהוּדָה אָמַר: כּוּלְיָא בְּחֶלְבָּהּ הֲוָה, וְשַׁרְיָא. רָבִין בַּר רַב אַדָּא אָמַר: כִּילְכִית בְּאִילְפַּס הֲוָה, וְאָתוּ שַׁיְילוּהּ לְרַבִּי יוֹחָנָן, וַאֲמַר לְהוּ: לִיטְעֲמֵיהּ קַפֵּילָא אַרְמָאָה.

Rav Huna bar Yehuda said: That **was** a case of **a kidney** of a young goat roasted **with its** forbidden **fat,**[H] **and** Rabbi Yoḥanan **permitted it** to be eaten because there is a membrane that separates the fat from the kidney and prevents the fat from penetrating the kidney. **Ravin bar Rav Adda said:** That **was** a case of a small, non-kosher fish known as ***kilkhit***, which fell **into a stewpot** [***ilpas***],[L] **and they came** to **ask Rabbi Yoḥanan** about its status. **And he said to them: Let a gentile cook** [***kapeila***][L] **taste it** in order to determine whether the flavor of the non-kosher fish has permeated the entire mixture.

אֲמַר רָבָא: מֵרֵישׁ הֲוָה קָא קַשְׁיָא לִי הָא דְּתַנְיָא, קְדֵרָה שֶׁבִּשֵּׁל בָּהּ בָּשָׂר – לֹא יְבַשֵּׁל בָּהּ חָלָב, וְאִם בִּשֵּׁל – בְּנוֹתֵן טַעַם. תְּרוּמָה – לֹא יְבַשֵּׁל בָּהּ חוּלִּין, וְאִם בִּשֵּׁל – בְּנוֹתֵן טַעַם.

Rava said: Initially that which is taught in the following *baraita* posed **a difficulty for me:** With regard to **a pot in which one cooked meat,**[H] **one may not cook milk in it; and if he did cook** milk in it, the meat absorbed by the pot renders the milk forbidden if it **imparts flavor** to the milk. Similarly, if one cooked ***teruma***[H] in a pot, one **may not cook non-sacred** food **in it; and if one did cook** non-sacred food in it, the absorbed *teruma* renders the food in the pot sacred if it **imparts flavor** to it.

בִּשְׁלָמָא תְּרוּמָה – טָעֵים לָהּ כֹּהֵן, אֶלָּא, בָּשָׂר בְּחָלָב – מַאן טָעֵים לֵיהּ? הָשְׁתָּא דַּאֲמַר רַבִּי יוֹחָנָן: סָמְכִינַן אַקַּפֵּילָא אַרְמָאָה, הָכָא נַמִי – סָמְכִינַן אַקַּפֵּילָא אַרְמָאָה.

Rava explains: **Granted,** in the case of a pot used for ***teruma*, a priest,** who is permitted to partake of *teruma*, **can taste** the non-sacred food subsequently cooked in the pot in order to determine whether the *teruma* imparted flavor to the non-sacred food. **But** in a case where it is not known whether **meat** imparted flavor **into milk, who can taste it?** If the meat did impart flavor to the milk, it would be forbidden for any Jew to consume the milk. But **now that Rabbi Yoḥanan said: We rely on a gentile cook** in the case of the *kilkhit*, **here also we rely on a gentile cook** to taste it and say whether the meat has imparted flavor to the milk.

BACKGROUND

Synagogue of the town Maon – כְּנִישְׁתָּא דְּמָעוֹן: This refers to the large synagogue in the town of Maon, or Beit Maon, which was a suburb west of Tiberias. Beit Maon was the home town of the priestly watch of the Ḥuppa family.

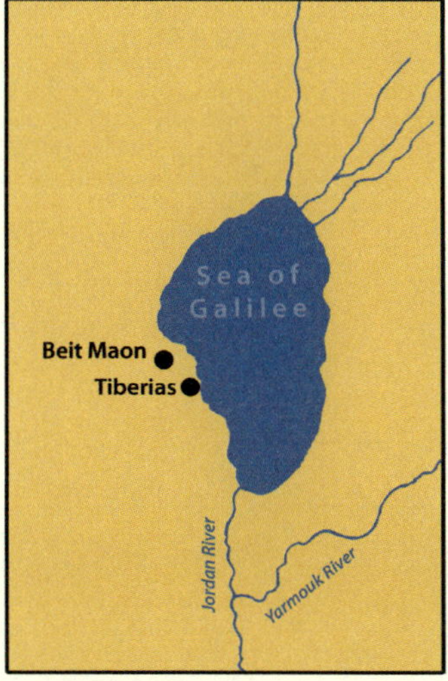

Location of Beit Maon

LANGUAGE

Stewpot [*ilpas*] – אִילְפָּס: From the Greek λοπάς, *lopas*, referring to a flat dish, frying pan, or large vessel used for cooking and eating.

Cook [*kapeila*] – קַפֵּילָא: From the Greek κάπηλος, *kapēlos*, meaning peddler, owner of a small store, or innkeeper.

HALAKHA

Forbidden fat is different because its flavor permeates…that was lean – שָׁאנֵי חֵלֶב דִּמְפַעְפֵּעַ...כָּחוּשׁ הֲוָה: If a fatty young goat was roasted with its forbidden fat and does not contain sixty times as much permitted meat as forbidden fat, it is forbidden to eat even from the tip of its ear. Since it is fatty the forbidden fat permeates throughout the entire animal. But if the goat was lean, the forbidden fat renders the area around it prohibited only to the depth of a fingerbreadth, even if there is not sixty times as much permitted meat as the forbidden fat, because the fat of a lean animal is lean in its nature and does not permeate. This ruling is in accordance with the rulings of Rav Huna and Rabbi Yoḥanan and the Gemara's explanation. The Rema writes that some say that nowadays the distinction between fatty and lean is not known. Therefore, the meat is forbidden in every case unless there is sixty times as much permitted meat as forbidden, and even then the surface surrounding the fat to the depth of a fingerbreadth must be removed around the forbidden parts. This is in fact the custom (Rambam *Sefer Kedusha*, *Hilkhot Ma'akhalot Assurot* 15:32; *Shulḥan Arukh*, *Yoreh De'a* 105:5, and in the comment of Rema).

A kidney with its forbidden fat – כּוּלְיָא בְּחֶלְבָּהּ: If a kidney was roasted with its forbidden fat, the fat renders its surrounding area prohibited only to the depth that is removed by peeling, because the membrane prevents the flavor of the fat from entering. This ruling is in accordance with the opinion of Rabbi Yoḥanan according to Rav Huna bar Yehuda's explanation. The Rema writes that some hold that the entire kidney is forbidden, and that this is the custom and one may not deviate from it. Consequently, it is treated the same as any other case of forbidden fat that was roasted with meat. If the kidney was cooked with its fat it becomes non-kosher, and the rest of the food in the pot is permitted only if there is sixty times as much permitted food as the entire kidney (*Shulḥan Arukh*, *Yoreh De'a* 105:8).

A pot in which one cooked meat – קְדֵרָה שֶׁבִּשֵּׁל בָּהּ בָּשָׂר: A pot in which meat has been cooked may not be used to cook milk. If one did cook milk in a meat pot within twenty-four hours of cooking the meat, the milk is forbidden if the flavor of the meat is noticeable in the milk, which may be determined by giving it to a gentile cook to taste. The Rema writes that the milk is forbidden unless there is sixty times as much milk as the material of the entire pot itself. If the pot has not been used to cook meat for more than twenty-four hours before the milk was cooked, the flavor of the meat is tainted and the food is permitted. Nevertheless, it is prohibited to use the pot itself for cooking either meat or milk, although it is permitted to cook other foods in it (Rambam *Sefer Kedusha*, *Hilkhot Ma'akhalot Assurot* 9:11; *Shulḥan Arukh*, *Yoreh De'a* 93:1, and in the comment of Rema, and *Shakh* there).

A pot in which one cooked…*teruma* – קְדֵרָה שֶׁבִּשֵּׁל בָּהּ...תְּרוּמָה: One may not cook non-sacred food in a pot that has been used to cook *teruma*. If one does cook non-sacred food in a pot that has been used to cook *teruma* the food is forbidden to an Israelite if it has any flavor from the *teruma*. A priest must taste it to determine whether or not any of the flavor from the *teruma* remains (Rambam *Sefer Zera'im*, *Hilkhot Terumot* 15:19).

דְּאָמַר רָבָא: אָמוּר רַבָּנַן בְּטַעֲמָא, וְאָמוּר רַבָּנַן בְּקַפִּילָא,

The Gemara summarizes the guidelines that determine when an item cooked with another item affects the status of the mixture. **Rava said:**[N] **The Sages said** that there are cases where one relies **on** a Jew **tasting** the food, **and the Sages said** that there are some cases where one relies **on** a gentile **cook** to taste the food,

NOTES

Rava said – דְּאָמַר רָבָא: As printed in the Vilna Talmud, this phrase would be rendered: As Rava said. But many manuscripts omit the prefix *dalet* so that the phrase reads: Rava said, thereby setting this statement apart from the previous discussion.

Perek **VII**
Daf **97** Amud **b**

וְאָמוּר רַבָּנַן: בְּשִׁשִּׁים. הִלְכָּךְ: מִין בְּשֶׁאֵינוֹ מִינוֹ דְּהֶיתֵּרָא – בְּטַעֲמָא, דְּאִיסּוּרָא – בְּקַפִּילָא.

and the Sages said that there are cases where the mixture is permitted if there is **sixty** times as much permitted food as forbidden food. **Therefore,** in a case where the mixture is **a type** of food mixed **with** food **not of its own type,** so that there is a difference in taste between the two components, **when** there are Jews for whom the mixture is **permitted,** one relies **on** a Jew **tasting** the mixture. This is the *halakha* when *teruma* is cooked with non-sacred food. **When** the mixture is potentially **forbidden,**[H] e.g., in the case of meat cooked with milk, one relies **on** a gentile **cook**[N] to taste it.

וּמִין בְּמִינוֹ דְּלֵיכָּא לְמֵיקַם אַטַּעֲמָא, אִי נַמִּי מִין בְּשֶׁאֵינוֹ מִינוֹ דְּאִיסּוּרָא דְּלֵיכָּא קַפִּילָא – בְּשִׁשִּׁים.

And if the mixture is composed of **a type** of food mixed **with** food of **its own type, where one cannot ascertain** whether the forbidden component has imparted **flavor; or** if it is composed of **a type** of food mixed **with** food **not** of its own **type when** the mixture may be **forbidden** and it is a case **where there is no** gentile **cook** available to taste it, the mixture is permitted if there is **sixty** times as much permitted food as forbidden food.

הָנְהוּ אַטְמָהָתָא דְּאִימְלִיחוּ בֵּי רֵישׁ גָּלוּתָא בְּגִידָא נַשְׁיָא, רָבִינָא – אָסַר, רַב אַחָא בַּר רַב אַשִׁי – שָׁרֵי. אָתוּ שַׁיְילוּהּ לְמָר בַּר רַב אַשִׁי, אֲמַר לְהוּ: אַבָּא שָׁרֵי.

§ The Gemara (96b) cited Shmuel's opinion with regard to the thigh of an animal that was roasted or cooked with the sciatic nerve still inside. The Gemara relates the following incident: There were **those** animal **thighs that were salted in the home of the Exilarch with the sciatic nerve** still inside; **Ravina** ruled that they were **forbidden,** whereas **Rav Aḥa bar Rav Ashi** ruled that they were **permitted. They came and asked Mar bar Rav Ashi** to render a decision. **He said to them:** My **father permitted** the meat in such circumstances.

אֲמַר לֵיהּ רַב אַחָא בַּר רַב לְרָבִינָא, מַאי דַּעְתִּיךְ, דַּאֲמַר שְׁמוּאֵל: מָלִיחַ הֲרֵי הוּא כְּרוֹתֵחַ, כָּבוּשׁ – הֲרֵי הוּא כִּמְבוּשָּׁל?

Rav Aḥa bar Rav said to Ravina: What is your reasoning in prohibiting the meat? Is it because of **what Shmuel said: A salted** food item **is** considered **like a boiling hot**[H] food item, and a food item **marinated** in vinegar, brine, or the like **is** considered **like a cooked** food item?[HN] Perhaps based on this statement of Shmuel you consider the salted thighs as though they have been cooked with their sciatic nerves, in which case they are forbidden.

HALAKHA

A type mixed with food not of its own type…when potentially forbidden – מִין בְּשֶׁאֵינוֹ מִינוֹ...דְּאִיסּוּרָא: In the case where forbidden food becomes mixed with permitted food of a different type, such as forbidden fat that was mixed with meat, the mixture should be tasted by a gentile. If the gentile says that there is no taste of forbidden fat in the mixture or if he says that he tastes fat but it is tainted, the food is permitted. This applies only if the taste will not improve over time. In addition, this gentile must not know that he is being relied upon and that his answer is important. If there is no gentile who can taste it, the forbidden fat is nullified if there is a ratio of at least sixty to one of permitted food to forbidden food. The Rema writes that nowadays the custom is not to rely on a gentile but to always nullify using the measurement of sixty (Rambam *Sefer Kedusha, Hilkhot Ma'akhalot Assurot* 15:30; *Shulḥan Arukh, Yoreh De'a* 98:1, and in the comment of Rema, and see *Shakh*).

Salted food is like a boiling hot food – מָלִיחַ הֲרֵי הוּא כְּרוֹתֵחַ: A food so salty that it cannot be eaten is considered to have the same status as boiling hot food and imparts flavor that can render other foods forbidden. The *Shulḥan Arukh* details the extent to which this food can render other foods forbidden, and the proportion in which it is nullified in such a mixture (Rambam *Sefer Kedusha, Hilkhot Ma'akhalot Assurot* 9:18; *Shulḥan Arukh, Yoreh De'a* 105:9).

Marinated is like a cooked food item – כָּבוּשׁ הֲרֵי הוּא כִּמְבוּשָּׁל: Food that has soaked for twenty-four hours in a cold liquid is considered to be marinated and has the same status as if it had been cooked. Therefore, if forbidden food is soaked with permitted food for twenty-four hours everything becomes forbidden. If it is soaked for less than twenty-four hours it is sufficient to simply rinse the permitted food (Rambam *Sefer Kedusha, Hilkhot Ma'akhalot Assurot* 15:34 and *Sefer Zera'im, Hilkhot Terumot* 15:9–10; *Shulḥan Arukh, Yoreh De'a* 105:1).

NOTES

On a gentile cook – בְּקַפִּילָא: There is a dispute among the early commentaries as to the reason the testimony of a gentile cook is deemed credible. Some say that in general a gentile is not deemed credible because he may have an ulterior motive, but that applies only where he knows that he is being relied upon. If he does not realize the importance of his words and speaks offhandedly he is deemed credible (Rashi). Others suggest that since he is a cook, he does not want to risk his reputation by giving false information about the flavor of food. Therefore even if he knows that he is being relied upon he is deemed credible (Ran). Some say that both of these opinions are correct, and accept the evidence of either a gentile cook, or a regular gentile speaking offhandedly (*Beit Yosef*). The later authorities write that nowadays the custom is never to rely on a gentile for these issues, but to assess everything by measuring sixty times the volume of the forbidden item (Rema on *Shulḥan Arukh, Yoreh De'a* 98:1).

Marinated is like a cooked food item – כָּבוּשׁ הֲרֵי הוּא כִּמְבוּשָּׁל: Rashi defines the word marinated as being soaked in vinegar. This is ostensibly difficult, as the Gemara elsewhere (*Pesaḥim* 44b) refers to meat that was marinated in milk, indicating that the term marinated does not necessarily mean soaked in vinegar. The *Ḥatam Sofer* explains that milk sours and becomes like vinegar after twenty-four hours of meat being soaked in it.

BACKGROUND

Onion – בָּצָל: The onion, *Allium cepa*, is a biennial root crop from the genus *Allium*, which also contains garlic, shallots, and chives, and in fact onions and garlic are often mentioned together (e.g., Numbers 11:5). The modern plant typically grows to a height of 15 to 45 cm. Onions were inexpensive and widely eaten in the talmudic era and were used for flavoring due to their strong taste.

Roots, leaves, and bulbs of the onion plant

Pepper – פִּלְפְּלִין: When pepper is mentioned by the Sages it refers to *Piper nigrum*, black pepper. The pepper plant is a climber that reaches a height between 5 and 7 m, although it is similar to the grapevine in that it spreads its leaves on the ground when there is no opportunity for it to climb. At the ends of the branches, white blossoms grow, and from these blossoms, fruits the shape and size of a pea sprout grow and then ripen and turn red. The fruits were used primarily for spices after being ground up in a metal mill uniquely suited for this purpose.

The pepper is native to southern India. Apparently, in the talmudic era this plant was grown in select locations in Eretz Yisrael as well.

Branch of the pepper tree

וְהָאָמַר שְׁמוּאֵל: לֹא שָׁנוּ – אֶלָּא שֶׁנִּתְבַּשֵּׁל בָּהּ, אֲבָל נִצְלָה בָּהּ – קוֹלֵף וְאוֹכֵל עַד שֶׁמַּגִּיעַ לַגִּיד!

But didn't Shmuel also **say** (96b): **They taught** that the thigh is entirely forbidden **only when it was cooked** with the sciatic nerve **inside it. But** if the sciatic nerve was **roasted inside** the thigh, one may **peel** away the meat **and eat** it **until he reaches the** sciatic **nerve,** and then he removes the nerve.

וְכִי תֵּימָא, מַאי ״כְּרוֹתֵחַ״ דְּקָאָמַר – כְּרוֹתֵחַ דִּמְבוּשָּׁל, וְהָא מִדְּקָאָמַר ״כָּבוּשׁ הֲרֵי הוּא כִּמְבוּשָּׁל״, מִכְּלָל דְּרוֹתֵחַ דִּצְלִי קָאָמַר! קַשְׁיָא.

And if you would say: What is the meaning of the phrase: **Like a boiling hot** food item, **that** Shmuel **said?** It is **like boiling hot** food **that was cooked** rather than hot food that was roasted, and therefore if the thigh was salted with its sciatic nerve the entire thigh becomes forbidden. This is not a convincing claim, because **from** the fact **that** Shmuel **said:** A food item **marinated** in vinegar, brine, or the like **is** considered **like a cooked** food item, it may be understood **by inference** that **when he said** that salted food is like **boiling hot** food he **was saying** that it is **like boiling hot** food **that is roasted.** The Gemara concludes: This poses **a difficulty** to the opinion of Ravina.

אָמַר רַבִּי חֲנִינָא: כְּשֶׁהֵן מְשַׁעֲרִין, מְשַׁעֲרִין בְּרוֹטֶב, וּבְקִיפָה, וּבַחֲתִיכוֹת, וּבִקְדֵרָה. אִיכָּא דְּאָמְרִי: בִּקְדֵרָה עַצְמָהּ, וְאִיכָּא דְּאָמְרִי: בְּמַאי דְּבָלְעָה קְדֵרָה.

§ The Gemara elaborates on the statement that if permitted and forbidden foods are cooked together and there is sixty times as much permitted food as forbidden food, the mixture is permitted. **Rabbi Ḥanina says: When they assess** whether or not there is sixty times as much permitted food, **they assess** the volume of **the broth,**[H] **the deposits** [*kifa*],[L] **the pieces** of permitted food cooked in the pot, **and the pot** itself. The Gemara explains this last point: **There are** those **who say** this means that one includes the volume of the material of **the pot itself, and there are** those **who say** it means that one includes the volume of **that which the pot has absorbed** from the permitted food. When meat cooks its volume decreases, and some of the meat that constitutes that discrepancy is absorbed into the sides of the pot.

אָמַר רַבִּי אַבָּהוּ אָמַר רַבִּי יוֹחָנָן: כָּל אִיסוּרִין שֶׁבַּתּוֹרָה מְשַׁעֲרִינַן כְּאִילּוּ הֵן בָּצָל וְקַפְלוֹט.

The Gemara continues its discussion of nullification. **Rabbi Abbahu says** that **Rabbi Yoḥanan says:** With regard to **all forbidden** foods **that are** prohibited **in the Torah,** if they are cooked with permitted food and one cannot tell whether they have imparted flavor to the permitted food, **we assess** the mixture **as though** the forbidden food were **onion**[B] **or leek** [*kaflot*].[L] If that amount of onions or leeks would impart flavor to the permitted food, one must assume that the mixture is forbidden.

אֲמַר לֵיהּ רַבִּי אַבָּא לְאַבָּיֵי: וּלְשַׁעֲרִינְהוּ בְּפִלְפְּלִין וְתַבְלִין, דַּאֲפִילּוּ בְּאֶלֶף לֹא בָּטְלִין! אֲמַר לֵיהּ: שִׁיעֲרוּ חֲכָמִים דְּאֵין נוֹתֵן טַעַם בְּאִיסּוּרִין יוֹתֵר מִבָּצָל וְקַפְלוֹט.

Rabbi Abba said to Abaye: But let one assess the mixture as though the forbidden food were **pepper**[B] **or** other **spices, which** are even more pungent, in which case **they** would **not be nullified even** if they were mixed **with a thousand** times as much permitted food. Abaye **said to him: The Sages ascertained that with regard to forbidden foods, there is nothing that imparts more flavor** to a mixture **than onion and leek.**

HALAKHA

When they assess they assess the broth, etc. – כְּשֶׁהֵן מְשַׁעֲרִין מְשַׁעֲרִין בְּרוֹטֶב וכו׳: When assessing the ratio of any potentially forbidden mixture, whether it is nullified in sixty times its volume or one hundred times its volume, one includes within the volume of the permitted food the broth, spices, and everything else in the pot. In addition one includes food that the pot has absorbed, an amount one must estimate, since it is impossible to know exactly how much the pot has absorbed. This applies specifically when it is a type of food mixed with a food of its own type. But if it is a type of food mixed with a food not of its own type, one assesses the ratio based on the current amount of food, and does not include any amount that might have been in the sides of the pot. This ruling is in accordance with the second version of the Gemara's explanation of the statement of Rabbi Ḥanina (Rambam *Sefer Kedusha, Hilkhot Ma'akhalot Assurot* 15:24; *Shulḥan Arukh, Yoreh De'a* 99:4).

LANGUAGE

Deposits [*kifa*] – קִיפָה: Although this word is found in multiple forms, it appears that the root of the word is *kafa*, referring to that part of the dish crusted on the sides of the pot [*kufa*]. This contains small parts of cooked food and fat, and is in contrast to the broth, which is liquid. Even when the deposit is liquid, it is viscous and hardens quickly.

Leek [*kaflot*] – קַפְלוֹט: From the Greek κεφαλωτόν, *kefaloton*, literally meaning head, a description assigned to several plants and animals. The Sages use the term primarily in reference to leeks, which have a thick and prominent head.

אָמַר רַב נַחְמָן: גִּיד בְּשִׁשִּׁים – וְאֵין גִּיד מִן הַמִּנְיָן. כְּחָל בְּשִׁשִּׁים – וּכְחָל מִן הַמִּנְיָן. בֵּיצָה בְּשִׁשִּׁים – וְאֵין בֵּיצָה מִן הַמִּנְיָן.

§ The Gemara continues to discuss the nullification of forbidden foods. **Rav Naḥman says:** A sciatic **nerve** that was cooked with kosher food is nullified if the mixture contains permitted food that is **sixty** times the nerve's volume, **and the** sciatic **nerve** itself **is not counted** in that number,[H] because it cannot nullify itself. If **an udder,** which is meat but also contains milk, is cooked with other meat, the milk is nullified if the meat is **sixty** times[N] its volume, **and the udder** itself **is counted**[H] with the rest of the meat. If the **egg** of a non-kosher bird is cooked with kosher food, it is nullified if the permitted food is **sixty** times its volume, **and the egg** itself **is not counted**[H] in that number, as it cannot nullify itself.

אָמַר רַבִּי יִצְחָק בְּרֵיהּ דְּרַב מְשַׁרְשְׁיָא: וּכְחָל עַצְמוֹ – אָסוּר, וְאִי נָפַל לִקְדֵרָה אַחֶרֶת – אוֹסֵר.

Rabbi Yitzḥak, son of Rav Mesharshiyya, says: In the case of an udder cooked with meat, even if the meat is sixty times the volume of the milk, so that the meat is permitted, the **udder itself is forbidden,**[H] because the meat imparts flavor to the milk contained within the udder, which then renders the udder forbidden. **And if** the udder subsequently **falls into another pot,** it also **renders** the contents of that pot **forbidden** unless they are sixty times the volume of the udder.

אָמַר רַב אַשִׁי, כִּי הֲוֵינַן בֵּי רַב כָּהֲנָא אִיבַּעְיָא לַן: כִּי מְשַׁעֲרִינַן – בִּדְידֵיהּ מְשַׁעֲרִינַן, אוֹ בְּמַאי דְּנָפֵק מִינֵּיהּ מְשַׁעֲרִינַן?

Rav Ashi said: When we were in the study hall of Rav Kahana, a dilemma was raised before us: When we assess whether the contents of the pot are sufficient to nullify the udder, **do we assess** whether the pot contains sixty times as much permitted food as the entire volume of the meat of the udder **itself, or do we assess** only **that** milk **which came out from** the udder, since the udder itself has been removed from the mixture?

פְּשִׁיטָא דְבִדְידֵיהּ מְשַׁעֲרִינַן, דְּאִי בְּמַה דְּנָפֵק מִינֵּיהּ, מְנָא יָדְעִינַן? אֶלָּא מֵעַתָּה, נָפַל לִקְדֵרָה אַחֶרֶת לֹא יֶאֱסַר!

The Gemara responds: It is **obvious that we assess** the entire volume of the meat of the udder **itself, as if** we were to attempt to assess only **that which came out of it, how would we know** how much came out? The Gemara objects: **If that is so,** then if the udder **falls into another pot, it should not render** the food in that second pot **forbidden,** because it has been assumed that all the milk in the udder has been released into the first pot.

כֵּיוָן דְּאָמַר רַב יִצְחָק בְּרֵיהּ דְּרַב מְשַׁרְשְׁיָא: וּכְחָל עַצְמוֹ – אָסוּר, שַׁוְּיוּהּ רַבָּנַן כַּחֲתִיכָה דִּנְבֵלָה.

The Gemara explains: **Since Rav Yitzḥak, son of Rav Mesharshiyya, says** that even if there is sixty times as much meat in the pot as there is milk in the udder, **the udder itself is forbidden,** clearly **the Sages equated** the udder **with a piece of non-kosher** meat. Consequently, the reason the udder renders the contents of the second pot forbidden is that the udder is intrinsically forbidden, not because of the milk that is released into the pot while it is being cooked.

NOTES

An udder in sixty times – כְּחָל בְּשִׁשִּׁים: The meat of an udder is permitted to be eaten. Although there is milk within it, that milk does not render it forbidden. Milk inside an udder of a slaughtered animal is forbidden to be eaten with meat only by rabbinic law, and the Sages prohibited only other meat that was cooked with the milk of an udder, not the meat of the udder itself. If one cooks an udder with other meat, the milk from the udder renders the other meat in the pot forbidden. The udder itself is included in the sixty times measurement of meat necessary to nullify the taste of the milk (Ran).

HALAKHA

The sciatic nerve is not counted in that number – אֵין גִּיד מִן הַמִּנְיָן: The sciatic nerve does not have flavor, and therefore does not render other foods prohibited. By contrast, the forbidden fat surrounding the sciatic nerve does have flavor, and is nullified only if there is sixty times as much permitted food. If the sciatic nerve was not removed from the thigh and the entire thigh was cooked, the *halakha* is as follows: If there is sixty times as much permitted meat as forbidden fat and one identifies the sciatic nerve, the nerve must be removed, and the remainder is permitted. If he cannot identify the sciatic nerve, all the pieces of meat are forbidden, but the broth is permitted. If the sciatic nerve has dissolved completely, the entire mixture is permitted if there is sixty times as much permitted meat as the nerve and the forbidden fat together (Rambam *Sefer Kedusha, Hilkhot Ma'akhalot Assurot* 15:17; *Shulḥan Arukh, Yoreh De'a* 100:2).

The udder itself is counted – כְּחָל מִן הַמִּנְיָן: It is forbidden to cook an udder that was not torn open to remove the milk, whether it is an udder of a young cow who has never nursed, or of an adult cow. If one cooked or roasted it on its own it is permitted to be eaten after the fact. If it was cooked with other meat, it is nullified if there is sixty times as much meat, and the udder itself is included within the sixty. The udder itself, though, is forbidden. Otherwise, the entire mixture is forbidden (Rambam *Sefer Kedusha, Hilkhot Ma'akhalot Assurot* 15:18; *Shulḥan Arukh, Yoreh De'a* 90:1).

The egg itself is not counted – אֵין בֵּיצָה מִן הַמִּנְיָן: An egg that contains blood or a chick inside renders anything cooked with it forbidden even though the egg has a shell. Therefore, if the egg was cooked with other eggs, it is nullified only if it is cooked with sixty-one other eggs (Rambam *Sefer Kedusha, Hilkhot Ma'akhalot Assurot* 15:19; *Shulḥan Arukh, Yoreh De'a* 86:5).

The udder itself is forbidden – וּכְחָל עַצְמוֹ אָסוּר: An udder that was cooked without its milk having been removed becomes a piece of non-kosher meat. Its bulk is estimated as it is after it is cooked and not as it was when it fell into the pot (Rambam *Sefer Kedusha, Hilkhot Ma'akhalot Assurot* 9:13; *Shulḥan Arukh, Yoreh De'a* 90:1).

בֵּיצָה בְּשִׁשִּׁים וְאֵין בֵּיצָה מִן הַמִּנְיָן. אֲמַר לֵיהּ רַב אִידִי בַּר אָבִין לְאַבָּיֵי: לְמֵימְרָא דִּיהָבָה טַעְמָא? וְהָא אָמְרִי אֱינָשֵׁי כִּי מַיָּא דְּבֵיעֵי בְּעָלְמָא!

§ The Gemara addresses Rav Naḥman's statement that if the **egg** of a non-kosher bird is cooked with kosher food, it is nullified if the permitted food is **sixty** times its volume, **and the egg** itself **is not counted** in that number, as it cannot nullify itself. **Rav Idi bar Avin said to Abaye:** Is this **to say that** the forbidden egg **imparts flavor** to the food with which it is cooked? **But isn't** it true that when **people** want to indicate that food is tasteless, they **say:** This is **like mere egg-water?** This indicates that an egg does not impart flavor.

אֲמַר לֵיהּ: הָכָא בְּמַאי עָסְקִינַן

Abaye **said to him: Here we are dealing with**

Perek **VII**
Daf **98** Amud **a**

בְּבֵיצַת אֶפְרוֹחַ, אֲבָל טְמֵאָה – לָא.

an egg that contains **a chick,** as the chick imparts flavor to the food in which the egg is cooked. **But** with regard to an egg that does not contain a chick but is from **a non-kosher** bird, it does **not** impart flavor to the food with which it is cooked.

אֵיתִיבֵיהּ: בֵּיצִים טְהוֹרוֹת שֶׁשְּׁלָקָן עִם בֵּיצִים טְמֵאוֹת, אִם יֵשׁ בָּהֶן בְּנוֹתֵן טַעַם – כּוּלָּן אֲסוּרוֹת! הָכָא נַמִי – בְּבֵיצַת אֶפְרוֹחַ. וְאַמַּאי קָרֵי לַהּ "טְמֵאָה"? כֵּיוָן דְּאִית בַּהּ אֶפְרוֹחַ קָרֵי לַהּ "טְמֵאָה".

Rav Idi bar Avin **raised an objection to** this answer based on a *baraita* (*Tosefta*, *Terumot* 9:5): With regard to **kosher eggs that one boiled with non-kosher eggs, if they have** a ratio that allows the non-kosher eggs to **impart flavor** to the kosher eggs, **they are all forbidden.** This indicates that eggs from non-kosher birds do have flavor. Abaye answered: **Here, too** it is referring **to an egg** from a kosher bird that contains **a chick. And why** does the *baraita* **call this a non-kosher** egg, indicating that it is an egg from a non-kosher species? **Since it has a chick inside,** which causes the egg to be forbidden, the *baraita* **calls it non-kosher.**

וְהָא מִדְּקָתָנֵי סֵיפָא: בֵּיצִים שֶׁשְּׁלָקָן וְנִמְצָא אֶפְרוֹחַ בְּאַחַת מֵהֶן, אִם יֵשׁ בָּהֶן בְּנוֹתֵן טַעַם – כּוּלָּן אֲסוּרוֹת, מִכְּלָל דְּרֵישָׁא, דְּלֵית בַּהּ אֶפְרוֹחַ עָסְקִינַן!

The Gemara objects: **But from** the fact **that the latter clause teaches:** With regard to **eggs that one boiled and a chick was found in one of them, if they have** a ratio that allows the chick to **impart flavor to them, they are all forbidden, it may be inferred that** in **the first clause we are dealing with** an egg **that does not have a chick inside.**

פֵּירוּשֵׁי קָא מְפָרֵשׁ, בֵּיצִים טְהוֹרוֹת שֶׁשְּׁלָקָן עִם בֵּיצִים טְמֵאוֹת, אִם יֵשׁ בָּהֶן בְּנוֹתֵן טַעַם – כּוּלָּן אֲסוּרוֹת, כֵּיצַד, כְּגוֹן שֶׁשְּׁלָקָן וְנִמְצָא אֶפְרוֹחַ בְּאַחַת מֵהֶן.

The Gemara explains that this is an incorrect inference, as the latter clause **is explaining** the first clause, so that the *baraita* should be read as follows: With regard to **kosher eggs that one boiled with non-kosher eggs, if they have** a ratio that allows the non-kosher eggs to **impart flavor** to the kosher eggs, **they are all forbidden. How so?** It can be referring to a case **where one boiled them and a chick was found in one of them.**

הָכִי נַמִי מִסְתַּבְּרָא, דְּאִי סָלְקָא דַּעְתָּךְ: רֵישָׁא דְּלֵית בַּהּ אֶפְרוֹחַ, הַשְׁתָּא דְּלֵית בַּהּ אֶפְרוֹחַ – אֲסוּרָה, דְּאִית בַּהּ אֶפְרוֹחַ מִיבַּעְיָא!

The Gemara adds: **So too it is reasonable** to explain the *baraita* in this manner, **as if** it would **enter your mind** to say that **the first clause** is referring to a case **where there is no chick in** the egg, the latter clause is redundant: **Now** that the *tanna* has taught that in a case **where there is no chick inside,** the non-kosher egg imparts flavor to the kosher eggs and renders them **forbidden, is it necessary** for the *tanna* to teach that an egg **that has a chick inside** imparts flavor to the kosher eggs?

אִי מִשּׁוּם הָא – לָא אִירְיָא, תְּנָא סֵיפָא לְגַלּוֹיֵי רֵישָׁא, שֶׁלֹּא תֹּאמַר: רֵישָׁא – דְּאִית בַּהּ אֶפְרוֹחַ, אֲבָל לֵית בַּהּ אֶפְרוֹחַ – שַׁרְיָא, תָּנָא סֵיפָא דְּאִית בַּהּ אֶפְרוֹחַ, מִכְּלָל דְּרֵישָׁא – דְּלֵית בַּהּ אֶפְרוֹחַ, וַאֲפִילּוּ הָכִי אֲסִירָא.

The Gemara rejects this argument: **If it is due to that** reason, **there is no** conclusive **argument,** i.e., the proof of the argument is inconclusive. The reason is that one can say that the *tanna* **taught the latter clause to reveal** the meaning **of the first clause.** The latter clause was stated so **that you would not** mistakenly **say that the first clause** is referring only to a case **where** the egg **has a chick inside, but if there is no chick inside** the kosher eggs would be **permitted.** Therefore, the *tanna* **teaches the latter clause** and specifies **that** it is referring to an egg **that has a chick inside. By inference the first clause** is referring to a case of an egg **that does not have a chick inside, and even so it** renders all of the other eggs **forbidden.**

ההוא כְּזֵיתָא תַּרְבָּא דִּנְפַל בְּדִיקוּלָא דְּבִשְׂרָא, סְבַר רַב אַסִי לְשַׁעוּרֵיהּ בְּמַאי דְּבָלַע דִּיקוּלָא. אָמְרִי לֵיהּ רַבָּנַן לְרַב אַשִׁי: אַטּוּ דְּהֶיתֵּרָא בָּלַע, דְּאִיסּוּרָא לָא בָּלַע?

§ The Gemara continues discussing the nullification of forbidden foods. There was once **a certain olive-bulk** of forbidden **fat that fell into a pot**[N] of kosher **meat. Rav Asi thought to measure**[N] the volume of the kosher meat together **with that which the pot had absorbed. The Rabbis said to Rav Ashi: Is that to say that** the pot **absorbed** the **permitted** meat **but did not absorb** the **forbidden** fat?

ההוא פַּלְגָא דְּזֵיתָא דְּתַרְבָּא דִּנְפַל בְּדִיקוּלָא דְּבִשְׂרָא, סְבַר מָר בַּר רַב אַשִׁי לְשַׁעוּרֵיהּ בִּתְלָתִין פַּלְגֵי דְּזֵיתָא. אֲמַר לֵיהּ אֲבוּהּ: לָאו אָמֵינָא לָךְ לָא תְּזַלְזֵל בְּשִׁיעוּרִין דְּרַבָּנַן? וְעוֹד, הָאָמַר רַבִּי יוֹחָנָן: חֲצִי שִׁיעוּר אָסוּר מִן הַתּוֹרָה.

The Gemara relates a similar incident: There was once **a certain half-olive-bulk of** forbidden **fat**[H] **that fell into a pot of** kosher **meat. Mar bar Rav Ashi thought to measure** the amount of kosher meat needed to nullify the forbidden fat as **thirty half-olive-bulks**, rather than sixty. **His father,** Rav Ashi, **said to him: Have I not told you: Do not** treat **measures lightly** even with regard to **rabbinic** prohibitions? **And furthermore, didn't Rabbi Yoḥanan say: A half-measure is prohibited by Torah** law?[H] Consequently, the half-olive-bulk of forbidden fat is nullified only in sixty times its volume of permitted meat.

אָמַר רַב שֶׁמֶן בַּר אַבָּא, אָמַר רַב אִידִי בַּר אִידִי בַּר גֵּרְשׁוֹם, אָמַר לֵוִי בַּר פְּרָטָא, אָמַר רַבִּי נַחוּם, אָמַר רַבִּי בִּירְיָים מִשּׁוּם זָקֵן אֶחָד וְרַבִּי יַעֲקֹב שְׁמֵיהּ, דְּבֵי נְשִׂיאָה אָמְרוּ: בֵּיצָה, בְּשִׁשִּׁים – אֲסוּרָה, בְּשִׁשִּׁים וְאַחַת – מוּתֶּרֶת.

§ The Gemara continues its discussion of nullifying forbidden foods. **Rav Shemen bar Abba says** that **Rav Idi bar Idi bar Gershom says** that **Levi bar Perata says** that **Rabbi Naḥum says** that **Rabbi Biryam**[P] **says in the name of a certain elder, and his name was Rabbi Ya'akov,** that the Sages **in the house of the** ***Nasi*** **said:** If a non-kosher **egg** is mixed **with** kosher eggs, if there are **sixty** eggs they are all **forbidden,** but if there are **sixty-one** eggs they **are** all **permitted.**

אָמַר רַבִּי זֵירָא לְרַב שֶׁמֶן בַּר אַבָּא: רְאֵה שֶׁאַתָּה מֵטִיל בָּהּ גְּבוּל הֶיתֵּר, שֶׁהֲרֵי שְׁנֵי גְּדוֹלֵי הַדּוֹר לֹא פֵּירְשׁוּ אֶת הַדָּבָר. רַבִּי יַעֲקֹב בַּר אִידִי וְרַבִּי שְׁמוּאֵל בַּר נַחְמָנִי, תַּרְוַיְיהוּ מִשְּׁמֵיהּ דְּרַבִּי יְהוֹשֻׁעַ בֶּן לֵוִי אָמְרִי: בֵּיצָה, בְּשִׁשִּׁים – אֲסוּרָה, בְּשִׁשִּׁים וְאַחַת – מוּתֶּרֶת.

Rabbi Zeira said to Rav Shemen bar Abba: See, one can infer from your words **that you fix a limit to permit** the eggs if there is a total of sixty-one eggs, including the non-kosher egg. This is a revelation, **because the two** most **eminent** Sages **of the generation did not clarify this matter.** These two eminent Sages were **Rabbi Ya'akov bar Idi and Rabbi Shmuel bar Naḥmani,** and **both of them said in the name of Rabbi Yehoshua ben Levi:** In a case where a non-kosher **egg** is mixed **with** kosher eggs, if there are **sixty** eggs they are all **forbidden,** but if there are **sixty-one** eggs they **are** all **permitted.**

וְאִיבַּעְיָא לְהוּ: בְּשִׁשִּׁים וְאַחַת, בַּהֲדֵי דִּידַהּ, אוֹ דִּילְמָא לְבַר מִינַּהּ? וְלָא פְּשֵׁיט, וּמָר פָּשֵׁיט לַהּ מִפְשָׁט!

And a dilemma was raised before these Sages: When Rabbi Yehoshua ben Levi said they are permitted if there are **sixty-one** eggs, does that mean there are **sixty-one** eggs altogether, **with the** non-kosher egg, **or** does it **perhaps** mean that there must be sixty-one kosher eggs **aside from** the non-kosher egg? **And** they **did not resolve** this dilemma. **And** yet, it appears as though **the Master,** Rav Shemen, has **resolved** the dilemma, because you implied that the mixture is kosher if there are a total of sixty-one eggs including the non-kosher egg.

אִתְּמַר, אָמַר רַבִּי חֶלְבּוֹ, אָמַר רַב הוּנָא: בֵּיצָה, בְּשִׁשִּׁים וְהִיא – אֲסוּרָה, בְּשִׁשִּׁים וְאַחַת וְהִיא – מוּתֶּרֶת.

The Gemara continues: It **was stated** that **Rabbi Ḥelbo says** that **Rav Huna says:** If a non-kosher **egg** becomes mixed **with** kosher eggs, if there are **sixty** kosher eggs in addition to **that** non-kosher egg,[H] the entire mixture is **forbidden.** But if there are **sixty-one** kosher eggs in addition to **that** one non-kosher egg, the mixture is **permitted.**[N]

NOTES

Into a pot [*dikula*] – בְּדִיקוּלָא: Some explain that *dikula* refers to a pot (Rashi). Others explain that it is referring to a basket in which meat is salted. According to the latter explanation, in this case the meat was salted with its forbidden fat, and the Gemara is in accordance with the opinion that such meat is forbidden unless there is sixty times the volume because the fat permeates throughout the meat (Ran). Others explain that it is referring to a basket containing hot meat, and the fat spreads from one piece of meat to another even without broth connecting them (*Tosafot* on 100a).

Rav Asi thought to measure – סְבַר רַב אַסִי לְשַׁעוּרֵיהּ: The text of this line is emended in *Masoret HaShas* to read: Rav Ashi, instead of Rav Asi. This is consistent with the continuation of the paragraph.

An egg with sixty, that is forbidden; sixty-one, that is permitted – בֵּיצָה בְּשִׁשִּׁים וְהִיא אֲסוּרָה בְּשִׁשִּׁים וְאַחַת וְהִיא מוּתֶּרֶת: The Sages were more stringent with eggs than with other prohibited foods because eggs come in different sizes, and one could easily err when measuring sixty times the volume. Others write that the reason for the added stringency is because an egg has the status of an entity, and therefore the Sages were stringent to require an extra one (Rambam).

PERSONALITIES

Rabbi Biryam – רַבִּי בִּירְיָים: Rabbi Biryam was a third-generation *amora* from Eretz Yisrael. There are different versions of his name: Biryas, Biryam, and Birayim. It appears that it is a Greek name, perhaps connected to the word for the north wind, Βορέας, *Boreas*. He cites statements of *amora'im* who preceded him and occasionally cites the later *tanna'im* as well.

HALAKHA

Half-olive-bulk of forbidden fat – פַּלְגָא דְּזֵיתָא דְּתַרְבָּא: If a half-olive-bulk of non-kosher food fell into a pot of kosher food, there must be a volume of sixty half-olive-bulks, i.e., thirty olive-bulks, of kosher food to nullify it. The reason is that a half-measure is prohibited by Torah law. Nevertheless one does not receive lashes for eating a half-measure (*Shakh*). This ruling is in accordance with the opinion of Rav Ashi (*Shulḥan Arukh, Yoreh De'a* 98:6).

A half-measure is prohibited by Torah law – חֲצִי שִׁיעוּר אָסוּר מִן הַתּוֹרָה: Although the Torah prohibits the consumption of any amount of forbidden food, one does not receive lashes unless he consumes at least one olive-bulk. If he consumes less than this amount he is liable to receive lashes for rebelliousness (Rambam *Sefer Kedusha, Hilkhot Ma'akhalot Assurot* 14:2, and see Rambam *Sefer Zemanim, Hilkhot Shevitat Asor* 2:3; *Shulḥan Arukh, Yoreh De'a* 98:6).

An egg with sixty in addition to that egg – בֵּיצָה בְּשִׁשִּׁים וְהִיא: An egg that contains a chick or a drop of blood renders the entire contents of the pot forbidden, even if the egg is still in its shell. Therefore if the egg was cooked with other eggs, there must be sixty-one other eggs in the pot to nullify it (Rambam *Sefer Kedusha, Hilkhot Ma'akhalot Assurot* 15:19; *Shulḥan Arukh, Yoreh De'a* 86:5).

הַהוּא דַּאֲתָא לְקַמֵּיהּ דְּרַבָּן גַּמְלִיאֵל בַּר רַבִּי, אֲמַר לֵיהּ: אַבָּא לֹא שִׁיעֵר בְּאַרְבָּעִים וָשֶׁבַע, וַאֲנִי אֲשַׁעֵר בְּאַרְבָּעִים וְחָמֵשׁ.

§ There was **a certain** person **who came before Rabban Gamliel bar Rabbi** Yehuda HaNasi with a half-olive-bulk of non-kosher food that had been mixed with a larger amount of kosher food. Rabban Gamliel **said to him:** A similar case came before my **father,** and even though he **did not measure**[N] the kosher food as being sixty times the volume of the non-kosher food, he nevertheless permitted the mixture due to the fact that there was **forty-seven** times as much kosher food as non-kosher food. **And** similarly, **I will** permit the mixture because I **measure** that the kosher food is **forty-five** times the volume of the non-kosher food.

הַהוּא דַּאֲתָא לְקַמֵּיהּ דְּרַבִּי שִׁמְעוֹן בַּר רַבִּי, אֲמַר לֵיהּ: אַבָּא לֹא שִׁיעֵר בְּאַרְבָּעִים וְחָמֵשׁ, וַאֲנִי אֲשַׁעֵר בְּאַרְבָּעִים וְשָׁלֹשׁ.

Similarly there was **a certain** person **who came before Rabbi Shimon bar Rabbi** Yehuda HaNasi with a mixture of kosher and non-kosher food. Rabbi Shimon **said to him:** A similar case came before my **father,** and even though he **did not measure** the kosher food as being sixty times the volume of the non-kosher food, he nevertheless permitted the mixture due to the fact that there was **forty-five** times as much kosher food as non-kosher food. **And** similarly, **I will** permit the mixture because I **measure** that the kosher food is **forty-three** times the volume of the non-kosher food.

הַהוּא דַּאֲתָא לְקַמֵּיהּ דְּרַבִּי חִיָּיא, אֲמַר לֵיהּ: כְּלוּם יֵשׁ שְׁלֹשִׁים?

There was **a certain** man **who came before Rabbi Ḥiyya** with a mixture of kosher and non-kosher food. Rabbi Ḥiyya **said to him: Is there** even **thirty** times the volume of permitted food as forbidden food? Clearly, the mixture is forbidden.

טַעְמָא – דְּלֵיכָּא שְׁלֹשִׁים, הָא אִיכָּא שְׁלֹשִׁים – מְשַׁעֲרִין! אָמַר רַבִּי חֲנִינָא: גּוּזְמָא.

The Gemara seeks to clarify: This indicates that **the reason** that he prohibited the mixture is **that there was not thirty** times as much kosher food as non-kosher food. **But** it may then be inferred that if **there is thirty** times as much kosher food as non-kosher food, one may **assess,** i.e., permit, the mixture. And this contradicts the *halakha* that non-kosher food is nullified only in a mixture containing sixty times as much kosher food as non-kosher food. **Rabbi Ḥanina said:** Rabbi Ḥiyya did not make this statement to set a halakhic principle, but merely as **an exaggeration.** There was not even thirty times the volume of kosher food, so it was obvious that the mixture was forbidden.

אָמַר רַבִּי חִיָּיא בַּר אַבָּא, אָמַר רַבִּי יְהוֹשֻׁעַ בֶּן לֵוִי מִשּׁוּם בַּר קַפָּרָא: כׇּל אִיסּוּרִין שֶׁבַּתּוֹרָה – בְּשִׁשִּׁים. אָמַר לְפָנָיו רַבִּי שְׁמוּאֵל בַּר רַב יִצְחָק: רַבִּי, אַתָּה אוֹמֵר כֵּן? הָכִי אָמַר רַב אַסִי, אָמַר רַבִּי יְהוֹשֻׁעַ בֶּן לֵוִי מִשּׁוּם בַּר קַפָּרָא: כׇּל אִיסּוּרִין שֶׁבַּתּוֹרָה – בְּמֵאָה.

§ **Rabbi Ḥiyya bar Abba says** that **Rabbi Yehoshua ben Levi says in the name of bar Kappara: All** the **forbidden** foods **in the Torah** are nullified when they are mixed **with** kosher food that is **sixty** times their volume. **Rabbi Shmuel bar Rav Yitzḥak said before** Rabbi Ḥiyya bar Abba: **My teacher, you say this** citing Rabbi Yehoshua ben Levi, who said that bar Kappara said it. But **this is what Rav Asi says** that **Rabbi Yehoshua ben Levi says in the name of bar Kappara: All** the **forbidden** foods **in the Torah** are nullified when they are mixed **with** kosher food that is **one hundred** times their volume.

וּשְׁנֵיהֶם לֹא לָמְדוּהָ אֶלָּא מִ״זְּרוֹעַ בְּשֵׁלָה״, דִּכְתִיב: ״וְלָקַח הַכֹּהֵן אֶת הַזְּרֹעַ בְּשֵׁלָה״ וגו׳, וְתַנְיָא: ״בְּשֵׁלָה״,

The Gemara adds: **And both of them learned** their principles of nullification **only from** the term: **"Cooked foreleg," as it is written** with regard to the nazirite's ram: **"And the priest shall take the cooked foreleg** of the ram" (Numbers 6:19). **And it is taught** in a *baraita*: The verse states: **"Cooked,"**

NOTES

My father did not measure, etc. – **אַבָּא לֹא שִׁיעֵר וכו׳**: Rashi cites two explanations of this passage. His first explanation is that Rabbi Yehuda HaNasi permitted the mixture even though the kosher food was less than sixty times the volume of the non-kosher food due to the fact that there was less than an olive-bulk of non-kosher food. Similarly, Rabban Gamliel permitted a mixture that contained less than an olive-bulk of non-kosher food that had been mixed with forty-five times its volume of kosher food, even though the ratio of kosher food to non-kosher food was slightly lower than the ratio in the mixture that Rabbi Yehuda HaNasi had permitted.

Rashi's second explanation is that Rabban Gamliel was speaking rhetorically and saying: My father did not permit a mixture of non-kosher food with forty-seven times its volume of kosher food; shall I permit a mixture that contains only forty-five times as much kosher food as non-kosher food? According to this explanation, the case can be one in which there was a full olive-bulk of kosher food. The Gemara's next case involving Rabbi Shimon bar Rabbi Yehuda HaNasi can also be interpreted according to both of these explanations.

אֵין ״בְּשֵׁלָה״ אֶלָּא שְׁלֵימָה. רַבִּי שִׁמְעוֹן בֶּן יוֹחַאי אוֹמֵר: אֵין ״בְּשֵׁלָה״ אֶלָּא שֶׁנִּתְבַּשְּׁלָה עִם הָאַיִל.

and the term **"cooked"** indicates that the verse is referring **only** to a foreleg that is **whole. Rabbi Shimon ben Yoḥai** disagrees and **says:** The term **"cooked"** indicates that the verse is referring **only** to a foreleg **that is cooked with the** entire **ram.**

דְּכוּלֵּי עָלְמָא: בַּהֲדֵי אַיִל מְבַשֵּׁל לַהּ, מָר סָבַר: מְחַתֵּךְ לַהּ וַהֲדַר מְבַשֵּׁל לַהּ, וּמָר סָבַר: מְבַשֵּׁל לַהּ וַהֲדַר מְחַתֵּךְ לַהּ.

The Gemara clarifies their dispute: **Everyone** agrees that **one cooks** the foreleg **with the** rest of the **ram.** But one **Sage holds** that one first **cuts** the foreleg off the animal **and then cooks it** along with the rest of the animal. **And** one **Sage,** Rabbi Shimon bar Yoḥai, **holds** that one first **cooks** the entire ram **and then cuts** off the foreleg.

וְאִי בָּעֵית אֵימָא, דְּכוּלֵּי עָלְמָא – מְחַתֵּךְ לַהּ וַהֲדַר מְבַשֵּׁל לַהּ. מִיהוּ, מָר סָבַר: בַּהֲדֵי אַיִל מְבַשֵּׁל לַהּ, וּמָר סָבַר: בִּקְדֵרָה אַחֶרֶת מְבַשֵּׁל לַהּ.

And if you wish, say that everyone agrees that one first **cuts** off the foreleg **and then cooks it. But one Sage,** Rabbi Shimon bar Yoḥai, **holds** that one **cooks** the foreleg **with** the rest of **the ram, and one Sage holds** that he **cooks** the foreleg **in another pot,** separate from the rest of the ram.

לְלִישָּׁנָא קַמָּא – אַלִּיבָּא דְּדִבְרֵי הַכֹּל, לְלִישָּׁנָא בָּתְרָא – אַלִּיבָּא דְּרַבִּי שִׁמְעוֹן בֶּן יוֹחַאי.

The foreleg of the nazirite's ram is permitted to be eaten only by a priest, whereas the rest of the ram is eaten by the nazirite even if he is not a priest. Consequently, **according to the first formulation, all agree** that the principle of nullification may be derived from here, since all agree that the foreleg is cooked together with the rest of the ram, and yet it does not cause the rest of the ram to be forbidden to a non-priest. **According to the latter formulation,** the principle of nullification may be derived from here **in accordance with** the opinion **of Rabbi Shimon ben Yoḥai,** who says that the foreleg is cooked together with the rest of the ram. But according to the latter formulation the first *tanna* holds that the foreleg is not cooked with the rest of the ram, in which case the principle of nullification cannot be derived from here.

מַאן דְּאָמַר בְּשִׁשִּׁים, סָבַר: בָּשָׂר וַעֲצָמוֹת בַּהֲדֵי בָּשָׂר וַעֲצָמוֹת מְשַׁעֲרִינַן, וְהָוֵה לֵיהּ בְּשִׁשִּׁים. מַאן דְּאָמַר בְּמֵאָה, סָבַר: בָּשָׂר בַּהֲדֵי בָּשָׂר מְשַׁעֲרִינַן, וְהָוֵה לֵיהּ בְּמֵאָה.

The Gemara now returns to the dispute about whether non-kosher food is nullified in sixty or one hundred times its volume of kosher food, and explains how each opinion is derived from the *halakha* of the foreleg of the nazirite's ram. **The one who said** that non-kosher food is nullified **in sixty** times its volume of kosher food **holds** that **we assess** the ratio of **meat and bones** of the foreleg **to the meat and bones**[H] of the rest of the ram, **and this is** a ratio of one to **sixty. The one who said** that non-kosher food is nullified **in one hundred** times its volume of kosher food **holds** that **we assess** only the volume of the **meat** of the foreleg **to the meat**[N] of the rest of the ram, **and this is** a ratio of one **to one hundred.**

וּמִי יָלְפִינַן מִינַּהּ? וְהָתַנְיָא: זֶהוּ הֶיתֵּר הַבָּא מִכְּלַל אִיסּוּר, ״זֶהוּ״ לְמַעוּטֵי מַאי – לָאו לְמַעוּטֵי כׇּל אִיסּוּרִין שֶׁבַּתּוֹרָה?

The Gemara asks: **And do we derive** the principles of nullification **from** the case of the nazirite's ram? **But isn't it taught** in a *baraita* with regard to the nazirite's ram, which absorbs the flavor of the foreleg with which it was cooked: **This is** a case of **permitted** meat **that comes from the category** of **forbidden** food, i.e., it is permitted despite the fact that it was cooked with forbidden food. The Gemara infers: **What does the expression: This is,** in the *baraita* serve **to exclude?** Does it **not** serve **to exclude all** the other **forbidden** foods **that are in the Torah?** This indicates that only the cooked foreleg of the nazirite's ram is nullified in sixty or one hundred times its volume of permitted food, but other prohibited foods are not subject to the principle of nullification.

אָמַר אַבָּיֵי: לָא נְצְרְכָא אֶלָּא לְרַבִּי יְהוּדָה, דְּאָמַר: מִין בְּמִינוֹ – לָא בָּטֵיל, קָא מַשְׁמַע לַן: דְּהָכָא בָּטֵיל.

The Gemara answers that **Abaye said:** This emphasis **is necessary only according to** the opinion of **Rabbi Yehuda, who said** that in general, **a type** of food mixed **with** food of **its own type is not nullified.** Therefore the *baraita* **teaches us that here,** the flavor imparted by the foreleg to the rest of the nazirite's ram is **nullified.**

HALAKHA

We assess the ratio of meat and bones to meat and bones – בָּשָׂר וַעֲצָמוֹת בַּהֲדֵי בָּשָׂר וַעֲצָמוֹת מְשַׁעֲרִינַן: The Sages derive that forbidden food is nullified in sixty times its volume from the case of the foreleg of the nazirite's ram, which is one-sixtieth of the rest of the ram, as it is cooked with it in the same pot but does not render the rest of the ram forbidden to a non-priest. This is based on the verse: "And the priest shall take the cooked foreleg of the ram, and one cake of *matza* out of the basket, and one *matza* wafer, and shall put them upon the hands of the nazirite, after he has shaved his consecrated head" (Numbers 6:19). This ruling is in accordance with the Rabbi Ḥiyya bar Abba's tradition of the opinion of Rabbi Yehoshua ben Levi citing bar Kappara (Rambam *Sefer Kedusha, Hilkhot Ma'akhalot Assurot* 15:21).

NOTES

We assess the volume of the meat to the meat – בָּשָׂר בַּהֲדֵי בָּשָׂר מְשַׁעֲרִינַן: The early commentaries discuss why this opinion does not state that the volume of the permitted meat is assessed together with the volume of the permitted bones in nullifying the foreleg. They explain that this opinion holds that the bones do not combine with the meat to nullify the foreleg. By contrast, the first opinion disagrees and holds that the permitted bones are also included in the calculation for nullification.

The commentaries also discuss a statement in the Jerusalem Talmud (*Terumot* 5:3) that shells of *orla* produce combine with the permitted food to nullify the prohibited food. This appears to contradict the Gemara here that all agree that the forbidden inedible portions, such as bones, do not combine with the permitted portions to nullify the foreleg. Some say that the Gemara here disagrees with the Jerusalem Talmud, and holds that prohibited bones and shells do not combine with the permitted food to nullify the prohibited food. Since they themselves are forbidden they cannot nullify prohibited items (Ramban; Rashba). Others say that the bones that are soft and contain marrow, such as those of the foreleg, are treated as meat. Therefore, they must also be nullified along with the rest of the foreleg. But bones that are dry and do not contain marrow are assessed together with the permitted food (Ran; Ra'ah; Ritva).

BACKGROUND

Of the blood of the bull and of the blood of the goat – מִדַּם הַפָּר וּמִדַּם הַשָּׂעִיר: On Yom Kippur, the High Priest offers a bull as a sin offering for himself, his family, and all the members of the priesthood (Leviticus 16:3, 6). The bull's slaughter, the burning of its flesh, and the sprinkling of its blood resemble the procedures employed for the bulls that are burned outside Jerusalem. In contrast to those, its blood is also sprinkled between the staves of the Holy Ark in the Holy of Holies. The blood of this bull is first sprinkled on its own; afterward it is mixed with the blood of the goat sacrificed as a sin offering for the entire people, and the mixture is sprinkled on the golden incense altar.

וְלִיגְמַר מִינֵּיהּ! גַּלֵּי רַחֲמָנָא ״וְלָקַח מִדַּם הַפָּר וּמִדַּם הַשָּׂעִיר״ – תַּרְוַייהוּ בַּהֲדֵי הֲדָדֵי נִינְהוּ, וְלָא בָּטְלִי.

The Gemara objects: Let Rabbi Yehuda **learn from this** case that all forbidden food can be nullified when it is mixed with permitted food of its own type. The Gemara explains: **The Merciful One revealed** in the Torah: **"And he shall take of the blood of the bull and of the blood of the goat**[B] and put it upon the corners of the altar round about" (Leviticus 16:18). **Both of** these two bloods **are** mixed **with each other, and** although a bull has more blood than a goat has, the verse makes reference to the blood of the goat, indicating that it maintains its own identity and is **not nullified.**

וּמַאי חָזֵית דְּגָמְרִית מֵהָאֵיךְ, לִיגְמַר מֵהַאי! חִדּוּשׁ הוּא, וּמֵחִדּוּשׁ לָא גָּמְרִינַן.

The Gemara asks: **And** according to Rabbi Yehuda, **what did you see that** caused **you** to **derive** a principle **from that** verse with regard to the blood of the bull and the blood of the goat? **Derive** a principle **from this** verse about the foreleg of the nazirite's ram. The Gemara answers: The case of the nazirite's ram **is a novelty,** because even when nullification does apply one may not nullify a forbidden food *ab initio*, whereas here one is supposed to cook the foreleg together with the rest of the ram; **and we do not learn** principles **from a novelty.**

אִי הָכִי, לְמֵאָה וְשִׁשִּׁים נַמִי לָא לִיגְמַר!

The Gemara challenges: **If so,** if Rabbi Yehuda does not consider the case of the nazirite's ram a viable precedent for general halakhic principles, then **let him also not learn** from that case that when forbidden food is mixed with permitted food of a different type, it is nullified **in** either **one hundred or sixty** times its own volume. As discussed above, the two opinions in this regard are each based on the case of the nazirite's ram.

אַטּוּ אֲנַן לְקוּלָּא גָּמְרִינַן, לְחוּמְרָא גָּמְרִינַן, דְּמִדְּאוֹרַיְיתָא – בְּרוּבָּא בָּטֵיל.

The Gemara explains: **Is that to say** that **we learn** that forbidden food is nullified in sixty or one hundred times its volume of permitted food as **a leniency? We learn it** only as **a stringency, as** if it were not for this derivation, we would say that **by Torah law** forbidden food **is nullified in** a mixture in which there is a simple **majority** of permitted food.

רָבָא אָמַר: לָא נִצְרְכָא אֶלָּא לְטַעַם כְּעִיקָּר, דִּבְקָדָשִׁים אָסוּר, קָא מַשְׁמַע לַן דְּהָכָא שָׁרֵי.

Rava stated an alternative explanation of the term: This is, which appears in the *baraita* with regard to the nazirite's ram: This limitation **is necessary only for** the principle that the halakhic status of the **flavor** of forbidden food is **like** that of its **substance.** If the flavor of **sacrificial** food is absorbed into another food, it renders that food **forbidden,** i.e., it is not nullified. Therefore, the *baraita* **teaches us that here,** in the case of the nazirite's ram, the rest of the ram is **permitted** even to non-priests.

Perek **VII**
Daf **99** Amud **a**

וְלִיגְמַר מִינֵּיהּ! גַּלֵּי רַחֲמָנָא גַּבֵּי חַטָּאת ״כֹּל אֲשֶׁר יִגַּע בִּבְשָׂרָהּ יִקְדָּשׁ״, לִהְיוֹת כָּמוֹהָ, שֶׁאִם פְּסוּלָה – תִּפָּסֵל, וְאִם כְּשֵׁרָה – תֵּאָכֵל כְּחָמוּר שֶׁבָּהּ.

The Gemara objects: **Let** us **learn from** the case of the nazirite's ram that the flavor of sacrificial food can be nullified. The Gemara explains: **The Merciful One revealed** in the Torah **with regard to the sin offering: "Whatever shall touch its flesh shall be holy"** (Leviticus 6:20). This teaches that the halakhic status of any food that touches and absorbs flavor from a sin offering **becomes like it, so that if** the sin offering **is disqualified,**[H] this food **shall** also **be disqualified, and if** the sin offering is **valid,** this food may be **eaten in accordance with the stringencies** that apply to a sin offering.

HALAKHA

Becomes like it so that if it is disqualified, etc. – לִהְיוֹת כָּמוֹהָ שֶׁאִם פְּסוּלָה וכו׳: The verse states with regard to a sin offering: "Anything that shall touch its flesh shall become consecrated; and when its blood is sprinkled upon any garment, you shall wash that where it was sprinkled in a holy place" (Leviticus 6:20). This teaches that the halakhic status of any food that touched or absorbed the flavor of the offering becomes like that of the sin offering itself. Therefore, if the sin offering is disqualified, this food item will also be disqualified. And if the sin offering is valid, the item that touched it may be eaten in accordance with the more stringent standards of a sin offering with regard to when and where it may be eaten (Rambam *Sefer Avoda*, *Hilkhot Ma'aseh HaKorbanot* 8:15).

וּמַאי חָזֵית דְּגָמְרִינַן מֵהָאֵיךְ, לִיגְמַר מֵהַאי! חִידּוּשׁ הוּא, וּמֵחִידּוּשׁ לָא גָּמְרִינַן.

The Gemara asks: **And what did you see** to indicate **that we learn** the principle of nullification concerning sacrificial food **from that** verse of the sin offering? **Derive it** instead **from this** verse concerning the foreleg of the nazirite's ram. The Gemara answers: **This** case of the nazirite's ram **is a novelty, and we do not learn** principles **from a novelty.**[N]

אִי הָכִי, לְמֵאָה וְשִׁשִּׁים נַמִּי לָא לִיגְמַר! אַטּוּ אֲנַן לְקוּלָּא קָא גָּמְרִינַן?! לְחוּמְרָא קָא גָּמְרִינַן, דְּמִדְּאוֹרַיְיתָא – בְּרוּבָּא בָּטֵיל.

The Gemara objects: **If so,** if the case of the nazirite's ram is not a viable precedent for general halakhic principles, then **one should also not learn** from that case that when forbidden food is mixed with permitted food of a different type, it is nullified in either **one hundred or sixty** times its own volume. As discussed above, the two opinions in this regard are both based on the case of the nazirite's ram. The Gemara responds: **Is that to say** that **we learn** that forbidden food is nullified in sixty or one hundred times its volume of permitted food as **a leniency? We learn it** only as **a stringency, as** if it were not for this derivation, one would say that **by Torah law** forbidden food **is nullified in** a mixture in which there is a simple **majority** of permitted food.

רָבִינָא אֲמַר: לָא נִצְרְכָא אֶלָּא לִמְקוֹם חֲתָךְ, דַּאֲמַר: מְקוֹם חֲתָךְ בְּעָלְמָא אָסוּר, וְהָכָא שָׁרֵי.

Ravina said an alternative explanation of the term: This is, that appears in the *baraita* with regard to the nazirite's ram. This limitation **is necessary only for the place** where the foreleg is **cut** from the body of the ram, **as** it was **said** that in a case where permitted and forbidden foods were attached and one cut the forbidden section from the permitted section, **the place of the cut** on the permitted part **is generally forbidden. But here,** in the case of the nazirite's ram, **it is permitted.**

יְתִיב רַב דִּימִי וְקָאָמַר לָהּ לְהָא שְׁמַעְתָּא.

§ The Gemara returns to discussing the statement of Rabbi Shmuel bar Rav Yitzḥak (98a) that forbidden food is nullified in a mixture only if there is one hundred times its volume of permitted food. **Rav Dimi sat and said this *halakha*.**

אֲמַר לֵיהּ אַבָּיֵי: וְכָל אִיסּוּרִין שֶׁבַּתּוֹרָה בְּמֵאָה? וְהָתְנַן: לָמָּה אָמְרוּ כָּל הַמְחַמֵּץ וּמְתַבֵּל וּמְדַמֵּעַ לְהַחְמִיר – מִין וּמִינוֹ, לְהָקֵל וּלְהַחְמִיר – מִין וְשֶׁאֵינוֹ מִינוֹ,

Abaye said to him: And is it true that **all the forbidden** foods **in the Torah** that are mixed with permitted foods are nullified only **in** a mixture containing **one hundred** times their volume of permitted food? **But didn't we learn** in a mishna (*Orla* 2:6): **Why did** the Sages **say** that with regard to **anyone who leavens** non-sacred food with a leavening agent that is *teruma* **or flavors** it with spices of *teruma* **or mixes** *teruma* into non-sacred food, thereby making the food forbidden for non-priests, the *halakha* is **to be stringent** if he mixed one **type** of food that is *teruma* with non-sacred food of the same **type.** But the *halakha* is **to be lenient and to be stringent** if he mixed one **type** of *teruma* with non-sacred food of **a different type.**

וְקָתָנֵי סֵיפָא: לְהָקֵל וּלְהַחְמִיר מִין וְשֶׁאֵינוֹ מִינוֹ, כֵּיצַד – גְּרִיסִין שֶׁנִּתְבַּשְּׁלוּ עִם הָעֲדָשִׁים, אִם יֵשׁ בָּהֶם בְּנוֹתֵן טַעַם, בֵּין יֵשׁ בָּהֶן לְהַעֲלוֹת בְּמֵאָה וְאֶחָד, בֵּין אֵין בָּהֶן לְהַעֲלוֹת בְּמֵאָה וְאֶחָד – אָסוּר.

And it is taught in the latter clause, i.e., in the following mishna (*Orla* 2:7): When it is stated that the *halakha* is **to be lenient and to be stringent** if he mixed one **type** of *teruma* with non-sacred food **not of its type,**[H] **how is this accomplished?** For example, in a case of **split beans**[B] of *teruma* that were cooked **with** non-sacred **lentils,**[B] **if there are** enough split beans relative to the lentils to **impart flavor** to the lentils, then regardless of **whether there are** enough lentils **to neutralize** the split beans **in one hundred and one** times their volume, i.e., the volume of the lentils is one hundred and one times the volume of the split beans, or **whether there are not** enough lentils **to neutralize** the split beans **in one hundred and one** times their volume, the entire mixture is **forbidden** to a non-priest.

NOTES

This is a novelty and we do not learn from a novelty – חִידּוּשׁ הוּא וּמֵחִידּוּשׁ לָא גָּמְרִינַן: The concept of a novelty is defined by the early commentaries as any case that contains some unusual element not found in other prohibitions (Rashi on *Pesaḥim* 44b). In addition, one would have thought to act in such a case in the opposite manner than that which the Torah teaches (*Noda BiYehuda*).

BACKGROUND

Split beans – גְּרִיסִין: The Sages interpreted this term as referring to the split Cilician bean, known today as the broad bean or fava bean. Beans were often split in two along their seams in preparation for cooking. A split bean was also a convenient measure for a small area, such as that of a mark or a stain, since the interior side was smooth and could be laid down flat on the skin or a piece of cloth. Among contemporary halakhic authorities, the area of a broad bean is held to be equal to that of a circle between 19 and 21 mm in diameter.

Lentils – עֲדָשִׁים: The lentils referred to by the Gemara are generally red lentils. Due to the availability and fixed size of lentils, they were used as a measure of area.

HALAKHA

One type with food not of its type – מִין וְשֶׁאֵינוֹ מִינוֹ: If a *se'a* of *teruma* of one type falls into less than one hundred times its volume of non-sacred food of a different type, the entire food has the status of *teruma* if the *teruma* imparts flavor. In that case, the food must be sold to a priest except for the *teruma* that is mixed in, which is a gift to him. If the mixture has no flavor from the *teruma*, it is all permitted to be eaten by non-priests. This ruling is in accordance with the mishna in tractate *Orla* (Rambam *Sefer Zera'im*, *Hilkhot Terumot* 13:2).

אֵין בָּהֶן בְּנוֹתֵן טַעַם, בֵּין שֶׁיֵּשׁ בָּהֶן לְהַעֲלוֹת בְּמֵאָה וְאֶחָד, בֵּין אֵין בָּהֶן לְהַעֲלוֹת בְּמֵאָה וְאֶחָד – מוּתָּר.

Conversely, if **there are not** enough split beans of *teruma* to **impart flavor** to the lentils, then regardless of **whether there are** enough lentils **to neutralize** the split beans **in one hundred and one** times their volume, or **whether there are not** enough lentils **to neutralize** the split beans **in one hundred and one** times their volume, the mixture is **permitted** even to a non-priest.

אֵין בָּהֶן לְהַעֲלוֹת בְּמֵאָה וְאֶחָד אֶלָּא בְּמַאי – לָאו בְּשִׁשִּׁים?

Abaye commented: When the mishna says that **there are not** enough lentils **to neutralize** the split beans **in one hundred and one** times their volume, and nevertheless if the split beans did not impart flavor to the lentils, the mixture is permitted, **in what** amount of lentils are the split beans nullified? Is it **not** that the split beans are permitted because they are mixed **with sixty** times their volume of non-sacred lentils? This contradicts the opinion of Rabbi Shmuel bar Rav Yitzḥak.

Perek **VII**
Daf **99** Amud **b**

HALAKHA

Leaven of *teruma* wheat that fell into dough of non-sacred wheat – שְׂאוֹר שֶׁל חִטִּין שֶׁנָּפַל לְעִיסַּת חִטִּין: If leaven of *teruma* wheat falls into dough made of non-sacred wheat, and there is enough to cause the entire mixture to become leavened, the entire dough is prohibited to a non-priest, even if the leaven is only one-thousandth of the entire mixture (Rambam *Sefer Kedusha*, *Hilkhot Ma'akhalot Assurot* 16:2).

לָא, בְּמֵאָה.

Rav Dimi answered Abaye: **No,** the mishna means that although there is not one hundred and one times as much non-sacred food as *teruma*, the *teruma* is nullified because there is **one hundred** times its volume of non-sacred food.

וְהָא מִדְּרֵישָׁא בְּמֵאָה, הָוֵי סֵיפָא בְּשִׁשִּׁים. דְּקָתָנֵי רֵישָׁא: לְהַחְמִיר – מִין וּמִינוֹ, כֵּיצַד, שְׂאוֹר שֶׁל חִטִּין שֶׁנָּפַל לְעִיסַּת חִטִּין, וְיֵשׁ בּוֹ כְּדֵי לְחַמֵּץ, בֵּין יֵשׁ בּוֹ כְּדֵי לְהַעֲלוֹת בְּמֵאָה וְאֶחָד, בֵּין אֵין בּוֹ כְּדֵי לְהַעֲלוֹת בְּמֵאָה וְאֶחָד – אָסוּר.

Abaye responded: **But since the first clause** states that it is nullified **in one hundred** times its volume, it must **be** that **the latter clause** is referring to a case where there is **sixty** times its volume. **As** the mishna (*Orla* 2:6) **teaches in the first clause:** When it is stated that the *halakha* is **to be stringent** if one **type** of *teruma* is mixed with non-sacred food of **its type, how** is this accomplished? For example, in a case of **leaven of** *teruma* **wheat that fell into dough** made of non-sacred **wheat,**[H] **and there is enough** *teruma* **to cause** the non-sacred wheat **to become leavened, whether there is** enough non-sacred wheat **to neutralize** the *teruma* **in one hundred and one** times its volume, or **whether there is not** enough non-sacred wheat **to neutralize** the *teruma* **in one hundred and one** times its volume, the entire dough **is forbidden** to a non-priest.

אֵין בּוֹ לְהַעֲלוֹת בְּמֵאָה וְאֶחָד, בֵּין שֶׁיֵּשׁ בּוֹ כְּדֵי לְחַמֵּץ, בֵּין אֵין בּוֹ כְּדֵי לְחַמֵּץ – אָסוּר, רֵישָׁא וְסֵיפָא בְּמֵאָה?!

But if **there is not** enough non-sacred wheat **to neutralize** the *teruma* **in one hundred and one** times its volume, then **whether there is** enough *teruma* **to cause** the non-sacred wheat **to become leavened** or **whether there is not** enough *teruma* **to cause** the non-sacred wheat **to become leavened,** the entire dough **is forbidden** to a non-priest. Would you suggest that both **the first clause and the latter clause** are stating that the *teruma* is nullified **in one hundred** times its volume?

לָא, רֵישָׁא – בְּמֵאָה וְחַד, וְסֵיפָא – בְּמֵאָה.

Rav Dimi answered: **No. The first clause** is referring to a case where the *teruma* is mixed **with one hundred and one** times its volume of non-sacred food, **and the latter clause** is referring to a case where the *teruma* is mixed **with one hundred** times its volume of non-sacred food.

וְכִי יֵשׁ בּוֹ כְּדֵי לְחַמֵּץ, בְּמֵאָה וְחַד אַמַּאי לָא בָּטֵיל? אִישְׁתִּיק.

Abaye asked Rav Dimi: If so, **when** the mishna states that if **there is** enough *teruma* **to cause** the non-sacred wheat **to become leavened** the entire mixture is forbidden to non-priests, why is that the case? If leaven is mixed **with one hundred and one** times its volume of non-sacred wheat it will have no leavening effect, so **why is it not nullified?** Rav Dimi did not have an answer and **was silent.**

אָמַר לֵיהּ: דִּלְמָא שָׁאנֵי שְׂאוֹר דְּחִימּוּצוֹ קָשֶׁה? אֲמַר לֵיהּ: אַדְכַּרְתַּן מִילְּתָא דַּאֲמַר רַבִּי יוֹסֵי בְּרַבִּי חֲנִינָא: לֹא כׇּל הַשִּׁיעוּרִין שָׁוִין, שֶׁהֲרֵי צִיר שִׁיעוּרוֹ קָרוֹב לְמָאתַיִם. דִּתְנַן, דָּג טָמֵא – צִירוֹ אָסוּר. רַבִּי יְהוּדָה אוֹמֵר: רְבִיעִית בְּסָאתַיִם.

Abaye **said to him: Perhaps leaven is different, because its leavening** properties are **potent,** and there are some forms of leaven that can have an effect on such a large quantity of dough. Rav Dimi **said to him: You reminded me of a matter that Rabbi Yosei, son of Rabbi Ḥanina, said: Not all the measures are equal, because the measure** required in order to nullify non-kosher fish **brine is close to two hundred** times its volume. **As we learned** in a mishna (*Terumot* 10:8): **The brine of a non-kosher fish is forbidden.**[H] **Rabbi Yehuda says: A quarter-*log*** of non-kosher fish brine renders kosher food forbidden even if it is mixed **with two *se'a*** of permitted food, which is one hundred ninety-two times as much as a quarter-*log*.

וְהָאָמַר רַבִּי יְהוּדָה מִין בְּמִינוֹ לֹא בָּטֵיל! שָׁאנֵי צִיר, דְּזֵיעָה בְּעָלְמָא הוּא.

The Gemara asks: How can Rabbi Yehuda say that fish brine is nullified at all? **Doesn't Rabbi Yehuda say** that **a type** of food mixed **with** food of its own **type is not nullified?** The Gemara answers: **Brine is different because it is merely sweat,**[N] i.e., it does not have the halakhic status of the fish itself.

"כֵּיצַד מְשַׁעֲרִינַן". אָמַר רַב הוּנָא: כְּבָשָׂר בְּרָאשֵׁי לְפָתוֹת. מַתְנִיתִין דְּלָא כְּהָאי תַּנָּא, דְּתַנְיָא, רַבִּי יִשְׁמָעֵאל בְּנוֹ שֶׁל רַבִּי יוֹחָנָן בֶּן בְּרוֹקָה אוֹמֵר: אֵין בַּגִּידִין בְּנוֹתֵן טַעַם.

§ The mishna (96b) teaches: **How does one measure** whether there is enough sciatic nerve to impart flavor to the meat of the entire thigh? One relates to it as though the sciatic nerve were meat and the thigh were a turnip. If the meat would impart flavor to the turnip when they were cooked together, then the entire thigh is forbidden. The Gemara states that **Rav Huna says:** The mishna means that it is measured **like meat** cooked in a pot **with turnip heads.**[B] The Gemara notes that **the mishna is not in accordance with** the opinion **of this *tanna*, as it is taught** in a *baraita*: **Rabbi Yishmael, son of Rabbi Yoḥanan ben Beroka, says:** Sciatic **nerves do not impart flavor**[H] at all.

הַהוּא דַּאֲתָא לְקַמֵּיהּ דְּרַבִּי חֲנִינָא, הֲוָה יָתֵיב רַבִּי יְהוּדָה בַּר זְבִינָא אַבָּבָא, כִּי נְפַק אֲמַר לֵיהּ: מַאי אֲמַר לָךְ? אֲמַר לֵיהּ: שַׁרְיָא נִיהֲלִיהּ.

There was **a certain** man **who came before Rabbi Ḥanina** to ask about the status of a thigh of an animal that was cooked with its sciatic nerve, and **Rabbi Yehuda bar Zevina was sitting at the gate. When** the man **left,** Rabbi Yehuda bar Zevina **said to him: What did** Rabbi Ḥanina **say to you?** The man **said to him: He permitted me** to eat the thigh.

אֲמַר לֵיהּ: הֲדַר עַיְילֵיהּ לְקַמֵּיהּ! אֲמַר: מַאן הַאי דְּקָא מְצַעֵר לִי? זִיל אֵימָא לֵיהּ לְמַאן דְּיָתֵיב אַבָּבָא: אֵין בַּגִּידִין בְּנוֹתֵן טַעַם.

Rabbi Yehuda bar Zevina **said to him: Bring** the animal **before him again;** perhaps he did not fully understand the question. When the man returned to Rabbi Ḥanina, Rabbi Ḥanina **said: Who is this** person **who is bothering me? Go and say to the** individual **who is sitting at the gate,** i.e., Rabbi Yehuda bar Zevina: Sciatic **nerves do not impart flavor.** Consequently, he can remove the sciatic nerve and the rest of the meat is permitted.

כִּי אָתוּ לְקַמֵּיהּ דְּרַבִּי אַמִי, מְשַׁדֵּר לְהוּ לְקַמֵּיהּ דְּרַבִּי יִצְחָק בֶּן חָלוּב, דְּמוֹרֵי בָּהּ לְהֶיתֵּירָא מִשּׁוּם דְּרַבִּי יְהוֹשֻׁעַ בֶּן לֵוִי, וְלֵיהּ לָא סְבִירָא לֵיהּ. וְהִלְכְתָא: אֵין בַּגִּידִין בְּנוֹתֵן טַעַם.

When people **would come before Rabbi Ami** to ask about the *halakha* of a thigh that was cooked with the sciatic nerve inside, he would **send them before Rabbi Yitzḥak ben Ḥalov, who** would **rule** leniently **about** this issue and say that is was **permitted, in the name of Rabbi Yehoshua ben Levi.** Rabbi Ami **himself did not hold accordingly,** but he did not wish to rule stringently for others. **And the *halakha*** is that sciatic **nerves do not impart flavor** at all.

"גִּיד הַנָּשֶׁה שֶׁנִּתְבַּשֵּׁל". וְלִיבְטוֹל בְּרוּבָּא!

§ The mishna states (96b): With regard to **a sciatic nerve that was cooked**[H] with other sinews, when one identifies the sciatic nerve and removes it, the other sinews are forbidden if the sciatic nerve was large enough to impart flavor. And if he does not identify it, all the sinews are forbidden because each one could be the sciatic nerve. The Gemara challenges: **Let** the sciatic nerve **be nullified by** a simple **majority.**

BACKGROUND

Turnip heads – רָאשֵׁי לְפָתוֹת: There are different opinions as to the meaning of the phrase: Turnip heads. Some say that it is referring to the upper part of the vegetable. Others say that it is referring to the root of the vegetable that is in the ground, and that the word: Head, in this context means the round head-shaped bulb.

HALAKHA

The brine of a non-kosher fish is forbidden – דָּג טָמֵא צִירוֹ אָסוּר: Brine of non-kosher fish is forbidden by rabbinic law. Therefore, it is permitted to buy salted kosher fish from a gentile, even if they are in the same container as non-kosher fish. The Rema writes that some prohibit this if they are placed in the same container. The custom is not to purchase such fish, even if one sees that it is only that they are placed on the table with the non-kosher fish. The exception is herring, which is always permitted, because it is not usually salted together with non-kosher fish. Even with other types of kosher fish one need not be stringent to check whether there are other non-kosher fish mixed in with them. If one sees that there are non-kosher fish soaked in water with the kosher fish, even herring, the kosher fish is forbidden, but as long as one does not see that they were soaked together, one need not be concerned about this.

All of the these *halakhot* are *ab initio*. After the fact, if they have already been purchased, one may permit the kosher fish in any case. The reason is that as the brine of non-kosher fish is prohibited by rabbinic law and there is uncertainty as to whether or not they were salted together, one may be lenient. This applies when there is no fat, and most salted fish do not have fat. If the non-kosher fish do have fat, the mixture is forbidden by Torah law. Therefore, in a case of uncertainty, one must be stringent like with regard to other Torah laws. If the salted fish are dry, they are certainly permitted, since there is no transfer of flavor. Nevertheless, the custom is to be stringent *ab initio* if there are any non-kosher fish among them (Rambam *Sefer Kedusha, Hilkhot Ma'akhalot Assurot* 3:22; *Shulḥan Arukh, Yoreh De'a* 83:5, and in the comment of Rema).

Nerves do not impart flavor – אֵין בַּגִּידִין בְּנוֹתֵן טַעַם: Although the sciatic nerve itself is considered like wood, because it has no taste, the Torah nevertheless forbids it. But since it has no taste, if it is cooked with other food and the nerve itself is removed, it does not render the other food forbidden, in accordance with the conclusion of the Gemara (Rambam *Sefer Kedusha, Hilkhot Ma'akhalot Assurot* 15:17; *Shulḥan Arukh, Yoreh De'a* 65:9 and 100:2).

A sciatic nerve that was cooked – גִּיד הַנָּשֶׁה שֶׁנִּתְבַּשֵּׁל: If the thigh of an animal is cooked with the sciatic nerve inside, if one can identify the nerve, he must remove it. The remainder is permitted provided that there is sixty times as much meat as the volume of the fat of the sciatic nerve. If he cannot identify the sciatic nerve, all the pieces of meat cooked together with it are forbidden. Since the sciatic nerve is a distinct entity, it is considered significant and is not nullified (Rambam *Sefer Kedusha, Hilkhot Ma'akhalot Assurot* 16:6; *Shulḥan Arukh, Yoreh De'a* 100:2).

NOTES

Brine is different because it is merely sweat – שָׁאנֵי צִיר דְּזֵיעָה בְּעָלְמָא הוּא: The early commentaries explain that fish brine is forbidden by rabbinic decree and not by Torah law, since it is treated merely as sweat. This is why Rabbi Yehuda holds that it can be nullified (*Tosafot*; Ramban; Rashba; Ritva; Rosh). The commentaries also write that with regard to fish brine, the principle that the halakhic status of the flavor is like that of its substance does not apply by Torah law. Therefore, fish brine does not have the same status as broth that was cooked with a fish. Some explain that the *halakha* depends on the usual method of preparing the fish. If the fish is most commonly used in brine, then the brine is in fact forbidden by Torah law, based on the principle that the halakhic status of the flavor is like that of its substance (*Ḥazon Ish*, citing *Rashba*).

The commentaries note that this statement that brine is forbidden by rabbinic decree applies specifically to the brine of non-kosher fish. By contrast, the brine of other non-kosher creatures is forbidden by Torah law. This is derived by the Gemara (120a) from the verse: "These are they that are impure to you among all that swarm" (Leviticus 11:31). The word "impure" is interpreted to mean that the brine, broth and deposits of these swarming creatures are also forbidden by Torah law (*Tosafot*).

NOTES

An entity is different – בְּרִיָּה שָׁאנֵי: The concept of an entity applies only to an item that is complete or distinct. If the entity, or part of it, was crushed, it loses its status as an entity. Furthermore, an entity is defined as an item that does not have the same name when it is divided. For example, a sciatic nerve that is cut into pieces is called a piece of a sciatic nerve. Therefore a sciatic nerve is considered an entity. By contrast, an animal carcass [*neveila*] that is cut into pieces is still called *neveila*, and for this reason it is not considered to be an entity.

Any item whose manner is to be counted, etc. – כָּל שֶׁדַּרְכּוֹ לִימָּנוֹת וכו׳: Rabbi Yoḥanan and Reish Lakish disagree about this issue (*Beitza* 3b). Rabbi Yoḥanan holds that an item that is only sold by number is not nullified (Rashi on *Beitza* 3b; Rabbi Shimshon of Saens on *Orla* 3:6). By contrast, Reish Lakish holds that an item that is normally sold by number is not nullified, even if it is occasionally sold in bulk or the seller adds extra.

A piece is different since it is suitable to give honor with it before guests – חֲתִיכָה הוֹאִיל וּרְאוּיָה לְהִתְכַּבֵּד בָּהּ לִפְנֵי הָאוֹרְחִים: The early commentaries define this as a piece that is currently unsuitable to place before guests because it is forbidden to be eaten, but if it were to be nullified it would also be permitted and suitable to place before guests (*Sefer HaTeruma*; *Roke'aḥ*; *Tosafot*). Alternatively, it means that a similar piece of permitted food would be suitable to place before guests (Ra'ah; Ritva; Meiri).

Commentaries disagree as to the reason that such a piece is not subject to nullification. Some say that it is similar to an item whose manner is to be counted, which is not subject to nullification, since one counts the pieces according to the number of invited guests (*Tosafot*; Ramban; Ritva). Others say it is not subject to nullification because it has significance (Ran; Rabbeinu Gershom Meor HaGola).

בְּרִיָּה שָׁאנֵי.

The Gemara answers that the sciatic nerve is a distinct **entity,** and therefore it **is different**[N] in that it is not subject to nullification.

״וְכֵן חֲתִיכָה שֶׁל נְבֵלָה״ [וכו׳]. וְתִבְטִיל בְּרוּבָּא!

§ The mishna states: **And similarly,** in the case of **a piece of an animal carcass** or a piece of non-kosher fish that was cooked with similar pieces of kosher meat or fish, when one identifies the forbidden piece and removes it, the rest of the meat or fish is forbidden only if the forbidden piece was large enough to impart flavor to the entire mixture. And if he does not identify and remove the forbidden piece, all the pieces are forbidden, due to the possibility that each piece one selects might be the forbidden piece. The Gemara challenges: Even if the piece of an animal carcass was not removed, **let** it **be nullified by** a simple **majority,** as the majority of the pieces are kosher.

הָנִיחָא לְמַאן דַּאֲמַר: כָּל שֶׁדַּרְכּוֹ לִימָּנוֹת שָׁנִינוּ, אֶלָּא לְמַאן דַּאֲמַר: אֶת שֶׁדַּרְכּוֹ לִימָּנוֹת שָׁנִינוּ, מַאי אִיכָּא לְמֵימַר? שָׁאנֵי חֲתִיכָה – הוֹאִיל וּרְאוּיָה לְהִתְכַּבֵּד בָּהּ לִפְנֵי הָאוֹרְחִים.

The Gemara clarifies its challenge. **This** ruling **works out well according to the one who said** that **we learned: Any** item **whose manner is to be counted,**[N] i.e., that is sometimes sold by unit rather than by weight or volume, is considered significant and therefore is not subject to nullification. **But according to the one who said** that **we learned:** It is only an item **whose manner is** exclusively **to be counted,** i.e., that is always sold by unit, that is considered significant, and is therefore not subject to nullification, **what can be said?** Since pieces of meat or fish are not always sold by unit, they should be subject to nullification. The Gemara answers: **A piece** of meat or fish **is different, since it is suitable to give honor with it** by placing it **before guests.**[N] Therefore, due to its significance it is not subject to nullification.

וּצְרִיכָא, דְּאִי אַשְׁמְעִינַן גִּיד – מִשּׁוּם דִּבְרִיָּה הִיא, אֲבָל חֲתִיכָה – אֵימָא לָא.

The Gemara adds: **And** it was **necessary** for the mishna to teach both the *halakha* that the sciatic nerve is not nullified and the *halakha* that a piece of non-kosher meat or fish is not nullified, **as if** the mishna had **taught us** only the case of a sciatic **nerve,** one might think that it is not nullified **because it is a** distinct **entity, but** in the case of **a piece** of non-kosher meat, **say** it is **not** significant, and it is subject to nullification.

וְאִי אַשְׁמְעִינַן חֲתִיכָה – הוֹאִיל וּרְאוּיָה לְהִתְכַּבֵּד בָּהּ לִפְנֵי הָאוֹרְחִים, אֲבָל גִּיד – אֵימָא לָא, צְרִיכָא.

And if the mishna had **taught us** the *halakha* only in the case of **a piece** of non-kosher meat or fish, one might think that it is not nullified **since it is suitable to give honor with it** by placing it **before the guests. But** in the case of a sciatic **nerve, say** it is **not** significant, and it is subject to nullification. Therefore it was **necessary** for the mishna to teach both cases.

דְּרַשׁ רַבָּה בַּר בַּר חָנָה: חֲתִיכָה שֶׁל נְבֵלָה וְשֶׁל דָּג טָמֵא – אֵינָהּ אוֹסֶרֶת, עַד שֶׁתִּתֵּן טַעַם בָּרוֹטֶב וּבַקִּיפָה וּבַחֲתִיכוֹת.

§ **Rabba bar bar Ḥana taught: A piece** of meat **of an unslaughtered carcass**[H] **or of a non-kosher** species **of fish**[H] that fell into a pot of kosher food **does not render** the contents of the pot **forbidden unless it imparts flavor to the broth and to the deposits** of food remaining in the pot **and to the** other **pieces** of food in the pot.

HALAKHA

A piece of an unslaughtered carcass – חֲתִיכָה שֶׁל נְבֵלָה: A piece of non-kosher meat that is significant enough to place before guests has the same status as a distinct entity and is not nullified even if it falls into one thousand pieces of kosher meat. Even if it is a food from which it is prohibited to derive benefit it is not nullified. The Rema adds that even if its prohibition is by rabbinic law it is not nullified. If it is uncertain whether or not it is a piece of meat that is significant enough to place before guests one may be lenient, even if its prohibition is by Torah law. If it is certainly significant enough to place before guests but it is uncertain whether or not it is actually forbidden, it is not nullified (Rambam *Sefer Kedusha*, *Hilkhot Ma'akhalot Assurot* 16:5; *Shulḥan Arukh*, *Yoreh De'a* 92:2–3, 101:1, and in the comment of Rema, and *Shakh* there).

A piece of an unslaughtered carcass or of a non-kosher fish – חֲתִיכָה שֶׁל נְבֵלָה וְשֶׁל דָּג טָמֵא: If a piece of meat, significant enough piece to place before guests, from an unslaughtered animal carcass or from a non-kosher species of animal, bird, or fish becomes mixed even with many thousands of pieces of permitted meat, all of the pieces are forbidden until the non-kosher meat is removed. After it has been removed the rest of the mixture is permitted if it is sixty times the volume of the forbidden piece. If one does not remove the piece of non-kosher meat it is not nullified (Rambam *Sefer Kedusha*, *Hilkhot Ma'akhalot Assurot* 16:5).

אוֹקֵי רַב אָמוֹרָא עֲלֵיהּ וְדָרַשׁ: כֵּיוָן שֶׁנָּתַן טַעַם בַּחֲתִיכָה – חֲתִיכָה עַצְמָהּ נַעֲשֵׂת נְבֵלָה, וְאוֹסֶרֶת כׇּל הַחֲתִיכוֹת כּוּלָּן, מִפְּנֵי שֶׁהֵן מִינָהּ.

Rav disagreed with Rabba bar bar Ḥana and **appointed a disseminator**[B] to stand **before him** and teach his statement to a wider audience, **and he taught: Once** the non-kosher meat or fish **has imparted flavor to** another **piece** in the pot, that second **piece itself becomes non-kosher.**[N] **And** this second piece **renders all the pieces** of meat or fish in the pot **forbidden, because they are** of the same **type;** therefore, nullification does not apply.

אֲמַר לֵיהּ רַב סָפְרָא לְאַבָּיֵי: מִכְּדִי, רַב כְּמַאן אָמְרָהּ לִשְׁמַעְתֵּיהּ – כְּרַבִּי יְהוּדָה, דְּאָמַר: מִין בְּמִינוֹ – לָא בָּטֵיל, מַאי אִירְיָא כִּי נָתַן טַעַם? אֲפִילּוּ כִּי לֹא נָתַן טַעַם נָמֵי! אֲמַר לֵיהּ: הָכָא בְּמַאי עָסְקִינַן – בְּשֶׁקָּדַם וְסִלְּקוֹ.

Rav Safra said to Abaye: Now, in accordance with whose opinion did **Rav say his statement?** It is **in accordance with** the opinion of Rabbi Yehuda, **who says that a type** of food mixed **with** food of **its** own **type is not nullified.** But if so, **why** does Rav state **specifically that** the non-kosher meat renders all the pieces forbidden only **when** it **has imparted flavor** to another piece? **Even if it did not impart flavor** to another piece it should render all the contents of the pot forbidden. Abaye **said to him: Here we are dealing with** a case **where he** cooked the non-kosher piece with one kosher piece and **first removed** the non-kosher piece before adding the other pieces. Consequently, the remaining pieces are forbidden only if the non-kosher piece imparted flavor to the piece it was cooked with.

רָבָא אָמַר:

Rava said an alternate answer to Rav Safra's challenge of Rav's statement:

NOTES

The piece itself becomes non-kosher – חֲתִיכָה עַצְמָהּ נַעֲשֵׂת נְבֵלָה: The early commentaries disagree with regard to the status of a piece of permitted food that has absorbed flavor from a forbidden food. Some hold that from the moment of absorption, the entire piece is treated as forbidden, and if it is subsequently cooked with other pieces it is nullified only if there is sixty times its volume of permitted food (Rabbeinu Tam; Rabbeinu Yitzḥak). Others hold that only the amount of forbidden flavor that the piece has absorbed must be nullified (Rabbeinu Efrayim; Rashba; Rosh; *Maggid Mishne* on Rambam). But with regard to meat and milk mixed together, everyone agrees that the entire piece is treated as if it is non-kosher, and its total volume must be nullified. This is because the meat and the milk are permitted separately, and they become forbidden only when mixed together. The reason Rav holds it is forbidden is that he holds that a type of food mixed with other food of its type is never nullified. Therefore the piece that has absorbed the forbidden flavor renders all the other pieces forbidden. The *halakha* is that a type of food mixed with other food of its own type is nullified in sixty times its volume.

BACKGROUND

Disseminator [*amora*] – אָמוֹרָא: The custom in the time of the Sages was to appoint a disseminator before the Sage giving a lecture. The term *amora* has the same meaning as the word *meturgeman* used in the Mishna. This person was often a scholar himself, sometimes even an important Sage, whose job it was to translate the exposition from Hebrew to Aramaic and to project it so that it could be heard by everyone. Sometimes, there was more than one disseminator if the speech needed to be projected to a large group. Often, the disseminator would not only translate but also explain the exposition, as the Sage would say the most basic ideas, and the disseminator would expand and develop them. For this reason, the Sages of the talmudic period describe themselves as *amora'im*, as they saw their job as disseminating the statements of the Sages of the Mishna.

Occasionally a Sage would establish a disseminator to announce a particular statement, or to negate his own mistaken statement or that of another Sage, as is the case in the Gemara here.

Perek **VII**
Daf **100** Amud **b**

אֲפִילּוּ תֵּימָא – לֹא קָדַם וְסִלְּקוֹ, הָוֵי מִין וּמִינוֹ וְדָבָר אַחֵר,

You may **even say** that it is referring to a case where **he did not first remove** the piece of non-kosher meat or fish. Nevertheless, this **is a** case of a mixture of one **type** of food **with** its own **type** of food **and** with **something else,** i.e., the spices and broth in the pot.

וְכׇל מִין וּמִינוֹ וְדָבָר אַחֵר – סַלֵּק אֶת מִינוֹ כְּמִי שֶׁאֵינוֹ, וְשֶׁאֵין מִינוֹ – רַבֶּה עָלָיו וּמְבַטְּלוֹ.

And in **any** case of **a type** of forbidden food mixed with **its own type** of food **and** with **something else, disregard** the food that is **its own type, as though it is not** present in the mixture, **and** if the amount of permitted food **that is not its own type is** sixty times **greater than** the forbidden food, the permitted food **nullifies it.** Rav's ruling applies to a case where the forbidden piece of meat or fish imparts flavor to another piece before the spices and broth are added, and there is a total volume sixty times greater than the original non-kosher piece. Consequently, even if the amount of spices and broth is eventually sixty times greater than the original non-kosher piece of meat or fish, the entire mixture is forbidden, as the spices and broth are not sixty times greater than the two pieces of meat or fish which are now non-kosher.

מתני׳ נוֹהֵג בַּטְּהוֹרָה וְאֵינוֹ נוֹהֵג בַּטְּמֵאָה. רַבִּי יְהוּדָה אוֹמֵר: אַף בַּטְּמֵאָה. אָמַר רַבִּי יְהוּדָה: וַהֲלֹא מִבְּנֵי יַעֲקֹב נֶאֱסַר גִּיד הַנָּשֶׁה, וַעֲדַיִין בְּהֵמָה טְמֵאָה מוּתֶּרֶת לָהֶן! אָמְרוּ לוֹ: בְּסִינַי נֶאֱמַר, אֶלָּא שֶׁנִּכְתַּב בִּמְקוֹמוֹ.

MISHNA The prohibition of eating the sciatic nerve **applies to a kosher** animal **and does not apply to a non-kosher** animal.[H] **Rabbi Yehuda says:** It applies **even to a non-kosher** animal. **Rabbi Yehuda said** in explanation: **Wasn't the sciatic nerve forbidden for the children of Jacob,** as it is written: "Therefore the children of Israel eat not the sciatic nerve" (Genesis 32:33), **yet** the meat of **a non-kosher animal was still permitted to them?** Since the sciatic nerve of non-kosher animals became forbidden at that time, it remains forbidden now. The Rabbis **said to** Rabbi Yehuda: The prohibition **was stated in Sinai, but it was written in its place,** in the battle of Jacob and the angel despite the fact that the prohibition did not take effect then.

גמ׳ וְסָבַר רַבִּי יְהוּדָה אִיסּוּר חָל עַל אִיסּוּר? וְהָתַנְיָא, רַבִּי יְהוּדָה אוֹמֵר: יָכוֹל תְּהֵא נִבְלַת עוֹף טָמֵא מְטַמֵּא בְּגָדִים בְּבֵית הַבְּלִיעָה?

GEMARA The Gemara asks: **And does Rabbi Yehuda hold** that **a prohibition takes effect where** another **prohibition** already exists? **But isn't it taught** in a *baraita*: **Rabbi Yehuda says:** One **might** have thought that **the carcass of a non-kosher bird renders** the **garments** of one who swallows it **ritually impure** when it is **in the throat,**[BH] similar to the carcass of a kosher bird.

תַּלְמוּד לוֹמַר ״נְבֵלָה וּטְרֵפָה לֹא יֹאכַל לְטָמְאָה בָהּ״ – מִי שֶׁאִיסּוּרוֹ מִשּׁוּם ״בַּל תֹּאכַל נְבֵלָה״, יָצָא זֶה שֶׁאֵין אִיסּוּרוֹ מִשּׁוּם ״בַּל תֹּאכַל נְבֵלָה״, אֶלָּא מִשּׁוּם ״בַּל תֹּאכַל טְמֵאָה״!

Therefore **the verse states** concerning the impurity of carcasses of birds: **"A carcass, or that which is torn of animals, he shall not eat to defile himself with it"** (Leviticus 22:8). The verse indicates that only **those** birds **that are forbidden** specifically **due to** the prohibition: **You shall not eat** of **a carcass,** i.e., kosher birds that died without ritual slaughter, cause impurity in this manner. This serves to **exclude** any bird **that is not forbidden due to** the prohibition: **You shall not eat** of **a carcass,** but **rather due to** the prohibition: **You shall not eat a non-kosher** bird. This indicates that according to Rabbi Yehuda, the prohibition of eating a carcass does not take effect with regard to a non-kosher bird, because it is already subject to a different prohibition.

וְכִי תֵּימָא, קָסָבַר: אֵין בַּגִּידִין בְּנוֹתֵן טַעַם, וּבַטְּמֵאָה נַמִי, אִיסּוּר גִּיד – אִיכָּא, אִיסּוּר טוּמְאָה – לֵיכָּא,

The Gemara continues with its question: **And if you would say** that Rabbi Yehuda **holds** that sciatic **nerves do not impart flavor,** i.e., they do not have flavor and therefore are not classified as food, **and even with regard to a non-kosher** animal it is prohibited to eat the sciatic nerve because the general **prohibition** of eating **a sciatic nerve applies,** whereas the **prohibition** of eating **non-kosher** animals **does not** apply because the sciatic nerve is not considered food, this is untenable.

וְסָבַר רַבִּי יְהוּדָה אֵין בַּגִּידִין בְּנוֹתֵן טַעַם? וְהָתַנְיָא: הָאוֹכֵל גִּיד הַנָּשֶׁה שֶׁל בְּהֵמָה טְמֵאָה – רַבִּי יְהוּדָה מְחַיֵּיב שְׁתַּיִם, וְרַבִּי שִׁמְעוֹן פּוֹטֵר!

The Gemara explains: **And does Rabbi Yehuda hold** that sciatic **nerves do not impart flavor? But isn't it taught** in a *baraita*: With regard to **one who eats the sciatic nerve of a non-kosher animal,**[H] **Rabbi Yehuda deems** him **liable** to receive **two** sets of lashes, one for eating the sciatic nerve and one for eating the meat of a non-kosher animal, **and Rabbi Shimon exempts** him entirely from lashes. This indicates that Rabbi Yehuda holds that the sciatic nerve does have flavor.

BACKGROUND

Throat – בֵּית הַבְּלִיעָה: This is referring to the back of the mouth, especially the pharynx. When the food reaches this place it is swallowed automatically and involuntarily. One can prevent it from being swallowed only by forcibly gagging.

HALAKHA

Applies to a kosher animal and does not apply to a non-kosher animal – נוֹהֵג בַּטְּהוֹרָה וְאֵינוֹ נוֹהֵג בַּטְּמֵאָה: The prohibition of eating the sciatic nerve applies to every kosher animal, even if it was not slaughtered or it became a *tereifa*. The prohibition does not apply to the sciatic nerve of non-kosher species of animals, in accordance with the opinion of the first *tanna* (Rambam *Sefer Kedusha, Hilkhot Ma'akhalot Assurot* 8:1, 5).

One might have thought the carcass of a non-kosher bird renders garments ritually impure in the throat – יָכוֹל תְּהֵא נִבְלַת עוֹף טָמֵא מְטַמֵּא בְּגָדִים בְּבֵית הַבְּלִיעָה: The Sages learned by tradition that the verse referring to ritual impurity, which states: "And every soul that eats that which dies of itself, or that which is a *tereifa*, whether he be homeborn or a stranger, he shall wash his clothes, and bathe himself in water, and be impure until the evening; then shall he be pure" (Leviticus 17:15), applies only to one who eats a carcass of a kosher species of bird, which is forbidden due to the prohibitions of an unslaughtered carcass and *tereifa* (Rambam *Sefer Tahara, Hilkhot She'ar Avot HaTumot* 3:1).

One who eats the sciatic nerve of a non-kosher animal – הָאוֹכֵל גִּיד הַנָּשֶׁה שֶׁל בְּהֵמָה טְמֵאָה: One who eats the sciatic nerve of a non-kosher species of animal is exempt from lashes, because the prohibition of eating the sciatic nerve applies only to kosher species of animal. Eating the sciatic nerve is not considered like eating the meat of the animal, since the sciatic nerve has no flavor. This ruling is in accordance with the opinion of Rabbi Shimon (Rambam *Sefer Kedusha, Hilkhot Ma'akhalot Assurot* 8:5, 4:18).

לְעוֹלָם קָסָבַר: יֵשׁ בַּגִּידִין בְּנוֹתֵן טַעַם, וְקָסָבַר: נוֹהֵג בַּשָּׁלִיל, דְּאִיסּוּר גִּיד וְאִיסּוּר טוּמְאָה – בַּהֲדֵי הֲדָדֵי קָאָתֵי.

The Gemara answers: **Actually** Rabbi Yehuda **holds** that sciatic **nerves do impart flavor, and he** also **holds** that the prohibition of eating the sciatic nerve **applies to** the sciatic nerve of an animal **fetus.** Consequently, although Rabbi Yehuda holds that a prohibition does not take effect where another already exists, one who eats the sciatic nerve of a non-kosher animal is flogged twice, **because the prohibition of** eating a sciatic **nerve and the prohibition of** eating meat from **a non-kosher** animal **come** into effect **at the same time.**

וּמִי מָצֵית אָמְרַתְּ נוֹהֵג בַּשָּׁלִיל, וְהָתְנַן: נוֹהֵג בַּשָּׁלִיל. רַבִּי יְהוּדָה אוֹמֵר: אֵינוֹ נוֹהֵג בַּשָּׁלִיל, וְחֶלְבּוֹ מוּתָּר!

The Gemara challenges this answer: **And can you say** that Rabbi Yehuda holds that the prohibition of eating a sciatic nerve **applies to** the sciatic nerve of **a fetus? But didn't we learn** in a mishna (89b): The prohibition **applies to** a late-term **fetus** in the womb. **Rabbi Yehuda says: It does not apply to a fetus, and** similarly the **fat** of a fetus **is permitted?**

הָנֵי מִילֵּי, גַּבֵּי טְהוֹרָה, דְּרַחֲמָנָא אָמַר: ״כֹּל...בַּבְּהֵמָה...תֹּאכֵלוּ״, אֲבָל בִּטְמֵאָה נוֹהֵג.

The Gemara answers: **This statement,** that the prohibition of eating the sciatic nerve does not apply to a fetus, is **with regard to a kosher** species of animal, **because the Merciful One stated** in the Torah: "And **every** animal that divides the hoof, and has the hoof wholly cloven in two, and chews the cud, **among the animals** [***babehema***], that **you may eat**" (Deuteronomy 14:6). The term *babehema* may also be translated as: Inside the animals, indicating that anything inside a kosher animal when it is slaughtered is permitted for consumption, including all parts of a fetus. **But with regard to a non-kosher** species of animal the prohibition **applies.**

וּמִי מָצֵית אָמְרַתְּ דְּתַרְוַיְיהוּ בַּהֲדֵי הֲדָדֵי קָאָתוּ? וְהָתְנַן, עַל אֵלּוּ טוּמְאוֹת הַנָּזִיר מְגַלֵּחַ: עַל הַמֵּת, וְעַל כַּזַּיִת מִן הַמֵּת.

The Gemara challenges the assertion that the prohibitions of eating the sciatic nerve and of eating non-kosher meat take effect at the same time. **And can you say** that **they both come** into effect **at the same time? But didn't we learn** in a mishna (*Nazir* 49b): **A nazirite shaves for** having become impure from **these** following sources of **ritual impurity: For** having become impure with impurity imparted by **a corpse; and for** impurity imparted by **an olive-bulk of a corpse.**

וְקַשְׁיָא לַן: עַל כַּזַּיִת מִן הַמֵּת מְגַלֵּחַ, עַל הַמֵּת כּוּלּוֹ לֹא כׇּל שֶׁכֵּן? וְאָמַר רַבִּי יוֹחָנָן: לֹא נִצְרְכָא אֶלָּא לְנֵפֶל שֶׁלֹּא נִתְקַשְּׁרוּ אֵבָרָיו בְּגִידִין. אַלְמָא: אִיסּוּר טוּמְאָה קָדֵים!

And this poses **a difficulty for us:** If a nazirite **shaves for** becoming impure from **an olive-bulk of a corpse,** is it **not** obvious that **all the more so** he must shave **for** becoming impure from **an entire corpse? And Rabbi Yoḥanan said:** It **is necessary only with regard to a miscarried fetus whose limbs have not** yet **become joined to** its **sinews.** Although the fetus does not yet contain an olive-bulk of flesh, since it is a complete entity, it transmits impurity to anything under the same roof. **Evidently,** the limbs of the body are formed before the nerves and sinews, and therefore the **prohibition of** eating **non-kosher** meat takes effect **prior** to the prohibition of the sciatic nerve.

אַף עַל גַּב דְּאִיסּוּר טוּמְאָה קָדֵים, אָתֵי אִיסּוּר גִּיד חָיֵיל עֲלֵיהּ, שֶׁכֵּן אִיסּוּרוֹ נוֹהֵג בִּבְנֵי נֹחַ.

The Gemara answers: **Even though the prohibition** of eating **non-kosher** meat takes effect **prior** to the prohibition of eating the sciatic nerve, the **prohibition of** the sciatic **nerve** also **comes and takes effect upon** a non-kosher animal **because** this **prohibition applies to descendants of Noah,** i.e., to gentiles. Since the prohibition of eating the sciatic nerve adds an additional stringency that did not exist with regard to non-kosher meat, it takes effect even though there was an already existing prohibition.

דַּיְקָא נָמֵי, דְּקָתָנֵי, אָמַר רַבִּי יְהוּדָה: וַהֲלֹא מִבְּנֵי יַעֲקֹב נֶאֱסַר גִּיד הַנָּשֶׁה, וַעֲדַיִין בְּהֵמָה טְמֵאָה מוּתֶּרֶת לָהֶם.

According to this answer, the language of the mishna **is also precise, as it teaches: Rabbi Yehuda said: Wasn't the sciatic nerve forbidden for the children of Jacob,** as it is written: "Therefore the children of Israel eat not the sciatic nerve" (Genesis 32:33), **yet** the meat of **a non-kosher animal was still permitted to them?** This indicates that the basis of Rabbi Yehuda's opinion is the fact that the sciatic nerve was forbidden to the children of Jacob, who had the status of descendants of Noah.

גּוּפָא, הָאוֹכֵל גִּיד הַנָּשֶׁה שֶׁל בְּהֵמָה טְמֵאָה – רַבִּי יְהוּדָה מְחַיֵּיב שְׁתַּיִם,

§ The Gemara returns to **the matter itself** cited above. With regard to **one who eats the sciatic nerve of a non-kosher animal, Rabbi Yehuda deems** him **liable** to receive **two** sets of lashes: One for eating the sciatic nerve and one for eating the meat of a non-kosher animal;

NOTES

A prohibition takes effect where another prohibition already exists – אִיסּוּר חָל עַל אִיסּוּר: *Tanna'im* dispute whether to accept this concept, and if it is accepted, the specifics of its application. Most hold that a prohibition does take effect in addition to another prohibition if they both take effect at the same moment. Some *tanna'im* hold that a second prohibition takes effect if it is a more inclusive prohibition in that it adds more items to the prohibition for the same individual. Others hold that even if a second prohibition does not usually take effect, nevertheless it does take effect if it is a more expanded prohibition that incorporates additional people into the list of those to whom the original item is prohibited. According to the Rashba, the concept of an expanded prohibition applies in a case where an item that was previously forbidden to eat becomes an item from which it is forbidden to benefit. Other commentaries hold that it also applies when the additional prohibition merely increases the severity of the punishment, even if nothing new was prohibited (*Peirush Romerog* on *Kiddushin* 77b).

An ox that is stoned – שׁוֹר הַנִּסְקָל: This is referring to an ox that killed a person (see Exodus 21:28–32). Although the same *halakha* applies to any creature that killed a human being, the Sages use the example of an ox because it appears in the verse. The *halakha* that no benefit may be derived from the ox after the verdict is derived from the phrase: "But the owner of the ox shall be clear" (Exodus 21:28). This applies even before the animal is stoned (*Bava Kamma* 41a).

וְרַבִּי שִׁמְעוֹן פּוֹטֵר.

and Rabbi Shimon exempts him entirely.

וְרַבִּי שִׁמְעוֹן, מָה נַפְשָׁךְ: אִי אִיסּוּר חָל עַל אִיסּוּר – לִיחַיֵּיב נַמִּי מִשּׁוּם גִּיד. אִי אֵין אִיסּוּר חָל עַל אִיסּוּר – לִיחַיֵּיב מִשּׁוּם טוּמְאָה דְּקָדֵים! וְאִי אֵין בְּגִידִין בְּנוֹתֵן טַעַם – לִיחַיֵּיב מִשּׁוּם גִּיד!

The Gemara objects: **But** according to **Rabbi Shimon, whichever way you look at it,** it is difficult. **If a prohibition takes effect where** another **prohibition** already exists,[N] **let** Rabbi Shimon **deem** one **liable** for eating non-kosher meat and **also due to** the prohibition of eating the sciatic **nerve.** Conversely, **if a prohibition does not take effect** where another **prohibition** already exists, **let** Rabbi Shimon **deem** one **liable due to the** prohibition of eating meat from **a non-kosher** species, **which preceded** the prohibition of the sciatic nerve. **And if** Rabbi Shimon holds that sciatic **nerves do not impart flavor,** and therefore the prohibition of eating non-kosher meat does not apply, **let** him **deem** one **liable due to** the prohibition of eating the sciatic **nerve.**

אָמַר רָבָא: לְעוֹלָם קָסָבַר, אֵין בְּגִידִים בְּנוֹתֵן טַעַם, וְשָׁאנֵי הָתָם – דְּאָמַר קְרָא: "עַל כֵּן לֹא יֹאכְלוּ בְנֵי יִשְׂרָאֵל אֶת גִּיד הַנָּשֶׁה" – מִי שֶׁגִּידוֹ אָסוּר וּבְשָׂרוֹ מוּתָּר, יָצְתָה זוֹ – שֶׁגִּידוֹ אָסוּר וּבְשָׂרוֹ אָסוּר.

Rava said in response: **Actually** Rabbi Shimon **holds** that sciatic **nerves do not impart flavor,** and therefore they are not subject to the prohibition of eating non-kosher meat. **And** the reason the prohibition of eating the sciatic nerves does not apply to non-kosher animals is that **it is different there, because the verse states: "Therefore the children of Israel eat not the sciatic nerve"** (Genesis 32:33). This teaches that the prohibition applies only to a species **whose** sciatic **nerve is forbidden but whose meat is permitted,** and **excludes this** case of a non-kosher animal, **whose** sciatic **nerve** would be **forbidden and whose meat** would also be **forbidden.**

אָמַר רַב יְהוּדָה, אָמַר רַב: הָאוֹכֵל גִּיד הַנָּשֶׁה שֶׁל נְבֵלָה – רַבִּי מֵאִיר מְחַיֵּיב שְׁתַּיִם, וַחֲכָמִים אוֹמְרִים: אֵינוֹ חַיָּיב אֶלָּא אַחַת.

§ Having discussed the status of the sciatic nerve of a non-kosher animal, the Gemara addresses the status of the sciatic nerve of a kosher animal that did not undergo a proper ritual slaughter. **Rav Yehuda says** that **Rav says:** With regard to **one who eats the sciatic nerve of an unslaughtered carcass,**[H] **Rabbi Meir deems** him **liable** to receive **two** sets of lashes, **and the Rabbis say: He is liable** to receive **only one** set of lashes.

וּמוֹדִים חֲכָמִים לְרַבִּי מֵאִיר בְּאוֹכֵל גִּיד הַנָּשֶׁה שֶׁל עוֹלָה וְשֶׁל שׁוֹר הַנִּסְקָל – שֶׁחַיָּיב שְׁתַּיִם.

And the Rabbis concede to Rabbi Meir in a case **where one eats the sciatic nerve of a burnt offering**[H] **or of an ox that is stoned**[N] **that he is liable** to receive **two** sets of lashes. The prohibitions concerning a burnt offering and an ox that is stoned are more severe than that of the sciatic nerve, in that it is forbidden to derive any benefit from them, whereas the sciatic nerve is merely forbidden for consumption. Consequently, these prohibitions take effect even with regard to the sciatic nerve, despite the fact that the sciatic nerve was already forbidden before the animal was consecrated or before it gored a person and became liable to be stoned.

וּמַאן הַאי תַּנָּא דְּבְאִיסּוּר כּוֹלֵל – אִיסּוּר חָל עַל אִיסּוּר לֵית לֵיהּ, אִיסּוּר כּוֹלֵל בְּאִיסּוּר חָמוּר אִית לֵיהּ?

The Gemara challenges: **And who is this** *tanna* who **does not hold that in** the case of a more **inclusive prohibition,** the **prohibition takes effect where** another **prohibition** already exists, and consequently, according to his opinion the prohibition of eating an unslaughtered animal, which applies to the entire animal, does not take effect with regard to the sciatic nerve. Yet, **he** does **hold** that where the second prohibition is both a more **inclusive prohibition** and a more **stringent prohibition,** it does take effect, and therefore the prohibition of eating a burnt offering or an ox that is stoned does take effect with regard to the sciatic nerve.

HALAKHA

One who eats the sciatic nerve of an unslaughtered carcass – הָאוֹכֵל גִּיד הַנָּשֶׁה שֶׁל נְבֵלָה: One who eats the sciatic nerve of an unslaughtered carcass is liable to two sets of lashes. He is liable to one set of lashes for violating the general prohibition of eating an unslaughtered carcass, and another set for consuming the sciatic nerve itself, in accordance with the opinion of Rabbi Meir (Rambam *Sefer Kedusha, Hilkhot Ma'akhalot Assurot* 8:6).

Sciatic nerve of a burnt offering – גִּיד הַנָּשֶׁה שֶׁל עוֹלָה: One who eats the sciatic nerve of a burnt offering is liable to receive two sets of lashes, in accordance with the opinion of Rabbi Meir. In this instance even the Rabbis agree with him (Rambam *Sefer Kedusha, Hilkhot Ma'akhalot Assurot* 8:6).

אָמַר רָבָא: רַבִּי יוֹסֵי הַגְּלִילִי הִיא. דִּתְנַן, טָמֵא שֶׁאָכַל קֹדֶשׁ, בֵּין קֹדֶשׁ טָמֵא בֵּין קֹדֶשׁ טָהוֹר – חַיָּיב.

Rava said: It is Rabbi Yosei HaGelili who holds that a more inclusive prohibition does not take effect where there is an already existing prohibition. **As we learned** in a mishna (*Zevaḥim* 106a): One who is **ritually impure who ate sacrificial** food,[H] **whether it was ritually impure sacrificial** food **or ritually pure sacrificial** food, **is liable** to receive *karet* if he did so intentionally and to bring a sliding-scale offering if he did so unwittingly.

רַבִּי יוֹסֵי הַגְּלִילִי אוֹמֵר: טָמֵא שֶׁאָכַל אֶת הַטָּהוֹר – חַיָּיב, טָמֵא שֶׁאָכַל אֶת הַטָּמֵא – פָּטוּר, שֶׁלֹּא אָכַל אֶלָּא דָּבָר טָמֵא.

Rabbi Yosei HaGelili says: An impure individual **who ate pure** sacrificial food **is liable.** But **an impure** individual **who ate impure** sacrificial food **is exempt, as he merely ate an impure item,** and the prohibition of eating sacrificial food while one is impure does not apply to impure sacrificial food.

אָמְרוּ לוֹ: אַף טָמֵא שֶׁאָכַל אֶת הַטָּהוֹר, כֵּיוָן שֶׁנָּגַע בּוֹ – טִמְּאָהוּ!

The Rabbis **said to him:** According to your logic, this *halakha* would apply **even** in a case of **an impure** individual **who ate** what had been **pure** sacrificial food, because **once he has touched it, he has** thereby **rendered it impure.** Yet, in such a case, he is certainly liable for eating it. So too, an impure individual who ate impure sacrificial food is liable.

שַׁפִּיר קָא אָמְרִי לֵיהּ רַבָּנַן לְרַבִּי יוֹסֵי הַגְּלִילִי! וְאָמַר רָבָא: בְּנִטְמָא הַגּוּף וְאַחַר כָּךְ נִטְמָא בָּשָׂר – כּוּלֵּי עָלְמָא לָא פְּלִיגִי דְּחַיָּיב, דְּאִיסּוּר כָּרֵת קָדֵים.

The Gemara asks: **The Rabbis are saying well to Rabbi Yosei HaGelili;** why does Rabbi Yosei HaGelili disagree? **And Rava said** in elaboration of the dispute: **In** a case where the person's **body became impure and** then **afterward** the sacrificial **meat became impure, everyone agrees that** he is **liable** if he eats the meat, **as the prohibition** of eating sacrificial meat while impure, which carries the punishment of ***karet*****, preceded** the prohibition of eating impure sacrificial meat.

כִּי פְּלִיגִי בְּנִטְמָא בָּשָׂר וְאַחַר כָּךְ נִטְמָא הַגּוּף. רַבָּנַן – אִית לְהוּ אִיסּוּר כּוֹלֵל, דְּמִגּוֹ דְּמִיחַיַּיב אַחֲתִיכוֹת טְהוֹרוֹת דְּעָלְמָא – מִיחַיַּיב נָמֵי אַחֲתִיכָה טְמֵאָה.

They disagree when the **meat became impure and** then **afterward the** person's **body became impure. The Rabbis hold** that a more **inclusive prohibition** takes effect even where there is an already existing prohibition. Consequently, **since** the prohibition for an impure person to eat sacrificial meat is more inclusive than the prohibition for a pure person to eat impure sacrificial meat, **as** an impure person **is liable** for eating even **pure pieces** of sacrificial meat that are permitted to the rest **of the world, he is also liable** for this prohibition when he eats **an impure piece** of sacrificial meat.

וְרַבִּי יוֹסֵי הַגְּלִילִי – לֵית לֵיהּ אִיסּוּר כּוֹלֵל, "דְּמִגּוֹ" לָא אָמְרִינַן.

And Rabbi Yosei HaGelili does not accept the principle that a more **inclusive prohibition** takes effect even where there is an already existing prohibition, **as** he holds that **we do not say that since** it applies to cases that were not yet prohibited it applies to all cases.

וְרַבִּי יוֹסֵי הַגְּלִילִי, נְהִי דְּאִיסּוּר כּוֹלֵל לֵית לֵיהּ, בְּאִיסּוּר קַל יָבֹא אִיסּוּר חָמוּר יָחוּל עַל אִיסּוּר קַל, וּמַאי נִיהוּ – טוּמְאַת הַגּוּף, שֶׁהֲרֵי טוּמְאַת הַגּוּף בְּכָרֵת!

The Gemara objects: **But** even according to **Rabbi Yosei HaGelili, granted that he does not** hold that a more **inclusive prohibition** always takes effect where there is an already existing prohibition. But **in** the case of an already existing **lenient prohibition,** a more **stringent prohibition should come** and **take effect on** the more **lenient prohibition. And what is** the more stringent prohibition? The prohibition due to the **impurity of** a person's **body, as** one who eats sacrificial food when he has **impurity of the body** is liable **to *karet*,** whereas a pure person who eats impure sacrificial food is merely liable to be flogged. Consequently, the prohibition of eating sacrificial food while impure should apply even though the meat became impure before the person became impure.

אָמַר רַב אָשֵׁי: מַאן לֵימָא לַן דְּטוּמְאַת הַגּוּף חֲמוּרָה, דִּלְמָא טוּמְאַת בָּשָׂר חֲמוּרָה, דְּלֵית לֵיהּ טָהֳרָה בְּמִקְוֶה!

Rav Ashi said: Who can **say to us that** the prohibition due to the **impurity of** a person's **body** is more **stringent? Perhaps** the prohibition due to the **impurity of the meat is** more **stringent, as** impure meat **does not have** the possibility of restoring its state of **purity** via immersion **in a ritual bath,** whereas a ritually impure person can become pure in this manner.

HALAKHA

One who is ritually impure who ate sacrificial food – טָמֵא שֶׁאָכַל קֹדֶשׁ: In a case where one is impure to a degree that renders him liable to the punishment of *karet* for entering the Temple, if he intentionally ate an olive-bulk of a sacrificial animal he is liable to receive the punishment of *karet*, whether the meat was ritually pure or impure. If he ate the sacrificial meat unwittingly he must bring a sliding-scale offering. This ruling is in accordance with the opinion of the first *tanna* (Rambam *Sefer Avoda, Hilkhot Pesulei HaMukdashin* 18:13).

LANGUAGE

The presentation of this teaching [*hatza'a shel mishna*] – הַצָּעָה שֶׁל מִשְׁנָה: In this idiom, which literally means the spreading of the mishna, the word *hatza'a* denotes clear and plain presentation, similar to the spreading of [*hatza'at*] a sheet on a bed, which can be clearly seen. It presents the precise and correct formulation of a mishna.

וְרַבִּי יוֹסֵי הַגְּלִילִי לֵית לֵיהּ אִיסּוּר כּוֹלֵל?

The Gemara asks: **And does Rabbi Yosei HaGelili not** hold that a more **inclusive prohibition** takes effect where there is an already existing prohibition?

וְהָתַנְיָא: שַׁבָּת וְיוֹם הַכִּפּוּרִים, שָׁגַג וְעָשָׂה מְלָאכָה, מִנַּיִן שֶׁחַיָּיב עַל זֶה בְּעַצְמוֹ וְעַל זֶה בְּעַצְמוֹ – תַּלְמוּד לוֹמַר ״שַׁבָּת הִיא״, ״יוֹם הַכִּפֻּרִים הוּא״, דִּבְרֵי רַבִּי יוֹסֵי הַגְּלִילִי. רַבִּי עֲקִיבָא אוֹמֵר: אֵינוֹ חַיָּיב אֶלָּא אַחַת!

But isn't it taught in a *baraita*: When **Shabbat and Yom Kippur** occur on the same day, if one acted **unwittingly and performed** prohibited **labor,**[H] **from where** is it derived **that he is liable for this by itself and for that by itself,**[N] i.e., he is liable to bring two sin offerings, for having transgressed both Shabbat and Yom Kippur? **The verse states:** "You shall do no manner of work; **it is a Shabbat** for the Lord in all your dwellings" (Leviticus 23:3), and another verse states: **"It is Yom Kippur"** (Leviticus 23:27). The term "it is" in each verse teaches that each of these days is considered independently even when it occurs together with another holy day. This is **the statement of Rabbi Yosei HaGelili. Rabbi Akiva says:** He **is liable** to bring **only one** sin offering because a prohibition does not take effect where another prohibition already exists.

שָׁלַח רָבִין מִשּׁוּם דְּרַבִּי יוֹסֵי בְּרַבִּי חֲנִינָא: כָּךְ הַצָּעָה שֶׁל מִשְׁנָה, וְאֵיפוֹךְ.

The Gemara answers that on this topic **Ravin sent** a letter citing a statement **in the name of Rabbi Yosei, son of Rabbi Ḥanina: This is the** correct **presentation of** this **teaching** [***hatza'a shel mishna***],[L] i.e., the opinions in this *baraita* are accurate, **but** one must **reverse** the attributions of each opinion so that the first opinion is that of Rabbi Akiva and the second opinion is that of Rabbi Yosei HaGelili. Consequently, Rabbi Yosei HaGelili holds that two prohibitions do not take effect at the same time even if one is more inclusive or stringent than the other.

שָׁלַח רַב יִצְחָק בַּר יַעֲקֹב בַּר גִּיּוֹרֵי מִשּׁוּם דְּרַבִּי יוֹחָנָן: לְדִבְרֵי רַבִּי יוֹסֵי הַגְּלִילִי, לְמַאי דְּאַפְכַן, שָׁגַג בְּשַׁבָּת וְהֵזִיד בְּיוֹם הַכִּפּוּרִים – חַיָּיב, הֵזִיד בְּשַׁבָּת וְשָׁגַג בְּיוֹם הַכִּפּוּרִים – פָּטוּר.

The Gemara continues to discuss the opinion of Rabbi Yosei HaGelili. **Rav Yitzḥak bar Ya'akov bar Giyorei sent** a letter citing a statement **in the name of Rabbi Yoḥanan: According to the statement of Rabbi Yosei HaGelili, as** stated in the *baraita* once the attributions have been **reversed,** if one unwittingly performed a forbidden labor on a Yom Kippur that occurred on Shabbat, he is obligated to bring one sin offering. If he acted **unwittingly with regard to** the fact that it was **Shabbat,** i.e., he forgot that it was Shabbat, **but** acted **intentionally with regard to Yom Kippur,** he is **obligated** to bring a sin offering. But if he acted **intentionally with regard to Shabbat but unwittingly with regard to Yom Kippur,** he is **exempt** from bringing any offering.

מַאי טַעְמָא? אָמַר אַבַּיֵי: שַׁבָּת – קְבִיעָא וְקַיְימָא, יוֹם הַכִּפּוּרִים – בֵּי דִינָא דְּקָא קָבְעֵי לֵיהּ.

The Gemara asks: **What is the reason** for Rabbi Yoḥanan's statement? **Abaye said: Shabbat is established and permanent,** i.e., it always occurs on the seventh day of the week, whereas in the case of **Yom Kippur,** it is **the court that establishes it,** as the Sages determine the New Moon. Consequently, Shabbat is considered to have preceded Yom Kippur, and the prohibition to perform labor on Yom Kippur does not apply, due to the fact that labor is already prohibited because it is Shabbat. Since one brings a sin offering only due to unwitting transgression, he is obligated to bring a sin offering only if he performed labor without realizing it was Shabbat.

HALAKHA

If one acted unwittingly and performed prohibited labor – שָׁגַג וְעָשָׂה מְלָאכָה: One who unwittingly performs forbidden labor on Yom Kippur that occurs on Shabbat is liable to bring two sin offerings, because both prohibitions take effect simultaneously. This ruling is in accordance with the opinion of the first *tanna* (Rambam *Sefer Avoda, Hilkhot Shegagot* 4:1).

NOTES

He is liable for this by itself and for that by itself – חַיָּיב עַל זֶה בְּעַצְמוֹ וְעַל זֶה בְּעַצְמוֹ: According to this *baraita*, Rabbi Yosei HaGelili holds that both prohibitions apply together. This is because the prohibitions of Yom Kippur are more inclusive than those of Shabbat, as it is prohibited to eat and drink on Yom Kippur in addition to it being prohibited to perform labor. Conversely, Shabbat is a more extensive prohibition than Yom Kippur in that one who performs a prohibited labor is liable to receive the death penalty, whereas on Yom Kippur he is liable to receive only *karet*.

אֲמַר לֵיהּ רָבָא: סוֹף סוֹף, תַּרְוַיְיהוּ בַּהֲדֵי הֲדָדֵי קָאָתוּ! אֶלָּא אֲמַר רָבָא, שְׁמָדָא הֲוָה, וְשָׁלְחוּ מִתָּם: דְּיוֹמָא דְכִפּוּרֵי דְּהָא שַׁתָּא – שַׁבְּתָא הוּא. וְכֵן כִּי אֲתָא רָבִין וְכׇל נָחוֹתֵי, אֲמַרוּהָ כְּרָבָא.

Rava said to Abaye: **Ultimately both of them,** i.e., Shabbat and Yom Kippur, **come into** effect **at the same time.** Since both take effect at the beginning of the calendar day, it cannot be said that Shabbat precedes Yom Kippur. **Rather Rava said** a different explanation. It **was** a time of religious **persecution, and they sent from there,** i.e., from Eretz Yisrael, a directive stating **that Yom Kippur of this year** will not be observed on its proper day but rather on **Shabbat.**[N] Rabbi Yoḥanan was merely stating that on that particular year one who would unwittingly transgress Yom Kippur would be exempt from bringing a sin offering. **And similarly, when Ravin**[P] **and all those who descended**[B] from Eretz Yisrael **came** to Babylonia, **they said** that the true explanation is **in accordance with** the opinion of **Rava.**

״אָמַר רַבִּי יְהוּדָה וַהֲלֹא מִבְּנֵי יַעֲקֹב״ [וכו׳].

§ The mishna teaches: **Rabbi Yehuda said** in explanation: **Wasn't** the sciatic nerve forbidden for **the children of Jacob,** as it is written: "Therefore the children of Israel eat not the sciatic nerve" (Genesis 32:33), yet the meat of a non-kosher animal was still permitted to them? Since the sciatic nerve of non-kosher animals became forbidden at that time, it remains forbidden now.

תַּנְיָא, אָמְרוּ לוֹ לְרַבִּי יְהוּדָה: וְכִי נֶאֱמַר ״עַל כֵּן לֹא יֹאכְלוּ בְנֵי יַעֲקֹב״? וַהֲלֹא לֹא נֶאֱמַר אֶלָּא ״בְּנֵי יִשְׂרָאֵל״, וְלֹא נִקְרְאוּ ״בְּנֵי יִשְׂרָאֵל״ עַד סִינַי! אֶלָּא, בְּסִינַי נֶאֱמַר, אֶלָּא שֶׁנִּכְתַּב בִּמְקוֹמוֹ לֵידַע מֵאֵיזֶה טַעַם נֶאֱסַר לָהֶם.

It is taught in a *baraita* that the Rabbis **said to Rabbi Yehuda: But is it stated** in the verse: **Therefore the children of Jacob do not eat** the sciatic nerve? **Isn't** it true that **it is stated only** that: "Therefore **the children of Israel** do not eat the sciatic nerve?" **And** the Jewish people were **not called "the children of Israel" until** they received the Torah at Mount **Sinai. Rather,** this terminology indicates that the prohibition of eating the sciatic nerve **was stated** to the Jewish people **at Sinai, but was written in its place,** after the incident of Jacob wrestling with the angel, to allow the Jewish people **to know the reason** the sciatic nerve **was forbidden to them.** Since the prohibition came into effect only at Sinai, there is no proof that it ever applied with regard to non-kosher animals.

מְתִיב רָבָא: ״וַיִּשְׂאוּ בְנֵי יִשְׂרָאֵל אֶת יַעֲקֹב אֲבִיהֶם״! לְאַחַר מַעֲשֶׂה.

Rava raises an objection to this *baraita*: The verse states: "And Jacob rose up from Beersheba; **and the children of Israel carried Jacob their father,** and their little ones, and their wives in the wagons that Pharaoh had sent to carry him" (Genesis 46:5). This occurred before the Torah was given at Sinai, and therefore proves that the title "the children of Israel" was in use before the Torah was given. The Gemara answers: Nevertheless, this occurred **after the incident,** i.e., after Jacob wrestled with the angel and after the prophetic vision in which God changed Jacob's name to Israel (Genesis 35:10).

אֲמַר לֵיהּ רַב אַחָא בְּרֵיהּ דְּרָבָא לְרַב אַשִׁי: מֵהַהִיא שַׁעְתָּא לִיתְסַר!

Rav Aḥa, son of Rava, said to Rav Ashi: In that case, the sciatic nerve **should be** understood as having become **forbidden** to them **from that time** when they were first called the children of Israel. Since this was before the giving of the Torah, this would be in accordance with the opinion of Rabbi Yehuda and not that of the Rabbis.

אֲמַר לֵיהּ: וְכִי תּוֹרָה פְּעָמִים פְּעָמִים נִיתְּנָה? הַהוּא שַׁעְתָּא – לָאו שְׁעַת מַעֲשֶׂה הֲוַאי וְלָא שְׁעַת מַתַּן תּוֹרָה הֲוַאי.

Rav Ashi **said to him: Was the Torah given** piecemeal, on numerous different **occasions?** It was given at Sinai. Rather, **that time** when the title "children of Israel" was first used **was not the time** when **the incident** of Jacob wrestling with the angel occurred **and** also **was not the time of the giving of the Torah** at Mount Sinai. Therefore, there is no reason to assume that the prohibition took effect at that time.

תָּנוּ רַבָּנַן: אֵבֶר מִן הַחַי נוֹהֵג בִּבְהֵמָה חַיָּה וָעוֹף, בֵּין טְמֵאִין וּבֵין טְהוֹרִין, דִּבְרֵי רַבִּי יְהוּדָה וְרַבִּי אֶלְעָזָר. וַחֲכָמִים אוֹמְרִים: אֵינוֹ נוֹהֵג אֶלָּא בִּטְהוֹרִין.

§ The mishna taught a dispute between Rabbi Yehuda and the Rabbis with regard to the prohibition of eating the sciatic nerve. The Gemara now cites a similar dispute between them with regard to eating a limb from a living animal. **The Sages taught** in a *baraita*: The prohibition of eating **a limb from a living animal applies**[H] whether the limb comes from **a domesticated animal, an undomesticated animal, or a bird,** and **whether** it is from **a non-kosher** species **or** from **a kosher** species; this is **the statement of Rabbi Yehuda and Rabbi Elazar. But the Rabbis say:** The prohibition of eating a limb from a living animal **applies only to** a limb from **a kosher** species.

NOTES

That Yom Kippur of this year will be observed on Shabbat – דְּיוֹמָא דְכִפּוּרֵי דְּהָא שַׁתָּא שַׁבְּתָא הוּא: Some early commentaries explain that in that year the tenth of Tishrei, the date of Yom Kippur, fell on a weekday. Due to the persecution they were unable to observe Yom Kippur on that day, but in order that they not forget Yom Kippur they observed it on Shabbat instead, when the persecutors would not notice (Rashi). Others challenge this explanation, querying why the Rabbis would forego Yom Kippur due to religious persecution, when such a case should be one for which one is obligated to give up his life (*Sanhedrin* 74b). They answer that the decree was not against observing Yom Kippur specifically, but against the Jews fixing a calendar. Fixing the calendar is a positive mitzva, and one is not obligated to give up one's life to fulfill a positive mitzva (Ritva).

Others explain that due to the persecution the Sages were afraid to send the calendar to the Jews in Babylonia in the usual way. That year Yom Kippur happened to occur on Shabbat, so they sent a coded message to that effect in the name of Rabbi Akiva, using the language recorded in the *baraita*: When Shabbat and Yom Kippur occur on the same day, from where is it derived that he is liable for this by itself and for that by itself? The verse states: "It is a Shabbat for the Lord" and "it is Yom Kippur." The Jews of Babylonia understood from this that Yom Kippur of that year occurred on Shabbat. According to this explanation, Rava completely rejects the explanation of Rav Yitzḥak bar Yaakov bar Giyorei, and is instead saying that when the instruction was given to reverse the opinions, it was only in order to communicate to the Jews in Babylonia that Yom Kippur fell on Shabbat that year. Since Rabbi Akiva's opinion was generally considered authoritative, they attributed the ruling citing the verse to him, even though it was actually that of Rabbi Yosei HaGelili (Ramban).

PERSONALITIES

Ravin – רָבִין: Ravin, a fourth-generation *amora*, studied in Eretz Yisrael under Rabbi Abbahu, Rabbi Zeira, and Rabbi Ilai. He is best known for all of the statements that he brought with him from Eretz Yisrael to Babylonia, which are frequently quoted in the Talmud with the introductory phrase: When Ravin came. The source of many of these statements was Rabbi Yoḥanan, and they were considered to be very precise. It seems that Ravin also returned to visit his teachers in Eretz Yisrael and sent messages back to Babylonia with the statements he learned from them (see *Ketubot* 49b and *Bava Metzia* 114a). In the Jerusalem Talmud, where he is known as Rabbi Avin or Rabbi Bun, a number of his own rulings and some miraculous events that occurred to him are cited. Ravin was an orphan from birth, as his father, who was also called Rabbi Avin, died before he was born and his mother died during childbirth.

BACKGROUND

Descended – נָחוֹתֵי: This is referring to the Sages who would come from Eretz Yisrael to Babylonia, either for business or because they were sent by the community. While they were in Babylonia they reported *halakhot* that had been taught in Eretz Yisrael.

HALAKHA

A limb from a living animal applies, etc. – אֵבֶר מִן הַחַי נוֹהֵג וכו׳: The prohibition against eating a limb from a living animal applies to kosher species of animals and to birds. It does not apply to non-kosher species of animals, in accordance with the opinion of the Rabbis (Rambam *Sefer Kedusha*, *Hilkhot Ma'akhalot Assurot* 5:1).

אָמַר רַבִּי יוֹחָנָן: וּשְׁנֵיהֶן מִקְרָא אֶחָד דָּרְשׁוּ. "רַק חֲזַק לְבִלְתִּי אֲכֹל הַדָּם כִּי הַדָּם הוּא הַנָּפֶשׁ,

Rabbi Yoḥanan says: And both of them, i.e., the Rabbis as well as Rabbi Yehuda and Rabbi Elazar, **derived** their opinions **from one verse: "Only be steadfast in not eating the blood, for the blood is the life;**

Perek **VII**
Daf **102** Amud **a**

NOTES

You shall not eat the life with the flesh – לֹא תֹאכַל הַנֶּפֶשׁ עִם הַבָּשָׂר: This verse is understood to mean that one may not eat flesh severed from a living animal.

לֹא תֹאכַל הַנֶּפֶשׁ עִם הַבָּשָׂר". רַבִּי יְהוּדָה וְרַבִּי אֶלְעָזָר סָבְרִי: כֹּל שֶׁאַתָּה מְצוּוֶּה עַל דָּמוֹ – אַתָּה מְצוּוֶּה עַל אֵבָרָיו. וְהָנֵי טְמֵאִין נָמֵי, הוֹאִיל וְאַתָּה מְצוּוֶּה עַל דָּמָן – אַתָּה מְצוּוֶּה עַל אֵבָרִין.

and **you shall not eat the life with the flesh"** (Deuteronomy 12:23).[N] **Rabbi Yehuda and Rabbi Elazar hold** that with regard to **any** animal **whose blood you are commanded** not to eat, **you are commanded with regard to its limbs,** i.e., you are prohibited from eating its limbs that were severed while it was still alive. Consequently, with regard to **these non-kosher** species **also, since you are commanded** not to eat **their blood, you are commanded with regard to their limbs.**

וְרַבָּנַן סָבְרִי: "לֹא תֹאכַל הַנֶּפֶשׁ עִם הַבָּשָׂר" – אֶלָּא בָּשָׂר לְחוּדֵיהּ. כֹּל שֶׁבְּשָׂרוֹ מוּתָּר – אַתָּה מְצוּוֶּה עַל אֵבָרָיו, וְכֹל שֶׁאֵין בְּשָׂרוֹ מוּתָּר – אִי אַתָּה מְצוּוֶּה עַל אֵבָרָיו.

And the Rabbis hold that the verse indicates: **"And you shall not eat the life with the flesh"** (Deuteronomy 12:23), but **rather** you shall eat **the flesh alone,** i.e., when the animal is no longer alive. Consequently, with regard to **any** animal **whose flesh is permitted** when it is slaughtered, **you are commanded with regard to its limbs,** i.e., you are prohibited from eating its limbs that were severed while it was still alive. **But** with regard to **any** animal **whose flesh is not permitted** when it is slaughtered, **you are not commanded with regard to its limbs,** i.e., the prohibition of eating limbs that were severed while it was still alive does not apply.

וְרַבִּי יְהוּדָה, לָמָּה לֵיהּ קְרָא? לֵיתֵי אִיסּוּר אֵבֶר לִיחוֹל עַל אִיסּוּר טוּמְאָה, שֶׁכֵּן אִיסּוּרוֹ נוֹהֵג בִּבְנֵי נֹחַ!

The Gemara asks: **But** according to **Rabbi Yehuda,** who holds that a prohibition takes effect upon an already existing, less stringent prohibition, **why does he** need to derive this from **a verse? Let the prohibition of** eating **a limb** from a living animal **come and take effect on the prohibition** of eating meat from **a non-kosher** animal, as it is more stringent **since its prohibition applies** also **to descendants of Noah,** i.e., gentiles.

אִין הָכִי נָמֵי, וְכִי אִיצְטְרִיךְ קְרָא – לְרַבִּי אֶלְעָזָר.

The Gemara responds: **Yes,** that **is indeed so.** Rabbi Yehuda does not need to derive this *halakha* from a verse, **and the verse was necessary** only **according to** the opinion of **Rabbi Elazar,** who holds that a prohibition does not take effect where there is an already existing prohibition, even if the second prohibition is more stringent.

תַּנְיָא נָמֵי הָכִי: אֵבֶר מִן הַחַי נוֹהֵג בִּבְהֵמָה חַיָּה וְעוֹף, בֵּין טְמֵאָה בֵּין טְהוֹרָה, שֶׁנֶּאֱמַר "רַק חֲזַק לְבִלְתִּי אֲכֹל הַדָּם"

This fact that it is Rabbi Elazar who derives this *halakha* from the verse, as opposed to Rabbi Yehuda, **is also taught** in a *baraita*: The prohibition of eating **a limb from a living** animal **applies with regard to** a limb from **a domesticated animal, an undomesticated animal, or a bird,** and **whether** it is from **a non-kosher** species **or a kosher** species, **as it is stated: "Only be steadfast in not eating the blood,** for the blood is the life; and you shall not eat the life with the flesh" (Deuteronomy 12:23).

כֹּל שֶׁאַתָּה מְצוּוֶּה עַל דָּמוֹ – אַתָּה מְצוּוֶּה עַל אֵבָרָיו, וְכֹל שֶׁאִי אַתָּה מְצוּוֶּה עַל דָּמוֹ – אִי אַתָּה מְצוּוֶּה עַל אֵבָרָיו. דִּבְרֵי רַבִּי אֶלְעָזָר.

This verse indicates that with regard to **any** species **whose blood you are commanded** not to eat, **you are commanded with regard to its limbs,** i.e., you are prohibited from eating its limbs that were severed while it was still alive. **And any** species **about whose blood you are not commanded,** i.e., with regard to which the prohibition of eating blood does not apply, **you are not commanded with regard to their limbs.** Since the prohibition of eating blood applies even with regard to non-kosher species, the prohibition of eating limbs severed from a living animal also applies; this is **the statement of Rabbi Elazar.**

וַחֲכָמִים אוֹמְרִים: אֵינוֹ נוֹהֵג אֶלָּא בִּטְהוֹרִין, שֶׁנֶּאֱמַר ״לֹא תֹאכַל הַנֶּפֶשׁ עִם הַבָּשָׂר״ – אֶלָּא בָּשָׂר לְחוּדֵיהּ. כׇּל שֶׁבְּשָׂרוֹ מוּתָּר – אַתָּה מְצוּוֶּה עַל אֵבָרָיו, וְכׇל שֶׁאֵין בְּשָׂרוֹ מוּתָּר – אֵין אַתָּה מְצוּוֶּה עַל אֵבָרָיו.

And the Rabbis say: The prohibition of eating a limb from a living animal **applies only to kosher** species, **as it is stated** in the verse: **"And you shall not eat the life with the flesh"** (Deuteronomy 12:23), but **rather** you shall eat **the flesh alone,** i.e., when the animal is no longer alive. Consequently, with regard to **any** animal **whose flesh is permitted** when it is slaughtered, **you are commanded with regard to its limbs,** i.e., you are prohibited from eating its limbs that were severed while it was still alive. **But** with regard to **any** animal **whose flesh is not permitted** when it is slaughtered, **you are not commanded with regard to its limbs,** i.e., the prohibition of eating limbs that were severed while it was still alive does not apply.

רַבִּי מֵאִיר אוֹמֵר: אֵינוֹ נוֹהֵג אֶלָּא בִּבְהֵמָה טְהוֹרָה בִּלְבַד.

Rabbi Meir says that the prohibition of eating a limb from a living animal **applies only with regard to a kosher** species **of domesticated animal,** but not with regard to undomesticated animals or fowl, even if they are kosher.

(סִימָן: שְׁמוּאֵל, שֵׁילָא, שִׁימִי).

The Gemara provides **a mnemonic** for the different opinions with regard to the name of one of the Sages cited in the upcoming discussion: **Shmuel, Sheila, Shimi.**

אָמַר רַבָּה בַּר שְׁמוּאֵל אָמַר רַב חִסְדָּא, וְאִיתֵּימָא רַב יוֹסֵף. וְאָמְרִי לַהּ: אָמַר רַבָּה בַּר שֵׁילָא אָמַר רַב חִסְדָּא, וְאִיתֵּימָא רַב יוֹסֵף. וְאָמְרִי לַהּ: רַבָּה בַּר שִׁימִי אָמַר רַב חִסְדָּא, וְאִיתֵּימָא רַב יוֹסֵף: מַאי טַעְמָא דְּרַבִּי מֵאִיר?

Rabba bar Shmuel said that **Rav Ḥisda said, and some say** that it was **Rav Yosef** who said the following statement. **And some say** the attributions as follows: **Rabba bar Sheila said** that **Rav Ḥisda said, and some say** that it was **Rav Yosef** who said; **and some say** the attributions as follows: **Rabba bar Shimi said** that **Rav Ḥisda said, and some say** that it was **Rav Yosef** who said: **What is the reason** for the opinion **of Rabbi Meir** that the prohibition of eating a limb from a living animal applies only with regard to a kosher species of domesticated animal?

אָמַר קְרָא ״וְזָבַחְתָּ מִבְּקָרְךָ וּמִצֹּאנְךָ״.

It is that the **verse states:** "Then **you shall slaughter of your cattle and of your sheep"** (Deuteronomy 12:21). This verse is closely followed by the verse that serves as the source of the prohibition to eat a limb severed from a living animal (Deuteronomy 12:23), indicating that the prohibition applies only to kosher domesticated animals.

אָמַר רַב גִּידֵּל, אָמַר רַב: מַחְלוֹקֶת – בְּיִשְׂרָאֵל, אֲבָל בְּבֶן נֹחַ – דִּבְרֵי הַכֹּל מוּזְהָר עַל הַטְּמֵאִין כַּטְּהוֹרִין.

Rav Giddel says that **Rav says:** The **dispute** between the Rabbis and Rabbi Yehuda and Rabbi Eliezer about whether the prohibition of eating a limb severed from a living animal applies with regard to non-kosher species is only **with regard to Jews. But with regard to descendants of Noah,** i.e., gentiles, **everyone agrees** that they are **prohibited from** eating a limb from a living **non-kosher** species of animal just **like** they are prohibited from eating a limb from a living **kosher** species.

תַּנְיָא נָמֵי הָכִי: אֵבֶר מִן הַחַי בֶּן נֹחַ מוּזְהָר עָלָיו, עַל הַטְּמֵאִים כַּטְּהוֹרִים, וְיִשְׂרָאֵל אֵינוֹ מוּזְהָר אֶלָּא עַל הַטְּהוֹרִין בִּלְבַד.

The Gemara comments that **this is also taught** in a *baraita*: **A descendant of Noah is prohibited**[B] from eating **a limb from a living** animal[H] from **non-kosher** species just **as** from **kosher** species. **But a Jew is prohibited** from eating a limb from a living animal of **kosher** species **only.**

אִיכָּא דְּאָמְרִי: טְהוֹרָה, וְרַבִּי מֵאִיר. אִיכָּא דְּאָמְרִי: טְהוֹרִים, וְרַבָּנַן.

There are those **who say** that the correct wording of the *baraita* is that a Jew is prohibited from eating a limb from a living **kosher** species, in singular, **and** it is in accordance with the opinion of **Rabbi Meir,** who holds that the prohibition is limited to kosher domestic animals. And **there are** those **who say** that the correct wording of the *baraita* is that a Jew is prohibited from eating a limb from living **kosher** species, in plural, **and** it is in accordance with the opinion of **the Rabbis,** who hold that the prohibition also applies to a limb from a living bird or a living undomesticated animal of kosher species.

HALAKHA

A descendant of Noah is prohibited from eating a limb from a living animal, etc. – **אֵבֶר מִן הַחַי בֶּן נֹחַ מוּזְהָר עָלָיו וכו׳**: Descendants of Noah are liable for eating a limb from a living animal, whether from a kosher species or a non-kosher species (Rambam *Sefer Shofetim, Hilkhot Melakhim UMilḥemoteihem* 9:13).

BACKGROUND

A descendant of Noah is prohibited – **בֶּן נֹחַ מוּזְהָר**: There are seven universal laws binding on all humanity. These are: (1) The prohibition of idolatry. (2) The prohibition of murder. (3) The prohibition of incest, adultery, and certain other sexual deviancies. (4) The prohibition of robbery and kidnapping. (5) The prohibition of blasphemy. (6) The prohibition of eating a limb from a living animal. (7) The obligation to establish courts of law. A gentile who disobeys one of these mitzvot is liable to receive the death penalty if he lives under the rule of a Jewish state. Although the commonly accepted number for the Noahide laws is seven, some authorities have compiled more extensive lists consisting of up to thirty mitzvot (see 92a). The death penalty applies only to the seven listed here.

HALAKHA

A limb from a living animal requires an olive-bulk – אֵבֶר מִן הַחַי צָרִיךְ כַּזַּיִת: One who eats an olive-bulk of a limb from a living animal is flogged. Even if he ate an entire limb, the *halakha* is the same: If it was an olive-bulk, he is liable, but if it was less than an olive-bulk he is exempt. If he cut an olive-bulk of the meat, sinews, and bones of a limb and ate it as is, he is flogged, even though there is only a small amount of actual meat (Rambam *Sefer Kedusha*, *Hilkhot Ma'akhalot Assurot* 5:3).

אָמַר רַב שֵׁיזְבִי, אַף אֲנַן נַמִּי תְּנֵינָא: אָכַל אֵבֶר מִן הַחַי מִמֶּנָּה – אֵינוֹ סוֹפֵג אַרְבָּעִים, וְאֵין שְׁחִיטָה מְטַהַרְתָּהּ.

Rav Sheizvi said: We learn in the mishna **as well** that a gentile is prohibited from eating a limb from a living being even with regard to non-kosher species (*Teharot* 1:3): If one **ate a limb** severed **from a living** non-kosher bird, **he does not incur forty** lashes, **and slaughter does not purify it,** i.e., cause it to become permitted for consumption.

בְּמַאי? אִילֵימָא בְּיִשְׂרָאֵל – פְּשִׁיטָא דְּאֵין שְׁחִיטָה מְטַהַרְתָּהּ. אֶלָּא לָאו בִּבְנֵי נֹחַ, מִכְּלָל דְּאָסוּר.

Rav Sheizvi clarifies: **With regard to what** case does the mishna issue this ruling? **If we say** that it is referring **to a Jew** who ate the limb, it is **obvious that slaughter does not purify it,** because it is a non-kosher species and cannot be made kosher. **Rather** is it **not** referring **to descendants of Noah** and teaching that even after the bird is slaughtered the limb severed while it was alive remains forbidden? **By inference,** it is clear from the mishna **that it is prohibited** for a gentile to eat a limb severed from a living being even from a non-kosher species.

רַבִּי מָנִי בַּר פַּטִּישׁ רָמֵי רֵישָׁא אַסֵּיפָא, וּמְשַׁנֵּי: רֵישָׁא – בְּיִשְׂרָאֵל, וְסֵיפָא – בְּבֶן נֹחַ.

Rabbi Mani bar Pattish raises a contradiction between **the first clause** of that mishna, which states that one does not receive lashes for eating a limb severed from a living non-kosher bird, **and the latter clause** of the mishna, which states that a limb severed from a living non-kosher bird remains forbidden after the bird is slaughtered. The first clause indicates that the prohibition of eating a limb severed from a living creature applies only to kosher species, while the latter clause indicates that it applies also to non-kosher species. **And he answers** this contradiction by explaining that **the first clause** is referring **to a Jew and the latter clause** is referring **to a descendant of Noah.**

אָמַר רַב: אֵבֶר מִן הַחַי צָרִיךְ כַּזַּיִת, מַאי טַעְמָא – אֲכִילָה כְּתִיבָה בֵּיהּ.

§ The Gemara continues discussing the prohibition of eating a limb severed from a living creature. **Rav says: A limb** severed **from a living** animal **requires an olive-bulk**[H] in order to render one who eats it liable to receive lashes. **What is the reason** for this? It is because the term: **Eating, is written with regard to** the prohibition of a limb severed from a living animal, and the definition of eating is the consumption of at least one olive-bulk.

מֵתִיב רַב עַמְרָם: אָכַל אֵבֶר מִן הַחַי מִמֶּנָּה – אֵינוֹ סוֹפֵג אֶת הָאַרְבָּעִים וְאֵין שְׁחִיטָה מְטַהַרְתָּהּ. וְאִי סָלְקָא דַּעְתָּךְ בָּעֵינַן כַּזַּיִת, תִּיפּוֹק לֵיהּ דְּקָאָכַל כַּזַּיִת!

Rav Amram raises an objection from the mishna cited above (*Teharot* 1:3): If one **ate a limb** severed **from a living** non-kosher bird, **he does not incur the forty** lashes, **and slaughter does not purify it,** i.e., cause it to become permitted. **But if it enters your mind** that **we require an olive-bulk** in order for one to receive lashes for eating a limb severed from a living creature, that mishna must be referring to such a case; therefore, it should **emerge** that he is liable to receive lashes **because he ate an olive-bulk** of a non-kosher bird.

כִּדְאָמַר רַב נַחְמָן: בְּמַשֶּׁהוּ בָּשָׂר גִּידִין וַעֲצָמוֹת. הָכָא נַמִּי, בְּמַשֶּׁהוּ בָּשָׂר גִּידִין וַעֲצָמוֹת.

The Gemara answers: This can be explained **as Rav Naḥman said** with regard to another issue, that it is referring to a case **of** eating **a small amount of meat** together with **sinews and bones** and the total volume is an olive-bulk. **Here also,** the mishna is referring to a case **of** eating **a small amount of meat** together with **sinews and bones.**[N]

תָּא שְׁמַע, דְּאָמַר רַב:

The Gemara raises another challenge to Rav's statement that one receives lashes for eating a limb severed from a living animal only if he eats an olive-bulk: **Come** and **hear** a proof in this regard, **as Rav said:**

NOTES

A small amount of meat with sinews and bones – בְּמַשֶּׁהוּ בָּשָׂר גִּידִין וַעֲצָמוֹת: The commentaries explain that only the meat is actually prohibited. Nevertheless the sinews and bones combine with the meat to make a total of an olive-bulk. Since they are attached to the meat they combine with it, and in this way it is considered to be an entire limb. Consequently, the sinews and bones are counted toward the amount of an olive-bulk to render one liable to receive lashes for eating a limb severed from a living animal, but are not counted toward the amount of an olive-bulk with regard to the prohibition of eating the meat of a non-kosher animal.

אָכַל צִפּוֹר טְהוֹרָה, בְּחַיֶּיהָ – בְּכׇל שֶׁהוּא, בְּמִיתָתָהּ – בְּכַזַּיִת. וּטְמֵאָה, בֵּין בְּחַיֶּיהָ בֵּין בְּמִיתָתָהּ – בְּכׇל שֶׁהוּא! הָכָא נָמֵי: בְּמַשֶּׁהוּ בָּשָׂר גִּידִים וַעֲצָמוֹת.

If one **ate a kosher bird**[H] **alive,** one is punished with lashes **for any amount,** i.e., even if he ate less than an olive-bulk. If the bird **was dead** and was not ritually slaughtered, one is punished with lashes only if he ate **an olive-bulk. And** if one ate a whole bird of **a non-kosher** species, **whether** he ate it **when it was alive or dead,** he is punished with lashes **for any amount,** i.e., even if the bird contained less than an olive-bulk of meat. The Gemara answers: **Here also** explain that Rav's statement is referring to a case **of** eating **a small amount of meat** along with **sinews and bones,** and the total volume is an olive-bulk.

תָּא שְׁמַע: נָטַל צִפּוֹר שֶׁאֵין בּוֹ כַּזַּיִת וַאֲכָלוֹ – רַבִּי פּוֹטֵר, וְרַבִּי אֶלְעָזָר בַּר רַבִּי שִׁמְעוֹן מְחַיֵּיב. אָמַר רַבִּי אֶלְעָזָר בְּרַבִּי שִׁמְעוֹן: קַל וָחוֹמֶר, עַל אֵבֶר מִמֶּנָּה – חַיָּיב, עַל כּוּלָּהּ – לֹא כׇּל שֶׁכֵּן! חֲנָקָהּ וַאֲכָלָהּ – דִּבְרֵי הַכֹּל בְּכַזַּיִת.

Come and **hear** another challenge based upon a *baraita*: With regard to one who **took** a live **bird** of a kosher species **that did not** have a volume of **an olive-bulk and ate it, Rabbi** Yehuda HaNasi **exempts** him from lashes **and Rabbi Elazar bar Rabbi Shimon deems** him **liable** for lashes. **Rabbi Elazar, son of Rabbi Shimon, said:** He should be liable based upon **an** ***a fortiori*** inference:[B] If one **is liable** to receive lashes **for** eating **a limb of** a living animal, **all the more so** is it **not** clear that one is liable to receive lashes **for** eating **all of it?** The *baraita* concludes: With regard to one who **strangled** the bird **and ate it, everyone agrees** that he is liable to receive lashes only if it had the volume **of an olive-bulk.**

עַד כָּאן לָא פְּלִיגִי אֶלָּא דְּמָר סָבַר – בְּחַיֶּיהָ לְאֵבָרִים עוֹמֶדֶת, וּמָר סָבַר – בְּחַיֶּיהָ לָאו לְאֵבָרִים עוֹמֶדֶת.

The Gemara analyzes the *baraita*: Rabbi Yehuda HaNasi and Rabbi Elazar, son of Rabbi Shimon, **disagree only with regard to** one who ate an entire live bird, **as one Sage,** Rabbi Elazar, son of Rabbi Shimon, **holds** that even **during its life** all creatures **stand** to be divided **into limbs,** i.e., they will ultimately be cut into pieces. Consequently, each of its limbs is considered a separate entity, and even if one eats a limb without first separating it from the rest of the body, one violates the prohibition of eating a limb from a living being. **And** one **Sage,** Rabbi Yehuda HaNasi, **holds** that **during its life** it **does not stand** to be divided **into limbs.** Therefore, one does not violate the prohibition of eating a limb from a living being unless he severs a limb from the body.

דְּכוּלֵּי עָלְמָא מִיהָא לָא בָּעֵינַן כַּזַּיִת! אָמַר רַב נַחְמָן: בְּמַשֶּׁהוּ בָּשָׂר גִּידִים וַעֲצָמוֹת.

But **in any event, everyone** agrees that **we do not require** one to eat **an olive-bulk** of meat in order to be liable for lashes for eating a limb from a living being, which is the basis of the *a fortiori* inference of Rabbi Elazar, son of Rabbi Shimon. **Rav Naḥman says** in response: Explain that the *baraita* is referring to a case **where** one ate **a small amount of meat** together with **sinews and bones,** making a total of an olive-bulk.

וּמִי אִיכָּא מִידֵּי דִּבְכוּלֵּיהּ לֵית בֵּיהּ כַּזַּיִת בָּשָׂר, וּבְחַד אֵבֶר אִית כַּזַּיִת בְּמַשֶּׁהוּ בָּשָׂר גִּידִין וַעֲצָמוֹת? אָמַר רַב שֵׁרֵבְיָא: אִין, בְּקַלְנִיתָא.

The Gemara challenges this answer: **But is there any** bird **that does not have an olive-bulk of meat in its whole** body, **but in one limb it has an olive-bulk** of the combination of **a small amount of meat** together with **sinews and bones? Rav Sherevya said: Yes,** this is the case **with regard to the** ***kelanita***,[B] a bird that is very small and scrawny.

HALAKHA

If one ate a kosher bird – אָכַל צִפּוֹר טְהוֹרָה: One who eats an entire live bird of a kosher species is punished with lashes for violating the prohibition of consuming an unslaughtered carcass, even if he ate less than an olive-bulk. If he ate the bird after it had died he is liable only if he ate an olive-bulk. If the entirety of the bird was an olive-bulk even though the amount of meat is less, he is still liable for the consumption of an unslaughtered carcass. Although the Gemara indicates that in these cases one is liable for violating the prohibition against eating a limb from a living animal, the later commentaries discuss how the ruling of the Rambam can be reconciled with the Gemara (Rambam *Sefer Kedusha, Hilkhot Ma'akhalot Assurot* 4:3, and *Leḥem Mishne* and *Ḥiddushei Rabbeinu Ḥayyim HaLevi al HaRambam* there).

BACKGROUND

A fortiori **inference – קַל וָחוֹמֶר:** One of the fundamental principles of rabbinic exegesis, the *a fortiori* inference appears in all of the standard lists of exegetical principles. It is a principle of logical argumentation where a comparison is drawn between two cases, one more lenient and the other more stringent. The *a fortiori* inference asserts that if the *halakha* is stringent in a case where the ruling is usually lenient, then all the more so will it be stringent in a more stringent case. Likewise, if the *halakha* is lenient in a case where the ruling is not usually lenient, then it will certainly be lenient in a less stringent case. *A fortiori* argumentation appears in the Bible, and the Sages compiled lists of verses in which *a fortiori* inferences appear. For example: "If you have run with the foot-soldiers, and they have wearied you, how can you contend with horses?" (Jeremiah 12:5).

Kelanita **– קַלְנִיתָא:** Various explanations have been offered for the origin of this term. It is possibly Greek for swallow or Persian for starling, but these birds do not fit the descriptions here. Some commentaries suggest that this is referring to a sea bird, e.g., the petrel, which is bony and scrawny and whose meat is tough and virtually inedible.

HALAKHA

A non-kosher bird, whether when it is alive or dead – **טְמֵאָה בֵּין בְּחַיֶּיהָ בֵּין בְּמִיתָתָהּ**: One who eats an entire non-kosher entity is punished with lashes by Torah law. This is the *halakha* whether it was alive or dead, and even if its volume is less than that of a mustard seed, in accordance with the opinion of Rav (Rambam *Sefer Kedusha, Hilkhot Ma'akhalot Assurot* 2:21).

This is a limb from a living animal – **זֶה אֵבֶר מִן הַחַי**: The Sages learned as a tradition that when the Torah states: "You shall not eat the life with the flesh" (Deuteronomy 12:23), it is referring to a limb severed from a living animal. With regard to eating such a limb the Torah states that God told Noah: "Only flesh with its life, which is its blood, you shall not eat" (Genesis 9:4). This is in accordance with the opinion of Rabbi Yoḥanan (Rambam *Sefer Kedusha, Hilkhot Ma'akhalot Assurot* 5:1).

This is flesh severed from the living – **זֶה בָּשָׂר מִן הַחַי**: Flesh severed from the living is forbidden by the verse: "And you shall not eat any flesh that is torn in the field" (Exodus 22:30). Even if flesh is disconnected but remains within the animal, e.g., if one severs part of the animal's spleen or one kidney, and leaves it inside the animal, it is forbidden due to the prohibition of eating a limb from a living animal. This is in accordance with the opinion of Rabbi Yoḥanan (Rambam *Sefer Kedusha, Hilkhot Ma'akhalot Assurot* 4:10; *Shulḥan Arukh, Yoreh De'a* 62:2).

אֵימָא סֵיפָא: חֲנָקָהּ וַאֲכָלָהּ – דִּבְרֵי הַכֹּל בִּכְזַיִת. וְהָא קְלָנִיתָא עוֹף טָמֵא הוּא, וְאָמַר רַב: טְמֵאָה בֵּין בְּחַיֶּיהָ בֵּין בְּמִיתָתָהּ – בְּמַשֶּׁהוּ! אֶלָּא: כְּעֵין קְלָנִיתָא.

The Gemara challenges this answer that the *baraita* is referring to a *kelanita*. **Say the latter clause:** With regard to one who **strangled** the bird **and ate it, everyone agrees** that he is liable to receive lashes only if it had the volume of **an olive-bulk. But a *kelanita* is a non-kosher bird, and Rav says:** If one eats a whole **non-kosher** bird, **whether** he eats it **when it is alive or dead,**[H] he is punished with lashes **for** eating **any amount.** The Gemara answers: The *baraita* is not referring to an actual *kelanita*, but **rather** to a kosher species of bird **similar** to a ***kelanita*** in that it is small and scrawny.

אֲמַר רָבָא: אִם תִּימְצֵי לוֹמַר סָבַר רַבִּי מַחֲשֶׁבֶת אוֹכָלִין שְׁמָהּ מַחֲשָׁבָה, חִישֵּׁב לְאוֹכְלָהּ אֵבֶר אֵבֶר, וַאֲכָלָהּ כּוּלָּהּ – חַיָּיב.

§ The Gemara above cited a dispute between Rabbi Yehuda HaNasi and Rabbi Elazar, son of Rabbi Shimon, with regard to one who eats an entire live kosher bird that is less than an olive-bulk. With regard to the opinion of Rabbi Yehuda HaNasi, who holds that an entire bird is not considered to be a limb and is therefore not included in the prohibition of eating a limb from a living animal, **Rava said: If you say** that **Rabbi** Yehuda HaNasi **holds** that **thought** with regard to **food is considered thought,** i.e., one's thoughts have halakhic significance in determining a food's status, then in a case where one **thought to eat** the bird **limb** by **limb, and** instead **ate it all** at once, Rabbi Yehuda HaNasi would hold that he is **liable** for transgressing the prohibition of eating a limb from a living animal.

אֲמַר לֵיהּ אַבַּיֵי: וּמִי אִיכָּא מִידֵּי, דְּאִילּוּ אָכֵיל לֵיהּ אַחֵר – לָא מִיחַיַּיב, וְאָכֵיל לֵיהּ הַאי – מִיחַיַּיב? אֲמַר לֵיהּ: זֶה לְפִי מַחְשַׁבְתּוֹ וְזֶה לְפִי מַחְשַׁבְתּוֹ.

Abaye said to Rava: **But is there anything** with regard to which **if another** person **ate it he would not be liable, but if this** person **ate it he is liable?** Rava **said to** Abaye: There can be different outcomes for different people who perform the same act, as **this** individual's action is judged **according to his thought and that** individual's action is judged **according to his thought.**

וְאָמַר רָבָא: אִם תִּמְצֵי לוֹמַר סָבַר רַבִּי אֶלְעָזָר בַּר רַבִּי שִׁמְעוֹן מַחֲשֶׁבֶת אוֹכָלִין שְׁמָהּ מַחֲשָׁבָה, חִישֵּׁב לְאוֹכְלָהּ מֵתָה, וַאֲכָלָהּ חַיָּה – פָּטוּר.

And Rava also **said: If you say** that **Rabbi Elazar bar Rabbi Shimon holds** that **thought** with regard to **food is considered thought,** then in a case where one at first **intended to eat** the entire bird after it had **died, but** ultimately he **ate it alive,** Rabbi Elazar bar Rabbi Shimon would hold that he is **exempt** from lashes, as according to his thought it does not stand to be divided into limbs while alive.

אֲמַר לֵיהּ אַבַּיֵי: וּמִי אִיכָּא מִידֵּי, דְּאִילּוּ אָכֵיל לֵיהּ אַחֵר – מִחַיַּיב, וְאָכֵיל לֵיהּ הַאי – פָּטוּר? אֲמַר לֵיהּ: זֶה לְפִי מַחְשַׁבְתּוֹ וְזֶה לְפִי מַחְשַׁבְתּוֹ.

Abaye said to Rava: **But is there anything that if another** person **ate it he would be liable, but if** this person **ate it he is exempt?** Rava **said to** Abaye: **This** individual's action is judged **according to his thought and that** individual's action is judged **according to his thought.**

אָמַר רַבִּי יוֹחָנָן: "לֹא תֹאכַל הַנֶּפֶשׁ עִם הַבָּשָׂר" – זֶה אֵבָר מִן הַחַי, "וּבָשָׂר בַּשָּׂדֶה טְרֵפָה לֹא תֹאכֵלוּ" – זֶה בָּשָׂר מִן הַחַי וּבָשָׂר מִן הַטְּרֵפָה.

§ The Gemara discusses the source of the prohibition of eating a limb from a living animal. **Rabbi Yoḥanan says: "You shall not eat the life with the flesh"** (Deuteronomy 12:23); **this** is the source for the prohibition of eating **a limb from a living** animal.[H] And the verse: **"And you shall not eat any flesh that is torn in the field"** (Exodus 22:30); **this** is the source for the prohibition of eating **flesh** severed **from the living**[H] **and flesh** severed **from a *tereifa*,** even if it is not an entire limb.

וְרַבִּי שִׁמְעוֹן בֶּן לָקִישׁ אָמַר: "לֹא תֹאכַל הַנֶּפֶשׁ עִם הַבָּשָׂר" – זֶה אֵבָר מִן הַחַי וּבָשָׂר מִן הַחַי, "וּבָשָׂר בַּשָּׂדֶה טְרֵפָה לֹא תֹאכֵלוּ" – זֶה בָּשָׂר מִן הַטְּרֵפָה.

And Rabbi Shimon ben Lakish says: "You shall not eat the life with the flesh" (Deuteronomy 12:23); **this** is the source for the prohibitions of eating **a limb from a living** animal **and** of eating **flesh** severed **from the living.**[N] And the verse: **"And you shall not eat any flesh that is torn in the field"** (Exodus 22:30); **this** is the source for the prohibition of eating **flesh** severed **from a *tereifa*.**

NOTES

This is a limb from a living animal and flesh severed from the living – **זֶה אֵבָר מִן הַחַי וּבָשָׂר מִן הַחַי**: According to Reish Lakish the prohibition of "You shall not eat" applies both to the term that immediately follows, "the life," which refers to the prohibition of eating a limb from a living animal, and also to the entire phrase "the life with the flesh," which prohibits flesh severed from the living (Rashi). The later authorities point out that this derivation is in accordance with Ibn Ezra's interpretive method to many verses (e.g., Genesis 2:8, 19, 20) where he states that sometimes a phrase draws one concept and the subsequent one, meaning that one phrase can refer both to the phrase that immediately follows as well as the phrase after that (*Halakhot Ketannot*).

אָכַל אֵבֶר מִן הַחַי וּבָשָׂר מִן הַחַי, לְרַבִּי יוֹחָנָן – חַיָּיב שְׁתַּיִם, לְרַבִּי שִׁמְעוֹן בֶּן לָקִישׁ – אֵינוֹ חַיָּיב אֶלָּא אַחַת. אָכַל בָּשָׂר מִן הַחַי וּבָשָׂר מִן הַטְּרֵפָה, לְרַבִּי שִׁמְעוֹן בֶּן לָקִישׁ – חַיָּיב שְׁתַּיִם, לְרַבִּי יוֹחָנָן – אֵינוֹ חַיָּיב אֶלָּא אַחַת. אָכַל אֵבֶר מִן הַחַי וּבָשָׂר מִן הַטְּרֵפָה – לְדִבְרֵי הַכֹּל חַיָּיב שְׁתַּיִם.

The Gemara clarifies the difference between these two opinions. If one **ate a limb from a living** animal **and flesh** severed **from the living,** then **according to** the opinion of **Rabbi Yoḥanan he is liable** to receive **two** sets of lashes but **according to** the opinion of **Rabbi Shimon ben Lakish he is liable** to receive **only one** set of lashes. Conversely, if one **ate flesh** severed **from the living and flesh** severed **from a *tereifa*,** then **according to** the opinion of **Rabbi Shimon ben Lakish he is liable** to receive **two** sets of lashes but **according to** the opinion of **Rabbi Yoḥanan he is liable to** receive **only one** set of lashes. If one **ate a limb from a living** animal **and flesh** severed **from a *tereifa*, everyone agrees** that he is **liable** to receive **two** sets of lashes.

וּרְמִינְהוּ:

And the Gemara **raises a contradiction** to the claim that everyone agrees that one who eats both a limb from a living animal and flesh severed from a *tereifa* is liable to receive two sets of lashes, based upon the following statement:

Perek **VII**
Daf **103** Amud **a**

אָכַל אֵבֶר מִן הַחַי מִן הַטְּרֵפָה, רַבִּי יוֹחָנָן אָמַר: חַיָּיב שְׁתַּיִם, וְרַבִּי שִׁמְעוֹן בֶּן לָקִישׁ אָמַר: אֵינוֹ חַיָּיב אֶלָּא אַחַת.

With regard to one who **ate a limb from a living** animal that is **a *tereifa*, Rabbi Yoḥanan says:** He is **liable** to receive **two** sets of lashes, **and Rabbi Shimon ben Lakish says: He is liable** to receive **only one** set of lashes.

בִּשְׁלָמָא לְרַבִּי יוֹחָנָן – נִיחָא, אֶלָּא לְרַבִּי שִׁמְעוֹן בֶּן לָקִישׁ קַשְׁיָא!

The Gemara comments: **Granted, according to** the opinion of **Rabbi Yoḥanan,** this **works out well** because the prohibitions of eating a limb from a living animal and of eating flesh severed from a *tereifa* are derived from two different verses. **But according to** the opinion of **Rabbi Shimon ben Lakish,** it is **difficult;** why does he hold that the individual receives only one set of lashes?

אָמַר רַב יוֹסֵף: לָא קַשְׁיָא, כָּאן – בִּבְהֵמָה אַחַת, כָּאן – בִּשְׁתֵּי בְּהֵמוֹת. בִּשְׁתֵּי בְּהֵמוֹת – מִיחַיֵּיב שְׁתַּיִם, בִּבְהֵמָה אַחַת – פְּלִיגִי.

Rav Yosef said: This is **not difficult. Here** it is referring **to one animal,** but **there** it is referring **to two animals.** Rav Yosef clarifies: **In** a case of **two animals,** e.g., where one ate a limb from a living animal and flesh severed from a different animal that was a *tereifa*, everyone agrees that **he is liable** to receive **two** sets of lashes. But **in** a case where he ate from **one animal,** e.g., he ate a limb severed from a live *tereifa* animal, Rabbi Yoḥanan and Rabbi Shimon ben Lakish **disagree.**

בִּבְהֵמָה אַחַת בְּמַאי פְּלִיגִי? אָמַר אַבָּיֵי: כְּגוֹן שֶׁנִּטְרְפָה עִם יְצִיאַת רוּבָּהּ. מָר סָבַר: בְּהֵמָה בְּחַיֶּיהָ לְאֵבָרִים עוֹמֶדֶת, וְאִיסּוּר טְרֵפָה וְאִיסּוּר אֵבֶר בַּהֲדֵי הֲדָדֵי קָאָתוּ.

The Gemara asks: **With regard to** the case of **one animal, in what** case **do they disagree? Abaye said:** They disagree, **for example,** in a case where the animal **became a *tereifa* as the majority of it emerged** from its mother's womb. **One Sage,** Rabbi Yoḥanan, **holds** that **an animal,** even **during its life, stands to** be divided into **limbs,** and therefore each of its limbs is considered a separate entity; **and** here **the prohibition of** eating **a *tereifa* and the prohibition of** eating **a limb** from a living animal **come** into effect **at the same time.** Consequently, both prohibitions apply.

וּמָר סָבַר: בְּהֵמָה בְּחַיֶּיהָ לָאו לְאֵבָרִים עוֹמֶדֶת, וְלָא אָתֵי אִיסּוּר אֵבֶר חָיֵיל אַאִיסּוּר טְרֵפָה.

And one Sage, Rabbi Shimon ben Lakish, **holds** that **during its life an animal does not stand** to be divided into **limbs.** Consequently, although the prohibition of eating a *tereifa* comes into effect when it is born, the prohibition of eating a limb from a living animal does not take effect until the limb is actually severed from the animal, **and** at that point **the prohibition of a limb** from a living animal **does not come and take effect upon the** already existing **prohibition of a *tereifa*.**

וְאִיבָּעֵית אֵימָא, דְּכוּלֵּי עָלְמָא – בְּהֵמָה בְּחַיֶּיהָ לָאו לְאֵבָרִים עוֹמֶדֶת, וּבְמֵיתֵי אִיסּוּר אֵבֶר מֵיחַל אַאִיסּוּר טְרֵפָה קָא מִיפַּלְגִי. מָר סָבַר: אָתֵי אִיסּוּר אֵבֶר חָיֵיל אַאִיסּוּר טְרֵפָה. וּמָר סָבַר: לָא אָתֵי אִיסּוּר אֵבֶר חָיֵיל אַאִיסּוּר טְרֵפָה.

And if you wish, say instead **that everyone agrees** that **during its life an animal does not stand** to be divided into **limbs, and they disagree with regard to** whether **the prohibition of a limb** from a living animal **comes and takes effect upon the** already existing **prohibition of a *tereifa*.** One **Sage,** Rabbi Yoḥanan, **holds** that **the prohibition of** eating **a limb** from a living animal, which applies to gentiles as well as to Jews, **comes and takes effect upon the** already existing **prohibition of** eating **a *tereifa*. And one Sage,** Rabbi Shimon ben Lakish, **holds** that **the prohibition of** eating **a limb** from a living animal **does not come and take effect upon the** already existing **prohibition of** eating **a *tereifa*.**

אִיבָּעֵית אֵימָא, דְּכוּלֵּי עָלְמָא – בְּהֵמָה בְּחַיֶּיהָ לְאֵבָרִים עוֹמֶדֶת, וּכְגוֹן שֶׁנִּטְרְפָה לְאַחַר מִכָּאן, וּבְמֵיתֵי אִיסּוּר טְרֵפָה חָיֵיל אַאִיסּוּר אֵבֶר קָא מִיפַּלְגִי.

And **if you wish, say** instead **that everyone agrees** that **an animal,** even **during its life, stands to** be divided into **limbs, and** the dispute is about a case **where** the animal **became a *tereifa* afterward,** i.e., after it was born, **and they disagree** with regard to whether **the prohibition of a *tereifa* comes and takes effect upon the** already existing **prohibition of a limb** from a living animal.

מָר סָבַר: אָתֵי וְחָיֵיל. וּמָר סָבַר: לָא אָתֵי וְחָיֵיל.

One **Sage,** Rabbi Yoḥanan, **holds** that the prohibition of eating a *tereifa* **comes and takes effect** in addition to the already existing prohibition of eating a limb from a living animal. **And** one **Sage,** Rabbi Shimon ben Lakish, **holds** that the prohibition of eating a *tereifa* **does not come and take effect** in addition to the already existing prohibition of eating a limb from a living animal.

רָבָא אָמַר: כְּגוֹן שֶׁתָּלַשׁ מִמֶּנָּה אֵבֶר וּטְרָפָהּ בּוֹ. מָר סָבַר: בְּהֵמָה בְּחַיֶּיהָ לְאֵבָרִים אֵינָהּ עוֹמֶדֶת, אִיסּוּר אֵבֶר וְאִיסּוּר טְרֵפָה בַּהֲדֵי הֲדָדֵי קָאָתוּ.

Rava says an alternative explanation: This is referring to a case **where he severed a limb from** the animal **and** thereby **rendered** the animal **a *tereifa*.**[H] One **Sage,** Rabbi Yoḥanan, **holds** that **during its life, an animal does not stand to** be divided into **limbs.** Consequently, **the prohibition of a limb** from a living animal **and the prohibition of a *tereifa* come** into effect **at the same time.**

וּמָר סָבַר: בְּהֵמָה בְּחַיֶּיהָ לְאֵבָרִים עוֹמֶדֶת, וְלָא אָתֵי אִיסּוּר טְרֵפָה חָיֵיל אַאִיסּוּר אֵבֶר.

And one **Sage,** Rabbi Shimon ben Lakish, **holds** that even **during its life, an animal stands to** be divided into **limbs,** and therefore the prohibition of eating a limb from a living animal takes effect when the animal is born. Consequently, **the prohibition of a *tereifa* does not come and take effect upon the** already existing **prohibition of a limb** from a living animal.

אָמַר רַבִּי חִיָּיא בַּר אַבָּא, אָמַר רַבִּי יוֹחָנָן: אָכַל חֵלֶב מִן הַחַי מִן הַטְּרֵפָה – חַיָּיב שְׁתַּיִם. אָמַר לֵיהּ רַבִּי אַמֵּי: וְלֵימָא מָר "שָׁלֹשׁ", שֶׁאֲנִי אוֹמֵר "שָׁלֹשׁ". אִיתְּמַר נָמֵי, אָמַר רַבִּי אֲבָהוּ, אָמַר רַבִּי יוֹחָנָן: אָכַל חֵלֶב מִן הַחַי מִן הַטְּרֵפָה חַיָּיב שָׁלֹשׁ.

§ **Rabbi Ḥiyya bar Abba says** that **Rabbi Yoḥanan says:** If one **ate** forbidden **fat from a living** animal that **is a *tereifa***[N] he is **liable** to receive **two** sets of lashes. **Rabbi Ami said to him: But let the Master say** that he is liable to **three** sets of lashes, **because I say** that the correct version of Rabbi Yoḥanan's statement is that he is liable to **three** sets of lashes. **It was also stated: Rabbi Abbahu says** that **Rabbi Yoḥanan says:** If one **ate** forbidden **fat from a living** animal that is **a *tereifa*** he is **liable** to **three**[H] sets of lashes.

בְּמַאי קָמִיפַּלְגִי? כְּגוֹן שֶׁנִּטְרְפָה עִם יְצִיאַת רוּבָּהּ. מַאן דְּאָמַר שָׁלֹשׁ, קָסָבַר: בְּהֵמָה בְּחַיֶּיהָ לְאֵבָרִים עוֹמֶדֶת, דְּאִיסּוּר חֵלֶב וְאִיסּוּר אֵבֶר וְאִיסּוּר טְרֵפָה בַּהֲדֵי הֲדָדֵי קָאָתוּ.

The Gemara asks: **With regard to what** principle **do** Rabbi Ḥiyya bar Abba and Rabbi Ami **disagree?** They disagree in a case **where** the animal **became a *tereifa* as the majority of it emerged** from its mother's womb; **the one who said** that he is liable to **three** sets of lashes **holds** that even **during its life an animal stands to** be divided into **limbs,** and each of its limbs is considered as a separate entity, **so that the prohibition of** eating forbidden **fat, the prohibition of** eating **a limb** from a living animal, **and the prohibition of** eating **a *tereifa* come** into effect **at the same time.**

וּמַאן דְּאָמַר שְׁתַּיִם קָסָבַר: בְּהֵמָה בְּחַיֶּיהָ לָאו לְאֵבָרִים עוֹמֶדֶת, וְאִיסּוּר חֵלֶב וְאִיסּוּר טְרֵפָה – אִיכָּא, אִיסּוּר אֵבֶר – לָא אָתֵי חָיֵיל.

And the one who said that he is liable to **two** sets of lashes **holds** that **during its life, an animal does not stand to** be divided into **limbs,** i.e., its limbs are not considered separate entities while the animal is alive. Consequently, **the prohibition of** eating forbidden **fat and the prohibition of** eating **a *tereifa*** animal **apply,** as they came into effect at the same time, when the animal was born. By contrast, **the prohibition of** eating **a limb** from a living animal **does not come and take effect,** due to the fact that other prohibitions already apply.

HALAKHA

Where he severed a limb from it and rendered it a *tereifa* – שֶׁתָּלַשׁ מִמֶּנָּה אֵבֶר וּטְרָפָהּ בּוֹ: If one removes a limb from a living animal, thereby rendering the animal a *tereifa*, and then eats the limb, he is liable for the violation of two prohibitions: The consumption of a limb from a living animal and the consumption of a *tereifa*. This is because both prohibitions take effect simultaneously. This ruling is in accordance with Rava's explanation of Rabbi Yoḥanan's opinion (Rambam *Sefer Kedusha*, *Hilkhot Ma'akhalot Assurot* 5:5).

If one ate forbidden fat from a living animal that is a *tereifa* he is liable to three – אָכַל חֵלֶב מִן הַחַי מִן הַטְּרֵפָה חַיָּיב שָׁלֹשׁ: One who removes forbidden fat from a living animal, thereby rendering the animal a *tereifa*, and eats the fat, receives three sets of lashes: One for eating forbidden fat, one for eating a limb from a living animal, and one for eating meat from a *tereifa* (Rambam *Sefer Kedusha*, *Hilkhot Ma'akhalot Assurot* 5:5).

NOTES

If one ate forbidden fat from a living animal that is a *tereifa* – אָכַל חֵלֶב מִן הַחַי מִן הַטְּרֵפָה: Early commentaries dispute the meaning of this statement. Some write that it is referring to one who eats a kidney with its fat, as consumption of the kidney violates the prohibition of eating a limb from a living animal, and one would therefore be liable for a total of three violations: Eating a limb from a living animal, eating forbidden fat, and eating from a *tereifa*. When eating other forbidden fat that is not together with a limb, one would be liable for only two violations, as the prohibitions against eating flesh severed from a living animal and eating from a *tereifa* are both derived from the same verse and do not come into effect simultaneously (Ramban). Other early commentaries hold that the forbidden fat itself is defined as a limb, and when one consumes any forbidden fat he is liable for eating a limb from a living animal (Rashba; Rambam).

וְאִי בָּעֵית אֵימָא: דְּכוּלֵּי עָלְמָא – בְּהֵמָה בְּחַיֶּיהָ לָאו לְאֵבָרִים עוֹמֶדֶת, וּבְמֵיתֵי אִיסּוּר אֵבֶר וְחָיֵיל אַאִיסּוּר חֵלֶב וְאַאִיסּוּר טְרֵפָה קָא מִיפַּלְגִי. מָר סָבַר: אָתֵי חָיֵיל, וּמָר סָבַר: לָא אָתֵי חָיֵיל.

And if you wish, say instead **that everyone agrees** that **during its life an animal does not stand to** be divided into **limbs,** and each of its limbs is not considered as a separate entity. **But they disagree with regard to** whether **the prohibition of** eating **a limb** from a living animal **comes and takes effect upon the** already existing **prohibition of eating** forbidden **fat and the** already existing **prohibition of** eating a ***tereifa***. One **Sage,** Rabbi Ami, **holds** that it does **come and take effect, and** one **Sage,** Rabbi Ḥiyya bar Abba, **holds** that **it does not come and take effect.**

וְאִי בָּעֵית אֵימָא: דְּכוּלֵּי עָלְמָא – בְּהֵמָה בְּחַיֶּיהָ לְאֵבָרִים עוֹמֶדֶת, וּכְגוֹן שֶׁנִּטְרְפָה לְאַחַר מִכָּאן, וּבְמֵיתֵי אִיסּוּר טְרֵפָה מֵיחַל אַאִיסּוּר אֵבֶר קָא מִיפַּלְגִי.

And if you wish, say instead **that everyone agrees** that **during its life an animal stands to** be divided into **limbs, and** it is a case **where** the animal **became a** ***tereifa*** **afterward,** i.e., after it was born; **and they disagree with regard to** whether **the prohibition of** eating a *tereifa* **comes and takes effect upon the** already existing **prohibition of** eating **a limb** from a living animal.

מָר סָבַר: אָתֵי חָיֵיל, מִידֵּי דַּהֲוָה אַחֵלֶב. דְּאָמַר מָר: הַתּוֹרָה אָמְרָה, יָבֹא אִיסּוּר נְבֵלָה יָחוּל עַל אִיסּוּר חֵלֶב, וְיָבֹא אִיסּוּר טְרֵפָה יָחוּל עַל אִיסּוּר חֵלֶב.

One **Sage,** Rabbi Ami, **holds** that it does **come and take effect, just as is** the *halakha* **with** forbidden **fat. As the Master said** that in the verse: "And the fat of a carcass, and the fat of a *tereifa* may be used for any other service; but you shall in no way eat of it" (Leviticus 7:24), **the Torah said: Let the prohibition of** eating **a carcass come and take effect upon the prohibition of** eating forbidden **fat,** despite the fact that the prohibition of forbidden fat came into effect first. **And** similarly, the word "*tereifa*" teaches: **Let the prohibition of** eating a ***tereifa*** **come and take effect upon the prohibition of** eating forbidden **fat.** Consequently, one who eats forbidden fat from a *tereifa* is liable to receive two sets of lashes. Rabbi Ami holds that just as the prohibition of eating a *tereifa* takes effect in addition to the prohibition of eating forbidden fat, it also takes effect in addition to the prohibition of eating a limb from a living animal.

וְאִידָּךְ – אַחֵלֶב הוּא דְּחַיָּיב, דְּהוּתַּר

And the other Sage, Rabbi Ḥiyya bar Abba, holds **that it is** only the prohibition of eating forbidden **fat for which he is liable** in addition to being liable for the prohibition of eating a *tereifa*. The prohibition of eating a *tereifa* takes effect in addition to the prohibition of eating forbidden fat **because** with regard to the latter, there are **permitted** circumstances that serve as exceptions

מִכְּלָלוֹ. אֲבָל אֵבֶר, דְּלָא הוּתַּר מִכְּלָלוֹ – לָא.

to its general prohibition, as the fat of an undomesticated animal is permitted. **But** with regard to **a limb** from a living animal, **where** there are **no permitted** circumstances to **its general prohibition,** the prohibition of consuming a *tereifa* does **not** take effect.

כִּי אֲתָא רַב דִּימִי אָמַר, בְּעָא מִינֵּיהּ רַבִּי שִׁמְעוֹן בֶּן לָקִישׁ מֵרַבִּי יוֹחָנָן: חִלְּקוֹ מִבַּחוּץ מַהוּ? אָמַר לֵיהּ: פָּטוּר.

§ The Gemara continues its discussion of the prohibition against eating a limb from a living animal. **When Rav Dimi came** from Eretz Yisrael to Babylonia, **he said: Rabbi Shimon ben Lakish inquired of Rabbi Yoḥanan:** If one took from a living animal a limb that was an olive-bulk and **divided it** into two pieces **when it was outside** his mouth and ate each piece separately, **what is** the *halakha*?[N] Rabbi Yoḥanan **said to him:** He is **exempt.**

NOTES

If one took a limb and divided it when it was outside his mouth, what is the *halakha* – חִלְּקוֹ מִבַּחוּץ מַהוּ: Rashi explains the question as follows: Do the two pieces combine to total a full olive-bulk, similar to other prohibitions, where one is considered to have eaten a full olive-bulk even if he ate the pieces in separate bites, as long as he ate them in close proximity to each other? Or perhaps, since the prohibition of eating a limb from a living animal is novel in that one is liable for eating sinews and bones, perhaps one is liable only for eating an olive-bulk all at once.

Reish Lakish then asked Rabbi Yoḥanan: If he placed an olive-bulk of a limb from a living animal **inside** his mouth and then divided it and swallowed the two parts separately, **what** is the *halakha*?[H] Rabbi Yoḥanan **said to him:** He is **liable** to receive lashes.

מִבִּפְנִים מַאי? אֲמַר לֵיהּ: חַיָּיב.

When Ravin came from Eretz Yisrael to Babylonia he **said** an alternative version of this discussion. If one took from a living animal a limb that was an olive-bulk and **divided it** into two pieces **when it was outside** his mouth, and he then ate each piece separately, he is **exempt.** If he divided the limb into two parts **inside** his mouth, **Rabbi Yoḥanan says** that he is **liable, and Reish Lakish says** that he is **exempt.**

כִּי אֲתָא רָבִין אֲמַר, חִלְּקוֹ מִבַּחוּץ – פָּטוּר. מִבִּפְנִים – רַבִּי יוֹחָנָן אָמַר: חַיָּיב, וְרֵישׁ לָקִישׁ אָמַר: פָּטוּר.

Rabbi Yoḥanan says he is **liable** because his **throat derives pleasure from an olive-bulk** of a limb from a living animal. **And Reish Lakish says** that he is **exempt** because in order to be liable **we require** an act of **eating** that contains the requisite amount, i.e., an olive-bulk, when it enters **his stomach, and** in this case **there is not** a full olive-bulk that enters his stomach at one time.

רַבִּי יוֹחָנָן אָמַר חַיָּיב – הֲרֵי נֶהֱנָה גְּרוֹנוֹ בִּכְזַיִת. וְרֵישׁ לָקִישׁ אָמַר פָּטוּר – אֲכִילָה בְּמֵעָיו בָּעֵינַן, וְלֵיכָּא!

The Gemara asks: According to the opinion of Rabbi Yoḥanan it is clear how one can be liable for eating an olive-bulk of a limb from a living animal. **But according to Rabbi Shimon ben Lakish, how can you find** a case **where** one will **be liable** for eating a limb from a living animal, since the food is generally broken up before he swallows it? **Rav Kahana said:** One would be liable **in** a case where he eats **a small bone**[BN] that contains an olive-bulk of meat, bone and sinew all together, and that he can swallow whole.

אֶלָּא, לְרַבִּי שִׁמְעוֹן בֶּן לָקִישׁ, הֵיכִי מַשְׁכַּחַתְּ לַהּ דְּמִחַיֵּיב? אָמַר רַב כָּהֲנָא: בִּגְרוֹמִיתָא זְעֵירְתָא.

As quoted above, Rabbi Yoḥanan and Reish Lakish agree that if one divides a limb from a living animal before placing it in his mouth, he is not liable for eating it. The Gemara adds: **But Rabbi Elazar says: Even** if one **divided** the limb **outside** his mouth he is **liable.**[H] This is because the fact that the two pieces are **lacking** in **proximity** to each other as they are placed in one's mouth is **not comparable to lacking an action,** i.e., it is not comparable to a case where he ate only half an olive-bulk. Since he ate an entire olive-bulk, he is liable.

וְרַבִּי אֶלְעָזָר אָמַר: אֲפִילּוּ חִלְּקוֹ מִבַּחוּץ – נָמֵי חַיָּיב, מְחוּסַּר קְרִיבָה, לָאו כִּמְחוּסַּר מַעֲשֶׂה דָּמֵי.

§ The Gemara cites another dispute between Rabbi Yoḥanan and Reish Lakish pertaining to the measure of an olive-bulk with regard to prohibitions involving eating. **Rabbi Shimon ben Lakish says:** The **olive-bulk** of **which** the Sages **spoke** with regard to prohibitions involving eating is measured by the food one actually swallows, **aside from** the food that remains stuck **between the teeth. And Rabbi Yoḥanan says** that it includes **even** the food that remains stuck **between the teeth.**

אָמַר רַבִּי שִׁמְעוֹן בֶּן לָקִישׁ: כְּזַיִת שֶׁאָמְרוּ – חוּץ מִשֶּׁל בֵּין הַשִּׁינַּיִם. וְרַבִּי יוֹחָנָן אָמַר: אַף עִם בֵּין הַשִּׁינַּיִם.

In explanation of this dispute, **Rav Pappa says:** With regard to food **that** remains stuck **between the teeth,**[H] **everyone agrees** that it is not included in measuring an olive-bulk that would render one liable to receive lashes. **When they disagree** it is with regard to food that remains **on the palate,** which one tastes but does not swallow. One **Sage,** Rabbi Yoḥanan, **holds** that since **his throat derives pleasure from an olive-bulk,** i.e., he tastes the full olive-bulk, he is liable. **And** one **Sage,** Reish Lakish, **holds** that in order to be liable, **we require** an act of **eating** that contains the requisite amount, i.e., an olive-bulk, when it enters **his stomach.**

אָמַר רַב פָּפָּא: בְּשֶׁל בֵּין שִׁינַּיִם – דְּכוּלֵּי עָלְמָא לָא פְּלִיגִי, כִּי פְּלִיגִי – בֵּין הַחֲנִיכַיִים. מָר סָבַר – הֲרֵי נֶהֱנָה גְּרוֹנוֹ בִּכְזַיִת, וּמָר סָבַר – אֲכִילָה בְּמֵעָיו בָּעֵינַן.

HALAKHA

Inside, what is the ***halakha*** **– מִבִּפְנִים מַאי:** If one takes an olive-bulk of a limb from a living animal, with its meat, bones and sinews, and eats it, he is liable, even though it is broken up in his mouth before he swallows it. This ruling is in accordance with the opinion of Rabbi Yoḥanan (Rambam *Sefer Kedusha, Hilkhot Ma'akhalot Assurot* 5:4).

Even if one divided it outside he is liable – חִלְּקוֹ מִבַּחוּץ נָמֵי חַיָּיב: In a case where one takes a limb from a living animal and divides it, so that he eats it in small amounts, if the total amount of flesh consumed equals an olive-bulk, he is liable. If it is not, he is exempt. This ruling is in accordance with the opinion of Rabbi Elazar (Rambam *Sefer Kedusha, Hilkhot Ma'akhalot Assurot* 5:4).

That remains between the teeth – בְּשֶׁל בֵּין שִׁינַּיִם: One is liable for all prohibitions of eating by Torah law if he eats an olive-bulk, which is measured with a medium-sized olive. This measure is used whether the punishment is lashes, *karet*, or death at the hand of Heaven. This olive-bulk does not include what remains stuck between one's teeth. Nevertheless, any food that remains on the palate does combine with whatever was swallowed to make an olive-bulk, since his throat derived benefit from it (Rambam *Sefer Kedusha, Hilkhot Ma'akhalot Assurot* 14:3).

BACKGROUND

Small bone – גְּרוֹמִיתָא זְעֵירְתָא: This term refers to a bone above the femur, which, counted together with the flesh and nerve located there, constitutes an olive-bulk. It is not normally chewed but swallowed whole (Rashi).

NOTES

A small bone – גְּרוֹמִיתָא זְעֵירְתָא: The later commentaries note that Rav Kahana's statement indicates that one who eats forbidden food is liable for swallowing even without chewing. In addition, it teaches that consuming food in this manner is not considered unusual, as if it were, one would not be liable (*Minḥat Ḥinnukh*; *Noda BiYehuda*; *Dovev Meisharim*). Similarly the early authorities explain that one who swallows forbidden fat without chewing is liable (*Tosefot Rid*).

By contrast, other later commentaries write that one cannot derive liability for swallowing forbidden food items without chewing them from the specific *halakha* of eating a limb from a living animal. Since that is a unique *halakha*, as Rashi explains, it is possible that this principle applies only to eating a limb from a living animal, but that consumption in this manner of other forbidden food would not render one liable (Rabbi Akiva Eiger). Others distinguish between a type of food that requires chewing and a type of food that does not require chewing but is normally swallowed whole, such as the small bone referenced here (*Yosef Da'at*).

אָמַר רַבִּי אַסִּי אָמַר רַבִּי יוֹחָנָן: אָכַל חֲצִי זַיִת וֶהֱקִיאוֹ, וְחָזַר וְאָכַל חֲצִי זַיִת אַחֵר – חַיָּיב. מַאי טַעֲמָא? הֲרֵי נֶהֱנָה גְּרוֹנוֹ בִּכְזַיִת.

§ The Gemara quotes another related ruling of Rabbi Yoḥanan: **Rabbi Asi says that Rabbi Yoḥanan says:** If one **ate half an olive-bulk** of a forbidden food **and vomited it, and then ate**[H] **another half an olive-bulk,** he is **liable. What is the reason?** It is **because his throat derives pleasure from an olive-bulk** of the forbidden food, even though the full olive-bulk did not actually enter his stomach.

בְּעָא רַבִּי אֶלְעָזָר מֵרַבִּי אַסִּי: אָכַל חֲצִי זַיִת וֶהֱקִיאוֹ, וְחָזַר וַאֲכָלוֹ, מַהוּ? מַאי קָא מִיבַּעְיָא לֵיהּ? אִי הָוֵי עִיכּוּל אִי לָא הָוֵי עִיכּוּל, וְתִיבָּעֵי לֵיהּ כְּזַיִת!

Rabbi Elazar raised a dilemma before Rabbi Asi: If one **ate half an olive-bulk** of forbidden food **and vomited it, and then ate it** again, **what is the** *halakha*? The Gemara clarifies: **What is the dilemma he is raising? If** it is about whether the half-olive-bulk that he ate and vomited up **is** considered to have been **digested,** in which case it is no longer considered food, **or whether it is not** considered to have been **digested, let him raise the dilemma** with regard to an entire **olive-bulk.** If one eats an entire olive-bulk and vomits it and then eats it again, if the food is considered not to have been digested the first time, he is liable to be flogged twice.

אֶלָּא, אִי בָּתַר גְּרוֹנוֹ אָזְלִינַן אִי בָּתַר מֵעָיו אָזְלִינַן. וְתִפְשׁוֹט לֵיהּ מִדְּרַבִּי אַסִּי!

Rather, his dilemma must be about **whether we follow the throat or whether we follow the stomach** in measuring how much forbidden food one has swallowed. That being the case, **let him resolve** the dilemma **from** that **which Rabbi Asi** said that Rabbi Yoḥanan said, which indicates that we follow the throat.

רַבִּי אַסִּי גְּמָרֵיהּ אִיעֲקַר לֵיהּ, וַאֲתָא רַבִּי אֶלְעָזָר לְאַדְכּוּרֵיהּ, וְהָכִי קָאָמַר לֵיהּ: לָמָּה לִי חֲצִי זַיִת אַחֵר, לֵימָא מָר בְּדִידֵיהּ, דְּאִיכָּא לְמִשְׁמַע מִינָּהּ תַּרְתֵּי, שָׁמְעִינַן מִינָּהּ – דְּלָא הָוֵי עִיכּוּל, וְשָׁמְעִינַן מִינָּהּ – דַּהֲרֵי נֶהֱנָה גְּרוֹנוֹ בִּכְזַיִת!

The Gemara explains that Rabbi Elazar knew the answer to his question, but **Rabbi Asi forgot the statement** that he had learned from Rabbi Yoḥanan, **and Rabbi Elazar came to remind him** of what he had known previously. **And this is what** Rabbi Elazar was **saying to him: Why** do I need the case where he swallows **another half an olive-bulk? Let the Master** teach this ruling **in** a case where he swallows **the same** half-olive-bulk he had swallowed previously and vomited, **as two principles can be derived from** the ruling in **that** case: **We** can **learn from it that** the food **was not** considered to have been **digested** the first time he swallowed it, **and we** can **learn from it that** since **his throat derives pleasure from** a full **olive-bulk,** he is liable.

אִישְׁתִּיק וְלָא אֲמַר לֵיהּ וְלָא מִידֵּי, אֲמַר לֵיהּ: מוֹפֵת הַדּוֹר, לָא זִימְנִין סַגִּיאִין אָמְרַתְּ קַמֵּיהּ דְּרַבִּי יוֹחָנָן, וַאֲמַר לָךְ: הֲרֵי נֶהֱנָה גְּרוֹנוֹ בִּכְזַיִת.

הדרן עלך גיד הנשה

Rabbi Asi **was silent and did not say anything.** Rabbi Elazar **said to him: Wonder of the generation,**[B] **did you not say** this case **many times before Rabbi Yoḥanan, and he said to you:** This person is liable **because his throat derives pleasure from** a full **olive-bulk?**

HALAKHA

Ate half an olive-bulk and vomited it, and then ate, etc. – אָכַל חֲצִי זַיִת וֶהֱקִיאוֹ וְחָזַר וְאָכַל וכו׳: If one eats half an olive-bulk and vomits it, and then eats that same half-olive-bulk again, he is liable, because the punishment is based upon whether one's palate derives benefit from an olive-bulk of forbidden food (Rambam *Sefer Kedusha, Hilkhot Ma'akhalot Assurot* 14:3).

BACKGROUND

Wonder [*mofet*] of the generation – מוֹפֵת הַדּוֹר: This title of honor describes the greatest person in that generation (see Rabbeinu Gershom Meor HaGola; Rashi). This title is taken from the phrase used in the Second Temple era: "Hear now, O Joshua the High Priest, you and your fellows that sit before you, for they are men that are a sign [*mofet*]; for behold, I will bring forth My servant the Shoot" (Zechariah 3:8).

Summary of **Perek VII**

The main topic of this chapter was a single mitzva: The prohibition of eating the sciatic nerve, with its definition and details. The Gemara's conclusion was that this mitzva applies at all times and in all places. It also applies equally to consecrated animals and to non-consecrated animals, and to the sciatic nerve of both the right and left thighs. The prohibition applies only with regard to animals, not to birds.

The Gemara defined precisely where in the leg the forbidden nerve is located. It also ruled that in addition to removing the nerve itself, the surrounding fats must also be removed. Even though there were different customs, the conclusion is that the entire nerve must be removed, as well as all extensions of it, even though they may not be technically forbidden.

The Gemara also discussed various membranes that must be removed from animals. Some are removed because they contain forbidden fats and others because they contain large amounts of blood. It also became common practice over the generations to remove other small sinews and membranes that are considered disgusting.

The only prohibition concerning the sciatic nerve is the prohibition of eating it. Although the Sages said that the sciatic nerve is tough and generally considered inedible, one who eats it is liable to receive lashes.

Apropos the discussion about the sciatic nerve, and particularly the case of a thigh that is cooked with the sciatic nerve still inside, the Gemara discussed the principles of nullification of forbidden food. The sciatic nerve is among the forbidden foods that, when cooked with permitted food, render the entire mixture forbidden if they impart taste to it. This can be discerned by tasting the mixture, but since the mixture may be forbidden, it can be given to a gentile expert to taste. Nevertheless, since there are some foods whose taste is difficult to discern in a mixture, in practice it is customary to assume that if there is less than sixty times as much permitted food as there is forbidden food, the mixture is forbidden.

It is permitted to give a gentile an animal leg with the forbidden sciatic nerve still inside, as there is no concern that he will subsequently come to sell it to a Jew who would eat it without removing the nerve. This applies even in a locale where it is permitted for a Jew to purchase slaughtered meat from a gentile. The reason is that since the thigh is whole, it is obvious that the nerve has not been removed and the purchaser would know not to eat it.

This chapter included a discussion of whether a prohibition takes effect where another prohibition already exists. Can another prohibition apply to a food that is already prohibited, or does the second prohibition have no effect? As this is a general topic with many applications, it is discussed in other tractates as well. In this chapter, a distinction was drawn between different types of prohibitions. Although in most

cases a prohibition does not take effect where another already exists, some prohibitions do take effect on food that is already forbidden if they add extra stringencies or increase the degree of prohibition on the food.

These were the main concepts discussed in this chapter. As in all chapters of the Talmud there were also many tangential discussions.

Image **Credits**

My Notes

My Notes

My Notes

My Notes